A CONCORDANCE TO BAUDELAIRE'S

LES FLEURS DU MAL

THE UNIVERSITY OF NORTH CAROLINA PRESS
CHAPEL HILL

A CONCORDANCE TO BAUDELAIRE'S
LES FLEURS DU MAL

Edited by

ROBERT T. CARGO

Je lis dans un critique: "Pour deviner l'âme d'un poète, ou du moins sa principale préoccupation, cherchons dans ses oeuvres quel est le mot ou quels sont les mots qui s'y représentent avec le plus de fréquence. Le mot traduira l'obsession."

Baudelaire

Copyright © 1965 by
The University of North Carolina Press
Manufactured in the United States of America
Library of Congress Catalog Card Number 65-23143

A mon très-cher et très-vénéré
maître et ami
Alfred Garvin Engstrom
qui entend
le langage des fleurs et des choses muettes

PREFACE

When, a quarter of a century ago, I compiled a word-index of the poetry of Baudelaire, I certainly did not foresee the full extent of its consequences. Such distinguished scholars as Crépet, Blin, Gilman, Pommier, and Austin have testified as to its usefulness. It was perhaps responsible, in part, for some of Pierre Guiraud's studies on the statistical characteristics of vocabulary and for the series of word-indexes of Classical and Symbolist authors, which he and Professor Wagner have undertaken. It is even possible that, indirectly at least, it may have had something to do with the vast lexicological project now under way at the University of Besançon under the direction of Professor Quemada. While I am pleased at the unexpected success that has come to my attempt to apply for the first time the technique of the word-index to the work of a French writer, I am especially gratified to think that it has led to the publication of Mr. Cargo's concordance.

A word-index has some extremely useful features. It is first of all an index, providing an alphabetical listing of all the words in a given literary work, with page and line references for each, or for those which are considered significant. In addition, a word-index usually indicates the frequency of occurrence for all the words, without exception. The word-index can provide this information in fairly compact form: over 33,000 words in Baudelaire's *Les Fleurs du Mal* were dealt with in only 87 pages.

On the other hand, a word-index has certain marked disadvantages. Except in the case of well-established texts, for which standardized line references are sufficient, a word-index must be based on a specific edition, which the user must have at hand, in order to use the index effectively. Since editions of an important author are revised and improved from time to time, an index based on an earlier edition risks becoming out of date or even worthless. In 1939, I selected the Conard edition of *Les Fleurs du Mal* as the best then available; valuable as it still is, this edition was superseded by the one that Jacques Crépet produced in 1942, with the collaboration of Georges Blin. It is this later edition, naturally, that Mr. Cargo has taken as the basis of his concordance.

While my word-index may still be of some value to owners of the Conard edition, it is a clumsy and imperfect tool compared with Mr. Cargo's concordance, aside from the question of the editions employed. The enormous superiority of the concordance comes from the fact that words are presented in significant, and usually adequate, context. The user of the word-index who is interested, for example, in the word *oeil,* which has more than fifty occurrences in *Les Fleurs du Mal,* must turn first to the page indicated in the Conard edition, then look up the correct line and, perhaps, copy down each line containing the word; in the concordance all this laborious procedure has already been done for him. Verbal associations that might escape him in the alphabetical listing of isolated words are easily perceived in a concordance, suggesting patterns of expression and imagery that are an important part of Baudelaire's *sorcellerie évocatoire.*

Even after a fairly short acquaintance with a preliminary edition of Mr. Cargo's concordance, I am convinced that it offers all of the useful features of my word-index, with a great many additional ones. Not the least of these is its absolute *completeness.* Whereas I felt it advisable, if not necessary, to omit page and line references for about 40 per cent of the words in *Les Fleurs du Mal,* Mr. Cargo gives them all, including articles and prepositions. I applaud the decision to include these words, in spite of their high frequency. Because of its comprehensiveness, this concordance will be of value to all who are interested in any aspect of Baudelaire's poetic vocabulary.

I am confident that this volume will be welcomed most enthusiastically, not only by Baudelaire scholars, but by others with an interest in modern French poetry and stylistics. It is my hope that it will soon be followed by similar concordances of the *Spleen de Paris* and the *Journaux intimes.*

William T. Bandy, Chairman
Department of French and Italian
University of Wisconsin

CONTENTS

Preface   vii

Introduction   xi

CONCORDANCE   3

APPENDICES

   I.   VARIANTS ●   353

   II.   SUPPLEMENT ● ●   369

        A concordance to

          60.   *Franciscae Meae Laudes*

         137.   *Le Calumet de Paix*

        [158.] *Ebauche d'un Epilogue pour la
                2° Edition*

        [159.] *Les Promesses d'un Visage*

        [160.] *Le Monstre ou le Paranymphe
                d'une Nymphe macabre*

   III. WORD FREQUENCIES ● ● ●   389

        A. *Numerical Order*

        B. *Alphabetical Order*

INTRODUCTION

In an essay on Sénancour, Sainte-Beuve wrote: "Chaque écrivain a son mot de prédilection, qui revient fréquemment dans le discours et qui trahit par mégarde, chez celui qui l'emploie, un voeu secret ou un faible." The importance which Baudelaire attributed to that observation of Sainte-Beuve may be judged by the poet's reference to it in the article that he wrote on his contemporary, Théodore de Banville. Varying the statement only slightly so as to emphasize a more positive critical attitude, Baudelaire noted: "Je lis dans un critique: 'Pour deviner l'âme d'un poète, ou du moins sa principale préoccupation, cherchons dans ses oeuvres quel est le mot ou quels sont les mots qui s'y représentent avec le plus de fréquence. Le mot traduira l'obsession.'" Baudelaire's own "obsession" may be seen by a survey of the word-frequency count at the end of this volume. The nouns that appear thirty times or more in *Les Fleurs du Mal* display remarkable unity, and, I believe, are significantly indicative of the poet's stress on human values. If we combine the singular and plural forms, we find that the most frequently occurring nouns are:

1.	oeil	143	12.	mer	39
2.	coeur	142	13.	esprit	38
3.	ciel	82	14.	fleur	36
4.	âme	70	15.	femme	34
5.	soleil	60	16.	fond	34
6.	nuit	59	17.	parfum	33
7.	amour	58	18.	douleur	32
8.	ange	46	19.	jour	32
9.	beauté	45	20.	dieu	31
10.	soir	44	21.	enfant	30
11.	corps	42			

The particular means by which we have determined this linguistic obsession, the method by which this volume was produced, seems, on the one hand, to represent the ironic fulfillment of the dire prophecy that the poet made in the *Journaux intimes,* speaking of that era to come when "la mécanique nous aura tellement américa-

nisés. . . ." Yet the author of *Les Fleurs du Mal* would probably never have complained at even the most rigorous scrutiny and dissection of his verse; he was concerned only with those who refused to judge the book in its entirety, those like Brunetière, who seemingly felt that Baudelaire had written only "Une Charogne." The poet's comments, cited above, provide ample proof that he himself was supremely aware of the value of the word and of the consideration of vocabulary as a significant index to a writer's mind. Marcel A. Ruff, who needs no introduction to Baudelairians, writing on "Baudelaire et le problème de la forme" (*Revue des Sciences Humaines,* 1957, pp. 51-52), expressed his opinion as to the importance of works which provide such indices; in doing so, he spoke for many critics and scholars: "Les études purement linguistiques des poètes, les répertoires de vocabularies se multipient. Ces travaux sont fort utiles à consulter, ils fournissent des éléments précieux pour étayer un jugement, ils éclairent le mécanisme intime de la pensée de l'auteur, de sa création poétique." The concordance-maker then, undertaking the task of alphabetizing Baudelaire's vocabulary, may justifiably feel that he does so with the sanction of both poet and critic. Like any research tool, however, its worth will best be determined in retrospect.

The decision to prepare a concordance to *Les Fleurs du Mal* was reached in late 1962 when, considering such a project, I sought the opinion of the eminent Baudelaire scholar, Dr. William T. Bandy of the University of Wisconsin. Dr. Bandy not only agreed that the project would be highly desirable but mentioned the possibility of doing the work by computer. Since that time he has given freely of his time and remarkable erudition in replying to my inquiries.

The *Word Index to Baudelaire's Poems,* prepared by Dr. Bandy in 1939, is the direct ancestor of the present concordance, for it was the inaccessibility of that work which suggested to me the pressing need for something like it. Issued in mimeographed form in only some 150-200 copies, the volume has, of course, long been unavailable and never had wide circulation. It cannot be said with justice that the present machine product has inherited all the good characteristics of its parent and gone far beyond.

The concordance is distinguished from the index in the first place by the fact that the word appears here within the complete line of the text. Moreover, a special format has been adopted. Unlike the traditional concordance that has a key word isolated and beneath it

all lines in which that word appears, the Baudelaire concordance is read down the center column. The program employed in its preparation has alphabetized not only the key word but all the context, within an interval of eighteen spaces, which appears to the right of the key word. To my knowledge this arrangement of materials has never been used before in a published concordance. We believe that in the present work we have achieved the optimum utility, given the equipment available and the space within which we are working. Such a presentation before the advent of computer techniques and offset printing would have been scarcely conceivable. The presentation of material, then, makes the Baudelaire concordance unique.

We have not been able to indicate, however, Baudelaire's use of italics or capital letters, as Dr. Bandy did in his *Word Index*. Moreover, the parent volume is an index to Baudelaire's poems; ours is a concordance to *Les Fleurs du Mal*. It was felt that the inclusion of all Baudelaire's poetic works would destroy the unity that derives from its being based strictly on the Crépet-Blin edition. Additional material could have been added by including the three poems ("Sur les Débuts d'Amina Boschetti," "A Propos d'un Importun," and "Un Cabaret Folâtre") that are published under the title "Bouffonneries" in the Conard edition, which served as the basis for Dr. Bandy's *Index*. This would have left un-indexed, however, those poems printed under the heading "Poèmes Divers" in the Garnier edition; and there would also remain the *Amoenitates Belgicae*. The problems involved in identification references to these fragments and isolated poems, the problems of determining their authenticity in a few cases, and the certain knowledge that efforts at total inclusion would be ultimately wasted, since discoveries of marginalia and perhaps even poems would surely disrupt the most scrupulous plans, caused me to be severe in the choice of a text. I hope to be able to issue soon a brief supplement to the concordance to *Les Fleurs du Mal*, along with a complete concordance to *Les Petits Poèmes en Prose* in a format identical to that of the present volume.

A COMPLETE CONCORDANCE

Since Baudelaire, we have tended to view poetry less as versified prose or mere ornamentation and more as formalized harmony, which, although not divorced from idea, is by no means subordinated to it. Valéry, in his essay, *Situation de Baudelaire*, stresses the importance

of harmony and rhythm in this new conception of poetry: "Cette parole extraordinaire [la poésie] se fait connaître et reconnaître par le rythme et les harmonies qui la soutiennent et qui doivent être si intimement, et même si mystérieusement liés à sa génération, que le son et le sens ne se puissent plus séparer et se répondent indéfiniment dans la mémoire." If Baudelaire's poetry is, moreover, as the poet himself described it, a "sorcellerie évocatoire," then we cannot be concerned merely with what is arbitrarily chosen as important for inclusion in a research tool of this nature. The idea of excluding seemingly unimportant words because of their high frequency is incompatible with this concept of poetry. Nothing, I believe, could be omitted from a concordance to *Les Fleurs du Mal* without seriously jeopardizing the value of the instrument. It is with this in mind that we have been all-inclusive. The seventy-five words which, for obvious reasons, were not treated in Dr. Bandy's *Index* appear with all others. The special manner of presentation chosen for the concordance to *Les Fleurs du Mal*, combined with its completeness, should allow studies to be done that heretofore could have been undertaken only with extreme difficulty, if at all. This completeness, which at first might seem excessive, and the arrangement should facilitate thorough grammatical analysis, studies in stylistics and prosody, and rhythmic effects, linking, liaison, etc., within the line of verse.

On the other hand, editing to remove words is not easily accomplished. Since the machine is not able to distinguish between homographs, the articles *le, la,* and *les,* for example, could not have been omitted without removing these forms which function as object pronouns. Without special editing, the removal of *à* would have removed the verb *a* also, etc. In our efforts to achieve full coverage of the poet's vocabulary, we have indexed hyphenated words so that both segments will appear, except in cases in which the second element could have little or no value: thus *moi-même, peut-être, in-folio, tête-à-tête,* etc., have not been separated, while verb and pronoun combinations (*avez-vous, dis-moi*), Baudelaire's characteristic hyphenation of *très* (*très-souvent, très-simple*), and such combinations as *trois-mâts,* etc., have been alphabetized under both elements. Only the refrain of "Les Litanies de Satan" (No. 120), which occurs fifteen times, has not been repeated after its first appearance. All other refrains are left intact. The titles of the poems have not been indexed.

A *Concordance to Baudelaire's "Les Fleurs du Mal"* contains all poems included in the Crépet-Blin edition of 1942. The main body of the work comprises "Au Lecteur" and the 157 poems that follow, with the exception of two that have been placed in an appendix: the Latin poem "Franciscae Meae Laudes" and the translation from Longfellow called "Le Calumet de Paix."

Appendix I contains the variants to the concordance proper.

Appendix II is a short, separate concordance to "Franciscae Meae Laudes" (No. 60) and "Le Calumet de Paix" (No. 137) and the few pieces relegated by Jacques Crépet and Georges Blin to the "Supplément" of the critical edition: "Ebauche d'un *Epilogue* pour la 2° Edition," "Les Promesses d'un Visage," and "Le Monstre ou le Paranymphe d'une Nymphe macabre," poems that I have identified by the numbers 158, 159, and 160 respectively. Variants to the five poems in Appendix II are not considered.

Appendix III is a word-frequency count. Each word appearing in the main concordance is tabulated in this section. The first part gives a descending *numerical* frequency-count of the indexed vocabulary. We see on the first page of this section, for example, that the word of highest frequency is *et*, used 1137 times, followed by *de*, which appears 995 times (the elided form *d'*, 386 times), etc., down to words appearing only once. Notice should be taken of numerical tabulations of the third-person singular verb forms used interrogatively with the epenthetic *t* inserted. The machine has counted these as though they were actually separate words. For example, *a-t* is treated not as the verb *a* but as a new formation *a-t*. This has occurred with the following verbs: *a-t, aura-t, combla-t, envole-t, pleure-t, pousse-t, reste-t, songea-t*. Slight adjustments, therefore, will be required in the counts of these verbs. With the exception of *envole-t* and *a-t*, which appear two and three times respectively, such forms occur only one time. The second part of the word-frequency count is an abbreviated word-index, an *alphabetical* listing of each separate word, followed by the number of times it occurs in the volume. It was felt that the inclusion of this index was necessary to add meaning to the first part. To see, for instance, that *ange* appears thirty-five times causes one immediately to ask about the frequency of *anges*. Instead of searching the numerical listings or turning back to the concordance proper and counting the *anges*, the in-

terested person may simply turn to this alphabetized section where he will find that *anges* occurs eleven times. The two parts of Appendix III are thus complementary.

TEXT AND IDENTIFICATION

The task of making this concordance was greatly facilitated by the splendid edition of *Les Fleurs du Mal* by the late Jacques Crépet and his colleague, Georges Blin. It is appropriate to express here my especial appreciation to the publisher of this edition, José Corti, for permission to use this work as the basis for the concordance. Republication of the volume, now out of print for several years, is scheduled for 1966. Thus the future availability of this critical edition for studies making use of the concordance has made its use even more desirable. Yet, since the poems are identified by number, almost any edition can be used, allowing for the few numbering peculiarities characteristic of the Corti volume. Those fortunate enough to have Dr. Bandy's *Index*, prepared several years before the Crépet-Blin edition was completed, were limited to volume I of the *Oeuvres complètes*, ed. Jacques Crépet (Paris: Conard, 1922), for all references in the *Index* are by page and line. A complete list of the poems with their numbers is included below for the convenience of those using the concordance who might not have ready access to the Crépet-Blin edition.

Throughout I have followed the numerical identification of the poems and the arrangement given them by Crépet-Blin, giving the number of the poem in the left-hand column, followed by the number of the line in the column to the right. For convenience, the introductory poem, "Au Lecteur" is numbered 0. The sequence of four sonnets entitled *Un Fantôme* (No. 38), comprising "Les Ténèbres," "Le Parfum," "Le Cadre," and "Le Portrait," which have been numbered as individual sonnets by the editors of the Corti edition, has been treated as a single poem of fifty-six lines.

0. AU LECTEUR

SPLEEN ET IDEAL

1. BENEDICTION
2. L'ALBATROS
3. ELEVATION
4. CORRESPONDANCES

5. *J'aime le souvenir de ces époques nues*
6. LES PHARES
7. LA MUSE MALADE
8. LA MUSE VENALE
9. LE MAUVAIS MOINE
10. L'ENNEMI
11. LE GUIGNON
12. LA VIE ANTERIEURE
13. BOHEMIENS EN VOYAGE
14. L'HOMME ET LA MER
15. DON JUAN AUX ENFERS
16. CHATIMENT DE L'ORGUEIL
17. LA BEAUTE
18. L'IDEAL
19. LA GEANTE
20. LE MASQUE
21. HYMNE A LA BEAUTE
22. PARFUM EXOTIQUE
23. LA CHEVELURE
24. *Je t'adore à l'égal de la voûte nocturne*
25. *Tu mettrais l'univers entier dans ta ruelle*
26. SED NON SATIATA
27. *Avec ses vêtements ondoyants et nacrés*
28. LE SERPENT QUI DANSE
29. UNE CHAROGNE
30. DE PROFUNDIS CLAMAVI
31. LE VAMPIRE
32. *Une nuit que j'étais près d'une affreuse Juive*
33. REMORDS POSTHUME
34. LE CHAT
35. DUELLUM
36. LE BALCON
37. LE POSSEDE
38. UN FANTOME
39. *Je te donne ces vers afin que si mon nom*
40. SEMPER EADEM
41. TOUT ENTIERE
42. *Que diras-tu ce soir, pauvre âme solitaire*
43. LE FLAMBEAU VIVANT

44. REVERSIBILITE
45. CONFESSION
46. L'AUBE SPIRITUELLE
47. HARMONIE DU SOIR
48. LE FLACON
49. LE POISON
50. CIEL BROUILLE
51. LE CHAT
52. LE BEAU NAVIRE
53. L'INVITATION AU VOYAGE
54. L'IRREPARABLE
55. CAUSERIE
56. CHANT D'AUTOMNE
57. A UNE MADONE
58. CHANSON D'APRES-MIDI
59. SISINA
60. FRANCISCAE MEAE LAUDES
61. A UNE DAME CREOLE
62. MOESTA ET ERRABUNDA
63. LE REVENANT
64. SONNET D'AUTOMNE
65. TRISTESSES DE LA LUNE
66. LES CHATS
67. LES HIBOUX
68. LA PIPE
69. LA MUSIQUE
70. SEPULTURE
71. UNE GRAVURE FANTASTIQUE
72. LE MORT JOYEUX
73. LE TONNEAU DE LA HAINE
74. LA CLOCHE FELEE
75. SPLEEN
76. SPLEEN
77. SPLEEN
78. SPLEEN
79. OBSESSION
80. LE GOUT DU NEANT
81. ALCHIMIE DE LA DOULEUR

82. HORREUR SYMPATHIQUE
83. L'HEAUTONTIMOROUMENOS
84. L'IRREMEDIABLE
85. L'HORLOGE

TABLEAUX PARISIENS

86. PAYSAGE
87. LE SOLEIL
88. A UNE MENDIANTE ROUSSE
89. LE CYGNE
90. LES SEPT VIEILLARDS
91. LES PETITES VIEILLES
92. LES AVEUGLES
93. A UNE PASSANTE
94. LE SQUELETTE LABOUREUR
95. LE CREPUSCULE DU SOIR
96. LE JEU
97. DANSE MACABRE
98. L'AMOUR DU MENSONGE
99. *Je n'ai pas oublié, voisine de la ville*
100. *La servante au grand coeur dont vous étiez jalouse*
101. BRUMES ET PLUIES
102. REVE PARISIEN
103. LE CREPUSCULE DU MATIN

LE VIN

104. L'AME DU VIN
105. LE VIN DES CHIFFONNIERS
106. LE VIN DE L'ASSASSIN
107. LE VIN DU SOLITAIRE
108. LE VIN DES AMANTS

FLEURS DU MAL

109. LA DESTRUCTION
110. UNE MARTYRE
111. FEMMES DAMNEES
112. LES DEUX BONNES SOEURS
113. LA FONTAINE DE SANG
114. ALLEGORIE

148. LES PLAINTES D'UN ICARE

149. L'IMPREVU

150. L'EXAMEN DE MINUIT

151. LOLA DE VALENCE

152. LES YEUX DE BERTHE

153. SUR *Le Tasse en Prison*

154. BIEN LOIN D'ICI

155. LE JET D'EAU

156. VERS POUR LE PORTRAIT DE M. HONORE DAUMIER

157. A THEODORE DE BANVILLE

SUPPLEMENT

[158.] EBAUCHE D'UN *Épilogue* POUR LA 2ᵉ EDITION

[159.] LES PROMESSES D'UN VISAGE

[160.] LE MONSTRE OU LE PARANYMPHE D'UNE NYMPHE MACABRE

PECULIARITIES OF THE MACHINE CONCORDANCE

The advantages of the machine concordance in terms of labor, economy, and accuracy have been testified to by Dr. Parrish in the introduction to *A Concordance to the Poems of Matthew Arnold*. These features will be readily appreciated by anyone who has attempted the laborious, time-consuming task of compiling such a work by hand. This is not to say, however, that the machine tool is flawless. Since the computer does not distinguish between homographs, the word *vers*, for example, which is listed in the frequency count as appearing sixty-one times, could be "toward," "verse, verses," or "worms." Forms such as *été* (summer) and *été* (the past participle), which Baudelaire does not use, however, would also appear grouped together. Likewise, accent marks could not be used, with the result that *étés* (summers) and *êtes* (the verb) are indistinguishable except in context. Of the eight forms of ETES indexed, the person using the concordance will be able to determine quickly that the plural noun is used three times, the verb, five. I have deliberately chosen extreme cases. In practice, the relative rarity of these occurrences should allay serious concern.

PRODUCTION OF THE CONCORDANCE

This concordance was produced on the UNIVAC 1105 computer at the University of North Carolina, using the KWIC-E system, of

which the basic program, known as KWIC (Key-Word-in-Context), was developed by the Armour Research Foundation and expanded (KWIC-E) to meet our requirements. The modification of this basic program was arranged by Joe R. Ragland of the University of North Carolina Computation Center so that it could be used on the UNIVAC 1105 computer system at the university.

Under the direction of Dr. Clay C. Ross, Jr., the entire system was further modified by Robert A. Wonderly, and supplementary programs were written by Lawrence McNitt and H. C. Ludlam, in order that the system might be general enough to meet the requirements of any language department at the university. This collection of programs was combined by Mr. Ludlam into the KWIC-E system. Dr. Ross was in charge of each of the steps in the production of this concordance, from choosing the input format to the stage immediately preceding the final printing of the pages for production of the volume. His successor, Mr. Ludlam, has very ably implemented the plans left by Dr. Ross.

The computer time needed to produce a *Concordance to Baudelaire's "Les Fleurs du Mal"* has been donated by the Computation Center in accordance with its policies toward the research efforts of students and faculty at the University of North Carolina.

The process by which computer concordances are made is now generally known. The major part of the labor, aside from proofreading perhaps, involves preparing a single key-punch card for each line of verse. The result is a deck of more than 4,000 cards from which new decks can be reproduced mechanically in a very short time at a nominal cost. Persons involved in research relating to Baudelaire or in various projects in general linguistics whose work might be facilitated by such means are invited to address their inquiries to the editor of this volume.

ACKNOWLEDGMENTS

I would take this opportunity finally to acknowledge my indebtedness:

To Dr. Bandy who has so generously assisted me in bringing this work to its completion.

To Dr. Urban T. Holmes, for initiating the steps that led to publication; to Dr. R. W. Linker, who patiently listened to my many inquiries on a variety of subjects related to the project and who always

gave the seasoned advice that comes from years of experience; to Dr. W. L. Wiley, for a particular suggestion without which, I believe, the concordance would have been much less convenient to use.

To James W. Hanson, Director of the University of North Carolina Computation Center, and to those persons involved in that part of the work, especially to Dr. Ross and Mr. Ludlam for their seemingly infinite patience and toleration of change and their imaginative approach to the entire problem.

To Helen McCain Cargo, my wife, for valuable assistance in proofreading and preparation of the copy.

To the Maison Corti for permission to use the text of their edition.

R. T. C.
Chapel Hill

CONCORDANCE

A

```
                                                                    POEM LINE
                            A BEAU PRECIPITER DANS SES TENEBRES VIDES    . . . . .  073 003
         AUX CAPTIFS, AUX VAINCUS!... A BIEN D'AUTRES ENCOR!                        089 052
    SAINT PIERRE A RENIE JESUS...IL A BIEN FAIT!                                    118 032
            ET TON BETAIL VENIR A BIEN:                                            119 010
         FAIT POUR DONNER A BOIRE A CES CRUELLES FILLES!    . . . . . . .          113 014
              ET VENUS A BON DROIT PEUT JALOUSER SAPHO!                             130 014
                   N' A BOUGE: PALAIS NEUFS, ECHAFAUDAGES, BLOCS,                   089 030
            CES PIEDS A BRODEQUINS, CES DOIGTS A CASTAGNETTES,                      018 003
    LES FUNEBRES APPAS QU'ELLE TIENT A CACHER.    . . . . . . . .                  097 012
CES PIEDS A BRODEQUINS, CES DOIGTS A CASTAGNETTES,                                  018 003
         QUI VERSENT LA FOLIE A CE BAL TOURNOYANT;                                 006 024
                            A CE BEAU DIADEME EBLOUISSANT ET CLAIR;                 001 072
              CE QU'IL FAUT A CE COEUR PROFOND COMME UN ABIME,    . . . . . . .    018 009
       POUR EXERCER TES DENTS A CE JEU SINGULIER,                                  025 003
                   JUSQU' A CE QUE L'OUBLI LES JETTE DANS SA HOTTE                  045 035
                            A CE ROUGE SOLEIL QUE L'ON NOMME L'AMOUR!               131 068
          ET FERME TON OREILLE A CE RUGISSEMENT.    . . . . . . .                  095 030
                            A CE SOLDAT BRISE! S'IL FAUT QU'IL DESESPERE            054 018
       ET LA HAINE EST VOUEE A CE SORT LAMENTABLE                                  073 013
        TOUT MON ETRE OBEIT A CE VIVANT FLAMBEAU.                                  043 008
       SE PROJETAIT, PAREILLE A CELLE DE JUDAS,    . . . . . . . .                 090 020
    LE DEMON FAIT DES TROUS SECRETS A CES ABIMES,                                  073 005
       TU RESSEMBLES PARFOIS A CES BEAUX HORIZONS                                  050 009
    FAIT POUR DONNER A BOIRE A CES CRUELLES FILLES!                                113 014
                   DIS DONC A CES DANSEURS QUI FONT LES OFFUSQUES:    . . . . . .  097 046
       POUR SE DESALTERER A CES GOUFFRES AMERS.                                    049 015
              PRENDS GARDE A CES GRANDS APPETITS.                                  119 020
    VOUS RESSEMBLEZ BEAUCOUP A CES GROTTES MAGIQUES                                152 006
                            A CET AGONISANT QUE LE LOUP DEJA FLAIRE    . . . . . .  054 016
                            A CET ESPRIT COMBLE D'ANGOISSE                          054 012
                            A CET ETRE DOUE DE TANT DE MAJESTE                      020 014
       QUE POURRAIS -JE REPONDRE A CETTE AME PIEUSE,                               100 021
                   JUSQU' A CETTE FROIDEUR PAR OU TU M'ES PLUS BELLE!    . . . . .  024 010
                            A CETTE HORRIBLE INFECTION,                             029 038
    --ET POURTANT VOUS SEREZ SEMBLABLE A CETTE ORDURE,                             029 037
          JAMAIS, JAMAIS! A CEUX QUI S'ABREUVENT DE PLEURS                         089 046
                   N'OUVRANT A CHACUN QU'AVEC CRAINTE,    . . . . . . .            138 031
    --NOUS METTRONS NOTRE ORGUEIL A CHANTER SES LOUANGES:                          042 005
       J'ENTENDS LE CRANE A CHAQUE BULLE                                           117 013
                            A CHAQUE HOMME ACCORDE POUR TOUTE SA SAISON.            085 008
       ET, LENTE OU BRUSQUE, A CHAQUE MOUVEMENT    . . . . . . .                   038 041
    VIEUX CHEVAL DONT LE PIED A CHAQUE OBSTACLE BUTTE.                             080 014
    ET LORSQU'IL EUT DONNE SON OBOLE A CHARON,                                     015 002
    DU PARADIS TERRESTRE A CHASSES DIEU LE PERE,                                   120 044
                   PARTONS A CHEVAL SUR LE VIN    . . . . . . .                    108 003
    CAR LESBOS ENTRE TOUS M' A CHOISI SUR LA TERRE                                 130 041
    CAR LESBOS ENTRE TOUS M' A CHOISI SUR LA TERRE.                                130 045
       OU MON VENTRE A CONCU MON EXPIATION!                                       001 008
                   N' A CONNU L'AMOUR VERITABLE,    . . . . . . .                  106 036
              ON VOIT, A CONTEMPLER MA MINE                                        068 002
    COMME DES AVIRONS TRAINER A COTE D'EUX.                                        002 008
          MA SOEUR, COTE A COTE NAGEANT,                                           108 012
    DES CLOCHES TOUT A COUP SAUTENT AVEC FURIE    . . . . . . .                    078 013
                   TOUT A COUP, AU MILIEU DE L'INTIMITE LIBRE                       045 014
                   TOUT A COUP, UN VIEILLARD DONT LES GUENILLES JAUNES             090 013
       L'AVAIENT A COUPS DE BEC ABSOLUMENT CHATRE.                                 116 036
       ET CHASSENT A COUPS MUTINS    . . . . . . .                                088 027
                            A DANS LE COEUR UN SERPENT JAUNE,                       141 002
                            A DANS LE COU DES AIRS NOBLEMENT MANIERES;              061 006
              ELLE A DANS LE PLAISIR LA FOI MAHOMETANE,                            114 010
    ET TOUT CE QUE L'IDYLLE A DE PLUS ENFANTIN.    . . . . . . .                   086 020
       OU LE DESTIN M' A DEJA RELEGUE;                                             038 002
              SE MELER A DES CHRISTS, ET SE LEVER TOUT DROITS                      006 014
    ILS TROTTENT, TOUT PAREILS A DES MARIONNETTES;                                091 013
                            A DES MURAILLES DE METAL.    . . . . . . .             102 020
              SEMBLABLES A DES NAINS CRUELS ET CURIEUX.                           115 008
       ACCOUTUME MA LEVRE A DES PHILTRES INFAMES,                                 109 008
    ET SE COGNANT LA TETE A DES PLAFONDS POURRIS;                                  078 008
       MON ENFANT A DES VINS CAPTIEUX    . . . . . . .                            113 009
    J'AI DEMANDE SOUVENT A DES YEUX OBSCURS, PROFONDS ET VASTES,                   152 009
    SAISIT L'AME VAINCUE ET LA POUSSE A DEUX MAINS                                 048 015
    --SI CE N'EST, PAR UN SOIR SANS LUNE, DEUX A DEUX,                             101 013
                   CRIANT A DIEU, DANS SA FURIBONDE AGONIE:    . . . . . .         126 103
    COMME S'IL ADRESSAIT DES REPROCHES A DIEU!                                     089 028
                   NE T' A DONC JAMAIS FAIT RECULER D'EPOUVANTE,                    025 014
    DONT PHOEBUS SE PLAISAIT A DORER LES STATUES.                                  005 002
                            A DORMIR, COMME ILS FONT, CHAUDEMENT DANS LEURS DRAPS,  . 100 008
          QUEL DEMON A DOTE LA MER, RAUQUE CHANTEUSE                              062 007
          ARMOIRE A DOUX SECRETS, PLEINE DE BONNES CHOSES,                        052 022
    ANTINOUS FLETRIS, DANDYS A FACE GLABRE,                                       097 049
    LES FRUITS MIRACULEUX DONT VOTRE COEUR A FAIM;    . . . . . . .               126 130
                            A FAIRE DU VIN UN LINCEUL?                              106 032
       EST LARGE A FAIRE ENVIE A LA PLUS BELLE BLANCHE;                           133 002
    AUX PAYS CHAUDS ET BLEUS OU TON DIEU T' A FAIT NAITRE.                        133 005
       DONT LE REGARD M' A FAIT SOUDAINEMENT RENAITRE,    . . . . . .             093 010
    O PRINCE DE L'EXIL, A QUI L'ON A FAIT TORT,                                   120 004
       CHACUN DE VOUS M' A FAIT UN TEMPLE DANS SON COEUR;                         149 025
    --QUAND NOTRE COEUR A FAIT UNE FOIS SA VENDANGE,                              040 003
    ET NATURELLEMENT, DIEU M' A FAITE TRES BELLE."    . . . . . . .               149 006
```

```
POEM LINE
089 005 .  .  .  .  .  .  .  .  .  .  .  .  .  .  .  A FECONDE SOUDAIN MA MEMOIRE FERTILE,
007 011               ET QUE TON SANG CHRETIEN COULAT A FLOTS RHYTHMIQUES,
113 001       IL ME SEMBLE PARFOIS QUE MON SANG COULE A FLOTS,
103 012            LES MAISONS CA ET LA COMMENCAIENT A FUMER.
018 005 .  .  .  .  .  .  .  .  .  .  .  .  JE LAISSE A GAVARNI, POETE DES CHLOROSES,
078 016                      QUI SE METTENT A GEINDRE OPINIATREMENT.
118 010               DANS TA SIMPLICITE TU PRIAIS A GENOUX
131 017                     BEAUTE FORTE A GENOUX DEVANT LA BEAUTE FRELE,
023 017 .  .  .  .  .  .  .  .  A GRANDS FLOTS LE PARFUM, LE SON ET LA COULEUR;
075 002                     DE SON URNE A GRANDS FLOTS VERSE UN FROID TENEBREUX
126 132         DE CETTE APRES -MIDI QUI N' A JAMAIS DE FIN?"
128 024                      QUI N' A JAMAIS EMPRISONNE DE COEUR.
112 004 .  .  .  .  .  SOUS L'ETERNEL LABEUR N' A JAMAIS ENFANTE.
112 008            UN LIT QUE LE REMORDS N' A JAMAIS FREQUENTE.
131 061               MAUDIT SOIT A JAMAIS LE REVEUR INUTILE
116 014                     VENEREE A JAMAIS PAR TOUTE NATION,
077 013 .  .  .  LE SAVANT QUI LUI FAIT DE L'OR N' A JAMAIS PU
126 024          ET DONT L'ESPRIT HUMAIN N' A JAMAIS SU LE NOM!
027 013                     RESPLENDIT A JAMAIS, COMME UN ASTRE INUTILE,
131 054            TOI QUE J'AIME A JAMAIS, MA SOEUR D'ELECTION,
054 027 .  .  .  .  .  .  EST SOUFFLEE, EST MORTE A JAMAIS!
140 007            POUR QUE TU PUISSES FAIRE, A JESUS, QUAND IL PASSE,
008 012            OU, SALTIMBANQUE A JEUN, ETALER TES APPAS
015 018               SE TENAIT A LA BARRE ET COUPAIT LE FLOT NOIR;
136 001 .  .  .  .  MON BERCEAU S'ADOSSAIT A LA BIBLIOTHEQUE,
017 006       J'UNIS UN COEUR DE NEIGE A LA BLANCHEUR DES CYGNES;
031 010                     COMME A LA BOUTEILLE L'IVROGNE,
150 013            NOUS AVONS, POUR PLAIRE A LA BRUTE,
031 008 .  .  .  .  .  .  .  .  COMME LE FORCAT A LA CHAINE,
126 003        AH! QUE LE MONDE EST GRAND A LA CLARTE DES LAMPES!
105 001               SOUVENT, A LA CLARTE ROUGE D'UN REVERBERE
132 022          ET QUAND JE LES ROUVRIS A LA CLARTE VIVANTE,
053 002 .  .  .  .  .  .  .  .  .  SONGE A LA DOUCEUR
086 010       L'ETOILE DANS L'AZUR, LA LAMPE A LA FENETRE,
037 009            ALLUME TA PRUNELLE A LA FLAMME DES LUSTRES!
149 008                     RECUIT A LA FLAMME ETERNELLE!
127 007 .  .  .  .  .  ME RAVIT EN EXTASE, ET J'AIME A LA FUREUR
140 010                     A LA GLOIRE DE DIEU RALLUME TON EXTASE;
095 032          LA SOMBRE NUIT LES PREND A LA GORGE; ILS FINISSENT
029 011          ET DE RENDRE AU CENTUPLE A LA GRANDE NATURE
110 025 .  .  .  UN BAS ROSATRE, ORNE DE COINS D'OR, A LA JAMBE,
005 035               DE RENDRE A LA JEUNESSE UN HOMMAGE PROFOND,
149 024                     A LA JOYEUSE MESSE NOIRE?
127 015            ET LA CANDEUR UNIE A LA LUBRICITE
127 008 .  .  .  .  .  LES CHOSES OU LE SON SE MELE A LA LUMIERE,
131 080          QUI, LA TORCHE A LA MAIN, LE BRULE JUSQU'AU SANG.
114 014        ET POURTANT NECESSAIRE A LA MARCHE DU MONDE,
052 004            OU L'ENFANCE S'ALLIE A LA MATURITE.
052 016 .  .  .  .  OU L'ENFANCE S'ALLIE A LA MATURITE.
130 034            DE LARMES QU' A LA MER OU VERSE TES RUISSEAUX?
126 042     FAUT -IL LE METTRE AUX FERS, LE JETER A LA MER,
110 043          S'ETAIENT -ILS ENTR'OUVERTS A LA MEUTE ALTEREE
096 024 .  .  .  .  LA DOULEUR A LA MORT ET L'ENFER AU NEANT!
114 005            ELLE RIT A LA MORT ET NARGUE LA DEBAUCHE,
110 060          ET CONSTANT JUSQUES A LA MORT.
115 002        COMME JE ME PLAIGNAIS UN JOUR A LA NATURE,
089 041 .  .  .  .  .  .  .  .  .  .  JE PENSE A LA NEGRESSE, AMAIGRIE ET PHTISIQUE,
097 003                     ELLE A LA NONCHALANCE ET LA DESINVOLTURE
126 097      PLUSIEURS RELIGIONS SEMBLABLES A LA NOTRE,
131 001                     A LA PALE CLARTE DES LAMPES LANGUISSANTES,
045 014 .  .  .  .  .  .  .  .  .  .  ECLOSE A LA PALE CLARTE,
038 029        COMME UN BEAU CADRE AJOUTE A LA PEINTURE,
133 002          EST LARGE A FAIRE ENVIE A LA PLUS BELLE BLANCHE;
005 036               -- A LA SAINTE JEUNESSE, A L'AIR SIMPLE, AU DOUX FRONT,
150 011 .  .  .  .  .  .  .  COMME UN PARASITE A LA TABLE
034 012            ET, DES PIEDS JUSQUES A LA TETE,
056 011            MON ESPRIT EST PAREIL A LA TOUR QUI SUCCOMBE
039 011       --O TOI QUI, COMME UNE OMBRE A LA TRACE EPHEMERE,
134 001            A LA TRES -CHERE, A LA TRES -BELLE
134 017            A LA TRES -BONNE, A LA TRES -BELLE
042 003                     A LA TRES -BELLE, A LA TRES -BONNE, A LA TRES -CHERE,
042 003                     A LA TRES -BELLE,  A LA TRES -BONNE, A LA TRES -BELLE
134 017 .  .  .  .  .  .  .  .  .  A LA TRES -BONNE, A LA TRES -BELLE
042 003       A LA TRES -BELLE, A LA TRES -BONNE,  A LA TRES -CHERE,
134 001                     A LA TRES -CHERE, A LA TRES -BELLE
032 004                     A LA TRISTE BEAUTE DONT MON DESIR SE PRIVE.
029 045 .  .  .  .  .  .  ALORS, O MA BEAUTE! DITES A LA VERMINE,
069 004            JE METS A LA VOILE;
083 009            GRACE A LA VORACE IRONIE
042 007          SA CHAIR SPIRITUELLE A LE PARFUM DES ANGES,
058 011 .  .  .  .  .  .  1  .  .  .  .  .  TA TETE A LES ATTITUDES
100 014       REMPLACENT LES LAMBEAUX QUI PENDENT A LEUR GRILLE.
013 003            SUR SON DOS, OU LIVRANT A LEURS FIERS APPETITS
130 017               QUI FONT QU' A LEURS MIROIRS, STERILE VOLUPTE!
034 005 .  .  .  .  .  LORSQUE MES DOIGTS CARESSENT A LOISIR
115 013               --"CONTEMPLONS A LOISIR CETTE CARICATURE
072 003            OU JE PUISSE A LOISIR ETALER MES VIEUX OS
019 009            PARCOURIR A LOISIR SES MAGNIFIQUES FORMES;
053 004 .  .  .  .  .  .  .  .  .  .  .  .  AIMER A LOISIR,
```

A

		POEM	LINE
ET SA BARBE	A LONGS POILS, ROIDE COMME UNE EPEE,	090	019
OU JE HUME	A LONGS TRAITS LE VIN DU SOUVENIR?	023	035
TU REPONDIS	A L'ABHORRE:	041	010
DE DONNER MON NOM	A L'ABIME:	148	015
COURANT AVEC FERVEUR	A L'ABIME BEANT,	096	022
RENVERSEE	A L'ABRI DE LA FACE QUI MENT.	020	024
VOUS FERIEZ,	A L'ABRI DES OMBREUSES RETRAITES,	061	012
	A L'ACCENT FAMILIER NOUS DEVINONS LE SPECTRE;	126	133
QUI SE MORFOND LONGTEMPS	A L'AFFUT DE LA PROIE.	149	034
	A L'AIR D'UN MORIBOND CARESSANT SON TOMBEAU.	021	020
--A LA SAINTE JEUNESSE,	A L'AIR SIMPLE, AU DOUX FRONT,	005	036
	A L'AME CHARITABLE AUTANT QUE MEURTRIERE;	059	010
ET QUE, DECOR SEMBLABLE	A L'AME DE L'ACTEUR,	090	008
	A L'AME EN SECRET	053	025
D'UNE JEUNESSE EN PROIE	A L'AMOUR VAGISSANT,	035	004
	A L'ANGE, A L'IDOLE IMMORTELLE,	134	003
	A L'ANGE, A L'IDOLE IMMORTELLE,	134	019
	A L'ARTISTE PENSIF TON CORPS EST DOUX ET CHER;	133	003
JE NE CHERCHE,	A L'ASPECT DE CES MEMBRES DISCORDS,	091	030
JE SENTIS,	A L'ASPECT DE TES MEMBRES FLOTTANTS,	116	046
EXCITANT	A L'ASSAUT UN PEUPLE SANS SOULIERS,	059	006
EPRISE DU PLAISIR JUSQU'	A L'ATROCITE,	092	012
JE M'AVANCE	A L'ATTAQUE, ET JE GRIMPE AUX ASSAUTS,	024	007
DIT	A L'AUTRE: VIE ET SPLENDEUR!	081	004
PENSIVE, S'ASSEYAIT	A L'ECART SUR UN BANC,	091	052
JE T'ADORE	A L'EGAL DE LA VOUTE NOCTURNE,	024	001
	A L'EGAL DE PAPHOS LES ETOILES T'ADMIRENT,	130	013
SON VENT MELANCOLIQUE	A L'ENTOUR DE LEURS MARBRES,	100	006
ET PLANAIT LIBREMENT	A L'ENTOUR DES CORDAGES;	116	002
LACS OU MON AME TREMBLE ET SE VOIT	A L'ENVERS...	049	013
USANT	A L'ENVI LEURS CHALEURS DERNIERES,	121	005
ET QUE VOUS L'INVITEZ	A L'ETERNELLE FETE	001	063
POUR LES RENDRE	A L'ETERNITE!"	045	036
JUSQU'	A L'HEURE MELANCOLIQUE	067	006
UNE, ENTRE AUTRES,	A L'HEURE OU LE SOLEIL TOMBANT	091	050
	A L'HEURE OU LES CHASTES ETOILES	070	005
LA JE VIS, UN MATIN,	A L'HEURE OU SOUS LES CIEUX	089	014
PRES DE TOI SE REPOSE,	A L'HEURE OU SUR TON FRONT	120	050
COMME UN VER QUI DEROBE	A L'HOMME CE QU'IL MANGE.	095	020
AUSSI, SITOT QU'	A L'HORIZON	124	004
C'EST UN UNIVERS MORNE	A L'HORIZON PLOMBE.	030	013
INSENSIBLES TOUS DEUX	A L'HUMAINE SOUFFRANCE,	027	006
A L'ANGE,	A L'IDOLE IMMORTELLE,	134	003
A L'ANGE,	A L'IDOLE IMMORTELLE,	134	019
AME RESPLENDISSANTE,	A L'IMMORTEL SOLEIL!	046	014
COMME LES ANGES	A L'OEIL FAUVE,	063	001
	A L'OEIL LIMPIDE ET CLAIR AINSI QU'UNE EAU COURANTE,	005	037
COMME UNE SENTINELLE	A L'OEIL PERCANT ET SUR,	130	047
TOUT CHARGE DE MYSTERE, APPARAISSENT	A L'OMBRE	006	007
DURMIR NONCHALAMMENT	A L'OMBRE DE SES SEINS,	019	013
ET SOMMEILLER LONGTEMPS	A L'OMBRE DE VOS CILS!	040	014
JE PREFERE AU CONSTANCE,	A L'OPIUM, AU NUITS.	026	005
ET, COMME UN LONG LINCEUL TRAINANT	A L'ORIENT,	143	013
BIEN QU'ON AIT DU COEUR	A L'OUVRAGE,	011	003
HOSTILE	A L'UNIVERS PLUTOT QU'INDIFFERENT.	090	028
CE QUI DIT	A L'UN: SEPULTURE!	081	003
DES CHEMINS SINGULIERS	A LUI-MEME INCONNUS,	016	007
ET TOUS GAILLARDEMENT TRAFIQUANT	A MA FACE,	096	019
JE VAIS M'EXERCER SEUL	A MA FANTASQUE ESCRIME,	087	005
L'EMEUTE, TEMPETANT VAINEMENT	A MA VITRE,	086	021
JE FAISAIS,	A MA VOLONTE,	102	038
	A ME CONSIDERER FROIDEMENT ILS SE MIRENT,	115	009
ET, TACHANT	A ME PRENDRE EN FAUTE,	041	003
NOUS APPRIS	A MELER LE SALPETRE ET LE SOUFRE,	120	032
SANS CESSE	A MES COTES S'AGITE LE DEMON;	109	001
	A MES COTES, AU LIEU DU MANNEQUIN PUISSANT	132	023
JE GUETTE, OBEISSANT	A MES HUMEURS FATALES,	091	003
RESTE COMME PENDUE	A MES RIMES HAUTAINES;	039	008
	A MES YEUX AGRANDIS VOLTIGE INCESSAMMENT.	046	011
QUANT	A MOI, MES BRAS SONT ROMPUS	148	003
--CERTES, JE SORTIRAI, QUANT	A MOI, SATISFAIT	118	029
	A MOINS QUE, MEDITANT SUR LA GEOMETRIE,	091	029
TOI, VETUE	A MOITIE DE MOUSSELINES FRELES,	133	021
	A MON AMOUR PROFOND ET DOUX COMME LA MER,	127	011
	A MON BRAS VOTRE BRAS POLI	045	002
AFIN QU'	A MON DESIR TU NE SOIS JAMAIS SOURDE!	023	033
	A MON DESTIN, DESORMAIS MON DELICE,	128	017
TU REPONDS, GRAND SQUELETTE,	A MON GOUT LE PLUS CHER!	097	020
JE PENSE	A MON GRAND CYGNE, AVEC SES GESTES FOUS,	089	034
UNE FLEUR QUI RESSEMBLE	A MON ROUGE IDEAL.	018	008
--ET LA LAMPE S'ETANT RESIGNEE	A MOURIR,	127	059
LIS -MOI, POUR APPRENDRE	A M'AIMER;	142	011
POUR RASSEMBLER	A NEUF LES TERRES INONDEES,	010	007
LE SOLEIL	A NOIRCI LA FLAMME DES BOUGIES;	046	012
COMME UN DIVIN REMEDE	A NOS IMPURETES	001	058
RENAITRONT -ILS D'UN GOUFFRE INTERDIT	A NOS SONDES,	036	027
C'EST LA CLARTE VIBRANTE	A NOTRE HORIZON NOIR;	122	006
	A NOURRI!"	147	014
ET PLATRE ARTISTEMENT LE SEIN QUI T'	A NOUS RAPPELER QUEL USAGE	150	003

```
POEM LINE
115 021 . . . . . . . . . . . .    ET MEME   A NOUS, AUTEURS DE CES VIEILLES RUBRIQUES,
149 010                 DIT AU PAUVRE, QU'IL   A NOYE DANS LES TENEBRES:
051 016                          ELLE N'   A PAS BESOIN DE MOTS.
049 006          L'OPIUM AGRANDIT CE QUI N'   A PAS DE BORNES,
095 002 . . . . .   IL VIENT COMME UN COMPLICE,   A PAS DE LOUP: LE CIEL
056 010          L'ECHAFAUD QU'ON BATIT N'   A PAS D'ECHO PLUS SOURD.
115 027            CRIME QUI N'   A PAS FAIT CHANCELER LE SOLEIL!
038 006                     CONDAMNE   A PEINDRE, HELAS! SUR LES TENEBRES;
002 005 . . . . . . .     A PEINE LES ONT -ILS DEPOSES SUR LES PLANCHES,
051 004        QUAND IL MIAULE, ON L'ENTEND   A PEINE,
084 031                      QUI DONNE   A PENSER QUE LE DIABLE
089 045                  A QUICONQUE   A PERDU CE QUI NE SE RETROUVE
080 010 . . . .   LE PRINTEMPS ADORABLE   A PERDU SON ODEUR!
146 009   J'AI PEUR DU SOMMEIL COMME ON   A PEUR D'UN GRAND TROU,
013 005           LES HOMMES VONT   A PIED SOUS LEURS ARMES LUISANTES
140 002          DU MECREANT SAISIT   A PLEIN POING LES CHEVEUX,
089 050 . . .   UN VIEUX SOUVENIR SONNE   A PLEIN SOUFFLE DU COR!
088 015                      TRAINE   A PLIS BRUYANTS ET LONGS
110 004            QUI TRAINENT   A PLIS SOMPTUEUX,
155 008          OU CE SOIR M'   A PLONGE L'AMOUR,
014 005 . . . . .     TU TE PLAIS   A PLONGER AU SEIN DE TON IMAGE;
080 007            L'AMOUR N'   A PLUS DE GOUT, NON PLUS QUE LA DISPUTE;
029 010        COMME AFIN DE LA CUIRE   A POINT,
071 001        CE SPECTRE SINGULIER N'   A POUR TOUTE TOILETTE,
111 025 . . . .   VOUS QUE DANS VOTRE ENFER MON AME   A POURSUIVIES,
114 007       DANS SES JEUX DESTRUCTEURS   A POURTANT RESPECTE
090 033            A QUEL COMPLOT INFAME ETAIS -JE DONC EN BUTTE,
031 007               --INFAME   A QUI JE SUIS LIE
126 070 . . . .   DESIR, VIEIL ARBRE   A QUI LE PLAISIR SERT D'ENGRAIS,
120 004         O PRINCE DE L'EXIL,   A QUI L'ON A FAIT TORT,
054 034            A QUI NOTRE COEUR SERT DE CIBLE?
126 118 . . . . .     CHERCHENT   A QUI RIEN NE SUFFIT, NI WAGON NI VAISSEAU,
001 031                 ETRE MAUDIT   A QUI SAURA LUI TIRER UNE PLAINTE,
039 009          A QUI, DE L'ABIME PROFOND
089 045             QUICONQUE A PERDU CE QUI NE SE RETROUVE
036 023                        CAR   A QUOI BON CHERCHER TES BEAUTES LANGOUREUSES
011 012 . . . . . .   MAINTE FLEUR EPANCHE   A REGRET
094 020              AVEZ -VOUS   A REMPLIR LA GRANGE?
118 032           SAINT PIERRE   A RENIE JESUS...IL A BIEN FAIT!
156 003          NOUS ENSEIGNE   A RIRE DE NOUS,
001 033 . . . .   DANS LE PAIN ET LE VIN DESTINES   A SA BOUCHE
088 008             A SA DOUCEUR.
038 034          S'ADAPTAIENT JUSTE   A SA RARE BEAUTE;
038 011            A SA REVEUSE ALLURE ORIENTALE
072 008 . . . .     A SAIGNER TOUS LES BOUTS DE MA CARCASSE IMMONDE.
043 002       QU'UN ANGE TRES -SAVANT   A SANS DOUTE AIMANTES;
008 007           SENTANT TA BOURSE   A SEC AUTANT QUE TON ESPACE,
097 041        POURTANT, QUI N'   A SERRE DANS SES BRAS UN SQUELETTE,
131 070 . . . .   COURS OFFRIR UN COEUR VIERGE   A SES CRUELS BAISERS;
127 016       DONNAIT UN CHARME NEUF   A SES METAMORPHOSES;
020 030         QUI METTRAIT   A SES PIEDS LE GENRE HUMAIN VAINCU,
131 013             ETENDUE   A SES PIEDS, CALME ET PLEINE DE JOIE,
005 010 . . . .   ABREUVAIT L'UNIVERS   A SES TETINES BRUNES,
001 048          SAURONT JUSQU'   A SON COEUR SE FRAYER UN CHEMIN.
149 027        RECONNAISSEZ SATAN   A SON RIRE VAINQUEUR,
149 017           L'HORLOGE   A SON TOUR, DIT A VOIX BASSE: "IL EST MUR,
126 002 . . . .   L'UNIVERS EST EGAL   A SON VASTE APPETIT.
014 010          HOMME, NUL N'   A SONDE LE FOND DE TES ABIMES;
032 003          JE ME PRIS   A SONGER PRES DE CE CORPS VENDU
042 004       DONT LE REGARD DIVIN T'   A SOUDAIN REFLEURI?
077 017 . . . . . . . . .   IL N'   A SU RECHAUFFER CE CADAVRE HEBETE
155 004             OU T'   A SURPRISE LE PLAISIR.
028 017          A TE VOIR MARCHER EN CADENCE,
084 006             QU'   A TENTE L'AMOUR DU DIFFORME,
133 020 . . . .   FAIRE DE GRANDS ADIEUX   A TES CHERS TAMARINS?
032 010     ET DEPUIS TES PIEDS FRAIS JUSQU'   A TES NOIRES TRESSES
076 002           UN GROS MEUBLE   A TIROIRS ENCOMBRE DE BILANS,
120 046         GLOIRE ET LOUANGE   A TOI, SATAN, DANS LES HAUTEURS
141 007 . . . .   LA DENT DIT: "PENSE   A TON DEVOIR!"
031 020          A TON ESCLAVAGE MAUDIT,
104 018          A TON FILS JE RENDRAI SA FORCE ET SES COULEURS
129 031          ET FAIRE   A TON FLANC ETONNE
119 014          A TON FOYER PATRIARCAL;
037 003          DORS OU FUME   A TON GRE: SOIS MUETTE, SOIS SOMBRE,
097 060        MELE SON IRONIE   A TON INSANITE!"
150 018        LE FAIBLE QU'   A TORT ON MEPRISE;
085 020 . . . .   LE GOUFFRE   A TOUJOURS SOIF; LA CLEPSYDRE SE VIDE.
059 013     ET SON COEUR, RAVAGE PAR LA FLAMME,   A TOUJOURS,
118 026   TU FOUETTAIS TOUS CES VILS MARCHANDS   A TOUR DE BRAS,
007 013        OU REGNENT TOUR   A TOUR LE PERE DES CHANSONS,
007 003 . . .   ET JE VOIS TOUR   A TOUR REFLECHIS SUR TON TEINT
017 002   ET MON SEIN, OU CHACUN S'EST MEURTRI TOUR   A TOUR,
112 010          NOUS OFFRENT TOUR   A TOUR, COMME DEUX BONNES SOEURS,
015 011          MONTRAIT   A TOUS LES MORTS ERRANT SUR LES RIVAGES
091 020 . . . . . .   QUI S'ETONNE ET QUI RIT   A TOUT CE QUI RELUIT.
085 018       QUI GAGNE SANS TRICHER,   A TOUT COUP: C'EST LA LOI.
054 030          LE DIABLE   A TOUT ETEINT AUX CARREAUX DE L'AUBERGE!
087 003     QUAND LE SOLEIL CRUEL FRAPPE   A TRAITS REDOUBLES
016 023 . .   ET, QUAND IL S'EN ALLAIT SANS RIEN VOIR,   A TRAVERS
```

[6]

A

		POEM	LINE
	A TRAVERS CES LEVRES NOUVELLES, ...	129	034
L'HOMME Y PASSE	A TRAVERS DES FORETS DE SYMBOLES	004	003
SANS HORREUR,	A TRAVERS DES TENEBRES QUI PUENT.	000	015
LASSE, LA FONT S'ETENDRE	A TRAVERS LA CAMPAGNE,	019	012
	A TRAVERS LA CITE, COMME DANS UN CHAMP CLOS, ...	113	005
EN SECRET	A·TRAVERS LA NUIT,	134	012
	A TRAVERS LA TEMPETE, ET LA NEIGE, ET LE GIVRE,	122	005
	A TRAVERS LE CHAOS DES VIVANTES CITES,	091	062
	A TRAVERS LE TREILLIS RECOURBE DE TES COTES	097	031
	A TRAVERS LES AMAS CONFUS DE VOTRE CENDRE,	149	038
IL EST DOUX,	A TRAVERS LES BRUMES, DE VOIR NAITRE	086	009
	A TRAVERS LES DESERTS COUREZ COMME LES LOUPS;	131	102
	A TRAVERS LES LUEURS QUE TOURMENTE LE VENT	095	014
	A TRAVERS LES ROCHERS PLEINS D'APPARITIONS,	111	010
BRILLANT	A TRAVERS LEURS LARMES.	053	012
JE VAIS VOUS EMPORTER	A TRAVERS L'EPAISSEUR,	149	035
	A TRAVERS L'EPAISSEUR DE LA TERRE ET DU ROC, ...	149	037
C'EST AINSI QU'	A TRAVERS L'HUMANITE FRIVOLE	105	025
	A TRAVERS MA RUINE ALLEZ DONC SANS REMORDS,	072	012
QUI JADIS AIMAIENT TANT	A TRITURER MA CHAIR.	116	052
NOUS VIMES QUE C'ETAIT UN GIBET	A TROIS BRANCHES, ...	116	027
D'UN QUADRUPEDE INFIRME OU D'UN JUIF	A TROIS PATTES.	090	025
NOUS AVONS SALUE DES IDOLES	A TROMPE;	126	077
--ELLE PLEURE, INSENSE, PARCE QU'ELLE	A VECU!	020	032
UNE EBAUCHE LENTE	A VENIR, ...	029	030
VEC UN TEL POIGNET, QU'ON VOUS EUT PRIS,	A VOIR	157	002
ET CEPENDANT,	A VOIR LA MAIGREUR ELEGANTE	110	037
L'HORLOGE, A SON TOUR, DIT	A VOIX BASSE: "IL EST MUR,	149	017
JE GOUTE	A VOTRE INSU DES PLAISIRS CLANDESTINS:	091	076
VOYEZ VENIR	A VOUS UN MORT LIBRE ET JOYEUX;	072	010
ET RONGE D'UN DESIR SANS TREVE! ET PUIS	A VOUS,	089	036
ANDROMAQUE, JE PENSE	A VOUS! CE PETIT FLEUVE,	089	001
OU SAINT ANTOINE	A VU SURGIR COMME DES LAVES	111	011
L'HOMME	A, POUR PAYER SA RANCON,	135	001
T'	A-T-IL NOYEE AU FOND D'UN FABULEUX MINTURNES?	007	008
OU TU FUS MAITRE ENFIN? LE REMORDS N'	A-T-IL PAS	118	027
DIS -MOI, TETE EFFRAYANTE,	A-T-IL SUR TES DENTS FROIDES	110	051
DANS LE PLUS COMPLET	ABANDON	110	022
BELLE D'	ABANDON,	028	018
OU LORSQUE J'	ABANDONNE AUX MORSURES MON BUSTE,	132	013
--UN DE CES GRANDS	ABANDONNES	083	026
RACE D'	ABEL, AIME ET PULLULE!	119	017
RACE D'	ABEL, CHAUFFE TON VENTRE	119	013
RACE D'	ABEL, DORS, BOIS ET MANGE;	119	001
AH! RACE D'	ABEL, TA CHAROGNE	119	025
RACE D'	ABEL, TON SACRIFICE	119	005
RACE D'	ABEL, TU CROIS ET BROUTES	119	021
RACE D'	ABEL, VOICI TA HONTE:	119	029
RACE D'	ABEL, VOIS TES SEMAILLES	119	009
--JE SUIS UN CIMETIERE	ABHORRE DE LA LUNE,	076	008
TU REPONDIS A L'	ABHORRE:	041	010
DE DONNER MON NOM A L'	ABIME	148	015
COURANT AVEC FERVEUR A L'	ABIME BEANT, ...	096	022
UN	ABIME BEANT; CET ABIME EST MON COEUR!	131	076
RIEN NE ME VAUT L'	ABIME DE TA COUCHE;	128	014
UN ABIME BEANT; CET	ABIME EST MON COEUR!	131	076
ETRE MAUDIT A QUI, DE L'	ABIME PROFOND	039	009
L'ESCALIER DE VERTIGE OU S'	ABIME SON AME.	153	004
IENS -TU DU CIEL PROFOND OU SORS -TU DE L'	ABIME,	021	001
CE QU'IL FAUT A CE COEUR PROFOND COMME UN	ABIME,	018	009
DE L'EXISTENCE IMMENSE, AU PLUS NOIR DE L'	ABIME, ...	136	017
--HELAS! TOUT EST	ABIME,--ACTION, DESIR, REVE,	146	002
LE DEMON FAIT DES TROUS SECRETS A CES	ABIMES,	073	005
HOMME, NUL N'A SONDE LE FOND DE TES	ABIMES!	014	010
DECREPIT, POUDREUX, SALE,	ABJECT, VISQUEUX, FELE,	048	024
POUR BRISER TON COURAGE ET TE METTRE AUX	ABOIS,	026	013
TRAINE TA FAMILLE AUX	ABOIS.	119	024
S'ECROULE	ABONDAMMENT SUR UN PIED SEC QUE PINCE	097	007
L'ELEGANCE ET LA FORCE	ABONDENT, SOEURS DIVINES.	020	003
APRES L'AVOIR D'	ABORD MARQUEE AVEC LES DENTS,	131	016
	ABORDE HEUREUSEMENT AUX EPOQUES LOINTAINES,	039	002
DE TES PLEURS	ABOUTIT DANS MON COEUR SOUCIEUX;	020	026
	ABREUVAIT L'UNIVERS A SES TETINES BRUNES.	005	010
TON MENSONGE M'ENIVRE, ET MON AME S'	ABREUVE	020	027
UN SANG ROUGE ET VIVANT, DONT LA TOILE S'	ABREUVE	110	011
JAMAIS, JAMAIS! A CEUX QUI S'	ABREUVENT DE PLEURS	089	046
POUR	ABREUVER MON SAHARAH, ...	083	005
RENVERSEE A L'	ABRI DE LA FACE QUI MENT.	020	024
VOUS FERIEZ, A L'	ABRI DES OMBREUSES RETRAITES,	061	012
LES PERSIENNES,	ABRI DES SECRETES LUXURES,	087	002
ET JE N'Y CHERCHE PLUS L'	ABRI D'UNE CAHUTE.	080	014
SOUS LES IFS NOIRS QUI LES	ABRITENT,	067	001
ET LE PEUPLE AMOUREUX DU FOUET	ABRUTISSANT;	126	096
TOUT UN MONDE LOINTAIN,	ABSENT, PRESQUE DEFUNT,	023	007
PAR LE MORNE REGRET DES CHIMERES	ABSENTES.	013	008
LES COCOTIERS	ABSENTS DE LA SUPERBE AFRIQUE	089	043
DES COCOTIERS	ABSENTS LES FANTOMES EPARS!	133	028
L'AVAIENT A COUPS DE BEC	ABSOLUMENT CHATRE.	116	036
VERS L'ETRANGE ET L'	ABSURDE INVITENT SA RAISON;	153	006

```
POEM LINE
090 048  . . . . . . .    BLESSE PAR LE MYSTERE ET PAR L' ABSURDITE!
068 003                              D' ABYSSINIENNE OU DE CAFRINE,
001 013         JE FERAI REJAILLIR TA HAINE QUI M' ACCABLE
126 133                           A L' ACCENT FAMILIER NOUS DEVINONS LE SPECTRE;
102 057  . . . . . . . . . . .    LA PENDULE AUX ACCENTS FUNEBRES
045 012                        NOUS ACCOMPAGNAIENT LENTEMENT.
075 010                             ACCOMPAGNE EN FAUSSET LA PENDULE ENRHUMEE,
062 008                          QU' ACCOMPAGNE L'IMMENSE ORGUE DES VENTS GRONDEURS,
083 013  . . . . . . .    NE SUIS -JE PAS UN FAUX ACCORD
131 065        CELUI QUI VEUT UNIR DANS UN ACCORD MYSTIQUE
085 008             A CHAQUE HOMME ACCORDE POUR TOUTE SA SAISON.
012 007         LES TOUT -PUISSANTS ACCORDS DE LEUR RICHE MUSIQUE
041 020  . . . . . . .    EN NOTE LES NOMBREUX ACCORDS.
096 016                      JE ME VIS ACCOUDE, FROID, MUET, ENVIANT,
147 008      OU SOUS LES GAZONS SECS S' ACCOUPLER LES VIPERES?
109 008                             ACCOUTUME MA LEVRE A DES PHILTRES INFAMES.
052 020  . . . . . . . .    COMME LES BOUCLIERS ACCROCHENT DES ECLAIRS;
090 007        SIMULAIENT LES DEUX QUAIS D'UNE RIVIERE ACCRUE,
024 005                  PLUS IRONIQUEMENT ACCUMULER LES LIEUES
001 036                          ET S' ACCUSENT D'AVOIR MIS LEURS PIEDS DANS SES PAS.
035 006  . . . . MA CHERE! MAIS LES DENTS, LES ONGLES ACERES,
076 010                          QUI S' ACHARNENT TOUJOURS SUR MES MORTS LES PLUS CHERS,
133 010                              D' ACHETER AU BAZAR ANANAS ET BANANES.
029 031         SUR LA TOILE OUBLIEE, ET QUE L'ARTISTE ACHEVE
027 012  . . . . . .    OU TOUT N'EST QU'OR, ACIER, LUMIERE ET DIAMANTS,
048 006                    PLEINE DE L' ACRE ODEUR DES TEMPS, POUDREUSE ET NOIRE,
028 006                          AUX ACRES PARFUMS,
090 008         ET QUE, DECOR SEMBLABLE A L'AME DE L' ACTEUR,
144 006  . . . . . .    QUE SON PETIT CERVEAU SOIT ACTIF OU SOIT LENT,
131 049         AVONS -NOUS DONC COMMIS UNE ACTION ETRANGE?
118 030                          D'UN MONDE OU L' ACTION N'EST PAS LA SOEUR DU REVE;
146 002              --HELAS! TOUT EST ABIME,-- ACTION, DESIR, REVE,
038 034  . . . . . . . . . . . . . .    S' ADAPTAIENT JUSTE A SA RARE BEAUTE!
107 006         UN BAISER LIBERTIN DE LA MAIGRE ADELINE;
080 008                             ADIEU DONC, CHANTS DU CUIVRE ET SOUPIRS DE LA FLUTE!
056 002                             ADIEU, VIVE CLARTE DE NOS ETES TROP COURTS!
091 082  . . . . JE VOUS FAIS CHAQUE SOIR UN SOLENNEL ADIEU!
133 020                     FAIRE DE GRANDS ADIEUX A TES CHERS TAMARINS?
121 011         COMME UN LONG SANGLOT, TOUT CHARGE D' ADIEUX;
110 052                    COLLE LES SUPREMES ADIEUX?
106 006  . . . . . .    L'AIR EST PUR, LE CIEL ADMIRABLE...
097 057     EN TOUT CLIMAT, SOUS TOUT SOLEIL, LA MORT T' ADMIRE
001 043        POUR SAVOIR SI JE PUIS DANS UN COEUR QUI M' ADMIRE,
057 033        ET COMME TOUT EN MOI TE CHERIT OU T' ADMIRE,
130 013  . . . .    A L'EGAL DE PAPHOS LES ETOILES T' ADMIRENT,
115 010      ET, COMME DES PASSANTS SUR UN FOU QU'ILS ADMIRENT,
130 043                 ET JE FUS DES L'ENFANCE ADMIS AU NOIR MYSTERE
103 004        TORD SUR LEURS OREILLERS LES BRUNS ADOLESCENTS;
120 043  . . . . . . . . . . .    PERE ADOPTIF DE CEUX QU'EN SA NOIRE COLERE
080 010                   LE PRINTEMPS ADORABLE A PERDU SON ODEUR!
054 031                             ADORABLE SORCIERE, AIMES -TU LES DAMNES?
054 035                             ADORABLE SORCIERE, AIMES -TU LES DAMNES?
020 005  . . . . . . .    DIVINEMENT ROBUSTE, ADORABLEMENT MINCE,
147 001                   O LUNE QU' ADORAIENT DISCRETEMENT NOS PERES,
126 090                    SANS RIRE S' ADORANT ET S'AIMANT SANS DEGOUT;
116 015        OU LES SOUPIRS DES COEURS EN ADORATION
038 021  . . . . .    AINSI L'AMANT SUR UN CORPS ADORE
024 001                       JE T' ADORE A L'EGAL DE LA VOUTE NOCTURNE,
130 054                 LE CADAVRE ADORE DE SAPHO, QUI PARTIT
098 024        MASQUE OU DECOR, SALUT! J' ADORE TA BEAUTE.
128 002  . . . . . . . . .    TIGRE ADORE, MONSTRE AUX AIRS INDOLENTS;
058 005                       JE T' ADORE, O MA FRIVOLE,
037 014     QUI NE CRIE: O MON CHER BELZEBUTH, JE T' ADORE!
036 013        EN ME PENCHANT VERS TOI, REINE DES ADOREES,
001 038     "PUISQU'IL ME TROUVE ASSEZ BELLE POUR M' ADORER,
050 014                             ADORERAI -JE AUSSI TA NEIGE ET VOS FRIMAS,
152 005       GRANDS YEUX DE MON ENFANT, ARCANES ADORES,
136 001                  MON BERCEAU S' ADOSSAIT A LA BIBLIOTHEQUE,
089 028  . . . . . . . . .    COMME S'IL ADRESSAIT DES REPROCHES A DIEU!
074 011           IL ARRIVE SOUVENT QUE SA VOIX AFFAIBLIE
095 012     S'EVEILLENT LOURDEMENT, COMME DES GENS D' AFFAIRE,
057 041                             BIEN AFFILES, ET, COMME UN JONGLEUR INSENSIBLE,
047 009  . . .    LE VIOLON FREMIT COMME UN COEUR QU'ON AFFLIGE,
047 006           LE VIOLON FREMIT COMME UN COEUR QU'ON AFFLIGE;
006 003                      MAIS OU LA VIE AFFLUE ET S'AGITE SANS CESSE,
059 011                   SON COURAGE, AFFOLE DE POUDRE ET DE TAMBOURS,
129 015  . . . . . . . . .    FOLLE DONT JE SUIS AFFOLE
032 011        UNE NUIT QUE J'ETAIS PRES D'UNE AFFREUSE JUIVE,
112 011           DE TERRIBLES PLAISIRS ET D' AFFREUSES DOUCEURS.
044 003         ET LES VAGUES TERREURS DE CES AFFREUSES NUITS
118 004  . . . .    IL S'ENDORT AU DOUX BRUIT DE NOS AFFREUX BLASPHEMES.
138 010                        LE NUAGE AFFREUX DU PASSE.
146 006        LE SILENCE, L'ESPACE AFFREUX ET CAPTIVANT...
078 014        ET LANCENT VERS LE CIEL UN AFFREUX HURLEMENT,
071 003  . . . . . . . . .    QU'UN DIADEME AFFREUX SENTANT LE CARNAVAL.
038 049              QUE RESTE-T -IL? C'EST AFFREUX, O MON AME!
131 096        ET PENETRENT VOS CORPS DE LEURS PARFUMS AFFREUX.
092 001     CONTEMPLE -LES, MON AME; ILS SONT VRAIMENT AFFREUX!
123 010  . .    ET CES SCULPTEURS DAMNES ET MARQUES D'UN AFFRONT,
```

A

		POEM	LINE
QUI SE MORFOND LONGTEMPS A L'	AFFUT DE LA PROIE.	149	034
--VITE SOUFFLONS LA LAMPE,	AFIN	150	031
COMME	AFIN DE LA CUIRE A POINT,	029	010
	AFIN D'ETERNISER L'ARDEUR DE NOTRE HAINE!	035	014
JE TE DONNE CES VERS	AFIN QUE SI MON NOM	039	001
SOUS TES TALONS,	AFIN QUE TU FOULES ET RAILLES,	057	026
	AFIN QU'A MON DESIR TU NE SOIS JAMAIS SOURDE!	023	033
LES COCOTIERS ABSENTS DE LA SUPERBE	AFRIQUE	089	043
LA LANGOUREUSE ASIE ET LA BRULANTE	AFRIQUE, ...	023	006
L'UN	AGACE SON BEC AVEC UN BRULE -GUEULE,	002	011
TOURMENTENT LES DESIRS OBSCURS ET LES	AGACENT,	052	030
MELES DE METAL ET D'	AGATE.	034	004
ST -IL VRAI QUE PARFOIS LE TRISTE COEUR D'	AGATHE	062	013
S -MOI, TON COEUR PARFOIS S'ENVOLE-T -IL,	AGATHE,	062	001
S -MOI, TON COEUR PARFOIS S'ENVOLE-T -IL,	AGATHE?	062	005
QUE CET ARDENT SANGLOT QUI ROULE D'	AGE EN	006	043
QUE CET ARDENT SANGLOT QUI ROULE D'	AGE EN AGE	006	043
MOULUS PAR LE TRAVAIL ET TOURMENTES PAR L'	AGE,	105	014
S'	AGGRAVENT LES DOULEURS DES FEMMES EN GESINE;	103	018
	AGILE ET NOBLE, AVEC SA JAMBE DE STATUE.	093	005
ALORS L'HOMME ET LA FEMME EN LEUR	AGILITE	005	003
MON ESPRIT, TU TE MEUS AVEC	AGILITE,	003	005
UNE PLUS GRANDE BETE AU MILIEU S'	AGITAIT	116	039
QUI VIT, S'	AGITE ET SE TORTILLE,	054	002
	AGITE ET TOURNE DANS SON VAN.	029	028
SANS CESSE A MES COTES S'	AGITE LE DEMON;	109	001
MAIS OU LA VIE AFFLUE ET S'	AGITE SANS CESSE,	006	003
	AGITE SANS REPOS SON CORPS MAIGRE ET GALEUX;	075	006
AU BOUT DE LEURS BATONS	AGITENT EN CADENCE.	027	004
JE LA VEUX	AGITER DANS L'AIR COMME UN MOUCHOIR!	023	005
QUAND,	AGITES D'UN MAL INCONNU QUI LES TORD,	050	007
CRIANT A DIEU, DANS SA FURIBONDE	AGONIE:	126	103
CE PAUVRE	AGONISANT QUE DEJA LE LOUP FLAIRE!	054	020
A CET	AGONISANT QUE LE LOUP DEJA FLAIRE	054	016
HARPAGON, QUI VEILLAIT SON PERE	AGONISANT,	149	001
COMME UN RALE D'	AGONISANT.	138	015
ET LES	AGONISANTS DANS LE FOND DES HOSPICES	103	022
A MES YEUX	AGRANDIS VOLTIGE INCESSAMMENT.	046	011
L'OPIUM	AGRANDIT CE QUI N'A PAS DE BORNES,	049	006
--	AH! JESUS, SOUVIENS -TOI DU JARDIN DES OLIVES!	118	009
	AH! LAISSEZ -MOI, MON FRONT POSE SUR VOS GENOUX, . .	056	026
	AH! LES PHILTRES LES PLUS FORTS	058	017
--	AH! NE JAMAIS SORTIR DES NOMBRES ET DES ETRES!	146	014
	AH! NE RALENTIS PAS TES FLAMMES!	139	001
	AH! QUE J'EN AI SUIVI DE CES PETITES VIEILLES! . . .	091	049
	AH! QUE LE MONDE EST GRAND A LA CLARTE DES LAMPES!	126	003
--"	AH! QUE N'AI -JE MIS BAS TOUT UN NOEUD DE VIPERES,	001	005
	AH! RACE D'ABEL, TA CHAROGNE	119	025
--	AH! SEIGNEUR! DONNEZ -MOI LA FORCE ET LE COURAGE . .	116	059
--"AH! QUE N'	AI -JE MIS BAS TOUT UN NOEUD DE VIPERES,	001	005
J'	AI CHERCHE DANS L'AMOUR UN SOMMEIL OUBLIEUX;	113	012
J'	AI CONNU, SOUS UN DAIS D'ARBRES TOUT EMPOURPRES	061	002
ET J'	AI DIT AU POISON PERFIDE	113	009
QUE J'	AI GARDE LA FORME ET L'ESSENCE DIVINE	029	047
D'UN INFINI QUE J'AIME ET N'	AI JAMAIS CONNU?	021	024
JE L'	AI JETEE AU FOND D'UN PUITS, ...	106	013
--"MOI, J'	AI LA LEVRE HUMIDE, ET JE SAIS LA SCIENCE	132	005
J'	AI LONGTEMPS HABITE SOUS DE VASTES PORTIQUES	012	001
QUE J'	AI L'AIR D'EMPRUNTER AUX PLUS FIERS MONUMENTS,	017	010
ET J'	AI MEME POUSSE SUR ELLE	106	014
JE N'	AI PAS OUBLIE, VOISINE DE LA VILLE,	099	001
J'	AI PEUR DU SOMMEIL COMME ON A PEUR D'UN GRAND TROU,	146	009
J'	AI PLUS DE SOUVENIRS QUE SI J'AVAIS MILLE ANS.	076	001
ET J'	AI POMPE TA VIE AVEC MA TROMPE IMMONDE! . . .	085	012
"JESUS, PETIT JESUS! JE T'	AI POUSSE BIEN HAUT!	016	011
J'	AI PRIE LE GLAIVE RAPIDE	031	013
QUE J'	AI PUNI SUR UNE FLEUR	129	023
J'	AI SENTI TOUS LES BECS ET TOUTES LES MACHOIRES . .	116	050
J'	AI SENTI, COMME UNE IRONIE,	129	019
J'	AI SOUVENT EVOQUE CETTE LUNE ENCHANTEE,	045	037
AH! QUE J'EN	AI SUIVI DE CES PETITES VIEILLES!	091	049
VOILA QUE J'	AI TOUCHE L'AUTOMNE DES IDEES, ...	010	005
DANS TON ILE, O VENUS! JE N'	AI TROUVE DEBOUT	116	057
C'EST LA QUE J'	AI VECU DANS LES VOLUPTES CALMES,	012	009
EN VAIN J'	AI VOULU DE L'ESPACE	148	009
J'	AI VU L'HORREUR DE MON TAUDIS,	102	054
J'	AI VU PARFOIS AU FOND D'UN THEATRE BANAL	054	045
--J'	AI VU PARFOIS, AU FOND D'UN THEATRE BANAL	054	045
JE ME SOUVIENS!...J'	AI VU TOUT, FLEUR, SOURCE, SILLON,	145	005
CAR J'	AI, POUR FASCINER CES DOCILES AMANTS, ...	017	012
COMME UN EXECUTEUR ENTOURE DE SES	AIDES.	116	040
UN ANGE FURIEUX FOND DU CIEL COMME UN	AIGLE,	140	001
ARFOIS S'OUVRAIT COMME L'OEIL D'UN VIEIL	AIGLE;	091	059
LES	AIGLES, LES GRILLONS, LES RUISSEAUX ET LES FLEURS, .	115	020
N DESERT ROCAILLEUX TROUBLE PAR DES CRIS	AIGRES,	116	019
ST L'HEURE OU LES DOULEURS DES MALADES S'	AIGRISSENT!	095	031
AUX BOUTS CHARMANTS DE CETTE GORGE	AIGUE	128	023
S L'AMOUR N'EST POUR MOI QU'UN MATELAS D'	AIGUILLES	113	013

```
POEM LINE
115 004  .  .  .  .  .  .  .  .  .  .  .  .  .  .  .  J' AIGUISAIS LENTEMENT SUR MON COEUR LE POIGNARD,
090 018                          DANS LE FIEL; SON REGARD AIGUISAIT LES FRIMAS,
050 016                              DES PLAISIRS PLUS AIGUS QUE LA GLACE ET LE FER?
108 009                          MOLLEMENT BALANCES SUR L' AILE
048 011  .  .  .  .  .  .  .  .  QUI DEGAGENT LEUR AILE ET PRENNENT LEUR ESSOR,
148 012                                  JE SENS MON AILE QUI SE CASSE;
038 053                      CHAQUE JOUR FROTTE AVEC SON AILE RUDE...
078 007                      S'EN VA BATTANT LES MURS DE SON AILE TIMIDE
003 015                      HEUREUX CELUI QUI PEUT D'UNE AILE VIGOUREUSE
002 009                              CE VOYAGEUR AILE, COMME IL EST GAUCHE ET VEULE!
002 007              LAISSENT PITEUSEMENT LEURS GRANDES AILES BLANCHES
089 021                      BAIGNAIT NERVEUSEMENT SES AILES DANS LA POUDRE,
101 008  .  .  .  .  .  .  OUVRIRA LARGEMENT SES AILES DE CORBEAU,
054 050          TOUJOURS, TOUJOURS EN VAIN, L'ETRE AUX AILES DE GAZE!
002 016                                      SES AILES DE GEANT L'EMPECHENT DE MARCHER.
091 043      ONT DIT AU DEVOUEMENT QUI LEUR PRETAIT SES AILES:
144 001  .  .  .  .  .  .  .  .  EN QUELQUE LIEU QU'IL AILLE, OU SUR MER OU SUR TERRE,
036 024                          AILLEURS QU'EN TON CHER CORPS ET QU'EN TON COEUR SI
093 012                          AILLEURS, BIEN LOIN D'ICI! TROP TARD! JAMAIS PEUT-ETR
102 045                          NUL ASTRE D' AILLEURS, NULS VESTIGES
034 010  .  .  .  .  .  .  .  COMME LE TIEN, AIMABLE BETE,
045 001                          UNE FOIS, UNE SEULE, AIMABLE ET DOUCE FEMME,
130 023                          REINE DU DOUX EMPIRE, AIMABLE ET NOBLE TERRE,
048 025                          JE SERAI TON CERCUEIL, AIMABLE PESTILENCE!
095 005  .  .  .  .  .  .  .  O SOIR, AIMABLE SOIR, DESIRE PAR CELUI
112 001              LA DEBAUCHE ET LA MORT SONT DEUX AIMABLES FILLES,
000 003                      ET NOUS ALIMENTONS NOS AIMABLES REMORDS,
116 052                          QUI JADIS AIMAIENT TANT A TRITURER MA CHAIR.
106 027  .  .  .  .  .  .  .  .  .  JE L' AIMAIS TROP! VOILA POURQUOI
126 090              SANS RIRE S'ADORANT ET S' AIMANT SANS DEGOUT;
051 034                          TIRES COMME PAR UN AIMANT,
043 002          QU'UN ANGE TRES -SAVANT A SANS DOUTE AIMANTES;
051 033  .  .  .  QUAND MES YEUX, VERS CE CHAT QUE J' AIME
131 054                          TOI QUE J' AIME A JAMAIS, MA SOEUR D'ELECTION,
127 007                      ME RAVIT EN EXTASE, ET J' AIME A LA FUREUR
037 005                          JE T' AIME AINSI! POURTANT, SI TU VEUX AUJOURD'HUI,
111 026  .  .  .  PAUVRES SOEURS, JE VOUS AIME AUTANT QUE JE VOUS PLAINS,
056 017                          J' AIME DE VOS LONGS YEUX LA LUMIERE VERDATRE,
024 003                      ET T' AIME D'AUTANT PLUS, BELLE, QUE TU ME FUIS,
062 018          OU TOUT CE QUE L'ON AIME EST DIGNE D'ETRE AIME,
021 024  .  .  .  D'UN INFINI QUE J' AIME ET N'AI JAMAIS CONNU?
119 017                          RACE D'ABEL, AIME ET PULLULE!
101 002              ENDORMEUSES SAISONS! JE VOUS AIME ET VOUS LOUE
005 001  .  .  .  .  .  .  .  J' AIME LE SOUVENIR DE CES EPOQUES NUES,
111 017  .  .  .  ET D'AUTRES, DONT LA GORGE AIME LES SCAPULAIRES,
138 011                          JE T' AIME QUAND TON GRAND OEIL VERSE
136 022                          J' AIME SI TENDREMENT LE DESERT ET LA MER;
138 006                          JE T' AIME SURTOUT QUAND LA JOIE
019 003              J'EUSSE AIME VIVRE AUPRES D'UNE JEUNE GEANTE,
019 005              J'EUSSE AIME VOIR SON CORPS FLEURIR AVEC SON AME
028 001                          QUE J' AIME VOIR, CHERE INDOLENTE,
062 018          OU TOUT CE QUE L'ON AIME EST DIGNE D'ETRE AIME,
030 001  .  .  J'IMPLORE TA PITIE, TOI, L'UNIQUE QUE J' AIME,
140 012          ET L'ANGE, CHATIANT AUTANT, MA FOI! QU'IL AIME,
013 011                          CYBELE, QUI LES AIME, AUGMENTE SES VERDURES,
129 016                          JE TE HAIS AUTANT QUE JE T' AIME!
093 014  .  .  .  .  .  .  .  O TOI QUE J'EUSSE AIMEE, O TOI QUI LE SAVAIS!
095 036          AU COIN DU FEU, LE SOIR, AUPRES D'UNE AME AIMEE.
066 002                          AIMENT EGALEMENT, DANS LEUR MURE SAISON,
053 004                          AIMER A LOISIR,
053 005  .  .  .  .  .  .  .  AIMER ET MOURIR
001 029                          TOUS CEUX QU'IL VEUT AIMER L'OBSERVENT AVEC CRAINTE,
006 002              OREILLER DE CHAIR FRAICHE OU L'ON NE PEUT AIMER,
127 009              ELLE ETAIT DONC COUCHEE ET SE LAISSAIT AIMER,
140 005  .  .  .  .  .  .  SACHE QU'IL FAUT AIMER, SANS FAIRE LA GRIMACE,
103 015      ET L'HOMME EST LAS D'ECRIRE ET LA FEMME D' AIMER.
142 011                          LIS -MOI, POUR APPRENDRE A M' AIMER;
038 038                          QUE TOUT VOULAIT L' AIMER; ELLE NOYAIT
072 007  .  .  .  .  .  .  .  VIVANT, J' AIMERAIS MIEUX INVITER LES CORBEAUX
054 031                          ADORABLE SORCIERE, AIMES -TU LES DAMNES?
054 035                          ADORABLE SORCIERE, AIMES -TU LES DAMNES?
138 037                          QUI NE M' AIMES QU'AVEC EFFROI,
056 021  .  .  .  .  .  ET POURTANT AIMEZ -MOI TENDRE COEUR! SOYEZ MERE,
014 015                          TELLEMENT VOUS AIMEZ LE CARNAGE ET LA MORT,
042 013          QUE POUR L'AMOUR DE MOI VOUS N' AIMIEZ QUE LE BEAU;
150 015                          INSULTE CE QUE NOUS AIMONS
091 007  .  .  .  .  .  .  OU TORDUS, AIMONS -LES! CE SONT ENCOR DES AMES.
064 009                          AIMONS -NOUS DOUCEMENT. L'AMOUR DANS SA GUERITE,
038 033                          AINSI BIJOUX, MEUBLES, METAUX, DORURE,
089 049                          AINSI DANS LA FORET OU MON ESPRIT S'EXILE
129 025  .  .  .  .  .  .  .  AINSI JE VOUDRAIS, UNE NUIT,
092 009              ILS TRAVERSENT AINSI LE NOIR ILLIMITE,
038 021                          AINSI L'AMANT SUR UN CORPS ADORE
001 017              ELLE RAVALE AINSI L'ECUME DE SA HAINE,
101 003  .  .  .  .  D'ENVELOPPER AINSI MON COEUR ET MON CERVEAU
090 034              OU QUEL MECHANT HASARD AINSI M'HUMILIAIT?
025 005              TES YEUX, ILLUMINES AINSI QUE DES BOUTIQUES
067 003                          AINSI QUE DES DIEUX ETRANGERS,
078 015  .  .  .  .  .  .  .  .  .  .  .  .  AINSI QUE DES ESPRITS ERRANTS ET SANS PATRIE
```

[10]

A

		POEM	LINE
FILTRENT EN S'ENFLAMMANT	AINSI QUE DES LANTERNES	131	095
ET SERRANT SUR LEUR FLANC,	AINSI QUE DES RELIQUES,	091	011
ETERNEL ET MUET	AINSI QUE LA MATIERE.	017	004
BLEU, CLAIR, PROFOND,	AINSI QUE LA VIRGINITE?	062	004
ET SOUVENT IL ATTAQUE,	AINSI QUE LE TERMITE,	054	038
ET REGNE PAR SES DONS	AINSI QUE LES VRAIS ROIS.	105	028
C'EST	AINSI QUE L'ENNEMI QUI TENTE UN COUP DE MAIN;	095	018
	AINSI QU'A TRAVERS L'HUMANITE FRIVOLE	105	025
ET QUI REVENT,	AINSI QU'EN SON APPARTEMENT,	051	002
	AINSI QU'UN CONSCRIT LE CANON,	126	022
CHAQUE FLEUR S'EVAPORE	AINSI QU'UN DEBAUCHE PAUVRE QUI BAISE ET MANGE	000	017
CHAQUE FLEUR S'EVAPORE	AINSI QU'UN ENCENSOIR;	047	002
QUI SORT DE LA PAUPIERE	AINSI QU'UN ENCENSOIR;	047	005
	AINSI QU'UN LONG SOUPIR.	131	006
LA JARRETIERE,	AINSI QU'UN NOUVEAU -NE,--SANS HAINE ET SANS REMORD.	114	020
QUAND,	AINSI QU'UN OEIL SECRET QUI FLAMBE,	110	027
	AINSI QU'UN POETE, IL DESCEND DANS LES VILLES,	087	017
ET DES PARCELLES D'OR,	AINSI QU'UN REPTILE IRRITE,	110	040
EN SE TORDANT	AINSI QU'UN SABLE FIN,	066	013
SINISTREMENT BEANTE	AINSI QU'UN SERPENT SUR LA BRAISE,	132	002
FATIGUE LE LECTEUR	AINSI QU'UN TROMBLON NOIR.	097	056
	AINSI QU'UN TYMPANON,	039	006
FAIT CLAQUER VOTRE CHAIR	AINSI QU'UN VIEUX SOLDAT QUI VEILLE SOUS LA TENTE!	074	008
	AINSI QU'UN VIEUX DRAPEAU.	131	100
	AINSI QU'UN VOYAGEUR QUI RETOURNE LA TETE	131	007
	AINSI QU'UNE BEAUTE, SUR DE NOMBREUX COUSSINS,	065	002
LA NUIT S'EPAISSISSAIT	AINSI QU'UNE CLOISON,	036	016
LA NUIT S'EPAISSISSAIT	AINSI QU'UNE CLOISON.	036	020
A L'OEIL LIMPIDE ET CLAIR	AINSI QU'UNE EAU COURANTE,	005	037
DE VOUS, CLAIRE ET JOYEUSE	AINSI QU'UNE FANFARE	045	017
	AINSI QU'UNE FONTAINE AUX RHYTHMIQUES SANGLOTS.	113	002
IL ETAIT TARD;	AINSI QU'UNE MEDAILLE NEUVE	045	005
	AINSI QU'UNE SYLPHIDE AU FOND DE LA COULISSE;	085	006
	AINSI TON AME QU'INCENDIE	155	015
IL ME CONDUIT	AINSI, CHERE DEESSE, ETRE LUCIDE ET PUR,	046	008
	AINSI, LOIN DU REGARD DE DIEU,	109	009
NE ME REGARDE PAS	AINSI, QUAND JE SERAI PERDU DANS LA MEMOIRE	048	021
JE T'AIME	AINSI, TOI, MA PENSEE!	131	053
TA TETE, TON GESTE, TON	AINSI, TOUJOURS VAINQUEUR, TON FANTOME EST PAREIL,	046	013
L'	AINSI! POURTANT, SI TU VEUX AUJOURD'HUI,	037	005
LE CHANT DU COQ AU LOIN DECHIRAIT L'	AIR BRISE, LA STUPEUR, LA MORNE VOLUPTE,	129	001
JE LA VEUX AGITER DANS L'	AIR BRUMEUX;	131	010
COMME L'	AIR COMME UN MOUCHOIR!	103	020
SON FANTOME DANS L'	AIR DANS LE CIEL ET LA MER DANS LA MER;	023	005
ONT ECLABOUSSE L'	AIR DANSE COMME UN FLAMBEAU.	006	004
ET CET	AIR DE LUEURS ET DE SANG.	042	011
QUAND TU VAS BALAYANT L'	AIR DE MAITRISE ET CE BEAU NONCHALOIR,	035	002
QUAND TU VAS BALAYANT L'	AIR DE TA JUPE LARGE,	157	003
QUE J'AI L'	AIR DE TA JUPE LARGE,	052	005
A L'	AIR D'EMPRUNTER AUX PLUS FIERS MONUMENTS,	052	025
LES SONS ET LES PARFUMS TOURNENT DANS L'	AIR D'UN MORIBOND CARESSANT SON TOMBEAU.	017	010
L'	AIR DU SOIR;	021	020
L'	AIR EST DANGEREUX ET FATAL,	047	003
L'	AIR EST PLEIN DU FRISSON DES CHOSES QUI S'ENFUIENT,	110	006
QUI CIRCULE DANS L'	AIR EST PUR, LE CIEL ADMIRABLE...	103	010
CES SEPT MONSTRES HIDEUX AVAIENT L'	AIR ET M'ENFLE LA NARINE,	106	006
TE DONNENT UN	AIR ETERNEL!	022	013
SON FRONT DE MARBRE AVAIT L'	AIR ETRANGE	090	040
ELLE VEUT DE SES CHANTS PEUPLER L'	AIR FAIT POUR LE LAURIER!	058	002
IL NAGE AUTOUR DE MOI COMME UN	AIR FROID DES NUITS,	091	060
COMME UN	AIR IMPALPABLE;	074	010
D'UN	AIR IMPREGNE DE SEL,	109	002
D'UN	AIR PLACIDE ET TRIOMPHANT	134	006
DEESSE DANS L'	AIR PLACIDE ET TRIOMPHANT	052	011
POUSSE UN SOMBRE OURAGAN DANS L'	AIR REPANDUE,	052	039
--A LA SAINTE JEUNESSE, A L'	AIR SILENCIEUX,	139	005
UN	AIR SIMPLE, AU DOUX FRONT,	089	016
VA TE PURIFIER DANS L'	AIR SUBTIL, UN DANGEREUX PARFUM	005	036
DANS L'	AIR SUPERIEUR,	034	013
D'UN	AIR TROUBLE; LES YEUX SE FERMENT; LE VERTIGE	003	010
DONT LE RICHE ATTIRAIL LUI DONNAIT L'	AIR VAGUE ET REVEUR ELLE ESSAYAIT DES POSES,	048	014
DONT CHAQUE TRAIT NOUS DIT AVEC UN	AIR VAINQUEUR	127	014
QUI MONTENT DANS L'	AIR VAINQUEUR:	127	003
EPARPILLE EN L'	AIR,	020	012
LES JAMBES EN L'	AIR,	117	006
REVE, LE NEZ EN L'	AIR, COMME UNE FEMME LUBRIQUE,	117	018
QUI TE CONSACRE UN CHANT D'	AIR, DE BRILLANT PARADIS;	029	005
AUX YEUX DE JAIS, GRAND ANGE AU FRONT D'	AIRAIN.	126	046
ENFANTS, EMMAILLOTA DANS SES LANGES D'	AIRAIN!	139	008
D'UNE COQUETTE MAIGRE AUX	AIRAIN!	039	014
ET FREDONNES TOUT BAS DE VIEUX	AIRS EXTRAVAGANTS.	005	024
TIGRE ADORE, MONSTRE AUX	AIRS INCONNUS;	097	004
A DANS LE COU DES	AIRS INDOLENTS;	133	012
ET DU HAUT DU DIVAN ELLE SOURIAIT D'	AIRS NOBLEMENT MANIERES;	128	002
BIEN QU'ON	AISE	061	006
L'HOMME	AIT DU COEUR A L'OUVRAGE,	127	010
COMME UN BEAU CADRE	AJOUTA LE VIN, FILS SACRE DU SOLEIL!	011	003
	AJOUTE A LA PEINTURE,	105	032
		038	029

```
126 069 . . . . . . . . . . . .  --LA JOUISSANCE  AJOUTE AU DESIR DE LA FORCE,
138 003                                           AJOUTENT UN CHARME AU VISAGE,
006 028                           POUR TENTER LES DEMONS  AJUSTANT BIEN LEURS BAS;
097 030                    DE L'ANTIQUE DOULEUR ETERNEL  ALAMBIC!
106 038 . . . . . . . . . . . · SON CORTEGE INFERNAL D'  ALARMES,
086 018   DES JARDINS, DES JETS D'EAU PLEURANT DANS LES  ALBATRES,
002 002                               PRENNENT DES  ALBATROS, VASTES OISEAUX DES MERS,
126 075     CUEILLI QUELQUES CROQUIS POUR VOTRE  ALBUM VORACE,
081 008 . . . . . . . . . . . . LE PLUS TRISTE DES  ALCHIMISTES;
063 002                      JE REVIENDRAI DANS TON  ALCOVE
112 009                       ET LA BIERE ET L'  ALCOVE EN BLASPHEMES FECONDES
033 003      ET LORSQUE TU N'AURAS POUR  ALCOVE ET MANOIR
023 003 . . . . . EXTASE! POUR PEUPLER CE SOIR L'  ALCOVE OBSCURE
095 003             SE FERME LENTEMENT COMME UNE GRANDE  ALCOVE,
038 024          VIVANT SACHET, ENCENSOIR DE L'  ALCOVE,
156 011                        SOUS LA TORCHE DE L'  ALECTO
074 006 . . . . . . QUI, MALGRE SA VIEILLESSE,  ALERTE ET BIEN PORTANTE,
010 011                      LE MYSTIQUE  ALIMENT QUI FERAIT LEUR VIGUEUR?
000 003                       ET NOUS  ALIMENTONS NOS AIMABLES REMORDS,
016 015        IMMEDIATEMENT SA RAISON S'EN  ALLA.
125 003 . . . . . . . . . . . . . . . . . . .  --J'  ALLAIS MOURIR. C'ETAIT DANS MON AME AMOUREUSE,
016 023             ET, QUAND IL S'EN  ALLAIT SANS RIEN VOIR, A TRAVERS
125 006                         PLUS  ALLAIT SE VIDANT LE FATAL SABLIER,
090 026      DANS LA NEIGE ET LA BOUE IL  ALLAIT S'EMPETRANT,
116 023                              ALLAIT, LE CORPS BRULE DE SECRETES CHALEURS,
091 036        POUR CELUI QUE L'AUSTERE INFORTUNE  ALLAITA!
126 064           DE PLONGER DANS UN CIEL AU REFLET  ALLECHANT.
058 004                     SORCIERE AUX YEUX  ALLECHANTS,
089 031 . . . VIEUX FAUBOURGS, TOUT POUR MOI DEVIENT  ALLEGORIE,
116 056           LE COEUR ENSEVELI DANS CETTE  ALLEGORIE.
149 032                          D'  ALLER AU CIEL ET D'ETRE RICHE?
053 003                          D'  ALLER LA-BAS VIVRE ENSEMBLE!
131 052 . . . . . . ET CEPENDANT JE SENS MA BOUCHE  ALLER VERS TOI.
072 012               A TRAVERS MA RUINE  ALLEZ DONC SANS REMORDS,
052 004            OU L'ENFANCE S'  ALLIE A LA MATURITE.
052 016            OU L'ENFANCE S'  ALLIE A LA MATURITE.
061 009 . . . . . . . . SI VOUS  ALLIEZ, MADAME, AU VRAI PAYS DE GLOIRE,
028 025      ET TON CORPS SE PENCHE ET S'  ALLONGE
049 007                              ALLONGE L'ILLIMITE,
038 009        PAR INSTANTS BRILLE, ET S'  ALLONGE, ET S'ETALE
090 006        LES MAISONS, DONT LA BRUME  ALLONGEAIT LA HAUTEUR,
118 018                              ALLONGEAIT TES DEUX BRAS DISTENDUS, QUE TON SANG
131 019        LE VIN DE SON TRIOMPHE, ET S'  ALLONGEAIT VERS ELLE,
066 010           DES GRANDS SPHINX  ALLONGES AU FOND DES SOLITUDES,
126 007 . . . . . . . . . . ET NOUS  ALLONS, SUIVANT LE RHYTHME DE LA LAME,
126 020   ET, SANS SAVOIR POURQUOI, DISENT TOUJOURS:  ALLONS!
126 063                              ALLUMAIENT DANS NOS COEURS UNE ARDEUR INQUIETE
095 015                 LA PROSTITUTION S'  ALLUME DANS LES RUES;
097 028       DE RAFRAICHIR L'ENFER  ALLUME DANS TON COEUR?
037 010                              ALLUME LE DESIR DANS LES REGARDS DES RUSTRES!
006 039             C'EST UN PHARE  ALLUME SUR MILLE CITADELLES,
037 009                              ALLUME TA PRUNELLE A LA FLAMME DES LUSTRES!
050 010 . . . . . . . . . . . . . QU'  ALLUMENT LES SOLEILS DES BRUMEUSES SAISONS...
098 007        OU LES TORCHES DU SOIR  ALLUMENT UNE AURORE,
054 043                 UNE FEE  ALLUMER DANS UN CIEL INFERNAL
133 006              TA TACHE EST D'  ALLUMER LA PIPE DE TON MAITRE,
104 017 . . . . . . . . . . . . . . J'  ALLUMERAI LES YEUX DE TA FEMME RAVIE;
098 003               SUSPENDANT TON  ALLURE HARMONIEUSE ET LENTE,
038 011                 A SA REVEUSE  ALLURE ORIENTALE,
136 014   JE TE REPONDIS: "OUI! DOUCE VOIX!" C'EST D'  ALORS
086 017                              ALORS JE REVERAI DES HORIZONS BLEUATRES,
005 003                              ALORS L'HOMME ET LA FEMME EN LEUR AGILITE
136 007        JE PUIS (ET TON PLAISIR SERAIT  ALORS SANS TERME!)
005 007               CYBELE  ALORS, FERTILE EN PRODUITS GENEREUX,
131 041 . . . . . . MAIS HIPPOLYTE  ALORS, LEVANT SA JEUNE TETE!
029 045                              ALORS, O MA BEAUTE! DITES A LA VERMINE
106 043                              ALORS, SANS PEUR ET SANS REMORD,
003 017        CELUI DONT LES PENSERS, COMME DES  ALOUETTES,
095 009 . . . . . LE SAVANT OBSTINE DONT LE FRONT S'  ALOURDIT,
107 011              GARDE AU COEUR  ALTERE DU POETE PIEUX;
131 098                              ALTERE VOTRE SOIF ET ROIDIT VOTRE PEAU,
110 043        S'ETAIENT -ILS ENTR'OUVERTS A LA MEUTE  ALTEREE
050 003                              ALTERNATIVEMENT TENDRE, REVEUR, CRUEL,
089 041              JE PENSE A LA NEGRESSE,  AMAIGRIE ET PHTISIQUE,
131 031            ET CEUX DE TON  AMANT CREUSERONT LEURS ORNIERES
038 021                  AINSI L'  AMANT SUR UN CORPS ADORE
015 014 . . . PRES DE L'EPOUX PERFIDE ET QUI FUT SON  AMANT,
064 002           "POUR TOI, BIZARRE  AMANT, QUEL EST DONC MON MERITE?"
052 036   COMME POUR L'IMPRIMER DANS TON COEUR, TON  AMANT.
008 001             O MUSE DE MON COEUR,  AMANTE DES PALAIS,
059 005 . . . . . . AVEZ -VOUS VU THEROIGNE,  AMANTE DU CARNAGE,
130 056            DE LA MALE SAPHO, L'  AMANTE ET LE POETE,
130 060            DE LA MALE SAPHO, L'  AMANTE ET LE POETE!
056 023                              AMANTE OU SOEUR, SOYEZ LA DOUCEUR EPHEMERE
120 013 . . O TOI QUI DE LA MORT, TA VIEILLE ET FORTE  AMANTE,
155 005         TES BEAUX YEUX SONT LAS, PAUVRE  AMANTE!
126 105        ET LES MOINS SOTS, HARDIS  AMANTS DE LA DEMENCE,
148 001                      LES  AMANTS DES PROSTITUEES
097 018 . . . . . . . . . QUI NE COMPRENNENT PAS,  AMANTS IVRES DE CHAIR,
```

A

		POEM	LINE
CAR J'AI, POUR FASCINER CES DOCILES	AMANTS,	017	012
A TRAVERS LES	AMAS CONFUS DE VOTRE CENDRE,	149	038
LA TETE, AVEC L'	AMAS DE SA CRINIERE SOMBRE	110	015
OU, DERRIERE L'	AMAS DES OMBRES LETHARGIQUES,	152	007
QUI VERS SON MIROIR PENCHE UN LOURD	AMAS D'ANNEES,	147	013
ROULONS -Y SANS REMORDS,	AMAZONE INHUMAINE,	035	013
INFLIGE SANS RELACHE AUX COEURS	AMBITIEUX,	130	027
COMME L'	AMBRE,	053	020
AUX VAGUES SENTEURS DE L'	AMBRE, LE MUSC, LE BENJOIN ET L'ENCENS,	004	013
IL INONDAIT DE SANG CETTE PEAU COULEUR D'	AMBRE!	127	032
RETROUVE L'	AMBROISIE ET LE NECTAR VERMEIL.	001	024
EN TOI JE TOMBERAI, VEGETALE	AMBROISIE,	104	021
J'ENLACE ET JE BERCE SON	AME	068	009
S'APPUYA (SUR LE FOND TENEBREUX DE MON	AME	045	003
USSE AIME VOIR SON CORPS FLEURIR AVEC SON	AME	019	005
LA MER EST TON MIROIR; TU CONTEMPLES TON	AME	014	002
SENT UN FROID TENEBREUX ENVELOPPER SON	AME	005	018
VOUS QUE DANS VOTRE ENFER MON	AME A POURSUIVIES,	111	025
AU COIN DU FEU, LE SOIR, AUPRES D'UNE	AME AIMEE.	095	036
--J'ALLAIS MOURIR. C'ETAIT DANS MON	AME AMOUREUSE,	125	003
SE MELE DANS MON	AME AU CHANT DES MARINIERS.	022	014
REMPLIT L'	AME AU DELA DE SA CAPACITE.	049	010
VOILA BIEN TON EMBLEME,	AME AUX SONGES OBSCURS,	153	013
A L'	AME CHARITABLE AUTANT QUE MEURTRIERE;	059	010
VIENS SUR MON COEUR,	AME CRUELLE ET SOURDE,	128	001
FEMME IMPURE! L'ENNUI REND TON	AME CRUELLE.	025	002
	AME CURIEUSE QUI SOUFFRES	142	012
MON	AME DANS TES MAINS N'EST PAS UN VAIN JOUET,	149	047
ET MON	AME DANSAIT, DANSAIT, VIEILLE GABARRE	090	051
ME DIRE, L'	AME DE CRIS PLEINE:	138	039
ET QUE, DECOR SEMBLABLE A L'	AME DE L'ACTEUR,	090	008
ET DISCUTANT AVEC MON	AME DEJA LASSE,	090	013
L'	AME D'UN VIEUX POETE ERRE DANS LA GOUTTIERE	075	007
UN SOIR, L'	AME DU VIN CHANTAIT DANS LES BOUTEILLES:	104	001
NOUS USERONS NOTRE	AME EN DE SUBTILS COMPLOTS,	123	005
A L'	AME EN SECRET	053	020
MOI, MON	AME EST FELEE, ET LORSQU'EN SES ENNUIS	074	009
--MON	AME EST UN TOMBEAU QUE, MAUVAIS CENOBITE,	009	009
NOTRE	AME EST UN TROIS -MATS CHERCHANT SON ICARIE;	126	033
TOI, MON	AME EN TON COEUR, MON TOUT ET MA MOITIE,	131	036
POUR CE VIEUX CORPS SANS	AME ET MORT PARMI LES MORTS!	072	014
POUR TROUBLER LE REPOS OU MON	AME ETAIT MISE,	127	022
ELLE EST BIEN JEUNE ENCOR!--SON	AME EXASPEREE	110	041
CREVE ET CRACHE SON	AME GRELE	117	011
ET DANS MON	AME INASSOUVIE	134	007
MON	AME MIEUX QU'AU TEMPS DU TIEDE RENOUVEAU	101	007
EXAUCE UNE	AME MORFONDUE,	139	007
MON	AME PAR TOI GUERIE,	058	037
UN PORT RETENTISSANT OU MON	AME PEUT BOIRE	023	016
QUE POURRAIS -JE REPONDRE A CETTE	AME PIEUSE,	100	021
C'EST VOUS, LADY MACBETH,	AME PUISSANTE AU CRIME,	018	010
D'OU JAILLIT TOUTE VIVE UNE	AME QUI REVIENT.	048	008
AINSI TON	AME QU'INCENDIE	155	015
	AME RESPLENDISSANTE, A L'IMMORTEL SOLEIL!	046	014
MON	AME RESPLENDIT DE TOUTES VOS VERTUS!	091	080
MON	AME REVEUSE APPAREILLE	028	011
QUI PLONGE DANS L'OUBLI MON	AME SANS REMORD,	049	018
QUE DIRAS -TU CE SOIR, PAUVRE	AME SOLITAIRE,	042	001
TON MENSONGE M'ENIVRE, ET MON	AME S'ABREUVE	020	027
TAISEZ -VOUS, IGNORANTE!	AME TOUJOURS RAVIE!	040	009
LACS OU MON	AME TREMBLE ET SE VOIT A L'ENVERS...	049	013
FAIS QUE MON	AME UN JOUR, SOUS L'ARBRE DE SCIENCE,	120	049
SAISIT L'	AME VAINCUE ET LA POUSSE A DEUX MAINS	048	015
QUELS PENSERS DANS TON	AME VIDE	082	003
OUS MARCHEZ EN CHANTANT LE REVEIL DE MON	AME,	043	013
PPELEZ -VOUS L'OBJET QUE NOUS VIMES, MON	AME,	029	001
DEUX GRANDS YEUX NOIRS, SOUPIRAUX DE TON	AME,	026	009
ET SENTI, RENTRANT DANS MON	AME,	102	055
RECUEILLE -TOI, MON	AME, EN CE GRAVE MOMENT,	095	029
C'EST QUE NOTRE	AME, HELAS! N'EST PAS ASSEZ HARDIE.	000	028
NOTRE	AME, PITEUX MONUMENT,	054	037
OU L'	AME, SOUS LE POIDS DU CORPS REVECHE ET LOURD,	103	007
L'ESCALIER DE VERTIGE OU S'ABIME SON	AME.	153	004
OUR ENGENDRER MA VIE ET POUR ME DONNER L'	AME.	104	007
CONTEMPLE -LES, MON	AME; ILS SONT VRAIMENT AFFREUX!	092	001
DEFILENT LENTEMENT DANS MON	AME; L'ESPOIR,	078	018
QUE RESTE-T -IL? C'EST AFFREUX, O MON	AME!	038	049
QUEL EST LE PLUS DOUX."--O MON	AME!	041	009
ET QUE LA LASSITUDE	AMENE LE REPOS!	131	082
MON ESPRIT LES RETROUVE EN LUI; CE RIRE	AMER	079	006
IL EST	AMER ET DOUX, PENDANT LES NUITS D'HIVER,	074	001
	AMER ET VAINQUEUR,	028	034
	AMER SAVOIR, CELUI QU'ON TIRE DU VOYAGE!	126	109
OUCE BEAUTE, MAIS TOUT AUJOURD'HUI M'EST	AMER,	056	018
DE DOUX NI D'	AMER,	028	014
LE SOUVENIR CUISANT DE SON LIMON	AMER.	055	004
ET TON ESPRIT N'EST PAS UN GOUFFRE MOINS	AMER.	014	004
ET TROUVE UN GOUT SUAVE AU VIN LE PLUS	AMER;	136	024
DONT LE MIRAGE REND LE GOUFFRE PLUS	AMER?	126	044

```
POEM LINE
039 013  .  .  .  .  LES STUPIDES MORTELS QUI T'ONT JUGEE  AMERE,
097 039                    NE CONTEMPLERONT PAS SANS D' AMERES NAUSEES
126 043                   CE MATELOT IVROGNE, INVENTEUR D' AMERIQUES
126 006  .  .  .  .  .  .  POUR SE DESALTERER A CES GOUFFRES  AMERS.
049 015  .  .  .  .  .  LE COEUR GROS DE RANCUNE ET DE DESIRS 'AMERS,
002 004               LE NAVIRE GLISSANT SUR LES GOUFFRES  AMERS.
111 004          ONT DE DOUCES LANGUEURS ET DES FRISSONS  AMERS,
131 103                         FAITES VOTRE DESTIN,  AMES DESORDONNEES,
055 012  .  .  .  .  .  .  .  .  .  O BEAUTE, DUR FLEAU DES  AMES, TU LE VEUX!
091 007      OU TORDUS, AIMONS -LES! CE SONT ENCOR DES  AMES.
139 003                        VOLUPTE, TORTURE DES  AMES!
153 011                            TOURBILLONNE,  AMEUTE DERRIERE SON OREILLE,
095 001  .  .  .  .  .  .  .  .  VOICI LE SOIR CHARMANT,  AMI DU CRIMINEL;
055 006                      CE QU'ELLE CHERCHE,  AMIE, EST UN LIEU SACCAGE
066 005                                AMIS DE LA SCIENCE ET DE LA VOLUPTE,
100 013          ET LE SIECLE COULER, SANS QU' AMIS NI FAMILLE
035 012  .  .  .  .  --CE GOUFFRE, C'EST L'ENFER, DE NOS  AMIS PEUPLE!
151 002              JE COMPRENDS BIEN,  AMIS, QUE LE DESIR BALANCE;
069 007           J'ESCALADE LE DOS DES FLOTS  AMONCELES
131 009                     DE SES YEUX  AMORTIS LES PARESSEUSES LARMES,
017 003  .  .  .  .  EST FAIT POUR INSPIRER AU POETE UN  AMOUR
145 003          --BIENHEUREUX CELUI-LA QUI PEUT AVEC  AMOUR
057 038            ET POUR MELER L' AMOUR AVEC LA BARBARIE,
064 009  .  .  AIMONS -NOUS DOUCEMENT.  L' AMOUR DANS SA GUERITE,
007 006  .  .  .  .  T'ONT -ILS VERSE LA PEUR ET L' AMOUR DE LEURS URNES?
109 005      PARFOIS IL PREND, SACHANT MON GRAND  AMOUR DE L'ART,
009 014            LE TRAVAIL DE MES MAINS ET L' AMOUR DE MES YEUX?
042 013                     QUE POUR L' AMOUR DE MOI VOUS N'AIMIEZ QUE LE BEAU;
128 008  .  .  .  .  .  LE DOUX RELENT DE MON  AMOUR DEFUNT.
091 067             VOUS INSULTE EN PASSANT D'UN  AMOUR DERISOIRE;
111 007                  VONT EPELANT L' AMOUR DES CRAINTIVES ENFANCES
120 038          LE CULTE DE LA PLAIE ET L' AMOUR DES GUENILLES,
111 028        ET LES URNES D' AMOUR DONT VOS GRANDS COEURS SONT PLEINS!
148 013                 ET BRULE PAR L' AMOUR DU BEAU,
084 006                   QU'A TENTE L' AMOUR DU DIFFORME,
117 001  .  .  .  .  .  .  " L' AMOUR EST ASSIS SUR LE CRANE
045 034  .  .  .  .  .  .  .  QUE TOUT CRAQUE,  AMOUR ET BEAUTE,
116 012                ET CHARGE LES ESPRITS D' AMOUR ET DE LANGUEUR.
062 017         OU SOUS UN CLAIR AZUR TOUT N'EST QU' AMOUR ET JOIE,
134 013                       COMMENT,  AMOUR INCORRUPTIBLE,
120 011  .  .  .  .  .  ENSEIGNES PAR L' AMOUR LE GOUT DU PARADIS,
020 013             "LA VOLUPTE M'APPELLE ET L' AMOUR ME COURONNE!"
032 008           ET DONT LE SOUVENIR POUR L' AMOUR ME RAVIVE,
131 064                     AUX CHOSES DE L' AMOUR MELER L'HONNETETE!
104 023              POUR QUE DE NOTRE  NAISSE LA POESIE
080 007                       L' AMOUR N'A PLUS DE GOUT, NON PLUS QUE LA DISPUTE;
113 013              MAIS L' AMOUR N'EST POUR MOI QU'UN MATELAS D'AIGUILLES
131 060               --"QUI DONC DEVANT L' AMOUR OSE PARLER D'ENFER?
057 042  .  .  .  .  .  PRENANT LE PLUS PROFOND DE TON  AMOUR POUR CIBLE,
127 011                A MON  AMOUR PROFOND ET DOUX COMME LA MER,
048 020             D'UN VIEIL  AMOUR RANCI, CHARMANT ET SEPULCRAL.
026 006  .  .  .  .  .  .  L'ELIXIR DE TA BOUCHE OU L' AMOUR SE PAVANE;
130 039                   ET L' AMOUR SE RIRA DE L'ENFER ET DU CIEL!
110 032                    REVELE UN  AMOUR TENEBREUX;
035 008          --O FUREUR DES COEURS MURS PAR L' AMOUR ULCERES!
113 012                J'AI CHERCHE DANS L' AMOUR UN SOMMEIL OUBLIEUX;
035 004  .  .  .  .  .  D'UNE JEUNESSE EN PROIE A L' AMOUR VAGISSANT,
106 036                     N'A CONNU L' AMOUR VERITABLE,
098 012      EST MUR, COMME SON CORPS, POUR LE SAVANT  AMOUR.
110 046                MALGRE TANT D' AMOUR, ASSOUVIR,
001 012  .  .  .  .  COMME UN BILLET D' AMOUR, CE MONSTRE RABOUGRI,
132 019             POUR LUI RENDRE UN BAISER D' AMOUR, JE NE VIS PLUS
114 003             LES GRIFFES DE L' AMOUR, LES POISONS DU TRIPOT,
152 011  .  .  .  .  LEURS FEUX SONT CES PENSERS D' AMOUR, MELES DE FOI,
056 019  .  .  .  .  .  ET RIEN, NI VOTRE  AMOUR, NI LE BOUDOIR, NI L'ATRE,
155 036                    EST LE MIROIR DE MON  AMOUR.
155 008              OU CE SOIR M'A PLONGE L' AMOUR.
135 009              L'UN EST L'ART, ET L'AUTRE L' AMOUR.
126 036                       AMOUR...GLOIRE...BONHEUR!" ENFER! C'EST UN ECUEIL!
131 068      A CE ROUGE SOLEIL QUE L'ON NOMME L' AMOUR!
105 024      ILS APPORTENT LA GLOIRE AU PEUPLE IVRE D' AMOUR!
140 009  .  .  .  .  .  .  LE MIEN, O MON  AMOUR!  AVANT QUE TON COEUR NE SE BLASE,
023 010  .  .  .  .  .  .  .  .  OU LA JEUNE PRETRESSE,  AMOUR! NAGE SUR TON PARFUM
116 022                JE PLONGERAI MA TETE  AMOUREUSE DES FLEURS
023 021           --J'ALLAIS MOURIR.  C'ETAIT DANS MON AME  AMOUREUSE D'IVRESSE
125 003  .  .  .  .  .  SUR TON VENTRE ORGUEILLEUX DANSE  AMOUREUSE.
021 016                  TES HANCHES SONT  AMOUREUSEMENT.
058 021      LES FILLES AUX YEUX CREUX, DE LEUR CORPS  AMOUREUSES
130 018                    POUR L'ENFANT,  AMOUREUX DE CARTES ET D'ESTAMPES,
126 001  .  .  .  .  .  MORNE ESPRIT, AUTREFOIS  AMOUREUX DE LA LUTTE,
080 001           O LE PAUVRE  AMOUREUX DES PAYS CHIMERIQUES!
126 041            ET LE PEUPLE  AMOUREUX DU FOUET ABRUTISSANT;
126 096             LES  AMOUREUX FERVENTS ET LES SAVANTS AUSTERES
066 001  .  .  .  .  .  ET, LE CIEL  AMOUREUX LEUR CARESSANT L'ECHINE
005 005  .  .  .  .  .  AMOUREUX PANTELANT INCLINE SUR SA BELLE
021 019                VOIS -TU LES  AMOUREUX, SUR LEURS GRABATS PROSPERES,
147 005      VIENS, MON BEAU CHAT, SUR MON COEUR  AMOUREUX:
034 001  .  .  .  .  .  .  .  .  LORSQUE J'EN DEVINS  AMOUREUX!
106 008
```

[14]

A

		POEM	LINE
DE MES	AMOURS DECOMPOSES!	029	048
CAUSENT SINISTREMENT DE LEURS	AMOURS DEFUNTS,	075	014
DE VIEUX	AMOURS DERACINES,	138	022
MAIS LE VERT PARADIS DES	AMOURS ENFANTINES,	062	021
--MAIS LE VERT PARADIS DES	AMOURS ENFANTINES, ...	062	025
S BAISERS SONT UN PHILTRE ET TA BOUCHE UNE	AMPHORE	021	007
SA ROBE EXAGEREE, EN SA ROYALE	AMPLEUR,	097	006
SOUVENT, POUR S'	AMUSER, LES HOMMES D'EQUIPAGE	002	001
POUR QUE L'IMPUISSANTE	ANALYSE	041	019
D'ACHETER AU BAZAR	ANANAS ET BANANES.	133	010
DE SES POINGS DE GEANT TORTURE L'	ANATHEME;	140	013
QU'EST -CE QUE DIEU FAIT DONC DE CE FLOT D'	ANATHEMES	118	001
DANS LES PLANCHES D'	ANATOMIE	094	001
LES PEUPLES DE L'HISTOIRE	ANCIENNE ET MODERNE.	071	014
LE LONG FLEUVE DE FIEL DES DOULEURS	ANCIENNES:	116	048
AUX PEUPLES	ANCIENS DES BEAUTES INCONNUES:	005	030
LES CLOITRES	ANCIENS SUR LEURS GRANDES MURAILLES	009	001
O BACCHUS, ENDORMEUR DES REMORDS	ANCIENS!	111	016
T, VIEUX CAPITAINE, IL EST TEMPS! LEVONS L'	ANCRE!	126	137
	ANDROMAQUE, DES BRAS D'UN GRAND EPOUX TOMBEE,	089	037
	ANDROMAQUE, JE PENSE A VOUS! CE PETIT FLEUVE, ...	089	001
JE VEUX M'	ANEANTIR DANS TA GORGE PROFONDE,	131	083
OU TU FOULAIS, MONTE SUR UNE DOUCE	ANESSE,	118	023
DANS UN TROU DU PLAFOND LA TROMPETTE DE L'	ANGE	097	055
QUI N'EST PAS CELUI D'UN	ANGE	058	003
STATUE AUX YEUX DE JAIS, GRAND	ANGE AU FRONT D'AIRAIN!	039	014
COMME UN	ANGE CRUEL QUI FOUETTE DES SOLEILS.	126	028
COMME UN	ANGE ENIVRE D'UN SOLEIL RADIEUX.	116	004
VOUS, MON	ANGE ET MA PASSION!	029	040
UN	ANGE FURIEUX FOND DU CIEL COMME UN AIGLE,	140	001
JE SUIS L'	ANGE GARDIEN, LA MUSE ET LA MADONE."	042	014
OU L'	ANGE INVIOLE SE MELE AU SPHINX ANTIQUE,	027	011
DE SATAN OU DE DIEU, QU'IMPORTE?	ANGE OU SIRENE, ...	021	025
	ANGE PLEIN DE BEAUTE, CONNAISSEZ -VOUS LES RIDES,	044	016
	ANGE PLEIN DE BEAUTE, CONNAISSEZ -VOUS LES RIDES?	044	020
	ANGE PLEIN DE BONHEUR, DE JOIE ET DE LUMIERES,	044	021
	ANGE PLEIN DE BONHEUR, DE JOIE ET DE LUMIERES!. . . .	044	025
	ANGE PLEIN DE BONTE, CONNAISSEZ -VOUS LA HAINE,	044	006
	ANGE PLEIN DE BONTE, CONNAISSEZ -VOUS LA HAINE?	044	010
	ANGE PLEIN DE GAIETE, CONNAISSEZ -VOUS L'ANGOISSE,	044	001
	ANGE PLEIN DE GAIETE, CONNAISSEZ -VOUS L'ANGOISSE? . .	044	005
	ANGE PLEIN DE SANTE, CONNAISSEZ -VOUS LES FIEVRES,	044	011
	ANGE PLEIN DE SANTE, CONNAISSEZ -VOUS LES FIEVRES?	044	015
C'EST UN	ANGE QUI TIENT DANS SES DOIGTS MAGNETIQUES	122	009
DANS LA BRUTE ASSOUPIE UN	ANGE SE REVEILLE.	046	004
UN	ANGE SONNE LA VICTOIRE	149	044
QU'UN	ANGE TRES -SAVANT A SANS DOUTE AIMANTES;	043	002
EN QUI TOUT EST, COMME EN UN	ANGE,	051	023
POURTANT, SOUS LA TUTELLE INVISIBLE D'UN	ANGE, ...	001	021
A L'	ANGE, A L'IDOLE IMMORTELLE,	134	003
A L'	ANGE, A L'IDOLE IMMORTELLE,	134	019
ET L'	ANGE, CHATIANT AUTANT, MA FOI! QU'IL AIME,	140	012
PAUVRE	ANGE, ELLE CHANTAIT, VOTRE NOTE CRIARDE:	045	025
(CAR JE SUIS TON BON	ANGE, ENTENDS -TU?) JE LE VEUX!	140	004
ET PLUS TARD UN	ANGE, ENTR'OUVRANT LES PORTES,	121	012
UN	ANGE, IMPRUDENT VOYAGEUR	084	005
MAIS DE TOI JE N'IMPLORE,	ANGE, QUE TES PRIERES,	044	024
ME FRISSONNE DE PEUR QUAND TU ME DIS: "MON	ANGE!"	131	051
DONT SE REJOUISSAIT L'ESSAIM DES MAUVAIS	ANGES	110	035
COMME LES	ANGES A L'OEIL FAUVE,	063	001
OU DES	ANGES CHARMANTS, AVEC UN DOUX SOURIS	006	006
S'AVANCAIENT, PLUS CALINS QUE LES	ANGES DU MAL,	127	021
LES	ANGES IMPUISSANTS SE DAMNERAIENT POUR MOI!"	132	016
COMME DEUX	ANGES QUE TORTURE	108	005
SA CHAIR SPIRITUELLE A LE PARFUM DES	ANGES, ...	042	007
DELACROIX, LAC DE SANG HANTE DES MAUVAIS	ANGES,	006	029
O TOI, LE PLUS SAVANT ET LE PLUS BEAU DES	ANGES,	120	001
GAGNENT LE SUFFRAGE DES	ANGES.	135	001
CHER POISON PREPARE PAR LES	ANGES! LIQUEUR	048	027
FAISANT AVEC SA JAMBE UN PARFAIT	ANGLE DROIT,	090	022
A CET ESPRIT COMBLE D'	ANGOISSE	054	012
VAINCU, PLEURE, ET L'	ANGOISSE ATROCE, DESPOTIQUE,	078	019
	ANGOISSE ET VIF ESPOIR, SANS HUMEUR FACTIEUSE.	125	005
ANGE PLEIN DE GAIETE, CONNAISSEZ -VOUS L'	ANGOISSE,	044	001
TON	ANGOISSE, TROP LOURDE, PERCE	138	014
ANGE PLEIN DE GAIETE, CONNAISSEZ -VOUS L'	ANGOISSE?	044	005
ET LUTTANT,	ANGOISSES FUNEBRES!	084	009
GUERISSEUR FAMILIER DES	ANGOISSES HUMAINES.	120	008
COMME UN	ANIMAL FORT QUI SURVEILLE UNE PROIE,	131	015
EXCEPTE LA CANDEUR DE L'ANTIQUE	ANIMAL,	064	004
--DE TOI, VIL	ANIMAL,--POUR PETRIR UN GENIE?	025	017
JE JALOUSE LE SORT DES PLUS VILS	ANIMAUX	030	012
SE TRAINENT, COMME FONT LES	ANIMAUX BLESSES,	091	014
ET L'	ANIMER ENCOR D'UNE VOIX ARGENTINE,	062	029
VOUS ENTENDREZ TOUTE L'	ANNEE	070	009
AND SOUS LES LOURDS FLOCONS DES NEIGEUSES	ANNEES	076	016
UI VERS SON MIROIR PENCHE UN LOURD AMAS D'	ANNEES,	147	013
LOIN D'EUX. VOIS SE PENCHER LES DEFUNTES	ANNEES,	143	009
PAR OU FUIRAIENT MILLE	ANS DE SUEURS ET D'EFFORTS, ...	073	006

```
POEM LINE
053 016  .  .  .  .  .  .  .  .  .  .       POLIS PAR LES  ANS,
076 001        J'AI PLUS DE SOUVENIRS QUE SI J'AVAIS MILLE  ANS.
097 049                                                     ANTINOUS FLETRIS, DANDYS A FACE GLABRE,
127 026                          LES HANCHES DE L'  ANTIOPE AU BUSTE D'UN IMBERBE,
064 004  .  .  .  .  .  .  .  EXCEPTE LA CANDEUR DE L'  ANTIQUE ANIMAL,
000 018                        LE SEIN MARTYRISE D'UNE  ANTIQUE CATIN,
132 006               DE PERDRE AU FOND D'UN LIT L'  ANTIQUE CONSCIENCE.
097 030                                        DE L'  ANTIQUE DOULEUR ETERNEL ALAMBIC!
094 004  .  .  .  .  .  .  .  .  .  .  DORT COMME UNE  ANTIQUE MOMIE,
001 069                  MAIS LES BIJOUX PERDUS DE L'  ANTIQUE PALMYRE,
116 010                                        DE L'  ANTIQUE VENUS LE SUPERBE FANTOME
027 011                OU L'ANGE INVIOLE SE MELE AU SPHINX  ANTIQUE,
122 013  .  .  C'EST LA BOURSE DU PAUVRE ET SA PATRIE  ANTIQUE,
061 011              BELLE DIGNE D'ORNER LES  ANTIQUES MANOIRS,
007 012          COMMES LES SONS NOMBREUX DES SYLLABES  ANTIQUES,
001 039                 JE FERAI LE METIER DES IDOLES  ANTIQUES,
015 003  .  .  UN SOMBRE MENDIANT, L'OEIL FIER COMME  ANTISTHENE,
111 011                                        OU SAINT  ANTOINE A VU SURGIR COMME DES LAVES
119 015                          RACE DE CAIN, DANS TON  ANTRE
096 015                MOI-MEME, DANS UN COIN DE L'  ANTRE TACITURNE,
111 014  .  .  .  .  .  QUI DANS LE CREUX MUET DES VIEUX  ANTRES PAIENS
005 004       JOUISSAIENT SANS MENSONGE ET SANS  ANXIETE,
124 006                                          APAISANT TOUT, MEME LA FAIM,
051 006                    MAIS QUE SA VOIX S'  APAISE OU GRONDE,
058 025  .  .  .  .  .  .  .  .  .  QUELQUEFOIS, POUR  APAISER
128 013               POUR ENGLOUTIR MES SANGLOTS  APAISES
149 011                              "OU DONC L'  APERCOIS -TU, CE CREATEUR DU BEAU,
071 005               FANTOME COMME LUI, ROSSE  APOCALYPTIQUE,
126 117  .  .  .  .  COMME LE JUIF ERRANT ET COMME LES  APOTRES,
006 007               TOUT CHARGE DE MYSTERE,  APPARAISSENT A L'OMBRE
001 002                              LE POETE  APPARAIT EN CE MONDE ENNUYE,
109 014                                ET L'  APPAREIL SANGLANT DE LA DESTRUCTION!
028 011  .  .  .  .  .  .  .  MON AME REVEUSE  APPAREILLE
126 138              CE PAYS NOUS ENNUIE, O MORT!  APPAREILLONS!
098 021      MAIS NE SUFFIT -IL PAS QUE TU SOIS L'  APPARENCE,
111 010       A TRAVERS LES ROCHERS PLEINS D'  APPARITIONS,
051 002  .  .  .  .  .  .  .  .  AINSI QU'EN SON  APPARTEMENT,
090 017                                        M'  APPARUT. ON EUT DIT SA PRUNELLE TREMPEE
008 012         OU, SALTIMBANQUE A JEUN, ETALER TES  APPAS
018 014                                        TES  APPAS FACONNES AUX BOUCHES DES TITANS!
097 012  .  .  .  .  .  .  .  .  .  LES FUNEBRES  APPAS QU'ELLE TIENT A CACHER.
000 014      AUX OBJETS REPUGNANTS NOUS TROUVONS DES  APPAS;
025 012         DEVANT TOUS LES MIROIRS VU PALIR TES  APPAS?
140 011            C'EST LA VOLUPTE VRAIE AUX DURABLES  APPAS!"
147 012  .  .  "--JE VOIS TA MERE, ENFANT DE CE SIECLE  APPAUVRI,
006 040                                          UN  APPEL DE CHASSEURS PERDUS DANS LES GRANDS BOIS!
005 014              DONT LA CHAIR LISSE ET FERME  APPELAIT LES MORSURES!
114 012                                        ELLE  APPELLE DES YEUX LA RACE DES HUMAINS.
020 013                        "LA VOLUPTE M'  APPELLE ET L'AMOUR ME COURONNE!"
111 015                                        T'  APPELLENT AU SECOURS DE LEURS FIEVRES HURLANTES,
097 017                                    AUCUNS T'  APPELLERONT UNE CARICATURE,
092 008               PENCHER REVEUSEMENT LEUR TETE  APPESANTIE,
013 007      PROMENANT SUR LE CIEL DES YEUX  APPESANTIS
070 006                   FERMENT LEURS YEUX  APPESANTIS,
136 008                          TE FAIRE UN  APPETIT D'UNE EGALE GROSSEUR."
126 002             L'UNIVERS EST EGAL A SON VASTE  APPETIT.
013 003  .  .  SUR SON DOS, OU LIVRANT A LEURS FIERS  APPETITS
038 007              OU, CUISINIER AUX  APPETITS FUNEBRES,
119 020            PRENDS GARDE A CES GRANDS  APPETITS.
105 024                                        ILS  APPORTENT LA GLOIRE AU PEUPLE IVRE D'AMOUR!
142 011  .  .  .  .  .  .  .  .  LIS -MOI, POUR  APPRENDRE A M'AIMER;
120 032                                        NOUS  APPRIS A MELER LE SALPETRE ET LE SOUFRE,
020 016                                          APPROCHONS, ET TOURNONS AUTOUR DE SA BEAUTE.
012 013          ET DONT L'UNIQUE SOIN ETAIT D'  APPROFONDIR
049 008  .  .  .  .  .  .  .  .  .  .  .  S'  APPROFONDIT LE TEMPS, CREUSE LA VOLUPTE,
045 003                                        S'  APPUYA (SUR LE FOND TENEBREUX DE MON AME
125 007            PLUS MA TORTURE ETAIT  APRE ET DELICIEUSE;
131 097                                        L'  APRE STERILITE DE VOTRE JOUISSANCE
020 036                                DEMAIN,  APRES -DEMAIN ET TOUJOURS!--COMME NOUS!
126 132              DE CETTE  APRES -MIDI QUI N'A JAMAIS DE FIN?"
016 004                                        --  APRES AVOIR FORCE LES COEURS INDIFFERENTS;
016 006                                          APRES AVOIR FRANCHI VERS LES CELESTES GLOIRES
029 042  .  .  .  .  .  .  .  .  .  .  .  .  .  APRES LES DERNIERS SACREMENTS,
131 016                                          APRES L'AVOIR D'ABORD MARQUEE AVEC LES DENTS.
036 029                                          APRES S'ETRE LAVES AU FOND DES MERS PROFONDES?
116 008             REGARDEZ,  APRES TOUT, C'EST UNE PAUVRE TERRE.
024 008                              COMME  APRES UN CADAVRE UN CHOEUR DE VERMISSEAUX,
131 044                              COMME  APRES UN NOCTURNE ET TERRIBLE REPAS,
039 004            VAISSEAU FAVORISE PAR UN GRAND  AQUILON,
070 007                                        L'  ARAIGNEE Y FERA SES TOILES,
078 011  .  .  .  .  .  ET QU'UN PEUPLE MUET D'INFAMES  ARAIGNEES
126 070                                DESIR, VIEIL  ARBRE A QUI LE PLAISIR SERT D'ENGRAIS,
120 049      FAIS QUE MON AME UN JOUR, SOUS L'  ARBRE DE SCIENCE,
023 011                   J'IRAI LA-BAS OU L'  ARBRE ET L'HOMME, PLEINS DE SEVE,
001 015  .  .  .  .  .  .  ET JE TORDRAI SI BIEN CET  ARBRE MISERABLE,
126 073         GRANDIRAS -TU TOUJOURS, GRAND  ARBRE PLUS VIVACE
155 034                                          ARBRES QUI FRISSONNEZ AUTOUR.
022 006                                        DES  ARBRES SINGULIERS ET DES FRUITS SAVOUREUX;
061 002  .  .  .  .  .  .  .  .  J'AI CONNU, SOUS UN DAIS D'  ARBRES TOUT EMPOURPRES
```

[16]

A

		POEM	LINE
QUAND OCTOBRE SOUFFLE, EMONDEUR DES VIEUX	ARBRES, ...	100	005
FAIS DES ENFANTS, PLANTE DES	ARBRES,	141	008
NON D'	ARBRES, MAIS DE COLONNADES	102	021
ET CREUSENT LE BOIS VERT DES JEUNES	ARBRISSEAUX;	111	008
TENEBREUX, EMBUSQUE, BANDE SON	ARC FATAL.	064	010
BABEL D'ESCALIERS ET D'	ARCADES,	102	013
GRANDS YEUX DE MON ENFANT,	ARCANES ADORES,	152	005
LE SOLEIL MORIBOND S'ENDORMIR SOUS UNE	ARCHE,	143	012
NON, IL N'EST PAS D'	ARCHET QUI MORDE	051	017
VIERGES AU COEUR SUBLIME, HONNEUR DE L'	ARCHIPEL,	130	037
VOUS AVEZ PRELASSE VOTRE ORGUEIL D'	ARCHITECTE	157	006
QUI HANTE LA TEMPETE ET SE RIT DE L'	ARCHER;	002	014
	ARCHITECTE DE MES FEERIES, ...	102	037
LES BANNIERES, LES FLEURS ET LES	ARCS TRIOMPHAUX	105	020
JE M'ENIVRE	ARDEMMENT DES SENTEURS CONFONDUES	023	029
INVOQUE	ARDEMMENT LE REPOS:	124	010
QUE CET	ARDENT SANGLOT QUI ROULE D'AGE EN AGE	006	043
UNE VOIX DE LA HUNE,	ARDENTE ET FOLLE, CRIE:	126	035
LA TRIBU PROPHETIQUE AUX PRUNELLES	ARDENTES	013	001
DELPHINE LA COUVAIT AVEC DES YEUX	ARDENTS,	131	014
AFIN D'ETERNISER L'	ARDEUR DE NOTRE HAINE!	035	014
SE PAMENT LONGUEMENT SOUS L'	ARDEUR DES CLIMATS:	023	012
LES SOIRS ILLUMINES PAR L'	ARDEUR DU CHARBON,	036	006
LES SOIRS ILLUMINES PAR L'	ARDEUR DU CHARBON.	036	010
ALLUMAIENT DANS NOS COEURS UNE	ARDEUR INQUIETE	126	063
L'UN T'ECLAIRE AVEC SON	ARDEUR,	081	001
L'ESPOIR, DONT L'EPERON ATTISAIT TON	ARDEUR,	080	002
POUR MARCHEPIED TAILLER UNE LUNE D'	ARGENT,	057	024
ET L'ANIMER ENCOR D'UNE VOIX	ARGENTINE, ...	062	029
ET LEUR PEAU FLEURIRA L'	ARIDITE DES RONCES.	035	011
ET NOUS DEMOLIRONS MAINTE LOURDE	ARMATURE,	123	006
L'ELEGANCE SANS NOM DE L'HUMAINE	ARMATURE.	097	019
SON REGARD DE VIGUEUR ET DE GRACES	ARME, ...	032	006
ERRIERS ONT COURU L'UN SUR L'AUTRE; LEURS	ARMES	035	001
BOUCLIERS PROVOQUANTS,	ARMES DE POINTES ROSES!	052	021
LES HOMMES VONT A PIED SOUS LEURS	ARMES LUISANTES	013	005
DEVANT LES SUPPLIANTS SAIT METTRE BAS LES	ARMES, ...	059	012
SES BRAS VAINCUS, JETES COMME DE VAINES	ARMES,	131	011
TA GORGE TRIOMPHANTE EST UNE BELLE	ARMOIRE	052	018
OU DANS UNE MAISON DESERTE QUELQUE	ARMOIRE	048	005
DES HOMMES, DANS LE COIN D'UN SINISTRE	ARMOIRE	048	022
	ARMOIRE A DOUX SECRETS, PLEINE DE BONNES CHOSES,	052	022
DE L'	ARMURE, TA HONTE EGALERAIT TA GLOIRE,	016	013
TOUT DROIT DANS SON	ARMURE, UN GRAND HOMME DE PIERRE	015	017
VIT DANS TES PROFONDEURS, FORET	AROMATIQUE!	023	008
AU-DESSUS DE TES MERS PLANE COMME UN	AROME,	116	011
TOUT MON COEUR S'	ARRACHAIT AU MONDE FAMILIER,	125	008
QUI DE TOUTE INFAMIE	ARRACHE LE PARDON.	114	016
J'	ARRACHERAI CE COEUR TOUT ROUGE DE SON SEIN, ...	001	050
FORCATS	ARRACHES AU CHARNIER,	094	018
DE L'	ARRIERE -SAISON LE RAYON JAUNE ET DOUX!	056	028
IL	ARRIVE SOUVENT QUE SA VOIX AFFAIBLIE	074	011
SANS CESSE IL FAUT QU'IL LES	ARROSE.	135	008
JE CONNAIS LES ENGINS DE SON VIEIL	ARSENAL:	064	011
TOI DONT L'OEIL CLAIR CONNAIT LES PROFONDS	ARSENAUX	120	022
"FIERS MIGNONS, MALGRE L'	ART DES POUDRES ET DU ROUGE,	097	047
SI JE NE PUIS, MALGRE TOUT MON	ART DILIGENT,	057	023
JE SAIS L'	ART D'EVOQUER LES MINUTES HEUREUSES,	036	023
JE SAIS L'	ART D'EVOQUER LES MINUTES HEUREUSES!	036	025
L'	ART EST LONG ET LE TEMPS EST COURT.	011	004
NOIR ASSASSIN DE LA VIE ET DE L'	ART, ...	038	054
MIS IL PREND, SACHANT MON GRAND AMOUR DE L'	ART,	109	005
L'UN EST L'	ART, ET L'AUTRE L'AMOUR.	135	009
ET DONT L'	ART, SUBTIL ENTRE TOUS,	156	002
O BLASPHEME DE L'	ART! O SURPRISE FATALE!	020	017
SUR LA TOILE OUBLIEE, ET QUE L'	ARTISTE ACHEVE	029	031
A L'	ARTISTE PENSIF TON CORPS EST DOUX ET CHER;	133	003
ET LE SAVOIR D'UN VIEIL	ARTISTE,	094	004
ET SON CRANE, DE FLEURS	ARTISTEMENT COIFFE, ...	097	014
ET PLATRE	ARTISTEMENT LE SEIN QUI T'A NOURRI!"	147	014
PARCE QU'IL SAIT JOUER	ARTISTEMENT SON ROLE.	115	018
MA PAUVRE MUSE, HELAS! QU'	AS TU DONC CE MATIN?	007	001
COMMENT N'AS -TU PAS HONTE ET COMMENT N'	AS -TU PAS	025	011
COMMENT N'	AS -TU PAS HONTE ET COMMENT N'AS -TU PAS	025	011
LECTEUR,	AS -TU QUELQUEFOIS RESPIRE	038	015
PUISQUE TU N'	AS CHOISIE ENTRE TOUTES LES FEMMES	001	009
SI TU N'	AS FAIT TA RHETORIQUE	142	005
L'HOMME VINDICATIF QUE TU N'	AS PU, VIVANTE,	110	015
LA LANGOUREUSE	ASIE ET LA BRULANTE AFRIQUE,	023	006
ET DONT L'	ASPECT AURAIT FAIT PLEUVOIR LES AUMONES,	090	015
JE NE CHERCHE, A L'	ASPECT DE CES MEMBRES DISCORDS, ...	091	030
LE SINGULIER	ASPECT DE CETTE SOLITUDE	110	029
JE SENTIS, A L'	ASPECT DE TES MEMBRES FLOTTANTS,	116	046
LUI DEROBENT L'	ASPECT DES PEUPLES FURIEUX!	001	056
QUE L'	ASPECT PERMANENT DE VOS PALES TENEBRES, ...	101	012
JE VOIS, ERRANT ENCOR, L'INSATIABLE	ASPIC.	097	032
J'	ASPIRE, VOLUPTE DIVINE!	138	016
LA FETE QU'	ASSAISONNE ET PARFUME LE SANG;	126	094
NOIR	ASSASSIN DE LA VIE ET DE L'ART, ...	038	054

```
POEM LINE
117 019 . . . . . . . . . . . .        MONSTRE  ASSASSIN, C'EST MA CERVELLE,
059 006                               EXCITANT A L' ASSAUT UN PEUPLE SANS SOULIERS,
024 007    JE M'AVANCE A L'ATTAQUE, ET JE GRIMPE AUX ASSAUTS,
100 016        CALME, DANS LE FAUTEUIL JE LA VOYAIS S' ASSEOIR;
122 008 . .   OU L'ON POURRA MANGER, ET DORMIR, ET S' ASSEOIR!
091 052                           PENSIVE, S' ASSEYAIT A L'ECART SUR UN BANC,
001 038              "PUISQU'IL ME TROUVE  ASSEZ BELLE POUR M'ADORER,
149 023           VOUS AVEZ, QUE JE CROIS,  ASSEZ COMMUNIE,
000 028 . . .   C'EST QUE NOTRE AME, HELAS! N'EST PAS  ASSEZ HARDIE.
116 025            MAIS VOILA QU'EN RASANT LA COTE D'  ASSEZ PRES
117 001                         L'AMOUR EST  ASSIS SUR LE CRANE
127 024       OU, CALME ET SOLITAIRE, ELLE S'ETAIT  ASSISE.
081 005 . . . . . . . . .    HERMES INCONNU QUI M'  ASSISTES
076 021                                     ASSOUPI DANS LE FOND D'UN SAHARAH BRUMEUX;
046 004                     DANS LA BRUTE  ASSOUPIE UN ANGE SE REVEILLE.
120 028            TOI QUI, MAGIQUEMENT,  ASSOUPLIS LES VIEUX OS
033 006 . . . . . . . . . .    ET TES FLANCS QU'  ASSOUPLIT UN CHARMANT NONCHALOIR,
093 001                        LA RUE  ASSOURDISSANTE AUTOUR DE MOI HURLAIT.
053 032                       C'EST POUR  ASSOUVIR
106 010             AURAIT BESOIN POUR S'  ASSOUVIR
131 091 . . . . . . .   JAMAIS VOUS NE POURREZ  ASSOUVIR VOTRE RAGE,
110 046                 MALGRE TANT D'AMOUR,  ASSOUVIR,
061 008      SON SOURIRE EST TRANQUILLE ET SES YEUX  ASSURES.
102 045                           NUL  ASTRE D'AILLEURS, NULS VESTIGES
037 006 . . . . . . . . . . . .   COMME UN  ASTRE ECLIPSE QUI SORT DE LA PENOMBRE,
027 013        RESPLENDIT A JAMAIS, COMME UN  ASTRE INUTILE,
126 057   DITES, QU'AVEZ -VOUS VU? "NOUS AVONS VU DES  ASTRES
043 014                                     ASTRES DONT NUL SOLEIL NE PEUT FLETRIR LA FLAMME!
126 052 . . . .   CES BIJOUX MERVEILLEUX, FAITS D'  ASTRES ET D'ETHERS,
148 005                C'EST GRACE AUX  ASTRES NONPAREILS,
147 003               LES  ASTRES VONT TE SUIVRE EN PIMPANT ATTIRAIL,
054 024               SANS  ASTRES, SANS ECLAIRS FUNEBRES;
021 034   SORS -TU DU GOUFFRE NOIR OU DESCENDS -TU DES  ASTRES?
126 011                                     ASTROLOGUES NOYES DANS LES YEUX D'UNE FEMME,
086 002      COUCHER AUPRES DU CIEL, COMME LES  ASTROLOGUES,
009 007          PRENANT POUR  ATELIER LE CHAMP DES FUNERAILLES,
086 006 . . . . . . . . . .    JE VERRAI L'  ATELIER QUI CHANTE ET QUI BAVARDE;
104 019               ET SERAI POUR CE FRELE  ATHLETE DE LA VIE
095 011      QUEL MAL MYSTERIEUX RONGE SON FLANC D'  ATHLETE?
134 010 . . . . . . . . . . . . .    L'  ATMOSPHERE D'UN CHER REDUIT,
143 003        CEPENDANT DES DEMONS MALSAINS DANS L'  ATMOSPHERE
086 026             UNE  ATMOSPHERE OBSCURE ENVELOPPE LA VILLE,
129 018     DE MES PENSERS BRULANTS UNE TIEDE  ATMOSPHERE.
077 010 . . . . .    OU JE TRAINAIS MON  ATONIE,
056 019   ET RIEN, NI VOTRE AMOUR, NI LE BOUDOIR, NI L'  ATOUR, POUR QUI TOUT PRINCE EST BEAU,
078 019             VAINCU, PLEURE, ET L'ANGOISSE  ATRE,
020 022         ET, REGARDE, VOICI, CRISPEE  ATROCE, DESPOTIQUE,
092 012 . . . . . .    EPRISE DU PLAISIR JUSQU'A L'  ATROCEMENT,
088 021           QUE DES NOEUDS MAL  ATROCITE,
054 038               ET SOUVENT IL  ATTACHES
024 007       JE M'AVANCE A L'  ATTAQUE, AINSI QUE LE TERMITE,
016 012 . . . . .   MAIS, SI J'AVAIS VOULU T'  ATTAQUE, ET JE GRIMPE AUX ASSAUTS,
120 029               DE L'IVROGNE  ATTAQUER AU DEFAUT
038 012                   QUAND IL  ATTARDE FOULE PAR LES CHEVAUX,
131 033   ILS PASSERONT SUR TOI COMME UN LOURD  ATTEINT SA TOTALE GRANDEUR,
054 049 . . . . .    EST UN THEATRE OU L'ON  ATTELAGE
056 025       COURTE TACHE! LA TOMBE  ATTEND
125 014        LA TOILE ETAIT LEVEE ET J'  ATTEND: ELLE EST AVIDE!
098 014     ES -TU VASE FUNEBRE  ATTENDAIS ENCORE.
097 016 . . . . .   O CHARME D'UN NEANT FOLLEMENT  ATTENDANT QUELQUES PLEURS,
127 003               DONT LE RICHE  ATTIFE!
147 003       LES ASTRES VONT TE SUIVRE EN PIMPANT  ATTIRAIL LUI DONNAIT L'AIR VAINQUEUR
046 007          S'OUVRE ET S'ENFONCE AVEC L'  ATTIRAIL,
098 008 . . . . . . . . .    ET TES YEUX  ATTIRANCE DU GOUFFRE.
130 028             QU'  ATTIRANTS COMME CEUX D'UN PORTRAIT,
130 011    LESBOS, OU LES PHRYNES L'UNE L'AUTRE S'  ATTIRE LOIN DE NOUS LE RADIEUX SOURIRE
130 015    LESBOS, OU LES PHRYNES L'UNE L'AUTRE S'  ATTIRENT,
080 002 . . . . . . .    L'ESPOIR, DONT L'EPERON  ATTIRENT,
128 020            DONT LA FERVEUR  ATTISAIT TON ARDEUR,
067 009               LEUR  ATTISE LE SUPPLICE,
110 031        AUX YEUX PROVOCATEURS COMME SON  ATTITUDE AU SAGE ENSEIGNE
066 009 . . . .   ILS PRENNENT EN SONGEANT LES NOBLES  ATTITUDE,
058 011            TA TETE A LES  ATTITUDES
017 009        LES POETES, DEVANT MES GRANDES  ATTITUDES
126 066       JAMAIS NE CONTENAIENT L'  ATTITUDES,
098 006 . . .   TON FRONT PALE, EMBELLI PAR UN MORBIDE  ATTRAIT MYSTERIEUX
112 013   O MORT, QUAND VIENDRAS -TU, SA RIVALE EN  ATTRAIT,
145 008               POUR  ATTRAITS,
097 005          VIT -ON JAMAIS  ATTRAPER AU MOINS UN OBLIQUE RAYON!
036 007 . . . . . . .    ET LES SOIRS  AU BAL UNE TAILLE PLUS MINCE?
102 046            DE SOLEIL, MEME  AU BALCON, VOILES DE VAPEURS ROSES.
133 010             D'ACHETER  AU BAS DU CIEL,
106 020                COMME  AU BAZAR ANANAS ET BANANES.
157 014 . . . . .   QUE LE PETIT HERCULE ETRANGLAIT  AU BEAU TEMPS DE NOTRE IVRESSE,
028 032                                     AU BERCEAU?
006 044               ET VIENT MOURIR  AU BORD DE TES DENTS,
130 029      ENTREVU VAGUEMENT  AU BORD DE VOTRE ETERNITE!
097 009 . . . . . . . . . .    LA RUCHE QUI SE JOUE  AU BORD DES AUTRES CIEUX!
                                       AU BORD DES CLAVICULES,
```

A

AU SOMNAMBULE ERRANT   AU BORD DES EDIFICES, ... 120 026
                       AU BORD D'UN GOUFFRE DONT L'ODEUR   084 018
       IL LA TERRASSE AU BORD D'UN GOUFFRE SECULAIRE,   048 017
                       AU BORD D'UN LAC DE.SANG, SOUS UN GRAND TAS DE MORTS, 074 013
ET MON PIED PEUREUX FROISSE, AU BORD DU MARECAGE, ... 145 013
                       AU BOUT DE LEURS BATONS AGITENT EN CADENCE.   027 004
                       AU BOUT D'UN BATON.   028 020
     OU D'UNE ENSEIGNE, AU BOUT D'UNE TRINGLE DE FER,   132 027
                       AU BRUIT DE CETTE PLAINTE INDOMPTABLE ET SAUVAGE. . . . 014 008
                       AU BRUIT DES CARILLONS QUI CHANTENT DANS LA BRUME. 074 004
CELUI QUI DANS SON CIEL RIAIT AU BRUIT DES CLOUS   118 011
LES HANCHES DE L'ANTIOPE AU BUSTE D'UN IMBERBE,   127 026
OMBRES FOLLES, COUREZ   AU BUT DE VOS DESIRS; 131 090
           LE POETE   AU CACHOT, DEBRAILLE, MALADIF,   153 001
    ET DE RENDRE   AU CENTUPLE A LA GRANDE NATURE   029 011
VOULOIR INTERESSER   AU CHANT DE SES DOULEURS   115 019
                       AU CHANT DES INSTRUMENTS QUI SE BRISE AU PLAFOND . . . 098 002
SE MELE DANS MON AME   AU CHANT DES MARINIERS.   022 014
                       AU CHANT DES VIOLONS, AUX FLAMMES DES BOUGIES,   097 025
FORCATS ARRACHES   AU CHARNIER,   094 018
        D'ALLER   AU CIEL ET D'ETRE RICHE? 149 032
COMME MONTENT   AU CIEL LES SOLEILS RAJEUNIS   036 028
RACE DE CAIN,   AU CIEL MONTE,   119 031
ET QUE, LES YEUX   AU CIEL, JE TOMBE DANS DES TROUS.   136 026
JE DIS: QUE CHERCHENT -ILS AU CIEL, TOUS CES AVEUGLES? 092 014
                       AU CIEL: ON NE LES VOIT JAMAIS VERS LES PAVES   092 007
HIPPOGRIFFE PUISSANT, MENE -MOI JUSQU' AU CIEL!   091 044
REVE D'ESCHYLE ECLOS   AU CLIMAT DES AUTANS;   018 011
        GARDE   AU COEUR ALTERE DU POETE PIEUX; 107 011
VERSENT QUELQUE HEROISME AU COEUR DES CITADINS.   091 056
                       AU COEUR D'UN VIEUX FAUBOURG, LABYRINTHE FANGEUX 105 003
MAIS, LOUVE   AU COEUR GONFLE DE TENDRESSES COMMUNES,   005 009
RIEN N'EST PLUS DOUX   AU COEUR PLEIN DE CHOSES FUNEBRES, ... 101 009
       MERES   AU COEUR SAIGNANT, COURTISANES OU SAINTES,   091 063
       VIERGES   AU COEUR SUBLIME, HONNEUR DE L'ARCHIPEL,   130 037
                       AU COIN DU FEU, LE SOIR, AUPRES D'UNE AME AIMEE. 095 036
                       AU CONFESSIONNAL DU COEUR. 045 040
JE PREFERE   AU CONSTANCE, A L'OPIUM, AU NUITS,   026 005
DE L'EPAULE   AU CONTOUR HEURTE,   110 038
LA FEMME   AU CORPS DIVIN, PROMETTANT LE BONHEUR,   020 018
--MAIS JE TOURNAI LE DOS AU CORTEGE INFERNAL. 090 044
SEMBLABLE   AU CRI LOINTAIN DE L'HUMAINE DOULEUR,   107 008
C'EST VOUS, LADY MACBETH, AME PUISSANTE AU CRIME,   018 010
MAIS, SI J'AVAIS VOULU T'ATTAQUER AU DEFAUT   016 012
REMPLIT L'AME   AU DELA DE SA CAPACITE. 049 010
AU DELA DU POSSIBLE,   AU DELA DU CONNU!"   136 010
                       AU DELA DU POSSIBLE, AU DELA DU CONNU!"   136 010
--LA JOUISSANCE AJOUTE AU DESIR DE LA FORCE.   126 069
                       AU DETOUR D'UN SENTIER UNE CHAROGNE INFAME 029 003
       ONT DIT   AU DEVOUEMENT QUI LEUR PRETAIT SES AILES.   091 043
IL S'ENDORT   AU DOUX BRUIT DE NOS AFFREUX BLASPHEMES.   118 004
--A LA SAINTE JEUNESSE, A L'AIR SIMPLE, AU DOUX FRONT,   005 036
LES FLEUVES DE CHARBON MONTER AU FIRMAMENT 086 011
       SORCIERE   AU FLANC D'EBENE, ENFANT DES NOIRS MINUITS,   026 004
AINSI QU'UNE SYLPHIDE   AU FOND DE LA COULISSE,   085 006
ELLE-MEME PREPARE   AU FOND DE LA GEHENNE   001 019
                       AU FOND DE L'ETHER. 117 008
                       AU FOND DE L'INCONNU POUR TROUVER DU NOUVEAU!   126 144
UN AUTEL SOUTERRAIN   AU FOND DE MA DETRESSE,   057 002
DESCEND JUSQU'   AU FOND DE MON COEUR.   155 022
                       AU FOND DE MON ETERNITE! 134 016
VIENT TENDRE SES FILETS AU FOND DE NOS CERVEAUX,   078 012
APRES S'ETRE LAVES   AU FOND DES MERS PROFONDES?   036 029
DES GRANDS SPHINX ALLONGES AU FOND DES SOLITUDES,   066 010
                       AU FOND D'UN CAUCHEMAR ENORME 084 007
T'A-T -IL NOYEE   AU FOND D'UN FABULEUX MINTURNES?   007 008
DE PERDRE   AU FOND D'UN LIT L'ANTIQUE CONSCIENCE.   132 006
                       AU FOND D'UN MONUMENT CONSTRUIT EN MARBRE NOIR, 033 002
JE L'AI JETEE   AU FOND D'UN PUITS, ... 106 013
--J'AI VU PARFOIS,   AU FOND D'UN THEATRE BANAL   054 041
J'AI VU PARFOIS   AU FOND D'UN THEATRE BANAL   054 045
LA HAINE EST UN IVROGNE AU FOND D'UNE TAVERNE,   073 009
       QUI TOUT   AU FOND DU CIEL FLAMBOIENT, ... 148 006
       PLONGER   AU FOND DU GOUFFRE, ENFER OU CIEL, QU'IMPORTE? 126 143
QUI PETILLENT   AU FOND, VOLUPTUEUX OU CHASTES,   152 012
       PUISEE   AU FOYER SAINT DES RAYONS PRIMITIFS,   001 074
FREMISSANT   AU FRACAS ROULANT DES OMNIBUS, ... 091 010
LA BETISE   AU FRONT DE TAUREAU;   150 020
STATUE AUX YEUX DE JAIS, GRAND ANGE AU FRONT D'AIRAIN!   039 014
BIENHEUREUSE LA CLOCHE AU GOSIER VIGOUREUX   074 005
ET PLONGE TOUT ENTIERE AU GOUFFRE DE L'ENNUI; 037 004
LA SERVANTE   AU GRAND COEUR DONT VOUS ETIEZ JALOUSE,   100 001
TOUT GLISSE ET TOUT S'EMOUSSE AU GRANIT DE SA PEAU.   114 004
"NOUS AVONS   AU GRENIER UN NOMBRE SUFFISANT,   149 003
L'OREILLE   AU GUET, OU BIEN, COMME DES OMBRES CHERES,   . . . 045 011
TU SEMES   AU HASARD LA JOIE ET LES DESASTRES,   021 011
ET QUE DE MA PENSEE, EN VAGUANT AU HASARD,   115 003
       COMME   AU JEU LE JOUEUR TETU,   031 009
QUE LA LUNE ONDULEUSE ENVOIE AU LAC TREMBLANT, ... 107 003

```
POEM LINE
126 124 . . . . . . . . . . . .   LES YEUX FIXES  AU LARGE ET LES CHEVEUX AU VENT,
077 018                                OU COULE  AU LIEU DE SANG L'EAU VERTE DU LETHE.
088 013                                          AU LIEU D'UN HAILLON TROP COURT,
132 023                           A MES COTES,  AU LIEU DU MANNEQUIN PUISSANT
154 008 . . . . . .  --LA BRISE ET L'EAU CHANTENT  AU LOIN
103 020                        LE CHANT DU COQ  AU LOIN DECHIRAIT L'AIR BRUMEUX;
130 049                          DONT LES FORMES  AU LOIN FRISSONNENT DANS L'AZUR;
092 006                   COMME S'ILS REGARDAIENT  AU LOIN, RESTENT LEVES
032 002 . . . . . . . . . . . . . .   COMME  AU LONG D'UN CADAVRE UN CADAVRE ETENDU,
091 045                        L'UNE, PAR SA PATRIE  AU MALHEUR EXERCEE,
133 013                     ET QUAND DESCEND LE SOIR  AU MANTEAU D'ECARLATE,
147 010           VAS -TU, COMME JADIS, DU SOIR JUSQU'  AU MATIN.
086 005 . . . . . . . . . .   LES DEUX MAINS  AU MENTON, DU HAUT DE MA MANSARDE,
109 010                 HALETANT ET BRISE DE FATIGUE,  AU MILIEU
012 010                                          AU MILIEU DE L'AZUR, DES VAGUES, DES SPLENDEURS
045 013                              TOUT A COUP,  AU MILIEU DE L'INTIMITE LIBRE
110 001 . . . . . . . . . . . . . . . . . . .   AU MILIEU DES FLACONS, DES ETOFFES LAMEES
002 015                     EXILE SUR LE SOL  AU MILIEU DES HUEES,
006 026                 DE FOETUS QU'ON FAIT CUIRE  AU MILIEU DES SABBATS,
116 039                    UNE PLUS GRANDE BETE  AU MILIEU S'AGITAIT
006 027 . . . . . . . . . . . .   DE VIEILLES  AU MIROIR ET D'ENFANTS TOUTES NUES,
145 008                          POUR ATTRAPER  AU MOINS UN OBLIQUE RAYON!
125 008                  TOUT MON COEUR S'ARRACHAIT  AU MONDE FAMILIER.
030 009                      OR IL N'EST PAS D'HORREUR  AU MONDE QUI SURPASSE
045 023 .   ET QU'ELLE AURAIT LONGTEMPS, POUR LA CACHER  AU MONDE,
054 013                         ET PAREIL  AU MOURANT QU'ECRASENT LES BLESSES,
096 024            LA DOULEUR A LA MORT ET L'ENFER  AU NEANT!
130 043                ET JE FUS DES L'ENFANCE ADMIS  AU NOIR MYSTERE
106 017 . . . . . . . . . . . .   AU NOM DES SERMENTS DE TENDRESSE,
026 005               JE PREFERE AU CONSTANCE, A L'OPIUM,  AU NUITS,
026 002                                          AU PARFUM MELANGE DE MUSC ET DE HAVANE,
000 019                           NOUS VOLONS  AU PASSAGE UN PLAISIR CLANDESTIN
149 010 . . . . . . . . . . . .   DIT  AU PAUVRE, QU'IL A NOYE DANS LES TENEBRES:
061 001                                          AU PAYS PARFUME QUE LE SOLEIL CARESSE,
053 006                                          AU PAYS QUI TE RESSEMBLE;
138 004                         COMME LE FLEUVE  AU PAYSAGE;
105 024 . . . . .   ILS APPORTENT LA GLOIRE  AU PEUPLE IVRE D'AMOUR!
019 014                   COMME UN HAMEAU PAISIBLE  AU PIED D'UNE MONTAGNE.
098 002      AU CHANT DES INSTRUMENTS QUI SE BRISE  AU PLAFOND
039 010                             JUSQU'  AU PLUS HAUT DU CIEL, RIEN, HORS MOI, NE REPOND!
136 017 . . . . . .   DE L'EXISTENCE IMMENSE,  AU PLUS NOIR DE L'ABIME.
131 087                             PLONGEZ  AU PLUS PROFOND DU GOUFFRE, OU TOUS LES CRIMES,
001 061          JE SAIS QUE VOUS GARDEZ UNE PLACE  AU POETE
112 005                                          AU POETE SINISTRE, ENNEMI DES FAMILLES,
017 003 . . . . . . .   EST FAIT POUR INSPIRER  AU POETE UN AMOUR
059 008                    ET MONTANT, SABRE  AU POING, LES ROYAUX ESCALIERS?
031 015                         ET J'AI DIT  AU POISON PERFIDE
002 013                     LE POETE EST SEMBLABLE  AU PRINCE DES NUEES
120 016 . . . . . . . .   TOI QUI FAIS  AU PROSCRIT CE REGARD CALME ET HAUT
025 004             IL TE FAUT CHAQUE JOUR UN COEUR  AU RATELIER.
126 064                 DE PLONGER DANS UN CIEL  AU REFLET ALLECHANT.
115 028                 LA REINE DE MON COEUR  AU REGARD NONPAREIL,
117 004                                          AU RIRE EFFRONTE,
040 010                                BOUCHE  AU RIRE ENFANTIN! PLUS ENCOR QUE LA VIE
083 027                                          AU RIRE ETERNEL CONDAMNES,
097 010           COMME UN RUISSEAU LASCIF QUI SE FROTTE  AU ROCHER,
097 024 . . . . .   TE POUSSE-T -IL, CREDULE,  AU SABBAT DU PLAISIR?
067 009                        LEUR ATTITUDE  AU SAGE ENSEIGNE
131 080       QUI, LA TORCHE A LA MAIN, LE BRULE JUSQU'  AU SANG.
111 015                            T'APPELLENT  AU SECOURS DE LEURS FIEVRES HURLANTES,
045 024 . . . . . .   DANS UN CAVEAU MISE  AU SECRET.
095 019                         ELLE REMUE  AU SEIN DE LA CITE DE FANGE
014 005                TU TE PLAIS A PLONGER  AU SEIN DE TON IMAGE;
066 008                      S'ILS POUVAIENT  AU SERVAGE INCLINER LEUR FIERTE.
088 047                                          AU SEUIL DE QUELQUE VEFOUR
063 011                             OU JUSQU'  AU SOIR IL FERA FROID.
122 004        ET NOUS DONNE LE COEUR DE MARCHER JUSQU'  AU SOIR;
130 046                ET DEPUIS LORS JE VEILLE  AU SOMMET DE LEUCATE,
130 050 .   ET DEPUIS LORS JE VEILLE  AU SOMMET DE LEUCATE,
120 026                                          AU SOMNAMBULE ERRANT AU BORD DES EDIFICES,
116 049                 DEVANT TOI, PAUVRE DIABLE  AU SOUVENIR SI CHER,
027 011                 OU L'ANGE INVIOLE SE MELE  AU SPHINX ANTIQUE,
029 035         EPIANT LE MOMENT DE REPRENDRE  AU SQUELETTE
101 007                     MON AME MIEUX QU'  AU TEMPS DU TIEDE RENOUVEAU
097 027               ET VIENS -TU DEMANDER  AU TORRENT DES ORGIES
071 007                                          AU TRAVERS DE L'ESPACE ILS S'ENFONCENT TOUS DEUX,
135 002 . . . . . . . . . . . . .   DEUX CHAMPS  AU TUF PROFOND ET RICHE,
028 010                                          AU VENT DU MATIN,
126 124           LES YEUX FIXES AU LARGE ET LES CHEVEUX  AU VENT,
059 003                        CHEVEUX ET GORGE  AU VENT, S'ENIVRANT DE TAPAGE,
115 015 . . . .   LE REGARD INDECIS ET LES CHEVEUX  AU VENT.
030 011               ET CETTE IMMENSE NUIT SEMBLABLE  AU VIEUX CHAOS;
136 024                    ET TROUVE UN GOUT SUAVE  AU VIN LE PLUS AMER;
021 004          ET L'ON PEUT POUR CELA TE COMPARER  AU VIN.
138 003 . . . . . . . . .   AJOUTENT UN CHARME  AU VISAGE,
061 009                   SI VOUS ALLIEZ, MADAME,  AU VRAI PAYS DE GLOIRE,
116 011                                          AU-DESSUS DE TES MERS PLANE COMME UN AROME,
003 001                                          AU-DESSUS DES ETANGS, AU-DESSUS DES VALLEES,
003 001 . . . . . . . . .   AU-DESSUS DES ETANGS,  AU-DESSUS DES VALLEES,
```

A

		POEM	LINE
UN SOLEIL SANS CHALEUR PLANE	AU-DESSUS SIX MOIS, ...	030	005
QUAND CHEZ LES DEBAUCHES L'	AUBE BLANCHE ET VERMEILLE	046	001
L'ESPERANCE QUI BRILLE AUX CARREAUX DE L'	AUBERGE	054	026
C'EST L'	AUBERGE FAMEUSE INSCRITE SUR LE LIVRE,	122	007
LE DIABLE A TOUT ETEINT AUX CARREAUX DE L'	AUBERGE!	054	030
OU LE REPENTIR MEME (OH! LA DERNIERE	AUBERGE!),	085	023
	AUCUNS T'APPELLERONT UNE CARICATURE,	097	017
DANS DES CONSTRUCTIONS DONT L'	AUDACE CORRECTE	157	007
LE FILS	AUDACIEUX QUI RAILLA SON FRONT BLANC, ...	015	012
CYBELE, QUI LES AIME,	AUGMENTE SES VERDURES,	013	011
LE JOUR DECROIT; LA NUIT	AUGMENTE; SOUVIENS -TOI!	085	019
OU L'	AUGUSTE VERTU, TON EPOUSE ENCOR VIERGE,	085	022
VOTRE RELIGION COMME UNE AUTRE EST	AUGUSTE, ...	130	038
DONT LES BRAS, SANS MENTIR, PEUVENT DIRE:	AUJOURD'HUI	095	006
	AUJOURD'HUI L'ESPACE EST SPLENDIDE!	108	001
DOUCE BEAUTE, MAIS TOUT	AUJOURD'HUI M'EST AMER,	056	018
PLUS D'UN ILLUSTRE MOINE,	AUJOURD'HUI PEU CITE, ...	009	006
JE T'AIME AINSI! POURTANT, SI TU VEUX	AUJOURD'HUI,	037	005
LE MONDE, MONOTONE ET PETIT,	AUJOURD'HUI,	126	110
--	AUJOURD'HUI, DATE FATIDIQUE,	150	005
LE POETE	AUJOURD'HUI, QUAND IL VEUT CONCEVOIR	005	015
ET DONT L'ASPECT AURAIT FAIT PLEUVOIR LES	AUMONES.	090	015
	AUPRES D'UN TOMBEAU VIDE EN EXTASE COURBEE;	089	039
AU COIN DU FEU, LE SOIR,	AUPRES D'UNE AME AIMEE.	095	036
J'EUSSE AIME VIVRE	AUPRES D'UNE JEUNE GEANTE, ...	019	003
COUCHER	AUPRES DU CIEL, COMME LES ASTROLOGUES,	086	002
QUAND ON M'	AURA JETE, VIEUX FLACON DESOLE,	048	023
	AURA-T -IL JAMAIS UNE FIN?	119	008
JE N'	AURAI PAS L'HONNEUR SUBLIME	148	014
TOUTES	AURAIENT PU FAIRE UN FLEUVE AVEC LEURS PLEURS!	091	048
	AURAIS -JE, SANS MOURIR, CONTEMPLE LE HUITIEME,	090	041
J'	AURAIS PU (MON ORGUEIL AUSSI HAUT QUE LES MONTS	115	023
	AURAIT BESOIN POUR S'ASSOUVIR	106	010
DAVID MOURANT	AURAIT DEMANDE LA SANTE	044	022
ET DONT L'ASPECT	AURAIT FAIT PLEUVOIR LES AUMONES,	090	015
ET QU'ELLE	AURAIT LONGTEMPS, POUR LA CACHER AU MONDE,	045	023
	AURAS -TU, QUAND JANVIER LACHERA SES BOREES, ...	008	002
TU N'	AURAS PAS SENTI L'ETREINTE	138	014
ET LORSQUE TU N'	AURAS POUR ALCOVE ET MANOIR	033	003
NOUS	AURONS DES LITS PLEINS D'ODEURS LEGERES,	121	001
N'	AURONT PAS REFLETE L'ENFER.	138	027
ELLE EBLOUIT COMME L'	AURORE	041	015
J'ETAIS MORT SANS SURPRISE, ET LA TERRIBLE	AURORE	125	012
L'	AURORE GRELOTTANTE EN ROBE ROSE ET VERTE	103	025
OU LES TORCHES DU SOIR ALLUMENT UNE	AURORE, ...	098	007
UNE MIRACULEUSE	AURORE;	054	044
SOIS CE QUE TU VOUDRAS, NUIT NOIRE, ROUGE	AURORE;	037	012
TU CONTIENS DANS TON OEIL LE COUCHANT ET L'	AURORE;	021	005
LES SAGES N'EN ONT PAS D'	AUSSI BEAUX QUE LES FOUS!"	136	028
TON OR FAIT	AUSSI DES PETITS.	119	018
	AUSSI DEVANT CE LOUVRE UNE IMAGE M'OPPRIME:	089	033
DANS UN SOMMEIL	AUSSI DOUX QUE LA MORT.	128	010
TES PIEDS SONT	AUSSI FINS QUE TES MAINS, ET TA HANCHE	133	001
DANS UN PALAIS	AUSSI GRAND QUE MOI, D'UN SEUL BLOC,	149	039
J'AURAIS PU (MON ORGUEIL	AUSSI HAUT QUE LES MONTS	115	023
SONT PRESQUE	AUSSI PETITS QUE CELUI D'UN ENFANT?	091	022
	AUSSI SUBTIL QU'HARMONIEUX!	051	024
ADORERAI -JE	AUSSI TA NEIGE ET VOS FRIMAS,	050	014
VONT BIENTOT COMMENCER LEUR TRAVAIL. EUX	AUSSI,	095	026
	AUSSI, SITOT QU'A L'HORIZON	124	004
--	AUSSI, VOIS CE SOURIS FIN ET VOLUPTUEUX	020	008
ET DES FLOTS; NOUS AVONS VU DES SABLES	AUSSI;	126	058
VOIS! JE ME TRAINE	AUSSI! MAIS, PLUS QU'EUX HEBETE,	092	013
POUR CELUI QUE L'	AUSTERE INFORTUNE ALLAITA!	091	036
LAISSE DU VIEUX PLATON SE FRONCER L'OEIL	AUSTERE.	130	025
LAISSE DU VIEUX PLATON SE FRONCER L'OEIL	AUSTERE;	130	021
LES AMOUREUX FERVENTS ET LES SAVANTS	AUSTERES	066	001
CONSUMERONT LEURS JOURS EN D'	AUSTERES ETUDES;	017	011
TEMPERAIT LA FROIDEUR DE LEUR	AUSTERITE.	009	004
DANS CETTE GRANDE PLAINE OU L'	AUTAN FROID SE JOUE,	101	005
REVE D'ESCHYLE ECLOS AU CLIMAT DES	AUTANS;	018	011
D'	AUTANT DE VIN QU'EN PEUT TENIR	106	011
ET T'AIME D'	AUTANT PLUS, BELLE, QUE TU ME FUIS, ...	024	003
JE TE HAIS	AUTANT QUE JE T'AIME!	129	016
PAUVRES SOEURS, JE VOUS AIME	AUTANT QUE JE VOUS PLAINS,	111	026
A L'AME CHARITABLE	AUTANT QUE MEURTRIERE;	059	010
	AUTANT QUE TOI SANS DOUTE IL TE SERA FIDELE.	110	059
SENTANT TA BOURSE A SEC	AUTANT QUE TON PALAIS,	008	007
	AUTANT QU'UN ROI JE SUIS HEUREUX;	106	005
FIERE,	AUTANT QU'UN VIVANT, DE SA NOBLE STATURE,	097	001
ET L'ANGE, CHATIANT	AUTANT, MA FOI! QU'IL AIME, ...	140	012
DEVANT L'	AUTEL FLEURI DE LA REINE DES VIERGES,	057	030
UN	AUTEL SOUTERRAIN AU FOND DE MA DETRESSE,	057	002
JE SUIS LA PIPE D'UN	AUTEUR;	068	001
ET MEME A NOUS,	AUTEURS DE CES VIEILLES RUBRIQUES, ...	115	021
COMME MOI N'ES -TU PAS UN SOLEIL	AUTOMNAL,	064	013
LES DEUX YEUX FERMES, EN UN SOIR CHAUD D'	AUTOMNE	022	001
ES -TU LE FRUIT D'	AUTOMNE AUX SAVEURS SOUVERAINES?	098	013
VOILA QUE J'AI TOUCHE L'	AUTOMNE DES IDEES, ...	010	005

```
056 024 .  .  .  .  .  .  .  .   .   .   .  .  D'UN GLORIEUX  AUTOMNE OU D'UN SOLEIL COUCHANT.
055 001                          VOUS ETES UN BEAU CIEL D'  AUTOMNE, CLAIR ET ROSE!
101 001                                        O FINS D'  AUTOMNE, HIVERS, PRINTEMPS TREMPES DE BOUE,
056 015            POUR QUI?--C'ETAIT HIER L'ETE; VOICI L'  AUTOMNE!
086 013 .  .  .   JE VERRAI LES PRINTEMPS, LES ETES, LES   AUTOMNES;
042 006                      RIEN NE VAUT LA DOUCEUR DE SON  AUTORITE;
153 008                             HIDEUSE ET MULTIFORME,  AUTOUR DE LUI CIRCULE.
109 002                                        IL NAGE  AUTOUR DE MOI COMME UN AIR IMPALPABLE;
093 001 .  .  .  .  .  .  .  .   LA RUE ASSOURDISSANTE  AUTOUR DE MOI HURLAIT.
092 011                      PENDANT QU'  AUTOUR DE NOUS TU CHANTES, RIS ET BEUGLES,
020 016                    APPROCHONS, ET TOURNONS  AUTOUR DE SA BEAUTE.
034 014                                       NAGENT  AUTOUR DE SON CORPS BRUN.
055 011 .  .  .  .  .  .  .  .  .  .   --UN PARFUM NAGE  AUTOUR DE VOTRE GORGE NUE!...
096 005                                             AUTOUR DES VERTS TAPIS DES VISAGES SANS LEVRE,
120 017                         QUI DAMNE TOUT UN PEUPLE  AUTOUR D'UN ECHAFAUD.
058 014                                        COMME  AUTOUR D'UN ENCENSOIR;
063 008 .  .  .  .  .  .  .  .  .  .  .      ARBRES QUI FRISSONNEZ  AUTOUR D'UNE FOSSE RAMPANT.
155 034                                             AUTOUR.
096 020                   L'UN DE SON VIEIL HONNEUR, L'  AUTRE DE SA BEAUTE!
081 002                                        L'  AUTRE EN TOI MET SON DEUIL, NATURE!
130 038 .  .  .  .  .  .  .  .   VOTRE RELIGION COMME UNE  AUTRE EST AUGUSTE,
023 022                      DANS CE NOIR OCEAN OU L'  AUTRE EST ENFERME;
135 009                       L'UN EST L'ART, ET L'  AUTRE L'AMOUR.
002 012                                        L'  AUTRE MIME, EN BOITANT, L'INFIRME QUI VOLAIT!
062 003 .  .  .  .  .  .  .  .  .  .   VERS UN  AUTRE OCEAN OU LA SPLENDEUR ECLATE,
088 053                             VA DONC, SANS  AUTRE ORNEMENT,
126 114         PAR, S'IL LE FAUT, L'UN COURT, ET L'  AUTRE SE TAPIT
130 011                 LESBOS, OU LES PHRYNES L'UNE L'  AUTRE S'ATTIRENT,
130 015 .  .  .  .   LESBOS, OU LES PHRYNES L'UNE L'  AUTRE S'ATTIRENT,
091 047                                        L'  AUTRE, PAR SON ENFANT MADONE TRANSPERCEE,
091 046                                        L'  AUTRE, QUE SON EPOUX SURCHARGEA DE DOULEURS,
035 001             DEUX GUERRIERS ONT COURU L'UN SUR L'  AUTRE; LEURS ARMES
136 009 .  .  .  .  .  .  .  .  .  .   ET L'  AUTRE: "VIENS! OH! VIENS VOYAGER DANS LES REVES,
081 004                             DIT A L'  AUTRE: VIE ET SPLENDEUR!
080 001                            MORNE ESPRIT,  AUTREFOIS AMOUREUX DE LA LUTTE,
042 002             QUE DIRAS -TU, MON COEUR, COEUR  AUTREFOIS FLETRI,
091 064 .  .  .  .  .  .  .  .  .  .   DONT  AUTREFOIS LES NOMS PAR TOUS ETAIENT CITES.
126 123                       DE MEME QU'  AUTREFOIS NOUS PARTIONS POUR LA CHINE,
016 018                                        TEMPLE  AUTREFOIS VIVANT, PLEIN D'ORDRE ET D'OPULENCE,
085 011          D'INSECTE, MAINTENANT DIT: JE SUIS  AUTREFOIS.
126 119 .  .   POUR FUIR CE RETIAIRE INFAME; IL EN EST D'  AUTRES
077 004            S'ENNUIE AVEC SES CHIENS COMME UNE D'  AUTRES BETES.
130 029                         ENTREVU VAGUEMENT AU BORD DES  AUTRES CIEUX!
089 052             AUX CAPTIFS, AUX VAINCUS!...A BIEN D'  AUTRES ENCOR!
023 009 .  .  .  .  .  .  .  .   COMME D'  AUTRES ESPRITS VOGUENT SUR LA MUSIQUE,
069 013                       ME BERCENT. D'  AUTRES FOIS, CALME PLAT, GRAND MIROIR
143 004             AUX UNS PORTANT LA PAIX, AUX  AUTRES LE SOUCI.
030 006                         ET LES SIX  AUTRES MOIS LA NUIT COUVRE LA TERRE;
063 012 .  .  .  .  .  .  .  .   COMME D'  AUTRES PAR LA TENDRESSE,
091 050                          UNE, ENTRE  AUTRES, A L'HEURE OU LE SOLEIL TOMBANT
111 009                               D'  AUTRES, COMME DES SOEURS, MARCHENT LENTES ET GRAVES
004 011                             --ET D'  AUTRES, CORROMPUS, RICHES ET TRIOMPHANTS,
111 017                             ET D'  AUTRES, DONT LA GORGE AIME LES SCAPULAIRES,
126 010                               D'  AUTRES, L'HORREUR DE LEURS BERCEAUX, ET QUELQUES-UNS,
095 013             ET COGNENT EN VOLANT LES VOLETS ET L'  AUVENT.
026 013              POUR BRISER TON COURAGE ET TE METTRE  AUX ABOIS.
119 024 .  .  .  .  .  .  .  .   TRAINE TA FAMILLE  AUX ABOIS.
102 057                             LA PENDULE  AUX ACCENTS FUNEBRES
028 006                                             AUX ACRES PARFUMS,
054 050          TOUJOURS, TOUJOURS EN VAIN, L'ETRE  AUX AILES DE GAZE!
097 004 .  .  .  .  .  .  .  .   D'UNE COQUETTE MAIGRE  AUX AIRS EXTRAVAGANTS.
128 002                       TIGRE ADORE, MONSTRE  AUX AIRS INDOLENTS,
038 007                             OU, CUISINIER  AUX APPETITS FUNEBRES;
024 007             JE M'AVANCE A L'ATTAQUE, ET JE GRIMPE  AUX ASSAUTS,
148 005 .  .  .  .  .  .  .  .  .  .   C'EST GRACE  AUX ASTRES NONPAREILS,
143 004             AUX UNS PORTANT LA PAIX,  AUX AUTRES'LE SOUCI.
126 018          POUR PARTIR; COEURS LEGERS, SEMBLABLES  AUX BALLONS,
016 022                      DES LORS IL FUT SEMBLABLE  AUX BETES DE LA RUE,
097 053 .  .  .   DES QUAIS FROIDS DE LA SEINE  AUX BORDS BRULANTS DU GANGE,
018 014                       TES APPAS FACONNES  AUX BOUCHES DES TITANS!
128 023                                             AUX BOUTS CHARMANTS DE CETTE GORGE AIGUE
133 019                         ET, CONFIANT TA VIE  AUX BRAS FORTS DES MARINS,
112 012 .  .  .   QUAND VEUX -TU M'ENTERRER, DEBAUCHE  AUX BRAS IMMONDES?
073 002                   LA VENGEANCE EPERDUE  AUX BRAS ROUGES ET FORTS
116 024                    ENTRE -BAILLANT SA ROBE  AUX BRISES PASSAGERES;
089 052                    AUX CAPTIFS, AUX VAINCUS!...A BIEN D'AUTRES ENCOR!
131 003 .  .  .  .  .  .  .  .  .  .   HIPPOLYTE REVAIT  AUX CARESSES PUISSANTES
054 026                   L'ESPERANCE QUI BRILLE  AUX CARREAUX DE L'AUBERGE
054 030                   LE DIABLE A TOUT ETEINT  AUX CARREAUX DE L'AUBERGE!
089 012                             ET, BRILLANT  AUX CARREAUX, LE BRIC-A-BRAC CONFUS.
061 004 .  .  .  .  .  .  .      UNE DAME CREOLE  AUX CHARMES IGNORES,
088 001                       BLANCHE FILLE  AUX CHEVEUX ROUX,
055 010          ON S'Y SOULE, ON S'Y TUE, ON S'Y PREND  AUX CHEVEUX!
131 064                                             AUX CHOSES DE L'AMOUR MELER L'HONNETETE!
126 040 .  .  .  .  .  .   NE TROUVE QU'UN RECIF  AUX CLARTES DU MATIN.
017 014                   MES YEUX, MES LARGES YEUX  AUX CLARTES ETERNELLES!
130 027                         INFLIGE SANS RELACHE  AUX COEURS AMBITIEUX!
012 008                                             AUX COULEURS DU COUCHANT REFLETE PAR MES YEUX.
001 020 .  .  .  .  .  .  .  .  .  .   LES BUCHERS CONSACRES  AUX CRIMES MATERNELS.
```

A

		POEM LINE
LA CIRCE TYRANNIQUE	AUX DANGEREUX PARFUMS.	126 012
QUI NOUS REND TRIOMPHANTS ET SEMBLABLES	AUX DIEUX!	107 014
C'EST LA VOLUPTE VRAIE	AUX DURABLES APPAS!"	140 011
	AUX EMANATIONS DE TON CORPS ENCHANTE;	044 023
OU TOUT, MEME L'HORREUR, TOURNE	AUX ENCHANTEMENTS, ...	091 002
ABORDE HEUREUSEMENT	AUX EPOQUES LOINTAINES,	039 002
TA MEMOIRE, PAREILLE	AUX FABLES INCERTAINES,	039 005
PAR TES GALANTS MIS	AUX FERS	088 031
FAUT -IL LE METTRE	AUX FERS, LE JETER A LA MER,	126 042
QUAND JE CONTEMPLE,	AUX FEUX DU GAZ QUI LE COLORE,	098 005
AU CHANT DES VIOLONS,	AUX FLAMMES DES BOUGIES,	097 025
QU'UNE OUTRE	AUX FLANCS GLUANTS, TOUTE PLEINE DE PUS!	132 020
	AUX FLOTS BLEUS ET BRUNS, ...	028 008
	AUX FLOTS QUE LA DOULEUR FAIT JAILLIR DE TES YEUX!	020 026
SURTOUT, CE QUI LA FAIT FREMIR JUSQU'	AUX GENOUX,	020 034
RENDAIENT PAREILS, LE SOIR,	AUX GROTTES BASALTIQUES.	012 004
	AUX HUMIDES BROUILLARDS QUI NAGENT DANS SES YEUX; . . .	019 008
L'ECUME DU PLAISIR	AUX LARMES DES TOURMENTS,	111 020
TOI QUI, MEME	AUX LEPREUX, AUX PARIAS MAUDITS,	120 010
CES NATIVES GRANDEURS,	AUX LIEUX OU SE FONT VOIR	005 016
TE PAVANER	AUX LIEUX QUE LA FOLIE ENCOMBRE,	037 007
SUR L'ESPRIT GEMISSANT EN PROIE	AUX LONGS ENNUIS,	078 002
BERCEUSE DONT LA MAIN	AUX LONGS SOMMEILS M'INVITE,	064 006
MOURANTE, ELLE SE LIVRE	AUX LONGUES PAMOISONS,	065 006
LE CHARIOT	AUX LOURDES ROUES	106 046
IL EN EST,	AUX LUEURS DES RESINES CROULANTES,	111 013
OU GISENT,	AUX LUEURS D'UN SOLEIL BLANC ET TERNE,	071 013
	AUX MAIGRES ORPHELINS SECHANT COMME DES FLEURS!	089 048
PAREILS	AUX MANNEQUINS; VAGUEMENT RIDICULES;	092 002
LE LONG DU VIEUX FAUBOURG, OU PENDENT	AUX MASURES	087 001
JE PENSE	AUX MATELOTS OUBLIES DANS UNE ILE,	089 051
ET COMMANDE	AUX MOISSONS DE CROITRE ET DE MURIR	087 015
OU LORSQUE J'ABANDONNE	AUX MORSURES MON BUSTE, ...	132 013
BUTTANT, ET SE COGNANT	AUX MURS COMME UN POETE,	105 006
BELLE ILE	AUX MYRTES VERTS, PLEINE DE FLEURS ECLOSES,	116 013
ET QUAND VIENDRA L'HIVER	AUX NEIGES MONOTONES,	086 014
PARFUM QUI FAIT REVER	AUX NOCTURNES RAYONS QUI PERCENT LES VOLETS?	008 006
	AUX OASIS LOINTAINES,	098 015
CE N'ETAIT PAS UN TEMPLE	AUX OBJETS REPUGNANTS NOUS TROUVONS DES APPAS;	000 014
ET MES ONGLES, PAREILS	AUX OMBRES BOCAGERES,	116 021
	AUX ONGLES DES HARPIES, ...	001 047
TOI QUI, MEME AUX LEPREUX,	AUX PALES HABITANTS DU VOISIN CIMETIERE	075 003
	AUX PARIAS MAUDITS,	120 010
	AUX PAYS CHAUDS ET BLEUS OU TON DIEU T'A FAIT NAITRE,	133 005
	AUX PEUPLES ANCIENS DES BEAUTES INCONNUES:	005 030
COMME	AUX PIEDS D'UNE REINE UN CHAT VOLUPTUEUX.	019 004
MAUDITE SOIT LA NUIT	AUX PLAISIRS EPHEMERES	001 007
QUE J'AI L'AIR D'EMPRUNTER	AUX PLUS FIERS MONUMENTS,	017 010
ET C'EST DEPUIS CE TEMPS QUE, PAREIL	AUX POINTES SE BALANCE, AUX VALLONS SE REPOSE, ...	057 017
LA TRIBU PROPHETIQUE	AUX PROPHETES,	136 021
NE CHANTE QU'	AUX PRUNELLES ARDENTES	013 001
	AUX RAYONS DU SOLEIL QUI SE COUCHE.	076 024
DES ETRES DISPARUS	AUX REFLETS IRISES COMME UN FRAGMENT D'OPALE, ...	065 013
AINSI QU'UNE FONTAINE	AUX REGARDS FAMILIERS.	079 014
LA ROULE DEFAILLANTE	AUX RHYTHMIQUES SANGLOTS.	113 002
DE CHEVAUX ET DE BOEUFS	AUX RIVES DE LA MORT!	049 020
QUI PREPARE LES FORTS	AUX SABOTS SANS PITIE...	131 034
ES -TU LE FRUIT D'AUTOMNE	AUX SAINTES VOLUPTES!	001 060
DES RIRES EFFRENES MELES	AUX SAVEURS SOUVERAINES?	098 013
VOILA BIEN TON EMBLEME, AME	AUX SOMBRES PLEURS,	130 044
	AUX SONGES OBSCURS, ...	153 013
CONNAIS -TU LE REMORDS,	AUX SOUFFLES VIOLENTS QUI POURRAIENT LES FLETRIR?	131 028
RIEN QU'UN DESSIN FORT PALE,	AUX TRAITS EMPOISONNES,	054 033
	AUX TROIS CRAYONS,	038 050
	AUX UNS PORTANT LA PAIX, AUX AUTRES LE SOUCI.	143 004
	AUX VAGUES SENTEURS DE L'AMBRE,	053 020
AUX CAPTIFS,	AUX VAINCUS!...A BIEN D'AUTRES ENCOR!	089 052
AUX POINTES SE BALANCE,	AUX VALLONS SE REPOSE,	057 017
COMME	AUX VERMINES LA CHAROGNE, ...	031 011
SEMBLABLE	AUX VISIONS PALES QU'ENFANTE L'OMBRE	110 013
JE SUIS, MON CHER SAVANT, SI DOCTE	AUX VOLUPTES,	132 011
SORCIERE	AUX YEUX ALLECHANTS,	058 004
LES FILLES	AUX YEUX CREUX, DE LEUR CORPS AMOUREUSES, ...	130 018
STATUE	AUX YEUX DE JAIS, GRAND ANGE AU FRONT D'AIRAIN!	039 014
QU'IMPORTE, SI TU RENDS,--FEE	AUX YEUX DE VELOURS,	021 026
	AUX YEUX DU SOUVENIR QUE LE MONDE EST PETIT!	126 004
	AUX YEUX PROVOCATEURS COMME SON ATTITUDE, ...	110 031
DESSINS	AUXQUELS LA GRAVITE	094 005
CHANTER DES TE DEUM	AUXQUELS TU NE CROIS GUERE,	008 011
L'	AVAIENT A COUPS DE BEC ABSOLUMENT CHATRE.	116 036
CES SEPT MONSTRES HIDEUX	AVAIENT L'AIR ETERNEL!	090 040
ET PUIS, QUELQU'UN PARAIT, QUE TOUS	AVAIENT NIE,	149 021
	J' AVAIS BANNI DE CES SPECTACLES	102 007
J'AI PLUS DE SOUVENIRS QUE SI	J' AVAIS MILLE ANS.	076 001
MAIS, SI J'	AVAIS VOULU T'ATTAQUER AU DEFAUT	016 012
HELAS! ET J'	AVAIS, COMME EN UN SUAIRE EPAIS,	116 055
DIEU, TOUCHE DE REMORDS,	AVAIT FAIT LE SOMMEIL;	105 031
ELLE N'	AVAIT GARDE QUE SES BIJOUX SONORES,	127 002
TOUT CE QU'ENSEMBLE ELLE	AVAIT JOINT;	029 012

[23]

```
POEM LINE
029 036  .  .  .  .  .  .  .  .  .  .    LE MORCEAU QU'ELLE  AVAIT LACHE.
005 011              L'HOMME, ELEGANT, ROBUSTE ET FORT,  AVAIT LE DROIT
091 060                        SON FRONT DE MARBRE  AVAIT·L'AIR FAIT POUR LE LAURIER!
016 019        SOUS LES PLAFONDS DUQUEL TANT DE POMPE  AVAIT LUI.
146 001  .  .  .  .  .  .  .  .  .  .  .  .  .  .    PASCAL  AVAIT SON GOUFFRE, AVEC LUI SE MOUVANT.
080 015                                    AVALANCHE, VEUX -TU M'EMPORTER DANS TA CHUTE?
065 005              SUR LE DOS SATINE DES MOLLES  AVALANCHES,
109 003                          JE L'  AVALE ET LE SENS QUI BRULE MON POUMON
000 036  .  .  .  .  .  .  .    ET DANS UN BAILLEMENT  AVALERAIT LE MONDE;
127 021                            S' AVANCAIENT, PLUS CALINS QUE LES ANGES DU MAL,
103 026                            S' AVANCAIT LENTEMENT SUR LA SEINE DESERTE,
024 007                      JE M' AVANCE A L'ATTAQUE, ET JE GRIMPE AUX ASSAUTS,
052 017  .  .  .  .  .  .  .    TA GORGE QUI S'  AVANCE ET QUI POUSSE LA MOIRE,
123 007                            AVANT DE CONTEMPLER LA GRANDE CREATURE
065 004                            AVANT DE S'ENDORMIR LE CONTOUR DE SES SEINS,
069 005                      LA POITRINE EN  AVANT ET LES POUMONS GONFLES
118 028  .  .  .  .  .  .    PENETRE DANS TON FLANC PLUS  AVANT QUE LA LANCE?
140 009                        TEL EST L'AMOUR!  AVANT QUE TON COEUR NE SE BLASE,
126 122                NOUS POURRONS ESPERER ET CRIER: EN  AVANT!
018 002                            PRODUITS  AVARIES, NES D'UN SIECLE VAURIEN,
003 005  .  .  .  .  .  .  .    MON ESPRIT, TU TE MEUS  AVEC AGILITE,
145 003                    --BIENHEUREUX CELUI-LA QUI PEUT  AVEC AMOUR
001 029          TOUS CEUX QU'IL VEUT AIMER L'OBSERVENT  AVEC CRAINTE,
138 031                  N'OUVRANT A CHACUN QU'  AVEC CRAINTE,
076 004  .  .  .  .  .  .  .  .  .  .    DESCEND, FLEUVE INVISIBLE,  AVEC DE LOURDS CHEVEUX ROULES DANS DES QUITTANCES,
000 024                    DESCEND, FLEUVE INVISIBLE,  AVEC DE SOURDES PLAINTES.
001 052                  JE LE LUI JETTERAI PAR TERRE  AVEC DEDAIN!"
056 003                      J'ENTENDS DEJA TOMBER  AVEC DES CHOCS FUNEBRES
062 028  .  .  .  .  .  .  .    PEUT -ON LE RAPPELER  AVEC DES CRIS PLAINTIFS,
012 012            QUI ME RAFRAICHISSAIENT LE FRONT  AVEC DES PALMES,
004 004                      QUI L'OBSERVENT  AVEC DES REGARDS FAMILIERS.
131 014                      DELPHINE LA COUVAIT  AVEC DES YEUX ARDENTS,
057 032  .  .  .  .  .  .    TE REGARDER TOUJOURS  AVEC DES YEUX DE FEU;
077 004              S'ENNUIE AVEC SES CHIENS COMME  AVEC D'AUTRES BETES.
052 010                        TA TETE SE PAVANE  AVEC D'ETRANGES GRACES;
052 038                        TA TETE SE PAVANE  AVEC D'ETRANGES GRACES;
001 034  .  .  .  .  .  .    ILS MELENT DE LA CENDRE  AVEC D'IMPURS CRACHATS;
138 037                        QUI NE M'AIMES QU'  AVEC EFFROI,
051 037                            JE VOIS  AVEC ETONNEMENT
115 029                        QUI RIAIT  AVEC EUX DE MA SOMBRE DETRESSE
096 022  .  .  .  .  ▿  .  .  .  .  .  .    COURANT  AVEC FERVEUR A L'ABIME BEANT,
032 009                      CAR J'EUSSE  AVEC FERVEUR BAISE TON NOBLE CORPS,
078 013            DES CLOCHES TOUT A COUP SAUTENT  AVEC FURIE
154 011                        DU HAUT EN BAS,  AVEC GRAND SOIN,
150 022  .  .  .  .  .  .    DU HAUT EN BAS,  AVEC GRANDE DEVOTION,
001 035                            AVEC HYPOCRISIE ILS JETTENT CE QU'IL TOUCHE,
027 008                      ELLE SE DEVELOPPE  AVEC INDIFFERENCE.
038 016                            AVEC IVRESSE ET LENTE GOURMANDISE
057 038  .  .  .  .  .  .    ET POUR MELER L'AMOUR  AVEC LA BARBARIE,
131 066                        L'OMBRE  AVEC LA CHALEUR, LA NUIT AVEC LE JOUR,
058 007                            AVEC LA DEVOTION
064 007                  NI SA NOIRE LEGENDE  AVEC LA FLAMME ECRITE,
028 023  .  .  .  .  .  .    SE BALANCE  AVEC LA MOLLESSE
038 004                        OU, SEUL  AVEC LA NUIT, MAUSSADE HOTESSE,
075 008                            AVEC LA TRISTE VOIX D'UN FANTOME FRILEUX.
156 006                      MAIS L'ENERGIE  AVEC LAQUELLE
126 126  .  .  .  .  .  .    AVEC LE COEUR JOYEUX D'UN JEUNE PASSAGER.
135 004                            AVEC LE FER DE LA RAISON;
028 016                          L'OR  AVEC LE FER.
131 066        L'OMBRE AVEC LA CHALEUR, LA NUIT  AVEC LE JOUR,
001 025  .  .  .  .  .  .    IL JOUE AVEC LE VENT, CAUSE  AVEC LE NUAGE,
016 002                        FLEURIT  AVEC LE PLUS DE SEVE ET D'ENERGIE,
001 025                          IL JOUE  AVEC LE VENT, CAUSE AVEC LE NUAGE,
062 024                            AVEC LES BROCS DE VIN, LE SOIR, DANS LES BOSQUETS,
131 016  .  .  .  .  .  .    APRES L'AVOIR D'ABORD MARQUEE  AVEC LES DENTS.
126 067              DE CEUX QUE LE HASARD FAIT  AVEC LES NUAGES,
063 004                            AVEC LES OMBRES DE LA NUIT;
126 056                      VOS SOUVENIRS  AVEC LEURS CADRES D'HORIZONS.
091 048  .  .  .    TOUTES AURAIENT PU FAIRE UN FLEUVE  AVEC LEURS PLEURS!
110 015                        LA TETE,  AVEC L'AMAS DE SA CRINIERE SOMBRE
046 007                  S'OUVRE ET S'ENFONCE  AVEC L'ATTIRANCE DU GOUFFRE,
110 012                            AVEC L'AVIDITE D'UN PRE.
149 041  .  .  .  .  .  .  .  .  .  .    CAR IL EST FAIT  AVEC L'UNIVERSEL PECHE,
149 030          QU'ON SE MOQUE DU MAITRE, ET QU'  AVEC LUI L'ON TRICHE,
146 001              PASCAL AVAIT SON GOUFFRE,  AVEC LUI SE MOUVANT.
085 012                  ET J'AI POMPE TA VIE  AVEC MA TROMPE IMMONDE!
086 024  .  .  .  .  .    D'EVOQUER LE PRINTEMPS  AVEC MA VOLONTE,
057 007                            AVEC MES VERS POLIS, TREILLIS D'UN PUR METAL
090 011                      ET DISCUTANT  AVEC MON AME DEJA LASSE,
116 026              POUR TROUBLER LES OISEAUX  AVEC NOS VOILES BLANCHES,
065 001  .  .  .  .  .  .    CE SOIR, LA LUNE REVE  AVEC PLUS DE PARESSE;
045 027                  ET QUE TOUJOURS,  AVEC QUELQUE SOIN QU'IL SE FARDE,
116 030                      DETRUISAIENT  AVEC RAGE UN PENDU DEJA MUR.
054 036                  L'IRREPARABLE RONGE  AVEC SA DENT MAUDITE
054 040  .  .  .  .  .  .    L'IRREPARABLE RONGE  AVEC SA DENT MAUDITE!
093 005                      AGILE ET NOBLE,  AVEC SA JAMBE DE STATUE.
090 022                        FAISANT  AVEC SA JAMBE UN PARFAIT ANGLE DROIT,
085 010              CHUCHOTE: SOUVIENS -TOI--RAPIDE,  AVEC SA VOIX
077 004  .  .  .  .  .  .  .  .  .  .    S'ENNUIE  AVEC SES CHIENS COMME AVEC D'AUTRES BETES.
```

A

		POEM LINE
JE PENSE A MON GRAND CYGNE,	AVEC SES GESTES FOUS, ...	089 034
	AVEC SES NOIRS ENCHANTEMENTS,	106 037
	AVEC SES VETEMENTS ONDOYANTS ET NACRES,	027 001
GLORIFIAIT LA MORT	AVEC SIMPLICITE.	009 008
QUE LE CYPRES?--POURTANT NOUS AVONS,	AVEC SOIN, ...	126 074
CHAQUE JOUR FROTTE	AVEC SON AILE RUDE...	038 053
J'EUSSE AIME VOIR SON CORPS FLEURIR	AVEC SON AME	019 005
L'UN T'ECLAIRE	AVEC SON ARDEUR,	081 001
	AVEC SON GROS BOUQUET, SON MOUCHOIR ET SES GANTS, . . .	097 002
UN TAPIS TRIOMPHAL	AVEC TA CHARITE.	140 008
VIENS -TU TROUBLER,	AVEC TA PUISSANTE GRIMACE,	097 021
	AVEC TES YEUX DE FEU, BRILLANTS COMME DES FETES,	055 013
DONT CHAQUE TRAIT NOUS DIT	AVEC UN AIR VAINQUEUR.	020 012
BOUILLONNENT PELE-MELE	AVEC UN BRUIT D'ORAGE.	131 089
L'UN AGACE SON BEC	AVEC UN BRULE -GUEULE,	002 011
TANDIS QUE DON LUIS	AVEC UN DOIGT TREMBLANT	015 010
OU DES ANGES CHARMANTS,	AVEC UN DOUX SOURIS	006 006
JE L'ENTENDS BIEN QUI COULE	AVEC UN LONG MURMURE,	113 003
ET NE REGARDE EN HAUT QU'	AVEC UN OEIL TREMBLANT.	144 008
	AVEC UN RIRE MOQUEUR,	058 030
	AVEC UN TEL POIGNET, QU'ON VOUS EUT PRIS, A VOIR .	157 002
	AVEC UNE INDICIBLE ET MALE VOLUPTE.	003 008
T'EXPRIMER	AVEC VERITE?	134 014
ET TES PIEDS DE COURIR LEUR COURSE	AVENTUREUSE,	033 008
LE DAMNE! J'	AVERTIS EN VAIN LA CHAIR INFECTE.	149 018
SANS SUBIR L'	AVERTISSEMENT	141 013
MACHINE	AVEUGLE ET SOURDE, EN CRUAUTES FECONDE!	025 009
L'HOMME EST	AVEUGLE, SOURD, FRAGILE, COMME UN MUR	149 019
DIS: QUE CHERCHENT -ILS AU CIEL, TOUS CES	AVEUGLES?	092 013
NOUS NOUS FAISONS PAYER GRASSEMENT NOS	AVEUX,	000 006
	AVEZ -VOUS A REMPLIR LA GRANGE?	094 020
	AVEZ -VOUS DONC PU CROIRE, HYPOCRITES SURPRIS,	149 029
	-- AVEZ -VOUS OBSERVE QUE MAINTS CERCUEILS DE VIEILLES .	091 021
	AVEZ -VOUS VU THEROIGNE, AMANTE DU CARNAGE,	059 005
DITES, QU'	AVEZ -VOUS VU? "NOUS AVONS VU DES ASTRES	126 057
VOUS	AVEZ EMPOIGNE LES CRINS DE LA DEESSE	157 001
VOUS	AVEZ PRELASSE VOTRE ORGUEIL D'ARCHITECTE	149 026
VOUS	AVEZ, EN SECRET, BAISE MA FESSE IMMONDE!	149 026
VOUS	AVEZ, QUE JE CROIS, ASSEZ COMMUNIE,	149 023
SOUVIENS -TOI QUE LE TEMPS EST UN JOUEUR	AVIDE	085 017
--INSATIABLEMENT	AVIDE	082 005
J'ETAIS COMME L'ENFANT	AVIDE DU SPECTACLE,	125 009
SUR SON COU CONVULSIF TENDANT SA TETE	AVIDE,	089 027
COURTE TACHE! LA TOMBE ATTEND; ELLE EST	AVIDE!	056 025
HUMAIT	AVIDEMENT CE CHANT VIF ET GUERRIER;	091 058
ANS DES YEUX OU LONGTEMPS BURENT NOS YEUX	AVIDES?	044 019
AVEC L'	AVIDITE D'UN PRE.	110 012
NOUS	AVIONS UN ETE SEMBLABLE	106 007
D'UN BRAS VENGEUR ET FORT SAISIT CHAQUE	AVIRON.	015 004
COMME DES	AVIRONS TRAINER A COTE D'EUX.	002 008
J'EN FUS EMBAUME, POUR L'	AVOIR	051 027
NOUS AVONS VU PARTOUT, ET SANS L'	AVOIR CHERCHE,	126 086
APRES L'	AVOIR D'ABORD MARQUEE AVEC LES DENTS,	131 016
POUR	AVOIR ETREINT DES NUEES.	148 004
QUI SEMBLAIT	AVOIR FAIT PROVISION DE SANG,	132 024
--APRES	AVOIR FORCE LES COEURS INDIFFERENTS;	016 004
APRES	AVOIR FRANCHI VERS LES CELESTES GLOIRES	016 006
ET S'ACCUSENT D'	AVOIR MIS LEURS PIEDS DANS SES PAS.	001 036
DE N'	AVOIR PAS CONNU CE QUE PLEURENT LES MORTS?"	033 013
LES	AVOIR REMUES DANS LEURS PROFONDEURS NOIRES;	016 005
D'	AVOIR SA CROIX ET SON TOMBEAU;	054 019
D'	AVOIR VOULU CHANGER DE PLACE.	067 014
	AVONS -NOUS DONC COMMIS UNE ACTION ETRANGE?	131 049
"NOUS	AVONS AU GRENIER UN NOMBRE SUFFISANT,	149 003
NOUS	AVONS BLASPHEME JESUS, ...	150 009
NOUS	AVONS DIT SOUVENT D'IMPERISSABLES CHOSES	036 009
NOUS	AVONS SALUE DES IDOLES A TROMPE;	126 077
NOUS	AVONS TRAVAILLE!--C'EST LE SOIR QUI SOULAGE	095 007
DITES, QU'AVEZ -VOUS VU? "NOUS	AVONS VU DES ASTRES	126 057
ET DES FLOTS; NOUS	AVONS VU DES SABLES AUSSI;	126 058
NOUS	AVONS VU PARTOUT, ET SANS L'AVOIR CHERCHE,	126 086
VENDREDI, TREIZE, NOUS	AVONS.	150 006
QUE LE CYPRES?--POURTANT NOUS	AVONS, AVEC SOIN,	126 074
NOUS	AVONS, IL EST VRAI, NATIONS CORROMPUES,	005 029
ENFIN, NOUS	AVONS, POUR NOYER	150 025
NOUS	AVONS, POUR PLAIRE A LA BRUTE,	150 013
AYANT L'	EXPANSION DES CHOSES INFINIES,	004 012
QUI MONTENT DANS L'	AZUR COMME DES FLORAISONS.	065 008
JE TRONE DANS L'	AZUR COMME UN SPHINX INCOMPRIS;	017 005
COMME LE SABLE MORNE ET L'	AZUR DES DESERTS,	027 005
VOUS ME RENDEZ L'	AZUR DU CIEL IMMENSE ET ROND;	023 027
COMME L'	AZUR DU CIEL, LES OISEAUX ET LES FLEURS,	005 039
--L'OEIL D'	AZUR EST VAINCU PAR L'OEIL NOIR QUE TACHETE	130 058
TOURNE VERS MOI TES YEUX PLEINS D'	AZUR ET D'ETOILES!	131 037
UNE NICHE, D'	AZUR ET D'OR TOUT EMAILLEE, ...	057 005
PARTI DE L'	AZUR ET TOMBE	084 002
OU SOUS UN CLAIR	AZUR TOUT N'EST QU'AMOUR ET JOIE,	062 017
DES CIEUX SPIRITUELS L'INACCESSIBLE	AZUR,	046 005
AU MILIEU DE L'	AZUR, DES VAGUES, DES SPLENDEURS	012 010

```
POEM LINE
048 012 .  .  .  .  .  .  .  .  .  .  .  .  .  .   TEINTES D' AZUR, GLACES DE ROSE, LAMES D'OR.
086 010                            L'ETOILE DANS L' AZUR, LA LAMPE A LA FENETRE,
002 006                       QUE CES ROIS DE L' AZUR, MALADROITS ET HONTEUX,
130 049         DONT LES FORMES AU LOIN FRISSONNENT DANS L' AZUR;
008 008 .  .  .  .  .  .   RECOLTERAS -TU L'OR DES VOUTES  AZUREES?
```

B

		POEM	LINE
	BABEL D'ESCALIERS ET D'ARCADES, ...	102	013
	BABEL SOMBRE, OU ROMAN, SCIENCE, FABLIAU,	136	002
O	BACCHUS, ENDORMEUR DES REMORDS ANCIENS!	111	016
UNE MER DE BROUILLARDS	BAIGNAIT LES EDIFICES,	103	021
	BAIGNAIT NERVEUSEMENT SES AILES DANS LA POUDRE, . . .	089	021
QUAND ELLE Y VEUT	BAIGNER SA BEAUTE NONCHALANTE;	107	004
ENTRE -	BAILLANT SA ROBE AUX BRISES PASSAGERES;	116	024
QUI	BAILLE NUIT ET JOUR, ET SE LAMENTE ET PLEURE,	149	014
ET DANS UN	BAILLEMENT AVALERAIT LE MONDE;	000	036
ET DANS CES	BAINS DE SANG QUI DES ROMAINS NOUS VIENNENT,	077	015
AINSI QU'UN DEBAUCHE PAUVRE QUI	BAISE ET MANGE	000	017
	BAISE LA STUPIDE MATIERE	150	021
VOUS AVEZ, EN SECRET,	BAISE MA FESSE IMMONDE!	149	026
CAR J'EUSSE AVEC FERVEUR	BAISE TON NOBLE CORPS,	032	009
POUR LUI RENDRE UN	BAISER D'AMOUR, JE NE VIS PLUS	132	019
UN	BAISER D'ENDYMION LES GRACES SURANNEES?	147	011
ET	BAISER LIBERTIN DE LA MAIGRE ADELINE;	107	006
ET REVET D'UN	BAISER TON FRONT BAS, MORNE CARICATURE?	123	002
LA MORSURE ET LE	BAISER TOUT TON CORPS BLANC ET ROSE.	057	018
DANS LES	BAISER;	058	028
PRODIGUES DE	BAISERS DU SATIN ET DU LINGE, ...	038	040
DES	BAISERS ET RICHES DE SANTE;	112	002
PLEINES DE	BAISERS FROIDS COMME LA LUNE	063	006
CES SERMENTS, CES PARFUMS, CES	BAISERS INFERNAUX,	110	034
--O SERMENTS! O PARFUMS! O	BAISERS INFINIS, ...	036	026
DE CES	BAISERS INFINIS!	036	030
PLUS DE	BAISERS PUISSANTS COMME UN DICTAME,	038	047
TES	BAISERS QUE DE LIS	088	042
J'ETALERAI MES	BAISERS RESSUSCITERAIENT	031	023
LESBOS, OU LES	BAISERS SANS REMORD	128	011
LESBOS, OU LES	BAISERS SONT COMME LES CASCADES	130	006
MES	BAISERS SONT COMME LES CASCADES!	130	010
TES	BAISERS SONT LEGERS COMME CES EPHEMERES	131	029
QUI VOUS MANGERA DE	BAISERS SONT UN PHILTRE ET TA BOUCHE UNE AMPHORE	021	007
TU TIRES TON PARDON DE L'EXCES DES	BAISERS,	029	046
DES	BAISERS,	130	022
LESBOS, OU LES	BAISERS, DES OISEAUX CHANTANT SOIR ET MATIN, . . .	086	019
LES COURSES, LES CHANSONS, LES	BAISERS, LANGUISSANTS OU JOYEUX·	130	002
ET LE LETHE COULE DANS LES	BAISERS, LES BOUQUETS,	062	022
EFFACENT LENTEMENT LA MARQUE DES	BAISERS.	128	016
OURS OFFRIR UN COEUR VIERGE A SES CRUELS	BAISERS.	126	016
DIT CELLE DONT JADIS NOUS	BAISERS!	131	070
QUI VERSENT LA FOLIE A CE	BAISIONS LES GENOUX.	126	136
VIT -ON JAMAIS AU	BAL TOURNOYANT;	006	024
SOULEVANT,	BAL UNE TAILLE PLUS MINCE?	097	005
SE	BALANCANT LE FESTON ET L'OURLET;	093	004
QUE	BALANCE AVEC LA MOLLESSE	028	023
AUX POINTES SE	BALANCE LE VENT PENDANT LES NUITS D'HIVER.	132	028
JE COMPRENDS BIEN, AMIS, QUE LE DESIR	BALANCE, AUX VALLONS SE REPOSE, ...	057	017
SI SES	BALANCE;	151	002
MOLLEMENT	BALANCES D'OR N'ONT PESE LE DELUGE	130	033
QUAND TU VAS	BALANCES SUR L'AILE	108	009
QUAND TU VAS	BALAYANT L'AIR DE TA JUPE LARGE, ...	052	005
ET LES SOIRS AU	BALAYANT L'AIR DE TA JUPE LARGE,	052	025
NI SON PEUPLE MOURANT EN FACE DU	BALCON, VOILES DE VAPEURS ROSES.	036	007
SUR LES	BALCON.	077	006
DU BOUFFON FAVORI LA GROTESQUE	BALCONS DU CIEL, EN ROBES SURANNEES;	143	010
L'IMAGE D'UN	BALLADE	077	007
OUR PARTIR; COEURS LEGERS, SEMBLABLES AUX	BALLET DE FLEURS.	129	012
--J'AI VU PARFOIS, AU FOND D'UN THEATRE	BALLONS,	126	018
J'AI VU PARFOIS AU FOND D'UN THEATRE	BANAL	054	041
ET QUE C'EST LE TRAVAIL	BANAL	054	045
LE CANEVAS	BANAL	045	030
ELDORADO	BANAL DE NOS PITEUX DESTINS,	000	027
D'ACHETER AU BAZAR ANANAS ET	BANAL DE TOUS LES VIEUX GARCONS.	116	007
PENSIVE, S'ASSEYAIT A L'ECART SUR UN	BANANES.	133	010
TENEBREUX, EMBUSQUE,	BANC,	091	052
J'AVAIS	BANDE SON ARC FATAL.	064	010
URANT CES GRANDES NUITS D'OU LE SOMME EST	BANNI DE CES SPECTACLES	102	007
LES	BANNI,	033	011
SERAIT POUR VOS	BANNIERES, LES FLEURS ET LES ARCS TRIOMPHAUX	105	020
JE NE VOIS QU'EN ESPRIT TOUT CE CAMP DE	BANQUIERS UN REVE RUINEUX;	126	080
ET POUR MELER L'AMOUR AVEC LA	BARAQUES,	089	009
ET SA	BARBARE, ROIDE ET LOURD, ET DOUBLE DE SOUPCON,	057	012
SON PAREIL LE SUIVAIT:	BARBARIE,	057	038
DE TON ESPRIT	BARBE A LONGS POILS, ROIDE COMME UNE EPEE.	090	019
CE JUMEAU CENTENAIRE, ET CES SPECTRES	BARBE, OEIL, DOS, BATON, LOQUES, ...	090	029
SE TENAIT A LA	BARIOLE;	129	014
VAINEMENT MA RAISON VOULAIT PRENDRE LA	BAROQUES	090	031
D'UNE VASTE PRISON IMITE LES	BARRE ET COUPAIT LE FLOT NOIR;	015	018
DU HAUT JUSQUES EN	BARRE;	090	049
ET FREDONNES TOUT	BARREAUX,	078	010
DE SOLEIL, MEME AU	BAS DE L'ECHELLE FATALE,	126	087
QUAND LE CIEL	BAS DE VIEUX AIRS INCONNUS;	133	012
DEVANT LES SUPPLIANTS SAIT METTRE	BAS DU CIEL;	102	046
UN	BAS ET LOURD PESE COMME UN COUVERCLE	078	001
--"AH! QUE N'AI -JE MIS	BAS LES ARMES,	059	012
	BAS ROSATRE, ORNE DE COINS D'OR, A LA JAMBE,	110	025
	BAS TOUT UN NOEUD DE VIPERES, ...	001	005

```
088 017 . . . . . . . . . . . .   EN PLACE DE  BAS TROUES,
154 011                           DU HAUT EN  BAS, AVEC GRAND SOIN,
123 002                ET BAISER TON FRONT  BAS, MORNE CARICATURE?
146 005                         EN HAUT, EN  BAS, PARTOUT, LA PROFONDEUR, LA GREVE,
091 070 . . . . . . . .   PEUREUSES, LE DOS  BAS, VOUS COTOYEZ LES MURS;
006 028    POUR TENTER LES DEMONS AJUSTANT BIEN LEURS  BAS;
012 004       RENDAIENT PAREILS, LE SOIR, AUX GROTTES  BASALTIQUES.
054 039                              PAR LA  BASE LE BATIMENT.
149 017 . . . .  L'HORLOGE, A SON TOUR, DIT A VOIX  BASSE: "IL EST MUR,
127 027       TANT SA TAILLE FAISAIT RESSORTIR SON  BASSIN.
102 015                           PLEIN DE  BASSINS ET DE CASCADES
154 006                  ECOUTE PLEURER LES  BASSINS;
155 032 . . . . . . .  QUI SANGLOTE DANS LES  BASSINS!
083 012              COMME UN TAMBOUR QUI  BAT LA CHARGE!
105 002                        DONT LE VENT  BAT LA FLAMME ET TOURMENTE LE VERRE,
044 008           QUAND LA VENGEANCE  BAT SON INFERNAL RAPPEL,
105 018 . . .  SUIVIS DE COMPAGNONS, BLANCHIS DANS LES  BATAILLES.
029 018               D'OU SORTAIENT DE NOIRS  BATAILLONS
131 046                     ET DE NOIRS  BATAILLONS DE FANTOMES EPARS,
054 039                         PAR LA BASE LE  BATIMENT.
086 016 . . . . . . . . . . .   POUR  BATIR DANS LA NUIT MES FEERIQUES PALAIS.
057 001                             JE VEUX  BATIR POUR TOI, MADONE, MA MAITRESSE;
045 033                               QUE  BATIR SUR LES COEURS EST UNE CHOSE SOTTE;
081 014                               JE  BATIS DE GRANDS SARCOPHAGES.
056 010 . . . . . . .   L'ECHAFAUD QU'ON  BATIT N'A PAS D'ECHO PLUS SOURD.
120 040                           BATON DES EXILES, LAMPE DES INVENTEURS,
090 029    SON PAREIL LE SUIVAIT: BARBE, OEIL, DOS,  BATON, LOQUES,
090 023                  SI BIEN QUE SON  BATON, PARACHEVANT SA MINE,
028 020 . . . . . . . . .   AU BOUT D'UN  BATON.
027 004                  AU BOUT DE LEURS  BATONS AGITENT EN CADENCE.
011 008                                VA  BATTANT DES MARCHES FUNEBRES.
059 002               PARCOURANT LES FORETS OU  BATTANT LES HALLIERS,
078 007 . . . . . . . .   S'EN VA  BATTANT LES MURS DE SON AILE TIMIDE
033 007             EMPECHERA TON COEUR DE  BATTRE ET DE VOULOIR,
131 038       POUR UN DE CES REGARDS CHARMANTS,  BAUME DIVIN,
107 010                              LES  BAUMES PENETRANTS QUE TA PANSE FECONDE
126 101 . . . . . . .  L'HUMANITE  BAVARDE, IVRE DE SON GENIE,
086 006    JE VERRAI L'ATELIER QUI CHANTE ET QUI  BAVARDE;
071 006                   QUI  BAVE DES NASEAUX COMME UN EPILEPTIQUE.
157 012       ETAIT TEINTE TROIS FOIS DANS LES  BAVES SUBTILES
097 045 . . . . . . . . . . .   BAYADERE SANS NEZ, IRRESISTIBLE GOUGE,
133 010                     D'ACHETER AU  BAZAR ANANAS ET BANANES.
096 022       COURANT AVEC FERVEUR A L'ABIME  BEANT,
131 076                     UN ABIME  BEANT; CET ABIME EST MON COEUR!
097 056 . . . . . . .  SINISTREMENT  BEANTE AINSI QU'UN TROMBLON NOIR.
038 029                           COMME UN  BEAU CADRE AJOUTE A LA PEINTURE,
051 003                               UN  BEAU CHAT, FORT, DOUX ET CHARMANT.
034 001                           VIENS, MON  BEAU CHAT, SUR MON COEUR AMOUREUX;
055 001 . . . . . . . .  VOUS ETES UN  BEAU CIEL D'AUTOMNE, CLAIR ET ROSE!
047 008               LE CIEL EST TRISTE ET  BEAU COMME UN GRAND REPOSOIR.
047 011               LE CIEL EST TRISTE ET  BEAU COMME UN GRAND REPOSOIR;
130 068                           ELLE FIT SON  BEAU CORPS LA PATURE SUPREME
128 012 . . . . . . . . .   SUR TON  BEAU CORPS POLI COMME LE CUIVRE.
041 018               QUI GOUVERNE TOUT SON  BEAU CORPS,
120 040       O TOI, LE PLUS SAVANT ET LE PLUS  BEAU DES ANGES,
001 072                           A CE  BEAU DIADEME EBLOUISSANT ET CLAIR;
129 017 . . . . . .   QUELQUEFOIS DANS UN  BEAU JARDIN
089 022       ET DISAIT, LE COEUR PLEIN DE SON  BEAU LAC NATAL;
029 002                               CE  BEAU MATIN D'ETE SI DOUX:
157 003       ET CET AIR DE MAITRISE ET CE  BEAU NONCHALOIR,
129 002 . . . . . . .  SONT BEAUX COMME UN  BEAU PAYSAGE;
073 003                               A  BEAU PRECIPITER DANS SES TENEBRES VIDES
145 001             QUE LE SOLEIL EST  BEAU QUAND TOUT FRAIS IL SE LEVE,
040 013       PLONGER DANS VOS BEAUX YEUX COMME DANS UN  BEAU SONGE.
106 020 . . . . . . . . .   COMME AU  BEAU TEMPS DE NOTRE IVRESSE,
126 076             FRERES QUI TROUVEZ  BEAU TOUT CE QUI VIENT DE LOIN!
052 006             TU FAIS L'EFFET D'UN  BEAU VAISSEAU QUI PREND LE LARGE,
052 026             TU FAIS L'EFFET D'UN  BEAU VAISSEAU QUI PREND LE LARGE,
075 013 . . . . . . . . .   LE  BEAU VALET DE COEUR ET LA DAME DE PIQUE
077 010    ET LES DAMES D'ATOUR, POUR QUI TOUT PRINCE EST  BEAU,
028 002                       DE TON CORPS SI  BEAU,
148 013                   ET BRULE PAR L'AMOUR DU  BEAU,
149 011 . . .  "OU DONC L'APERCOIS -TU, CE CREATEUR DU  BEAU,
116 041       HABITANT DE CYTHERE, ENFANT D'UN CIEL SI  BEAU,
002 010                         LUI, NAGUERE SI  BEAU, QU'IL EST COMIQUE ET LAID!
097 044    QUI FAIT LE DEGOUTE MONTRE QU'IL SE CROIT  BEAU.
042 013 .  QUE POUR L'AMOUR DE MOI VOUS N'AIMIEZ QUE LE  BEAU;
043 006       ILS CONDUISENT MES PAS DANS LA ROUTE DU  BEAU;
152 002                     VOUS RESSEMBLEZ  BEAUCOUP A CES GROTTES MAGIQUES
093 009    UN ECLAIR...PUIS LA NUIT!--FUGITIVE  BEAUTE
156 008 . . . . . . . . .   PROUVE LA  BEAUTE DE SON COEUR.
036 003             TU TE RAPPELLERAS LA  BEAUTE DES CARESSES,
006 018       TOI QUI SUS RAMASSER LA  BEAUTE DES GOUJATS,
032 010                       A LA TRISTE  BEAUTE DONT MON DESIR SE PRIVE.
114 015 . . . . . . . . . . .   QUE LA  BEAUTE DU CORPS EST UN SUBLIME DON
110 023             LA SECRETE SPLENDEUR ET LA  BEAUTE FATALE
131 017                           BEAUTE FORTE A GENOUX DEVANT LA BEAUTE FRELE,
131 017       BEAUTE FORTE A GENOUX DEVANT LA  BEAUTE FRELE,
107 004 . . . . . .  QUAND ELLE Y VEUT BAIGNER SA  BEAUTE NONCHALANTE;
```

B

		POEM	LINE
--MAIS POURQUOI PLEURE-T -ELLE? ELLE,	BEAUTE PARFAITE	020	029
ONT COMMUNIQUE LA	BEAUTE,	094	008
ET LA	BEAUTE,	088	004
JE VEUX TE PEINDRE TA	BEAUTE,	052	003
JE VEUX TE PEINDRE TA	BEAUTE,	052	015
LA, TOUT N'EST QU'ORDRE ET	BEAUTE,	053	013
LA, TOUT N'EST QU'ORDRE ET	BEAUTE,	053	027
LA, TOUT N'EST QU'ORDRE ET	BEAUTE,	053	041
QUE TOUT CRAQUE, AMOUR ET	BEAUTE,	045	034
ANGE PLEIN DE	BEAUTE, CONNAISSEZ -VOUS LES RIDES,	044	016
ANGE PLEIN DE	BEAUTE, CONNAISSEZ -VOUS LES RIDES?	044	020
TU MARCHES SUR DES MORTS,	BEAUTE, DONT TU TE MOQUES;	021	013
O	BEAUTE, DUR FLEAU DES AMES, TU LE VEUX!	055	012
DOUCE	BEAUTE, MAIS TOUT AUJOURD'HUI M'EST AMER,	056	018
AINSI QU'UNE	BEAUTE, SUR DE NOMBREUX COUSSINS,	065	002
MASQUE OU DECOR, SALUT! J'ADORE TA	BEAUTE.	098	024
SANS CONNAITRE JAMAIS LA LOI DE LEUR	BEAUTE.	025	008
APPROCHONS, ET TOURNONS AUTOUR DE SA	BEAUTE.	020	016
TOUT SERVAIT, TOUT PARAIT SA FRAGILE	BEAUTE.	131	012
S'ADAPTAIENT JUSTE A SA RARE	BEAUTE;	038	034
O	BEAUTE? TON REGARD, INFERNAL ET DIVIN,	021	002
L'UN DE SON VIEIL HONNEUR, L'AUTRE DE SA	BEAUTE!	096	020
O MA	BEAUTE!	088	056
ALORS, O MA	BEAUTE! DITES A LA VERMINE	029	045
PAUVRE GRANDE	BEAUTE! LE MAGNIFIQUE FLEUVE	020	025
O	BEAUTE! MONSTRE ENORME, EFFRAYANT, INGENU!	021	022
ET COMME QUI DIRAIT DES	BEAUTES DE LANGUEUR;	005	032
CE NE SERONT JAMAIS CES	BEAUTES DE VIGNETTES,	018	001
SON TROUPEAU GAZOUILLANT DE	BEAUTES D'HOPITAL,	018	006
AUX PEUPLES ANCIENS DES	BEAUTES INCONNUES:	005	030
CAR A QUOI BON CHERCHER TES	BEAUTES LANGOUREUSES	036	023
ENTRE TANT DE	BEAUTES QUE PARTOUT ON PEUT VOIR,	151	001
D'ETRE FIER DES	BEAUTES QUI LE NOMMAIENT LEUR ROI;	005	012
LES DIVERSES	BEAUTES QUI PARENT TA JEUNESSE;	052	002
LES DIVERSES	BEAUTES QUI PARENT TA JEUNESSE;	052	014
EVAIS -TU DE CES JOURS SI BRILLANTS ET SI	BEAUX	118	021
SONT	BEAUX COMME UN BEAU PAYSAGE;	129	002
QUE LES SOLEILS SONT	BEAUX DANS LES CHAUDES SOIREES!	036	011
QUE LES SOLEILS SONT	BEAUX DANS LES CHAUDES SOIREES!	036	015
	BEAUX ECRINS SANS JOYAUX, MEDAILLONS SANS RELIQUES,	098	019
TU RESSEMBLES PARFOIS A CES	BEAUX HORIZONS	050	009
LES SAGES N'EN ONT PAS D'AUSSI	BEAUX QUE LES FOUS!"	136	028
REPANDANT LARGEMENT SES	BEAUX REFLETS DE CIERGE	099	009
TES DEUX	BEAUX SEINS, RADIEUX	088	023
JE TE FERAI DE MON RESPECT DE	BEAUX SOULIERS	057	019
PLONGER DANS VOS	BEAUX YEUX COMME DANS UN BEAU SONGE,	040	013
	BEAUX YEUX DE MON ENFANT, PAR OU FILTRE ET S'ENFUIT	152	002
TES	BEAUX YEUX SONT LAS, PAUVRE AMANTE!	155	001
ET LAISSE -MOI PLONGER DANS TES	BEAUX YEUX,	034	003
	BEAUX YEUX, VERSEZ SUR MOI VOS CHARMANTES TENEBRES!	152	004
ECLOSES POUR NOUS SOUS DES CIEUX PLUS	BEAUX.	121	004
D'UN RUISSEAU SANS EAU LA BETE OUVRANT LE	BEC	089	020
L'AVAIENT A COUPS DE	BEC ABSOLUMENT CHATRE.	116	036
L'UN AGACE SON	BEC AVEC UN BRULE -GUEULE,	002	011
CHACUN PLANTANT, COMME UN OUTIL, SON	BEC IMPUR	116	031
	BECHANT COMME DES LABOUREURS,	094	011
ET POUSSER UNE LOURDE	BECHE	094	031
J'AI SENTI TOUS LES	BECS ET TOUTES LES MACHOIRES	116	050
SOUS LES COUPS DU	BELIER INFATIGABLE ET LOURD.	056	012
L'AMOUREUX PANTELANT INCLINE SUR SA	BELLE	021	019
A LA TRES -CHERE, A LA TRES -	BELLE	134	001
A LA TRES -BONNE, A LA TRES -	BELLE	134	017
TA GORGE TRIOMPHANTE EST UNE	BELLE ARMOIRE	052	018
EST LARGE A FAIRE ENVIE A LA PLUS	BELLE BLANCHE;	133	002
CESSEZ DONC DE CHERCHER, O	BELLE CURIEUSE!	040	007
	BELLE DIGNE D'ORNER LES ANTIQUES MANOIRS,	061	011
	BELLE D'ABANDON,	028	018
PERLES DE LA PLUS	BELLE EAU,	088	029
C'EST UNE FEMME	BELLE ET DE RICHE ENCOLURE,	114	001
QUE C'EST UN DUR METIER QUE D'ETRE	BELLE FEMME,	045	029
	BELLE ILE AUX MYRTES VERTS, PLEINE DE FLEURS ECLOSES,	116	013
"PUISQU'IL ME TROUVE ASSEZ	BELLE POUR M'ADORER,	001	038
PLUS	BELLE QUE VENUS PAR SES MORNES PALEURS!	130	057
--PLUS	BELLE QUE VENUS SE DRESSANT SUR LE MONDE	130	061
PLUS	BELLE QUE VENUS SE DRESSANT SUR LE MONDE!	130	065
DIS -LE,	BELLE SORCIERE, OH! DIS, SI TU LE SAIS,	054	011
DIS -LE,	BELLE SORCIERE, OH! DIS, SI TU LE SAIS,	054	015
LORSQUE TU DORMIRAS, MA	BELLE TENEBREUSE,	033	001
JE RECONNAIS MA	BELLE VISITEUSE:	038	013
O TOI, QUE LA NUIT REND SI	BELLE,	155	029
A LA TRES -	BELLE, A LA TRES -BONNE, A LA TRES -CHERE,	042	003
PARFOIS IL PARLE ET DIT: "JE SUIS	BELLE, ET J'ORDONNE	042	012
JE SUIS	BELLE, O MORTELS! COMME UN REVE DE PIERRE,	017	001
ET T'AIME D'AUTANT PLUS,	BELLE, QUE TU ME FUIS,	024	003
ET NATURELLEMENT, DIEU M'A FAITE TRES	BELLE."	149	006
SQU'A CETTE FROIDEUR PAR OU TU M'ES PLUS	BELLE!	024	010
JE ME DIS: QU'ELLE EST	BELLE! ET BIZARREMENT FRAICHE!	098	009
SOIS	BELLE! ET SOIS TRISTE! LES PLEURS	138	002
SONNETS DE MAITRE	BELLEAU	088	030

```
041 005 . . . . . . . . . .          PARMI TOUTES LES  BELLES CHOSES
129 035              PLUS ECLATANTES ET PLUS  BELLES,
017 013  DE PURS MIROIRS QUI FONT TOUTES CHOSES PLUS  BELLES:
037 014                  QUI NE CRIE: O MON CHER  BELZEBUTH, JE T'ADORE!
150 024 . . . . . . . . . .          BENI LA BLAFARDE LUMIERE:
149 045          DE CEUX DONT LE COEUR DIT: "QUE  BENI SOIT TON FOUET,
001 057                        --"SOYEZ  BENI, MON DIEU, QUI DONNEZ LA SOUFFRANCE
155 033              LUNE, EAU SONORE, NUIT  BENIE,
149 046 . . SEIGNEUR! QUE LA DOULEUR, O PERE, SOIT  BENIE!
021 018            CREPITE, FLAMBE ET DIT:  BENISSONS CE FLAMBEAU!
004 013          COMME L'AMBRE, LE MUSC, LE  BENJOIN ET L'ENCENS,
057 034                  TOUT SE FERA  BENJOIN, ENCENS, OLIBAN, MYRRHE,
154 013 . . . . . . .  D'HUILE ODORANTE ET DE  BENJOIN.
087 013    C'EST LUI QUI RAJEUNIT LES PORTEURS DE  BEQUILLES
126 008                   BERCANT NOTRE INFINI SUR LE FINI DES MERS:
000 010                       QUI  BERCE LONGUEMENT NOTRE ESPRIT ENCHANTE,
056 013 . . . . . . . . .        IL ME SEMBLE,  BERCE PAR CE CHOC MONOTONE,
068 009              J'ENLACE ET JE  BERCE SON AME
138 013            QUAND, MALGRE MA MAIN QUI TE  BERCE,
136 001                       MON  BERCEAU S'ADOSSAIT A LA BIBLIOTHEQUE,
126 120 . . . QUI SAVENT LE TUER SANS QUITTER LEUR  BERCEAU.
091 028      S'EN VA TOUT DOUCEMENT VERS UN NOUVEAU  BERCEAU;
157 014    QUE LE PETIT HERCULE ETRANGLAIT AU  BERCEAU?
126 010        D'AUTRES, L'HORREUR DE LEURS  BERCEAUX, ET QUELQUES-UNS,
023 025 . . . . . . . . .      INFINIS  BERCEMENTS DU LOISIR EMBAUME!
069 013                       ME  BERCENT. D'AUTRES FOIS, CALME PLAT, GRAND MIROIR
154 010                       POUR  BERCER CETTE ENFANT GATEE.
105 029            POUR NOYER LA RANCOEUR ET  BERCER L'INDOLENCE
064 006 . . . . . . . . . .        BERCEUSE DONT LA MAIN AUX LONGS SOMMEILS M'INVITE,
062 013      DE CETTE FONCTION SUBLIME DE  BERCEUSE?
119 027              RACE DE CAIN, TA  BESOGNE
051 016                ELLE N'A PAS  BESOIN DE MOTS.
106 010 . . . . . . . . . .      AURAIT  BESOIN POUR S'ASSOUVIR
111 001                  COMME UN  BETAIL PENSIF SUR LE SABLE COUCHEES,
119 010                  ET TON  BETAIL VENIR A BIEN;
089 038                       VIL  BETAIL, SOUS LA MAIN DU SUPERBE PYRRHUS,
116 039 . . . . . . . .      UNE PLUS GRANDE  BETE AU MILIEU S'AGITAIT
095 004        ET L'HOMME IMPATIENT SE CHANGE EN  BETE FAUVE.
001 051          ET, POUR RASSASIER MA  BETE FAVORITE,
024 009              ET JE CHERIS, O  BETE IMPLACABLE ET CRUELLE!
089 012      PRES D'UN RUISSEAU SANS EAU LA  BETE OUVRANT LE BEC
034 010              COMME LE TIEN, AIMABLE  BETE,
016 022        DES LORS IL FUT SEMBLABLE AUX  BETES DE LA RUE,
055 008      NE CHERCHEZ PLUS MON COEUR; LES  BETES L'ONT MANGE.
126 013 . . . . . .  POUR N'ETRE PAS CHANGES EN  BETES, ILS S'ENIVRENT
030 008                       --NI  BETES.
077 004  S'ENNUIE AVEC SES CHIENS COMME AVEC D'AUTRES  BETES!
055 014  CALCINE CES LAMBEAUX QU'ONT EPARGNES LES  BETES!
150 020 . . . . . . . . . . . . .      LA  BETISE AU FRONT DE TAUREAU;
098 023              QU'IMPORTE TA  BETISE OU TON INDIFFERENCE?
150 019              SALUE L'ENORME  BETISE,
092 011  PENDANT QU'AUTOUR DE NOUS TU CHANTES, RIS ET  BEUGLES,
136 010 . . . . . . .    MON BERCEAU S'ADOSSAIT A LA  BIBLIOTHEQUE,
020 019        PAR LE HAUT SE TERMINE EN MONSTRE  BICEPHALE!
106 048              LE WAGON ENRAGE PEUT  BIEN
057 041                   BIEN AFFILES, ET, COMME UN JONGLEUR INSENSIBLE,
001 015                ET JE TORDRAI SI  BIEN CET ARBRE MISERABLE,
126 059                  ET, MALGRE  BIEN DES CHOCS ET D'IMPREVUS DESASTRES,
006 021          WATTEAU, CE CARNAVAL OU  BIEN DES COEURS ILLUSTRES,
089 052      AUX CAPTIFS, AUX VAINCUS!...A  BIEN D'AUTRES ENCOR!
118 032 . . . .  SAINT PIERRE A RENIE JESUS...IL A  BIEN FAIT!
106 026                   QUOIQUE  BIEN FATIGUEE! ET MOI,
000 020              QUE NOUS PRESSONS  BIEN FORT COMME UNE VIEILLE ORANGE.
016 011  "JESUS, PETIT JESUS! JE T'AI POUSSE  BIEN HAUT!
100 007 . CERTE, ILS DOIVENT TROUVER LES VIVANTS  BIEN INGRATS,
110 041                ELLE EST  BIEN JEUNE ENCOR!--SON AME EXASPEREE
006 028      POUR TENTER LES DEMONS AJUSTANT  BIEN LEURS BAS:
003 009                ENVOLE -TOI  BIEN LOIN DE CES MIASMES MORBIDES;
011 011 . . . . . . . . . .        BIEN LOIN DES PIOCHES ET DES SONDES;
093 012                  AILLEURS,  BIEN LOIN D'ICI! TROP TARD! JAMAIS PEUT-ETRE!
104 012            OU JE ME PLAIS  BIEN MIEUX QUE DANS MES FROIDS CAVEAUX.
010 004        QU'IL RESTE EN MON JARDIN  BIEN PEU DE FRUITS VERMEILS.
074 006 . . . QUI, MALGRE SA VIEILLESSE, ALERTE ET  BIEN PORTANTE,
094 007                   BIEN QUE LE SUJET EN SOIT TRISTE,
090 039                  SONGE  BIEN QUE MALGRE TANT DE DECREPITUDE
090 023                   SI  BIEN QUE SON BATON, PARACHEVANT SA MINE,
040 008 . . . . . . .    ET,  BIEN QUE VOTRE VOIX SOIT DOUCE, TAISEZ -VOUS!
113 003              JE L'ENTENDS  BIEN QUI COULE AVEC UN LONG MURMURE,
038 030                   BIEN QU'ELLE SOIT D'UN PINCEAU TRES -VANTE,
011 003                   BIEN QU'ON AIT DU COEUR A L'OUVRAGE,
041 004        ME DIT: "JE VOUDRAIS  BIEN SAVOIR,
018 012                   OU  BIEN TOI, GRANDE NUIT, FILLE DE MICHEL-ANGE,
153 013              VOILA  BIEN TON EMBLEME, AME AUX SONGES OBSCURS,
084 032            FAIT TOUJOURS  BIEN TOUT CE QU'IL FAIT!
142 002 . .  SOBRE ET NAIF HOMME DE  BIEN,
151 002              JE COMPRENDS  BIEN, AMIS, QUE LE DESIR BALANCE;
045 011          L'OREILLE AU GUET, OU  BIEN, COMME DES OMBRES CHERES,
001 030                   OU  BIEN, S'ENHARDISSANT DE SA TRANQUILLITE,
119 010 . . . . . . . .    ET TON BETAIL VENIR A  BIEN;
```

B

		POEM	LINE
C'EST	BIEN! CHARMANT POIGNARD, JAILLIS DE TON ETUI!	037	008
VERSE CONFUSEMENT LE	BIENFAIT ET LE CRIME,	021	003
--	BIENHEUREUSE LA CLOCHE AU GOSIER VIGOUREUX	074	005
--	BIENHEUREUX CELUI-LA QUI PEUT AVEC AMOUR	145	003
DANS LES RANGS	BIENHEUREUX DES SAINTES LEGIONS, ...	001	062
SE PLANTERONT	BIENTOT COMME DANS UNE CIBLE;	085	004
VONT	BIENTOT COMMENCER LEUR TRAVAIL, EUX AUSSI,	095	026
VENGENT	BIENTOT L'EPEE ET LA DAGUE TRAITRESSE.	035	007
--	BIENTOT NOUS PLONGERONS DANS LES FROIDES TENEBRES; . .	056	001
ET LA	BIERE ET L'ALCOVE EN BLASPHEMES FECONDES	112	009
LA MORT SAVANTE MET DANS CES	BIERES PAREILLES	091	023
LE CHARME INATTENDU D'UN	BIJOU ROSE ET NOIR.	151	004
DES	BIJOUX DE VINGT-NEUF SOUS	088	050
SONT DEUX	BIJOUX FROIDS OU SE MELE	028	015
DE TES	BIJOUX L'HORREUR N'EST PAS LE MOINS CHARMANT,	021	014
CES	BIJOUX MERVEILLEUX, FAITS D'ASTRES ET D'ETHERS,	126	052
MAIS LES	BIJOUX PERDUS DE L'ANTIQUE PALMYRE, ...	001	069
ET DE SES	BIJOUX PRECIEUX,	110	016
ELLE N'AVAIT GARDE QUE SES	BIJOUX SONORES,	127	002
AINSI	BIJOUX, MEUBLES, METAUX, DORURE,	038	033
UN GROS MEUBLE A TIROIRS ENCOMBRE DE	BILANS, ...	076	002
COMME UN	BILLET D'AMOUR, CE MONSTRE RABOUGRI,	001	012
DE VERS, DE	BILLETS DOUX, DE PROCES, DE ROMANCES,	076	003
ILS RAMPENT, FLAGELLES PAR LES	BISES INIQUES,	091	009
UNE NOTE PLAINTIVE, UNE NOTE	BIZARRE	045	019
"POUR TOI,	BIZARRE AMANT, QUEL EST DONC MON MERITE?"	064	002
--	BIZARRE DEITE, BRUNE COMME LES NUITS,	026	001
UN SYMBOLE D'UN GOUT	BIZARRE ET CAPTIVANT,	091	024
DE CE CIEL	BIZARRE ET LIVIDE, ...	082	001
JE ME DIS: QU'ELLE EST BELLE! ET	BIZARREMENT FRAICHE!	098	009
UI, LE LONG DES GRANDS MURS DE L'HOSPICE	BLAFARD,	044	012
SOUS UNE LUMIERE	BLAFARDE	124	001
BENI LA	BLAFARDE LUMIERE:	150	024
O	BLAFARDES SAISONS, REINES DE NOS CLIMATS,	101	011
QUI SE GLISSE VERS NOUS COMME LE RAYON	BLANC	107	002
UN REGARD VAGUE ET	BLANC COMME LE CREPUSCULE	110	019
ET SANS CESSE VERS TOI, SOMMET	BLANC ET NEIGEUX, ...	057	035
ET REVET D'UN BAISER TOUT TON CORPS	BLANC ET ROSE.	057	018
OU GISENT, AUX LUEURS D'UN SOLEIL	BLANC ET TERNE.	071	013
GOUTER, EN REGRETTANT L'ETE	BLANC ET TORRIDE,	056	027
SUR LE SOL RABOTEUX TRAINAIT SON	BLANC PLUMAGE.	089	019
US UN CLIMAT DE FLAMME OU SOUS UN SOLEIL	BLANC,	144	002
LE FILS AUDACIEUX QUI RAILLA SON FRONT	BLANC.	015	012
QUAND CHEZ LES DEBAUCHES L'AUBE	BLANCHE ET VERMEILLE	046	001
--	BLANCHE FILLE AUX CHEVEUX ROUX, ...	088	001
NOTRE	BLANCHE MAISON, PETITE MAIS TRANQUILLE;	099	002
O MA SI	BLANCHE, O MA SI FROIDE MARGUERITE?	064	014
EST LARGE A FAIRE ENVIE A LA PLUS BELLE	BLANCHE:	133	002
ET PROMENE SES YEUX SUR LES VISIONS	BLANCHES	065	007
LAISSENT PITEUSEMENT LEURS GRANDES AILES	BLANCHES	002	007
OUR TROUBLER LES OISEAUX AVEC NOS VOILES	BLANCHES,	116	026
SE DIT, REVEUR, DEVANT CES LEVRES DEJA	BLANCHES:	149	002
J'UNIS UN COEUR DE NEIGE A LA	BLANCHEUR DES CYGNES;	017	006
SUIVIS DE COMPAGNONS,	BLANCHIS DANS LES BATAILLES,	105	018
TU RAPPELLES CES JOURS	BLANCS, TIEDES ET VOILES,	050	005
EST L'AMOUR! AVANT QUE TON COEUR NE SE	BLASE,	140	009
O	BLASPHEME DE L'ART! O SURPRISE FATALE!	020	017
NOUS AVONS	BLASPHEME JESUS,	150	009
--DE SAPHO QUI MOURUT LE JOUR DE SON	BLASPHEME,	130	066
DE CELLE QUI MOURUT LE JOUR DE SON	BLASPHEME,	130	070
OU NAGENT DANS LA NUIT L'HORREUR ET LE	BLASPHEME:	030	004
SA MERE EPOUVANTEE ET PLEINE DE	BLASPHEMES	001	003
ET LA BIERE ET L'ALCOVE EN	BLASPHEMES FECONDES	112	009
CES MALEDICTIONS, CES	BLASPHEMES, CES PLAINTES,	006	033
IL S'ENDORT AU DOUX BRUIT DE NOS AFFREUX	BLASPHEMES.	118	004
ILLE ET LES CHAMPS, SUR LES TOITS ET LES	BLES,	087	004
--	BLESSE PAR LE MYSTERE ET PAR L'ABSURDITE!	090	048
SEMBLE LE RALE EPAIS D'UN	BLESSE QU'ON OUBLIE	074	012
SE TRAINENT, COMME FONT LES ANIMAUX	BLESSES, ...	091	014
ET PAREIL AU MOURANT QU'ECRASENT LES	BLESSES,	054	013
UNE	BLESSURE LARGE ET CREUSE,	129	032
MAIS JE ME TATE EN VAIN POUR TROUVER LA	BLESSURE.	113	004
DES VETEMENTS SOUILLES, DES	BLESSURES OUVERTES, ...	109	013
ENSANGLANTE LE CIEL DE	BLESSURES VERMEILLES,	091	051
DANS LE RESEAU MOBILE ET	BLEU	068	010
DANS LE	BLEU CRISTAL DU MATIN	108	007
UN SOIR FAIT DE ROSE ET DE	BLEU MYSTIQUE, ...	121	009
VERS LE CIEL IRONIQUE ET CRUELLEMENT	BLEU,	089	026
ETOILANT DE REFLETS LE PLAFOND PEINT EN	BLEU,	057	031
--	BLEU, CLAIR, PROFOND, AINSI QUE LA VIRGINITE?	062	004
TON OEIL MYSTERIEUX (EST -IL	BLEU, GRIS OU VERT?)	050	002
ALORS JE REVERAI DES HORIZONS	BLEUATRES,	086	017
SI, PAR UNE NUIT	BLEUE ET FROIDE DE DECEMBRE,	100	017
QUI SEPARENT MES BRAS DES IMMENSITES	BLEUES	024	006
DES NAPPES D'EAU S'EPANCHAIENT,	BLEUES, ...	102	025
VERS LES HORIZONS	BLEUS DEPASSES LE MATIN.	131	008
AUX FLOTS	BLEUS ET BRUNS,	028	008
AUX PAYS CHAUDS ET	BLEUS OU TON DIEU T'A FAIT NAITRE,	133	005
DU HAUT DES PAYS	BLEUS OU, RADIEUX SERAIL, ...	147	002

```
POEM LINE
023 026  .  .  .  .  .  .      .  .  .  .  .   CHEVEUX   BLEUS, PAVILLON DE TENEBRES TENDUES,
056 008                        MON COEUR NE SERA PLUS QU'UN   BLOC ROUGE ET GLACE.
149 039     DANS UN PALAIS AUSSI GRAND QUE MOI, D'UN SEUL   BLOC,
089 011                          LES HERBES, LES GROS   BLOCS VERDIS PAR L'EAU DES FLAQUES,
089 030  .  .  .   N'A BOUGE! PALAIS NEUFS, ECHAFAUDAGES,   BLOCS,
130 063                          ET LE RAYONNEMENT DE SA JEUNESSE   BLONDE
051 025                          DE SA FOURRURE   BLONDE ET BRUNE
036 022                          ET REVIS MON PASSE   BLOTTI DANS TES GENOUX.
013 006  .   LE LONG DES CHARIOTS OU LES LEURS SONT   BLOTTIS,
052 034                          SONT DES   BOAS LUISANTS LES SOLIDES EMULES,
116 021            CE N'ETAIT PAS UN TEMPLE AUX OMBRES   BOCAGERES.
131 034                          DE CHEVAUX ET DE   BOEUFS AUX SABOTS SANS PITIE...
028 033  .  .  .  .  .  .  .  .   JE CROIS BOIRE UN VIN DE   BOHEME,
023 016           UN PORT RETENTISSANT OU MON AME PEUT   BOIRE
113 014                          FAIT POUR DONNER A   BOIRE A CES CRUELLES FILLES!
106 002                          JE PUIS DONC   BOIRE TOUT MON SOUL.
028 033  .  .  .  .  .  .  .  .   JE CROIS   BOIRE UN VIN DE BOHEME,
006 030                          OMBRAGE PAR UN   BOIS DE SAPINS TOUJOURS VERT,
119 001                   RACE D'ABEL, DORS,   BOIS ET MANGE;
056 004                          LE   BOIS RETENTISSANT SUR LE PAVE DES COURS.
111 019  .  .  .  .  .  .  .  .   MELENT, DANS LE   BOIS SOMBRE ET LES NUITS SOLITAIRES,
111 008                          ET CREUSENT LE   BOIS VERT DES JEUNES ARBRISSEAUX;
003 011                          ET   BOIS, COMME UNE PURE ET DIVINE LIQUEUR,
003 002                   DES MONTAGNES, DES   BOIS, DES NUAGES, DES MERS,
079 001  .  .  .  .  .  .  .  .  .  .   GRANDS   BOIS, VOUS M'EFFRAYEZ COMME DES CATHEDRALES;
001 028           PLEURE DE LE VOIR GAI COMME UN OISEAU DES   BOIS.
030 008             --NI BETES, NI RUISSEAUX, NI VERDURE, NI   BOIS!
006 040        UN APPEL DE CHASSEURS PERDUS DANS LES GRANDS   BOIS!
119 022  .  .  .  .  .  .  .  COMME LES PUNAISES DES   BOIS!
001 023                   ET DANS TOUT CE QU'IL   BOIT ET DANS TOUT CE QU'IL MANGE
002 012                       L'AUTRE MIME, EN   BOITANT, L'INFIRME QUI VOLAIT!
091 032                          LA FORME DE LA   BOITE OU L'ON MET TOUS CES CORPS.
076 015  .  .  .  .   RIEN N'EGALE EN LONGUEUR LES   BOITEUSES JOURNEES,
026 008                   TES YEUX SONT LA CITERNE OU   BOIVENT MES ENNUIS.
052 019                          DONT LES PANNEAUX   BOMBES ET CLAIRS
140 004                   (CAR JE SUIS TON   BON ANGE, ENTENDS -TU?)  JE LE VEUX!
036 023  .  .  .  .   CAR A QUOI   BON CHERCHER TES BEAUTES LANGOUREUSES
070 002                          UN   BON CHRETIEN, PAR CHARITE,
130 014                          ET VENUS A   BON DROIT PEUT JALOUSER SAPHO!
003 006                       ET COMME UN   BON NAGEUR QUI SE PAME DANS L'ONDE,
069 011  .  .  .  .  .  .  .  .   LE   BON VENT, LA TEMPETE ET SES CONVULSIONS
115 016           N'EST -CE PAS GRAND'PITIE DE VOIR CE   BON VIVANT,
149 005       CELIMENE ROUCOULE ET DIT: "MON COEUR EST   BON!
152 003                          JE NE SAIS QUOI DE   BON, DE DOUX COMME LA NUIT!
036 004    QUE TON SEIN M'ETAIT DOUX! QUE TON COEUR M'ETAIT   BON!
079 005                          JE TE HAIS, OCEAN! TES   BONDS ET TES TUMULTES,
126 026                   DANS LEUR VALSE ET LEURS   BONDS; MEME DANS NOS SOMMEILS
020 018             LA FEMME AU CORPS DIVIN, PROMETTANT LE   BONHEUR,
044 021  .  .  .  .  .  .  .  .  .  .   ANGE PLEIN DE   BONHEUR, DE JOIE ET DE LUMIERES!
044 025                          ANGE PLEIN DE   BONHEUR, DE JOIE ET DE LUMIERES!
126 036                          "AMOUR...GLOIRE... ENFER! C'EST UN ECUEIL!
145 002           COMME UNE EXPLOSION NOUS LANCANT SON   BONJOUR!
128 022  .  .  .  .  .  .  .  .   LE NEPENTHES ET LA   BONNE CIGUE
089 047                   ET TETTENT LA DOULEUR COMME UNE   BONNE LOUVE!
130 051        POUR SAVOIR SI LA MER EST INDULGENTE ET   BONNE,
042 003             A LA TRES -BELLE, A LA TRES -   BONNE, A LA TRES -CHERE,
134 017  .  .  .  .  .  .  .   A LA TRES -   BONNE, A LA TRES -BELLE
130 055        POUR SAVOIR SI LA MER EST INDULGENTE ET   BONNE!
100 010             SANS COMPAGNON DE LIT, SANS   BONNES CAUSERIES,
052 022             ARMOIRE A DOUX SECRETS, PLEINE DE   BONNES CHOSES,
112 010  .  .  .   NOUS OFFRENT TOUR A TOUR, COMME DEUX   BONNES SOEURS,
044 006                          ANGE PLEIN DE   BONTE, CONNAISSEZ -VOUS LA HAINE,
044 010                          ANGE PLEIN DE   BONTE, CONNAISSEZ -VOUS LA HAINE?
156 016                   COMME UN SIGNE DE SA   BONTE!
028 032  .  .  .  .  .  .  .  .  .  .   AU   BORD DE TES DENTS,
006 044                          ET VIENT MOURIR AU   BORD DE VOTRE ETERNITE!
130 029                       ENTREVU VAGUEMENT AU   BORD DES AUTRES CIEUX,
097 009             LA RUCHE QUI SE JOUE AU   BORD DES CLAVICULES,
120 026             AU SOMNAMBULE ERRANT AU   BORD DES EDIFICES,
084 018                          AU   BORD D'UN GOUFFRE DONT L'ODEUR
048 017                          IL LA TERRASSE AU   BORD D'UN GOUFFRE SECULAIRE,
074 013        ET MON PIED PEUREUX FROISSE, AU   BORD D'UN LAC DE SANG, SOUS UN GRAND TAS DE MORTS,
145 013                   ET MON PIED PEUREUX FROISSE, AU   BORD DU MARECAGE,
028 027                   QUI ROULE BORD SUR   BORD ET PLONGE
028 027                          QUI ROULE   BORD SUR BORD ET PLONGE
097 053             DES QUAIS FROIDS DE LA SEINE AUX   BORDS BRULANTS DU GANGE,
061 010  .  .  .  .  .  .  .  .  .  .   SUR LES   BORDS DE LA SEINE OU DE LA VERTE LOIRE,
023 028                          SUR LES   BORDS DUVETES DE VOS MECHES TORDUES
090 052     SANS MATS, SUR UNE MER MONSTRUEUSE ET SANS   BORDS!
038 036                   ET TOUT SEMBLAIT LUI SERVIR DE   BORDURE.
008 022  .  .  .   AURAS -TU, QUAND JANVIER LACHERA SES   BOREES,
049 006             L'OPIUM AGRANDIT CE QUI N'A PAS DE   BORNES,
099 004                          DANS UN   BOSQUET CHETIF CACHANT LEURS MEMBRES NUS,
111 006                   DANS LE FOND DES   BOSQUETS OU JASENT LES RUISSEAUX,
062 024  .   AVEC LES BROCS DE VIN, LE SOIR, DANS LES   BOSQUETS,
091 006             EPONINE OU LAIS! MONSTRES BRISES,   BOSSUS
001 033     DANS LE PAIN ET LE VIN DESTINES A SA   BOUCHE
131 052                   ET CEPENDANT JE SENS MA   BOUCHE ALLER VERS TOI.
040 010  .  .  .  .  .  .  .  .  .  .   BOUCHE AU RIRE ENFANTIN! PLUS ENCOR QUE LA VIE,
```

B

		POEM	LINE
CAR CE QUE TA	BOUCHE CRUELLE	117	017
LA FEMME CEPENDANT, DE SA	BOUCHE DE FRAISE,	132	001
DE LEUR	BOUCHE EN DORMANT MONTRER LE FRAIS EMAIL?	147	006
QUI MONTE DE MA	BOUCHE EN FEU,	068	011
L'ELIXIR DE TA	BOUCHE OU L'AMOUR SE PAVANE;	026	006
DE CETTE	BOUCHE OU MON COEUR SE NOYA,	038	046
	BOUCHE OUVERTE, DORMAIENT DE LEUR SOMMEIL STUPIDE;	103	014
QUAND L'EAU DE TA	BOUCHE REMONTE	028	031
TES BAISERS SONT UN PHILTRE ET TA	BOUCHE UNE AMPHORE	021	007
L'OUBLI PUISSANT HABITE SUR TA	BOUCHE,	128	015
ET SANS HAINE, COMME UN	BOUCHER,	083	002
OU LES PASTELS PLAINTIFS ET LES PALES	BOUCHER,	076	013
TES APPAS FACONNES AUX	BOUCHES DES TITANS!	018	014
O	BOUCLES! O PARFUM CHARGE DE NONCHALOIR!	023	002
COMME LES	BOUCLIERS ACCROCHENT DES ECLAIRS;	052	020
	BOUCLIERS PROVOQUANTS, ARMES DE POINTES ROSES!	052	021
ISIRS, NE TENTEZ PLUS UN COEUR SOMBRE ET	BOUDEUR!	080	009
JE SUIS UN VIEUX	BOUDOIR PLEIN DE ROSES FANEES,	076	011
ET RIEN, NI VOTRE AMOUR, NI LE	BOUDOIR, NI L'ATRE,	056	019
LOIN! LOIN! ICI LA	BOUE EST FAITE DE NOS PLEURS!	062	012
DANS LA NEIGE ET LA	BOUE IL ALLAIT S'EMPETRANT,	090	026
D'AUTOMNE, HIVERS, PRINTEMPS TREMPES DE	BOUE,	101	001
TEL LE VIEUX VAGABOND, PIETINANT DANS LA	BOUE,	126	045
PIETINANT DANS LA	BOUE, ET CHERCHANT, L'OEIL HAGARD,	089	042
CHARGE DE PIERRES ET DE	BOUES,	106	047
PLAFOND ILLUMINE PAR UN OPERA	BOUFFE	144	010
DU	BOUFFON FAVORI LA GROTESQUE BALLADE	077	007
LE VIN SAIT REVETIR LE PLUS SORDIDE	BOUGE,	049	001
OMME UN OEIL SANGLANT QUI PALPITE ET QUI	BOUGE,	103	005
N'A	BOUGE! PALAIS NEUFS, ECHAFAUDAGES, BLOCS,	089	030
ET QUI MEURT, SANS	BOUGER, DANS D'IMMENSES EFFORTS.	074	014
AU CHANT DES VIOLONS, AUX FLAMMES DES	BOUGIES	097	025
LE SOLEIL A NOIRCI LA FLAMME DES	BOUGIES;	046	012
JE FAIS	BOUILLIR ET JE MANGE MON COEUR,	038	008
	BOUILLONNENT PELE-MELE AVEC UN BRUIT D'ORAGE.	131	089
NOUS IMITONS, HORREUR! LA TOUPIE ET LA	BOULE	126	025
AVEC SON GROS	BOUQUET, SON MOUCHOIR ET SES GANTS,	097	002
OU DES	BOUQUETS MOURANTS DANS LEURS CERCUEILS DE VERRE	110	007
COURSES, LES CHANSONS, LES BAISERS, LES	BOUQUETS,	062	022
PEUT -ON ILLUMINER UN CIEL	BOURBEUX ET NOIR?	054	021
PEUT -ON ILLUMINER UN CIEL	BOURBEUX ET NOIRS?	054	025
DANS UN STYX	BOURBEUX ET PLOMBE	084	003
ET NOUS RENTRONS GAIEMENT DANS LE CHEMIN	BOURBEUX,	000	007
LE	BOURDON SE LAMENTE, ET LA BUCHE ENFUMEE	075	009
LES MOUCHES	BOURDONNAIENT SUR CE VENTRE PUTRIDE,	029	017
LE	BOURREAU PLEIN DE REMORDS, JE FERAI SEPT COUTEAUX	057	040
	BOURREAU QUI JOUIT, LE MARTYR QUI SANGLOTE;	126	093
SOUS LE FOUET DU PLAISIR, CE	BOURREAU SANS MERCI,	143	006
CONTRISTE, SERVILE	BOURREAU,	150	017
ET LA VICTIME ET LE	BOURREAU!		
QUE D'IGNOBLES	BOURREAUX PLANTAIENT DANS TES CHAIRS VIVES,	118	012
ET SES	BOURREAUX, GORGES DE HIDEUSES DELICES,	116	035
SENTANT TA	BOURSE A SEC AUTANT QUE TON PALAIS,	008	007
C'EST LA	BOURSE DU PAUVRE ET SA PATRIE ANTIQUE,	122	013
AU	BOUT DE LEURS BATONS AGITENT EN CADENCE.	027	004
AU	BOUT D'UN BATON.	028	020
OU D'UNE ENSEIGNE, AU	BOUT D'UNE TRINGLE DE FER,	132	027
QU'ILS VIENNENT DU	BOUT DU MONDE.	053	034
OU	BOUT L'IMPERCEPTIBLE ET VASTE HUMANITE.	144	014
COMME A LA	BOUTEILLE L'IVROGNE,	031	010
TOUT CELA NE VAUT PAS, O	BOUTEILLE PROFONDE,	107	009
UN SOIR, L'AME DU VIN CHANTAIT DANS LES	BOUTEILLES:	104	001
TES YEUX, ILLUMINES AINSI QUE DES	BOUTIQUES	025	005
QU'IL NE POURRA POUSSER SES	BOUTONS EMPESTES!"	001	016
AUX	BOUTS CHARMANTS DE CETTE GORGE AIGUE	128	023
A SAIGNER TOUS LES	BOUTS DE MA CARCASSE IMMONDE,	072	008
COLERES DE	BOXEUR, IMPUDENCES DE FAUNE,	006	017
EN SE TORDANT AINSI QU'UN SERPENT SUR LA	BRAISE,	132	002
TES	BRANCHES VEULENT VOIR LE SOLEIL DE PLUS PRES!	126	072
NOUS VIMES QUE C'ETAIT UN GIBET A TROIS	BRANCHES,	116	027
LE	BRANLE UNIVERSEL DE LA DANSE MACABRE	097	051
QUI SEPARENT MES	BRAS DES IMMENSITES BLEUES	024	006
ALLONGEAIT TES DEUX	BRAS DISTENDUS, QUE TON SANG	118	018
ANDROMAQUE, DES	BRAS D'UN GRAND EPOUX TOMBEE,	089	037
DE TES	BRAS ET DE TES EPAULES.	129	008
ET SON	BRAS ET SA JAMBE, ET SA CUISSE ET SES REINS,	127	017
TE SOULEVANT D'UN	BRAS FIEVREUX,	110	050
ET, CONFIANT TA VIE AUX	BRAS FORTS DES MARINS,	133	019
QUAND VEUX -TU M'ENTERRER, DEBAUCHE AUX	BRAS IMMONDES?	112	012
ET DANS SES	BRAS OUVERTS, QUE REMPLISSENT SES SEINS,	114	011
LE POETE SEREIN LEVE SES	BRAS PIEUX,	001	054
A MON BRAS VOTRE	BRAS POLI	045	002
OUVRENT LEURS VASTES	BRAS POUR EMBRASSER LA GLOIRE	023	019
LORSQUE J'ETOUFFE UN HOMME EN MES	BRAS REDOUTES,	132	012
LA VENGEANCE EPERDUE AUX	BRAS ROUGES ET FORTS	073	002
TES	BRAS SE FASSENT PRIER	088	026
QUANT A MOI, MES	BRAS SONT ROMPUS	148	003
POURTANT, QUI N'A SERRE DANS SES	BRAS UN SQUELETTE,	097	041
SES	BRAS VAINCUS, JETES COMME DE VAINES ARMES,	131	011

```
015 004 . . . . . . . . . . . . D'UN   BRAS VENGEUR ET FORT SAISIT CHAQUE AVIRON.
126 134          NOS PYLADES LA-BAS TENDENT LEURS   BRAS VERS NOUS.
045 082                                      A MON   BRAS VOTRE BRAS POLI
118 026   TU FOUETTAIS TOUS CES VILS MARCHANDS A TOUR DE   BRAS,
014 006 . . . . . . . TU L'EMBRASSES DES YEUX ET DES   BRAS, ET TON COEUR
052 033                                        TES   BRAS, QUI SE JOUERAIENT DES PRECOCES HERCULES.
095 006                                       DONT LES   BRAS, SANS MENTIR, PEUVENT DIRE: AUJOURD'HUI
021 015        ET LE MEURTRE, PARMI TES PLUS CHERES   BRELOQUES.
089 012 . . . . . ET, BRILLANT AUX CARREAUX, LE   BRIC-A-BRAC CONFUS.
130 048               QUI GUETTE NUIT ET JOUR   BRICK, TARTANE OU FREGATE,
108 002         SANS MORS, SANS EPERONS, SANS   BRIDE,
102 048                                        QUI   BRILLAIENT D'UN FEU PERSONNEL!
053 012 . . . . . . . . . . . . . . . .   BRILLANT A TRAVERS LEURS LARMES.
089 012 . . . . . . . . . . . . . . . ET,   BRILLANT AUX CARREAUX, LE BRIC-A-BRAC CONFUS.
126 046       REVE, LE NEZ EN L'AIR, DE   BRILLANT PARADIS;
055 013          AVEC TES YEUX DE FEU,   BRILLANTS COMME DES FETES,
118 021 . . . REVAIS -TU DE CES JOURS SI   BRILLANTS ET SI BEAUX
010 002          TRAVERSE CA ET LA PAR DE   BRILLANTS SOLEILS;
015 016                                         OU   BRILLAT LA DOUCEUR DE SON PREMIER SERMENT.
054 026                      L'ESPERANCE QUI   BRILLE AUX CARREAUX DE L'AUBERGE
038 009 . . . . . . . . . . PAR INSTANTS   BRILLE, ET S'ALLONGE, ET S'ETALE
043 009                 CHARMANTS YEUX, VOUS   BRILLEZ DE LA CLARTE MYSTIQUE
099 006          QUI, DERRIERE LA VITRE OU SE   BRISAIT SA GERBE,
098 002        AU CHANT DES INSTRUMENTS QUI SE   BRISE AU PLAFOND
109 010                    HALETANT ET   BRISE DE FATIGUE, AU MILIEU
154 008                               --LA   BRISE ET L'EAU CHANTENT AU LOIN
118 017              QUAND DE TON CORPS   BRISE LA PESANTEUR HORRIBLE
131 010                              L'AIR   BRISE, LA STUPEUR, LA MORNE VOLUPTE,
054 018 . . . . . A CE SOLDAT   BRISE! S'IL FAUT QU'IL DESESPERE
026 013                                       POUR   BRISER TON COURAGE ET TE METTRE AUX ABOIS,
103 009      COMME UN VISAGE EN PLEURS QUE LES   BRISES ESSUIENT,
103 024          LES DEBAUCHES RENTRAIENT,   BRISES PAR LEURS TRAVAUX.
116 024 . . . . . ENTRE -BAILLANT SA ROBE AUX   BRISES PASSAGERES;
091 006           EPONINE OU LAIS! MONSTRES   BRISES, BOSSUS
035 005              LES GLAIVES SONT   BRISES! COMME NOTRE JEUNESSE,
062 024                      AVEC LES   BROCS DE VIN, LE SOIR, DANS LES BOSQUETS,
091 012 . . . UN PETIT SAC   BRODE DE FLEURS OU DE REBUS;
000 026            N'ONT PAS ENCOR   BRODE DE LEURS PLAISANTS DESSINS
057 014              NON DE PERLES   BRODE, MAIS DE TOUTES MES LARMES!
018 003            CES PIEDS A   BRODEQUINS, CES DOIGTS A CASTAGNETTES,
071 010 . . SUR LES FOULES SANS NOM QUE SA MONTURE   BROIE,
090 009                          UN   BROUILLARD SALE ET JAUNE INONDAIT TOUT L'ESPACE,
089 044       DERRIERE LA MURAILLE IMMENSE DU   BROUILLARD;
103 021                 UNE MER DE   BROUILLARDS BAIGNAIT LES EDIFICES,
019 008 . . . . . . . . . AUX HUMIDES   BROUILLARDS QUI NAGENT DANS SES YEUX;
133 027     L'OEIL PENSIF, ET SUIVANT, DANS NOS SALES   BROUILLARDS,
050 012   QU'ENFLAMMENT LES RAYONS TOMBANT D'UN CIEL   BROUILLE!
053 008                  DE CES CIELS   BROUILLES
119 021 . . . . . . . RACE D'ABEL, TU CROIS ET   BROUTES
063 003         ET VERS TOI GLISSERAI SANS   BRUIT
014 008                                          AU   BRUIT DE CETTE PLAINTE INDOMPTABLE ET SAUVAGE.
118 004               IL S'ENDORT AU DOUX   BRUIT DE NOS AFFREUX BLASPHEMES.
074 004 . . . . . . . . . . . AU   BRUIT DES CARILLONS QUI CHANTENT DANS LA BRUME.
118 011      CELUI QUI DANS SON CIEL RIAIT AU   BRUIT DES CLOUS
131 089       BOUILLONNENT PELE-MELE AVEC UN   BRUIT D'ORAGE,
087 019          ET S'INTRODUIT EN ROI, SANS   BRUIT ET SANS VALETS,
056 016 . . . . . . . . . . . . CE   BRUIT MYSTERIEUX SONNE COMME UN DEPART.
127 005    QUAND IL JETTE EN DANSANT SON   BRUIT VIF ET MOQUEUR,
129 005     COMME UN LACHE, RAMPER SANS   BRUIT,
106 040                                        SES   BRUITS DE CHAINE ET D'OSSEMENTS!
131 077 . . . . . . . . . . . . . .   BRULANT COMME UN VOLCAN, PROFOND COMME LE VIDE!
155 016                        L'ECLAIR   BRULANT DES VOLUPTES
043 010              QU'ONT LES CIERGES   BRULANT EN PLEIN JOUR;  LE SOLEIL
023 006         LA LANGOUREUSE ASIE ET LA   BRULANTE AFRIQUE,
029 006 . . . . . . . . . . . . . .   BRULANTE ET SUANT LES POISONS,
097 053     DES QUAIS FROIDS DE LA SEINE AUX BORDS   BRULANTS DU GANGE,
086 026                 DE MES PENSERS   BRULANTS UNE TIEDE ATMOSPHERE.
002 011                      L'UN AGACE SON BEC AVEC UN   BRULE -GUEULE,
116 023 . . . . . . . ALLAIT, LE CORPS   BRULE DE SECRETES CHALEURS,
131 080      QUI, LA TORCHE A LA MAIN, IL   BRULE JUSQU'AU SANG.
126 142       NOUS VOULONS, TANT CE FEU NOUS   BRULE LE CERVEAU,
109 003        JE L'AVALE ET LE SENS QUI   BRULE MON POUMON
148 013 . . . . . . . . . . . . . . ET   BRULE PAR L'AMOUR DU BEAU,
119 019         RACE DE CAIN, COEUR QUI   BRULE,
156 012                          QUI LES   BRULE, MAIS QUI NOUS GLACE.
090 006       LES MAISONS, DONT LA   BRUME ALLONGEAIT LA HAUTEUR,
069 003 . . . . . . . . SOUS UN PLAFOND DE   BRUME OU DANS UN VASTE ETHER,
074 004   AU BRUIT DES CARILLONS QUI CHANTENT DANS LA   BRUME.
086 009                IL EST DOUX, A TRAVERS LES   BRUMES, DE VOIR NAITRE
003 014    QUI CHARGENT DE LEUR POIDS L'EXISTENCE   BRUMEUSE,
050 010 . . . . . . QU'ALLUMENT LES SOLEILS DES   BRUMEUSES SAISONS...
075 004        ET LA MORTALITE SUR LES FAUBOURGS   BRUMEUX,
076 021         ASSOUPI DANS LE FOND D'UN SAHARAH   BRUMEUX;
103 020    LE CHANT DU COQ AU LOIN DECHIRAIT L'AIR   BRUMEUX;
127 028 . . . . . . . . SUR CE TEINT FAUVE ET   BRUN, LE FARD ETAIT SUPERBE!
034 014        NAGENT AUTOUR DE SON CORPS   BRUN.
051 025            DE SA FOURRURE BLONDE ET   BRUNE
026 001                     BIZARRE DEITE,   BRUNE COMME LES NUITS,
061 005 . . . . .  SON TEINT EST PALE ET CHAUD; LA   BRUNE ENCHANTERESSE
```

B

		POEM	LINE
ET JE TE DONNERAI, MA	BRUNE, ...	063	005
TU ME DECHIRES, MA	BRUNE,	058	029
ABREUVAIT L'UNIVERS A SES TETINES	BRUNES.	005	010
TOMBANT DANS L'OR MAT OU	BRUNI;	102	016
TORD SUR LEURS OREILLERS LES	BRUNS ADOLESCENTS;	103	004
AUX FLOTS BLEUS ET	BRUNS,	028	008
ET, LENTE OU	BRUSQUE, A CHAQUE MOUVEMENT	038	041
ET D'UN RAYON D'HIVER TRAVERSE	BRUSQUEMENT;	006	012
D'UN	BRUTAL DONT L'ORGUEIL PUNIT L'IMPIETE	130	069
SI, LE CORSET	BRUTAL EMPRISONNANT TES FLANCS,	133	024
SONNAIT	BRUTALEMENT MIDI,	102	058
DANS LA	BRUTE ASSOUPIE UN ANGE SE REVEILLE.	046	004
NOUS AVONS, POUR PLAIRE A LA	BRUTE,	150	013
GNE -TOI, MON COEUR; DORS TON SOMMEIL DE	BRUTE.	080	005
TRAINE A PLIS	BRUYANTS ET LONGS	088	015
	BU SANS SOIF ET MANGE SANS FAIM!	150	030
LE BOURDON SE LAMENTE, ET LA	BUCHE ENFUMEE	075	009
J'ECOUTE EN FREMISSANT CHAQUE	BUCHE QUI TOMBE;	056	009
LORSQUE LA	BUCHE SIFFLE ET CHANTE, SI LE SOIR,	100	015
LES	BUCHERS CONSACRES AUX CRIMES MATERNELS.	001	020
LECTEUR PAISIBLE ET	BUCOLIQUE, ...	142	001
J'ENTENDS LE CRANE A CHAQUE	BULLE	117	013
SOUFFLE GAIEMENT DES	BULLES RONDES	117	005
--TEL EST DU GLOBE ENTIER L'ETERNEL	BULLETIN."	126	108
DANS DES YEUX OU LONGTEMPS	BURENT NOS YEUX AVIDES?	044	019
ET PETRISSANT SES SEINS SUR LE FER DE SON	BUSC,	132	003
LES HANCHES DE L'ANTIOPE AU	BUSTE D'UN IMBERBE,	127	026
OU LORSQUE J'ABANDONNE AUX MORSURES MON	BUSTE,	132	013
C'EST LE	BUT DE LA VIE, ET C'EST LE SEUL ESPOIR	122	002
OMBRES FOLLES, COUREZ AU	BUT DE VOS DESIRS;	131	090
MARCHAIENT DU MEME PAS VERS UN	BUT INCONNU.	090	032
SINGULIERE FORTUNE OU LE	BUT SE DEPLACE,	126	029
POUR PIQUER DANS LE	BUT, DE MYSTIQUE NATURE, ...	123	003
LE POETE	BUTER DU FRONT SUR SON TRAVAIL?	147	007
	BUTTANT, ET SE COGNANT AUX MURS COMME UN POETE,	105	006
A QUEL COMPLOT INFAME ETAIS -JE DONC EN	BUTTE,	090	033
EUX CHEVAL DONT LE PIEU A CHAQUE OBSTACLE	BUTTE.	080	004
ET JE	BUVAIS TON SOUFFLE, O DOUCEUR! O POISON!	036	018
MOI, JE	BUVAIS, CRISPE COMME UN EXTRAVAGANT,	093	006
SALUTAIRE INSTRUMENT,	BUVEUR DU SANG DU MONDE,	025	010
--MAIS LES	BUVEURS HEUREUX CONNAISSENT LEUR VAINQUEUR, ...	073	012

POEM	LINE		
038	049	. . . . QUE RESTE-T -IL?	C'EST AFFREUX, O MON AME!
105	025		C'EST AINSI QU'A TRAVERS L'HUMANITE FRIVOLE
037	008		C'EST BIEN! CHARMANT POIGNARD, JAILLIS DE TON ETUI!
116	005	QUELLE EST CETTE ILE TRISTE ET NOIRE?--	C'EST CYTHERE,
136	021	. . . . ET	C'EST DEPUIS CE TEMPS QUE, PAREIL AUX PROPHETES,
130	071	ET	C'EST DEPUIS CE TEMPS QUE LESBOS SE LAMENTE,
130	075	ET	C'EST DEPUIS CE TEMPS QUE LESBOS SE LAMENTE!
136	014	JE TE REPONDIS: "OUI! DOUCE VOIX!"	C'EST D'ALORS
038	014		C'EST ELLE! NOIRE ET POURTANT LUMINEUSE.
148	005		C'EST GRACE AUX ASTRES NONPAREILS,
154	001		C'EST ICI LA CASE SACREE
126	129	LE LOTUS PARFUME!	C'EST ICI QU'ON VENDANGE
122	013	. . . .	C'EST LA BOURSE DU PAUVRE ET SA PATRIE ANTIQUE,
154	007		C'EST LA CHAMBRE DE DOROTHEE.
122	006		C'EST LA CLARTE VIBRANTE A NOTRE HORIZON NOIR;
122	012		C'EST LA GLOIRE DES DIEUX, C'EST LE GRENIER MYSTIQU
085	018	. QUI GAGNE SANS TRICHER, A TOUT COUP!.	C'EST LA LOI.
122	001		C'EST LA MORT QUI CONSOLE, HELAS! ET QUI FAIT VIVRE
012	009		C'EST LA QUE J'AI VECU DANS LES VOLUPTES CALMES,
051	008		C'EST LA SON CHARME ET SON SECRET.
140	011		C'EST LA VOLUPTE VRAIE AUX DURABLES APPAS!"
122	002		C'EST LE BUT DE LA VIE, ET C'EST LE SEUL ESPOIR
000	013		C'EST LE DIABLE QUI TIENT LES FILS QUI NOUS REMUENT
122	012		C'EST LE GRENIER MYSTIQUE,
122	014	C'EST LE BUT DE LA VIE, ET	C'EST LE PORTIQUE OUVERT SUR LES CIEUX INCONNUS!
122	002	C'EST LE BUT DE LA VIE, ET	C'EST LE SEUL ESPOIR
095	007	NOUS AVONS TRAVAILLE!--	C'EST LE SOIR QUI SOULAGE
045	030	ET QUE	C'EST LE TRAVAIL BANAL
122	007		C'EST L'AUBERGE FAMEUSE INSCRITE SUR LE LIVRE,
035	012	--CE GOUFFRE,	C'EST L'ENFER, DE NOS AMIS PEUPLE!
000	037		C'EST L'ENNUI!--L'OEIL CHARGE D'UN PLEUR INVOLONTAI
051	029		C'EST L'ESPRIT FAMILIER DU LIEU;
095	031		C'EST L'HEURE OU LES DOULEURS DES MALADES S'AIGRISS
087	013		C'EST LUI QUI RAJEUNIT LES PORTEURS DE BEQUILLES
117	019	MONSTRE ASSASSIN,	C'EST MA CERVELLE,
053	032		C'EST POUR ASSOUVIR
006	036	. . . .	C'EST POUR LES COEURS MORTELS UN DIVIN OPIUM!
020	035		C'EST QUE DEMAIN, HELAS! IL FAUDRA VIVRE ENCORE!
123	013		C'EST QUE LA MORT, PLANANT COMME UN SOLEIL NOUVEAU,
000	028		C'EST QUE NOTRE AME, HELAS! N'EST PAS ASSEZ HARDIE.
000	009	. . . . . SUR L'OREILLER DU MAL	C'EST SATAN TRISMEGISTE
083	018		C'EST TOUT MON SANG, CE POISON NOIR!
122	009		C'EST UN ANGE QUI TIENT DANS SES DOIGTS MAGNETIQUES
006	037		C'EST UN CRI REPETE PAR MILLE SENTINELLES,
045	029	QUE	C'EST UN DUR METIER QUE D'ETRE BELLE FEMME,
126	036	"AMOUR...GLOIRE...BONHEUR!" ENFER!	C'EST UN ECUEIL!
030	007		C'EST UN PAYS PLUS NU QUE LA TERRE POLAIRE;
006	039		C'EST UN PHARE ALLUME SUR MILLE CITADELLES,
156	005		C'EST UN SATIRIQUE, UN MOQUEUR;
040	004	VIVRE EST UN MAL.	C'EST UN SECRET DE TOUS CONNU,
030	003		C'EST UN UNIVERS MORNE A L'HORIZON PLOMBE,
114	001		C'EST UNE FEMME BELLE ET DE RICHE ENCOLURE,
116	008	. . . . . REGARDEZ, APRES TOUT,	C'EST UNE PAUVRE TERRE.
076	006		C'EST UNE PYRAMIDE, UN IMMENSE CAVEAU,
018	010		C'EST VOUS, LADY MACBETH, AME PUISSANTE AU CRIME,
006	041	CAR	C'EST VRAIMENT, SEIGNEUR, LE MEILLEUR TEMOIGNAGE
102	030	ET DES FLOTS MAGIQUES!	C'ETAIENT
102	029		C'ETAIENT DES PIERRES INOUIES
125	003	--J'ALLAIS MOURIR.	C'ETAIT DANS MON AME AMOUREUSE,
056	015	POUR QUI?--	C'ETAIT HIER L'ETE; VOICI L'AUTOMNE!
103	003		C'ETAIT L'HEURE OU L'ESSAIM DES REVES MALFAISANTS
103	017	NOUS VIMES QUE	C'ETAIT L'HEURE OU PARMI LE FROID ET LA LESINE
116	027		C'ETAIT UN GIBET A TROIS BRANCHES,
102	014		C'ETAIT UN PALAIS INFINI,
103	012	. . . . . LES MAISONS	CA ET LA COMMENCAIENT A FUMER,
095	021	ON ENTEND	CA ET LA LES CUISINES SIFFLER,
010	002	TRAVERSE	CA ET LA PAR DE BRILLANTS SOLEILS;
120	020	LE DIEU JALOUX	CACHA LES PIERRES PRECIEUSES,
099	004	DANS UN BOSQUET CHETIF	CACHANT LEURS MEMBRES NUS,
120	025	TOI DONT LA LARGE MAIN	CACHE LES PRECIPICES
076	005		CACHE MOINS DE SECRETS QUE MON TRISTE CERVEAU.
045	023	ET QU'ELLE AURAIT LONGTEMPS, POUR LA	CACHER AU MONDE,
150	032	. . . . DE NOUS	CACHER DANS LES TENEBRES!
097	012	LES FUNEBRES APPAS QU'ELLE TIENT A	CACHER.
025	015	QUAND LA NATURE, GRANDE EN SES DESSEINS	CACHES,
078	005	QUAND LA TERRE EST CHANGEE EN UN	CACHOT HUMIDE,
153	001	. . . . . . LE POETE AU	CACHOT, DEBRAILLE, MALADIF,
094	003	OU MAINT LIVRE	CADAVEREUX
130	054	LE	CADAVRE ADORE DE SAPHO, QUI PARTIT
081	012	JE DECOUVRE UN	CADAVRE CHER,
031	024	. . . . . LE	CADAVRE DE TON VAMPIRE!"
032	002	COMME AU LONG D'UN CADAVRE UN	CADAVRE ETENDU,
077	017	IL N'A SU RECHAUFFER CE	CADAVRE HEBETE
110	049	REPONDS,	CADAVRE IMPUR! ET PAR TES TRESSES ROIDES
110	009	. . . . . . UN	CADAVRE SANS TETE EPANCHE, COMME UN FLEUVE,
048	019	SE MEUT DANS SON REVEIL LE	CADAVRE SPECTRAL
032	002	COMME AU LONG D'UN	CADAVRE UN CADAVRE ETENDU,
024	008	COMME APRES UN	CADAVRE UN CHOEUR DE VERMISSEAUX,
097	050	. . . .	CADAVRES VERNISSES, LOVELACES CHENUS,

[36]

C

		POEM	LINE
A TE VOIR MARCHER EN	CADENCE.	028	017
AU BOUT DE LEURS BATONS AGITENT EN	CADENCE.	027	004
COMME UN BEAU	CADRE AJOUTE A LA PEINTURE,	038	029
VOS SOUVENIRS AVEC LEURS	CADRES D'HORIZONS.	126	056
ET, SOUS DE SPECIEUX PRETEXTES DE	CAFARD.	109	007
D'ABYSSINIENNE OU DE	CAFRINE,	068	003
UN CYGNE QUI S'ETAIT EVADE DE SA	CAGE,	089	017
ET JE N'Y CHERCHE PLUS L'ABRI D'UNE	CAHUTE.	080	014
SUR UN LIT SEME DE	CAILLOUX,	029	004
RACE DE	CAIN, AU CIEL MONTE,	119	031
RACE DE	CAIN, COEUR QUI BRULE,	119	019
RACE DE	CAIN, DANS LA FANGE	119	003
RACE DE	CAIN, DANS TON ANTRE	119	015
RACE DE	CAIN, SUR LES ROUTES	119	023
RACE DE	CAIN, TA BESOGNE	119	027
RACE DE	CAIN, TES ENTRAILLES	119	011
RACE DE	CAIN, TON SUPPLICE	119	007
ET FORCER DOUCEMENT LES PORTES ET LES	CAISSES	095	027
	CALCINE CES LAMBEAUX QU'ONT EPARGNES LES BETES!	055	014
DANS DES TERRAINS CENDREUX,	CALCINES, SANS VERDURE,	115	001
UNE IMPLACABLE	CALENTURE.	108	006
PALES, LE SOURCIL PEINT, L'OEIL	CALIN ET FATAL,	096	002
LES SONS D'UNE MUSIQUE ENERVANTE ET	CALINE,	107	007
S'AVANCAIENT, PLUS	CALINS QUE LES ANGES DU MAL,	127	021
TOI QUI FAIS AU PROSCRIT CE REGARD	CALME ET HAUT	120	016
ETENDUE A SES PIEDS,	CALME ET PLEINE DE JOIE,	131	013
OU,	CALME ET SOLITAIRE, ELLE S'ETAIT ASSISE.	127	024
LUXE,	CALME ET VOLUPTE.	053	014
LUXE,	CALME ET VOLUPTE.	053	028
LUXE,	CALME ET VOLUPTE.	053	042
MAIS LE	CALME HEROS, COURBE SUR SA RAPIERE,	015	019
ME BERCENT. D'AUTRES FOIS,	CALME PLAT, GRAND MIROIR	069	013
	CALME, DANS LE FAUTEUIL JE LA VOYAIS S'ASSEOIR,	100	016
C'EST LA QUE J'AI VECU DANS LES VOLUPTES	CALMES,	012	009
JE NE VOIS QU'EN ESPRIT TOUT CE	CAMP DE BARAQUES,	089	009
CITADIN,	CAMPAGNARD, VAGABOND, SEDENTAIRE,	144	005
LASSE, LA FONT S'ETENDRE A TRAVERS LA	CAMPAGNE,	019	012
GROTESQUEMENT	CAMPE SUR SON FRONT DE SQUELETTE,	071	002
VOIS SUR CES	CANAUX	053	029
DANS LES	CANAUX ETROITS DU COLOSSE PUISSANT.	090	004
LES	CANAUX, LA VILLE ENTIERE,	053	037
EXCEPTE LA	CANDEUR DE L'ANTIQUE ANIMAL,	064	004
ET LA	CANDEUR UNIE A LA LUBRICITE	127	015
QUI LEVAIENT LE RIDEAU DE SA JEUNE	CANDEUR.	131	004
LE	CANEVAS BANAL DE NOS PITEUX DESTINS,	000	027
ET QUI REVENT, AINSI QU'UN CONSCRIT LE	CANON,	126	022
LE	CANTIQUE MUET QUE CHANTE LE PLAISIR,	131	022
REMPLIT L'AME AU DELA DE SA	CAPACITE.	049	010
O MORT, VIEUX	CAPITAINE, IL EST TEMPS! LEVONS L'ANCRE!	126	137
ET DE NOS FACULTES SE FAIT LE	CAPITAINE?	044	009
POUR NE PAS OUBLIER LA CHOSE	CAPITALE,	126	085
DANS LES PLIS SINUEUX DES VIEILLES	CAPITALES,	091	001
VOLUPTE NOIRE! DES SEPT PECHES	CAPITAUX,	057	039
N'ONT QU'UN ESPOIR, ETRANGE ET SOMBRE	CAPITOLE!	123	012
SON OEIL ENSORCELE DECOUVRE UNE	CAPOUE	126	047
PAR UN	CAPRICE SINGULIER,	102	006
J'AI DEMANDE SOUVENT A DES VINS	CAPTIEUX	113	009
AUX	CAPTIFS, AUX VAINCUS!...A BIEN D'AUTRES ENCOR!	089	052
UN SYMBOLE D'UN GOUT BIZARRE ET	CAPTIVANT,	091	024
LE SILENCE, L'ESPACE AFFREUX ET	CAPTIVANT...	146	006
	CAR A QUOI BON CHERCHER TES BEAUTES LANGOUREUSES	036	023
	CAR CE QUE TA BOUCHE CRUELLE	117	017
	CAR C'EST VRAIMENT, SEIGNEUR, LE MEILLEUR TEMOIGNAGE	006	041
	CAR IL EST FAIT AVEC L'UNIVERSEL PECHE,	149	041
	CAR IL NE SERA FAIT QUE DE PURE LUMIERE,	001	073
	CAR JE CHERCHE LE VIDE, ET LE NOIR, ET LE NU!	079	011
	CAR JE COMPTAI SEPT FOIS, DE MINUTE EN MINUTE,	090	035
	CAR JE NE PUIS TROUVER PARMI CES PALES ROSES	018	007
	CAR JE SERAI PLONGE DANS CETTE VOLUPTE	086	023
	CAR JE SUIS TON BON ANGE, ENTENDS -TU?) JE LE VEUX!	140	004
	CAR J'AI, POUR FASCINER CES DOCILES AMANTS,	017	012
	CAR J'EPROUVE UNE JOIE IMMENSE QUAND JE TOMBE	104	009
	CAR J'FUSSE AVEC FERVEUR BAISE TON NOBLE CORPS,	032	009
	CAR J'IGNORE OU TU FUIS, TU NE SAIS OU JE VAIS,	093	013
	CAR LE TOMBEAU TOUJOURS COMPRENDRA LE POETE),	033	010
	CAR LESBOS ENTRE TOUS M'A CHOISI SUR LA TERRE	130	041
	CAR LESBOS ENTRE TOUS M'A CHOISI SUR LA TERRE.	130	045
QUAND VERS TOI MES DESIRS PARTENT EN	CARAVANE,	026	007
A SAIGNER TOUS LES BOUTS DE MA	CARCASSE IMMONDE.	072	008
ET LE CIEL REGARDAIT LA	CARCASSE SUPERBE	029	013
EPERONNANT ENCOR TA VIVANTE	CARCASSE,	097	023
ET, LE CIEL AMOUREUX LEUR	CARESSANT L'ECHINE,	005	005
A L'AIR D'UN MORIBOND	CARESSANT SON TOMBEAU.	021	020
OREILLER	CARESSANT, OU CORBEILLE DE FLEURS?	098	016
QUI D'UNE MAIN DISTRAITE ET LEGERE	CARESSE	065	003
ET TU CONNAIS LA	CARESSE	058	019
ET MON ESPRIT SUBTIL QUE LE ROULIS	CARESSE	023	023
QUI	CARESSE L'OREILLE ET CEPENDANT L'EFFRAIE.	136	013
AU PAYS PARFUME QUE LE SOLEIL	CARESSE,	061	001

```
POEM LINE
115 030   . . .    ET LEUR VERSAIT PARFOIS QUELQUE SALE   CARESSE.
126 083       ET DES JONGLEURS SAVANTS QUE LE SERPENT   CARESSE."
051 028                                                 CARESSEE UNE FOIS, RIEN QU'UNE.
034 005                          LORSQUE MES DOIGTS   CARESSENT A LOISIR
131 030   . . . . . . . . . . . . . . . . . QUI   CARESSENT LE SOIR LES GRANDS LACS TRANSPARENTS,
130 019                                                 CARESSENT LES FRUITS MURS DE LEUR NUBILITE;
063 007                                    ET DES   CARESSES DE SERPENT
131 003              HIPPOLYTE REVAIT AUX   CARESSES PUISSANTES
036 003   . . .   TU TE RAPPELLERAS LA BEAUTE DES   CARESSES,
032 011              DEROULE LE TRESOR DES PROFONDES   CARESSES,
115 013           --"CONTEMPLONS A LOISIR CETTE   CARICATURE
097 017              AUCUNS T'APPELLERONT UNE   CARICATURE,
123 002   . . ET BAISER TON FRONT BAS, MORNE   CARICATURE?
074 004                       AU BRUIT DES   CARILLONS QUI CHANTENT DANS LA BRUME.
014 015              TELLEMENT VOUS AIMEZ LE   CARNAGE ET LA MORT,
059 005       AVEZ -VOUS VU THEROIGNE, AMANTE DU   CARNAGE,
006 021   . . . . . . . . . . . WATTEAU, CE   CARNAVAL OU BIEN DES COEURS ILLUSTRES,
071 003          QU'UN DIADEME AFFREUX SENTANT LE   CARNAVAL.
123 004                    COMBIEN, O MON   CARQUOIS, PERDRE DE JAVELOTS?
075 005                       MON CHAT SUR LE   CARREAU CHERCHANT UNE LITIERE
054 026           L'ESPERANCE QUI BRILLE AUX   CARREAUX DE L'AUBERGE
054 030           LE DIABLE A TOUT ETEINT AUX   CARREAUX DE L'AUBERGE!
089 012              ET, BRILLANT AUX   CARREAUX, LE BRIC-A-BRAC CONFUS.
088 048                                    DE   CARREFOUR:
089 006   . . .   COMME JE TRAVERSAIS LE NOUVEAU   CARROUSEL,
076 023                    OUBLIE SUR LA   CARTE, ET DONT L'HUMEUR FAROUCHE
126 001           POUR L'ENFANT, AMOUREUX DE   CARTES ET D'ESTAMPES,
102 015              PLEIN DE BASSINS ET DE   CASCADES
130 006   . .   LESBOS, OU LES BAISERS SONT COMME LES   CASCADES
130 010          LESBOS, OU LES BAISERS SONT COMME LES   CASCADES!
154 001                       C'EST ICI LA   CASE SACREE
103 001          LA DIANE CHANTAIT DANS LES COURS DES   CASERNES,
032 005   . . .   SES CHEVEUX QUI LUI FONT UN   CASQUE PARFUME,
090 021              IL N'ETAIT PAS VOUTE, MAIS   CASSE, SON ECHINE
148 012              JE SENS MON AILE QUI SE   CASSE:
091 016       OU SE PEND UN DEMON SANS PITIE! TOUT   CASSES
018 015   . . .   CES PIEDS A BRODEQUINS, CES DOIGTS A   CASTAGNETTES,
102 017                           ET DES   CATARACTES PESANTES,
079 001       GRANDS BOIS, VOUS M'EFFRAYEZ COMME DES   CATHEDRALES;
000 018              LE SEIN MARTYRISE D'UNE ANTIQUE   CATIN.
095 024              S'EMPLISSENT DE   CATINS ET D'ESCROCS, LEURS COMPLICES,
084 007                    AU FOND D'UN   CAUCHEMAR ENORME
097 026       ESPERES -TU CHASSER TON   CAUCHEMAR MOQUEUR,
146 008                       DESSINE UN   CAUCHEMAR MULTIFORME ET SANS TREVE.
006 025   . . . .   GOYA,   CAUCHEMAR PLEIN DE CHOSES INCONNUES,
138 028              ET QU'EN UN   CAUCHEMAR SANS TREVES,
007 007                       LE   CAUCHEMAR, D'UN POING DESPOTIQUE ET MUTIN,
001 025   . . . . . .   IL JOUE AVEC LE VENT,   CAUSE AVEC LE NUAGE.
075 014   . . . . . . . .   CAUSENT SINISTREMENT DE LEURS AMOURS DEFUNTS.
100 010       SANS COMPAGNON DE LIT, SANS BONNES   CAUSERIES,
071 009                       LE   CAVALIER PROMENE UN SABRE QUI FLAMBOIE
059 004          SUPERBE ET DEFIANT LES MEILLEURS   CAVALIERS!
016 021              COMME DANS UN   CAVEAU DONT LA CLEF EST PERDUE.
045 024                    DANS UN   CAVEAU MISE AU SECRET,
033 004                    QU'UN   CAVEAU PLUVIEUX ET QU'UNE FOSSE CREUSE;
144 009       EN HAUT, LE CIEL! CE MUR DE   CAVEAU QUI L'ETOUFFE,
076 006   . . .   C'EST UNE PYRAMIDE, UN IMMENSE   CAVEAU,
038 001                    DANS LES   CAVEAUX D'INSONDABLE TRISTESSE
104 012       OU JE ME PLAIS BIEN MIEUX QUE DANS MES FROIDS   CAVEAUX.
131 093          JAMAIS UN RAYON FRAIS N'ECLAIRA VOS   CAVERNES;
006 024   . . .   QUI VERSENT LA FOLIE A   CE BAL TOURNOYANT;
001 072                           A   CE BEAU DIADEME EBLOUISSANT ET CLAIR;
029 002                                    CE BEAU MATIN D'ETE SI DOUX:
157 003          ET CET AIR DE MAITRISE ET   CE BEAU NONCHALOIR,
115 005          N'EST -CE PAS GRAND'PITIE DE VOIR   CE BON VIVANT,
143 006              SOUS LE FOUET DU PLAISIR,   CE BOURREAU SANS MERCI,
056 016                                    CE BRUIT MYSTERIEUX SONNE COMME UN DEPART.
077 017           IL N'A SU RECHAUFFER   CE CADAVRE HEBETE
089 001       JE NE VOIS QU'EN ESPRIT TOUT   CE CAMP DE BARAQUES,
006 021                    WATTEAU,   CE CARNAVAL OU BIEN DES COEURS ILLUSTRES,
091 058              HUMAIT AVIDEMENT   CE CHANT VIF ET GUERRIER;
051 033          QUAND MES YEUX, VERS   CE CHAT QUE J'AIME
056 013           IL ME SEMBLE, BERCE PAR   CE CHOC MONOTONE,
082 001                                    DE   CE CIEL BIZARRE ET LIVIDE,
090 014              IMITAIENT LA COULEUR DE   CE CIEL PLUVIEUX,
009 011          RIEN N'EMBELLIT LES MURS DE   CE CLOITRE ODIEUX.
018 009   . . . .   CE QU'IL FAUT A   CE COEUR PROFOND COMME UN ABIME,
001 050              J'ARRACHERAI   CE COEUR TOUT ROUGE DE SON SEIN,
114 008                                    DE   CE CORPS FERME ET DROIT LA RUDE MAJESTE.
020 002          DANS L'ONDULATION DE   CE CORPS MUSCULEUX
032 003   . . .   JE ME PRIS A SONGER PRES DE   CE CORPS VENDU
149 011       "OU DONC L'APERCOIS -TU,   CE CREATEUR DU BEAU,
077 008          NE DISTRAIT PLUS LE FRONT DE   CE CRUEL MALADE;
125 013          M'ENVELOPPAIT.--EH QUOI! N'EST - CE DONC QUE CELA?
115 017   CE GUEUX, CET HISTRION EN VACANCES,   CE DROLE,
126 142              NOUS VOULONS, TANT   CE FEU NOUS BRULE LE CERVEAU,
021 018       CREPITE, FLAMBE ET DIT: BENISSONS   CE FLAMBEAU!
118 001          QU'EST -CE QUE DIEU FAIT DONC DE   CE FLOT D'ANATHEMES
104 019   . . . . . . . .   ET SERAI POUR   CE FRELE ATHLETE DE LA VIE
```

C

		POEM LINE
	CE FRERE DU SILENCE ETERNEL, O CITE!	092 010
	CE GENIE ENFERME DANS UN TAUDIS MALSAIN,	153 009
QUAND PARFOIS SUR	CE GLOBE, EN SA LANGUEUR OISIVE,	065 009
--	CE GOUFFRE, C'EST L'ENFER, DE NOS AMIS PEUPLE!	035 012
	CE GRAIN D'ENCENS QUI REMPLIT UNE EGLISE, ...	038 017
RECUEILLE -TOI, MON AME, EN	CE GRAVE MOMENT,	095 029
	CE GUEUX, CET HISTRION EN VACANCES, CE DROLE,	115 017
ET LA PEUR DE VIEILLIR, ET	CE HIDEUX TOURMENT	044 017
--"	CE JEU FEROCE ET RIDICULE, ...	117 015
POUR EXERCER TES DENTS A	CE JEU SINGULIER,	025 003
POUR TIRER UN SOURIS DE	CE JEUNE SQUELETTE.	077 012
	CE JUMEAU CENTENAIRE, ET CES SPECTRES BAROQUES	090 031
JETTE	CE LIVRE SATURNIEN, ...	142 003
	CE LONG REGARD SOURNOIS, LANGOUREUX ET MOQUEUR;	020 010
AUSSI DEVANT	CE LOUVRE UNE IMAGE M'OPPRIME:	089 033
LA GRANDEUR DE	CE MAL OU TU TE CROIS SAVANTE	025 013
JE VOIS	CE MALHEUREUX, MYTHE ETRANGE ET FATAL, ...	089 024
	CE MATELOT IVROGNE, INVENTEUR D'AMERIQUES	126 043
	CE MATIN ENCORE L'IMAGE,	102 003
	CE MATIN EST VENU ME VOIR,	041 002
MA PAUVRE MUSE, HELAS! QU'AS -TU DONC	CE MATIN?	007 001
	CE ME SEMBLE, DE VIEILLES PLANCHES?"	149 004
LE POETE APPARAIT EN	CE MONDE ENNUYE,	001 002
QU'IL FAUT EN	CE MONDE QU'IL CRAIGNE	067 010
ET	CE MONDE RAYONNANT DE METAL ET DE PIERRE	127 006
TU LE CONNAIS, LECTEUR,	CE MONDE RENDAIT UNE ETRANGE MUSIQUE,	029 025
RIEN NE RASSASIERA	CE MONSTRE DELICAT,	000 039
COMME UN BILLET D'AMOUR,	CE MONSTRE GEMISSANT	131 078
	CE MONSTRE RABOUGRI,	001 012
	CE MONSTRE TOUT GONFLE DE HAINE ET DE CRACHATS,	057 028
EN HAUT, LE CIEL!	CE MUR DE CAVEAU QUI L'ETOUFFE,	144 009
	CE NE SERONT JAMAIS CES BEAUTES DE VIGNETTES,	018 001
DANS	CE NOIR OCEAN OU L'AUTRE EST ENFERME;	023 022
DEVANT	CE NOIR TABLEAU PLEIN D'EPOUVANTEMENT.	005 019
TOUT HOMME DIGNE DE	CE NOM	141 001
SON TOMBEAU;--	CE N'EST PAS PEU DIRE:	106 012
--MAIS NON!	CE N'EST QU'UN MASQUE, UN DECOR SUBORNEUR, ...	020 020
--SI	CE N'EST, PAR UN SOIR SANS LUNE, DEUX A DEUX,	101 013
	CE N'ETAIT PAS UN TEMPLE AUX OMBRES BOCAGERES,	116 021
N'EST -	CE PAS GRAND'PITIE DE VOIR CE BON VIVANT,	115 016
	CE PAUVRE AGONISANT QUE DEJA LE LOUP FLAIRE!	054 020
	CE PAYS NOUS ENNUIE, O MORT! APPAREILLONS!	126 138
	CE PAYS TROP PEUPLE QUE FAUCHE LA SOUFFRANCE,	133 018
	CE PERE NOURRICIER, ENNEMI DES CHLOROSES;	087 009
ANDROMAQUE, JE PENSE A VOUS!	CE PETIT FLEUVE, ...	089 001
C'EST TOUT MON SANG,	CE POISON NOIR!	083 018
QU'EST -	CE QUE DIEU FAIT DONC DE CE FLOT D'ANATHEMES	118 001
ET TOUT	CE QUE L'IDYLLE A DE PLUS ENFANTIN,	086 020
OU TOUT	CE QUE L'ON AIME EST DIGNE D'ETRE AIME, ...	062 018
JUSQU'A	CE QUE L'OUBLI LES JETTE DANS SA HOTTE	045 035
INSULTE	CE QUE NOUS AIMONS	150 015
MALGRE TOUT	CE QUE NOUS SAVONS,	150 007
EST -	CE QUE PAR HASARD LA ROBE DU CENTAURE	157 010
DE N'AVOIR PAS CONNU	CE QUE PLEURENT LES MORTS?"	033 013
CAR	CE QUE TA BOUCHE CRUELLE	117 017
SOIS	CE QUE TU VOUDRAS, NUIT NOIRE, ROUGE AURORE;	037 012
	CE QUI DIT A L'UN: SEPULTURE!	081 003
SURTOUT,	CE QUI LA FAIT FREMIR JUSQU'AUX GENOUX,	020 034
A QUICONQUE A PERDU	CE QUI NE SE RETROUVE	089 045
ET FLATTE	CE QUI NOUS REBUTE;	150 016
L'OPIUM AGRANDIT	CE QUI N'A PAS DE BORNES, ...	049 006
QUI S'ETONNE ET QUI RIT A TOUT	CE QUI RELUIT,	091 020
ON VOIT,	CE QUI REND PLUS COMPLETES	094 009
FRERES QUI TROUVEZ BEAU TOUT	CE QUI VIENT DE LOIN,	126 076
	CE QU'ELLE CHERCHE, AMIE, EST UN LIEU SACCAGE . . .	055 006
ET PARCE QU'ELLE VIT! MAIS	CE QU'ELLE DEPLORE	020 033
PAR TOUT	CE QU'ELLES REFLETAIENT!	102 032
TOUT	CE QU'ENSEMBLE ELLE AVAIT JOINT;	029 012
ET DANS RIEN BIEN TOUT	CE QU'IL BOIT ET DANS TOUT CE QU'IL MANGE	001 023
FAIT TOUJOURS BIEN TOUT	CE QU'IL FAIT!	084 032
	CE QU'IL FAUT A CE COEUR PROFOND COMME UN ABIME,	018 009
ET DANS TOUT CE QU'IL BOIT ET DANS TOUT	CE QU'IL MANGE	001 023
COMME UN VER QUI DEROBE A L'HOMME	CE QU'IL MANGE.	095 020
AVEC HYPOCRISIE ILS JETTENT	CE QU'IL TOUCHE,	001 035
QUE DATE	CE QU'ON PEUT, HELAS! NOMMER MA PLAIE	136 015
	CE REDRESSEUR QUE TU CELEBRES?"	149 012
TOI QUI FAIS AU PROSCRIT	CE REGARD CALME ET HAUT	120 016
POUR FUIR	CE RETIAIRE INFAME; IL EN EST D'AUTRES	126 119
	CE REVEUR QUE L'HORREUR DE SON LOGIS REVEILLE,	153 012
MON ESPRIT LES RETROUVE EN LUI;	CE RIRE AMER	079 006
A	CE ROUGE SOLEIL QUE L'ON NOMME L'AMOUR!	131 068
ET FERME TON OREILLE A	CE RUGISSEMENT,	095 030
EST TOUT VAPORISE PAR	CE SAVANT CHIMISTE.	000 012
TA ROBE,	CE SERA MON DESIR, FREMISSANT,	057 015
"--JE VOIS TA MERE, ENFANT DE	CE SIECLE APPAUVRI, ...	147 012
	CE SILENCE ET CETTE LANGUEUR!	045 038
	CE SIMOIS MENTEUR QUI PAR VOS PLEURS GRANDIT,	089 004
	CE SINISTRE VIEILLARD QUI SE MULTIPLIAIT!	090 036
JE SERAI	CE SOIR IVRE MORT;	106 042

```
POEM LINE
023 003 . . . . . . . . . . . . EXTASE! POUR PEUPLER  CE SOIR L'ALCOVE OBSCURE
155 008                                           OU  CE SOIR M'A PLONGE L'AMOUR.
065 001                                               CE SOIR, LA LUNE REVE AVEC PLUS DE PARESSE;
042 001                                 QUE DIRAS -TU  CE SOIR, PAUVRE AME SOLITAIRE,
141 010 . . . . . LA DENT DIT: "VIVRAS -TU            CE SOIR?"
042 009                                          QUE  CE SOIT DANS LA NUIT ET DANS LA SOLITUDE,
042 010                                          QUE  CE SOIT DANS LA RUE ET DANS LA MULTITUDE,
010 010                              TROUVERONT DANS  CE SOL LAVE COMME UNE GREVE
054 018 . . . . . . . . . . . . . . . . . . . A  CE SOLDAT BRISE! S'IL FAUT QU'IL DESESPERE
030 010                         LA FROIDE CRUAUTE DE  CE SOLEIL DE GLACE
016 016                               L'ECLAT DE GLACE  CE SOLEIL D'UN CREPE SE VOILA;
091 007              OU TORDUS, AIMONS -LES!           CE SONT ENCOR DES AMES.
073 013 . . . . . ET LA HAINE EST VOUEE A             CE SORT LAMENTABLE
020 008                              --AUSSI, VOIS     CE SOURIS FIN ET VOLUPTUEUX
045 004                                               CE SOUVENIR N'EST POINT PALI);
071 001                                               CE SPECTRE SINGULIER N'A POUR TOUTE TOILETTE,
127 028 . . . . . . . . . . . . . . . . . . SUR  CE TEINT FAUVE ET BRUN, LE FARD ETAIT SUPERBE!
130 071                           ET C'EST DEPUIS     CE TEMPS QUE LESBOS SE LAMENTE,
130 075                           ET C'EST DEPUIS     CE TEMPS QUE LESBOS SE LAMENTE!
136 021                           ET C'EST DEPUIS     CE TEMPS QUE, PAREIL AUX PROPHETES,
094 013 . . . . . . . . . . . . . . . . . . DE  CE TERRAIN QUE VOUS FOUILLEZ,
102 001                                               CE TERRIBLE PAYSAGE,
020 001                                 CONTEMPLONS  CE TRESOR DE GRACES FLORENTINES;
107 013                               --ET L'ORGUEIL,  CE TRESOR DE TOUTE GUEUSERIE,
117 003 . . . . . . . . . . . . . . . . ET SUR  CE TRONE LE PROFANE,
029 017              LES MOUCHES BOURDONNAIENT SUR  CE VENTRE PUTRIDE,
054 007                             NOIERONS -NOUS  CE VIEIL ENNEMI,
072 014 . . . . . . . . . . . . . . . . . . POUR  CE VIEUX CORPS SANS AME ET MORT PARMI LES MORTS!
020 021 . . . . . . . . . . . . . . . . . . .  CE VISAGE ECLAIRE D'UNE EXQUISE GRIMACE,
020 011 . . . . . . . . . . . . . . . . . . .  CE VISAGE MIGNARD, TOUT ENCADRE DE GAZE,
043 008                          TOUT MON ETRE OBEIT A  CE VIVANT FLAMBEAU.
002 009                                               CE VOYAGEUR AILE, COMME IL EST GAUCHE ET VEULE!
029 021 . . . . . . . . . . . . . . . . . . TOUT  CELA DESCENDAIT, MONTAIT COMME UNE VAGUE,
049 011                                         TOUT  CELA NE VAUT PAS LE POISON QUI DECOULE
049 016                                         TOUT  CELA NE VAUT PAS LE TERRIBLE PRODIGE
107 009                                         TOUT  CELA NE VAUT PAS, O BOUTEILLE PROFONDE,
021 004 . . . . . . . . . . . . ET L'ON PEUT POUR  CELA TE COMPARER AU VIN.
125 013 . . . . . M'ENVELOPPAIT.--EH QUOI! N'EST -CE DONC QUE  CELA?
091 039                            ENTERRE SAIT LE NOM;  CELEBRE EVAPOREE
043 012                                         ILS  CELEBRENT LA MORT, VOUS CHANTEZ LE REVEIL!
011 005 . . . . . . . . . . LOIN DES SEPULTURES  CELEBRES,
152 001              VOUS POUVEZ MEPRISER LES YEUX LES PLUS  CELEBRES,
149 012                          CE REDRESSEUR QUE TU  CELEBRES?"
016 006                       APRES AVOIR FRANCHI VERS LES  CELESTES GLOIRES
081 013 . . . . . . . . . . . . . . . ET SUR LES  CELESTES RIVAGES
149 050              DANS CES SOIRS SOLENNELS DE  CELESTES VENDANGES,
149 005                                               CELIMENE ROUCOULE ET DIT: "MON COEUR EST BON,
090 020                           SE PROJETAIT, PAREILLE A  CELLE DE JUDAS.
005 017 . . . . . . . . . LA NUDITE DE L'HOMME ET  CELLE DE LA FEMME,
126 136                                         DIT  CELLE DONT JADIS NOUS BAISIONS LES GENOUX.
038 056                                               CELLE QUI FUT MON PLAISIR ET MA GLOIRE!
130 070                                          DE  CELLE QUI MOURUT LE JOUR DE SON BLASPHEME.
136 011 . . . . . . . . . . . . . . . . . . ET  CELLE-LA CHANTAIT COMME LE VENT DES GREVES,
091 057                                               CELLE-LA, DROITE ENCOR, FIERE ET SENTANT LA REGLE,
095 005              O SOIR, AIMABLE SOIR, DESIRE PAR  CELUI
003 017                                               CELUI DONT LES PENSERS, COMME DES ALOUETTES,
156 001 . . . . . . . . . . . . . . . . . . .  CELUI DONT NOUS T'OFFRONS L'IMAGE,
058 003                                 QUI N'EST PAS  CELUI D'UN ANGE
091 022              SONT PRESQUE AUSSI PETITS QUE  CELUI D'UN ENFANT?
091 036                                         POUR  CELUI QUE L'AUSTERE INFORTUNE ALLAITA!
118 011 . . . . . . . . . . . . . . . . . . .  CELUI QUI DANS SON CIEL RIAIT AU BRUIT DES CLOUS
003 015                                     HEUREUX  CELUI QUI PEUT D'UNE AILE VIGOUREUSE
131 065                                               CELUI QUI VEUT UNIR DANS UN ACCORD MYSTIQUE
126 109                           AMER SAVOIR,           CELUI QU'ON TIRE DU VOYAGE!
145 003                                --BIENHEUREUX  CELUI-LA QUI PEUT AVEC AMOUR
090 037                                         QUE  CELUI-LA QUI RIT DE MON INQUIETUDE,
156 004                                               CELUI-LA, LECTEUR, EST UN SAGE.
001 034                               ILS MELENT DE LA  CENDRE AVEC D'IMPURS CRACHATS;
136 003 . . . . . . . . . . . . TOUT, LA         CENDRE LATINE ET LA POUSSIERE GRECQUE,
149 038              A TRAVERS LES AMAS CONFUS DE VOTRE  CENDRE,
038 043                       LA MALADIE ET LA MORT FONT DES  CENDRES
115 001                               DANS DES TERRAINS  CENDREUX, CALCINES, SANS VERDURE,
009 009 . . . --MON AME EST UN TOMBEAU QUE, MAUVAIS  CENOBITE,
157 010              EST -CE QUE PAR HASARD LA ROBE DU  CENOBITE,
090 031                                      CE JUMEAU  CENTENAIRE, ET CES SPECTRES BAROQUES
085 009                               TROIS MILLE SIX  CENTS FOIS PAR HEURE, LA SECONDE
029 011 . . . . . ET DE RENDRE AU                     CENTUPLE A LA GRANDE NATURE
095 011                                               CEPENDANT DES DEMONS MALSAINS DANS L'ATMOSPHERE
131 052                                         ET  CEPENDANT JE SENS MA BOUCHE ALLER VERS TOI.
136 013                        QUI CARESSE L'OREILLE ET  CEPENDANT L'EFFRAIE,
090 005 . . . . . . . . . . UN MATIN,               CEPENDANT QUE DANS LA TRISTE RUE
126 071                                               CEPENDANT QUE GROSSIT ET DURCIT TON ECORCE,
075 011                                               CEPENDANT QU'EN UN JEU PLEIN DE SALES PARFUMS,
088 045                                           --  CEPENDANT TU VAS GUEUSANT
014 013 . . . . . . . . . . . . . . . . . . ET  CEPENDANT VOILA DES SIECLES INNOMBRABLES
110 037                                         ET  CEPENDANT, A VOIR LA MAIGREUR ELEGANTE
132 001                                     LA FEMME  CEPENDANT, DE SA BOUCHE DE FRAISE,
149 043                                           --  CEPENDANT, TOUT EN HAUT DE L'UNIVERS JUCHE,
078 003 . . . ET QUE DE L'HORIZON EMBRASSANT TOUT LE  CERCLE
```

C

	POEM	LINE
LE CERCLE TENEBREUX TRACE PAR LES DOULEURS	130	059
QU'ON CLOUE EN GRANDE HATE UN CERCUEIL, QUELQUE PART.	056	014
JE SERAI TON CERCUEIL, AIMABLE PESTILENCE!	048	025
OU DES BOUQUETS MOURANTS DANS LEURS CERCUEILS DE VERRE	110	007
--AVEZ -VOUS OBSERVE QUE MAINTS CERCUEILS DE VIEILLES	091	021
MIEUX QUE TOUS, JE CONNAIS CERTAIN VOLUPTUEUX	149	013
"QUE RIEN ICI-BAS N'EST CERTAIN,	045	026
CERTE, ILS DOIVENT TROUVER LES VIVANTS BIEN INGRATS,	100	007
-- CERTES, JE SORTIRAI, QUANT A MOI, SATISFAIT	118	029
D'ENVELOPPER AINSI MON COEUR ET MON CERVEAU	101	003
UN MATIN NOUS PARTONS, LE CERVEAU PLEIN DE FLAMME,	126	005
QUE SON PETIT CERVEAU SOIT ACTIF OU SOIT LENT,	144	006
NOUS VOULONS, TANT CE FEU NOUS BRULE LE CERVEAU,	126	142
CACHE MOINS DE SECRETS QUE MON TRISTE CERVEAU,	076	005
FERA S'EPANOUIR LES FLEURS DE LEUR CERVEAU!	123	014
RUINES! MA FAMILLE! O CERVEAUX CONGENERES!	091	081
QUI FERAIENT DELIRER LES CERVEAUX ET LES COEURS!	052	024
ET REMPLIT LES CERVEAUX ET LES RUCHES DE MIEL,	087	012
DANS NOS CERVEAUX RIBOTE UN PEUPLE DE DEMONS,	000	022
VIENT TENDRE SES FILETS AU FOND DE NOS CERVEAUX,	078	012
DANS MA CERVELLE SE PROMENE,	051	001
MONSTRE ASSASSIN, C'EST MA CERVELLE,	117	019
ET FAIT REVER UN SOIR LES CERVELLES HUMAINES,	039	003
ET PUIS, ET PUIS ENCORE? "O CERVEUX ENFANTINS!	126	084
LE DEMON FAIT DES TROUS SECRETS A CES ABIMES,	073	005
ET LES VAGUES TERREURS DE CES AFFREUSES NUITS	044	003
JE DIS: QUE CHERCHENT -ILS AU CIEL, TOUS CES AVEUGLES?	092	014
ET DANS CES BAINS DE SANG QUI DES ROMAINS NOUS VIENNENT,	077	015
CES SERMENTS, CES PARFUMS, CES BAISERS INFINIS,	036	026
DE CES BAISERS PUISSANTS COMME UN DICTAME,	038	047
CE NE SERONT JAMAIS CES BEAUTES DE VIGNETTES,	018	001
TU RESSEMBLES PARFOIS A CES BEAUX HORIZONS	050	009
LA MORT SAVANTE MET DANS CES BIERES PAREILLES	091	023
CES BIJOUX MERVEILLEUX, FAITS D'ASTRES ET D'ETHERS.	126	052
CES MALEDICTIONS, CES BLASPHEMES, CES PLAINTES,	006	033
VOIS SUR CES CANAUX	053	029
--"HIPPOLYTE, CHER COEUR, QUE DIS -TU DE CES CHOSES?	131	025
DE CES CIELS BROUILLES	053	008
CES JEUX, CES CLIQUETIS DU FER SONT LES VACARMES	035	003
QUI, DE CES COEURS MORTELS, ENTEND LA RAILLERIE?	097	035
POUR ENTENDRE UN DE CES CONCERTS, RICHES DE CUIVRE,	091	053
LA FORME DE LA BOITE OU L'ON MET TOUS CES CORPS,	091	032
CES EXTASES, CES CRIS, CES PLEURS, CES TE DEUM,	006	034
FAIT POUR DONNER A BOIRE A CES CRIS, CES SPECTRES DONT L'ESSAIM	153	010
DIS DONC A CES CRUELLES FILLES!	113	014
PAR CES DANSEURS QUI FONT LES OFFUSQUES!	097	046
ILS MARCHENT, CES DEUX GRANDS YEUX NOIRS, SOUPIRAUX DE TON AME,	026	009
CAR J'AI, POUR FASCINER CES DIVINS FRERES QUI SONT MES FRERES,	043	003
CES PIEDS A BRODEQUINS, CES DOCILES AMANTS,	017	012
MES BAISERS SONT LEGERS COMME CES DOIGTS A CASTAGNETTES,	018	003
J'AIME LE SOUVENIR DE CES EPHEMERES	131	029
COMME TU ME PLAIRAIS, O NUIT! SANS CES EPOQUES NUES,	005	001
TOUTES M'ENIVRENT; MAIS PARMI CES ETOILES	079	009
CES ETRES FRELES	091	041
ET, QUAND JE M'ENNUIERAI DE CES EXTASES, CES CRIS, CES PLEURS, CES TE DEUM,	006	034
OUI, CES FARCES IMPIES,	001	045
ENVIANT DE CES GENS HARCELES DE CHAGRINS DE MENAGE,	105	013
POUR SE DESALTERER A CES GENS LA PASSION TENACE,	096	017
DURANT CES GOUFFRES AMERS.	049	015
--UN DE CES GRANDES NUITS D'OU LE SOMME EST BANNI,	033	011
PRENDS GARDE A CES GRANDS ABANDONNES	083	026
DE CES GRANDS APPETITS.	119	020
ET SON VENTRE ET SES SEINS, CES GRANDS YEUX SI FERVENTS ET S' TENDRES,	038	045
CES GRAPPES DE MA VIGNE,	127	020
VOUS RESSEMBLEZ BEAUCOUP A CES GRIMACES, CES CRIS, CES SPECTRES DONT L'ESSAIM	153	010
SILENCIEUSEMENT TU SOUFFRAIS CES GROTTES MAGIQUES	152	006
MAIS CES INSULTES	116	042
CES INVENTIONS DE NOS MUSES TARDIVES	005	033
PARMI CES IVROGNES STUPIDES	106	030
CES JEUX, CES CLIQUETIS DU FER SONT LES VACARMES	035	003
TU RAPPELLES CES JOURS BLANCS, TIEDES ET VOILES,	050	005
REVAIS -TU DE CES JOURS SI BRILLANTS ET SI BEAUX	118	021
CALCINE CES LAMBEAUX QU'ONT EPARGNES LES BETES!	055	014
SE DIT, REVEUR, DEVANT CES LEVRES DEJA BLANCHES;	149	002
A TRAVERS CES LEVRES NOUVELLES,	129	034
COMME CES LONGS SERPENTS QUE LES JONGLEURS SACRES	027	003
CES MALEDICTIONS, CES BLASPHEMES, CES PLAINTES,	006	033
QUE SUR CES MATELAS QUI SE PAMENT D'EMOI,	132	015
LES TUYAUX, LES CLOCHERS, CES MATS DE LA CITE,	086	007
JE NE CHERCHE, A L'ASPECT DE CES MEMBRES DISCORDS,	091	033
ENVOLE -TOI BIEN LOIN DE CES MIASMES MORBIDES;	003	009
DANS NOS DEUX ESPRITS, CES MIROIRS JUMEAUX.	121	008
CES MONSTRES DISLOQUES FURENT JADIS DES FEMMES,	091	005
CES MONSTRES DONT LA MAIN, QUI TOUJOURS GRATTE ET FAUCHE,	114	006
LAISSAIT COULER CES MOTS TOUT IMPREGNES DE MUSC!	132	004
ET SUR CES MOUVANTES MERVEILLES	102	049
CES MYSTERIEUSES HORREURS,	094	010
CES NATIVES GRANDEURS, AUX LIEUX OU SE FONT VOIR	005	016
CAR JE NE PUIS TROUVER PARMI CES PALES ROSES	018	007

```
POEM LINE
036 026  .  .  .  .  .  .  .  .  .  .  .  .    CES SERMENTS,    CES PARFUMS, CES BAISERS INFINIS,
152 011                            LEURS FEUX SONT    CES PENSERS D'AMOUR, MELES DE FOI,
091 049                       AH! QUE J'EN AI SUIVI DE    CES PETITES VIEILLES!
018 003                                                   CES PIEDS A BRODEQUINS, CES DOIGTS A CASTAGNETTES,
006 033  .  .  .  .  .  CES MALEDICTIONS, CES BLASPHEMES,    CES PLAINTES,
006 034              CES EXTASES, CES CRIS,    CES PLEURS, CES TE DEUM,
102 047                         POUR ILLUMINER    CES PRODIGES,
094 002                    QUI TRAINENT SUR    CES QUAIS POUDREUX
131 038  .  .  .  .  .  .  .  .  .  .    POUR UN DE    CES REGARDS CHARMANTS, BAUME DIVIN,
129 013                                                   CES ROBES FOLLES SONT L'EMBLEME
002 006                                     QUE    CES ROIS DE L'AZUR, MALADROITS ET HONTEUX,
123 010                                      ET    CES SCULPTEURS DAMNES ET MARQUES D'UN AFFRONT,
090 040  .  .  .  .  .  .  .  .  .  .  .  .    CES SEPT MONSTRES HIDEUX AVAIENT L'AIR ETERNEL!
036 026                                                   CES SERMENTS, CES PARFUMS, CES BAISERS INFINIS,
091 055                        ET QUI, DANS    CES SOIRS D'OR OU L'ON SE SENT REVIVRE,
149 050                                 DANS    CES SOIRS SOLENNELS DE CELESTES VENDANGES,
102 007  .  .  .  .  .  .  .  .  .    J'AVAIS BANNI DE    CES SPECTACLES
090 031              CE JUMEAU CENTENAIRE, ET    CES SPECTRES BAROQUES
153 010              CES GRIMACES, CES CRIS,    CES SPECTRES DONT L'ESSAIM
089 010                                                   CES TAS DE CHAPITEAUX EBAUCHES ET DE FUTS,
006 034  .  .  .  .    CES EXTASES, CES CRIS, CES PLEURS,    CES TE DEUM,
016 001                                      EN    CES TEMPS MERVEILLEUX OU LA THEOLOGIE
009 005                                      EN    CES TEMPS OU DU CHRIST FLORISSAIENT LES SEMAILLES,
038 048                                      DE    CES TRANSPORTS PLUS VIFS QUE DES RAYONS,
091 018                       LUISANTS COMME    CES TROUS OU L'EAU DORT DANS LA NUIT;
053 030                                 DORMIR    CES VAISSEAUX
039 001                          JE TE DONNE    CES VERS AFIN QUE SI MON NOM
096 018                                      DE    CES VIEILLES PUTAINS LA FUNEBRE GAIETE,
115 021              ET MEME A NOUS, AUTEURS DE    CES VIEILLES RUBRIQUES,
105 030                             DE TOUS    CES VIEUX MAUDITS QUI MEURENT EN SILENCE,
118 026                       TU FOUETTAIS TOUS    CES VILS MARCHANDS A TOUR DE BRAS,
157 013                                      DE    CES VINDICATIFS ET MONSTRUEUX REPTILES
029 020                          LE LONG DE    CES VIVANTS HAILLONS.
126 127                     ENTENDEZ -VOUS    CES VOIX, CHARMANTES ET FUNEBRES,
013 013                              DEVANT    CES VOYAGEURS, POUR LESQUELS EST OUVERT
091 035                                                   CES YEUX MYSTERIEUX ONT D'INVINCIBLES CHARMES
043 001  .  .  .  .  .    ILS MARCHENT DEVANT MOI,    CES YEUX PLEINS DE LUMIERES,
091 033                                      --    CES YEUX SONT DES PUITS FAITS D'UN MILLION DE LARMES
109 001                                     SANS    CESSE A MES COTES S'AGITE LE DEMON;
135 008                                     SANS    CESSE IL FAUT QU'IL LES ARROSE.
088 032  .  .  .  .  .  .  .  .  .  .    SANS    CESSE OFFERTS,
057 035                              ET SANS    CESSE VERS TOI, SOMMET BLANC ET NEIGEUX,
006 003         MAIS OU LA VIE AFFLUE ET S'AGITE SANS    CESSE,
040 007  .  .  .  .  .  .  .  .  .  .  .    CESSEZ DONC DE CHERCHER, O BELLE CURIEUSE!
131 076                       UN ABIME BEANT;    CET ABIME EST MON COEUR!
054 016                                      A    CET AGONISANT QUE LE LOUP DEJA FLAIRE
157 003                                      ET    CET AIR DE MAITRISE ET CE BEAU NONCHALOIR,
001 015              ET JE TORDRAI SI BIEN    CET ARBRE MISERABLE,
006 043  .  .  .  .  .  .  .  .  .  .    QUE    CET ARDENT SANGLOT QUI ROULE D'AGE EN AGE
054 012                                      A    CET ESPRIT COMBLE D'ANGOISSE
020 014                                      A    CET ETRE DOUE DE TANT DE MAJESTE
091 027              IL ME SEMBLE TOUJOURS QUE    CET ETRE FRAGILE
115 017  .  .  .  .  .  .  .  .    CE GUEUX,    CET HISTRION EN VACANCES, CE DROLE,
116 056              LE COEUR ENSEVELI DANS    CETTE ALLEGORIE.
100 021         QUE POURRAIS -JE REPONDRE A    CETTE AME PIEUSE,
126 132                                      DE    CETTE APRES -MIDI QUI N'A JAMAIS DE FIN?"
038 046  .  .  .  .  .  .  .  .  .  .    DE    CETTE BOUCHE OU MON COEUR SE NOYA,
115 013              --"CONTEMPLONS A LOISIR    CETTE CARICATURE
023 004              DES SOUVENIRS DORMANT DANS    CETTE CHEVELURE,
045 039                                      ET    CETTE CONFIDENCE HORRIBLE CHUCHOTEE
106 033  .  .  .  .  .  .  .  .    PLUTOT QUE DE NOURRIR    CETTE CRAPULE INVULNERABLE
001 006                       POUR BERCER    CETTE DERISION!
154 010                                                   CETTE ENFANT GATEE.
020 004                                                   CETTE FEMME, MORCEAU VRAIMENT MIRACULEUX,
154 002  .  .  .  .  .  .  .  .    OU    CETTE FILLE TRES -PAREE,
062 009                                      DE    CETTE FONCTION SUBLIME DE BERCEUSE?
024 010                              JUSQU'A    CETTE FROIDEUR PAR OU TU M'ES PLUS BELLE!
084 028                       IL EST TOMBE DANS    CETTE GEOLE;
128 023              AUX BOUTS CHARMANTS DE    CETTE GORGE AIGUE
101 005                                 DANS    CETTE GRANDE PLAINE OU L'AUTAN FROID SE JOUE,
131 023                                      ET    CETTE GRATITUDE INFINIE ET SUBLIME
029 038                                      A    CETTE HORRIBLE INFECTION.
116 005                             QUELLE EST    CETTE ILE TRISTE ET NOIRE?--C'EST CYTHERE,
030 011                                                   CETTE IMMENSE NUIT SEMBLABLE AU VIEUX CHAOS;
016 017              TOUT LE CHAOS ROULA DANS    CETTE INTELLIGENCE,
045 038                              CE SILENCE ET    CETTE LANGUEUR!
065 012  .  .  .  .    DANS LE CREUX DE SA MAIN PREND    CETTE LARME PALE,
045 037                     J'AI SOUVENT EVOQUE    CETTE LUNE ENCHANTEE,
027 010                                      ET DANS    CETTE NATURE ETRANGE ET SYMBOLIQUE
115 014                                      ET    CETTE OMBRE D'HAMLET IMITANT SA POSTURE,
029 037  .  .  .  .    --ET POURTANT VOUS SEREZ SEMBLABLE A    CETTE ORDURE,
127 032              IL INONDAIT DE SANG    CETTE PEAU COULEUR D'AMBRE!
014 008                     AU BRUIT DE    CETTE PLAINTE INDOMPTABLE ET SAUVAGE.
155 003                                 DANS    CETTE POSE NONCHALANTE
029 009  .  .  .  .    LE SOLEIL RAYONNAIT SUR    CETTE POURRITURE,
116 032              DANS TOUS LES COINS SAIGNANTS DE    CETTE POURRITURE;
110 029                     LE SINGULIER ASPECT DE    CETTE SOLITUDE
040 001              "D'OU VOUS VIENT, DISIEZ -VOUS,    CETTE TRISTESSE ETRANGE,
114 013  .  .  .  .  .  .  .  .    ELLE CROIT, ELLE SAIT,    CETTE VIERGE INFECONDE
```

C

		POEM	LINE
JE LUI DIS: SORS DE	CETTE VIE!	106	028
	CETTE VOIX, QUI PERLE ET QUI FILTRE ·	051	009
CAR JE SERAI PLONGE DANS	CETTE VOLUPTE	086	023
IL S'INFILTRE COMME UNE EXTASE DANS TOUS	CEUX	149	051
ET	CEUX DE TON AMANT CREUSERONT LEURS ORNIERES	131	031
DE	CEUX DONT LE COEUR DIT: "QUE BENI SOIT TON FOUET,	149	045
ET TES YEUX ATTIRANTS COMME	CEUX D'UN PORTRAIT.	098	008
DE	CEUX QUE LE HASARD FAIT AVEC LES NUAGES,	126	067
JAMAIS, JAMAIS! A	CEUX QUI S'ABREUVENT DE PLEURS	089	046
PERE ADOPTIF DE	CEUX QU'EN SA NOIRE COLERE	120	043
TOUS	CEUX QU'IL VEUT AIMER L'OBSERVENT AVEC CRAINTE,	001	029
	CEUX-LA DONT LES DESIRS ONT LA FORME DES NUES,	126	021
MAIS LES VRAIS VOYAGEURS SONT	CEUX-LA SEULS QUI PARTENT	126	017
TREMBLE DE FROID, PAUVRE	CHACAL!	119	016
MAIS PARMI LES	CHACALS, LES PANTHERES, LES LICES,	000	029
	CHACUN DE VOUS M'A FAIT UN TEMPLE DANS SON COEUR;	149	025
	CHACUN PLANTANT, COMME UN OUTIL, SON BEC IMPUR	116	031
N'OUVRANT A	CHACUN QU'AVEC CRAINTE,	138	031
ET MON SEIN, OU	CHACUN S'EST MEURTRI TOUR A TOUR,	017	002
LE PASSANT	CHAGRIN QUE TU FROLES	129	005
OU, SOUS UN CIEL	CHAGRIN, DES FANFARES ETRANGES	006	031
DERRIERE LES ENNUIS ET LES VASTES	CHAGRINS	003	013
OUI, CES GENS HARCELES DE	CHAGRINS DE MENAGE,	105	013
SES BRUITS DE	CHAINE ET D'OSSEMENTS!	106	040
COMME LE FORCAT A LA	CHAINE, ...	031	008
ET PAR UN FRATERNEL ET MYSTIQUE	CHAINON	039	007
FAIT CLAQUER VOTRE	CHAIR AINSI QU'UN VIEUX DRAPEAU.	131	100
FAITE DE	CHAIR ET DE VELOURS,	139	011
OREILLER DE	CHAIR FRAICHE OU L'ON NE PEUT AIMER, ...	006	002
COMBLA-T-IL SUR TA	CHAIR INERTE ET COMPLAISANTE	110	047
LE DAMNE! J'AVERTIS EN VAIN LA	CHAIR INFECTE.	149	018
POUR CHATIER TA	CHAIR JOYEUSE,	129	029
SUR TA	CHAIR LE PARFUM RODE	058	013
DONT LA	CHAIR LISSE ET FERME APPELAIT LES MORSURES!	005	014
SA	CHAIR SPIRITUELLE A LE PARFUM DES ANGES,	042	007
QUI NE COMPRENNENT PAS, AMANTS IVRES DE	CHAIR,	097	018
S YEUX DE VELOURS SONT PLUS NOIRS QUE TA	CHAIR,	133	004
QUI JADIS AIMAIENT TANT A TRITURER MA	CHAIR,	116	052
MON SANG ET MA	CHAIR!"	117	020
IL EST DES PARFUMS FRAIS COMME DES	CHAIRS D'ENFANTS,	004	009
D'IGNOBLES BOURREAUX PLANTAIENT DANS TES	CHAIRS VIVES, ...	118	012
EXPLOSION DE	CHALEUR	058	039
UN SOLEIL SANS	CHALEUR PLANE AU-DESSUS SIX MOIS,	030	005
L'OMBRE AVEC LA	CHALEUR, LA NUIT AVEC LE JOUR,	131	066
D'UN CIEL PUR OU FREMIT L'ETERNELLE	CHALEUR.	023	020
JE RESPIRE L'ODEUR DE TON SEIN	CHALEUREUX,	022	002
USANT A L'ENVI LEURS	CHALEURS DERNIERES,	121	005
ALLAIT, LE CORPS BRULE DE SECRETES	CHALEURS,	116	023
SES PARFUMS, SES CHANSONS ET SES DOUCES	CHALEURS!	005	040
C'EST LA	CHAMBRE DE DOROTHEE.	154	007
LE DEMON, DANS MA	CHAMBRE HAUTE,	041	001
DANS UNE	CHAMBRE TIEDE OU, COMME EN UNE SERRE,	110	005
JE LA TROUVAIS TAPIE EN UN COIN DE MA	CHAMBRE, ...	100	018
COMME LE FOYER SEUL ILLUMINAIT LA	CHAMBRE,	127	030
DECORERAIENT NOTRE	CHAMBRE;	053	017
	CHAMBRES D'ETERNEL DEUIL OU VIBRENT DE VIEUX RALES,	079	003
A TRAVERS LA CITE, COMME DANS UN	CHAMP CLOS, ...	113	005
PRENANT POUR ATELIER LE	CHAMP DES FUNERAILLES.	009	007
DEUX	CHAMPS AU TUF PROFOND ET RICHE,	135	002
EVEILLE DANS LES	CHAMPS LES VERS COMME LES ROSES;	087	010
S'ELANCER VERS LES	CHAMPS LUMINEUX ET SEREINS;	003	016
REVETENT LES	CHAMPS.	053	036
LES	CHAMPS, SANS DISTINGUER LES ETES DES HIVERS,	016	024
SUR LA VILLE ET LES	CHAMPS, SUR LES TOITS ET LES BLES,	087	004
S'ECHAPPA, TOUT EN	CHANCELANT	045	020
CRIME QUI N'A PAS FAIT	CHANCELER LE SOLEIL!	115	027
DES VISAGES RONGES PAR LES	CHANCRES DU COEUR,	005	031
PARTOUT OU LA	CHANDELLE ILLUMINE UN TAUDIS.	126	048
L'EPHEMERE EBLOUI VOLE VERS TOI,	CHANDELLE, ...	021	017
ET L'HOMME IMPATIENT SE	CHANGE EN BETE FAUVE.	095	004
PAR TOI JE	CHANGE L'OR EN FER	081	009
	CHANGE PLUS VITE, HELAS! QUE LE COEUR D'UN MORTEL);	089	008
PARIS	CHANGE! MAIS RIEN DANS MA MELANCOLIE	089	029
QUI	CHANGEAIT TOUTE VEINE EN FUNEBRE RUISSEAU	157	011
DE VASTES VOLUPTES,	CHANGEANTES, INCONNUES,	126	023
QUAND LA TERRE EST	CHANGEE EN UN CACHOT HUMIDE,	078	005
D'AVOIR VOULU	CHANGER DE PLACE.	067	014
POUR N'ETRE PAS	CHANGES EN BETES, ILS S'ENIVRENT	126	013
LEUR	CHANSON DE SANGLOTS HEURTEE	154	009
LES REGARDANT PASSER, REDOUBLE SA	CHANSON;	013	010
SES PARFUMS, SES	CHANSONS ET SES DOUCES CHALEURS!	005	040
OU REGNENT TOUR A TOUR LE PERE DES	CHANSONS,	007	013
NOUS DIT -ON, UN PAYS FAMEUX DANS LES	CHANSONS,	116	006
LES COURSES, LES	CHANSONS, LES BAISERS, LES BOUQUETS,	062	022
VOULOIR INTERESSER AU	CHANT DE SES DOULEURS	115	019
AU	CHANT DES INSTRUMENTS QUI SE BRISE AU PLAFOND	098	002
SE MELE DANS MON AME AU	CHANT DES MARINIERS.	022	014
AU	CHANT DES VIOLONS, AUX FLAMMES DES BOUGIES,	097	025
QUI TE CONSACRE UN	CHANT D'AIRAIN.	139	008

103 020	. . . . LE	CHANT DU COQ AU LOIN DECHIRAIT L'AIR BRUMEUX;
104 004	UN	CHANT PLEIN DE LUMIERE ET DE FRATERNITE!
091 058	HUMAIT AVIDEMENT CE	CHANT VIF ET GUERRIER;
136 011	ET CELLE-LA	CHANTAIT COMME LE VENT DES GREVES,
103 011	LA DIANE	CHANTAIT DANS LES COURS DES CASERNES,
104 001	UN SOIR, L'AME DU VIN	CHANTAIT DANS LES BOUTEILLES:
045 025	PAUVRE ANGE, ELLE	CHANTAIT, VOTRE NOTE CRIARDE:
084 011	QUI VA	CHANTANT COMME LES FOUS
001 026	. . . . ET S'ENIVRE EN	CHANTANT DU CHEMIN DE LA CROIX;
043 013	VOUS MARCHEZ EN	CHANTANT LE REVEIL DE MON AME,
086 019	DES BAISERS, DES OISEAUX	CHANTANT SOIR ET MATIN,
086 006	JE VERRAI L'ATELIER QUI	CHANTE ET QUI BAVARDE;
131 022	. . . . LE CANTIQUE MUET QUE	CHANTE LE PLAISIR,
149 052	DONT ELLE	CHANTE LES LOUANGES
076 024	NE	CHANTE QU'AUX RAYONS DU SOLEIL QUI SE COUCHE.
105 027	PAR LE GOSIER DE L'HOMME IL	CHANTE SES EXPLOITS
100 015	. . . . . LORSQUE LA BUCHE SIFFLE ET	CHANTE, SI LE SOIR,
154 008	--LA BRISE ET L'EAU	CHANTENT AU LOIN
074 004	AU BRUIT DES CARILLONS QUI	CHANTENT DANS LA BRUME.
004 014	QUI	CHANTENT LES TRANSPORTS DE L'ESPRIT ET DES SENS.
126 128	. . . . QUI	CHANTENT: "PAR ICI! VOUS QUI VOULEZ MANGER
008 011		CHANTER DES TE DEUM AUXQUELS TU NE CROIS GUERE.
130 042	POUR	CHANTER LE SECRET DE SES VIERGES EN FLEURS,
133 009	ET, DES QUE LE MATIN FAIT	CHANTER LES PLATANES,
051 020	. . . .	CHANTER SA PLUS VIBRANTE CORDE,
042 005	--NOUS METTRONS NOTRE ORGUEIL A	CHANTER SES LOUANGES:
092 011	PENDANT QU'AUTOUR DE NOUS TU	CHANTES, RIS ET BEUGLES,
062 007	QUEL DEMON A DOTE LA MER, RAUQUE	CHANTEUSE
043 012	. . . . ILS CELEBRENT LA MORT, VOUS	CHANTEZ LE REVEIL;
080 008	ADIEU DONC,	CHANTS DU CUIVRE ET SOUPIRS DE LA FLUTE!
074 010	ELLE VEUT DE SES	CHANTS PEUPLER L'AIR FROID DES NUITS,
091 062	A TRAVERS LE	CHAOS ROULA DANS CETTE INTELLIGENCE,
016 017	. . . . TOUT LE	CHAOS PEUPLER L'AIR FROID DES NUITS,
030 011	ET CETTE IMMENSE NUIT SEMBLABLE AU VIEUX	CHAOS;
089 010	CES TAS DE	CHAPITEAUX EBAUCHES ET DE FUTS,
015 004	D'UN BRAS VENGEUR ET FORT SAISIT	CHAQUE AVIRON.
056 009	. . . . . J'ECOUTE EN FREMISSANT	CHAQUE BUCHE QUI TOMBE;
117 013	J'ENTENDS LE CRANE A	CHAQUE BULLE
113 007	DESALTERANT LA SOIF DE	CHAQUE CREATURE,
047 002		CHAQUE FLEUR S'EVAPORE AINSI QU'UN ENCENSOIR;
047 005	. . . .	CHAQUE FLEUR S'EVAPORE AINSI QU'UN ENCENSOIR;
127 031		CHAQUE FOIS QU'IL POUSSAIT UN FLAMBOYANT SOUPIR,
144 011	OU	CHAQUE HISTRION FOULE UN SOL ENSANGLANTE;
085 008	A	CHAQUE HOMME ACCORDE POUR TOUTE SA SAISON.
126 037	. . . . .	CHAQUE ILOT SIGNALE PAR L'HOMME DE VIGIE
085 007		CHAQUE INSTANT TE DEVORE UN MORCEAU DU DELICE
019 002	CONCEVAIT	CHAQUE JOUR DES ENFANTS MONSTRUEUX,
038 053		CHAQUE JOUR FROTTE AVEC SON AILE RUDE,...
025 004	. . . . IL TE FAUT	CHAQUE JOUR UN COEUR AU RATELIER.
000 015		CHAQUE JOUR VERS L'ENFER NOUS DESCENDONS D'UN PAS,
038 041	ET, LENTE OU BRUSQUE, A	CHAQUE MOUVEMENT
130 073	S'ENIVRE	CHAQUE NUIT DU CRI DE LA TOURMENTE
080 004	. . . VIEUX CHEVAL DONT LE PIED A	CHAQUE OBSTACLE BUTTE;
157 009	POETE, NOTRE SANG NOUS FUIT PAR	CHAQUE PORE;
091 082	JE VOUS FAIS	CHAQUE SOIR UN SOLENNEL ADIEU!
008 009	IL TE FAUT, POUR GAGNER TON PAIN DE	CHAQUE SOIR,
020 012	. . . . DONT	CHAQUE TRAIT NOUS DIT AVEC UN AIR VAINQUEUR:
086 011	LES FLEUVES DE	CHARBON MONTER AU FIRMAMENT
036 006	LES SOIRS ILLUMINES PAR L'ARDEUR DU	CHARBON,
036 010	LES SOIRS ILLUMINES PAR L'ARDEUR DU	CHARBON,
006 007	. . . . TOUT	CHARGE DE MYSTERE, APPARAISSENT A L'OMBRE
023 002	O BOUCLES! O PARFUM	CHARGE DE NONCHALOIR!
106 047		CHARGE DE PIERRES ET DE BOUES,
052 007		CHARGE DE TOILE, ET VA ROULANT
052 027	. . . .	CHARGE DE TOILE, ET VA ROULANT
121 011	COMME UN LONG SANGLOT, TOUT	CHARGE D'ADIEUX;
000 037	C'EST L'ENNUI!--L'OEIL	CHARGE D'UN PLEUR INVOLONTAIRE,
116 012	ET	CHARGE LES ESPRITS D'AMOUR ET DE LANGUEUR.
156 014	. . . . N'EST QUE LA DOULOUREUSE	CHARGE;
083 012	COMME UN TAMBOUR QUI BAT LA	CHARGE!
003 014	QUI	CHARGENT DE LEUR POIDS L'EXISTENCE BRUMEUSE,
106 046	LE	CHARIOT AUX LOURDES ROUES
131 032	. . . . . COMME DES	CHARIOTS OU DES SOCS DECHIRANTS;
013 006	LE LONG DES	CHARIOTS OU LES LEURS SONT BLOTTIS,
059 010	A L'AME	CHARITABLE AUTANT QUE MEURTRIERE;
070 002	UN BON CHRETIEN, PAR	CHARITE,
140 008	. . . . . UN TAPIS TRIOMPHAL AVEC TA	CHARITE.
048 020	D'UN VIEIL AMOUR RANCI,	CHARMANT ET SEPULCRAL.
033 006	ET TES FLANCS QU'ASSOUPLIT UN	CHARMANT NONCHALOIR,
037 008	C'EST BIEN!	CHARMANT POIGNARD, JAILLIS DE TON ETUI!
021 014	. . DE TES BIJOUX L'HORREUR N'EST PAS LE MOINS	CHARMANT,
046 010	TON SOUVENIR PLUS CLAIR, PLUS ROSE PLUS	CHARMANT,
041 008	QUI COMPOSENT SON CORPS	CHARMANT,
095 001	VOICI LE SOIR	CHARMANT, AMI DU CRIMINEL;
116 053	. . . . --LE CIEL ETAIT	CHARMANT, LA MER ETAIT UNIE;
051 003	UN BEAU CHAT, FORT, DOUX ET	CHARMANT.
064 003	--SOIS	CHARMANTE ET TAIS -TOI! MON COEUR, QUE TOUT IRRITE,
120 014	ENGENDRAS L'ESPERANCE,--UNE FOLLE	CHARMANTE!
126 127	. . . . . . ENTENDEZ -VOUS CES VOIX,	CHARMANTES ET FUNEBRES,

C

		POEM LINE
BEAUX YEUX, VERSEZ SUR MOI VOS	CHARMANTES TENEBRES!	152 004
GUIDE PAR TON ODEUR VERS DE	CHARMANTS CLIMATS,	022 009
AUX BOUTS	CHARMANTS DE CETTE GORGE AIGUE	128 023
SOUS TES	CHARMANTS PIEDS DE SOIE,	058 034
	CHARMANTS YEUX, VOUS BRILLEZ DE LA CLARTE MYSTIQUE .	043 009
SES YEUX POLIS SONT FAITS DE MINERAUX	CHARMANTS,	027 009
OU DES ANGES	CHARMANTS, AVEC UN DOUX SOURIS	006 006
POUR UN DE CES REGARDS	CHARMANTS, BAUME DIVIN,	131 038
DES ETRES SINGULIERS, DECREPITS ET	CHARMANTS.	091 004
AJOUTENT UN	CHARME AU VISAGE,	138 003
LA DOUCEUR DU FOYER ET LE	CHARME DES SOIRS,	036 004
O	CHARME D'UN NEANT FOLLEMENT ATTIFE!	097 016
C'EST LA SON	CHARME ET SON SECRET.	051 008
VOIS QUEL	CHARME EXCITANT LA GENTILLESSE DONNE!	020 015
LE	CHARME INATTENDU D'UN BIJOU ROSE ET NOIR.	151 004
DONNAIT UN	CHARME NEUF A SES METAMORPHOSES;	127 016
	CHARME PROFONDE, MAGIQUE, DONT NOUS GRISE	038 019
QUI	CHARME AU COEUR ET GUERIT	068 013
LE DESTIN	CHARME SUIT TES JUPONS COMME UN CHIEN;	021 010
ET	CHARMER LES LOISIRS D'UN PONTIFE OU D'UN PRINCE.	020 007
MAIS SI, SANS SE LAISSER	CHARMER, ...	142 009
CES YEUX MYSTERIEUX ONT D'INVINCIBLES	CHARMES	091 035
POUR MON ESPRIT ONT LES	CHARMES	053 009
LES	CHARMES COMME LE SOIR,	058 015
ET VENDRE LE PARFUM DE TES	CHARMES DE L'HORREUR N'ENIVRENT QUE LES FORTS!	097 036
UNE DAME CREOLE AUX	CHARMES ETRANGES,	133 026
QUI, COMME UNE GUERITE, ENFERMERA TES	CHARMES IGNORES.	061 004
TOMBEAUX ET LUPANARS MONTRENT SOUS LEURS	CHARMES:	057 013
	CHARMILLES	112 007
FORCATS ARRACHES AU	CHARNIER,	094 018
AH! RACE D'ABEL, TA	CHAROGNE	119 025
AU DETOUR D'UN SENTIER UNE	CHAROGNE INFAME	029 003
COMME AUX VERMINES LA	CHAROGNE, ...	031 011
ET LORSQU'IL EUT DONNE SON OBOLE A	CHARON,	015 002
ET,	CHARRIANT LE VERTIGE,	049 019
ET	CHASSE DU PARADIS LATIN.	082 008
NOBLES JAMBES, SOUS LES VOLANTS QU'ELLES	CHASSENT A COUPS MUTINS	088 027
DE	CHASSENT,	052 029
ESPERES -TU	CHASSER LOIN DU LIT LES MOUSTIQUES RODEURS,	133 008
GRANDE ET SVELTE EN MARCHANT COMME UNE	CHASSER TON CAUCHEMAR MOQUEUR,	097 026
DU PARADIS TERRESTRE A	CHASSERESSE, ...	061 007
IL FAUT QUE LE GIBIER PAYE LE VIEUX	CHASSES DIEU LE PERE,	120 044
UN APPEL DE	CHASSEUR	149 033
FRISSONNANT SOUS SON DEUIL, LA	CHASSEURS PERDUS DANS LES GRANDS BOIS!	006 040
JE VEUX, POUR COMPOSER	CHASTE ET MAIGRE ELVIRE, ...	015 013
A L'HEURE OU LES	CHASTEMENT MES EGLOGUES,	086 001
QUI PETILLENT AU FOND, VOLUPTUEUX OU	CHASTES ETOILES	070 005
CHAT SERAPHIQUE,	CHASTES.	152 012
QUE TA VOIX,	CHAT ETRANGE, ...	051 022
QUAND MES YEUX, VERS CE	CHAT MYSTERIEUX,	051 021
	CHAT QUE J'AIME	051 033
MON	CHAT SERAPHIQUE, CHAT ETRANGE,	051 022
COMME AUX PIEDS D'UNE REINE UN	CHAT SUR LE CARREAU CHERCHANT UNE LITIERE	075 005
UN BEAU	CHAT VOLUPTUEUX.	019 004
VIENS, MON BEAU	CHAT, FORT, DOUX ET CHARMANT,	051 003
ET L'ANGE,	CHAT, SUR MON COEUR AMOUREUX;	034 001
POUR	CHATIANT AUTANT, MA FOI! QU'IL AIME, ...	140 012
PORTE TOUJOURS LE	CHATIER TA CHAIR JOYEUSE,	129 029
ET VOTRE	CHATIMENT	067 013
L'AVAIENT A COUPS DE BEC ABSOLUMENT	CHATIMENT NAITRA DE VOS PLAISIRS.	131 092
DES	CHATRE.	116 036
LES	CHATS PASSAIENT FURTIVEMENT,	045 010
DANS LE RAVIN HANTE DES	CHATS PUISSANTS ET DOUX, ORGUEIL DE LA MAISON,	066 003
QUAND, LES DEUX YEUX FERMES, EN UN SOIR	CHATS-PARDS ET DES ONCES	035 009
SON TEINT EST PALE ET	CHAUD D'AUTOMNE	022 001
UNE EAU	CHAUD: LA BRUNE ENCHANTERESSE	061 005
DANS UNE	CHAUDE COMME LE SANG;	138 012
ET SA	CHAUDE LUMIERE.	053 040
NYMPHE TENEBREUSE ET	CHAUDE POITRINE EST UNE DOUCE TOMBE	104 011
A DORMIR, COMME ILS FONT,	CHAUDE.	058 016
LESBOS, TERRE DES NUITS	CHAUDEMENT DANS LEURS DRAPS,	100 008
LESBOS, TERRE DES NUITS	CHAUDES ET LANGOUREUSES,	130 016
QUE LES SOLEILS SONT BEAUX DANS LES	CHAUDES ET LANGOUREUSES, ...	130 020
QUE LES SOLEILS SONT BEAUX DANS LES	CHAUDES SOIREES!	036 011
	CHAUDES SOIREES!	036 015
	CHAUDS COMME LES SOLEILS, FRAIS COMME LES PASTEQUES,	130 003
AUX PAYS	CHAUDS ET BLEUS OU TON DIEU T'A FAIT NAITRE, ...	133 005
RACE D'ABEL,	CHAUFFE TON VENTRE	119 013
UN TISON POUR	CHAUFFER TES DEUX PIEDS VIOLETS?	008 004
NE	CHAUFFERA JAMAIS SON CORPS PARALYTIQUE	131 067
JE FUME COMME LA	CHAUMINE	068 006
OU L'ESPERANCE, COMME UNE	CHAUVE -SOURIS,	078 006
ET NOUS RENTRONS GAIEMENT DANS LE	CHEMIN BOURBEUX,	000 007
ET S'ENIVRE EN CHANTANT DU	CHEMIN DE LA CROIX;	001 001
DESCENDEZ LE	CHEMIN DE L'ENFER ETERNEL!	131 086
LES MARTYRS D'UN	CHEMIN MAUVAIS!	054 029
PARTOUT ELLE SE FRAYE UN OCCULTE	CHEMIN,	095 017
TU PASSES TON	CHEMIN, MAJESTUEUSE ENFANT.	052 012
TU PASSES TON	CHEMIN, MAJESTUEUSE ENFANT.	052 040

```
001 048 . . .      SAURONT JUSQU'A SON COEUR SE FRAYER UN  CHEMIN.
091 061                            TELLES VOUS  CHEMINEZ, STOIQUES ET SANS PLAINTES,
016 007                                    DES  CHEMINS SINGULIERS A LUI-MEME INCONNUS,
118 024                                    DES  CHEMINS TOUT JONCHES DE FLEURS ET DE RAMEAUX,
054 004 . . . . . . . . . .  . . .  COMME DU  CHENE LA CHENILLE?
054 004                          COMME DU CHENE LA  CHENILLE?
097 050                    CADAVRES VERNISSES, LOVELACES  CHENUS,
037 031                          QUI NE CRIE: O MON  CHER BELZEBUTH, JE T'ADORE!
131 025 . . . . . . . .  . . .  --"HIPPOLYTE,  CHER COEUR, QUE DIS -TU DE CES CHOSES?
036 024                     AILLEURS QU'EN TON  CHER CORPS ET QU'EN TON COEUR SI DOUX?
104 002            "HOMME, VERS TOI JE POUSSE, O  CHER DESHERITE,
048 027                     L'ATMOSPHERE D'UN  CHER POISON PREPARE PAR LES ANGES! LIQUEUR
134 010 . . . . . . . . .  .   L'ATMOSPHERE D'UN  CHER REDUIT,
132 011                          JE SUIS, MON  CHER SAVANT, SI DOCTE AUX VOLUPTES,
081 012                     JE DECOUVRE UN CADAVRE  CHER,
116 049          DEVANT TOI, PAUVRE DIABLE AU SOUVENIR SI  CHER,
133 003 . .  A L'ARTISTE PENSIF TON CORPS EST DOUX ET  CHER;
097 020  TU REPONDS, GRAND SQUELETTE, A MON GOUT LE PLUS  CHER!
131 021                                    ELLE  CHERCHAIT DANS L'OEIL DE SA PALE VICTIME
131 005                                    ELLE  CHERCHAIT, D'UN OEIL TROUBLE PAR LA TEMPETE,
111 003 . . . . . . . . .   ET LEURS PIEDS SE  CHERCHANT ET LEURS MAINS RAPPROCHEE
084 016                                         CHERCHANT LA LUMIERE ET LA CLE;
126 100                     DANS LES CLOUS ET LE CRIN  CHERCHANT LA VOLUPTE;
044 014                                         CHERCHANT LE SOLEIL RARE ET REMUANT LES LEVRES?
084 027 . . . . . . . . . .  . . .  CHERCHANT PAR QUEL DETROIT FATAL
126 033             NOTRE AME EST UN TROIS -MATS  CHERCHANT SON ICARIE;
142 013                               ET VAS  CHERCHANT TON PARADIS,
075 030             MON CHAT SUR LE CARREAU  CHERCHANT UNE LITIERE
089 042 . . . . .   PIETINANT DANS LA BOUE, ET  CHERCHANT, L'OEIL HAGARD,
113 012                                    J'AI  CHERCHE DANS L'AMOUR UN SOMMEIL OUBLIEUX;
079 011                               CAR JE  CHERCHE LE VIDE, ET LE NOIR, ET LE NU!
080 014                          ET JE N'Y  CHERCHE PLUS L'ABRI D'UNE CAHUTE.
126 086 . . .  NOUS AVONS VU PARTOUT, ET SANS L'AVOIR  CHERCHE,
091 030                               JE NE  CHERCHE, A L'ASPECT DE CES MEMBRES DISCORDS,
055 006                          CE QU'ELLE  CHERCHE, AMIE, EST UN LIEU SACCAGE
092 014                          JE DIS: QUE  CHERCHENT -ILS AU CIEL, TOUS CES AVEUGLES?
001 031 . . . . . . . . .  . . . .  CHERCHENT A QUI SAURA LUI TIRER UNE PLAINTE.
066 006                               ILS  CHERCHENT LE SILENCE ET L'HORREUR DES TENEBRES;
095 035                          NE VIENDRA PLUS  CHERCHER LA SOUPE PARFUMEE.
036 023                          CAR A QUOI BON  CHERCHER TES BEAUTES LANGOUREUSES
131 069 . . . . .   VA, SI TU VEUX,  CHERCHER UN FIANCE STUPIDE;
040 007                          CESSEZ DONC DE  CHERCHER, O BELLE CURIEUSE!
111 023                                         CHERCHEUSES D'INFINI, DEVOTES ET SATYRES,
055 008 . . . . .  AINSI,  NE  CHERCHEZ PLUS MON COEUR; LES BETES L'ONT MANGE.
127 001                     LA TRES - CHERE DEESSE, ETRE LUCIDE ET PUR,
098 001           QUAND JE TE VOIS PASSER, O MA  CHERE INDOLENTE,
028 001                          QUE J'AIME VOIR,  CHERE INDOLENTE,
042 003  A LA TRES -BELLE, A LA TRES -BONNE, A LA TRES - CHERE,
134 001                          A LA TRES - CHERE, A LA TRES -BELLE
143 014                     ENTENDS, MA  CHERE, ENTENDS LA DOUCE NUIT QUI MARCHE.
138 026                          MAIS TANT, MA  CHERE, QUE TES REVES
035 006 . . . . . . . . .  . . .  MA  CHERE! MAIS LES DENTS, LES ONGLES ACERES,
021 015                     ET LE MEURTRE, PARMI TES PLUS  CHERES BRELOQUES,
045 011  L'OREILLE AU GUET, OU BIEN, COMME DES OMBRES  CHERES,
014 001                     HOMME LIBRE, TOUJOURS TU  CHERIRAS LA MER!
024 009 . . . . .   ET JE  CHERIS, O BETE IMPLACABLE ET CRUELLE!
057 033                     ET COMME TOUT EN MOI TE  CHERIT ET T'ADMIRE,
083 011                                    TES  CHERS SANGLOTS RETENTIRONT
118 002           QUI MONTE TOUS LES JOURS VERS SES  CHERS SERAPHINS?
089 032 . . . . . . . . .  . . .  ET MES  CHERS SOUVENIRS SONT PLUS LOURDS QUE DES ROCS.
133 020                     FAIRE DE GRANDS ADIEUX A TES  CHERS TAMARINS?
076 010  QUI S'ACHARNENT TOUJOURS SUR MES MORTS LES PLUS  CHERS.
099 004                          DANS UN BOSQUET  CHETIF CACHANT LEURS MEMBRES NUS,
088 005 . . . . . . . . .   POUR MOI, POETE  CHETIF,
045 021                     COMME UNE ENFANT  CHETIVE, HORRIBLE, SOMBRE, IMMONDE,
080 004                                    VIEUX  CHEVAL DONT LE PIED A CHAQUE OBSTACLE BUTTE.
054 014                     QUE LE SABOT DU  CHEVAL FROISSE,
108 003 . . . . . . . . .  . . .  PARTONS A  CHEVAL SUR LE VIN
071 004  SANS EPERONS, SANS FOUET, IL ESSOUFFLE UN  CHEVAL,
131 034                                    DE  CHEVAUX ET DE BOEUFS AUX SABOTS SANS PITIE...
120 029             DE L'IVROGNE ATTARDE FOULE PAR LES  CHEVAUX,
028 005 . . . . . . . .  . . .  SUR TA  CHEVELURE PROFONDE
023 004             DES SOUVENIRS DORMANT DANS CETTE  CHEVELURE,
114 002           QUI LAISSE DANS SON VIN TRAINER SA  CHEVELURE.
126 124           LES YEUX FIXES AU LARGE ET LES  CHEVEUX AU VENT,
115 015 . . . . . . . .  . . .  LE REGARD INDECIS ET LES  CHEVEUX AU VENT.
023 026                                         CHEVEUX BLEUS, PAVILLON DE TENEBRES TENDUES,
038 023                          DE SES  CHEVEUX ELASTIQUES ET LOURDS,
059 003                               CHEVEUX ET GORGE AU VENT, S'ENIVRANT DE TAPAGE,
032 007 . . . . . . . . .  . . .  SES  CHEVEUX QUI LUI FONT UN CASQUE PARFUME,
076 004                     AVEC DE LOURDS  CHEVEUX ROULES DANS DES QUITTANCES,
088 001                     BLANCHE FILLE AUX  CHEVEUX ROUX,
140 002  DU MECREANT SAISIT A PLEIN POING LES  CHEVEUX,
055 010 . .  ON S'Y SOULE, ON S'Y TUE, ON S'Y PREND AUX  CHEVEUX!
046 001                                    QUAND  CHEZ LES DEBAUCHES L'AUBE BLANCHE ET VERMEILLE
142 006                                         CHEZ SATAN, LE RUSE DOYEN,
119 012           HURLENT LA FAIM COMME UN VIEUX  CHIEN.
021 010 . .  LE DESTIN CHARME SUIT TES JUPONS COMME UN  CHIEN;
```

C

		POEM	LINE
ET JE DORMIRAI COMME UN	CHIEN!	106	045
DERRIERE LES ROCHERS UNE	CHIENNE INQUIETE	029	033
S'ENNUIE AVEC SES	CHIENS COMME AVEC D'AUTRES BETES,	077	004
ON VOIT UN	CHIFFONNIER QUI VIENT, HOCHANT LA TETE,	105	005
PAR LE MORNE REGRET DES	CHIMERES ABSENTES.	013	008
O LE PAUVRE AMOUREUX DES PAYS	CHIMERIQUES!	126	041
EST TOUT VAPORISE PAR CE SAVANT	CHIMISTE.	000	012
MEME QU'AUTREFOIS NOUS PARTIONS POUR LA	CHINE.	126	123
-IL DEJA PLUS LOIN QUE L'INDE ET QUE LA	CHINE?	062	027
CE PERE NOURRICIER, ENNEMI DES	CHLOROSES,	087	009
JE LAISSE A GAVARNI, POETE DES	CHLOROSES,	018	005
IL ME SEMBLE, BERCE PAR CE	CHOC MONOTONE,	056	013
ET, MALGRE BIEN DES	CHOCS ET D'IMPREVUS DESASTRES,	126	059
J'ENTENDS DEJA TOMBER AVEC DES	CHOCS FUNEBRES	056	003
COMME APRES UN CADAVRE UN	CHOEUR DE VERMISSEAUX,	024	008
COMME UN ENFANT DE	CHOEUR, JOUER DE L'ENCENSOIR,	008	010
CAR LESBOS ENTRE TOUS M'A	CHOISI SUR LA TERRE	130	041
CAR LESBOS ENTRE TOUS M'A	CHOISI SUR LA TERRE.	130	045
PUISQUE TU M'AS	CHOISIE ENTRE TOUTES LES FEMMES	001	009
POUR NE PAS OUBLIER LA	CHOSE CAPITALE,	126	085
SI QUELQUE	CHOSE ME SEDUIT.	041	014
QUE BATIR SUR LES COEURS EST UNE	CHOSE SOTTE;	045	033
SALE, INUTILE ET LAID COMME UNE	CHOSE USEE,	016	025
PARMI TOUTES LES BELLES	CHOSES	041	005
NOUS AVONS DIT SOUVENT D'IMPERISSABLES	CHOSES	036	009
TOUTES	CHOSES DANS SON EMPIRE;	051	031
AUX	CHOSES DE L'AMOUR MELER L'HONNETETE!	131	064
ET QUI NE S'EST NOURRI DES	CHOSES DU TOMBEAU?	097	042
RIEN N'EST PLUS DOUX AU COEUR PLEIN DE	CHOSES FUNEBRES,	101	009
L'IVRESSE DES	CHOSES FUNEBRES,	150	029
GOYA, CAUCHEMAR PLEIN DE	CHOSES INCONNUES,	006	025
AYANT L'EXPANSION DES	CHOSES INFINIES,	004	012
IL ENNOBLIT LE SORT DES	CHOSES LES PLUS VILES,	087	018
LE LANGAGE DES FLEURS ET DES	CHOSES MUETTES!	003	020
LES	CHOSES OU LE SON SE MELE A LA LUMIERE.	127	008
DE PURS MIROIRS QUI FONT TOUTES	CHOSES PLUS BELLES:	017	013
L'AIR EST PLEIN DU FRISSON DES	CHOSES QUI S'ENFUIENT,	103	010
TOI QUI SAIS TOUT, GRAND ROI DES	CHOSES SOUTERRAINES,	120	007
ARMOIRE A DOUX SECRETS, PLEINE DE BONNES	CHOSES,	052	022
IPPOLYTE, CHER COEUR, QUE DIS -TU DE CES	CHOSES?	131	025
ET QUE TON SANG	CHRETIEN COULAT A FLOTS RHYTHMIQUES,	007	011
UN BON	CHRETIEN, PAR CHARITE,	070	002
EN CES TEMPS OU DU	CHRIST FLORISSAIENT LES SEMAILLES,	009	005
SE MELER A DES	CHRISTS, ET SE LEVER TOUT DROITS	006	014
MILLE PENSERS DORMAIENT,	CHRYSALIDES FUNEBRES,	048	009
CHUCHOTE: SOUVIENS -TOI--RAPIDE, AVEC SA VOIX	085	010
ET CETTE CONFIDENCE HORRIBLE	CHUCHOTEE	045	039
JE LES ENTENDIS RIRE ET	CHUCHOTER ENTRE EUX,	115	011
AVALANCHE, VEUX -TU M'EMPORTER DANS TA	CHUTE?	080	015
PRENANT LE PLUS PROFOND DE TON AMOUR POUR	CIBLE,	057	042
QUAND TU FUS DEVANT TOUS POSE COMME UNE	CIBLE,	118	020
SE PLANTERONT BIENTOT COMME DANS UNE	CIBLE;	085	004
A QUI NOTRE COEUR SERT DE	CIBLE?	054	034
I LEUR DIT, RAILLEUR ET FIER: "DANS MON	CIBOIRE,	149	022
ENT COMME UN COMPLICE, A PAS DE LOUP; LE	CIEL	095	002
L'AIR EST PUR, LE	CIEL ADMIRABLE...	106	006
ET, LE	CIEL AMOUREUX LEUR CARESSANT L'ECHINE,	005	005
DE PLONGER DANS UN	CIEL AU REFLET ALLECHANT.	126	064
QUAND LE	CIEL BAS ET LOURD PESE COMME UN COUVERCLE	078	001
DE CE	CIEL BIZARRE ET LIVIDE,	082	001
PEUT -ON ILLUMINER UN	CIEL BOURBEUX ET NOIRS?	054	025
PEUT -ON ILLUMINER UN	CIEL BOURBEUX ET NOIR?	054	021
QU'ENFLAMMENT LES RAYONS TOMBANT D'UN	CIEL BROUILLE	050	012
OU, SOUS UN	CIEL CHAGRIN, DES FANFARES ETRANGES	006	031
COMME UN VENT FRAIS DANS UN	CIEL CLAIR.	129	004
UN ANGE FURIEUX FOND DU	CIEL COMME UN AIGLE,	140	001
SEMBLAIT, GRAND OEIL OUVERT DANS LE	CIEL CURIEUX,	099	007
ENSANGLANTE LE	CIEL DE BLESSURES VERMEILLES,	091	051
DE SA NAIVETE LE	CIEL DEJA LOINTAIN.	131	006
PROMENANT SUR LE	CIEL DES YEUX APPESANTIS	013	007
VOUS ETES UN BEAU	CIEL D'AUTOMNE, CLAIR ET ROSE!	055	001
LE	CIEL EST TRISTE ET BEAU COMME UN GRAND REPOSOIR.	047	008
LE	CIEL EST TRISTE ET BEAU COMME UN GRAND REPOSOIR;	047	011
D'ALLER AU	CIEL ET D'ETRE RICHE?	149	032
COMME L'AIR DANS LE	CIEL ET LA MER DANS LA MER!	006	004
SI LE	CIEL ET LA MER SONT NOIRS COMME DE L'ENCRE,	126	139
LA LUNE, LE SOLEIL, LE	CIEL ET LES ETOILES!	132	010
--LE	CIEL ETAIT CHARMANT, LA MER ETAIT UNIE;	116	053
POUR UN	CIEL FEERIQUE ET DIVIN!	108	004
QUI TOUT AU FOND DU	CIEL FLAMBOIENT,	148	006
VOUS ME RENDEZ L'AZUR DU	CIEL IMMENSE ET ROND;	023	027
UNE FEE ALLUMER DANS UN	CIEL INFERNAL	054	043
VERS LE	CIEL IRONIQUE ET CRUELLEMENT BLEU,	089	026
COMME MONTENT AU	CIEL LES SOLEILS RAJEUNIS	036	028
UN	CIEL LIQUIDE QUI PARSEME	028	035
DANS SON OEIL,	CIEL LIVIDE OU GERME L'OURAGAN,	093	007
POUR UN	CIEL LOINTAIN.	028	012
RACE DE CAIN, AU	CIEL MONTE,	119	031
OU NUL OEIL DU	CIEL NE PENETRE;	084	004

```
POEM LINE
049 005  . . . . .    COME UN SOLEIL COUCHANT DANS UN   CIEL NEBULEUX,
021 021                        QUE TU VIENNES DU   CIEL OU DE L'ENFER, QU'IMPORTE,
090 014                IMITAIENT LA COULEUR DE CE   CIEL PLUVIEUX,
021 001                          VIENS -TU DU   CIEL PROFOND OU SORS -TU DE L'ABIME,
023 020  . . . . . . . . . . . . .   D'UN   CIEL PUR OU FREMIT L'ETERNELLE CHALEUR.
089 025                        VERS LE   CIEL QUELQUEFOIS, COMME L'HOMME D'OVIDE,
029 013                        ET LE   CIEL REGARDAIT LA CARCASSE SUPERBE
118 011                  CELUI QUI DANS SON   CIEL RIAIT AU BRUIT DES CLOUS
116 003  . . . .   LE NAVIRE ROULAIT SOUS UN   CIEL SANS NUAGES,
116 028                          DU   CIEL SE DETACHANT EN NOIR, COMME UN CYPRES.
116 041          HABITANT DE CYTHERE, ENFANT D'UN   CIEL SI BEAU,
078 014                ET LANCENT VERS LE   CIEL UN AFFREUX HURLEMENT,
102 059  . . . . . . . . . . .   ET LE   CIEL VERSAIT DES TENEBRES
087 011          IL FAIT S'EVAPORER LES SOUCIS VERS LE   CIEL,
131 088        FLAGELLES PAR UN VENT QUI NE VIENT PAS DU   CIEL,
102 046                  DE SOLEIL, MEME AU BAS DU   CIEL,
086 002  . . . . . .   COUCHER AUPRES DU   CIEL, COMME LES ASTROLOGUES,
143 010                  SUR LES BALCONS DU   CIEL, EN ROBES SURANNEES;
136 026                  ET QUE, LES YEUX AU   CIEL, JE TOMBE DANS DES TROUS.
005 039                    COMME L'AZUR DU   CIEL, LES OISEAUX ET LES FLEURS,
001 053  . . . . . . . . . . .   VERS LE   CIEL, OU SON OEIL VOIT UN TRONE SPLENDIDE,
120 047                          DU   CIEL, OU TU REGNAS, ET DANS LES PROFONDEURS
126 143            PLONGER AU FOND DU GOUFFRE, ENFER OU   CIEL, QU'IMPORTE?
039 010                  JUSQU'AU PLUS HAUT DU   CIEL, RIEN, HORS MOI, NE REPOND!
092 014  . . . .   JE DIS: QUE CHERCHENT -ILS AU   CIEL, TOUS CES AVEUGLES!
050 004        REFLECHIT L'INDOLENCE ET LA PALEUR DU   CIEL.
126 098                  TOUTES ESCALADANT LE   CIEL; LA SAINTETE,
092 007                          AU   CIEL; ON NE LES VOIT JAMAIS VERS LES PAVES
091 044  . .   HIPPOGRIFFE PUISSANT, MENE -MOI JUSQU'AU   CIEL!
130 039              ET L'AMOUR SE RIRA DE L'ENFER ET DU   CIEL!
144 009                    EN HAUT, LE   CIEL! CE MUR DE CAVEAU QUI L'ETOUFFE,
144 013                          LE   CIEL! COUVERCLE NOIR DE LA GRANDE MARMITE
053 008  . . . . . . . . . . . .   DE CES   CIELS BROUILLES
086 008              ET LES GRANDS   CIELS QUI FONT REVER D'ETERNITE.
099 009        REPANDANT LARGEMENT SES BEAUX REFLETS DE   CIERGE
057 029          TU VERRAS MES PENSERS, RANGES COMME LES   CIERGES
043 010  . . . . . . . . . .   QU'ONT LES   CIERGES BRULANT EN PLEIN JOUR; LE SOLEIL
005 025        ET VOUS, FEMMES, HELAS! PALES COMME DES   CIERGES,
089 014        LA JE VIS, UN MATIN, A L'HEURE OU SOUS LES   CIEUX
082 009                  D'ESPACE ET DE LUMIERE ET DE   CIEUX DECHIRES COMME DES GREVES,
126 014                  VERS LES VASTES   CIEUX EMBRASES;
155 018                C'EST LE PORTIQUE OUVERT SUR LES   CIEUX ENCHANTES.
122 014                        VERS LES   CIEUX INCONNUS!
003 018  . . . . . . . . . . . .   LES   CIEUX LE MATIN PRENNENT UN LIBRE ESSOR,
118 008                  ECLOSES POUR NOUS SOUS DES   CIEUX NE S'EN SONT POINT ENCORE RASSASIES!
121 004                        DES   CIEUX PLUS BEAUX.
130 074            QUE POUSSENT VERS LES   CIEUX SES RIVAGES DESERTS.
046 005  . . .   LES HOULES, EN ROULANT LES IMAGES DES   CIEUX SPIRITUELS L'INACCESSIBLE AZUR,
012 005        PLUS VIDES, PLUS PROFONDS QUE VOUS-MEMES, O   CIEUX,
098 020              ENTREVU VAGUEMENT AU BORD DES AUTRES   CIEUX!
130 029                  LE NEPENTHES ET LA BONNE   CIEUX!
128 022  . .   ET SOMMEILLER LONGTEMPS A L'OMBRE DE VOS   CIGUE
040 014                AUX PALES HABITANTS DU VOISIN   CILS!
075 003                          --JE SUIS UN   CIMETIERE
076 008                          LE   CIMETIERE ABHORRE DE LA LUNE.
071 012  . . . . . . . . . .   VERS UN   CIMETIERE IMMENSE ET FROID, SANS HORIZON,
011 006                          LA   CIMETIERE ISOLE,
126 012                          QUI   CIRCE TYRANNIQUE AUX DANGEREUX PARFUMS,
022 013            HIDEUSE ET MULTIFORME, AUTOUR DE LUI   CIRCULE DANS L'AIR ET M'ENFLE LA NARINE,
153 008  . . . . .   SOUS MA PRISON DE VERRE ET MES   CIRCULE.
104 003                C'EST UN PHARE ALLUME SUR MILLE   CIRES VERMEILLES,
006 039                          DES   CITADELLES,
144 005          VERSENT QUELQUE HEROISME AU COEUR DES   CITADIN, CAMPAGNARD, VAGABOND, SEDENTAIRE,
091 056  . . . . . .   ELLE REMUE AU SEIN DE LA   CITADINS.
095 019                      FOURMILLANTE CITE,   CITE DE FANGE
090 001            LES TUYAUX, LES CLOCHERS, CES MATS DE LA   CITE PLEINE DE REVES,
086 007            LOIN DU NOIR OCEAN DE L'IMMONDE   CITE,
062 002        PLUS D'UN ILLUSTRE MOINE, AUJOURD'HUI PEU   CITE,
009 006  . .                      FOURMILLANTE   CITE,
090 001                      A TRAVERS LA   CITE, CITE PLEINE DE REVES,
113 005                  CE FRERE DU SILENCE ETERNEL. O   CITE, COMME DANS UN CHAMP CLOS,
092 010  . . . . . . .   TES YEUX SONT LA   CITE!
026 008                      LA GLOIRE DES   CITERNE OU BOIVENT MES ENNUIS.
126 062                A TRAVERS LE CHAOS DES VIVANTES   CITES DANS LE SOLEIL COUCHANT,
091 062                    LES PLUS RICHES   CITES,
126 065  . .   DONT AUTREFOIS LES NOMS PAR TOUS ETAIENT   CITES, LES PLUS GRANDS PAYSAGES,
091 064                    A L'OEIL LIMPIDE ET   CITES.
005 037                      OU SOUS UN   CLAIR AINSI QU'UNE EAU COURANTE,
062 017                    TOI DONT L'OEIL   CLAIR AZUR TOUT N'EST QU'AMOUR ET JOIE,
120 022  . . . . . . . . .   EPOUVANTABLE ET   CLAIR CONNAIT LES PROFONDS ARSENAUX
094 022              LE VIN REND L'OEIL PLUS   CLAIR EMBLEME!)
113 011                  PUITS DE VERITE,   CLAIR ET L'OREILLE PLUS FINE;
084 035                          L'OEIL   CLAIR ET NOIR,
157 005  . . . . .   VOUS ETES UN BEAU CIEL D'AUTOMNE,   CLAIR ET PLEIN DU FEU DE LA PRECOCITE;
055 001                        LE FEU   CLAIR ET ROSE!
003 012                  SEMBLAIT FOURBI,   CLAIR QUI REMPLIT LES ESPACES LIMPIDES.
102 042                  TON SOUVENIR PLUS   CLAIR, IRISE;
046 010  . . . . . . . . . . . . .   BLEU,   CLAIR, PLUS ROSE PLUS CHARMANT,
062 004                                   CLAIR, PROFOND, AINSI QUE LA VIRGINITE?
```

C

		POEM	LINE
COMME UN VENT FRAIS DANS UN CIEL	CLAIR.	129	004
A CE BEAU DIADEME EBLOUISSANT ET	CLAIR;	001	072
DE VOUS,	CLAIRE ET JOYEUSE AINSI QU'UNE FANFARE	045	017
DES	CLAIRONS, DU SOLEIL, DES CRIS ET DU TAMBOUR,	105	023
DONT LES PANNEAUX BOMBES ET	CLAIRS	052	019
ILS ME DISENT, TES YEUX,	CLAIRS COMME LE CRISTAL:	064	001
	CLAIRS FANAUX, VIVANTES OPALES,	051	039
FROIDS ET	CLAIRS LE TRAVAIL S'EVEILLE, OU LA VOIRIE	089	015
ET, DE MA	CLAIRVOYANCE EXTATIQUE VICTIME, ...	136	019
JE VIS SE DEROULER SOUS MON OEIL	CLAIRVOYANT.	096	014
PASSAIENT DEVANT MES YEUX	CLAIRVOYANTS ET SEREINS:	127	019
NOUS VOLONS AU PASSAGE UN PLAISIR	CLANDESTIN	000	019
SOUS TON DOMINO JAUNE, ET D'UN PIED	CLANDESTIN, ...	147	009
JE GOUTE A VOTRE INSU DES PLAISIRS	CLANDESTINS:	091	076
FAIT	CLAQUER VOTRE CHAIR AINSI QU'UN VIEUX DRAPEAU.	131	100
QUI JAILLIT COMME UNE	CLARTE	129	007
ADIEU, VIVE	CLARTE DE NOS ETES TROP COURTS!	056	002
A LA PALE	CLARTE DES LAMPES LANGUISSANTES,	131	001
AH! QUE LE MONDE EST GRAND A LA	CLARTE DES LAMPES!	126	003
CHARMANTS YEUX, VOUS BRILLEZ DE LA	CLARTE MYSTIQUE	043	009
SOUVENT, A LA	CLARTE ROUGE D'UN REVERBERE	105	001
C'EST LA	CLARTE VIBRANTE A NOTRE HORIZON NOIR;	122	006
ET QUAND JE LES ROUVRIS A LA	CLARTE VIVANTE,	132	022
ECLOSE A LA PALE	CLARTE,	045	014
RIEN N'OFFUSQUAIT SA PARFAITE	CLARTE, ...	038	035
VASTE COMME LA NUIT ET COMME LA	CLARTE,	004	007
QUI REMPLIT MON COEUR DE	CLARTE,	134	002
ET SON OEIL NOUS REVET D'UN HABIT DE	CLARTE.	042	008
NE TROUVE QU'UN RECIF AUX	CLARTES DU MATIN.	126	040
MES YEUX, MES LARGES YEUX AUX	CLARTES ETERNELLES!	017	014
LA RUCHE QUI SE JOUE AU BORD DES	CLAVICULES,	097	009
CHERCHANT LA LUMIERE ET LA	CLE;	084	016
COMME DANS UN CAVEAU DONT LA	CLEF EST PERDUE.	016	021
LE GOUFFRE A TOUJOURS SOIF; LA	CLEPSYDRE SE VIDE.	085	020
EN ECHANGEANT MAINT SIGNE ET MAINT	CLIGNEMENT D'YEUX:	115	012
SOUS UN	CLIMAT DE FLAMME OU SOUS UN SOLEIL BLANC,	144	002
REVE D'ESCHYLE ECLOS AU	CLIMAT DES AUTANS:	018	011
EN TOUT	CLIMAT, SOUS TOUT SOLEIL, LA MORT T'ADMIRE	097	057
O BLAFARDES SAISONS, REINES DE NOS	CLIMATS,	101	011
GUIDE PAR TON ODEUR VERS DE CHARMANTS	CLIMATS,	022	009
SE PAMENT LONGUEMENT SOUS L'ARDEUR DES	CLIMATS:	023	012
O FEMME DANGEREUSE, O SEDUISANTS	CLIMATS!	050	013
TOMBER UN	CLIQUETIS DE PIERRE ET DE METAL;	096	004
CES JEUX, CES	CLIQUETIS DU FER SONT LES VACARMES	035	003
BIENHEUREUSE LA	CLOCHE AU GOSIER VIGOUREUX	074	005
LES TUYAUX, LES	CLOCHERS, CES MATS DE LA CITE,	086	007
ET, VOISIN DES	CLOCHERS, ECOUTER EN REVANT	086	003
DES	CLOCHES TOUT A COUP SAUTENT AVEC FURIE	078	013
LA NUIT S'EPAISSISSAIT AINSI QU'UNE	CLOISON.	036	016
LA NUIT S'EPAISSISSAIT AINSI QU'UNE	CLOISON.	036	020
RIEN N'EMBELLIT LES MURS DE CE	CLOITRE ODIEUX.	009	011
LES	CLOITRES ANCIENS SUR LEURS GRANDES MURAILLES	009	001
A TRAVERS LA CITE, COMME DANS UN CHAMP	CLOS, ...	113	005
QU'ON	CLOUE EN GRANDE HATE UN CERCUEIL QUELQUE PART.	056	014
LUI QUI DANS SON CIEL RIAIT AU BRUIT DES	CLOUS	118	011
DANS LES	CLOUS ET LE CRIN CHERCHANT LA VOLUPTE;	126	100
ET LE LONG DES MAISONS, SOUS LES PORTES	COCHERES, ...	045	009
DE L'HUILE DE	COCO, DU MUSC ET DU GOUDRON.	023	030
LES	COCOTIERS ABSENTS DE LA SUPERBE AFRIQUE	089	043
DES	COCOTIERS ABSENTS LES FANTOMES EPARS!	133	028
ET PUIS TU METS SUR MON	COEUR	058	031
ET L'OBSCUR ENNEMI QUI NOUS RONGE LE	COEUR	010	013
L'EMBRASSES DES YEUX ET DES BRAS, ET TON	COEUR	014	006
LES FRUITS MIRACULEUX DONT VOTRE	COEUR A FAIM;	126	130
--QUAND NOTRE	COEUR A FAIT UNE FOIS SA VENDANGE, ...	040	003
BIEN QU'ON AIT DU	COEUR A L'OUVRAGE,	011	003
GARDE AU	COEUR ALTERE DU POETE PIEUX;	107	011
VIENS, MON BEAU CHAT, SUR MON	COEUR AMOUREUX;	034	001
IL TE FAUT CHAQUE JOUR UN	COEUR AU RATELIER.	025	004
LA REINE DE MON	COEUR AU REGARD NONPAREIL,	115	028
QUE DIRAS -TU, MON COEUR,	COEUR AUTREFOIS FLETRI,	042	002
QUI SAURONT SATISFAIRE UN	COEUR COMME LE MIEN.	018	004
QUI COMPRIMENT LE	COEUR COMME UN PAPIER QU'ON FROISSE?	044	004
DEVINER SI SON	COEUR COUVE UNE SOMBRE FLAMME	019	007
QUAND MON	COEUR DANS L'HORREUR SE NOIE;	138	008
EMPECHERA TON	COEUR DE BATTRE ET DE VOULOIR,	033	007
QUI REMPLIT MON	COEUR DE CLARTE,	134	002
ET NOUS DONNE LE	COEUR DE MARCHER JUSQU'AU SOIR;	122	004
J'UNIS UN	COEUR DE NEIGE A LA BLANCHEUR DES CYGNES;	017	006
VERSENT QUELQUE HEROISME AU	COEUR DES CITADINS.	091	056
TOI QUI METS DANS LES YEUX ET DANS LE	COEUR DES FILLES	120	037
GERMER MILLE SONNETS DANS LE	COEUR DES POETES,	061	013
QU'UN	COEUR DEVENU SON MIROIR!	084	034
DE CEUX DONT LE	COEUR DIT: "QUE BENI SOIT TON FOUET,	149	045
LA SERVANTE AU GRAND	COEUR DONT VOUS ETIEZ JALOUSE, ...	100	001
--EST -IL VRAI QUE PARFOIS LE TRISTE	COEUR D'AGATHE	062	013
CHANGE PLUS VITE, HELAS! QUE LE	COEUR D'UN MORTEL):	089	008
AU	COEUR D'UN VIEUX FAUBOURG, LABYRINTHE FANGEUX	105	003
EPANCHE TOUT SON	COEUR EN GLORIEUX PROJETS.	105	008

```
139 002 .  .  .  .  .  .  .  .  .  .  . RECHAUFFE MON  COEUR ENGOURDI,
116 056                                             LE  COEUR ENSEVELI DANS CETTE ALLEGORIE.
149 005                 CELIMENE ROUCOULE ET DIT:  "MON  COEUR EST BON,
036 012                 QUE L'ESPACE EST PROFOND! QUE LE  COEUR EST PROFOND! QUE LE  COEUR EST PUISSANT!
030 002 .  .  .  .  . DU FOND DU GOUFFRE OBSCUR OU MON  COEUR EST TOMBE,
055 009                                            MON  COEUR EST UN PALAIS FLETRI PAR LA COHUE;
068 013                               QUI CHARME SON  COEUR ET GUERIT
075 013                          LE BEAU VALET DE  COEUR ET LA DAME DE PIQUE
101 003 .  .  .  .  .  .  . D'ENVELOPPER AINSI MON  COEUR EN MON CERVEAU
116 060                        DE CONTEMPLER MON  COEUR ET MON CORPS SANS DEGOUT!
005 009                          MAIS, LOUVE AU  COEUR GONFLE DE TENDRESSES COMMUNES,
006 019                                      GRAND  COEUR GONFLE D'ORGUEIL, HOMME DEBILE ET JAUNE,
126 006 .  .  .  .  .  .  .  .  .  .  .  . LE  COEUR GROS DE RANCUNE ET DE DESIRS AMERS,
087 016                                 DANS LE  COEUR IMMORTEL QUI TOUJOURS VEUT FLEURIR!
126 126                                AVEC LE  COEUR JOYEUX D'UN JEUNE PASSAGER.
115 004               J'AIGUISAIS LENTEMENT SUR MON  COEUR LE POIGNARD,
083 025 .  .  .  .  .  .  .  . JE SUIS DE MON  COEUR LE VAMPIRE,
065 014                      ET LA MET DANS SON  COEUR LOIN DES YEUX DU SOLEIL.
036 008                 QUE TON SEIN M'ETAIT DOUX! QUE TON  COEUR M'ETAIT BON!
091 079                                        MON  COEUR MULTIPLIE JOUIT DE TOUS VOS VICES!
126 135 .  .  .  .  . "POUR RAFRAICHIR TON  COEUR NAGE VERS TON ELECTRE!"
140 009            TEL EST L'AMOUR! AVANT QUE TON  COEUR NE SE BLASE,
056 008                                        MON  COEUR NE SERA PLUS QU'UN BLOC ROUGE ET GLACE.
057 043             JE LES PLANTERAI TOUS DANS TON  COEUR PANTELANT,
062 001                             DIS -MOI, TON  COEUR PARFOIS S'ENVOLE-T -IL, AGATHE,
062 005                             DIS -MOI, TON  COEUR PARFOIS S'ENVOLE-T -IL, AGATHE?
031 002                              DANS MON  COEUR PLAINTIF ES ENTREE;
101 009                         RIEN N'EST PLUS DOUX AU  COEUR PLEIN DE CHOSES FUNEBRES,
089 022 .  .  .  .  .  .  .  . ET DISAIT, LE  COEUR PLEIN DE SON BEAU LAC NATAL:
124 011                                         LE  COEUR PLEIN DE SONGES FUNEBRES,
085 003             LES VIBRANTES DOULEURS DANS TON  COEUR PLEIN D'EFFROI
018 009                         CE QU'IL FAUT A CE  COEUR PROFOND COMME UN ABIME,
119 019 .  .  .  .  .  .  .  . RACE DE CAIN,  COEUR QUI BRULE,
098 022                          POUR REJOUIR UN  COEUR QUI FUIT LA VERITE?
001 043            POUR SAVOIR SI JE PUIS DANS UN  COEUR QUI M'ADMIRE
145 006                SE PAMER SOUS SON OEIL COMME UN  COEUR QUI PALPITE...
083 010 .  .  .  .  .  .  .  . ET DANS MON  COEUR QU'ILS SOULERONT
047 006                  LE VIOLON FREMIT COMME UN  COEUR QU'ON AFFLIGE;
047 009                  LE VIOLON FREMIT COMME UN  COEUR QU'ON AFFLIGE,
149 007                              --SON COEUR!  COEUR RACORNI, FUME COMME UN JAMBON,
057 044 .  .  . DANS TON COEUR SANGLOTANT, DANS TON  COEUR RUISSELANT!
091 063                                  MERES AU  COEUR SAIGNANT, COURTISANES OU SAINTES,
057 044                                 DANS TON  COEUR SANGLOTANT, DANS TON COEUR RUISSELANT!
001 048                        SAURONT JUSQU'A SON  COEUR SE FRAYER UN CHEMIN,
062 019 .  .  . OU DANS LA VOLUPTE PURE LE  COEUR SE NOIE!
038 046                       DE CETTE BOUCHE OU MON  COEUR SE NOYA.
082 014                       DE L'ENFER OU MON  COEUR SE PLAIT.
054 034                                 A QUI NOTRE  COEUR SERT DE CIBLE?
036 024 .  . AILLEURS QU'EN TON CHER CORPS ET QU'EN TON  COEUR SI DOUX?
080 009                     PLAISIRS, NE TENTEZ PLUS UN  COEUR SOMBRE ET BOUDEUR!
020 026               DE TES PLEURS ABOUTIT DANS MON  COEUR SOUCIEUX:
125 008                              TOUT MON  COEUR S'ARRACHAIT AU MONDE FAMILIER.
096 021 .  .  .  .  .  .  .  .  .  . ET MON  COEUR S'EFFRAYA D'ENVIER MAINT PAUVRE HOMME
040 012            LAISSEZ, LAISSEZ MON  COEUR S'ENIVRER D'UN MENSONGE,
138 009                      ET CROIS QUE TON  COEUR S'ILLUMINE
130 037                              VIERGES AU  COEUR SUBLIME, HONNEUR DE L'ARCHIPEL,
047 010 .  .  .  .  .  .  .  .  . UN  COEUR TENDRE, QUI HAIT LE NEANT VASTE ET NOIR!
047 013                                     UN  COEUR TENDRE, QUI HAIT LE NEANT VASTE ET NOIR,
118 025                                 OU, LE  COEUR TOUT GONFLE D'ESPOIR ET DE VAILLANCE,
001 050                      J'ARRACHERAI CE  COEUR TOUT ROUGE DE SON SEIN,
141 002 .  .  .  .  .  .  .  .  .  .  .  . A DANS LE  COEUR UN SERPENT JAUNE,
131 070                          COURS OFFRIR UN  COEUR VIERGE A SES CRUELS BAISERS:
057 003       ET CREUSER DANS LE COIN LE PLUS NOIR DE MON  COEUR,
038 008                        JE FAIS BOUILLIR ET JE MANGE MON  COEUR,
005 031 .  .  DES VISAGES RONGES PAR LES CHANCRES DU  COEUR,
129 022                            ONT TANT HUMILIE TON  COEUR,
127 001       LA TRES -CHERE ETAIT NUE, ET, CONNAISSANT MON  COEUR,
008 001                            O MUSE DE MON  COEUR, AMANTE DES PALAIS,
128 001 .  .  .  .  .  .  .  .  . VIENS SUR MON  COEUR, AME CRUELLE ET SOURDE,
042 002                       QUE DIRAS -TU, MON  COEUR, COEUR AUTREFOIS FLETRI,
116 001                                     MON  COEUR, COMME UN OISEAU, VOLTIGEAIT TOUT JOYEUX
011 007                                     MON  COEUR, COMME UN TAMBOUR VOILE,
086 025 .  .  .  .  . DE TIRER UN SOLEIL DE MON  COEUR, ET DE FAIRE
098 011                       LA COURONNE, MON  COEUR, MEURTRI COMME UNE PECHE,
131 036                    TOI, MON AME ET MON  COEUR, MON TOUT ET MA MOITIE,
051 018                                 SUR MON  COEUR, PARFAIT INSTRUMENT,
131 025 .  .  .  .  .  .  .  .  . --"HIPPOLYTE, CHER  COEUR, QUE DIS -TU DE CES CHOSES?
054 048                                 MAIS MON  COEUR, QUE JAMAIS NE VISITE L'EXTASE,
064 003              --SOIS CHARMANTE ET TAIS -TOI! MON  COEUR, QUE TOUT IRRITE,
138 021                                 JE SAIS QUE TON  COEUR, QUI REGORGE
059 013 .  .  .  .  .  .  .  .  . ET SON  COEUR, RAVAGE PAR LA FLAMME, A TOUJOURS,
052 036            COMME POUR L'IMPRIMER DANS TON  COEUR, TON AMANT.
045 040                        AU CONFESSIONNAL DU  COEUR.
155 022                      DESCEND JUSQU'AU FOND DU  COEUR.
156 008 .  .  .  .  .  .  . PROUVE LA BEAUTE DE SON  COEUR.
128 024                   QUI N'A JAMAIS EMPRISONNE DE  COEUR.
149 025       CHACUN DE VOUS M'A FAIT UN TEMPLE DANS SON  COEUR;
080 005 .  .  .  .  .  .  .  . RESIGNE -TOI, MON  COEUR: DORS TON SOMMEIL DE BRUTE.
055 008 .  .  .  .  .  .  . NE CHERCHEZ PLUS MON  COEUR: LES BETES L'ONT MANGE.
```

		POEM	LINE
DE RAFRAICHIR L'ENFER ALLUME DANS TON	COEUR?	097	028
QUI ME RONGE, O LA VIE ET LA MORT DE MON	COEUR!	048	028
D'ETOILES MON	COEUR!	028	036
UN ABIME BEANT; CET ABIME EST MON	COEUR!	131	076
--ILE DES DOUX SECRETS ET DES FETES DU	COEUR!	116	009
--SON	COEUR! COEUR RACORNI, FUME COMME UN JAMBON,	149	007
ET POURTANT AIMEZ -MOI TENDRE	COEUR! SOYEZ MERE,	056	021
INFLIGE SANS RELACHE AUX	COEURS AMBITIEUX,	130	027
OU LES SOUPIRS DES	COEURS EN ADORATION	116	015
QUI FONT SE FONDRE EN PLEURS LES	COEURS ENSORCELES,	050	006
LES UNES,	COEURS EPRIS DES LONGUES CONFIDENCES,	111	005
QUE BATIR SUR LES	COEURS EST UNE CHOSE SOTTE;	045	033
WATTEAU, CE CARNAVAL OU BIEN DES	COEURS ILLUSTRES, ...	006	021
--APRES AVOIR FORCE LES	COEURS INDIFFERENTS!	016	004
POUR PARTIR;	COEURS LEGERS, SEMBLABLES AUX BALLONS,	126	018
VOUS HURLEZ COMME L'ORGUE; ET DANS NOS	COEURS MAUDITS,	079	002
C'EST POUR LES	COEURS MORTELS UN DIVIN OPIUM!	006	036
QUI, DE CES	COEURS MORTELS, ENTEND LA RAILLERIE?	097	035
--O FUREUR DES	COEURS MURS PAR L'AMOUR ULCERES!	035	008
NOS	COEURS QUE TU CONNAIS SONT REMPLIS DE RAYONS!	126	140
NOS DEUX	COEURS SERONT DEUX VASTES FLAMBEAUX, ...	121	006
ET LES URNES D'AMOUR DONT VOS GRANDS	COEURS SONT PLEINS!	111	028
ALLUMAIENT DANS NOS	COEURS UNE ARDEUR INQUIETE	126	063
QUI FERAIENT DELIRER LES CERVEAUX ET LES	COEURS!	052	024
EN OUVRANT UN	COFFRET VENU DE L'ORIENT	048	003
BUTTANT, ET SE	COGNANT AUX MURS COMME UN POETE,	105	006
ET SE	COGNANT LA TETE A DES PLAFONDS POURRIS;	078	008
ET	COGNENT EN VOLANT LES VOLETS ET L'AUVENT.	095	013
MON COEUR EST UN PALAIS FLETRI PAR LA	COHUE;	055	009
ET SON CRANE, DE FLEURS ARTISTEMENT	COIFFE,	097	014
MOI-MEME, DANS UN	COIN DE L'ANTRE TACITURNE,	096	015
JE LA TROUVAIS TAPIE EN UN	COIN DE MA CHAMBRE,	100	018
DES HOMMES, DANS LE	COIN D'UN SINISTRE ARMOIRE	048	022
AU	COIN DU FEU, LE SOIR, AUPRES D'UNE AME AIMEE.	095	036
ET CREUSER DANS LE	COIN LE PLUS NOIR DE MON COEUR,	057	003
--DES FLEURS SE PAMENT DANS UN	COIN.	154	014
TOI QUI SAIS EN QUELS	COINS DES TERRES ENVIEUSES	120	019
UN BAS ROSATRE, ORNE DE	COINS D'OR, A LA JAMBE,	110	025
FLAIRANT DANS TOUS LES	COINS LES HASARDS DE LA RIME,	087	006
DANS TOUS LES	COINS SAIGNANTS DE CETTE POURRITURE;	116	032
JE TE FRAPPERAI SANS	COLERE	083	001
PERE ADOPTIF DE CEUX QU'EN SA NOIRE	COLERE	120	043
TOUT L'HIVER VA RENTRER DANS MON ETRE:	COLERE,	056	005
	COLERES DE BOXEUR, IMPUDENCES DE FAUNE,	006	017
OU TES REVES FLOTTANTS SONT PLEINS DE	COLIBRIS, ...	133	015
	COLLE LES SUPREMES ADIEUX?	110	052
JE SAIS COMBIEN IL FAUT, SUR LA	COLLINE EN FLAMME,	104	005
LES VIOLONS VIBRANT DERRIERE LES	COLLINES,	062	023
NON D'ARBRES, MAIS DE	COLONNADES	102	021
ET PARTOUT	COLORANT EN ROUGE LA NATURE,	113	008
QUAND JE CONTEMPLE, AUX FEUX DU GAZ QUI QUI	COLORE,	098	005
DANS LES CANAUX ETROITS DU	COLOSSE PUISSANT.	090	004
IMITE LES	COMBATS DE LA LAMPE ET DU JOUR.	103	008
QUE VOUS VOUS	COMBATTEZ SANS PITIE NI REMORD,	014	014
	COMBIEN DE FOIS IL FAUT QUE L'OUVRIER VARIE	091	031
	COMBIEN FAUT -IL DE FOIS SECOUER MES GRELOTS	123	001
JE SAIS	COMBIEN IL FAUT, SUR LA COLLINE EN FLAMME, ...	104	005
	COMBIEN, O MON CARQUOIS, PERDRE DE JAVELOTS?	123	004
	COMBLA-T -IL SUR TA CHAIR INERTE ET COMPLAISANTE	110	047
QUAND IL EST	COMBLE DE DOULEUR,	068	025
A CET ESPRIT	COMBLE D'ANGOISSE	054	012
LUI, NAGUERE SI BEAU, QU'IL EST	COMIQUE ET LAID!	002	010
ET	COMMANDE AUX MOISSONS DE CROITRE ET DE MURIR	087	015
	COMME A LA BOUTEILLE L'IVROGNE,	031	010
	COMME AFIN DE LA CUIRE A POINT, ...	029	010
UN SOMBRE MENDIANT, L'OEIL FIER	COMME ANTISTHENE,	015	003
	COMME APRES UN CADAVRE UN CHOEUR DE VERMISSEAUX,	024	008
	COMME APRES UN NOCTURNE ET TERRIBLE REPAS.	131	044
	COMME AU BEAU TEMPS DE NOTRE IVRESSE.	106	020
	COMME AU JEU LE JOUEUR TETU,	031	009
	COMME AU LONG D'UN CADAVRE UN CADAVRE ETENDU,	032	002
	COMME AUTOUR D'UN ENCENSOIR;	058	014
	COMME AUX PIEDS D'UNE REINE UN CHAT VOLUPTUEUX. . .	019	004
	COMME AUX VERMINES LA CHAROGNE,	031	011
S'ENNUIE AVEC SES CHIENS	COMME AVEC D'AUTRES BETES.	077	004
MES BAISERS SONT LEGERS	COMME CES EPHEMERES	131	029
	COMME CES LONGS SERPENTS QUE LES JONGLEURS SACRES . .	027	003
LUISANTS	COMME CES TROUS OU L'EAU DORT DANS LA NUIT;	091	014
ET TES YEUX ATTIRANTS	COMME CEUX D'UN PORTRAIT,	098	008
PLONGER DANS VOS BEAUX YEUX	COMME DANS UN BEAU SONGE,	040	013
A TRAVERS LA CITE,	COMME DANS UN CAVEAU DONT LA CLEF EST PERDUE. . . .	016	021
SE PLANTERONT BIENTOT	COMME DANS UN CHAMP CLOS,	113	005
JE M'EN MOQUE	COMME DANS UNE CIBLE;	085	004
	COMME DE DIEU,	106	051
	COMME DE LA TOILE, ...	069	006
	COMME DE LONGS ECHOS QUI DE LOIN SE CONFONDENT	004	005
SI LE CIEL ET LA MER SONT NOIRS	COMME DE L'ENCRE,	126	139
POLIS	COMME DE L'HUILE, ONDULEUX COMME UN CYGNE,	127	018
SES BRAS VAINCUS, JETES	COMME DE VAINES ARMES, ...	131	011

```
POEM LINE
003 017 . . . . . . . . .        CELUI DONT LES PENSERS,  COMME DES ALOUETTES,
002 008                                                   COMME DES AVIRONS TRAINER A COTE D'EUX.
079 001                             GRANDS BOIS, VOUS M'EFFRAYEZ  COMME DES CATHEDRALES;
004 009                             IL EST DES PARFUMS FRAIS  COMME DES CHAIRS D'ENFANTS,
131 032 . . . . . . . . .                                  COMME DES CHARIOTS OU DES SOCS DECHIRANTS;
005 025                             ET VOUS, FEMMES, HELAS! PALES  COMME DES CIERGES,
044 013                                                     COMME DES EXILES, S'EN VONT D'UN PIED TRAINARD,
102 024                                                     COMME DES FEMMES, SE MIRAIENT.
055 013 . . . . .             AVEC TES YEUX DE FEU, BRILLANTS  COMME DES FETES,
089 048                        AUX MAIGRES ORPHELINS SECHANT  COMME DES FLEURS;
065 008                             QUI MONTENT DANS L'AZUR  COMME DES FLORAISONS.
095 012                             S'EVEILLENT LOURDEMENT,  COMME DES GENS D'AFFAIRE,
082 009 . . . . . . . . .                    CIEUX DECHIRES  COMME DES GREVES,
087 014                             ET LES REND GAIS ET DOUX  COMME DES JEUNES FILLES,
094 011                                         BECHANT  COMME DES LABOUREURS,
111 011                        OU SAINT ANTOINE A VU SURGIR  COMME DES LAVES
045 011 . . . . .             L'OREILLE AU GUET, OU BIEN,  COMME DES OMBRES CHERES,
006 022                                                     COMME DES PAPILLONS, ERRENT EN FLAMBOYANT,
115 010                                              ET,  COMME DES PASSANTS SUR UN FOU QU'ILS ADMIRENT,
076 009                                              OU  COMME DES REMORDS SE TRAINENT DE LONGS VERS
102 018 . . . . . . . . .                                  COMME DES RIDEAUX DE CRISTAL,
090 003                        LES MYSTERES PARTOUT COULENT  COMME DES SEVES
111 009                                        D'AUTRES,  COMME DES SOEURS, MARCHENT LENTES ET GRAVES
010 008                        OU L'EAU CREUSE DES TROUS GRANDS  COMME DES TOMBEAUX,
121 002 . . . . . . .                 DES DIVANS PROFONDS  COMME DES TOMBEAUX,
088 024                                                     COMME DES YEUX;
108 005                                                     COMME DEUX ANGES QUE TORTURE
112 010                             NOUS OFFRENT TOUR A TOUR,  COMME DEUX BONNES SOEURS,
052 031 . . . . . . . . .                                  COMME DEUX SORCIERES QUI FONT
023 009                                                     COMME D'AUTRES ESPRITS VOGUENT SUR LA MUSIQUE,
063 012                                                     COMME D'AUTRES PAR LA TENDRESSE,
054 004                                                     COMME DU CHENE LA CHENILLE?
126 102 . . . . . . . .             ET, FOLLE MAINTENANT  COMME ELLE ETAIT JADIS,
001 040                                              ET  COMME ELLES JE VEUX ME FAIRE REDORER;
051 023                             EN QUI TOUT EST,  COMME EN UN ANGE,
126 099                                                     COMME EN UN LIT DE PLUME UN DELICAT SE VAUTRE,
084 026                             HELAS! ET J'AVAIS,  COMME EN UN PIEGE DE CRISTAL,
116 055                        DANS UNE CHAMBRE TIEDE OU,  COMME EN UNE SERRE,
110 005                        QUI COMME EUX SONT FRILEUX ET  COMME EUX SEDENTAIRES.
066 004                                              QUI  COMME EUX SONT FRILEUX ET COMME EUX SEDENTAIRES.
066 004                                          SE TRAINENT,  COMME FONT LES ANIMAUX BLESSES,
091 014                             NOUS NOUS SOMMES SOUVENT ENNUYES,  COMME ICI.
126 060                             CE VOYAGEUR AILE,  COMME IL EST GAUCHE ET VEULE!
002 009                                    A DORMIR,  COMME ILS FONT, CHAUDEMENT DANS LEURS DRAPS,
100 008 . . . . . . . .                   VAS -TU,  COMME JADIS. DU SOIR JUSQU'AU MATIN,
147 010                                                     COMME JE ME PLAIGNAIS UN JOUR A LA NATURE,
115 002                                                     COMME JE TRAVERSAIS LE NOUVEAU CARROUSEL.
089 006                             JE FUME  COMME LA CHAUMINE
068 006 . . . . . . . .             VASTE COMME LA NUIT ET  COMME LA CLARTE,
004 007                             DESTRUCTEUR ET GOURMAND  COMME LA COURTISANE,
054 008                                        PATIENT  COMME LA FOURMI?
054 009                        DES BAISERS FROIDS  COMME LA LUNE.
063 006 . . . . . . .                 TON OEIL DOUX  COMME LA LUNE.
058 032                                              ET  COMME LA MEILLEURE ET LA PLUS PURE ESSENCE
001 059                                        MONTANT  COMME LA MER SUR LE ROC NOIR ET NU?"
040 002                        MAIS LA TRISTESSE EN MOI MONTE  COMME LA MER,
055 002 . . . .             A MON AMOUR PROFOND ET DOUX  COMME LA MER,
127 011                                                     COMME LA NEIGE IMMENSE UN CORPS PRIS DE ROIDEUR;
080 012                             VASTE  COMME LA NUIT ET COMME LA CLARTE,
004 007                             ET CONSOLE  COMME LA NUIT!
041 016 . . . . . . .     JE NE SAIS QUOI DE BON, DE DOUX  COMME LA NUIT!
152 003                        UN REGARD VAGUE ET BLANC  COMME LE CREPUSCULE
110 019                        ILS ME DISENT, TES YEUX, CLAIRS  COMME LE CRISTAL
064 001                        SUR TON BEAU CORPS POLI  COMME LE CUIVRE.
128 012 . . . . . .                                        COMME LE 'FLEUVE AU PAYSAGE!
138 004                                                     COMME LE FORCAT A LA CHAINE,
031 008                                                     COMME LE FOYER SEUL ILLUMINAIT LA CHAMBRE,
127 030                                                     COMME LE JUIF ERRANT ET COMME LES APOTRES,
126 117 . . . . . . .                                      COMME LE MIEN,
018 004                             QUI SAURONT SATISFAIRE UN COEUR  COMME LE MONDE!
149 028                             ENORME ET LAID  COMME LE PURGATOIRE,
114 017                             ELLE IGNORE L'ENFER  COMME LE RAYON BLANC
107 002                             QUI SE GLISSE VERS NOUS  COMME LE ROI D'UN PAYS PLUVIEUX,
077 001                             JE SUIS  COMME LE SABLE MORNE ET L'AZUR DES DESERTS,
027 005                                                     COMME LE SANG;
138 012                             UNE EAU CHAUDE  COMME LE SOIR,
058 015                             TU CHARMES  COMME LE SOLEIL DANS SON ENFER POLAIRE,
056 007                                              ET,  COMME LE TIEN, AIMABLE BETE,
034 010                                                     COMME LE VENT DES GREVES,
136 011                             ET CELLE-LA CHANTAIT  COMME LE VER DES MORTS,
054 003 . . . . . . . .             ET SE NOURRIT DE NOUS  COMME LE VIDE!
131 077                        BRULANT COMME UN VOLCAN, PROFOND  COMME LES ANGES A L'OEIL FAUVE!
063 001                                                     COMME LES APOTRES,
126 117                        COMME LE JUIF ERRANT ET  COMME LES ASTROLOGUES,
086 002                        COUCHER AUPRES DU CIEL,  COMME LES BOUCLIERS ACCROCHENT DES ECLAIRS;
052 020                                                     COMME LES CASCADES
130 006                             LESBOS, OU LES BAISERS SONT  COMME LES CASCADES
130 010                             LESBOS, OU LES BAISERS SONT  COMME LES CASCADES!
057 029 . . . . .             TU VERRAS MES PENSERS, RANGES  COMME LES CIERGES
```

C

		POEM LINE
	COMME LES EXILES, RIDICULE ET SUBLIME, ...	089 035
QUI VA CHANTANT	COMME LES FOUS	084 011
DOUX	COMME LES HAUTBOIS, VERTS COMME LES PRAIRIES,	004 010
	COMME LES LONGS RESEAUX DE LA HOULE DES MERS,	027 007
A TRAVERS LES DESERTS COUREZ	COMME LES LOUPS;	131 102
	COMME LES MACHINES DE FER	106 034
	COMME LES MENDIANTS NOURRISSENT LEUR VERMINE.	000 004
NOUS LISONS DANS VOS YEUX PROFONDS	COMME LES MERS,	126 050
BIZARRE DEITE, BRUNE	COMME LES NUITS, ...	026 001
CHAUDS COMME LES SOLEILS, FRAIS	COMME LES PASTEQUES,	130 003
DOUX COMME LES HAUTBOIS, VERTS	COMME LES PRAIRIES,	004 010
	COMME LES PUNAISES DES BOIS!	119 022
EVEILLE DANS LES CHAMPS LES VERS	COMME LES ROSES;	087 010
CHAUDS	COMME LES SOLEILS, FRAIS COMME LES PASTEQUES,	130 003
TERRIBLES, SINGULIERS	COMME LES SOMNAMBULES;	092 003
DONT LA MOUSTACHE PEND	COMME LES VIEUX DRAPEAUX.	105 019
	COMME L'AIR DANS LE CIEL ET LA MER DANS LA MER; . . .	006 004
	COMME L'AMBRE, LE MUSC, LE BENJOIN ET L'ENCENS,	004 013
ELLE EBLOUIT	COMME L'AURORE	041 015
	COMME L'AZUR DU CIEL, LES OISEAUX ET LES FLEURS,	005 039
ROULENT	COMME L'EAU COURANTE ET LE VENT, ...	029 026
J'ETAIS	COMME L'ENCENS SUR UN JARDIN DE ROSES	116 016
VERS LE CIEL QUELQUEFOIS,	COMME L'ENFANT AVIDE DU SPECTACLE,	125 009
ET SE MULTIPLIER	COMME L'HOMME D'OVIDE,	089 025
SON OEIL PARFOIS S'OUVRAIT	COMME L'HYDRE DE LERNE.	073 011
VOUS HURLEZ	COMME L'OEIL D'UN VIEIL AIGLE;	091 059
LE SOLEIL S'EST COUVERT D'UN CREPE.	COMME L'ORGUE; ET DANS NOS COEURS MAUDITS,	079 002
	COMME LUI,	037 001
FANTOME	COMME LUI, ROSSE APOCALYPTIQUE, ...	071 005
MON ESPRIT,	COMME MES VERTEBRES,	124 009
	COMME MOI N'ES -TU PAS UN SOLEIL AUTOMNAL,	064 013
CONNAIS -TU,	COMME MOI, LA DOULEUR SAVOUREUSE,	125 001
QUI,	COMME MOI, MEURT DANS LA SOLITUDE, ...	038 051
	COMME MOISE LE ROCHER!	083 003
	COMME MONTENT AU CIEL LES SOLEILS RAJEUNIS	036 028
LES GLAIVES SONT BRISES!	COMME NOTRE JEUNESSE,	035 005
DEMAIN, APRES -DEMAIN ET TOUJOURS!--	COMME NOUS!	020 036
J'AI PEUR DU SOMMEIL	COMME ON A PEUR D'UN GRAND TROU,	146 009
HAISSANT LE RIDEAU	COMME ON HAIT UN OBSTACLE...	125 010
JE NE GEINDRAI PAS	COMME OVIDE	082 007
TIRES	COMME PAR UN AIMANT, ...	051 034
RESTE	COMME PENDUE A MES RIMES HAUTAINES;	039 008
	COMME POUR L'IMPRIMER DANS TON COEUR, TON AMANT.	052 036
	COMME POUR RECUEILLIR UN DOUX REMERCIMENT.	131 020
	COMME POUR REJOINDRE LES MONDES	117 007
ET	COMME QUI DIRAIT DES BEAUTES DE LANGUEUR;	005 032
	COMME SA VOIX FAIT LE PARFUM!"	041 024
TOUT	COMME SI J'ETAIS VOTRE PERE, O MERVEILLE!	091 075
AUX YEUX PROVOCATEURS	COMME SON ATTITUDE, ...	110 031
EST MUR,	COMME SON CORPS, POUR LE SAVANT AMOUR.	098 012
	COMME S'IL ADRESSAIT DES REPROCHES A DIEU!	089 028
	COMME S'IL ECRASAIT DES MORTS SOUS SES SAVATES,	090 027
	COMME S'ILS REGARDAIENT AU LOIN, RESTENT LEVES	092 006
TREBUCHANT SUR LES MOTS	COMME SUR LES PAVES,	087 007
INSTALLE	COMME SUR UN TRONE,	141 003
ET TOUJOURS,	COMME TOI, GRACIEUX ET FLEURIS.	133 016
	COMME TOI, NUIT IMMENSE, ECLAIRES COMME TOI!	152 010
ET SOUVENT,	COMME TOI, SE PARFUMANT DE MYRRHE,	097 059
COMME TOI, NUIT IMMENSE, ECLAIRES	COMME TOI!	152 010
TOURMENTE	COMME TON DESTIN,	082 002
ET	COMME TOUT EN MOI TE CHERIT ET T'ADMIRE, ...	057 033
ET	COMME TREPIGNANT SUR LE TREPIED DE FER,	131 058
	COMME TU ME PLAIRAIS, O NUIT! SANS CES ETOILES	079 009
	COMME TU PLEURERAIS TES LOISIRS DOUX ET FRANCS,	133 023
	COMME TU RESPLENDIS, PAYSAGE MOUILLE	050 011
CE QU'IL FAUT A CE COEUR PROFOND	COMME UN ABIME, ...	018 009
UN ANGE FURIEUX FOND DU CIEL	COMME UN AIGLE,	140 001
IL NAGE AUTOUR DE MOI	COMME UN AIR IMPALPABLE;	109 002
	COMME UN AIR IMPREGNE DE SEL, ...	134 006
	COMME UN ANGE CRUEL QUI FOUETTE DES SOLEILS.	126 028
	COMME UN ANGE ENIVRE D'UN SOLEIL RADIEUX.	116 004
	COMME UN ANIMAL FORT QUI SURVEILLE UNE PROIE,	131 015
AU-DESSUS DE TES MERS PLANE	COMME UN AROME, ...	116 011
	COMME UN ASTRE ECLIPSE QUI SORT DE LA PENOMBRE,	037 006
RESPLENDIT A JAMAIS,	COMME UN ASTRE INUTILE,	027 013
	COMME UN BEAU CADRE AJOUTE A LA PEINTURE.	038 029
SONT BEAUX	COMME UN BEAU PAYSAGE;	129 002
	COMME UN BETAIL PENSIF SUR LE SABLE COUCHEES,	111 001
	COMME UN BILLET D'AMOUR, CE MONSTRE RABOUGRI,	001 012
	COMME UN BON NAGEUR QUI SE PAME DANS L'ONDE,	003 006
ET	COMME UN BOUCHER, ...	083 002
LE DESTIN CHARME SUIT TES JUPONS	COMME UN CHIEN;	021 010
ET JE DORMIRAI	COMME UN CHIEN!	106 045
SE PAMER SOUS SON OEIL	COMME UN COEUR QUI PALPITE...	145 006
LE VIOLON FREMIT	COMME UN COEUR QU'ON AFFLIGE;	047 006
LE VIOLON FREMIT	COMME UN COEUR QU'ON AFFLIGE	047 009
IL VIENT	COMME UN COMPLICE, A PAS DE LOUP; LE CIEL	095 002
TOI QUI,	COMME UN COUP DE COUTEAU,	031 001
QUAND LE CIEL BAS ET LOURD PESE	COMME UN COUVERCLE	078 001

```
POEM LINE
127 018  .  .  .  .  .  .       POLIS COMME DE L'HUILE, ONDULEUX   COMME UN CYGNE,
116 028                              DU CIEL SE DETACHANT EN NOIR,  COMME UN CYPRES.
105 011                                 ET SOUS LE FIRMAMENT        COMME UN DAIS SUSPENDU
034 011                         PROFOND ET FROID, COUPE ET FEND     COMME UN DARD,
056 016  .  .  .  .  .  .        CE BRUIT MYSTERIEUX SONNE          COMME UN DEPART,
038 047                           DE CES BAISERS PUISSANTS          COMME UN DICTAME,
001 058                                                             COMME UN DIVIN REMEDE A NOS IMPURETES
122 003                                                QUI>         COMME UN ELIXIR, NOUS MONTE ET NOUS ENIVRE,
008 010  .  .  .  .  .  .  .  .  .  .  .  .  .  .                    COMME UN ENFANT DE CHOEUR, JOUER DE L'ENCENSOIR,
029 019                         DE LARVES, QUI COULAIENT            COMME UN EPAIS LIQUIDE
071 006                              QUI BAVE DES NASEAUX           COMME UN EPILEPTIQUE.
116 040                                                             COMME UN EXECUTEUR ENTOURE DE SES AIDES.
093 006  .  .  .  .  .  .  .  .       MOI, JE BUVAIS, CRISPE        COMME UN EXTRAVAGANT,
028 026                                                             COMME UN FIN VAISSEAU
042 011                          SON FANTOME DANS L'AIR DANSE       COMME UN FLAMBEAU,
045 007                         ET LA SOLENNITE DE LA NUIT,         COMME UN FLEUVE,
110 009  .  .  .  .  .  .       UN CADAVRE SANS TETE EPANCHE,       COMME UN FLEUVE,
028 029                                                             COMME UN FLOT GROSSI PAR LA FONTE
126 032                         POUR TROUVER LE REPOS COURT TOUJOURS COMME UN FOU!
065 013                                    AUX REFLETS IRISES       COMME UN FRAGMENT D'OPALE,
047 008  .  .  .  .  .  .        LE CIEL EST TRISTE ET BEAU         COMME UN GRAND REPOSOIR.
047 011                          LE CIEL EST TRISTE ET BEAU         COMME UN GRAND REPOSOIR,
015 007                                             ET,             COMME UN GRAND TROUPEAU DE VICTIMES OFFERTES,
019 014                                                             COMME UN HAMEAU PAISIBLE AU PIED D'UNE MONTAGNE.
090 010  .  .  .  .  .         JE SUIVAIS, ROIDISSANT MES NERFS     COMME UN HEROS
016 009                                                             COMME UN HOMME MONTE TROP HAUT, PRIS DE PANIQUE,
136 004                         SE MELAIENT. J'ETAIS HAUT           COMME UN IN-FOLIO,
090 045                                    EXASPERE                 COMME UN IVROGNE QUI VOIT DOUBLE,
149 007  .  .  .  .  .        --SON COEUR! COEUR RACORNI, FUME      COMME UN JAMBON,
057 041                              BIEN AFFILES, ET,              COMME UN JONGLEUR INSENSIBLE,
129 028                                                             COMME UN LACHE, RAMPER SANS BRUIT,
143 013                                             ET,             COMME UN LONG LINCEUL TRAINANT A L'ORIENT,
121 011  .  .  .  .  .  .  .  .  .  .  .                            COMME UN LONG SANGLOT, TOUT CHARGE D'ADIEUX;
131 033                              ILS PASSERONT SUR TOI          COMME UN LOURD ATTELAGE
000 021                         SERRE, FOURMILLANT,                 COMME UN MILLION D'HELMINTHES,
023 005                         JE LA VEUX AGITER DANS L'AIR        COMME UN MOUCHOIR!
057 022  .  .  .  .  .  .  .  .  .  .  .                            COMME UN MOULE FIDELE EN GARDERONT L'EMPREINTE.
149 019                         L'HOMME EST AVEUGLE, SOURD, FRAGILE, COMME UN MUR
084 008                              SE DEBATTANT                   COMME UN NAGEUR,
028 009                                                             COMME UN NAVIRE QUI S'EVEILLE
103 005  .  .  .  .  .  .  .  .              OU,                    COMME UN OEIL SANGLANT QUI PALPITE ET QUI BOUGE,
001 028                         PLEURE DE LE VOIR GAI               COMME UN OISEAU DES BOIS.
116 001                                    MON COEUR,               COMME UN OISEAU, VOLTIGEAIT TOUT JOYEUX
047 016                         TON SOUVENIR EN MOI LUIT            COMME UN OSTENSOIR!
116 031  .  .  .  .  .  .            CHACUN PLANTANT,               COMME UN OUTIL, SON BEC IMPUR
044 004                         QUI COMPRIMENT LE COEUR             COMME UN PAPIER QU'ON FROISSE?
150 011                                                             COMME UN PARASITE A LA TABLE
038 005                                        JE SUIS              COMME UN PEINTRE QU'UN DIEU MOQUEUR
051 012  .  .  .  .  .  .  .  .  .  .       ET ME REJOUIT           COMME UN PHILTRE.
105 006                         BUTTANT, ET SE COGNANT AUX MURS     COMME UN POETE,
128 018                                        J'OBEIRAI            COMME UN PREDESTINE;
071 011                                   ET PARCOURT,              COMME UN PRINCE INSPECTANT SA MAISON,
138 015  .  .  .  .  .  .       --ET LE VER RONGERA TA PEAU         COMME UN RALE D'AGONISANT.
033 014                         --ET LE VER RONGERA TA PEAU         COMME UN REMORDS.
072 004                         ET DORMIR DANS L'OUBLI              COMME UN REQUIN DANS L'ONDE.
017 001                         JE SUIS BELLE, O MORTELS!           COMME UN REVE DE PIERRE,
097 010  .  .  .  .  .  .  .  .  .  .  .                            COMME UN RUISSEAU LASCIF QUI SE FROTTE AU ROCHER,
103 019                                                             COMME UN SANGLOT COUPE PAR UN SANG ECUMEUX
011 013                         SON PARFUM DOUX                     COMME UN SECRET
156 016                                                             COMME UN SIGNE DE SA BONTE!
021 006  .  .  .  .  .  .  .  .       TU REPANDS DES PARFUMS        COMME UN SOIR ORAGEUX;
049 005                                                             COMME UN SOLEIL COUCHANT DANS UN CIEL NEBULEUX.
123 013                         C'EST QUE LA MORT, PLANANT          COMME UN SOLEIL NOUVEAU,
117 012                                                             COMME UN SONGE D'OR.
006 032  .  .  .  .  .  .  .  .  .        PASSENT,                  COMME UN SOUPIR ETOUFFE DE WEBER;
110 026                                                             COMME UN SOUVENIR EST RESTE;
017 005                         JE TRONE DANS L'AZUR                COMME UN SPHINX INCOMPRIS;
083 012                                                             COMME UN TAMBOUR QUI BAT LA CHARGE!
011 007  .  .  .  .  .  .  .  .  .         MON COEUR,               COMME UN TAMBOUR VOILE,
120 051                                                             COMME UN TEMPLE NOUVEAU SES RAMEAUX S'EPANDRONT!
127 013                         LES YEUX FIXES SUR MOI,             COMME UN TIGRE DOMPTE.
001 049                                                             COMME UN TOUT JEUNE OISEAU QUI TREMBLE ET QUI PALPI
031 003  .  .  .  .  .  .  .  .         TOI QUI, FORTE              COMME UN TROUPEAU
118 003                                                             COMME UN TYRAN GORGE DE VIANDE ET DE VINS,
083 009                                                             COMME UN VAISSEAU QUI PREND LE LARGE,
129 004                                                             COMME UN VENT FRAIS DANS UN CIEL CLAIR.
095 020  .  .  .  .  .  .  .  .  .                                  COMME UN VER QUI DEROBE A L'HOMME CE QU'IL MANGE.
051 011                                        ME REMPLIT           COMME UN VERS NOMBREUX
119 012                                   HURLENT LA FAIM           COMME UN VIEUX CHIEN.
103 009                                                             COMME UN VISAGE EN PLEURS QUE LES BRISES ESSUIENT,
131 077  .  .  .  .  .  .  .  .  .  .  .  .        BRULANT          COMME UN VOLCAN, PROFOND COMME LE VIDE!
116 047                                                             COMME UN VOMISSEMENT, REMONTER VERS MES DENTS
094 004                                             DORT            COMME UNE ANTIQUE MOMIE,
130 038                         VOTRE RELIGION                      COMME UNE AUTRE EST AUGUSTE,
089 047  .  .  .  .  .  .  .  .      ET TETTENT LA DOULEUR          COMME UNE BONNE LOUVE!
061 007                         GRANDE ET SVELTE EN MARCHANT        COMME UNE CHASSERESSE,
078 006                                   OU L'ESPERANCE,           COMME UNE CHAUVE -SOURIS,
016 025                              SALE, INUTILE ET LAID          COMME UNE CHOSE USEE,
118 020  .  .  .  .  .  .       QUAND TU FUS DEVANT TOUS POSE       COMME UNE CIBLE,
```

C

		POEM LINE
QUI JAILLIT	COMME UNE CLARTE	129 007
	COMME UNE ENFANT CHETIVE, HORRIBLE, SOMBRE, IMMONDE,	045 021
ET SA BARBE A LONGS POILS, ROIDE	COMME UNE EPEE,	090 019
	COMME UNE ETOFFE VACILLANTE,	028 003
	COMME UNE EXPLOSION NOUS LANCANT SON BONJOUR!	145 002
QU'IL S'INFILTRE	COMME UNE EXTASE DANS TOUS CEUX	149 051
LES JAMBES EN L'AIR,	COMME UNE FEMME LUBRIQUE,	029 005
ET RESPIRER,	COMME UNE FLEUR FLETRIE,	128 007
	COMME UNE FLEUR S'EPANOUIR.	029 014
UN SOULIER POMPONNE, JOLI	COMME UNE FLEUR.	097 008
FLAMBOIE ENCOR	COMME UNE FORGE,	138 023
	COMME UNE FOURMILIERE ELLE OUVRE SES ISSUES;	095 016
SE FERME LENTEMENT	COMME UNE GRANDE ALCOVE, ...	095 003
TROUVERONT DANS CE SOL LAVE	COMME UNE GREVE	010 010
QUI,	COMME UNE GUERITE, ENFERMERA TES CHARMES;	057 013
J'AI SENTI,	COMME UNE IRONIE,	129 019
LA MUSIQUE SOUVENT ME PREND	COMME UNE MER!	069 001
--O TOI QUI,	COMME UNE OMBRE A LA TRACE EPHEMERE,	039 011
LA COURONNE, ET SON COEUR, MEURTRI	COMME UNE PECHE,	098 011
TOMBE	COMME UNE PLUIE	155 021
TOMBE	COMME UNE PLUIE	155 001
TOMBE	COMME UNE PLUIE	155 041
ET BOIS,	COMME UNE PURE ET DIVINE LIQUEUR,	003 011
QUI JAILLIRA VERS DIEU	COMME UNE RARE FLEUR!"	104 024
SUR LA TABLE DE NUIT,	COMME UNE RENONCULE, ...	110 013
	COMME UNE SENTINELLE A L'OEIL PERCANT ET SUR,	130 047
PASSER SUR NOS ESPRITS, TENDUS	COMME UNE TOILE,	126 055
TOUT CELA DESCENDAIT, MONTAIT	COMME UNE VAGUE,	029 021
QUE NOUS PRESSONS BIEN FORT	COMME UNE VIEILLE ORANGE.	000 020
QU'ILS SONT, ILS ONT DES YEUX PERCANTS	COMME UNE VRILLE,	091 017
QUI VERS ELLE MONTAIT	COMME VERS SA FALAISE.	127 012
'ET,	COMME VOTRE JOIE, ECLATANTE POUR TOUS.	040 006
	COMME VOUS ETES LOIN, PARADIS PARFUME!	062 020
	COMME VOUS ETES LOIN, PARADIS PARFUME,	062 016
LES MAISONS CA ET LA	COMMENCAIENT A FUMER,	103 012
ET LE	COMMENCEMENT DE MA PERDITION!"	131 056
VONT BIENTOT	COMMENCER LEUR TRAVAIL, EUX AUSSI, ...	095 026
COMMENT N'AS -TU PAS HONTE ET	COMMENT N'AS -TU PAS HONTE ET COMMENT N'AS -TU PAS	025 011
	COMMENT N'AS -TU PAS	025 011
	COMMENT, AMOUR INCORRUPTIBLE,	134 013
	COMMES LES SONS NOMBREUX DES SYLLABES ANTIQUES, . . .	007 012
AVONS -NOUS DONC	COMMIS UNE ACTION ETRANGE?	131 049
LEUR DESTINEE ET VONT VERS LE GOUFFRE	COMMUN;	095 033
MAIS, LOUVE AU COEUR GONFLE DE TENDRESSES	COMMUNES,	005 009
VOUS AVEZ, QUE JE CROIS, ASSEZ	COMMUNIE, ...	149 023
ONT	COMMUNIQUE LA BEAUTE,	094 008
SANS	COMPAGNIE DE LIT, SANS BONNES CAUSERIES	100 010
	COMPAGNONS DE MA TRISTE JOIE,	149 036
QUI SUIVENT, INDOLENT	COMPAGNONS DE VOYAGE, ...	002 003
O VERS! NOIRS	COMPAGNONS SANS OREILLE ET SANS YEUX,	072 009
SUIVIS DE	COMPAGNONS, BLANCHIS DANS LES BATAILLES,	105 018
ET L'ON PEUT POUR CELA TE	COMPARER AU VIN.	021 004
DIEU TE SOURIT	COMPLAISAMMENT.	119 002
COMBLA-T -IL SUR TA CHAIR INERTE ET	COMPLAISANTE	110 047
DANS LE PLUS	COMPLET ABANDON	110 022
ENFIN, POUR	COMPLETER TON ROLE DE MARIE,	057 037
ON VOIT, CE QUI REND PLUS	COMPLETES	094 009
TOI QUI POSES TA MARQUE, O	COMPLICE SUBTIL,	120 034
IL VIENT COMME UN	COMPLICE, A PAS DE LOUP: LE CIEL	095 002
*EMPLISSENT DE CATINS ET D'ESCROCS, LEURS	COMPLICES,	095 024
A QUEL	COMPLOT INFAME ETAIS -JE DONC EN BUTTE, ...	090 033
ET LES	COMPLOTS DES NOIRS FILOUS.	070 014
NOUS USERONS NOTRE AME EN DE SUBTILS	COMPLOTS,	123 005
QUI	COMPOSENT SON CORPS CHARMANT,	041 008
JE VEUX, POUR	COMPOSER CHASTEMENT MES EGLOGUES, ...	086 001
ET, NE	COMPRENANT PAS LES DESSEINS ETERNELS,	001 018
--QUI PLANE SUR LA VIE, ET	COMPREND SANS EFFORT	003 019
(CAR LE TOMBEAU TOUJOURS	COMPRENDRA LE POETE),	033 010
JETTE! TU N'Y	COMPRENDRAIS RIEN, ...	142 007
NUL NE PEUT ME	COMPRENDRE. UN SEUL	106 029
	COMPRENDS -TU MAINTENANT QU'IL NE FAUT PAS OFFRIR	131 026
JE	COMPRENDS BIEN, AMIS, QUE LE DESIR BALANCE;	151 002
QUI NE	COMPRENNENT PAS, AMANTS IVRES DE CHAIR, ...	097 018
QUI	COMPRIMENT LE COEUR COMME UN PAPIER QU'ON FROISSE?	044 004
CAR JE	COMPTAI SEPT FOIS, DE MINUTE EN MINUTE,	090 035
TU	COMPTERAIS DANS TES LITS	088 041
POUR ENTENDRE UN DE CES	CONCERTS, RICHES DE CUIVRE, ...	091 053
	CONCEVAIT CHAQUE JOUR DES ENFANTS MONSTRUEUX,	019 002
LE POETE AUJOURD'HUI, QUAND IL VEUT	CONCEVOIR	005 015
OU MON VENTRE A	CONCU MON EXPIATION!	001 008
ET LE VENT FURIBOND DE LA	CONCUPISCENCE	131 099
	CONDAMNE A PEINDRE, HELAS! SUR LES TENEBRES;	038 006
MARTYR DOCILE, INNOCENT	CONDAMNE,	128 019
SUR VOTRE TETE	CONDAMNEE,	070 010
LOIN DES PEUPLES VIVANTS, ERRANTES,	CONDAMNEES, ...	131 101
ET	CONDAMNE TON FRONT PALI DANS LES TRAVAUX,	130 032
AU RIRE ETERNEL	CONDAMNE,	083 027
QUI VEULENT ME	CONDUIRE EN DES ROUTES MOUVANTES	131 047
ILS	CONDUISENT MES PAS DANS LA ROUTE DU BEAU;	043 006

```
109 009 . . . . . . . . . . . . . . IL ME CONDUIT AINSI, LOIN DU REGARD DE DIEU,
120 041                                      CONFESSEUR DES PENDUS ET DES CONSPIRATEURS,
045 040                                   AU CONFESSIONNAL DU COEUR,
133 019                                  ET, CONFIANT TA VIE AUX BRAS FORTS DES MARINS,
045 039 . . . . . . . . . . .  ET CETTE CONFIDENCE HORRIBLE CHUCHOTEE
111 005          LES UNES, COEURS EPRIS DES LONGUES CONFIDENCES,
033 009                          LE TOMBEAU, CONFIDENT DE MON REVE INFINI
102 028                            VERS LES CONFINS DE L'UNIVERS,
003 004 . . . . . . . . .  PAR DELA LES CONFINS DES SPHERES ETOILEES,
004 005     COMME DE LONGS ECHOS QUI DE LOIN SE CONFONDENT
023 029        JE M'ENIVRE ARDEMMENT DES SENTEURS CONFONDUES
105 016                          VOMISSEMENT CONFUS DE L'ENORME PARIS,
149 038 . . . . . . . . .  A TRAVERS LES AMAS CONFUS DE VOTRE CENDRE,
089 012   ET, BRILLANT AUX CARREAUX, LE BRIC-A-BRAC CONFUS.
132 025                          TREMBLAIENT CONFUSEMENT DES DEBRIS DE SQUELETTE,
021 003                               VERSE CONFUSEMENT LE BIENFAIT ET LE CRIME,
004 002 . . . . .  LAISSENT PARFOIS SORTIR DE CONFUSES PAROLES;
109 012           ET JETTE DANS MES YEUX PLEINS DE CONFUSION
091 081                RUINES! MA FAMILLE! O CERVEAUX CONGENERES!
054 033             CONNAIS -TU LE REMORDS, AUX TRAITS EMPOISONNES,
054 032 . . . . . . . . . . . . .  DIS, CONNAIS -TU L'IRREMISSIBLE?
125 001             CONNAIS -TU, COMME MOI, LA DOULEUR SAVOUREUSE,
149 013               MIEUX QUE TOUS, JE CONNAIS CERTAIN VOLUPTUEUX
058 019                              ET TU CONNAIS LA CARESSE
064 011 . . . . . . . . . . . . . . . JE CONNAIS LES ENGINS DE SON VIEIL ARSENAL:
126 140               NOS COEURS QUE TU CONNAIS SONT REMPLIS DE RAYONS!
000 039                            TU LE CONNAIS, LECTEUR, CE MONSTRE DELICAT,
127 001       LA TRES -CHERE ETAIT NUE, ET, CONNAISSANT MON COEUR,
073 012 . . . . . --MAIS LES BUVEURS HEUREUX CONNAISSENT LEUR VAINQUEUR,
044 001                ANGE PLEIN DE GAIETE, CONNAISSEZ -VOUS L'ANGOISSE,
044 005                ANGE PLEIN DE GAIETE, CONNAISSEZ -VOUS L'ANGOISSE?
044 006                ANGE PLEIN DE BONTE, CONNAISSEZ -VOUS LA HAINE,
044 010 . . . . . . . . . ANGE PLEIN DE BONTE, CONNAISSEZ -VOUS LA HAINE?
044 011                ANGE PLEIN DE SANTE, CONNAISSEZ -VOUS LES FIEVRES,
044 015                ANGE PLEIN DE SANTE, CONNAISSEZ -VOUS LES FIEVRES?
044 016                ANGE PLEIN DE BEAUTE, CONNAISSEZ -VOUS LES RIDES,
044 020 . . . . . . ANGE PLEIN DE BEAUTE, CONNAISSEZ -VOUS LES RIDES?
120 022          TOI DONT L'OEIL CLAIR CONNAIT LES PROFONDS ARSENAUX
014 011              O MER, NUL NE CONNAIT TES RICHESSES INTIMES,
140 003             ET DIT, LE SECOUANT: "TU CONNAITRAS LA REGLE!
025 008 . . . . . . . . . . . . .  SANS CONNAITRE JAMAIS LA LOI DE LEUR BEAUTE.
095 037       ENCORE LA PLUPART N'ONT -ILS JAMAIS CONNU
033 013                    DE N'AVOIR PAS CONNU CE QUE PLEURENT LES MORTS?"
123 009            IL EN EST QUI JAMAIS N'ONT CONNU LEUR IDOLE,
106 036                              N'A CONNU L'AMOUR VERITABLE,
040 004       VIVRE EST UN MAL. C'EST UN SECRET DE TOUS CONNU,
061 002                              J'AI CONNU, SOUS UN DAIS D'ARBRES TOUT EMPOURPRES
021 024   D'UN INFINI QUE J'AIME ET N'AI JAMAIS CONNU?
079 010 . . . . .  DONT LA LUMIERE PARLE UN LANGAGE CONNU!
136 010           AU DELA DU POSSIBLE, AU DELA DU CONNU!"
097 052   VOUS ENTRAINE EN DES LIEUX QUI NE SONT PAS CONNUS!
031 014                               DE CONQUERIR MA LIBERTE,
139 008 . . . . . . . . . . . . . QUI TE CONSACRE UN CHANT D'AIRAIN.
001 020                        LES BUCHERS CONSACRES AUX CRIMES MATERNELS.
084 040                              --LA CONSCIENCE DANS LE MAL!
132 006       DE PERDRE AU FOND D'UN LIT L'ANTIQUE CONSCIENCE.
126 022 . . . . . ET QUI REVENT, AINSI QU'UN CONSCRIT LE CANON,
115 009                              A ME CONSIDERER FROIDEMENT ILS SE MIRENT,
041 016                              ET CONSOLE COMME LA NUIT;
136 027               MAIS LA VOIX ME CONSOLE ET DIT: "GARDE TES SONGES;
062 006 . . . . . LA MER, LA VASTE MER, CONSOLE NOS LABEURS!
062 010             LA MER, LA VASTE MER, CONSOLE NOS LABEURS!
122 001             C'EST LA MORT QUI CONSOLE, HELAS! ET QUI FAIT VIVRE!
120 031            TOI QUI, POUR CONSOLER L'HOMME FRELE QUI SOUFFRE,
026 005   CONFESSEUR DES PENDUS ET DES CONSPIRATEURS,
110 060                   JE PREFERE AU CONSTANCE, A L'OPIUM, AUX NUITS,
057 008                              ET CONSTANT JUSQUES A LA MORT,
126 078           SAVAMMENT CONSTELLE DE RIMES DE CRISTAL,
157 007 . . . . . . . DES TRONES CONSTELLES DE JOYAUX LUMINEUX;
033 002                      DANS DES CONSTRUCTIONS DONT L'AUDACE CORRECTE
017 011               AU FOND D'UN MONUMENT CONSTRUIT EN MARBRE NOIR,
148 007 . . . . . . . . . QUE MES YEUX CONSUMERONT LEURS JOURS EN D'AUSTERES ETUDES;
088 035                              ET CONSUMES NE VOIENT
092 001                        CONTEMPLE -LES, MON AME; ILS SONT VRAIMENT AFFREUX!
080 013                              JE CONTEMPLANT TON SOULIER
090 041 . . . . .  AURAIS -JE, SANS MOURIR, CONTEMPLE D'EN HAUT LE GLOBE EN SA RONDEUR
098 005                       QUAND JE CONTEMPLE LE HUITIEME,
051 040                          QUI ME CONTEMPLE, AUX FEUX DU GAZ QUI LE COLORE,
123 007                       AVANT DE CONTEMPLENT FIXEMENT.
068 002 . . . . . . . . . . . ON VOIT, A CONTEMPLER LA GRANDE CREATURE
116 060                              DE CONTEMPLER MA MINE
099 008           CONTEMPLER MON COEUR ET MON CORPS SANS DEGOUT!
097 039                              NE CONTEMPLER NOS DINERS LONGS ET SILENCIEUX,
014 002 . . . . .  LA MER EST TON MIROIR; TU CONTEMPLERONT PAS SANS D'AMERES NAUSEES
115 013                              --" CONTEMPLES TON AME
020 001                         CONTEMPLONS A LOISIR CETTE CARICATURE
111 022   DE LA REALITE GRANDS ESPRITS CONTEMPLONS CE TRESOR DE GRACES FLORENTINES;
126 066 . . . . . . . . . . . .  JAMAIS NE CONTEMPTEURS,
                                          CONTENAIENT L'ATTRAIT MYSTERIEUX
```

C

		POEM	LINE
TU ME GLORIFIERAS ET TU SERAS	CONTENT;	104	016
ON NE PEUT ICI-BAS	CONTENTER QU'UN SEUL MAITRE!"	131	073
TU	CONTIENS DANS TON OEIL LE COUCHANT ET L'AURORE;	021	005
TU	CONTIENS, MER D'EBENE, UN EBLOUISSANT REVE	023	014
ET	CONTIENT MON ORGUEIL, MA DOULEUR ET MA GLOIRE!"	149	042
QUI	CONTIENT PLUS DE MORTS QUE LA FOSSE COMMUNE.	076	007
ET	CONTIENT TOUTES LES EXTASES;	051	014
EN TES	CONTORSIONS, RISIBLE HUMANITE,	097	058
AVANT DE S'ENDORMIR LE	CONTOUR DE SES SEINS,	065	004
DE L'EPAULE AU	CONTOUR HEURTE,	110	038
PLUVIOSE, IRRITE	CONTRE LA VILLE ENTIERE,	075	001
	CONTRE UN GIGANTESQUE REMOUS	084	010
	CONTRISTE, SERVILE BOURREAU,	150	017
TE	CONVULSANT QUAND L'HEURE TINTE,	138	033
ET DES DOIGTS	CONVULSES D'UNE INFERNALE FIEVRE,	096	007
SUR SON COU	CONVULSIF TENDANT SA TETE AVIDE,	089	027
ROULANT UN MANUSCRIT SOUS SON PIED	CONVULSIF,	153	002
LE BON VENT, LA TEMPETE ET SES	CONVULSIONS	069	011
LE CHANT DU	COQ AU LOIN DECHIRAIT L'AIR BRUMEUX;	103	020
POUR DIRE VRAI, JE CRAINS QUE TA	COQUETTE MAIGRE AUX AIRS EXTRAVAGANTS.	097	004
D'UNE	COQUETTERIE	097	033
VIEUX SOUVENIR SONNE A PLEIN SOUFFLE DU	COR!	089	050
ET QUE SURVEILLE LE	CORBEAU,	054	017
OUVRIRA LARGEMENT SES AILES DE	CORBEAU.	101	008
VIVANT, J'AIMERAIS MIEUX INVITER LES	CORBEAUX	072	007
DES	CORBEAUX LANCINANTS ET DES PANTHERES NOIRES	116	051
OREILLER CARESSANT, OU	CORBEILLE DE FLEURS!	098	016
SONT LES	CORBILLARDS DE MES REVES,	082	012
--ET DE LONGS	CORBILLARDS, SANS TAMBOURS NI MUSIQUE,	078	017
ET PLANAIT LIBREMENT A L'ENTOUR DES	CORDAGES;	116	002
CHANTER SA PLUS VIBRANTE	CORDE,	051	020
AINSI L'AMANT SUR UN	CORPS ADORE	038	021
LES FILLES AUX YEUX CREUX, DE LEUR	CORPS AMOUREUSES,	130	018
ET REVET D'UN BAISER TOUT TON	CORPS BLANC ET ROSE.	057	018
QUAND DE TON	CORPS BRISE LA PESANTEUR HORRIBLE	118	017
ALLAIT, LE	CORPS BRULE DE SECRETES CHALEURS,	116	023
NAGENT AUTOUR DE SON	CORPS BRUN.	034	014
QUI COMPOSENT SON	CORPS CHARMANT,	041	008
LA CRAPULE DU	CORPS DE GARDE ET DES CUISINES,	118	014
ET PENETRENT VOS	CORPS DE LEURS PARFUMS AFFREUX.	131	096
LA FEMME AU	CORPS DIVIN, PROMETTANT LE BONHEUR,	020	018
DE PALPER TON	CORPS ELECTRIQUE,	034	008
AUX EMANATIONS DE TON	CORPS ENCHANTE;	044	023
A L'ARTISTE PENSIF TON	CORPS EST DOUX ET CHER;	133	003
DES HOMMES DONT LE	CORPS EST MINCE ET VIGOUREUX,	022	007
QUE LA BEAUTE DU	CORPS EST UN SUBLIME DON	114	015
AILLEURS QU'EN TON CHER	CORPS ET QU'EN TON COEUR SI DOUX?	036	024
DE CE	CORPS FERME ET DROIT LA RUDE MAJESTE.	114	008
J'EUSSE AIME VOIR SON	CORPS FLEURIR AVEC SON AME	019	005
ELLE FIT SON BEAU	CORPS LA PATURE SUPREME	130	068
AGITE SANS REPOS SON	CORPS MAIGRE ET GALEUX;	075	006
TON JEUNE	CORPS MALADIF,	088	006
DANS L'ONDULATION DE CE	CORPS MUSCULEUX	020	002
NE CHAUFFERA JAMAIS SON	CORPS PARALYTIQUE	131	067
SUR TON BEAU	CORPS POLI COMME LE CUIVRE.	128	012
COMME LA NEIGE IMMENSE UN	CORPS PRIS DE ROIDEUR;	080	012
OU L'AME, SOUS LE POIDS DU	CORPS REVECHE ET LOURD,	103	007
POUR CE VIEUX	CORPS SANS AME ET MORT PARMI LES MORTS!	072	014
DE CONTEMPLER MON COEUR ET MON	CORPS SANS DEGOUT!	116	060
ET TON	CORPS SE PENCHE ET S'ALLONGE	028	025
DE TON	CORPS SI BEAU,	028	002
TU POSES DOUCEMENT TON	CORPS SUR UNE NATTE,	133	014
O PAUVRES	CORPS TORDUS, MAIGRES, VENTRUS OU FLASQUES,	005	022
IL N'EST PAS UNE FIBRE EN TOUT MON	CORPS TREMBLANT	037	013
ENTERRE VOTRE	CORPS VANTE,	070	004
JE ME PRIS A SONGER PRES DE CE	CORPS VENDU	032	003
QUI GOUVERNE TOUT SON BEAU	CORPS,	041	018
CAR J'EUSSE AVEC FERVEUR BAISE TON NOBLE	CORPS,	032	009
OCCUPENT NOS ESPRITS ET TRAVAILLENT NOS	CORPS,	000	002
ON EUT DIT QUE LE	CORPS, ENFLE D'UN SOUFFLE VAGUE,	029	023
EST MUR, COMME SON	CORPS, POUR LE SAVANT AMOUR,	098	012
A FORME DE LA BOITE OU L'ON MET TOUS CES	CORPS.	091	032
ET POUR LES PRESSURER RESSUSCITER LEURS	CORPS.	073	008
DANS DES CONSTRUCTIONS DONT L'AUDACE	CORRECTE	157	007
DE SON ETRE EXTIRPER L'ELEMENT	CORROMPU,	077	014
NOUS AVONS, IL EST VRAI, NATIONS	CORROMPUES,	005	029
--ET D'AUTRES,	CORROMPUS, RICHES ET TRIOMPHANTS,	004	011
SI, LE	CORSET BRUTAL EMPRISONNANT TES FLANCS,	133	024
SON	CORTEGE INFERNAL D'ALARMES,	106	038
--MAIS JE TOURNAI LE DOS AU	CORTEGE INFERNAL.	090	044
DES	COSTUMES QUI SONT POUR LES YEUX UNE IVRESSE;	126	081
MA SOEUR,	COTE A COTE NAGEANT,	108	012
MAIS VOILA QU'EN RASANT LA	COTE D'ASSEZ PRES	116	025
COMME DES AVIRONS TRAINER A	COTE D'EUX.	002	008
MA SOEUR, COTE A	COTE NAGEANT,	108	012
A TRAVERS LE TREILLIS RECOURBE DE TES	COTES	097	031
SANS CESSE A MES	COTES S'AGITE LE DEMON;	109	001
A MES	COTES, AU LIEU DU MANNEQUIN PUISSANT	132	023
SES	COTHURNES DE VELOURS	088	011

```
POEM LINE
091 070 . . . . . . . . . PEUREUSES, LE DOS BAS, VOUS   COTOYEZ LES MURS;
089 027                       SUR SON   COU CONVULSIF TENDANT SA TETE AVIDE,
061 006                    A DANS LE   COU DES AIRS NOBLEMENT MANIERES;
052 009                      SUR TON   COU LARGE ET ROND, SUR TES EPAULES GRASSES,
052 037 . . .                 SUR TON   COU LARGE ET ROND, SUR TES EPAULES GRASSES,
049 005                COMME UN SOLEIL   COUCHANT DANS UN CIEL NEBULEUX.
021 005         TU CONTIENS DANS TON OEIL LE   COUCHANT ET L'AURORE;
012 008              AUX COULEURS DU   COUCHANT REFLETE PAR MES YEUX.
126 062 . . .   LA GLOIRE DES CITES DANS LE SOLEIL   COUCHANT,
056 024       D'UN GLORIEUX AUTOMNE OU D'UN SOLEIL   COUCHANT.
053 035                  --LES SOLEILS   COUCHANTS
080 003             NE VEUT PLUS T'ENFOURCHER!   COUCHE -TOI SANS PUDEUR,
076 024 . . NE CHANTE QU'AUX RAYONS DU SOLEIL QUI SE   COUCHE.
128 014             RIEN NE ME VAUT L'ABIME DE TA   COUCHE;
127 009                ELLE ETAIT DONC   COUCHEE ET SE LAISSAIT AIMER.
111 001        COMME UN BETAIL PENSIF SUR LE SABLE   COUCHEES,
086 002 . . .         COUCHER AUPRES DU CIEL, COMME LES ASTROLOGUES,
145 004                    SALUER SON   COUCHER PLUS GLORIEUX QU'UN REVE!
124 012                  JE VAIS ME   COUCHER SUR LE DOS
106 044                       JE ME   COUCHERAI SUR LA TERRE,
154 005 . . . . . . . . . . .   ET SON   COUDE DANS LES COUSSINS,
104 015                       LES   COUDES SUR LA TABLE ET RETROUSSANT TES MANCHES,
029 019           DE LARVES, QUI   COULAIENT COMME UN EPAIS LIQUIDE
118 019               ET TA SUEUR   COULAIENT DE TON FRONT PALISSANT,
116 034 . . . . . LES INTESTINS PESANTS LUI   COULAIENT SUR LES CUISSES,
007 011           ET QUE TON SANG CHRETIEN   COULAT A FLOTS RHYTHMIQUES,
113 001     IL ME SEMBLE PARFOIS QUE MON SANG   COULE A FLOTS,
077 018                        OU   COULE AU LIEU DE SANG L'EAU VERTE DU LETHE.
113 003 . . .     JE L'ENTENDS BIEN QUI   COULE AVEC UN LONG MURMURE,
128 016                ET LE LETHE   COULE DANS TES BAISERS.
090 003            LES MYSTERES PARTOUT   COULENT COMME DES SEVES
132 004                    LAISSAIT   COULER CES MOTS TOUT IMPREGNES DE MUSC:
013 012 . . .                  FAIT   COULER LE ROCHER ET FLEURIR LE DESERT
100 013               ET LE SIECLE   COULER, SANS QU'AMIS NI FAMILLE
090 014               IMITAIENT LA   COULEUR DE CE CIEL PLUVIEUX,
127 032        IL INONDAIT DE SANG CETTE PEAU   COULEUR D'AMBRE!
102 041 . . .        ET TOUT, MEME LA   COULEUR NOIRE,
096 006             DES LEVRES SANS   COULEUR, DES MACHOIRES SANS DENT,
023 017        A GRANDS FLOTS LE PARFUM, LE SON ET LA   COULEUR!
058 038              PAR TOI, LUMIERE ET   COULEUR!
135 015 . . . . .   DONT LES FORMES ET LES   COULEURS
129 009            LES RETENTISSANTES   COULEURS
104 018          A TON FILS JE RENDRAI SA FORCE ET SES   COULEURS
012 008                       AUX   COULEURS DU COUCHANT REFLETE PAR MES YEUX.
004 008 . . . . .   LES PARFUMS, LES   COULEURS ET LES SONS SE REPONDENT.
155 026                    MET SES   COULEURS,
155 040                    MET SES   COULEURS,
155 012                    MET SES   COULEURS,
085 006 . . .   AINSI QU'UNE SYLPHIDE AU FOND DE LA   COULISSE;
031 001             TOI QUI, COMME UN   COUP DE COUTEAU,
095 018         AINSI QUE L'ENNEMI QUI TENTE UN   COUP DE MAIN;
078 013            DES CLOCHES TOUT A   COUP SAUTENT AVEC FURIE
045 013 . . . .            TOUT A   COUP, AU MILIEU DE L'INTIMITE LIBRE
090 013               TOUT A   COUP, UN VIEILLARD DONT LES GUENILLES JAUNES
085 018       QUI GAGNE SANS TRICHER, A TOUT   COUP! C'EST LA LOI.
106 049               ECRASER MA TETE   COUPABLE
110 033 . . . . . . . . . . .   UNE   COUPABLE JOIE ET DES FETES ETRANGES
109 004       ET L'EMPLIT D'UN DESIR ETERNEL ET   COUPABLE.
015 018          SE TENAIT A LA BARRE ET   COUPAIT LE FLOT NOIR;
034 011             PROFOND ET FROID,   COUPE ET FEND COMME UN DARD,
103 019 . . . . . . . .   COMME UN SANGLOT   COUPE PAR UN SANG ECUMEUX
106 050                   OU ME   COUPER PAR LE MILIEU,
116 036                L'AVAIENT A   COUPS DE BEC ABSOLUMENT CHATRE!
056 012                SOUS LES   COUPS DU BELIER INFATIGABLE ET LOURD.
088 027          ET CHASSENT A   COUPS MUTINS
088 014          QU'UN SUPERBE HABIT DE   COUR
155 005                 DANS LA   COUR LE JET D'EAU QUI JASE
116 059   --AH! SEIGNEUR! DONNEZ -MOI LA FORCE ET LE   COURAGE
026 013 . . . . . . . . . .   POUR BRISER TON   COURAGE ET TE METTRE AUX ABOIS,
059 011                   SON   COURAGE, AFFOLE DE POUDRE ET DE TAMBOURS,
011 002         SISYPHE, IL FAUDRAIT TON   COURAGE!
021 008     QUI FONT LE HEROS LACHE ET L'ENFANT   COURAGEUX,
096 022 . . . . . . . . .   COURANT AVEC FERVEUR A L'ABIME BEANT,
029 026             COMME L'EAU   COURANTE ET LE VENT,
005 037   A L'OEIL LIMPIDE ET CLAIR AINSI QU'UNE EAU   COURANTE,
095 010               ET L'OUVRIER   COURBE QUI REGAGNE SON LIT.
015 019 . . .      MAIS LE CALME HEROS,   COURBE SUR SA RAPIERE,
089 039         AUPRES D'UN TOMBEAU VIDE EN EXTASE   COURBEE;
077 003     QUI, DE SES PRECEPTEURS MEPRISANT LES   COURBETTES,
130 008                   ET   COURENT, SANGLOTANT ET GLOUSSANT PAR SACCADES,
126 116 . . .   LE TEMPS! IL EST, HELAS! DES   COUREURS SANS REPIT,
131 090           OMBRES FOLLES,   COUREZ AU BUT DE VOS DESIRS;
131 102         A TRAVERS LES DESERTS   COUREZ COMME LES LOUPS;
033 008             ET TES PIEDS DE   COURIR LEUR COURSE AVENTUREUSE,
001 067 . . . .   ET QU'IL FAUT POUR TRESSER UNE ENORME   COURONNE MYSTIQUE
098 011                   LA   COURONNE, ET SON COEUR, MEURTRI COMME UNE PECHE,
057 009     JE FERAI POUR TA TETE UNE ENORME   COURONNE:
020 013      "LA VOLUPTE M'APPELLE ET L'AMOUR ME   COURONNE!"
145 007 . . . . . . . . . . . .   -- COURONS VERS L'HORIZON, IL EST TARD, COURONS VITE,
```

C

		POEM	LINE
--COURONS VERS L'HORIZON, IL EST TARD,	COURONS VITE, ...	145	007
LA DIANE CHANTAIT DANS LES	COURS DES CASERNES.	103	001
	COURS OFFRIR UN COEUR VIERGE A SES CRUELS BAISERS;	131	070
LE BOIS RETENTISSANT SUR LE PAVE DES	COURS.	056	004
ET TES PIEDS DE COURIR LEUR	COURSE AVENTUREUSE,	033	008
LES	COURSES, LES CHANSONS, LES BAISERS, LES BOUQUETS,	062	022
L'EREBE LES EUT PRIS POUR SES	COURSIERS FUNEBRES,	066	007
TON EPOUX	COURT LE MONDE, ET TA FORME IMMORTELLE	110	057
POUR TROUVER LE REPOS	COURT TOUJOURS COMME UN FOU!	126	032
AU LIEU D'UN HAILLON TROP	COURT,	088	013
	COURT, DANSE ET SE TORD SANS RAISON	124	002
PAR, S'IL LE FAUT, L'UN	COURT, ET L'AUTRE SE TAPIT	126	114
L'ART EST LONG ET LE TEMPS EST	COURT.	011	004
	COURTE TACHE! LA TOMBE ATTEND; ELLE EST AVIDE!	056	025
SERVITEUR DE JESUS,	COURTISAN DE CYTHERE,	144	003
FAVORI DE L'ENFER,	COURTISAN MAL RENTRE,	112	006
TE DIRA: "QUE VOUS SERT,	COURTISANE IMPARFAITE, ...	033	012
DESTRUCTEUR ET GOURMAND COMME LA	COURTISANE, .	054	008
MERES AU COEUR SAIGNANT,	COURTISANES OU SAINTES,	091	063
DANS DES FAUTEUILS FANES DES	COURTISANES VIEILLES,	096	001
ADIEU, VIVE CLARTE DE NOS ETES TROP	COURTS!	056	002
ET TU RAVIS LES	COURU L'UN SUR L'AUTRE; LEURS ARMES	035	001
DEUX GUERRIERS ONT	COUSSINS	058	023
SUR DE PROFONDS	COUSSINS TOUT IMPREGNES D'ODEUR,	131	002
AINSI QU'UNE BEAUTE, SUR DE NOMBREUX	COUSSINS, ...	065	002
ET SON COUDE DANS LES	COUSSINS,	154	005
PUISQUE, MALGRE LE SANG QUE LEUR VOLUPTE	COUTE,	118	007
TOI QUI, COMME UN COUP DE	COUTEAU,	031	001
JE SUIS LA PLAIE ET LE	COUTEAU!	083	021
BOURREAU PLEIN DE REMORDS, JE FERAI SEPT	COUTEAUX	057	040
DELPHINE LA	COUVAIT AVEC DES YEUX ARDENTS,	131	014
DEVINER SI SON COEUR	COUVE UNE SOMBRE FLAMME	019	007
	COUVE L'ENFANT GRANDI DE SON OEIL MATERNEL, ...	100	020
QUAND LE CIEL BAS ET LOURD PESE COMME UN	COUVERCLE	078	001
LE CIEL!	COUVERCLE NOIR DE LA GRANDE MARMITE	144	003
LE SOLEIL S'EST	COUVERT D'UN CREPE. COMME LUI,	037	001
ON DIRAIT TON REGARD D'UNE VAPEUR	COUVERT:	050	001
ET QUE TU	COUVES SOUS TA GORGE	138	024
ET LES SIX AUTRES MOIS LA NUIT	COUVRE LA TERRE;	030	006
CE MONSTRE TOUT GONFLE DE HAINE ET DE	CRACHATS.	057	028
ILS MELENT DE LA CENDRE AVEC D'IMPURS	CRACHATS;	001	034
CREVE ET VIS	CRACHE SON AME GRELE	117	011
LORSQUE TU VIS	CRACHER SUR TA DIVINITE	118	013
QU'IL FAUT EN CE MONDE QU'IL	CRAIGNE	067	010
POUR DIRE VRAI, JE	CRAINS QUE TA COQUETTERIE	097	033
'S CEUX QU'IL VEUT AIMER L'OBSERVENT AVEC	CRAINTE,	001	029
N'OUVRANT A CHACUN QU'AVEC	CRAINTE,	138	021
VONT EPELANT L'AMOUR DES	CRAINTIVES ENFANCES	111	007
''AMOUR EST ASSIS SUR LE	CRANE	117	001
J'ENTENDS LE	CRANE A CHAQUE BULLE	117	013
SUR MON	CRANE INCLINE PLANTE SON DRAPEAU NOIR.	078	020
DANS TON	CRANE OU VIVAIT L'IMMENSE HUMANITE;	118	016
ET SON	CRANE, DE FLEURS ARTISTEMENT COIFFE, ...	097	014
DES	CRAPAUDS IMPREVUS ET DE FROIDS LIMACONS.	145	014
LA	CRAPULE DU CORPS DE GARDE ET DES CUISINES,	118	014
CETTE	CRAPULE INVULNERABLE	106	033
QUE TOUT	CRAQUE, AMOUR ET BEAUTE, ...	045	034
RIEN QU'UN DESSIN FORT PALE, AUX TROIS	CRAYONS,	038	050
"OU DONC L'APERCOIS -TU, CE	CREATEUR DU BEAU,	149	011
AVANT DE CONTEMPLER LA GRANDE	CREATURE	123	007
DESALTERANT LA SOIF DE CHAQUE	CREATURE, ...	113	007
DORS EN PAIX, DORS EN PAIX, ETRANGE	CREATURE,	110	055
ELLE Y VINT!--FOLLE	CREATURE!	106	023
TE POUSSE-T -IL,	CREDULE, AU SABBAT DU PLAISIR?	097	024
UNE DAME	CREOLE AUX CHARMES IGNORES.	061	004
L'ECLAT DE CE SOLEIL D'UN	CREPE SE VOILA;	016	016
LE SOLEIL S'EST COUVERT D'UN	CREPE. COMME LUI,	037	001
	CREPITE, FLAMBE ET DIT: BENISSONS CE FLAMBEAU!	021	018
UN REGARD VAGUE ET BLANC COMME LE	CREPUSCULE	110	019
DES FANTOMES PUISSANTS QUI DANS LES	CREPUSCULES	006	015
SUR LE FRONT DU	CRESUS IMPITOYABLE ET VIL,	120	035
MENDIANT TENEBREUX OU	CRESUS RUTILANT,	144	004
DE QUELQUE MONSTRUEUX	CRESUS.	150	012
OU L'EAU	CREUSE DES TROUS GRANDS COMME DES TOMBEAUX.	010	008
APPROFONDIT LE TEMPS,	CREUSE LA VOLUPTE,	049	008
UNE BLESSURE LARGE ET	CREUSE,	129	032
QU'UN CAVEAU PLUVIEUX ET QU'UNE FOSSE	CREUSE;	033	004
VOYANT TOMBER DES PLEURS DE SA PAUPIERE	CREUSE?	100	022
ET	CREUSENT LE BOIS VERT DES JEUNES ARBRISSEAUX;	111	008
ET	CREUSER DANS LE COIN LE PLUS NOIR DE MON COEUR,	057	003
JE VEUX	CREUSER MOI-MEME UNE FOSSE PROFONDE, ...	072	002
ET CEUX DE TON AMANT	CREUSERONT LEURS ORNIERES	131	031
DES	CREUSETS QU'UN METAL REFROIDI PAILLETA...	091	034
DANS LE	CREUX DE SA MAIN PREND CETTE LARME PALE,	065	012
QUI DANS LE	CREUX MUET DES VIEUX ANTRES PAIENS	111	014
TES YEUX	CREUX SONT PEUPLES DE VISIONS NOCTURNES,	007	002
LES FILLES AUX YEUX	CREUX, DE LEUR CORPS AMOUREUSES,	130	009
	CREVE ET CRACHE SON AME GRELE	117	011
S'ENIVRE CHAQUE NUIT DU	CRI DE LA TOURMENTE	130	073

```
POEM LINE
115 024 . . . . .  . . . . .  DOMINE LA NUEE ET LE   CRI DES DEMONS)
132 026           QUI D'EUX-MEMES RENDAIENT LE   CRI D'UNE GIROUETTE
107 008                       SEMBLABLE AU   CRI LOINTAIN DE L'HUMAINE DOULEUR,
074 007                JETTE FIDELEMENT SON   CRI RELIGIEUX,
006 037 . . . . . . . .  .  .  C'EST UN   CRI REPETE PAR MILLE SENTINELLES,
131 075                         CRIA SOUDAIN:--"JE SENS S'ELARGIR DANS MON ETRE
126 103                         CRIANT A DIEU, DANS SA FURIBONDE AGONIE:
001 037                   SA FEMME VA   CRIANT SUR LES PLACES PUBLIQUES:
048 004 . .   DONT LA SERRURE GRINCE ET RECHIGNE EN   CRIANT,
124 003                 LA VIE, IMPUDENTE ET   CRIARDE.
045 025       PAUVRE ANGE, ELLE CHANTAIT, VOTRE NOTE   CRIARDE:
083 017              ELLE EST DANS MA VOIX, LA   CRIARDE!
126 035 . .  UNE VOIX DE LA HUNE, ARDENTE ET FOLLE,   CRIE:
037 014                       QUI NE   CRIE: O MON CHER BELZEBUTH, JE T'ADORE!
126 122              NOUS POURRONS ESPERER ET   CRIER: EN AVANT!
115 027                         CRIME QUI N'A PAS FAIT CHANCELER LE SOLEIL!
021 003 . . . .  VERSE CONFUSEMENT LE BIENFAIT ET LE   CRIME,
018 010   C'EST VOUS, LADY MACBETH, AME PUISSANTE AU   CRIME,
064 012                         CRIME, HORREUR ET FOLIE!--O PALE MARGUERITE!
001 020              LES BUCHERS CONSACRES AUX   CRIMES MATERNELS.
131 087   PLONGEZ AU PLUS PROFOND DU GOUFFRE, OU TOUS LES   CRIMES,
062 014              DISE: LOIN DES REMORDS, DES   CRIMES, DES DOULEURS,
095 001             VOICI LE SOIR CHARMANT, AMI DU   CRIMINEL;
126 100                   DANS LES CLOUS ET LE   CRIN CHERCHANT LA VOLUPTE;
023 031 . . . .  LONGTEMPS! TOUJOURS! MA MAIN DANS TA   CRINIERE LOURDE
128 004                 DANS L'EPAISSEUR DE TA   CRINIERE LOURDE;
110 015             LA TETE, AVEC L'AMAS DE SA   CRINIERE SOMBRE
131 057                   DELPHINE SECOUANT SA   CRINIERE TRAGIQUE,
157 001 . . . . . . .  .  VOUS AVEZ EMPOIGNE LES   CRINS DE LA DEESSE
116 019       UN DESERT ROCAILLEUX TROUBLE PAR DES   CRIS AIGRES,
105 023           DES CLAIRONS, DU SOLEIL, DES   CRIS ET DU TAMBOUR,
070 011                       LES   CRIS LAMENTABLES DES LOUPS
106 004 . . . . . . . . .  . . .  SES   CRIS ME DECHIRAIENT LA FIBRE.
062 028          PEUT -ON LE RAPPELER AVEC DES   CRIS PLAINTIFS,
138 039             .  ME DIRE, L'AME DE TA   CRIS PLEINE:
000 034   QUOIQU'IL NE POUSSE NI GRANDS GESTES NI GRANDS   CRIS,
006 034                 CES EXTASES, CES   CRIS, CES PLEURS, CES TE DEUM,
153 010                CES GRIMACES, CES   CRIS, CES SPECTRES DONT L'ESSAIM
111 024              TANTOT PLEINES DE   CRIS, TANTOT PLEINES DE PLEURS,
093 006                   MOI, JE BUVAIS,   CRISPE COMME UN EXTRAVAGANT,
001 004 . . . . . . . .  ET, REGARDE, VOICI,   CRISPE SES POINGS VERS DIEU, QUI LA PREND EN PITIE:
020 022                LES POINGS   CRISPES DANS L'OMBRE ET LES LARMES DE FIEL,
044 007        ET POUR LA DERANGER DU ROCHER DE   CRISTAL
127 023 . . . . . . . .  DANS LE BLEU   CRISTAL DU MATIN
108 007              COMME DES RIDEAUX DE   CRISTAL,
102 018             COMME EN UN PIEGE DE   CRISTAL,
084 026          SAVAMMENT CONSTELLE DE RIMES DE   CRISTAL,
057 018   ILS ME DISENT, TES YEUX, CLAIRS COMME LE   CRISTAL:
064 001 . .                 DANS LE RAYON   CRISTALLISE.
102 044                   OU TU ME   CROIRAIS HYSTERIQUE.
142 008          MEME QUAND ELLE MARCHE ON   CROIRAIT QU'ELLE DANSE,
027 002 . . . . .  AVEZ -VOUS DONC PU   CROIRE, HYPOCRITES SURPRIS,
149 029                       JE   CROIS BOIRE UN VIN DE BOHEME,
028 033                 RACE D'ABEL, TU   CROIS ET BROUTES
119 021        CHANTER DES TE DEUM AUXQUELS TU NE   CROIS GUERE,
008 011 . . . . . . . . . . . . . . .  ET   CROIS QUE TON COEUR S'ILLUMINE
138 019          LA GRANDEUR DE CE MAL OU TU TE   CROIS SAVANTE
025 013                VOUS AVEZ, QUE JE   CROIS, ASSEZ COMMUNIE,
149 023       QUI FAIT LE DEGOUTE MONTRE QU'IL SE   CROIT BEAU.
097 044 . . . . . .  DU SANG QUE NOUS PERDONS   CROIT ET SE FORTIFIE!
010 014          UN GAZETIER FUMEUX, QUI SE   CROIT UN FLAMBEAU,
149 009                       ELLE   CROIT, ELLE SAIT, CETTE VIERGE INFECONDE
114 013      ET COMMANDE AUX MOISSONS DE   CROITRE ET DE MURIR
087 015 . . . . . .  .  D'AVOIR SA   CROIX ET SON TOMBEAU;
054 019   ET S'ENIVRE EN CHANTANT DU CHEMIN DE LA   CROIX:
001 026              CUEILLI QUELQUES   CROQUIS POUR VOTRE ALBUM VORACE,
126 075        IL EN EST, AUX LUEURS DES RESINES   CROULANTES,
111 013                       JE   CROYAIS RESPIRER LE PARFUM DE TON SANG.
036 014 . . . . .                 JE   CROYAIS VOIR UNIS PAR UN NOUVEAU DESSIN
127 025          MEME ON EUT DIT PARFOIS QU'ELLE   CROYAIT
038 037                         CROYANT PAR DE VILS PLEURS LAVER TOUTES NOS TACHES.
000 008 . . . . . . . . . . .  LA FROIDE   CRUAUTE DE CE SOLEIL DE GLACE
030 010         MACHINE AVEUGLE ET SOURDE, EN   CRUAUTES FECONDE!
025 009                ET D'UN GRAND   CRUCIFIX DECORE SEULEMENT,
006 010            QUAND LE SOLEIL   CRUEL FRAPPE A TRAITS REDOUBLES
087 003         NE DISTRAIT PLUS LE FRONT DE CE   CRUEL MALADE;
077 008 . . . .               COMME UN ANGE   CRUEL QUI FOUETTE DES SOLEILS.
126 028            ALTERNATIVEMENT TENDRE, REVEUR,   CRUEL,
050 003                CAR CE QUE TA BOUCHE   CRUELLE
117 017 . . . . . . . VIENS SUR MON COEUR, AME   CRUELLE ET SOURDE,
128 001        FEMME IMPURE! L'ENNUI REND TON AME   CRUELLE,
025 002         ET JE CHERIS, O BETE IMPLACABLE ET   CRUELLE!
024 009              VERS LE CIEL IRONIQUE ET   CRUELLEMENT BLEU,
089 026 . . . . .  FAIT POUR DONNER A BOIRE A CES   CRUELLES FILLES!
113 014             TU POUVAIS SEULEMENT, O REINE DES   CRUELLES!
032 013              COURS OFFRIR UN COEUR VIERGE A SES   CRUELS BAISERS:
131 070              SEMBLABLES A DES NAINS   CRUELS ET CURIEUX.
115 008 . . . . . . . . . .  ELLE ENDORT LES PLUS   CRUELS MAUX
051 013
```

C

		POEM	LINE
VOUS	CRUTES VOUS EVANOUIR.	029	016
DU SOUVENIR	CUEILLE LA FLEUR EXQUISE.	038	022
	CUEILLI QUELQUES CROQUIS POUR VOTRE ALBUM VORACE,	126	075
VA	CUEILLIR DES REMORDS DANS LA FETE SERVILE,	143	007
COMME AFIN DE LA	CUIRE A POINT.	029	010
DE FOETUS QU'ON FAIT	CUIRE AU MILIEU DES SABBATS,	006	026
DE PEINE, DE SUEUR ET DE SOLEIL	CUISANT	104	006
LE SOUVENIR	CUISANT DE SON LIMON AMER,	055	004
OU SE PREPARE LA	CUISINE	068	007
ON ENTEND CA ET LA LES	CUISINES SIFFLER,	095	021
LA CRAPULE DU CORPS DE GARDE ET DES	CUISINES,	118	014
OU,	CUISINIER AUX APPETITS FUNEBRES,	038	007
ET SON BRAS ET SA JAMBE, ET SA	CUISSE ET SES REINS.	127	017
INTESTINS PESANTS LUI COULAIENT SUR LES	CUISSES,	116	034
ADIEU DONC, CHANTS DU	CUIVRE ET SOUPIRS DE LA FLUTE!	080	008
R ENTENDRE UN DE CES CONCERTS, RICHES DE	CUIVRE,	091	053
SUR TON BEAU CORPS POLI COMME LE	CUIVRE.	128	012
GLACE QUI LES MORD, LES SOLEILS QUI LES	CUIVRENT,	126	015
LE	CULTE DE LA PLAIE ET L'AMOUR DES GUENILLES,	120	038
QUAND, INSULTANT LE RITE ET LE	CULTE INVENTE,	130	067
EN EXPIATION DE TES INFAMES	CULTES	116	043
L'HOMME, TYRAN GOULU, PAILLARD, DUR ET	CUPIDE,	126	091
AME	CURIEUSE QUI SOUFFRES	142	012
CESSEZ DONC DE CHERCHER, O BELLE	CURIEUSE!	040	007
SEMBLAIT, GRAND OEIL OUVERT DANS LE CIEL	CURIEUX, ...	099	007
LOIN DES MAGISTRATS	CURIEUX,	110	054
SEMBLABLES A DES NAINS CRUELS ET	CURIEUX.	115	008
LA	CURIOSITE NOUS TOURMENTE ET NOUS ROULE,	126	027
	CYBELE ALORS, FERTILE EN PRODUITS GENEREUX, ...	005	007
	CYBELE, QUI LES AIME, AUGMENTE SES VERDURES,	013	011
UN	CYGNE QUI S'ETAIT EVADE DE SA CAGE,	089	017
OLIS COMME DE L'HUILE, ONDULEUX COMME UN	CYGNE,	127	018
JE PENSE A MON GRAND	CYGNE, AVEC SES GESTES FOUS, ...	089	034
NIS UN COEUR DE NEIGE A LA BLANCHEUR DES	CYGNES;	017	006
OUVRAIT D'UNE FACON NONCHALANTE ET	CYNIQUE	029	007
MA VIEILLE	CYNTHIA, LAMPE DE NOS REPAIRES,	147	004
DU CIEL SE DETACHANT EN NOIR, COMME UN	CYPRES.	116	028
SUR SES MYRTES INFECTS ENTER TES NOIRS	CYPRES?	112	014
QUE LE	CYPRES?--POURTANT NOUS AVONS, AVEC SOIN,	126	074
--	CYTHERE N'ETAIT PLUS QU'UN TERRAIN DES PLUS MAIGRES,	116	018
SERVITEUR DE JESUS, COURTISAN DE	CYTHERE, ...	144	003
LE EST CETTE ILE TRISTE ET NOIRE?--C'EST	CYTHERE,	116	005
HABITANT DE	CYTHERE, ENFANT D'UN CIEL SI BEAU,	116	041

```
POEM LINE
028 018 .   .   .   .   .   .   .   .   .   .   .   .   .   .   BELLE  D'ABANDON,
119 017                                                         RACE   D'ABEL, AIME ET PULLULE!
119 013                                                         RACE   D'ABEL, CHAUFFE TON VENTRE
119 001                                                         RACE   D'ABEL, DORS, BOIS ET MANGE;
119 025 .   .   .   .   .   .   .   .   .   .   .   .   AH! RACE   D'ABEL, TA CHAROGNE
119 005                                                         RACE   D'ABEL, TON SACRIFICE
119 021                                                         RACE   D'ABEL, TU CROIS ET BROUTES
119 029                                                         RACE   D'ABEL, VOICI TA HONTE!
119 009 .   .   .   .   .   .   .   .   .   .   .   .   .   RACE   D'ABEL, VOIS TES SEMAILLES
131 016                                          APRES L'AVOIR  D'ABORD MARQUEE AVEC DES DENTS.
068 003                                                                D'ABYSSINIENNE OU DE CAFRINE,
133 010                                                                D'ACHETER AU BAZAR ANANAS ET BANANES.
121 011 .   .   .   .   COMME UN LONG SANGLOT, TOUT CHARGE       D'ADIEUX;
095 012                 S'EVEILLENT LOURDEMENT, COMME DES GENS   D'AFFAIRE,
112 011                              DE TERRIBLES PLAISIRS ET    D'AFFREUSES DOUCEURS.
034 004                                    MELES DE METAL ET     D'AGATE,
062 013 .   .   --EST -IL VRAI QUE PARFOIS LE TRISTE COEUR       D'AGATHE
006 043                 QUE CET ARDENT SANGLOT QUI ROULE         D'AGE EN AGE
138 015                                        COMME UN RALE     D'AGONISANT.
113 013        MAIS L'AMOUR N'EST POUR MOI QU'UN MATELAS         D'AIGUILLES
102 045 ..  .   .   .   .   .   .   .   .   .   .   .   NUL ASTRE  D'AILLEURS, NULS VESTIGES
103 011                 ET L'HOMME EST LAS D'ECRIRE ET LA FEMME  D'AIMER.
139 008                                   QUI TE CONSACRE UN CHANT D'AIRAIN.
039 014        STATUE AUX YEUX DE JAIS, GRAND ANGE AU FRONT      D'AIRAIN!
005 024 .   .   .   .   ENFANTS, EMMAILLOTA DANS SES LANGES      D'AIRAIN!
127 010                 ET DU HAUT DU DIVAN ELLE SOURIAIT        D'AISE
106 038                                    SON CORTEGE INFERNAL  D'ALARMES,
149 032                                                          D'ALLER AU CIEL ET D'ETRE RICHE?
053 003 .   .   .   .   .   .   .   .   .   .   .   .   .   .     D'ALLER LA-BAS VIVRE ENSEMBLE!
133 006                                          TA TACHE EST    D'ALLUMER LA PIPE DE TON MAITRE,
136 014        JE TE REPONDIS: "OUI! DOUCE VOIX!" C'EST          D'ALORS
127 032            IL INONDAIT DE SANG CETTE PEAU COULEUR        D'AMBRE!
028 014 .   .   .   .   .   .   .   .   .   .   .   .   DE DOUX NI  D'AMER,
097 039                              NE CONTEMPLERONT PAS SANS    D'AMERES NAUSEES
126 043                         CE MATELOT IVROGNE, INVENTEUR    D'AMERIQUES
111 028                                        ET LES URNES      D'AMOUR DONT VOS GRANDS COEURS SONT PLEINS!
116 012 .   .   .   .   ET CHARGE LES ESPRITS                    D'AMOUR ET DE LANGUEUR.
110 046                                         MALGRE TANT       D'AMOUR, ASSOUVIR,
001 012                               COMME UN BILLET            D'AMOUR, CE MONSTRE RABOUGRI,
132 019                     POUR LUI RENDRE UN BAISER            D'AMOUR, JE NE VIS PLUS
152 011 .   .   .   .   .   .   LEURS FEUX SONT CES PENSERS       D'AMOUR, MELES DE FOI,
105 024        ILS APPORTENT LA GLOIRE AU PEUPLE IVRE            D'AMOUR!
118 001        QU'EST -CE QUE DIEU FAIT DONC DE CE FLOT          D'ANATHEMES,
094 001                               DANS LES PLANCHES          D'ANATOMIE
054 012 .   .   .   .   .   .   .   A CET ESPRIT COMBLE          D'ANGOISSE
147 013        QUI VERS SON MIROIR PENCHE UN LOURD AMAS          D'ANNEES,
111 010                 A TRAVERS LES ROCHERS PLEINS             D'APPARITIONS,
012 013                 ET DONT L'UNIQUE SOIN ETAIT              D'APPROFONDIR
061 002 .   .   .   .   J'AI CONNU, SOUS UN DAIS                 D'ARBRES TOUT EMPOURPRES
102 021                                                    NON   D'ARBRES, MAIS DE COLONNADES
102 013                            BABEL D'ESCALIERS ET          D'ARCADES,
051 017                 NON, IL N'EST PAS                        D'ARCHET QUI MORDE
157 006 .   .   .   .   .   VOUS AVEZ PRELASSE VOTRE ORGUEIL      D'ARCHITECTE
057 024                 POUR MARCHEPIED TAILLER UNE LUNE         D'ARGENT,
116 024                 MAIS VOILA QU'EN RASANT LA COTE          D'ASSEZ PRES
126 052                            CES BIJOUX MERVEILLEUX, FAITS  D'ASTRES ET D'ETHERS.
020 031 .   .   .   .   QUEL MAL MYSTERIEUX RONGE SON FLANC       D'ATHLETE?
077 010                               ET LES DAMES              D'ATOUR, POUR QUI TOUT PRINCE EST BEAU,
136 026                            LES SAGES N'EN ONT PAS        D'AUSSI BEAUX QUE LES FOUS!"
017 011                      CONSUMERONT LEURS JOURS EN          D'AUSTERES ETUDES;
106 011 .   .   .   .   .   .   .   .   .   .   .   .            D'AUTANT DE VIN QU'EN PEUT TENIR
024 003                                       ET T'AIME          D'AUTANT PLUS, BELLE, QUE TU ME FUIS,
022 014        QUAND, LES DEUX YEUX FERMES, EN UN SOIR CHAUD      D'AUTOMNE
098 013                                   ES -TU LE FRUIT        D'AUTOMNE AUX SAVEURS SOUVERAINES?
055 011 .   .   .   .   .   .   .   .   VOUS ETES UN BEAU CIEL    D'AUTOMNE, CLAIR ET ROSE!
101 001                                         O FINS          D'AUTOMNE, HIVERS, PRINTEMPS TREMPES DE BOUE,
126 119        POUR FUIR CE RETIAIRE INFAME; IL EN EST           D'AUTRES
077 004        S'ENNUIE AVEC SES CHIENS COMME AVEC               D'AUTRES BETES.
089 052 .   .   .   AUX CAPTIFS, AUX VAINCUS!...A BIEN           D'AUTRES ENCOR!
023 009                                         COMME           D'AUTRES ESPRITS VOGUENT SUR LA MUSIQUE,
069 013                            ME BERCENT.                   D'AUTRES FOIS, CALME PLAT, GRAND MIROIR
063 012                                         COMME           D'AUTRES PAR LA TENDRESSE,
111 009 .   .   .   .   .   .   .   .   .   .   .   .   .        D'AUTRES, COMME DES SOEURS, MARCHENT LENTES ET GRAVE
004 011                                         --ET             D'AUTRES, CORROMPUS, RICHES ET TRIOMPHANTS,
111 017                                         ET               D'AUTRES, DONT LA GORGE AIME LES SCAPULAIRES,
126 010                                                          D'AUTRES, L'HORREUR DE LEURS BERCEAUX, ET QUELQUES-
001 036 .   .   .   .   .   .   .   ET S'ACCUSENT                D'AVOIR MIS LEURS PIEDS DANS SES PAS.
054 019                                                          D'AVOIR SA CROIX ET SON TOMBEAU;
067 014                                                          D'AVOIR VOULU CHANGER DE PLACE.
130 058                                    --L'OEIL              D'AZUR EST VAINCU PAR L'OEIL NOIR QUE TACHETE
131 037        TOURNE VERS MOI TES YEUX PLEINS                   D'AZUR ET D'ETOILES!
057 005                               UNE NICHE,                 D'AZUR ET D'OR TOUT EMAILLEE,
048 012                               TEINTES                    D'AZUR, GLACES DE ROSE, LAMES D'OR,
086 018                 DES JARDINS, DES JETS                    D'EAU PLEURANT DANS LES ALBATRES,
155 015 .   .   .   .   .   .   DANS LA COUR LE JET              D'EAU QUI JASE
102 025                               DES NAPPES                 D'EAU S'EPANCHAIENT, BLEUES,
133 007        DE POUVOIR DES FLACONS                            D'EAUX FRAICHES ET D'ODEURS,
026 004                            SORCIERE AU FLANC             D'EBENE, ENFANT DES NOIRS MINUITS,
023 014 .   .   .   .   .   .   .   .   .   TU CONTIENS, MER      D'EBENE, UN EBLOUISSANT REVE
```

D

		POEM	LINE
ET QUAND DESCEND LE SOIR AU MANTEAU	D'ECARLATE, ...	133	013
IL REVE	D'ECHAFAUDS EN FUMANT SON HOUKA.	000	038
L'ECHAFAUD QU'ON BATIT N'A PAS	D'ECHO PLUS SOURD.	056	010
	D'ECOUTER LA PLAINTE ETERNELLE	155	031
	D'ECOUTER, PRES DU FEU QUI PALPITE ET QUI FUME, . . .	074	002
ET L'HOMME EST LAS	D'ECRIRE ET LA FEMME D'AIMER.	103	011
LE DERNIER SAC	D'ECUS DANS LES DOIGTS D'UN JOUEUR;	107	005
PAR OU FUIRAIENT MILLE ANS DE SUEURS ET	D'EFFORTS,	073	006
VIBRANTES DOULEURS DANS TON COEUR PLEIN	D'EFFROI	085	003
TOI QUE J'AIME A JAMAIS, MA SOEUR	D'ELECTION,	131	054
J'IMPLORAI	D'ELLE UN RENDEZ-VOUS,	106	021
QUE SUR CES MATELAS QUI SE PAMENT	D'EMOI,	132	015
QUE J'AI L'AIR	D'EMPRUNTER AUX PLUS FIERS MONUMENTS, ...	017	010
JE CONTEMPLE	D'EN HAUT LE GLOBE EN SA RONDEUR	080	013
CE GRAIN	D'ENCENS QUI REMPLIT UNE EGLISE,	038	017
ET JE ME SOULERAI DE NARD,	D'ENCENS, DE MYRRHE,	001	041
JE NE SAIS QUOI D'ETRANGE ET	D'ENCHANTE	038	031
	D'ENDORMIR LA DOULEUR SUR UN LIT HASARDEUX.	101	014
	D'ENDORMIR POUR UN JOUR LA TERREUR QUI ME MINE;	113	010
	D'ENDYMION LES GRACES SURANNEES?	147	011
BAISER	D'ENERGIE, ...	016	002
FLEURIT AVEC LE PLUS DE SEVE ET	D'ENFANT	028	022
TA TETE	D'ENFANTS TOUTES NUES,	006	027
DE VIEILLES AU MIROIR ET	D'ENFANTS,	004	009
--"QUI DONC DEVANT L'AMOUR OSE PARLER	D'ENFER?	131	060
ESIR, VIEIL ARBRE A QUI LE PLAISIR SERT	D'ENGRAIS,	126	070
UNE OASIS D'HORREUR DANS UN DESERT	D'ENNUI!	126	112
ET	D'ENORMES QUINQUETS PROJETANT LEURS LUEURS	096	010
ET QUAND L'HEURE VIENDRA	D'ENTRER DANS LA NUIT NOIRE, ...	114	018
	D'ENVELOPPER AINSI MON COEUR ET MON CERVEAU	101	003
ET MON COEUR S'EFFRAYA	D'ENVIER MAINT PAUVRE HOMME	096	021
NE T'A DONC JAMAIS FAIT RECULER	D'EPOUVANTE,	025	014
DEVANT CE NOIR TABLEAU PLEIN	D'EPOUVANTEMENT.	005	019
SOUVENT, POUR S'AMUSER, LES HOMMES	D'EQUIPAGE	002	001
BABEL	D'ESCALIERS ET D'ARCADES,	102	013
DANS UNE TERRE GRASSE ET PLEINE	D'ESCARGOTS	072	001
REVE	D'ESCHYLE ECLOS AU CLIMAT DES AUTANS;	018	011
S'EMPLISSENT DE CATINS ET	D'ESCROCS, LEURS COMPLICES,	095	024
	D'ESPACE ET DE LUMIERE ET DE CIEUX EMBRASES;	126	014
MON DESIR GONFLE	D'ESPERANCE	083	007
OU, LE COEUR TOUT GONFLE	D'ESPOIR ET DE VAILLANCE, ...	118	025
POUR L'ENFANT, AMOUREUX DE CARTES ET	D'ESTAMPES,	126	001
CE BEAU MATIN	D'ETE SI DOUX:	029	002
CHAMBRES	D'ETERNEL DEUIL OU VIBRENT DE VIEUX RALES,	079	003
	D'ETERNELS ESCALIERS SANS RAMPE, ...	084	020
AFIN	D'ETERNISER L'ARDEUR DE NOTRE HAINE!	035	014
ET LES GRANDS CIELS QUI FONT REVER	D'ETERNITE.	086	008
UN SILENCE	D'ETERNITE.	102	052
S BIJOUX MERVEILLEUX, FAITS D'ASTRES ET	D'ETHERS.	126	052
LEURS REINS SONT PLEINS	D'ETINCELLES MAGIQUES;	066	012
	D'ETOILES MON COEUR!	028	036
URNE VERS MOI TES YEUX PLEINS D'AZUR ET	D'ETOILES!	131	037
JE NE SAIS QUOI	D'ETRANGE ET D'ENCHANTE	038	031
ET	D'ETRANGES FLEURS SUR DES ETAGERES,	121	003
TA TETE SE PAVANE AVEC	D'ETRANGES GRACES;	052	010
TA TETE SE PAVANE AVEC	D'ETRANGES GRACES;	052	038
OU TOUT CE QUE L'ON AIME EST DIGNE	D'ETRE AIME, ...	062	018
	D'ETRE BELLE FEMME,	045	029
QUE C'EST UN DUR METIER QUE	D'ETRE FIER DES BEAUTES QUI LE NOMMAIENT LEUR ROI;	005	012
	D'ETRE RICHE?	149	032
D'ALLER AU CIEL ET	D'EUX.	002	008
QUI	D'EUX-MEMES RENDAIENT LE CRI D'UNE GIROUETTE	132	026
COMME DES AVIRONS TRAINER A COTE	D'EUX. VOIS SE PENCHER LES DEFUNTES ANNEES,	143	009
LOIN	D'EUX, VOIS SE PENCHER LES DEFUNTES ANNEES,	143	009
	D'EVOQUER LE PRINTEMPS AVEC MA VOLONTE,	086	024
JE SAIS L'ART	D'EVOQUER LES MINUTES HEUREUSES, ...	036	021
JE SAIS L'ART	D'EVOQUER LES MINUTES HEUREUSES!	036	025
SON VENTRE PLEIN	D'EXHALAISONS.	029	008
HONTEUSES	D'EXISTER, OMBRES RATATINEES,	091	069
ET CETTE OMBRE	D'HAMLET IMITANT SA POSTURE, ...	115	014
VEUVE	D'HECTOR, HELAS! ET FEMME D'HELENUS!	089	040
VEUVE D'HECTOR, HELAS! ET FEMME	D'HELENUS!	089	040
SERRE, FOURMILLANT, COMME UN MILLION	D'HELMINTHES,	000	011
ET D'UN RAYON	D'HIVER TRAVERSE BRUSQUEMENT;	006	012
IL EST AMER ET DOUX, PENDANT LES NUITS	D'HIVER,	074	001
QUE BALANCE LE VENT PENDANT LES NUITS	D'HIVER.	132	028
SON TROUPEAU GAZOUILLANT DE BEAUTES	D'HOPITAL,	018	006
VOS SOUVENIRS AVEC LEURS CADRES	D'HORIZONS.	126	056
OR IL N'EST PAS	D'HORREUR AU MONDE QUI SURPASSE	030	009
UNE OASIS	D'HORREUR DANS UN DESERT D'ENNUI!	126	112
ET, PLEINE DE REMORDS ET	D'HORREUR, ET LIVIDE,	131	071
DESIR MELE	D'HORREUR, UN MAL PARTICULIER;	125	004
LE GOUFFRE DE TES YEUX, PLEIN	D'HORRIBLES PENSEES,	097	037
LES TABLES	D'HOTE, DONT LE JEU FAIT LES DELICES,	095	023
DEBRIS	D'HUILE ODORANTE ET DE BENJOIN,	154	013
	D'HUMANITE POUR L'ETERNITE MURS!	091	072
	D'HYACINTHE ET D'OR;	053	038
AILLEURS, BIEN LOIN	D'ICI! TROP TARD! JAMAIS PEUT-ETRE!	093	012
QUE	D'IGNOBLES BOURREAUX PLANTAIENT DANS TES CHAIRS VIVES,	118	012
ET QUI MEURT, SANS BOUGER, DANS	D'IMMENSES EFFORTS.	074	014

```
POEM LINE
102 031  .   .   .   .   .   .   .   .   .   .   .   .   .   .   .   D'IMMENSES GLACES EBLOUIES
036 009                         NOUS AVONS DIT SOUVENT·  D'IMPERISSABLES CHOSES
072 006                                    PLUTOT QUE  D'IMPLORER UNE LARME DU MONDE,
126 059                    ET, MALGRE BIEN DES CHOCS ET  D'IMPREVUS DESASTRES,
077 011  .   .   .   .   .   NE SAVENT PLUS TROUVER  D'IMPUDIQUE TOILETTE
001 034                    ILS MELENT DE LA CENDRE AVEC  D'IMPURS CRACHATS;
078 011                    ET QU'UN PEUPLE MUET  D'INFAMES ARAIGNEES
111 023                                    CHERCHEUSES  D'INFINI, DEVOTES ET SATYRES,
085 011  .   .   .   .   .   .   .   .   .   D'INSECTE, MAINTENANT DIT: JE SUIS AUTREFOIS,
038 001                         DANS LES CAVEAUX  D'INSONDABLE TRISTESSE
079 007          DE L'HOMME VAINCU, PLEIN DE SANGLOTS ET  D'INSULTES,
091 035                    CES YEUX MYSTERIEUX ONT  D'INVINCIBLES CHARMES
023 021  .   .   .   .   .   .   JE PLONGERAI MA TETE AMOUREUSE  D'IVRESSE
131 002          SUR DE PROFONDS COUSSINS TOUT IMPREGNES  D'ODEUR,
121 001                         NOUS AURONS DES LITS PLEINS  D'ODEURS LEGERES,
012 011                    ET DES ESCLAVES NUS, TOUT IMPREGNES  D'ODEURS,
133 007  .   DE POURVOIR LES FLACONS D'EAUX FRAICHES· ET  D'ODEURS,
037 002                    O LUNE DE MA VIE! EMMITOUFLE -TOI  D'OMBRE;
065 013                    AUX REFLETS IRISES COMME UN FRAGMENT  D'OPALE,
016 018          TEMPLE AUTREFOIS VIVANT, PLEIN D'ORDRE ET  D'OPULENCE,
088 019  .   .   .   .   .   SUR TA JAMBE UN POIGNARD  D'OR
130 033                         SI SES BALANCES  D'OR N'ONT PESE LE DELUGE
091 055                    ET QUI, DANS CES SOIRS  D'OR OU L'ON SE SENT REVIVRE,
057 005                         UNE NICHE, D'AZUR ET  D'OR TOUT EMAILLEE,
110 025  .   .   .   .   .   .   UN BAS ROSATRE, ORNE DE COINS  D'OR, A LA JAMBE,
066 013                    ET DES PARCELLES  D'OR, AINSI QU'UN SABLE FIN,
048 012          TEINTES D'AZUR, GLACES DE ROSE, LAMES  D'OR.
117 012                         COMME UN SONGE  D'OR;
053 038  .   .   .   .   .   .   .   .   D'HYACINTHE ET  D'OR;
131 089          BOUILLONNENT PELE-MELE AVEC UN BRUIT  D'ORAGE.
016 018          TEMPLE AUTREFOIS VIVANT, PLEIN  D'ORDRE ET D'OPULENCE,
006 019                    GRAND COEUR GONFLE  D'ORGUEIL, HOMME DEBILE ET JAUNE,
061 011  .   .   .   .   .   .   .   .   BELLE DIGNE  D'ORNER LES ANTIQUES MANOIRS,
106 040          SES BRUITS DE CHAINE ET  D'OSSEMENTS!
048 008                         D'OU JAILLIT TOUTE VIVE UNE AME QUI REVIENT.
092 005                              LEURS YEUX,  D'OU LA DIVINE ETINCELLE EST PARTIE,
033 011  .   .   .   .   .   .   DURANT CES GRANDES NUITS  D'OU LE SOMME EST BANNI,
061 003                    ET DE PALMIERS  D'OU PLEUT SUR LES YEUX LA PARESSE,
029 018                              D'OU SORTAIENT DE NOIRS BATAILLONS
136 012          FANTOME VAGISSANT, ON NE SAIT  D'OU VENU,
040 001  .   .   .   .   .   .   .   .   .   "   D'OU VOUS VIENT, DISIEZ -VOUS, CETTE TRISTESSE ETRA
006 001                              RUBENS, FLEUVE  D'OUBLI, JARDIN DE LA PARESSE,
089 025          VERS LE CIEL QUELQUEFOIS, COMME L'HOMME  D'OVIDE,
095 034          L'HOPITAL SE REMPLIT DE LEURS SOUPIRS.--PLUS  D'UN
123 010  .   .   ET CES SCULPTEURS DAMNES ET MARQUES  D'UN AFFRONT,
052 011                              D'UN AIR PLACIDE ET TRIOMPHANT
052 039                              D'UN AIR PLACIDE ET TRIOMPHANT
127 014                              D'UN AIR VAGUE ET REVEUR ELLE ESSAYAIT DES POSES,
091 067  .   .   .   .   .   .   VOUS INSULTE EN PASSANT  D'UN AMOUR DERISOIRE;
058 003                    QUI N'EST PAS CELUI  D'UN ANGE.
001 021          POURTANT, SOUS LA TUTELLE INVISIBLE  D'UN ANGE,
068 001                    JE SUIS LA PIPE  D'UN AUTEUR;
057 018                    ET REVET  D'UN BAISER TOUT TON CORPS BLANC ET ROSE.
129 012                         L'IMAGE  D'UN BALLET DE FLEURS.
028 020                         AU BOUT  D'UN BATON.
052 006                    TU FAIS L'EFFET  D'UN BEAU VAISSEAU QUI PREND LE LARGE,
052 026  .   .   .   TU FAIS L'EFFET  D'UN BEAU VAISSEAU QUI PREND LE LARGE,
151 004          LE CHARME INATTENDU  D'UN BIJOU ROSE ET NOIR.
074 012          SEMBLE LE RALE EPAIS  D'UN BLESSE QU'ON OUBLIE
110 050                    TE SOULEVANT  D'UN BRAS FIEVREUX,
015 004  .   .   .   .   .   .   .   .   .   D'UN BRAS VENGEUR ET FORT SAISIT CHAQUE AVIRON.
130 069                         D'UN BRUTAL DONT L'ORGUEIL PUNIT L'IMPIETE
032 002                    COMME AU LONG  D'UN CADAVRE UN CADAVRE ETENDU,
084 007                    AU FOND  D'UN CAUCHEMAR ENORME
054 029  .   .   .   .   .   LES MARTYRS  D'UN CHEMIN MAUVAIS!
134 010          L'ATMOSPHERE  D'UN CHER REDUIT,
050 012          QU'ENFLAMMENT LES RAYONS TOMBANT  D'UN CIEL BROUILLE!
023 020          D'UN CIEL PUR OU FREMIT L'ETERNELLE CHALEUR.
116 041  .   .   .   .   .   HABITANT DE CYTHERE, ENFANT  D'UN CIEL SI BEAU,
016 016          L'ECLAT DE CE SOLEIL  D'UN CREPE SE VOILA;
037 001          LE SOLEIL S'EST COUVERT  D'UN CREPE. COMME LUI,
109 004                    ET L'EMPLIT  D'UN DESIR ETERNEL ET COUPABLE.
089 036  .   .   .   .   .   .   .   ET RONGE  D'UN DESIR SANS TREVE! ET PUIS A VOUS,
094 021          VOULEZ -VOUS (  D'UN DESTIN TROP DUR
120 017          QUI DAMNE TOUT UN PEUPLE AUTOUR  D'UN ECHAFAUD.
058 014                    COMME AUTOUR  D'UN ENCENSOIR;
091 022  .   .   .   SONT PRESQUE AUSSI PETITS QUE CELUI  D'UN ENFANT?
007 008          T'A-T -IL NOYEE AU FOND  D'UN FABULEUX MINTURNES?
075 008          AVEC LA TRISTE VOIX  D'UN FANTOME FRILEUX.
102 048                    QUI BRILLAIENT  D'UN FEU PERSONNEL!
076 014  .   .   .   .   SEULS, RESPIRENT L'ODEUR  D'UN FLACON DEBOUCHE.
090 038          ET QUI N'EST PAS SAISI  D'UN FRISSON FRATERNEL.
056 024                              D'UN GLORIEUX AUTOMNE OU D'UN SOLEIL COUCHANT.
084 018                    AU BORD  D'UN GOUFFRE DONT L'ODEUR
036 027  .   .   .   .   .   RENAITRONT -ILS  D'UN GOUFFRE INTERDIT A NOS SONDES,
048 017          IL LA TERRASSE AU BORD  D'UN GOUFFRE SECULAIRE,
091 024          UN SYMBOLE  D'UN GOUT BIZARRE ET CAPTIVANT,
006 010  .   .   .   .   .   .   .   .   ET  D'UN GRAND CRUCIFIX DECORE SEULEMENT,
089 037  .   .   .   .   .   ANDROMAQUE, DES BRAS  D'UN GRAND EPOUX TOMBEE,
```

D

		POEM	LINE
ET	D'UN GRAND PORTRAIT LANGOUREUX, ...	110	030
J'AI PEUR DU SOMMEIL COMME ON A PEUR	D'UN GRAND TROU,	146	009
ET SON OEIL NOUS REVET	D'UN HABIT DE CLARTE.	042	008
AU LIEU	D'UN HAILLON TROP COURT,	088	013
MENE LE TRAIN	D'UN HERETIQUE;	150	008
DANS LE GOSIER	D'UN HOMME USE PAR SES TRAVAUX,	104	010
PLUS	D'UN ILLUSTRE MOINE, AUJOURD'HUI PEU CITE,	009	006
LES HANCHES DE L'ANTIOPE AU BUSTE	D'UN IMBERBE,	127	026
	D'UN INFINI QUE J'AIME ET N'AI JAMAIS CONNU?	021	024
	D'UN JEUNE ELEPHANT,	028	024
AVEC LE COEUR JOYEUX	D'UN JEUNE PASSAGER.	126	126
LE DERNIER SAC D'ECUS DANS LES DOIGTS	D'UN JOUEUR;	107	005
D'UN QUADRUPEDE INFIRME OU	D'UN JUIF A TROIS PATTES.	090	025
AU BORD	D'UN LAC DE SANG, SOUS UN GRAND TAS DE MORTS,	074	013
POUR FUIR	D'UN LIEU PLEIN DE REPTILES.	084	015
	D'UN LINCEUL VAPOREUX ET D'UN VAGUE TOMBEAU.	101	004
DE PERDRE AU FOND	D'UN LIT L'ANTIQUE CONSCIENCE.	132	006
	D'UN LUXE MIRACULEUX.	049	002
QUAND, AGITES	D'UN MAL INCONNU QUI LES TORD,	050	007
LAISSEZ, LAISSEZ MON COEUR S'ENIVRER	D'UN MENSONGE,	040	012
--CES YEUX SONT DES PUITS FAITS	D'UN MILLION DE LARMES, ...	091	033
	D'UN MONDE OU L'ACTION N'EST PAS LA SOEUR DU REVE;	118	030
AU FOND	D'UN MONUMENT CONSTRUIT EN MARBRE NOIR,	033	002
A L'AIR	D'UN MORIBOND CARESSANT SON TOMBEAU.	021	020
CHANGE PLUS VITE, HELAS! QUE LE COEUR	D'UN MORTEL);	089	008
OU LE GRAIN QU'UN VANNEUR	D'UN MOUVEMENT RHYTHMIQUE	029	027
PAR L'OPERATION	D'UN MYSTERE VENGEUR	046	003
O CHARME	D'UN NEANT FOLLEMENT ATTIFE!	097	016
NOUS REGARDAIT	D'UN OEIL FACHE, ...	029	034
ELLE CHERCHAIT,	D'UN OEIL TROUBLE PAR LA TEMPETE,	131	005
S'ECRIA, TRANSPORTE	D'UN ORGUEIL SATANIQUE;	016	010
CHAQUE JOUR VERS L'ENFER NOUS DESCENDONS	D'UN PAS, ...	000	015
JE SUIS COMME LE ROI	D'UN PAYS PLUVIEUX, ...	077	001
SOUS TON DOMINO JAUNE, ET	D'UN PIED CLANDESTIN,	147	009
FOULES	D'UN PIED LEGER ET D'UN REGARD SEREIN	039	012
COMME DES EXILES, S'EN VONT	D'UN PIED TRAINARD,	044	013
BIEN QU'ELLE SOIT	D'UN PINCEAU TRES -VANTE, ...	038	030
C'EST L'ENNUI!--L'OEIL CHARGE	D'UN PLEUR INVOLONTAIRE,	000	037
SI, QUELQUE SOIR,	D'UN PLEUR OBTENU SANS EFFORT	032	012
LE CAUCHEMAR,	D'UN POING DESPOTIQUE ET MUTIN,	007	007
ET CHARMER LES LOISIRS	D'UN PONTIFE OU D'UN PRINCE.	020	007
ET FAIT SURGIR PLUS	D'UN PORTIQUE FABULEUX	049	003
ET TES YEUX ATTIRANTS COMME CEUX	D'UN PORTRAIT,	098	008
USENT INSOLEMMENT	D'UN POUVOIR EMPRUNTE,	025	007
AVEC L'AVIDITE	D'UN PRE. . . . . , . . .	110	012
ET CHARMER LES LOISIRS D'UN PONTIFE OU	D'UN PRINCE.	020	007
S'EPRENANT	D'UN PROBLEME INSOLUBLE ET STERILE,	131	063
JE L'AI JETEE AU FOND	D'UN PUITS,	106	013
AVEC MES VERS POLIS, TREILLIS	D'UN PUR METAL	057	007
	D'UN QUADRUPEDE INFIRME OU D'UN JUIF A TROIS PATTES.	090	025
OU LE ROUCOULEMENT ETERNEL	D'UN RAMIER!	116	017
ET	D'UN RAYON D'HIVER TRAVERSE BRUSQUEMENT;	006	012
MESURE	D'UN REGARD QUE LA TERREUR ENFLAMME	153	003
FOULES D'UN PIED LEGER ET	D'UN REGARD SEREIN	039	012
SOUVENT, A LA CLARTE ROUGE	D'UN REVERBERE	105	001
PRES	D'UN RUISSEAU SANS EAU LA BETE OUVRANT LE BEC	089	020
ET FOULENT L'INFINI	D'UN SABOT HASARDEUX.	071	008
OU	D'UN SACHET LE MUSC INVETERE?	038	018
ASSOUPI DANS LE FOND	D'UN SAHARAH BRUMEUX;	076	021
AU DETOUR	D'UN SENTIER UNE CHAROGNE INFAME	029	003
DANS UN PALAIS AUSSI GRAND QUE MOI,	D'UN SEUL BLOC, ...	149	039
PRODUITS AVARIES, NES	D'UN SIECLE VAURIEN,	018	002
DES HOMMES, DANS LE COIN	D'UN SINISTRE ARMOIRE	048	022
OU GISENT, AUX LUEURS	D'UN SOLEIL BLANC ET TERNE,	071	013
D'UN GLORIEUX AUTOMNE OU	D'UN SOLEIL COUCHANT.	056	024
QU'EBLOUISSENT LES FEUX	D'UN SOLEIL MONOTONE;	022	004
COMME UN ANGE ENIVRE	D'UN SOLEIL RADIEUX.	116	004
ON EUT DIT QUE LE CORPS, ENFLE	D'UN SOUFFLE VAGUE,	029	023
--J'AI VU PARFOIS, AU FOND	D'UN THEATRE BANAL	054	041
J'AI VU PARFOIS AU FOND	D'UN THEATRE BANAL	054	045
AUPRES	D'UN TOMBEAU VIDE EN EXTASE COURBEE;	089	039
D'UN LINCEUL VAPOREUX ET	D'UN VAGUE TOMBEAU.	101	004
	D'UN VAISSEAU QUI SOUFFRE;	069	010
PLUS	D'UN VALOIS!	088	044
SON OEIL PARFOIS S'OUVRAIT COMME L'OEIL	D'UN VIEIL AIGLE;	091	059
	D'UN VIEIL AMOUR RANCI, CHARMANT ET SEPULCRAL.	048	020
ET LE SAVOIR	D'UN VIEIL ARTISTE.	094	006
AU COEUR	D'UN VIEUX FAUBOURG, LABYRINTHE FANGEUX	105	003
L'AME	D'UN VIEUX POETE ERRE DANS LA GOUTTIERE	075	007
UNE NUIT QUE J'ETAIS PRES	D'UNE AFFREUSE JUIVE,	032	001
HEUREUX CELUI QUI PEUT	D'UNE AILE VIGOUREUSE	003	015
AU COIN DU FEU, LE SOIR, AUPRES	D'UNE AME AIMEE.	095	036
LE SEIN MARTYRISE	D'UNE ANTIQUE CATIN,	000	018
ET JE N'Y CHERCHE PLUS L'ABRI	D'UNE CAHUTE.	080	014
	D'UNE COQUETTE MAIGRE AUX AIRS EXTRAVAGANTS. . . .	097	004
TE FAIRE UN APPETIT	D'UNE EGALE GROSSEUR."	136	008
OU	D'UNE ENSEIGNE, AU BOUT D'UNE TRINGLE DE FER,	132	027
CE VISAGE ECLAIRE	D'UNE EXQUISE GRIMACE,	020	021
OUVRAIT	D'UNE FACON NONCHALANTE ET CYNIQUE	029	007

```
012 006  .  .   .    .    .    .   .    .    .   .    .    MELAIENT    D'UNE FACON SOLENNELLE ET MYSTIQUE
107 001                          LE REGARD SINGULIER    D'UNE FEMME GALANTE
126 011          ASTROLOGUES NOYES DANS LES YEUX    D'UNE FEMME,
084 030                                               D'UNE FORTUNE IRREMEDIABLE,
063 008  .  .   .    .   .    .    .   .    .    AUTOUR    D'UNE FOSSE RAMPANT.
132 026          QUI D'EUX-MEMES RENDAIENT LE CRI    D'UNE GIROUETTE
096 007              ET DES DOIGTS CONVULSES    D'UNE INFERNALE FIEVRE,
019 003              J'EUSSE AIME VIVRE AUPRES    D'UNE JEUNE GEANTE,
035 004                                               D'UNE JEUNESSE EN PROIE A L'AMOUR VAGISSANT.
065 003                                         QUI    D'UNE MAIN DISTRAITE ET LEGERE CARESSE
154 004                                               D'UNE MAIN EVENTANT SES SEINS,
093 003                              UNE FEMME PASSA,    D'UNE MAIN FASTUEUSE
019 014   .    .    COMME UN HAMEAU PAISIBLE AU PIED    D'UNE MONTAGNE.
107 007                                LES SONS    D'UNE MUSIQUE ENERVANTE ET CALINE,
105 017                      REVIENNENT, PARFUMES    D'UNE ODEUR DE FUTAILLES,
067 012                             L'HOMME IVRE    D'UNE OMBRE QUI PASSE
019 004   .    .    .    .    .    COMME AUX PIEDS    D'UNE REINE UN CHAT VOLUPTUEUX.
090 007              SIMULAIENT LES DEUX QUAIS    D'UNE RIVIERE ACCRUE,
139 010                          PRENDS LE MASQUE    D'UNE SIRENE
073 009          LA HAINE EST UN IVROGNE AU FOND    D'UNE TAVERNE,
115 006   .    .    .   .    UN NUAGE FUNEBRE ET GROS    D'UNE TEMPETE,
132 027              OU D'UNE ENSEIGNE, AU BOUT    D'UNE TRINGLE DE FER,
076 020                      QU'UN GRANIT ENTOURE    D'UNE VAGUE EPOUVANTE,
050 001                      ON DIRAIT TON REGARD    D'UNE VAPEUR COUVERT;
078 010                                               D'UNE VASTE PRISON IMITE LES BARREAUX,
075 012                            HERITAGE FATAL    D'UNE VIEILLE HYDROPIQUE,
089 007          LE VIEUX PARIS N'EST PLUS (LA FORME    D'UNE VILLE
062 029                          ET L'ANIMER ENCOR    D'UNE VOIX ARGENTINE,
131 059   .    .    .    .    L'OEIL FATAL, REPONDIT    D'UNE VOIX DESPOTIQUE:
115 012   EN ECHANGEANT MAINT SIGNE ET MAINT CLIGNEMENT    D'YEUX:
035 007                    VENGENT BIENTOT L'EPEE ET LA    DAGUE TRAITRESSE.
015 020              REGARDAIT LE SILLAGE ET NE    DAIGNAIT RIEN VOIR.
061 002   .    .    .   .    .    .    J'AI CONNU, SOUS UN    DAIS D'ARBRES TOUT EMPOURPRES
105 011          ET SOUS LE FIRMAMENT COMME UN    DAIS SUSPENDU
061 004                                         UNE    DAME CREOLE AUX CHARMES IGNORES.
075 013          LE BEAU VALET DE COEUR ET LA    DAME DE PIQUE
077 010   .    .    .    .    .    .   .    .   ET LES    DAMES D'ATOUR, POUR QUI TOUT PRINCE EST BEAU,
084 017                                         UNE    DAME DESCENDANT SANS LAMPE,
140 014                                  MAIS LE    DAMNE REPOND TOUJOURS: "JE NE VEUX PAS!"
120 017                                     QUI    DAMNE TOUT UN PEUPLE AUTOUR D'UN ECHAFAUD.
149 018   .    .    .    .    .    .   .    .   .    LE    DAMNE! J'AVERTIS EN VAIN LA CHAIR INFECTE.
132 016              LES ANGES IMPUISSANTS SE    DAMNERAIENT POUR MOI!"
123 010              ET CES SCULPTEURS    DAMNES ET MARQUES D'UN AFFRONT,
138 025              UN PEU DE L'ORGUEIL DES    DAMNES;
054 031   .    .    .    ADORABLE SORCIERE, AIMES -TU LES    DAMNES?
054 031          ADORABLE SORCIERE, AIMES -TU LES    DAMNES?
073 001          LA HAINE EST LE TONNEAU DES PALES    DANAIDES;
097 049                          ANTINOUS FLETRIS,    DANDYS A FACE GLABRE,
050 013   .    .    .    .    .    .   .    O FEMME    DANGEREUSE, O SEDUISANTS CLIMATS!
110 006                             L'AIR EST    DANGEREUX ET FATAL,
034 013              UN AIR SUBTIL, UN    DANGEREUX PARFUM
126 012          LA CIRCE TYRANNIQUE AUX    DANGEREUX PARFUMS.
023 022              DANS CE NOIR OCEAN OU L'AUTRE EST ENFERME;
010 010                          TROUVERONT    DANS CE SOL LAVE COMME UNE GREVE
077 015                                 ET    DANS CES BAINS DE SANG QUI DES ROMAINS NOUS VIENNE
091 023          LA MORT SAVANTE MET    DANS CES BIERES PAREILLES
091 055   .    .    .    .    .    .    ET QUI,    DANS CES SOIRS D'OR OU L'ON SE SENT REVIVRE,
149 050                                               DANS CES SOIRS SOLENNELS DE CELESTES VENDANGES.
116 056              LE COEUR ENSEVELI    DANS CETTE ALLEGORIE.
023 004          DES SOUVENIRS DORMANT    DANS CETTE CHEVELURE,
084 028   .    .    .    .    .    .   IL EST TOMBE    DANS CETTE GEOLE;
101 005                                               DANS CETTE GRANDE PLAINE OU L'AUTAN FROID SE JOUE,
016 017              TOUT LE CHAOS ROULA    DANS CETTE INTELLIGENCE.
027 010                                 ET    DANS CETTE NATURE ETRANGE ET SYMBOLIQUE
155 003   .    .    .    .    .    .   .    .    .    .    .    DANS CETTE POSE NONCHALANTE
086 023                      CAR JE SERAI PLONGE    DANS CETTE VOLUPTE
157 007                                               DANS DES CONSTRUCTIONS DONT L'AUDACE CORRECTE
096 001                                               DANS DES FAUTEUILS FANES DE COURTISANES VIEILLES,
102 036   .    .    .    .    .    .   .    .    .    DANS DES GOUFFRES DE DIAMANT.
076 004          AVEC DE LOURDS CHEVEUX ROULES    DANS DES QUITTANCES,
115 001                                               DANS DES TERRAINS CENDREUX, CALCINES, SANS VERDURE
136 026          ET QUE, LES YEUX AU CIEL, JE TOMBE    DANS DES TROUS.
044 019   .    .    .    .    .    .   .    .    .    DANS DES YEUX OU LONGTEMPS BURENT NOS YEUX AVIDES?
074 014          ET QUI MEURT, SANS BOUGER,    DANS D'IMMENSES EFFORTS.
126 045          TEL LE VIEUX VAGABOND, PIETINANT    DANS LA BOUE,
089 042                          PIETINANT    DANS LA BOUE, ET CHERCHANT, L'OEIL HAGARD,
074 004   .    .    AU BRUIT DES CARILLONS QUI CHANTENT    DANS LA BRUME,
046 004                                               DANS LA BRUTE ASSOUPIE UN ANGE SE REVEILLE.
155 005                                               DANS LA COUR LE JET D'EAU QUI JASE
083 014                                               DANS LA DIVINE SYMPHONIE,
119 003   .    .    .    .    .    .   .    RACE DE CAIN,    DANS LA FANGE
143 007                      VA CUEILLIR DES REMORDS    DANS LA FETE SERVILE,
089 049                                 AINSI    DANS LA FORET OU MON ESPRIT S'EXILE
094 023                          MONTRER QUE    DANS LA FOSSE MEME
075 007   .    .    .    .    .    L'AME D'UN VIEUX POETE ERRE    DANS LA GOUTTIERE
048 021              AINSI, QUAND JE SERAI PERDU    DANS LA MEMOIRE
000 032                                               DANS LA MENAGERIE INFAME DE NOS VICES,
006 004          COMME L'AIR DANS LE CIEL ET LA MER    DANS LA MER;
023 013   .    .    OU LES VAISSEAUX, GLISSANT DANS L'OR ET    DANS LA MOIRE.
```

D

		POEM	LINE
QUE CE SOIT DANS LA RUE ET	DANS LA MULTITUDE, ...	042	010
	DANS LA NEIGE ET LA BOUE IL ALLAIT S'EMPETRANT,	090	026
QUE CE SOIT	DANS LA NUIT ET DANS LA SOLITUDE,	042	009
OU NAGENT	DANS LA NUIT L'HORREUR ET LE BLASPHEME;	030	004
POUR BATIR	DANS LA NUIT MES FEERIQUES PALAIS.	086	016
ET QUAND L'HEURE VIENDRA D'ENTRER	DANS LA NUIT NOIRE,	114	018
LUISANTS COMME CES TROUS OU L'EAU DORT	DANS LA NUIT;	091	018
BAIGNAIT NERVEUSEMENT SES AILES	DANS LA POUDRE,	089	021
ILS CONDUISENT MES PAS	DANS LA ROUTE DU BEAU;	043	006
QUE CE SOIT	DANS LA RUE ET DANS LA MULTITUDE,	042	010
QUE CE SOIT DANS LA NUIT ET	DANS LA SOLITUDE,	042	009
QUI, COMME MOI, MEURT	DANS LA SOLITUDE,	038	051
UN MATIN, CEPENDANT QUE	DANS LA TRISTE RUE	090	005
OU	DANS LA VOLUPTE PURE LE COEUR SE NOIE!	062	019
	DANS LE BLEU CRISTAL DU MATIN	108	007
MELENT,	DANS LE BOIS SOMBRE ET LES NUITS SOLITAIRES,	111	019
POUR PIQUER	DANS LE BUT, DE MYSTIQUE NATURE, ...	123	003
ET NOUS RENTRONS GAIEMENT	DANS LE CHEMIN BOURBEUX,	000	007
SEMBLAIT, GRAND OEIL OUVERT	DANS LE CIEL CURIEUX,	099	007
COMME L'AIR	DANS LE CIEL ET LA MER DANS LA MER;	006	004
GERMER MILLE SONNETS	DANS LE COEUR DES POETES,	061	013
TOI QUI METS DANS LES YEUX ET	DANS LE COEUR DES FILLES	120	037
	DANS LE COEUR IMMORTEL QUI TOUJOURS VEUT FLEURIR!	087	016
A	DANS LE COEUR UN SERPENT JAUNE,	141	002
DES HOMMES,	DANS LE COIN D'UN SINISTRE ARMOIRE	048	022
ET CREUSER	DANS LE COIN LE PLUS NOIR DE MON COEUR,	057	003
A	DANS LE COU DES AIRS NOBLEMENT MANIERES;	061	006
	DANS LE CREUX DE SA MAIN PREND CETTE LARME PALE,	065	012
QUI	DANS LE CREUX MUET DES VIEUX ANTRES PAIENS	. . . .	111	014
LE VERTIGE	DANS LE DELIRE,	150	026
	DANS LE DEROULEMENT INFINI DE SA LAME,	014	003
CALME,	DANS LE FAUTEUIL JE LA VOYAIS S'ASSEOIR,	100	016
	DANS LE FIEL; SON REGARD AIGUISAIT LES FRIMAS, . . .	090	018
DES GANGES,	DANS LE FIRMAMENT,	102	034
	DANS LE FOND DES BOSQUETS OU JASENT LES RUISSEAUX,	111	006
ET LES AGONISANTS	DANS LE FOND DES HOSPICES	103	022
ASSOUPI	DANS LE FOND D'UN SAHARAH BRUMEUX;	076	021
	DANS LE GOSIER D'UN HOMME USE PAR SES TRAVAUX,	104	010
--LA CONSCIENCE	DANS LE MAL!	084	040
	DANS LE MATIN ETINCELANT,	045	018
ET MES YEUX	DANS LE NOIR DEVINAIENT TES PRUNELLES, ...	036	017
	DANS LE PAIN ET LE VIN DESTINES A SA BOUCHE	001	033
ELLE A	DANS LE PLAISIR LA FOI MAHOMETANE,	114	010
	DANS LE PLUS COMPLET ABANDON	110	022
UN NAVIRE PRIS	DANS LE POLE, ...	084	025
	DANS LE PRESENT LE PASSE RESTAURE!	038	020
	DANS LE RAVIN HANTE DES CHATS-PARDS ET DES ONCES	035	009
	DANS LE RAYON CRISTALLISE.	102	044
	DANS LE RESEAU MOBILE ET BLEU	068	010
JE L'ENTENDS	DANS LE RIRE ENORME DE LA MER.	079	008
LA GLOIRE DES CITES	DANS LE SOLEIL COUCHANT,	126	062
	DANS LE SUAIRE DES NUAGES	081	011
	DANS LE VIN INFORME ET MYSTIQUE, ...	139	013
DES JARDINS, DES JETS D'EAU PLEURANT	DANS LES ALBATRES,	086	018
	DANS LES BAISERS DU SATIN ET DU LINGE,	038	040
QUI SANGLOTE	DANS LES BASSINS!	155	032
SUIVIS DE COMPAGNONS, BLANCHIS	DANS LES BATAILLES, ...	105	018
ETAIT TEINTE TROIS FOIS	DANS LES BAVES SUBTILES	157	012
AVEC LES BROCS DE VIN, LE SOIR,	DANS LES BOSQUETS,	062	024
UN SOIR, L'AME DU VIN CHANTAIT	DANS LES BOUTEILLES:	104	001
	DANS LES CANAUX ETROITS DU COLOSSE PUISSANT, . . .	090	004
	DANS LES CAVEAUX D'INSONDABLE TRISTESSE	038	001
EVEILLE	DANS LES CHAMPS LES VERS COMME LES ROSES;	087	010
NOUS DIT -ON, UN PAYS FAMEUX	DANS LES CHANSONS,	116	006
QUE LES SOLEILS SONT BEAUX	DANS LES CHAUDES SOIREES!	036	011
QUE LES SOLEILS SONT BEAUX	DANS LES CHAUDES SOIREES!	036	015
	DANS LES CLOUS ET LE CRIN CHERCHANT LA VOLUPTE;	126	100
LA DIANE CHANTAIT	DANS LES COURS DES CASERNES,	103	001
ET SON COUDE	DANS LES COUSSINS, ...	154	005
DES FANTOMES PUISSANTS QUI	DANS LES CREPUSCULES	006	015
QUE JE RIS	DANS LES DEUILS ET PLEURE DANS LES FETES,	136	023
LE DERNIER SAC D'ECUS	DANS LES DOIGTS D'UN JOUEUR;	107	005
ET DES IFS FLAMBOYANTS	DANS LES FETES PUBLIQUES, ...	025	006
QUE JE RIS DANS LES DEUILS ET PLEURE	DANS LES FETES,	136	023
ET QUE JE NE PUIS PAS REJETER	DANS LES FLAMMES,	001	011
BIENTOT NOUS PLONGERONS	DANS LES FROIDES TENEBRES;	056	001
QUI SE JETTENT SANS PEUR	DANS LES GOUFFRES SANS FONDS	130	007
TON OEIL SAIT PLONGER	DANS LES GOUFFRES,	142	010
UN APPEL DE CHASSEURS PERDUS	DANS LES GRANDS BOIS!	006	040
GLOIRE ET LOUANGE A TOI, SATAN,	DANS LES HAUTEURS	120	046
FREMISSANT DOUCEMENT	DANS LES LOURDES TENEBRES, ...	048	010
NAGEANT	DANS LES PLANCHES D'ANATOMIE	094	001
	DANS LES PLIS DES RIDEAUX	110	036
	DANS LES PLIS SINUEUX DES VIEILLES CAPITALES,	091	001
DU CIEL, OU TU REGNAS, ET	DANS LES PROFONDEURS	120	047
	DANS LES RANGS BIENHEUREUX DES SAINTES LEGIONS.	001	062
ALLUME LE DESIR	DANS LES REGARDS DES RUSTRES!	037	010
ET L'AUTRE: "VIENS! OH! VIENS VOYAGER	DANS LES REVES,	136	009
LA PROSTITUTION S'ALLUME	DANS LES RUES;	095	015

```
POEM LINE
011 014 . . . . . . . . . .              DANS LES SOLITUDES PROFONDES.
011 010 . . . . . . . . . .              DANS LES TENEBRES ET L'OUBLI,
145 012                                  UNE ODEUR DE TOMBEAU  DANS LES TENEBRES NAGE,
084 012                                  ET PIROUETTANT  DANS LES TENEBRES;
149 010 . . . . . .  DIT AU PAUVRE, QU'IL A NOYE  DANS LES TENEBRES:
150 032                                  DE NOUS CACHER  DANS LES TENEBRES!
130 032                          ET CONDAMNER TON FRONT PALI  DANS LES TRAVAUX,
087 017            QUAND, AINSI QU'UN POETE, IL DESCEND  DANS LES VILLES,
012 009 . . . . . . .  C'EST LA QUE J'AI VECU  DANS LES VOLUPTES CALMES.
126 011                                  ASTROLOGUES NOYES  DANS LES YEUX D'UNE FEMME,
120 037                              TOI QUI METS  DANS LES YEUX ET DANS LE COEUR DES FILLES
141 005                                  PLONGE TES YEUX  DANS LES YEUX FIXES
066 002 . . . . . .  AIMENT EGALEMENT,  DANS LEUR MURE SAISON,
001 075                         ET DONT LES YEUX MORTELS,  DANS LEUR SPLENDEUR ENTIERE,
126 026                                  DANS LEUR VALSE ET LEURS BONDS; MEME DANS NOS SOMMEI
110 007                         OU DES BOUQUETS MOURANTS  DANS LEURS CERCUEILS DE VERRE
100 008 . . . . .  A DORMIR, COMME ILS FONT, CHAUDEMENT  DANS LEURS DRAPS,
127 004                                  QU'ONT  DANS LEURS JOURS HEUREUX LES ESCLAVES DES MORES.
016 015                              LES AVOIR REMUES  DANS LEURS PROFONDEURS NOIRES;
023 005                              JE LA VEUX AGITER  DANS L'AIR COMME UN MOUCHOIR!
042 011 . . . . . . .  SON FANTOME  DANS L'AIR DANSE COMME UN FLAMBEAU.
047 003              LES SONS ET LES PARFUMS TOURNENT  DANS L'AIR DU SOIR;
022 013                              QUI CIRCULE  DANS L'AIR ET M'ENFLE LA NARINE,
139 005                                  DEESSE  DANS L'AIR REPANDUE,
089 016 . . . . .  POUSSE UN SOMBRE OURAGAN  DANS L'AIR SILENCIEUX
003 010                                  VA TE PURIFIER  DANS L'AIR SUPERIEUR,
048 014                                  DANS L'AIR TROUBLE; LES YEUX SE FERMENT; LE VERTIGE
117 006                              QUI MONTENT  DANS L'AIR,
113 012 . . . . .  J'AI CHERCHE  DANS L'AMOUR UN SOMMEIL OUBLIEUX;
095 011            CEPENDANT DES DEMONS MALSAINS  DANS L'ATMOSPHERE
065 036                              QUI MONTENT  DANS L'AZUR COMME DES FLORAISONS.
017 005                              JE TRONE  DANS L'AZUR COMME UN SPHINX INCOMPRIS;
086 010 . . . . .  L'ETOILE  DANS L'AZUR, LA LAMPE A LA FENETRE,
130 049              DONT LES FORMES AU LOIN FRISSONNENT  DANS L'AZUR;
028 028                              SES VERGUES  DANS L'EAU.
126 092              ESCLAVE DE L'ESCLAVE ET RUISSEAU  DANS L'EGOUT;
026 014 . . . . .  DANS L'ENFER DE TON LIT DEVENIR PROSERPINE!
128 004                                  DANS L'EPAISSEUR DE TA CRINIERE LOURDE;
129 011                              JETTENT  DANS L'ESPRIT DES POETES
093 011              NE TE VERRAI -JE PLUS QUE  DANS L'ETERNITE?
105 022 . . . . . . .  ET  DANS L'ETOURDISSANTE ET LUMINEUSE ORGIE
138 038                                  DANS L'HORREUR DE LA NUIT MALSAINE
138 008                              QUAND TON COEUR  DANS L'HORREUR SE NOIE;
131 021                              ELLE CHERCHAIT  DANS L'OEIL DE SA PALE VICTIME
044 007 . . . . . . .  LES POINGS CRISPES  DANS L'OMBRE ET LES LARMES DE FIEL,
003 006              ET COMME UN BON NAGEUR QUI SE PAME  DANS L'ONDE.
072 004              ET DORMIR DANS L'OUBLI COMME UN REQUIN  DANS L'ONDE.
020 002                                  DANS L'ONDULATION DE CE CORPS MUSCULEUX
126 107 . . . . . .  ET SE REFUGIANT  DANS L'OPIUM IMMENSE!
049 004                                  DANS L'OR DE SA VAPEUR ROUGE,
023 018              OU LES VAISSEAUX, GLISSANT  DANS L'OR ET DANS LA MOIRE,
102 016                              TOMBANT  DANS L'OR MAT OU BRUNI,
072 004 . . . . .  ET DORMIR  DANS L'OUBLI COMME UN REQUIN DANS L'ONDE.
049 018                              QUI PLONGE  DANS L'OUBLI MON AME SANS REMORD,
051 001                                  DANS MA CERVELLE SE PROMENE,
041 001                              LE DEMON,  DANS MA CHAMBRE HAUTE,
132 021 . . . . .  JE FERMAI LES DEUX YEUX,  DANS MA FROIDE EPOUVANTE,
057 010                                  ET  DANS MA JALOUSIE. O MORTELLE MADONE,
089 029              PARIS CHANGE! MAIS RIEN  DANS MA MELANCOLIE
038 055                              TU NE TUERAS JAMAIS  DANS MA MEMOIRE
058 040 . . . . . . . . . .  DANS MA NOIRE SIBERIE!
134 005                              ELLE SE REPAND  DANS MA VIE
083 017                              ELLE EST  DANS MA VOIX, LA CRIARDE!
104 012              OU JE ME PLAIS BIEN MIEUX QUE  DANS MES FROIDS CAVEAUX.
036 019 . . . . .  ET TES PIEDS S'ENDORMAIENT  DANS MES MAINS FRATERNELLES.
043 004                              SECOUANT  DANS MES YEUX LEURS FEUX DIAMANTES.
109 012                              ET JETTE  DANS MES YEUX PLEINS DE CONFUSION
125 003              --J'ALLAIS MOURIR. C'ETAIT  DANS MON AME AMOUREUSE,
022 014 . . . . . . . . .  SE MELE  DANS MON AME AU CHANT DES MARINIERS.
134 007                              ET  DANS MON AME INASSOUVIE
102 055              ET SENTI, RENTRANT  DANS MON AME,
078 018              DEFILENT LENTEMENT  DANS MON AME; L'ESPOIR,
149 022 . . . .  ET QUI LEUR DIT, RAILLEUR ET FIER: "  DANS MON CIBOIRE,
031 002                                  DANS MON COEUR PLAINTIF ES ENTREE;
083 010                              ET  DANS MON COEUR QU'ILS SOULERONT
020 026              DE TES PLEURS ABOUTIT  DANS MON COEUR SOUCIEUX,
131 075 . . . . .  CRIA SOUDAIN:--"JE SENS S'ELARGIR  DANS MON ETRE
056 005              TOUT L'HIVER VA RENTRER  DANS MON ETRE: COLERE,
051 010                                  DANS MON FONDS LE PLUS TENEBREUX,
102 010                              JE SAVOURAIS  DANS MON TABLEAU
000 022 . . . . .  DANS NOS CERVEAUX RIBOTE UN PEUPLE DE DEMONS,
079 002              VOUS HURLEZ COMME L'ORGUE; ET  DANS NOS COEURS MAUDITS,
126 063                              ALLUMAIENT  DANS NOS COEURS UNE ARDEUR INQUIETE
121 008                                  DANS NOS DEUX ESPRITS, CES MIROIRS JUMEAUX.
133 025 . . . .  IL TE FALLAIT GLANER TON SOUPER  DANS NOS FANGES
000 023              ET, QUAND NOUS RESPIRONS, LA MORT  DANS NOS POUMONS
133 027              L'OEIL PENSIF, ET SUIVANT,  DANS NOS SALES BROUILLARDS,
126 026              DANS LEUR VALSE ET LEURS BONDS; MEME  DANS NOS SOMMEILS
139 006 . . . . . . .  FLAMME  DANS NOTRE SOUTERRAIN!
```

D

		POEM	LINE
	DANS QUEL PHILTRE, DANS QUEL.VIN, DANS QUELLE TISANE,	054	006
	DANS QUEL PHILTRE?--DANS QUEL VIN?--DANS QUELLE TISANE?	054	010
DANS QUEL PHILTRE,	DANS QUEL VIN, DANS QUELLE TISANE,	054	006
DANS QUEL PHILTRE?--	DANS QUEL VIN?--DANS QUELLE TISANE?	054	010
DANS QUEL PHILTRE, DANS QUEL VIN,	DANS QUELLE TISANE,	054	006
DANS QUEL PHILTRE?--DANS QUEL VIN?--	DANS QUELLE TISANE?	054	010
	DANS QUELQUE PAYS INCONNU	094	029
QUE TIVOLI JADIS OMBRAGEA	DANS SA FLEUR,	091	040
CRIANT A DIEU,	DANS SA FURIBONDE AGONIE:	126	103
AIMONS -NOUS DOUCEMENT. L'AMOUR	DANS SA GUERITE,	064	009
JUSQU'A CE QUE L'OUBLI LES JETTE	DANS SA HOTTE	045	035
QUI VOULUT LE PREMIER,	DANS SA STUPIDITE,	131	062
ET	DANS SES BRAS OUVERTS, QUE REMPLISSENT SES SEINS,	114	011
POURTANT, QUI N'A SERRE	DANS SES BRAS UN SQUELETTE,	097	041
C'EST UN ANGE QUI TIENT	DANS SES DOIGTS MAGNETIQUES	122	009
	DANS SES JEUX DESTRUCTEURS A POURTANT RESPECTE	114	007
ENFANTS, EMMAILLOTA	DANS SES LANGES D'AIRAIN!	005	024
SONGEA-T -IL	DANS SES NUITS MORBIDES	106	031
ET S'ACCUSENT D'AVOIR MIS LEURS PIEDS	DANS SES PAS.	001	036
	DANS SES TATONNEMENTS FUTILES,	084	014
A BEAU PRECIPITER	DANS SES TENEBRES VIDES	073	003
ET GRANDIR LIBREMENT	DANS SES TERRIBLES JEUX:	019	006
SANS LA MECHANCETE QUI LUISAIT	DANS SES YEUX;	090	016
AUX HUMIDES BROUILLARDS QUI NAGENT	DANS SES YEUX;	019	008
TOUT DROIT	DANS SON ARMURE, UN GRAND HOMME DE PIERRE	015	017
CELUI QUI	DANS SON CIEL RIAIT AU BRUIT DES CLOUS	118	011
ET LA MET	DANS SON COEUR LOIN DES YEUX DU SOLEIL.	065	014
CHACUN DE VOUS M'A FAIT UN TEMPLE	DANS SON COEUR;	149	025
TOUTES CHOSES	DANS SON EMPIRE;	051	031
ET, COMME LE SOLEIL	DANS SON ENFER POLAIRE,	056	007
	DANS SON OEIL, CIEL LIVIDE OU GERME L'OURAGAN,	093	007
ET L'ESPRIT QUI LE SUIT	DANS SON PELERINAGE	001	027
SE MEUT	DANS SON REVEIL LE CADAVRE SPECTRAL	048	019
LE SOLEIL S'EST NOYE	DANS SON SANG QUI SE FIGE.	047	012
LE SOLEIL S'EST NOYE	DANS SON SANG QUI SE FIGE...	047	015
AGITE ET TOURNE	DANS SON VAN.	029	028
QUI LAISSE	DANS SON VIN TRAINER SA CHEVELURE.	114	002
AVALANCHE, VEUX -TU M'EMPORTER	DANS TA CHUTE?	080	015
LONGTEMPS! TOUJOURS! MA MAIN	DANS TA CRINIERE LOURDE	023	031
JE VEUX M'ANEANTIR	DANS TA GORGE PROFONDE,	131	083
TU METTRAIS L'UNIVERS ENTIER	DANS TA RUELLE,	025	012
	DANS TA SIMPLICITE TU PRIAIS A GENOUX	118	010
ET LE LETHE COULE	DANS TES BAISERS.	128	016
ET LAISSE -MOI PLONGER	DANS TES BEAUX YEUX,	034	003
QUE D'IGNOBLES BOURREAUX PLANTAIENT	DANS TES CHAIRS VIVES,	118	012
ET REVIS MON PASSE BLOTTI	DANS TES GENOUX.	036	022
	DANS TES JUPONS REMPLIS DE TON PARFUM	128	005
TU COMPTERAIS	DANS TES LITS	088	041
MON AME	DANS TES MAINS N'EST PAS UN VAIN JOUET,	149	047
VIT	DANS TES PROFONDEURS, FORET AROMATIQUE!	023	008
JE REVIENDRAI	DANS TON ALCOVE	063	002
QUELS PENSERS	DANS TON AME VIDE	082	003
RACE DE CAIN,	DANS TON ANTRE	119	015
JE LES PLANTERAI TOUS	DANS TON COEUR PANTELANT,	057	043
LES VIBRANTES DOULEURS	DANS TON COEUR PLEIN D'EFFROI	085	003
DANS TON COEUR SANGLOTANT,	DANS TON COEUR RUISSELANT!	057	044
	DANS TON COEUR SANGLOTANT, DANS TON COEUR RUISSELANT!	057	044
COMME POUR L'IMPRIMER	DANS TON COEUR, TON AMANT.	052	036
DE RAFRAICHIR L'ENFER ALLUME	DANS TON COEUR?	097	028
	DANS TON CRANE OU VIVAIT L'IMMENSE HUMANITE;	118	016
PENETRE	DANS TON FLANC PLUS AVANT QUE LA LANCE?	118	028
	DANS TON ILE, O VENUS! JE N'AI TROUVE DEBOUT	116	057
TU CONTIENS	DANS TON OEIL LE COUCHANT ET L'AURORE,	021	005
	DANS TON TOMBEAU MYSTERIEUX;	110	056
QU'IL S'INFILTRE COMME UNE EXTASE	DANS TOUS CEUX	149	051
FLAIRANT	DANS TOUS LES COINS LES HASARDS DE LA RIME,	087	006
	DANS TOUS LES COINS SAIGNANTS DE CETTE POURRITURE;	116	032
	DANS TOUS LES HOPITAUX ET DANS TOUS LES PALAIS.	087	020
DANS TOUS LES HOPITAUX ET	DANS TOUS LES PALAIS.	087	020
ET	DANS TOUT CE QU'IL BOIT ET DANS TOUT CE QU'IL MANGE	001	023
ET DANS TOUT CE QU'IL BOIT ET	DANS TOUT CE QU'IL MANGE	001	023
CELUI QUI VEUT UNIR	DANS UN ACCORD MYSTIQUE	131	065
ET	DANS UN BAILLEMENT AVALERAIT LE MONDE;	000	036
QUELQUEFOIS	DANS UN BEAU JARDIN	129	017
PLONGER DANS VOS BEAUX YEUX COMME	DANS UN BEAU SONGE,	040	013
	DANS UN BOSQUET CHETIF CACHANT LEURS MEMBRES NUS,	099	004
COMME	DANS UN CAVEAU DONT LA CLEF EST PERDUE.	016	021
	DANS UN CAVEAU MISE AU SECRET.	045	024
A TRAVERS LA CITE, COMME	DANS UN CHAMP CLOS,	113	005
DE PLONGER	DANS UN CIEL AU REFLET ALLECHANT.	126	064
COMME UN VENT FRAIS	DANS UN CIEL CLAIR.	129	004
UNE FEE ALLUMER	DANS UN CIEL INFERNAL	054	043
COMME UN SOLEIL COUCHANT	DANS UN CIEL NEBULEUX.	049	005
POUR SAVOIR SI JE PUIS	DANS UN COEUR QUI M'ADMIRE	001	043
MOI-MEME,	DANS UN COIN DE L'ANTRE TACITURNE,	096	015
--DES FLEURS SE PAMENT	DANS UN COIN.	154	014
	DANS UN DELIRE PARALLELE,	108	011
UNE OASIS D'HORREUR	DANS UN DESERT D'ENNUI!	126	112
	DANS UN PALAIS AUSSI GRAND QUE MOI, D'UN SEUL BLOC,	149	039

```
066 011 . . .  .  .  .  .  .   QUI SEMBLENT S'ENDORMIR   DANS UN REVE SANS FIN;
131 040                          ET JE T'ENDORMIRAI        DANS UN REVE SANS FIN!"
128 010                                                    DANS UN SOMMEIL AUSSI DOUX QUE LA MORT,
030 013                          QUI PEUVENT SE PLONGER    DANS UN SOMMEIL STUPIDE,
045 032 . . . .  .  .  .  .  .                             DANS UN SOURIRE MACHINAL;
084 003                                                    DANS UN STYX BOURBEUX ET PLOMBE
153 009                          CE GENIE ENFERME          DANS UN TAUDIS MALSAIN,
097 055                                                    DANS UN TROU DU PLAFOND LA TROMPETTE DE L'ANGE
052 032 . . . .  .  .  .  .  .   TOURNER UN PHILTRE NOIR   DANS UN VASE PROFOND.
069 003                          SOUS UN PLAFOND DE BRUME OU   DANS UN VASTE ETHER,
110 005                                                    DANS UNE CHAMBRE TIEDE OU, COMME EN UNE SERRE,
053 040                                                    DANS UNE CHAUDE LUMIERE.
085 004 . . . .  .  .   SE PLANTERONT BIENTOT COMME        DANS UNE CIBLE:
149 016                          ETRE VERTUEUX,            DANS UNE HEURE!"
089 051                          JE PENSE AUX MATELOTS OUBLIES   DANS UNE ILE,
048 005                                             OU     DANS UNE MAISON DESERTE QUELQUE ARMOIRE
057 021 . . . .  .  .  .  .   QUI, LES EMPRISONNANT        DANS UNE MOLLE ETREINTE,
018 013                          QUI TORS PAISIBLEMENT     DANS UNE POSE ETRANGE
004 006                                                    DANS UNE TENEBREUSE ET PROFONDE UNITE,
072 001                                                    DANS UNE TERRE GRASSE ET PLEINE D'ESCARGOTS
040 013 . . . .  .  .  .  .   PLONGER                      DANS VOS BEAUX YEUX COMME DANS UN BEAU SONGE,
124 013                          ET ME ROULER              DANS VOS RIDEAUX,
126 050                          NOUS LISONS               DANS VOS YEUX PROFONDS COMME LES MERS!
111 025                          VOUS QUE                  DANS VOTRE ENFER MON AME A POURSUIVIES,
090 051                          ET MON AME                DANSAIT, DANSAIT, VIEILLE GABARRE
090 051                          ET MON AME DANSAIT,       DANSAIT, VIEILLE GABARRE
127 005                          QUAND IL JETTE EN         DANSANT SON BRUIT VIF ET MOQUEUR.
028 019                          ON DIRAIT UN SERPENT QUI  DANSE
021 016 . . . .  .  .   SUR TON VENTRE ORGUEILLEUX         DANSE AMOUREUSEMENT.
042 011                          SON FANTOME DANS L'AIR    DANSE COMME UN FLAMBEAU.
124 002                               COURT,               DANSE ET SE TORD SANS RAISON
097 051                          LE BRANLE UNIVERSEL DE LA DANSE MACABRE
027 002 . .  MEME QUAND ELLE MARCHE ON CROIRAIT QU'ELLE    DANSE,
091 015                                        , OU        DANSENT, SANS VOULOIR DANSER, PAUVRES SONNETTES
091 015                          OU DANSENT, SANS VOULOIR  DANSER, PAUVRES SONNETTES
097 038                          EXHALE LE VERTIGE, ET LES DANSEURS PRUDENTS
097 046 . . . .  .  .  .  .   DIS DONC A CES               DANSEURS QUI FONT LES OFFUSQUES:
045 031                               DE LA                DANSEUSE FOLLE ET FROIDE QUI SE PAME
034 011                          PROFOND ET FROID, COUPE ET FEND COMME UN   DARD,
067 004                                                    DARDANT LEUR OEIL ROUGE. ILS MEDITENT.
092 004 . . . .  .  .  .  .  .                             DARDANT ON NE SAIT OU LEURS GLOBES TENEBREUX.
110 028                                                    DARDE UN REGARD DIAMANTE.
136 015                               QUE                  DATE CE QU'ON PEUT, HELAS! NOMMER MA PLAIE
150 005                          --AUJOURD'HUI,            DATE FATIDIQUE,
044 022 . . . .  .  .  .  .  .                             DAVID MOURANT AURAIT DEMANDE LA SANTE
112 002                          PRODIGES                  DE BAISERS ET RICHES DE SANTE,
110 034                          PLEINES                   DE BAISERS INFERNAUX,
088 042                          PLUS                      DE BAISERS QUE DE LIS
029 046 . . . .  .  Y  .  .  .   QUI VOUS MANGERA          DE BAISERS,
089 009                          JE NE VOIS QU'EN ESPRIT TOUT CE CAMP   DE BARAQUES,
088 017                          EN PLACE                  DE BAS TROUES,
102 015                          PLEIN                     DE BASSINS ET DE CASCADES
033 007 . . . .  .  .  .  .   EMPECHERA TON COEUR          DE BATTRE ET DE VOULOIR,
044 016                          ANGE PLEIN                DE BEAUTE, CONNAISSEZ -VOUS LES RIDES,
044 020                          ANGE PLEIN                DE BEAUTE, CONNAISSEZ -VOUS LES RIDES?
018 006                          SON TROUPEAU GAZOUILLANT  DE BEAUTES D'HOPITAL,
151 001 . . . .  .  .  .  .   ENTRE TANT                   DE BEAUTES QUE PARTOUT ON PEUT VOIR,
057 019                          JE TE FERAI DE MON RESPECT DE BEAUX SOULIERS
116 036                          L'AVAIENT A COUPS         DE BEC ABSOLUMENT CHATRE.
154 013                          D'HUILE ODORANTE ET       DE BENJOIN.
087 013 . . .  .   C'EST LUI QUI RAJEUNIT LES PORTEURS     DE BEQUILLES
062 009                          DE CETTE FONCTION SUBLIME DE BERCEUSE?
142 002                          SOBRE ET NAIF HOMME       DE BIEN,
076 002                          UN GROS MEUBLE A TIROIRS ENCOMBRE   DE BILANS,
076 003 . . . .  .  .  .  .   DE VERS,                     DE BILLETS DOUX, DE PROCES, DE ROMANCES,
001 003                          SA MERE EPOUVANTEE ET PLEINE   DE BLASPHEMES
091 051                          ENSANGLANTE LE CIEL       DE BLESSURES VERMEILLES,
121 050                          UN SOIR FAIT DE ROSE ET   DE BLEU MYSTIQUE,
131 034                          . DE CHEVAUX ET           DE BOEUFS AUX SABOTS SANS PITIE...
028 033                          JE CROIS BOIRE UN VIN     DE BOHEME,
152 003                          JE NE SAIS QUOI           DE BON, DE DOUX COMME LA NUIT!
044 021                          ANGE PLEIN                DE BONHEUR, DE JOIE ET DE LUMIERES,
044 025 . . . .  .  .  .  .   ANGE PLEIN                   DE BONHEUR, DE JOIE ET DE LUMIERES!
052 022                          ARMOIRE A DOUX SECRETS, PLEINE   DE BONNES CHOSES,
044 006                          ANGE PLEIN                DE BONTE, CONNAISSEZ -VOUS LA HAINE,
044 010                          ANGE PLEIN                DE BONTE, CONNAISSEZ -VOUS LA HAINE?
038 036 . . . .  .  .   ET TOUT SEMBLAIT LUI SERVIR        DE BORDURE.
049 006                          L'OPIUM AGRANDIT CE QUI N'A PAS   DE BORNES,
101 001                          O FINS D'AUTOMNE, HIVERS, PRINTEMPS TREMPES   DE BOUE,
106 047                          CHARGE DE PIERRES ET      DE BOUES,
006 017 . . . .  .  .  .  .   COLERES                      DE BOXEUR, IMPUDENCES DE FAUNE,
118 026                          TU FOUETTAIS TOUS CES VILS MARCHANDS A TOUR   DE BRAS,
126 046                          REVE, LE NEZ EN L'AIR,    DE BRILLANT PARADIS;
010 002                          TRAVERSE CA ET LA PAR     DE BRILLANTS SOLEILS;
103 021 . . . .  .  .  .  .   UNE MER                      DE BROUILLARDS BAIGNAIT LES EDIFICES,
069 003                          SOUS UN PLAFOND           DE BRUME OU DANS UN VASTE ETHER,
080 005                          RESIGNE -TOI, MON COEUR; DORS TON SOMMEIL   DE BRUTE,
109 007                          ET, SOUS DE SPECIEUX PRETEXTES   DE CAFARD,
068 003 . . . .  .  .  .  .   D'ABYSSINIENNE OU            DE CAFRINE,
```

D

		POEM	LINE
SUR UN LIT SEME	DE CAILLOUX, ...	029	004
RACE	DE CAIN, AU CIEL MONTE,	119	031
RACE	DE CAIN, COEUR QUI BRULE,	119	019
RACE	DE CAIN, DANS LA FANGE	119	003
RACE	DE CAIN, DANS TON ANTRE	119	015
RACE	DE CAIN, SUR LES ROUTES	119	023
RACE	DE CAIN, TA BESOGNE	119	027
RACE	DE CAIN, TES ENTRAILLES	119	011
RACE	DE CAIN, TON SUPPLICE	119	007
	DE CARREFOUR;	088	048
POUR L'ENFANT, AMOUREUX	DE CARTES ET D'ESTAMPES,	126	001
PLEIN DE BASSINS ET	DE CASCADES	102	015
S'EMPLISSENT	DE CATINS ET D'ESCROCS, LEURS COMPLICES, ...	095	024
EN HAUT, LE CIEL! CE MUR	DE CAVEAU QUI L'ETOUFFE,	144	009
	DE CE CIEL BIZARRE ET LIVIDE,	082	001
IMITAIENT LA COULEUR	DE CE CIEL PLUVIEUX,	090	014
RIEN N'EMBELLIT LES MURS	DE CE CLOITRE ODIEUX.	009	011
	DE CE CORPS FERME ET DROIT LA RUDE MAJESTE.	114	008
DANS L'ONDULATION	DE CE CORPS MUSCULEUX	020	002
JE ME PRIS A SONGER PRES	DE CE CORPS VENDU	032	003
NE DISTRAIT PLUS LE FRONT	DE CE CRUEL MALADE;	077	008
QU'EST -CE QUE DIEU FAIT DONC	DE CE FLOT D'ANATHEMES	118	001
POUR TIRER UN SOURIS	DE CE JEUNE SQUELETTE.	077	012
LA GRANDEUR	DE CE MAL OU TU TE CROIS SAVANTE	025	013
TOUT HOMME DIGNE	DE CE NOM	141	001
"--JE VOIS TA MERE, ENFANT	DE CE SIECLE APPAUVRI,	147	012
LA FROIDE CRUAUTE	DE CE SOLEIL DE GLACE	030	010
L'ECLAT	DE CE SOLEIL D'UN CREPE SE VOILA;	016	016
	DE CE TERRAIN QUE VOUS FOUILLEZ, ...	094	013
	DE CE TERRIBLE PAYSAGE,	102	001
DANS CES SOIRS SOLENNELS	DE CELESTES VENDANGES,	149	050
	DE CELLE QUI MOURUT LE JOUR DE SON BLASPHEME.	130	070
ET LES VAGUES TERREURS	DE CES AFFREUSES NUITS	044	003
	DE CES BAISERS PUISSANTS COMME UN DICTAME,	038	047
--"HIPPOLYTE, CHER COEUR, QUE DIS -TU	DE CES CHOSES?	131	025
	DE CES CIELS BROUILLES	053	008
QUI,	DE CES COEURS MORTELS, ENTEND LA RAILLERIE?	097	035
POUR ENTENDRE UN	DE CES CONCERTS, RICHES DE CUIVRE,	091	053
J'AIME LE SOUVENIR	DE CES EPOQUES NUES,	005	001
ET, QUAND JE M'ENNUIERAI	DE CES FARCES IMPIES,	001	045
ENVIANT	DE CES GENS LA PASSION TENACE, ...	096	017
--UN	DE CES GRANDS ABANDONNES	083	026
	DE CES GRANDS YEUX SI FERVENTS ET SI TENDRES,	038	045
REVAIS -TU	DE CES JOURS SI BRILLANTS ET SI BEAUX	118	021
JE NE CHERCHE, A L'ASPECT	DE CES MEMBRES DISCORDS, ...	091	030
ENVOLE -TOI BIEN LOIN	DE CES MIASMES MORBIDES;	003	009
AH! QUE J'EN AI SUIVI	DE CES PETITES VIEILLES!	091	049
POUR UN	DE CES REGARDS CHARMANTS, BAUME DIVIN,	131	038
J'AVAIS BANNI	DE CES SPECTACLES	102	007
	DE CES TRANSPORTS PLUS VIFS QUE DES RAYONS,	038	048
	DE CES VIEILLES PUTAINS LA FUNEBRE GAIETE,	096	018
ET MEME A NOUS, AUTEURS	DE CES VIEILLES RUBRIQUES,	115	021
	DE CES VINDICATIFS ET MONSTRUEUX REPTILES	157	013
LE LONG	DE CES VIVANTS HAILLONS.	029	020
	DE CETTE APRES -MIDI QUI N'A JAMAIS DE FIN?"	126	132
	DE CETTE BOUCHE OU MON COEUR SE NOYA,	038	046
	DE CETTE FONCTION SUBLIME DE BERCEUSE?	062	009
AUX BOUTS CHARMANTS	DE CETTE GORGE AIGUE	128	023
AU BRUIT	DE CETTE PLAINTE INDOMPTABLE ET SAUVAGE.	014	008
DANS TOUS LES COINS SAIGNANTS	DE CETTE POURRITURE;	116	032
LE SINGULIER ASPECT	DE CETTE SOLITUDE	110	029
JE LUI DIS: SORS	DE CETTE VIE!	106	028
	DE CEUX DONT LE COEUR DIT: "QUE BENI SOIT TON FOUET,	149	045
	DE CEUX QUE LE HASARD FAIT AVEC LES NUAGES,	126	067
PERE ADOPTIF	DE CEUX QU'EN SA NOIRE COLERE	120	043
OUI, CES GENS HARCELES	DE CHAGRINS DE MENAGE,	105	013
SES BRUITS	DE CHAINE ET D'OSSEMENTS!	106	040
FAITE	DE CHAIR ET DE VELOURS,	139	011
OREILLER	DE CHAIR FRAICHE OU L'ON NE PEUT AIMER, ...	006	002
QUI NE COMPRENNENT PAS, AMANTS IVRES	DE CHAIR,	097	018
CES TAS	DE CHALEUR	058	039
EXPLOSION	DE CHAPITEAUX EBAUCHES ET DE FUTS,	089	010
DESALTERANT LA SOIF	DE CHAQUE CREATURE, ...	113	007
IL TE FAUT, POUR GAGNER TON PAIN	DE CHAQUE SOIR,	008	009
LES FLEUVES	DE CHARRON MONTER AU FIRMAMENT	086	011
GUIDE PAR TON ODEUR VERS	DE CHARMANTS CLIMATS,	022	009
	DE CHASSER LOIN DU LIT LES MOUSTIQUES RODEURS, ...	133	008
UN APPEL	DE CHASSEURS PERDUS DANS LES GRANDS BOIS!	006	040
CESSEZ DONC	DE CHERCHER, O BELLE CURIEUSE!	040	007
	DE CHEVAUX ET DE BOEUFS AUX SABOTS SANS PITIE...	131	034
COMME UN ENFANT	DE CHOEUR, JOUER DE L'ENCENSOIR;	008	010
RIEN N'EST PLUS DOUX AU COEUR PLEIN	DE CHOSES FUNEBRES,	101	009
GOYA, CAUCHEMAR PLEIN	DE CHOSES INCONNUES,	006	025
A QUI NOTRE COEUR SERT	DE CIBLE?	054	034
REPANDANT LARGEMENT SES BEAUX REFLETS	DE CIERGE	099	009
D'ESPACE ET DE LUMIERE ET	DE CIEUX EMBRASES;	126	014
QUI REMPLIT MON COEUR	DE CLARTE;	134	002
ET SON OEIL NOUS REVET D'UN HABIT	DE CLARTE.	042	008
DE L'HUILE	DE COCO, DU MUSC ET DU GOUDRON.	023	030

```
POEM LINE
075 013  . . . . . . . . . . . .    LE BEAU VALET  DE COEUR ET LA DAME DE PIQUE
128 024                 QUI N'A JAMAIS EMPRISONNE  DE COEUR.
110 025                    UN BAS ROSATRE, ORNE  DE COINS D'OR, A LA JAMBE,
133 015          OU TES REVES FLOTTANTS SONT PLEINS  DE COLIBRIS,
102 021  . . . . . . . . .    NON D'ARBRES, MAIS  DE COLONNADES
105 018                               SUIVIS  DE COMPAGNONS, BLANCHIS DANS LES BATAILLES,
004 002             LAISSENT PARFOIS SORTIR  DE CONFUSES PAROLES;
109 012          ET JETTE DANS MES YEUX PLEINS  DE CONFUSION
031 014  . . . . . . . . . . . .       AVANT  DE CONQUERIR MA LIBERTE,
123 007                              AVANT  DE CONTEMPLER LA GRANDE CREATURE
116 060                                    DE CONTEMPLER MON COEUR ET MON CORPS SANS DEGOUT!
101 008             OUVRIRA LARGEMENT SES AILES  DE CORBEAU.
088 014  . . . . . . . . .    QU'UN SUPERBE HABIT  DE COUR
033 008                        ET TES PIEDS  DE COURIR LEUR COURSE AVENTUREUSE,
031 001               TOI QUI, COMME UN COUP  DE COUTEAU,
057 028       CE MONSTRE TOUT GONFLE DE HAINE ET  DE CRACHATS.
138 039                     ME DIRE, L'AME  DE CRIS PLEINE:
111 024                     TANTOT PLEINES  DE CRIS, TANTOT PLEINES DE PLEURS,
127 023     ET POUR LA DERANGER DU ROCHER  DE CRISTAL,
102 018                COMME DES RIDEAUX  DE CRISTAL,
084 026  . . . . . . . . .    COMME EN UN PIEGE  DE CRISTAL,
057 008  .     SAVAMMENT CONSTELLE DE RIMES  DE CRISTAL,
087 015            ET COMMANDE AUX MOISSONS  DE CROITRE ET DE MURIR
091 053     POUR ENTENDRE UN DE CES CONCERTS, RICHES  DE CUIVRE,
144 003  . . . . . . .    SERVITEUR DE JESUS, COURTISAN  DE CYTHERE,
116 041                          HABITANT  DE CYTHERE, ENFANT D'UN CIEL SI BEAU,
105 015             EREINTES ET PLIANT SOUS UN TAS  DE DEBRIS,
100 017        SI, PAR UNE NUIT BLEUE ET FROIDE  DE DECEMBRE,
090 039  . . . . .    SONGE BIEN QUE MALGRE TANT  DE DECREPITUDE
115 007          QUI PORTAIT UN TROUPEAU  DE DEMONS VICIEUX,
000 022       DANS NOS CERVEAUX RIBOTE UN PEUPLE  DE DEMONS,
031 004                                    DE DEMONS, VINS, FOLLE ET PAREE,
150 028  . . . . . . . . . .    DONT LA GLOIRE EST  DE DEPLOYER
126 006           LE COEUR GROS DE RANCUNE ET  DE DESIRS AMERS,
102 036                  DANS DES GOUFFRES  DE DIAMANT.
140 010                      A LA GLOIRE  DE DIEU RALLUME TON EXTASE;
109 009  . . . .    IL ME CONDUIT AINSI, LOIN DU REGARD  DE DIEU,
106 051                       JE M'EN MOQUE COMME  DE DIEU,
021 025                         DE SATAN OU  DE DIEU, QU'IMPORTE? ANGE OU SIRENE,
091 084      SUR QUI PESE LA GRIFFE EFFROYABLE  DE DIEU?
148 015  . . . . . . .    C'EST LA CHAMBRE  DE DOROTHEE.
154 007                                 ONT  DE DOUCES LANGUEURS ET DES FRISSONS AMERS.
111 004       DISAIT: "LA TERRE EST UN GATEAU PLEIN  DE DOUCEUR,
136 006  . . . . . . . .    QUAND IL EST COMBLE  DE DOULEUR,
068 005       L'AUTRE, QUE SON EPOUX SURCHARGEA  DE DOULEURS,
091 046                   JE NE SAIS QUOI DE BON,  DE DOUX COMME LA NUIT!
152 003                                 DE DOUX NI D'AMER,
028 014  . . . . .    JE SAURAI TE TAILLER UN MANTEAU,  DE FACON
057 011         DE TIRER UN SOLEIL DE MON COEUR, ET  DE FAIRE
086 025            ELLE REMUE AU SEIN DE LA CITE  DE FANGE
095 019                ET DE NOIRS BATAILLONS  DE FANTOMES EPARS,
131 046  . . . . . . . . .    HALETANT ET BRISE  DE FATIGUE, AU MILIEU
109 010        COLERES DE BOXEUR, IMPUDENCES  DE FAUNE,
006 017       INEPUISABLE PUITS DE SOTTISE ET  DE FAUTES!
097 029                COMME LES MACHINES  DE FER
106 034  . . . . . . . . .    EPRISE DE POUDRE ET  DE FER,
138 030     OU D'UNE ENSEIGNE, AU BOUT D'UNE TRINGLE  DE FER,
132 027        ET COMME TREPIGNANT SUR LE TREPIED  DE FER,
131 058                                    DE FEROCES OISEAUX PERCHES SUR LEUR PATURE
116 029  . . . . .    SOUS JE NE SAIS QUEL OEIL  DE FEU
148 011                     AVEC TES YEUX  DE FEU, BRILLANTS COMME DES FETES,
055 013        TE REGARDER TOUJOURS AVEC DES YEUX  DE FEU;
057 032                LE LONG FLEUVE  DE FIEL DES DOULEURS ANCIENNES;
116 048     LES POINGS CRISPES DANS L'OMBRE ET LES LARMES  DE FIEL,
044 007  .     DE CETTE APRES -MIDI QUI N'A JAMAIS  DE FIN?"
126 132               EN ROUVRANT MES YEUX PLEINS  DE FLAMME
102 053                            SOUS UN CLIMAT  DE FLAMME OU SOUS UN SOLEIL BLANC,
144 002     UN MATIN NOUS PARTONS, LE CERVEAU PLEIN  DE FLAMME,
126 005  . .    O DEMON SANS PITIE! VERSE -MOI MOINS  DE FLAMME!
026 010                 ET SON CRANE,  DE FLAMMES ET DE MATS:
023 015               DE VOILES, DE RAMEURS,  DE FLEURS ARTISTEMENT COIFFE,
097 014       BELLE ILE AUX MYRTES VERTS, PLEINE  DE FLEURS ECLOSES,
116 013  . . .    DES CHEMINS TOUT JONCHES  DE FLEURS ET DE RAMEAUX,
118 024                 UN PETIT SAC BRODE  DE FLEURS OU DE REBUS;
091 012                L'IMAGE D'UN BALLET  DE FLEURS.
129 012  . . . . .    OREILLER CARESSANT, OU CORBEILLE  DE FLEURS?
098 016                                    DE FOETUS QU'ON FAIT CUIRE AU MILIEU DES SABBATS,
006 026     LEURS FEUX SONT CES PENSERS D'AMOUR, MELES  DE FOI,
152 011                          COMBIEN  DE FOIS IL FAUT QUE L'OUVRIER VARIE
091 031  . . . . . . . . .    COMBIEN FAUT -IL  DE FOIS SECOUER MES GRELOTS
123 001                          IL EST  DE FORTS PARFUMS POUR QUI TOUTE MATIERE
048 001             SE DEGAGEAIT UN PARFUM  DE FOURRURE.
038 028            LA FEMME CEPENDANT, DE SA BOUCHE  DE FRAISE.
132 001  . . . . . . . .    DE FRASCATI DEFUNT VESTALE ENAMOUREE;
091 037              UN CHANT PLEIN DE LUMIERE ET  DE FRATERNITE!
104 004             NOIRE, HUMIDE, FUNESTE ET PLEINE  DE FRISSONS;
145 011                          TREMBLE  DE FROID, PAUVRE CHACAL!
119 016  . . . . . . . .    DES CRAPAUDS IMPREVUS ET  DE FROIDS LIMACONS.
```

D

		POEM	LINE
SOUS DES JUPONS TROUES ET SOUS	DE FROIDS TISSUS	091	008
QU'IL RESTE EN MON JARDIN BIEN PEU	DE FRUITS VERMEILS.	010	004
LES UNS, JOYEUX	DE FUIR UNE PATRIE INFAME;	126	009
REVIENNENT, PARFUMES D'UNE ODEUR	DE FUTAILLES,	105	017
CES TAS DE CHAPITEAUX EBAUCHES ET	DE FUTS,	089	010
ANGE PLEIN	DE GAIETE, CONNAISSEZ -VOUS L'ANGOISSE,	044	001
ANGE PLEIN	DE GAIETE, CONNAISSEZ -VOUS L'ANGOISSE?	044	005
LA CRAPULE DU CORPS	DE GARDE ET DES CUISINES,	118	014
TANT VOUS ETES JALOUX	DE GARDER VOS SECRETS!	014	012
CE VISAGE MIGNARD, TOUT ENCADRE	DE GAZE,	020	011
OURS, TOUJOURS EN VAIN, L'ETRE AUX AILES	DE GAZE!	054	050
SES AILES	DE GEANT L'EMPECHENT DE MARCHER.	002	016
DE SES POINGS	DE GEANT TORTURE L'ANATHEME;	140	013
	DE GENUFLEXIONS, DE VIANDES ET DE VINS,	001	042
FRUITS PURS DE TOUT OUTRAGE ET VIERGES	DE GERCURES,	005	013
OU	DE GIGANTESQUES NAIADES,	102	023
LA FROIDE CRUAUTE DE CE SOLEIL	DE GLACE.	030	010
SONGEANT DE POISONS ET	DE GLAIVES,	138	029
SI VOUS ALLIEZ, MADAME, AU VRAI PAYS	DE GLOIRE,	061	009
L'AMOUR N'A PLUS	DE GOUT, NON PLUS QUE LA DISPUTE;	080	007
UN SPECTRE FAIT	DE GRACE ET DE SPLENDEUR.	038	010
SON REGARD DE VIGUEUR ET	DE GRACES ARME,	032	006
CONTEMPLONS CE TRESOR	DE GRACES FLORENTINES;	020	001
LES MORTS, LES PAUVRES MORTS, ONT	DE GRANDES DOULEURS,	100	004
FAIRE	DE GRANDS ADIEUX A TES CHERS TAMARINS?	133	020
JE BATIS	DE GRANDS SARCOPHAGES.	081	014
	DE GRANDS SEAUX PLEINS DU SANG ET DES LARMES DES MORTS,	073	004
DONT LE FLANC TOUJOURS VIERGE ET DRAPE	DE GUENILLES	112	003
CE MONSTRE TOUT GONFLE	DE HAINE ET DE CRACHATS.	057	028
AU PARFUM MELANGE DE MUSC ET	DE HAVANE,	026	002
ET SES BOURREAUX, GORGES	DE HIDEUSES DELICES,	116	035
STATUE AUX YEUX	DE JAIS, GRAND ANGE AU FRONT D'AIRAIN!	039	014
SOUS LES PIEDS, UN TROUPEAU	DE JALOUX QUADRUPEDES,	116	037
COMBIEN, O MON CARQUOIS, PERDRE	DE JAVELOTS?	123	004
SERVITEUR	DE JESUS, COURTISAN DE CYTHERE,	144	003
ANGE PLEIN DE BONHEUR,	DE JOIE ET DE LUMIERES,	044	021
ANGE PLEIN DE BONHEUR,	DE JOIE ET DE LUMIERES!	044	025
ETENDUE A SES PIEDS, CALME ET PLEINE	DE JOIE,	131	013
DES TRONES CONSTELLES	DE JOYAUX LUMINEUX;	126	078
SE PROJETAIT, PAREILLE A CELLE	DE JUDAS.	090	020
LA FORME	DE LA BOITE OU L'ON MET TOUS CES CORPS.	091	032
ILS MELENT	DE LA CENDRE AVEC D'IMPURS CRACHATS;	001	034
ELLE REMUE AU SEIN	DE LA CITE DE FANGE	095	019
LES TUYAUX, LES CLOCHERS, CES MATS	DE LA CITE,	086	007
CHARMANTS YEUX, VOUS BRILLEZ	DE LA CLARTE MYSTIQUE	043	009
ET LE VENT FURIBOND	DE LA CONCUPISCENCE	131	099
AINSI QU'UNE SYLPHIDE AU FOND	DE LA COULISSE;	085	006
ET S'ENIVRE EN CHANTANT DU CHEMIN	DE LA CROIX;	001	026
COMME AFIN	DE LA CUIRE A POINT,	029	010
LE BRANLE UNIVERSEL	DE LA DANSE MACABRE	097	051
	DE LA DANSEUSE FOLLE ET FROIDE QUI SE PAME	045	031
VOUS AVEZ EMPOIGNE LES CRINS	DE LA DEESSE	157	001
ET LES MOINS SOTS, HARDIS AMANTS	DE LA DEMENCE,	126	105
ET L'APPAREIL SANGLANT	DE LA DESTRUCTION!	109	014
VENEZ VOUS ENIVRER	DE LA DOUCEUR ETRANGE	126	131
IL EN EST QUI, FAISANT	DE LA DOULEUR UN MIEL,	091	042
RENVERSEE A L'ABRI	DE LA FACE QUI MENT.	020	024
ET TOUTES LES HIDEURS	DE LA FECONDITE!	005	028
LA FROIDE MAJESTE	DE LA FEMME STERILE.	027	014
LA NUDITE DE L'HOMME ET CELLE	DE LA FEMME,	005	017
PAR LA GRIFFE ET LA DENT FEROCE	DE LA FEMME.	055	007
ADIEU DONC, CHANTS DU CUIVRE ET SOUPIRS	DE LA FLUTE!	080	008
--LA JOUISSANCE AJOUTE AU DESIR	DE LA FORCE.	126	069
--LOIN DU MONDE RAILLEUR, LOIN	DE LA FOULE IMPURE,	110	053
LEUR RIRE, HELAS!	DE LA GAITE	156	013
ELLE-MEME PREPARE AU FOND	DE LA GEHENNE	001	019
LE CIEL! COUVERCLE NOIR	DE LA GRANDE MARMITE	144	013
COMME LES LONGS RESEAUX	DE LA HOULE DES MERS,	027	007
UNE VOIX	DE LA HUNE, ARDENTE ET FOLLE, CRIE:	126	035
ET NOUS ALLONS, SUIVANT LE RHYTHME	DE LA LAME,	126	007
IMITE LES COMBATS	DE LA LAMPE ET DU JOUR.	103	008
QUI SENT TOUJOURS LA SOIF NAITRE	DE LA LIQUEUR	073	010
--JE SUIS UN CIMETIERE ABHORRE	DE LA LUNE,	076	008
MORNE ESPRIT, AUTREFOIS AMOUREUX	DE LA LUTTE,	080	001
NOUS, PRETRE ORGUEILLEUX	DE LA LYRE,	150	027
UN BAISER LIBERTIN	DE LA MAIGRE ADELINE;	107	006
LES CHATS PUISSANTS ET DOUX, ORGUEIL	DE LA MAISON,	066	003
	DE LA MALE SAPHO, L'AMANTE ET LE POETE,	130	056
	DE LA MALE SAPHO, L'AMANTE ET LE POETE!	130	060
TOUS LES PAVES	DE LA MARGELLE.	106	015
LES METAUX INCONNUS, LES PERLES	DE LA MER,	001	070
JE L'ENTENDS DANS LE RIRE ENORME	DE LA MER.	079	008
L'ENNUI, FRUIT	DE LA MORNE INCURIOSITE,	076	017
ELLE REGARDERA LA FACE	DE LA MORT,	114	019
O TOI QUI	DE LA MORT, TA VIEILLE ET FORTE AMANTE,	120	013
LA ROULE DEFAILLANTE AUX RIVES	DE LA MORT!	049	020
L'INSOLENCE	DE LA NATURE.	129	024
DANS L'HORREUR	DE LA NUIT MALSAINE	138	038
ET LA SOLENNITE	DE LA NUIT, COMME UN FLEUVE,	045	007

```
063 004 . . . . . . . . . AVEC LES OMBRES   DE LA NUIT;
006 001              RUBENS, FLEUVE D'OUBLI, JARDIN   DE LA PARESSE,
131 024                             QUI SORT   DE LA PAUPIERE AINSI QU'UN LONG SOUPIR.
037 006          COMME UN ASTRE ECLIPSE QUI SORT   DE LA PENOMBRE,
091 019 . . . . . . . ILS ONT LES YEUX DIVINS   DE LA PETITE FILLE
146 004                            MAINTE FOIS   DE LA PEUR JE SENS PASSER LE VENT,
120 038                          LE CULTE   DE LA PLAIE ET L'AMOUR DES GUENILLES,
088 029                             PERLES   DE LA PLUS BELLE EAU,
109 006 . . . . . . . . . . LA FORME   DE LA PLUS SEDUISANTE DES FEMMES,
072 011                   PHILOSOPHES VIVEURS, FILS   DE LA POURRITURE,
157 005              L'OEIL CLAIR ET PLEIN DU FEU   DE LA PRECOCITE,
149 034          QUI SE MORFOND LONGTEMPS A L'AFFUT   DE LA PROIE.
150 023 . . . . . . . . . . ET   DE LA PUTREFACTION
135 004                       AVEC LE FER   DE LA RAISON;
111 022                                      DE LA REALITE GRANDS ESPRITS CONTEMPTEURS,
057 030                   DEVANT L'AUTEL FLEURI   DE LA REINE DES VIERGES,
087 006 . . FLAIRANT DANS TOUS LES COINS LES HASARDS   DE LA RIME,
016 022          DES LORS IL FUT SEMBLABLE AUX BETES   DE LA RUE,
106 052                         DU DIABLE OU   DE LA SAINTE TABLE!
007 009          JE VOUDRAIS QU'EXHALANT L'ODEUR   DE LA SANTE
026 003 . . . . . OEUVRE DE QUELQUE OBI, LE FAUST   DE LA SAVANE,
066 005                               AMIS   DE LA SCIENCE ET DE LA VOLUPTE.
097 053                    DES QUAIS FROIDS   DE LA SEINE AUX BORDS BRULANTS DU GANGE,
061 010                       SUR LES BORDS   DE LA SEINE OU DE LA VERTE LOIRE,
083 006 . . . . . . v . . . JAILLIR LES EAUX   DE LA SOUFFRANCE.
135 011                             LORSQUE   DE LA STRICTE JUSTICE
089 043                 LES COCOTIERS ABSENTS   DE LA SUPERBE AFRIQUE
149 037            A TRAVERS L'EPAISSEUR   DE LA TERRE ET DU ROC,
000 035 . . . . . . . IL FERAIT VOLONTIERS   DE LA TERRE UN DEBRIS
069 006                               COMME   DE LA TOILE,
130 073            S'ENIVRE CHAQUE NUIT DU CRI   DE LA TOURMENTE
149 049                              LE SON   DE LA TROMPETTE EST SI DELICIEUX,
061 010          SUR LES BORDS DE LA SEINE OU   DE LA VERTE LOIRE,
104 019          ET SERAI POUR CE FRELE ATHLETE   DE LA VIE
038 054                       NOIR ASSASSIN   DE LA VIE ET DE L'ART,
122 002                       C'EST LE BUT   DE LA VIE, ET C'EST LE SEUL ESPOIR
097 022 . . . . . . v . . . . LA FETE   DE LA VIE? OU QUELQUE VIEUX DESIR,
099 001          JE N'AI PAS OUBLIE, VOISINE   DE LA VILLE,
066 005                  AMIS DE LA SCIENCE ET   DE LA VOLUPTE,
024 001                    JE T'ADORE A L'EGAL   DE LA VOUTE NOCTURNE,
116 012 . . . . . ET CHARGE LES ESPRITS D'AMOUR ET   DE LANGUEUR.
005 032          ET COMME QUI DIRAIT DES BEAUTES   DE LANGUEUR;
155 028                                      DE LARGES PLEURS.
155 042                                      DE LARGES PLEURS.
155 014 . . . . . . . . . . . . .   DE LARGES PLEURS.
130 034                                      DE LARMES QU'A LA MER ONT VERSE TES RUISSEAUX?
091 033       --CES YEUX SONT DES PUITS FAITS D'UN MILLION   DE LARMES,
059 014          POUR QUI S'EN MONTRE DIGNE, UN RESERVOIR   DE LARMES.
029 019 . . . . . . . . . . . .   DE LARVES, QUI COULAIENT COMME UN EPAIS LIQUIDE
001 028                             PLEURE   DE LE VOIR GAI COMME UN OISEAU DES BOIS.
073 011            ET SE MULTIPLIER COMME L'HYDRE   DE LERNE.
130 046        ET DEPUIS LORS JE VEILLE AU SOMMET   DE LEUCATE,
130 050 . . . ET DEPUIS LORS JE VEILLE AU SOMMET   DE LEUCATE,
009 004              TEMPERAIT LA FROIDEUR   DE LEUR AUSTERITE.
025 008          SANS CONNAITRE JAMAIS LA LOI   DE LEUR BEAUTE.
147 006                                      DE LEUR BOUCHE EN DORMANT MONTRER LE FRAIS EMAIL?
123 014 . . . . . FERA S'EPANOUIR LES FLEURS   DE LEUR CERVEAU!
130 018            LES FILLES AUX YEUX CREUX,   DE LEUR CORPS AMOUREUSES,
126 019                                      DE LEUR FATALITE JAMAIS ILS NE S'ECARTENT,
001 032                ET FONT SUR LUI L'ESSAI   DE LEUR FEROCITE.
005 006 . . . . . . . EXERCAIENT LA SANTE   DE LEUR NOBLE MACHINE,
130 019              CARESSENT LES FRUITS MURS   DE LEUR NUBILITE;
003 014                       QUI CHARGENT   DE LEUR POIDS L'EXISTENCE BRUMEUSE,
012 007          LES TOUT -PUISSANTS ACCORDS   DE LEUR RICHE MUSIQUE
103 014 . . . . BOUCHE OUVERTE, DORMAIENT   DE LEUR SOMMEIL STUPIDE;
075 014            CAUSENT SINISTREMENT   DE LEURS AMOURS DEFUNTS.
027 004                             AU BOUT   DE LEURS BATONS AGITENT EN CADENCE.
126 010     ·            D'AUTRES, L'HORREUR   DE LEURS BERCEAUX, ET QUELQUES-UNS,
111 015 . . . . . . T'APPELLENT AU SECOURS   DE LEURS FIEVRES HURLANTES,
096 003            MINAUDANT, ET FAISANT   DE LEURS MAIGRES OREILLES
100 006          SON VENT MELANCOLIQUE A L'ENTOUR   DE LEURS MARBRES,
131 096            ET PENETRENT VOS CORPS   DE LEURS PARFUMS AFFREUX.
000 026 . . . . . . . . N'ONT PAS ENCOR BRODE   DE LEURS PLAISANTS DESSINS
095 034            L'HOPITAL SE REMPLIT   DE LEURS SOUPIRS.--PLUS D'UN
102 035                    VERSAIENT LE TRESOR   DE LEURS URNES
007 006          T'ONT -ILS VERSE LA PEUR ET L'AMOUR   DE LIEUES?
102 027 . . . . . . . PENDANT DES MILLIONS   DE LIEUES,
052 023                  DE VINS, DE PARFUMS,   DE LIQUEURS
044 018                                      DE LIRE LA SECRETE HORREUR DU DEVOUEMENT
088 042                 PLUS DE BAISERS QUE   DE LIS
100 010 . . . . . . . . . SANS COMPAGNON   DE LIT, SANS BONNES CAUSERIES,
004 005          COMME DE LONGS ECHOS QUI   DE LOIN SE CONFONDENT
091 073              MAIS MOI, MOI QUI   DE LOIN TENDREMENT VOUS SURVEILLE,
126 076       FRERES QUI TROUVEZ BEAU TOUT CE QUI VIENT   DE LOIN!
078 017 . . . . . . . . . . --ET   DE LONGS CORBILLARDS, SANS TAMBOURS NI MUSIQUE,
004 005                             COMME   DE LONGS ECHOS QUI DE LOIN SE CONFONDENT
076 009          OU COMME DES REMORDS SE TRAINENT   DE LONGS VERS
120 002        DIEU TRAHI PAR LE SORT ET PRIVE   DE LOUANGES,
095 002 . . . . . IL VIENT COMME UN COMPLICE, A PAS   DE LOUP; LE CIEL
```

		POEM	LINE
JE SENS FONDRE SUR MOI	DE LOURDES EPOUVANTES	131	045
AVEC	DE LOURDS CHEVEUX ROULES DANS DES QUITTANCES,	076	004
ETRE MAUDIT A QUI,	DE L'ABIME PROFOND	039	009
VIENS -TU DU CIEL PROFOND OU SORS -TU	DE L'ABIME,	021	001
DE L'EXISTENCE IMMENSE, AU PLUS NOIR	DE L'ABIME,	136	017
PLEINE	DE L'ACRE ODEUR DES TEMPS, POUDREUSE ET NOIRE,	048	006
ET QUE, DECOR SEMBLABLE A L'AME	DE L'ACTEUR,	090	008
VIVANT SACHET, ENCENSOIR	DE L'ALCOVE,	038	024
SOUS LA TORCHE	DE L'ALECTO	156	011
AUX VAGUES SENTEURS	DE L'AMBRE,	053	020
AUX CHOSES	DE L'AMOUR MELER L'HONNETETE!	131	064
LES GRIFFES	DE L'AMOUR, LES POISONS DU TRIPOT,	114	003
DANS UN TROU DU PLAFOND LA TROMPETTE	DE L'ANGE	097	055
LES HANCHES	DE L'ANTIOPE AU BUSTE D'UN IMBERBE,	127	026
EXCEPTE LA CANDEUR	DE L'ANTIQUE ANIMAL,	064	004
	DE L'ANTIQUE DOULEUR ETERNEL ALAMBIC!	097	030
MAIS LES BIJOUX PERDUS	DE L'ANTIQUE PALMYRE,	001	069
	DE L'ANTIQUE VENUS LE SUPERBE FANTOME	116	010
MOI-MEME, DANS UN COIN	DE L'ANTRE TACITURNE,	096	015
QUI HANTE LA TEMPETE ET SE RIT	DE L'ARCHER;	002	014
VIERGES AU COEUR SUBLIME, HONNEUR	DE L'ARCHIPEL,	130	037
	DE L'ARMURE, TA HONTE EGALERAIT TA GLOIRE,	016	013
	DE L'ARRIERE -SAISON LE RAYON JAUNE ET DOUX!	056	028
NOIR ASSASSIN DE LA VIE ET	DE L'ART,	038	054
ARFOIS IL PREND, SACHANT MON GRAND AMOUR	DE L'ART,	109	005
O BLASPHEME	DE L'ART! O SURPRISE FATALE!	020	017
L'ESPERANCE QUI BRILLE AUX CARREAUX	DE L'AUBERGE	054	026
LE DIABLE A TOUT ETEINT AUX CARREAUX	DE L'AUBERGE!	054	030
PARTI	DE L'AZUR ET TOMBE	084	002
AU MILIEU	DE L'AZUR, DES VAGUES, DES SPLENDEURS	012	010
QUE CES ROIS	DE L'AZUR, MALADROITS ET HONTEUX,	002	006
DU METAL, DU MARBRE ET	DE L'EAU,	102	012
DU HAUT JUSQUES EN BAS	DE L'ECHELLE FATALE,	126	087
COMME UN ENFANT DE CHOEUR, JOUER	DE L'ENCENSOIR,	008	010
SI LE CIEL ET LA MER SONT NOIRS COMME	DE L'ENCRE,	126	139
ET L'AMOUR SE RIRA	DE L'ENFER ET DU CIEL!	130	039
DESCENDEZ LE CHEMIN	DE L'ENFER ETERNEL!	131	086
	DE L'ENFER OU MON COEUR SE PLAIT.	082	014
FAVORI	DE L'ENFER, COURTISAN MAL RENTRE,	112	006
	DE L'ENFER, OU, VAINCU, TU REVES EN SILENCE!	120	048
QUE TU VIENNES DU CIEL OU	DE L'ENFER, QU'IMPORTE,	021	021
	DE L'ENIGME ET DU SECRET.	058	012
DES PLAINES	DE L'ENNUI, PROFONDES ET DESERTES,	109	011
ET PLONGE TOUT ENTIERE AU GOUFFRE	DE L'ENNUI!	037	004
VOMISSEMENT CONFUS	DE L'ENORME PARIS,	105	016
	DE L'EPAULE AU CONTOUR HEURTE,	110	038
PRES	DE L'EPOUX PERFIDE ET QUI FUT SON AMANT,	015	014
ESCLAVE	DE L'ESCLAVE ET RUISSEAU DANS L'EGOUT;	126	092
EN VAIN J'AI VOULU	DE L'ESPACE	148	009
AU TRAVERS	DE L'ESPACE ILS S'ENFONCENT TOUS DEUX,	071	007
QUI CHANTENT LES TRANSPORTS	DE L'ESPRIT ET DES SENS,	004	014
TU TIRES TON PARDON	DE L'ETERNEL MARTYRE,	130	026
TU TIRES TON PARDON	DE L'ETERNEL MARTYRE!	130	030
VERSE LE GOUT	DE L'ETERNEL.	134	008
AU FOND	DE L'ETHER.	117	008
ET NE RAFRAICHIRA LA SOIF	DE L'EUMENIDE	131	079
TU TIRES TON PARDON	DE L'EXCES DES BAISERS,	130	022
O PRINCE	DE L'EXIL, A QUI L'ON A FAIT TORT,	120	004
	DE L'EXISTENCE IMMENSE, AU PLUS NOIR DE L'ABIME,	136	017
	DE L'HISTOIRE ANCIENNE ET MODERNE.	071	014
LES PEUPLES	DE L'HIVER	100	012
ILS SENTENT S'EGOUTTER LES NEIGES	DE L'HOMME ET CELLE DE LA FEMME,	005	017
LA NUDITE	DE L'HOMME IL CHANTE SES EXPLOITS	105	027
PAR LE GOSIER	DE L'HOMME VAINCU, PLEIN DE SANGLOTS ET D'INSULTES,	079	007
ET QUE	DE L'HORIZON EMBRASSANT TOUT LE CERCLE	078	003
LES CHARMES	DE L'HORREUR N'ENIVRENT QUE LES FORTS!	097	036
QUI, LE LONG DES GRANDS MURS	DE L'HOSPICE BLAFARD,	044	012
	DE L'HUILE DE COCO, DU MUSC ET DU GOUDRON.	023	030
POLIS COMME	DE L'HUILE, ONDULEUX COMME UN CYGNE,	127	018
L'ELEGANCE SANS NOM	DE L'HUMAINE ARMATURE.	097	019
SEMBLABLE AU CRI LOINTAIN	DE L'HUMAINE DOULEUR	107	008
	DE L'HUMANITE,	117	002
ENTRE EN SOCIETE	DE L'IDEAL RONGEUR,	046	002
EN L'ISOLANT	DE L'IMMENSE NATURE,	038	032
LOIN DU NOIR OCEAN	DE L'IMMONDE CITE,	062	002
PREND LES PROPORTIONS	DE L'IMMORTALITE.	076	018
LE SPECTACLE ENNUYEUX	DE L'IMMORTEL PECHE:	126	088
ET SAURAI -JE TIRER	DE L'IMPLACABLE HIVER	050	015
DE L'OBSCUR ET	DE L'INCERTAIN,	082	006
AU FOND	DE L'INCONNU POUR TROUVER DU NOUVEAU!	126	144
QUE NOUS VEULENT LES LOIS DU JUSTE ET	DE L'INJUSTE?	130	036
QUE NOUS VEULENT LES LOIS DU JUSTE ET	DE L'INJUSTE?	130	040
	DE L'INSUPPORTABLE VIPERE.	141	014
TOUT A COUP, AU MILIEU	DE L'INTIMITE LIBRE	045	013
	DE L'IRRESISTIBLE DEGOUT,	138	035
	DE L'IVROGNE ATTARDE FOULE PAR LES CHEVAUX,	120	029
DE L'OBSCUR ET DE L'INCERTAIN,	082	006
LE SAVANT QUI LUI FAIT	DE L'OR N'A JAMAIS PU	077	013
LE VIN ROULE	DE L'OR, EBLOUISSANT PACTOLE;	105	026

```
138 025 . . . . . . . . . . . .        UN PEU  DE L'ORGUEIL DES DAMNES;
048 003                  EN OUVRANT UN COFFRET VENU  DE L'ORIENT
149 043                   --CEPENDANT, TOUT EN HAUT  DE L'UNIVERS JUCHE,
102 028                         VERS LES CONFINS  DE L'UNIVERS;
005 023 . . . . . . . . . .        QUE LE DIEU  DE L'UTILE, IMPLACABLE ET SEREIN,
035 002                   ONT ECLABOUSSE L'AIR  DE LUEURS ET DE SANG.
153 008          HIDEUSE ET MULTIFORME, AUTOUR  DE LUI CIRCULE.
110 058                      VEILLE PRES  DE LUI QUAND IL DORT;
090 043 . . . . .  DEGOUTANT PHENIX, FILS ET PERE  DE LUI-MEME?
126 014                     D'ESPACE ET  DE LUMIERE ET DE CIEUX EMBRASES;
104 004                     UN CHANT PLEIN  DE LUMIERE ET DE FRATERNITE!
043 001    ILS MARCHENT DEVANT MOI, CES YEUX PLEINS  DE LUMIERES,
044 021 . . . . ANGE PLEIN DE BONHEUR, DE JOIE ET  DE LUMIERES,
044 025       ANGE PLEIN DE BONHEUR, DE JOIE ET  DE LUMIERES!
068 011                        QUI MONTE  DE MA BOUCHE EN FEU,
072 008                 A SAIGNER TOUS LES BOUTS  DE MA CARCASSE IMMONDE,
100 018 . . . . JE LA TROUVAIS TAPIE EN UN COIN  DE MA CHAMBRE,
136 019                            ET,  DE MA CLAIRVOYANCE EXTATIQUE VICTIME,
057 002            UN AUTEL SOUTERRAIN AU FOND  DE MA DETRESSE,
120 003                O SATAN, PRENDS PITIE  DE MA LONGUE MISERE!
086 005 . . . . LES DEUX MAINS AU MENTON, DU HAUT  DE MA MANSARDE,
029 039            ETOILE DE MES YEUX, SOLEIL  DE MA NATURE,
115 003                           ET QUE  DE MA PENSEE, EN VAGUANT AU HASARD,
131 056                  ET LE COMMENCEMENT  DE MA PERDITION!"
115 029 . . . . . . QUI RIAIT AVEC EUX  DE MA SOMBRE DETRESSE
149 036                      COMPAGNONS  DE MA TRISTE JOIE,
009 013               DU SPECTACLE VIVANT  DE MA TRISTE MISERE
037 002                         O LUNE  DE MA VIE! EMMITOUFLE -TOI D'OMBRE;
127 020 . . . ET SON VENTRE ET SES SEINS, CES GRAPPES  DE MA VIGNE,
095 018     AINSI QUE L'ENNEMI QUI TENTE UN COUP  DE MAIN;
088 030                        SONNETS  DE MAITRE BELLEAU
157 003                      ET CET AIR  DE MAITRISE ET CE BEAU NONCHALOIR,
020 014 . . . . A CET ETRE DOUE DE TANT  DE MAJESTE
091 060                      SON FRONT  DE MARBRE AVAIT L'AIR FAIT POUR LE LAURIER!
122 004           ET NOUS DONNE LE COEUR  DE MARCHER JUSQU'AU SOIR;
002 016        SES AILES DE GEANT L'EMPECHENT  DE MARCHER,
057 037 . . . . . ENFIN, POUR COMPLETER TON ROLE  DE MARIE,
022 010     JE VOIS UN PORT REMPLI DE VOILES ET  DE MATS
023 015      DE VOILES, DE RAMEURS, DE FLAMMES ET  DE MATS:
156 010                            DE MELMOTH OU DE MEPHISTO
126 123 . . . . . . . .  DE MEME QU'AUTREFOIS NOUS PARTIONS POUR LA CHINE,
105 014     OUI, CES GENS HARCELES DE CHAGRINS  DE MENAGE,
156 010               DE MELMOTH OU  DE MEPHISTO
029 048                            DE MES AMOURS DECOMPOSES!
102 037 . . . . . . . . . . .   ARCHITECTE  DE MES FEERIES,
009 014               LE TRAVAIL  DE MES MAINS ET L'AMOUR DE MES YEUX?
146 007             SUR LE FOND  DE MES NUITS DIEU DE SON DOIGT SAVANT
024 004        ET QUE TU ME PARAIS, ORNEMENT  DE MES NUITS,
132 017 . . . . . . . . . .  QUAND ELLE EUT  DE MES OS SUCE TOUTE LA MOELLE,
086 026                            DE MES PENSERS BRULANTS UNE TIEDE ATMOSPHERE.
082 012             SONT LES CORBILLARDS  DE MES REVES,
108 014              VERS LE PARADIS  DE MES REVES!
029 039 . . . . . . . . . . .   ETOILE  DE MES YEUX, SOLEIL DE MA NATURE,
009 014     LE TRAVAIL DE MES MAINS ET L'AMOUR  DE MES YEUX?
127 006           CE MONDE RAYONNANT  DE METAL ET DE PIERRE
034 004                        MELES  DE METAL ET D'AGATE,
085 014 . . . . . . . .  (MON GOSIER  DE METAL PARLE TOUTES LES LANGUES..
102 020            A DES MURAILLES  DE METAL,
096 004     TOMBER UN CLIQUETIS DE PIERRE ET  DE METAL;
048 016           VERS UN GOUFFRE OBSCURCI  DE MIASMES HUMAINS;
018 012 . . . . OU BIEN TOI, GRANDE NUIT, FILLE  DE MICHEL-ANGE,
081 007             TU ME RENDS L'EGAL  DE MIDAS,
087 012     ET REMPLIT LES CERVEAUX ET LES RUCHES  DE MIEL.
012 002      QUE LES SOLEILS MARINS TEIGNAIENT  DE MILLE FEUX,
027 009 . . . . . . SES YEUX POLIS SONT FAITS  DE MINERAUX CHARMANTS,
090 035           CAR JE COMPTAI SEPT FOIS,  DE MINUTE EN MINUTE,
102 005              LE SOMMEIL EST PLEIN  DE MIRACLES!
076 012            OU GIT TOUT UN FOUILLIS  DE MODES SURANNEES,
109 002 . . . . . . . .  IL NAGE AUTOUR  DE MOI COMME UN AIR IMPALPABLE;
093 001         LA RUE ASSOURDISSANTE AUTOUR  DE MOI HURLAIT.
042 013              QUE POUR L'AMOUR  DE MOI VOUS N'AIMIEZ QUE LE BEAU;
135 014                        PLEINES  DE MOISSONS, ET DES FLEURS
045 003 . . . . . S'APPUYA (SUR LE FOND TENEBREUX  DE MON AME
043 013     VOUS MARCHEZ EN CHANTANT LE REVEIL  DE MON AME,
128 008                   LE DOUX RELENT  DE MON AMOUR DEFUNT.
155 036                 EST LE MIROIR  DE MON AMOUR.
115 028 . . . . . . . .  LA REINE  DE MON COEUR AU REGARD NONPAREIL,
083 025                      JE SUIS  DE MON COEUR LE VAMPIRE,
057 003     ET CREUSER DANS LE COIN LE PLUS NOIR  DE MON COEUR,
008 001                       O MUSE  DE MON COEUR, AMANTE DES PALAIS,
086 025 . . . . . . . . . DE TIRER UN SOLEIL  DE MON COEUR, ET DE FAIRE
155 022           DESCEND JUSQU'AU FOND  DE MON COEUR.
048 028     QUI ME RONGE, O LA VIE ET LA MORT  DE MON COEUR!
069 014                            DE MON DESESPOIR!
152 005              GRANDS YEUX  DE MON ENFANT, ARCANES ADORES,
192 002              BEAUX YEUX  DE MON ENFANT, PAR OU FILTRE ET S'ENFUIT
031 005                            DE MON ESPRIT HUMILIE
134 016                    AU FOND  DE MON ETERNITE!
102 009 . . . . . . . . .  ET, PEINTRE FIER  DE MON GENIE,
```

D

		POEM	LINE
QUE CELUI-LA QUI RIT	DE MON INQUIETUDE, ...	090	037
OU VIVENT, JAILLISSANT	DE MON OEIL PAR MILLIERS,	079	013
NE FERA PAS LEVER MON FRONT	DE MON PUPITRE;	086	022
JE TE FERAI	DE MON RESPECT DE BEAUX SOULIERS	057	019
LE TOMBEAU, CONFIDENT	DE MON REVE INFINI	033	009
J'AI VU L'HORREUR	DE MON TAUDIS,	102	054
POUR ETRE LE DEGOUT	DE MON TRISTE MARI,	001	010
QUI CONTIENT PLUS	DE MORTS QUE LA FOSSE COMMUNE.	076	007
BORD D'UN LAC DE SANG, SOUS UN GRAND TAS	DE MORTS, ...	074	013
ELLE N'A PAS BESOIN	DE MOTS.	051	016
TOI, VETUE A MOITIE	DE MOUSSELINES FRELES,	133	021
ET COMMANDE AUX MOISSONS DE CROITRE ET	DE MURIR	087	015
REMBRAND1, TRISTE HOPITAL TOUT REMPLI	DE MURMURES, ...	006	009
AU PARFUM MELANGE	DE MUSC ET DE HAVANE,	026	002
GRAIN	DE MUSC QUI GIS, INVISIBLE,	134	015
LAISSAIT COULER CES MOTS TOUT IMPREGNES	DE MUSC:	132	004
ET SOUVENT, COMME TOI, SE PARFUMANT	DE MYRRHE, ...	097	059
ET JE ME SOULERAI DE NARD, D'ENCENS,	DE MYRRHE,	001	041
TOUT CHARGE	DE MYSTERE, APPARAISSENT A L'OMBRE	006	007
POUR PIQUER DANS LE BUT,	DE MYSTIQUE NATURE,	123	003
ET JE ME SOULERAI	DE NARD, D'ENCENS, DE MYRRHE, ...	001	041
	DE NE POUVOIR JAMAIS S'ENDORMIR SOUS LA TABLE.	073	014
J'UNIS UN COEUR	DE NEIGE A LA BLANCHEUR DES CYGNES;	017	006
TANDIS QUE, DEVORES	DE NOIRES SONGERIES,	100	009
D'OU SORTAIENT	DE NOIRS BATAILLONS	029	018
ET	DE NOIRS BATAILLONS DE FANTOMES EPARS,	131	046
AINSI QU'UNE BEAUTE, SUR	DE NOMBREUX COUSSINS,	065	002
O BOUCLES! O PARFUM CHARGE	DE NONCHALOIR!	023	002
IL S'ENDORT AU DOUX BRUIT	DE NOS AFFREUX BLASPHEMES.	118	004
--CE GOUFFRE, C'EST L'ENFER,	DE NOS AMIS PEUPLE!	035	012
VIENT TENDRE SES FILETS AU FOND	DE NOS CERVEAUX,	078	012
O BLAFARDES SAISONS, REINES	DE NOS CLIMATS,	101	011
ADIEU, VIVE CLARTE	DE NOS ETES TROP COURTS'	056	002
ET	DE NOS FACULTES SE FAIT LE CAPITAINE?	044	009
MAIS CES INVENTIONS	DE NOS MUSES TARDIVES	005	033
LE CANEVAS BANAL	DE NOS PITEUX DESTINS,	000	027
LOIN! LOIN! ICI LA BOUE EST FAITE	DE NOS PLEURS!	062	012
FAITES, POUR EGAYER L'ENNUI	DE NOS PRISONS,	126	054
MA VIEILLE CYNTHIA, LAMPE	DE NOS REPAIRES,	147	004
DANS LA MENAGERIE INFAME	DE NOS VICES,	000	032
POUR QUE	DE NOTRE AMOUR NAISSE LA POESIE	104	023
QUE NOUS PUISSIONS DONNER	DE NOTRE DIGNITE	006	042
AFIN D'ETERNISER L'ARDEUR	DE NOTRE HAINE!	035	014
COMME AU BEAU TEMPS	DE NOTRE IVRESSE,	106	020
ET LE RICHE METAL	DE NOTRE VOLONTE . . . . '. .	000	011
PLUTOT QUE	DE NOURRIR CETTE DERISION!	001	006
	DE NOUS CACHER DANS LES TENEBRES!	150	032
ET SE NOURRIT	DE NOUS COMME LE VER DES MORTS,	054	003
QU'ATTIRE LOIN	DE NOUS LE RADIEUX SOURIRE	130	028
PENDANT QU'AUTOUR	DE NOUS TU CHANTES, RIS ET BEUGLES,	092	011
NOUS ENSEIGNE A RIRE	DE NOUS,	156	003
	DE N'AVOIR PAS CONNU CE QUE PLEURENT LES MORTS?"	033	013
SUR LA TABLE	DE NUIT, COMME UNE RENONCULE, ...	110	017
SOUS DE SALES PLAFONDS UN RANG	DE PALES LUSTRES	096	009
ET	DE PALMIERS D'OU PLEUT SUR LES YEUX LA PARESSE,	061	003
	DE PALPER TON CORPS ELECTRIQUE,	034	008
COMME UN HOMME MONTE TROP HAUT, PRIS	DE PANIQUE, ...	016	009
A L'EGAL	DE PAPHOS LES ETOILES T'ADMIRENT,	130	013
CE SOIR, LA LUNE REVE AVEC PLUS	DE PARESSE;	065	001
DE VINS,	DE PARFUMS, DE LIQUEURS	052	023
TRAVERSANT	DE PARIS LE FOURMILLANT TABLEAU, ...	091	026
	DE PEINE, DE SUEUR ET DE SOLEIL CUISANT	104	006
TON SEIN	DE PENSERS FORTS FUT TOUJOURS FREQUENTE,	007	010
REPOSE; ET, VIDE	DE PENSERS,	110	018
NON	DE PERDRE AU FOND D'UN LIT L'ANTIQUE CONSCIENCE. . . .	132	006
DE PERLES BRODE, MAIS DE TOUTES MES LARMES!		057	014
JE FRISSONNE	DE PEUR QUAND TU ME DIS: "MON'ANGE!"	131	051
DONT LES LARGES YEUX	DE PHOSPHORE	084	022
)UT DROIT DANS SON ARMURE, UN GRAND HOMME	DE PIERRE	015	017
CF MONDE RAYONNANT DE METAL ET	DE PIERRE	127	006
TOMBER UN CLIQUETIS	DE PIERRE ET DE METAL;	096	004
ET QUI N'EST PAS	DE PIERRE TENDRE;	149	040
JE SUIS BELLE, O MORTELS! COMME UN REVE	DE PIERRE, ...	017	001
SOUS UN TUNNEL	DE PIERRERIES	102	039
CHARGE	DE PIERRES ET DE BOUES,	106	047
LE BEAU VALET DE COEUR ET LA DAME	DE PIQUE	075	013
D'AVOIR VOULU CHANGER	DE PLACE.	067	014
LES FEMMES	DE PLAISIR, LA PAUPIERE LIVIDE,	103	013
L'INNOCENT PARADIS, PLEIN	DE PLAISIRS FURTIFS,	062	026
L'INNOCENT PARADIS PLEIN	DE PLAISIRS FURTIFS?	062	030
ET	DE PLAISIRS NOIRS ET MORNES	049	009
SA POMONE	DE PLATRE ET SA VIEILLE VENUS	099	003
JAMAIS, JAMAIS! A CEUX QUI S'ABREUVENT	DE PLEURS	089	046
ET TON RIRE TREMPE	DE PLEURS QU'ON NE VOIT PAS,	008	013
TANTOT PLEINES DE CRIS, TANTOT PLEINES	DE PLEURS, ...	111	024
	DE PLONGER DANS UN CIEL AU REFLET ALLECHANT.	126	056
COMME EN UN LIT	DE PLUME UN DELICAT SE VAUTRE,	126	099
ET TOUT CE QUE L'IDYLLE A	DE PLUS ENFANTIN.	086	020
TES BRANCHES VEULENT VOIR LE SOLEIL	DE PLUS PRES!	126	072

```
096 011 . . . . . . . . . SUR DES FRONTS TENEBREUX   DE POETES ILLUSTRES
052 021                   BOUCLIERS PROVOQUANTS, ARMES  DE POINTES ROSES!
106 039                          SES FIOLES  DE POISON, SES LARMES,
138 029                            SONGEANT  DE POISONS ET DE GLAIVES,
016 019 . . . . . . SOUS LES PLAFONDS DUQUEL TANT  DE POMPE AVAIT LUI.
138 030                              EPRISE  DE POUDRE ET DE FER,
059 011               SON COURAGE, AFFOLE  DE POUDRE ET DE TAMBOURS,
133 007                                    DE POURVOIR LES FLACONS D'EAUX FRAICHES ET D'ODEURS
076 003 . . . . . . DE VERS, DE BILLETS DOUX,  DE PROCES, DE ROMANCES,
131 002                                SUR  DE PROFONDS COUSSINS TOUT IMPREGNES D'ODEUR,
079 004               REPONDENT LES ECHOS DE VOS  DE PROFUNDIS.
001 073               CAR IL NE SERA FAIT QUE  DE PURE LUMIERE,
017 013 . . . . . . . . . . . . .  DE PURS MIROIRS QUI FONT TOUTES CHOSES PLUS BELLES:
132 020   QU'UNE OUTRE AUX FLANCS GLUANTS, TOUTE PLEINE  DE PUS!
094 019                       TIREZ -VOUS, ET  DE QUEL FERMIER
150 012                                    DE QUELQUE MONSTRUEUX CRESUS,
026 003 . . . . . . . . .           OEUVRE  DE QUELQUE OBI, LE FAUST DE LA SAVANE,
088 047                           AU SEUIL  DE QUELQUE VEFOUR
097 028                                    DE RAFRAICHIR L'ENFER ALLUME DANS TON COEUR?
118 024     DES CHEMINS TOUT JONCHES DE FLEURS ET  DE RAMEAUX,
023 015 . . . . . . . . . . .   DE VOILES,  DE RAMEURS, DE FLAMMES ET DE MATS:
126 006                   LE COEUR GROS  DE RANCUNE ET DE DESIRS AMERS,
126 140   NOS COEURS QUE TU CONNAIS SONT REMPLIS  DE RAYONS!
091 012           UN PETIT SAC BRODE DE FLEURS OU  DE REBUS:
149 031 . . . . . . . ET QU'IL SOIT NATUREL  DE RECEVOIR DEUX PRIX,
057 031                          ETOILANT  DE REFLETS LE PLAFOND PEINT EN BLEU,
131 071                       ET, PLEINE  DE REMORDS ET D'HORREUR, ET LIVIDE,
105 031                   DIEU, TOUCHE  DE REMORDS, AVAIT FAIT LE SOMMEIL:
057 040                   BOURREAU PLEIN  DE REMORDS, JE FERAI SEPT COUTEAUX
005 035                                    DE RENDRE A LA JEUNESSE UN HOMMAGE PROFOND,
029 011                                ET  DE RENDRE AU CENTUPLE A LA GRANDE NATURE
029 035                   EPIANT LE MOMENT  DE REPRENDRE AU SQUELETTE
084 015 . . . . . . POUR FUIR D'UN LIEU PLEIN  DE REPTILES,
090 001           FOURMILLANTE CITE, CITE PLEINE  DE REVES,
114 001                   C'EST UNE FEMME BELLE ET  DE RICHE ENCOLURE,
021 012       ET TU GOUVERNES TOUT ET NE REPONDS  DE RIEN,
057 008 . . . . . . . SAVAMMENT CONSTELLE  DE RIMES DE CRISTAL,
088 033                          VALETAILLE  DE RIMEURS
080 012     COMME LA NEIGE IMMENSE UN CORPS PRIS  DE ROIDEUR;
088 010                       QU'UNE REINE  DE ROMAN
076 003 . . . . DE VERS, DE BILLETS DOUX, DE PROCES,  DE ROMANCES,
121 009                   UN SOIR FAIT  DE ROSE ET DE BLEU MYSTIQUE,
048 012               TEINTES D'AZUR, GLACES  DE ROSE, LAMES D'OR.
116 016       ROULENT COMME L'ENCENS SUR UN JARDIN  DE ROSES
076 011 . . . . . JE SUIS UN VIEUX BOUDOIR PLEIN  DE ROSES FANEES,
088 007                   PLEIN DE TACHES  DE ROUSSEUR,
020 016           APPROCHONS, ET TOURNONS AUTOUR  DE SA BEAUTE.
096 020       L'UN DE SON VIEIL HONNEUR, L'AUTRE  DE SA BEAUTE!
156 016 . . . . . . . . .   COMME UN SIGNE  DE SA BONTE!
132 001                   LA FEMME CEPENDANT,  DE SA BOUCHE DE FRAISE,
089 017               UN CYGNE QUI S'ETAIT EVADE  DE SA CAGE,
049 010               REMPLIT L'AME AU DELA  DE SA CAPACITE.
110 015 . . . .   LA TETE, AVEC L'AMAS  DE SA CRINIERE SOMBRE
130 064               SUR LE VIEIL OCEAN  DE SA FILLE ENCHANTE;
051 025                                    DE SA FOURRURE BLONDE ET BRUNE
001 017           ELLE RAVALE AINSI L'ECUME  DE SA HAINE,
131 004 . . . . . QUI LEVAIENT LE RIDEAU  DE SA JEUNE CANDEUR.
130 063           ET LE RAYONNEMENT  DE SA JEUNESSE BLONDE
038 027                   TOUT IMPREGNES  DE SA JEUNESSE PURE,
014 003           DANS LE DEROULEMENT INFINI  DE SA LAME,
065 012 . . . . . . .   DANS LE CREUX  DE SA MAIN PREND CETTE LARME PALE,
131 006                                    DE SA NAIVETE LE CIEL DEJA LOINTAIN,
097 001           FIERE, AUTANT QU'UN VIVANT,  DE SA NOBLE STATURE,
131 021           ELLE CHERCHAIT DANS L'OEIL  DE SA PALE VICTIME
100 022 . . . . . . . . VOYANT TOMBER DES PLEURS  DE SA PAUPIERE CREUSE?
114 004   TOUT GLISSE ET TOUT S'EMOUSSE AU GRANIT  DE SA PEAU,
014 007               SE DISTRAIT QUELQUEFOIS  DE SA PROPRE RUMEUR
105 012               S'ENIVRE DES SPLENDEURS  DE SA PROPRE VERTU.
130 062 . . . . . . .   ET VERSANT LES TRESORS  DE SA SERENITE
001 023               OU BIEN, S'ENHARDISSANT  DE SA TRANQUILLITE,
049 004                           DANS L'OR  DE SA VAPEUR ROUGE,
075 011           CEPENDANT QU'EN UN JEU PLEIN  DE SALES PARFUMS,
096 009 . . . . . . . . . . .   SOUS  DE SALES PLAFONDS UN RANG DE PALES LUSTRES
127 032                   IL INONDAIT  DE SANG CETTE PEAU COULEUR D'AMBRE!
006 029               DELACROIX, LAC  DE SANG HANTE DES MAUVAIS ANGES,
077 018               OU COULE AU LIEU  DE SANG L'EAU VERTE DU LETHE.
077 015               ET DANS CES BAINS  DE SANG QUI DES ROMAINS NOUS VIENNENT,
132 024   QUI SEMBLAIT AVOIR FAIT PROVISION  DE SANG,
074 013               AU BORD D'UN LAC  DE SANG, SOUS UN GRAND TAS DE MORTS,
035 002       ONT ECLABOUSSE L'AIR DE LUEURS ET  DE SANG,
079 007 . . . . . . DE L'HOMME VAINCU, PLEIN  DE SANGLOTS ET D'INSULTES,
154 009                   LEUR CHANSON  DE SANGLOTS HEURTEE
123 008       DONT L'INFERNAL DESIR NOUS REMPLIT  DE SANGLOTS!
112 002           PRODIGUES DE BAISERS ET RICHES  DE SANTE.
044 011 . . . . . . . . .   ANGE PLEIN  DE SANTE, CONNAISSEZ -VOUS LES FIEVRES,
044 015                       ANGE PLEIN  DE SANTE, CONNAISSEZ -VOUS LES FIEVRES?
130 066                                 -- DE SAPHO QUI MOURUT LE JOUR DE SON BLASPHEME,
130 054 . . . . . . . .   LE CADAVRE ADORE  DE SAPHO, QUI PARTIT
006 030 . . . . . . . . .   OMBRAGE PAR UN BOIS  DE SAPINS TOUJOURS VERT,
```

D

		POEM	LINE
	DE SATAN OU DE DIEU, QU'IMPORTE? ANGE OU SIRENE, . . .	021	025
SOUS TES SOULIERS	DE SATIN,	058	033
	DE SATIN, PAR TES PIEDS DIVINS HUMILIES,	057	020
FAIS QUE MON AME UN JOUR, SOUS L'ARBRE	DE SCIENCE,	120	049
	DE SECOURIR MA LACHETE.	031	016
ALLAIT, LE CORPS BRULE	DE SECRETES CHALEURS,	116	023
QUI NE RECELENT POINT	DE SECRETS PRECIEUX;	098	018
CACHE MOINS	DE SECRETS QUE MON TRISTE CERVEAU.	076	005
COMME UN AIR IMPREGNE	DE SEL, ...	134	006
SUR LA NAPPE FRUGALE ET LES RIDEAUX	DE SERGE.	099	010
ET DES CARESSES	DE SERPENT	063	007
COMME UN EXECUTEUR ENTOURE	DE SES AIDES.	116	040
ET	DE SES BIJOUX PRECIEUX, ...	110	016
ELLE VEUT	DE SES CHANTS PEUPLER L'AIR FROID DES NUITS,	074	010
	DE SES CHEVEUX ELASTIQUES ET LOURDS,	038	023
VOULOIR INTERESSER AU CHANT	DE SES DOULEURS	115	019
NE TROUVE PAS UN PRIX DIGNE	DE SES EFFORTS;	097	034
	DE SES FATIGUES SON ESPRIT.	068	014
RAMPER SUR LE VERSANT	DE SES GENOUX ENORMES,	019	010
ET,	DE SES PIEDS PALMES FROTTANT LE PAVE SEC,	089	018
QUI,	DE SES POINGS DE GEANT TORTURE L'ANATHEME:	140	013
	DE SES PRECEPTEURS MEPRISANT LES COURBETTES,	077	003
LE FEU	DE SES PRUNELLES PALES,	051	038
AVANT DE S'ENDORMIR LE CONTOUR	DE SES SEINS,	065	004
DORMIR NONCHALAMMENT A L'OMBRE	DE SES SEINS, ...	019	013
LES SEINS NUS ET POURPRES	DE SES TENTATIONS;	111	012
POUR CHANTER LE SECRET	DE SES VIERGES EN FLEURS,	130	042
	DE SES YEUX AMORTIS LES PARESSEUSES LARMES,	131	009
FLEURIT AVEC LE PLUS	DE SEVE ET D'ENERGIE, ...	016	002
RAI LA-BAS OU L'ARBRE ET L'HOMME, PLEINS	DE SEVE,	023	011
SOUS TES CHARMANTS PIEDS	DE SOIE,	058	034
DE PEINE, DE SUEUR ET	DE SOLEIL CUISANT	104	006
L'ENFANT DESHERITE S'ENIVRE	DE SOLEIL, ...	001	022
	DE SOLEIL, MEME AU BAS DU CIEL,	102	046
QUE DES SOUVENIRS	DE SOLEILS.	148	008
S'EN VA BATTANT LES MURS	DE SON AILE TIMIDE	078	007
RIEN NE VAUT LA DOUCEUR	DE SON AUTORITE;	042	006
ET DISAIT, LE COEUR PLEIN	DE SON BEAU LAC NATAL:	089	022
--DE SAPHO QUI MOURUT LE JOUR	DE SON BLASPHEME,	130	066
DE CELLE QUI MOURUT LE JOUR	DE SON BLASPHEME.	130	070
ET PETRISSANT SES SEINS SUR LE FER	DE SON BUSC, ...	132	003
PROUVE LA BEAUTE	DE SON COEUR.	156	008
NAGENT AUTOUR	DE SON CORPS BRUN.	034	014
L'IMMENSITE	DE SON DESIR?	110	048
SUR LE FOND DE MES NUITS DIEU	DE SON DOIGT SAVANT	146	007
IMBECILE!--	DE SON EMPIRE	031	021
ET LES VASTES ECLAIRS	DE SON ESPRIT LUCIDE	001	055
	DE SON ETRE EXTIRPER L'ELEMENT CORROMPU,	077	014
DES PLEURS SALES	DE SON FRONT GRIS	135	007
L'HUMANITE BAVARDE, IVRE	DE SON GENIE,	126	101
LE SOUVENIR CUISANT	DE SON LIMON AMER.	055	004
GRAVE, ET VENANT DU FOND	DE SON LIT ETERNEL	100	019
CE REVEUR QUE L'HORREUR	DE SON LOGIS REVEILLE, ...	153	012
COUVER L'ENFANT GRANDI	DE SON OEIL MATERNEL,	100	020
OU BRILLAT LA DOUCEUR	DE SON PREMIER SERMENT.	015	016
DU FOND	DE SON REDUIT SABLONNEUX, LE GRILLON,	013	009
ET QUI, SOUL	DE SON SANG, PREFERERAIT EN SOMME	096	023
J'ARRACHERAI CE COEUR TOUT ROUGE	DE SON SEIN,	001	050
LE VIN	DE SON TRIOMPHE, ET S'ALLONGEAIT VERS ELLE,	131	019
	DE SON URNE A GRANDS FLOTS VERSE UN FROID TENEBREUX	075	002
JE CONNAIS LES ENGINS	DE SON VIEIL ARSENAL:	064	011
L'UN	DE SON VIEIL HONNEUR, L'AUTRE DE SA BEAUTE!	096	020
LE COEUR PLEIN	DE SONGES FUNEBRES,	124	011
INEPUISABLE PUITS	DE SOTTISE ET DE FAUTES!	097	029
BARBARE, ROIDE ET LOURD, ET DOUBLE	DE SOUPCON, ...	057	012
DESCEND, FLEUVE INVISIBLE, AVEC	DE SOURDES PLAINTES.	000	024
J'AI PLUS	DE SOUVENIRS QUE SI J'AVAIS MILLE ANS.	076	001
ET, SOUS	DE SPECIEUX PRETEXTES DE CAFARD,	109	007
UN SPECTRE FAIT DE GRACE ET	DE SPLENDEUR, ...	038	010
GROTESQUEMENT CAMPE SUR SON FRONT	DE SQUELETTE,	071	002
TREMBLAIENT CONFUSEMENT DES DEBRIS	DE SQUELETTE,	132	025
AVANT	DE S'ENDORMIR LE CONTOUR DE SES SEINS,	065	004
AGILE ET NOBLE, AVEC SA JAMBE	DE STATUE.	093	005
NOUS USERONS NOTRE AME EN	DE SUBTILS COMPLOTS,	123	005
DE PEINE,	DE SUEUR ET DE SOLEIL CUISANT	104	006
PAR OU FUIRAIENT MILLE ANS	DE SUEURS ET D'EFFORTS,	073	006
L'HOMME Y PASSE A TRAVERS DES FORETS	DE SYMBOLES	004	003
L'ELIXIR	DE TA BOUCHE OU L'AMOUR SE PAVANE;	026	006
QUAND L'EAU	DE TA BOUCHE REMONTE	028	031
RIEN NE ME VAUT L'ABIME	DE TA COUCHE;	128	014
DANS L'EPAISSEUR	DE TA CRINIERE LOURDE:	128	004
J'ALLUMERAI LES YEUX	DE TA FEMME RAVIE;	104	017
LE TEMOIN	DE TA FORCE ET DE TA VIRULENCE,	048	026
QUAND TU VAS BALAYANT L'AIR	DE TA JUPE LARGE,	052	005
QUAND TU VAS BALAYANT L'AIR	DE TA JUPE LARGE, ...	052	025
SOUS LE FARDEAU	DE TA PARESSE	028	021
RETIENS LES GRIFFES	DE TA PATTE,	034	002
ET JE FERAI	DE TA PAUPIERE,	083	004
VERS LES TRESORS	DE TA PERSONNE, ...	129	027

```
POEM LINE
138 018 .   .   .   .   .   .   .   .   .   TOUS LES SANGLOTS DE TA POITRINE,
049 017                                     DE TA SALIVE QUI MORD,
048 026                     LE TEMOIN DE TA FORCE ET DE TA VIRULENCE,
088 007                                       PLEIN DE TACHES DE ROUSSEUR,
059 011 .   .   .   .   SON COURAGE, AFFOLE DE POUDRE ET DE TAMBOURS,
020 014                             A CET ETRE DOUE DE TANT DE MAJESTE
059 003       CHEVEUX ET GORGE AU VENT, S'ENIVRANT DE TAPAGE,
150 020                          LA BETISE AU FRONT DE TAUREAU;
106 017 .   .   .   .   .   .   .   .   AU NOM DES SERMENTS DE TENDRESSE,
005 009            MAIS, LOUVE AU COEUR GONFLE DE TENDRESSES COMMUNES,
023 026                   CHEVEUX BLEUS, PAVILLON DE TENEBRES TENDUES,
097 013       SES YEUX PROFONDS SONT FAITS DE VIDE ET DE TENEBRES,
112 011 .   .   .   .   DE TERRIBLES PLAISIRS ET D'AFFREUSES DOUCEURS.
014 010                       HOMME, NUL N'A SONDE LE FOND DE TES ABIMES;
021 014                                     DE TES BIJOUX L'HORREUR N'EST PAS LE MOINS CHARMANT
129 008                                     DE TES BRAS ET DE TES EPAULES.
133 026 .   .   .   .   .   ET VENDRE LE PARFUM DE TES CHARMES ETRANGES,
097 031                A TRAVERS LE TREILLIS RECOURBE DE TES COTES
028 032                                     AU BORD DE TES DENTS,
129 008                            DE TES BRAS ET DE TES EPAULES.
032 014 .   .   .   .   OBSCURCIR LA SPLENDEUR DE TES FROIDES PRUNELLES.
116 043                              EN EXPIATION DE TES INFAMES CULTES
001 014                     SUR L'INSTRUMENT MAUDIT DE TES MECHANCETES,
116 046                     JE SENTIS, A L'ASPECT DE TES MEMBRES FLOTTANTS,
116 011 .   .   .   .   .   AU-DESSUS DE TES MERS PLANE COMME UN AROME,
020 026                                     DE TES PLEURS ABOUTIT DANS MON COEUR SOUCIEUX;
131 027                          L'HOLOCAUSTE SACRE DE TES PREMIERES ROSES
058 022                              DE TON DOS ET DE TES SEINS,
053 011 .   .   .   .   .   DE TES TRAITRES YEUX,
097 040                       LE SOURIRE ETERNEL DE TES TRENTE-DEUX DENTS.
049 012                               DE TES YEUX DE TES YEUX VERTS,
049 012                             DE TES YEUX, DE TES YEUX VERTS,
097 037 .   .   .   .   .   .   .   LE GOUFFRE DE TES YEUX, PLEIN D'HORRIBLES PENSEES,
020 028          AUX FLOTS QUE LA DOULEUR FAIT JAILLIR DE TES YEUX!
091 038                                  PRETRESSE DE THALIE, HELAS! DONT LE SOUFFLEUR
086 025                                     DE TIRER UN SOLEIL DE MON COEUR, ET DE FAIRE
125 002 .   .   .   .   .   .   .   .   ET DE TOI FAIS -TU DIRE: "OH! L'HOMME SINGULIER!"
044 024                                       MAIS DE TOI JE N'IMPLORE, ANGE, QUE TES PRIERES,
037 011                                       TOUT DE TOI M'EST PLAISIR, MORBIDE OU PETULANT;
120 050                                       PRES DE TOI SE REPOSE, A L'HEURE OU SUR TON FRONT
025 016 .   .   .   .   .   .   .   .   .   DE TOI SE SERT, O FEMME, O REINE DES PECHES,
025 017              --   DE TOI, VIL ANIMAL,--POUR PETRIR UN GENIE?
052 007                                     CHARGE DE TOILE, ET VA ROULANT
052 027                                     CHARGE DE TOILE, ET VA ROULANT
145 012 .   .   .   .   .   .   UNE ODEUR DE TOMBEAU DANS LES TENEBRES NAGE,
148 016                        QUI ME SERVIRA DE TOMBEAU.
131 031                                    ET CEUX DE TON AMANT CREUSERONT LEURS ORNIERES
026 009      PAR CES DEUX GRANDS YEUX NOIRS, SOUPIRAUX DE TON AME,
057 042 .   .   .   .   .   .   PRENANT LE PLUS PROFOND DE TON AMOUR POUR CIBLE,
118 017                                      QUAND DE TON CORPS BRISE LA PESANTEUR HORRIBLE
044 023                            AUX EMANATIONS DE TON CORPS ENCHANTE;
028 002 .   .   .   .   .   .   .   .   .   DE TON CORPS SI BEAU,
058 022                                     DE TON DOS ET DE TES SEINS,
129 014                                     DE TON ESPRIT BARIOLE;
037 008            C'EST BIEN! CHARMANT POIGNARD, JAILLIS DE TON ETUI!
118 019                       ET TA SUEUR COULAIENT DE TON FRONT PALISSANT;
138 007 .   .   .   .   .   .   .   .   .   S'ENFUIT DE TON FRONT TERRASSE;
014 005               TU TE PLAIS A PLONGER AU SEIN DE TON IMAGE;
026 014                               DANS L'ENFER DE TON LIT DEVENIR PROSERPINE!
133 006          TA TACHE EST D'ALLUMER LA PIPE DE TON MAITRE,
128 005 .   .   .   .   .   DANS TES JUPONS REMPLIS DE TON PARFUM
098 004             ET PROMENANT L'ENNUI DE TON REGARD PROFOND;
036 014         JE CROYAIS RESPIRER LE PARFUM DE TON SANG.
022 002                 JE RESPIRE L'ODEUR DE TON SEIN CHALEUREUX;
031 024 .   .   .   .   .   .   .   .   .   LE CADAVRE DE TON VAMPIRE!"
105 030                                     DE TOUS CES VIEUX MAUDITS QUI MEURENT EN SILENCE
040 004                  VIVRE EST UN MAL. C'EST UN SECRET DE TOUS CONNU, '
116 007                          ELDORADO BANAL DE TOUS LES VIEUX GARCONS.
041 022 .   .   .   .   .   .   .   .   .   .   DE TOUS MES SENS FONDUS EN UN!
091 079              MON COEUR MULTIPLIE JOUIT DE TOUS VOS VICES!
038 044                                     DE TOUT LE FEU QUI POUR NOUS FLAMBOYA,
094 015                                     DE TOUT L'EFFORT DE VOS VERTEBRES,
005 013 .   .   .   .   .   .   .   .   FRUITS PURS DE TOUT PIEGE ET VIERGES DE GERCURES,
043 005           ME SAUVANT DE TOUT PIEGE ET DE TOUT PECHE GRAVE,
043 005                          ME SAUVANT DE TOUT PIEGE ET DE TOUT PECHE GRAVE,
107 013                     --ET L'ORGUEIL, CE TRESOR DE TOUTE GUEUSERIE,
114 016 .   .   .   .   .   .   .   .   .   QUI DE TOUTE INFAMIE ARRACHE LE PARDON.
057 014                  NON DE PERLES BRODE, MAIS DE TOUTES MES LARMES!
131 048              QU'UN HORIZON SANGLANT FERME DE TOUTES PARTS.
091 080                        MON AME RESPLENDIT DE TOUTES VOS VERTUS!
155 020 .   .   .   .   .   .   .   .   EN UN FLOT DE TRISTE LANGUEUR,
024 002                                  O VASE DE TRISTESSE, O GRANDE TACITURNE,
146 010                                 TOUT PLEIN DE VAGUE HORREUR, MENANT ON NE SAIT OU;
118 025         OU, LE COEUR TOUT GONFLE D'ESPOIR ET DE VAILLANCE,
131 011 .   .   .   .   .   SES BRAS VAINCUS, JETES COMME DE VAINES ARMES,
151 003      MAIS ON VOIT SCINTILLER EN LOLA DE VALENCE
036 007          ET LES SOIRS AU BALCON, VOILES DE VAPEURS ROSES.
012 001             J'AI LONGTEMPS HABITE SOUS DE VASTES PORTIQUES
126 023 .   .   .   .   .   .   .   .   .   .   .   .   .   DE VASTES VOLUPTES, CHANGEANTES, INCONNUES,
```

		POEM	LINE
SES COTHURNES	DE VELOURS	088	011
TES GRANDS YEUX	DE VELOURS SONT PLUS NOIRS QUE TA CHAIR.	133	004
QU'IMPORTE, SI TU RENDS,--FEE AUX YEUX	DE VELOURS,	021	026
FAITE DE CHAIR ET	DE VELOURS,	139	011
PUITS	DE VERITE, CLAIR ET NOIR, ...	084	035
COMME APRES UN CADAVRE UN CHOEUR	DE VERMISSEAUX,	024	008
ES BOUQUETS MOURANTS DANS LEURS CERCUEILS	DE VERRE	110	007
SOUS MA PRISON	DE VERRE ET MES CIRES VERMEILLES,	104	003
	DE VERS, DE BILLETS DOUX, DE PROCES, DE ROMANCES, . . .	076	003
L'ESCALIER	DE VERTIGE OU S'ABIME SON AME.	153	004
L'IMMENSE MAJESTE DE VOS DOULEURS	DE VEUVE,	089	003
COMME UN TYRAN GORGE	DE VIANDE ET DE VINS,	118	003
DE GENUFLEXIONS,	DE VIANDES ET DE VINS, ...	001	042
ET, COMME UN GRAND TROUPEAU	DE VICTIMES OFFERTES,	015	007
SES YEUX PROFONDS SONT FAITS	DE VIDE ET DE TENEBRES,	097	013
--AVEZ -VOUS OBSERVE QUE MAINTS CERCUEILS	DE VIEILLES	091	021
CE ME SEMBLE,	DE VIEILLES AU MIROIR ET D'ENFANTS TOUTES NUES, . . .	006	027
ET LA PEUR	DE VIEILLES PLANCHES?"	149	004
ET FREDONNES TOUT BAS	DE VIEILLIR, ET CE HIDEUX TOURMENT	044	017
	DE VIEUX AIRS INCONNUS;	133	012
CHAMBRES D'ETERNEL DEUIL OU VIBRENT	DE VIEUX AMOURS DERACINES, ...	138	022
CHAQUE ILOT SIGNALE PAR L'HOMME	DE VIEUX RALES,	079	003
CE NE SERONT JAMAIS CES BEAUTES	DE VIGIE	126	037
SON REGARD	DE VIGNETTES,	018	001
CROYANT PAR	DE VIGUEUR ET DE GRACES ARME, ...	032	006
D'AUTANT	DE VILS PLEURS LAVER TOUTES NOS TACHES.	000	008
AVEC LES BROCS	DE VIN QU'EN PEUT TENIR	106	011
LEONARD	DE VIN, LE SOIR, DANS LES BOSQUETS,	062	024
DES BIJOUX	DE VINCI, MIROIR PROFOND ET SOMBRE, ...	006	005
DE GENUFLEXIONS, DE VIANDES ET	DE VINGT-NEUF SOUS	088	050
COMME UN TYRAN GORGE DE VIANDE ET	DE VINS,	001	042
	DE VINS,	118	003
--"AH! QUE N'AI -JE MIS BAS TOUT UN NOEUD	DE VINS, DE PARFUMS, DE LIQUEURS	052	023
TES YEUX CREUX SONT PEUPLES	DE VIPERES,	001	005
LA NATURE EST UN TEMPLE OU	DE VISIONS NOCTURNES,	007	002
JE VOIS UN PORT REMPLI	DE VIVANTS PILIERS	004	001
	DE VOILES ET DE MATS	022	010
	DE VOILES, DE RAMEURS, DE FLAMMES ET DE MATS:	023	015
N'EST -CE PAS GRAND'PITIE	DE VOIR CE BON VIVANT,	115	016
IL EST DOUX, A TRAVERS LES BRUMES,	DE VOIR NAITRE	086	009
ET SOMMEILLER LONGTEMPS A L'OMBRE	DE VOS CILS!	040	014
REPONDENT LES ECHOS	DE VOS DE PROFUNDIS.	079	004
OMBRES FOLLES, COUREZ AU BUT	DE VOS DESIRS;	131	090
L'IMMENSE MAJESTE	DE VOS DOULEURS DE VEUVE,	089	003
J'AIME	DE VOS LONGS YEUX LA LUMIERE VERDATRE, ...	056	017
SUR LES BORDS DUVETES	DE VOS MECHES TORDUES	023	028
OU	DE VOS MUSCLES DEPOUILLES,	094	016
QUE L'ASPECT PERMANENT	DE VOS PALES TENEBRES,	101	012
ET VOTRE CHATIMENT NAITRA	DE VOS PLAISIRS.	131	092
MONTREZ -NOUS LES ECRINS	DE VOS RICHES MEMOIRES,	126	051
DE TOUT L'EFFORT	DE VOS VERTEBRES,	094	015
A TRAVERS LES AMAS CONFUS	DE VOTRE CENDRE,	149	038
ET VIENT MOURIR AU BORD	DE VOTRE ETERNITE!	006	044
--UN PARFUM NAGE AUTOUR	DE VOTRE GORGE NUE!...	055	011
L'APRE STERILITE	DE VOTRE JOUISSANCE	131	097
EMPECHERA TON COEUR DE BATTRE ET	DE VOULOIR,	033	007
CHACUN	DE VOUS M'A FAIT UN TEMPLE DANS SON COEUR;	149	025
	DE VOUS, CLAIRE ET JOYEUSE AINSI QU'UNE FANFARE	045	017
	DE VOUS, RICHE ET SONORE INSTRUMENT OU NE VIBRE	045	015
QUI SUIVENT, INDOLENT COMPAGNONS	DE VOYAGE,	002	003
PASSENT, COMME UN SOUPIR ETOUFFE	DE WEBER;	006	032
SE	DEBATTANT COMME UN NAGEUR,	084	008
QUAND VEUX -TU M'ENTERRER,	DEBAUCHE AUX BRAS IMMONDES?	112	012
LA	DEBAUCHE ET LA MORT SONT DEUX AIMABLES FILLES,	112	001
AINSI QU'UN	DEBAUCHE PAUVRE QUI BAISE ET MANGE	000	017
ELLE RIT A LA MORT ET NARGUE LA	DEBAUCHE,	114	005
QUE RONGE ET QUE NOURRIT LA	DEBAUCHE, ET VOUS, VIERGES,	005	026
QUAND CHEZ LES	DEBAUCHES L'AUBE BLANCHE ET VERMEILLE	046	001
LES	DEBAUCHES RENTRAIENT, BRISES PAR LEURS TRAVAUX. . . .	103	024
ET LORSQUE J'ENTREVOIS UN FANTOME	DEBILE	091	025
GRAND COEUR GONFLE D'ORGUEIL, HOMME	DEBILE ET JAUNE,	006	019
SEULS, RESPIRENT L'ODEUR D'UN FLACON	DEBOUCHE.	076	014
DANS TON ILE, O VENUS! JE N'AI TROUVE	DEBOUT	116	057
LE POETE AU CACHOT,	DEBRAILLE, MALADIF,	153	001
IL FERAIT VOLONTIERS DE LA TERRE UN	DEBRIS	000	035
TREMBLAIENT CONFUSEMENT DES	DEBRIS DE SQUELETTE.	132	025
	DEBRIS D'HUMANITE POUR L'ETERNITE MURS!	091	072
SUR LES	DEBRIS FUMEUX DES STUPIDES ORGIES	046	009
QUELQUE VIEUX	DEBRIS GISANT	088	046
EREINTES ET PLIANT SOUS UN TAS DE	DEBRIS,	105	015
SI, PAR UNE NUIT BLEUE ET FROIDE DE	DECEMBRE, ...	100	017
	DECHIFFRANT LE MALHEUR PARTOUT,	138	032
SES CRIS ME	DECHIRAIENT LA FIBRE.	106	004
LE CHANT DU COQ AU LOIN	DECHIRAIT L'AIR BRUMEUX:	103	020
OU, LAZARE ODORANT	DECHIRANT SON SUAIRE, ...	048	018
COMME DES CHARIOTS OU DES SOCS	DECHIRANTS;	131	032
L'HORRIBLE SOIF QUI ME	DECHIRE	106	009
	DECHIRENT LEUR SUAIRE EN ETIRANT LEURS DOIGTS;	006	016
PEUT. -ON	DECHIRER DES TENEBRES	054	022

POEM	LINE		
129	020	. . . . LE SOLEIL	DECHIRER MON SEIN;
082	009	CIEUX	DECHIRES COMME DES GREVES,
058	029	TU ME	DECHIRES, MA BRUNE,
070	003	DERRIERE QUELQUE VIEUX	DECOMBRE
029	048	. . . . DE MES AMOURS	DECOMPOSES!
090	008	ET QUE,	DECOR SEMBLABLE A L'AME DE L'ACTEUR,
020	020	--MAIS NON! CE N'EST QU'UN MASQUE, UN	DECOR SUBORNEUR,
098	024	'MASQUE OU	DECOR, SALUT! J'ADORE TA BEAUTE.
006	010	ET D'UN GRAND CRUCIFIX	DECORE SEULEMENT,
053	017		DECORERAIENT NOTRE CHAMBRE;
136	016	ET MA FATALITE. DERRIERE LES	DECORS
006	023		DECORS FRAIS ET LEGERS ECLAIRES PAR DES LUSTRES
049	011	. . . TOUT CELA NE VAUT PAS LE POISON QUI	DECOULE
081	012	JE	DECOUVRE UN CADAVRE CHER,
126	047	SON OEIL ENSORCELE	DECOUVRE UNE CAPOUE
048	024		DECREPIT, POUDREUX, SALE, ABJECT, VISQUEUX, FELE,
091	004	. . . . . . DES ETRES SINGULIERS,	DECREPITS ET CHARMANTS.
090	039	SONGE BIEN QUE MALGRE TANT DE	DECREPITUDE
001	001	LORSQUE, PAR UN	DECRET DES PUISSANCES SUPREMES,
085	019	LE JOUR	DECROIT; LA NUIT AUGMENTE; SOUVIENS -TOI!
031	018	. . . . M'ONT PRIS EN	DEDAIN ET M'ONT DIT:
001	052	JE LE LUI JETTERAI PAR TERRE AVEC	DEDAIN!"
088	034	TE	DEDIANT LEURS PRIMEURS
088	039		DEDUIT
157	001	. . . . VOUS AVEZ EMPOIGNE LES CRINS DE LA	DEESSE
139	005		DEESSE DANS L'AIR REPANDUE,
114	009	ELLE MARCHE EN	DEESSE ET REPOSE EN SULTANE;
046	008	AINSI, CHERE	DEESSE, ETRE LUCIDE ET PUR,
049	020	. . . . LA ROULE	DEFAILLANTE AUX RIVES DE LA MORT!
016	012	MAIS, SI J'AVAIS VOULU T'ATTAQUER AU	DEFAUT
097	011		DEFEND PUDIQUEMENT DES LAZZI RIDICULES
059	004	SUPERBE ET	DEFIANT LES MEILLEURS CAVALIERS;
078	018	. . . . QU'IL FAUT QU'IL REMUE ET	DEFILENT LENTEMENT DANS MON AME; L'ESPOIR,
135	003	DE FRASCATI	DEFRICHE
091	037		DEFUNT VESTALE ENAMOUREE;
023	007	TOUT UN MONDE LOINTAIN, ABSENT, PRESQUE	DEFUNT,
128	008	. . . . . . LE DOUX RELENT DE MON AMOUR	DEFUNT.
143	009	LOIN D'EUX. VOIS SE PENCHER LES	DEFUNTES ANNEES,
075	014	CAUSENT SINISTREMENT DE LEURS AMOURS	DEFUNTS.
038	028	SE	DEGAGEAIT UN PARFUM DE FOURRURE.
048	011	. . . . QUI	DEGAGENT LEUR AILE ET PRENNENT LEUR ESSOR,
001	042	POUR ETRE LE	DEGOUT DE MON TRISTE MARI,
138	035	DE L'IRRESISTIBLE	DEGOUT;
126	090	SANS RIRE S'ADORANT ET S'AIMANT SANS	DEGOUT;
116	060	. . DE CONTEMPLER MON COEUR ET MON CORPS SANS	DEGOUT!
090	043		DEGOUTANT PHENIX, FILS ET PERE DE LUI-MEME?
097	044	QUI FAIT LE	DEGOUTE MONTRE QU'IL SE CROIT BEAU.
026	001	BIZARRE	DEITE, BRUNE COMME LES NUITS,
149	002	. . . . SE DIT, REVEUR, DEVANT CES LEVRES	DEJA BLANCHES;
054	016	A CET AGONISANT QUE LE LOUP	DEJA FLAIRE
090	011	ET DISCUTANT AVEC MON AME	DEJA LASSE,
054	020	CE PAUVRE AGONISANT QUE	DEJA LE LOUP FLAIRE!
131	006	. . . . . . DE SA NAIVETE LE CIEL	DEJA LOINTAIN,
116	030	DETRUISAIENT AVEC RAGE UN PENDU	DEJA MUR,
062	027	EST -IL	DEJA PLUS LOIN QUE L'INDE ET QUE LA CHINE?
038	002	OU LE DESTIN M'A	DEJA RELEGUE;
056	003	J'ENTENDS	DEJA TOMBER AVEC DES CHOCS FUNEBRES
049	010	REMPLIT L'AME AU	DELA DE SA CAPACITE.
136	010	AU DELA DU POSSIBLE, AU	DELA DU CONNU!"
136	010	AU	DELA DU POSSIBLE, AU DELA DU CONNU!"
003	003	. . . . PAR	DELA LE SOLEIL, PAR DELA LES ETHERS,
003	004	PAR	DELA LES CONFINS DES SPHERES ETOILEES,
003	003	PAR DELA LE SOLEIL, PAR	DELA LES ETHERS,
006	029		DELACROIX, LAC DE SANG HANTE DES MAUVAIS ANGES,
126	099	. . . . . COMME EN UN LIT DE PLUME UN	DELICAT SE VAUTRE,
000	039	TU'LE CONNAIS, LECTEUR, CE MONSTRE	DELICAT,
154	012	SA PEAU	DELICATE EST FROTTEE
085	007	CHAQUE INSTANT TE DEVORE UN MORCEAU DU	DELICE
128	017	. . . . . A MON DESTIN, DESORMAIS MON	DELICE,
095	023	LES TABLES D'HOTE, DONT LE JEU FAIT LES	DELICES,
116	035	ET SES BOURREAUX, GORGES DE HIDEUSES	DELICES,
125	007	PLUS MA TORTURE ETAIT APRE ET	DELICIEUSE;
149	049	. . . . . LE SON DE LA TROMPETTE EST SI	DELICIEUX,
138	017	HYMNE PROFOND,	DELICIEUX!
106	018	DONT RIEN NE PEUT NOUS	DELIER,
108	011	DANS UN	DELIRE PARALLELE,
150	026	. . . . LE VERTIGE DANS LE	DELIRE,
052	024	QUI FERAIENT	DELIRER LES CERVEAUX ET LES COEURS!
031	022	SI NOS EFFORTS TE	DELIVRAIENT,
131	014		DELPHINE LA COUVAIT AVEC DES YEUX ARDENTS,
131	057	. . . . MA	DELPHINE SECOUANT SA CRINIERE TRAGIQUE,
131	043		DELPHINE, JE SOUFFRE ET JE SUIS INQUIETE,
130	033	SI SES BALANCES D'OR N'ONT PESE LE	DELUGE
020	036	DEMAIN, APRES -	DEMAIN ET TOUJOURS!--COMME NOUS!
020	036	. . . .	DEMAIN, APRES -DEMAIN ET TOUJOURS!--COMME NOUS!
091	083	OU SEREZ -VOUS	DEMAIN, EVES OCTOGENAIRES,
020	035	C'EST QUE	DEMAIN, HELAS! IL FAUDRA VIVRE ENCORE!
126	111	HIER,	DEMAIN, TOUJOURS, NOUS FAIT VOIR NOTRE IMAGE:
044	022	. . . . DAVID MOURANT AURAIT	DEMANDE LA SANTE

D

		POEM LINE
J'AI	DEMANDE SOUVENT A DES VINS CAPTIEUX	113 009
ET VIENS -TU	DEMANDER AU TORRENT DES ORGIES	097 027
ET LES MOINS SOTS, HARDIS AMANTS DE LA	DEMENCE,	126 105
ET NOUS	DEMOLIRONS MAINTE LOURDE ARMATURE,	123 006
QUEL	DEMON A DOTE LA MER, RAUQUE CHANTEUSE	062 007
LE	DEMON FAIT DES TROUS SECRETS A CES ABIMES,	073 005
OU SE PEND UN	DEMON SANS PITIE! TOUT CASSES	091 016
O	DEMON SANS PITIE! VERSE -MOI MOINS DE FLAMME;	026 010
LE	DEMON, DANS MA CHAMBRE HAUTE,	041 001
SANS CESSE A MES COTES S'AGITE LE	DEMON;	109 001
POUR TENTER LES	DEMONS AJUSTANT BIEN LEURS BAS;	006 028
CEPENDANT DES	DEMONS MALSAINS DANS L'ATMOSPHERE	095 011
QUI PORTAIT UN TROUPEAU DE	DEMONS VICIEUX,	115 007
DANS NOS CERVEAUX RIBOTE UN PEUPLE DE	DEMONS,	000 022
DIGNE VASSALE DES	DEMONS,	150 014
O VIERGES, O	DEMONS, O MONSTRES, O MARTYRES,	111 021
DE	DEMONS, VINS, FOLLE ET PAREE,	031 004
DOMINE LA NUEE ET LE CRI DES	DEMONS)	115 024
PLUS	DENSES QUE LA POIX, SANS MATIN ET SANS SOIR,	054 023
LA	DENT DIT: "PENSE A TON DEVOIR!"	141 007
LA	DENT DIT: "VIVRAS -TU CE SOIR?"	141 010
PAR LA GRIFFE ET LA	DENT FEROCE DE LA FEMME.	055 007
L'IRREPARABLE RONGE AVEC SA	DENT MAUDITE	054 036
L'IRREPARABLE RONGE AVEC SA	DENT MAUDITE!	054 040
LEVRES SANS COULEUR, DES MACHOIRES SANS	DENT,	096 006
COMME UN VOMISSEMENT, REMONTER VERS MES	DENTS	116 047
POUR EXERCER TES	DENTS A CE JEU SINGULIER,	025 003
DES FEMMES DONT LES	DENTS ET LES ONGLES SONT TEINTS,	126 082
S -MOI, TETE EFFRAYANTE, A-T -IL SUR TES	DENTS FROIDES	110 051
AU BORD DE TES	DENTS,	028 032
MA CHERE! MAIS LES	DENTS, LES ONGLES ACERES,	035 006
APRES L'AVOIR D'ABORD MARQUEE AVEC LES	DENTS,	097 040
CE BRUIT MYSTERIEUX SONNE COMME UN	DEPART.	131 016
VERS LES HORIZONS BLEUS	DEPASSES LE MATIN.	056 016
JE HAIS LE MOUVEMENT QUI	DEPLACE LES LIGNES,	131 008
SINGULIERE FORTUNE OU LE BUT SE	DEPLACE,	017 007
QUAND SUR TON PRESENT SE	DEPLOIE	126 029
ET PARCE QU'ELLE VIT! MAIS CE QU'ELLE	DEPLORE	138 009
DONT LA GLOIRE EST DE	DEPLORE	020 033
A PEINE LES ONT -ILS	DEPLOYER	150 028
OU DE VOS MUSCLES	DEPOSES SUR LES PLANCHES,	002 005
ET C'EST	DEPOUILLES.	094 016
ET C'EST	DEPUIS CE TEMPS QUE, PAREIL AUX PROPHETES,	136 021
ET C'EST	DEPUIS CE TEMPS QUE LESBOS SE LAMENTE.	130 071
HEURTANT PARFOIS DES VERS	DEPUIS CE TEMPS QUE LESBOS SE LAMENTE!	130 075
ET	DEPUIS LONGTEMPS REVES.	087 008
ET	DEPUIS LORS JE VEILLE AU SOMMET DE LEUCATE,	130 046
ET	DEPUIS LORS JE VEILLE AU SOMMET DE LEUCATE,	130 050
ET	DEPUIS L'ETERNITE JE PARCOURS ET J'HABITE;	009 010
DE VIEUX AMOURS	DEPUIS TES PIEDS FRAIS JUSQU'A TES NOIRES TRESSES	032 010
ET POUR LA	DERACINES,	138 022
PLUTOT QUE DE NOURRIR CETTE	DERANGER DU ROCHER DE CRISTAL	127 023
VOUS INSULTE EN PASSANT D'UN AMOUR	DERISION!	001 006
ET TU NE SERAIS PLUS QU'UN FOETUS	DERISOIRE!	091 067
POUSSAIENT LEUR	DERISOIRE!"	016 014
LE	DERNIER RALE EN HOQUETS INEGAUX.	103 023
OU LE REPENTIR MEME (OH! LA	DERNIER SAC D'ECUS DANS LES DOIGTS D'UN JOUEUR;	107 005
USANT A L'ENVI LEURS CHALEURS	DERNIERE AUBERGE!),	085 023
APRES LES	DERNIERES,	121 005
COMME UN VER QUI	DERNIERS SACREMENTS.	029 042
LUI	DEROBE A L'HOMME CE QU'IL MANGE.	095 020
DANS LE	DEROBENT L'ASPECT DES PEUPLES FURIEUX;	001 056
JE VOIS SE	DEROULE LE TRESOR DES PROFONDES CARESSES,	032 011
JE VIS SE	DEROULER INFINI DE SA LAME,	014 003
LA TEMPETE EN JOUANT	DEROULER DES RIVAGES HEUREUX	022 003
QUI,	DEROULER SOUS MON OEIL CLAIRVOYANT.	096 014
LES VIOLONS VIBRANT	DEROUTAIT SES EFFORTS,	090 050
ET MA FATALITE.	DERRIERE LA MURAILLE IMMENSE DU BROUILLARD;	089 044
	DERRIERE LA VITRE OU SE BRISAIT SA GERBE,	099 006
	DERRIERE LES COLLINES,	062 023
	DERRIERE LES DECORS	136 016
	DERRIERE LES ENNUIS ET LES VASTES CHAGRINS	003 013
OU,	DERRIERE LES ROCHERS UNE CHIENNE INQUIETE	029 033
	DERRIERE L'AMAS DES OMBRES LETHARGIQUES,	152 007
	DERRIERE LUI TRAINAIENT UN LONG MUGISSEMENT.	015 008
TOURBILLONNE, AMEUTE	DERRIERE QUELQUE VIEUX DECOMBRE	070 003
EN ME PENCHANT VERS TOI, REINE	DERRIERE SON OREILLE.	153 011
A DANS LE COU	DES ADOREES,	036 013
PRENNENT	DES AIRS NOBLEMENT MANIERES;	061 006
LE PLUS TRISTE	DES ALBATROS, VASTES OISEAUX DES MERS,	002 002
CELUI DONT LES PENSERS, COMME	DES ALCHIMISTES;	081 008
O BEAUTE, DUR FLEAU	DES ALOUETTES,	003 017
OU TORDUS, AIMONS -LES! CE SONT ENCOR	DES AMES, TU LE VEUX!	055 012
VOLUPTE, TORTURE	DES AMES.	091 007
MAIS LE VERT PARADIS	DES AMES!	139 003
--MAIS LE VERT PARADIS	DES AMOURS ENFANTINES,	062 021
OU	DES AMOURS ENFANTINES,	062 025
SA CHAIR SPIRITUELLE A LE PARFUM	DES ANGES CHARMANTS, AVEC UN DOUX SOURIS	006 006
	DES ANGES,	042 007

```
POEM LINE
120 001  .  .   .            O TOI, LE PLUS SAVANT ET LE PLUS BEAU   DES ANGES,
135 016                               GAGNENT LE SUFFRAGE   DES ANGES.
120 008                             GUERISSEUR FAMILIER   DES ANGOISSES HUMAINES,
000 014                    AUX OBJETS REPUGNANTS NOUS TROUVONS   DES APPAS:
022 006  .  .  .  .  .  .  .  .  .            FAIS DES ENFANTS, PLANTE   DES ARBRES SINGULIERS ET DES FRUITS SAVOUREUX;
141 008                                                  DES ARBRES,
126 057             DITES, QU'AVEZ -VOUS VU? "NOUS AVONS VU   DES ASTRES
021 009             SORS -TU DU GOUFFRE NOIR OU DESCENDS -TU   DES ASTRES?
018 011  .  .  .  .  .  .   REVE D'ESCHYLE ECLOS AU CLIMAT   DES AUTANS;
130 029                         ENTREVU VAGUEMENT AU BORD   DES AUTRES CIEUX!
002 008                                          COMME   DES AVIRONS TRAINER A COTE D'EUX.
063 006                                                  DES BAISERS FROIDS COMME LA LUNE
130 022  .  .  .  .  .  .   TU TIRES TON PARDON DE L'EXCES   DES BAISERS,
086 019                                                  DES BAISERS, DES OISEAUX CHANTANT SOIR ET MATIN,
126 016                          EFFACENT LENTEMENT LA MARQUE   DES BAISERS.
005 032                               ET COMME QUI DIRAIT   DES BEAUTES DE LANGUEUR;
005 030  .  .  .  .  .  .  .  .        AUX PEUPLES ANCIENS   DES BEAUTES INCONNUES:
005 012                                      D'ETRE FIER   DES BEAUTES QUI LE NOMMAIENT LEUR ROI;
088 050                                                  DES BIJOUX DE VINGT-NEUF SOUS
109 013                          DES VETEMENTS SOUILLES,   DES BLESSURES OUVERTES,
052 034  .  .  .  .  .  .  .  .  .  .  .  .          SONT   DES BOAS LUISANTS LES SOLIDES EMULES,
003 002                                  DES MONTAGNES,   DES BOIS, DES NUAGES, DES MERS,
001 028                 PLEURE DE LE VOIR GAI COMME UN OISEAU   DES BOIS.
119 022                               COMME LES PUNAISES   DES BOIS;
111 006  .  .  .  .  .  .           DANS LE FOND   DES BOSQUETS OU JASENT LES RUISSEAUX,
097 025                   AU CHANT DES VIOLONS, AUX FLAMMES   DES BOUGIES,
046 012                        LE SOLEIL A NOIRCI LA FLAMME   DES BOUGIES;
110 007                                              OU   DES BOUQUETS MOURANTS DANS LEURS CERCUEILS DE VERRE
025 005  .  .  .  .  .  .       TES YEUX, ILLUMINES AINSI QUE   DES BOUTIQUES
089 037                                      ANDROMAQUE,   DES BRAS D'UN GRAND EPOUX TOMBEE,
014 006                       TU L'EMBRASSES DES YEUX ET   DES BRAS, ET TON COEUR
050 010                     QU'ALLUMENT LES SOLEILS   DES BRUMEUSES SAISONS...
117 005  .  .  .  .  .  .  .  .        SOUFFLE GAIEMENT   DES BULLES RONDES
063 007                                              ET   DES CARESSES DE SERPENT
036 003                       TU TE RAPPELLERAS LA BEAUTE   DES CARESSES,
074 004                                       AU BRUIT   DES CARILLONS QUI CHANTENT DANS LA BRUME.
103 001  .  .  .  .  .  .   LA DIANE CHANTAIT DANS LES COURS   DES CASERNES,
102 017                                              ET   DES CATARACTES PESANTES,
079 001             GRANDS BOIS, VOUS M'EFFRAYEZ COMME   DES CATHEDRALES;
038 043                         LA MALADIE ET LA MORT FONT   DES CENDRES
004 009  .  .  .  .  .   IL EST DES PARFUMS FRAIS COMME   DES CHAIRS D'ENFANTS,
007 013                     OU REGNENT TOUR A TOUR LE PERE   DES CHANSONS
131 032                                          COMME   DES CHARIOTS OU DES SOCS DECHIRANTS;
013 006                                      LE LONG   DES CHARIOTS OU LES LEURS SONT BLOTTIS,
045 010  .  .  .  .  .  .  .  .  .  .  .  .             DES CHATS PASSAIENT FURTIVEMENT,
035 009                           DANS LE RAVIN HANTE   DES CHATS-PARDS ET DES ONCES
016 007                                                  DES CHEMINS SINGULIERS A LUI-MEME INCONNUS,
118 024                                                  DES CHEMINS TOUT JONCHES DE FLEURS ET DE RAMEAUX,
013 008  .  .  .  .  .  .  .       PAR LE MORNE REGRET   DES CHIMERES ABSENTES.
087 009                       CE PERE NOURRICIER, ENNEMI   DES CHLOROSES,
018 005                         JE LAISSE A GAVARNI, POETE   DES CHLOROSES,
126 059                               ET, MALGRE BIEN   DES CHOCS ET D'IMPREVUS DESASTRES;
056 003  .  .  .  .  .  .       J'ENTENDS DEJA TOMBER-AVEC   DES CHOCS FUNEBRES
097 042                           ET QUI NE S'EST NOURRI   DES CHOSES DU TOMBEAU?
150 029                                      L'IVRESSE   DES CHOSES FUNEBRES,
004 012                               AYANT L'EXPANSION   DES CHOSES INFINIES,
087 018  .  .  .  .  .  .  .  .  .        IL ENNOBLIT LE SORT   DES CHOSES LES PLUS VILES,
003 020                          LE LANGAGE DES FLEURS ET   DES CHOSES MUETTES!
103 010                         L'AIR EST PLEIN DU FRISSON   DES CHOSES QUI S'ENFUIENT,
120 007                             TOI QUI SAIS TOUT, GRAND ROI   DES CHOSES SOUTERRAINES,
006 014  .  .  .  .  .  .  .  .            SE MELER A   DES CHRISTS, ET SE LEVER TOUT DROITS
005 025                 ET VOUS, FEMMES, HELAS! PALES COMME   DES CIERGES,
121 004                           ECLOSES POUR NOUS SOUS   DES CIEUX PLUS BEAUX.
046 005                                                  DES CIEUX SPIRITUELS L'INACCESSIBLE AZUR,
012 005  .  .  .  .  .   LES HOULES, EN ROULANT LES IMAGES   DES CIEUX,
091 056                     VERSENT QUELQUE HEROISME AU COEUR   DES CITADINS.
126 062                                      LA GLOIRE   DES CITES DANS LE SOLEIL COUCHANT,
105 023                                                  DES CLAIRONS, DU SOLEIL, DES CRIS ET DU TAMBOUR,
097 009  .  .  .  .      LA RUCHE QUI SE JOUE AU BORD   DES CLAVICULES,
023 012                 SE PAMENT LONGUEMENT SOUS L'ARDEUR   DES CLIMATS;
086 003                                          ET, VOISIN   DES CLOCHERS, ECOUTER EN REVANT
078 013                                                  DES CLOCHES TOUT A COUP SAUTENT AVEC FURIE
118 011  .  .  .   CELUI QUI DANS SON CIEL RIAIT AU BRUIT   DES CLOUS
133 028                                                  DES COCOTIERS ABSENTS LES FANTOMES EPARS!
116 015                               OU LES SOUPIRS   DES COEURS EN ADORATION
006 021             WATTEAU, CE CARNAVAL OU BIEN   DES COEURS ILLUSTRES,
035 008  .  .  .  .  .  .  .  .  .  .  .  .      --O FUREUR   DES COEURS MURS PAR L'AMOUR ULCERES!
120 041                         CONFESSEUR DES PENDUS ET   DES CONSPIRATEURS,
157 007                                          DANS   DES CONSTRUCTIONS DONT L'AUDACE CORRECTE
116 051                                                  DES CORBEAUX LANCINANTS ET DES PANTHERES NOIRES
116 002  .  .  .  .  .   ET PLANAIT LIBREMENT A L'ENTOUR   DES CORDAGES;
126 081                                                  DES COSTUMES QUI SONT POUR LES YEUX UNE IVRESSE;
126 116                               LE TEMPS! IL EST, HELAS!   DES COUREURS SANS REPIT,
056 004                     LE BOIS RETENTISSANT SUR LE PAVE   DES COURS.
096 001  .  .  .  .  .  .   DANS DES FAUTEUILS FANES   DES COURTISANES VIEILLES,
111 007                             VONT EPELANT L'AMOUR   DES CRAINTIVES ENFANCES
145 014                                                  DES CRAPAUDS IMPREVUS ET DE FROIDS LIMACONS.
091 034  .  .  .  .  .  .  .  .          DISE: LOIN DES REMORDS,   DES CREUSETS QU'UN METAL REFROIDI PAILLETA...
062 014                                                  DES CRIMES, DES DOULEURS,
```

D

		POEM LINE
UN DESERT ROCAILLEUX TROUBLE PAR	DES CRIS AIGRES.	116 019
DES CLAIRONS, DU SOLEIL,	DES CRIS ET DU TAMBOUR,	105 023
PEUT -ON LE RAPPELER AVEC	DES CRIS PLAINTIFS,	062 028
TU POUVAIS SEULEMENT, O REINE	DES CRUELLES!	032 013
LA CRAPULE DU CORPS DE GARDE ET	DES CUISINES!	118 014
J'UNIS UN COEUR DE NEIGE A LA BLANCHEUR	DES CYGNES;	017 006
UN PEU DE L'ORGUEIL	DES DAMNES;	138 025
TREMBLAIENT CONFUSEMENT	DES DEBRIS DE SQUELETTE,	132 025
CEPENDANT	DES DEMONS MALSAINS DANS L'ATMOSPHERE	095 011
DIGNE VASSALE	DES DEMONS,	150 014
DOMINE LA NUEE ET LE CRI	DES DEMONS)	115 024
COMME LE SABLE MORNE ET L'AZUR	DES DESERTS,	027 005
	DES DESIRS ERRANTS ET PERDUS?	110 044
AINSI QUE	DES DIEUX ETRANGERS,	067 003
	DES DIEUX LE PLUS INCONTESTABLE!	150 010
QUI	DES DIEUX OSERA, LESBOS, ETRE TON JUGE	130 031
QUI	DES DIEUX OSERA, LESBOS, ETRE TON JUGE?	130 035
C'EST LA GLOIRE	DES DIEUX, C'EST LE GRENIER MYSTIQUE,	122 012
ENTENDS -TU RETENTIR LES REFRAINS	DES DIMANCHES	104 013
ET	DES DIVANS PROFONDS COMME DES TOMBEAUX,	121 002
DES TRONES, DES VERTUS,	DES DOIGTS CONVULSES D'UNE INFERNALE FIEVRE,	096 007
LE LONG FLEUVE DE FIEL	DES DOMINATIONS.	001 064
DISE: LOIN DES REMORDS, DES CRIMES,	DES DOULEURS ANCIENNES;	116 048
--ILE	DES DOULEURS,	062 014
SURGIR DU FOND	DES DOUX SECRETS ET DES FETES DU COEUR!	116 009
COMME LES BOUCLIERS ACCROCHENT	DES EAUX LE REGRET SOURIANT;	143 011
AU SOMNAMBULE ERRANT AU BORD	DES ECLAIRS;	052 020
IL FAISAIT	DES ECORCHES ET DES SQUELETTES.	094 012
CONCEVAIT CHAQUE JOUR	DES EDIFICES,	120 026
FAIS	DES ENFANTS LA JOIE ET LA RISEE.	016 026
ET FAIS RIRE LES VIEUX DU RIRE	DES ENFANTS MONSTRUEUX,	019 002
ET	DES ENFANTS, PLANTE DES ARBRES,	141 008
AINSI QUE	DES ESCLAVES NUS, TOUT IMPREGNES D'ODEURS,	132 008
ET D'ETRANGES FLEURS SUR	DES ESPRITS ERRANTS ET SANS PATRIE	012 011
AU-DESSUS	DES ETAGERES,	078 015
AU MILIEU DES FLACONS,	DES ETANGS, AU-DESSUS DES VALLEES,	121 003
	DES ETOFFES LAMEES	003 001
	DES ETRES DISPARUS AUX REGARDS FAMILIERS.	110 001
--AH! NE JAMAIS SORTIR DES NOMBRES ET	DES ETRES!	079 014
BATON	DES EXILES, LAMPE DES INVENTEURS,	091 004
COMME	DES EXILES, S'EN VONT D'UN PIED TRAINARD,	146 014
AU POETE SINISTRE, ENNEMI	DES FAMILLES,	120 040
OU, SOUS UN CIEL CHAGRIN,	DES FANFARES ETRANGES	044 013
	DES FANTOMES PUISSANTS QUI DANS LES CREPUSCULES	112 005
DANS	DES FAUTEUILS FANES DES COURTISANES VIEILLES,	006 031
	DES FEMMES DONT LES DENTS ET LES ONGLES SONT TEINTS,	006 015
ET	DES FEMMES DONT L'OEIL PAR SA FRANCHISE ETONNE,	096 001
S'AGGRAVENT LES DOULEURS	DES FEMMES EN GESINE;	126 082
	DES FEMMES SE TORDAIENT SOUS LE NOIR FIRMAMENT,	022 008
CES MONSTRES DISLOQUES FURENT JADIS	DES FEMMES,	103 018
LA FORME DE LA PLUS SEDUISANTE	DES FEMMES,	015 006
COMME	DES FEMMES, SE MIRAIENT.	091 005
--ILE DES DOUX SECRETS ET	DES FETES DU COEUR!	109 006
UNE COUPABLE JOIE ET	DES FETES ETRANGES	102 024
AVEC TES YEUX DE FEU, BRILLANTS COMME	DES FETES.	116 009
QUI METS DANS LES YEUX ET DANS LE COEUR	DES FILLES	110 033
AU MILIEU	DES FLACONS, DES ETOFFES LAMEES	055 013
HERBES, LES GROS BLOCS VERDIS PAR L'EAU	DES FLAQUES,	120 037
PLEINES DE MOISSONS, ET	DES FLEURS ET DES CHOSES MUETTES!	110 001
LE LANGAGE	DES FLEURS SE PAMENT DANS UN COIN.	089 011
--	DES FLEURS,	135 014
OU LA JEUNE PRETRESSE, AMOUREUSE	DES FLEURS!	003 020
AUX MAIGRES ORPHELINS SECHANT COMME	DES FLORAISONS.	154 014
QUI MONTENT DANS L'AZUR COMME	DES FLOTS AMONCELES	116 022
J'ESCALADE LE DOS	DES FLOTS MAGIQUES; C'ETAIENT	089 048
ET	DES FLOTS; NOUS AVONS VU DES SABLES AUSSI;	065 008
ET	DES FORCATS;	069 007
PUGET, MELANCOLIQUE EMPEREUR	DES FORETS DE SYMBOLES	102 030
L'HOMME Y PASSE A TRAVERS	DES FRISSONS AMERS.	126 058
ONT DE DOUCES LANGUEURS ET	DES FRONTS TENEBREUX DE POETES ILLUSTRES	006 020
SUR	DES FRUITS SAVOUREUX;	004 003
DES ARBRES SINGULIERS ET	DES FUNERAILLES,	111 004
PRENANT POUR ATELIER LE CHAMP	DES GANGES, DANS LE FIRMAMENT,	096 011
	DES GANGUES	022 006
LES MINUTES, MORTEL FOLATRE, SONT	DES GENS D'AFFAIRE,	009 007
S'EVEILLENT LOURDEMENT, COMME	DES GENS PAUVRES ET NUS;	102 034
ET QUI REFAIT LE LIT	DES GLACIERS ET DES PINS QUI FERMENT LEUR PAYS;	085 015
	DES GLACIERS GRONDANTS,	095 012
	DES GOUFFRES DE DIAMANT.	122 011
DANS	DES GOUJATS,	006 008
TOI QUI SUS RAMASSER LA BEAUTE	DES GRACES SATANIQUES,	028 030
FLAMBEAU	DES GRACES!	102 036
OUI! TELLE VOUS SEREZ, O LA REINE	DES GRACES,	006 018
QUI, LE LONG	DES GRANDS MURS DE L'HOSPICE BLAFARD,	084 038
IL FAUDRA LUI MONTRER	DES GRANDS SPHINX ALLONGES AU FOND DES SOLITUDES,	029 041
CIEUX DECHIRES COMME	DES GRANGES	044 012
	DES GREVES,	066 010
		135 013
		082 009

```
136 011 .  .  .  .    ET CELLE-LA CHANTAIT COMME LE VENT     DES GREVES,
120 038                 LE CULTE DE LA PLAIE ET L'AMOUR        DES GUENILLES,
038 026                                               ET       DES HABITS, MOUSSELINE OU VELOURS,
001 047            ET MES ONGLES, PAREILS AUX ONGLES          DES HARPIES,
006 013 .  .  .  .  MICHEL-ANGE, LIEU VAGUE OU L'ON VOIT      DES HERCULES
016 024             LES CHAMPS, SANS DISTINGUER LES ETES       DES HIVERS,
022 007                                                        DES HOMMES DONT LE CORPS EST MINCE ET VIGOUREUX,
048 022                                                        DES HOMMES, DANS LE COIN D'UN SINISTRE ARMOIRE
086 017 .  .  .  .  .  .  .    ALORS JE REVERAI              DES HORIZONS BLEUATRES,
103 022              ET LES AGONISANTS DANS LE FOND            DES HOSPICES
002 015              EXILE SUR LE SOL AU MILIEU                DES HUEES,
114 012              ELLE APPELLE DES YEUX LA RACE             DES HUMAINS.
010 005 .  .  .  .  .  VOILA QUE J'AI TOUCHE L'AUTOMNE        DES IDEES,
126 077                        NOUS AVONS SALUE               DES IDOLES A TROMPE;
001 039                    JE FERAI LE METIER                 DES IDOLES ANTIQUES,
025 006                                           ET           DES IFS FLAMBOYANTS DANS LES FETES PUBLIQUES,
024 006 .  .  .  .  .  .  .  QUI SEPARENT MES BRAS            DES IMMENSITES BLEUES
098 002                            AU CHANT                   DES INSTRUMENTS QUI SE BRISE AU PLAFOND
120 040              BATON DES EXILES, LAMPE                   DES INVENTEURS,
086 018                                                        DES JARDINS, DES JETS D'EAU PLEURANT DANS LES ALBAT
086 018 .  .  .  .  .  .    DES JARDINS,                     DES JETS D'EAU PLEURANT DANS LES ALBATRES,
111 008              ET CREUSENT LE BOIS VERT                  DES JEUNES ARBRISSEAUX;
087 014              ET LES REND GAIS ET DOUX COMME            DES JEUNES FILLES,
130 001                                MERE                   DES JEUX LATINS ET DES VOLUPTES GRECQUES,
130 005 .  .  .  .  .  .  .  .  .  .  .    MERE              DES JEUX LATINS ET DES VOLUPTES GRECQUES,
126 083                                           ET           DES JONGLEURS SAVANTS QUE LE SERPENT CARESSE."
130 004              FONT L'ORNEMENT DES NUITS ET              DES JOURS GLORIEUX;
091 008                                           SOUS         DES JUPONS TROUES ET SOUS DE FROIDS TISSUS
094 011 .  .  .  .  .  .  .  .    BECHANT COMME              DES LABOUREURS,
131 001                        A LA PALE CLARTE               DES LAMPES LANGUISSANTES,
126 003      AH! QUE LE MONDE EST GRAND A LA CLARTE            DES LAMPES!
131 095              FILTRENT EN S'ENFLAMMANT AINSI QUE        DES LANTERNES
073 004 .  .  .  .    DE GRANDS SEAUX PLEINS DU SANG ET       DES LARMES DES MORTS,
111 011              OU SAINT ANTOINE A VU SURGIR COMME        DES LAVES
097 011              DEFEND PUDIQUEMENT                        DES LAZZI RIDICULES
096 006                                                        DES LEVRES SANS COULEUR, DES MACHOIRES SANS DENT,
040 011 .  .  .  .  .    LA MORT NOUS TIENT SOUVENT PAR       DES LIENS SUBTILS.
097 052                        VOUS ENTRAINE EN               DES LIEUX QUI NE SONT PAS CONNUS!
121 001                        NOUS AURONS                    DES LITS PLEINS D'ODEURS LEGERES,
020 006              EST FAITE POUR TRONER SUR                 DES LITS SOMPTUEUX,
105 009 .  .  .  .  .  IL PRETE DES SERMENTS, DICTE           DES LOIS SUBLIMES,
101 010                                  ET SUR QUI           DES LONGTEMPS DESCENDENT LES FRIMAS,
111 005              LES UNES, COEURS EPRIS                    DES LONGUES CONFIDENCES,
016 022                                                        DES LORS IL FUT SEMBLABLE AUX BETES DE LA RUE,
070 011 .  .  .  .  .  .    LES CRIS LAMENTABLES              DES LOUPS
130 043                                  ET JE FUS            DES L'ENFANCE ADMIS AU NOIR MYSTERE
006 023              DECORS FRAIS ET LEGERS ECLAIRES PAR       DES LUSTRES
037 009              ALLUME TA PRUNELLE A LA FLAMME            DES LUSTRES!
104 020 .  .  .  .    L'HUILE QUI RAFFERMIT LES MUSCLES       DES LUTTEURS.
096 006              DES LEVRES SANS COULEUR,                  DES MACHOIRES SANS DENT,
110 054                                  ET LE LONG           DES MAGISTRATS CURIEUX,
045 009                                    LOIN              DES MAISONS, SOUS LES PORTES COCHERES,
036 001 .  .  .  .  .  .    MERE DES SOUVENIRS, MAITRESSE     DES MAITRESSES,
036 005              MERE DES SOUVENIRS, MAITRESSE             DES MAITRESSES!
095 031              C'EST L'HEURE OU LES DOULEURS             DES MALADES S'AIGRISSENT!
013 004              LE TRESOR TOUJOURS PRET                   DES MAMELLES PENDANTES.
141 009 .  .  .  .    POLIS DES VERS, SCULPTE                 DES MARBRES,
110 003                                                        DES MARBRES, DES TABLEAUX, DES ROBES PARFUMEES
011 008                            VA BATTANT                 DES MARCHES FUNEBRES.
022 014              SE MELE DANS MON AME AU CHANT             DES MARINIERS.
133 019 .  .  .  .    ET, CONFIANT TA VIE AUX BRAS FORTS      DES MARINS.
091 030              ILS TROTTENT, TOUT PAREILS A              DES MARIONNETTES;
118 005                            LES SANGLOTS               DES MARTYRS ET DES SUPPLICIES
005 021              O RIDICULES TRONCS! TORSES DIGNES         DES MASQUES!
110 035 .  .  .  .  .  .    DONT SE REJOUISSAIT L'ESSAIM      DES MAUVAIS ANGES
006 029              DELACROIX, LAC DE SANG HANTE              DES MAUVAIS ANGES,
136 025      QUE JE PRENDS TRES -SOUVENT LES FAITS POUR       DES MENSONGES,
036 029              APRES S'ETRE LAVES AU FOND                DES MERS PROFONDES?
027 007 .  .  .  .    COMME LES LONGS RESEAUX DE LA HOULE     DES MERS,
002 002              PRENNENT DES ALBATROS, VASTES OISEAUX     DES MERS,
003 002              DES MONTAGNES, DES BOIS, DES NUAGES,      DES MERS,
111 020              ELLES TOURNENT LEURS YEUX VERS L'HORIZON  DES MERS,
126 008 .  .  .  .    BERCANT NOTRE INFINI SUR LE FINI        DES MERS;
120 023              OU DORT ENSEVELI LE PEUPLE                DES METAUX,
053 015                                                        DES MEUBLES LUISANTS,
110 002                                           ET           DES MEUBLES VOLUPTUEUX,
131 094 .  .  .  .  .  .  .  PAR LES FENTES DES MURS          DES MIASMES FIEVREUX
102 027                                  PENDANT              DES MILLIONS DE LIEUES,
001 076                        NE SONT QUE                    DES MIROIRS OBSCURCIS ET PLAINTIFS!"
007 014      PHOEBUS, ET LE GRAND PAN, LE SEIGNEUR            DES MOISSONS.
065 005 .  .  .  .  .  .    SUR LE DOS SATINE                DES MOLLES AVALANCHES,
136 018              JE VOIS DISTINCTEMENT                     DES MONDES SINGULIERS,
084 021                            OU VEILLENT                DES MONSTRES VISQUEUX
003 002                                                        DES MONTAGNES, DES BOIS, DES NUAGES, DES MERS,
127 004 .  QU'ONT DANS LEURS JOURS HEUREUX LES ESCLAVES       DES MORES,
143 005                        PENDANT QUE                    DES MORTELS LA MULTITUDE VILE,
090 027              COMME S'IL ECRASAIT                       DES MORTS SOUS SES SAVATES,
073 004      DE GRANDS SEAUX PLEINS DU SANG ET DES LARMES      DES MORTS,
054 003 .  .  .  .    ET SE NOURRIT DE NOUS COMME LE VER      DES MORTS,
```

D

		POEM LINE
TU MARCHES SUR	DES MORTS, BEAUTE, DONT TU TE MOQUES;	021 013
ET, SANS PRENDRE SOUCI	DES MOUCHARDS, SES SUJETS,	105 007
A	DES MURAILLES DE METAL.	102 020
PAR LES FENTES	DES MURS DES MIASMES FIEVREUX	131 094
SEMBLABLES A	DES NAINS CRUELS ET CURIEUX.	115 008
QUI BAVE	DES NAPPES D'EAU S'EPANCHAIENT, BLEUES,	102 025
QUAND SOUS LES LOURDS FLOCONS	DES NASEAUX COMME UN EPILEPTIQUE.	071 006
DURANT LES NOIRS ENNUIS	DES NEIGEUSES ANNEES	076 016
DES SATYRESSES OU	DES NEIGEUSES SOIREES.	008 003
QUE	DES NIXES,	141 006
ET LES COMPLOTS	DES NOEUDS MAL ATTACHES	088 021
SORCIERE AU FLANC D'EBENE, ENFANT	DES NOIRS FILOUS.	070 014
--AH! NE JAMAIS SORTIR	DES NOIRS MINUITS, ...	026 004
DANS LE SUAIRE	DES NOMBRES ET DES ETRES!	146 014
DES MONTAGNES, DES BOIS,	DES NUAGES	081 011
LE POETE EST SEMBLABLE AU PRINCE	DES NUAGES, DES MERS,	003 002
POUR AVOIR ETREINT	DES NUEES.	002 013
CEUX-LA DONT LES DESIRS ONT LA FORME	DES NUES,	148 004
LESBOS, TERRE	DES NUITS CHAUDES ET LANGOUREUSES,	126 021
LESBOS, TERRE	DES NUITS CHAUDES ET LANGOUREUSES, ...	130 016
FONT L'ORNEMENT	DES NUITS ET DES JOURS GLORIEUX;	130 020
LE VEUT DE SES CHANTS PEUPLER L'AIR FROID	DES NUITS,	130 004
DES BAISERS,	DES OISEAUX CHANTANT SOIR ET MATIN,	074 010
--AH! JESUS, SOUVIENS-TOI DU JARDIN	DES OLIVES!	086 019
L'OREILLE AU GUET, OU BIEN, COMME	DES OMBRES CHERES, ...	118 009
OU, DERRIERE L'AMAS	DES OMBRES LETHARGIQUES,	045 011
VOUS FERIEZ, A L'ABRI	DES OMBREUSES RETRAITES,	152 007
FREMISSANT AU FRACAS ROULANT	DES OMNIBUS, ...	061 012
DANS LE RAVIN HANTE DES CHATS-PARDS ET	DES ONCES	091 010
OU LA PRIERE EN PLEURS S'EXHALE	DES ORDURES,	035 009
ET VIENS-TU DEMANDER AU TORRENT	DES ORGIES	006 011
	DES ORGIES	097 027
O MUSE DE MON COEUR, AMANTE	DES PALAIS OUVRAGES DONT LA FEERIQUE POMPE	126 079
LA HAINE EST LE TONNEAU	DES PALAIS,	008 001
QUI ME RAFRAICHISSAIENT LE FRONT AVEC	DES PALES DANAIDES;	073 001
DES CORBEAUX LANCINANTS ET	DES PALMES,	012 012
COMME	DES PANTHERES NOIRES	116 051
ET	DES PAPILLONS, ERRENT EN FLAMBOYANT,	006 022
TU REPANDS	DES PARCELLES D'OR, AINSI QU'UN SABLE FIN,	066 013
IL EST	DES PARFUMS COMME UN SOIR ORAGEUX;	021 006
ET, COMME	DES PARFUMS FRAIS COMME DES CHAIRS D'ENFANTS, ...	004 009
DU HAUT	DES PASSANTS SUR UN FOU QU'ILS ADMIRENT,	115 010
O LE PAUVRE AMOUREUX	DES PAYS BLEUS OU, RADIEUX SERAIL,	147 002
ET	DES PAYS CHIMERIQUES!	126 041
DE TOI SE SERT, O FEMME, O REINE	DES PECHES QUI T'ONT INTERDIT LE TOMBEAU.	116 044
CONFESSEUR	DES PECHES,	025 016
	DES PENDUS ET DES CONSPIRATEURS,	120 041
TON OR FAIT AUSSI	DES PERLES QUE VERSENT TES YEUX!	138 020
LUI DEROBENT L'ASPECT	DES PETITS.	119 018
LOIN	DES PEUPLES FURIEUX:	001 056
ACCOUTUME MA LEVRE A	DES PEUPLES VIVANTS, ERRANTES, CONDAMNEES,	131 101
ET,	DES PHILTRES INFAMES.	109 008
C'ETAIENT	DES PIEDS JUSQUES A LA TETE, ...	034 012
DES GLACIERS ET	DES PIERRES INOUIES	102 029
BIEN LOIN	DES PINS QUI FERMENT LEUR PAYS;	006 008
ET SE COGNANT LA TETE A	DES PIOCHES ET DES SONDES;	011 011
JE GOUTE A VOTRE INSU	DES PLAFONDS POURRIS?	078 008
	DES PLAINES DE L'ENNUI, PROFONDES ET DESERTES,	109 011
	DES PLAISIRS CLANDESTINS:	091 076
	DES PLAISIRS PLUS AIGUS QUE LA GLACE ET LE FER?	050 016
VOYANT TOMBER	DES PLAISIRS PLUS OBSCURS JE LEVERAI LES VOILES . . .	131 039
	DES PLEURS DE SA PAUPIERE CREUSE?	100 022
ON RACONTE QU'UN JOUR UN DOCTEUR	DES PLEURS SALES DE SON FRONT GRIS	135 007
--CYTHERE N'ETAIT PLUS QU'UN TERRAIN	DES PLUS GRANDS,	016 003
JE SAIS QU'IL EST DES YEUX,	DES PLUS MAIGRES, ...	116 018
JE JALOUSE LE SORT	DES PLUS MELANCOLIQUES,	098 017
JETTENT DANS L'ESPRIT	DES PLUS VILS ANIMAUX	030 012
GERMER MILLE SONNETS DANS LE COEUR	DES POETES	129 011
D'UN AIR VAGUE ET REVEUR ELLE ESSAYAIT	DES POETES, ...	061 013
"FIERS MIGNONS, MALGRE L'ART	DES POSES,	127 014
TES BRAS, QUI SE JOUERAIENT	DES POUDRES ET DU ROUGE,	097 047
DEROULE LE TRESOR	DES PRECOCES HERCULES,	052 033
LES AMANTS	DES PROFONDES CARESSES, ...	032 011
LORSQUE, PAR UN DECRET	DES PROSTITUEES	148 001
--CES YEUX SONT	DES PUISSANCES SUPREMES,	001 001
	DES PUITS FAITS D'UN MILLION DE LARMES,	091 033
	DES QUAIS FROIDS DE LA SEINE AUX BORDS BRULANTS DU GANGE,	097 053
ENTRE	DES QUAIS ROSES ET VERTS;	102 026
ET,	DES QUE LE MATIN FAIT CHANTER LES PLATANES,	133 009
AVEC DE LOURDS CHEVEUX ROULES DANS	DES QUITTANCES,	076 004
ET	DES RAFFINEMENTS TOUJOURS INEPUISES.	130 024
PUISEE AU FOYER SAINT	DES RAYONS PRIMITIFS,	001 074
DE CES TRANSPORTS PLUS VIFS QUE	DES RAYONS,	038 048
QUI L'OBSERVENT AVEC	DES REGARDS FAMILIERS.	004 004
ET SERRANT SUR LEUR FLANC, AINSI QUE	DES RELIQUES, ...	091 011
O BACCHUS, ENDORMEUR	DES REMORDS ANCIENS!	111 016
VA CUEILLIR	DES REMORDS DANS LA FETE SERVILE,	143 007
OU COMME	DES REMORDS SE TRAINENT DE LONGS VERS	076 009
DISE: LOIN	DES REMORDS, DES CRIMES, DES DOULEURS, ...	062 014

```
POEM LINE
.089 028 .  .  .  .  .  .  .  .  .  .  COMME S'IL ADRESSAIT  DES REPROCHES A DIEU!
.111 013                                IL EN EST, AUX LUEURS  DES RESINES CROULANTES,
122 010                              LE SOMMEIL ET LE DON  DES REVES EXTATIQUES,
103 003                        C'ETAIT L'HEURE OU L'ESSAIM  DES REVES MALFAISANTS
102 018 .  .  .  .  .  .  .  .  .  .  .  .  COMME  DES RIDEAUX DE CRISTAL,
110 036                                              DES RIDEAUX;
130 044                           NAGEANT DANS LES PLIS  DES RIRES EFFRENES MELES AUX SOMBRES PLEURS;
022 003                          JE VOIS SE DEROULER  DES RIVAGES HEUREUX
110 003 .  .  .  .  .  .  DES MARBRES, DES TABLEAUX,  DES ROBES PARFUMEES
089 032      ET MES CHERS SOUVENIRS SONT PLUS LOURDS QUE  DES ROCS.
077 015                       ET DANS CES BAINS DE SANG QUI  DES ROMAINS NOUS VIENNENT,
035 011                        ET LEUR PEAU FLEURIRA L'ARIDITE  DES RONCES.
088 018 .  .  .  .  .  .  .  .  .  QUE POUR LES YEUX  DES ROUES
131 047                       QUI VEULENT ME CONDUIRE EN  DES ROUTES MOUVANTES
037 010                 ALLUME LE DESIR DANS LES REGARDS  DES RUSTRES!
006 026          DE FOETUS QU'ON FAIT CUIRE AU MILIEU  DES SABBATS!
126 058 .  .  .  .  .  .  ET DES FLOTS; NOUS AVONS VU  DES SABLES AUSSI;
001 062                     DANS LES RANGS BIENHEUREUX  DES SAINTES LEGIONS,
141 006                                              DES SATYRESSES OU DES NIXES,
087 002                             LES PERSIENNES, ABRI  DES SECRETES LUXURES,
004 014 .  .  QUI CHANTENT LES TRANSPORTS DE L'ESPRIT ET  DES SENS.
023 029                             JE M'ENIVRE ARDEMMENT  DES SENTEURS CONFONDUES
057 039                                     VOLUPTE NOIRE!  DES SEPT PECHES CAPITAUX,
011 005                                              LOIN  DES SEPULTURES CELEBRES,
106 017 .  .  .  .  .  .  .  .  .  .  AU NOM  DES SERMENTS DE TENDRESSE,
105 009                                          IL PRETE  DES SERMENTS, DICTE DES LOIS SUBLIMES,
136 020                                          JE TRAINE  DES SERPENTS QUI MORDENT MES SOULIERS.
090 003            LES MYSTERES PARTOUT COULENT COMME  DES SEVES
014 013 .  .  .  .  .  .  .  .  ET CEPENDANT VOILA  DES SIECLES INNOMBRABLES
131 032                             COMME DES CHARIOTS OU  DES SOCS DECHIRANTS!
111 009                                    D'AUTRES, COMME  DES SOEURS, MARCHENT LENTES ET GRAVES
036 004          LA DOUCEUR DU FOYER ET LE CHARME  DES SOIRS,
126 028 .  .  .  .  COMME UN ANGE CRUEL QUI FOUETTE  DES SOLEILS.
066 010       DES GRANDS SPHINX ALLONGES AU FOND  DES SOLITUDES,
011 011                           BIEN LOIN DES PIOCHES ET  DES SONDES;
070 012                                              ET  DES SORCIERES FAMELIQUES,
102 056 .  .  .  .  .  .  .  .  .  .  .  .  LA POINTE  DES SOUCIS MAUDITS;
148 008                                              QUE  DES SOUVENIRS DE SOLEILS.
023 004                                              DES SOUVENIRS DORMANT DANS CETTE CHEVELURE,
036 001                                          MERE  DES SOUVENIRS, MAITRESSE DES MAITRESSES,
036 005 .  .  .  .  .  .  .  .  MERE  DES SOUVENIRS, MAITRESSE DES MAITRESSES!
003 004                          PAR DELA LES CONFINS  DES SPHERES ETOILEES,
012 010              AU MILIEU DE L'AZUR, DES VAGUES,  DES SPLENDEURS
105 012                                          S'ENIVRE  DES SPLENDEURS DE SA PROPRE VERTU.
094 012 .  .  .  .  .  .  .  .  DES ECORCHES ET  DES SQUELETTES.
046 009                     SUR LES DEBRIS FUMEUX  DES STUPIDES ORGIES
118 005           LES SANGLOTS DES MARTYRS ET  DES SUPPLICIES
007 012           COMMES LES SONS NOMBREUX  DES SYLLABES ANTIQUES,
110 003 .  .  .  .  .  .  .  .  DES MARBRES,  DES TABLEAUX, DES ROBES PARFUMEES
008 011                                          CHANTER  DES TE DEUM AUXQUELS TU NE CROIS GUERE,
048 006                   PLEINE DE L'ACRE ODEUR  DES TEMPS, POUDREUSE ET NOIRE,
054 022                               PEUT -ON DECHIRER  DES TENEBRES
126 125 .  .  .  .  NOUS NOUS EMBARQUERONS SUR LA MER  DES TENEBRES
102 059                          ET LE CIEL VERSAIT  DES TENEBRES
013 014                               L'EMPIRE FAMILIER  DES TENEBRES FUTURES.
000 016                     SANS HORREUR, A TRAVERS  DES TENEBRES QUI PUENT.
066 006 .  .  ILS CHERCHENT LE SILENCE ET L'HORREUR  DES TENEBRES
115 001                                              DANS  DES TERRAINS CENDREUX, CALCINES, SANS VERDURE,
120 019                  TOI QUI SAIS EN QUELS COINS  DES TERRES ENVIEUSES
018 014                TES APPAS FACONNES AUX BOUCHES  DES TITANS!
079 012 .  .  .  .  MAIS LES TENEBRES SONT ELLES-MEMES  DES TOILES
121 002                           DES DIVANS PROFONDS COMME  DES TOMBEAUX,
010 008       OU L'EAU CREUSE DES TROUS GRANDS COMME  DES TOMBEAUX.
131 084       ET TROUVER SUR TON SEIN LA FRAICHEUR  DES TOMBEAUX!"
111 020 .  .  .  .  .  L'ECUME DU PLAISIR AUX LARMES  DES TOURMENTS.
152 005                          SCINTILLENT VAGUEMENT  DES TRESORS IGNORES!
126 078                                              DES TRONES CONSTELLES DE JOYAUX LUMINEUX;
001 064                                              DES TRONES, DES VERTUS, DES DOMINATIONS.
010 008 .  .  .  .  .  .  .  .  .  OU L'EAU CREUSE  DES TROUS GRANDS COMME DES TOMBEAUX.
073 005                              LE DEMON FAIT  DES TROUS SECRETS A CES ABIMES,
136 026      ET QUE, LES YEUX AU CIEL, JE TOMBE DANS  DES TROUS.
012 010                     AU MILIEU DE L'AZUR,  DES VAGUES, DES SPLENDEURS
003 001 .  .  .  .  AU-DESSUS DES ETANGS, AU-DESSUS  DES VALLEES,
062 008          QU'ACCOMPAGNE L'IMMENSE ORGUE  DES VENTS GRONDEURS.
087 008                               HEURTANT PARFOIS  DES VERS DEPUIS LONGTEMPS REVES.
141 009                                          POLIS  DES VERS, SCULPTE DES MARBRES,
022 012 .  .  .  .  PENDANT QUE LE PARFUM  DES VERTS TAMARINIERS,
096 005                                          AUTOUR  DES VERTS TAPIS DES VISAGES SANS LEVRE,
001 064                          DES TRONES,  DES VERTUS, DES DOMINATIONS,
109 013                                              DES VETEMENTS SOUILLES, DES BLESSURES OUVERTES,
070 013 .  .  .  .  .  .  .  .  LES EBATS  DES VIEILLARDS LUBRIQUES
091 001                        DANS LES PLIS SINUEUX  DES VIEILLES CAPITALES,
057 030         DEVANT L'AUTEL FLEURI DE LA REINE  DES VIERGES,
111 014                        QUI DANS LE CREUX MUET  DES VIEUX ANTRES PAIENS
100 005 .  .  .  .  ET QUAND OCTOBRE SOUFFLE, EMONDEUR  DES VIEUX ARBRES,
113 009                    J'AI DEMANDE SOUVENT A  DES VINS CAPTIEUX
097 025                                          AU CHANT  DES VIOLONS, AUX FLAMMES DES BOUGIES,
005 031 .  .  .  .  .  .  .  .  .  DES VISAGES RONGES PAR LES CHANCRES DU COEUR,
096 005                          AUTOUR DES VERTS TAPIS  DES VISAGES SANS LEVRE,
```

D

		POEM	LINE
A TRAVERS LE CHAOS	DES VIVANTES CITES,	091	062
L'ECLAIR BRULANT	DES VOLUPTES	155	016
MERE DES JEUX LATINS ET	DES VOLUPTES GRECQUES,	130	001
MERE DES JEUX LATINS ET	DES VOLUPTES GRECQUES,	130	005
QUAND L'HEURE	DES VOLUPTES SONNE,	129	026
RECOLTERAS -TU L'OR	DES VOUTES AZUREES?	008	008
PROMENANT SUR LE CIEL	DES YEUX APPESANTIS	013	007
DELPHINE LA COUVAIT AVEC	DES YEUX ARDENTS,	131	014
TE REGARDER TOUJOURS AVEC	DES YEUX DE FEU;	057	032
ET LA MET DANS SON COEUR LOIN	DES YEUX DU SOLEIL.	065	014
TU L'EMBRASSES	DES YEUX ET DES BRAS, ET TON COEUR	014	006
ELLE APPELLE	DES YEUX LA RACE DES HUMAINS.	114	012
MON ENFANT A	DES YEUX OBSCURS, PROFONDS ET VASTES,	152	009
DANS	DES YEUX OU LONGTEMPS BURENT NOS YEUX AVIDES?	044	019
QU'ILS SONT, ILS ONT	DES YEUX PERCANTS COMME UNE VRILLE,	091	017
S'ECHAPPE	DES YEUX REVULSES.	110	020
JE SAIS QU'IL EST	DES YEUX, DES PLUS MELANCOLIQUES,	098	017
COMME	DES YEUX;	088	024
	DESALTERANT LA SOIF DE CHAQUE CREATURE,	113	007
SUR L'OREILLER	DESALTERE	110	010
POUR SE	DESALTERER A CES GOUFFRES AMERS.	049	015
TU SEMES AU HASARD LA JOIE ET LES	DESASTRES,	021	011
ET, MALGRE BIEN DES CHOCS ET D'IMPREVUS	DESASTRES,	126	059
QUAND, AINSI QU'UN POETE, IL	DESCEND DANS LES VILLES,	087	017
	DESCEND JUSQU'AU FOND DE MON COEUR.	155	022
ET QUAND	DESCEND LE SOIR AU MANTEAU D'ECARLATE,	133	013
ONDULEUX, MON DESIR QUI MONTE ET QUI	DESCEND,	057	016
	DESCEND, FLEUVE INVISIBLE, AVEC DE SOURDES PLAINTES.	000	024
TU RECLAMAIS LE SOIR; IL	DESCEND: LE VOICI:	143	002
TOUT CELA	DESCENDAIT, MONTAIT COMME UNE VAGUE,	029	021
UN DAMNE	DESCENDANT SANS LAMPE,	084	017
ET SUR QUI DES LONGTEMPS	DESCENDENT LES FRIMAS,	101	010
	DESCENDENT? REPONDS, LIBERTIN.	082	004
--	DESCENDEZ LE CHEMIN DE L'ENFER ETERNEL!	131	086
	DESCENDEZ, DESCENDEZ, LAMENTABLES VICTIMES,	131	085
--DESCENDEZ,	DESCENDEZ, LAMENTABLES VICTIMES,	131	085
QUAND DON JUAN	DESCENDIT VERS L'ONDE SOUTERRAINE	015	001
CHAQUE JOUR VERS L'ENFER NOUS	DESCENDONS D'UN PAS,	000	015
JE VIS EN PLEIN MIDI	DESCENDRE SUR MA TETE	115	005
SORS -TU DU GOUFFRE NOIR OU	DESCENDS -TU DES ASTRES?	021	009
FAIT COULER LE ROCHER ET FLEURIR LE	DESERT	013	012
UNE OASIS D'HORREUR DANS UN	DESERT D'ENNUI!	126	112
LE	DESERT ET LA FORET	058	009
J'AIME SI TENDREMENT LE	DESERT ET LA MER;	136	022
UN	DESERT ROCAILLEUX TROUBLE PAR DES CRIS AIGRES.	116	019
OU DANS UNE MAISON	DESERTE QUELQUE ARMOIRE	048	005
S'AVANCAIT LENTEMENT SUR LA SEINE	DESERTE,	103	026
DES PLAINES DE L'ENNUI, PROFONDES ET	DESERTES,	109	011
A TRAVERS LES	DESERTS COUREZ COMME LES LOUPS;	131	102
COMME LE SABLE MORNE ET L'AZUR DES	DESERTS,	027	005
QUE POUSSENT VERS LES CIEUX SES RIVAGES	DESERTS,	130	014
A CE SOLDAT BRISE! S'IL FAUT QU'IL	DESESPERE	054	018
DE MON	DESESPOIR!	069	014
QUE POUR TE	DESHABILLER	088	025
L'ENFANT	DESHERITE S'ENIVRE DE SOLEIL,	001	022
"HOMME, VERS TOI JE POUSSE, O CHER	DESHERITE,	104	002
ELLE A LA NONCHALANCE ET LA	DESINVOLTURE	097	003
TON MOINDRE	DESIR	053	033
JE COMPRENDS BIEN, AMIS, QUE LE	DESIR BALANCE;	151	002
ALLUME LE	DESIR DANS LES REGARDS DES RUSTRES!	037	010
--LA JOUISSANCE AJOUTE AU	DESIR DE LA FORCE.	126	024
ET L'EMPLIT D'UN	DESIR ETERNEL ET COUPABLE.	109	004
MON	DESIR GONFLE D'ESPERANCE	083	007
	DESIR MELE D'HORREUR, UN MAL PARTICULIER;	125	004
LOIN DU	DESIR MONDAIN ET DU REGARD MOQUEUR,	057	004
DONT L'INFERNAL	DESIR NOUS REMPLIT DE SANGLOTS!	123	008
ET TOUJOURS LE	DESIR NOUS RENDAIT SOUCIEUX!	126	068
ONDULEUX, MON	DESIR QUI MONTE ET QUI DESCEND,	057	016
ET RONGE D'UN	DESIR SANS TREVE! ET PUIS A VOUS,	089	036
A LA TRISTE BEAUTE DONT MON	DESIR SE PRIVE.	032	004
AFIN QU'A MON	DESIR TU NE SOIS JAMAIS SOURDE!	023	013
LA FETE DE LA VIE? OU QUELQUE VIEUX	DESIR,	097	022
TA ROBE, CE SERA MON	DESIR, FREMISSANT,	057	015
--HELAS! TOUT EST ABIME,--ACTION,	DESIR, REVE,	146	002
	DESIR, VIEIL ARBRE A QUI LE PLAISIR SERT D'ENGRAIS,	126	070
L'IMMENSITE DE SON	DESIR?	110	048
O SOIR, AIMABLE SOIR,	DESIRE PAR CELUI	095	005
LE COEUR GROS DE RANCUNE ET DE	DESIRS AMERS.	126	006
DES	DESIRS ERRANTS ET PERDUS?	110	044
TOURMENTENT LES	DESIRS OBSCURS ET LES AGACENT,	052	030
CEUX-LA DONT LES	DESIRS ONT LA FORME DES NUES,	126	021
QUAND VERS TOI MES	DESIRS PARTENT EN CARAVANE,	026	007
OMBRES FOLLES, COUREZ AU BUT DE VOS	DESIRS;	131	090
QUAND ON M'AURA JETE, VIEUX FLACON	DESOLE,	048	023
FAITES VOTRE DESTIN, AMES	DESORDONNEES,	131	103
A MON DESTIN	DESORMAIS MON DELICE,	128	017
--	DESORMAIS TU N'ES PLUS, O MATIERE VIVANTE!	076	019
POUR MOI TOUT ETAIT NOIR ET SANGLANT	DESORMAIS,	116	054
LE POISON DU POUVOIR ENERVANT LE	DESPOTE,	126	095

```
POEM LINE
007 007  . . .   . . . .   . LE CAUCHEMAR, D'UN POING   DESPOTIQUE ET MUTIN,
078 019            VAINCU, PLEURE, ET L'ANGOISSE ATROCE,  DESPOTIQUE,
131 059           L'OEIL FATAL, REPONDIT D'UNE VOIX   DESPOTIQUE:
025 015              QUAND LA NATURE, GRANDE EN SES   DESSEINS CACHES,
001 018  . . .   . . .   ET, NE COMPRENANT PAS LES   DESSEINS ETERNELS,
127 025        JE CROYAIS VOIR UNIS PAR UN NOUVEAU   DESSIN
038 050                                 RIEN QU'UN   DESSIN FORT PALE, AUX TROIS CRAYONS,
146 008                                             DESSINE UN CAUCHEMAR MULTIFORME ET SANS TREVE.
000 026  . . N'ONT PAS ENCOR BRODE DE LEURS PLAISANTS  DESSINS
094 005                                             DESSINS AUXQUELS LA GRAVITE
088 049                           TU VAS LORGNANT EN  DESSOUS
021 010                                         LE   DESTIN CHARME SUIT TES JUPONS COMME UN CHIEN;
038 002  . . . . . . . . . . . . . . OU LE   DESTIN M'A DEJA RELEGUE;
094 021                         VOULEZ -VOUS (D'UN   DESTIN TROP DUR
082 002                        TOURMENTE COMME TON   DESTIN,
058 036                            MON GENIE ET MON   DESTIN,
126 106  . . . FUYANT LE GRAND TROUPEAU PARQUE PAR LE  DESTIN,
131 103                              FAITES VOTRE   DESTIN, AMES DESORDONNEES,
128 017                                       A MON   DESTIN, DESORMAIS MON DELICE,
126 038                   EST UN ELDORADO PROMIS PAR LE  DESTIN;
095 033  . . . . . . . . . . . . . . LEUR   DESTINEE ET VONT VERS LE GOUFFRE COMMUN;
091 071           ET NUL NE VOUS SALUE, ETRANGES   DESTINEES!
001 033                         DANS LE PAIN ET LE VIN  DESTINES A SA BOUCHE
000 027                        LE CANEVAS BANAL DE NOS PITEUX  DESTINS,
054 008  . . . . . . . . . . . . . .   DESTRUCTEUR ET GOURMAND COMME LA COURTISANE,
114 007                              DANS SES JEUX   DESTRUCTEURS A POURTANT RESPECTE
109 014          ET L'APPAREIL SANGLANT DE LA   DESTRUCTION!
116 028                               DU CIEL SE   DETACHANT EN NOIR, COMME UN CYPRES.
029 003  . . . . . . . . . . . . . . AU   DETOUR D'UN SENTIER UNE CHAROGNE INFAME
115 025                                             DETOURNER SIMPLEMENT MA TETE SOUVERAINE,
115 029            QUI RIAIT AVEC EUX DE MA SOMBRE   DETRESSE
057 002          UN AUTEL SOUTERRAIN AU FOND DE MA   DETRESSE,
084 027  . . . . . . . . . . CHERCHANT PAR QUEL   DETROIT FATAL
116 030                                             DETRUISAIENT AVEC RAGE UN PENDU DEJA MUR,
082 011                          VOS VASTES NUAGES EN  DEUIL
079 003            CHAMBRES D'ETERNEL   DEUIL OU VIBRENT DE VIEUX RALES,
093 002  . . . . . . LONGUE, MINCE, EN GRAND   DEUIL, DOULEUR MAJESTUEUSE,
015 013               FRISSONNANT SOUS SON   DEUIL, LA CHASTE ET MAIGRE ELVIRE,
081 002                          L'AUTRE EN TOI MET SON  DEUIL, NATURE!
136 023                            QUE JE RIS DANS LES  DEUILS ET PLEURE DANS LES FETES,
008 011  . . . . . . . . . . CHANTER DES TE   DEUM AUXQUELS TU NE CROIS GUERE,
006 034  CES EXTASES, CES CRIS, CES PLEURS, CES TE   DEUM.
101 013  --SI CE N'EST, PAR UN SOIR SANS LUNE,   DEUX A DEUX,
027 006                           INSENSIBLES TOUS   DEUX A L'HUMAINE SOUFFRANCE,
112 001  . . . . . . . LA DEBAUCHE ET LA MORT SONT  DEUX AIMABLES FILLES,
108 005                                      COMME   DEUX ANGES QUE TORTURE
088 023                                       TES   DEUX BEAUX SEINS, RADIEUX
028 015                                      SONT   DEUX BIJOUX FROIDS OU SE MELE
112 010  . . NOUS OFFRENT TOUR A TOUR, COMME   DEUX BONNES SOEURS,
118 018                             ALLONGEAIT TES   DEUX BRAS DISTENDUS, QUE TON SANG
135 002                                             DEUX CHAMPS AU TUF PROFOND ET RICHE,
121 006                                       NOS   DEUX COEURS SERONT DEUX VASTES FLAMBEAUX,
121 008  . . . . . . . . . . . DANS NOS   DEUX ESPRITS, CES MIROIRS JUMEAUX.
026 009                                     PAR CES   DEUX GRANDS YEUX NOIRS, SOUPIRAUX DE TON AME,
035 001                                             DEUX GUERRIERS ONT COURU L'UN SUR L'AUTRE; LEURS ARM
048 015        SAISIT L'AME VAINCUE ET LA POUSSE A   DEUX MAINS
086 005  . . . . . . . . . . . LES   DEUX MAINS AU MENTON, DU HAUT DE MA MANSARDE,
008 004             UN TISON POUR CHAUFFER TES   DEUX PIEDS VIOLETS?
149 031        ET QU'IL SOIT NATUREL DE RECEVOIR   DEUX PRIX,
090 007                              SIMULAIENT LES   DEUX QUAIS D'UNE RIVIERE ACCRUE,
052 031  . . . . . . . . . . . COMME   DEUX SORCIERES QUI FONT
014 009                            VOUS ETES TOUS LES  DEUX TENEBREUX ET DISCRETS:
116 033                             LES YEUX ETAIENT  DEUX TROUS, ET DU VENTRE EFFONDRE
121 006                           NOS DEUX COEURS SERONT  DEUX VASTES FLAMBEAUX,
136 005  . . . . . . . . . .   DEUX VOIX ME PARLAIENT.  L'UNE, INSIDIEUSE ET FERME,
022 001                                    QUAND, LES  DEUX YEUX FERMES, EN UN SOIR CHAUD D'AUTOMNE
132 021                             JE FERMAI LES   DEUX YEUX, DANS MA FROIDE EPOUVANTE,
101 013  --SI CE N'EST, PAR UN SOIR SANS LUNE, DEUX A  DEUX,
071 007  AU TRAVERS DE L'ESPACE ILS S'ENFONCENT TOUS  DEUX,
089 033                                      AUSSI   DEVANT CE LOUVRE UNE IMAGE M'OPPRIME:
005 019                                             DEVANT CE NOIR TABLEAU PLEIN D'EPOUVANTEMENT.
149 002                              SE DIT, REVEUR,  DEVANT CES LEVRES DEJA BLANCHES:
013 013  . . . . . . . . . . . . .   DEVANT CES VOYAGEURS, POUR LESQUELS EST OUVERT
105 021                                SE DRESSENT   DEVANT EUX, SOLENNELLE MAGIE!
131 017           BEAUTE FORTE A GENOUX   DEVANT LA BEAUTE FRELE,
059 012                                             DEVANT LES SUPPLIANTS SAIT METTRE BAS LES ARMES,
131 060  . . . . . . . . . . --"QUI DONC   DEVANT L'AMOUR OSE PARLER D'ENFER?
057 030                                             DEVANT L'AUTEL FLEURI DE LA REINE DES VIERGES,
017 009                               LES POETES,   DEVANT MES GRANDES ATTITUDES,
127 019                                   PASSAIENT   DEVANT MES YEUX CLAIRVOYANTS ET SEREINS:
043 001  . . . . . . . . . . . ILS MARCHENT  DEVANT MOI, CES YEUX PLEINS DE LUMIERES,
116 049                                             DEVANT TOI, PAUVRE DIABLE SI CHER,
025 012                                             DEVANT TOUS LES MIROIRS VU PALIR TES APPAS?
118 020                               QUAND TU FUS   DEVANT TOUS POSE COMME UNE CIBLE,
027 008  . . . . . . . . . . ELLE SE   DEVELOPPE AVEC INDIFFERENCE,
026 014                         DANS L'ENFER DE TON LIT  DEVENIR PROSERPINE!
084 034                             QU'UN COEUR   DEVENU SON MIROIR!
030 014       TANT L'ECHEVEAU DU TEMPS LENTEMENT SE   DEVIDE!
089 031  . . . . . . VIEUX FAUBOURGS, TOUT POUR MOI  DEVIENT ALLEGORIE,
```

D

		POEM	LINE
ET MES YEUX DANS LE NOIR	DEVINAIENT TES PRUNELLES, ...	036	017
	DEVINER SI SON COEUR COUVE UNE SOMBRE FLAMME	019	007
A L'ACCENT FAMILIER NOUS	DEVINONS LE SPECTRE;	126	133
LORSQUE J'EN	DEVINS AMOUREUX!	106	008
	DEVOILENT POUR NOS PECHES	141	007
LA DENT DIT: "PENSE A TON	DEVOIR!"	036	002
TOI, TOUS MES PLAISIRS! O TOI, TOUS MES	DEVOIRS!	085	007
CHAQUE INSTANT TE	DEVORE UN MORCEAU DU DELICE	095	008
LES ESPRITS QUE	DEVORE UNE DOULEUR SAUVAGE, ...	100	009
TANDIS QUE,	DEVORES DE NOIRES SONGERIES,	111	023
CHERCHEUSES D'INFINI,	DEVOTES ET SATYRES,	058	007
AVEC LA	DEVOTION	150	022
AVEC GRANDE	DEVOTION, ...	044	018
ONT DIT AU	DEVOUEMENT QUI LEUR PRETAIT SES AILES;	091	043
NOUS	DEVRIONS POURTANT LUI PORTER QUELQUES FLEURS.	100	003
QUI DONNE A PENSER QUE LE	DIABLE	054	030
LE	DIABLE A TOUT ETEINT AUX CARREAUX DE L'AUBERGE!	116	049
DEVANT TOI, PAUVRE	DIABLE AU SOUVENIR SI CHER,	106	052
DU	DIABLE OU DE LA SAINTE TABLE!	106	052
C'EST LE	DIABLE QUI TIENT LES FILS QUI NOUS REMUENT! . . .	000	013
QU'UN	DIADEME AFFREUX SENTANT LE CARNAVAL.	071	003
A CE BEAU	DIADEME EBLOUISSANT ET CLAIR;	001	072
PARFUM, PERLES,	DIAMANT,	088	054
DANS DES GOUFFRES DE	DIAMANT.	102	036
DARDE UN REGARD	DIAMANTE.	110	028
SECOUANT DANS MES YEUX LEURS FEUX	DIAMANTE.	043	004
OU TOUT N'EST QU'OR, ACIER, LUMIERE ET	DIAMANTS,	027	012
LA	DIANE CHANTAIT DANS LES COURS DES CASERNES, ...	103	001
IMAGINEZ	DIANE EN GALANT EQUIPAGE,	059	001
ET JE ROULE UN PUISSANT	DICTAME	068	012
DE CES BAISERS PUISSANTS COMME UN	DICTAME,	038	047
"PUISQU'EN ELLE TOUT EST	DICTAME, ...	041	011
IL PRETE DES SERMENTS,	DICTE DES LOIS SUBLIMES,	105	009
QUI JAILLIRA VERS	DIEU COMME UNE RARE FLEUR!"	104	024
QUE LE	DIEU DE L'UTILE, IMPLACABLE ET SEREIN,	005	023
SUR LE FOND DE MES NUITS	DIEU DE SON DOIGT SAVANT	118	001
QU'EST -CE QUE	DIEU FAIT DONC DE CE FLOT D'ANATHEMES	120	020
LE	DIEU JALOUX CACHA LES PIERRES PRECIEUSES,	120	044
DU PARADIS TERRESTRE A CHASSES	DIEU LE PERE,	038	005
JE SUIS COMME UN PEINTRE QU'UN	DIEU MOQUEUR	149	006
ET NATURELLEMENT,	DIEU M'A FAITE TRES BELLE."	145	009
MAIS JE POURSUIS EN VAIN LE	DIEU QUI SE RETIRE;	140	010
A LA GLOIRE DE	DIEU RALLUME TON EXTASE;	085	001
HORLOGE!	DIEU SINISTRE, EFFRAYANT, IMPASSIBLE, ...	119	002
	DIEU TE SOURIT COMPLAISAMMENT.	120	002
	DIEU T'A FAIT LE SORT ET PRIVE DE LOUANGES,	133	005
AUX PAYS CHAUDS ET BLEUS OU TON	DIEU T'A FAIT NAITRE,	109	009
IL ME CONDUIT AINSI, LOIN DU REGARD DE	DIEU, ...	106	051
JE M'EN MOQUE COMME DE	DIEU,	126	103
CRIANT A	DIEU, DANS SA FURIBONDE AGONIE:	001	057
--"SOYEZ BENI, MON	DIEU, QUI DONNEZ LA SOUFFRANCE	001	004
CRISPE SES POINGS VERS	DIEU, QUI LA PREND EN PITIE:	021	025
DE SATAN OU DE	DIEU, QU'IMPORTE? ANGE OU SIRENE,	105	031
	DIEU, TOUCHE DE REMORDS, AVAIT FAIT LE SOMMEIL;	091	084
SUR QUI PESE LA GRIFFE EFFROYABLE DE	DIEU?	051	032
PEUT-ETRE EST -IL FEE, EST -IL	DIEU?	089	028
COMME S'IL ADRESSAIT DES REPROCHES A	DIEU!	119	032
ET SUR LA TERRE JETTE	DIEU!	067	003
AINSI QUE DES	DIEUX ETRANGERS,	150	010
DES	DIEUX LE PLUS INCONTESTABLE!	130	031
QUI DES	DIEUX OSERA, LESBOS, ETRE TON JUGE	130	035
QUI DES	DIEUX OSERA, LESBOS, ETRE TON JUGE?	122	012
C'EST LA GLOIRE DES	DIEUX, C'EST LE GRENIER MYSTIQUE,	107	014
NOUS REND TRIOMPHANTS ET SEMBLABLES AUX	DIEUX!	084	006
QU'A TENTE L'AMOUR DU	DIFFORME,	141	001
TOUT HOMME	DIGNE DE CE NOM	097	034
NE TROUVE PAS UN PRIX	DIGNE DE SES EFFORTS;	062	018
OU TOUT CE QUE L'ON AIME EST	DIGNE D'ETRE AIME, ...	061	011
BELLE	DIGNE D'ORNER LES ANTIQUES MANOIRS,	031	019
"TU N'ES PAS	DIGNE QU'ON T'ENLEVE	150	014
	DIGNE VASSALE DES DEMONS,	059	014
POUR QUI S'EN MONTRE	DIGNE, UN RESERVOIR DE LARMES.	005	021
O RIDICULES TRONCS! TORSES	DIGNES DES MASQUES!	006	042
QUE NOUS PUISSIONS DONNER DE NOTRE	DIGNITE	057	023
SI JE NE PUIS, MALGRE TOUT MON ART	DILIGENT,	104	013
ENTENDS -TU RETENTIR LES REFRAINS DES	DIMANCHES	099	008
CONTEMPLER NOS	DINERS LONGS ET SILENCIEUX,	085	024
OU TOUT TE	DIRA: MEURS, VIEUX LACHE! IL EST TROP TARD!"	033	012
TE	DIRA: "QUE VOUS SERT, COURTISANE IMPARFAITE,	005	032
ET COMME QUI	DIRAIT DES BEAUTES DE LANGUEUR;	048	002
EST POREUSE. ON	DIRAIT QU'ILS PENETRENT LE VERRE.	050	001
ON	DIRAIT TON REGARD D'UNE VAPEUR COUVERT!	028	019
ON	DIRAIT UN SERPENT QUI DANSE	042	001
QUE	DIRAS -TU CE SOIR, PAUVRE AME SOLITAIRE, ...	042	002
QUE	DIRAS -TU, MON COEUR, COEUR AUTREFOIS FLETRI,	051	015
POUR	DIRE LES PLUS LONGUES PHRASES,	097	033
POUR	DIRE VRAI, JE CRAINS QUE TA COQUETTERIE	138	039
ME	DIRE, L'AME DE CRIS PLEINE:	138	039

```
POEM LINE
106 012 . . . . . . .    SON TOMBEAU;--CE N'EST PAS PEU   DIRE:
095 006           DONT LES BRAS, SANS MENTIR, PEUVENT   DIRE: AUJOURD'HUI
125 002                     ET DE TOI FAIS -TU   DIRE: "OH! L'HOMME SINGULIER!"
054 011                  DIS -LE, BELLE SORCIERE, OH! DIS, SI TU LE SAIS,
054 015 . . . . . . . . . DIS -LE, BELLE SORCIERE, OH! DIS, SI TU LE SAIS,
110 051                      DIS -MOI, TETE EFFRAYANTE, A-T -IL SUR TES DENTS FR
062 001                      DIS -MOI, TON COEUR PARFOIS S'ENVOLE-T -IL, AGATHE
062 005                      DIS -MOI, TON COEUR PARFOIS S'ENVOLE-T -IL, AGATHE?
131 025             --"HIPPOLYTE, CHER COEUR, QUE   DIS -TU DE CES CHOSES?
097 046                      DIS DONC A CES DANSEURS QUI FONT LES OFFUSQUES:
054 032                      DIS, CONNAIS -TU L'IRREMISSIBLE?
054 011                  DIS -LE, BELLE SORCIERE, OH! DIS, SI TU LE SAIS,
054 015                  DIS -LE, BELLE SORCIERE, OH! DIS, SI TU LE SAIS,
092 014                                          JE   DIS: QUE CHERCHENT -ILS AU CIEL, TOUS CES AVEUGLES?
098 009                                      JE ME   DIS: QU'ELLE EST BELLE! ET BIZARREMENT FRAICHE!
131 051          JE FRISSONNE DE PEUR QUAND TU ME   DIS: "MON ANGE!"
106 028 . . . . . . . .              JE LUI   DIS: SORS DE CETTE VIE!
089 022                                      ET   DISAIT, LE COEUR PLEIN DE SON BEAU LAC NATAL:
136 006                                          DISAIT: "LA TERRE EST UN GATEAU PLEIN DE DOUCEUR;
091 030     JE NE CHERCHE, A L'ASPECT DE CES MEMBRES,   DISCORDS,
051 005 . . . . . .    TANT SON TIMBRE EST TENDRE ET   DISCRET;
147 001                    O LUNE QU'ADORAIENT   DISCRETEMENT NOS PERES,
014 009          VOUS ETES TOUS LES DEUX TENEBREUX ET   DISCRETS:
090 011                                          ET   DISCUTANT AVEC MON AME DEJA LASSE,
062 014                                          DISE: LOIN DES REMORDS, DES CRIMES, DES DOULEURS,
126 020          ET, SANS SAVOIR POURQUOI,   DISENT TOUJOURS: ALLONS!
064 001                                      ILS ME   DISENT, TES YEUX, CLAIRS COMME LE CRISTAL,
040 001                      "D'OU VOUS VIENT,   DISIEZ -VOUS, CETTE TRISTESSE ETRANGE,
091 005 . . . . . . .    CES MONSTRES   DISLOQUES FURENT JADIS DES FEMMES,
079 014                        DES ETRES   DISPARUS AUX REGARDS FAMILIERS.
148 002                   SONT HEUREUX,   DISPOS ET REPUS;
080 007     L'AMOUR N'A PLUS DE GOUT, NON PLUS QUE LA   DISPUTE;
118 018 . . . . . . .    ALLONGEAIT TES DEUX BRAS   DISTENDUS, QUE TON SANG
136 018                                      JE VOIS   DISTINCTEMENT DES MONDES SINGULIERS,
090 030                      NUL TRAIT NE   DISTINGUAIT, DU MEME ENFER VENU,
016 024                   LES CHAMPS, SANS   DISTINGUER LES ETES DES HIVERS,
077 008 . . . . . . .            NE   DISTRAIT PLUS LE FRONT DE CE CRUEL MALADE;
014 007                                          SE   DISTRAIT QUELQUEFOIS DE SA PROPRE RUMEUR
065 003                   QUI D'UNE MAIN   DISTRAITE ET LEGERE CARESSE
116 006                                      NOUS   DIT -ON, UN PAYS FAMEUX DANS LES CHANSONS,
081 004 . . . . . . . . .                     DIT A L'AUTRE: VIE ET SPLENDEUR!
081 003                                  CE QUI   DIT A L'UN: SEPULTURE!
149 017          L'HORLOGE, A SON TOUR,   DIT A VOIX BASSE: "IL EST MUR,
091 043                                          ONT   DIT AU DEVOUEMENT QUI LEUR PRETAIT SES AILES:
149 010 . . . . . . .            DIT AU PAUVRE, QU'IL A NOYE DANS LES TENEBRES:
031 015                                      ET J'AI   DIT AU POISON PERFIDE
020 012            DONT CHAQUE TRAIT NOUS   DIT AVEC UN AIR VAINQUEUR:
126 136                                          DIT CELLE DONT JADIS NOUS BAISIONS LES GENOUX.
038 037 . . . . . .    MEME ON EUT   DIT PARFOIS QU'ELLE CROYAIT
029 023                                      ON EUT   DIT QUE LE CORPS, ENFLE D'UN SOUFFLE VAGUE,
090 017                      M'APPARUT. ON EUT   DIT SA PRUNELLE TREMPEE
036 009                    NOUS AVONS   DIT SOUVENT D'IMPERISSABLES CHOSES
140 003 . . . . . .            ET   DIT, LE SECOUANT: "TU CONNAITRAS LA REGLE!
149 022                      ET QUI LEUR   DIT, RAILLEUR ET FIER: "DANS MON CIBOIRE,
149 002                                          SE   DIT, REVEUR, DEVANT CES LEVRES DEJA BLANCHES:
031 018                                          DIT:
136 027            M'ONT PRIS EN DEDAIN ET M'ONT   DIT:
042 012                  'MAIS LA VOIX ME CONSOLE ET   DIT: "GARDE TES SONGES,
141 004                      PARFOIS IL PARLE ET   DIT: "JE SUIS BELLE, ET J'ORDONNE
041 004                              QUI, S'IL   DIT: "JE VEUX!" REPOND: "NON!"
149 005                                          ME   DIT: "JE VOUDRAIS BIEN SAVOIR,
141 007              CELIMENE ROUCOULE ET   DIT: "MON COEUR EST BON,
149 045                  LA DENT   DIT: "PENSE A TON DEVOIR!"
141 010              DE CEUX DONT LE COEUR   DIT: "QUE BENI SOIT TON FOUET,
021 018                  LA DENT   DIT: "VIVRAS -TU CE SOIR?"
085 011 . . . . . .    CREPITE, FLAMBE ET   DIT: BENISSONS CE FLAMBEAU!
124 008            D'INSECTE, MAINTENANT   DIT: JE SUIS AUTREFOIS,
085 002                  LE POETE SE   DIT: "ENFIN!
072 013 . . . . . . .            DONT LE DOIGT NOUS MENACE ET NOUS   DIT: "SOUVIENS -TOI!
029 045              ET   DITES -MOI S'IL EST ENCOR QUELQUE TORTURE
094 017                  ALORS, O MA BEAUTE!   DITES A LA VERMINE
126 057                                          DITES, QUELLE MOISSON ETRANGE,
139 004                                          DITES, QU'AVEZ -VOUS VU? "NOUS AVONS VU DES ASTRES
127 010                                          DIVA! SUPPLICEM EXAUDI!
121 002              ET DU HAUT DU   DIVAN ELLE SOURIAIT D'AISE
052 002                        DES   DIVANS PROFONDS COMME DES TOMBEAUX,
052 015                        LES   DIVERSES BEAUTES QUI PARENT TA JEUNESSE;
085 021                        LES   DIVERSES BEAUTES QUI PARENT TA JEUNESSE;
006 036              TANTOT SONNERA L'HEURE OU LE   DIVIN HASARD,
042 004            C'EST POUR LES COEURS MORTELS UN   DIVIN OPIUM!
021 002 . . . . . . .    COMME UN   DIVIN REMEDE A NOS IMPURETES
131 038                  DONT LE REGARD   DIVIN T'A SOUDAIN REFLEURI?
020 018          O BEAUTE? TON REGARD, INFERNAL ET   DIVIN,
108 004          POUR UN DE CES REGARDS CHARMANTS, BAUME   DIVIN,
029 047 . . . . . .    LA FEMME AU CORPS   DIVIN, PROMETTANT LE BONHEUR,
092 005          POUR UN CIEL FEERIQUE ET   DIVIN!
003 011          QUE J'AI GARDE LA FORME ET L'ESSENCE   DIVINE
083 014                  LEURS YEUX, D'OU LA   DIVINE ETINCELLE EST PARTIE,
          ET BOIS, COMME UNE PURE ET   DIVINE LIQUEUR,
                      DANS LA   DIVINE SYMPHONIE,
```

D

		POEM	LINE
J'ASPIRE, VOLUPTE	DIVINE!	138	016
	DIVINEMENT ROBUSTE, ADORABLEMENT MINCE,	020	005
L'ELEGANCE ET LA FORCE ABONDENT, SOEURS	DIVINES.	118	013
LORSQUE TU VIS CRACHER SUR TA	DIVINITE	118	013
ILS ONT LES YEUX	DIVINS DE LA PETITE FILLE	091	019
ILS MARCHENT, CES	DIVINS FRERES QUI SONT MES FRERES,	043	003
DE SATIN, PAR TES PIEDS	DIVINS HUMILIES,	057	020
USURPER EN RIANT LES HOMMAGES	DIVINS!	001	044
MARTYR	DOCILE, INNOCENT CONDAMNE, ...	128	019
SE RETOURNENT	DOCILEMENT	051	035
CAR J'AI, POUR FASCINER CES	DOCILES AMANTS,	017	012
JE SUIS, MON CHER SAVANT, SI	DOCTE AUX VOLUPTES,	132	011
ON RACONTE QU'UN JOUR UN	DOCTEUR DES PLUS GRANDS, ...	016	003
DONT LE	DOIGT NOUS MENACE ET NOUS DIT: "SOUVIENS -TOI!	085	002
SUR LE FOND DE MES NUITS DIEU DE SON	DOIGT SAVANT	146	007
TANDIS QUE DON LUIS AVEC UN	DOIGT TREMBLANT	015	010
CES PIEDS A BRODEQUINS, CES	DOIGTS A CASTAGNETTES, ...	018	003
LORSQUE MES	DOIGTS CARESSENT A LOISIR	034	005
ET DES	DOIGTS CONVULSES D'UNE INFERNALE FIEVRE,	096	007
LE DERNIER SAC D'ECUS DANS LES	DOIGTS D'UN JOUEUR;	107	005
LES	DOIGTS LUTINS, ...	088	028
C'EST UN ANGE QUI TIENT DANS SES	DOIGTS MAGNETIQUES	122	009
JE VEUX LONGTEMPS PLONGER MES	DOIGTS TREMBLANTS	128	003
R LEURS TISONS ET SOUFFLAIENT SUR LEURS	DOIGTS,	103	016
DECHIRENT LEUR SUAIRE EN ETIRANT LEURS	DOIGTS;	006	016
QUAND	DOIT -IL FINIR?	117	016
CERTE, ILS	DOIVENT TROUVER LES VIVANTS BIEN INGRATS,	100	007
FAIRE TON LIT ET TON	DOMAINE:	031	006
DES TRONES, DES VERTUS, DES	DOMINATIONS.	001	064
	DOMINE LA NUEE ET LE CRI DES DEMONS)	115	024
SOUS TON	DOMINO JAUNE, ET D'UN PIED CLANDESTIN,	147	009
LES YEUX FIXES SUR MOI, COMME UN TIGRE	DOMPTE,	127	013
PASSER UN OCEAN	DOMPTE;	102	040
QUE LA BEAUTE DU CORPS EST UN SUBLIME	DON	114	015
LE SOMMEIL ET LE	DON DES REVES EXTATIQUES,	122	010
QUAND	DON JUAN DESCENDIT VERS L'ONDE SOUTERRAINE	015	001
TANDIS QUE	DON LUIS AVEC UN DOIGT TREMBLANT	015	010
TE FAIRE	DON.	088	052
DONT LA NATURE LUI FIT	DON;	110	024
DIS	DONC A CES DANSEURS QUI FONT LES OFFUSQUES:	097	046
JE PUIS	DONC BOIRE TOUT MON SOUL.	106	002
MA PAUVRE MUSE, HELAS! QU'AS -TU	DONC CE MATIN?	007	001
AVONS -NOUS	DONC COMMIS UNE ACTION ETRANGE?	131	049
ELLE ETAIT	DONC COUCHEE ET SE LAISSAIT AIMER,	127	009
QU'EST -CE QUE DIEU FAIT	DONC CE FLOT D'ANATHEMES	118	001
CESSEZ	DONC DE CHERCHER, O BELLE CURIEUSE!	040	007
--"QUI	DONC DEVANT L'AMOUR OSE PARLER D'ENFER?	131	060
A QUEL COMPLOT INFAME ETAIS -JE	DONC EN BUTTE,	090	033
O MOINE FAINEANT! QUAND SAURAI -JE	DONC FAIRE	009	012
NE T'A	DONC JAMAIS FAIT RECULER D'EPOUVANTE,	025	014
"OU	DONC L'APERCOIS -TU, CE CREATEUR DU BEAU,	149	011
"POUR TOI, BIZARRE AMANT, QUEL EST	DONC MON MERITE?"	064	002
"EAU, QUAND	DONC PLEUVRAS -TU? QUAND TONNERAS -TU, FOUDRE?" . . .	089	023
AVEZ -VOUS	DONC PU CROIRE, HYPOCRITES SURPRIS,	149	029
M'ENVELOPPAIT.--EH QUOI! N'EST -CE	DONC QUE CELA?	125	013
A TRAVERS MA RUINE ALLEZ	DONC SANS REMORDS,	072	012
RANIMERAS -TU	DONC TES EPAULES MARBREES	008	005
HIPPOLYTE, O MA SOEUR! TOURNE	DONC TON VISAGE,	131	035
ADIEU	DONC, CHANTS DU CUIVRE ET SOUPIRS DE LA FLUTE!	080	008
VA	DONC, SANS AUTRE ORNEMENT,	088	053
LUI	DONNAIT LA TOURNURE ET LE PAS MALADROIT	090	024
DONT LE RICHE ATTIRAIL LUI	DONNAIT L'AIR VAINQUEUR	127	003
	DONNAIT UN CHARME NEUF A SES METAMORPHOSES;	127	016
UNE ILE PARESSEUSE OU LA NATURE	DONNE	022	005
MA DOULEUR,	DONNE -MOI LA MAIN; VIENS PAR ICI, ...	143	008
QUI	DONNE A PENSER QUE LE DIABLE	084	031
JE TE	DONNE CES VERS AFIN QUE SI MON NOM	039	001
ET NOUS	DONNE LE COEUR DE MARCHER JUSQU'AU SOIR;	122	004
ET LORSQU'IL EUT	DONNE SON OBOLE A CHARON.	015	002
OIS QUEL CHARME EXCITANT LA GENTILLESSE	DONNE!	020	015
TE	DONNENT UN AIR ETRANGE	058	002
FAIT POUR	DONNER A BOIRE A CES CRUELLES FILLES!	113	014
QUE NOUS PUISSIONS	DONNER DE NOTRE DIGNITE	006	042
POUR ENGENDRER MA VIE ET POUR ME	DONNER L'AME;	104	007
DE	DONNER MON NOM A L'ABIME	148	015
ET JE TE	DONNERAI, MA BRUNE,	063	005
--AH! SEIGNEUR!	DONNEZ -MOI LA FORCE ET LE COURAGE	116	059
--"SOYEZ BENI, MON DIEU, QUI	DONNEZ LA SOUFFRANCE	001	057
ET REGNE PAR SES	DONS AINSI QUE LES VRAIS ROIS.	105	028
	DONT AUTREFOIS LES NOMS PAR TOUS ETAIENT CITES,	091	064
	DONT CHAQUE TRAIT NOUS DIT AVEC UN AIR VAINQUEUR: . . .	020	012
	DONT ELLE CHANTE LES LOUANGES,	149	052
	DONT EST FAIT SON ENCHANTEMENT,	041	006
DIT CELLE	DONT JADIS NOUS BAISIONS LES GENOUX.	126	136
OU L'HOMME,	DONT JAMAIS L'ESPERANCE N'EST LASSE, ...	126	031
	DONT JE NE PUIS, OH! PARDON!	088	051
FOLLE	DONT JE SUIS AFFOLE,	129	015
LES MAISONS,	DONT LA BRUME ALLONGEAIT LA HAUTEUR,	090	006
	DONT LA CHAIR LISSE ET FERME APPELAIT LES MORSURES! . .	005	014

```
POEM LINE
016 021  . . . . . . . .            COMME DANS UN CAVEAU    DONT LA CLEF EST PERDUE.
126 079                             DES PALAIS OUVRAGES     DONT LA FEERIQUE POMPE
128 020                                                     DONT LA FERVEUR ATTISE LE SUPPLICE,
150 028                                                     DONT LA GLOIRE EST DE DEPLOYER
111 017  . . . . . . . .            ET D'AUTRES,            DONT LA GORGE AIME LES SCAPULAIRES,
120 025                             TOI                     DONT LA LARGE MAIN CACHE LES PRECIPICES
079 010                                                     DONT LA LUMIERE PARLE UN LANGAGE CONNU!
064 006                             BERCEUSE                DONT LA MAIN AUX LONGS SOMMEILS M'INVITE.
114 006                             CES MONSTRES            DONT LA MAIN, QUI TOUJOURS GRATTE ET FAUCHE,
105 019                                                     DONT LA MOUSTACHE PEND COMME LES VIEUX DRAPEAUX.
110 024                                                     DONT LA NATURE LUI FIT DON;
088 002                                                     DONT LA ROBE PAR SES TROUS
048 004  . . . . . . . .            UN SANG ROUGE ET VIVANT,  DONT LA SERRURE GRINCE ET RECHIGNE EN CRIANT,
110 011                                                     DONT LA TOILE S'ABREUVE
149 045                             DE CEUX                 DONT LE COEUR DIT:  "QUE BENI SOIT TON FOUET,
022 007                             DES HOMMES              DONT LE CORPS EST MINCE ET VIGOUREUX,
085 002  . . . . . . . .                                    DONT LE DOIGT NOUS MENACE ET NOUS DIT: "SOUVIENS -TOI!
112 003                             LE SAVANT OBSTINE       DONT LE FRONT S'ALOURDIT,
095 009                             LES TABLES D'HOTE,      DONT LE JEU FAIT LES DELICES,
095 023                                                     DONT LE MIRAGE REND LE GOUFFRE PLUS AMER?
126 044  . . . . . . . .            VIEUX CHEVAL            DONT LE PIED A CHAQUE OBSTACLE BUTTE.
080 004                                                     DONT LE REGARD DIVIN T'A SOUDAIN REFLEURI?
042 004                                                     DONT LE REGARD M'A FAIT SOUDAINEMENT RENAITRE,
093 010                                                     DONT LE RICHE ATTIRAIL LUI DONNAIT L'AIR VAINQUEUR
127 003  . . . . . . . .            ET PARMI LES SANGLOTS   DONT LE ROC RETENTIT
130 052                             PRETRESSE DE THALIE, HELAS!  DONT LE SOUFFLEUR
091 038                             ET                      DONT LE SOUVENIR POUR L'AMOUR ME RAVIVE.
032 008                                                     DONT LE VENT BAT LA FLAMME ET TOURMENTE LE VERRE,
105 002  . . . . . . . .                                    DONT LES BRAS, SANS MENTIR, PEUVENT DIRE: AUJOURD'HUI
095 006                             DES FEMMES              DONT LES DENTS ET LES ONGLES SONT TEINTS,
126 082                             CEUX-LA                 DONT LES DESIRS ONT LA FORME DES NUES,
126 021  . . . . . . . .                                    DONT LES FORMES AU LOIN FRISSONNENT DANS L'AZUR;
130 049  . . . . . . . .                                    DONT LES FORMES ET LES COULEURS
135 015                                                     DONT LES GUENILLES JAUNES
090 013                             TOUT A COUP, UN VIEILLARD  DONT LES LARGES YEUX DE PHOSPHORE
084 022                                                     DONT LES PANNEAUX BOMBES ET CLAIRS
052 019  . . . . . . . .                                    DONT LES PENSERS, COMME DES ALOUETTES,
003 017                             CELUI                   DONT LES SOLDATS PARFOIS INONDENT NOS JARDINS,
091 054                             ET                      DONT LES YEUX MORTELS, DANS LEUR SPLENDEUR ENTIERE,
001 075                             ET                      DONT L'ART, SUBTIL ENTRE TOUS,
156 002                             ET                      DONT L'ASPECT AURAIT FAIT PLEUVOIR LES AUMONES,
090 015                             DANS DES CONSTRUCTIONS  DONT L'AUDACE CORRECTE
157 007                                                     DONT L'EFFET, RECHAUFFANT LES PIEUSES ENTRAILLES,
009 003  . . . . . . . .            L'ESPOIR,               DONT L'EPERON ATTISAIT TON ARDEUR,
080 002                             ET                      DONT L'ESPRIT HUMAIN N'A JAMAIS SU LE NOM!
126 024                             CES GRIMACES, CES CRIS, CES SPECTRES  DONT L'ESSAIM
153 010                                                     DONT L'HUMEUR EST VAGABONDE;
053 031                             OUBLIE SUR LA CARTE, ET  DONT L'HUMEUR FAROUCHE
076 023  . . . . . . . .            AU BORD D'UN GOUFFRE    DONT L'INFERNAL DESIR NOUS REMPLIT DE SANGLOTS!
123 008                             TOI                     DONT L'ODEUR
084 018                             ET DES FEMMES           DONT L'OEIL CLAIR CONNAIT LES PROFONDS ARSENAUX
120 022                             D'UN BRUTAL             DONT L'OEIL PAR SA FRANCHISE ETONNE.
022 008  . . . . . . . .            ET                      DONT L'ORGUEIL PUNIT L'IMPIETE
130 069                             A LA TRISTE BEAUTE      DONT L'UNIQUE SOIN ETAIT D'APPROFONDIR
012 013                             CHARME PROFONDE, MAGIQUE,  DONT MON DESIR SE PRIVE.
032 004                             CELUI                   DONT NOUS GRISE
038 019                             ASTRES                  DONT NOUS T'OFFRONS L'IMAGE,
156 001                                                     DONT NUL SOLEIL NE PEUT FLETRIR LA FLAMME!
043 014                                                     DONT PHOEBUS SE PLAISAIT A DORER LES STATUES.
005 002  . . . . . . . .                                    DONT RIEN NE PEUT NOUS DELIER,
106 018                                                     DONT SA FAMILLE ROUGIRAIT,
045 022                             LES RIRES ENIVRANTS     DONT SE REJOUISSAIT L'ESSAIM DES MAUVAIS ANGES
110 035                             ET                      DONT S'EMPLIT LA PRISON
153 005  . . . . . . . .                                    DONT SUR LEURS VIEUX JOURS LES PUISSANTS SE SOUVIENNE
077 016                             TU MARCHES SUR DES MORTS, BEAUTE,  DONT TU PARSEMES TES TOILETTES
129 010                             ET LES URNES D'AMOUR    DONT TU TE MOQUES;
021 013                             LES FRUITS MIRACULEUX   DONT VOS GRANDS COEURS SONT PLEINS!
111 028  . . . . . . . .            LA SERVANTE AU GRAND COEUR  DONT VOTRE COEUR A FAIM;
126 130                             DONT PHOEBUS SE PLAISAIT A  DONT VOUS ETIEZ JALOUSE,
100 001                             BOUCHE OUVERTE,         DORER LES STATUES.
005 002                             MILLE PENSERS           DORMAIENT DE LEUR SOMMEIL STUPIDE;
103 014  . . . . . . . .            DES SOUVENIRS           DORMAIENT, CHRYSALIDES FUNEBRES,
048 009                             DE LEUR BOUCHE EN       DORMANT DANS CETTE CHEVELURE,
023 004                             SUR PARIS               DORMANT MONTRER LE FRAIS EMAIL?
147 006                             LES ETANGS              DORMANT RUISSELAIT.
045 008                                                     DORMANTS S'ENTOURAIENT,
102 022                             ET                      DORMIR CES VAISSEAUX
053 030                                                     DORMIR DANS L'OUBLI COMME UN REQUIN DANS L'ONDE,
072 004                                                     DORMIR NONCHALAMMENT A L'OMBRE DE SES SEINS,
019 013  . . . . . . . .            JE VEUX DORMIR!         DORMIR PLUTOT QUE VIVRE!
128 009                             A                       DORMIR, COMME ILS FONT, CHAUDEMENT DANS LEURS DRAPS,
100 008                             OU L'ON POURRA MANGER, ET  DORMIR, ET S'ASSEOIR;
122 008                             JE VEUX                 DORMIR! DORMIR PLUTOT QUE VIVRE!
128 009                             ET JE                   DORMIRAI COMME UN CHIEN;
106 045  . . . . . . . .            LORSQUE TU              DORMIRAS, MA BELLE TENEBREUSE,
033 001                             C'EST LA CHAMBRE DE     DOROTHEE.
154 007                                                     DORS EN PAIX, DORS EN PAIX, ETRANGE CREATURE,
110 055                             DORS EN PAIX,           DORS EN PAIX, ETRANGE CREATURE,
110 055  . . . . . . . .                                    DORS EN PAIX, ETRANGE CREATURE,
```

D

		POEM	LINE
	DORS OU FUME A TON GRE; SOIS MUETTE, SOIS SOMBRE, . . .	037	003
RESIGNE -TOI, MON COEUR;	DORS TON SOMMEIL DE BRUTE.	080	005
RACE D'ABEL,	DORS, BOIS ET MANGE;	119	001
	DORT COMME UNE ANTIQUE MOMIE,	094	004
LUISANTS COMME CES TROUS OU L'EAU	DORT DANS LA NUIT;	091	018
--MAINT JOYAU	DORT ENSEVELI	011	009
OU	DORT ENSEVELI LE PEUPLE DES METAUX,	120	023
ET QUI	DORT SON SOMMEIL SOUS UNE HUMBLE PELOUSE,	100	002
ERFS TROP EVEILLES RAILLENT L'ESPRIT QUI	DORT.	050	008
VEILLE PRES DE LUI QUAND IL	DORT;	110	058
AINSI BIJOUX, MEUBLES, METAUX,	DORURE,	038	033
JE VAIS ME COUCHER SUR LE	DOS	124	012
--MAIS JE TOURNAI LE	DOS AU CORTEGE INFERNAL.	090	044
PEUREUSES, LE	DOS BAS, VOUS COTOYEZ LES MURS;	091	070
J'ESCALADE LE	DOS DES FLOTS AMONCELES	069	007
TA TETE ET TON	DOS ELASTIQUE,	034	006
DE TON	DOS ET DE TES SEINS,	058	022
SUR LE	DOS SATINE DES MOLLES AVALANCHES,	065	005
SON PAREIL LE SUIVAIT: BARBE, OEIL,	DOS, BATON, LOQUES,	090	029
SUR SON	DOS, OU LIVRANT A LEURS FIERS APPETITS	013	003
QUEL DEMON A	DOTE LA MER, RAUQUE CHANTEUSE	062	007
BARBARE, ROIDE ET LOURD, ET	DOUBLE DE SOUPCON,	057	012
EXASPERE COMME UN IVROGNE QUI VOIT	DOUBLE,	090	045
QUI REFLECHIRONT LEURS	DOUBLES LUMIERES	121	007
OU TU FOULAIS, MONTE SUR UNE	DOUCE ANESSE, ...	118	023
	DOUCE BEAUTE, MAIS TOUT AUJOURD'HUI M'EST AMER,	056	018
UNE FOIS, UNE SEULE, AIMABLE ET	DOUCE FEMME,	045	001
TELLE LA SISINA! MAIS LA	DOUCE GUERRIERE	059	009
SA	DOUCE LANGUE NATALE.	053	026
ENTENDS, MA CHERE, ENTENDS LA	DOUCE NUIT QUI MARCHE.	143	014
ET SA CHAUDE POITRINE EST UNE	DOUCE TOMBE	104	011
JE TE REPONDIS: "OUI! LA	DOUCE VOIX!" C'EST D'ALORS	136	014
ET, BIEN QUE VOTRE VOIX SOIT	DOUCE, TAISEZ -VOUS!	040	008
FREMISSANT	DOUCEMENT DANS LES LOURDES TENEBRES,	048	010
ET FORCER	DOUCEMENT LES PORTES ET LES CAISSES	095	027
ENTRETIENT	DOUCEMENT L'EXTASE	155	007
TU POSES	DOUCEMENT TON CORPS SUR UNE NATTE, ...	133	014
S'EN VA TOUT	DOUCEMENT VERS UN NOUVEAU BERCEAU;	091	028
AIMONS -NOUS	DOUCEMENT. L'AMOUR DANS SA GUERITE,	064	009
SES PARFUMS, SES CHANSONS ET SES	DOUCES CHALEURS!	005	040
ONT DE	DOUCES LANGUEURS ET DES FRISSONS AMERS.	111	004
SONGE A LA	DOUCEUR	053	002
RIEN NE VAUT LA	DOUCEUR DE SON AUTORITE;	042	006
OU BRILLAIT LA	DOUCEUR DE SON PREMIER SERMENT.	015	016
LA	DOUCEUR DU FOYER ET N'ONT JAMAIS VECU!	095	038
LA	DOUCEUR DU FOYER ET LE CHARME DES SOIRS,	036	004
AMANTE OU SOEUR, SOYEZ LA	DOUCEUR EPHEMERE	056	023
VENEZ VOUS ENIVRER DE LA	DOUCEUR ETRANGE	126	131
LA	DOUCEUR QUI FASCINE ET LE PLAISIR QUI TUE.	093	008
A SA	DOUCEUR.	088	008
SAIT: "LA TERRE EST UN GATEAU PLEIN DE	DOUCEUR;	136	006
ET, VERTIGINEUSE	DOUCEUR!	129	033
ET JE BUVAIS TON SOUFFLE, O	DOUCEUR! O POISON!	036	018
DE TERRIBLES PLAISIRS ET D'AFFREUSES	DOUCEURS.	112	011
A CET ETRE	DOUE DE TANT DE MAJESTE	020	014
LA	DOULEUR A LA MORT ET L'ENFER AU NEANT!	096	024
ET TETTENT LA	DOULEUR COMME UNE BONNE LOUVE!	089	047
JE SAIS QUE LA	DOULEUR EST LA NOBLESSE UNIQUE	001	065
ET CONTIENT MON ORGUEIL, MA	DOULEUR ET MA GLOIRE!"	149	042
DE L'ANTIQUE	DOULEUR ETERNEL ALAMBIC!	097	030
AUX FLOTS QUE LA	DOULEUR FAIT JAILLIR DE TES YEUX!	020	028
LONGUE, MINCE, EN GRAND DEUIL,	DOULEUR MAJESTUEUSE,	093	002
LES ESPRITS QUE DEVORE UNE	DOULEUR SAUVAGE,	095	008
CONNAIS -TU, COMME MOI, LA	DOULEUR SAVOUREUSE,	125	001
D'ENDORMIR LA	DOULEUR SUR UN LIT HASARDEUX, ...	101	014
UNE	DOULEUR TRES -SIMPLE ET NON MYSTERIEUSE.	040	005
IL EN EST QUI, FAISANT DE LA	DOULEUR UN MIEL,	091	042
QUAND IL EST COMBLE DE	DOULEUR,	068	005
MAIS L'ENFANT, EPANCHANT UNE IMMENSE	DOULEUR,	131	074
SEMBLABLE AU CRI LOINTAIN DE L'HUMAINE	DOULEUR,	107	008
MA	DOULEUR, DONNE -MOI LA MAIN; VIENS PAR ICI,	143	008
SOIS SAGE, O MA	DOULEUR, ET TIENS -TOI PLUS TRANQUILLE.	143	001
SEIGNEUR! QUE LA	DOULEUR, O PERE, SOIT BENIE!	149	046
--O DOULEUR! O	DOULEUR! LE TEMPS MANGE LA VIE,	010	012
--O	DOULEUR! O DOULEUR! LE TEMPS MANGE LA VIE,	010	012
LE CERCLE TENEBREUX TRACE PAR LES	DOULEURS	130	059
VOULOIR INTERESSER AU CHANT DE SES	DOULEURS	115	019
LE LONG FLEUVE DE FIEL DES	DOULEURS ANCIENNES;	116	048
LES VIBRANTES	DOULEURS DANS TON COEUR PLEIN D'EFFROI	085	003
L'IMMENSE MAJESTE DE VOS	DOULEURS DE VEUVE,	089	003
S'AGGRAVENT LES	DOULEURS DES FEMMES EN GESINE;	103	018
C'EST L'HEURE OU LES	DOULEURS DES MALADES S'AIGRISSENT!	095	031
RIDICULE PENDU, TES	DOULEURS SONT LES MIENNES!	116	045
MORTS, LES PAUVRES MORTS, ONT DE GRANDES	DOULEURS,	100	004
L'AUTRE, QUE SON EPOUX SURCHARGEA DE	DOULEURS, ...	091	046
DISE: LOIN DES REMORDS, DES CRIMES, DES	DOULEURS,	062	014
POUR VOS MORNES	DOULEURS, VOS SOIFS INASSOUVIES,	111	027
N'EST QUE LA	DOULOUREUSE CHARGE,	156	014
LE SECRET	DOULOUREUX QUI ME FAISAIT LANGUIR.	012	014

```
POEM LINE
043 002  . . . . . . . QU'UN ANGE TRES -SAVANT A SANS   DOUTE AIMANTES;
110 05y                        AUTANT QUE TOI SANS       DOUTE IL TE SERA FIDELE,
153 007                                          LE      DOUTE L'ENVIRONNE, ET LA PEUR RIDICULE,
118 006          SONT UNE SYMPHONIE ENIVRANTE SANS        DOUTE,
101 009  . . . . . . . . . RIEN N'EST PLUS              DOUX AU COEUR PLEIN DE CHOSES FUNEBRES,
118 004                         IL S'ENDORT AU           DOUX BRUIT DE NOS AFFREUX BLASPHEMES.
087 014                 ET LES REND GAIS ET             DOUX COMME DES JEUNES FILLES,
058 032                         TON OEIL                  DOUX COMME LA LUNE,
127 011  . . . . . . A MON AMOUR PROFOND ET             DOUX COMME LA MER,
152 003         JE NE SAIS QUOI DE BON, DE              DOUX COMME LA NUIT!
004 010                                                  DOUX COMME LES HAUTBOIS, VERTS COMME LES PRAIRIES.
011 013                         SON PARFUM               DOUX COMME UN SECRET
130 023  . . . . . . . . . REINE DU                     DOUX EMPIRE, AIMABLE ET NOBLE TERR'
051 033               UN BEAU CHAT, FORT,                DOUX ET CHARMANT.
133 003          A L'ARTISTE PENSIF TON CORPS EST        DOUX ET CHER;
133 023          COMME TU PLEURERAIS TES LOISIRS         DOUX ET FRANCS,
005 036  . . --A LA SAINTE JEUNESSE, A L'AIR SIMPLE, AU  DOUX FRONT,
028 014                              DE                  DOUX NI D'AMER,
128 010                 DANS UN SOMMEIL AUSSI            DOUX QUE LA MORT,
128 008                              LE                  DOUX RELENT DE MON AMOUR DEFUNT.
131 020  . . . . . . COMME POUR RECUEILLIR UN           DOUX REMERCIMENT.
11L 009                         --ILE DES                DOUX SECRETS ET DES FETES DU COEUR!
052 022                     ARMOIRE A                    DOUX SECRETS, PLEINE DE BONNES CHOSES,
006 006          OU DES ANGES CHARMANTS, AVEC UN         DOUX SOURIS
086 009  . . . . . . . . . IL EST                       DOUX, A TRAVERS LES BRUMES, DE VOIR NAITRE
076 003               DE VERS, DE BILLETS                DOUX, DE PROCES, DE ROMANCES,
052 008                 SUIVANT UN RHYTHME               DOUX, ET PARESSEUX, ET LENT,
052 028                 SUIVANT UN RHYTHME               DOUX, ET PARESSEUX, ET LENT,
066 003  . . . . . . LES CHATS PUISSANTS ET             DOUX, ORGUEIL DE LA MAISON,
155 030                     QU'IL M'EST                  DOUX, PENCHE VERS TES SEINS,
074 001               IL EST AMER ET                    DOUX, PENDANT LES NUITS D'HIVER,
051 026               SORT UN PARFUM SI                  DOUX, QU'UN SOIR
041 009  AIL- . . . . . . . . . QUEL EST LE PLUS        DOUX."--O MON AME!
036 024  LEURS QU'EN TON CHER CORPS ET QU'EN TON COEUR SI DOUX?
029 002          CE BEAU MATIN D'ETE SI                  DOUX;
056 028          DE L'ARRIERE -SAISON LE RAYON JAUNE ET  DOUX!
036 008  . . . . . . . . . QUE TON SEIN M'ETAIT          DOUX! QUE TON COEUR M'ETAIT BON!
142 006                 CHEZ SATAN, LE RUSE             DOYEN,
112 003          DONT LE FLANC TOUJOURS VIERGE ET        DRAPE DE GUENILLES
078 020          SUR MON CRANE INCLINE PLANTE SON        DRAPEAU NOIR.
131 100  . . FAIT CLAQUER VOTRE CHAIR AINSI QU'UN VIEUX  DRAPEAU
105 019          DONT LA MOUSTACHE PEND COMME LES VIEUX  DRAPEAUX.
100 008  A DORMIR, COMME ILS FONT, CHAUDEMENT DANS LEURS DRAPS,
130 061                         --PLUS BELLE QUE VENUS SE DRESSANT SUR LE MONDE
130 065  . . . . . . . . . PLUS BELLE QUE VENUS SE      DRESSANT SUR LE MONDE!
126 039                 L'IMAGINATION QUI               DRESSE SON ORGIE
131 055          QUAND MEME TU SERAIS UNE EMBUCHE        DRESSEE
105 021                              SE                  DRESSENT DEVANT EUX, SOLENNELLE MAGIE!
057 006  . . . . . . . . . OU TU TE                     DRESSERAS, STATUE EMERVEILLEE.
005 011          L'HOMME, ELEGANT, ROBUSTE ET FORT, AVAIT LE DROIT
015 017                         TOUT                     DROIT DANS SON ARMURE, UN GRAND HOMME DE PIERRE
114 008          DE CE CORPS FERME ET                    DROIT LA RUDE MAJESTE.
130 014  . . . . . v . . . ET VENUS A BON               DROIT PEUT JALOUSER SAPHO!
146 003          PAROLE! ET SUR MON POIL QUI TOUT        DROIT SE RELEVE
090 022          FAISANT AVEC SA JAMBE UN PARFAIT ANGLE  DROIT,
091 057                         CELLE-LA,                DROITE ENCOR, FIERE ET SENTANT LA REGLE,
006 014  . . SE MELER A DES CHRISTS, ET SE LEVER TOUT   DROITS
012 013          ET QUE LEURS GRANDS PILIERS,            DROITS ET MAJESTUEUX,
115 017          CE GUEUX, CET HISTRION EN VACANCES, CE   DROLE,
077 006          NI SON PEUPLE MOURANT EN FACE           DU BALCON
148 013  . . . . . . . . . ET BRULE PAR L'AMOUR         DU BEAU,
149 011          "OU DONC L'APERCOIS -TU, CE CREATEUR    DU BEAU,
043 006          ILS CONDUISENT MES PAS DANS LA ROUTE    DU BEAU!
056 012                 SOUS LES COUPS                  DU BELIER INFATIGABLE ET LOURD.
077 007  . . . . . . . . .                               DU BOUFFON FAVORI LA GROTESQUE BALLADE
053 034                 QU'ILS VIENNENT                 DU BOUT DU MONDE.
089 044          DERRIERE LA MURAILLE IMMENSE            DU BROUILLARD;
059 036          AVEZ -VOUS VU THEROIGNE, AMANTE         DU CARNAGE,
157 010  . . . . . EST -CE QUE PAR HASARD LA ROBE        DU CENTAURE
036 006          LES SOIRS ILLUMINES PAR L'ARDEUR        DU CHARBON,
036 010          LES SOIRS ILLUMINES PAR L'ARDEUR        DU CHARBON.
001 026          ET S'ENIVRE EN CHANTANT                 DU CHEMIN DE LA CROIX;
054 004                         COMME                    DU CHENE LA CHENILLE?
054 014                 QUE LE SABOT                     DU CHEVAL FROISSE,
009 005          EN CES TEMPS OU                         DU CHRIST FLORISSAIENT LES SEMAILLES,
140 001          UN ANGE FURIEUX FOND                    DU CIEL COMME UN AIGLE,
148 006  . . . . . . . . . QUI TOUT AU FOND             DU CIEL FLAMBOIENT,
023 027          VOUS ME RENDEZ L'AZUR                   DU CIEL IMMENSE ET ROND;
084 004                 OU NUL OEIL                      DU CIEL NE PENETRE;
021 021                 QUE TU VIENNES                   DU CIEL OU DE L'ENFER, QU'IMPORTE,
021 001  . . . . . . . . . . . VIENS -TU                DU CIEL PROFOND OU SORS -TU DE L'ABIME,
116 028                                                  DU CIEL SE DETACHANT EN NOIR, COMME UN CYPRES.
131 088          FLAGELLES PAR UN VENT QUI NE VIENT PAS  DU CIEL,
102 046          DE SOLEIL, MEME AU BAS                  DU CIEL;
086 002  . . . . . . . . . COUCHER AUPRES              DU CIEL, COMME LES ASTROLOGUES,
143 010          SUR LES BALCONS                         DU CIEL, EN ROBES SURANNEES;
005 039          COMME L'AZUR                            DU CIEL, LES OISEAUX ET LES FLEURS,
120 047                                                  DU CIEL, OU TU REGNAS, ET DANS LES PROFONDEURS
039 010  . . . . . . . . . JUSQU'AU PLUS HAUT           DU CIEL, RIEN, HORS MOI, NE REPOND!
```

D

		POEM	LINE
REFLECHIT L'INDOLENCE ET LA PALEUR	DU CIEL.	050	004
ET L'AMOUR SE RIRA DE L'ENFER ET	DU CIEL!	130	039
BIEN QU'ON AIT	DU COEUR A L'OUVRAGE,	011	003
DES VISAGES RONGES PAR LES CHANCRES	DU COEUR,	005	031
AU CONFESSIONNAL	DU COEUR.	045	040
--ILE DES DOUX SECRETS ET DES FETES	DU COEUR!	116	009
DANS LES CANAUX ETROITS	DU COLOSSE PUISSANT.	090	004
AU DELA DU POSSIBLE, AU DELA	DU CONNU!"	136	010
LE CHANT	DU COQ AU LOIN DECHIRAIT L'AIR BRUMEUX;	103	020
LA CRAPULE	DU CORPS DE GARDE ET DES CUISINES,	118	014
QUE LA BEAUTE	DU CORPS EST UN SUBLIME DON	114	015
OU L'AME, SOUS LE POIDS	DU CORPS REVECHE ET LOURD,	103	007
UN VIEUX SOUVENIR SONNE A PLEIN SOUFFLE	DU COR!	089	050
AUX COULEURS	DU COUCHANT REFLETE PAR MES YEUX.	012	008
SUR LE FRONT	DU CRESUS IMPITOYABLE ET VIL,	120	035
S'ENIVRE CHAQUE NUIT	DU CRI DE LA TOURMENTE	130	073
VOICI LE SOIR CHARMANT, AMI	DU CRIMINEL;	095	001
ADIEU DONC, CHANTS	DU CUIVRE ET SOUPIRS DE LA FLUTE!	080	008
CHAQUE INSTANT TE DEVORE UN MORCEAU	DU DELICE	085	007
LOIN	DU DESIR MONDAIN ET DU REGARD MOQUEUR,	057	004
DE LIRE LA SECRETE HORREUR	DU DEVOUEMENT	044	018
QU'A TENTE L'AMOUR	DU DIABLE OU DE LA SAINTE TABLE!	106	052
ET DU HAUT	DU DIFFORME,	084	006
REINE	DU DIVAN ELLE SOURIAIT D'AISE	127	010
CES JEUX, CES CLIQUETIS	DU DOUX EMPIRE, AIMABLE ET NOBLE TERRE, ...	130	023
L'OEIL CLAIR ET PLEIN	DU FER SONT LES VACARMES	035	003
D'ECOUTER, PRES	DU FEU DE LA PRECOCITE,	157	005
AU COIN	DU FEU QUI PALPITE ET QUI FUME,	074	002
TERREUR DU LIBERTIN, ESPOIR	DU FEU, LE SOIR, AUPRES D'UNE AME AIMEE.	095	036
GRAVE, ET VENANT	DU FOL ERMITE:	144	012
	DU FOND DE SON LIT ETERNEL	100	019
SURGIR	DU FOND DE SON REDUIT SABLONNEUX, LE GRILLON,	013	009
	DU FOND DES EAUX LE REGRET SOURIANT;	143	011
	DU FOND DU GOUFFRE OBSCUR OU MON COEUR EST TOMBE.	030	002
ET LE PEUPLE AMOUREUX	DU FOUET ABRUTISSANT;	126	096
LA DOUCEUR	DU FOYER ET LE CHARME DES SOIRS,	036	004
LA DOUCEUR	DU FOYER ET N'ONT JAMAIS VECU!	095	038
L'AIR EST PLEIN	DU FRISSON DES CHOSES QUI S'ENFUIENT,	103	010
LE POETE BUTER	DU FRONT SUR SON TRAVAIL?	147	007
S FROIDS DE LA SEINE AUX BORDS BRULANTS	DU GANGE,	097	053
QUAND JE CONTEMPLE, AUX FEUX	DU GAZ QUI LE COLORE,	098	005
PUISSE -JE USER	DU GLAIVE ET PERIR PAR LE GLAIVE!	118	031
--TEL EST	DU GLOBE ENTIER L'ETERNEL BULLETIN."	126	108
DE L'HUILE DE COCO, DU MUSC ET	DU GOUDRON.	023	030
SORS -TU	DU GOUFFRE NOIR OU DESCENDS -TU DES ASTRES?	021	009
DU FOND	DU GOUFFRE OBSCUR OU MON COEUR EST TOMBE.	030	002
PLONGER AU FOND	DU GOUFFRE, ENFER OU CIEL, QU'IMPORTE?	126	143
PLONGEZ AU PLUS PROFOND	DU GOUFFRE, OU TOUS LES CRIMES,	131	087
S'OUVRE ET S'ENFONCE AVEC L'ATTIRANCE	DU GOUFFRE.	046	007
MAINT PAGE EPRIS	DU HASARD,	088	037
LES DEUX MAINS AU MENTON,	DU HAUT DE MA MANSARDE,	086	005
ET	DU HAUT DES PAYS BLEUS OU, RADIEUX SERAIT,	147	002
	DU HAUT DU DIVAN ELLE SOURIAIT D'AISE	127	010
	DU HAUT EN BAS, AVEC GRAND SOIN,	154	011
	DU HAUT JUSQUES EN BAS DE L'ECHELLE FATALE,	126	087
--AH! JESUS, SOUVIENS -TOI	DU JARDIN DES OLIVES!	118	009
NOUS FIMES	DU JOUR QUI S'ENFUIT!	150	004
IMITE LES COMBATS DE LA LAMPE ET	DU JOUR.	103	008
QUE NOUS VEULENT LES LOIS	DU JUSTE ET DE L'INJUSTE?	130	036
QUE NOUS VEULENT LES LOIS	DU JUSTE ET DE L'INJUSTE?	130	040
POUR LE RETOUR	DU LABOUREUR.	068	008
OU COULE AU LIEU DE SANG L'EAU VERTE	DU LETHE,	077	018
TERREUR	DU LIBERTIN, ESPOIR DU FOL ERMITE:	144	012
C'EST L'ESPRIT FAMILIER	DU LIEU;	051	029
DANS LES BAISERS DU SATIN ET	DU LINGE,	038	040
DE CHASSER LOIN	DU LIT LES MOUSTIQUES RODEURS,	133	008
INFINIS BERCEMENTS	DU LOISIR EMBAUME!	023	025
QU'ON SE MOQUE	DU MAITRE, ET QU'AVEC LUI L'ON TRICHE,	149	030
SUR L'OREILLER	DU MAL C'EST SATAN TRISMEGISTE	000	009
S'AVANCAIENT, PLUS CALINS QUE LES ANGES	DU MAL,	127	021
A MES COTES, AU LIEU	DU MANNEQUIN PUISSANT	132	023
DU METAL,	DU MARBRE ET DE L'EAU.	102	012
ET MON PIED PEUREUX FROISSE, AU BORD	DU MARECAGE, ...	145	013
DANS LE BLEU CRISTAL	DU MATIN	108	007
ET LE VENT	DU MATIN SOUFFLAIT SUR LES LANTERNES.	103	002
AU VENT	DU MATIN,	028	010
NE TROUVE QU'UN RECIF AUX CLARTES	DU MATIN.	126	040
	DU MECREANT SAISIT A PLEIN POING LES CHEVEUX,	140	002
NUL TRAIT NE DISTINGUAIT,	DU MEME ENFER VENU,	090	030
MARCHAIENT	DU MEME PAS VERS UN BUT INCONNU.	090	032
UN VIEUX SPHINX IGNORE	DU METAL, DU MARBRE ET DE L'EAU.	102	012
--LOIN	DU MONDE INSOUCIEUX,	076	022
PLUTOT QUE D'IMPLORER UNE LARME	DU MONDE RAILLEUR, LOIN DE LA FOULE IMPURE,	110	053
SALUTAIRE INSTRUMENT, BUVEUR DU SANG	DU MONDE,	072	006
QUE NOS RIDEAUX FERMES NOUS SEPARENT	DU MONDE, ...	025	010
ET POURTANT NECESSAIRE A LA MARCHE	DU MONDE,	131	081
QU'ILS VIENNENT DU BOUT	DU MONDE.	114	014
DE L'HUILE DE COCO,	DU MUSC ET DU GOUDRON.	053	034
		023	030

```
POEM LINE
144 007 . . . . . .        PARTOUT L'HOMME SUBIT LA TERREUR  DU MYSTERE,
146 013                                          JALOUSE  DU NEANT L'INSENSIBILITE.
062 002                                             LOIN  DU NOIR OCEAN DE L'IMMONDE CITE,
126 144             AU FOND DE L'INCONNU POUR TROUVER  DU NOUVEAU!
082 008 . . . . . . . . . . . . .          CHASSE  DU PARADIS LATIN.
120 044                                                   DU PARADIS TERRESTRE A CHASSES DIEU LE PERE,
120 011                       ENSEIGNES PAR L'AMOUR LE GOUT  DU PARADIS,
047 014                                                   DU PASSE LUMINEUX RECUEILLE TOUT VESTIGE!
138 010 . . . . . . . . . .      LE NUAGE AFFREUX  DU PASSE.
122 013                        C'EST LA BOURSE  DU PAUVRE ET SA PATRIE ANTIQUE,
097 055                          DANS UN TROU  DU PLAFOND LA TROMPETTE DE L'ANGE
034 007                  ET QUE MA MAIN S'ENIVRE  DU PLAISIR
111 020 . . . . . . . . . . .        L'ECUME  DU PLAISIR AUX LARMES DES TOURMENTS.
092 012                                    EPRISE  DU PLAISIR JUSQU'A L'ATROCITE,
143 006                       SOUS LE FOUET  DU PLAISIR, CE BOURREAU SANS MERCI,
097 024        TE POUSSE-T -IL, CREDULE, AU SABBAT  DU PLAISIR?
107 011 . . . . . . .      GARDE AU COEUR ALTERE  DU POETE PIEUX:
136 010                                   AU DELA  DU POSSIBLE, AU DELA DU CONNU!"
126 095                                LE POISON  DU POUVOIR ENERVANT LE DESPOTE,
058 008                                                   DU PRETRE POUR SON IDOLE.
109 009 . . . . . . .      IL ME CONDUIT AINSI, LOIN  DU REGARD DE DIEU,
057 004                       LOIN DU DESIR MONDAIN ET  DU REGARD MOQUEUR,
118 030          D'UN MONDE OU L'ACTION N'EST PAS LA SOEUR  DU REVE;
132 008                         ET FAIS RIRE LES VIEUX  DU RIRE DES ENFANTS.
149 037 . . . . A TRAVERS L'EPAISSEUR DE LA TERRE ET  DU ROC,
127 023                      ET POUR LA DERANGER  DU ROCHER DE CRISTAL
097 047      "FIERS MIGNONS, MALGRE L'ART DES POUDRES ET  DU ROUGE,
025 010                      SALUTAIRE INSTRUMENT, BUVEUR  DU SANG DU MONDE,
073 004 . . . . . . . . .      DE GRANDS SEAUX PLEINS  DU SANG ET DES LARMES DES MORTS,
010 014                                                   DU SANG QUE NOUS PERDONS CROIT ET SE FORTIFIE!
038 040                            DANS LES BAISERS  DU SATIN ET DU LINGE,
058 012                                DE L'ENIGME ET  DU SECRET.
119 006 . . . . . . . . .        FLATTE LE NEZ  DU SERAPHIN!
092 010                                 CE FRERE  DU SILENCE ETERNEL. O CITE!
038 042                    MONTRAIT LA GRACE ENFANTINE  DU SINGE,
098 007                          OU LES TORCHES  DU SOIR ALLUMENT UNE AURORE,
147 010 . . . . . . . . . .      VAS -TU, COMME JADIS,  DU SOIR JUSQU'AU MATIN,
047 003            LES SONS ET LES PARFUMS TOURNENT DANS L'AIR  DU SOIR;
076 024                          NE CHANTE QU'AUX RAYONS  DU SOLEIL QUI SE COUCHE.
126 061                                 LA GLOIRE  DU SOLEIL SUR LA MER VIOLETTE,
105 023 . . . . . . . . . .      DES CLAIRONS,  DU SOLEIL, DES CRIS ET DU TAMBOUR,
065 014          ET LA MET DANS SON COEUR LOIN DES YEUX  DU SOLEIL,
105 032           L'HOMME AJOUTA LE VIN, FILS SACRE  DU SOLEIL!
146 009                              J'AI PEUR  DU SOMMEIL COMME ON A PEUR D'UN GRAND TROU,
065 011 . . . . . . . . . .      UN POETE PIEUX, ENNEMI  DU SOMMEIL,
038 022                                                   DU SOUVENIR CUEILLE LA FLEUR EXQUISE.
126 004                                   AUX YEUX  DU SOUVENIR QUE LE MONDE EST PETIT!
023 035               OU JE HUME A LONGS TRAITS LE VIN  DU SOUVENIR?
009 013 . . . . . . . . . . . . . . . .          DU SPECTACLE VIVANT DE MA TRISTE MISERE
125 009                  J'ETAIS COMME L'ENFANT AVIDE  DU SPECTACLE,
089 038                       VIL BETAIL, SOUS LA MAIN  DU SUPERBE PYRRHUS,
105 023             DES CLAIRONS, DU SOLEIL, DES CRIS ET  DU TAMBOUR,
030 014 . . . . . . . . .      TANT L'ECHEVEAU  DU TEMPS LENTEMENT SE DEVIDE!
019 001                                                   DU TEMPS QUE LA NATURE EN SA VERVE PUISSANTE
101 007                       MON AME MIEUX QU'AU TEMPS  DU TIEDE RENOUVEAU
097 042          ET QUI NE S'EST NOURRI DES CHOSES  DU TOMBEAU?
108 010 . . . . . . . .      ▼. . . . . . . .          DU TOURBILLON INTELLIGENT,
114 003              LES GRIFFES DE L'AMOUR, LES POISONS  DU TRIPOT,
116 033          LES YEUX ETAIENT DEUX TROUS, ET  DU VENTRE EFFONDRE
146 012                     ET MON ESPRIT, TOUJOURS  DU VERTIGE HANTE,
005 027 . . . . . . . .          DU VICE MATERNEL TRAINANT L'HEREDITE
087 001                                LE LONG  DU VIEUX FAUBOURG, OU PENDENT AUX MASURES
130 025                                 LAISSE  DU VIEUX PLATON SE FRONCER L'OEIL AUSTERE.
130 021                                 LAISSE  DU VIEUX PLATON SE FRONCER L'OEIL AUSTERE;
104 001 . . . . . . .      UN SOIR, L'AME  DU VIN CHANTAIT DANS LES BOUTEILLES:
106 032                              A FAIRE  DU VIN UN LINCEUL?
075 003                     AUX PALES HABITANTS  DU VOISIN CIMETIERE
126 109           AMER SAVOIR, CELUI QU'ON TIRE  DU VOYAGE!
008 014 . . . . . . .      POUR FAIRE EPANOUIR LA RATE  DU VULGAIRE.
016 019                        SOUS LES PLAFONDS  DUQUEL TANT DE POMPE AVAIT LUI.
094 021              VOULEZ -VOUS (D'UN DESTIN TROP  DUR
126 091            L'HOMME, TYRAN GOULU, PAILLARD,  DUR ET CUPIDE,
056 006 . . . . . .      HAINE, FRISSONS, HORREUR, LABEUR  DUR ET FORCE,
055 012                                O BEAUTE,  DUR FLEAU DES AMES, TU LE VEUX!
045 029                             QUE C'EST UN  DUR METIER QUE D'ETRE BELLE FEMME,
140 011                 C'EST LA VOLUPTE VRAIE AUX  DURABLES APPAS!"
033 011 . . . . . . . . . . . . . . . . .          DURANT CES GRANDES NUITS D'OU LE SOMME EST BANNI,
008 003                                                   DURANT LES NOIRS ENNUIS DES NEIGEUSES SOIREES,
126 071                  CEPENDANT QUE GROSSIT ET  DURCIT TON ECORCE,
023 028                          SUR LES BORDS  DUVETES DE VOS MECHES TORDUES
```

E

		POEM	LINE
--LA BRISE ET L'	EAU CHANTENT AU LOIN	154	008
UNE	EAU CHAUDE COMME LE SANG;	138	012
COMME L'	EAU COURANTE ET LE VENT,	029	026
A L'OEIL LIMPIDE ET CLAIR AINSI QU'UNE	EAU COURANTE,	005	037
OU L'	EAU CREUSE DES TROUS GRANDS COMME DES TOMBEAUX. . . .	010	008
QUAND L'	EAU DE TA BOUCHE REMONTE	028	031
LES HERBES, LES GROS BLOCS VERDIS PAR L'	EAU DES FLAQUES,	089	011
LUISANTS COMME CES TROUS OU L'	EAU DORT DANS LA NUIT;	091	018
PRES D'UN RUISSEAU SANS	EAU LA BETE OUVRANT LE BEC	089	020
DES JARDINS, DES JETS D'	EAU PLEURANT DANS LES ALBATRES,	086	018
DANS LA COUR LE JET D'	EAU QUI JASE	155	005
LUNE,	EAU SONORE, NUIT BENIE,	155	033
DES NAPPES D'	EAU S'EPANCHAIENT, BLEUES, ...	102	025
OU COULE AU LIEU DE SANG L'	EAU VERTE DU LETHE.	077	018
PERLES DE LA PLUS BELLE	EAU,	088	029
"	EAU, QUAND DONC PLEUVRAS -TU? QUAND TONNERAS -TU, FOUDRE?"	089	023
DU METAL, DU MARBRE ET DE L'	EAU.	102	012
SES VERGUES DANS L'	EAU.	028	028
JAILLIR LES	EAUX DE LA SOUFFRANCE.	083	006
DE POURVOIR LES FLACONS D'	EAUX FRAICHES ET D'ODEURS,	133	007
SURGIR DU FOND DES	EAUX LE REGRET SOURIANT:	143	011
LES	EBATS DES VIEILLARDS LUBRIQUES	070	013
UNE	EBAUCHE LENTE A VENIR.	029	030
QUOI QU'IL	EBAUCHE OU QU'IL ESPERE.	141	011
CES TAS DE CHAPITEAUX	EBAUCHES ET DE FUTS,	089	010
SORCIERE AU FLANC D'	EBENE, ENFANT DES NOIRS MINUITS,	026	004
TU CONTIENS, MER D'	EBENE, UN EBLOUISSANT REVE	023	014
EST	EBLOUI PAR LA SANTE	129	006
L'EPHEMERE	EBLOUI VOLE VERS TOI, CHANDELLE, ...	021	017
D'IMMENSES GLACES	EBLOUIES	102	031
A CE BEAU DIADEME	EBLOUISSANT ET CLAIR;	001	072
LE VIN ROULE DE L'OR,	EBLOUISSANT PACTOLE;	105	026
TU CONTIENS, MER D'EBENE, UN	EBLOUISSANT REVE	023	014
SE SUSPENDAIENT,	EBLOUISSANTES.	102	019
QU'	EBLOUISSENT LES FEUX D'UN SOLEIL MONOTONE;	022	004
ELLE	EBLOUIT COMME L'AURORE	041	015
ET QUAND DESCEND LE SOIR AU MANTEAU D'	ECARLATE, ...	133	013
PENSIVE, S'ASSEYAIT A L'	ECART SUR UN BANC,	091	052
DE LEUR FATALITE JAMAIS ILS NE S'	ECARTENT,	126	019
L'	ECHAFAUD QU'ON BATIT N'A PAS D'ECHO PLUS SOURD.	056	010
QUI DAMNE TOUT UN PEUPLE AUTOUR D'UN	ECHAFAUD.	120	017
N'A BOUGE! PALAIS NEUFS,	ECHAFAUDAGES, BLOCS,	089	030
IL REVE D'	ECHAFAUDS EN FUMANT SON HOUKA.	000	038
EN	ECHANGEANT MAINT SIGNE ET MAINT CLIGNEMENT D'YEUX:	115	012
NOUS	ECHANGERONS UN ECLAIR UNIQUE, ...	121	010
S'	ECHAPPA, TOUT EN CHANCELANT	045	020
S'	ECHAPPE DES YEUX REVULSES.	110	020
DU HAUT JUSQUES EN BAS DE L'	ECHELLE FATALE,	126	087
TANT L'	ECHEVEAU DU TEMPS LENTEMENT SE DEVIDE!	030	014
IL N'ETAIT PAS VOUTE, MAIS CASSE, SON	ECHINE	090	021
ET, LE CIEL AMOUREUX LEUR CARESSANT L'	ECHINE,	005	005
RSQUE ENFIN IL METTRA LE PIED SUR NOTRE	ECHINE,	126	121
L'ECHAFAUD QU'ON BATIT N'A PAS D'	ECHO PLUS SOURD.	056	010
SONT LES	ECHO REDIT PAR MILLE LABYRINTHES;	006	035
OU JAMAIS UN SOUPIR NE RESTA SANS	ECHO,	130	012
REPONDENT LES	ECHOS DE VOS DE PROFUNDIS;	079	004
COMME DE LONGS	ECHOS QUI DE LOIN SE CONFONDENT	004	005
ONT	ECLABOUSSE L'AIR DE LUEURS ET DE SANG.	035	002
L'	ECLAIR BRULANT DES VOLUPTES	155	016
NOUS ECHANGERONS UN	ECLAIR UNIQUE,	121	010
UN	ECLAIR...PUIS LA NUIT!--FUGITIVE BEAUTE	093	009
JAMAIS UN RAYON FRAIS N'	ECLAIRA VOS CAVERNES;	131	093
L'UN T'	ECLAIRE AVEC SON ARDEUR,	081	001
CE VISAGE	ECLAIRE D'UNE EXQUISE GRIMACE,	020	021
COMME TOI, NUIT IMMENSE,	ECLAIRES COMME TOI!	152	010
DECORS FRAIS ET LEGERS	ECLAIRES PAR DES LUSTRES	006	023
ET LES VASTES	ECLAIRS DE SON ESPRIT LUCIDE	001	055
SANS ASTRES, SANS	ECLAIRS FUNEBRES?	054	024
COMME LES BOUCLIERS ACCROCHENT DES	ECLAIRS;	052	020
L'	ECLAT DE CE SOLEIL D'UN CREPE SE VOILA;	016	016
ET, COMME VOTRE JOIE,	ECLATANTE POUR TOUS.	040	006
PLUS	ECLATANTES ET PLUS BELLES,	129	035
VERS UN AUTRE OCEAN OU LA SPLENDEUR	ECLATE, ...	062	003
COMME UN ASTRE	ECLIPSE QUI SORT DE LA PENOMBRE,	037	006
REVE D'ESCHYLE	ECLOS AU CLIMAT DES AUTANS;	018	011
	ECLOSE A LA PALE CLARTE.	045	014
	ECLOSES POUR NOUS SOUS DES CIEUX PLUS BEAUX. . . .	121	004
ILE AUX MYRTES VERTS, PLEINE DE FLEURS	ECLOSES,	116	013
CEPENDANT QUE GROSSIT ET DURCIT TON	ECORCE,	126	071
DES	ECORCHER LA TERRE REVECHE	094	030
J'	ECORCHES ET DES SQUELETTES.	094	012
	ECOUTE EN FREMISSANT CHAQUE BUCHE QUI TOMBE;	056	009
	ECOUTE PLEURER LES BASSINS;	154	006
ET, VOISIN DES CLOCHERS,	ECOUTER EN REVANT	086	003
D'	ECOUTER LA PLAINTE ETERNELLE	155	031
D'	ECOUTER, PRES DU FEU QUI PALPITE ET QUI FUME,	074	002
COMME S'IL	ECRASAIT DES MORTS SOUS SES SAVATES,	090	027
ET PAREIL AU MOURANT QU'	ECRASENT LES BLESSES,	054	013
	ECRASER MA TETE COUPABLE	106	049

```
POEM LINE
016 010 .  .  .  .  .  .  .  .  .  .  .  .  .  .  S'  ECRIA, TRANSPORTE D'UN ORGUEIL SATANIQUE:
126 051                          MONTREZ -NOUS LES  ECRINS DE VOS RICHES MEMOIRES,
098 019                                     BEAUX  ECRINS SANS JOYAUX, MEDAILLONS SANS RELIQUES,
103 011                       ET L'HOMME EST LAS D'  ECRIRE ET LA FEMME D'AIMER.
064 007 .  .  .  .  NI SA NOIRE LEGENDE AVEC LA FLAMME  ECRITE
097 007                                         S'  ECROULE ABONDAMMENT SUR UN PIED SEC QUE PINCE
126 036     "AMOUR...GLOIRE...BONHEUR!" ENFER! C'EST UN  ECUEIL!
001 017                          ELLE RAVALE AINSI L'  ECUME DE SA HAINE,
111 020 .  .  .  .  .  .  .  .  .  .  .  .  .  .  L'  ECUME DU PLAISIR AUX LARMES DES TOURMENTS.
103 019         COMME UN SANGLOT COUPE PAR UN SANG  ECUMEUX
107 005                           LE DERNIER SAC D'  ECUS DANS LES DOIGTS D'UN JOUEUR;
120 026              AU SOMNAMBULE ERRANT AU BORD DES  EDIFICES,
103 021 .  .  .  UNE MER DE BROUILLARDS BAIGNAIT LES  EDIFICES,
029 029                          LES FORMES S'  EFFACAIENT ET N'ETAIENT PLUS QU'UN REVE,
124 007                                         EFFACANT TOUT, MEME LA HONTE,
126 016                                         EFFACENT LENTEMENT LA MARQUE DES BAISERS.
052 006 .  .  .  .  .  .  .  .  .  .  .  .  TU FAIS L'  EFFET D'UN BEAU VAISSEAU QUI PREND LE LARGE,
052 006                           TU FAIS L'  EFFET D'UN BEAU VAISSEAU QUI PREND LE LARGE,
009 003                                     DONT L'  EFFET, RECHAUFFANT LES PIEUSES ENTRAILLES,
116 033          LES YEUX ETAIENT DEUX TROUS, ET DU VENTRE  EFFONDRE
032 012 .  .  SI, QUELQUE SOIR, D'UN PLEUR OBTENU SANS  EFFORT
003 019           --QUI PLANE SUR LA VIE, ET COMPREND SANS  EFFORT
094 015                              DE TOUT L'  EFFORT DE VOS VERTEBRES,
031 022                                     SI NOS  EFFORTS TE DELIVRAIENT,
090 050 .  .  .  .  LA TEMPETE EN JOUANT DEROUTAIT SES  EFFORTS,
073 006        PAR OU FUIRAIENT MILLE ANS DE SUEURS ET D'  EFFORTS.
074 014         ET QUI MEURT, SANS BOUGER, DANS D'IMMENSES  EFFORTS.
097 034               NE TROUVE PAS UN PRIX DIGNE DE SES  EFFORTS;
136 013 .  .  .  QUI CARESSE L'OREILLE ET CEPENDANT L'  EFFRAIE.
096 021                          ET MON COEUR S'  EFFRAYA D'ENVIER MAINT PAUVRE HOMME
085 001                          HORLOGE! DIEU SINISTRE,  EFFRAYANT, IMPASSIBLE,
021 022                          O BEAUTE! MONSTRE ENORME,  EFFRAYANT, INGENU!
110 051 .  .  .  .  .  .  .  .  .  DIS -MOI, TETE  EFFRAYANTE, A-T -IL SUR TES DENTS FROIDES
079 001                          GRANDS BOIS, VOUS M'  EFFRAYEZ COMME DES CATHEDRALES;
130 044                                     DES RIRES  EFFRENES MELES AUX SOMBRES PLEURS;
085 003     LES VIBRANTES DOULEURS DANS TON COEUR PLEIN D'  EFFROI
138 037 .  .  .  .  .  .  .  .  QUI NE M'AIMES QU'AVEC  EFFROI,
063 014               MOI, JE VEUX REGNER PAR L'  EFFROI.
131 050           EXPLIQUE, SI TU PEUX, MON TROUBLE ET MON  EFFROI:
117 004                                     AU RIRE  EFFRONTE,
091 084 .  .  .  .  .  .  .  SUR QUI PESE LA GRIFFE  EFFROYABLE DE DIEU?
126 002                          L'UNIVERS EST  EGAL A SON VASTE APPETIT.
024 001                          JE T'ADORE A L'  EGAL DE LA VOUTE NOCTURNE,
081 007                          TU ME RENDS L'  EGAL DE MIDAS,
130 013 .  .  .  .  .  .  .  .  .  .  .  .  A L'  EGAL DE PAPHOS LES ETOILES T'ADMIRENT,
076 015                          RIEN N'  EGALE EN LONGUEUR LES BOITEUSES JOURNEES,
136 008               TE FAIRE UN APPETIT D'UNE  EGALE GROSSEUR."
138 040                          "JE SUIS TON  EGALE, O MON ROI!"
066 002 .  .  .  .  .  .  .  .  .  .  .  .  AIMENT  EGALEMENT, DANS LEUR MURE SAISON,
016 013               DE L'ARMURE, TA HONTE  EGALERAIT TA GLOIRE,
126 054                          FAITES, POUR  EGAYER L'ENNUI DE NOS PRISONS,
077 005               RIEN NE PEUT L'  EGAYER, NI GIBIER, NI FAUCON,
038 017 .  .  .  .  .  CE GRAIN D'ENCENS QUI REMPLIT UNE  EGLISE,
086 001          JE VEUX, POUR COMPOSER CHASTEMENT MES  EGLOGUES,
045 028                          SE TRAHIT L'  EGOISME HUMAIN;
126 092       ESCLAVE DE L'ESCLAVE ET RUISSEAU DANS L'  EGOUT:
100 012 .  .  .  .  .  .  .  .  .  .  .  ILS SENTENT S'  EGOUTTER LES NEIGES DE L'HIVER
125 013          M'ENVELOPPAIT.-- EH QUOI! N'EST -CE DONC QUE CELA?
029 022                          OU S'  ELANCAIT EN PETILLANT;
155 017                                     S'  ELANCE, RAPIDE ET HARDIE,
003 016 .  .  .  .  .  .  .  .  .  .  .  S'  ELANCER VERS LES CHAMPS LUMINEUX ET SEREINS;
131 075     CRIA SOUDAIN:--"JE SENS S'  ELARGIR DANS MON ETRE
034 006                          TA TETE ET TON DOS  ELASTIQUE,
139 014                          VOLUPTE, FANTOME  ELASTIQUE!
038 023 .  .  .  .  .  .  .  DE SES CHEVEUX  ELASTIQUES ET LOURDS,
116 007                                     ELDORADO BANAL DE TOUS LES VIEUX GARCONS.
126 038                                     EST UN  ELDORADO PROMIS PAR LE DESTIN;
131 054          TOI QUE J'AIME A JAMAIS, MA SOEUR D'  ELECTION,
126 135 .  .  "POUR RAFRAICHIR TON COEUR NAGE VERS TON  ELECTRE!"
034 008                          DE PALPER TON CORPS  ELECTRIQUE,
020 003                                     L'  ELEGANCE ET LA FORCE ABONDENT, SOEURS DIVINES.
097 019                          L'  ELEGANCE SANS NOM DE L'HUMAINE ARMATURE,
005 011 .  .  .  .  .  .  .  .  .  L'HOMME,  ELEGANT, ROBUSTE ET FORT, AVAIT LE DROIT
110 037          ET CEPENDANT, A VOIR LA MAIGREUR  ELEGANTE
077 014                          DE SON ETRE EXTIRPER L'  ELEMENT CORROMPU,
028 024                          D'UN JEUNE  ELEPHANT,
074 003 .  .  .  .  LES SOUVENIRS LOINTAINS LENTEMENT S'  ELEVER
026 006                                     L'  ELIXIR DE TA BOUCHE OU L'AMOUR SE PAVANE,
122 003                          QUI, COMME UN  ELIXIR, NOUS MONTE ET NOUS ENIVRE,
132 018     ET QUE LANGUISSAMMENT JE ME TOURNAI VERS  ELLE
106 014 .  .  .  .  .  .  ET J'AI MEME POUSSE SUR  ELLE
114 010                                     ELLE A DANS LE PLAISIR LA FOI MAHOMETANE,
097 003                                     ELLE A LA NONCHALANCE ET LA DESINVOLTURE
020 032          --ELLE PLEURE, INSENSE, PARCE QU'  ELLE A VECU!
114 012 .  .  .  .  .  .  .  .  .  .  .  .  ELLE APPELLE DES YEUX LA RACE DES HUMAINS.
045 023                          ET QU'  ELLE AURAIT LONGTEMPS, POUR LA CACHER AU MONDE
029 012               TOUT CE QU'ENSEMBLE  ELLE AVAIT JOINT;
029 036               LE MORCEAU QU'  ELLE AVAIT LACHE.
045 025 .  .  .  .  .  .  .  .  .  .  PAUVRE ANGE,  ELLE CHANTAIT, VOTRE NOTE CRIARDE:
```

E

		POEM	LINE
DONT	ELLE CHANTE LES LOUANGES.	149	052
	ELLE CHERCHAIT DANS L'OEIL DE SA PALE VICTIME	131	021
	ELLE CHERCHAIT, D'UN OEIL TROUBLE PAR LA TEMPETE,	131	005
CE QU'	ELLE CHERCHE, AMIE, EST UN LIEU SACCAGE	055	006
	ELLE CROIT, ELLE SAIT, CETTE VIERGE INFECONDE	114	013
MEME ON EUT DIT PARFOIS QU'	ELLE CROYAIT	038	037
MEME QUAND ELLE MARCHE ON CROIRAIT QU'	ELLE DANSE,	027	002
ET PARCE QU'ELLE VIT! MAIS CE QU'	ELLE DEPLORE	020	033
	ELLE EBLOUIT COMME L'AURORE	041	015
	ELLE ENDORT LES PLUS CRUELS MAUX	051	013
D'UN AIR VAGUE ET REVEUR	ELLE ESSAYAIT DES POSES,	127	014
COURTE TACHE! LA TOMBE ATTEND;	ELLE EST AVIDE!	056	025
JE ME DIS: QU'	ELLE EST BELLE! ET BIZARREMENT FRAICHE!	098	009
	ELLE EST BIEN JEUNE ENCOR!--SON AME EXASPEREE	110	041
	ELLE EST DANS MA VOIX, LA CRIARDE!	083	017
	ELLE EST TOUJOURS RICHE ET PROFONDE.	051	007
	ELLE ETAIT DONC COUCHEE ET SE LAISSAIT AIMER, ...	127	009
	ELLE ETAIT ENCORE JOLIE,	106	025
ET, FOLLE MAINTENANT COMME	ELLE ETAIT JADIS,	126	102
QUAND	ELLE EUT DE MES OS SUCE TOUTE LA MOELLE,	132	017
	ELLE FIT SON BEAU CORPS LA PATURE SUPREME	130	068
SUPERBE,	ELLE HUMAIT VOLUPTUEUSEMENT	131	018
	ELLE IGNORE L'ENFER COMME LE PURGATOIRE,	114	017
	ELLE LAISSE FILER UNE LARME FURTIVE,	065	010
	ELLE MARCHE EN DEESSE ET REPOSE EN SULTANE;	114	009
MEME QUAND	ELLE MARCHE ON CROIRAIT QU'ELLE DANSE,	027	002
QUI VERS	ELLE MONTAIT COMME VERS SA FALAISE.	127	012
QUE TOUT VOULAIT L'AIMER;	ELLE NOYAIT	038	038
	ELLE N'A PAS BESOIN DE MOTS.	051	016
	ELLE N'AVAIT GARDE QUE SES BIJOUX SONORES,	127	002
COMME UNE FOURMILIERE	ELLE OUVRE SES ISSUES:	095	016
--	ELLE PLEURE, INSENSE, PARCE QU'ELLE A VECU!	020	032
	ELLE RAVALE AINSI L'ECUME DE SA HAINE, ...	001	017
	ELLE REGARDERA LA FACE DE LA MORT,	114	019
	ELLE REMUE AU SEIN DE LA CITE DE FANGE	095	019
	ELLE RIT A LA MORT ET NARGUE LA DEBAUCHE,	114	005
ELLE CROIT,	ELLE SAIT, CETTE VIERGE INFECONDE	114	013
QUAND MEME	ELLE SAURAIT RANIMER SES VICTIMES,	073	007
	ELLE SE DEVELOPPE AVEC INDIFFERENCE.	027	008
PARTOUT	ELLE SE FRAYE UN OCCULTE CHEMIN,	095	017
MOURANTE,	ELLE SE LIVRE AUX LONGUES PAMOISONS, ...	065	006
	ELLE SE REPAND DANS MA VIE	134	005
BIEN QU'	ELLE SOIT D'UN PINCEAU TRES -VANTE,	038	030
ET DU HAUT DU DIVAN	ELLE SOURIAIT D'AISE	127	010
PUIS,	ELLE S'EPANCHE, MOURANTE, ...	155	019
OU, CALME ET SOLITAIRE,	ELLE S'ETAIT ASSISE,	127	024
LES FUNEBRES APPAS QU'	ELLE TIENT A CACHER.	097	012
"PUISQU'EN	ELLE TOUT EST DICTAME,	041	014
J'IMPLORAI D'	ELLE UN RENDEZ-VOUS, ...	106	021
	ELLE VEUT DE SES CHANTS PEUPLER L'AIR FROID DES NUITS,	074	010
ET PARCE QU'	ELLE VIT! MAIS CE QU'ELLE DEPLORE	020	033
QUAND	ELLE Y VEUT BAIGNER SA BEAUTE NONCHALANTE;	107	004
	ELLE Y VINT!--FOLLE CREATURE!	106	023
N DE SON TRIOMPHE, ET S'ALLONGEAIT VERS	ELLE,	131	019
--MAIS POURQUOI PLEURE-T -ELLE?	ELLE, BEAUTE PARFAITE	020	029
--MAIS POURQUOI PLEURE-T -	ELLE? ELLE, BEAUTE PARFAITE	020	029
C'EST	ELLE! NOIRE ET POURTANT LUMINEUSE.	038	014
	ELLE-MEME PREPARE AU FOND DE LA GEHENNE	001	019
TES NOBLES JAMBES, SOUS LES VOLANTS QU'	ELLES CHASSENT,	052	029
ET COMME	ELLES JE VEUX ME FAIRE REDORER;	001	040
PAR TOUT CE QU'	ELLES REFLETAIENT!	102	032
	ELLES TOURNENT LEURS YEUX VERS L'HORIZON DES MERS,	111	002
MAIS LES TENEBRES SONT	ELLES-MEMES DES TOILES	079	012
ANT SOUS SON DEUIL, LA CHASTE ET MAIGRE	ELVIRE,	015	013
EUR BOUCHE EN DORMANT MONTRER LE FRAIS	EMAIL?	147	006
UNE NICHE, D'AZUR ET D'OR TOUT	EMAILLEE,	057	005
AUX	EMANATIONS DE TON CORPS ENCHANTE;	044	023
NOUS NOUS	EMBARQUERONS SUR LA MER DES TENEBRES	126	125
J'EN FUS	EMBAUME, POUR L'AVOIR	051	027
INFINIS BERCEMENTS DU LOISIR	EMBAUME!	023	025
	EMBAUMENT TES TRESSES RUDES,	058	010
TON FRONT PALE,	EMBELLI PAR UN MORBIDE ATTRAIT,	098	006
RIEN N'	EMBELLIT LES MURS DE CE CLOITRE ODIEUX.	009	011
CES ROBES FOLLES SONT L'	EMBLEME	129	013
VOILA BIEN TON	EMBLEME, AME AUX SONGES OBSCURS,	153	013
EPOUVANTABLE ET CLAIR	EMBLEME!)	094	022
--	EMBLEMES NETS, TABLEAU PARFAIT	084	029
D'ESPACE ET DE LUMIERE ET DE CIEUX	EMBRASES;	126	014
ET QUE DE L'HORIZON	EMBRASSANT TOUT LE CERCLE	078	003
OUVRENT LEURS VASTES BRAS POUR	EMBRASSER LA GLOIRE	023	019
JE NE SUIS PAS LE STYX POUR T'	EMBRASSER NEUF FOIS, ...	026	011
TU L'	EMBRASSES DES YEUX ET DES BRAS, ET TON COEUR	014	006
QUAND MEME TU SERAIS UNE	EMBUCHE DRESSEE	131	055
TENEBREUX,	EMBUSQUE, BANDE SON ARC FATAL.	064	010
OU TU TE DRESSERAS, STATUE	EMERVEILLEE.	057	006
L'	EMEUTE, TEMPETANT VAINEMENT A MA VITRE,	086	021
ENFANTS,	EMMAILLOTA DANS SES LANGES D'AIRAIN!	005	024
O LUNE DE MA VIE!	EMMITOUFLE -TOI D'OMBRE;	037	002
QUE SUR CES MATELAS QUI SE PAMENT D'	EMOI, ...	132	015

```
100 005 . . . . . . . .    ET QUAND OCTOBRE SOUFFLE,  EMONDEUR DES VIEUX ARBRES,
114 004                      TOUT GLISSE ET TOUT S'  EMOUSSE AU GRANIT DE SA PEAU.
002 016                    SES AILES DE GEANT L'  EMPECHENT DE MARCHER.
033 007                                              EMPECHERA TON COEUR DE BATTRE ET DE VOULOIR,
005 034 . . . . . . . . . . . . . . N'  EMPECHERONT JAMAIS LES RACES MALADIVES
006 020                   PUGET, MELANCOLIQUE  EMPEREUR DES FORCATS;
001 016          QU'IL NE POURRA POUSSER SES BOUTONS  EMPESTES!"
090 026     DANS LA NEIGE ET LA BOUE IL ALLAIT S'  EMPETRANT,
031 021 . . . . . . . . .    IMBECILE!--DE SON  EMPIRE
013 014                                        L'  EMPIRE FAMILIER DES TENEBRES FUTURES.
145 010        L'IRRESISTIBLE NUIT ETABLIT SON  EMPIRE,
130 023                        REINE DU DOUX  EMPIRE, AIMABLE ET NOBLE TERRE,
051 031 . . . . . . . .    TOUTES CHOSES DANS SON  EMPIRE;
095 024                                          S'  EMPLISSENT DE CATINS ET D'ESCROCS, LEURS COMPLICES
109 004                                   ET L'  EMPLIT D'UN DESIR ETERNEL ET COUPABLE.
153 005           LES RIRES ENIVRANTS DONT S'  EMPLIT LA PRISON
010 006 . . . . . . . . . . .    ET QU'IL FAUT  EMPLOYER LA PELLE ET LES RATEAUX
103 028                                              EMPOIGNAIT SES OUTILS, VIEILLARD LABORIEUX.
157 001                                    VOUS AVEZ  EMPOIGNE LES CRINS DE LA DEESSE
054 033     CONNAIS -TU LE REMORDS, AUX TRAITS  EMPOISONNES,
013 002 . . . . . . .    HIER S'EST MISE EN ROUTE,  EMPORTANT SES PETITS
062 011                                              EMPORTE -MOI, WAGON! ENLEVE -MOI, FREGATE!
062 015                                              EMPORTE -MOI, WAGON! ENLEVE -MOI, FREGATE?
149 035 . . . . . . .    JE VAIS VOUS  EMPORTER A TRAVERS L'EPAISSEUR,
080 015 . . . .    AVALANCHE, VEUX -TU M'  EMPORTER DANS TA CHUTE?
086 004           LEURS HYMNES SOLENNELS  EMPORTES PAR LE VENT.
061 002     J'AI CONNU, SOUS UN DAIS D'ARBRES TOUT  EMPOURPRES,
057 022     COMME UN MOULE FIDELE EN GARDERONT L'  EMPREINTE.
057 021 . . . . . . . . . . . . .    QUI, LES  EMPRISONNANT DANS UNE MOLLE ETREINTE,
133 024                SI, LE CORSET BRUTAL  EMPRISONNANT TES FLANCS,
128 024                       QUI N'A JAMAIS  EMPRISONNE DE COEUR.
025 007          USENT INSOLEMMENT D'UN POUVOIR  EMPRUNTE,
017 010 . . . . . . .    QUE J'AI L'AIR D'  EMPRUNTER AUX PLUS FIERS MONUMENTS,
052 034     SONT DES BOAS LUISANTS LES SOLIDES  EMULES,
116 015          OU LES SOUPIRS DES COEURS  EN ADORATION
006 043     QUE CET ARDENT SANGLOT QUI ROULE D'AGE  EN AGE
091 049 . . . . . . . . . . . .    AH! QUE J'  EN AI SUIVI DE CES PETITES VIEILLES!
016 015          IMMEDIATEMENT SA RAISON S'  EN ALLA.
016 023             ET, QUAND IL S'  EN ALLAIT SANS RIEN VOIR, A TRAVERS
112 013     O MORT, QUAND VIENDRAS -TU, SA RIVALE  EN ATTRAITS,
069 005 . . . . . . . . .    LA POITRINE  EN AVANT ET LES POUMONS GONFLES
126 122     NOUS POURRONS ESPERER ET CRIER:  EN AVANT!
126 087                   DU HAUT JUSQUES  EN BAS DE L'ECHELLE FATALE,
154 011                       DU HAUT  EN BAS, AVEC GRAND SOIN,
146 005 . . . . . . . . .    EN HAUT,  EN BAS, PARTOUT, LA PROFONDEUR, LA GREVE,
095 004     ET L'HOMME IMPATIENT SE CHANGE  EN BETE FAUVE,
126 013                POUR N'ETRE PAS CHANGES  EN BETES, ILS S'ENIVRENT
112 009               ET LA BIERE ET L'ALCOVE  EN BLASPHEMES FECONDES
057 031 . . .    ETOILANT DE REFLETS LE PLAFOND PEINT  EN BLEU,
002 012                          L'AUTRE MIME,  EN BOITANT, L'INFIRME QUI VOLAIT!
090 033     A QUEL COMPLOT INFAME ETAIS -JE DONC  EN BUTTE.
028 017                       A TE VOIR MARCHER  EN CADENCE,
027 004 . . . .    AU BOUT DE LEURS BATONS AGITENT  EN CADENCE,
026 007     QUAND VERS TOI MES DESIRS PARTENT  EN CARAVANE,
095 029          RECUEILLE -TOI, MON AME,  EN CE GRAVE MOMENT,
001 002                 LE POETE APPARAIT  EN CE MONDE ENNUYE,
067 010 . . . . . . . . .    QU'IL FAUT  EN CE MONDE QU'IL CRAIGNE
016 001                                              EN CES TEMPS MERVEILLEUX OU LA THEOLOGIE
009 005                                              EN CES TEMPS OU DU CHRIST FLORISSAIENT LES SEMAILL
045 020                                S'ECHAPPA, TOUT  EN CHANCELANT
001 026 . . . . . . .    .    ET S'ENIVRE  EN CHANTANT DU CHEMIN DE LA CROIX;
043 013                                VOUS MARCHEZ  EN CHANTANT LE REVEIL DE MON AME,
048 004     DONT LA SERRURE GRINCE ET RECHIGNE  EN CRIANT,
025 009          MACHINE AVEUGLE ET SOURDE,  EN CRUAUTES FECONDE!
127 005 . . . . . . .    QUAND IL JETTE  EN DANSANT SON BRUIT VIF ET MOQUEUR,
123 005          NOUS USERONS NOTRE AME  EN DE SUBTILS COMPLOTS,
031 018                                M'ONT PRIS  EN DEDAIN ET M'ONT DIT:
114 009                              ELLE MARCHE  EN DEESSE ET REPOSE EN SULTANE;
097 052 . . . . . . .    VOUS ENTRAINE  EN DES LIEUX QUI NE SONT PAS CONNUS!
131 047          QUI VEULENT ME CONDUIRE  EN DES ROUTES MOUVANTES
088 049                       TU VAS LORGNANT  EN DESSOUS
082 011                        VOS VASTES NUAGES  EN DEUIL
106 008 . . . . . . . . .    LORSQUE J'  EN DEVINS AMOUREUX!
147 006          DE LEUR BOUCHE  EN DORMANT MONTRER LE FRAIS EMAIL?
017 011     CONSUMERONT LEURS JOURS  EN D'AUSTERES ETUDES;
115 012                                              EN ECHANGEANT MAINT SIGNE ET MAINT CLIGNEMENT D'YE
041 011 . . . . . . . .    "PUISQU'  EN ELLE TOUT EST DICTAME,
081 010                        ET LE PARADIS  EN ENFER;
089 009               JE NE VOIS QU'  EN ESPRIT TOUT CE CAMP DE BARAQUES
034 009               JE VOIS MA FEMME  EN ESPRIT.  SON REGARD,
126 119 . . . . . . .    POUR FUIR CE RETIAIRE INFAME: IL  EN EST D'AUTRES
123 009                                          IL  EN EST QUI JAMAIS N'ONT CONNU LEUR IDOLE,
091 042                                          IL  EN EST QUI, FAISANT DE LA DOULEUR UN MIEL,
000 033                                          IL  EN EST UN PLUS LAID, PLUS MECHANT, PLUS IMMONDE!
111 013 . . . . . . . . .    IL  EN EST, AUX LUEURS DES RESINES CROULANTES,
019 011                               ET PARFOIS  EN ETE, QUAND LES SOLEILS MALSAINS,
006 016               DECHIRENT LEUR SUAIRE  EN ETIRANT LEURS DOIGTS;
116 043                                              EN EXPIATION DE TES INFAMES CULTES
089 039 . . . . . . . . .    AUPRES D'UN TOMBEAU VIDE  EN EXTASE COURBEE;
```

E

```
                                                                    POEM LINE
                    ME RAVIT  EN EXTASE, ET J'AIME A LA FUREUR    . . . . . . .  . 127 007
    QU'IL NE FAUT PAS LACHER SANS  EN EXTRAIRE L'OR!                                085 016
           NI SON PEUPLE MOURANT  EN FACE DU BALCON.                               077 006
                    ACCOMPAGNE  EN FAUSSET LA PENDULE ENRHUMEE,                     075 010
        ET, TACHANT A ME PRENDRE  EN FAUTE,  . . . . . . . . . . . : . . . .  . 041 003
           PAR TOI JE CHANGE L'OR  EN FER                                          081 009
          OU L'HUMANITE GROUILLE  EN FERMENTS ORAGEUX,                             105 004
          QUI MONTE DE MA BOUCHE  EN FEU,                                          068 011
               LA JOUE ET L'OEIL  EN FEU, JOUANT SON PERSONNAGE,    . . . . . . . . 059 007
    COMME DES PAPILLONS, ERRENT  EN FLAMBOYANT,                                    006 022
 E SAIS COMBIEN IL FAUT, SUR LA COLLINE  EN FLAMME,                                104 005
 POUR CHANTER LE SECRET DE SES VIERGES  EN FLEURS,                                 130 042
           MES SONGES VIENNENT  EN FOULE     . . . . . . . . . . . . . . .  . 049 014
                    J'ECOUTE  EN FREMISSANT CHAQUE BUCHE QUI TOMBE;                 056 009
          IL REVE D'ECHAFAUDS  EN FUMANT SON HOUKA.                                000 038
     QUI CHANGEAIT TOUTE VEINE  EN FUNEBRE RUISSEAU                                157 011
                    J'  EN FUS EMBAUME, POUR L'AVOIR  . . . . . . . . .  . 051 027
           IMAGINEZ DIANE  EN GALANT EQUIPAGE,                                     059 001
     COMME UN MOULE FIDELE  EN GARDERONT L'EMPREINTE.                              057 022
 S'AGGRAVENT LES DOULEURS DES FEMMES  EN GESINE;                                   103 018
        EPANCHE TOUT SON COEUR  EN GLORIEUX PROJETS.  . . . . . . . . . .  . 105 008
            LONGUE, MINCE,  EN GRAND DEUIL, DOULEUR MAJESTUEUSE,                   093 002
               QU'ON CLOUE  EN GRANDE HATE UN CERCUEIL QUELQUE PART.               056 014
          --CEPENDANT, TOUT  EN HAUT DE L'UNIVERS JUCHE,                           149 043
          JE CONTEMPLE D'  EN HAUT LE GLOBE EN SA RONDEUR  . . . . . . . .  . 080 013
         ET NE REGARDE  EN HAUT QU'AVEC UN OEIL TREMBLANT.                         144 008
                   EN HAUT, EN BAS, PARTOUT, LA PROFONDEUR, LA GREVE,              146 005
                   EN HAUT, LE CIEL! CE MUR DE CAVEAU QUI L'ETOUFFE,               144 009
     POUSSAIENT LEUR DERNIER RALE  EN HOQUETS INEGAUX. . . . . . . . . . .  . 103 023
               RECITER  EN HURLANT SES TIRADES PUBLIQUES?"                         115 022
     IL S'EN VA, TRANSFORMANT LES PAVES  EN ILOTS,                                 113 006
               LA TEMPETE  EN JOUANT DEROUTAIT SES EFFORTS,                        090 050
        ALORS L'HOMME ET LA FEMME  EN LEUR AGILITE  . . . . . . . . .  . 005 003
        MAIS ON VOIT SCINTILLER  EN LOLA DE VALENCE                                151 003
            RIEN N'EGALE  EN LONGUEUR LES BOITEUSES JOURNEES,                      076 015
               EPARPILLE  EN L'AIR,                                                117 018
              LES JAMBES  EN L'AIR, COMME UNE FEMME LUBRIQUE,   . . . . . . . . 029 005
          REVE, LE NEZ  EN L'AIR, DE BRILLANT PARADIS;                            126 046
               SALUT  EN L'IMMORTALITE!                                           134 004
               SALUT  EN L'IMMORTALITE!                                           134 020
      LE SILENCE ET LA NUIT S'INSTALLERENT  EN LUI,                                016 020
         MON ESPRIT LES RETROUVE  EN LUI; CE RIRE AMER                            079 006
     AU FOND D'UN MONUMENT CONSTRUIT  EN MARBRE NOIR,                             033 002
            GRANDE ET SVELTE  EN MARCHANT COMME UNE CHASSERESSE,  . . . . . . . . 061 007
                   EN ME PENCHANT VERS TOI, REINE DES ADOREES,                     036 013
      LORSQUE J'ETOUFFE UN HOMME  EN MES BRAS REDOUTES,                           132 012
                   EN MILLE FLEURS,                                                155 024
                   EN MILLE FLEURS,  . . . . . . . . . . . .  . 155 038
                   EN MILLE FLEURS,                                                155 010
     CAR JE COMPTAI SEPT FOIS, DE MINUTE  EN MINUTE,                               090 035
          TON SOUVENIR  EN MOI LUIT COMME UN OSTENSOIR!                           047 016
        MAIS LA TRISTESSE  EN MOI MONTE COMME LA MER,  . . . . . . . . .  . 055 002
        ET COMME TOUT  EN MOI TE CHERIT ET T'ADMIRE,                              057 033
        JE SENS VIBRER  EN MOI TOUTES LES PASSIONS                                069 009
        ET QUE JE REGARDE  EN MOI-MEME,                                           051 036
               QU'IL RESTE  EN MON JARDIN BIEN PEU DE FRUITS VERMEILS.  . . . .  . 010 004
        ET L'ESPOIR QUI GAZOUILLE  EN MON SEIN PALPITANT?                          104 014
          PAR LE HAUT SE TERMINE  EN MONSTRE BICEPHALE!                            020 019
          POUR QUI S'  EN MONTRE DIGNE, UN RESERVOIR DE LARMES.                   059 014
               JE M'  EN MOQUE COMME DE DIEU.  . . . . . . . .  . 106 051
        DU CIEL SE DETACHANT  EN NOIR, COMME UN CYPRES.                           116 028
                   EN NOTE LES NOMBREUX ACCORDS.                                   041 020
            LES SAGES N'  EN ONT PAS D'AUSSI BEAUX QUE LES FOUS!"                 136 028
                   EN OUVRANT UN COFFRET VENU DE L'ORIENT  . . . . .  . 048 003
               DORS  EN PAIX, DORS EN PAIX, ETRANGE CREATURE,                     110 055
        DORS EN PAIX, DORS  EN PAIX, ETRANGE CREATURE,                            110 055
          VOUS INSULTE  EN PASSANT D'UN AMOUR DERISOIRE;                          091 067
        OU S'ELANCAIT  EN PETILLANT;  . . . . . . . . . . .  . 029 022
        D'AUTANT DE VIN QU'  EN PEUT TENIR                                        106 011
     LES ASTRES VONT TE SUIVRE  EN PIMPANT ATTIRAIL,                              147 003
 SPE SES POINGS VERS DIEU, QUI LA PREND  EN PITIE;                                001 004
               OU LE SPECTRE  EN PLEIN JOUR RACCROCHE LE PASSANT!  . . . . . . .  . 090 002
     QU'ONT LES CIERGES BRULANT  EN PLEIN JOUR;  LE SOLEIL                        043 010
               JE VIS  EN PLEIN MIDI DESCENDRE SUR MA TETE                        115 005
        QUI FONT SE FONDRE  EN PLEURS LES COEURS ENSORCELES,  . . . . . . .  . 050 006
        COMME UN VISAGE  EN PLEURS QUE LES BRISES ESSUIENT,                       103 009
          OU LA PRIERE  EN PLEURS S'EXHALE DES ORDURES,                           006 011
        CYBELE ALORS, FERTILE  EN PRODUITS GENEREUX,                              005 007
          D'UNE JEUNESSE  EN PROIE A L'AMOUR VAGISSANT.  . . . . . . . .  . 035 004
     SUR L'ESPRIT GEMISSANT  EN PROIE AUX LONGS ENNUIS,                           078 002
                   EN QUELQUE LIEU QU'IL AILLE, OU SUR MER OU SUR TERRE,           144 001
        TOI QUI SAIS  EN QUELS COINS DES TERRES ENVIEUSES                         120 019
                   EN QUI TOUT EST, COMME EN UN ANGE,  . . . .  . 051 023
     REINE VICTORIEUSE ET FECONDE  EN RACHATS,                                    057 022
          MAIS VOILA QU'  EN RASANT LA COTE D'ASSEZ PRES                          116 025
          ET LAISSE,  EN REFLUANT, SUR MA LEVRE MOROSE                            055 003
               GOUTER,  EN REGRETTANT L'ETE BLANC ET TORRIDE,  . . . . . .  . 056 027
```

```
POEM LINE
086 003 . . . . .     ET, VOISIN DES CLOCHERS, ECOUTER  EN REVANT
001 044                              USURPER  EN RIANT LES HOMMAGES DIVINS!
015 009                          SGANARELLE  EN RIANT LUI RECLAMAIT SES GAGES,
103 025                   L'AURORE GRELOTTANTE  EN ROBE ROSE ET VERTE
143 010 . . . .    SUR LES BALCONS DU CIEL,  EN ROBES SURANNEES;
087 019                   ET S'INTRODUIT  EN ROI, SANS BRUIT ET SANS VALETS,
113 008                        ET PARTOUT COLORANT  EN ROUGE LA NATURE,
012 005                          LES HOULES,  EN ROULANT LES IMAGES DES CIEUX,
013 002 . . . . .         HIER S'EST MISE  EN ROUTE, EMPORTANT SES PETITS
102 053                              EN ROUVRANT MES YEUX PLEINS DE FLAMME
065 009         QUAND PARFOIS SUR CE GLOBE,  EN SA LANGUEUR OISIVE,
120 043           PERE ADOPTIF DE CEUX QU'  EN SA NOIRE COLERE
080 013 . JE CONTEMPLE D'EN HAUT LE GLOBE  EN SA RONDEUR
097 006               SA ROBE EXAGEREE,  EN SA ROYALE AMPLEUR,
019 001           DU TEMPS QUE LA NATURE  EN SA VERVE PUISSANTE
103 027              ET LE SOMBRE PARIS,  EN SE FROTTANT LES YEUX,
029 024 . . . . . . .          VIVAIT  EN SE MULTIPLIANT.
132 002                              EN SE TORDANT AINSI QU'UN SERPENT SUR LA BRAISE,
053 025                          A L'AME  EN SECRET
134 012                              EN SECRET A TRAVERS LA NUIT,
149 026 . . . . . .        VOUS AVEZ,  EN SECRET, BAISE MA FESSE IMMONDE!
025 015           QUAND LA NATURE, GRANDE  EN SES DESSEINS CACHES,
074 009      MOI, MON AME EST FELEE, ET LORSQU'  EN SES ENNUIS
105 030   DE TOUS CES VIEUX MAUDITS QUI MEURENT  EN SILENCE,
120 048 . . DE L'ENFER, OU, VAINCU, TU REVES  EN SILENCE!
046 002                           ENTRE  EN SOCIETE DE L'IDEAL RONGEUR,
094 007              BIEN QUE LE SUJET  EN SOIT TRISTE,
096 023   ET QUI, SOUL DE SON SANG, PREFERERAIT  EN SOMME
051 002 . . . . . . .        AINSI QU'  EN SON APPARTEMENT,
066 009                 ILS PRENNENT  EN SONGEANT LES NOBLES ATTITUDES
118 008                 LES CIEUX NE S'  EN SONT POINT ENCORE RASSASIES!
131 095                       FILTRENT  EN S'ENFLAMMANT AINSI QUE DES LANTERNES
114 009 . ELLE MARCHE EN DEESSE ET REPOSE  EN SULTANE;
009 002                      ETALAIENT  EN TABLEAUX LA SAINTE VERITE,
097 058                              EN TES CONTORSIONS, RISIBLE HUMANITE,
104 021 . . . . . . . .          L'AUTRE  EN TOI JE TOMBERAI, VEGETALE AMBROISIE,
081 002 . . SON LIT FLEURDELISE SE TRANSFORME  EN TOI MET SON DEUIL, NATURE!
077 009                              EN TOMBEAU,
036 024                 AILLEURS QU'  EN TON CHER CORPS ET QU'EN TON COEUR SI DOUX?
036 024   AILLEURS QU'EN TON CHER CORPS ET QU'  EN TON COEUR SI DOUX?
129 003 . . . . . . .        LE RIRE JOUE  EN TON VISAGE
097 057                              EN TOUT CLIMAT, SOUS TOUT SOLEIL, LA MORT T'ADMIR█
037 013              IL N'EST PAS UNE FIBRE  EN TOUT MON CORPS TREMBLANT
051 023       EN QUI TOUT EST, COMME  EN UN ANGE,
078 005 . QUAND LA TERRE EST CHANGEE  EN UN CACHOT HUMIDE,
138 028                     ET QU'  EN UN CAUCHEMAR SANS TREVES,
100 018              JE LA TROUVAIS TAPIE  EN UN COIN DE MA CHAMBRE,
155 020                              EN UN FLOT DE TRISTE LANGUEUR,
075 011 . . . . . .      CEPENDANT QU'  EN UN JEU PLEIN DE SALES PARFUMS,
126 099                         COMME  EN UN LIT DE PLUME UN DELICAT SE VAUTRE,
084 026                         COMME  EN UN PIEGE DE CRISTAL,
096 013        VOILA LE NOIR TABLEAU OU'  EN UN REVE NOCTURNE
022 001 . . . . .    QUAND, LES DEUX YEUX FERMES,  EN UN SOIR CHAUD D'AUTOMNE
116 055           HELAS! ET J'AVAIS, COMME  EN UN SUAIRE EPAIS,
110 005   DANS UNE CHAMBRE TIEDE OU, COMME  EN UNE SERRE,
041 022               DE TOUS MES SENS FONDUS  EN UN!
078 007 . . . . . . .          S'  EN VA BATTANT LES MURS DE SON AILE TIMIDE
091 028                          S'  EN VA TOUT DOUCEMENT VERS UN NOUVEAU BERCEAU;
113 006                       IL S'  EN VA, TRANSFORMANT LES PAVES EN ILOTS,
115 017        CE GUEUX, CET HISTRION  EN VACANCES, CE DROLE,
115 003           ET QUE DE MA PENSEE,  EN VAGUANT AU HASARD,
148 009                              EN VAIN J'AI VOULU DE L'ESPACE
149 018          LE DAMNE! J'AVERTIS  EN VAIN LA CHAIR INFECTE.
145 009             MAIS JE POURSUIS  EN VAIN LE DIEU QUI SE RETIRE;
113 004 . . . .        MAIS JE ME TATE  EN VAIN POUR TROUVER LA BLESSURE.
055 005           --TA MAIN SE GLISSE  EN VAIN SUR MON SEIN QUI SE PAME;
054 050            TOUJOURS, TOUJOURS  EN VAIN, L'ETRE AUX AILES DE GAZE!
057 036                              EN VAPEURS MONTERA MON ESPRIT ORAGEUX.
102 002 . . . . .    TEL QUE JAMAIS MORTEL N'  EN VIT,
095 013             ET COGNENT  EN VOLANT LES VOLETS ET L'AUVENT.
044 013         COMME DES EXILES, S'  EN VONT D'UN PIED TRAINARD,
082 010                              EN VOUS SE MIRE MON ORGUEIL;
131 104 . . . .    ET FUYEZ L'INFINI QUE VOUS PORTEZ  EN VOUS!
091 037        DE FRASCATI DEFUNT VESTALE  ENAMOUREE,
020 011          CE VISAGE MIGNARD, TOUT  ENCADRE DE GAZE,
038 017                     CE GRAIN D'  ENCENS QUI REMPLIT UNE EGLISE,
116 016 . . . . . .     ROULENT COMME L'  ENCENS SUR UN JARDIN DE ROSES
004 013   COMME L'AMBRE, LE MUSC, LE BENJOIN ET L'  ENCENS,
001 041       ET JE ME SOULERAI DE NARD, D'  ENCENS, DE MYRRHE,
057 034           TOUT SE FERA BENJOIN,  ENCENS, OLIBAN, MYRRHE,
038 024 . . . . . . . .      VIVANT SACHET,  ENCENSOIR DE L'ALCOVE,
134 011                              ENCENSOIR OUBLIE QUI FUME
008 010   COMME UN ENFANT DE CHOEUR, JOUER DE L'  ENCENSOIR,
058 014             COMME AUTOUR D'UN  ENCENSOIR;
047 002 . . .    CHAQUE FLEUR S'EVAPORE AINSI QU'UN  ENCENSOIR;
047 005        CHAQUE FLEUR S'EVAPORE AINSI QU'UN  ENCENSOIR;
110 014              ET QUI NOUS  ENCHAINENT LES YEUX,
038 031       JE NE SAIS QUOI D'ETRANGE ET D'  ENCHANTE
000 010 . . . . .    QUI BERCE LONGUEMENT NOTRE ESPRIT  ENCHANTE,
```

E

		POEM	LINE
AUX EMANATIONS DE TON CORPS	ENCHANTE;	044	023
SUR LE VIEIL OCEAN DE SA FILLE	ENCHANTE;	130	064
J'AI SOUVENT EVOQUE CETTE LUNE	ENCHANTEE,	045	037
DONT EST FAIT SON	ENCHANTEMENT,	041	006
ET LA LUNE VERSER SON PALE	ENCHANTEMENT.	086	012
OU TOUT, MEME L'HORREUR, TOURNE AUX	ENCHANTEMENTS,	091	002
AVEC SES NOIRS	ENCHANTEMENTS,	106	037
SON TEINT EST PALE ET CHAUD; LA BRUNE	ENCHANTERESSE	061	005
JE VEUX TE RACONTER, O MOLLE	ENCHANTERESSE!	052	001
JE VEUX TE RACONTER, O MOLLE	ENCHANTERESSE!	052	013
VERS LES VASTES CIEUX	ENCHANTES.	155	018
LE LIQUIDE	ENCHASSAIT SA GLOIRE	102	043
C'EST UNE FEMME BELLE ET DE RICHE	ENCOLURE,	114	001
O TOISON, MOUTONNANT JUSQUE SUR L	ENCOLURE!	023	001
UN GROS MEUBLE A TIROIRS	ENCOMBRE DE BILANS,	076	002
TE PAVANER AUX LIEUX QUE LA FOLIE	ENCOMBRE,	037	007
N'ONT PAS	ENCOR BRODE DE LEURS PLAISANTS DESSINS	000	026
FLAMBOIE	ENCOR COMME UNE FORGE.	138	023
OU TORDUS, AIMONS -LES! CE SONT	ENCOR DES AMES.	091	007
ET L'ANIMER	ENCOR D'UNE VOIX ARGENTINE,	062	029
BOUCHE AU RIRE ENFANTIN! PLUS	ENCOR QUE LA VIE,	040	010
ET DITES -MOI S'IL EST	ENCOR QUELQUE TORTURE	072	013
EPERONNANT	ENCOR TA VIVANTE CARCASSE,	097	023
	ENCOR TOUT FATIGUES PAR LA VAGUE MARINE,	022	011
OU L'AUGUSTE VERTU, TON EPOUSE	ENCOR VIERGE,	085	022
CELLE-LA, DROITE	ENCOR, FIERE ET SENTANT LA REGLE,	091	057
JE VOIS, ERRANT	ENCOR, L'INSATIABLE ASPIC.	097	032
RELUISE	ENCOR;	088	020
CAPTIFS, AUX VAINCUS!...A BIEN D'AUTRES	ENCOR!	089	052
ELLE EST BIEN JEUNE	ENCOR!--SON AME EXASPEREE	110	041
FONT UNE NUIT PLUS NOIRE	ENCORE	084	023
POUR L'HOMME TERRASSE QUI REVE	ENCORE ET SOUFFRE,	046	006
ELLE ETAIT	ENCORE JOLIE,	106	025
	ENCORE LA PLUPART N'ONT -ILS JAMAIS CONNU	095	037
CE MATIN	ENCORE L'IMAGE,	102	003
LES CIEUX NE S'EN SONT POINT	ENCORE RASSASIES!	118	008
LA TOILE ETAIT LEVEE ET J'ATTENDAIS	ENCORE,	125	014
ET PUIS, ET PUIS	ENCORE? "O CERVEAUX ENFANTINS!	126	084
'EST QUE DEMAIN, HELAS! IL FAUDRA VIVRE	ENCORE!	020	035
LE CIEL ET LA MER SONT NOIRS COMME DE L'	ENCRE,	126	139
ENSEVELIR MA TETE	ENDOLORIE,	128	006
ET TES PIEDS S'	ENDORMAIENT DANS MES MAINS FRATERNELLES.	036	019
O BACCHUS,	ENDORMEUR DES REMORDS ANCIENS!	111	016
	ENDORMEUSES SAISONS! JE VOUS AIME ET VOUS LOUE	101	002
QUI SEMBLENT S'	ENDORMIR DANS UN REVE SANS FIN;	066	011
D'	ENDORMIR LA DOULEUR SUR UN LIT HASARDEUX,	101	014
AVANT DE S'	ENDORMIR LE CONTOUR DE SES SEINS,	065	004
D'	ENDORMIR POUR UN JOUR LA TERREUR QUI ME MINE;	113	010
DE NE POUVOIR JAMAIS S'	ENDORMIR SOUS LA TABLE.	073	014
LE SOLEIL MORIBOND S'	ENDORMIR SOUS UNE ARCHE,	143	012
ET JE T'	ENDORMIRAI DANS UN REVE SANS FIN!"	131	040
LE MONDE S'	ENDORT	053	039
IL S'	ENDORT AU DOUX BRUIT DE NOS AFFREUX BLASPHEMES.	118	004
ELLE	ENDORT LES PLUS CRUELS MAUX	051	013
BAISER D'	ENDYMION LES GRACES SURANNEES?	147	011
MAIS L'	ENERGIE AVEC LAQUELLE	156	006
FLEURIT AVEC LE PLUS DE SEVE ET D'	ENERGIE,	016	002
LE POISON DU POUVOIR	ENERVANT LE DESPOTE,	126	095
LES SONS D'UNE MUSIQUE	ENERVANTE ET CALINE,	107	007
ET JE FUS DES L'	ENFANCE ADMIS AU NOIR MYSTERE	130	043
OU L'	ENFANCE S'ALLIE A LA MATURITE.	052	004
OU L'	ENFANCE S'ALLIE A LA MATURITE.	052	016
VONT EPELANT L'AMOUR DES CRAINTIVES	ENFANCES	111	007
TA TETE D'	ENFANT	028	022
MON	ENFANT A DES YEUX OBSCURS, PROFONDS ET VASTES,	152	009
J'ETAIS COMME L'	ENFANT AVIDE DU SPECTACLE,	125	009
COMME UNE	ENFANT CHETIVE, HORRIBLE, SOMBRE, IMMONDE,	045	021
QUI FONT LE HEROS LACHE ET L'	ENFANT COURAGEUX.	021	008
"--JE VOIS TA MERE,	ENFANT DE CE SIECLE APPAUVRI,	147	012
COMME UN	ENFANT DE CHOEUR, JOUER DE L'ENCENSOIR,	008	010
SORCIERE AU FLANC D'EBENE,	ENFANT DES NOIRS MINUITS,	026	004
L'	ENFANT DESHERITE S'ENIVRE DE SOLEIL,	001	022
HABITANT DE CYTHERE,	ENFANT D'UN CIEL SI BEAU,	116	041
POUR BERCER CETTE	ENFANT GATEE.	154	010
COUVER L'	ENFANT GRANDI DE SON OEIL MATERNEL,	100	020
SUR VOS TALONS GAMBADE UN	ENFANT LACHE ET VIL.	091	068
L'AUTRE, PAR SON	ENFANT MADONE TRANSPERCEE,	091	047
POUR L'	ENFANT, AMOUREUX DE CARTES ET D'ESTAMPES,	126	001
GRANDS YEUX DE MON	ENFANT, ARCANES ADORES,	152	005
MAIS L'	ENFANT, EPANCHANT UNE IMMENSE DOULEUR,	131	074
MON	ENFANT, MA SOEUR,	053	001
BEAUX YEUX DE MON	ENFANT, PAR OU FILTRE ET S'ENFUIT	152	002
POURQUOI, L'HEUREUSE	ENFANT, VEUX -TU VOIR NOTRE FRANCE,	133	017
TU PASSES TON CHEMIN, MAJESTUEUSE	ENFANT.	052	012
TU PASSES TON CHEMIN, MAJESTUEUSE	ENFANT.	052	040
ONT PRESQUE AUSSI PETITS QUE CELUI D'UN	ENFANT?	091	022
SEMBLABLE AUX VISIONS PALES QU'	ENFANTE L'OMBRE	110	013
SOUS L'ETERNEL LABEUR N'A JAMAIS	ENFANTE.	112	004
ET TOUT CE QUE L'IDYLLE A DE PLUS	ENFANTIN.	086	020

```
POEM LINE
040 010 .   .   .   .   .   .   .   .   .   .   .   .   BOUCHE AU RIRE ENFANTIN! PLUS ENCOR QUE LA VIE,
038 042                                   MONTRAIT LA GRACE ENFANTINE DU SINGE.
062 021                   MAIS LE VERT PARADIS DES AMOURS ENFANTINES,
062 025                 --MAIS LE VERT PARADIS DES AMOURS ENFANTINES,
126 084 .   .   .   .   ET PUIS, ET PUIS ENCORE? "O CERVEUX ENFANTINS!
016 026                           IL FAISAIT DES ENFANTS LA JOIE ET LA RISEE,
019 002                 CONCEVAIT CHAQUE JOUR DES ENFANTS MONSTRUEUX,
006 027               DE VIEILLES AU MIROIR ET D' ENFANTS TOUTES NUES,
004 009 .   IL EST DES PARFUMS FRAIS COMME DES CHAIRS D' ENFANTS,
005 024                                             ENFANTS, EMMAILLOTA DANS SES LANGES D'AIRAIN!
141 008                                   FAIS DES ENFANTS, PLANTE DES ARBRES,
132 008         ET FAIS RIRE LES VIEUX DU RIRE DES ENFANTS.
097 028 .   .   .   .   .   .   .   .   .   DE RAFRAICHIR L' ENFER ALLUME DANS TON COEUR?
096 024                 LA DOULEUR A LA MORT ET L' ENFER AU NEANT!
114 017                           ELLE IGNORE L' ENFER COMME LE PURGATOIRE,
026 014                             DANS L' ENFER DE TON LIT DEVENIR PROSERPINE!
130 039 .   .   .   .   .   .   .   ET L'AMOUR SE RIRA DE L' ENFER ET DU CIEL!
131 086                 DESCENDEZ LE CHEMIN DE L' ENFER ETERNEL!
111 025                   VOUS QUE DANS VOTRE ENFER MON AME A POURSUIVIES,
000 015                 CHAQUE JOUR VERS L' ENFER NOUS DESCENDONS D'UN PAS,
126 143 .   .   .   .   .   .   PLONGER AU FOND DU GOUFFRE, ENFER OU CIEL, QU'IMPORTE?
082 014                         DE L' ENFER OU MON COEUR SE PLAIT.
056 007           ET, COMME LE SOLEIL DANS SON ENFER POLAIRE,
090 030         NUL TRAIT NE DISTINGUAIT, DU MEME ENFER VENU,
138 027 .   .   .   .   .   .   .   N'AURONT PAS REFLETE L' ENFER,
112 006                         FAVORI DES ENFER, COURTISAN MAL RENTRE,
035 012               --CE GOUFFRE, C'EST L' ENFER, DE NOS AMIS PEUPLE!
120 048                     DE L' ENFER, OU, VAINCU, TU REVES EN SILENCE!
021 021 .   .   .   .   QUE TU VIENNES DU CIEL OU DE L' ENFER, QU'IMPORTE,
081 010                 ET LE PARADIS EN ENFER?
131 060           --"QUI DONC DEVANT L'AMOUR OSE PARLER D' ENFER?
126 036         "AMOUR...GLOIRE...BONHEUR!" ENFER! C'EST UN ECUEIL!
153 009 .   .   .   .   .   .   .   CE GENIE ENFERME DANS UN TAUDIS MALSAIN,
023 022           DANS CE NOIR OCEAN OU L'AUTRE EST ENFERME:
057 013                 QUI, COMME UNE GUERITE, ENFERMERA TES CHARMES;
001 066         OU NE MORDRONT JAMAIS LA TERRE ET LES ENFERS,
126 121 .   .   .   .   .   .   .   .   LORSQUE ENFIN IL METTRA LE PIED SUR NOTRE ECHINE,
125 011                                   ENFIN LA VERITE FROIDE SE REVELA:
150 025                                   ENFIN, NOUS AVONS, POUR NOYER
057 037                               ENFIN, POUR COMPLETER TON ROLE DE MARIE,
118 027 .   .   .   .   OU TU FUS MAITRE ENFIN? LE REMORDS N'A-T -IL PAS
124 008                 LE POETE SE DIT: " ENFIN!
054 042                               QU' ENFLAMMAIT L'ORCHESTRE SONORE,
131 095                 FILTRENT EN S' ENFLAMMANT AINSI QUE DES LANTERNES
153 003 .   .   .   .   MESURE D'UN REGARD QUE LA TERREUR ENFLAMME
050 012                               QU' ENFLAMMENT LES RAYONS TOMBANT D'UN CIEL BROUILLE!
029 023                 ON EUT DIT QUE LE CORPS, ENFLE D'UN SOUFFLE VAGUE,
022 013             QUI CIRCULE DANS L'AIR ET M' ENFLE LA NARINE.
046 007 .   .   .   .   .   S'OUVRE ET S' ENFONCE AVEC L'ATTIRANCE DU GOUFFRE.
071 007             AU TRAVERS DE L'ESPACE ILS S' ENFONCENT TOUS DEUX,
118 015             ET LORSQUE TU SENTIS S' ENFONCER LES EPINES
080 003                       NE VEUT PLUS " ENFOURCHER! COUCHE -TOI SANS PUDEUR,
103 010 .   L'AIR EST PLEIN DU FRISSON DES CHOSES QUI S' ENFUIENT,
152 002     BEAUX YEUX DE MON ENFANT, PAR OU FILTRE ET S' ENFUIT
138 007                                   S' ENFUIT DE TON FRONT TERRASSE;
150 004                             NOUS FIMES DU JOUR QUI S' ENFUIT:
075 009 .   .   .   LE BOURDON SE LAMENTE, ET LA BUCHE ENFUMEE
150 002                   IRONIQUEMENT NOUS ENGAGE
120 014                                   ENGENDRAS L'ESPERANCE,--UNE FOLLE CHARMANTE!
104 007                 POUR ENGENDRER MA VIE ET POUR ME DONNER L'AME;
064 011 .   .   .   .   .   .   JE CONNAIS LES ENGINS DE SON VIEIL ARSENAL:
128 013                       POUR ENGLOUTIR MES SANGLOTS APAISES
080 011             ET LE TEMPS M' ENGLOUTIT MINUTE PAR MINUTE,
139 002                   RECHAUFFE MON COEUR ENGOURDI, .
102 060 .   .   .   .   .   SUR LE TRISTE MONDE ENGOURDI.
126 070     DESIR, VIEIL ARBRE A QUI LE PLAISIR SERT D' ENGRAIS,
119 026                                   ENGRAISSERA LE SOL FUMANT!
001 030                     OU BIEN, S' ENHARDISSANT DE SA TRANQUILLITE,
058 012               DE L' ENIGME ET DU SECRET,
059 003             CHEVEUX ET GORGE AU VENT, S' ENIVRANT DE TAPAGE,
048 013                 VOILA LE SOUVENIR ENIVRANT QUI VOLTIGE
102 011                           L' ENIVRANTE MONOTONIE
118 006 .   .   .   .   .   .   SONT UNE SYMPHONIE ENIVRANTE SANS DOUTE,
153 005                 LES RIRES ENIVRANTS DONT S'EMPLIT LA PRISON
023 029                           JE M' ENIVRE ARDEMMENT DES SENTEURS CONFONDUES
130 073                             S' ENIVRE CHAQUE NUIT DU CRI DE LA TOURMENTE,
001 022 .   .   .   L'ENFANT DESHERITE S' ENIVRE DE SOLEIL,
105 012                             S' ENIVRE DES SPLENDEURS DE SA PROPRE VERTU.
116 004                 COMME UN ANGE ENIVRE D'UN SOLEIL RADIEUX.
034 007             ET QUE MA MAIN S' ENIVRE DU PLAISIR
001 026 .   .   .   .   .   .   ET S' ENIVRE EN CHANTANT DU CHEMIN DE LA CROIX;
122 003     QUI, COMME UN ELIXIR, NOUS MONTE ET NOUS ENIVRE,
020 027                 TON MENSONGE M' ENIVRE, ET MON AME S'ABREUVE
126 013         POUR N'ETRE PAS CHANGES EN BETES, ILS S' ENIVRENT
097 036 .   .   .   .   .   .   LES CHARMES DE L'HORREUR N' ENIVRENT QUE LES FORTS!
091 041                       TOUTES M' ENIVRENT; MAIS PARMI CES ETRES FRELES
126 131                       VENEZ VOUS ENIVRER DE LA DOUCEUR ETRANGE
040 012         LAISSEZ, LAISSEZ MON COEUR S' ENIVRER D'UN MENSONGE,
068 009 .   .   .   .   .   .   .   .   .   .   .   .   J' ENLACE ET JE BERCE SON AME
```

[106]

E

		POEM	LINE
"TU N'ES PAS DIGNE QU'ON T'	ENLEVE	031	019
EMPORTE -MOI, WAGON!	ENLEVE -MOI, FREGATE!	062	011
EMPORTE -MOI, WAGON,	ENLEVE -MOI, FREGATE?	062	015
FORTES TRESSES, SUYEZ LA HOULE QUI M'	ENLEVE!	023	013
CE PERE NOURRICIER,	ENNEMI DES CHLOROSES, ...	087	009
AU POETE SINISTRE,	ENNEMI DES FAMILLES,	112	005
UN POETE PIEUX,	ENNEMI DU SOMMEIL,	065	011
ET L'OBSCUR	ENNEMI QUI NOUS RONGE LE COEUR	010	013
AINSI QUE L'	ENNEMI QUI TENTE UN COUP DE MAIN;	095	018
POUR TROMPER L'	ENNEMI VIGILANT ET FUNESTE,	126	115
NOIERONS -NOUS CE VIEIL	ENNEMI,	054	007
IL	ENNOBLIT LE SORT DES CHOSES LES PLUS VILES,	087	018
FAITES, POUR EGAYER L'	ENNUI DE NOS PRISONS, ...	126	054
ET PROMENANT L'	ENNUI DE TON REGARD PROFOND;	098	004
ET SES SENS PAR L'	ENNUI MORDUS	110	042
FEMME IMPURE! L'	ENNUI REND TON AME CRUELLE,	025	002
L'	ENNUI, FRUIT DE LA MORNE INCURIOSITE, ...	076	017
DES PLAINES DE L'	ENNUI, PROFONDES ET DESERTES,	109	011
ET PLONGE TOUT ENTIERE AU GOUFFRE DE L'	ENNUI;	037	004
UNE OASIS D'HORREUR DANS UN DESERT D'	ENNUI!	126	112
C'EST L'	ENNUI!--L'OEIL CHARGE D'UN PLEUR INVOLONTAIRE, ...	000	037
S'	ENNUIE AVEC SES CHIENS COMME AVEC D'AUTRES BETES.	077	004
CE PAYS NOUS	ENNUIE, O MORT! APPAREILLONS!	126	138
ET, QUAND JE M'	ENNUIERAI DE CES FARCES IMPIES,	001	002
OI, MON AME EST FELEE, ET LORSQU'EN SES	ENNUIS	074	009
A HONTE, LES REMORDS, LES SANGLOTS, LES	ENNUIS	044	002
DURANT LES NOIRS	ENNUIS DES NEIGEUSES SOIREES,	008	003
DERRIERE LES	ENNUIS ET LES VASTES CHAGRINS	003	013
R L'ESPRIT GEMISSANT EN PROIE AUX LONGS	ENNUIS, ...	078	002
TES YEUX SONT LA CITERNE OU BOIVENT MES	ENNUIS.	026	008
LE POETE APPARAIT EN CE MONDE	ENNUYE,	001	002
NOUS NOUS SOMMES SOUVENT	ENNUYES, COMME ICI.	126	060
LE SPECTACLE	ENNUYEUX DE L'IMMORTEL PECHE:	126	088
AU FOND D'UN CAUCHEMAR	ENORME	084	007
SALUE L'	ENORME BETISE,	150	019
JE FERAI POUR TA TETE UNE	ENORME COURONNE;	057	009
JE L'ENTENDS DANS LE RIRE	ENORME DE LA MER.	079	008
	ENORME ET LAID COMME LE MONDE!	149	028
VOMISSEMENT CONFUS DE L'	ENORME PARIS,	105	016
TERRASSER L'	ENORME SATAN;	054	047
O BEAUTE! MONSTRE	ENORME, EFFRAYANT, INGENU!	021	022
ET D'	ENORMES QUINQUETS PROJETANT LEURS LUEURS	096	010
RAMPER SUR LE VERSANT DE SES GENOUX	ENORMES,	019	010
LE WAGON	ENRAGE PEUT BIEN	106	048
ACCOMPAGNE EN FAUSSET LA PENDULE	ENRHUMEE, ...	075	010
OU PAR LES LONGUES NUITS LA GIROUETTE S'	ENROUE,	101	006
	ENSANGLANTE LE CIEL DE BLESSURES VERMEILLES,	091	051
OU CHAQUE HISTRION FOULE UN SOL	ENSANGLANTE;	144	011
LEUR ATTITUDE AU SAGE	ENSEIGNE	067	009
NOUS	ENSEIGNE A RIRE DE NOUS,	156	003
OU D'UNE	ENSEIGNE, AU BOUT D'UNE TRINGLE DE FER,	132	027
	ENSEIGNES PAR L'AMOUR LE GOUT DU PARADIS.	120	011
TOUT CE QU'	ENSEMBLE ELLE AVAIT JOINT;	029	012
D'ALLER LA-BAS VIVRE	ENSEMBLE!	053	003
--MAINT JOYAU DORT	ENSEVELI	011	009
LE COEUR	ENSEVELI DANS CETTE ALLEGORIE.	116	056
OU DORT	ENSEVELI LE PEUPLE DES METAUX, ...	120	023
	ENSEVELIR MA TETE ENDOLORIE,	128	006
UN MALHEUREUX	ENSORCELE	084	013
SON OEIL	ENSORCELE DECOUVRE UNE CAPOUE	126	047
QUI FONT SE FONDRE EN PLEURS LES COEURS	ENSORCELES, ...	050	013
QUAND IL MIAULE, ON L'	ENTEND A PEINE,	051	004
ON	ENTEND CA ET LA LES CUISINES SIFFLER,	095	021
QUI, DE CES COEURS MORTELS,	ENTEND LA RAILLERIE?	097	035
	ENTENDEZ -VOUS CES VOIX, CHARMANTES ET FUNEBRES, . . .	126	127
JE LES	ENTENDIS RIRE ET CHUCHOTER ENTRE EUX,	115	011
POUR	ENTENDRE UN DE CES CONCERTS, RICHES DE CUIVRE,	091	053
VOUS	ENTENDREZ TOUTE L'ANNEE	070	009
	ENTENDS -TU RETENTIR LES REFRAINS DES DIMANCHES . .	104	013
(CAR JE SUIS TON BON ANGE,	ENTENDS -TU?) JE LE VEUX!	140	004
JE L'	ENTENDS BIEN QUI COULE AVEC UN LONG MURMURE,	113	003
JE L'	ENTENDS DANS LE RIRE ENORME DE LA MER.	079	008
J'	ENTENDS DEJA TOMBER AVEC DES CHOCS FUNEBRES	056	003
ENTENDS, MA CHERE,	ENTENDS LA DOUCE NUIT QUI MARCHE.	143	014
J'	ENTENDS LE CRANE A CHAQUE BULLE	117	013
	ENTENDS, MA CHERE, ENTENDS LA DOUCE NUIT QUI MARCHE.	143	014
SUR SES MYRTES INFECTS	ENTER TES NOIRS CYPRES?	112	014
	ENTERRE SAIT LE NOM; CELEBRE EVAPOREE	091	039
	ENTERRE VOTRE CORPS VANTE,	070	004
QUAND VEUX -TU M'	ENTERRER, DEBAUCHE AUX BRAS IMMONDES?	112	012
TU METTRAIS L'UNIVERS	ENTIER DANS TA RUELLE, ...	025	001
--TEL EST DU GLOBE	ENTIER L'ETERNEL BULLETIN."	126	108
ET PLONGE TOUT	ENTIERE AU GOUFFRE DE L'ENNUI;	037	004
PLUVIOSE, IRRITE CONTRE LA VILLE	ENTIERE,	075	001
LES CANAUX, LA VILLE	ENTIERE, ...	053	037
T LES YEUX MORTELS, DANS LEUR SPLENDEUR	ENTIERE,	001	075
SON VENT MELANCOLIQUE A L'	ENTOUR DE LEURS MARBRES,	100	006
ET PLANAIT LIBREMENT A L'	ENTOUR DES CORDAGES;	116	002
LES ETANGS DORMANTS S'	ENTOURAIENT, ...	102	022

```
POEM LINE
116 040 .  .  .  .  .  .  .  .  .  .  .  .  COMME UN EXECUTEUR  ENTOURE DE SES AIDES,
076 020                                        QU'UN GRANIT  ENTOURE D'UNE VAGUE EPOUVANTE,
110 043                                     S'ETAIENT -ILS  ENTR'OUVERTS A LA MEUTE ALTEREE
121 012                             ET PLUS TARD UN ANGE,  ENTR'OUVRANT LES PORTES,
057 025 .  .  .  JE METTRAI LE SERPENT QUI ME MORD LES  ENTRAILLES
119 011                                    RACE DE CAIN, TES  ENTRAILLES
009 003          DONT L'EFFET, RECHAUFFANT LES PIEUSES  ENTRAILLES,
097 052                                              VOUS  ENTRAINE EN DES LIEUX QUI NE SONT PAS CONNUS!
116 024 .  .  .  .  .  .  .  .  .  .  .  .  .  .  .  F .  ENTRE -BAILLANT SA ROBE AUX BRISES PASSAGERES;
091 050                                               UNE,  ENTRE AUTRES, A L'HEURE OU LE SOLEIL TOMBANT
102 026                                         ENTRE DES QUAIS ROSES ET VERTS,
046 002                                         ENTRE EN SOCIETE DE L'IDEAL RONGEUR,
115 011 .  .  .  .  .  JE LES ENTENDIS RIRE ET CHUCHOTER  ENTRE EUX,
153 014                          QUE LE REEL ETOUFFE  ENTRE SES QUATRE MURS!
151 001                                         ENTRE TANT DE BEAUTES QUE PARTOUT ON PEUT VOIR,
130 041                                    CAR LESBOS  ENTRE TOUS M'A CHOISI SUR LA TERRE
130 045 .  .  .  .  .  .  .  .  .  .  .  CAR LESBOS  ENTRE TOUS M'A CHOISI SUR LA TERRE.
156 002                          ET DONT L'ART, SUBTIL  ENTRE TOUS,
001 009                              PUISQUE TU M'AS CHOISIE  ENTRE TOUTES LES FEMMES
038 003                                 OU JAMAIS N'  ENTRE UN RAYON ROSE ET GAI;
031 002 .  .  .  DANS MON COEUR PLAINTIF ES  ENTREE;
114 018                      ET QUAND L'HEURE VIENDRA D'  ENTRER DANS LA NUIT NOIRE,
155 007                                         ENTRETIENT DOUCEMENT L'EXTASE
091 025                              ET LORSQUE J'  ENTREVOIS UN FANTOME DEBILE
116 020                                           J'  ENTREVOYAIS POURTANT UN OBJET SINGULIER!
130 029                               M'  ENTREVU VAGUEMENT AU BORD DES AUTRES CIEUX!
125 013                              M' ENVELOPPAIT.--EH QUOI! N'EST -CE DONC QUE CELA?
143 003                       UNE ATMOSPHERE OBSCURE  ENVELOPPE LA VILLE,
101 003 .  .  .  .  .  .  .  D'  ENVELOPPER AINSI MON COEUR ET MON CERVEAU
005 018                         SENT UN FROID TENEBREUX  ENVELOPPER SON AME
094 025                                   QU'  ENVERS NOUS LE NEANT EST TRAITRE;
049 013        LACS OU MON AME TREMBLE ET SE VOIT A L'  ENVERS...
121 005 .  .  .  .  .  .  T .  .  .  .  USANT A L'  ENVI LEURS CHALEURS DERNIERES,
096 017                              ENVIANT DE CES GENS LA PASSION TENACE,
096 016                  JE ME VIS ACCOUDE, FROID, MUET,  ENVIANT,
133 002                               EST LARGE A FAIRE  ENVIE A LA PLUS BELLE BLANCHE;
096 021 .  .  .  .  .  .  ET MON COEUR S'EFFRAYA D'  ENVIER MAINT PAUVRE HOMME
120 019      TOI QUI SAIS EN QUELS COINS DES TERRES  ENVIEUSES
153 007                              LE DOUTE L'  ENVIRONNE, ET LA PEUR RIDICULE,
107 003                       QUE LA LUNE ONDULEUSE  ENVOIE AU LAC TREMBLANT,
003 009 .  .  .  .  .  .  .  .  .  ENVOLE -TOI BIEN LOIN DE CES MIASMES MORBIDES;
062 001                   DIS -MOI, TON COEUR PARFOIS S'  ENVOLE-T -IL, AGATHE
062 005                   DIS -MOI, TON COEUR PARFOIS S'  ENVOLE-T -IL, AGATHE?
074 012                            SEMBLE LE RALE  EPAIS D'UN BLESSE QU'ON OUBLIE
029 019 .  .  .  DE LARVES, QUI COULAIENT COMME UN  EPAIS LIQUIDE
116 055          HELAS! ET J'AVAIS, COMME EN UN SUAIRE  EPAIS,
149 037                        A TRAVERS L'  EPAISSEUR DE LA TERRE ET DU ROC,
128 004                          DANS L'  EPAISSEUR DE TA CRINIERE LOURDE;
149 035 .  .  .  JE VAIS VOUS EMPORTER A TRAVERS L'  EPAISSEUR,
036 016                             LA NUIT S'  EPAISSISSAIT AINSI QU'UNE CLOISON.
036 020                             LA NUIT S'  EPAISSISSAIT AINSI QU'UNE CLOISON.
102 025                  DES NAPPES D'EAU S'  EPANCHAIENT, BLEUES,
131 074                   MAIS L'ENFANT,  EPANCHANT UNE IMMENSE DOULEUR,
011 012                            MAINTE FLEUR  EPANCHE A REGRET
105 008                              EPANCHE TOUT SON COEUR EN GLORIEUX PROJETS.
110 009               UN CADAVRE SANS TETE  EPANCHE, COMME UN FLEUVE,
155 019 .  .  .  .  .  .  .  .  .  PUIS, ELLE S'  EPANCHE, MOURANTE,
120 051      COMME UN TEMPLE NOUVEAU SES RAMEAUX S'  EPANDRONT!
155 023                               LA GERBE  EPANOUIE
155 037                               LA GERBE  EPANOUIE
155 009 .  .  .  .  .  .  .  .  .  .  LA GERBE  EPANOUIE
008 014                           POUR FAIRE  EPANOUIR LA RATE DU VULGAIRE.
123 014                            FERA S'  EPANOUIR LES FLEURS DE LEUR CERVEAU!
091 077                        JE VOIS S'  EPANOUIR VOS PASSIONS NOVICES;
029 014 .  .  .  .  .  .  .  .  COMME UNE FLEUR S'  EPANOUIR.
055 014          CALCINE CES LAMBEAUX QU'ONT  EPARGNES LES BETES!
117 018                                   EPARPILLE EN L'AIR,
131 046                ET DE NOIRS BATAILLONS DE FANTOMES  EPARS,
133 028 .  .  .  .  DES COCOTIERS ABSENTS LES FANTOMES  EPARS!
110 038                               DE L'  EPAULE AU CONTOUR HEURTE.
052 009          SUR TON COU LARGE ET ROND, SUR TES  EPAULES GRASSES,
052 032          SUR TON COU LARGE ET ROND, SUR TES  EPAULES GRASSES,
008 005 .  .  .  .  .  .  RANIMERAS -TU DONC TES  EPAULES MARBREES
129 008                          DE TES BRAS ET DE TES  EPAULES.
035 007                            VENGENT BIENTOT L'  EPEE ET LA DAGUE TRAITRESSE.
090 019      ET SA BARBE A LONGS POILS, ROIDE COMME UNE  EPEE,
111 007                                        VONT  EPELANT L'AMOUR DES CRAINTIVES ENFANCES
073 002                         LA VENGEANCE  EPERDUE AUX BRAS ROUGES ET FORTS
080 002                  L'ESPOIR, DONT L'  EPERON ATTISAIT TON ARDEUR,
097 023                                      EPERONNANT ENCOR TA VIVANTE CARCASSE,
108 002 .  .  .  .  SANS MORS, SANS  EPERONS, SANS BRIDE,
071 004                                    SANS  EPERONS, SANS FOUET, IL ESSOUFFLE UN CHEVAL,
056 023          AMANTE OU SOEUR, SOYEZ LA DOUCEUR  EPHEMERE
021 017                                      L'  EPHEMERE EBLOUI VOLE VERS TOI, CHANDELLE,
039 011 .  .  --O TOI QUI, COMME UNE OMBRE A LA TRACE  EPHEMERE,
001 007                 MAUDITE SOIT LA NUIT AUX PLAISIRS  EPHEMERES
131 029                 MES BAISERS SONT LEGERS COMME CES  EPHEMERES
029 035                                      EPIANT LE MOMENT DE REPRENDRE AU SQUELETTE
088 039 .  .  .  .  .  .  .  .  .  .  .  .  .  .  .  .  EPIERAIENT POUR LE DEDUIT
```

E

		POEM	LINE
LE FER EST VAINCU PAR L'	EPIEU!	119	030
QUI BAVE DES NASEAUX COMME UN	EPILEPTIQUE.	071	006
ET LORSQUE TU SENTIS S'ENFONCER LES	EPINES	118	015
POUR EXTORQUER QUELQUES	EPIS,	135	006
	EPONINE OU LAIS! MONSTRES BRISES, BOSSUS	091	006
ABORDE HEUREUSEMENT AUX	EPOQUES LOINTAINES,	039	002
J'AIME LE SOUVENIR DE CES	EPOQUES NUES,	005	001
OU L'AUGUSTE VERTU, TON	EPOUSE ENCOR VIERGE,	085	022
	EPOUVANTABLE ET CLAIR EMBLEME!)	094	022
JE RENTRAI, JE FERMAI MA PORTE,	EPOUVANTE,	090	046
QU'UN GRANIT ENTOURE D'UNE VAGUE	EPOUVANTE,	076	020
NE T'A DONC JAMAIS FAIT RECULER D'	EPOUVANTE,	025	014
JE FERMAI LES DEUX YEUX, DANS MA FROIDE	EPOUVANTE, ...	132	021
SA MERE	EPOUVANTEE ET PLEINE DE BLASPHEMES	001	003
DEVANT CE NOIR TABLEAU PLEIN D'	EPOUVANTEMENT.	005	019
JE SENS FONDRE SUR MOI DE LOURDES	EPOUVANTES	131	045
TON	EPOUX COURT LE MONDE, ET TA FORME IMMORTELLE	110	057
PRES DE L'	EPOUX PERFIDE ET QUI FUT SON AMANT,	015	014
L'AUTRE, QUE SON	EPOUX SURCHARGEA DE DOULEURS,	091	046
ANDROMAQUE, DES BRAS D'UN GRAND	EPOUX TOMBEE.	089	037
S'	EPRENANT D'UN PROBLEME INSOLUBLE ET STERILE, . . .	131	063
LES UNES, COEURS	EPRIS DES LONGUES CONFIDENCES,	111	005
MAINT PAGE	EPRIS DU HASARD,	088	037
	EPRISE DE POUDRE ET DE FER,	138	030
	EPRISE DU PLAISIR JUSQU'A L'ATROCITE, ...	092	012
CAR J'	EPROUVE UNE JOIE IMMENSE QUAND JE TOMBE	104	009
SOUVENT, POUR S'AMUSER, LES HOMMES D'	EQUIPAGE	002	001
IMAGINEZ DIANE EN GALANT	EQUIPAGE,	059	001
L'	EREBE LES EUT PRIS POUR SES COURSIERS FUNEBRES, . .	066	007
	EREINTES ET PLIANT SOUS UN TAS DE DEBRIS,	105	015
TERREUR DU LIBERTIN, ESPOIR DU FOL	ERMITE:	144	012
AU SOMNAMBULE	ERRANT AU BORD DES EDIFICES,	120	026
JE VOIS,	ERRANT ENCOR, L'INSATIABLE ASPIC.	097	032
COMME LE JUIF	ERRANT ET COMME LES APOTRES,	126	117
MONTRAIT A TOUS LES MORTS	ERRANT SUR LES RIVAGES	015	011
LOIN DES PEUPLES VIVANTS,	ERRANTES, CONDAMNEES,	131	101
DES DESIRS	ERRANTS ET PERDUS?	110	044
AINSI QUE DES ESPRITS	ERRANTS ET SANS PATRIE	078	015
L'AME D'UN VIEUX POETE	ERRE DANS LA GOUTTIERE	075	007
COMME DES PAPILLONS,	ERRENT EN FLAMBOYANT,	006	022
LA SOTTISE, L'	ERREUR, LE PECHE, LA LESINE,	000	001
	ES -TU LE FRUIT D'AUTOMNE AUX SAVEURS SOUVERAINES?	098	013
COMME MOI N'	ES -TU PAS UN SOLEIL AUTOMNAL,	064	013
	ES -TU VASE FUNEBRE ATTENDANT QUELQUES PLEURS,	098	014
DANS MON COEUR PLAINTIF	ES ENTREE:	031	002
"TU N'	ES PAS DIGNE QU'ON T'ENLEVE	031	019
JUSQU'A CETTE FROIDEUR PAR OU TU M'	ES PLUS BELLE!	024	010
--DESORMAIS TU N'	ES PLUS, O MATIERE VIVANTE!	076	019
TOUTES	ESCALADANT LE CIEL; LA SAINTETE, ...	126	098
J'	ESCALADE LE DOS DES FLOTS AMONCELES	069	007
L'	ESCALIER DE VERTIGE OU S'ABIME SON AME.	153	004
SOUS L'	ESCALIER,	088	036
BABEL D'	ESCALIERS ET D'ARCADES, ...	102	013
D'ETERNELS	ESCALIERS SANS RAMPE,	084	020
ET MONTANT, SABRE AU POING, LES ROYAUX	ESCALIERS?	059	008
DANS UNE TERRE GRASSE ET PLEINE D'	ESCARGOTS	072	001
REVE D'	ESCHYLE ECLOS AU CLIMAT DES AUTANS;	018	011
A TON	ESCLAVAGE MAUDIT,	031	020
	ESCLAVE DE L'ESCLAVE ET RUISSEAU DANS L'EGOUT;	126	092
ESCLAVE DE L'	ESCLAVE ET RUISSEAU DANS L'EGOUT;	126	092
TU NE POURRAS,	ESCLAVE REINE	138	036
LA FEMME,	ESCLAVE VILE, ORGUEILLEUSE ET STUPIDE,	126	089
ILS SONT MES SERVITEURS ET JE SUIS LEUR	ESCLAVE;	043	007
QU'ONT DANS LEURS JOURS HEUREUX LES	ESCLAVES DES MORES.	127	004
ET DES	ESCLAVES NUS, TOUT IMPREGNES D'ODEURS, ...	012	011
JE VAIS M'EXERCER SEUL A MA FANTASQUE	ESCRIME,	087	005
S'EMPLISSENT DE CATINS ET D'	ESCROCS, LEURS COMPLICES,	095	024
EN VAIN J'AI VOULU DE L'	ESPACE	148	009
QUE L'	ESPACE AFFREUX ET CAPTIVANT...	146	006
LE SILENCE, L'	ESPACE EST PROFOND! QUE LE COEUR EST PUISSANT!	036	012
AUJOURD'HUI L'	ESPACE EST SPLENDIDE!	108	001
D'	ESPACE ET DE LUMIERE ET DE CIEUX EMBRASES;	126	014
AU TRAVERS DE L'	ESPACE ILS S'ENFONCENT TOUS DEUX, ...	071	007
ROUILLARD SALE ET JAUNE INONDAIT TOUT LA	ESPACE,	090	009
LE FEU CLAIR QUI REMPLIT LES	ESPACES LIMPIDES.	003	012
MON DESIR GONFLE D'	ESPERANCE	083	007
OU L'HOMME, DONT JAMAIS L'	ESPERANCE N'EST LASSE, ...	141	011
L'	ESPERANCE QUI BRILLE AUX CARREAUX DE L'AUBERGE	054	026
OU L'	ESPERANCE, COMME UNE CHAUVE -SOURIS,	078	006
ENGENDRAS L'	ESPERANCE, --UNE FOLLE CHARMANTE!	120	014
QUOI QU'IL EBAUCHE OU QU'IL	ESPERE,	141	011
NOUS POURRONS	ESPERER ET CRIER: EN AVANT!	126	127
	ESPERES -TU CHASSER TON CAUCHEMAR MOQUEUR,	097	026
'EST LE BUT DE LA VIE, ET C'EST LE SEUL	ESPOIR	122	002
TERREUR DU LIBERTIN,	ESPOIR DU FOL ERMITE:	144	012
OU, LE COEUR TOUT GONFLE D'	ESPOIR ET DE VAILLANCE,	118	025
ET L'	ESPOIR QUI GAZOUILLE EN MON SEIN PALPITANT?	104	014
DEFILENT LENTEMENT DANS MON AME; L'	ESPOIR,	078	018
L'	ESPOIR, DONT L'EPERON ATTISAIT TON ARDEUR, ...	080	002

```
POEM LINE
123 012 .  .   .    .   .    .   .    .   .    .   .  N'ONT QU'UN  ESPOIR, ETRANGE ET SOMBRE CAPITOLE!
107 012                              TU LUI VERSES L'  ESPOIR, LA JEUNESSE ET LA VIE.
125 005                            ANGOISSE ET VIF    ESPOIR, SANS HUMEUR FACTIEUSE.
129 014                                    DE TON     ESPRIT BARIOLE:
054 012 .   .   .    .   .    .   .    .   .   A CET   ESPRIT COMBLE D'ANGOISSE
129 011                           JETTENT DANS L'      ESPRIT DES POETES
000 010                     QUI BERCE LONGUEMENT NOTRE ESPRIT ENCHANTE,
056 011                                      MON       ESPRIT EST PAREIL A LA TOUR QUI SUCCOMBE
004 014 .   .   .   .   QUI CHANTENT LES TRANSPORTS DE L' ESPRIT ET DES SENS.
051 029                              C'EST L'           ESPRIT FAMILIER DU LIEU;
090 047                  MALADE ET MORFONDU, L'          ESPRIT FIEVREUX ET TROUBLE,
078 002                             SUR L'               ESPRIT GEMISSANT EN PROIE AUX LONGS ENNUIS,
126 024 .   .   .   .   .   .   .    ET DONT L'          ESPRIT HUMAIN N'A JAMAIS SU LE NOM!
031 005                             DE MON               ESPRIT HUMILIE
079 006                                MON               ESPRIT LES RETROUVE EN LUI; CE RIRE AMER
001 055                    ET LES VASTES ECLAIRS DE SON  ESPRIT LUCIDE
064 008 .   .   .   .   .    .   JE HAIS LA PASSION ET L' ESPRIT ME FAIT MAL!
014 004                         ET TON                   ESPRIT N'EST PAS UN GOUFFRE MOINS AMER.
053 009                         POUR MON                 ESPRIT ONT LES CHARMES.
057 036                   EN VAPEURS MONTERA MON         ESPRIT ORAGEUX.
050 008 .   .   .   LES NERFS TROP EVEILLES RAILLENT L'  ESPRIT QUI DORT.
001 027                          ET LE SUIT DANS SON     ESPRIT QUI LE SUIT DANS SON PELERINAGE
089 049              AINSI DANS LA FORET OU MON          ESPRIT S'EXILE
023 023                       ET MON SUBTIL QUE LE       ESPRIT SUBTIL QUE LE ROULIS CARESSE
089 009                 JE NE VOIS QU'EN                 ESPRIT TOUT CE CAMP DE BARAQUES,
080 006                                                  ESPRIT VAINCU, FOURBU! POUR TOI, VIEUX MARAUDEUR,
080 001                             MORNE                ESPRIT, AUTREFOIS AMOUREUX DE LA LUTTE,
124 009                                                  ESPRIT, COMME MES VERTEBRES,
146 012 .   .   .   .   .   .   .   .    ET MON          ESPRIT, TOUJOURS DU VERTIGE HANTE,
003 005                                MON               ESPRIT, TU TE MEUS AVEC AGILITE,
068 014                          DE SES FATIGUES ET SON  ESPRIT.
034 009                     JE VOIS MA FEMME EN          ESPRIT.   SON REGARD,
111 022 .   .   .   .   .   .    DE LA REALITE GRANDS    ESPRITS CONTEMPTEURS,
116 012                        ET CHARGE LES             ESPRITS D'AMOUR ET DE LANGUEUR,
078 015                        AINSI QUE DES             ESPRITS ERRANTS ET SANS PATRIE
000 002                        OCCUPENT NOS              ESPRITS ET TRAVAILLENT NOS CORPS,
095 008 .   .   .   .   .   .   .   .    .    LES        ESPRITS QUE DEVORE UNE DOULEUR SAUVAGE,
016 008                       OU LES PURS                ESPRITS SEULS PEUT-ETRE ETAIENT VENUS,--
023 009                   COMME D'AUTRES                 ESPRITS VOGUENT SUR LA MUSIQUE,
121 008                     DANS NOS DEUX                ESPRITS, CES MIROIRS JUMEAUX.
126 055 .   .   .   .   .   .   .   .   PASSER SUR NOS   ESPRITS, TENDUS COMME UNE TOILE,
001 001                        ET FONT SUR LUI L'        ESSAI DE LEUR FEROCITE.
153 010      CES GRIMACES, CES CRIS, CES SPECTRES DONT L' ESSAIM
110 035                      DONT SE REJOUISSAIT L'       ESSAIM DES MAUVAIS ANGES
103 003 .   .   .   .   .   .    C'ETAIT L'HEURE OU L'    ESSAIM DES REVES MALFAISANTS
127 014              D'UN AIR VAGUE ET REVEUR ELLE        ESSAYAIT DES POSES,
001 059                    ET COMME LA MEILLEURE ET LA PLUS PURE ESSENCE
029 047                QUE J'AI GARDE LA FORME ET L'      ESSENCE DIVINE
048 011 .   .   OUI DEGAGENT LEUR AILE ET PRENNENT LEUR  ESSOR,
003 018            VERS LES CIEUX LE MATIN PRENNENT UN LIBRE ESSOR,
117 010                               PREND UN GRAND     ESSOR,
071 004                    SANS EPERONS, SANS FOUET, IL   ESSOUFFLE UN CHEVAL,
103 009 .   .   COMME UN VISAGE EN PLEURS QUE LES BRISES ESSUIENT,
125 013                M'ENVELOPPAIT.--EH QUOI! N'        EST -CE DONC QUE CELA?
115 016                                 N'                EST -CE PAS GRAND'PITIE DE VOIR CE BON VIVANT,
118 001                                 OU'              EST -CE QUE DIEU FAIT DONC DE CE FLOT D'ANATHEMES
157 010 .   .   .   .   .   .   .   .   .   .            EST -CE QUE PAR HASARD LA ROBE DU CENTAURE
050 002                     TON OEIL MYSTERIEUX (        EST -IL BLEU, GRIS OU VERT?)
062 027                                                  EST -IL DEJA PLUS LOIN QUE L'INDE ET QUE LA CHINE?
051 032                        PEUT-ETRE EST -IL FEE,    EST -IL DIEU?
051 032                     PEUT-ETRE                    EST -IL FEE, EST -IL DIEU?
062 013                  -- EST -IL VRAI QUE PARFOIS LE TRISTE COEUR D'AGATHE
023 034                                 N'                EST -TU PAS L'OASIS OU JE REVE, ET LA GOURDE
146 002               --HELAS! TOUT                      EST ABIME,--ACTION, DESIR, REVE,
038 049               QUE RESTE-T -IL? C'                 EST AFFREUX, O MON AME!
105 025                                 C'                EST AINSI QU'A TRAVERS L'HUMANITE FRIVOLE
074 001                                 IL                EST AMER ET DOUX, PENDANT LES NUITS D'HIVER,
056 018           DOUCE BEAUTE, MAIS TOUT AUJOURD'HUI M' EST AMER.
117 001 .   .   .   .   .   .   .   .   .    L'AMOUR     EST ASSIS SUR LE CRANE
130 038                VOTRE RELIGION COMME UNE AUTRE    EST AUGUSTE,
149 019                                 L'HOMME          EST AVEUGLE, SOURD, FRAGILE, COMME UN MUR
056 025           COURTE TACHE! LA TOMBE ATTEND; ELLE    EST AVIDE!
033 011 .   .   DURANT CES GRANDES NUITS D'OU LE SOMME   EST BANNI;
145 001                  QUE LE SOLEIL                   EST BEAU QUAND TOUT FRAIS IL SE LEVE,
077 010      ET LES DAMES D'ATOUR, POUR QUI TOUT PRINCE  EST BEAU,
098 009                     JE ME DIS: QU'ELLE           EST BELLE! ET BIZARREMENT FRAICHE!
110 041 .   .   .   .   .   .   .   .   .   .    ELLE    EST BIEN JEUNE ENCOR!--SON AME EXASPEREE
037 008                                 C'               EST BIEN! CHARMANT POIGNARD, JAILLIS DE TON ETUI!
149 005      CELIMENE ROUCOULE ET DIT: "MON COEUR        EST BON,
045 026                   "QUE RIEN ICI-BAS N'           EST CERTAIN.
116 005                            QUELLE                EST CETTE ILE TRISTE ET NOIRE?--C'EST CYTHERE,
078 005                 QUAND LA TERRE                   EST CHANGEE EN UN CACHOT HUMIDE,
068 005                     QUAND IL                     EST COMBLE DE DOULEUR,
002 010              LUI, NAGUERE SI BEAU, QU'IL         EST COMIQUE ET LAID!
011 004 .   .   .   .   .   .    L'ART EST LONG ET LE TEMPS EST COURT.
037 001                    LE SOLEIL S'                  EST COUVERT D'UN CREPE.   COMME LUI,
116 005      QUELLE EST CETTE ILE TRISTE ET NOIRE?--C'   EST CYTHERE,
110 006                                 L'AIR            EST DANGEREUX ET FATAL,
083 017 .   .   .   .   .   .   .   .   .   .    ELLE    EST DANS MA VOIX, LA CRIARDE!
```

E

		POEM LINE
DONT LA GLOIRE	EST DE DEPLOYER	150 028
IL	EST DE FORTS PARFUMS POUR QUI TOUTE MATIERE	048 001
ET C'	EST DEPUIS CE TEMPS QUE, PAREIL AUX PROPHETES,	136 021
ET C'	EST DEPUIS CE TEMPS QUE LESBOS SE LAMENTE,	130 071
ET C'	EST DEPUIS CE TEMPS QUE LESBOS SE LAMENTE!	130 075
IL	EST DES PARFUMS FRAIS COMME DES CHAIRS D'ENFANTS,	004 009
JE SAIS QU'IL	EST DES YEUX, DES PLUS MELANCOLIQUES,	098 017
"PUISQU'EN ELLE TOUT	EST DICTAME,	041 011
OU TOUT CE QUE L'ON AIME	EST DIGNE D'ETRE AIME,	062 018
"POUR TOI, BIZARRE AMANT, QUEL	EST DONC MON MERITE?"	064 002
A L'ARTISTE PENSIF TON CORPS	EST DOUX ET CHER;	133 003
IL	EST DOUX, A TRAVERS LES BRUMES, DE VOIR NAITRE	086 009
QU'IL M'	EST DOUX, PENCHE VERS TES SEINS,	155 030
TA TACHE	EST D'ALLUMER LA PIPE DE TON MAITRE,	133 006
JE TE REPONDIS: "OUI! DOUCE VOIX!" C'	EST D'ALORS	136 014
POUR FUIR CE RETIAIRE INFAME; IL EN	EST D'AUTRES	126 119
--TEL	EST DU GLOBE ENTIER L'ETERNEL BULLETIN."	126 108
	EST ERLOUI PAR LA SANTE	129 006
L'UNIVERS	EST EGAL A SON VASTE APPETIT.	126 002
C'	EST ELLE! NOIRE ET POURTANT LUMINEUSE.	038 014
ET DITES -MOI S'IL	EST ENCOR QUELQUE TORTURE	072 013
DANS CE NOIR OCEAN OU L'AUTRE	EST ENFERME;	023 022
CAR IL	EST FAIT AVEC L'UNIVERSEL PECHE,	149 041
	EST FAIT POUR INSPIRER AU POETE UN AMOUR	017 003
DONT	EST FAIT SON ENCHANTEMENT,	041 006
LOIN! LOIN! ICI LA BOUE	EST FAITE DE NOS PLEURS!	062 012
	EST FAITE POUR TRONER SUR DES LITS SOMPTUEUX,	020 006
MOI, MON AME	EST FELEE, ET LORSQU'EN SES ENNUIS	074 009
SA PEAU DELICATE	EST FROTTEE	154 012
CE VOYAGEUR AILE, COMME IL	EST GAUCHE ET VEULE!	002 009
C'	EST GRACE AUX ASTRES NONPAREILS,	148 005
AH! QUE LE MONDE	EST GRAND A LA CLARTE DES LAMPES!	126 003
C'	EST ICI LA CASE SACREE	154 001
LE LOTUS PARFUME! C'	EST ICI QU'ON VENDANGE	126 129
POUR SAVOIR SI LA MER	EST INDULGENTE ET BONNE,	130 051
POUR SAVOIR SI LA MER	EST INDULGENTE ET BONNE!	130 055
ET TA PRUDENCE	EST INFINIE."	149 048
	EST LA BOURSE DU PAUVRE ET SA PATRIE ANTIQUE;	122 013
C'	EST LA CHAMBRE DE DOROTHEE.	154 007
C'	EST LA CLARTE VIBRANTE A NOTRE HORIZON NOIR;	122 006
C'	EST LA GLOIRE DES DIEUX, C'EST LE GRENIER MYSTIQUE,	122 012
QUI GAGNE SANS TRICHER, A TOUT COUP! C'	EST LA LOI.	085 018
C'	EST LA MORT QUI CONSOLE, HELAS! ET QUI FAIT VIVRE;	122 001
JE SAIS QUE LA DOULEUR	EST LA NOBLESSE UNIQUE	001 065
C'	EST LA QUE J'AI VECU DANS LES VOLUPTES CALMES,	012 009
C'	EST LA SON CHARME ET SON SECRET.	051 008
C'	EST LA VOLUPTE VRAIE AUX DURABLES APPAS!"	140 011
	EST LARGE A FAIRE ENVIE A LA PLUS BELLE BLANCHE;	133 002
ET L'HOMME	EST LAS D'ECRIRE ET LA FEMME D'AIMER.	103 011
OU L'HOMME, DONT JAMAIS L'ESPERANCE N'	EST LASSE,	126 031
C'	EST LE BUT DE LA VIE, ET C'EST LE SEUL ESPOIR	122 002
	EST LE DIABLE QUI TIENT LES FILS QUI NOUS REMUENT!	000 013
C'EST LA GLOIRE DES DIEUX, C'	EST LE GRENIER MYSTIQUE,	122 012
QUEL	EST LE MIROIR DE MON AMOUR.	155 036
C'	EST LE PLUS DOUX."--O MON AME!	041 009
C'EST LE BUT DE LA VIE, ET C'	EST LE PORTIQUE OUVERT SUR LES CIEUX INCONNUS!	122 014
NOUS AVONS TRAVAILLE!--C'	EST LE SEUL ESPOIR	122 002
LA HAINE	EST LE SOIR QUI SOULAGE	095 007
ET QUE C'	EST LE TONNEAU DES PALES DANAIDES;	073 001
L'ART	EST LE TRAVAIL BANAL	045 030
TEL	EST LONG ET LE TEMPS EST COURT.	011 004
L'UN	EST L'AMOUR! AVANT QUE TON COEUR NE SE BLASE,	140 009
C'	EST L'ART, ET L'AUTRE L'AMOUR.	135 009
--CE GOUFFRE, C'	EST L'AUBERGE FAMEUSE INSCRITE SUR LE LIVRE,	122 007
	EST L'ENFER, DE NOS AMIS PEUPLE!	035 012
C'	EST L'ENNUI!--L'OEIL CHARGE D'UN PLEUR INVOLONTAIRE,	000 037
C'	EST L'ESPRIT FAMILIER DU LIEU;	051 029
C'	EST L'HEURE OU LES DOULEURS DES MALADES S'AIGRISSENT!	095 031
C'	EST LUI QUI RAJEUNIT LES PORTEURS DE BEQUILLES	087 013
MONSTRE ASSASSIN, C'	EST MA CERVELLE,	117 019
ET MON SEIN, OU CHACUN S'	EST MEURTRI TOUR A TOUR,	017 002
DES HOMMES DONT LE CORPS	EST MINCE ET VIGOUREUX,	022 007
HIER S'	EST MISE EN ROUTE, EMPORTANT SES PETITS	013 002
UN ABIME BEANT; CET ABIME	EST MON COEUR!	131 076
EST SOUFFLEE,	EST MORTE A JAMAIS!	054 027
MA FEMME	EST MORTE, JE SUIS LIBRE!	106 001
_OGE, A SON TOUR, DIT A VOIX BASSE: "IL	EST MUR,	149 017
	EST MUR, COMME SON CORPS, POUR LE SAVANT AMOUR.	098 012
ET QUI NE S'	EST NOURRI DES CHOSES DU TOMBEAU?	097 042
LE SOLEIL S'	EST NOYE DANS SON SANG QUI SE FIGE,	047 012
LE SOLEIL S'	EST NOYE DANS SON SANG QUI SE FIGE...	047 015
DEVANT CES VOYAGEURS, POUR LESQUELS	EST OUVERT	013 013
SON TEINT	EST PALE ET CHAUD; LA BRUNE ENCHANTERESSE	061 005
MON ESPRIT	EST PAREIL A LA TOUR QUI SUCCOMBE	056 011
AINSI, TOUJOURS VAINQUEUR, TON FANTOME	EST PAREIL,	046 013
LEURS YEUX, D'OU LA DIVINE ETINCELLE	EST PARTIE,	092 005
C'EST QUE NOTRE AME, HELAS! N'	EST PAS ASSEZ HARDIE.	000 028
QUI N'	EST PAS CELUI D'UN ANGE	058 003
ET QUI N'	EST PAS DE PIERRE TENDRE;	149 040

```
051 017 .   .   .   .   .   .   .   .   .   .   .   .   .   .      NON, IL N' EST PAS D'ARCHET QUI MORDE
030 009                                          OR IL N' EST PAS D'HORREUR AU MONDE QUI SURPASSE
119 028                                               N' EST PAS FAITE SUFFISAMMENT;
156 009                                     SON RIRE N' EST PAS LA GRIMACE
118 030 .   .   .   .   .   .   .   .     D'UN MONDE OU L'ACTION N' EST PAS LA SOEUR DU REVE;
021 014         .   DE TES BIJOUX L'HORREUR N' EST PAS LE MOINS CHARMANT,
106 012                        SON TOMBEAU;--CE N' EST PAS PEU DIRE:
090 038                                       ET QUI N' EST PAS SAISI D'UN FRISSON FRATERNEL,
094 024 .   .   .   .   .   .   LE SOMMEIL PROMIS N' EST PAS SUR:
014 004                          ET TON ESPRIT N' EST PAS UN GOUFFRE MOINS AMER.
149 047         MON AME DANS TES MAINS N' EST PAS UN VAIN JOUET,
037 013                                        IL N' EST PAS UNE FIBRE EN TOUT MON CORPS TREMBLANT
016 021 .   .   .   .   COMME DANS UN CAVEAU DONT LA CLEF EST PERDUE.
126 004         AUX YEUX DU SOUVENIR QUE LE MONDE EST PETIT!
037 011                              TOUT DE TOI M' EST PLAISIR, MORBIDE OU PETULANT;
102 005                              LE SOMMEIL EST PLEIN DE MIRACLES!
103 010 .   .   .   .   .   .   .   .   .   .   L'AIR EST PLEIN DU FRISSON DES CHOSES QUI S'ENFUIENT,
089 007                        LE VIEUX PARIS N' EST PLUS (LA FORME D'UNE VILLE
101 009                              RIEN N' EST PLUS DOUX AU COEUR PLEIN DE CHOSES FUNEBRES,
045 004                        CE SOUVENIR N' EST POINT PALI);
048 002 .   .   .   .   .                                 EST POREUSE. ON DIRAIT QU'ILS PENETRENT LE VERRE,
053 032                                          C' EST POUR ASSOUVIR
006 036                                          C' EST POUR LES COEURS MORTELS UN DIVIN OPIUM!
113 013 .   .   .   .   MAIS L'AMOUR N' EST POUR MOI QU'UN MATELAS D'AIGUILLES,
036 012 .   .   .   .   .   .   .   .   .   .   QUE L'ESPACE EST PROFOND! QUE LE COEUR EST PUISSANT!
036 012         QUE L'ESPACE EST PROFOND! QUE LE COEUR EST PUISSANT!
106 006                              L'AIR EST PUR, LE CIEL ADMIRABLE...
020 035                                          C' EST QUE DEMAIN, HELAS! IL FAUDRA VIVRE ENCORE!
156 014                                       N' EST QUE LA DOULOUREUSE CHARGE;
123 013                        C' EST QUE LA MORT, PLANANT COMME UN SOLEIL NOUVEAU,
000 028                                       C' EST QUE NOTRE AME, HELAS! N'EST PAS ASSEZ HARDIE.
123 009                        IL EN EST QUI JAMAIS N'ONT CONNU LEUR IDOLE,
091 042                        IL EN EST QUI, FAISANT DE LA DOULEUR UN MIEL,
062 017         OU SOUS UN CLAIR AZUR TOUT N' EST QU'AMOUR ET JOIE,
027 012                        OU TOUT N' EST QU'OR, ACIER, LUMIERE ET DIAMANTS,
053 013                                       LA, TOUT N' EST QU'ORDRE ET BEAUTE,
053 027                                       LA, TOUT N' EST QU'ORDRE ET BEAUTE,
053 041 .   .   .   .   .   .   LA, TOUT N' EST QU'ORDRE ET BEAUTE,
020 020                        --MAIS NON! CE N' EST QU'UN MASQUE, UN DECOR SUBORNEUR,
110 026                        COMME UN SOUVENIR EST RESTE:
000 009 .   .   .   .   .   SUR L'OREILLER DU MAL C' EST SATAN TRISMEGISTE
002 013                              LE POETE EST SEMBLABLE AU PRINCE DES NUEES
149 049         LE SON DE LA TROMPETTE EST SI DELICIEUX,
054 027                                          EST SOUFFLEE, EST MORTE A JAMAIS!
108 001 .   .   .   .   .   .   AUJOURD'HUI L'ESPACE EST SPLENDIDE!
145 007         --COURONS VERS L'HORIZON, IL EST TARD, COURONS VITE,
126 137         O MORT, VIEUX CAPITAINE, IL EST TEMPS! LEVONS L'ANCRE!
051 005                        TANT SON TIMBRE EST TENDRE ET DISCRET;
084 028 .   .   .   .   .   .   .   .   .   .   .   .   .   IL EST TOMBE DANS CETTE GEOLE;
030 002         DU FOND DU GOUFFRE OBSCUR OU MON COEUR EST TOMBE.
014 002                              LA MER EST TON MIROIR: TU CONTEMPLES TON AME
051 007                                       ELLE EST TOUJOURS RICHE ET PROFONDE.
083 018 .   .   .   .   .   .   .   .         C' EST TOUT MON SANG, CE POISON NOIR!
000 012                                          EST TOUT VAPORISE PAR CE SAVANT CHIMISTE.
094 025         QU'ENVERS NOUS LE NEANT EST TRAITRE;
061 008                        SON SOURIRE EST TRANQUILLE ET SES YEUX ASSURES.
047 008 .   .   .   .   .   .   .   .   LE CIEL EST TRISTE ET BEAU COMME UN GRAND REPOSOIR.
047 011                              LE CIEL EST TRISTE ET BEAU COMME UN GRAND REPOSOIR;
041 017                              ET L'HARMONIE EST TROP EXQUISE,
085 024         OU TOUT TE DIRA: MEURS, VIEUX LACHE! IL EST TROP TARD!"
122 009 .   .   .   .   .   .   .   .   .   .   .   C' EST UN ANGE QUI TIENT DANS SES DOIGTS MAGNETIQUES
006 037                                          C' EST UN CRI REPETE PAR MILLE SENTINELLES,
045 029                              QUE C' EST UN DUR METIER QUE D'ETRE BELLE FEMME,
126 036         "AMOUR...GLOIRE...BONHEUR!" ENFER! C' EST UN ECUEIL!
126 038 .   .   .   .   .   .   .   .         C' EST UN ELDORADO PROMIS PAR LE DESTIN;
136 006                              DISAIT: "LA TERRE EST UN GATEAU PLEIN DE DOUCEUR;
068 004                              QUE MON MAITRE EST UN GRAND FUMEUR.
073 009                              LA HAINE EST UN IVROGNE AU FOND D'UNE TAVERNE,
085 017 .   .   .   .   .   SOUVIENS-TOI QUE LE TEMPS EST UN JOUEUR AVIDE
055 006         CE QU'ELLE CHERCHE, AMIE, EST UN LIEU SACCAGE
040 004                                       VIVRE EST UN MAL. C'EST UN SECRET DE TOUS CONNU,
055 009                              MON COEUR EST UN PALAIS FLETRI PAR LA COHUE;
030 007 .   .   .   .   .   .   .   .   .         C' EST UN PAYS PLUS NU QUE LA TERRE POLAIRE;
006 039                                          C' EST UN PHARE ALLUME SUR MILLE CITADELLES,
000 033                                          IL EN EST UN PLUS LAID, PLUS MECHANT, PLUS IMMONDE!
156 004         CELUI-LA, LECTEUR, EST UN SAGE.
156 005 .   .   .   .   .   .   .   .   .         C' EST UN SATIRIQUE, UN MOQUEUR;
040 004                              VIVRE EST UN MAL. C' EST UN SECRET DE TOUS CONNU,
114 015         QUE LA BEAUTE DU CORPS EST UN SUBLIME DON
004 001                              LA NATURE EST UN TEMPLE OU DE VIVANTS PILIERS
054 049                                          EST UN THEATRE OU L'ON ATTEND
009 009                              --MON AME EST UN TOMBEAU QUE, MAUVAIS CENOBITE,
126 033                              NOTRE AME EST UN TROIS-MATS CHERCHANT SON ICARIE;
030 003                                          C' EST UN UNIVERS MORNE A L'HORIZON PLOMBE.
052 018 .   .   .   .   .   .   TA GORGE TRIOMPHANTE EST UNE BELLE ARMOIRE
045 033         QUE BATIR SUR LES COEURS EST UNE CHOSE SOTTE;
104 011         ET SA CHAUDE POITRINE EST UNE DOUCE TOMBE,
114 001                                          C' EST UNE FEMME BELLE ET DE RICHE ENCOLURE,
116 008 .   .   .   .   .   .   REGARDEZ, APRES TOUT, C' EST UNE PAUVRE TERRE.
```

E

		POEM	LINE
C'	EST UNE PYRAMIDE, UN IMMENSE CAVEAU, ...	076	006
DONT L'HUMEUR	EST VAGABONDE;	053	031
LE FER	EST VAINCU PAR L'EPIEU!	119	030
--L'OEIL D'AZUR	EST VAINCU PAR L'OEIL NOIR QUE TACHETE	130	058
CE MATIN	EST VENU ME VOIR, ...	041	002
ET LA HAINE	EST VOUEE A CE SORT LAMENTABLE	073	013
C'	EST VOUS, LADY MACBETH, AME PUISSANTE AU CRIME,	018	010
NOUS AVONS, IL	EST VRAI, NATIONS CORROMPUES,	005	029
CAR C'	EST VRAIMENT, SEIGNEUR, LE MEILLEUR TEMOIGNAGE	006	041
IL EN	EST, AUX LUEURS DES RESINES CROULANTES,	111	013
EN QUI TOUT	EST, COMME EN UN ANGE,	051	023
LE TEMPS! IL	EST, HELAS! DES COUREURS SANS REPIT,	126	116
--SI CE N'	EST, PAR UN SOIR SANS LUNE, DEUX A DEUX, ...	101	013
POUR L'ENFANT, AMOUREUX DE CARTES ET D'	ESTAMPES,	126	001
REMEMBER! SOUVIENS -TOI, PRODIGUE!	ESTO MEMOR!	085	013
	ET BAISER TON FRONT BAS, MORNE CARICATURE?	123	002
D'ACHETER AU BAZAR ANANAS	ET BANANES.	133	010
LE CIEL EST TRISTE	ET BEAU COMME UN GRAND REPOSOIR.	047	008
LE CIEL EST TRISTE	ET BEAU COMME UN GRAND REPOSOIR;	047	011
LA, TOUT N'EST QU'ORDRE	ET BEAUTE,	053	013
LA, TOUT N'EST QU'ORDRE	ET BEAUTE, ...	053	027
LA, TOUT N'EST QU'ORDRE	ET BEAUTE,	053	041
QUE TOUT CRAQUE, AMOUR	ET BEAUTE,	045	034
POUR NOYER LA RANCOEUR	ET BERCER L'INDOLENCE	105	029
PENDANT QU'AUTOUR DE NOUS TU CHANTES, RIS	ET BEUGLES, ...	092	011
QUI, MALGRE SA VIEILLESSE, ALERTE	ET BIEN PORTANTE,	074	006
JE ME DIS: QU'ELLE EST BELLE!	ET BIZARREMENT FRAICHE!	098	009
UN REGARD VAGUE	ET BLANC COMME LE CREPUSCULE	110	019
DANS LE RESEAU MOBILE	ET BLEU	068	010
AUX PAYS CHAUDS	ET BLEUS OU TON DIEU T'A FAIT NAITRE,	133	005
	ET BOIS, COMME UNE PURE ET DIVINE LIQUEUR,	003	011
POUR SAVOIR SI LA MER EST INDULGENTE	ET BONNE,	130	051
POUR SAVOIR SI LA MER EST INDULGENTE	ET BONNE!	130	055
PLAISIRS, NE TENTEZ PLUS UN COEUR SOMBRE	ET BOUDEUR!	080	009
HALETANT	ET BRISE DE FATIGUE, AU MILIEU	109	010
RACE D'ABEL, TU CROIS	ET BROUTES	119	021
	ET BRULE PAR L'AMOUR DU BEAU,	148	015
SUR CE TEINT FAUVE	ET BRUN, LE FARD ETAIT SUPERBE!	127	028
DE SA FOURRURE BLONDE	ET BRUNE	051	025
AUX FLOTS BLEUS	ET BRUNS,	028	008
LECTEUR PAISIBLE	ET BUCOLIQUE, ...	142	005
LES SONS D'UNE MUSIQUE ENERVANTE	ET CALINE,	107	007
UN SYMBOLE D'UN GOUT BIZARRE	ET CAPTIVANT,	091	024
LE SILENCE, L'ESPACE AFFREUX	ET CAPTIVANT...	146	006
ET CET AIR DE MAITRISE	ET CE BEAU NONCHALOIR, ...	157	003
ET LA PEUR DE VIEILLIR,	ET CE HIDEUX TOURMENT	044	017
	ET CE MONDE RENDAIT UNE ETRANGE MUSIQUE,	029	025
LA NUDITE DE L'HOMME	ET CELLE DE LA FEMME,	005	017
	ET CELLE-LA CHANTAIT COMME LE VENT DES GREVES, ...	136	011
	ET CEPENDANT JE SENS MA BOUCHE ALLER VERS TOI.	131	052
OUI CARESSE L'OREILLE	ET CEPENDANT L'EFFRAIE.	136	013
	ET CEPENDANT VOILA DES SIECLES INNOMBRABLES	014	013
	ET CEPENDANT, A VOIR LA MAIGREUR ELEGANTE	110	039
	ET CES SCULPTEURS DAMNES ET MARQUES D'UN AFFRONT,	123	010
CE JUMEAU CENTENAIRE,	ET CES SPECTRES BAROQUES	090	031
	ET CET AIR DE MAITRISE ET CE BEAU NONCHALOIR,	157	003
	ET CETTE CONFIDENCE HORRIBLE CHUCHOTEE	045	039
	ET CETTE GRATITUDE INFINIE ET SUBLIME	131	023
	ET CETTE IMMENSE NUIT SEMBLABLE AU VIEUX CHAOS;	030	011
CE SILENCE	ET CETTE LANGUEUR,	045	038
	ET CETTE OMBRE D'HAMLET IMITANT SA POSTURE,	115	014
	ET CEUX DE TON AMANT CREUSERONT LEURS ORNIERES	131	031
LORSQUE LA BUCHE SIFFLE	ET CHANTE, SI LE SOIR,	100	015
	ET CHARGE LES ESPRITS D'AMOUR ET DE LANGUEUR.	116	012
UN BEAU CHAT, FORT, DOUX	ET CHARMANT,	051	003
DES ETRES SINGULIERS, DECREPITS	ET CHARMANTS.	091	004
	ET CHARMER LES LOISIRS D'UN PONTIFE OU D'UN PRINCE.	020	007
	ET CHASSENT A COUPS MUTINS	088	027
SON TEINT EST PALE	ET CHAUD; LA BRUNE ENCHANTERESSE	061	005
NYMPHE TENEBREUSE	ET CHAUDE.	058	016
A L'ARTISTE PENSIF TON CORPS EST DOUX	ET CHER;	133	003
PIETINANT DANS LA BOUE,	ET CHERCHANT, L'OEIL HAGARD,	089	042
JE LES ENTENDS RIRE	ET CHUCHOTER ENTRE EUX,	115	011
A L'OEIL LIMPIDE	ET CLAIR AINSI QU'UNE EAU COURANTE,	005	037
EPOUVANTABLE	ET CLAIR EMBLEME!)	094	022
A CE BEAU DIADEME EBLOUISSANT	ET CLAIR;	001	072
DONT LES PANNEAUX BOMBES	ET CLAIRS	052	019
FROIDS	ET CLAIRS LE TRAVAIL S'EVEILLE, OU LA VOIRIE	089	015
	ET COGNENT EN VOLANT LES VOLETS ET L'AUVENT,	095	013
	ET COMMANDE AUX MOISSONS DE CROITRE ET DE MURIR	087	015
	ET COMME ELLES JE VEUX FAIRE REDORER;	001	040
QUI COMME EUX SONT FRILEUX	ET COMME EUX SEDENTAIRES.	066	004
VASTE COMME LA NUIT	ET COMME LA CLARTE,	004	007
	ET COMME LA MEILLEURE ET LA PLUS PURE ESSENCE	001	059
	ET COMME LES APOTRES, ...	126	117
COMME LE JUIF ERRANT	ET COMME QUI DIRAIT DES BEAUTES DE LANGUEUR;	005	032
	ET COMME TOUT EN MOI TE CHERIT ET T'ADMIRE,	057	033
	ET COMME TREPIGNANT SUR LE TREPIED DE FER,	131	058
	ET COMME UN BON NAGEUR QUI SE PAME DANS L'ONDE, . . .	003	006

```
POEM LINE
025 011 . . . . . . .       COMMENT N'AS -TU PAS HONTE    ET COMMENT N'AS -TU PAS
110 047              COMBLA-T -IL SUR TA CHAIR INERTE     ET COMPLAISANTE
003 019                       --QUI PLANE SUR LA VIE,     ET COMPREND SANS EFFORT
130 032                                                   ET CONDAMNER TON FRONT PALI DANS LES TRAVAUX,
041 016 . . . . . . . . . . . . . . .                     ET CONSOLE COMME LA NUIT;
110 060                                                   ET CONSTANT JUSQUES A LA MORT.
088 035                                                   ET CONTEMPLANT TON SOULIER
149 042                                                   ET CONTIENT MON ORGUEIL, MA DOULEUR ET MA GLOIRE!"
051 014 . . . . . . . . . . .                             ET CONTIENT TOUTES LES EXTASES;
058 038                                 PAR TOI, LUMIERE  ET COULEUR!
109 004             ET L'EMPLIT D'UN DESIR ETERNEL        ET COUPABLE.
015 018                     SE TENAIT A LA BARRE          ET COUPAIT LE FLOT NOIR;
130 008 . . . . . .                                       ET COURENT, SANGLOTANT ET GLOUSSANT PAR SACCADES,
117 011                                          CREVE    ET CRACHE SON AME GRELE
129 032                               UNE BLESSURE LARGE  ET CREUSE,
111 008                                                   ET CREUSENT LE BOIS VERT DES JEUNES ARBRISSEAUX;
057 003 . . . . .                                         ET CREUSER DANS LE COIN LE PLUS NOIR DE MON COEUR,
124 003                        LA VIE, IMPUDENTE          ET CRIARDE,
126 122                       NOUS POURRONS ESPERER       ET CRIER: EN AVANT!
138 019                                                   ET CROIS QUE TON COEUR S'ILLUMINE
089 026 . . . . . . . . . .    VERS LE CIEL IRONIQUE      ET CRUELLEMENT BLEU,
024 009         ET JE CHERIS, O BETE IMPLACABLE           ET CRUELLE!
136 021                                                   ET C'EST DEPUIS CE TEMPS QUE, PAREIL AUX PROPHETES,
130 071                                                   ET C'EST DEPUIS CE TEMPS QUE LESBOS SE LAMENTE,
130 075 . . . . . . .                                     ET C'EST DEPUIS CE TEMPS QUE LESBOS SE LAMENTE!
122 002                      C'EST LE BUT DE LA VIE,      ET C'EST LE SEUL ESPOIR
126 091    L'HOMME, TYRAN GOULU, PAILLARD, DUR            ET CUPIDE,
115 008          SEMBLABLES A DES NAINS CRUELS            ET CURIEUX,
029 007 . . . . .        OUVRAIT D'UNE FACON NONCHALANTE  ET CYNIQUE
077 035                                                   ET DANS CES BAINS DE SANG QUI DES ROMAINS NOUS VIEN
027 010                                                   ET DANS CETTE NATURE ETRANGE ET SYMBOLIQUE
023 018          OU LES VAISSEAUX, GLISSANT DANS L'OR     ET DANS LA MOIRE,
042 010                      QUE CE SOIT DANS LA RUE      ET DANS LA MULTITUDE,
042 009                      QUE CE SOIT DANS LA NUIT     ET DANS LA SOLITUDE,
120 037              TOI QUI METS DANS LES YEUX           ET DANS LE COEUR DES FILLES
120 047                      DU CIEL, OU TU REGNAS,       ET DANS LES PROFONDEURS
105 022 . . . . . .                                       ET DANS L'ETOURDISSANTE ET LUMINEUSE ORGIE
057 010                                                   ET DANS MA JALOUSIE, O MORTELLE MADONE,
134 007                                                   ET DANS MON AME INASSOUVIE
083 010                                                   ET DANS MON COEUR QU'ILS SOULERONT
079 002               VOUS HURLEZ COMME L'ORGUE;          ET DANS NOS COEURS MAUDITS,
114 011                                                   ET DANS SES BRAS OUVERTS, QUE REMPLISSENT SES SEINS
087 020                    DANS TOUS LES HOPITAUX         ET DANS TOUS LES PALAIS.
001 023                                                   ET DANS TOUT CE QU'IL BOIT ET DANS TOUT CE QU'IL MA
001 023 . . . . .        ET DANS TOUT CE QU'IL BOIT       ET DANS TOUT CE QU'IL MANGE
000 036                                                   ET DANS UN BAILLEMENT AVALERAIT LE MONDE;
154 013                            D'HUILE ODORANTE       ET DE BENJOIN.
121 009                       UN SOIR FAIT DE ROSE        ET DE BLEU MYSTIQUE,
131 034 . . . . . . . . . . .          DE CHEVAUX         ET DE BOEUFS AUX SABOTS SANS PITIE...
106 047                        CHARGE DE PIERRES          ET DE CASCADES
102 015                          PLEIN DE BASSINS         ET DE CASCADES
126 014                  D'ESPACE ET DE LUMIERE          ET DE CIEUX EMBRASES;
057 028 . . . . .      CE MONSTRE TOUT GONFLE DE HAINE    ET DE CRACHATS.
126 006               LE COEUR GROS DE RANCUNE            ET DE DESIRS AMERS,
086 025          DE TIRER UN SOLEIL DE MON COEUR,         ET DE FAIRE
097 029          INEPUISABLE PUITS DE SOTTISE             ET DE FAUTES!
138 030 . . . .                  EPRISE DE POUDRE         ET DE FER,
104 004               UN CHANT PLEIN DE LUMIERE           ET DE FRATERNITE!
145 014             DES CRAPAUDS IMPREVUS                 ET DE FROIDS LIMACONS.
089 010          CES TAS DE CHAPITEAUX EBAUCHES           ET DE FUTS,
138 029 . . .                SONGEANT DE POISONS          ET DE GLAIVES,
032 006               SON REGARD DE VIGUEUR               ET DE GRACES ARME,
026 002             AU PARFUM MELANGE DE MUSC             ET DE HAVANE,
150 023                                                   ET DE LA PUTREFACTION
066 005 . . . . . . . . .    AMIS DE LA SCIENCE           ET DE LA VOLUPTE,
116 012          ET CHARGE LES ESPRITS D'AMOUR            ET DE LANGUEUR.
078 017                                               --  ET DE LONGS CORBILLARDS, SANS TAMBOURS NI MUSIQUE,
038 054                      NOIR ASSASSIN DE LA VIE      ET DE L'ART,
102 012 . . . . . .               DU METAL, DU MARBRE     ET DE L'EAU.
082 006                             DE L'OBSCUR           ET DE L'INCERTAIN,
130 036          QUE NOUS VEULENT LES LOIS DU JUSTE       ET DE L'INJUSTE?
130 040          QUE NOUS VEULENT LES LOIS DU JUSTE       ET DE L'INJUSTE?
126 014 . . . . .                        D'ESPACE         ET DE LUMIERE ET DE CIEUX EMBRASES;
044 021            ANGE PLEIN DE BONHEUR, DE JOIE         ET DE LUMIERES,
044 025            ANGE PLEIN DE BONHEUR, DE JOIE         ET DE LUMIERES!
022 010          JE VOIS UN PORT REMPLI DE VOILES         ET DE MATS
023 015 . . . .      DE VOILES, DE RAMEURS, DE FLAMMES    ET DE MATS!
096 004               TOMBER UN CLIQUETIS DE PIERRE       ET DE METAL;
087 015        ET COMMANDE AUX MOISSONS DE CROITRE        ET DE MURIR
131 046                                                   ET DE NOIRS BATAILLONS DE FANTOMES EPARS,
044 009                                                   ET DE NOS FACULTES SE FAIT LE CAPITAINE?
061 003                                                   ET DE PALMIERS D'OU PLEUT SUR LES YEUX LA PARESSE,
127 006                  CE MONDE RAYONNANT DE METAL      ET DE PIERRE
049 009                                                   ET DE PLAISIRS NOIRS ET MORNES
094 019 . . . . . . . . . . .         TIREZ -VOUS,        ET DE QUEL FERMIER
118 024          DES CHEMINS TOUT JONCHES DE FLEURS       ET DE RAMEAUX,
029 011                                                   ET DE RENDRE AU CENTUPLE A LA GRANDE NATURE
114 001                       C'EST UNE FEMME BELLE       ET DE RICHE ENCOLURE,
035 002 . . . . .        ONT ECLABOUSSE L'AIR DE LUEURS   ET DE SANG.
```

E

		POEM	LINE
	ET DE SES BIJOUX PRECIEUX, ...	110	016
DE PEINE, DE SUEUR	ET DE SOLEIL CUISANT	104	006
UN SPECTRE FAIT DE GRACE	ET DE SPLENDEUR,	038	010
LE TEMOIN DE TA FORCE	ET DE TA VIRILENCE,	048	026
SON COURAGE, AFFOLE DE POUDRE	ET DE TAMBOURS, ...	059	011
SES YEUX PROFONDS SONT FAITS DE VIDE	ET DE TENEBRES,	097	013
DE TES BRAS	ET DE TES EPAULES,	129	008
DE TON DOS	ET DE TES SEINS,	058	022
	ET DE TOI FAIS -TU DIRE: "OH! L'HOMME SINGULIER!" . . .	125	002
ME SAUVANT DE TOUT PIEGE	ET DE TOUT PECHE GRAVE,	043	005
OU, LE COEUR TOUT GONFLE D'ESPOIR	ET DE VAILLANCE,	118	025
FAITE DE CHAIR	ET DE VELOURS,	139	011
DE GENUFLEXIONS, DE VIANDES	ET DE VINS, ...	001	042
COMME UN TYRAN GORGE DE VIANDE	ET DE VINS,	118	003
EMPECHERA TON COEUR DE BATTRE	ET DE VOULOIR,	033	007
SUPERBE	ET DEFIANT LES MEILLEURS CAVALIERS!	059	004
QU'IL FAUT QU'IL REMUE	ET DEFRICHE	135	003
PLUS MA TORTURE ETAIT APRE	ET DELICIEUSE;	125	007
	ET DEPUIS LORS JE VEILLE AU SOMMET DE LEUCATE,	130	046
	ET DEPUIS LORS JE VEILLE AU SOMMET DE LEUCATE,	130	050
	ET DEPUIS TES PIEDS FRAIS JUSQU'A TES NOIRES TRESSES .	032	010
TU L'EMBRASSES DES YEUX	ET DES BRAS, ET TON COEUR	014	006
	ET DES CARESSES DE SERPENT	063	007
	ET DES CATARACTES PESANTES,	102	017
LE LANGAGE DES FLEURS	ET DES CHOSES MUETTES!	003	020
CONFESSEUR DES PENDUS	ET DES CONSPIRATEURS,	120	041
LA CRAPULE DU CORPS DE GARDE	ET DES CUISINES,	118	014
	ET DES DOIGTS CONVULSES D'UNE INFERNALE FIEVRE,	096	007
	ET DES ESCLAVES NUS, TOUT IMPREGNES D'ODEURS, . . .	012	011
--AH! NE JAMAIS SORTIR DES NOMBRES	ET DES ETRES!	146	014
	ET DES FEMMES DONT L'OEIL PAR SA FRANCHISE ETONNE.	022	008
--ILE DES DOUX SECRETS	ET DES FETES DU COEUR!	116	009
UNE COUPABLE JOIE	ET DES FETES ETRANGES	110	033
PLEINES DE MOISSONS,	ET DES FLEURS	135	014
	ET DES FLOTS MAGIQUES; C'ETAIENT	102	030
	ET DES FLOTS; NOUS AVONS VU DES SABLES AUSSI;	126	058
ONT DE DOUCES LANGUEURS	ET DES FRISSONS AMERS.	111	004
DES ARBRES SINGULIERS	ET DES FRUITS SAVOUREUX;	022	006
	ET DES HABITS, MOUSSELINE OU VELOURS,	038	026
	ET DES IFS FLAMBOYANTS DANS LES FETES PUBLIQUES,	025	006
FONT L'ORNEMENT DES NUITS	ET DES JONGLEURS SAVANTS QUE LE SERPENT CARESSE." . . .	126	083
DE GRANDS SEAUX PLEINS DU SANG	ET DES JOURS GLORIEUX;	130	004
	ET DES LARMES DES MORTS,	073	004
DANS LE RAVIN HANTE DES CHATS-PARDS	ET DES MEUBLES VOLUPTUEUX,	110	002
DES CORBEAUX LANCINANTS	ET DES ONCES	035	009
	ET DES PANTHERES NOIRES	116	051
	ET DES PARCELLES D'OR, AINSI QU'UN SABLE FIN,	066	013
DES GLACIERS	ET DES PECHES QUI T'ONT INTERDIT LE TOMBEAU.	116	044
	ET DES PINS QUI FERMENT LEUR PAYS;	006	008
	ET DES RAFFINEMENTS TOUJOURS INEPUISES.	130	024
QUI CHANTENT LES TRANSPORTS DE L'ESPRIT	ET DES SENS,	004	014
BIEN LOIN DES PIOCHES	ET DES SONDES;	011	011
	ET DES SORCIERES FAMELIQUES, ...	070	012
DES ECORCHES	ET DES SQUELETTES.	094	012
LES SANGLOTS DES MARTYRS	ET DES SUPPLICIES	118	005
MERE DES JEUX LATINS	ET DES VOLUPTES GRECQUES,	130	001
MERE DES JEUX LATINS	ET DES VOLUPTES GRECQUES, ...	130	005
DES PLAINES DE L'ENNUI, PROFONDES	ET DESERTES,	109	011
OU TOUT N'EST QU'OR, ACIER, LUMIERE	ET DIAMANTS,	027	012
	ET DISAIT, LE COEUR PLEIN DE SON BEAU LAC NATAL:	089	022
TANT SON TIMBRE EST TENDRE	ET DISCRET;	051	005
VOUS ETES TOUS LES DEUX TENEBREUX	ET DISCRETS;	014	009
	ET DISCUTANT AVEC MON AME DEJA LASSE,	090	011
	ET DIT, LE SECOUANT: "TU CONNAITRAS LA REGLE!	140	003
	ET DITES -MOI S'IL EST ENCOR QUELQUE TORTURE	072	013
MAIS LA VOIX ME CONSOLE	ET DIT: "GARDE TES SONGES;	136	027
PARFOIS IL PARLE	ET DIT: "JE SUIS BELLE, ET J'ORDONNE	042	012
CELIMENE ROUCOULE	ET DIT: "MON COEUR EST BON,	149	005
CREPITE, FLAMBE	ET DIT: BENISSONS CE FLAMBEAU!	021	018
O BEAUTE? TON REGARD, INFERNAL	ET DIVIN,	021	002
ET BOIS, COMME UNE PURE	ET DIVINE LIQUEUR,	003	011
POUR UN CIEL FEERIQUE	ET DIVIN!	108	004
	ET DONT LE SOUVENIR POUR L'AMOUR ME RAVIVE.	032	008
	ET DONT LES YEUX MORTELS, DANS LEUR SPLENDEUR ENTIERE,	001	075
	ET DONT L'ART, SUBTIL ENTRE TOUS,	156	002
	ET DONT L'ASPECT AURAIT FAIT PLEUVOIR LES AUMONES,	090	015
OUBLIE SUR LA CARTE,	ET DONT L'ESPRIT HUMAIN N'A JAMAIS SU LE NOM! . . .	126	024
	ET DONT L'HUMEUR FAROUCHE	076	023
	ET DONT L'UNIQUE SOIN ETAIT D'APPROFONDIR	012	013
	ET DONT SUR LEURS VIEUX JOURS LES PUISSANTS SE SOUVIENNENT,	077	016
	ET DORMIR DANS L'OUBLI COMME UN REQUIN DANS L'ONDE. . .	072	004
OU L'ON POURRA MANGER,	ET DORMIR, ET S'ASSEOIR;	122	008
BARBARE, ROIDE ET LOURD,	ET DOUBLE DE SOUPCON,	057	012
UNE FOIS, UNE SEULE, AIMABLE	ET DOUCE FEMME,	045	001
ET LES REND GAIS	ET DOUX COMME DES JEUNES FILLES, ...	087	014
A MON AMOUR PROFOND	ET DOUX COMME LA MER,	127	011
LES CHATS PUISSANTS	ET DOUX, ORGUEIL DE LA MAISON,	066	003
IL EST AMER	ET DOUX, PENDANT LES NUITS D'HIVER, ...	074	001
DE L'ARRIERE -SAISON LE RAYON JAUNE	ET DOUX!	056	028

```
POEM LINE
112 003  . . . . . .      DONT LE FLANC TOUJOURS VIERGE   ET DRAPE DE GUENILLES
114 008                        DE CE CORPS FERME   ET DROIT LA RUDE MAJESTE.
112 011                  DE TERRIBLES PLAISIRS   ET D'AFFREUSES DOUCEURS.
034 004                     MELES DE METAL   ET D'AGATE.
102 013  . . . . . . . . .    BABEL D'ESCALIERS   ET D'ARCADES,
004 011                   -- ET D'AUTRES, CORROMPUS, RICHES ET TRIOMPHANTS,
111 017                   ET D'AUTRES, DONT LA GORGE AIME LES SCAPULAIRES,
073 006       PAR OU FUIRAIENT MILLE ANS DE SUEURS   ET D'EFFORTS,
038 031  . . . .    JE NE SAIS QUOI D'ETRANGE   ET D'ENCHANTE
016 002           FLEURIT AVEC LE PLUS DE SEVE   ET D'ENERGIE,
006 002              DE VIEILLES AU MIROIR   ET D'ENFANTS TOUTES NUES,
096 010                   ET D'ENORMES QUINQUETS PROJETANT LEURS LUEURS
095 024  . . . . . .     S'EMPLISSENT DE CATINS   ET D'ESCROCS, LEURS COMPLICES,
126 001          POUR L'ENFANT, AMOUREUX DE CARTES   ET D'ESTAMPES,
126 052     CES BIJOUX MERVEILLEUX, FAITS D'ASTRES   ET D'ETHERS.
131 037     TOURNE VERS MOI TES YEUX PLEINS D'AZUR   ET D'ETOILES!
121 003  . . . . . . . . .       ET D'ETRANGES FLEURS SUR DES ETAGERES,
149 032                   D'ALLER AU CIEL   ET D'ETRE RICHE?
131 071            ET, PLEINE DE REMORDS   ET D'HORREUR, ET LIVIDE,
126 059        ET, MALGRE BIEN DES CHOCS   ET D'IMPREVUS DESASTRES,
079 007  . . . .  DE L'HOMME VAINCU, PLEIN DE SANGLOTS   ET D'INSULTES,
133 007     DE POUVOIR LES FLACONS D'EAUX FRAICHES   ET D'ODEURS,
016 018     TEMPLE AUTREFOIS VIVANT, PLEIN D'ORDRE   ET D'OPULENCE,
057 005                    UNE NICHE, D'AZUR   ET D'OR TOUT EMAILLEE,
053 038  . . . . . . . .      D'HYACINTHE   ET D'OR;
106 040                SES BRUITS DE CHAINE   ET D'OSSEMENTS!
006 010                   ET D'UN GRAND CRUCIFIX DECORE SEULEMENT,
110 030                   ET D'UN GRAND PORTRAIT LANGOUREUX,
147 009  . . . . . . .      SOUS TON DOMINO JAUNE,   ET D'UN PIED CLANDESTIN,
006 012                   ET D'UN RAYON D'HIVER TRAVERSE BRUSQUEMENT;
039 012            FOULES D'UN PIED LEGER   ET D'UN REGARD SEREIN
101 004            D'UN LINCEUL VAPOREUX   ET D'UN VAGUE TOMBEAU.
130 039  . . .  ET L'AMOUR SE RIRA DE L'ENFER   ET DU CIEL!
023 030          DE L'HUILE DE COCO, DU MUSC   ET DU GOUDRON.
127 010                   ET DU HAUT DU DIVAN ELLE SOURIAIT D'AISE
103 008            IMITE LES COMBATS DE LA LAMPE   ET DU JOUR.
038 040  . . . .     DANS LES BAISERS DU SATIN   ET DU LINGE,
057 004            LOIN DU DESIR MONDAIN   ET DU REGARD MOQUEUR,
149 037      A TRAVERS L'EPAISSEUR DE LA TERRE   ET DU ROC,
097 047    "FIERS MIGNONS, MALGRE L'ART DES POUDRES   ET DU ROUGE,
058 012  . . . . . . . .     DE L'ENIGME   ET DU SECRET.
105 023       DES CLAIRONS, DU SOLEIL, DES CRIS   ET DU TAMBOUR,
116 033              LES YEUX ETAIENT DEUX TROUS,   ET DU VENTRE EFFONDRE
126 071                 CEPENDANT QUE GROSSIT   ET DURCIT TON ECORCE,
129 031  . . . . . . . . . .      ET FAIRE A TON FLANC ETONNE
132 008                   ET FAIS RIRE LES VIEUX DU RIRE DES ENFANTS.
096 003                  MINAUDANT,   ET FAISANT DE LEURS MAIGRES OREILLES
039 003                   ET FAIT REVER UN SOIR LES CERVELLES HUMAINES,
049 003  . . . . . . . . . .      ET FAIT SURGIR PLUS D'UN PORTIQUE FABULEUX
051 019                   ET FASSE PLUS ROYALEMENT
096 002        PALES, LE SOURCIL PEINT, L'OEIL CALIN   ET FATAL,
089 024     JE VOIS CE MALHEUREUX, MYTHE ETRANGE   ET FATAL,
090 042  . . . . . .    SOSIE INEXORABLE, IRONIQUE   ET FATAL,
110 006                L'AIR EST DANGEREUX   ET FAUCHE,
114 006    CES MONSTRES DONT LA MAIN, QUI TOUJOURS GRATTE   ET FAUVE,
038 025            UNE SENTEUR MONTAIT, SAUVAGE   ET FECONDE EN RACHATS,
057 027  . . . . . . . . .      REINE VICTORIEUSE   ET FEND COMME UN DARD,
089 040             VEUVE D'HECTOR, HELAS!   ET FEMME D'HELENUS!
034 011              PROFOND ET FROID, COUPE   ET FEND COMME UN DARD,
005 014                DONT LA CHAIR LISSE   ET FERME APPELAIT LES MORSURES!
095 030  . . . . . . . . . . . . .      ET FERME TON OREILLE A CE RUGISSEMENT.
136 005     DEUX VOIX ME PARLAIENT. L'UNE, INSIDIEUSE   ET FERME,
149 022             ET QUI LEUR DIT, RAILLEUR   ET FIER: "DANS MON CIBOIRE,
150 016                   ET FLATTE CE QUI NOUS REBUTE;
013 012  . . . . . . . .     FAIT COULER LE ROCHER   ET FLEURIR LE DESERT
133 016        ET TOUJOURS, COMME TOI, GRACIEUX   ET FLEURIS.
064 012                CRIME, HORREUR   ET FOLIE!--O PALE MARGUERITE!
126 035         UNE VOIX DE LA HUNE, ARDENTE   ET FOLLE, CRIE:
001 032  . . . . . . . . . . .      ET FONT SUR LUI L'ESSAI DE LEUR FEROCITE.
056 006      HAINE, FRISSONS, HORREUR, LABEUR DUR   ET FORCE,
095 027                   ET FORCER DOUCEMENT LES PORTES ET LES CAISSES
015 004                D'UN BRAS VENGEUR   ET FORT SAISIT CHAQUE AVIRON.
005 011  . . . . . .    L'HOMME, ELEGANT, ROBUSTE   ET FORT, AVAIT LE DROIT
120 013         O TOI QUI DE LA MORT, TA VIEILLE   ET FORTE AMANTE,
001 046             JE POSERAI SUR LUI MA FRELE   ET FORTE MAIN;
073 002      LA VENGEANCE EPERDUE AUX BRAS ROUGES   ET FORTS
071 008  . . . . . . . . . . .      ET FOULENT L'INFINI D'UN SABOT HASARDEUX.
132 014               TIMIDE ET LIBERTINE,   ET FRAGILE ET ROBUSTE,
133 023     COMME TU PLEURERAIS TES LOISIRS DOUX   ET FRANCS,
133 012                   ET FREDONNES TOUT BAS DE VIEUX AIRS INCONNUS;
117 009  . . . . . . . . .      LE GLOBE LUMINEUX   ET FRELE
034 011                      PROFOND   ET FROID, COUPE ET FEND COMME UN DARD,
071 012              LE CIMETIERE IMMENSE   ET FROID, SANS HORIZON,
100 017          SI, PAR UNE NUIT BLEUE   ET FROIDE DE DECEMBRE,
045 051  . . . . . . . . .    DE LA DANSEUSE FOLLE   ET FROIDE QUI SE PAME
103 015    LES PAUVRESSES, TRAINANT LEURS SEINS MAIGRES   ET FROIDS,
094 014                MANANTS RESIGNES   ET FUNEBRES,
126 127     ENTENDEZ-VOUS CES VOIX, CHARMANTES   ET FUNEBRES,
126 115  . . . . . .    POUR TROMPER L'ENNEMI VIGILANT   ET FUNESTE,
```

E

		POEM	LINE
	ET FUYEZ L'INFINI QUE VOUS PORTEZ EN VOUS!	131	104
OU JAMAIS N'ENTRE UN RAYON ROSE	ET GAI;	038	003
AGITE SANS REPOS SON CORPS MAIGRE	ET GALEUX;	075	006
UN ETRE, QUI N'ETAIT QUE LUMIERE, OR	ET GAZE;	054	046
PRIER	ET GEMIR:	117	014
MON COEUR NE SERA PLUS QU'UN BLOC ROUGE	ET GLACE.	056	008
SOULAGEMENT	ET GLOIRE UNIQUES,	084	039
ET COURENT, SANGLOTANT	ET GLOUSSANT PAR SACCADES,	130	006
CHEVEUX	ET GORGE AU VENT, S'ENIVRANT DE TAPAGE,	059	003
DESTRUCTEUR	ET GOURMAND COMME LA COURTISANE,	054	008
	ET GRANDIR LIBREMENT DANS SES TERRIBLES JEUX;	019	006
AUTRES, COMME DES SOEURS, MARCHENT LENTES	ET GRAVES	111	009
UN NUAGE FUNEBRE	ET GROS D'UNE TEMPETE,	115	006
QUI CHARME SON COEUR	ET GUERIT	068	013
HUMAIT AVIDEMENT CE CHANT VIF	ET GUERRIER:	091	058
S'ELANCE, RAPIDE	ET HARDIE,	155	017
TOI QUI FAIS AU PROSCRIT CE REGARD CALME	ET HAUT	120	016
QUE CES ROIS DE L'AZUR, MALADROITS	ET HONTEUX,	002	006
	ET JAMAIS JE NE PLEURE ET JAMAIS JE NE RIS.	017	008
	ET JAMAIS JE NE RIS.	017	008
UN BROUILLARD SALE	ET JAUNE INONDAIT TOUT L'ESPACE,	090	009
QUAND COEUR GONFLE D'ORGUEIL, HOMME DEBILE	ET JAUNE,	006	019
J'ENLACE	ET JE BERCE SON AME	068	009
	ET JE BUVAIS TON SOUFFLE, O DOUCEUR! O POISON!	036	018
	ET JE CHERIS, O BETE IMPLACABLE ET CRUELLE!	024	009
	ET JE DORMIRAI COMME UN CHIEN!	106	045
	ET JE FERAI DE TA PAUPIERE,	083	004
	ET JE FUS DE L'ENFANCE ADMIS AU NOIR MYSTERE	130	043
JE M'AVANCE A L'ATTAQUE,	ET JE GRIMPE AUX ASSAUTS,	024	007
JE HAIS LES TESTAMENTS	ET JE HAIS LES TOMBEAUX;	072	005
JE FAIS BOUILLIR	ET JE MANGE MON COEUR,	038	008
	ET JE ME SOULERAI DE NARD, D'ENCENS, DE MYRRHE,	001	041
HELAS!	ET JE NE PUIS, MEGERE LIBERTINE,	026	012
	ET JE N'Y CHERCHE PLUS L'ABRI D'UNE CAHUTE.	080	014
--"MOI, J'AI LA LEVRE HUMIDE,	ET JE ROULE UN PUISSANT DICTAME	068	012
	ET JE SAIS LA SCIENCE	132	005
MA DELPHINE, JE SOUFFRE	ET JE SUIS INQUIETE,	131	043
ILS SONT MES SERVITEURS	ET JE SUIS LEUR ESCLAVE;	043	007
	ET JE TE DONNERAI, MA BRUNE,	063	005
	ET JE TORDRAI SI BIEN CET ARBRE MISERABLE,	001	015
	ET JE T'ENDORMIRAI DANS UN REVE SANS FIN!"	131	040
	ET JE VOIS TOUR A TOUR REFLECHIS SUR TON TEINT	007	003
	ET JETTE DANS MES YEUX PLEINS DE CONFUSION	109	012
AU SOUS UN CLAIR AZUR TOUT N'EST QU'AMOUR	ET JOIE,	062	017
QUI GUETTE NUIT	ET JOUR BRICK, TARTANE OU FREGATE,	130	048
QUI BAILLE NUIT	ET JOUR, ET SE LAMENTE ET PLEURE	149	014
DE VOUS, CLAIRE	ET JOYEUSE AINSI QU'UNE FANFARE	045	017
VIENDRA RANIMER, FIDELE	ET JOYEUX,	121	013
VOYEZ VENIR A VOUS UN MORT LIBRE	ET JOYEUX;	072	010
	ET J'AI DIT AU POISON PERFIDE	031	015
	ET J'AI MEME POUSSE SUR ELLE	106	014
	ET J'AI POMPE TA VIE AVEC MA TROMPE IMMONDE!	085	012
ME RAVIT EN EXTASE,	ET J'AIME A LA FUREUR	127	007
LA TOILE ETAIT LEVEE	ET J'ATTENDAIS ENCORE.	125	014
HELAS!	ET J'AVAIS, COMME EN UN SUAIRE EPAIS,	116	055
DEPUIS L'ETERNITE JE PARCOURS	ET J'HABITE;	009	010
PARFOIS IL PARLE ET DIT: "JE SUIS BELLE,	ET J'ORDONNE	042	012
LA SECRETE SPLENDEUR	ET LA BEAUTE FATALE	110	023
	ET LA BEAUTE,	088	004
	ET LA BIERE ET L'ALCOVE EN BLASPHEMES FECONDES	112	009
LE NEPENTHE	ET LA BONNE CIGUE	128	022
DANS LA NEIGE	ET LA BOUE IL ALLAIT S'EMPETRANT,	090	026
NOUS IMITONS, HORREUR! LA TOUPIE	ET LA BOULE	126	025
LA LANGOUREUSE ASIE	ET LA BRULANTE AFRIQUE;	023	006
LE BOURDON SE LAMENTE,	ET LA BUCHE ENFUMEE	075	009
	ET LA CANDEUR UNIE A LA LUBRICITE	127	015
CHERCHANT LA LUMIERE	ET LA CLE;	084	016
LES MAISONS CA	ET LA COMMENCAIENT A FUMER.	103	012
A GRANDS FLOTS LE PARFUM, LE SON	ET LA COULEUR;	023	017
VENGENT BIENTOT L'EPEE	ET LA DAGUE TRAITRESSE.	035	007
LE BEAU VALET DE COEUR	ET LA DAME DE PIQUE	075	013
PAR LA GRIFFE	ET LA DENT FEROCE DE LA FEMME.	055	007
ELLE A LA NONCHALANCE	ET LA DESINVOLTURE	097	003
REPETANT, L'IMPUISSANT	ET LA FAT: "OUI, JE VEUX	149	015
ET L'HOMME EST LAS D'ECRIRE	ET LA FEMME D'AIMER.	103	011
ALORS L'HOMME	ET LA FEMME EN LEUR AGILITE	005	003
L'ELEGANCE	ET LA FORCE ABONDENT, SOEURS DIVINES.	020	003
LE DESERT	ET LA FORET	058	009
N'EST-TU PAS L'OASIS OU JE REVE,	ET LA GOURDE	023	034
	ET LA HAINE EST VOUEE A CE SORT LAMENTABLE	073	013
JE SUIS LE SOUFFLET	ET LA JOUE!	083	022
--	ET LA LAMPE S'ETANT RESIGNEE A MOURIR,	127	029
ON ENTEND CA	ET LA LES CUISINES SIFFLER.	095	021
C'ETAIT L'HEURE OU PARMI LE FROID	ET LA LESINE	103	017
	ET LA LUNE VERSER SON PALE ENCHANTEMENT.	086	012
JE SUIS L'ANGE GARDIEN, LA MUSE	ET LA MADONE."	042	014
COMME L'AIR DANS LE CIEL	ET LA MER DANS LA MER;	006	004
SI LE CIEL	ET LA MER SONT NOIRS COMME DE L'ENCRE,	126	139
J'AIME SI TENDREMENT LE DESERT	ET LA MER;	136	022

```
POEM LINE
065 014 . . . . . . . . . . . . . . . ET LA MET DANS SON COEUR LOIN DES YEUX DU SOLEIL.
048 028               QUI ME RONGE, O LA VIE ET LA MORT DE MON COEUR!
038 043                       LA MALADIE ET LA MORT FONT DES CENDRES
112 001                      LA DEBAUCHE ET LA MORT SONT DEUX AIMABLES FILLES,
014 015 . . . . . TELLEMENT VOUS AIMEZ LE CARNAGE ET LA MORT,
075 004                                   ET LA MORTALITE SUR LES FAUBOURGS BRUMEUX.
122 005              A TRAVERS LA TEMPETE, ET LA NEIGE, ET LE GIVRE,
016 020                        LE SILENCE ET LA NUIT S'INSTALLERENT EN LUI,
050 004 . . . . . . . REFLECHIT L'INDOLENCE ET LA PALEUR DU CIEL.
010 002                        TRAVERSE CA ET LA PAR DE BRILLANTS SOLEILS;
044 017                                   ET LA PEUR DE VIEILLIR, ET CE HIDEUX TOURMENT
153 007              LE DOUTE L'ENVIRONNE, ET LA PEUR RIDICULE,
010 003 . . . . . . . . . . LE TONNERRE ET LA PLUIE ONT FAIT UN TEL RAVAGE,
001 059        ET COMME LA MEILLEURE ET LA PLUS PURE ESSENCE
048 015              SAISIT L'AME VAINCUE ET LA POUSSE A DEUX MAINS
136 003             TOUT, LA CENDRE LATINE ET LA POUSSIERE GRECQUE,
016 026 . . . IL FAISAIT DES ENFANTS LA JOIE ET LA RISEE.
083 023                     JE SUIS LES MEMBRES ET LA ROUE,
020 023               LA VERITABLE TETE, ET LA SINCERE FACE
045 007                                   ET LA SOLENNITE DE LA NUIT, COMME UN FLEUVE,
110 039 . . . . . . . LA HANCHE UN PEU POINTUE ET LA TAILLE FRINGANTE
125 012          J'ETAIS MORT SANS SURPRISE, ET LA TERRIBLE AURORE
129 021                  ET LE PRINTEMPS ET LA VERDURE
083 024                     ET LA VICTIME ET LE BOURREAU!
107 012 . . . . TU LUI VERSES L'ESPOIR, LA JEUNESSE ET LA VIE,
070 008                                   ET LA VIPERE SES PETITS;
149 028                          ENORME ET LAID COMME LE MONDE!
016 025                            SALE, INUTILE ET LAID COMME UNE CHOSE USEE,
002 010 . . LUI, NAGUERE SI BEAU, QU'IL EST COMIQUE ET LAID!
034 003                                   ET LAISSE -MOI PLONGER DANS TES BEAUX YEUX,
055 003                                   ET LAISSE, EN REFLUANT, SUR MA LEVRE MOROSE,
078 014                                   ET LANCENT VERS LE CIEL UN AFFREUX HURLEMENT,
130 016 . . . . . LESBOS, TERRE DES NUITS CHAUDES ET LANGOUREUSES,
130 020        LESBOS, TERRE DES NUITS CHAUDES ET LANGOUREUSES,
047 004             VALSE MELANCOLIQUE ET LANGOUREUX VERTIGE!
047 007             VALSE MELANCOLIQUE ET LANGOUREUX VERTIGE!
156 015 . . . . . . . . LE SIEN RAYONNE, FRANC ET LARGE
058 028                        LA MORSURE ET LE BAISER;
030 004     OU NAGENT DANS LA NUIT L'HORREUR ET LE BLASPHEME;
083 024                     ET LA VICTIME ET LE BOURREAU!
036 004 . . . . . . . LA DOUCEUR DU FOYER ET LE CHARME DES SOIRS,
029 013                                   ET LE CIEL REGARDAIT LA CARCASSE SUPERBE
102 059                                   ET LE CIEL VERSAIT DES TENEBRES
131 056                                   ET LE COMMENCEMENT DE MA PERDITION!"
116 059 . . . --AH! SEIGNEUR! DONNEZ -MOI LA FORCE ET LE COURAGE
083 021                       JE SUIS LA PLAIE ET LE COUTEAU!
115 024                      DOMINE LA NUEE ET LE CRI DES DEMONS)
021 003           VERSE CONFUSEMENT LE BIENFAIT ET LE CRIME,
126 100 . . . . . . . . . DANS LES CLOUS ET LE CRIN CHERCHANT LA VOLUPTE;
130 067           QUAND, INSULTANT LE RITE ET LE CULTE INVENTE,
122 010                        LE SOMMEIL ET LE DON DES REVES EXTATIQUES,
050 016      DES PLAISIRS PLUS AIGUS QUE LA GLACE ET LE FER?
123 011 . . . QUI VONT SE MARTELANT LA POITRINE ET LE FRONT,
122 005      A TRAVERS LA TEMPETE, ET LA NEIGE, ET LE GIVRE,
031 017                      HELAS! LE POISON ET LE GLAIVE
007 014                          PHOEBUS, ET LE GRAND PAN, LE SEIGNEUR DES MOISSONS.
128 016 . . . . . . . .                   ET LE LETHE COULE DANS TES BAISERS.
045 009                                   ET LE LONG DES MAISONS, SOUS LES PORTES COCHERES,
021 015                                   ET LE MEURTRE, PARMI TES PLUS CHERES BRELOQUES,
148 010                         TROUVER LA FIN ET LE MILIEU;
067 011 . . . . . . . . . . LE TUMULTE ET LE MOUVEMENT;
001 024                   RETROUVE L'AMBROISIE ET LE NECTAR VERMEIL.
079 011              CAR JE CHERCHE LE VIDE, ET LE NOIR, ET LE NU!
079 011        CAR JE CHERCHE LE VIDE, ET LE NOIR, ET LE NU!
081 010 . . . . . . . . . .                ET LE PARADIS EN ENFER;
090 024               LUI DONNAIT LA TOURNURE ET LE PAS MALADROIT
126 096                                   ET LE PEUPLE AMOUREUX DU FOUET ABRUTISSANT;
093 008          LA DOUCEUR QUI FASCINE ET LE PLAISIR QUI TUE.
120 001 . . . . . . O TOI, LE PLUS SAVANT ET LE PLUS BEAU DES ANGES,
130 056      DE LA MALE SAPHO, L'AMANTE ET LE POETE
130 060      DE LA MALE SAPHO, L'AMANTE ET LE POETE!
129 021                      ET LE PRINTEMPS ET LA VERDURE
130 063 . . . . . . ET LE RAYONNEMENT DE SA JEUNESSE BLONDE
000 011                                   ET LE RICHE METAL DE NOTRE VOLONTE
007 005                 LE SUCCUBE VERDATRE ET LE ROSE LUTIN
023 032          SEMERA LE RUBIS, LA PERLE ET LE SAPHIR,
094 006 . . . . . . .                       ET LE SAVOIR D'UN VIEIL ARTISTE,
109 003                          JE L'AVALE ET LE SENS QUI BRULE MON POUMON
100 013                                   ET LE SIECLE COULER, SANS QU'AMIS NI FAMILLE
099 005                                   ET LE SOLEIL, LE SOIR, RUISSELANT ET SUPERBE,
103 027 . . . . . . . .                     ET LE SOMBRE PARIS, EN SE FROTTANT LES YEUX,
120 032        NOUS APPRIS A MELER LE SALPETRE ET LE SOUFRE,
011 004                        L'ART EST LONG ET LE TEMPS EST COURT.
080 011 . . . . . . . . . .                ET LE TEMPS M'ENGLOUTIT MINUTE PAR MINUTE,
103 002 . . . . . . .                       ET LE VENT DU MATIN SOUFFLAIT SUR LES LANTERNES.
131 099                                   ET LE VENT FURIBOND DE LA CONCUPISCENCE
029 026          COMME L'EAU COURANTE ET LE VENT,
033 014                          -- ET LE VER RONGERA TA PEAU COMME UN REMORDS.
001 033 . . . . . . . . . . .    DANS LE PAIN ET LE VIN DESTINES A SA BOUCHE
```

[118]

E

		POEM	LINE
QUI D'UNE MAIN DISTRAITE	ET LEGERE CARESSE	065	003
DECORS FRAIS	ET LEGERS ECLAIRES PAR DES LUSTRES	006	023
SUIVANT UN RHYTHME DOUX, ET PARESSEUX,	ET LENT.	052	008
SUIVANT UN RHYTHME DOUX, ET PARESSEUX,	ET LENT.	052	028
AVEC IVRESSE	ET LENTE GOURMANDISE	038	016
SUSPENDANT TON ALLURE HARMONIEUSE	ET LENTE,	098	003
TOURMENTENT LES DESIRS OBSCURS	ET LES AGACENT,	052	030
	ET LES AGONISANTS DANS LE FOND DES HOSPICES	103	022
LES BANNIERES, LES FLEURS	ET LES ARCS TRIOMPHAUX	105	020
SUR LA VILLE ET LES CHAMPS, SUR LES TOITS	ET LES BLES,	087	004
ET FORCER DOUCEMENT LES PORTES	ET LES CAISSES	095	027
SUR LA VILLE	ET LES CHAMPS, SUR LES TOITS ET LES BLES,	087	004
LES YEUX FIXES AU LARGE	ET LES CHEVEUX AU VENT,	126	124
LE REGARD INDECIS	ET LES CHEVEUX AU VENT.	115	015
QUI FERAIENT DELIRER LES CERVEAUX	ET LES COEURS!	052	024
	ET LES COMPLOTS DES NOIRS FILOUS.	070	014
DONT LES FORMES	ET LES COULEURS	135	015
	ET LES DAMES D'ATOUR, POUR QUI TOUT PRINCE EST BEAU,	077	010
EXHALE LE VERTIGE,	ET LES DANSEURS PRUDENTS	097	038
TU SEMES AU HASARD LA JOIE	ET LES DESASTRES,	021	011
OU NE MORDRONT JAMAIS LA TERRE	ET LES ENFERS,	001	066
LA LUNE, LE SOLEIL, LE CIEL	ET LES ETOILES!	132	010
LES MIROIRS TERNIS	ET LES FLAMMES MORTES.	121	014
COMME L'AZUR DU CIEL, LES OISEAUX	ET LES FLEURS,	005	039
LES AIGLES, LES GRILLONS, LES RUISSEAUX	ET LES FLEURS,	115	020
QUAND VOUS IREZ, SOUS L'HERBE	ET LES FLORAISONS GRASSES,	029	043
	ET LES GRANDS CIELS QUI FONT REVER D'ETERNITE.	086	008
FRISSONNANTE LA-BAS SOUS LA NEIGE	ET LES GRELES,	133	022
L'UNIVERS MOINS HIDEUX	ET LES INSTANTS MOINS LOURDS?	021	028
LES POINGS CRISPES DANS L'OMBRE	ET LES LARMES DE FIEL,	044	007
	ET LES MOINS SOTS, HARDIS AMANTS DE LA DEMENCE,	126	105
MELENT, DANS LE BOIS SOMBRE	ET LES NUITS SOLITAIRES,	111	019
DES FEMMES DONT LES DENTS	ET LES ONGLES SONT TEINTS,	126	082
OU LES PASTELS PLAINTIFS	ET LES PALES BOUCHER,	076	013
LES SONS	ET LES PARFUMS TOURNENT DANS L'AIR DU SOIR;	047	003
LA POITRINE EN AVANT	ET LES POUMONS GONFLES	069	005
ET QU'IL FAUT EMPLOYER LA PELLE	ET LES RATEAUX	010	006
	ET LES REND GAIS ET DOUX COMME DES JEUNES FILLES,	087	014
SUR LA NAPPE FRUGALE	ET LES RIDEAUX DE SERGE.	099	010
ET REMPLIT LES CERVEAUX	ET LES RUCHES DE MIEL.	087	012
LES AMOUREUX FERVENTS	ET LES SAVANTS AUSTERES	066	001
	ET LES SIX AUTRES MOIS LA NUIT COUVRE LA TERRE;	030	006
	ET LES SOIRS AU BALCON, VOILES DE VAPEURS ROSES.	036	007
LES PARFUMS, LES COULEURS	ET LES SONS SE REPONDENT.	004	008
	ET LES URNES D'AMOUR DONT VOS GRANDS COEURS SONT PLEINS!	111	028
	ET LES VAGUES TERREURS DE CES AFFREUSES NUITS	044	003
DERRIERE LES ENNUIS	ET LES VASTES CHAGRINS	003	013
	ET LES VASTES ECLAIRS DE SON ESPRIT LUCIDE	001	055
	ET LES VOLEURS, QUI N'ONT NI TREVE NI MERCI,	095	025
	ET LEUR PEAU FLEURIRA L'ARIDITE DES RONCES.	035	011
	ET LEUR VERSAIT PARFOIS QUELQUE SALE CARESSE.	115	030
DANS LEUR VALSE	ET LEURS BONDS; MEME DANS NOS SOMMEILS	126	026
ET LEURS PIEDS SE CHERCHANT	ET LEURS MAINS RAPPROCHEES	111	003
	ET LEURS PIEDS SE CHERCHANT ET LEURS MAINS RAPPROCHEES	111	003
MONTRANT LEURS SEINS PENDANTS	ET LEURS RORES OUVERTES,	015	005
TIMIDE	ET LIBERTINE, ET FRAGILE ET ROBUSTE,	132	014
TETE-A-TETE SOMBRE	ET LIMPIDE	084	033
DE CE CIEL BIZARRE	ET LIVIDE,	082	001
ET, PLEINE DE REMORDS ET D'HORREUR,	ET LIVIDE,	131	071
VAGUE	ET LOINTAINE, ME RAVIT.	102	004
TRAINE A PLIS BRUYANTS	ET LONGS	088	015
	ET LORSQUE J'ENTREVOIS UN FANTOME DEBILE	091	025
	ET LORSQUE TU N'AURAS POUR ALCOVE ET MANOIR	033	003
	ET LORSQUE TU SENTIS S'ENFONCER LES EPINES	118	015
MOI, MON AME EST FELEE,	ET LORSQU'EN SES ENNUIS	074	009
	ET LORSQU'IL EUT DONNE SON OBOLE A CHARON,	015	002
GLOIRE	ET LOUANGE A TOI, SATAN, DANS LES HAUTEURS	120	046
QUAND LE CIEL BAS	ET LOURD PESE COMME UN COUVERCLE	078	001
OU L'AME, SOUS LE POIDS DU CORPS REVECHE	ET LOURD,	103	007
BARBARE, ROIDE	ET LOURD, ET DOUBLE DE SOUPCON,	057	012
SOUS LES COUPS DU BELIER INFATIGABLE	ET LOURD.	056	012
LE SOUVENIR MASSIF, ROYALE	ET LOURDE TOUR,	098	010
DE SES CHEVEUX ELASTIQUES	ET LOURDS,	038	023
VERS L'ETRANGE	ET L'ABSURDE INVITENT SA RAISON;	153	006
ET LA BIERE	ET L'ALCOVE EN BLASPHEMES FECONDES	112	009
T'ONT -ILS VERSE LA PEUR	ET L'AMOUR DE LEURS URNES?	007	006
LE TRAVAIL DE MES MAINS	ET L'AMOUR DE MES YEUX?	009	014
LE CULTE DE LA PLAIE	ET L'AMOUR DES GUENILLES,	120	038
"LA VOLUPTE M'APPELLE	ET L'AMOUR ME COURONNE!"	020	013
	ET L'AMOUR SE RIRA DE L'ENFER ET DU CIEL!	130	010
	ET L'ANGE, CHATIANT AUTANT, MA FOI! QU'IL AIME,	140	012
VAINCU, PLEURE,	ET L'ANGOISSE ATROCE, DESPOTIQUE,	078	019
	ET L'ANIMER ENCOR D'UNE VOIX ARGENTINE,	062	029
	ET L'APPAREIL SANGLANT DE LA DESTRUCTION!	109	014
TU CONTIENS DANS TON OEIL LE COUCHANT	ET L'AURORE;	021	005
L'UN EST L'ART,	ET L'AUTRE L'AMOUR.	135	009
PAR, S'IL LE FAUT. L'UN COURT,	ET L'AUTRE SE TAPIT	126	114
	ET L'AUTRE: "VIENS! OH! VIENS VOYAGER DANS LES REVES,	136	009
ET COGNENT EN VOLANT LES VOLETS	ET L'AUVENT.	095	013

```
POEM LINE
027 005 .  .  .  .    .  .  .  .  .      COMME LE SABLE MORNE    ET L'AZUR DES DESERTS,
154 008                                         --LA BRISE       ET L'EAU CHANTENT AU LOIN
109 004                                                          ET L'EMPLIT D'UN DESIR ETERNEL ET COUPABLE.
004 013           COMME L'AMBRE, LE MUSC, LE BENJOIN            ET L'ENCENS,
021 008 .  .  .  .  .  .  .  .      QUI FONT LE HEROS LACHE     ET L'ENFANT COURAGEUX,
096 024                          LA DOULEUR A LA MORT           ET L'ENFER AU NEANT!
064 008                          JE HAIS LA PASSION             ET L'ESPRIT ME FAIT MAL!
104 014                                                          ET L'ESPOIR QUI GAZOUILLE EN MON SEIN PALPITANT?
001 027 .  .  .  .  .  .  .  .  .  .  .  .  .     ET L'ESPRIT QUI LE SUIT DANS SON PELERINAGE
029 047                       QUE J'AI GARDE LA FORME           ET L'ESSENCE DIVINE
041 017                                                          ET L'HARMONIE EST TROP EXQUISE,
103 011                                                          ET L'HOMME EST LAS D'ECRIRE ET LA FEMME D'AIMER.
095 004 .  .  .  .  .  .  .  .  .  .  .  .      ET L'HOMME IMPATIENT SE CHANGE EN BETE FAUVE.
023 011                       J'IRAI LA-BAS OU L'ARBRE          ET L'HOMME, PLEINS DE SEVE,
066 006                       ILS CHERCHENT LE SILENCE          ET L'HORREUR DES TENEBRES!
007 004                                         LA FOLIE        ET L'HORREUR, FROIDES ET TACITURNES.
010 013 .  .  .  .  .  .  .  .  .  .  .  .  .     ET L'OBSCUR ENNEMI QUI NOUS RONGE LE COEUR
059 007                                         LA JOUE         ET L'OEIL EN FEU, JOUANT SON PERSONNAGE,
021 004                                                          ET L'ON PEUT POUR CELA TE COMPARER AU VIN.
113 011         LE VIN REND L'OEIL PLUS CLAIR                   ET L'OREILLE PLUS FINE!
107 013 .  .  .  .  .  .  .  .  .  .  .  .  .  -- ET L'ORGUEIL, CE TRESOR DE TOUTE GUEUSERIE,
011 010                       DANS LES TENEBRES                 ET L'OUBLI
093 004           SOULEVANT, BALANCANT LE FESTON                ET L'OURLET;
095 010                                                          ET L'OUVRIER COURBE QUI REGAGNE SON LIT.
105 022 .  .  .  .  .  .  .  .      ET DANS L'ETOURDISSANTE     ET LUMINEUSE ORGIE
112 007                                         TOMBEAUX        ET LUPANARS MONTRENT SOUS LEURS CHARMILLES
084 009                                                          ET LUTTANT, ANGOISSES FUNEBRES!
117 020                                         MON SANG        ET MA CHAIR!"
136 016 .  .  .  .  .  .  .  .  .  .  .  .  .     ET MA FATALITE.   DERRIERE LES DECORS
038 056                       CELLE QUI FUT MON PLAISIR         ET MA GLOIRE!
149 042           ET CONTIENT MON ORGUEIL, MA DOULEUR           ET MA GLOIRE!"
131 036           TOI, MON AME ET MON COEUR, MON TOUT           ET MA MOITIE,
029 040 .  .  .  .  .  .  .  .  .  .      VOUS, MON ANGE        ET MA PASSION!
134 018                          QUI FAIT MA JOIE               ET MA SANTE,
015 013           FRISSONNANT SOUS SON DEUIL, LA CHASTE         ET MAIGRE ELVIRE,
115 012                       EN ECHANGEANT MAINT SIGNE         ET MAINT CLIGNEMENT D'YEUX:
088 038 .  .  .  .  .  .  .  .  .  .  .      MAINT SEIGNEUR     ET MAINT RONSARD
012 003           ET QUE LEURS GRANDS PILIERS, DROITS           ET MAJESTUEUX,
003 008 .  .  .  .  .  .  .  .  .  .      AVEC UNE INDICIBLE    ET MALE VOLUPTE,
000 017           AINSI QU'UN DEBAUCHE PAUVRE QUI BAISE         ET MANGE
150 030 .  .  .  .  .  .  .  .  .  .  .  .      BU SANS SOIF    ET MANGE SANS FAIM!
119 001                       RACE D'ABEL, DORS, BOIS           ET MANGE;
033 003           ET LORSQUE TU N'AURAS POUR ALCOVE             ET MANOIR
123 010                       ET CES SCULPTEURS DAMNES          ET MARQUES D'UN AFFRONT,
086 019 .  .     DES BAISERS, DES OISEAUX CHANTANT SOIR        ET MATIN,
051 012                                                          ET ME REJOUIT COMME UN PHILTRE.
124 013                                                          ET ME ROULER DANS VOS RIDEAUX,
142 004                                         ORGIAQUE        ET MELANCOLIQUE.
115 021 .  .  .  .  .  .  .  .  .  .  .  .  .     ET MEME A NOUS, AUTEURS DE CES VIEILLES RUBRIQUES,
089 032                                                          ET MES CHERS SOUVENIRS SONT PLUS LOURDS QUE DES ROC
104 003                       SOUS MA PRISON DE VERRE           ET MES CIRES VERMEILLES,
001 047                                                          ET MES ONGLES, PAREILS AUX ONGLES DES HARPIES,
036 017 .  .  .  .  .  .  .  .  .  .  .  .  .     ET MES YEUX DANS LE NOIR DEVINAIENT TES PRUNELLES,
119 004                                         RAMPE           ET MEURS MISERABLEMENT.
071 014           LES PEUPLES DE L'HISTOIRE ANCIENNE            ET MODERNE.
106 026                       QUOIQUE BIEN FATIGUEE!            ET MOI,
090 051 .  .  .  .  .  .  .  .  .  .  .  .  .     ET MON AME DANSAIT, DANSAIT, VIEILLE GABARRE
020 027                       TON MENSONGE M'ENIVRE,           ET MON AME S'ABREUVE
101 003           D'ENVELOPPER AINSI MON COEUR                  ET MON CERVEAU
096 021                                                          ET MON COEUR S'EFFRAYA D'ENVIER MAINT PAUVRE HOMME
131 036 .  .  .  .  .  .  .  .  .  .      TOI, MON AME         ET MON COEUR, MON TOUT ET MA MOITIE,
116 060                       DE CONTEMPLER MON COEUR           ET MON CORPS SANS DEGOUT!
058 036                                         MON GENIE       ET MON DESTIN;
131 050           EXPLIQUE, SI TU PEUX, MON TROUBLE             ET MON EFFROI;
023 023 .  .  .  .  .  .  .  .  .  .  .  .  .     ET MON ESPRIT SUBTIL QUE LE ROULIS CARESSE
146 012                                                          ET MON ESPRIT, TOUJOURS DU VERTIGE HANTE,
145 013                                                          ET MON PIED PEUREUX FROISSE, AU BORD DU MARECAGE,
017 002                                                          ET MON SEIN, OU CHACUN S'EST MEURTRI TOUR A TOUR,
157 013 .  .  .  .  .  .  .      DE CES VINDICATIFS            ET MONSTRUEUX REPTILES,
059 008                                                          ET MONTANT, SABRE AU POING, LES ROYAUX ESCALIERS?
127 005           QUAND IL JETTE EN DANSANT SON BRUIT VIF       ET MOQUEUR,
020 010           CE LONG REGARD SOURNOIS, LANGOUREUX           ET MOQUEUR;
090 047 .  .  .  .  .  .  .  .  .  .  .  .      MALADE          ET MORFONDU, L'ESPRIT FIEVREUX ET TROUBLE,
049 009                       ET DE PLAISIRS NOIRS              ET MORNES
072 014           POUR CE VIEUX CORPS SANS AME                  ET MORT PARMI LES MORTS!
053 005                                         AIMER           ET MOURIR
022 013           QUI CIRCULE DANS L'AIR                        ET M'ENFLE LA NARINE,
031 018                       M'ONT PRIS EN DEDAIN              ET M'ONT DIT:
017 004                                         ETERNEL         ET MUET AINSI QUE LA MATIERE.
153 008                                         HIDEUSE         ET MULTIFORME, AUTOUR DE LUI CIRCULE.
007 007 .  .  .  .     LE CAUCHEMAR, D'UN POING DESPOTIQUE      ET MUTIN,
012 006           MELAIENT D'UNE FACON SOLENNELLE               ET MYSTIQUE
039 007           ET PAR UN FRATERNEL                           ET MYSTIQUE CHAINON
139 013                       DANS LE VIN INFORME               ET MYSTIQUE;
027 001 .  .  .  .  .      AVEC SES VETEMENTS ONDOYANTS        ET NACRES,
142 002                                         SOBRE           ET NAIF HOMME DE BIEN,
114 005                       ELLE RIT A LA MORT                ET NARGUE LA DEBAUCHE.
149 006                                                          ET NATURELLEMENT, DIEU M'A FAITE TRES BELLE."
015 020 .  .  .  .  .  .  .  .  .  .      REGARDAIT LE SILLAGE ET NE DAIGNAIT RIEN VOIR.
```

E

		POEM	LINE
--"JE NE SUIS POINT INGRATE	ET NE ME REPENS PAS, ...	131	042
	ET NE RAFRAICHIRA LA SOIF DE L'EUMENIDE	131	079
	ET NE REGARDE EN HAUT QU'AVEC UN OEIL TREMBLANT.	144	008
	ET NE RENDENT VISIBLES QU'EUX;	084	024
EI TU GOUVERNES TOUT	ET NE REPONDS DE RIEN.	021	012
	ET NE SE TAIT NI NUIT NI JOUR,	155	006
ET SANS CESSE VERS TOI, SOMMET BLANC	ET NEIGEUX,	057	035
REINE DU DOUX EMPIRE, AIMABLE	ET NOBLE TERRE,	130	023
AGILE	ET NOBLE, AVEC SA JAMBE DE STATUE.	093	005
PUITS DE VERITE, CLAIR	ET NOIR,	084	035
UN COEUR TENDRE, QUI HAIT LE NEANT VASTE	ET NOIR,	047	013
LE CHARME INATTENDU D'UN BIJOU ROSE	ET NOIR.	151	004
EINE DE L'ACRE ODEUR DES TEMPS, POUDREUSE	ET NOIRE, ...	048	006
QUELLE EST CETTE ILE TRISTE	ET NOIRE?--C'EST CYTHERE,	116	005
PEUT -ON ILLUMINER UN CIEL BOURBEUX	ET NOIR?	054	021
UN COEUR TENDRE, QUI HAIT LE NEANT VASTE	ET NOIR!	047	010
PEUT -ON ILLUMINER UN CIEL BOURBEUX	ET NOIRS?	054	025
UNE DOULEUR TRES -SIMPLE	ET NON MYSTERIEUSE,	040	005
	ET NOUS ALIMENTONS NOS AIMABLES REMORDS,	000	003
	ET NOUS ALLONS, SUIVANT LE RHYTHME DE LA LAME,	126	007
	ET NOUS DEMOLIRONS MAINTE LOURDE ARMATURE, ...	123	006
DONT LE DOIGT NOUS MENACE	ET NOUS DIT: "SOUVIENS -TOI!	085	002
	ET NOUS DONNE LE COEUR DE MARCHER JUSQU'AU SOIR;	122	004
QUI, COMME UN ELIXIR, NOUS MONTE	ET NOUS ENIVRE,	122	003
	ET NOUS RENTRONS GAIEMENT DANS LE CHEMIN BOURBEUX, . .	000	000
LA CURIOSITE NOUS TOURMENTE	ET NOUS ROULE,	126	027
D'UN INFINI QUE J'AIME	ET N'AI JAMAIS CONNU?	021	024
LES FORMES S'EFFACAIENT	ET N'ETAIENT PLUS QU'UN REVE,	029	029
LA DOUCEUR DU FOYER	ET N'ONT JAMAIS VECU!	095	038
	ET NUL NE VOUS SALUE, ETRANGES DESTINEES!	091	071
SOUS NOTRE PIED SANGLANT	ET NU?	094	032
MONTANT COMME LA MER SUR LE ROC NOIR	ET NU?"	040	002
ET QUI REFAIT LE LIT DES GENS PAUVRES	ET NUS;	122	011
BLESSE PAR LE MYSTERE	ET PAR L'ABSURDITE!	090	048
REPONDS, CADAVRE IMPUR!	ET PAR TES TRESSES ROIDES	110	049
	ET PAR UN FRATERNEL ET MYSTIQUE CHAINON	039	007
	ET PARCE QU'ELLE VIT! MAIS CE QU'ELLE DEPLORE	020	033
	ET PARCOURT, COMME UN PRINCE INSPECTANT SA MAISON,	071	011
DE DEMONS, VINS, FOLLE	ET PAREE,	031	004
	ET PAREIL AU MOURANT QU'ECRASENT LES BLESSES,	054	013
SUIVANT UN RHYTHME DOUX,	ET PARESSEUX, ET LENT.	052	026
SUIVANT UN RHYTHME DOUX,	ET PARESSEUX, ET LENT.	052	028
	ET PARFOIS EN ETE, QUAND LES SOLEILS MALSAINS,	019	011
LA FETE QU'ASSAISONNE	ET PARFUME LE SANG;	126	094
	ET PARMI LES SANGLOTS DONT LE ROC RETENTIT	130	052
	ET PARTOUT COLORANT EN ROUGE LA NATURE.	113	008
	ET PENETRENT VOS CORPS DE LEURS PARFUMS AFFREUX.	131	096
DES DESIRS ERRANTS	ET PERDUS?	110	044
DEGOUTANT PHENIX, FILS	ET PERE DE LUI-MEME?	090	043
PUISSE -JE USER DU GLAIVE	ET PERIR PAR LE GLAIVE!	118	031
LE MONDE, MONOTONE	ET PETIT, AUJOURD'HUI,	126	110
	ET PETRISSANT SES SEINS SUR LE FER DE SON BUSC,	132	003
JE PENSE A LA NEGRESSE, AMAIGRIE	ET PHTISIQUE, ...	089	041
	ET PIROUETTANT DANS LES TENEBRES;	084	012
NE SONT QUE DES MIROIRS OBSCURCIS	ET PLAINTIFS!"	001	076
	ET PLANAIT LIBREMENT A L'ENTOUR DES CORDAGES;	116	002
	ET PLATRE ARTISTEMENT LE SEIN QUI T'A NOURRI!"	147	014
L'OEIL CLAIR	ET PLEIN DU FEU DE LA PRECOCITE,	157	005
SA MERE EPOUVANTEE	ET PLEINE DE BLASPHEMES	001	003
NOIRE, HUMIDE, FUNESTE	ET PLEINE DE FRISSONS;	145	011
ETENDUE A SES PIEDS, CALME	ET PLEINE DE JOIE, ...	131	013
DANS UNE TERRE GRASSE	ET PLEINE D'ESCARGOTS	072	001
QUE JE RIS DANS LES DEUILS	ET PLEURE DANS LES FETES,	136	023
QUI BAILLE NUIT ET JOUR, ET SE LAMENTE	ET PLEURE,	149	014
EREINTES	ET PLIANT SOUS UN TAS DE DEBRIS,	105	015
DANS UN STYX BOURBEUX	ET PLOMBE	084	003
QUI ROULE BORD SUR BORD	ET PLONGE	028	027
	ET PLONGE TOUT ENTIERE AU GOUFFRE DE L'ENNUI;	037	004
PLUS ECLATANTES	ET PLUS BELLES,	129	035
	ET PLUS TARD UN ANGE, ENTR'OUVRANT LES PORTES,	121	012
	ET POUR LE DERANGER DU ROCHER DE CRISTAL	127	023
	ET POUR LES PRESSURER RESSUSCITER LEURS CORPS.	073	008
POUR ENGENDRER MA VIE	ET POUR ME DONNER L'AME;	104	007
	ET POUR MELER L'AMOUR AVEC LA BARBARIE,	057	038
	ET POUR NOUS RECONCILIER	106	019
LES SEINS NUS	ET POURPRES DE SES TENTATIONS;	111	012
	ET POURTANT AIMEZ -MOI TENDRE COEUR! SOYEZ MERE, . . .	056	021
C'EST ELLE! NOIRE	ET POURTANT LUMINEUSE,	038	014
	ET POURTANT NECESSAIRE A LA MARCHE DU MONDE,	114	014
RICHE, MAIS IMPUISSANT, JEUNE	ET POURTANT TRES -VIEUX,	077	002
--	ET POURTANT VOUS SEREZ SEMBLABLE A CETTE ORDURE,	029	037
	ET POUSSER UNE LOURDE BECHE	094	031
QUI DEGAGENT LEUR AILE	ET PRENNENT LEUR ESSOR,	048	011
DIEU TRAHI PAR LE SORT	ET PRIVE DE LOUANGES,	120	002
DANS UNE TENEBREUSE	ET PROFONDE UNITE, ...	004	009
ELLE EST TOUJOURS RICHE	ET PROFONDE.	051	007
ORAGEUX ET SECRETS, FOURMILLANTS	ET PROFONDS;	130	009
	ET PROMENANT L'ENNUI DE TON REGARD PROFOND;	098	004
	ET PROMENE SES YEUX SUR LES VISIONS BLANCHES	065	007

```
POEM LINE
089 036 .  .  .  .  .           ET RONGE D'UN DESIR SANS TREVE!  ET PUIS A VOUS,
126 084                                         ET PUIS,  ET PUIS ENCORE?  "O CERVEUX ENFANTINS!
058 031                                                   ET PUIS TU METS SUR MON COEUR
126 084                               ET PUIS, ET PUIS ENCORE?  "O CERVEUX ENFANTINS!
149 021 .                         ET PUIS, QUELQU'UN PARAIT, QUE TOUS AVAIENT NIE,
119 017                                 RACE D'ABEL, AIME  ET PULLULE!
046 008                   AINSI, CHERE DEESSE, ETRE LUCIDE  ET PUR,
133 013                          ET QUAND DESCEND LE SOIR AU MANTEAU D'ECARLATE,
132 022 .  .                      ET QUAND JE LES ROUVRIS A LA CLARTE VIVANTE,
114 018                          ET QUAND L'HEURE VIENDRA D'ENTRER DANS LA NUIT NOIR
100 005                          ET QUAND OCTOBRE SOUFFLE, EMONDEUR DES VIEUX ARBRES
086 014                          ET QUAND VIENDRA L'HIVER AUX NEIGES MONOTONES,
045 030 .                        ET QUE C'EST LE TRAVAIL BANAL
078 003                          ET QUE DE L'HORIZON EMBRASSANT TOUT LE CERCLE
115 003                          ET QUE DE MA PENSEE, EN VAGUANT AU HASARD,
001 011                          ET QUE JE NE PUIS PAS REJETER DANS LES FLAMMES,
051 036 .  .  .                  ET QUE JE REGARDE EN MOI-MEME,
062 027                  EST -IL DEJA PLUS LOIN QUE L'INDE  ET QUE LA CHINE?
131 082                          ET QUE LA LASSITUDE AMENE LE REPOS!
132 018 .  .                     ET QUE LANGUISSAMMENT JE ME TOURNAI VERS ELLE
038 052 .  .                     ET QUE LE TEMPS, INJURIEUX VIEILLARD,
012 003                          ET QUE LEURS GRANDS PILIERS, DROITS ET MAJESTEUX,
029 031                  SUR LA TOILE OUBLIEE,  ET QUE L'ARTISTE ACHEVE
034 007                          ET QUE MA MAIN S'ENIVRE DU PLAISIR
005 026 .  .  .  .  .  .         QUE RONGE  ET QUE NOURRIT LA DEBAUCHE, ET VOUS, VIERGES,
149 020                          QU'HABITE  ET QUE RONGE UN INSECTE!"
094 027                          ET QUE SEMPITERNELLEMENT,
054 017                          ET QUE SURVEILLE LE CORBEAU,
007 011 .  .                     ET QUE TON SANG CHRETIEN COULAT A FLOTS RHYTHMIQUES
045 027                          ET QUE TOUJOURS, AVEC QUELQUE SOIN QU'IL SE FARDE,
138 024                          ET QUE TU COUVES SOUS TA GORGE
024 004                          ET QUE TU ME PARAIS, ORNEMENT DE MES NUITS,
001 063 .  .  .  .               ET QUE VOUS L'INVITEZ A L'ETERNELLE FETE
090 008                          ET QUE, DECOR SEMBLABLE A L'AME DE L'ACTEUR,
136 026                          ET QUE, LES YEUX AU CIEL, JE TOMBE DANS DES TROUS.
126 010                  D'AUTRES, L'HORREUR DE LEURS BERCEAUX,  ET QUELQUES-UNS,
086 006 .  .  .  .  .  .   JE VERRAI L'ATELIER QUI CHANTE  ET QUI BAVARDE;
103 005                  OU, COMME UN OEIL SANGLANT QUI PALPITE  ET QUI BOUGE,
057 016                          ONDULEUX, MON DESIR QUI MONTE  ET QUI DESCEND,
100 002                          ET QUI DORT SON SOMMEIL SOUS UNE HUMBLE PELOUSE,
122 001 .  .  .  .        C'EST LA MORT QUI CONSOLE, HELAS!  ET QUI FAIT VIVRE;
051 009                          CETTE VOIX, QUI PERLE  ET QUI FILTRE
074 002                  D'ECOUTER, PRES DU FEU QUI PALPITE  ET QUI FUME,
015 014                  PRES DE L'EPOUX PERFIDE  ET QUI FUT SON AMANT,
149 022 .  .                     QUI ME SECOUE  ET QUI LEUR DIT, RAILLEUR ET FIER: "DANS MON CIBOI
083 016                          ET QUI MORD?
074 014                          ET QUI MEURT, SANS BOUGER, DANS D'IMMENSES EFFORTS.
083 028                          ET QUI NE PEUVENT PLUS SOURIRE!
097 042 .  .                     ET QUI NE S'EST NOURRI DES CHOSES DU TOMBEAU?
110 014                          ET QUI NOUS ENCHAINENT LES YEUX,
149 040                          ET QUI N'EST PAS DE PIERRE TENDRE;
090 038                          ET QUI N'EST PAS SAISI D'UN FRISSON FRATERNEL,
001 049 .  .  .          COMME UN TOUT JEUNE OISEAU QUI TREMBLE  ET QUI PALPITE,
052 017                  TA GORGE QUI S'AVANCE  ET QUI POUSSE LA MOIRE,
122 011                          ET QUI REFAIT LE LIT DES GENS PAUVRES ET NUS;
126 022                          ET QUI REVENT, AINSI QU'UN CONSCRIT LE CANON,
091 020 .  .                     QUI S'ETONNE  ET QUI RIT A TOUT CE QUI RELUIT.
010 009                          ET QUI SAIT SI LES FLEURS NOUVELLES QUE JE REVE
081 006                          ET QUI TOUJOURS M'INTIMIDAS,
005 038                          ET QUI VA REPANDANT SUR TOUT, INSOUCIANTE
091 055                          ET QUI, DANS CES SOIRS D'OR OU L'ON SE SENT REVIVRE
096 023                          ET QUI, SOUL DE SON SANG, PREFERERAIT EN SOMME
120 005                          ET QUI, VAINCU, TOUJOURS TE REDRESSES PLUS FORT,
149 030                  QU'ON SE MOQUE DU MAITRE,  ET QU'AVEC LUI L'ON TRICHE,
045 023 .  .                     ET QU'ELLE AURAIT LONGTEMPS, POUR LA CACHER AU MOND
036 024                  AILLEURS QU'EN TON CHER CORPS  ET QU'EN TON COEUR SI DOUX?
138 028                          ET QU'EN UN CAUCHEMAR SANS TREVES,
010 006                          ET QU'IL FAUT EMPLOYER LA PELLE ET LES RATEAUX
001 067 .  .  .                  ET QU'IL FAUT POUR TRESSER MA COURONNE MYSTIQUE
149 031                          ET QU'IL SOIT NATUREL DE RECEVOIR DEUX PRIX,
078 011                          ET QU'UN PEUPLE MUET D'INFAMES ARAIGNEES
033 004                  QU'UN CAVEAU PLUVIEUX  ET QU'UNE FOSSE CREUSE!
057 026 .  .  .  .        SOUS TES TALONS, AFIN QUE TU FOULES  ET RAILLES,
088 043                          ET RANGERAIS SOUS TES LOIS
048 004                  DONT LA SERRURE GRINCE  ET RECHIGNE EN CRIANT,
105 028                          ET REGNE PAR SES DONS AINSI QUE LES VRAIS ROIS.
087 012 .  .                     ET REMPLIT LES CERVEAUX ET LES RUCHES DE MIEL.
044 014                  CHERCHANT LE SOLEIL RARE  ET REMUANT LES LEVRES?
114 009                  ELLE MARCHE EN DEESSE  ET REPOSE EN SULTANE;
148 002                  SONT HEUREUX, DISPOS  ET REPUS;
128 007 .  .  .  .  .  .  .       ET RESPIRER, COMME UNE FLEUR FLETRIE,
104 015                  LES COUDES SUR LA TABLE  ET RETROUSSANT TES MANCHES,
057 018                          ET REVET D'UN BAISER TOUT TON CORPS BLANC ET ROSE.
127 014                  D'UN AIR VAGUE  ET REVEUR ELLE ESSAYAIT DES POSES,
036 022 .  .  .  .  .             ET REVIS MON PASSE BLOTTI DANS TES GENOUX.
135 002                  DEUX CHAMPS AU TUF PROFOND  ET RICHE,
112 002                  PRODIGUES DE BAISERS  ET RICHES DE SANTE,
117 015                  --"CE JEU FEROCE  ET RIDICULE,
056 019 .  .  .  .  .  .  .  .  .  .  .  ET RIEN, NI VOTRE AMOUR, NI LE BOUDOIR, NI L'ATRE,
```

E

		POEM	LINE
TIMIDE ET LIBERTINE, ET FRAGILE	ET ROBUSTE, ...	132	014
LE MUSEAU RELEVE, TOURNOYAIT	ET RODAIT;	116	038
ALTERE VOTRE SOIF	ET ROIDIT VOTRE PEAU,	131	098
SUR TON COU LARGE	ET ROND, SUR TES EPAULES GRASSES,	052	009
SUR TON COU LARGE	ET ROND, SUR TES EPAULES GRASSES, ...	052	037
VOUS ME RENDEZ L'AZUR DU CIEL IMMENSE	ET ROND;	023	027
	ET RONGE D'UN DESIR SANS TREVE! ET PUIS A VOUS,	089	036
T REVET D'UN BAISER TOUT TON CORPS BLANC	ET ROSE.	057	018
VOUS ETES UN BEAU CIEL D'AUTOMNE, CLAIR	ET ROSE!	055	001
ESCLAVE DE L'ESCLAVE	ET RUISSEAU DANS L'EGOUT;	126	092
	ET SA BARBE A LONGS POILS, ROIDE COMME UNE EPEE,	090	019
	ET SA CHAUDE POITRINE EST UNE DOUCE TOMBE	104	011
ET SON BRAS ET SA JAMBE,	ET SA CUISSE ET SES REINS, ...	127	017
ET SON BRAS	ET SA JAMBE, ET SA CUISSE ET SES REINS,	127	017
C'EST LA BOURSE DU PAUVRE	ET SA PATRIE ANTIQUE,	122	013
IL PEINT LE MAL	ET SA SEQUELLE,	156	007
SA POMONE DE PLATRE	ET SA VIEILLE VENUS	099	003
POUR MOI TOUT ETAIT NOIR	ET SANGLANT DESORMAIS,	116	054
JOUISSAIENT SANS MENSONGE	ET SANS ANXIETE,	005	004
SANS MATS, SUR UNE MER MONSTRUEUSE	ET SANS BORDS!	090	052
	ET SANS CESSE VERS TOI, SOMMET BLANC ET NEIGEUX, . . .	057	035
	ET SANS HAINE, COMME UN BOUCHER,	083	002
NOUS AVONS VU PARTOUT,	ET SANS L'AVOIR CHERCHE,	126	086
AINSI QUE DES ESPRITS ERRANTS	ET SANS PATRIE	078	015
TELLES VOUS CHEMINEZ, STOIQUES	ET SANS PLAINTES, ...	091	061
SANS LUNE	ET SANS RAYONS, TROUVER OU L'ON HEBERGE	054	028
ALORS, SANS PEUR	ET SANS REMORD,	106	043
AINSI QU'UN NOUVEAU -NE,--SANS HAINE	ET SANS REMORD.	114	020
PLUS DENSES QUE LA POIX, SANS MATIN	ET SANS SOIR, ...	054	023
DESSINE UN CAUCHEMAR MULTIFORME	ET SANS TREVE.	146	008
ET S'INTRODUIT EN ROI, SANS BRUIT	ET SANS VALETS,	087	019
NOUS VOULONS VOYAGER SANS VAPEUR	ET SANS VOILE!	126	053
JE REMPLACE, POUR QUI ME VOIT NUE	ET SANS VOILES, ...	132	009
O VERS! NOIRS COMPAGNONS SANS OREILLE	ET SANS YEUX,	072	009
CHERCHEUSES D'INFINI, DEVOTES	ET SATYRES,	111	023
	ET SAURAI -JE TIRER DE L'IMPLACABLE HIVER	050	015
AU BRUIT DE CETTE PLAINTE INDOMPTABLE	ET SAUVAGE.	014	008
BUTTANT,	ET SE COGNANT AUX MURS COMME UN POETE,	105	006
	ET SE COGNANT LA TETE A DES PLAFONDS POURRIS;	078	008
DU SANG QUE NOUS PERDONS CROIT	ET SE FORTIFIE!	010	014
ELLE ETAIT DONC COUCHEE	ET SE LAISSAIT AIMER, ...	127	009
QUI BAILLE NUIT ET JOUR,	ET SE LAMENTE ET PLEURE,	149	014
SE MELER A DES CHRISTS.	ET SE LEVER TOUT DROITS	006	014
	ET SE MULTIPLIER COMME L'HYDRE DE LERNE.	073	011
	ET SE NOURRIT DE NOUS COMME LE VER DES MORTS, ...	054	003
LE TROUPEAU MORTEL SAUTE	ET SE PAME, SANS VOIR	097	054
	ET SE REFUGIANT DANS L'OPIUM IMMENSE!	126	107
QUI HANTE LA TEMPETE	ET SE RIT DE L'ARCHER;	002	014
COURT, DANSE	ET SE TORD SANS RAISON	124	002
QUI VIT, S'AGITE	ET SE TORTILLE,	054	002
LACS OU MON AME TREMBLE	ET SE VOIT A L'ENVERS...	049	013
ORAGEUX	ET SECRETS, FOURMILLANTS ET PROFONDS;	130	009
QUI NOUS REND TRIOMPHANTS	ET SEMBLABLES AUX DIEUX!	107	014
CELLE-LA, DROITE ENCOR, FIERE	ET SENTANT LA REGLE,	091	057
	ET SENTI, RENTRANT DANS MON AME,	102	055
D'UN VIEIL AMOUR RANCI, CHARMANT	ET SEPULCRAL.	048	020
	ET SERAI POUR CE FRELE ATHLETE DE LA VIE	104	019
QUE LE DIEU DE L'UTILE, IMPLACABLE	ET SEREIN,	005	023
S'ELANCER VERS LES CHAMPS LUMINEUX	ET SEREINS;	003	016
PASSAIENT DEVANT MES YEUX CLAIRVOYANTS	ET SEREINS;	127	019
	ET SERRANT SUR LEUR FLANC, AINSI QUE DES RELIQUES, . .	091	011
LE BON VENT, LA TEMPETE	ET SES BOURREAUX, GORGES DE HIDEUSES DELICES,	116	035
A TON FILS JE RENDRAI SA FORCE	ET SES CONVULSIONS	069	011
SES PARFUMS, SES CHANSONS	ET SES COULEURS	104	018
AVEC SON GROS BOUQUET, SON MOUCHOIR	ET SES DOUCES CHALEURS!	005	040
ET SON BRAS ET SA JAMBE, ET SA CUISSE	ET SES GANTS,	097	002
ET SON VENTRE	ET SES REINS,	127	017
	ET SES SEINS, CES GRAPPES DE MA VIGNE,	127	020
	ET SES SENS PAR L'ENNUI MORDUS	110	042
SON SOURIRE EST TRANQUILLE	ET SES YEUX ASSURES	061	008
REVAIS -TU DE CES JOURS SI BRILLANTS	ET SI BEAUX	118	021
DE CES GRANDS YEUX SI FERVENTS	ET SI TENDRES,	038	045
CONTEMPLER NOS DINERS LONGS	ET SILENCIEUX, ...	099	008
SOIS BELLE!	ET SOIS TRISTE! LES PLEURS	138	002
OU, CALME	ET SOLITAIRE, ELLE S'ETAIT ASSISE.	127	024
--ME VOILA LIBRE	ET SOLITAIRE!	106	041
SI PAR UNE NUIT LOURDE	ET SOMBRE	070	001
N'ONT QU'UN ESPOIR, ETRANGE	ET SOMBRE CAPITOLE!	123	012
LEONARD DE VINCI, MIROIR PROFOND	ET SOMBRE,	006	005
	ET SOMMEILLER LONGTEMPS A L'OMBRE DE VOS CILS!	040	014
	ET SON BRAS ET SA JAMBE, ET SA CUISSE ET SES REINS, . .	127	017
LA COURONNE,	ET SON COEUR, MEURTRI COMME UNE PECHE,	098	011
	ET SON COEUR, RAVAGE PAR LA FLAMME, A TOUJOURS,	059	013
	ET SON COUDE DANS LES COUSSINS,	154	005
	ET SON CRANE, DE FLEURS ARTISTEMENT COIFFE, ...	097	014
	ET SON OEIL NOUS REVET D'UN HABIT DE CLARTE.	042	008
C'EST LA SON CHARME	ET SON SECRET,	051	008
D'AVOIR SA CROIX	ET SON TOMBEAU;	054	019
	ET SON VENTRE ET SES SEINS, CES GRAPPES DE MA VIGNE, . .	127	020

```
POEM LINE
045 015 . . . . . . . . . .   DE VOUS, RICHE      ET SONORE INSTRUMENT OU NE VIBRE
103 016                SOUFFLAIENT SUR LEURS TISONS   ET SOUFFLAIENT SUR LEURS DOIGTS.
046 006        POUR L'HOMME TERRASSE QUI REVE ENCORE   ET SOUFFRE,
080 008               ADIEU DONC, CHANTS DU CUIVRE   ET SOUPIRS DE LA FLUTE!
128 001 . . . .   VIENS SUR MON COEUR, AME CRUELLE   ET SOURDE,
025 009                     MACHINE AVEUGLE   ET SOURDE, EN CRUAUTES FECONDE!
091 008               SOUS DES JUPONS TROUES   ET SOUS DE FROIDS TISSUS
105 011                          ET SOUS LE FIRMAMENT COMME UN DAIS SUSPENDU
054 038 . . . . . .              ET SOUVENT IL ATTAQUE, AINSI QUE LE TERMITE,
097 059                          ET SOUVENT, COMME TOI, SE PARFUMANT DE MYRRHE,
081 004              DIT A L'AUTRE: VIE   ET SPLENDEUR!
001 036                          ET S'ACCUSENT D'AVOIR MIS LEURS PIEDS DANS SES PAS.
006 003 . . . . .   MAIS OU LA VIE AFFLUE   ET S'AGITE SANS CESSE,
126 090                SANS RIRE S'ADORANT   ET S'AIMANT SANS DEGOUT;
028 025             ET TON CORPS SE PENCHE   ET S'ALLONGE
038 009                 PAR INSTANTS BRILLE   ET S'ALLONGE, ET S'ETALE
131 019            LE VIN DE SON TRIOMPHE,   ET S'ALLONGEAIT VERS ELLE,
122 008         OU L'ON POURRA MANGER, ET DORMIR,   ET S'ASSEOIR;
046 007                       S'OUVRE   ET S'ENFONCE AVEC L'ATTIRANCE DU GOUFFRE.
152 002     BEAUX YEUX DE MON ENFANT, PAR OU FILTRE   ET S'ENFUIT
001 026 . . . . . . . . . . .           ET S'ENIVRE EN CHANTANT DU CHEMIN DE LA CROIX;
038 009              PAR INSTANTS BRILLE, ET S'ALLONGE,   ET S'ETALE
087 019                          ET S'INTRODUIT EN ROI, SANS BRUIT ET SANS VALETS,
131 063        S'EPRENANT D'UN PROBLEME INSOLUBLE   ET STERILE,
126 089 . . . .   LA FEMME, ESCLAVE VILE, ORGUEILLEUSE   ET STUPIDE,
029 006                        BRULANTE   ET SUANT LES POISONS,
131 023         ET CETTE GRATITUDE INFINIE   ET SUBLIME
089 035             COMME LES EXILES, RIDICULE   ET SUBLIME,
133 027 . . . . . .         L'OEIL PENSIF,   ET SUIVANT, DANS NOS SALES BROUILLARDS,
099 005 . . . .   ET LE SOLEIL, LE SOIR, RUISSELANT   ET SUPERBE,
117 003                          ET SUR CE TRONE LE PROFANE,
102 049                          ET SUR CES MOUVANTES MERVEILLES
119 032 . . . . . . . . . .           ET SUR LA TERRE JETTE DIEU!
081 013                          ET SUR LES CELESTES RIVAGES
146 003                 PAROLE!   ET SUR MON POIL QUI TOUT DROIT SE RELEVE
101 010                          ET SUR QUI DES LONGTEMPS DESCENDENT LES FRIMAS,
063 013 . . . .        SUR TA VIE   ET SUR TA JEUNESSE,
130 047     COMME UNE SENTINELLE A L'OEIL PERCANT   ET SUR,
061 007                     GRANDE   ET SVELTE EN MARCHANT COMME UNE CHASSERESSE,
027 010          ET DANS CETTE NATURE ETRANGE   ET SYMBOLIQUE
021 007 . . . .   TES BAISERS SONT UN PHILTRE   ET TA BOUCHE UNE AMPHORE
110 057            TON EPOUX COURT LE MONDE   ET TA FORME IMMORTELLE
133 001     TES PIEDS SONT AUSSI FINS QUE TES MAINS,   ET TA HANCHE
149 048                          ET TA PRUDENCE EST INFINIE."
118 019 . . .                ET TA SUEUR COULAIENT DE TON FRONT PALISSANT,
102 033                   INSOUCIANTS   ET TACITURNES;
007 004             LA FOLIE ET L'HORREUR, FROIDES   ET TACITURNES.
064 003               --SOIS CHARMANTE   ET TAIS -TOI! MON COEUR, QUE TOUT IRRITE,
026 013 . . . . . .   POUR BRISER TON COURAGE   ET TE METTRE AUX ABOIS,
071 013     OU GISENT, AUX LUEURS D'UN SOLEIL BLANC   ET TERNE,
131 044             COMME APRES UN NOCTURNE   ET TERRIBLE REPAS.
033 006                          ET TES FLANCS QU'ASSOUPLIT UN CHARMANT NONCHALOIR,
033 008 . . . . . . .             ET TES PIEDS DE COURIR LEUR COURSE AVENTUREUSE,
036 019                          ET TES PIEDS S'ENDORMAIENT DANS MES MAINS FRATERNELL
079 005           JE TE HAIS, OCEAN! TES BONDS   ET TES TUMULTES,
098 008                          ET TES YEUX ATTIRANTS COMME CEUX D'UN PORTRAIT,
089 047 . . . .                ET TETTENT LA DOULEUR COMME UNE BONNE LOUVE!
143 001           SOIS SAGE, O MA DOULEUR,   ET TIENS -TOI PLUS TRANQUILLE.
084 002               PARTI DE L'AZUR   ET TOMBE
119 010                          ET TON BETAIL VENIR A BIEN;
014 006 . . .   TU L'EMBRASSES DES YEUX ET DES BRAS,   ET TON COEUR
028 025                          ET TON CORPS SE PENCHE ET S'ALLONGE
031 006                FAIRE TON LIT   ET TON DOMAINE;
034 006                   TA TETE   ET TON DOS ELASTIQUE,
014 004 . . . . . . . . .           ET TON ESPRIT N'EST PAS UN GOUFFRE MOINS AMER.
136 007                JE PUIS (   ET TON PLAISIR SERAIT ALORS SANS TERME!)
008 013                          ET TON RIRE TREMPE DE PLEURS QU'ON NE VOIT PAS,
056 027       GOUTER, EN REGRETTANT L'ETE BLANC   ET TORRIDE,
126 068 . . . . . . . .             ET TOUJOURS LE DESIR NOUS RENDAIT SOUCIEUX!
154 003              TRANQUILLE   ET TOUJOURS PREPAREE,
133 016                          ET TOUJOURS, COMME TOI, GRACIEUX ET FLEURIS.
020 036        DEMAIN, APRES -DEMAIN   ET TOUJOURS!--COMME NOUS!
105 002 . . . . .   DONT LE VENT BAT LA FLAMME   ET TOURMENTE LE VERRE,
105 014            MOULUS PAR LE TRAVAIL   ET TOURMENTES PAR L'AGE,
029 028                    AGITE   ET TOURNE DANS SON VAN.
020 016                APPROCHONS,   ET TOURNONS AUTOUR DE SA BEAUTE.
096 019 . . . . . . . . . . . .         ET TOUS GAILLARDEMENT TRAFIQUANT A MA FACE,
086 020         IMPOSER TOUS LES TEMPS   ET TOUS LES UNIVERS.
038 036                          ET TOUT CE QUE L'IDYLLE A DE PLUS ENFANTIN.
114 004 . . . . .        TOUT GLISSE   ET TOUT S'EMOUSSE AU GRANIT DE SA PEAU.
102 041                          ET TOUT, MEME LA COULEUR NOIRE,
005 028                          ET TOUTES LES HIDEURS DE LA FECONDITE!
116 050          J'AI SENTI TOUS LES BECS   ET TOUTES LES MACHOIRES
000 002 . . . . . .   OCCUPENT NOS ESPRITS   ET TRAVAILLENT NOS CORPS,
052 011            D'UN AIR PLACIDE   ET TRIOMPHANT
052 039            D'UN AIR PLACIDE   ET TRIOMPHANT
004 011     --ET D'AUTRES, CORROMPUS, RICHES   ET TRIOMPHANTS,
089 002 . . . . . . . . . . . .   PAUVRE   ET TRISTE MIROIR OU JADIS RESPLENDIT
```

[124]

E

		POEM	LINE
MALADE ET MORFONDU, L'ESPRIT FIEVREUX	ET TROUBLE,	090	047
	ET TROUVE UN GOUT SUAVE AU VIN LE PLUS AMER;	136	024
	ET TROUVER SUR TON SEIN LA FRAICHEUR DES TOMBEAUX!"	131	084
ET COMME TOUT EN MOI TE CHERIT	ET T'ADMIRE,	057	033
	ET T'AIME D'AUTANT PLUS, BELLE, QUE TU ME FUIS,	024	003
	ET TU CONNAIS LA CARESSE	058	019
	ET TU GOUVERNES TOUT ET NE REPONDS DE RIEN.	021	012
	ET TU NE SERAIS PLUS QU'UN FOETUS DERISOIRE!"	016	014
	ET TU RAVIS LES COUSSINS	058	023
TU ME GLORIFIERAS	ET TU SERAS CONTENT;	104	016
CHARGE DE TOILE,	ET VA ROULANT	052	007
CHARGE DE TOILE,	ET VA ROULANT	052	027
MER ODORANTE	ET VAGABONDE	028	007
AMER	ET VAINQUEUR,	028	034
	ET VAS CHERCHANT TON PARADIS,	142	013
OU BOUT L'IMPERCEPTIBLE	ET VASTE HUMANITE.	144	014
MON ENFANT A DES YEUX OBSCURS, PROFONDS	ET VASTES,	152	009
GRAVE,	ET VENANT DU FOND DE SON LIT ETERNEL	100	019
	ET VENDRE LE PARFUM DE TES CHARMES ETRANGES,	133	026
QUAND CHEZ LES DEBAUCHES L'AUBE BLANCHE	ET VENUS A BON DROIT PEUT JALOUSER SAPHO!	130	014
	ET VERMEILLE	046	001
	ET VERS TOI GLISSERAI SANS BRUIT	063	003
	ET VERSANT LES TRESORS DE SA SERENITE	130	062
L'AURORE GRELOTTANTE EN ROBE ROSE	ET VERTE	103	025
ENTRE DES QUAIS ROSES	ET VERTS,	102	026
POUR VIVRE QUELQUES JOURS	ET VETIR LEURS MAITRESSES.	095	028
CE VOYAGEUR AILE, COMME IL EST GAUCHE	ET VEULE!	002	009
	ET VIENS -TU DEMANDER AU TORRENT DES ORGIES	097	027
	ET VIENT MOURIR AU BORD DE VOTRE ETERNITE!	006	044
FRUITS PURS DE TOUT OUTRAGE	ET VIERGES DE GERCURES,	005	013
ANGOISSE	ET VIF ESPOIR, SANS HUMEUR FACTIEUSE.	125	005
DES HOMMES DONT LE CORPS EST MINCE	ET VIGOUREUX,	022	007
SUR LE FRONT DU CRESUS IMPITOYABLE	ET VIL,	120	035
SUR VOS TALONS GAMBADE UN ENFANT LACHE	ET VIL,	091	068
UN SANG ROUGE	ET VIVANT, DONT LA TOILE S'ABREUVE	110	011
TU RAPPELLES CES JOURS BLANCS, TIEDES	ET VOILES,	050	005
JE FERMERAI PARTOUT PORTIERES	ET VOLETS	086	015
LUXE, CALME	ET VOLUPTE.	053	014
LUXE, CALME	ET VOLUPTE.	053	028
LUXE, CALME	ET VOLUPTE.	053	042
--AUSSI, VOIS CE SOURIS FIN	ET VOLUPTUEUX	020	008
LEUR DESTINEE	ET VONT VERS LE GOUFFRE COMMUN;	095	033
ADORERAI -JE AUSSI TA NEIGE	ET VOS FRIMAS,	050	014
	ET VOS LUEURS SONT LE REFLET	082	013
	ET VOTRE CHATIMENT NAITRA DE VOS PLAISIRS.	131	092
ENDORMEUSES SAISONS! JE VOUS AIME	ET VOUS LOUE	101	002
	ET VOUS, FEMMES, HELAS! PALES COMME DES CIERGES,	005	025
QUE RONGE ET QUE NOURRIT LA DEBAUCHE,	ET VOUS, VIERGES,	005	026
	ET, BIEN QUE VOTRE VOIX SOIT DOUCE, TAISEZ -VOUS!	040	008
	ET, BRILLANT AUX CARREAUX, LE BRIC-A-BRAC CONFUS.	089	012
	ET, CHARRIANT LE VERTIGE,	049	023
	ET, COMME DES PASSANTS SUR UN FOU QU'ILS ADMIRENT,	115	010
	ET, COMME LE SOLEIL DANS SON ENFER POLAIRE,	056	007
	ET, COMME UN GRAND TROUPEAU DE VICTIMES OFFERTES,	015	007
BIEN AFFILES,	ET, COMME UN JONGLEUR INSENSIBLE,	057	041
	ET, COMME UN LONG LINCEUL TRAINANT A L'ORIENT,	143	012
	ET, COMME VOTRE JOIE, ECLATANTE POUR TOUS.	040	006
	ET, CONFIANT TA VIE AUX BRAS FORTS DES MARINS,	133	019
LA TRES -CHERE ETAIT NUE,	ET, CONNAISSANT MON COEUR,	127	001
	ET, DE MA CLAIRVOYANCE EXTATIQUE VICTIME,	136	019
	ET, DE SES PIEDS PALMES FROTTANT LE PAVE SEC,	089	018
	ET, DES PIEDS JUSQUES A LA TETE,	034	012
	ET, DES QUE LE MATIN FAIT CHANTER LES PLATANES,	133	009
	ET, FOLLE MAINTENANT COMME ELLE ETAIT JADIS,	126	102
	ET, LE CIEL AMOUREUX LEUR CARESSANT L'ECHINE,	005	005
	ET, LENTE OU BRUSQUE, A CHAQUE MOUVEMENT	038	041
	ET, MALGRE BIEN DES CHOCS ET D'IMPREVUS DESASTRES,	126	059
	ET, MALGRE LES HONNEURS QUE LUI REND L'UNIVERS,	130	072
	ET, NE COMPRENANT PAS LES DESSEINS ETERNELS,	001	018
	ET, N'ETANT NULLE PART, PEUT ETRE N'IMPORTE OU!	126	030
	ET, PEINTRE FIER DE MON GENIE,	102	009
	ET, PLEINE DE REMORDS ET D'HORREUR, ET LIVIDE,	131	071
	ET, POUR RASSASIER MA BETE FAVORITE,	001	051
	ET, QUAND IL S'EN ALLAIT SANS RIEN VOIR, A TRAVERS	016	023
	ET, QUAND JE M'ENNUIERAI DE CES FARCES IMPIES,	001	045
	ET, QUAND NOUS RESPIRONS, LA MORT DANS NOS POUMONS	000	013
	ET, REGARDE, VOICI, CRISPEE ATROCEMENT,	020	022
	ET, SANS PRENDRE SOUCI DES MOUCHARDS, SES SUJETS,	105	007
	ET, SANS SAVOIR POURQUOI, DISENT TOUJOURS: ALLONS!	126	020
	ET, SOUS DE SPECIEUX PRETEXTES DE CAFARD,	109	007
	ET, TACHANT A ME PRENDRE EN FAUTE,	041	003
	ET, VERTIGINEUSE DOUCEUR!	129	033
REPOSE;	ET, VIDE DE PENSERS,	110	018
	ET, VOISIN DES CLOCHERS, ECOUTER EN REVANT	086	003
LES TENEBRES S'	ETABLIRONT.	067	008
L'IRRESISTIBLE NUIT	ETABLIT SON EMPIRE,	145	010
ET D'ETRANGES FLEURS SUR DES	ETAGERES,	121	003
ET DES FLOTS MAGIQUES; C'	ETAIENT	102	030
S'	ETAIENT -ILS ENTR'OUVERTS A LA MEUTE ALTEREE	110	043

```
POEM LINE
091 064  .  .  .  .  .  .     DONT AUTREFOIS LES NOMS PAR TOUS  ETAIENT CITES.
102 029                                               C' ETAIENT DES PIERRES INOUIES
116 033                                       LES YEUX  ETAIENT DEUX TROUS, ET DU VENTRE EFFONDRE
029 029                         LES FORMES S'EFFACAIENT ET N' ETAIENT PLUS QU'UN REVE,
016 008  .  .  .  .    OU LES PURS ESPRITS SEULS PEUT-ETRE  ETAIENT VENUS,--
090 033                           A QUEL COMPLOT INFAME  ETAIS -JE DONC EN BUTTE.
125 009                                               J' ETAIS COMME L'ENFANT AVIDE DU SPECTACLE,
136 004                                  SE MELAIENT.  J' ETAIS HAUT COMME UN IN-FOLIO.
125 012  .  .  .  .  .  .  .  ▼  .  .  .  .        J' ETAIS MORT SANS SURPRISE, ET LA TERRIBLE AURORE
032 001                            UNE NUIT QUE J' ETAIS PRES D'UNE AFFREUSE JUIVE,
091 075                        TOUT COMME SI J' ETAIS VOTRE PERE, O MERVEILLE!
125 007                           PLUS MA TORTURE  ETAIT APRE ET DELICIEUSE;
127 024  .  .  .  .  .  .    OU, CALME ET SOLITAIRE, ELLE S' ETAIT ASSISE.
036 008          QUE TON SEIN M'ETAIT DOUX! QUE TON COEUR M' ETAIT BON!
116 053                                       --LE CIEL  ETAIT CHARMANT, LA MER ETAIT UNIE;
125 003                                --J'ALLAIS MOURIR.  C' ETAIT DANS MON AME AMOUREUSE,
127 009  .  .  .  .  .  .  .  .  .  .        ELLE  ETAIT DONC COUCHEE ET SE LAISSAIT AIMER,
036 008                       QUE TON SEIN M' ETAIT DOUX! QUE TON COEUR M'ETAIT BON!
012 013                       ET DONT L'UNIQUE SOIN  ETAIT D'APPROFONDIR
106 025                                         ELLE  ETAIT ENCORE JOLIE,
089 017  .  .  .  .  .  .  .  .  .    UN CYGNE QUI S' ETAIT EVADE DE SA CAGE,
056 015                                POUR QUI?--C' ETAIT HIER L'ETE; VOICI L'AUTOMNE!
126 102           ET, FOLLE MAINTENANT COMME ELLE  ETAIT JADIS,
125 014                                     LA TOILE  ETAIT LEVEE ET J'ATTENDAIS ENCORE.
103 003  .  .  .  .  .  .  .  .  .  .  .      C' ETAIT L'HEURE OU L'ESSAIM DES REVES MALFAISANTS
103 017                                               C' ETAIT L'HEURE OU PARMI LE FROID ET LA LESINE
127 022                   POUR TROUBLER LE REPOS OU MON AME  ETAIT MISE,
116 054                                 POUR MOI TOUT  ETAIT NOIR ET SANGLANT DESORMAIS,
127 001  .  .  .  .  .  .  .  .  .    LA TRES -CHERE  ETAIT NUE, ET, CONNAISSANT MON COEUR,
116 021                                        CE N' ETAIT PAS UN TEMPLE AUX OMBRES BOCAGERES,
090 021                                        IL N' ETAIT PAS VOUTE, MAIS CASSE, SON ECHINE
116 018                                    --CYTHERE N' ETAIT PLUS QU'UN TERRAIN DES PLUS MAIGRES,
054 046  .  .  .  .  .  .  .      UN ETRE, QUI N' ETAIT QUE LUMIERE, OR ET GAZE,
029 015                                   LA PUANTEUR  ETAIT SI FORTE, QUE SUR L'HERBE
127 028          SUR CE TEINT FAUVE ET BRUN, LE FARD  ETAIT SUPERBE!
045 005                                           IL  ETAIT TARD; AINSI QU'UNE MEDAILLE NEUVE
157 012  .  .  .  .  .  .  .  .  .  .  .          ETAIT TEINTE TROIS FOIS DANS LES BAVES SUBTILES
116 027                        NOUS VIMES QUE C' ETAIT UN GIBET A TROIS BRANCHES,
102 014                                               C' ETAIT UN PALAIS INFINI,
116 053                       --LE CIEL ETAIT CHARMANT, LA MER  ETAIT UNIE;
009 002  .  .  .  .  .  .  .  .  .  .          ETALAIENT EN TABLEAUX LA SAINTE VERITE,                   )
089 013                                         LA S' ETALAIT JADIS UNE MENAGERIE;
045 006                               LA PLEINE LUNE S' ETALAIT,
078 009                             QUAND LA PLUIE  ETALANT SES IMMENSES TRAINEES
038 009  .  .  .    PAR INSTANTS BRILLE, ET S'ALLONGE, ET S' ETALE
110 021           SUR LE LIT, LE TRONC NU SANS SCRUPULES  ETALE
072 003                         OU JE PUISSE A LOISIR  ETALER MES VIEUX OS
008 012                        OU, SALTIMBANQUE A JEUN,  ETALER TES APPAS
128 011  .  .  .  .  .  .  .  .  .  .          J' ETALERAI MES BAISERS SANS REMORD
102 022                                         LES  ETANGS DORMANTS S'ENTOURAIENT,
003 001                               AU-DESSUS DES  ETANGS, AU-DESSUS DES VALLEES,
126 030                          ET, N' ETANT NULLE PART, PEUT ETRE N'IMPORTE OU!
127 029  .  .  .  .  .  .  .  .  .    --ET LA LAMPE S' ETANT RESIGNEE A MOURIR,
056 002          GOUTER, EN REGRETTANT L' ETE BLANC ET TORRIDE,
106 035                             JAMAIS, NI L' ETE NI L'HIVER,
106 007                          NOUS AVIONS UN  ETE SEMBLABLE.
029 002  .  .  .  .  .  ▼  .  .  .    CE BEAU MATIN D' ETE SI DOUX:
019 011                          ET PARFOIS EN  ETE, QUAND LES SOLEILS MALSAINS,
056 015                        POUR QUI?--C'ETAIT HIER L' ETE; VOICI L'AUTOMNE!
054 030                          LE DIABLE A TOUT  ETEINT AUX CARREAUX DE L'AUBERGE.
043 011  .  .  .  .  .  .  .  .  .    ROUGIT, MAIS N' ETEINT PAS LEUR FLAMME FANTASTIQUE;
019 012                          LASSE, LA FONT S' ETENDRE A TRAVERS LA CAMPAGNE,
032 002          COMME AU LONG D'UN CADAVRE UN CADAVRE  ETENDU,
131 013                                               ETENDRE A SES PIEDS, CALME ET PLEINE DE JOIE,
100 019  .  .  .  .    GRAVE, ET VENANT DU FOND DE SON LIT  ETERNEL
097 030                       DE L'ANTIQUE DOULEUR  ETERNEL ALAMBIC;
126 108                       --TEL EST DU GLOBE ENTIER L' ETERNEL BULLETIN."
083 027                                   AU RIRE  ETERNEL CONDAMNES,
097 040                                LE SOURIRE  ETERNEL DE TES TRENTE-DEUX DENTS.
079 003                        CHAMBRES D' ETERNEL DEUIL OU VIBRENT DE VIEUX RALES,
116 017                        OU LE ROUCOULEMENT  ETERNEL D'UN RAMIER!
109 004                    ET L'EMPLIT D'UN DESIR  ETERNEL ET COUPABLE.
017 004                                               ETERNEL ET MUET AINSI QUE LA MATIERE.
112 004                                     SOUS L' ETERNEL LABEUR N'A JAMAIS ENFANTE.
130 026                       TU TIRES TON PARDON DE L' ETERNEL MARTYRE,
130 030                       TU TIRES TON PARDON DE L' ETERNEL MARTYRE!
104 022                       GRAIN PRECIEUX JETE PAR L' ETERNEL SEMEUR,
134 008                          VERSE LE GOUT DE L' ETERNEL.
092 010                          CE FRERE DU SILENCE  ETERNEL, O CITE!
090 040          CES SEPT MONSTRES HIDEUX AVAIENT L'AIR  ETERNEL!
131 086  .  .  .  .    DESCENDEZ LE CHEMIN DE L'ENFER  ETERNEL!
155 012                          D'ECOUTER LA PLAINTE  ETERNELLE
023 020                       D'UN CIEL PUR OU FREMIT L' ETERNELLE CHALEUR.
001 063                       ET QUE VOUS L'INVITEZ A L' ETERNELLE FETE,
118 022  .  .  .  .  .    OU TU VINS POUR REMPLIR L' ETERNELLE PROMESSE,
149 008                          RECUIT A LA FLAMME  ETERNELLE!
017 014          MES YEUX, MES LARGES YEUX AUX CLARTES  ETERNELLES!
084 020                                           D' ETERNELS ESCALIERS SANS RAMPE,
001 018  .  .  .  .  .    ET, NE COMPRENANT PAS LES DESSEINS  ETERNELS,
```

E

	POEM	LINE
O LUTTEURS **ETERNELS**, O FRERES IMPLACABLES!	014	016
AFIN D' ETERNISER L'ARDEUR DE NOTRE HAINE!	035	014
DEPUIS L' ETERNITE JE PARCOURS ET J'HABITE;	009	010
DEBRIS D'HUMANITE POUR L' ETERNITE MURS!	091	072
ET LES GRANDS CIELS QUI FONT REVER D' ETERNITE.	086	008
UN SILENCE D' ETERNITE.	102	052
NE TE VERRAI –JE PLUS QUE DANS L' ETERNITE?	093	011
ET VIENT MOURIR AU BORD DE VOTRE ETERNITE!	006	044
AU FOND DE MON ETERNITE!	134	016
POUR LES RENDRE A L' ETERNITE!"	045	036
LES CHAMPS, SANS DISTINGUER LES ETES DES HIVERS,	016	024
TANT VOUS ETES JALOUX DE GARDER VOS SECRETS!	014	012
COMME VOUS ETES LOIN, PARADIS PARFUME!	062	020
COMME VOUS ETES LOIN, PARADIS PARFUME,	062	016
VOUS ETES TOUS LES DEUX TENEBREUX ET DISCRETS:	014	009
ADIEU, VIVE CLARTE DE NOS ETES TROP COURTS!	056	002
VOUS ETES UN BEAU CIEL D'AUTOMNE, CLAIR ET ROSE!	055	001
JE VERRAI LES PRINTEMPS, LES ETES, LES AUTOMNES;	086	013
US UN PLAFOND DE BRUME OU DANS UN VASTE ETHER,	069	003
AU FOND DE L' ETHER.	117	008
PAR DELA LE SOLEIL, PAR DELA LES ETHERS, ...	003	003
BIJOUX MERVEILLEUX, FAITS D'ASTRES ET D' ETHERS.	126	052
LA SERVANTE AU GRAND COEUR DONT VOUS ETIEZ JALOUSE,	100	001
DANS LE MATIN ETINCELANT,	045	018
LEURS YEUX, D'OU LA DIVINE ETINCELLE EST PARTIE, ...	092	005
LEURS REINS FECONDS SONT PLEINS D' ETINCELLES MAGIQUES,	066	012
DECHIRENT LEUR SUAIRE EN ETIRANT LEURS DOIGTS;	006	016
COMME UNE ETOFFE VACILLANTE,	028	003
AU MILIEU DES FLACONS, DES ETOFFES LAMEES	110	001
ETOILANT DE REFLETS LE PLAFOND PEINT EN BLEU,	057	031
L' ETOILE DANS L'AZUR, LA LAMPE A LA FENETRE,	086	010
ETOILE DE MES YEUX, SOLEIL DE MA NATURE,	029	039
OU TREMBLE UNE ETOILE LIVIDE,	084	036
VERS MA PALE ETOILE,	069	002
PAR DELA LES CONFINS DES SPHERES ETOILEES,	003	004
ETOILENT VAGUEMENT LEURS PRUNELLES MYSTIQUES.	066	014
COMME TU ME PLAIRAIS, O NUIT! SANS CES ETOILES	079	009
A L'HEURE OU LES CHASTES ETOILES	070	005
D' ETOILES MON COEUR!	028	036
A L'EGAL DE PAPHOS LES ETOILES T'ADMIRENT,	130	013
NE VERS MOI TES YEUX PLEINS D'AZUR ET D' ETOILES:	131	037
LA LUNE, LE SOLEIL, LE CIEL ET LES ETOILES!	132	010
ETONNANTS VOYAGEURS! QUELLES NOBLES HISTOIRES	126	049
ET FAIRE A TON FLANC ETONNE	129	031
QUI S' ETONNE ET QUI RIT A TOUT CE QUI RELUIT.	091	020
DES FEMMES DONT L'OEIL PAR SA FRANCHISE ETONNE,	022	008
JE VOIS AVEC ETONNEMENT	051	037
PASSENT, COMME UN SOUPIR ETOUFFE DE WEBER;	006	032
QUE LE REEL ETOUFFE ENTRE SES QUATRE MURS!	153	014
LORSQUE J' ETOUFFE UN HOMME EN MES BRAS REDOUTES,	132	012
N HAUT, LE CIEL! CE MUR DE CAVEAU QUI L' ETOUFFE,	144	009
POUVONS –NOUS ETOUFFER LE VIEUX, LE LONG REMORDS,	054	001
POUVONS –NOUS ETOUFFER L'IMPLACABLE REMORDS?	054	005
ET DANS L' ETOURDISSANTE ET LUMINEUSE ORGIE	105	022
TE DONNENT UN AIR ETRANGE	058	002
QUI TORS PAISIBLEMENT DANS UNE POSE ETRANGE	018	013
VENEZ VOUS ENIVRER DE LA DOUCEUR ETRANGE	126	131
DORS EN PAIX, DORS EN PAIX, ETRANGE CREATURE,	110	055
JE NE SAIS QUOI D' ETRANGE ET D'ENCHANTE	038	031
JE VOIS CE MALHEUREUX, MYTHE ETRANGE ET FATAL,	089	024
VERS L' ETRANGE ET L'ABSURDE INVITENT SA RAISON;	153	006
N'ONT QU'UN ESPOIR, ETRANGE ET SOMBRE CAPITOLE!	123	012
ET DANS CETTE NATURE ETRANGE ET SYMBOLIQUE	027	010
ET CE MONDE RENDAIT UNE ETRANGE MUSIQUE.	029	025
DITES, QUELLE MOISSON ETRANGE, ...	094	017
CHAT SERAPHIQUE, CHAT ETRANGE,	051	022
US VIENT, DISIEZ –VOUS, CETTE TRISTESSE ETRANGE,	040	001
AVONS –NOUS DONC COMMIS UNE ACTION ETRANGE?	131	049
AINSI QUE DES DIEUX ETRANGERS, ...	067	003
OU, SOUS UN CIEL CHAGRIN, DES FANFARES ETRANGES	006	031
UNE COUPABLE JOIE ET DES FETES ETRANGES	110	033
ET NUL NE VOUS SALUE, ETRANGES DESTINEES!	091	071
ET D' ETRANGES FLEURS SUR DES ETAGERES, ...	121	003
TA TETE SE PAVANE AVEC D' ETRANGES GRACES;	052	010
TA TETE SE PAVANE AVEC D' ETRANGES GRACES;	052	038
ET VENDRE LE PARFUM DE TES CHARMES ETRANGES,	133	026
QUE LE PETIT HERCULE ETRANGLAIT AU BERCEAU?	157	014
UNE IDEE, UNE FORME, UN ETRE	084	012
A SOUDAIN:--"JE SENS S'ELARGIR DANS MON ETRE	131	075
OU TOUT CE QUE L'ON AIME EST DIGNE D' ETRE AIME,	062	018
TOUJOURS, TOUJOURS EN VAIN, L' ETRE AUX AILES DE GAZE!	054	050
QUE C'EST UN DUR METIER QUE D' ETRE BELLE FEMME,	045	029
A CET ETRE DOUE DE TANT DE MAJESTE	020	014
DE SON ETRE EXTIRPER L'ELEMENT CORROMPU,	077	014
D' ETRE FIER DES BEAUTES QUI LE NOMMAIENT LEUR ROI; . . .	005	012
IL ME SEMBLE TOUJOURS QUE CET ETRE FRAGILE	091	027
APRES S' ETRE LAVES AU FOND DES MERS PROFONDES?	036	029
POUR ETRE LE DEGOUT DE MON TRISTE MARI,	001	010
AINSI, CHERE DEESSE, ETRE LUCIDE ET PUR, ...	046	008

```
POEM LINE
039 009  . . . . .  .   .    .     .   .   .    .  .  .    ETRE MAUDIT A QUI, DE L'ABIME PROFOND
126 030                    ET, N'ETANT NULLE PART, PEUT   ETRE N'IMPORTE OU!
043 008                                     TOUT MON      ETRE OBEIT A CE VIVANT FLAMBEAU.
126 013                                       POUR N'     ETRE PAS CHANGES EN BETES, ILS S'ENIVRENT
041 012  . . . . . .  .  .  .   .   .    RIEN NE PEUT      ETRE PREFERE.
149 032                       D'ALLER AU CIEL ET D'       ETRE RICHE?
130 031              QUI DES DIEUX OSERA, LESBOS,         ETRE TON JUGE
130 035              QUI DES DIEUX OSERA, LESBOS,         ETRE TON JUGE?
149 016  . . . . .  .  .  .   .   .    .    .   .   .   UN  ETRE VERTUEUX, DANS UNE HEURE!"
054 046                                             UN    ETRE, QUI N'ETAIT QUE LUMIERE, OR ET GAZE,
056 005                  TOUT L'HIVER VA RENTRER DANS MON  ETRE: COLERE,
035 010                          NOS HEROS, S'            ETREIGNANT MECHAMMENT, ONT ROULE,
148 004  . . . . .  .  .  .   .   .    .    POUR AVOIR     ETREINT DES NUEES.
138 034                           TU N'AURAS PAS SENTI L'  ETREINTE
057 021              QUI, LES EMPRISONNANT DANS UNE MOLLE  ETREINTE,
079 014                                            DES    ETRES DISPARUS AUX REGARDS FAMILIERS.
091 041  . . . . .   TOUTES M'ENIVRENT; MAIS PARMI CES    ETRES FRELES
091 004                                            DES    ETRES SINGULIERS, DECREPITS ET CHARMANTS.
146 014         --AH! NE JAMAIS SORTIR DES NOMBRES ET DES  ETRES!
090 004                           DANS LES CANAUX         ETROITS DU COLOSSE PUISSANT,
017 011  . . .  CONSUMERONT LEURS JOURS EN D'AUSTERES     ETUDES.
037 008   C'EST BIEN! CHARMANT POIGNARD, JAILLIS DE TON   ETUI!
131 079                        ET NE RAFRAICHIRA LA SOIF DE L'  EUMENIDE
019 003                                            J'     EUSSE AIME VIVRE AUPRES D'UNE JEUNE GEANTE,
019 005  . . . . .  .  .  .   .   .    .    .     J'      EUSSE AIME VOIR SON CORPS FLEURIR AVEC SON AME
093 014                            O TOI QUE J'           EUSSE AIMEE, O TOI QUI LE SAVAIS!
032 009                                       CAR J'      EUSSE AVEC FERVEUR BAISE TON NOBLE CORPS,
115 026                          SI JE N'                 EUSSE PAS VU PARMI LEUR TROUPE OBSCENE,
132 017  . . . . .  .  .  .   .  QUAND ELLE               EUT DE MES OS SUCE TOUTE LA MOELLE,
038 037                               MEME ON             EUT DIT PARFOIS QU'ELLE CROYAIT
029 023                                     ON            EUT DIT QUE LE CORPS, ENFLE D'UN SOUFFLE VAGUE,
090 017                              M'APPARUT. ON        EUT DIT SA PRUNELLE TREMPEE
015 002                          ET LORSQU'IL             EUT DONNE SON OBOLE A CHARON,
066 007                               L'EREBE LES         EUT PRIS POUR SES COURSIERS FUNEBRES,
157 002                 AVEC UN TEL POIGNET, QU'ON VOUS   EUT PRIS, A VOIR
095 026              VONT BIENTOT COMMENCER LEUR TRAVAIL,  EUX AUSSI,
115 029  . . . . .  .  .  .   .   .    .   QUI RIAIT AVEC  EUX DE MA SOMBRE DETRESSE
092 013     VOIS! JE ME TRAINE AUSSI! MAIS, PLUS QU'      EUX HEBETE,
066 004              QUI COMME EUX SONT FRILEUX ET COMME  EUX SEDENTAIRES.
066 004                                     QUI COMME     EUX SONT FRILEUX ET COMME EUX SEDENTAIRES.
115 011  . . .  JE LES ENTENDIS RIRE ET CHUCHOTER ENTRE  EUX,
105 021                              SE DRESSENT DEVANT   EUX, SOLENNELLE MAGIE!
002 008           COMME DES AVIRONS TRAINER A COTE D'     EUX.
143 009  . . . . .  .  .  .   .   .    .    LOIN D'       EUX   VOIS SE PENCHER LES DEFUNTES ANNEES,
084 024  . . . . .  .  ET NE RENDENT VISIBLES QU'        EUX;
132 026                          QUI D' EUX-MEMES RENDAIENT LE CRI D'UNE GIROUETTE
089 017                       UN CYGNE QUI S'ETAIT        EVADE DE SA CAGE,
029 016                                 VOUS CRUTES VOUS  EVANOUIR.
047 002  . . . . .  .  .  .   .    CHAQUE FLEUR S'        EVAPORE AINSI QU'UN ENCENSOIR;
047 005  . . . . .  .  .  .   .    CHAQUE FLEUR S'        EVAPORE AINSI QU'UN ENCENSOIR,
091 039              ENTERRE SAIT LE NOM; CELEBRE         EVAPOREE
087 011                              IL FAIT S'           EVAPORER LES SOUCIS VERS LE CIEL;
028 009  . . . . .  .  .  .   COMME UN NAVIRE QUI S'      EVEILLE
087 010                                                  EVEILLE DANS LES CHAMPS LES VERS COMME LES ROSES;
089 015              FROIDS ET CLAIRS LE TRAVAIL S'       EVEILLE, OU LA VOIRIE
095 012                                          S'       EVEILLENT LOURDEMENT, COMME DES GENS D'AFFAIRE,
050 008  . . . . .  .  .  .   .    LES NERFS TROP         EVEILLES RAILLENT L'ESPRIT QUI DORT.
154 004                              D'UNE MAIN           EVENTANT SES SEINS,
091 083              OU SEREZ -VOUS DEMAIN,               EVES OCTOGENAIRES,
045 037                               J'AI SOUVENT        EVOQUE CETTE LUNE ENCHANTEE,
086 024  . . . . .  .  .  .   .   .    .    D'            EVOQUER LE PRINTEMPS AVEC MA VOLONTE.
036 021                          JE SAIS L'ART D'         EVOQUER LES MINUTES HEUREUSES,
036 025                          JE SAIS L'ART D'         EVOQUER LES MINUTES HEUREUSES!
097 006                                     SA ROBE       EXAGEREE, EN SA ROYALE AMPLEUR,
090 045  . . . . .  .  .  .   .   .    .    .   .         EXASPERE COMME UN IVROGNE QUI VOIT DOUBLE,
110 041       ELLE EST BIEN JEUNE ENCOR!--SON AME         EXASPEREE
139 007                                                  EXAUCE UNE AME MORFONDUE,
139 004                             DIVA! SUPPLICEM       EXAUDI!
064 004  . . . . .  .  .  .   .   .    .    .   .         EXCEPTE LA CANDEUR DE L'ANTIQUE ANIMAL,
130 022              TU TIRES TON PARDON DE L'            EXCES DES BAISERS,
059 006                                                  EXCITANT A L'ASSAUT UN PEUPLE SANS SOULIERS,
020 015                                VOIS QUEL CHARME   EXCITANT LA GENTILLESSE DONNE!
116 040  . . . . .  .  .  .   .   .   COMME UN            EXECUTEUR ENTOURE DE SES AIDES.
005 006                                                  EXERCAIENT LA SANTE DE LEUR NOBLE MACHINE.
091 045       L'UNE, PAR SA PATRIE AU MALHEUR             EXERCEE,
087 005                               JE VAIS M'          EXERCER SEUL A MA FANTASQUE ESCRIME,
025 003  . . . . .  .  .  .   .   .    .    POUR          EXERCER TES DENTS A CE JEU SINGULIER,
029 008                          SON VENTRE PLEIN D'      EXHALAISONS,
007 009                               JE VOUDRAIS QU'     EXHALANT L'ODEUR DE LA SANTE
006 011              OU LA PRIERE EN PLEURS S'            EXHALE DES ORDURES,
097 038  . . . . .  .  .  .   .   .    .    .             EXHALE LE VERTIGE, ET LES DANSEURS PRUDENTS
110 008                                                  EXHALENT LEUR SOUPIR FINAL,
120 004                           O PRINCE DE L'          EXIL, A QUI L'ON A FAIT TORT,
089 049       AINSI DANS LA FORET OU MON ESPRIT S'        EXILE
002 015  . . . . .  .  .  .   .   .    .    .   .         EXILE SUR LE SOL AU MILIEU DES HUEES,
120 040                          BATON DES                EXILES, LAMPE DES INVENTEURS,
089 035                              COMME LES            EXILES, RIDICULE ET SUBLIME,
044 013                              COMME DES            EXILES, S'EN VONT D'UN PIED TRAINARD,
003 014  . . . . .  .  .  .   QUI CHARGENT DE LEUR POIDS L'  EXISTENCE BRUMEUSE,
```

E

		POEM	LINE
DE L'	EXISTENCE IMMENSE, AU PLUS NOIR DE L'ABIME, ...	136	017
HONTEUSES D'	EXISTER, OMBRES RATATINEES,	091	069
AYANT L'	EXPANSION DES CHOSES INFINIES,	004	012
EN	EXPIATION DE TES INFAMES CULTES	116	043
DU MON VENTRE A CONCU MON	EXPIATION!	001	008
	EXPLIQUE, SI TU PEUX, MON TROUBLE ET MON EFFROI:	131	050
PAR LE GOSIER DE L'HOMME IL CHANTE SES	EXPLOITS	105	027
	EXPLOSION DE CHALEUR	058	039
COMME UNE	EXPLOSION NOUS LANCANT SON BONJOUR!	145	002
T'	EXPRIMER AVEC VERITE?	134	014
CE VISAGE ECLAIRE D'UNE	EXQUISE GRIMACE,	020	021
ET L'HARMONIE EST TROP	EXQUISE,	041	017
DU SOUVENIR CUEILLE LA FLEUR	EXQUISE.	038	022
ENTRETIENT DOUCEMENT L'	EXTASE	155	007
AUPRES D'UN TOMBEAU VIDE EN	EXTASE COURBEE;	089	039
QU'IL S'INFILTRE COMME UNE	EXTASE DANS TOUS CEUX	149	051
MAIS MON COEUR, QUE JAMAIS NE VISITE L'	EXTASE, ...	054	048
ME RAVIT EN	EXTASE, ET J'AIME A LA FUREUR	127	007
OU LA FATUITE PROMENE SON	EXTASE;	020	009
A LA GLOIRE DE DIEU RALLUME TON	EXTASE;	140	010
	EXTASE! POUR PEUPLER CE SOIR L'ALCOVE OBSCURE	023	003
CES	EXTASES, CES CRIS, CES PLEURS, CES TE DEUM,	051	014
ET CONTIENT TOUTES LES	EXTASES;	006	034
ET, DE MA CLAIRVOYANCE	EXTATIQUE VICTIME,	136	019
LE SOMMEIL ET LE DON DES REVES	EXTATIQUES, ...	122	010
DE SON ETRE	EXTIRPER L'ELEMENT CORROMPU,	077	014
POUR	EXTORQUER QUELQUES EPIS,	135	006
QU'IL NE FAUT PAS LACHER SANS EN	EXTRAIRE L'OR!	085	016
MOI, JE BUVAIS, CRISPE COMME UN	EXTRAVAGANT, ...	093	006
D'UNE COQUETTE MAIGRE AUX AIRS	EXTRAVAGANTS.	097	004

039 005	. . . . TA MEMOIRE, PAREILLE AUX	FABLES INCERTAINES,
136 002	BABEL SOMBRE, OU ROMAN, SCIENCE,	FABLIAU,
049 003	ET FAIT SURGIR PLUS D'UN PORTIQUE	FABULEUX
007 008	T'A-T -IL NOYEE AU FOND D'UN	FABULEUX MINTURNES?
020 023	. . . . . LA VERITABLE TETE, ET LA SINCERE	FACE
114 019	ELLE REGARDERA LA	FACE DE LA MORT,
077 006	NI SON PEUPLE MOURANT EN	FACE DU BALCON.
097 049	ANTINOUS FLETRIS, DANDYS A	FACE GLABRE,
020 024	. . . . RENVERSEE A L'ABRI DE LA	FACE QUI MENT.
096 019	ET TOUS GAILLARDEMENT TRAFIQUANT A MA	FACE,
029 034	NOUS REGARDAIT D'UN OEIL	FACHE,
057 011	JE SAURAI TE TAILLER UN MANTEAU, DE	FACON
029 007	. . . . OUVRAIT D'UNE	FACON NONCHALANTE ET CYNIQUE
012 006	MELAIENT D'UNE	FACON SOLENNELLE ET MYSTIQUE
018 014	TES APPAS	FACONNES AUX BOUCHES DES TITANS!
125 005	ANGOISSE ET VIF ESPOIR, SANS HUMEUR	FACTIEUSE.
044 009	. . . . ET DE NOS	FACULTES SE FAIT LE CAPITAINE?
150 018	LE	FAIBLE QU'A TORT ON MEPRISE!
119 012	HURLENT LA	FAIM COMME UN VIEUX CHIEN.
124 006	APAISANT TOUT, MEME LA	FAIM,
126 130	. . LES FRUITS MIRACULEUX DONT VOTRE COEUR A	FAIM;
150 030	BU SANS SOIF ET MANGE SANS	FAIM!
009 012	O MOINE	FAINEANT! QUAND SAURAI -JE DONC FAIRE
086 025	DE TIRER UN SOLEIL DE MON COEUR, ET DE	FAIRE
009 012	. . . O MOINE FAINEANT! QUAND SAURAI -JE DONC.	FAIRE
129 031	ET	FAIRE A TON FLANC ETONNE
133 020		FAIRE DE GRANDS ADIEUX A TES CHERS TAMARINS?
088 052	TE	FAIRE DON.
106 032	. . . . . . ? . . . . A	FAIRE DU VIN UN LINCEUL?
133 002	EST LARGE A LA PLUS BELLE BLANCHE;	FAIRE ENVIE A LA PLUS BELLE BLANCHE;
008 014	POUR	FAIRE EPANOUIR LA RATE DU VULGAIRE.
140 005	SACHE QU'IL FAUT AIMER, SANS	FAIRE LA GRIMACE,
001 040	. . . . . . ET COMME ELLES JE VEUX ME	FAIRE REDORER;
031 006	TE	FAIRE TON LIT ET TON DOMAINE;
136 008	TOUTES AURAIENT PU	FAIRE UN APPETIT D'UNE EGALE GROSSEUR."
091 048	POUR QUE TU PUISSES	FAIRE UN FLEUVE AVEC LEURS PLEURS!
140 007	. . . . ET DE TOI	FAIRE, A JESUS, QUAND IL PASSE,
125 002	TOI QUI	FAIS -TU DIRE: "OH! L'HOMME SINGULIER!"
120 016	JE	FAIS AU PROSCRIT CE REGARD CALME ET HAUT
038 008	JE VOUS	FAIS BOUILLIR ET JE MANGE MON COEUR,
091 082	. . . . JE VOUS	FAIS CHAQUE SOIR UN SOLENNEL ADIEU!
141 008	TU	FAIS DES ENFANTS, PLANTE DES ARBRES,
052 006	TU	FAIS L'EFFET D'UN BEAU VAISSEAU QUI PREND LE LARGE
052 026	. . . . TU	FAIS L'EFFET D'UN BEAU VAISSEAU QUI PREND LE LARGE
120 049	ET	FAIS QUE MON AME UN JOUR, SOUS L'ARBRE DE SCIENCE,
132 008	JE	FAIS RIRE LES VIEUX DU RIRE DES ENFANTS.
102 038	IL	FAISAIS, A MA VOLONTE,
016 026	. . . . LE SECRET DOULOUREUX QUI ME	FAISAIT DES ENFANTS LA JOIE ET LA RISEE.
127 027	TANT SA TAILLE	FAISAIT LANGUIR.
090 022		FAISAIT RESSORTIR SON BASSIN.
091 042	IL EN EST QUI,	FAISANT AVEC SA JAMBE UN PARFAIT ANGLE DROIT,
096 003	. . . . MINAUDANT, ET	FAISANT DE LA DOULEUR UN MIEL,
000 000	NOUS SOUS	FAISANT DE LEURS MAIGRES OREILLES
119 018	TON OR	FAISONS PAYER GRASSEMENT NOS AVEUX,
126 067	DE CEUX QUE LE HASARD	FAIT AUSSI DES PETITS.
149 041	. . . . CAR IL EST	FAIT AVEC LES NUAGES,
115 027	CRIME QUI N'A PAS	FAIT AVEC L'UNIVERSEL PECHE,
133 009	ET, DES QUE LE MATIN	FAIT CHANCELER LE SOLEIL!
131 100		FAIT CHANTER LES PLATANES,
013 012	. . . .	FAIT CLAQUER VOTRE CHAIR AINSI QU'UN VIEUX DRAPEAU
006 026	DE FOETUS QU'ON	FAIT COULER LE ROCHER ET FLEURIR LE DESERT
038 010	UN SPECTRE	FAIT CUIRE AU MILIEU DES SABBATS,
077 013	LE SAVANT QUI LUI	FAIT DE GRACE ET DE SPLENDEUR.
121 009	. . . . UN SOIR	FAIT DE L'OR N'A JAMAIS PU
073 005	LE DEMON	FAIT DE ROSE ET DE BLEU MYSTIQUE,
118 001	QU'EST -CE QUE DIEU	FAIT DES TROUS SECRETS A CES ABIMES,
020 034	SURTOUT, CE QUI LA	FAIT DONC DE CE FLOT D'ANATHEMES
020 028	. . . . AUX FLOTS QUE LA DOULEUR	FAIT FREMIR JUSQU'AUX GENOUX,
041 023	SON HALEINE	FAIT JAILLIR DE TES YEUX!
044 009	ET DE NOS FACULTES SE	FAIT LA MUSIQUE,
097 044	QUI	FAIT LE CAPITAINE?
041 024	. . . . COMME SA VOIX	FAIT LE DEGOUTE MONTRE QU'IL SE CROIT BEAU.
105 031	DIEU, TOUCHE DE REMORDS, AVAIT	FAIT LE PARFUM!"
095 023	LES TABLES D'HOTE, DONT LE JEU	FAIT LE SOMMEIL;
134 018	QUI	FAIT LES DELICES,
064 008	. . . . . JE HAIS LA PASSION ET L'ESPRIT ME	FAIT MA JOIE ET MA SANTE,
133 005	AUX PAYS CHAUDS ET BLEUS OU TON DIEU T'A	FAIT MAL!
090 015	ET DONT L'ASPECT AURAIT	FAIT NAITRE,
113 014	. . . . EST	FAIT PLEUVOIR LES AUMONES,
017 003	SON FRONT DE MARBRE AVAIT L'AIR	FAIT POUR DONNER A BOIRE A CES CRUELLES FILLES!
091 060	QUI SEMBLAIT AVOIR	FAIT POUR INSPIRER AU POETE UN AMOUR
132 024	CAR IL NE SERA	FAIT POUR LE LAURIER!
001 073	. . . . . NE T'A DONC JAMAIS	FAIT PROVISION DE SANG,
025 014	PARFUM	FAIT QUE DE PURE LUMIERE,
098 015	ET	FAIT RECULER D'EPOUVANTE,
039 003	QUI	FAIT REVER AUX OASIS LOINTAINES,
058 020	. . . . DONT EST	FAIT REVER UN SOIR LES CERVELLES HUMAINES,
041 006		FAIT REVIVRE LES MORTS!
		FAIT SON ENCHANTEMENT,

F

		POEM	LINE
DONT LE REGARD M'A	FAIT SOUDAINEMENT RENAITRE, ...	093	010
IL	FAIT S'EVAPORER LES SOUCIS VERS LE CIEL,	087	011
ET	FAIT SURGIR PLUS D'UN PORTIQUE FABULEUX	049	003
SI TU N'AS	FAIT TA RHETORIQUE	142	005
O PRINCE DE L'EXIL, A QUI L'ON A	FAIT TORT, ...	120	004
	FAIT TOUJOURS BIEN TOUT CE QU'IL FAIT!	084	032
LE TONNERRE ET LA PLUIE ONT	FAIT UN TEL RAVAGE,	010	003
CHACUN DE VOUS M'A	FAIT UN TEMPLE DANS SON COEUR;	149	025
--QUAND NOTRE COEUR A	FAIT UNE FOIS SA VENDANGE,	040	003
LA LAMPE SUR LE JOUR	FAIT UNE TACHE ROUGE;	103	006
C'EST LA MORT QUI CONSOLE, HELAS! ET QUI	FAIT VIVRE;	122	001
HIER, DEMAIN, TOUJOURS, NOUS	FAIT VOIR NOTRE IMAGE:	126	111
FAIT TOUJOURS BIEN TOUT CE QU'IL	FAIT VOIR QUELLE SERA VOTRE MATURITE.	157	008
SAINT PIERRE A RENIE JESUS...IL A BIEN	FAIT!	084	032
	FAIT!	118	032
LOIN! LOIN! ICI LA BOUE EST	FAITE DE CHAIR ET DE VELOURS,	139	011
EST	FAITE DE NOS PLEURS!	062	012
N'EST PAS	FAITE POUR TRONER SUR DES LITS SOMPTUEUX,	020	006
ET NATURELLEMENT, DIEU M'A	FAITE SUFFISAMMENT;	119	028
	FAITE TRES BELLE."	149	006
	FAITES VOTRE DESTIN, AMES DESORDONNEES, ...	131	103
	FAITES, POUR EGAYER L'ENNUI DE NOS PRISONS,	126	054
SES YEUX POLIS SONT	FAITS DE MINERAUX CHARMANTS,	027	009
SES YEUX PROFONDS SONT	FAITS DE VIDE ET DE TENEBRES,	097	013
CES BIJOUX MERVEILLEUX,	FAITS D'ASTRES ET D'ETHERS,	126	052
--CES YEUX SONT DES PUITS	FAITS D'UN MILLION DE LARMES,	091	033
QUE JE PRENDS TRES -SOUVENT LES	FAITS POUR DES MENSONGES,	136	025
	FAITS POUR SERRER OBSTINEMENT,	052	035
QUI VERS ELLE MONTAIT COMME VERS SA	FALAISE.	127	012
IL TE	FALLAIT GLANER TON SOUPER DANS NOS FANGES	133	025
ET DES SORCIERES	FAMELIQUES,	070	012
C'EST L'AUBERGE	FAMEUSE INSCRITE SUR LE LIVRE,	122	007
NOUS DIT -ON, UN PAYS	FAMEUX DANS LES CHANSONS,	116	006
GUERISSEUR	FAMILIER DES ANGOISSES HUMAINES,	120	008
L'EMPIRE	FAMILIER DES TENEBRES FUTURES.	013	014
C'EST L'ESPRIT	FAMILIER DU LIEU;	051	029
A L'ACCENT	FAMILIER NOUS DEVINONS LE SPECTRE;	126	133
TOUT MON COEUR S'ARRACHAIT AU MONDE	FAMILIER.	125	008
DES ETRES DISPARUS AUX REGARDS	FAMILIERS.	079	014
QUI L'OBSERVENT AVEC DES REGARDS	FAMILIERS.	004	004
ET LE SIECLE COULER, SANS QU'AMIS NI	FAMILLE	100	013
TRAINE TA	FAMILLE AUX ABOIS.	119	024
DONT SA	FAMILLE ROUGIRAIT,	045	022
RUINES! MA	FAMILLE! O CERVEAUX CONGENERES!	091	081
AU POETE SINISTRE, ENNEMI DES	FAMILLES, ...	112	005
CLAIRS	FANAUX, VIVANTES OPALES,	051	039
JE SUIS UN VIEUX BOUDOIR PLEIN DE ROSES	FANEES,	076	011
DANS DES FAUTEUILS	FANES DES COURTISANES VIEILLES,	096	001
DE VOUS, CLAIRE ET JOYEUSE AINSI QU'UNE	FANFARE	045	017
OU, SOUS UN CIEL CHAGRIN, DES	FANFARES ETRANGES	006	031
ELLE REMUE AU SEIN DE LA CITE DE	FANGE	095	019
RACE DE CAIN, DANS LA	FANGE	119	003
IL TE FALLAIT GLANER TON SOUPER DANS NOS	FANGES	133	025
O	FANGEUSE GRANDEUR! SUBLIME IGNOMINIE!	025	018
AU COEUR D'UN VIEUX FAUBOURG, LABYRINTHE	FANGEUX	105	003
JE VAIS M'EXERCER SEUL A MA	FANTASQUE ESCRIME,	087	005
ROUGIT, MAIS N'ETEINT PAS LEUR FLAMME	FANTASTIQUE:	043	011
DE L'ANTIQUE VENUS LE SUPERBE	FANTOME	116	010
	FANTOME COMME LUI, ROSSE APOCALYPTIQUE,	071	005
SON	FANTOME DANS L'AIR DANSE COMME UN FLAMBEAU.	042	011
ET LORSQUE J'ENTREVOIS UN	FANTOME DEBILE	091	025
VOLUPTE,	FANTOME ELASTIQUE!	139	014
AINSI, TOUJOURS VAINQUEUR, TON	FANTOME EST PAREIL,	046	013
AVEC LA TRISTE VOIX D'UN	FANTOME FRILEUX.	075	008
	FANTOME VAGISSANT, ON NE SAIT D'OU VENU, ...	136	012
ET DE NOIRS BATAILLONS DE	FANTOMES EPARS,	131	046
DES COCOTIERS ABSENTS LES	FANTOMES EPARS!	133	028
DES	FANTOMES PUISSANTS QUI DANS LES CREPUSCULES	006	015
ET, QUAND JE M'ENNUIERAI DE CES	FARCES IMPIES, ...	001	045
SUR CE TEINT FAUVE ET BRUN, LE	FARD ETAIT SUPERBE!	127	028
QUE TOUJOURS, AVEC QUELQUE SOIN QU'IL SE	FARDE,	045	027
SOUS LE	FARDEAU DE TA PARESSE	028	021
OUBLIE SUR LA CARTE, ET DONT L'HUMEUR	FAROUCHE	076	023
LA DOUCEUR QUI	FASCINE ET LE PLAISIR QUI TUE.	093	008
CAR J'AI, POUR	FASCINER CES DOCILES AMANTS,	017	012
ET	FASSE PLUS ROYALEMENT	051	019
TES BRAS SE	FASSENT PRIER	088	026
UNE FEMME PASSA, D'UNE MAIN	FASTUEUSE	093	003
REPETANT, L'IMPUISSANT ET LA	FAT: "OUI, JE VEUX	149	015
CHERCHANT PAR QUEL DETROIT	FATAL	084	027
HERITAGE	FATAL D'UNE VIEILLE HYDROPIQUE, ...	075	012
PLUS ALLAIT SE VIDANT LE	FATAL SABLIER,	125	006
PALES, LE SOURCIL PEINT, L'OEIL CALIN ET	FATAL,	096	002
JE VOIS CE MALHEUREUX, MYTHE ETRANGE ET	FATAL,	089	024
SOSIE INEXORABLE, IRONIQUE ET	FATAL, ...	090	042
L'AIR EST DANGEREUX ET	FATAL,	110	006
L'OEIL	FATAL, REPONDIT D'UNE VOIX DESPOTIQUE:	131	059
TENEBREUX, EMBUSQUE, BANDE SON ARC	FATAL.	064	010
LA SECRETE SPLENDEUR ET LA BEAUTE	FATALE	110	023

126 087	. . . . .	DU HAUT JUSQUES EN BAS DE L'ECHELLE	FATALE,
020 017		O BLASPHEME DE L'ART! O SURPRISE	FATALE!
091 003		JE GUETTE, OBEISSANT A MES HUMEURS	FATALES,
126 019		DE LEUR	FATALITE JAMAIS ILS NE S'ECARTENT,
136 016	. . . .	ET MA	FATALITE. DERRIERE LES DECORS
150 005		--AUJOURD'HUI, DATE	FATIDIQUE,
039 006			FATIGUE LE LECTEUR AINSI QU'UN TYMPANON,
109 010		HALETANT ET BRISE DE	FATIGUE, AU MILIEU
106 026	. . . . QUOIQUE BIEN	FATIGUEE! ET MOI,
022 011		ENCOR TOUT	FATIGUES PAR LA VAGUE MARINE,
068 014		DE SES	FATIGUES SON ESPRIT.
020 009		OU LA	FATUITE PROMENE SON EXTASE;
090 012		LE	FAUBOURG SECOUE PAR LES LOURDS TOMBEREAUX.
105 003		AU COEUR D'UN VIEUX	FAUBOURG, LABYRINTHE FANGEUX
087 001		LE LONG DU VIEUX	FAUBOURG, OU PENDENT AUX MASURES
075 004		ET LA MORTALITE SUR LES	FAUBOURGS BRUMEUX.
089 031	. . . . VIEUX	FAUBOURGS, TOUT POUR MOI DEVIENT ALLEGORIE,
133 018		CE PAYS TROP PEUPLE QUE	FAUCHE LA SOUFFRANCE,
114 006	CES MONSTRES DONT LA MAIN, QUI TOUJOURS GRATTE ET	FAUCHE
077 005		RIEN NE PEUT L'EGAYER, NI GIBIER, NI	FAUCON,
135 013	 IL	FAUDRA LUI MONTRER DES GRANGES
094 028		HELAS! IL NOUS	FAUDRA PEUT-ETRE
020 035		C'EST QUE DEMAIN, HELAS! IL	FAUDRA VIVRE ENCORE!
011 002		SISYPHE, IL	FAUDRAIT TON COURAGE!
006 017	. . . COLERES DE BOXEUR, IMPUDENCES DE	FAUNE,
075 010		ACCOMPAGNE LA PENDULE ENRHUMEE,	FAUSSET LA PENDULE ENRHUMEE,
026 003		OEUVRE DE QUELQUE OBI, LE	FAUST DE LA SAVANE,
123 001		COMBIEN	FAUT -IL DE FOIS SECOUER MES GRELOTS
126 042	. . . . . .	FAUT -IL LE METTRE AUX FERS, LE JETER A LA MER,
126 113			FAUT -IL PARTIR? RESTER? SI TU PEUX RESTER, RESTE;
018 009		CE QU'IL	FAUT A CE COEUR PROFOND COMME UN ABIME,
140 005		SACHE QU'IL	FAUT AIMER, SANS FAIRE LA GRIMACE,
025 004	. . . . . . IL TE	FAUT CHAQUE JOUR UN COEUR AU RATELIER.
010 006		ET QU'IL	FAUT EMPLOYER LA PELLE ET LES RATEAUX
067 010		QU'IL	FAUT EN CE MONDE QU'IL CRAIGNE
085 016		QU'IL NE	FAUT PAS LACHER SANS EN EXTRAIRE L'OR!
131 026	. . . . . COMPRENDS -TU MAINTENANT QU'IL NE	FAUT PAS OFFRIR
001 067		ET QU'IL	FAUT POUR TRESSER MA COURONNE MYSTIQUE
149 033		. IL	FAUT QUE LE GIBIER PAYE LE VIEUX CHASSEUR
091 031		COMBIEN DE FOIS IL	FAUT QUE L'OUVRIER VARIE
054 018	. . A CE SOLDAT BRISE! S'IL	FAUT QU'IL DESESPERE
135 008		SANS CESSE IL	FAUT QU'IL LES ARROSE.
135 003		QU'IL	FAUT QU'IL REMUE ET DEFRICHE
008 009		IL TE	FAUT, POUR GAGNER TON PAIN DE CHAQUE SOIR,
104 005	. . . . . JE SAIS COMBIEN IL	FAUT, SUR LA COLLINE EN FLAMME,
126 114		PAR, S'IL LE	FAUT. L'UN COURT, ET L'AUTRE SE TAPIT
041 003		ET, TACHANT A ME PRENDRE EN	FAUTE.
097 029		INEPUISABLE PUITS DE SOTTISE ET DE	FAUTES!
100 016	. . . . CALME, DANS LE	FAUTEUIL JE LA VOYAIS S'ASSEOIR,
096 001		DANS DES	FAUTEUILS FANES DES COURTISANES VIEILLES,
127 028		SUR CE TEINT	FAUVE ET BRUN, LE FARD ETAIT SUPERBE!
063 001		COMME LES ANGES A L'OEIL	FAUVE.
038 025	. . . . . UNE SENTEUR MONTAIT, SAUVAGE ET	FAUVE,
095 004		ET L'HOMME IMPATIENT SE CHANGE EN BETE	FAUVE.
083 013		NE SUIS -JE PAS UN	FAUX ACCORD
112 006			FAVORI DE L'ENFER, COURTISAN MAL RENTRE,
077 007	. . . . DU BOUFFON	FAVORI LA GROTESQUE BALLADE
039 004		VAISSEAU	FAVORISE PAR UN GRAND AQUILON,
001 051		ET, POUR RASSASIER MA BETE	FAVORITE,
107 010		LES BAUMES PENETRANTS QUE TA PANSE	FECONDE EN RACHATS,
057 027	. . . . . REINE VICTORIEUSE ET	FECONDE EN RACHATS,
023 024		SAURA VOUS RETROUVER, O	FECONDE PARESSE?
089 005		A	FECONDE SOUDAIN MA MEMOIRE FERTILE,
025 009		MACHINE AVEUGLE ET SOURDE, EN CRUAUTES	FECONDE!
112 009	. . . ET LA BIERE ET L'ALCOVE EN BLASPHEMES	FECONDES
005 028		ET TOUTES LES HIDEURS DE LA	FECONDITE!
066 012		LEURS REINS	FECONDS SONT PLEINS D'ETINCELLES MAGIQUES,
054 043		UNE	FEE ALLUMER DANS UN CIEL INFERNAL
021 026	. . . . . QU'IMPORTE, SI TU RENDS,--	FEE AUX YEUX DE VELOURS,
051 032		PEUT-ETRE EST -IL	FEE, EST -IL DIEU?
102 037		ARCHITECTE DE MES	FEERIES,
108 004		POUR UN CIEL	FEERIQUE ET DIVIN!
126 079	. . . . . . DES PALAIS OUVRAGES DONT LA	FEERIQUE POMPE
086 016		POUR BATIR DANS LA NUIT MES	FEERIQUES PALAIS.
048 024		DECREPIT, POUDREUX, SALE, ABJECT, VISQUEUX,	FELE,
074 009	. . . . MOI, MON AME EST	FELEE, ET LORSQU'EN SES ENNUIS
020 018		LA	FEMME AU CORPS DIVIN, PROMETTANT LE BONHEUR,
114 001		C'EST UNE	FEMME BELLE ET DE RICHE ENCOLURE,
132 001		LA	FEMME CEPENDANT, DE SA BOUCHE DE FRAISE,
050 013		O	FEMME DANGEREUSE, O SEDUISANTS CLIMATS!
103 011	. . . . . ET L'HOMME EST LAS D'ECRIRE ET LA	FEMME D'AIMER.
089 040		VEUVE D'HECTOR, HELAS! ET	FEMME D'HELENUS!
034 009		JE VOIS MA	FEMME EN ESPRIT. SON REGARD,
005 003		ALORS L'HOMME ET LA	FEMME EN LEUR AGILITE
106 001		MA	FEMME EST MORTE, JE SUIS LIBRE!
107 001		LE REGARD SINGULIER D'UNE	FEMME GALANTE
025 002			FEMME IMPURE! L'ENNUI REND TON AME CRUELLE.
029 005		LES JAMBES EN L'AIR, COMME UNE	FEMME LUBRIQUE,
093 003	. . . . UNE	FEMME PASSA, D'UNE MAIN FASTUEUSE

F

		POEM LINE
J'ALLUMERAI LES YEUX DE TA	FEMME RAVIE;	104 017
LA FROIDE MAJESTE DE LA	FEMME STERILE.	027 014
SA	FEMME VA CRIANT SUR LES PLACES PUBLIQUES:	001 037
UNE FOIS, UNE SEULE, AIMABLE ET DOUCE	FEMME,	045 001
QUE C'EST UN DUR METIER QUE D'ETRE BELLE	FEMME,	045 029
LA NUDITE DE L'HOMME ET CELLE DE LA	FEMME,	005 017
ASTROLOGUES NOYES DANS LES YEUX D'UNE	FEMME,	126 011
LA	FEMME, ESCLAVE VILE, ORGUEILLEUSE ET STUPIDE,	126 089
CETTE	FEMME, MORCEAU VRAIMENT MIRACULEUX,	020 004
DE TOI SE SERT, O	FEMME, O REINE DES PECHES,	025 016
PAR LA GRIFFE ET LA DENT FEROCE DE LA	FEMME.	055 007
PUISQUE TU M'AS CHOISIE ENTRE TOUTES LES	FEMMES	001 009
LES	FEMMES DE PLAISIR, LA PAUPIERE LIVIDE,	103 013
DES	FEMMES DONT LES DENTS ET LES ONGLES SONT TEINTS,	126 082
ET DES	FEMMES DONT L'OEIL PAR SA FRANCHISE ETONNE.	022 008
S'AGGRAVENT LES DOULEURS DES	FEMMES EN GESINE;	103 018
DES	FEMMES SE TORDAIENT SOUS LE NOIR FIRMAMENT,	015 006
CES MONSTRES DISLOQUES FURENT JADIS DES	FEMMES,	091 005
LA FORME DE LA PLUS SEDUISANTE DES	FEMMES,	109 006
ET VOUS,	FEMMES, HELAS! PALES COMME DES CIERGES,	005 025
COMME DES	FEMMES, SE MIRAIENT.	102 024
PROFOND ET FROID, COUPE ET	FEND COMME UN DARD,	034 011
L'ETOILE DANS L'AZUR, LA LAMPE A LA	FENETRE,	086 010
JE NE VOIS QU'INFINI PAR TOUTES LES	FENETRES,	146 011
PAR LES	FENTES DES MURS DES MIASMES FIEVREUX	131 094
PAR TOI JE CHANGE L'OR EN	FER	081 009
COMME LES MACHINES DE	FER	106 034
AVEC LE	FER DE LA RAISON;	135 004
ET PETRISSANT SES SEINS SUR LE	FER DE SON BUSC,	132 003
LE	FER EST VAINCU PAR L'EPIEU!	119 030
CES JEUX, CES CLIQUETIS DU	FER SONT LES VACARMES	035 003
EPRISE DE POUDRE ET DE	FER,	138 030
D'UNE ENSEIGNE, AU BOUT D'UNE TRINGLE DE	FER,	132 027
ET COMME TREPIGNANT SUR LE TREPIED DE	FER,	131 058
L'OR AVEC LE	FER.	028 016
S PLAISIRS PLUS AIGUS QUE LA GLACE ET LE	FER?	050 016
TOUT SE	FERA BENJOIN, ENCENS, OLIBAN, MYRRHE,	057 034
OU JUSQU'AU SOIR IL	FERA FROID.	063 011
NE	FERA PAS LEVER MON FRONT DE MON PUPITRE;	086 022
L'ARAIGNEE Y	FERA SES TOILES,	070 007
	FERA S'EPANOUIR LES FLEURS DE LEUR CERVEAU!	123 014
JE TE	FERAI DE MON RESPECT DE BEAUX SOULIERS	057 019
ET JE	FERAI DE TA PAUPIERE,	083 004
JE	FERAI LE METIER DES IDOLES ANTIQUES,	001 039
JE	FERAI POUR TA TETE UNE ENORME COURONNE;	057 009
JE	FERAI REJAILLIR TA HAINE QUI M'ACCABLE	001 013
BOURREAU PLEIN DE REMORDS, JE	FERAI SEPT COUTEAUX	057 040
QUI	FERAIENT DELIRER LES CERVEAUX ET LES COEURS!	052 024
LE MYSTIQUE ALIMENT QUI	FERAIT LEUR VIGUEUR?	010 011
IL	FERAIT VOLONTIERS DE LA TERRE UN DEBRIS	000 035
VOUS	FERIEZ, A L'ABRI DES OMBREUSES RETRAITES,	061 012
JE	FERMAI LES DEUX YEUX, DANS MA FROIDE EPOUVANTE,	132 021
JE RENTRAI, JE	FERMAI MA PORTE, EPOUVANTE,	090 046
DONT LA CHAIR LISSE ET	FERME APPELAIT LES MORSURES!	005 014
QU'UN HORIZON SANGLANT	FERME DE TOUTES PARTS.	131 048
DE CE CORPS	FERME ET DROIT DE LA RUDE MAJESTE,	114 008
SE	FERME LENTEMENT COMME UNE GRANDE ALCOVE,	095 003
ET	FERME TON OREILLE A CE RUGISSEMENT.	095 030
VOIX ME PARLAIENT. L'UNE, INSIDIEUSE ET	FERME,	136 005
DES GLACIERS ET DES PINS QUI	FERMENT LEUR PAYS;	006 008
DANS L'AIR TROUBLE; LES YEUX SE	FERMENT LEURS YEUX APPESANTIS,	070 006
OU L'HUMANITE GROUILLE EN	FERMENT; LE VERTIGE	048 014
JE	FERMENTS ORAGEUX,	105 004
	FERMERAI PARTOUT PORTIERES ET VOLETS	086 015
QUE NOS RIDEAUX	FERMES NOUS SEPARENT DU MONDE,	131 081
QUAND, LES DEUX YEUX	FERMES, EN UN SOIR CHAUD D'AUTOMNE	022 001
TIREZ -VOUS, ET DE QUEL	FERMIER	094 019
PAR LA GRIFFE ET LA DENT	FEROCE DE LA FEMME.	055 007
--"CE JEU	FEROCE ET RIDICULE,	117 015
DE	FEROCES OISEAUX PERCHES SUR LEUR PATURE	116 029
ET FONT SUR LUI L'ESSAI DE LEUR	FEROCITE.	001 032
PAR TES GALANTS MIS AUX	FERS	088 031
FAUT -IL LE METTRE AUX	FERS, LE JETER A LA MER,	126 042
CYBELE ALORS,	FERTILE EN PRODUITS GENEREUX,	005 007
A FECONDE SOUDAIN MA MEMOIRE	FERTILE.	089 005
LES AMOUREUX	FERVENTS ET LES SAVANTS AUSTERES	066 001
DE CES GRANDS YEUX SI	FERVENTS ET SI TENDRES,	038 045
COURANT AVEC	FERVEUR A L'ABIME BEANT,	096 022
DONT LA	FERVEUR ATTISE LE SUPPLICE,	128 020
CAR J'EUSSE AVEC	FERVEUR BAISE TON NOBLE CORPS,	032 009
VOUS AVEZ, EN SECRET, BAISE MA	FESSE IMMONDE!	149 026
SOULEVANT, BALANCANT LE	FESTON ET L'OURLET;	093 004
ET QUE VOUS L'INVITEZ A L'ETERNELLE	FETE	001 063
LA	FETE DE LA VIE? OU QUELQUE VIEUX DESIR,	097 022
LA	FETE QU'ASSAISONNE ET PARFUME LE SANG;	126 094
VA CUEILLIR DES REMORDS DANS LA	FETE SERVILE,	143 007
--ILE DES DOUX SECRETS ET DES	FETES DU COEUR!	116 009
UNE COUPABLE JOIE ET DES	FETES ETRANGES	110 033
ET DES IFS FLAMBOYANTS DANS LES	FETES PUBLIQUES,	025 006

[133]

```
055 013 .    .    AVEC TES YEUX DE FEU, BRILLANTS COMME DES  FETES,
136 023    QUE JE RIS DANS LES DEUILS ET PLEURE DANS LES  FETES,
148 011                     SOUS JE NE SAIS QUEL OEIL DE  FEU
003 012                                               LE  FEU CLAIR QUI REMPLIT LES ESPACES LIMPIDES.
157 005 . . , . . . . . . .  L'OEIL CLAIR ET PLEIN DU  FEU DE LA PRECOCITE,
051 038                                               LE  FEU DE SES PRUNELLES PALES,
126 142                         NOUS VOULONS, TANT CE  FEU NOUS BRULE LE CERVEAU,
102 048                            QUI BRILLAIENT D'UN  FEU PERSONNEL!
074 002 . . . . . . . .  D'ECOUTER, PRES DU  FEU QUI PALPITE ET QUI FUME,
038 044                            DE TOUT LE  FEU QUI POUR NOUS FLAMBOYA.
068 011                    QUI MONTE DE MA BOUCHE EN  FEU,
055 013                            AVEC TES YEUX DE  FEU, BRILLANTS COMME DES FETES,
059 007 . . . . . . . .  LA JOUE ET L'OEIL EN  FEU, JOUANT SON PERSONNAGE,
095 036                                   AU COIN DU  FEU, LE SOIR, AUPRES D'UNE AME AIMEE.
057 032            TE REGARDER TOUJOURS AVEC DES YEUX DE  FEU;
043 004             SECOUANT DANS MES YEUX LEURS  FEUX DIAMANTES.
022 004 . . . . . .  QU'EBLOUISSENT LES  FEUX D'UN SOLEIL MONOTONE;
098 005          QUAND JE CONTEMPLE, AUX  FEUX DU GAZ QUI LE COLORE,
152 011                                   LEURS  FEUX SONT CES PENSERS D'AMOUR, MELES DE FOI,
012 002        QUE LES SOLEILS MARINS TEIGNAIENT DE MILLE  FEUX,
131 069 . . . . . . .  VA, SI TU VEUX, CHERCHER UN  FIANCE STUPIDE:
037 013                      IL N'EST PAS UNE  FIBRE EN TOUT MON CORPS TREMBLANT
106 004                SES CRIS ME DECHIRAIENT LA  FIBRE.
057 022                      COMME UN MOULE  FIDELE EN GARDERONT L'EMPREINTE.
121 013 . . . . . . . . . .  VIENDRA RANIMER,  FIDELE ET JOYEUX,
110 059          AUTANT QUE TOI SANS DOUTE IL TE SERA  FIDELE,
074 007                            JETTE  FIDELEMENT SON CRI RELIGIEUX,
116 048                    LE LONG FLEUVE DE  FIEL DES DOULEURS ANCIENNES;
044 007  LES POINGS CRISPES DANS L'OMBRE ET LES LARMES DE  FIEL,
090 018                        .    DANS LE  FIEL; SON REGARD AIGUISAIT LES FRIMAS,
015 003            UN SOMBRE MENDIANT, L'OEIL  FIER COMME ANTISTHENE,
102 009                          ET, PEINTRE  FIER DE MON GENIE,
005 012 . . . . . . .  D'ETRE  FIER DES BEAUTES QUI LE NOMMAIENT LEUR ROI;
149 022      ET QUI LEUR DIT, RAILLEUR ET  FIER:  "DANS MON CIBOIRE,
091 057          CELLE-LA, DROITE ENCOR,  FIERE ET SENTANT LA REGLE,
097 001                                   FIERE, AUTANT QU'UN VIVANT, DE SA NOBLE STATURE,
013 003 . . . . .  SUR SON DOS, OU LIVRANT A LEURS  FIERS APPETITS
097 047                                  "  FIERS MIGNONS, MALGRE L'ART DES POUDRES ET DU ROUGE
017 010            QUE J'AI L'AIR D'EMPRUNTER AUX PLUS  FIERS MONUMENTS.
066 008        S'ILS POUVAIENT AU SERVAGE INCLINER LEUR  FIERTE.
096 007 . . .  ET DES DOIGTS CONVULSES D'UNE INFERNALE  FIEVRE
111 015          T'APPELLENT AU SECOURS DE LEURS  FIEVRES HURLANTES,
044 011    ANGE PLEIN DE SANTE, CONNAISSEZ -VOUS LES  FIEVRES,
044 015    ANGE PLEIN DE SANTE, CONNAISSEZ -VOUS LES  FIEVRES?
131 094 . . . .  PAR LES FENTES DES MURS DES MIASMES  FIEVREUX
090 047          MALADE ET MORFONDU, L'ESPRIT  FIEVREUX ET TROUBLE,
110 050                TE SOULEVANT D'UN BRAS  FIEVREUX,
047 012              LE SOLEIL S'EST NOYE DANS SON SANG QUI SE  FIGE.
047 015 . .  LE SOLEIL S'EST NOYE DANS SON SANG QUI SE  FIGE...
065 010                          ELLE LAISSE  FILER UNE LARME FURTIVE,
078 012                      VIENT TENDRE SES  FILETS AU FOND DE NOS CERVEAUX,
091 019        ILS ONT LES YEUX DIVINS DE LA PETITE  FILLE
088 001 . . . . . . . . . .  BLANCHE  FILLE AUX CHEVEUX ROUX,
018 012              OU BIEN TOI, GRANDE NUIT,  FILLE DE MICHEL-ANGE,
130 064            SUR LE VIEIL OCEAN DE SA  FILLE ENCHANTE;
154 002                          OU CETTE  FILLE TRES -PAREE,
120 037    TOI QUI METS DANS LES YEUX ET DANS LE COEUR DES  FILLES
130 018                                   LES  FILLES AUX YEUX CREUX, DE LEUR CORPS AMOUREUSES,
087 014        ET LES REND GAIS ET DOUX COMME DES JEUNES  FILLES,
112 001          LA DEBAUCHE ET LA MORT SONT DEUX AIMABLES  FILLES,
113 014 . . .  FAIT POUR DONNER A BOIRE A CES CRUELLES  FILLES!
070 012                ET LES COMPLOTS DES NOIRS  FILOUS.
015 012                                               LE  FILS AUDACIEUX QUI RAILLA SON FRONT BLANC.
072 011                      PHILOSOPHES VIVEURS,  FILS DE LA POURRITURE,
090 043 . . . . . . . . .  DEGOUTANT PHENIX,  FILS ET PERE DE LUI-MEME?
104 018                              A TON  FILS JE RENDRAI SA FORCE ET SES COULEURS
000 013        C'EST LE DIABLE QUI TIENT LES  FILS QUI NOUS REMUENT!
105 032          L'HOMME AJOUTA LE VIN,  FILS SACRE DU SOLEIL!
005 008 . . . . .  NE TROUVAIT POINT SES  FILS UN POIDS TROP ONEREUX,
051 009          CETTE VOIX, QUI PERLE ET QUI  FILTRE
152 002      BEAUX YEUX DE MON ENFANT, PAR OU  FILTRE ET S'ENFUIT
131 095                                   FILTRENT EN S'ENFLAMMANT AINSI QUE DES LANTERNES
150 004 . . . . . . . . . . .  NOUS  FIMES DU JOUR QUI S'ENFUIT:
148 010                      TROUVER LA  FIN ET LE MILIEU;
020 008                --AUSSI, VOIS CE SOURIS  FIN ET VOLUPTEUX
028 026                      COMME UN  FIN VAISSEAU
066 013 . .  ET DES PARCELLES D'OR, AINSI QU'UN SABLE  FIN.
066 011    QUI SEMBLENT S'ENDORMIR DANS UN REVE SANS  FIN;
119 008                          AURA-T -IL JAMAIS UNE  FIN?
126 132            DE CETTE APRES -MIDI QUI N'A JAMAIS DE  FIN?"
131 040 . . . .  ET JE T'ENDORMIRAI DANS UN REVE SANS  FIN!"
110 038                      EXHALENT LEUR SOUPIR  FINAL,
113 011    LE VIN REND L'OEIL PLUS CLAIR ET L'OREILLE PLUS  FINE!
126 008            BERCANT NOTRE INFINI SUR LE  FINI DES MERS:
117 016 . . . . . . . . . .  QUAND DOIT -IL  FINIR?
095 032        LA SOMBRE NUIT LES PREND A LA GORGE; ILS  FINISSENT
101 001                                               O  FINS D'AUTOMNE, HIVERS, PRINTEMPS TREMPES DE BOUE,
133 001                      TES PIEDS SONT AUSSI  FINS QUE TES MAINS, ET TA HANCHE
106 039 . . . . . . . . . . . .  SES  FIOLES DE POISON, SES LARMES.
```

F

		POEM	LINE
LES FLEUVES DE CHARBON MONTER AU	FIRMAMENT	086	011
ET SOUS LE	FIRMAMENT COMME UN DAIS SUSPENDU	105	011
DES GANGES, DANS LE	FIRMAMENT,	102	034
DES FEMMES SE TORDAIENT SOUS LE NOIR	FIRMAMENT,	015	006
DONT LA NATURE LUI	FIT DON;	110	024
ELLE	FIT SON BEAU CORPS LA PATURE SUPREME	130	068
L'OEIL INQUIET,	FIXE SUR VOS PAS INCERTAINS,	091	074
QUI ME CONTEMPLENT	FIXEMENT.	051	040
PLONGE TES YEUX DANS LES YEUX	FIXES	141	005
LES YEUX	FIXES AU LARGE ET LES CHEVEUX AU VENT,	126	124
LES YEUX	FIXES SUR MOI, COMME UN TIGRE DOMPTE,	127	013
SEULS, RESPIRENT L'ODEUR D'UN	FLACON DEBOUCHE.	076	014
QUAND ON M'AURA JETE, VIEUX	FLACON DESOLE,	048	023
PARFOIS ON TROUVE UN VIEUX	FLACON QUI SE SOUVIENT,	048	007
DE POURVOIR LES	FLACONS D'EAUX FRAICHES ET D'ODEURS,	133	007
AU MILIEU DES	FLACONS, DES ETOFFES LAMEES	110	001
ILS RAMPENT,	FLAGELLES PAR LES BISES INIQUES,	091	009
	FLAGELLES PAR UN VENT QUI NE VIENT PAS DU CIEL,	131	088
	FLAIRANT DANS TOUS LES COINS LES HASARDS DE LA RIME,	087	006
A CET AGONISANT QUE LE LOUP DEJA	FLAIRE	054	016
CE PAUVRE AGONISANT QUE DEJA LE LOUP	FLAIRE!	054	020
CREPITE,	FLAMBE ET DIT: BENISSONS CE FLAMBEAU!	021	018
JARRETIERE, AINSI QU'UN OEIL SECRET QUI	FLAMBE,	110	027
	FLAMBEAU DES GRACES SATANIQUES,	084	038
UN GAZETIER FUMEUX, QUI SE CROIT UN	FLAMBEAU,	149	009
SON FANTOME DANS L'AIR DANSE COMME UN	FLAMBEAU,	042	011
TOUT MON ETRE OBEIT A CE VIVANT	FLAMBEAU,	043	008
CREPITE, FLAMBE ET DIT: BENISSONS CE	FLAMBEAU!	021	018
NOS DEUX COEURS SERONT DEUX VASTES	FLAMBEAUX,	121	006
LE CAVALIER PROMENE UN SABRE QUI	FLAMBOIE	071	009
	FLAMBOIE ENCOR COMME UNE FORGE,	138	023
QUI TOUT AU FOND DU CIEL	FLAMBOIENT,	148	006
DE TOUT LE FEU QUI POUR NOUS	FLAMBOYA.	038	044
CHAQUE FOIS QU'IL POUSSAIT UN	FLAMBOYANT SOUPIR,	127	031
COMME DES PAPILLONS, ERRENT EN	FLAMBOYANT,	006	022
ET DES IFS	FLAMBOYANTS DANS LES FETES PUBLIQUES,	025	006
DEVINER SI SON COEUR COUVE UNE SOMBRE	FLAMME	019	007
EN ROUVRANT MES YEUX PLEINS DE	FLAMME	102	053
	FLAMME DANS NOTRE SOUTERRAIN!	139	006
LE SOLEIL A NOIRCI LA	FLAMME DES BOUGIES;	046	012
ALLUME TA PRUNELLE A LA	FLAMME DES LUSTRES!	037	009
NI SA NOIRE LEGENDE AVEC LA	FLAMME ECRITE.	065	007
DONT LE VENT BAT LA	FLAMME ET TOURMENTE LE VERRE,	105	002
RECUIT A LA	FLAMME ETERNELLE!	149	008
ROUGIT, MAIS N'ETEINT PAS LEUR	FLAMME FANTASTIQUE;	043	011
SOUS UN CLIMAT DE	FLAMME OU SOUS UN SOLEIL BLANC,	144	002
MATIN NOUS PARTONS, LE CERVEAU PLEIN DE	FLAMME,	126	005
SAIS COMBIEN IL FAUT, SUR LA COLLINE EN	FLAMME,	104	005
ET SON COEUR, RAVAGE PAR LA	FLAMME, A TOUJOURS,	059	013
O DEMON SANS PITIE! VERSE -MOI MOINS DE	FLAMME!	026	010
TRES DONT NUL SOLEIL NE PEUT FLETRIR LA	FLAMME!	043	014
AU CHANT DES VIOLONS, AUX	FLAMMES DES BOUGIES,	097	025
DE VOILES, DE RAMEURS, DE	FLAMMES ET DE MATS;	023	015
LES MIROIRS TERNIS ET LES	FLAMMES MORTES.	121	014
ET QUE JE NE PUIS PAS REJETER DANS LES	FLAMMES,	001	011
AH! NE RALENTIS PAS TES	FLAMMES;	139	001
QUEL MAL MYSTERIEUX RONGE SON	FLANC D'ATHLETE?	020	031
SORCIERE AU	FLANC D'EBENE, ENFANT DES NOIRS MINUITS,	026	004
ET FAIRE A TON	FLANC ETONNE	129	031
PENETRE DANS TON	FLANC PLUS AVANT QUE LA LANCE?	118	028
DONT LE	FLANC TOUJOURS VIERGE ET DRAPE DE GUENILLES	112	003
ET SERRANT SUR LEUR	FLANC, AINSI QUE DES RELIQUES,	091	011
QU'UNE OUTRE AUX	FLANCS GLUANTS, TOUTE PLEINE DE PUS!	132	020
ET TES	FLANCS QU'ASSOUPLIT UN CHARMANT NONCHALOIR,	033	006
SI, LE CORSET BRUTAL EMPRISONNANT TES	FLANCS,	133	024
ES, LES GROS BLOCS VERDIS PAR L'EAU DES	FLAQUES,	089	011
UVRES CORPS TORDUS, MAIGRES, VENTRUS OU	FLASQUES,	005	022
ET	FLATTE CE QUI NOUS REBUTE;	150	016
	FLATTE LE NEZ DU SERAPHIN!	119	006
O BEAUTE, DUR	FLEAU DES AMES, TU LE VEUX!	055	012
MON COEUR EST UN PALAIS	FLETRI PAR LA COHUE;	055	009
E DIRAS -TU, MON COEUR, COEUR AUTREFOIS	FLETRI,	042	002
ET RESPIRER, COMME UNE FLEUR	FLETRIE,	128	007
ASTRES DONT NUL SOLEIL NE PEUT	FLETRIR LA FLAMME!	043	014
UX SOUFFLES VIOLENTS QUI POURRAIENT LES	FLETRIR?	131	028
ANTINOUS	FLETRIS, DANDYS A FACE GLABRE,	097	049
QUE J'AI PUNI SUR UNE	FLEUR	129	023
MAINTE	FLEUR EPANCHE A REGRET	011	012
DU SOUVENIR CUEILLE LA	FLEUR EXQUISE	038	022
ET RESPIRER, COMME UNE	FLEUR FLETRIE,	128	007
UNE	FLEUR QUI RESSEMBLE A MON ROUGE IDEAL.	018	008
COMME UNE	FLEUR S'EPANOUIR.	029	014
CHAQUE	FLEUR S'EVAPORE AINSI QU'UN ENCENSOIR;	047	002
CHAQUE	FLEUR S'EVAPORE AINSI QU'UN ENCENSOIR;	047	005
QUE TIVOLI JADIS OMBRAGEA DANS SA	FLEUR,	091	040
JE ME SOUVIENS!...J'AI VU TOUT,	FLEUR, SOURCE, SILLON,	145	005
UN SOULIER POMPONNE, JOLI COMME UNE	FLEUR.	097	008
QUI JAILLIRA VERS DIEU COMME UNE RARE	FLEUR!"	104	024
SON LIT	FLEURDELISE SE TRANSFORME EN TOMBEAU,	077	009

```
POEM LINE
057 030  . . . . . . . . . . . .  DEVANT L'AUTEL  FLEURI DE LA REINE DES VIERGES,
019 005              J'EUSSE AIME VOIR SON CORPS  FLEURIR AVEC SON AME
013 012                 FAIT COULER LE ROCHER ET  FLEURIR LE DESERT
087 016     DANS LE COEUR IMMORTEL QUI TOUJOURS VEUT  FLEURIR!
035 011  . . . . . . . . . . . . . .  ET LEUR PEAU  FLEURIRA L'ARIDITE DES RONCES.
133 016       ET TOUJOURS, COMME TOI, GRACIEUX ET  FLEURIS,
016 002                                             FLEURIT AVEC LE PLUS DE SEVE ET D'ENERGIE,
053 018                            LES PLUS RARES  FLEURS
135 014  . . . . . .  PLEINES DE MOISSONS, ET DES  FLEURS
097 014              ET SON CRANE, DE  FLEURS ARTISTEMENT COIFFE.
123 014                  FERA S'EPANOUIR LES  FLEURS DE LEUR CERVEAU!
116 013     BELLE ILE AUX MYRTES VERTS, PLEINE DE  FLEURS ECLOSES,
118 024  . . . . .  DES CHEMINS TOUT JONCHES DE  FLEURS ET DE RAMEAUX,
003 020                  LE LANGAGE DES  FLEURS ET DES CHOSES MUETTES!
105 020              LES BANNIERES, LES  FLEURS ET LES ARCS TRIOMPHAUX
010 009         ET QUI SAIT SI LES  FLEURS NOUVELLES QUE JE REVE
091 012  . . . . . .  UN PETIT SAC BRODE DE  FLEURS OU DE REBUS;
154 014                        --DES  FLEURS SE PAMENT DANS UN COIN.
121 003                    ET D'ETRANGES  FLEURS SUR DES ETAGERES,
005 039     COMME L'AZUR DU CIEL, LES OISEAUX ET LES  FLEURS,
155 024              EN MILLE  FLEURS,
155 038              EN MILLE  FLEURS,
155 010              EN MILLE  FLEURS,
130 042       POUR CHANTER LE SECRET DE SES VIERGES EN  FLEURS,
116 022  . . . .  OU LA JEUNE PRETRESSE, AMOUREUSE DES  FLEURS,
115 020  LES AIGLES, LES GRILLONS, LES RUISSEAUX ET LES  FLEURS.
100 003     NOUS DEVRIONS POURTANT LUI PORTER QUELQUES  FLEURS.
138 005                  L'ORAGE RAJEUNIT LES  FLEURS.
129 012  . . . . . . . . . .  L'IMAGE D'UN BALLET DE  FLEURS.
098 016     OREILLER CARESSANT, OU CORBEILLE DE  FLEURS?
089 048     AUX MAIGRES ORPHELINS SECHANT COMME DES  FLEURS!
020 025       PAUVRE GRANDE BEAUTE! LE MAGNIFIQUE  FLEUVE
138 004  . . . . . . . . . . . .  COMME LE  FLEUVE AU PAYSAGE;
091 048       TOUTES AURAIENT PU FAIRE UN  FLEUVE AVEC LEURS PLEURS!
116 048              LE LONG  FLEUVE DE FIEL DES DOULEURS ANCIENNES;
006 001       RUBENS, FLEUVE D'OUBLI, JARDIN DE LA PARESSE,
000 024  . . . . . . . . .  DESCEND,  FLEUVE INVISIBLE, AVEC DE SOURDES PLAINTES.
089 001     ANDROMAQUE, JE PENSE A VOUS! CE PETIT  FLEUVE,
045 007       ET LA SOLENNITE DE LA NUIT, COMME UN  FLEUVE,
110 009       UN CADAVRE SANS TETE EPANCHE, COMME UN  FLEUVE,
086 011  . . . . . . . . . . . . . .  LES  FLEUVES DE CHARBON MONTER AU FIRMAMENT
076 016       QUAND SOUS LES LOURDS  FLOCONS DES NEIGEUSES ANNEES
029 043       QUAND VOUS IREZ, SOUS L'HERBE ET LES  FLORAISONS GRASSES,
065 008       QUI MONTENT DANS L'AZUR COMME UN  FLORAISONS.
020 001  . . . . . . .  CONTEMPLONS CE TRESOR DE GRACES  FLORENTINES;
009 005       EN CES TEMPS OU DU CHRIST  FLORISSAIENT LES SEMAILLES.
155 020              EN UN  FLOT DE TRISTE LANGUEUR,
118 001     QU'EST -CE QUE DIEU FAIT DONC DE CE  FLOT D'ANATHEMES
028 029  . . . . . . . .  COMME UN  FLOT GROSSI PAR LA FONTE
015 018     SE TENAIT A LA BARRE ET COUPAIT LE  FLOT NOIR;
069 007       J'ESCALADE LE DOS DES  FLOTS AMONCELES
028 008              AUX  FLOTS BLEUS ET BRUNS,
023 017  . . . . . . . . .  A GRANDS  FLOTS LE PARFUM, LE SON ET LA COULEUR;
102 030              ET DES  FLOTS MAGIQUES; C'ETAIENT
020 028              AUX  FLOTS QUE LA DOULEUR FAIT JAILLIR DE TES YEUX!
007 011       ET QUE TON SANG CHRETIEN COULAT A  FLOTS RHYTHMIQUES,
075 002  . . . . . . . .  DE SON URNE A GRANDS  FLOTS VERSE UN FROID TENEBREUX
113 001       IL ME SEMBLE PARFOIS QUE MON SANG COULE A  FLOTS,
126 058              ET DES  FLOTS; NOUS AVONS VU DES SABLES AUSSI;
133 015              OU TES REVES  FLOTTANTS SONT PLEINS DE COLIBRIS,
116 046  . . . .  JE SENTIS, A L'ASPECT DE TES MEMBRES  FLOTTANTS,
080 063     ADIEU DONC, CHANTS DU CUIVRE ET SOUPIRS DE LA  FLUTE!
016 014       ET TU NE SERAIS PLUS QU'UN  FOETUS DERISOIRE!"
006 026              DE  FOETUS QU'ON FAIT CUIRE AU MILIEU DES SABBATS,
114 010  . . . . . . .  ELLE A DANS LE PLAISIR LA  FOI MAHOMETANE,
152 011     LEURS FEUX SONT LES PENSERS D'AMOUR, MELES DE  FOI,
140 012       ET L'ANGE, CHATIANT AUTANT, MA  FOI: QU'IL AIME,
157 012              ETAIT TEINTE TROIS  FOIS DANS LES BAVES SUBTILES
146 004  . . . . . . . . . . .  MAINTE  FOIS DE LA PEUR JE SENS PASSER LE VENT.
091 031              COMBIEN DE  FOIS IL FAUT QUE L'OUVRIER VARIE
085 009       TROIS MILLE SIX CENTS  FOIS PAR HEURE, LA SECONDE
127 031              CHAQUE  FOIS QU'IL POUSSAIT UN FLAMBOYANT SOUPIR,
040 003  . . . . . .  --QUAND NOTRE COEUR A FAIT UNE  FOIS SA VENDANGE,
123 001              COMBIEN FAUT -IL DE  FOIS SECOUER MES GRELOTS
026 011     JE NE SUIS PAS LE STYX POUR T'EMBRASSER NEUF  FOIS,
069 013       ME BERCENT. D'AUTRES  FOIS, CALME PLAT, GRAND MIROIR
090 035  . . . . . .  CAR JE COMPTAI SEPT  FOIS, DE MINUTE EN MINUTE,
051 028              CARESSEZ LA  FOIS, RIEN QU'UNE,
045 001              UNE  FOIS, UNE SEULE, AIMABLE ET DOUCE FEMME,
144 012       TERREUR DU LIBERTIN, ESPOIR DU  FOL ERMITE:
085 015       LES MINUTES, MORTEL  FOLATRE, SONT DES GANGUES
006 024              QUI VERSENT LA  FOLIE A CE BAL TOURNOYANT;
037 007       TE PAVANER AUX LIEUX QUE LA  FOLIE ENCOMBRE,
007 004              LA  FOLIE ET L'HORREUR, FROIDES ET TACITURNES.
064 012       CRIME, HORREUR ET  FOLIE!--O PALE MARGUERITE!
120 014     ENGENDRAS L'ESPERANCE,--UNE  FOLLE CHARMANTE!
106 023       ELLE Y VINT!-- FOLLE CREATURE!
129 015              FOLLE DONT JE SUIS AFFOLE,
045 031  . . . . . . . . .  DE LA DANSEUSE  FOLLE ET FROIDE QUI SE PAME
```

F

		POEM	LINE
DE DEMONS, VINS,	FOLLE ET PAREE,	031	004
ET,	FOLLE MAINTENANT COMME ELLE ETAIT JADIS,	126	102
UNE VOIX DE LA HUNE, ARDENTE ET	FOLLE, CRIE:	126	035
O CHARME D'UN NEANT	FOLLEMENT ATTIFE!	097	016
CES ROBES	FOLLES SONT L'EMBLEME	129	013
OMBRES	FOLLES, COUREZ AU BUT DE VOS DESIRS;	131	090
DE CETTE	FONCTION SUBLIME DE BERCEUSE?	062	009
AINSI QU'UNE SYLPHIDE AU	FOND DE LA COULISSE;	085	006
ELLE-MEME PREPARE AU	FOND DE LA GEHENNE	001	019
AU	FOND DE L'ETHER.	117	008
AU	FOND DE L'INCONNU POUR TROUVER DU NOUVEAU!	126	144
UN AUTEL SOUTERRAIN AU	FOND DE MA DETRESSE,	057	002
SUR LE	FOND DE MES NUITS DIEU DE SON DOIGT SAVANT	146	007
DESCEND JUSQU'AU	FOND DE MON COEUR.	155	022
AU	FOND DE MON ETERNITE!	134	016
VIENT TENDRE SES FILETS AU	FOND DE NOS CERVEAUX,	078	012
GRAVE, ET VENANT DU	FOND DE SON LIT ETERNEL	100	019
DU	FOND DE SON REDUIT SABLONNEUX, LE GRILLON,	013	009
HOMME, NUL N'A SONDE LE	FOND DE TES ABIMES;	014	010
DANS LE	FOND DES BOSQUETS OU JASENT LES RUISSEAUX,	111	006
SURGIR DU	FOND DES EAUX LE REGRET SOURIANT;	143	011
ET LES AGONISANTS DANS LE	FOND DES HOSPICES	103	022
APRES S'ETRE LAVES AU	FOND DES MERS PROFONDES?	036	029
DES GRANDS SPHINX ALLONGES AU	FOND DES SOLITUDES,	066	010
AU	FOND D'UN CAUCHEMAR ENORME	084	007
T'A-T -IL NOYEE AU	FOND D'UN FABULEUX MINTURNES?	007	008
DE PERDRE AU	FOND D'UN LIT L'ANTIQUE CONSCIENCE.	132	006
AU	FOND D'UN MONUMENT CONSTRUIT EN MARBRE NOIR,	033	002
JE L'AI JETEE AU	FOND D'UN PUITS,	106	013
ASSOUPI DANS LE	FOND D'UN SAHARAH BRUMEUX;	076	021
--J'AI VU PARFOIS, AU	FOND D'UN THEATRE BANAL	054	041
J'AI VU PARFOIS AU	FOND D'UN THEATRE BANAL	054	045
LA HAINE EST UN IVROGNE AU	FOND D'UNE TAVERNE,	073	009
UN ANGE FURIEUX	FOND DU CIEL COMME UN AIGLE,	140	001
QUI TOUT AU	FOND DU CIEL FLAMBOIENT,	148	006
DU	FOND DU GOUFFRE OBSCUR OU MON COEUR EST TOMBE.	030	002
PLONGER AU	FOND DU GOUFFRE, ENFER OU CIEL, QU'IMPORTE?	126	143
S'APPUYA (SUR LE	FOND TENEBREUX DE MON AME	045	003
QUI PETILLENT AU	FOND, VOLUPTEUX OU CHASTES.	152	012
QUI FONT SE	FONDRE EN PLEURS LES COEURS ENSORCELES,	050	006
JE SENS	FONDRE SUR MOI DE LOURDES EPOUVANTES	131	045
JETTENT SANS PEUR DANS LES GOUFFRES SANS	FONDS	130	007
DANS MON	FONDS LE PLUS TENEBREUX,	051	010
DE TOUS MES SENS	FONDUS EN UN!	041	022
COMME DEUX SORCIERES QUI	FONT	052	031
LA MALADIE ET LA MORT	FONT DES CENDRES	038	043
QUI	FONT LE HEROS LACHE ET L'ENFANT COURAGEUX.	021	008
SE TRAINENT, COMME	FONT LES ANIMAUX BLESSES,	091	014
DIS DONC A CES DANSEURS QUI	FONT LES OFFUSQUES:	097	046
	FONT L'ORNEMENT DES NUITS ET DES JOURS GLORIEUX;	130	004
QUI	FONT QU'A LEURS MIROIRS, STERILE VOLUPTE!	130	017
ET LES GRANDS CIELS QUI	FONT REVER D'ETERNITE.	086	008
QUI	FONT SE FONDRE EN PLEURS LES COEURS ENSORCELES,	050	006
LASSE, LA	FONT S'ETENDRE A TRAVERS LA CAMPAGNE,	019	012
DE PURS MIROIRS QUI	FONT SUR LUI L'ESSAI DE LEUR FEROCITE.	001	032
ET	FONT TOUTES CHOSES PLUS BELLES,	017	013
SES CHEVEUX QUI LUI	FONT UN CASQUE PARFUME,	032	007
	FONT UNE NUIT PLUS NOIRE ENCORE	084	023
CES NATIVES GRANDEURS, AUX LIEUX OU SE	FONT VOIR	005	016
A DORMIR, COMME ILS	FONT, CHAUDEMENT DANS LEURS DRAPS,	100	008
AINSI QU'UNE	FONTAINE AUX RHYTHMIQUES SANGLOTS.	113	002
COMME UN FLOT GROSSI PAR LA	FONTE	028	029
COMME LE	FORCAT A LA CHAINE,	031	008
	FORCATS ARRACHES AU CHARNIER,	094	018
PUGET, MELANCOLIQUE EMPEREUR DES	FORCATS;	006	020
L'ELEGANCE ET LA	FORCE ABONDENT, SOEURS DIVINES.	020	003
LE TEMOIN DE TA	FORCE ET DE TA VIRULENCE,	048	026
--AH! SEIGNEUR! DONNEZ -MOI LA	FORCE ET LE COURAGE	116	059
A TON FILS JE RENDRAI SA	FORCE ET SES COULEURS	104	018
--APRES AVOIR	FORCE LES COEURS INDIFFERENTS;	016	004
HAINE, FRISSONS, HORREUR, LABEUR DUR ET	FORCE,	056	006
--LA JOUISSANCE AJOUTE AU DESIR DE LA	FORCE.	126	069
ET	FORCER DOUCEMENT LES PORTES ET LES CAISSES	095	027
LE DESERT ET LA	FORET	058	009
VIT DANS TES PROFONDEURS,	FORET AROMATIQUE!	023	008
AINSI DANS LA	FORET OU MON ESPRIT S'EXILE	089	049
L'HOMME Y PASSE A TRAVERS DES	FORETS DE SYMBOLES	004	003
PARCOURANT LES	FORETS OU BATTANT LES HALLIERS,	059	002
FLAMBOIE ENCOR COMME UNE	FORGE,	138	023
LA	FORME DE LA BOITE OU L'ON MET TOUS CES CORPS	091	032
LA	FORME DE LA PLUS SEDUISANTE DES FEMMES,	109	006
CEUX-LA DONT LES DESIRS ONT LA	FORME DES NUES,	126	004
LE VIEUX PARIS N'EST PLUS (LA	FORME D'UNE VILLE	089	007
QUE J'AI GARDE LA	FORME ET L'ESSENCE DIVINE	029	047
TON EPOUX COURT LE MONDE, ET TA	FORME IMMORTELLE	110	057
UNE IDEE, UNE	FORME, UN ETRE	084	001
DONT LES	FORMES AU LOIN FRISSONNENT DANS L'AZUR;	130	049
DONT LES	FORMES ET LES COULEURS	135	015
LES	FORMES S'EFFACAIENT ET N'ETAIENT PLUS QU'UN REVE,	029	029

```
POEM LINE
019 009 .  .  .  .     PARCOURIR A LOISIR SES MAGNIFIQUES  FORMES;
000 020              QUE NOUS PRESSONS BIEN  FORT COMME UNE VIEILLE ORANGE,
038 050              RIEN QU'UN DESSIN  FORT PALE, AUX TROIS CRAYONS,
131 015              COMME UN ANIMAL  FORT QUI SURVEILLE UNE PROIE,
015 004 .  .  .  .  .  .  .  .  .  D'UN BRAS VENGEUR ET  FORT SAISIT CHAQUE AVIRON.
120 005     ET QUI, VAINCU, TOUJOURS TE REDRESSES PLUS  FORT,
005 011              L'HOMME, ELEGANT, ROBUSTE ET  FORT, AVAIT LE DROIT
051 003              UN BEAU CHAT,  FORT, DOUX ET CHARMANT.
131 017 .  .  .  .  .  .  .  .  .  BEAUTE  FORTE A GENOUX DEVANT LA BEAUTE FRELE,
120 013     O TOI QUI DE LA MORT, TA VIEILLE ET  FORTE AMANTE,
031 003              TOI QUI,  FORTE COMME UN TROUPEAU
001 046     JE POSERAI SUR LUI MA FRELE ET  FORTE MAIN;
029 015 .  .  .  .  .  .  .  LA PUANTEUR ETAIT SI  FORTE, QUE SUR L'HERBE
023 013              FORTES TRESSES, SOYEZ LA HOULE QUI M'ENLEVE!
010 014     DU SANG QUE NOUS PERDONS CROIT ET SE  FORTIFIE!
073 002     LA VENGEANCE EPERDUE AUX BRAS ROUGES ET  FORTS
058 017 .  .  .  .  .  .  AH! LES PHILTRES LES PLUS  FORTS
001 060              QUI PREPARE LES  FORTS AUX SAINTES VOLUPTES!
133 019     ET, CONFIANT TA VIE AUX BRAS  FORTS DES MARINS,
007 010              TON SEIN DE PENSERS  FORTS FUT TOUJOURS FREQUENTE,
048 001 .  .  .  .  .  .  .  .  .  .  .  IL EST DE  FORTS PARFUMS POUR QUI TOUTE MATIERE
097 036     LES CHARMES DE L'HORREUR N'ENIVRENT QUE LES  FORTS!
084 030              D'UNE  FORTUNE IRREMEDIABLE,
126 029              SINGULIERE  FORTUNE OU LE BUT SE DEPLACE,
033 004 .  .  .  .  QU'UN CAVEAU PLUVIEUX ET QU'UNE  FOSSE CREUSE;
094 023              MONTRER QUE DANS LA  FOSSE MEME
072 002     JE VEUX CREUSER MOI-MEME UNE  FOSSE PROFONDE,
063 008              AUTOUR D'UNE  FOSSE RAMPANT.
115 010 .  .  .  .  ET, COMME DES PASSANTS SUR UN  FOU QU'ILS ADMIRENT,
126 032     POUR TROUVER LE REPOS COURT TOUJOURS COMME UN  FOU!
089 023 "EAU, QUAND DONC PLEUVRAS -TU? QUAND TONNERAS -TU,  FOUDRE?"
126 096     ET LE PEUPLE AMOUREUX DU  FOUET ABRUTISSANT;
143 006 .  .  .  .  .  .  .  .  SOUS LE  FOUET DU PLAISIR, CE BOURREAU SANS MERCI,
111 018              QUI, RECELANT UN  FOUET SOUS LEURS LONGS VETEMENTS,
149 045     DE CEUX DONT LE COEUR DIT: "QUE BENI SOIT TON  FOUET,
071 004              SANS EPERONS, SANS  FOUET, IL ESSOUFFLE UN CHEVAL,
118 026 .  .  .  .  .  .  .  .  .  .  TU  FOUETTAIS TOUS CES VILS MARCHANDS A TOUR DE BRAS,
126 028              COMME UN ANGE CRUEL QUI  FOUETTE DES SOLEILS.
096 008              FOUILLANT LA POCHE VIDE OU LE SEIN PALPITANT;
094 013              DE CE TERRAIN QUE VOUS  FOUILLEZ,
076 012 .  .  .  .  .  .  .  OU GIT TOUT UN  FOUILLIS DE MODES SURANNEES,
118 023              OU TU  FOULAIS, MONTE SUR UNE DOUCE ANESSE.
049 014              MES SONGES VIENNENT EN  FOULE
110 053     --LOIN DU MONDE RAILLEUR, LOIN DE LA  FOULE IMPURE,
120 029 .  .  .  .  .  DE L'IVROGNE ATTARDE  FOULE PAR LES CHEVAUX,
144 011              OU CHAQUE HISTRION  FOULE UN SOL ENSANGLANTE;
071 008              ET  FOULENT L'INFINI D'UN SABOT HASARDEUX.
039 012              FOULES D'UN PIED LEGER ET D'UN REGARD SEREIN
057 026     SOUS TES TALONS, AFIN QUE TU  FOULES ET RAILLES.
071 010              SUR LES  FOULES SANS NOM QUE SA MONTURE BROIE,
102 042              SEMBLAIT  FOURBI, CLAIR, IRISE;
080 006              ESPRIT VAINCU,  FOURBU! POUR TOI, VIEUX MARAUDEUR,
054 009 .  .  .  .  .  PATIENT COMME LA  FOURMI?
095 016              COMME  FOURMILIERE ELLE OUVRE SES ISSUES;
091 026     TRAVERSANT DE PARIS LE  FOURMILLANT TABLEAU,
000 021              SERRE,  FOURMILLANT, COMME UN MILLION D'HELMINTHES,
090 001 .  .  .  .  .  .  .  .  .  .  FOURMILLANTE CITE, CITE PLEINE DE REVES,
130 009     ORAGEUX ET SECRETS,  FOURMILLANTS ET PROFONDS;
051 025              DE SA  FOURRURE BLONDE ET BRUNE
038 028     SE DEGAGEAIT UN PARFUM DE  FOURRURE.
084 011 .  .  .  .  .  .  QUI VA CHANTANT COMME LES  FOUS,
089 034     JE PENSE A MON GRAND CYGNE, AVEC SES GESTES  FOUS,
106 024              NOUS SOMMES TOUS PLUS OU MOINS  FOUS!
136 028     LES SAGES N'EN ONT PAS D'AUSSI BEAUX QUE LES  FOUS!"
036 004 .  .  .  .  .  .  .  LA DOUCEUR DU  FOYER ET LE CHARME DES SOIRS,
095 038 .  .  .  .  .  .  .  LA DOUCEUR DU  FOYER ET N'ONT JAMAIS VECU!
119 014              A TON  FOYER PATRIARCAL;
001 074              PUISEE AU  FOYER SAINT DES RAYONS PRIMITIFS,
127 030 .  .  .  .  .  .  .  .  COMME LE  FOYER SEUL ILLUMINAIT LA CHAMBRE,
091 010              FREMISSANT AU  FRACAS ROULANT DES OMNIBUS,
091 027     IL ME SEMBLE TOUJOURS QUE CET ETRE  FRAGILE
131 012     TOUT SERVAIT, TOUT PARAIT SA  FRAGILE BEAUTE.
132 014 .  .  .  .  .  .  TIMIDE ET LIBERTINE, ET  FRAGILE ET ROBUSTE,
149 019     L'HOMME EST AVEUGLE, SOURD,  FRAGILE, COMME UN MUR
065 013     AUX REFLETS IRISES COMME UN  FRAGMENT D'OPALE,
006 002              OREILLER DE CHAIR  FRAICHE OU L'ON NE PEUT AIMER,
098 009 .  JE ME DIS: QU'ELLE EST BELLE! ET BIZARREMENT  FRAICHE!
133 007     DE POURVOIR LES FLACONS D'EAUX  FRAICHES ET D'ODEURS,
131 084     ET TROUVER SUR TON SEIN LA  FRAICHEUR DES TOMBEAUX!"
004 009              IL EST DES PARFUMS  FRAIS COMME DES CHAIRS D'ENFANTS,
130 003 .  .  .  .  .  .  CHAUDS COMME LES SOLEILS,  FRAIS COMME LES PASTEQUES,
129 004              COMME UN VENT  FRAIS DANS UN CIEL CLAIR.
147 006     DE LEUR BOUCHE EN DORMANT MONTRER LE  DECORS  FRAIS EMAIL?
006 023              FRAIS ET LEGERS ECLAIRES PAR DES LUSTRES
145 001 .  .  .  QUE LE SOLEIL EST BEAU QUAND TOUT  FRAIS IL SE LEVE,
032 010     ET DEPUIS TES PIEDS  FRAIS JUSQU'A TES NOIRES TRESSES
131 093     JAMAIS UN RAYON  FRAIS N'ECLAIRA VOS CAVERNES;
134 009              .  SACHET TOUJOURS  FRAIS QUI PARFUME
088 040 .  .  .  .  .  .  .  .  .  .  .  .  .  TON  FRAIS REDUIT!
```

F

		POEM	LINE
LA FEMME CEPENDANT, DE SA BOUCHE DE	FRAISE,	132	001
LE SIEN RAYONNE,	FRANC ET LARGE	156	015
, L'HEUREUSE ENFANT, VEUX -TU VOIR NOTRE	FRANCE,	133	017
APRES AVOIR	FRANCHI VERS LES CELESTES GLOIRES	016	006
ET DES FEMMES DONT L'OEIL PAR SA	FRANCHISE ETONNE.	022	008
COMME TU PLEURERAIS TES LOISIRS DOUX ET	FRANCS,	133	023
QUAND LE SOLEIL CRUEL	FRAPPE A TRAITS REDOUBLES	087	003
JE TE	FRAPPERAI SANS COLERE	083	001
DE	FRASCATI DEFUNT VESTALE ENAMOUREE;	091	037
ET PAR UN	FRATERNEL ET MYSTIQUE CHAINON	039	007
ET QUI N'EST PAS SAISI D'UN FRISSON	FRATERNEL,	090	038
T TES PIEDS S'ENDORMAIENT DANS MES MAINS	FRATERNELLES.	036	019
UN CHANT PLEIN DE LUMIERE ET DE	FRATERNITE!	104	004
PARTOUT ELLE SE	FRAYE UN OCCULTE CHEMIN,	095	017
SAURONT JUSQU'A SON COEUR SE	FRAYER UN CHEMIN.	001	048
ET	FREDONNES TOUT BAS DE VIEUX AIRS INCONNUS;	133	012
UI GUETTE NUIT ET JOUR BRICK, TARTANE OU	FREGATE,	130	048
EMPORTE -MOI, WAGON, ENLEVE -MOI,	FREGATE?	062	015
EMPORTE -MOI, WAGON! ENLEVE -MOI,	FREGATE!	062	011
LE GLOBE LUMINEUX ET	FRELE	117	009
ET SERAI POUR CE	FRELE ATHLETE DE LA VIE	104	019
JE POSERAI SUR LUI MA	FRELE ET FORTE MAIN;	001	046
TOI QUI, POUR CONSOLER L'HOMME	FRELE QUI SOUFFRE,	120	031
BEAUTE FORTE A GENOUX DEVANT LA BEAUTE	FRELE,	131	017
TOUTES M'ENIVRENT; MAIS PARMI CES ETRES	FRELES	091	041
OSCILLE MOLLEMENT SUR SES	FRELES VERTEBRES.	097	015
TOI, VETUE A MOITIE DE MOUSSELINES	FRELES,	133	021
SURTOUT, CE QUI LA FAIT	FREMIR JUSQU'AUX GENOUX,	020	034
J'ECOUTE EN	FREMISSANT AU FRACAS ROULANT DES OMNIBUS,	091	010
	FREMISSANT CHAQUE BUCHE QUI TOMBE;	056	009
	FREMISSANT DOUCEMENT DANS LES LOURDES TENEBRES,	048	010
TA ROBE, CE SERA MON DESIR,	FREMISSANT,	057	015
LE VIOLON	FREMIT COMME UN COEUR QU'ON AFFLIGE;	047	006
LE VIOLON	FREMIT COMME UN COEUR QU'ON AFFLIGE,	047	009
D'UN CIEL PUR OU	FREMIT L'ETERNELLE CHALEUR.	023	020
TON SEIN DE PENSERS FORTS FUT TOUJOURS	FREQUENTE.	007	010
UN LIT QUE LE REMORDS N'A JAMAIS	FREQUENTE.	112	008
CE	FRERE DU SILENCE ETERNEL. O CITE!	092	010
-HYPOCRITE LECTEUR,--MON SEMBLABLE,--MON	FRERE!	000	040
O LUTTEURS ETERNELS, O	FRERES IMPLACABLES;	014	016
ILS MARCHENT, CES DIVINS	FRERES QUI SONT MES FRERES,	043	003
	FRERES QUI TROUVEZ BEAU TOUT CE QUI VIENT DE LOIN!	126	076
MARCHENT, CES DIVINS FRERES QUI SONT MES	FRERES,	043	003
QUI COMME EUX SONT	FRILEUX ET COMME EUX SEDENTAIRES.	066	004
AVEC LA TRISTE VOIX D'UN FANTOME	FRILEUX,	075	008
ET SUR QUI DES LONGTEMPS DESCENDENT LES	FRIMAS,	101	010
DANS LE FIEL; SON REGARD AIGUISAIT LES	FRIMAS,	090	018
ADORERAI -JE AUSSI TA NEIGE ET VOS	FRIMAS,	050	014
LA HANCHE UN PEU POINTUE ET LA TAILLE	FRINGANTE	110	039
L'AIR EST PLEIN DU	FRISSON DES CHOSES QUI S'ENFUIENT,	103	010
ET QUI N'EST PAS SAISI D'UN	FRISSON FRATERNEL,	090	038
	FRISSONNANT SOUS SON DEUIL, LA CHASTE ET MAIGRE ELVIRE,	015	013
	FRISSONNANTE LA-BAS SOUS LA NEIGE ET LES GRELES,	133	022
JE	FRISSONNE DE PEUR QUAND TU ME DIS: "MON ANGE!"	131	051
DONT LES FORMES AU LOIN	FRISSONNENT DANS L'AZUR;	130	049
ARBRES QUI	FRISSONNEZ AUTOUR.	155	034
ONT DE DOUCES LANGUEURS ET DES	FRISSONS AMERS.	111	004
HAINE,	FRISSONS, HORREUR, LABEUR DUR ET FORCE,	056	006
C'EST AINSI QU'A TRAVERS L'HUMANITE	FRISSONS;	145	011
JE T'ADORE, O MA	FRIVOLE	105	025
ELLE VEUT DE SES CHANTS PEUPLER L'AIR	FRIVOLE,	058	005
C'ETAIT L'HEURE OU PARMI LE	FROID DES NUITS,	074	010
DANS CETTE GRANDE PLAINE OU L'AUTAN	FROID ET LA LESINE	103	017
DE SON URNE A GRANDS FLOTS VERSE UN	FROID SE JOUE,	101	005
SENT UN	FROID TENEBREUX	075	002
PROFOND ET	FROID TENEBREUX ENVELOPPER SON AME	005	018
JE ME VIS ACCOUDE,	FROID, COUPE ET FEND COMME UN DARD,	034	011
TREMBLE DE	FROID, MUET, ENVIANT,	096	016
LE CIMETIERE IMMENSE ET	FROID, PAUVRE CHACAL!	119	016
OU JUSQU'AU SOIR IL FERA	FROID, SANS HORIZON.	071	012
LA	FROID.	063	011
FROIDE CRUAUTE DE CE SOLEIL DE GLACE		030	010
SI, PAR UNE NUIT BLEUE ET	FROIDE DE DECEMBRE,	100	017
JE FERMAI LES DEUX YEUX, DANS MA	FROIDE EPOUVANTE,	132	021
LA	FROIDE MAJESTE DE LA FEMME STERILE.	027	014
O MA SI BLANCHE, O MA SI	FROIDE MARGUERITE?	064	014
DE LA DANSEUSE FOLLE ET	FROIDE QUI SE PAME	045	031
ENFIN LA VERITE	FROIDE SE REVELA:	125	011
A ME CONSIDERER	FROIDEMENT ILS SE MIRENT,	115	009
TETE EFFRAYANTE, A-T -IL SUR TES DENTS	FROIDES	110	051
LA FOLIE ET L'HORREUR,	FROIDES ET TACITURNES.	007	004
OBSCURCIR LA SPLENDEUR DE TES	FROIDES PRUNELLES.	032	014
BIENTOT NOUS PLONGERONS DANS LES	FROIDES TENEBRES;	056	001
TEMPERAIT LA	FROIDEUR DE LEUR AUSTERITE.	009	004
JUSQU'A CETTE	FROIDEUR PAR OU TU M'ES PLUS BELLE!	024	010
OU JE ME PLAIS BIEN MIEUX QUE DANS MES	FROIDS CAVEAUX.	104	012
DES BAISERS	FROIDS COMME LA LUNE	063	006
DES QUAIS	FROIDS DE LA SEINE AUX BORDS BRULANTS DU GANGE,	097	053
	FROIDS ET CLAIRS LE TRAVAIL S'EVEILLE, OU LA VOIRIE	089	015

F

		POEM	LINE
ME RAVIT EN EXTASE, ET J'AIME A LA	FUREUR	127	007
--O	FUREUR DES COEURS MURS PAR L'AMOUR ULCERES!	035	008
ET LE VENT	FURIBOND DE LA CONCUPISCENCE	131	099
CRIANT A DIEU, DANS SA	FURIBONDE AGONIE:	126	103
DES CLOCHES TOUT A COUP SAUTENT AVEC	FURIE	078	013
UN ANGE	FURIEUX FOND DU CIEL COMME UN AIGLE.	140	001
LUI DEROBENT L'ASPECT DES PEUPLES	FURIEUX:	001	056
L'INNOCENT PARADIS, PLEIN DE PLAISIRS	FURTIFS,	062	026
L'INNOCENT PARADIS PLEIN DE PLAISIRS	FURTIFS?	062	030
ELLE LAISSE FILER UNE LARME	FURTIVE,	065	010
ET JE	FURTIVEMENT,	045	010
DES CHATS PASSAIENT	FUS DES L'ENFANCE ADMIS AU NOIR MYSTERE	130	043
QUAND TU	FUS DEVANT TOUS POSE COMME UNE CIBLE, ...	118	020
J'EN	FUS EMBAUME, POUR L'AVOIR	051	027
OU TU	FUS MAITRE ENFIN? LE REMORDS N'A-T -IL PAS	118	027
CELLE QUI	FUT MON PLAISIR ET MA GLOIRE!	038	056
MA JEUNESSE NE	FUT QU'UN TENEBREUX ORAGE, ...	010	001
DES LORS IL	FUT SEMBLABLE AUX BETES DE LA RUE,	016	022
PRES DE L'EPOUX PERFIDE ET QUI	FUT SON AMANT,	015	014
TON SEIN DE PENSERS FORTS	FUT TOUJOURS FREQUENTE,	007	010
REVIENNENT, PARFUMES D'UNE ODEUR DE	FUTAILLES, ...	105	017
VOUS QUI FUTES LA GRACE OU QUI	FUTES LA GLOIRE,	091	065
VOUS QUI	FUTES LA GRACE OU QUI FUTES LA GLOIRE,	091	065
DANS SES TATONNEMENTS	FUTILES,	084	014
CES TAS DE CHAPITEAUX EBAUCHES ET DE	FUTS, ...	089	010
L'EMPIRE FAMILIER DES TENEBRES	FUTURES.	013	014
	FUYANT LE GRAND TROUPEAU PARQUE PAR LE DESTIN,	126	106
ET	FUYEZ L'INFINI QUE VOUS PORTEZ EN VOUS!	131	104

```
POEM LINE
090 051 .  .  .  .    ET MON AME DANSAIT, DANSAIT, VIEILLE GABARRE
015 009              SGANARELLE EN RIANT LUI RECLAMAIT SES GAGES,
085 018                                               QUI GAGNE SANS TRICHER, A TOUT COUP! C'EST LA LOI.
135 016                                                   GAGNENT LE SUFFRAGE DES ANGES.
008 009 .  .  .  .  .  .  .  .  .        IL TE FAUT, POUR GAGNER TON PAIN DE CHAQUE SOIR,
001 028                                   PLEURE DE LE VOIR GAI COMME UN OISEAU DES BOIS.
038 003              OU JAMAIS N'ENTRE UN RAYON ROSE ET GAI;
000 007                                  ET NOUS RENTRONS GAIEMENT DANS LE CHEMIN BOURBEUX,
117 005 .  .  .  .  .  .  .  .  .  .          SOUFFLE GAIEMENT DES BULLES RONDES
003 001                                     TU SILLONNES GAIEMENT L'IMMENSITE PROFONDE
096 018              DE CES VIEILLES PUTAINS LA FUNEBRE GAIETE,
045 016                                 QUE LA RADIEUSE GAIETE,
044 001 .  .  .  .  .  .  .  .  .  .  .    ANGE PLEIN DE GAIETE, CONNAISSEZ-VOUS L'ANGOISSE,
044 005                                  ANGE PLEIN DE GAIETE, CONNAISSEZ-VOUS L'ANGOISSE?
096 019                                       ET TOUS GAILLARDEMENT TRAFIQUANT A MA FACE,
087 014                                    ET LES REND GAIS ET DOUX COMME DES JEUNES FILLES,
156 013 .  .  .  .  .  .  .  .    LEUR RIRE, HELAS! DE LA GAITE
088 009                                    TU PORTES PLUS GALAMMENT
059 001                                 IMAGINEZ DIANE EN GALANT EQUIPAGE,
107 001              LE REGARD SINGULIER D'UNE FEMME GALANTE
088 031 .  .  .  .  .  .  .  .  .  .  .  .          PAR TES GALANTS MIS AUX FERS
075 006              AGITE SANS REPOS SON CORPS MAIGRE ET GALEUX;
091 068                                   SUR VOS TALONS GAMBADE UN ENFANT LACHE ET VIL.
097 053 DES QUAIS FROIDS DE LA SEINE AUX BORDS BRULANTS DU GANGE,
102 034 .  .  .  .  .  .  .  .  .  .  .  .  .  .  .          DES GANGES, DANS LE FIRMAMENT,
085 015              LES MINUTES, MORTEL FOLATRE, SONT DES GANGUES
097 002              AVEC SON GROS BOUQUET, SON MOUCHOIR ET SES GANTS,
116 007                            ELDORADO BANAL DE TOUS LES VIEUX GARCONS.
119 020 .  .  .  .  .  .  .  .  .  .  .  .  .        PRENDS GARDE A CES GRANDS APPETITS.
107 011                                                   GARDE AU COEUR ALTERE DU POETE PIEUX;
118 014                          LA CRAPULE DU CORPS DE GARDE ET DES CUISINES,
029 047                                       QUE J'AI GARDE LA FORME ET L'ESSENCE DIVINE
127 002 .  .  .  .  .  .  .  .  .  .    ELLE N'AVAIT GARDE QUE SES BIJOUX SONORES,
136 027              MAIS LA VOIX ME CONSOLE ET DIT: " GARDE TES SONGES;
014 012                                TANT VOUS ETES JALOUX DE GARDER VOS SECRETS!
057 022              COMME UN MOULE FIDELE AU GARDERONT L'EMPREINTE.
001 061 .  .  .  .  .  .  .  .  .  .  .    JE SAIS QUE VOUS GARDEZ UNE PLACE AU POETE
042 010                                   JE SUIS L'ANGE GARDIEN, LA MUSE ET LA MADONE."
096 012                                QUI VIENNENT GASPILLER LEURS SANGLANTES SUEURS;
136 006              DISAIT: "LA TERRE EST UN GATEAU PLEIN DE DOUCEUR;
154 010 .  .  .  .  .  .  .  .    POUR BERCER CETTE ENFANT GATEE.
002 009              CE VOYAGEUR AILE, COMME IL EST GAUCHE ET VEULE!
018 005                                       JE LAISSE A GAVARNI, POETE DES CHLOROSES,
098 005              QUAND JE CONTEMPLE, AUX FEUX DU GAZ QUI LE COLORE,
054 046 .  .  .    UN ETRE, QUI N'ETAIT QUE LUMIERE, OR ET GAZE,
020 011              CE VISAGE MIGNARD, TOUT ENCADRE DE GAZE,
054 050      TOUJOURS, TOUJOURS EN VAIN, L'ETRE AUX AILES DE GAZE!
149 009                                                   UN GAZETIER FUMEUX, QUI SE CROIT UN FLAMBEAU,
147 008 .  .  .  .  .  .  .  .  .  .          OU SOUS LES GAZONS SECS S'ACCOUPLER LES VIPERES?
018 006              SON TROUPEAU GAZOUILLANT DE BEAUTES D'HOPITAL,
104 014              ET L'ESPOIR QUI GAZOUILLE EN MON SEIN PALPITANT?
002 016              SES AILES DE GEANT L'EMPECHENT DE MARCHER.
140 013 .  .  .  .  .  .  .  .  .  .  .    DE SES POINGS DE GEANT TORTURE L'ANATHEME!
019 003              J'EUSSE AIME VIVRE AUPRES D'UNE JEUNE GEANTE,
001 019              ELLE-MEME PREPARE AU FOND DE LA GEHENNE
082 007                                                   JE NE GEINDRAI PAS COMME OVIDE
078 016 .  .  .  .  .  .  .  .  .  .    QUI SE METTENT A GEINDRE OPINIATREMENT.
100 011              VIEUX SQUELETTES GELES TRAVAILLES PAR LE VER,
117 014                                       PRIER ET GEMIR:
131 078              RIEN NE RASSASIERA CE MONSTRE GEMISSANT
078 002 .  .  .  .  .  .  .  .  .  .    SUR L'ESPRIT GEMISSANT EN PROIE AUX LONGS ENNUIS,
005 001              CYBELE ALORS, FERTILE EN PRODUITS GENEREUX,
153 009                                       CE GENIE ENFERME DANS UN TAUDIS MALSAIN,
058 036                                       MON GENIE ET MON DESTIN,
102 009 .  .  .  .  .  .  .  .      ET, PEINTRE FIER DE MON GENIE,
126 101              L'HUMANITE BAVARDE, IVRE DE SON GENIE,
025 017              --DE TOI, VIL ANIMAL,--POUR PETRIR UN GENIE?
118 010              DANS TA SIMPLICITE TU PRIAIS A GENOUX
131 017 .  .  .  .  .  .  .  .  .  .    BEAUTE FORTE A GENOUX DEVANT LA BEAUTE FRELE,
019 010              RAMPER SUR LE VERSANT DE SES GENOUX ENORMES,
056 026              AH! LAISSEZ-MOI, MON FRONT POSE SUR VOS GENOUX,
020 034              SURTOUT, CE QUI LA FAIT FREMIR JUSQU'AUX GENOUX.
036 022 .  .  .    ET REVIS MON PASSE BLOTTI DANS TES GENOUX.
126 136              DIT CELLE DONT JADIS NOUS BAISIONS LES GENOUX.
020 030              QUI METTRAIT A SES PIEDS LE GENRE HUMAIN VAINCU,
095 012              S'EVEILLENT LOURDEMENT, COMME DES GENS D'AFFAIRE,
105 013 .  ,  .  .  .  .  .  .  .  .  .          OUI, CES GENS HARCELES DE CHAGRINS DE MENAGE,
096 017                                  ENVIANT DE CES GENS LA PASSION TENACE,
122 011              ET QUI REFAIT LE LIT DES GENS PAUVRES ET NUS;
020 015              VOIS QUEL CHARME EXCITANT LA GENTILLESSE DONNE!
001 042 .  .  .  .  .  .  .  .  .  .  .  .  .  .          DE GENUFLEXIONS, DE VIANDES ET DE VINS,
084 028                                   IL EST TOMBE DANS CETTE GEOLE!
091 029              A MOINS QUE, MEDITANT SUR LA GEOMETRIE,
155 023                                       LA GERBE EPANOUIE
155 037 .  .  .  .  .  .  .  .  .  .  .  .  .          LA GERBE EPANOUIE
155 009                                       LA GERBE EPANOUIE
099 006              QUI, DERRIERE LA VITRE OU SE BRISAIT SA GERBE,
005 013              FRUITS PURS DE TOUT OUTRAGE ET VIERGES DE GERCURES,
093 007 .  .  .  .  .  .    DANS SON OEIL, CIEL LIVIDE OU GERME L'OURAGAN,
```

G

		POEM	LINE
	GERMER MILLE SONNETS DANS LE COEUR DES POETES, ...	061	013
S'AGGRAVENT LES DOULEURS DES FEMMES EN	GESINE;	103	018
TA TETE, TON	GESTE, TON AIR	129	001
JE PENSE A MON GRAND CYGNE, AVEC SES	GESTES FOUS,	089	034
QUOIQU'IL NE POUSSE NI GRANDS	GESTES NI GRANDS CRIS, ...	000	034
NOUS VIMES QUE C'ETAIT UN	GIBET A TROIS BRANCHES,	116	027
QU'UN	GIBET SYMBOLIQUE OU PENDAIT MON IMAGE....	116	058
IL FAUT QUE LE	GIBIER PAYE LE VIEUX CHASSEUR	149	033
RIEN NE PEUT L'EGAYER, NI	GIBIER, NI FAUCON, ...	077	005
CONTRE UN	GIGANTESQUE REMOUS	084	010
OU DE	GIGANTESQUES NAIADES,	102	023
QUI D'EUX-MEMES RENDAIENT LE CRI D'UNE	GIROUETTE	132	026
OU PAR LES LONGUES NUITS LA	GIROUETTE S'ENROUE, ...	101	006
GRAIN DE MUSC QUI	GIS, INVISIBLE,	134	015
QUELQUE VIEUX DEBRIS	GISANT	088	046
OU	GISENT, AUX LUEURS D'UN SOLEIL BLANC ET TERNE,	071	013
OU	GIT TOUT UN FOUILLIS DE MODES SURANNEES, ...	076	012
A TRAVERS LA TEMPETE, ET LA NEIGE, ET LE	GIVRE,	122	005
ANTINOUS FLETRIS, DANDYS A FACE	GLABRE,	097	049
LA FROIDE CRUAUTE DE CE SOLEIL DE	GLACE	030	010
DES PLAISIRS PLUS AIGUS QUE LA	GLACE ET LE FER?	050	016
LA	GLACE QUI LES MORD, LES SOLEILS QUI LES CUIVRENT,	126	015
N COEUR NE SERA PLUS QU'UN BLOC ROUGE ET	GLACE,	056	008
QUI LES BRULE, MAIS QUI NOUS	GLACE,	156	012
TEINTES D'AZUR,	GLACES DE ROSE, LAMES D'OR.	048	012
D'IMMENSES	GLACES EBLOUIES	102	031
DES	GLACIERS ET DES PINS QUI FERMENT LEUR PAYS;	006	008
DES	GLACIERS GRONDANTS,	028	030
HELAS! LE POISON ET LE	GLAIVE	031	017
PUISSE -JE USER DU	GLAIVE ET PERIR PAR LE GLAIVE!	118	031
J'AI PRIE LE	GLAIVE RAPIDE	031	013
UISSE -JE USER DU GLAIVE ET PERIR PAR LE	GLAIVE!	118	031
LES	GLAIVES SONT BRISES! COMME NOTRE JEUNESSE, ...	035	005
SONGEANT DE POISONS ET DE	GLAIVES,	138	029
IL TE FALLAIT	GLANER TON SOUPER DANS NOS FANGES	133	025
LES THEATRES	GLAPIR, LES ORCHESTRES RONFLER;	095	022
LES MONSTRES	GLAPISSANTS, HURLANTS, GROGNANTS, RAMPANTS, ...	000	031
OU LES VAISSEAUX,	GLISSANT DANS L'OR ET DANS LA MOIRE,	023	018
LE NAVIRE	GLISSANT SUR LES GOUFFRES AMERS.	002	004
--TA MAIN SE	GLISSE EN VAIN SUR MON SEIN QUI SE PAME;	055	005
TOUT	GLISSE ET TOUT S'EMOUSSE AU GRANIT DE SA PEAU. . . .	114	004
QUI SE	GLISSE VERS NOUS COMME LE RAYON BLANC	107	002
ET VERS TOI	GLISSERAI SANS BRUIT	063	003
JE CONTEMPLE D'EN HAUT LE	GLOBE EN SA RONDEUR	080	013
--TEL EST DU	GLOBE ENTIER L'ETERNEL BULLETIN."	126	108
LE	GLOBE LUMINEUX ET FRELE	117	009
QUAND PARFOIS SUR CE	GLOBE, EN SA LANGUEUR OISIVE,	065	009
DARDANT ON NE SAIT OU LEURS	GLOBES TENEBREUX.	092	004
RENT LEURS VASTES BRAS POUR EMBRASSER LA	GLOIRE	023	019
LE LIQUIDE ENCHASSAIT SA	GLOIRE	102	043
ILS APPORTENT LA	GLOIRE AU PEUPLE IVRE D'AMOUR!	105	024
A LA	GLOIRE DE DIEU RALLUME TON EXTASE;	140	010
LA	GLOIRE DES CITES DANS LE SOLEIL COUCHANT,	126	062
C'EST LA	GLOIRE DES DIEUX, C'EST LE GRENIER MYSTIQUE, ...	122	012
LA	GLOIRE DU SOLEIL SUR LA MER VIOLETTE,	126	061
DONT LA	GLOIRE EST DE DEPLOYER	150	028
	GLOIRE ET LOUANGE A TOI, SATAN, DANS LES HAUTEURS . .	120	046
SOULAGEMENT ET	GLOIRE UNIQUES,	084	039
VOUS QUI FUTES LA GRACE OU QUI FUTES LA	GLOIRE,	091	065
SI VOUS ALLIEZ, MADAME, AU VRAI PAYS DE	GLOIRE,	061	009
DE L'ARMURE, TA HONTE EGALERAIT TA	GLOIRE,	016	013
"AMOUR...	GLOIRE...BONHEUR!" ENFER! C'EST UN ECUEIL!	126	036
CELLE QUI FUT MON PLAISIR ET MA	GLOIRE!	038	056
T CONTIENT MON ORGUEIL, MA DOULEUR ET MA	GLOIRE!"	149	042
APRES AVOIR FRANCHI VERS LES CELESTES	GLOIRES	016	006
D'UN	GLORIEUX AUTOMNE OU D'UN SOLEIL COUCHANT.	056	024
EPANCHE TOUT SON COEUR EN	GLORIEUX PROJETS,	105	008
SALUER SON COUCHER PLUS	GLORIEUX QU'UN REVE!	145	004
FONT L'ORNEMENT DES NUITS ET DES JOURS	GLORIEUX;	130	004
	GLORIFIAIT LA MORT AVEC SIMPLICITE.	009	008
TU ME	GLORIFIERAS ET TU SERAS CONTENT;	104	016
ET COURENT, SANGLOTANT ET	GLOUSSANT PAR SACCADES,	130	008
QU'UNE OUTRE AUX FLANCS	GLUANTS, TOUTE PLEINE DE PUS!	132	020
CE MONSTRE TOUT	GONFLE DE HAINE ET DE CRACHATS,	057	028
MAIS, LOUVE AU COEUR	GONFLE DE TENDRESSES COMMUNES,	005	009
MON DESIR	GONFLE D'ESPERANCE	083	007
OU, LE COEUR TOUT	GONFLE D'ESPOIR ET DE VAILLANCE, ...	118	025
GRAND COEUR	GONFLE D'ORGUEIL, HOMME DEBILE ET JAUNE,	006	019
LA POITRINE EN AVANT ET LES POUMONS	GONFLES	069	005
ET QUE TU COUVES SOUS TA	GORGE	138	024
AUX BOUTS CHARMANTS DE CETTE	GORGE AIGUE	128	023
ET D'AUTRES, DONT LA	GORGE AIME LES SCAPULAIRES,	111	017
CHEVEUX ET	GORGE AU VENT, S'ENIVRANT DE TAPAGE,	059	003
COMME UN TYRAN	GORGE DE VIANDE ET DE VINS,	118	003
--UN PARFUM NAGE AUTOUR DE VOTRE	GORGE NUE!...	055	011
JE VEUX M'ANEANTIR DANS TA	GORGE PROFONDE,	131	083
TA	GORGE QUI S'AVANCE ET QUI POUSSE LA MOIRE,	052	017
TA	GORGE TRIOMPHANTE EST UNE BELLE ARMOIRE	052	018
LA SOMBRE NUIT LES PREND A LA	GORGE; ILS FINISSENT	095	032

116 035	. . . . ET SES BOURREAUX,	GORGES DE HIDEUSES DELICES,
105 027	PAR LE	GOSIER DE L'HOMME IL CHANTE SES EXPLOITS
085 014	(MON	GOSIER DE METAL PARLE TOUTES LES LANGUES.)
104 010	DANS LE	GOSIER D'UN HOMME USE PAR SES TRAVAUX,
074 005	. . . . . . BIENHEUREUSE LA CLOCHE AU	GOSIER VIGOUREUX
023 030	DE L'HUILE DE COCO, DU MUSC ET DU	GOUDRON.
069 012	SUR L'IMMENSE	GOUFFRE
085 020	LE	GOUFFRE A TOUJOURS SOIF; LA CLEPSYDRE SE VIDE.
095 033	LEUR DESTINEE ET VONT VERS LE	GOUFFRE COMMUN;
037 004	ET PLONGE TOUT ENTIERE AU	GOUFFRE DE L'ENNUI;
097 037	LE	GOUFFRE DE TES YEUX, PLEIN D'HORRIBLES PENSEES,
084 018	AU BORD D'UN	GOUFFRE DONT L'ODEUR
036 027	. . . . RENAITRONT -ILS D'UN	GOUFFRE INTERDIT A NOS SONDES,
014 004	ET TON ESPRIT N'EST PAS UN	GOUFFRE MOINS AMER.
021 009	SORS -TU DU	GOUFFRE NOIR OU DESCENDS -TU DES ASTRES?
030 002	DU FOND DU	GOUFFRE OBSCUR OU MON COEUR EST TOMBE.
048 016	VERS UN	GOUFFRE OBSCURCI DE MIASMES HUMAINS;
126 044	DONT LE MIRAGE REND LE	GOUFFRE PLUS AMER?
048 017	IL LA TERRASSE AU BORD D'UN	GOUFFRE SECULAIRE,
146 001	PASCAL AVAIT SON	GOUFFRE, AVEC LUI SE MOUVANT.
035 012	--CE	GOUFFRE, C'EST L'ENFER, DE NOS AMIS PEUPLE!
126 143	PLONGER AU FOND DU	GOUFFRE, ENFER OU CIEL, QU'IMPORTE?
131 087	PLONGEZ AU PLUS PROFOND DU	GOUFFRE, OU TOUS LES CRIMES,
046 007	S'OUVRE ET S'ENFONCE AVEC L'ATTIRANCE DU	GOUFFRE.
049 015	. . . . . POUR SE DESALTERER A CES	GOUFFRES AMERS.
002 004	LE NAVIRE GLISSANT SUR LES	GOUFFRES AMERS.
102 036	DANS LES	GOUFFRES DE DIAMANT,
130 007	QUI SE JETTENT SANS PEUR DANS LES	GOUFFRES SANS FONDS
142 010	. . . TON OEIL SAIT PLONGER DANS LES	GOUFFRES,
097 045	BAYADERE SANS NEZ, IRRESISTIBLE	GOUGE,
006 018	TOI QUI SUS RAMASSER LA BEAUTE DES	GOUJATS,
126 091	L'HOMME, TYRAN	GOULU, PAILLARD, DUR ET CUPIDE.
023 034	. . . N'EST -TU PAS L'OASIS OU JE REVE, ET LA	GOURDE
054 008	DESTRUCTEUR ET	GOURMAND COMME LA COURTISANE,
038 016	AVEC IVRESSE ET LENTE	GOURMANDISE
091 024	UN SYMBOLE D'UN	GOUT BIZARRE ET CAPTIVANT,
134 008	. . . . VERSE LE	GOUT DE L'ETERNEL.
120 011	ENSEIGNES PAR L'AMOUR LE	GOUT DU PARADIS,
097 029	TU REPONDS, GRAND SQUELETTE, A MON	GOUT LE PLUS CHER!
136 024	ET TROUVE UN	GOUT SUAVE AU VIN LE PLUS AMER;
080 007	. . . . L'AMOUR N'A PLUS DE	GOUT, NON PLUS QUE LA DISPUTE.
091 076	JE	GOUTE A VOTRE INSU DES PLAISIRS CLANDESTINS:
056 027	GOUTER, EN REGRETTANT L'ETE BLANC ET TORRIDE,
075 007	L'AME D'UN VIEUX POETE ERRE DANS LA	GOUTTIERE
041 018	. . . . QUI	GOUVERNE TOUT SON BEAU CORPS,
021 012	ET TU	GOUVERNES TOUT ET NE REPONDS DE RIEN.
006 025	GOYA, CAUCHEMAR PLEIN DE CHOSES INCONNUES,
147 005	VOIS -TU LES AMOUREUX, SUR LEURS	GRABATS PROSPERES,
063 015	. . . . GRACE A LA VORACE IRONIE
148 005	C'EST	GRACE AUX ASTRES NONPAREILS.
038 042	MONTRAIT LA	GRACE ENFANTINE DU SINGE.
038 010	UN SPECTRE FAIT DE	GRACE ET DE SPLENDEUR.
091 065	. . . . VOUS QUI FUTES LA	GRACE OU QUI FUTES LA GLOIRE,
032 006	SON REGARD DE VIGUEUR ET DE	GRACES ARME,
020 001	CONTEMPLONS CE TRESOR DE	GRACES FLORENTINES;
084 038	FLAMBEAU DES	GRACES SATANIQUES,
147 011	. . . . . BAISER D'ENDYMION A LA REINE DES	GRACES SURANNEES?
029 041	OUI! TELLE VOUS SEREZ, O LA REINE DES	GRACES,
052 010	TA TETE SE PAVANE AVEC D'ETRANGES	GRACES;
052 038	TA TETE SE PAVANE AVEC D'ETRANGES	GRACES;
133 016	. . . . ET TOUJOURS, COMME TOI,	GRACIEUX ET FLEURIS.
134 015	CE	GRAIN DE MUSC QUI GIS, INVISIBLE,
038 017	GRAIN D'ENCENS QUI REMPLIT UNE EGLISE,
104 022	OU LE	GRAIN PRECIEUX JETE PAR L'ETERNEL SEMEUR,
029 027	. . . . OU LE	GRAIN QU'UN VANNEUR D'UN MOUVEMENT RHYTHMIQUE
126 003	AH! QUE LE MONDE EST	GRAND A LA CLARTE DES LAMPES!
109 005	PARFOIS IL PREND, SACHANT MON	GRAND AMOUR DE L'ART,
039 014	STATUE AUX YEUX DE JAIS,	GRAND ANGE AU FRONT D'AIRAIN!
039 004	VAISSEAU FAVORISE PAR UN	GRAND AQUILON,
126 073	GRANDIRAS -TU TOUJOURS,	GRAND ARBRE PLUS VIVACE
100 001	LA SERVANTE AU	GRAND COEUR DONT VOUS ETIEZ JALOUSE,
006 019	GRAND COEUR GONFLE D'ORGUEIL, HOMME DEBILE ET JAUNE,
006 010	. . . . ET D'UN	GRAND CRUCIFIX DECORE SEULEMENT,
089 034	JE PENSE A MON	GRAND CYGNE, AVEC SES GESTES FOUS,
093 002	LONGUE, MINCE, EN	GRAND DEUIL, DOULEUR MAJESTUEUSE,
089 037	ANDROMAQUE, DES BRAS D'UN	GRAND EPOUX TOMBEE,
117 010	. . . . PREND UN	GRAND ESSOR.
068 004	QUE MON MAITRE EST TOUJOURS, UN	GRAND FUMEUR.
015 017	TOUT DROIT DANS SON ARMURE, UN	GRAND HOMME DE PIERRE
069 013	ME BERCENT, D'AUTRES FOIS, CALME PLAT,	GRAND MIROIR
099 007	. . . . SEMBLAIT,	GRAND OEIL OUVERT DANS LE CIEL CURIEUX,
138 011	JE T'AIME QUAND TON	GRAND OEIL VERSE
007 014	PHOEBUS, ET LE	GRAND PAN, LE SEIGNEUR DES MOISSONS.
110 030	ET D'UN	GRAND PORTRAIT LANGOUREUX,
149 039	. . . . DANS UN PALAIS AUSSI	GRAND QUE MOI, D'UN SEUL BLOC,
047 008	LE CIEL EST TRISTE ET BEAU COMME UN	GRAND REPOSOIR.
047 011	LE CIEL EST TRISTE ET BEAU COMME UN	GRAND REPOSOIR;
120 007	TOI QUI SAIS TOUT,	GRAND ROI DES CHOSES SOUTERRAINES,
154 011	. . . . DU HAUT EN BAS, AVEC	GRAND SOIN,

G

		POEM	LINE
TU REPONDS,	GRAND SQUELETTE, A MON GOUT LE PLUS CHER!	097	020
AU BORD D'UN LAC DE SANG, SOUS UN	GRAND TAS DE MORTS,	074	013
J'AI PEUR DU SOMMEIL COMME ON A PEUR D'UN	GRAND TROU,	146	009
ET, COMME UN	GRAND TROUPEAU DE VICTIMES OFFERTES,	015	007
FUYANT LE	GRAND TROUPEAU PARQUE PAR LE DESTIN, ...	126	106
N'EST -CE PAS	GRAND'PITIE DE VOIR CE BON VIVANT,	115	016
SE FERME LENTEMENT COMME UNE	GRANDE ALCOVE,	095	003
PAUVRE	GRANDE BEAUTE! LE MAGNIFIQUE FLEUVE	020	025
UNE PLUS	GRANDE BETE AU MILIEU S'AGITAIT	116	039
AVANT DE CONTEMPLER LA	GRANDE CREATURE	123	007
AVEC	GRANDE DEVOTION,	150	022
QUAND LA NATURE,	GRANDE EN SES DESSEINS CACHES,	025	015
	GRANDE ET SVELTE EN MARCHANT COMME UNE CHASSERESSE, . .	061	007
QU'ON CLOUE EN	GRANDE HATE UN CERCUEIL QUELQUE PART,	056	014
MOI, JE METS MA	GRANDE JOIE,	058	035
LE CIEL! COUVERCLE NOIR DE LA	GRANDE MARMITE	144	003
ET DE RENDRE AU CENTUPLE A LA	GRANDE NATURE	029	011
OU BIEN TOI,	GRANDE NUIT, FILLE DE MICHEL-ANGE,	018	012
DANS CETTE	GRANDE PLAINE OU L'AUTAN FROID SE JOUE,	101	005
O VASE DE TRISTESSE, O	GRANDE TACITURNE,	024	002
LAISSENT PITEUSEMENT LEURS	GRANDES AILES BLANCHES	002	007
LES POETES, DEVANT MES	GRANDES ATTITUDES,	017	009
LES MORTS, LES PAUVRES MORTS, ONT DE	GRANDES DOULEURS,	100	004
LES CLOITRES ANCIENS SUR LEURS	GRANDES MURAILLES	009	001
DURANT CES	GRANDES NUITS D'OU LE SOMME EST BANNI, ...	033	011
LA	GRANDEUR DE CE MAL OU TU TE CROIS SAVANTE	025	013
QUAND IL ATTEINT SA TOTALE	GRANDEUR,	038	012
O FANGEUSE	GRANDEUR! SUBLIME IGNOMINIE!	025	018
CES NATIVES	GRANDEURS, AUX LIEUX OU SE FONT VOIR	005	016
COUVER L'ENFANT	GRANDI DE SON OEIL MATERNEL,	100	020
ET	GRANDIR LIBREMENT DANS SES TERRIBLES JEUX;	019	006
	GRANDIRAS,-TU TOUJOURS, GRAND ARBRE PLUS VIVACE	126	073
CE SIMOIS MENTEUR QUI PAR VOS PLEURS	GRANDIT, ...	089	004
--UN DE CES	GRANDS ABANDONNES	083	026
FAIRE DE	GRANDS ADIEUX A TES CHERS TAMARINS?	133	020
PRENDS GARDE A CES	GRANDS APPETITS,	119	020
	GRANDS BOIS, VOUS M'EFFRAYEZ COMME DES CATHEDRALES; . .	079	001
UN APPEL DE CHASSEURS PERDUS DANS LES	GRANDS BOIS!	006	004
ET LES	GRANDS CIELS QUI FONT REVER D'ETERNITE.	086	008
ET LES URNES D'AMOUR DONT VOS	GRANDS COEURS SONT PLEINS!	111	028
OU L'EAU CREUSE DES TROUS	GRANDS COMME DES TOMBEAUX.	010	008
QUOIQU'IL NE POUSSE NI GRANDS GESTES NI	GRANDS CRIS,	000	034
A	GRANDS ESPRITS CONTEMPTEURS,	111	022
A	GRANDS FLOTS LE PARFUM, LE SON ET LA COULEUR;	023	017
DE SON URNE A	GRANDS FLOTS VERSE UN FROID TENEBREUX	075	002
QUOIQU'IL NE POUSSE NI	GRANDS GESTES NI GRANDS CRIS,	000	034
QUI CARESSENT LE SOIR LES	GRANDS LACS TRANSPARENTS,	131	030
QUI, LE LONG DES	GRANDS MURS DE L'HOSPICE BLAFARD,	044	012
LES PLUS RICHES CITES, LES PLUS	GRANDS PAYSAGES, ...	126	065
ET QUE LEURS	GRANDS PILIERS, DROITS ET MAJESTUEUX,	012	003
JE BATIS DE	GRANDS SARCOPHAGES.	081	014
DE	GRANDS SEAUX PLEINS DU SANG ET DES LARMES DES MORTS,	073	004
DES	GRANDS SPHINX ALLONGES AU FOND DES SOLITUDES, . . .	066	010
	GRANDS YEUX DE MON ENFANT, ARCANES ADORES,	152	005
TES	GRANDS YEUX DE VELOURS SONT PLUS NOIRS QUE TA CHAIR.	133	004
PAR CES DEUX	GRANDS YEUX NOIRS, SOUPIRAUX DE TON AME,	026	009
QUE VOS	GRANDS YEUX RENDRAIENT PLUS SOUMIS QUE VOS NOIRS. . .	061	014
DE CES	GRANDS YEUX SI FERVENTS ET SI TENDRES,	038	045
ON RACONTE QU'UN JOUR UN DOCTEUR DES PLUS	GRANDS,	016	003
AVEZ -VOUS A REMPLIR LA	GRANGE?	094	020
IL FAUDRA LUI MONTRER DES	GRANGES	135	013
TOUT GLISSE ET TOUT S'EMOUSSE AU	GRANIT DE SA PEAU.	114	004
QU'UN	GRANIT ENTOURE D'UNE VAGUE EPOUVANTE,	076	020
ET SON VENTRE ET SES SEINS, CES	GRAPPES DE MA VIGNE,	127	020
DANS UNE TERRE	GRASSE ET PLEINE D'ESCARGOTS	072	001
NOUS NOUS FAISONS PAYER	GRASSEMENT NOS AVEUX,	000	006
UR TON COU LARGE ET ROND, SUR TES EPAULES	GRASSES,	052	009
UR TON COU LARGE ET ROND, SUR TES EPAULES	GRASSES,	052	037
VOUS IREZ, SOUS L'HERBE ET LES FLORAISONS	GRASSES, ...	029	043
ET CETTE	GRATITUDE INFINIE ET SUBLIME	131	023
CES MONSTRES DONT LA MAIN, QUI TOUJOURS	GRATTE ET FAUCHE,	114	006
RECUEILLE -TOI, MON AME, EN CE	GRAVE MOMENT,	095	024
ME SAUVANT DE TOUT PIEGE ET DE TOUT PECHE	GRAVE, ...	043	005
	GRAVE, ET VENANT DU FOND DE SON LIT ETERNEL	100	019
RES, COMME DES SOEURS, MARCHENT LENTES ET	GRAVES	111	009
DESSINS AUXQUELS LA	GRAVITE	094	003
DORS OU FUME A TON	GRE; SOIS MUETTE, SOIS SOMBRE, ...	037	003
TOUT, LA CENDRE LATINE ET LA POUSSIERE	GRECQUE,	136	003
MERE DES JEUX LATINS ET DES VOLUPTES	GRECQUES,	130	001
MERE DES JEUX LATINS ET DES VOLUPTES	GRECQUES,	130	005
CREVE ET CRACHE SON AME	GRELE	117	011
FRISSONNANTE LA-BAS SOUS LA NEIGE ET LES	GRELES,	133	022
COMBIEN FAUT -IL DE FOIS SECOUER MES	GRELOTS	123	001
L'AURORE	GRELOTTANTE EN ROBE ROSE ET VERTE	103	025
C'EST LA GLOIRE DES DIEUX, C'EST LE	GRENIER MYSTIQUE, ...	122	012
"NOUS AVONS AU	GRENIER UN NOMBRE SUFFISANT,	149	003
TROUVERONT DANS CE SOL LAVE COMME UNE	GREVE	010	010
HAUT, EN BAS, PARTOUT, LA PROFONDEUR, LA	GREVE,	146	005
CIEUX DECHIRES COMME DES	GREVES, ...	082	009

```
POEM LINE
136 011 . . . ET CELLE-LA CHANTAIT COMME LE VENT DES   GREVES,
091 084                      SUR QUI PESE LA   GRIFFE EFFROYABLE DE DIEU?
055 007                          PAR LA   GRIFFE ET LA DENT FEROCE DE LA FEMME.
114 003                            LES   GRIFFES DE L'AMOUR, LES POISONS DU TRIPOT,
034 002 . . . . . . . . . . RETIENS LES   GRIFFES DE TA PATTE,
100 014   REMPLACENT LES LAMBEAUX QUI PENDENT A LEUR   GRILLE.
013 009         DU FOND DE SON REDUIT SABLONNEUX, LE   GRILLON,
115 020                    LES AIGLES, LES   GRILLONS, LES RUISSEAUX ET LES FLEURS,
156 009 . . . . . . . . . . SON RIRE N'EST PAS LA   GRIMACE,
097 021       VIENS -TU TROUBLER, AVEC TA PUISSANTE   GRIMACE,
020 021           CE VISAGE ECLAIRE D'UNE EXQUISE   GRIMACE,
140 005     SACHE QU'IL FAUT AIMER, SANS FAIRE LA   GRIMACE,
153 010 . . . . . . . . . . . . . . CES   GRIMACES, CES CRIS, CES SPECTRES DONT L'ESSAIM
024 007         JE M'AVANCE A L'ATTAQUE, ET JE   GRIMPE AUX ASSAUTS,
048 004                      DONT LA SERRURE   GRINCE ET RECHIGNE EN CRIANT,
135 010         DES PLEURS SALES DE SON FRONT   GRIS
050 002 . . . . TON OEIL MYSTERIEUX (EST -IL BLEU,   GRIS OU VERT?)
038 019       CHARME PROFONDE, MAGIQUE, DONT NOUS   GRISE
000 031       LES MONSTRES GLAPISSANTS, HURLANTS,   GROGNANTS, RAMPANTS,
028 030                         DES GLACIERS   GRONDANTS,
051 006 . . . . . . . MAIS QUE SA VOIX S'APAISE OU   GRONDE,
062 008   QU'ACCOMPAGNE L'IMMENSE ORGUE DES VENTS   GRONDEURS.
089 011                    LES HERBES, LES   GROS BLOCS VERDIS PAR L'EAU DES FLAQUES,
097 002                          AVEC SON   GROS BOUQUET, SON MOUCHOIR ET SES GANTS,
126 006 . . . . . . . . . . . . . LE COEUR   GROS DE RANCUNE ET DE DESIRS AMERS,
115 006            UN NUAGE FUNEBRE ET   GROS D'UNE TEMPETE,
076 002                             UN   GROS MEUBLE A TIROIRS ENCOMBRE DE BILANS,
136 008       TE FAIRE UN APPETIT D'UNE EGALE   GROSSEUR."
028 029 . . . . . . . . . . COMME UN FLOT   GROSSI PAR LA FONTE
126 071                   CEPENDANT QUE   GROSSIT ET DURCIT TON ECORCE,
077 007              DU BOUFFON FAVORI LA   GROTESQUE BALLADE
071 002                                   GROTESQUEMENT CAMPE SUR SON FRONT DE SQUELETTE,
012 004 . . . . . RENDAIENT PAREILS, LE SOIR, AUX   GROTTES BASALTIQUES.
152 006     VOUS RESSEMBLEZ BEAUCOUP A CES   GROTTES MAGIQUES
105 004                   OU L'HUMANITE   GROUILLE EN FERMENTS ORAGEUX,
112 003   DONT LE FLANC TOUJOURS VIERGE ET DRAPE DE   GUENILLES
090 013 . . . TOUT A COUP, UN VIEILLARD DONT LES   GUENILLES JAUNES
120 008     LE CULTE DE LA PLAIE ET L'AMOUR DES   GUENILLES,
008 011   CHANTER DES TE DEUM AUXQUELS TU NE CROIS   GUERE,
058 037                     MON AME PAR TOI   GUERIE,
120 008 . . . . . . . . . . . . . . . .   GUERISSEUR FAMILIER DES ANGOISSES HUMAINES,
068 013               QUI CHARME SON COEUR ET   GUERIT
064 009   AIMONS -NOUS DOUCEMENT. L'AMOUR DANS SA   GUERITE,
057 013                      QUI, COMME UNE   GUERITE, ENFERMERA TES CHARMES;
091 058 . . . . . HUMAIT AVIDEMENT CE CHANT VIF ET   GUERRIER;
059 009         TELLE LA SISINA! MAIS LA DOUCE   GUERRIERE
035 001                            DEUX   GUERRIERS ONT COURU L'UN SUR L'AUTRE; LEURS ARMES
045 011                      L'OREILLE AU   GUET, OU BIEN, COMME DES OMBRES CHERES,
130 048 . . . . . . . . . . . . . . QUI   GUETTE NUIT ET JOUR BRICK, TARTANE OU FREGATE,
091 003                             JE   GUETTE, OBEISSANT A MES HUMEURS FATALES,
002 011   L'UN AGACE SON BEC AVEC UN BRULE -   GUEULE,
088 045                   --CEPENDANT TU VAS   GUEUSANT
107 013 . . . . --ET L'ORGUEIL, CE TRESOR DE TOUTE   GUEUSERIE,
115 017                            CE   GUEUX, CET HISTRION EN VACANCES, CE DROLE,
022 009                                   GUIDE PAR TON ODEUR VERS DE CHARMANTS CLIMATS,
```

H

		POEM	LINE
ET SON OEIL NOUS REVET D'UN	HABIT DE CLARTE.	042	008
QU'UN SUPERBE	HABIT DE COUR	088	014
QU'IMPORTE LE PARFUM, L'	HABIT OU LA TOILETTE?	097	043
	HABITANT DE CYTHERE, ENFANT D'UN CIEL SI BEAU,	116	041
AUX PALES	HABITANTS DU VOISIN CIMETIERE	075	003
QU'	HABITE ET QUE RONGE UN INSECTE!"	149	020
J'AI LONGTEMPS	HABITE SOUS DE VASTES PORTIQUES	012	001
L'OUBLI PUISSANT	HABITE SUR TA BOUCHE,	128	015
DEPUIS L'ETERNITE JE PARCOURS ET J'	HABITE;	009	010
ET DES	HABITS, MOUSSELINE OU VELOURS,	038	026
TINANT DANS LA BOUE, ET CHERCHANT, L'OEIL	HAGARD,	089	042
AU LIEU D'UN	HAILLON TROP COURT,	088	013
LE LONG DE CES VIVANTS	HAILLONS.	029	020
LA	HAINE EST LE TONNEAU DES PALES DANAIDES;	073	001
LA	HAINE EST UN IVROGNE AU FOND D'UNE TAVERNE,	073	009
ET LA	HAINE EST VOUEE A CE SORT LAMENTABLE	073	013
CE MONSTRE TOUT GONFLE DE	HAINE ET DE CRACHATS.	057	028
AINSI QU'UN NOUVEAU -NE,--SANS	HAINE ET SANS REMORD.	114	020
JE FERAI REJAILLIR TA	HAINE QUI M'ACCABLE	001	013
ANGE PLEIN DE BONTE, CONNAISSEZ -VOUS LA	HAINE,	044	006
ELLE RAVALE AINSI L'ECUME DE SA	HAINE,	001	017
ET SANS	HAINE, COMME UN BOUCHER,	083	002
	HAINE, FRISSONS, HORREUR, LABEUR DUR ET FORCE,	056	006
ANGE PLEIN DE BONTE, CONNAISSEZ -VOUS LA	HAINE?	044	010
AFIN D'ETERNISER L'ARDEUR DE NOTRE	HAINE!	035	014
JE TE	HAIS AUTANT QUE JE T'AIME!	129	016
JE	HAIS LA PASSION ET L'ESPRIT ME FAIT MAL!	064	008
JE	HAIS LE MOUVEMENT QUI DEPLACE LES LIGNES,	017	007
JE	HAIS LES TESTAMENTS ET JE HAIS LES TOMBEAUX;	072	005
JE HAIS LES TESTAMENTS ET JE	HAIS LES TOMBEAUX;	072	005
JE TE	HAIS, OCEAN! TES BONDS ET TES TUMULTES,	079	005
	HAISSANT LE RIDEAU COMME ON HAIT UN OBSTACLE...	125	010
UN COEUR TENDRE, QUI	HAIT LE NEANT VASTE ET NOIR;	047	010
UN COEUR TENDRE, QUI	HAIT LE NEANT VASTE ET NOIR,	047	010
HAISSANT LE RIDEAU COMME ON	HAIT UN OBSTACLE...	125	010
SON	HALEINE FAIT LA MUSIQUE,	041	023
	HALETANT ET BRISE DE FATIGUE, AU MILIEU	109	010
PARCOURANT LES FORETS OU BATTANT LES	HALLIERS,	059	002
COMME UN	HAMEAU PAISIBLE AU PIED D'UNE MONTAGNE.	019	014
ET CETTE OMBRE D'	HAMLET IMITANT SA POSTURE,	115	014
IEDS SONT AUSSI FINS QUE TES MAINS, ET TA	HANCHE	133	001
LA	HANCHE UN PEU POINTUE ET LA TAILLE FRINGANTE	110	039
LES	HANCHES DE L'ANTIOPE AU BUSTE D'UN IMBERBE,	127	026
TES	HANCHES SONT AMOUREUSES	058	021
DANS LE RAVIN	HANTE DES CHATS-PARDS ET DES ONCES	035	009
DELACROIX, LAC DE SANG	HANTE DES MAUVAIS ANGES,	006	029
QUI	HANTE LA TEMPETE ET SE RIT DE L'ARCHER;	002	014
ET MON ESPRIT, TOUJOURS DU VERTIGE	HANTE,	146	012
OUI, CES GENS	HARCELES DE CHAGRINS DE MENAGE,	105	013
S'ELANCE, RAPIDE ET	HARDIE.	155	017
EST QUE NOTRE AME, HELAS! N'EST PAS ASSEZ	HARDIE.	000	028
ET LES MOINS SOTS,	HARDIS AMANTS DE LA DEMENCE,	126	105
ET L'	HARMONIE EST TROP EXQUISE,	041	017
SUSPENDANT TON ALLURE	HARMONIEUSE ET LENTE,	098	013
AUSSI SUBTIL QU'	HARMONIEUX!	051	024
	HARPAGON, QUI VEILLAIT SON PERE AGONISANT,	149	001
ET MES ONGLES, PAREILS AUX ONGLES DES	HARPIES,	001	047
OU QUEL MECHANT	HASARD AINSI M'HUMILIAIT?	090	034
DE CEUX QUE LE	HASARD FAIT AVEC LES NUAGES,	126	067
TU SEMES AU	HASARD LA JOIE ET LES DESASTRES,	021	011
EST -CE QUE PAR	HASARD LA ROBE DU CENTAURE	157	010
MAINT PAGE EPRIS DU	HASARD,	088	037
TANTOT SONNERA L'HEURE OU LE DIVIN	HASARD,	085	021
ET QUE DE MA PENSEE, EN VAGUANT AU	HASARD,	115	003
D'ENDORMIR LA DOULEUR SUR UN LIT	HASARDEUX.	101	014
ET FOULENT L'INFINI D'UN SABOT	HASARDEUX.	071	008
FLAIRANT DANS TOUS LES COINS LES	HASARDS DE LA RIME,	087	006
OU'ON CLOUE EN GRANDE	HATE UN CERCUEIL QUELQUE PART.	056	014
I QUI FAIS AU PROSCRIT CE REGARD CALME ET	HAUT	120	016
SE MELAIENT. J'ETAIS	HAUT COMME UN IN-FOLIO.	136	004
--CEPENDANT, TOUT EN	HAUT DE L'UNIVERS JUCHE,	149	043
LES DEUX MAINS AU MENTON, DU	HAUT DE MA MANSARDE,	086	005
DU	HAUT DES PAYS BLEUS OU, RADIEUX SERAIL,	147	002
JUSQU'AU PLUS	HAUT DU CIEL, RIEN, HORS MOI, NE REPOND!	039	010
ET DU	HAUT DU DIVAN ELLE SOURIAIT D'AISE	127	010
DU	HAUT EN BAS, AVEC GRAND SOIN,	154	011
DU	HAUT JUSQUES EN BAS DE L'ECHELLE FATALE,	126	087
JE CONTEMPLE D'EN	HAUT LE GLOBE EN SA RONDEUR	080	010
J'AURAIS PU (MON ORGUEIL AUSSI	HAUT QUE LES MONTS	115	023
ET NE REGARDE EN	HAUT QU'AVEC UN OEIL TREMBLANT.	144	008
PAR LE	HAUT SE TERMINE EN MONSTRE BICEPHALE!	020	019
EN	HAUT, EN BAS, PARTOUT, LA PROFONDEUR, LA GREVE,	146	005
EN	HAUT, LE CIEL! CE MUR DE CAVEAU QUI L'ETOUFFE,	144	009
COMME UN HOMME MONTE TROP	HAUT, PRIS DE PANIQUE,	016	009
"JESUS, PETIT JESUS! JE T'AI POUSSE BIEN	HAUT!	016	011
RESTE COMME PENDUE A MES RIMES	HAUTAINES;	039	008
DOUX COMME LES	HAUTBOIS, VERTS COMME LES PRAIRIES,	004	010
LE DEMON, DANS MA CHAMBRE	HAUTE,	041	001
LES MAISONS, DONT LA BRUME ALLONGEAIT LA	HAUTEUR,	090	006

```
POEM LINE
120 046 .        GLO    ET LOUANGE A TOI, SATAN, DANS LES  HAUTEURS
026 002                    AU PARFUM MELANGE DE MUSC ET DE  HAVANE,
054 028       SANS LUNE ET SANS RAYONS, TROUVER OU L'ON  HEBERGE
077 017                   IL N'A SU RECHAUFFER CE CADAVRE  HEBETE
092 013 .    VOIS! JE ME TRAINE AUSSI! MAIS, PLUS QU'EUX  HEBETE,
140 006           LE PAUVRE, LE MECHANT, LE TORTU, L'  HEBETE,
089 040                   VEUVE D'  HECTOR, HELAS! ET FEMME D'HELENUS!
156 013                        LEUR RIRE,  HELAS! DE LA GAITE
126 116 .  .  .  .  .  .  .  .  .  LE TEMPS! IL EST,  HELAS! DES COUREURS SANS REPIT,
091 038            PRETRESSE DE THALIE,  HELAS! DONT LE SOUFFLEUR
089 040            VEUVE D'HECTOR,  HELAS! ET FEMME D'HELENUS!
026 012                       HELAS! ET JE NE PUIS, MEGERE LIBERTINE,
116 055 .  .  .  .  .  .  .  .  .  .  .  HELAS! ET J'AVAIS, COMME EN UN SUAIRE EPAIS,
122 001              C'EST LA MORT QUI CONSOLE,  HELAS! ET QUI FAIT VIVRE;
020 035                   C'EST QUE DEMAIN,  HELAS! IL FAUDRA VIVRE ENCORE!
094 028                       HELAS! IL NOUS FAUDRA PEUT-ETRE
031 017 .  .  .  .  .  .  .  .  .  .  .  HELAS! LE POISON ET LE GLAIVE
136 015         QUE DATE CE QU'ON PEUT,  HELAS! NOMMER MA PLAIE
000 028          C'EST QUE NOTRE AME,  HELAS! N'EST PAS ASSEZ HARDIE!
005 025             ET VOUS, FEMMES,  HELAS! PALES COMME DES CIERGES,
089 008 .  .  .  .  .  .  .  .  CHANGE PLUS VITE,  HELAS! QUE LE COEUR D'UN MORTEL);
007 001             MA PAUVRE MUSE,  HELAS! QU'AS -TU DONC CE MATIN?
038 006            CONDAMNE A PEINDRE,  HELAS! SUR LES TENEBRES;
146 002                     -- HELAS! TOUT EST ABIME,--ACTION, DESIR, REVE,
089 040 .  .  .  .  .  VEUVE D'HECTOR, HELAS! ET FEMME D'  HELENUS!
000 021        SERRE, FOURMILLANT, COMME UN MILLION D'  HELMINTHES,
029 015        LA PUANTEUR ETAIT SI FORTE, QUE SUR L'  HERBE
029 043           QUAND VOUS IREZ, SOUS L'  HERBE ET LES FLORAISONS GRASSES.
089 011 .  .  .  .  .  .  .  .  .  .  .  LES  HERBES, LES GROS BLOCS VERDIS PAR L'EAU DES FLAQUES,
157 014                 QUE LE PETIT  HERCULE ETRANGLAIT AU BERCEAU?
006 013       MICHEL-ANGE, LIEU VAGUE OU L'ON VOIT DES  HERCULES
052 033           TES BRAS, QUI SE JOUERAIENT DES PRECOCES  HERCULES,
005 027 .  .  .  .  .  .  DU VICE MATERNEL TRAINANT L'  HEREDITE
150 008                   MENE LE TRAIN D'UN  HERETIQUE;
075 012                   HERITAGE FATAL D'UNE VIEILLE HYDROPIQUE,
081 005                   HERMES INCONNU QUI M'ASSISTES
091 056 .  .  .  .  .  VERSENT QUELQUE  HEROISME AU COEUR DES CITADINS.
090 010      JE SUIVAIS, ROIDISSANT MES NERFS COMME UN  HEROS
021 008           QUI FONT LE  HEROS LACHE ET L'ENFANT COURAGEUX.
015 019          MAIS LE CALME  HEROS, COURBE SUR SA RAPIERE,
035 010 .  .  .  .  .  .  .  .  .  .  NOS  HEROS, S'ETREIGNANT MECHAMMENT, ONT ROULE,
129 026             QUAND L'  HEURE DES VOLUPTES SONNE,
067 006                JUSQU'A L'  HEURE MELANCOLIQUE
085 021           TANTOT SONNERA L'  HEURE OU LE DIVIN HASARD,
091 050 .  .  .  .  .  .  .  UNE, ENTRE AUTRES, A L'  HEURE OU LE SOLEIL TOMBANT
070 005             A L'  HEURE OU LES CHASTES ETOILES
095 031         C'EST L'  HEURE OU LES DOULEURS DES MALADES S'AIGRISSENT!
103 003        C'ETAIT L'  HEURE OU L'ESSAIM DES REVES MALFAISANTS
103 017 .  .  .  .  .  .  .  C'ETAIT L'  HEURE OU PARMI LE FROID ET LA LESINE
089 014         LA JE VIS, UN MATIN, A L'  HEURE OU SOUS LES CIEUX
120 050       PRES DE TOI SE REPOSE, A L'  HEURE OU SUR TON FRONT
138 033         TE CONVULSANT QUAND L'  HEURE TINTE,
114 018 .  .  .  .  .  .  .  ET QUAND L'  HEURE VIENDRA D'ENTRER DANS LA NUIT NOIRE,
085 009 .  .  .  .  .  .  .  .  .  TROIS MILLE SIX CENTS FOIS PAR  HEURE, LA SECONDE
149 016             ETRE VERTUEUX, DANS UNE  HEURE!"
133 017              POURQUOI, L'  HEUREUSE ENFANT, VEUX -TU VOIR NOTRE FRANCE,
039 002 .  .  .  .  .  .  .  .  .  ABORDE  HEUREUSEMENT AUX EPOQUES LOINTAINES,
036 021        JE SAIS L'ART D'EVOQUER LES MINUTES  HEUREUSES,
036 025        JE SAIS L'ART D'EVOQUER LES MINUTES  HEUREUSES!
022 003         JE VOIS SE DEROULER DES RIVAGES  HEUREUX
003 015 .  .  .  .  .  .  .  .  .  HEUREUX CELUI QUI PEUT D'UNE AILE VIGOUREUSE
073 012          --MAIS LES BUVEURS  HEUREUX CONNAISSENT LEUR VAINQUEUR,
127 004        QU'ONT DANS LEURS JOURS  HEUREUX LES ESCLAVES DES MORES.
148 002              SONT  HEUREUX, DISPOS ET REPUS;
106 005 .  .  .  .  .  .  AUTANT QU'UN ROI JE SUIS  HEUREUX;
087 008                   HEURTANT PARFOIS DES VERS DEPUIS LONGTEMPS REVES.
110 038         DE L'EPAULE AU CONTOUR  HEURTE,
154 009           LEUR CHANSON DE SANGLOTS  HEURTEE
067 002 .  .  .  .  .  .  .  .  .  LES  HIBOUX SE TIENNENT RANGES,
005 028           ET TOUTES LES  HIDEURS DE LA FECONDITE;
153 008                   HIDEUSE ET MULTIFORME, AUTOUR DE LUI CIRCULE.
116 035        ET SES BOURREAUX, GORGES DE  HIDEUSES DELICES,
090 040 .  .  .  .  .  .  .  CES SEPT MONSTRES  HIDEUX AVAIENT L'AIR ETERNEL!
021 028           L'UNIVERS MOINS  HIDEUX ET LES INSTANTS MOINS LOURDS?
044 017      ET LA PEUR DE VIEILLIR, ET CE  HIDEUX TOURMENT
056 015         POUR QUI?--C'ETAIT  HIER L'ETE; VOICI L'AUTOMNE!
013 002 .  .  .  .  .  .  .  .  .  HIER S'EST MISE EN ROUTE, EMPORTANT SES PETITS
126 111              HIER, DEMAIN, TOUJOURS, NOUS FAIT VOIR NOTRE IMAGE!
091 044                   HIPPOGRIFFE PUISSANT, MENE -MOI JUSQU'AU CIEL!
131 041               MAIS  HIPPOLYTE ALORS, LEVANT SA JEUNE TETE,
131 003 .  .  .  .  .  .  .  .  .  HIPPOLYTE REVAIT AUX CARESSES PUISSANTES
131 025              --"  HIPPOLYTE, CHER COEUR, QUE DIS -TU DE CES CHOSES?
131 035              HIPPOLYTE, O MA SOEUR! TOURNE DONC TON VISAGE,
071 014          LES PEUPLES DE L'  HISTOIRE ANCIENNE ET MODERNE.
126 049 .  .  .  .  ETONNANTS VOYAGEURS! QUELLES NOBLES  HISTOIRES
115 017           CE GUEUX, CET  HISTRION EN VACANCES, CE DROLE,
144 011            OU CHAQUE  HISTRION FOULE UN SOL ENSANGLANTE;
100 012       ILS SENTENT S'EGOUTTER LES NEIGES DE L'  HIVER
050 015 .  .  .  .  ET SAURAI -JE TIRER DE L'IMPLACABLE  HIVER
```

H

		POEM	LINE
ET QUAND VIENDRA L'	HIVER AUX NEIGES MONOTONES, ...	086	014
ET D'UN RAYON D'	HIVER TRAVERSE BRUSQUEMENT;	006	012
TOUT L'	HIVER VA RENTRER DANS MON ETRE: COLERE,	056	005
IL EST AMER ET DOUX, PENDANT LES NUITS D'	HIVER,	074	001
JAMAIS, NI L'ETE NI L'	HIVER, ...	106	035
QUE BALANCE LE VENT PENDANT LES NUITS D'	HIVER.	132	028
LES CHAMPS, SANS DISTINGUER LES ETES DES	HIVERS,	016	024
O FINS D'AUTOMNE,	HIVERS, PRINTEMPS TREMPES DE BOUE,	101	001
ON VOIT UN CHIFFONNIER QUI VIENT,	HOCHANT LA TETE, ...	105	005
L'	HOLOCAUSTE SACRE DE TES PREMIERES ROSES	131	027
DE RENDRE A LA JEUNESSE UN	HOMMAGE PROFOND,	005	035
USURPER EN RIANT LES	HOMMAGES DIVINS!	001	044
MON COEUR S'EFFRAYA D'ENVIER MAINT PAUVRE	HOMME	096	021
L'	HOMME A, POUR PAYER SA RANCON,	135	001
A CHAQUE	HOMME ACCORDE POUR TOUTE SA SAISON.	085	008
L'	HOMME AJOUTA LE VIN, FILS SACRE DU SOLEIL!	105	032
COMME UN VER QUI DEROBE A L'	HOMME CE QU'IL MANGE.	095	020
SOBRE ET NAIF	HOMME DE BIEN,	142	002
TOUT DROIT DANS SON ARMURE, UN GRAND	HOMME DE PIERRE	015	017
CHAQUE ILOT SIGNALE PAR L'	HOMME DE VIGIE	126	037
GRAND COEUR GONFLE D'ORGUEIL,	HOMME DEBILE ET JAUNE, ...	006	019
TOUT	HOMME DIGNE DE CE NOM	141	001
VERS LE CIEL QUELQUEFOIS, COMME L'	HOMME D'OVIDE,	089	025
LORSQUE J'ETOUFFE UN	HOMME EN MES BRAS REDOUTES,	132	012
L'	HOMME EST AVEUGLE, SOURD, FRAGILE, COMME UN MUR . . .	149	019
ET L'	HOMME EST LAS D'ECRIRE ET LA FEMME D'AIMER.	103	011
LA NUDITE DE L'	HOMME ET CELLE DE LA FEMME,	005	017
ALORS L'	HOMME ET LA FEMME EN LEUR AGILITE	005	003
TOI QUI, POUR CONSOLER L'	HOMME FRELE QUI SOUFFRE, ...	120	031
PAR LE GOSIER DE L'	HOMME IL CHANTE SES EXPLOITS	105	027
ET L'	HOMME IMPATIENT SE CHANGE EN BETE FAUVE.	095	004
L'	HOMME IVRE D'UNE OMBRE QUI PASSE	067	012
	HOMME LIBRE, TOUJOURS TU CHERIRAS LA MER!	014	001
COMME UN	HOMME MONTE TROP HAUT, PRIS DE PANIQUE,	016	009
L'	HOMME NE VIT PAS UN MOMENT	141	012
ET DE TOI FAIS -TU DIRE: "OH! L'	HOMME SINGULIER!"	125	002
PARTOUT L'	HOMME SUBIT LA TERREUR DU MYSTERE, ...	144	007
POUR L'	HOMME TERRASSE QUI REVE ENCORE ET SOUFFRE,	046	006
DANS LE GOSIER D'UN	HOMME USE PAR SES TRAVAUX,	104	010
DE L'	HOMME VAINCU, PLEIN DE SANGLOTS ET D'INSULTES,	079	007
L'	HOMME VINDICATIF QUE TU N'AS PU, VIVANTE, ...	110	045
L'	HOMME Y PASSE A TRAVERS DES FORETS DE SYMBOLES	004	003
OU L'	HOMME, DONT JAMAIS L'ESPERANCE N'EST LASSE,	126	031
L'	HOMME, ELEGANT, ROBUSTE ET FORT, AVAIT LE DROIT	005	011
	HOMME, NUL N'A SONDE LE FOND DE TES ABIMES;	014	010
J'IRAI LA-BAS OU L'ARBRE ET L'	HOMME, PLEINS DE SEVE,	023	011
L'	HOMME, TYRAN GOULU, PAILLARD, DUR ET CUPIDE,	126	091
"	HOMME, VERS TOI JE POUSSE, O CHER DESHERITE,	104	002
DES	HOMMES DONT LE CORPS EST MINCE ET VIGOUREUX, ...	022	007
SOUVENT, POUR S'AMUSER, LES	HOMMES D'EQUIPAGE	002	001
LES	HOMMES VONT A PIED SOUS LEURS ARMES LUISANTES	013	005
DES	HOMMES, DANS LE COIN D'UN SINISTRE ARMOIRE	048	022
AUX CHOSES DE L'AMOUR MELER L'	HONNETETE!	131	064
VIERGES AU COEUR SUBLIME,	HONNEUR DE L'ARCHIPEL,	130	037
JE N'AURAI PAS L'	HONNEUR SUBLIME	148	014
L'UN DE SON VIEIL	HONNEUR, L'AUTRE DE SA BEAUTE!	096	020
ET, MALGRE LES	HONNEURS QUE LUI REND L'UNIVERS, ...	130	072
DE L'ARMURE, TA	HONTE EGALERAIT TA GLOIRE,	016	013
COMMENT N'AS -TU PAS	HONTE ET COMMENT N'AS -TU PAS	025	011
EFFACANT TOUT, MEME LA	HONTE,	124	007
LA	HONTE, LES REMORDS, LES SANGLOTS, LES ENNUIS	044	002
RACE D'ABEL, VOICI TA	HONTE:	119	013
	HONTEUSES D'EXISTER, OMBRES RATATINEES,	091	069
QUE CES ROIS DE L'AZUR, MALADROITS ET	HONTEUX,	002	006
L'	HOPITAL SE REMPLIT DE LEURS SOUPIRS.--PLUS D'UN . . .	095	034
REMBRANDT, TRISTE	HOPITAL TOUT REMPLI DE MURMURES,	006	009
SON TROUPEAU GAZOUILLANT DE BEAUTES D'	HOPITAL,	018	006
DANS TOUS LES	HOPITAUX ET DANS TOUS LES PALAIS.	087	020
POUSSAIENT LEUR DERNIER RALE EN	HOQUETS INEGAUX.	103	023
LE PLAISIR VAPOREUX FUIRA VERS L'	HORIZON	085	005
AUSSI, SITOT QU'A L'	HORIZON	124	004
ELLES TOURNENT LEURS YEUX VERS L'	HORIZON DES MERS,	111	002
ET QUE DE L'	HORIZON EMBRASSANT TOUT LE CERCLE	078	003
C'EST LA CLARTE VIBRANTE A NOTRE	HORIZON NOIR;	122	006
C'EST UN UNIVERS MORNE A L'	HORIZON PLOMBE,	030	003
QU'UN	HORIZON SANGLANT FERME DE TOUTES PARTS.	131	048
LE CIMETIERE IMMENSE ET FROID, SANS	HORIZON, ...	071	012
--COURONS VERS L'	HORIZON, IL EST TARD, COURONS VITE;	145	007
TU RESSEMBLES PARFOIS A CES BEAUX	HORIZONS	050	009
ALORS JE REVERAI DES	HORIZONS BLEUATRES,	086	013
VERS LES	HORIZONS BLEUS DEPASSES LE MATIN.	131	008
VOS SOUVENIRS AVEC LEURS CADRES D'	HORIZONS.	126	056
L'	HORLOGE, A SON TOUR, DIT A VOIX BASSE: "IL EST MUR,	149	017
	HORLOGE! DIEU SINISTRE, EFFRAYANT, IMPASSIBLE,	085	001
OR IL N'EST PAS D'	HORREUR AU MONDE QUI SURPASSE	030	009
UNE OASIS D'	HORREUR DANS UN DESERT D'ENNUI!	126	112
DANS L'	HORREUR DE LA NUIT MALSAINE	138	038
D'AUTRES, L'	HORREUR DE LEURS BERCEAUX, ET QUELQUES-UNS,	126	010
J'AI VU L'	HORREUR DE MON TAUDIS, ...	102	054

```
POEM LINE
153 012 .  .  .  .  .  .  .  .  .  .  .  .  CE REVEUR QUE L' HORREUR DE SON LOGIS REVEILLE,
066 006           ILS CHERCHENT LE SILENCE ET L' HORREUR DES TENEBRES;
044 018                    DE LIRE LA SECRETE HORREUR DU DEVOUEMENT
064 012                              CRIME,  HORREUR ET FOLIE!--O PALE MARGUERITE!
030 004 .  .  .  .  .  .  .  OU NAGENT DANS LA NUIT L' HORREUR ET LE BLASPHEME;
097 036              LES CHARMES DE L' HORREUR N'ENIVRENT QUE LES FORTS!
021 014             DE TES BIJOUX L' HORREUR N'EST PAS LE MOINS CHARMANT,
138 008          QUAND TON COEUR DANS L' HORREUR SE NOIE;
000 016 .  .  .  .  .  .  .  .  .  .  .  .  SANS  HORREUR, A TRAVERS DES TENEBRES QUI PUENT.
131 071          ET, PLEINE DE REMORDS ET D' HORREUR, ET LIVIDE,
007 004              LA FOLIE ET L' HORREUR, FROIDES ET TACITURNES.
056 006           HAINE, FRISSONS, HORREUR, LABEUR DUR ET FORCE,
146 010 .  .  .  .  .  .  .  .  .  TOUT PLEIN DE VAGUE HORREUR, MENANT ON NE SAIT OU;
091 002              OU TOUT, MEME L' HORREUR, TOURNE AUX ENCHANTEMENTS,
125 004                DESIR MELE D' HORREUR, UN MAL PARTICULIER;
126 025              NOUS IMITONS, HORREUR! LA TOUPIE ET LA BOULE
094 010 .  .  .  .  .  .  CES MYSTERIEUSES HORREURS,
118 017          QUAND DE TON CORPS BRISE LA PESANTEUR HORRIBLE
045 039          ET CETTE CONFIDENCE HORRIBLE CHUCHOTEE
029 038                A CETTE HORRIBLE INFECTION,
106 009 .  .  .  .  .  .  .  .  .  .  .  L' HORRIBLE SOIF QUI ME DECHIRE
045 021          COMME UNE ENFANT CHETIVE, HORRIBLE, SOMBRE, IMMONDE,
097 037          LE GOUFFRE DE TES YEUX, PLEIN D' HORRIBLES PENSEES,
039 010          JUSQU'AU PLUS HAUT DU CIEL, RIEN, HORS MOI, NE REPOND!
044 012 .  .  .  .  QUI, LE LONG DES GRANDS MURS DE L' HOSPICE BLAFARD,
103 022          ET LES AGONISANTS DANS LE FOND DES HOSPICES
090 028                HOSTILE A L'UNIVERS PLUTOT QU'INDIFFERENT.
095 023     ,           LES TABLES D' HOTE, DONT LE JEU FAIT LES DELICES,
038 004 .  .  .  .  OU, SEUL AVEC LA NUIT, MAUSSADE HOTESSE,
045 035          JUSQU'A CE QUE L'OUBLI LES JETTE DANS SA HOTTE
000 038                IL REVE D'ECHAFAUDS EN FUMANT SON HOUKA.
027 007              CUMME LES LONGS RESEAUX DE LA HOULE DES MERS,
023 013 .  .  .  .  .  .  .  FORTES TRESSES, SOYEZ LA HOULE QUI M'ENLEVE!
012 005                LES  HOULES, EN ROULANT LES IMAGES DES CIEUX,
002 015          EXILE SUR LE SOL AU MILIEU DES HUEES,
095 006 DONT LES BRAS, SANS MENTIR, PEUVENT DIRE: AUJOURD' HUI
108 001 .  .  .  .  .  .  .  .  .  .  .  AUJOURD' HUI L'ESPACE EST SPLENDIDE!
056 018          DOUCE BEAUTE, MAIS TOUT AUJOURD' HUI M'EST AMER,
009 006          PLUS D'UN ILLUSTRE MOINE, AUJOURD' HUI PEU CITE,
037 005     JE T'AIME AINSI! POURTANT, SI TU VEUX AUJOURD' HUI,
126 110 .  .  .  LE MONDE, MONOTONE ET PETIT, AUJOURD' HUI,
150 005                --AUJOURD' HUI, DATE FATIDIQUE,
005 015          LE POETE AUJOURD' HUI, QUAND IL VEUT CONCEVOIR
023 030          DE L' HUILE DE COCO, DU MUSC ET DU GOUDRON.
154 013 .  .  .  .  .  .  .  .  .  .  .  D' HUILE ODORANTE ET DE BENJOIN.
104 020             L' HUILE QUI RAFFERMIT LES MUSCLES DES LUTTEURS.
127 018          POLIS COMME DE L' HUILE, ONDULEUX COMME UN CYGNE,
090 041          AURAIS -JE, SANS MOURIR, CONTEMPLE LE HUITIEME,
126 024 .  .  .  .  .  .  .  ET DONT L'ESPRIT HUMAIN N'A JAMAIS SU LE NOM!
020 030          QUI METTRAIT A SES PIEDS LE GENRE HUMAIN VAINCU,
045 028              SE TRAHIT L'EGOISME HUMAIN;
097 019          L'ELEGANCE SANS NOM DE L' HUMAINE ARMATURE,
107 008 .  .  .  .  .  .  SEMBLABLE AU CRI LOINTAIN DE L' HUMAINE DOULEUR,
027 006          INSENSIBLES TOUS DEUX A L' HUMAINE SOUFFRANCE,
039 003          ET FAIT REVER UN SOIR LES CERVELLES HUMAINES,
120 008          GUERISSEUR FAMILIER DES ANGOISSES HUMAINES,
114 012 .  .  .  .  ELLE APPELLE DES YEUX LA RACE DES HUMAINS.
048 016          VERS UN GOUFFRE OBSCURCI DE MIASMES HUMAINS;
091 058                HUMAIT AVIDEMENT CE CHANT VIF ET GUERRIER;
131 018          SUPERBE, ELLE HUMAIT VOLUPTUEUSEMENT
126 101 .  .  .  .  .  .  .  .  .  .  .  .  .  L' HUMANITE BAVARDE, IVRE DE SON GENIE,
105 025          C'EST AINSI QU'A TRAVERS L' HUMANITE FRIVOLE
105 004              OU L' HUMANITE GROUILLE EN FERMENTS ORAGEUX,
091 072          DEBRIS D' HUMANITE POUR L'ETERNITE MURS!
097 058 .  .  .  .  .  .  EN TES CONTORSIONS, RISIBLE HUMANITE,
117 002              DE L' HUMANITE,
144 014          OU BOUT L'IMPERCEPTIBLE ET VASTE HUMANITE.
118 016          DANS TON CRANE OU VIVAIT L'IMMENSE HUMANITE;
100 002 .  .  .  .  ET QUI DORT SON SOMMEIL SOUS UNE HUMBLE PELOUSE,
023 035              OU JE HUME A LONGS TRAITS LE VIN DU SOUVENIR?
053 031                DONT L' HUMEUR EST VAGABONDE;
125 005          ANGOISSE ET VIF ESPOIR, SANS HUMEUR FACTICEUSE.
076 023 .  .  .  .  .  OUBLIE SUR LA CARTE, ET DONT L' HUMEUR FAROUCHE
091 003          JE GUETTE, OBEISSANT A MES HUMEURS FATALES,
084 019          TRAHIT L' HUMIDE PROFONDEUR,
078 005     QUAND LA TERRE EST CHANGEE EN UN CACHOT HUMIDE,
132 005 .  .  .  .  .  .  .  --"MOI, J'AI LA LEVRE HUMIDE, ET JE SAIS LA SCIENCE
145 011          NOIRE, HUMIDE, FUNESTE ET PLEINE DE FRISSONS;
019 008              AUX HUMIDES BROUILLARDS QUI NAGENT DANS SES YEUX;
090 034          OU QUEL MECHANT HASARD AINSI M' HUMILIAIT?
031 005 .  .  .  .  .  DE MON ESPRIT HUMILIE
129 022              ONT TANT HUMILIE MON COEUR,
057 020          DE SATIN, PAR TES PIEDS DIVINS HUMILIES,
126 035              UNE VOIX DE HUNE, ARDENTE ET FOLLE, CRIE:
093 001 .  .  .  LA RUE ASSOURDISSANTE AUTOUR DE MOI HURLAIT.
115 022          RECITER EN HURLANT SES TIRADES PUBLIQUES?"
111 015          T'APPELLENT AU SECOURS DE LEURS FIEVRES HURLANTES,
000 031 .  .  .  .  LES MONSTRES GLAPISSANTS, HURLANTS, GROGNANTS, RAMPANTS,
078 014 .  .  .  .  ET LANCENT VERS LE CIEL UN AFFREUX HURLEMENT,
```

H

		POEM	LINE
	HURLENT LA FAIM COMME UN VIEUX CHIEN.	119	012
VOUS	HURLEZ COMME L'ORGUE; ET DANS NOS COEURS MAUDITS,	079	002
D'	HYACINTHE ET D'OR;	053	038
ET SE MULTIPLIER COMME L'	HYDRE DE LERNE.	073	011
HERITAGE FATAL D'UNE VIEILLE	HYDROPIQUE.	075	012
	HYMNE PROFOND, DELICIEUX!	138	017
LEURS	HYMNES SOLENNELS EMPORTES PAR LE VENT.	086	004
AVEC	HYPOCRISIE ILS JETTENT CE QU'IL TOUCHE,	001	035
--	HYPOCRITE LECTEUR,--MON SEMBLABLE,--MON FRERE!	000	040
AVEZ -VOUS DONC PU CROIRE,	HYPOCRITES SURPRIS,	149	029
OU TU ME CROIRAIS	HYSTERIQUE.	142	008

```
POEM LINE
126 033 . .    NOTRE AME EST UN TROIS -MATS CHERCHANT SON   ICARIE;
062 012                                      LOIN! LOIN!   ICI LA BOUE EST FAITE DE NOS PLEURS!
154 001                                             C'EST   ICI LA CASE SACREE
126 129                           LE LOTUS PARFUME! C'EST   ICI QU'ON VENDANGE
143 008 . .     MA DOULEUR, DONNE -MOI LA MAIN; VIENS PAR   ICI,
126 060               NOUS NOUS SOMMES SOUVENT ENNUYES, COMME   ICI.
093 012                          AILLEURS, BIEN LOIN D'   ICI! TROP TARD! JAMAIS PEUT-ETRE!
126 128                              QUI CHANTENT: "PAR   ICI! VOUS QUI VOULEZ MANGER
131 073 . . . . . . . . . . . . . . .     ON NE PEUT   ICI-BAS CONTENTER QU'UN SEUL MAITRE!"
045 026                                         "QUE RIEN   ICI-BAS N'EST CERTAIN,
046 002                         ENTRE EN SOCIETE DE L'   IDEAL RONGEUR,
018 008              UNE FLEUR QUI RESSEMBLE A MON ROUGE   IDEAL.
084 001 . . . . . . . . . . . . . .        UNE   IDEE, UNE FORME, UN ETRE
010 005              VOILA QUE J'AI TOUCHE L'AUTOMNE DES   IDEES,
134 003                             A L'ANGE, A L'   IDOLE IMMORTELLE,
134 019                             A L'ANGE, A L'   IDOLE IMMORTELLE,
123 009 . . .       IL EN EST QUI JAMAIS N'ONT CONNU LEUR   IDOLE,
058 008                         DU PRETRE POUR SON   IDOLE.
126 077                         NOUS AVONS SALUE DES   IDOLES A TROMPE;
001 039                       JE FERAI LE METIER DES   IDOLES ANTIQUES,
086 020 . . . . . . . . . .       ET TOUT CE QUE L'   IDYLLE A DE PLUS ENFANTIN.
025 006                                         ET DES   IFS FLAMBOYANTS DANS LES FETES PUBLIQUES,
067 001                                       SOUS LES   IFS NOIRS QUI LES ABRITENT,
118 012                                         QUE D'   IGNOBLES BOURREAUX PLANTAIENT DANS TES CHAIRS VIVES,
025 018 . . . . .       O FANGEUSE GRANDEUR! SUBLIME   IGNOMINIE!
040 010                                   TAISEZ -VOUS,   IGNORANTE! AME TOUJOURS RAVIE!
041 013                         LORSQUE TOUT ME RAVIT, J'   IGNORE
076 022                               UN VIEUX SPHINX   IGNORE DU MONDE INSOUCIEUX,
114 017 . . . . . . . . . . . . . .       ELLE   IGNORE L'ENFER COMME LE PURGATOIRE,
093 013                                         CAR J'   IGNORE OU TU FUIS, TU NE SAIS OU JE VAIS,
061 004              UNE DAME CREOLE AUX CHARMES   IGNORES.
152 008               SCINTILLENT VAGUEMENT DES TRESORS   IGNORES.
118 032 . . . . .       SAINT PIERRE A RENIE JESUS... IL A BIEN FAIT!
149 010                            DIT AU PAUVRE, QU'   IL A NOYE DANS LES TENEBRES:
089 028                                       COMME S'   IL ADRESSAIT DES REPROCHES A DIEU!
144 001                         EN QUELQUE LIEU QU'   IL AILLE, OU SUR MER OU SUR TERRE,
140 012 . . .       ET L'ANGE, CHATIANT AUTANT, MA FOI! QU'   IL AIME,
090 026                     DANS LA NEIGE ET LA BOUE   IL ALLAIT S'EMPETRANT,
074 011                                         IL ARRIVE SOUVENT QUE SA VOIX AFFAIBLIE
054 038                                     ET SOUVENT   IL ATTAQUE, AINSI QUE LE TERMITE,
038 012 . . . . . . . . . .            QUAND   IL ATTEINT SA TOTALE GRANDEUR,
050 002                 TON OEIL MYSTERIEUX (EST - IL   BLEU, GRIS OU VERT?)
001 023                         ET DANS TOUT CE QU'   IL BOIT ET DANS TOUT CE QU'IL MANGE
105 027                     PAR LE GOSIER DE L'HOMME   IL CHANTE SES EXPLOITS
067 017                     QU'IL FAUT EN CE MONDE OU'   IL CRAIGNE
106 031                                   SONGEA-T -   IL DANS SES NUITS MORBIDES
123 001                           COMBIEN FAUT -   IL DE FOIS SECOUER MES GRELOTS
062 027                                       EST -   IL DEJA PLUS LOIN QUE L'INDE ET QUE LA CHINE?
087 017 . . . . .       QUAND, AINSI QU'UN POETE,   IL DESCEND DANS LES VILLES,
143 002                         TU RECLAMAIS LE SOIR;   IL DESCEND; LE VOICI:
054 018              A CE SOLDAT BRISE! S'IL FAUT QU'   IL DESESPERE
051 032                       PEUT-ETRE EST -IL FEE, EST -   IL DIEU?
141 004 . . . . . . . . . . .       QUI, S'   IL DIT: "JE VEUX!" REPOND: "NON!"
110 058                   VEILLE PRES DE LUI QUAND   IL DORT;
141 011                                   QUOI QU'   IL EBAUCHE OU QU'IL ESPERE,
090 042                                       COMME S'   IL ECRASAIT DES MORTS SOUS SES SAVATES.
126 119 . . . . .       POUR FUIR CE RETIAIRE INFAME;   IL EN EST D'AUTRES
123 009                                         IL EN EST QUI JAMAIS N'ONT CONNU LEUR IDOLE,
091 042                                         IL EN EST QUI, FAISANT DE LA DOULEUR UN MIEL,
000 033                                         IL EN EST UN PLUS LAID, PLUS MECHANT, PLUS IMMONDE!
111 013 . . . . . . . . . . . . . .       IL EN EST, AUX LUEURS DES RESINES CROULANTES,
087 018                                         IL ENNOBLIT LE SORT DES CHOSES LES PLUS VILES,
141 011                     QUOI QU'IL EBAUCHE OU QU'   IL ESPERE,
071 004                   SANS EPERONS, SANS FOUET,   IL ESSOUFFLE UN CHEVAL,
074 001                                         IL EST AMER ET DOUX, PENDANT LES NUITS D'HIVER,
068 005                                       QUAND   IL EST COMBLE DE DOULEUR,
002 010              LUI, NAGUERE SI BEAU, QU'   IL EST COMIQUE ET LAID!
048 001                                         IL EST DE FORTS PARFUMS POUR QUI TOUTE MATIERE
004 009 . . . . . . . . . .                IL EST DES PARFUMS FRAIS COMME DES CHAIRS D'ENFANTS,
098 017                               JE SAIS QU'   IL EST DES YEUX, DES PLUS MELANCOLIQUES,
086 009                                         IL EST DOUX, A TRAVERS LES BRUMES, DE VOIR NAITRE
072 013                         ET DITES -MOI S'   IL EST ENCOR QUELQUE TORTURE
149 041 . . . . . . . ? . . . . . . . .       CAR   IL EST FAIT AVEC L'UNIVERSEL PECHE,
002 009                       CE VOYAGEUR AILE, COMME   IL EST GAUCHE ET VEULE!
149 017              L'HORLOGE, A SON TOUR, DIT A VOIX BASSE: "   IL EST MUR,
145 007                       --COURONS VERS L'HORIZON,   IL EST TARD; COURONS VITE,
126 137 . . . . . . . .       O MORT, VIEUX CAPITAINE,   IL EST TEMPS! LEVONS L'ANCRE!
084 028                                         IL EST TOMBE DANS CETTE GEOLE;
085 024              OU TOUT TE DIRA: MEURS, VIEUX LACHE!   IL EST TROP TARD!"
005 029                           NOUS AVONS,   IL EST VRAI, NATIONS CORROMPUES,
126 116 . . . . .       LE TEMPS!   IL EST, HELAS! DES COUREURS SANS REPIT,
045 005                                         IL ETAIT TARD; AINSI QU'UNE MEDAILLE NEUVE
015 002                           ET LORSQU'   IL EUT DONNE SON OBOLE A CHARON,
016 026                                         IL FAISAIT DES ENFANTS LA JOIE ET LA RISEE,
087 011 . . . . . . . . . . . . . .       IL FAIT S'EVAPORER LES SOUCIS VERS LE CIEL,
084 032              FAIT TOUJOURS BIEN TOUT CE QU'   IL FAIT!
135 013                                         IL FAUDRA LUI MONTRER DES GRANGES
020 035 . . . . . . . . . . . .       C'EST QUE DEMAIN, HELAS!   IL FAUDRA VIVRE ENCORE!
011 002 . . . . . . . . . . . . . . .       SISYPHE,   IL FAUDRAIT TON COURAGE!
```

I

		POEM	LINE
CE QU'	IL FAUT A CE COEUR PROFOND COMME UN ABIME, ...	018	009
SACHE QU'	IL FAUT AIMER, SANS FAIRE LA GRIMACE,	140	005
ET QU'	IL FAUT EMPLOYER LA PELLE ET LES RATEAUX	010	006
QU'	IL FAUT EN CE MONDE QU'IL CRAIGNE	067	010
ET QU'	IL FAUT POUR TRESSER MA COURONNE MYSTIQUE	001	067
	IL FAUT QUE LE GIBIER PAYE LE VIEUX CHASSEUR	149	033
COMBIEN DE FOIS	IL FAUT QUE L'OUVRIER VARIE	091	031
A CE SOLDAT BRISE! S'	IL FAUT QU'IL DESESPERE	054	018
SANS CESSE	IL FAUT QU'IL LES ARROSE.	135	008
QU'	IL FAUT QU'IL REMUE ET DEFRICHE	135	003
JE SAIS COMBIEN	IL FAUT, SUR LA COLLINE EN FLAMME,	104	005
PEUT-ETRE EST -	IL FEE, EST -IL DIEU?	051	032
OU JUSQU'AU SOIR	IL FERA FROID.	063	011
	IL FERAIT VOLONTIERS DE LA TERRE UN DEBRIS	000	035
QUAND DOIT -	IL FINIR?	117	016
DES LORS	IL FUT SEMBLABLE AUX BETES DE LA RUE,	016	022
	IL INONDAIT DE SANG CETTE PEAU COULEUR D'AMBRE! . . .	127	032
IL JUGE, IL PRESIDE,	IL INSPIRE	051	030
AURA-T -	IL JAMAIS UNE FIN?	119	008
QUAND	IL JETTE EN DANSANT SON BRUIT VIF ET MOQUEUR,	127	005
	IL JOUE AVEC LE VENT, CAUSE AVEC LE NUAGE, ...	001	025
IL JUGE, IL PRESIDE, IL INSPIRE		051	030
	IL LA TERRASSE AU BORD D'UN GOUFFRE SECULAIRE,	048	017
PAR, S'	IL LE FAUT, L'UN COURT, ET L'AUTRE SE TAPIT	126	114
FAUT -	IL LE METTRE AUX FERS, LE JETER A LA MER, ...	126	042
SANS CESSE IL FAUT QU'	IL LES ARROSE.	135	008
NS TOUT CE QU'IL BOIT ET DANS TOUT CE QU'	IL MANGE	001	023
COMME UN VER QUI DEROBE A L'HOMME CE QU'	IL MANGE.	095	020
	IL ME CONDUIT AINSI, LOIN DU REGARD DE DIEU, ...	109	009
	IL ME SEMBLE PARFOIS QUE MON SANG COULE A FLOTS,	113	001
	IL ME SEMBLE TOUJOURS QUE CET ETRE FRAGILE	091	027
	IL ME SEMBLE, BERCE PAR CE CHOC MONOTONE,	056	013
"PUISQU'	IL ME TROUVE ASSEZ BELLE POUR M'ADORER, ...	001	038
LORSQUE ENFIN	IL METTRA LE PIED SUR NOTRE ECHINE,	126	121
QUAND	IL MIAULE, ON L'ENTEND A PEINE,	051	004
QU'	IL M'EST DOUX, PENCHE VERS TES SEINS,	155	030
	IL NAGE AUTOUR DE MOI COMME UN AIR IMPALPABLE; . . .	109	002
QU'	IL NE FAUT PAS LACHER SANS EN EXTRAIRE L'OR!	085	016
COMPRENDS -TU MAINTENANT QU'	IL NE FAUT PAS OFFRIR	131	026
QU'	IL NE POURRA POUSSER SES BOUTONS EMPESTES!"	001	016
QUOIQU'	IL NE POUSSE NI GRANDS GESTES NI GRANDS CRIS, . . .	000	034
CAR	IL NE SERA FAIT QUE DE PURE LUMIERE,	001	073
HELAS!	IL NOUS FAUDRA PEUT-ETRE	094	028
VERSE -NOUS TON POISON POUR QU'	IL NOUS RECONFORTE!	126	141
	IL NOUS VERSE UN JOUR NOIR PLUS TRISTE QUE LES NUITS;	078	004
T'A-T -	IL NOYEE AU FOND D'UN FABULEUX MINTURNES?	007	008
NON,	IL N'A SU RECHAUFFER CE CADAVRE HEBETE	077	017
OR	IL N'EST PAS D'ARCHET QUI MORDE	051	017
	IL N'EST PAS D'HORREUR AU MONDE QUI SURPASSE . . .	030	009
	IL N'EST PAS UNE FIBRE EN TOUT MON CORPS TREMBLANT	037	013
	IL N'ETAIT PAS VOUTE, MAIS CASSE, SON ECHINE	090	021
PARFOIS	IL PARLE ET DIT: "JE SUIS BELLE, ET J'ORDONNE	042	012
FAUT -	IL PARTIR? RESTER? SI TU PEUX RESTER, RESTE; . . .	126	113
TU FUS MAITRE ENFIN? LE REMORDS N'A-T -	IL PAS	118	027
MAIS NE SUFFIT -	IL PAS QUE TU SOIS L'APPARENCE,	098	021
UR QUE TU PUISSES FAIRE, A JESUS, QUAND	IL PASSE,	140	007
	IL PEINT LE MAL ET SA SEQUELLE, ...	156	007
CHAQUE FOIS QU'	IL POUSSAIT UN FLAMBOYANT SOUPIR,	127	031
PARFOIS	IL PREND, SACHANT MON GRAND AMOUR DE L'ART,	109	005
IL JUGE,	IL PRESIDE, IL INSPIRE	051	030
	IL PRETE DES SERMENTS, DICTE DES LOIS SUBLIMES, . . .	105	009
QU'IL FAUT QU'	IL REMUE ET DEFRICHE	135	003
QU'	IL RESTE EN MON JARDIN BIEN PEU DE FRUITS VERMEILS.	010	004
	IL REVE D'ECHAFAUDS EN FUMANT SON HOUKA.	000	038
PARCE QU'	IL SAIT JOUER ARTISTEMENT SON ROLE, ...	115	018
QUI FAIT LE DEGOUTE MONTRE QU'	IL SE CROIT BEAU.	097	044
ET QUE TOUJOURS, AVEC QUELQUE SOIN QU'	IL SE FARDE,	045	027
QUE LE SOLEIL EST BEAU QUAND TOUT FRAIS	IL SE LEVE,	145	001
ET QU'	IL SOIT NATUREL DE RECEVOIR DEUX PRIX, ...	149	031
ET, QUAND	IL S'EN ALLAIT SANS RIEN VOIR, A TRAVERS	016	023
	IL S'EN VA, TRANSFORMANT LES PAVES EN ILOTS,	113	006
	IL S'ENDORT AU DOUX BRUIT DE NOS AFFREUX BLASPHEMES.	118	004
QU'	IL S'INFILTRE COMME UNE EXTASE DANS TOUS CEUX . . .	149	051
COMBLA-T -	IL SUR TA CHAIR INERTE ET COMPLAISANTE	110	047
DIS -MOI, TETE EFFRAYANTE, A-T -	IL SUR TES DENTS FROIDES	110	051
	IL TE FALLAIT GLANER TON SOUPER DANS NOS FANGES	133	025
	IL TE FAUT CHAQUE JOUR UN COEUR AU RATELIER.	025	004
	IL TE FAUT, POUR GAGNER TON PAIN DE CHAQUE SOIR,	008	009
AUTANT QUE TOI SANS DOUTE	IL TE SERA FIDELE.	110	059
AVEC HYPOCRISIE ILS JETTENT CE QU'	IL TOUCHE,	001	035
TOUS CEUX QU'	IL VEUT AIMER L'OBSERVENT AVEC CRAINTE, ...	001	029
LE POETE AUJOURD'HUI, QUAND	IL VEUT CONCEVOIR	005	015
	IL VIENT COMME UN COMPLICE, A PAS DE LOUP; LE CIEL	095	002
--EST -	IL VRAI QUE PARFOIS LE TRISTE COEUR D'AGATHE	062	013
DIS -MOI, TON COEUR PARFOIS S'ENVOLE-T -	IL, AGATHE, ...	062	001
DIS -MOI, TON COEUR PARFOIS S'ENVOLE-T -	IL, AGATHE?	062	005
TE POUSSE-T -	IL? CREDULE, AU SABBAT DU PLAISIR?	097	024
QUE RESTE-T -	IL? C'EST AFFREUX, O MON AME!	038	049
BELLE	ILE AUX MYRTES VERTS, PLEINE DE FLEURS ECLOSES, . . .	116	013

```
POEM LINE
116 009  .   .   .   .   .   .   .   .   .   .   .   .   .   .   .   --  ILE DES DOUX SECRETS ET DES FETES DU COEUR!
022 005                                                                ILE PARESSEUSE OU LA NATURE DONNE
116 005                                                           UNE  ILE TRISTE ET NOIRE?--C'EST CYTHERE,
089 051                  JE PENSE AUX MATELOTS OUBLIES DANS UNE        ILE,
116 057  .   .   .   .   .   .   .   .   .   .   .   .   .   DANS TON   ILE, O VENUS! JE N'AI TROUVE DEBOUT
092 009                              ILS TRAVERSENT AINSI LE NOIR      ILLIMITE,
049 007                                              ALLONGE L'        ILLIMITE,
127 030                              COMME LE FOYER SEUL               ILLUMINAIT LA CHAMBRE,
138 019  .   .   .   .   .   .   .   ET CROIS QUE TON COEUR S'         ILLUMINE
144 010                                              PLAFOND           ILLUMINE PAR UN OPERA BOUFFE
126 048                     PARTOUT OU LA CHANDELLE                    ILLUMINE UN TAUDIS.
102 047                                              POUR              ILLUMINER CES PRODIGES,
054 025  .   .   .   .   .   .   .   .   .   .   .   PEUT -ON           ILLUMINER UN CIEL BOURBEUX ET NOIRS?
054 021                                         PEUT -ON               ILLUMINER UN CIEL BOURBEUX ET NOIR?
025 005                                         TES YEUX,              ILLUMINES AINSI QUE DES BOUTIQUES
036 006                                         LES SOIRS              ILLUMINES PAR L'ARDEUR DU CHARBON,
036 010  .   .   .   .   .   .   .   .   .   .   LES SOIRS             ILLUMINES PAR L'ARDEUR DU CHARBON.
009 006                                         PLUS D'UN              ILLUSTRE MOINE, AUJOURD'HUI PEU CITE,
096 011                  SUR DES FRONTS TENEBREUX DE POETES            ILLUSTRES
006 021          WATTEAU, CE CARNAVAL OU BIEN DES COEURS               ILLUSTRES,
126 037  .   .   .   .   .   .   .   .   .   .   .   .   CHAQUE         ILOT SIGNALE PAR L'HOMME DE VIGIE
113 006             IL S'EN VA, TRANSFORMANT LES PAVES EN              ILOTS,
115 010          ET, COMME DES PASSANTS SUR UN FOU QU'                 ILS ADMIRENT,
105 024                                                                ILS APPORTENT LA GLOIRE AU PEUPLE IVRE D'AMOUR!
092 014                  JE DIS: QUE CHERCHENT -                       ILS AU CIEL, TOUS CES AVEUGLES?
043 012                                                                ILS CELEBRENT LA MORT, VOUS CHANTEZ LE REVEIL;
066 006                                                                ILS CHERCHENT LE SILENCE ET L'HORREUR DES TENEBRES
043 006                                                                ILS CONDUISENT MES PAS DANS LA ROUTE DU BEAU;
002 005                                 A PEINE LES ONT -              ILS DEPOSES SUR LES PLANCHES,
100 007                                                 CERTE,         ILS DOIVENT TROUVER LES, VIVANTS BIEN INGRATS,
036 027                                         RENAITRONT -           ILS D'UN GOUFFRE INTERDIT A NOS SONDES,
110 043                                         S'ETAIENT -            ILS ENTR'OUVERTS A LA MEUTE ALTEREE
095 032  .   .   .   LA SOMBRE NUIT LES PREND A LA GORGE;              ILS FINISSENT
100 008                                         A DORMIR, COMME        ILS FONT, CHAUDEMENT DANS LEURS DRAPS,
095 037                  ENCORE LA PLUPART N'ONT -                     ILS JAMAIS CONNU
001 035                                 AVEC HYPOCRISIE                ILS JETTENT CE QU'IL TOUCHE,
043 001  .   .   .   .   .   .   .   .   .   .   .   .   .   .   .   .  ILS MARCHENT DEVANT MOI, CES YEUX PLEINS DE LUMIERE
043 003  .   .   .   .   .   .   .   .   .   .   .   .   .   .   .      ILS MARCHENT, CES DIVINS FRERES QUI SONT MES FRERES
064 001                                                                ILS ME DISENT, TES YEUX, CLAIRS COMME LE CRISTAL;
067 004                  DARDANT LEUR OEIL ROUGE.                      ILS MEDITENT.
001 034  .   .   .   .   .   .   .   .   .   .   .   .   .   .   .      ILS MELENT DE LA CENDRE AVEC D'IMPURS CRACHATS;
126 019                  DE LEUR FATALITE JAMAIS                       ILS NE S'ECARTENT,
091 017                                 QU'ILS SONT,                   ILS ONT DES YEUX PERCANTS COMME UNE VRILLE,
091 019                                                                ILS ONT LES YEUX DIVINS DE LA PETITE FILLE
131 033  .   .   .   .   .   .   .   .   .   .   .   .   .   .          ILS PASSERONT SUR TOI COMME UN LOURD ATTELAGE
048 002                     EST POREUSE. ON DIRAIT QU'                 ILS PENETRENT LE VERRE.
066 008                                                 S'             ILS POUVAIENT AU SERVAGE INCLINER LEUR FIERTE.
066 009                                                                ILS PRENNENT EN SONGEANT LES NOBLES ATTITUDES
091 009  .   .   .   .   .   .   .   .   .   .   .   COMME S'           ILS RAMPENT, FLAGELLES PAR LES BISES INIQUES,
092 006                                                                ILS REGARDAIENT AU LOIN, RESTENT LEVES
115 009                  A ME CONSIDERER FROIDEMENT                    ILS SE MIRENT,
067 005                                 SANS REMUER                    ILS SE TIENDRONT
100 012  .   .   .   .   .   .   .   .   .   .   .   .   .   .          ILS SENTENT S'EGOUTTER LES NEIGES DE L'HIVER
043 007                                                                ILS SONT MES SERVITEURS ET JE SUIS LEUR ESCLAVE;
092 001                  CONTEMPLE -LES, MON AME;                      ILS SONT VRAIMENT AFFREUX!
091 017                                                 QU'            ILS SONT, ILS ONT DES YEUX PERCANTS COMME UNE VRIL
083 010                  ET DANS MON COEUR QU'                         ILS SOULERONT
071 007                  AU TRAVERS DE L'ESPACE                        ILS S'ENFONCENT TOUS DEUX,
126 013                                                                ILS S'ENIVRENT
092 009                                                                ILS TRAVERSENT AINSI LE NOIR ILLIMITE,
091 013  .   .   .   .   .   .   .   .   .   .   .   .   .   .          ILS TROTTENT, TOUT PAREILS A DES MARIONNETTES;
007 006                                         T'ONT -                ILS VERSE LA PEUR ET L'AMOUR DE LEURS URNES?
053 034                                         QU'                    ILS VIENNENT DU BOUT DU MONDE.
129 012                                                 L'             IMAGE D'UN BALLET DE FLEURS.
089 033  .   .   .   .   .   .   AUSSI DEVANT CE LOUVRE UNE            IMAGE M'OPPRIME:
102 003                                 CE MATIN ENCORE L'             IMAGE,
156 001                                 CELUI DONT NOUS T'OFFRONS L'   IMAGE,
116 058          QU'UN GIBET SYMBOLIQUE OU PENDAIT MON                 IMAGE....
014 005  .   .   .   .   TU TE PLAIS A PLONGER AU SEIN DE TON          IMAGE;
126 111          HIER, DEMAIN, TOUJOURS, NOUS FAIT VOIR NOTRE          IMAGE;
012 005                  LES HOULES, EN ROULANT LES                    IMAGES DES CIEUX,
126 039                                                 L'             IMAGINATION QUI DRESSE SON ORGIE
059 001  .   .   .   .   .   .   .   .   .   .   .   .   .   .   .      IMAGINEZ DIANE EN GALANT EQUIPAGE,
031 021                                                                IMBECILE!--DE SON EMPIRE
127 026                  LES HANCHES DE L'ANTIOPE AU BUSTE D'UN        IMBERBE,
090 014                                                                IMITAIENT LA COULEUR DE CE CIEL PLUVIEUX,
115 014  .   .   .   .   .   .   ET CETTE OMBRE D'HAMLET               IMITANT SA POSTURE,
078 010                  D'UNE VASTE PRISON                            IMITE LES BARREAUX,
103 008                                                                IMITE LES COMBATS DE LA LAMPE ET DU JOUR.
126 025                                         NOUS                   IMITONS, HORREUR! LA TOUPIE ET LA BOULE
016 015  .   .   .   .   .   .   .   .   .   .                         IMMEDIATEMENT SA RAISON S'EN ALLA.
076 006                  C'EST UNE PYRAMIDE, UN                        IMMENSE CAVEAU,
131 074          MAIS L'ENFANT, EPANCHANT UNE                          IMMENSE DOULEUR,
089 044                  DERRIERE LA MURAILLE                          IMMENSE DU BROUILLARD;
071 012  .   .   .   .   .   .   ?   .   .   .   .   LE CIMETIERE       IMMENSE ET FROID, SANS HORIZON,
023 027          VOUS ME RENDEZ L'AZUR DU CIEL                         IMMENSE ET ROND;
069 012                                         SUR L'                 IMMENSE GOUFFRE
118 016                  DANS TON CRANE OU VIVAIT L'                   IMMENSE HUMANITE;
089 003  .   .   .   .   .   .   .   .   .   .   .   .   L'            IMMENSE MAJESTE DE VOS DOULEURS DE VEUVE,
```

I

```
                                                                      POEM LINE
          EN L'ISOLANT DE L' IMMENSE NATURE,           . . . . . . . . . . .  038 032
                   ET CETTE IMMENSE NUIT SEMBLABLE AU VIEUX CHAOS;            030 011
          QU'ACCOMPAGNE L' IMMENSE ORGUE DES VENTS GRONDEURS,                 062 008
       CAR J'EPROUVE UNE JOIE IMMENSE QUAND JE TOMBE                          104 009
          COMME LA NEIGE IMMENSE UN CORPS PRIS DE ROIDEUR;    . . . . . .     080 012
          DE L'EXISTENCE IMMENSE, AU PLUS NOIR DE L'ABIME,                    136 017
          COMME TOI, NUIT IMMENSE, ECLAIRES COMME TOI!                        152 010
   ET SE REFUGIANT DANS L'OPIUM IMMENSE!                                      126 107
   ET QUI MEURT, SANS BOUGER, DANS D' IMMENSES EFFORTS.      . . . . . . .    074 014
                        D' IMMENSES GLACES EBLOUIES                           102 031
      QUAND LA PLUIE ETALANT SES IMMENSES TRAINEES                            078 009
                        L' IMMENSITE DE SON DESIR?                            110 048
      TU SILLONNES GAIEMENT L' IMMENSITE PROFONDE    . . . . . . . . . . .    003 007
      QUI SEPARENT MES BRAS DES IMMENSITES BLEUES                             024 006
      LOIN DU NOIR OCEAN DE L' IMMONDE CITE,                                  062 002
ME UNE ENFANT CHETIVE, HORRIBLE, SOMBRE, IMMONDE,                            045 021
   A SAIGNER TOUS LES BOUTS DE MA CARCASSE IMMONDE.    . . . . . . . . . . .  072 008
   ET J'AI POMPE TA VIE AVEC MA TROMPE IMMONDE!                               085 012
   EN EST UN PLUS LAID, PLUS MECHANT, PLUS IMMONDE!                           000 033
   VOUS AVEZ, EN SECRET, BAISE MA FESSE IMMONDE!                              149 026
   O VEUX -TU M'ENTERRER, DEBAUCHE AUX BRAS IMMONDES?    . . . . . . . . . .  112 012
      PREND LES PROPORTIONS DE L' IMMORTALITE.                                076 018
          SALUT EN L' IMMORTALITE!                                            134 004
          SALUT EN L' IMMORTALITE!                                            134 020
      LE SPECTACLE ENNUYEUX DE L' IMMORTEL PECHE:                             126 088
          DANS LE COEUR IMMORTEL QUI TOUJOURS VEUT FLEURIR!                   087 016
      AME RESPLENDISSANTE, A L' IMMORTEL SOLEIL!                              046 014
   TON EPOUX COURT LE MONDE, ET TA FORME IMMORTELLE                           110 057
          A L'ANGE, A L'IDOLE IMMORTELLE,       . . . . . . . . . . .         134 003
          A L'ANGE, A L'IDOLE IMMORTELLE,                                     134 019
   IL NAGE AUTOUR DE MOI COMME UN AIR IMPALPABLE;                             109 002
      TE DIRA: "QUE VOUS SERT, COURTISANE IMPARFAITE,                         033 012
      HORLOGE! DIEU SINISTRE, EFFRAYANT, IMPASSIBLE,    . . . . . . . . .     085 001
                   ET L'HOMME IMPATIENT SE CHANGE EN BETE FAUVE.              095 004
                   OU BOUT L' IMPERCEPTIBLE ET VASTE HUMANITE.                144 014
      NOUS AVONS DIT SOUVENT D' IMPERISSABLES CHOSES                          036 009
   ET, QUAND JE M'ENNUIERAI DE CES FARCES IMPIES,    . . . . . . . . . . .    001 045
      D'UN BRUTAL DONT L'ORGUEIL PUNIT L' IMPIETE                             130 069
      SUR LE FRONT DU CRESUS IMPITOYABLE ET VIL,                              120 035
                        UNE IMPLACABLE CALENTURE,                             108 006
      ET JE CHERIS, O BETE IMPLACABLE ET CRUELLE!    . . . . . . . . . .      024 009
      QUE LE DIEU DE L'UTILE, IMPLACABLE ET SEREIN,                           005 023
      ET SAURAI =JE TIRER DE L' IMPLACABLE HIVER                              050 015
      POUVONS -NOUS ETOUFFER L' IMPLACABLE REMORDS?                           054 005
      O LUTTEURS ETERNELS, O FRERES IMPLACABLES!       . . . . . . . . . .    014 016
                        J' IMPLORAI D'ELLE UN RENDEZ-VOUS,                    106 021
                        J' IMPLORE TA PITIE, TOI, L'UNIQUE QUE J'AIME,        030 001
      MAIS DE TOI JE N' IMPLORE, ANGE, QUE TES PRIERES,                       044 024
      PLUTOT QUE D' IMPLORER UNE LARME DU MONDE,    . . . . . . .             072 006
                        QU' IMPORTE LE PARFUM, L'HABIT OU LA TOILETTE?        097 043
   ET, N'ETANT NULLE PART, PEUT ETRE N' IMPORTE OU!                           126 030
                   QUE M' IMPORTE QUE TU SOIS SAGE?                           138 001
                        QU' IMPORTE TA BETISE OU TON INDIFFERENCE?   . . . .  098 023
   QUE TU VIENNES DU CIEL OU DE L'ENFER, QU' IMPORTE,                         021 021
                        QU' IMPORTE, SI TU RENDS,--FEE AUX YEUX DE VELOURS,   021 026
   ER AU FOND DU GOUFFRE, ENFER OU CIEL, QU' IMPORTE?                         126 143
      DE SATAN OU DE DIEU, QU' IMPORTE? ANGE OU SIRENE,    . . . . . . . .    021 025
                        IMPOSER TOUS LES TEMPS ET TOUS LES UNIVERS.           001 068
          COMME UN AIR IMPREGNE DE SEL,                                       134 006
      LAISSAIT COULER CES MOTS TOUT IMPREGNES DE MUSC:                        132 004
                   TOUT IMPREGNES DE SA JEUNESSE PURE,       . . . . . . . .  038 027
      SUR DE PROFONDS COUSSINS TOUT IMPREGNES D'ODEUR,                        131 002
      ET DES ESCLAVES NUS, TOUT IMPREGNES D'ODEURS,                           012 011
   ET, MALGRE BIEN DES CHOCS ET D' IMPREVUS DESASTRES,                        126 059
          DES CRAPAUDS IMPREVUS ET DE FROIDS LIMACONS,    . . . . . . . .     145 014
          COMME POUR L' IMPRIMER DANS TON COEUR, TON AMANT.                   052 036
          UN ANGE, IMPRUDENT VOYAGEUR                                         084 005
          LA VIE, IMPUDENCES DE FAUNE,                                        006 017
   NE SAVENT PLUS TROUVER D' IMPUDENTE ET CRIARDE.       . . . . . . . .      124 003
          REPETANT, L' IMPUDIQUE TOILETTE                                     077 011
      RICHE, MAIS IMPUISSANT ET LA FAT:    "OUI, JE VEUX                      149 015
      POUR QUE L' IMPUISSANT, JEUNE ET POURTANT TRES -VIEUX,                  077 002
          LES ANGES IMPUISSANTE ANALYSE      . . . . . . . . . . .            041 019
   HACUN PLANTANT, COMME UN OUTIL, SON BEC IMPUISSANTS SE DAMNERAIENT POUR MOI!" 132 016
                        IMPUR                                                 116 031
          REPONDS, CADAVRE IMPUR! ET PAR TES TRESSES ROIDES                   110 049
   OIN DU MONDE RAILLEUR, LOIN DE LA FOULE IMPURE,    . . . . . . . . .       110 053
                        FEMME IMPURE! L'ENNUI REND TON AME CRUELLE,           025 002
      COMME UN DIVIN REMEDE A NOS IMPURETES                                   001 058
          ILS MELENT DE LA CENDRE AVEC D' IMPURS CRACHATS;                    001 034
   SE MELAIENT. J'ETAIS HAUT COMME UN IN-FOLIO,    . . . . . . . . .          136 004
      DES CIEUX SPIRITUELS L' INACCESSIBLE AZUR,                              046 005
      ET DANS MON AME INASSOUVIE                                              134 007
   POUR VOS MORNES DOULEURS, VOS SOIFS INASSOUVIES,                           111 027
          LE CHARME INATTENDU D'UN BIJOU ROSE ET NOIR.    . . . . . .         151 004
      AINSI TON AME QU' INCENDIE                                              155 015
   SI LE VIOL, LE POISON, LE POIGNARD, L' INCENDIE,                           000 025
          DE L'OBSCUR ET DE L' INCERTAIN,                                     082 006
      TA MEMOIRE, PAREILLE AUX FABLES INCERTAINES,       . . . . . . . . .    039 005
```

```
POEM LINE
091 074  . . . . . .  L'OEIL INQUIET, FIXE SUR VOS PAS INCERTAINS,
046 011                       A MES YEUX AGRANDIS VOLTIGE INCESSAMMENT.
091 066                  NUL NE VOUS RECONNAIT! UN IVROGNE INCIVIL
078 020                                      SUR MON CRANE INCLINE PLANTE SON DRAPEAU NOIR.
021 019  . . . . . :  . . . .  L'AMOUREUX PANTELANT INCLINE SUR SA BELLE
066 008                        S'ILS POUVAIENT AU SERVAGE INCLINER LEUR FIERTE.
017 005              JE TRONE DANS L'AZUR COMME UN SPHINX INCOMPRIS;
094 029                                    DANS QUELQUE PAYS INCONNU
126 144  . . . . . . . . .  AU FOND DE L' INCONNU POUR TROUVER DU NOUVEAU!
050 007                      QUAND, AGITES D'UN MAL INCONNU QUI LES TORD,
081 005                                             HERMES INCONNU QUI M'ASSISTES
090 032                 MARCHAIENT DU MEME PAS VERS UN BUT INCONNU.
006 025  . . . . .  GOYA, CAUCHEMAR PLEIN DE CHOSES INCONNUES,
126 023                 DE VASTES VOLUPTES, CHANGEANTES, INCONNUES,
005 030                      AUX PEUPLES ANCIENS DES BEAUTES INCONNUES:
016 007                DES CHEMINS SINGULIERS A LUI-MEME INCONNUS!
001 070  . . . . .                      LES METAUX INCONNUS, LES PERLES DE LA MER,
133 012              ET FREDONNES TOUT BAS DE VIEUX AIRS INCONNUS!
122 014              C'EST LE PORTIQUE OUVERT SUR LES CIEUX INCONNUS!
150 010                             DES DIEUX LE PLUS INCONTESTABLE!
134 013  . . . . . . .  COMMENT, AMOUR INCORRUPTIBLE,
076 017                           L'ENNUI, FRUIT DE LA MORNE INCURIOSITE,
062 027                 EST -IL DEJA PLUS LOIN QUE L' INDE ET QUE LA CHINE?
115 015                                 LE REGARD INDECIS ET LES CHEVEUX AU VENT.
003 008  . . . . . . . .         AVEC UNE INDICIBLE ET MALE VOLUPTE.
027 008                         ELLE SE DEVELOPPE AVEC INDIFFERENCE.
098 023                      QU'IMPORTE TA BETISE OU TON INDIFFERENCE?
090 028                 HOSTILE A L'UNIVERS PLUTOT QU' INDIFFERENT.
016 004  . . . . . . .  --APRES AVOIR FORCE LES COEURS INDIFFERENTS;
105 029           POUR NOYER LA RANCOEUR ET BERCER L' INDOLENCE
050 004                                      REFLECHIT L' INDOLENCE ET LA PALEUR DU CIEL.
002 003              QUI SUIVENT, INDOLENT COMPAGNONS DE VOYAGE,
098 001  . . . .  QUAND JE TE VOIS PASSER, O MA CHERE INDOLENTE,
028 001                            QUE J'AIME VOIR, CHERE INDOLENTE,
128 002                    TIGRE ADORE, MONSTRE AUX AIRS INDOLENTS;
014 008                     AU BRUIT DE CETTE PLAINTE INDOMPTABLE ET SAUVAGE.
130 051  . . . . . . . .  POUR SAVOIR SI LA MER EST INDULGENTE ET BONNE,
130 055                 POUR SAVOIR SI LA MER EST INDULGENTE ET BONNE!
103 023           POUSSAIENT LEUR DERNIER RALE EN HOQUETS INEGAUX.
097 029                                  INEPUISABLE PUITS DE SOTTISE ET DE FAUTES!
130 024  . . . . .  ET DES RAFFINEMENTS TOUJOURS INEPUISES,
110 047                COMBLA-T -IL SUR TA CHAIR INERTE ET COMPLAISANTE
090 042                                            SOSIE INEXORABLE, IRONIQUE ET FATAL,
029 003            AU DETOUR D'UN SENTIER UNE CHAROGNE INFAME
031 007  . . . . . . . . . . .         -- INFAME A QUI JE SUIS LIE
000 032                         DANS LA MENAGERIE INFAME DE NOS VICES,
090 033                             A QUEL COMPLOT INFAME ETAIS -JE DONC EN BUTTE,
126 009             LES UNS, JOYEUX DE FUIR UNE PATRIE INFAME;
126 119  . . . . . .  POUR FUIR CE RETIAIRE INFAME; IL EN EST D'AUTRES
078 011                       ET QU'UN PEUPLE MUET D' INFAMES ARAIGNEES
116 043                         EN EXPIATION DE TES INFAMES CULTES
109 008           ACCOUTUME MA LEVRE A DES PHILTRES INFAMES.
114 016  . . . . . . .  QUI DE TOUTE INFAMIE ARRACHE LE PARDON.
056 012                        SOUS LES COUPS DU BELIER INFATIGABLE ET LOURD.
114 013          ELLE CROIT, ELLE SAIT, CETTE VIERGE INFECONDE
149 018        LE DAMNE: J'AVERTIS EN VAIN LA CHAIR INFECTE.
029 038  . . . . . . .  A CETTE HORRIBLE INFECTION,
112 014                           SUR SES MYRTES INFECTS ENTER TES NOIRS CYPRES?
054 043              UNE FEE ALLUMER DANS UN CIEL INFERNAL
123 008                                    DONT L' INFERNAL DESIR NOUS REMPLIT DE SANGLOTS!
106 038  . . . . . . .         SON CORTEGE INFERNAL D'ALARMES,
021 002                            O BEAUTE? TON REGARD, INFERNAL ET DIVIN,
044 008                    QUAND LA VENGEANCE BAT SON INFERNAL RAPPEL,
084 037                                UN PHARE IRONIQUE, INFERNAL,
064 005  . . . . .  NE VEUT PAS TE MONTRER SON SECRET INFERNAL,
090 044                   --MAIS JE TOURNAI LE DOS AU CORTEGE INFERNAL.
096 007                   ET DES DOIGTS CONVULSES D'UNE INFERNALE FIEVRE,
110 034                            PLEINES DE BAISERS INFERNAUX.
149 051  . . . . . . . . . . . .  QU'IL S' INFILTRE COMME UNE EXTASE DANS TOUS CEUX
033 009              LE TOMBEAU, CONFIDENT DE MON REVE INFINI
014 003                          DANS LE DEROULEMENT INFINI DE SA LAME,
071 008                                ET FOULENT L' INFINI D'UN SABOT HASARDEUX.
146 011  . . . . . . .  JE NE VOIS QU' INFINI PAR TOUTES LES FENETRES,
021 024                                         D'UN INFINI QUE J'AIME ET N'AI JAMAIS CONNU?
131 104                              ET FUYEZ L' INFINI QUE VOUS PORTEZ EN VOUS!
126 008                         BERCANT NOTRE INFINI SUR LE FINI DES MERS:
102 014  . . . . . ? . . . .  C'ETAIT UN PALAIS INFINI,
111 023                              CHERCHEUSES D' INFINI, DEVOTES ET SATYRES,
131 023                        ET CETTE GRATITUDE INFINIE ET SUBLIME
149 048                          ET TA PRUDENCE EST INFINIE."
004 012  . . . . .  AYANT L'EXPANSION DES CHOSES INFINIES.
023 025                                          INFINIS BERCEMENTS DU LOISIR EMBAUME!
036 026           CES SERMENTS, CES PARFUMS, CES BAISERS INFINIS,
036 030             --O SERMENTS! O PARFUMS! O BAISERS INFINIS!
090 025  . . . . .  D'UN QUADRUPEDE INFIRME OU D'UN JUIF A TROIS PATTES.
002 012              L'AUTRE MIME, EN BOITANT, L' INFIRME QUI VOLAIT!
130 027                                          INFLIGE SANS RELACHE AUX COEURS AMBITIEUX,
139 013                               DANS LE VIN INFORME ET MYSTIQUE.
091 036  . . . . . . . . .  POUR CELUI QUE L'AUSTERE INFORTUNE ALLAITA!
```

I

		POEM	LINE
T'	INFUSER MON VENIN, MA SOEUR!	129	036
O BEAUTE! MONSTRE ENORME, EFFRAYANT,	INGENU!	021	022
MAIS JE NE SERAI POINT	INGRAT NI MALFAISANT,	104	008
MEME POUR UN	INGRAT, MEME POUR UN MECHANT;	056	022
--"JE NE SUIS POINT	INGRATE ET NE ME REPENS PAS,	131	042
'E, ILS DOIVENT TROUVER LES VIVANTS BIEN	INGRATS,	100	007
ROULONS -Y SANS REMORDS, AMAZONE	INHUMAINE,	035	013
ILS RAMPENT, FLAGELLES PAR LES BISES	INIQUES,	091	009
ET QUE LE TEMPS,	INJURIEUX VIEILLARD,	038	052
E NOUS VEULENT LES LOIS DU JUSTE ET DE L'	INJUSTE?	130	036
E NOUS VEULENT LES LOIS DU JUSTE ET DE L'	INJUSTE?	130	040
MARTYR DOCILE,	INNOCENT CONDAMNE,	128	019
L'	INNOCENT PARADIS PLEIN DE PLAISIRS FURTIFS?	062	030
L'	INNOCENT PARADIS, PLEIN DE PLAISIRS FURTIFS,	062	026
ET CEPENDANT VOILA DES SIECLES	INNOMBRABLES	014	013
IL	INONDAIT DE SANG CETTE PEAU COULEUR D'AMBRE!	127	032
UN BROUILLARD SALE ET JAUNE	INONDAIT TOUT L'ESPACE,	090	009
POUR RASSEMBLER A NEUF LES TERRES	INONDEES,	010	007
DONT LES SOLDATS PARFOIS	INONDENT NOS JARDINS,	091	054
C'ETAIENT DES PIERRES	INOUIES	102	029
L'OEIL	INQUIET, FIXE SUR VOS PAS INCERTAINS,	091	074
DERRIERE LES ROCHERS UNE CHIENNE	INQUIETE	029	033
ALLUMAIENT DANS NOS COEURS UNE ARDEUR	INQUIETE	126	063
MA DELPHINE, JE SOUFFRE ET JE SUIS	INQUIETE,	131	043
QUE CELUI-LA QUI RIT DE MON	INQUIETUDE,	090	037
MELE SON IRONIE A TON	INSANITE!"	097	060
JE VOIS, ERRANT ENCOR, L'	INSATIABLE ASPIC.	097	032
--	INSATIABLEMENT AVIDE	082	005
C'EST L'AUBERGE FAMEUSE	INSCRITE SUR LE LIVRE,	122	007
D'	INSECTE, MAINTENANT DIT: JE SUIS AUTREFOIS,	085	011
QU'HABITE ET QUE RONGE UN	INSECTE!"	149	020
--ELLE PLEURE,	INSENSE, PARCE QU'ELLE A VECU!	020	032
JALOUSE DU NEANT L'	INSENSIBILITE.	146	013
BIEN AFFILES, ET, COMME UN JONGLEUR	INSENSIBLE,	057	041
	INSENSIBLES TOUS DEUX A L'HUMAINE SOUFFRANCE,	027	006
DEUX VOIX ME PARLAIENT. L'UNE,	INSIDIEUSE ET FERME,	136	005
USENT	INSOLEMMENT D'UN POUVOIR EMPRUNTE,	025	007
L'	INSOLENCE DE LA NATURE.	129	024
S'EPRENANT D'UN PROBLEME	INSOLUBLE ET STERILE,	131	063
DANS LES CAVEAUX D'	INSONDABLE TRISTESSE	038	001
ET QUI VA REPANDANT SUR TOUT,	INSOUCIANTE	005	038
	INSOUCIANTS ET TACITURNES,	102	033
UN VIEUX SPHINX IGNORE DU MONDE	INSOUCIEUX,	076	022
ET PARCOURT, COMME UN PRINCE	INSPECTANT SA MAISON,	071	011
IL JUGE, IL PRESIDE, IL	INSPIRE	051	030
EST FAIT POUR	INSPIRER AU POETE UN AMOUR	017	003
	INSTALLE COMME SUR UN TRONE,	141	003
LE SILENCE ET LA NUIT S'	INSTALLERENT EN LUI,	016	020
CHAQUE	INSTANT TE DEVORE UN MORCEAU DU DELICE	085	007
PAR	INSTANTS BRILLE, ET S'ALLONGE, ET S'ETALE	038	009
L'UNIVERS MOINS HIDEUX ET LES	INSTANTS MOINS LOURDS?	021	028
SUR L'	INSTRUMENT MAUDIT DE TES MECHANCETES,	001	014
DE VOUS, RICHE ET SONORE	INSTRUMENT OU NE VIBRE	045	015
SUR MON COEUR, PARFAIT	INSTRUMENT,	051	018
SALUTAIRE	INSTRUMENT, BUVEUR DU SANG DU MONDE,	025	010
AU CHANT DES	INSTRUMENTS QUI SE BRISE AU PLAFOND	098	002
JE GOUTE A VOTRE	INSU DES PLAISIRS CLANDESTINS:	091	076
QUAND,	INSULTANT LE RITE ET LE CULTE INVENTE,	130	067
	INSULTE CE QUE NOUS AIMONS	150	015
VOUS	INSULTE EN PASSANT D'UN AMOUR DERISOIRE!	091	067
SILENCIEUSEMENT TU SOUFFRAIS CES	INSULTES	116	042
L'HOMME VAINCU, PLEIN DE SANGLOTS ET D'	INSULTES,	079	007
DE L'	INSUPPORTABLE VIPERE.	141	014
TOUT LE CHAOS ROULA DANS CETTE	INTELLIGENCE,	016	017
DU TOURBILLON	INTELLIGENT,	108	010
RENAITRONT -ILS D'UN GOUFFRE	INTERDIT A NOS SONDES,	036	027
ET DES PECHES QUI T'ONT	INTERDIT LE TOMBEAU.	116	044
VOULOIR	INTERESSER AU CHANT DE SES DOULEURS	115	019
LES	INTESTINS PESANTS LUI COULAIENT SUR LES CUISSES,	116	034
O MER, NUL NE CONNAIT TES RICHESSES	INTIMES,	014	011
ET QUI TOUJOURS M'	INTIMIDAS,	081	006
TOUT A COUP, AU MILIEU DE L'	INTIMITE LIBRE	045	013
ET S'	INTRODUIT EN ROI, SANS BRUIT ET SANS VALETS,	087	019
MAUDIT SOIT A JAMAIS LE REVEUR	INUTILE	131	061
SALE,	INUTILE ET LAID COMME UNE CHOSE USEE,	016	025
RESPLENDIT A JAMAIS, COMME UN ASTRE	INUTILE,	027	013
QUAND, INSULTANT LE RITE ET LE CULTE	INVENTE,	130	067
CE MATELOT IVROGNE,	INVENTEUR D'AMERIQUES	126	043
BATON DES EXILES, LAMPE DES	INVENTEURS,	120	040
MAIS CES	INVENTIONS DE NOS MUSES TARDIVES	005	033
OU D'UN SACHET LE MUSC	INVETERE?	038	018
CES YEUX MYSTERIEUX ONT D'	INVINCIBLES CHARMES	091	035
OU L'ANGE	INVIOLE SE MELE AU SPHINX ANTIQUE,	027	011
POURTANT, SOUS LA TUTELLE	INVISIBLE D'UN ANGE,	001	031
QUI PAR UNE	INVISIBLE PENTE	155	021
GRAIN DE MUSC QUI GIS,	INVISIBLE,	134	015
DESCEND, FLEUVE	INVISIBLE, AVEC DE SOURDES PLAINTES.	000	024
CEUSE DONT LA MAIN AUX LONGS SOMMEILS M'	INVITE,	064	006
VERS L'ETRANGE ET L'ABSURDE	INVITENT SA RAISON:	153	006

```
POEM LINE
072 007 . . . . . . . . VIVANT, J'AIMERAIS MIEUX INVITER LES CORBEAUX
001 063                        ET QUE VOUS L' INVITEZ A L'ETERNELLE FETE
000 037      C'EST L'ENNUI!--L'OEIL CHARGE D'UN PLEUR INVOLONTAIRE,
124 010                                  INVOQUE ARDEMMENT LE REPOS;
106 033 . . . . . . . . . . . CETTE CRAPULE INVULNERABLE
023 011                           J' IRAI LA-BAS OU L'ARBRE ET L'HOMME, PLEINS DE SEVE,
029 043                    QUAND VOUS IREZ, SOUS L'HERBE ET LES FLORAISONS GRASSES,
102 042         SEMBLAIT FOURBI, CLAIR, IRISE;
065 013 . . . . . . . . . . AUX REFLETS IRISES COMME UN FRAGMENT D'OPALE,
083 015          GRACE A LA VORACE IRONIE
097 060               MELE SON IRONIE A TON INSANITE!"
129 019        J'AI SENTI, COMME UNE IRONIE,
089 026 . . . . . . . . . . VERS LE CIEL IRONIQUE ET CRUELLEMENT BLEU,
090 042        SOSIE INEXORABLE, IRONIQUE ET FATAL,
084 037             UN PHARE IRONIQUE, INFERNAL,
024 005               PLUS IRONIQUEMENT ACCUMULER LES LIEUES
150 002 . . . . . . . . . . . . . IRONIQUEMENT NOUS ENGAGE
102 008         LE VEGETAL IRREGULIER,
084 030        D'UNE FORTUNE IRREMEDIABLE,
054 032      DIS, CONNAIS -TU L' IRREMISSIBLE?
054 036 . . . . . . . . . . . L' IRREPARABLE RONGE AVEC SA DENT MAUDITE
054 040                    L' IRREPARABLE RONGE AVEC SA DENT MAUDITE!
138 035               DE L' IRRESISTIBLE DEGOUT,
097 045    BAYADERE SANS NEZ, IRRESISTIBLE GOUGE,
145 010 . . . . . . . . . . . L' IRRESISTIBLE NUIT ETABLIT SON EMPIRE,
075 001             PLUVIOSE, IRRITE CONTRE LA VILLE ENTIERE,
064 003--SOIS CHARMANTE ET TAIS -TOI! MON COEUR, QUE TOUT IRRITE,
110 040       AINSI QU'UN REPTILE IRRITE,
038 032 . . . . . . . . . . . EN L' ISOLANT DE L'IMMENSE NATURE,
011 006         VERS UN CIMETIERE ISOLE,
095 016    COMME UNE FOURMILIERE ELLE OUVRE SES ISSUES;
126 101           L'HUMANITE BAVARDE, IVRE DE SON GENIE,
105 024 . . . . ILS APPORTENT LA GLOIRE AU PEUPLE IVRE D'AMOUR!
067 012            L'HOMME IVRE D'UNE OMBRE QUI PASSE
106 042       JE SERAI CE SOIR IVRE MORT;
097 018    QUI NE COMPRENNENT PAS, AMANTS IVRES DE CHAIR,
023 021 . . . . . JE PLONGERAI MA TETE AMOUREUSE D' IVRESSE
150 029              L' IVRESSE DES CHOSES FUNEBRES,
038 016             AVEC IVRESSE ET LENTE GOURMANDISE
106 020    COMME AU BEAU TEMPS DE NOTRE IVRESSE;
126 081 . . . DES COSTUMES QUI SONT POUR LES YEUX UNE IVRESSE;
120 029               DE L' IVROGNE ATTARDE FOULE PAR LES CHEVAUX,
073 009           LA HAINE EST UN IVROGNE AU FOND D'UNE TAVERNE,
091 066    NUL NE VOUS RECONNAIT! UN IVROGNE INCIVIL
090 045 . . . . . . . . . . EXASPERE COMME UN IVROGNE QUI VOIT DOUBLE,
031 010       COMME A LA BOUTEILLE L' IVROGNE,
126 043          CE MATELOT IVROGNE, INVENTEUR D'AMERIQUES
106 030        PARMI CES IVROGNES STUPIDES
```

J

		POEM	LINE
OU LORSQUE	J'ABANDONNE AUX MORSURES MON BUSTE, ...	132	013
MASQUE OU DECOR, SALUT!	J'ADORE TA BEAUTE.	098	024
	J'AI CHERCHE DANS L'AMOUR UN SOMMEIL OUBLIEUX;	113	012
	J'AI CONNU, SOUS UN DAIS D'ARBRES TOUT EMPOURPRES	061	002
	J'AI DEMANDE SOUVENT A DES VINS CAPTIEUX	113	009
ET	J'AI DIT AU POISON PERFIDE	031	015
QUE	J'AI GARDE LA FORME ET L'ESSENCE DIVINE	029	047
--"MOI,	J'AI LA LEVRE HUMIDE, ET JE SAIS LA SCIENCE	132	005
	J'AI LONGTEMPS HABITE SOUS DE VASTES PORTIQUES . . .	012	001
QUE	J'AI L'AIR D'EMPRUNTER AUX PLUS FIERS MONUMENTS,	017	010
ET	J'AI MEME POUSSE SUR ELLE	106	014
	J'AI PEUR DU SOMMEIL COMME ON A PEUR D'UN GRAND TROU,	146	009
	J'AI PLUS DE SOUVENIRS QUE SI J'AVAIS MILLE ANS. . .	076	001
ET	J'AI POMPE TA VIE AVEC MA TROMPE IMMONDE!	085	012
	J'AI PRIE LE GLAIVE RAPIDE	031	013
QUE	J'AI PUNI SUR UNE FLEUR	129	023
	J'AI SENTI TOUS LES BECS ET TOUTES LES MACHOIRES . .	116	050
	J'AI SENTI, COMME UNE IRONIE,	129	019
	J'AI SOUVENT EVOQUE CETTE LUNE ENCHANTEE,	045	037
VOILA QUE	J'AI TOUCHE L'AUTOMNE DES IDEES,	010	005
C'EST LA QUE	J'AI VECU DANS LES VOLUPTES CALMES, ...	012	009
EN VAIN	J'AI VOULU DE L'ESPACE	148	009
	J'AI VU L'HORREUR DE MON TAUDIS,	102	054
	J'AI VU PARFOIS AU FOND D'UN THEATRE BANAL	054	045
--	J'AI VU PARFOIS, AU FOND D'UN THEATRE BANAL	054	041
JE ME SOUVIENS!...	J'AI VU TOUT, FLEUR, SOURCE, SILLON,	145	005
CAR	J'AI, POUR FASCINER CES DOCILES AMANTS,	017	012
	J'AIGUISAIS LENTEMENT SUR MON COEUR LE POIGNARD,	115	004
QUAND MES YEUX, VERS CE CHAT QUE	J'AIME	051	033
TOI QUE	J'AIME A JAMAIS, MA SOEUR D'ELECTION,	131	054
ME RAVIT EN EXTASE, ET	J'AIME A LA FUREUR	127	007
	J'AIME DE VOS LONGS YEUX LA LUMIERE VERDATRE,	056	017
D'UN INFINI QUE	J'AIME ET N'AI JAMAIS CONNU?	021	024
	J'AIME LE SOUVENIR DE CES EPOQUES NUES,	005	001
	J'AIME SI TENDREMENT LE DESERT ET LA MER;	136	022
	J'AIME VOIR, CHERE INDOLENTE,	028	001
QUE	J'AIME,	030	001
J'IMPLORE TA PITIE, TOI, L'UNIQUE QUE	J'AIME,	030	001
VIVANT,	J'AIMERAIS MIEUX INVITER LES CORBEAUX	072	007
--	J'ALLAIS MOURIR. C'ETAIT DANS MON AME AMOUREUSE,	125	003
	J'ALLUMERAI LES YEUX DE TA FEMME RAVIE;	104	017
	J'ARRACHERAI CE COEUR TOUT ROUGE DE SON SEIN, ...	001	050
	J'ASPIRE, VOLUPTE DIVINE!	138	016
LA TOILE ETAIT LEVEE ET	J'ATTENDAIS ENCORE.	125	014
	J'AURAIS PU (MON ORGUEIL AUSSI HAUT QUE LES MONTS	115	023
J'AI PLUS DE SOUVENIRS QUE SI	J'AVAIS BANNI DE CES SPECTACLES	102	007
MAIS, SI	J'AVAIS MILLE ANS.	076	001
HELAS! ET	J'AVAIS VOULU T'ATTAQUER AU DEFAUT	016	012
LE DAMNE!	J'AVAIS, COMME EN UN SUAIRE EPAIS,	116	055
	J'AVERTIS EN VAIN LA CHAIR INFECTE.	149	018
	J'ECOUTE EN FREMISSANT CHAQUE BUCHE QUI TOMBE;	056	009
AH! QUE	J'EN AI SUIVI DE CES PETITES VIEILLES!	091	049
LORSQUE	J'EN DEVINS AMOUREUX!	106	008
	J'EN FUS EMBAUME, POUR L'AVOIR	051	027
	J'ENLACE ET JE BERCE SON AME	068	009
	J'ENTENDS DEJA TOMBER AVEC DES CHOCS FUNEBRES	056	003
	J'ENTENDS LE CRANE A CHAQUE BULLE	117	013
ET LORSQUE	J'ENTREVOIS UN FANTOME DEBILE	091	025
	J'ENTREVOYAIS POURTANT UN OBJET SINGULIER!	116	020
CAR	J'EPROUVE UNE JOIE IMMENSE QUAND JE TOMBE	104	009
	J'ESCALADE LE DOS DES FLOTS AMONCELES	069	007
SE MELAIENT,	J'ETAIS COMME L'ENFANT AVIDE DU SPECTACLE, ...	125	009
	J'ETAIS HAUT COMME UN IN-FOLIO,	136	004
	J'ETAIS MORT SANS SURPRISE, ET LA TERRIBLE AURORE	125	012
UNE NUIT QUE	J'ETAIS PRES D'UNE AFFREUSE JUIVE,	032	001
TOUT COMME SI	J'ETAIS VOTRE PERE, O MERVEILLE!	091	075
	J'ETALERAI MES BAISERS SANS REMORD	128	011
LORSQUE	J'ETOUFFE UN HOMME EN MES BRAS REDOUTES,	132	012
	J'EUSSE AIME VIVRE AUPRES D'UNE JEUNE GEANTE,	019	003
	J'EUSSE AIME VOIR SON CORPS FLEURIR AVEC SON AME . . .	019	005
O TOI QUI	J'EUSSE AIMEE, O TOI QUI LE SAVAIS!	093	014
CAR	J'EUSSE AVEC FERVEUR BAISE TON NOBLE CORPS,	032	009
DEPUIS L'ETERNITE JE PARCOURS ET	J'HABITE;	009	010
LORSQUE TOUT ME RAVIT,	J'IGNORE	041	013
CAR	J'IGNORE OU TU FUIS, TU NE SAIS OU JE VAIS,	093	013
	J'IMPLORAI D'ELLE UN RENDEZ-VOUS,	106	021
	J'IMPLORE TA PITIE, TOI, L'UNIQUE QUE J'AIME,	030	001
	J'IRAI LA-BAS OU L'ARBRE ET L'HOMME, PLEINS DE SEVE,	023	011
	J'OBEIRAI COMME UN PREDESTINE,	128	018
S IL PARLE ET DIT: "JE SUIS BELLE, ET	J'ORDONNE	042	012
	J'UNIS UN COEUR DE NEIGE A LA BLANCHEUR DES CYGNES;	017	006
QUI	JADIS AIMAIENT TANT A TRITURER MA CHAIR.	116	052
CES MONSTRES DISLOQUES FURENT	JADIS DES FEMMES,	091	005
DIT CELLE DONT	JADIS NOUS BAISIONS LES GENOUX,	126	136
QUE TIVOLI	JADIS OMBRAGEA DANS SA FLEUR,	091	040
PAUVRE ET TRISTE MIROIR OU	JADIS RESPLENDIT	089	002
LA S'ETALAIT	JADIS UNE MENAGERIE;	089	013
ET, FOLLE MAINTENANT COMME ELLE ETAIT	JADIS,	126	102
VAS -TU, COMME	JADIS, DU SOIR JUSQU'AU MATIN,	147	010
AUX FLOTS QUE LA DOULEUR FAIT	JAILLIR DE TES YEUX!	020	028

POEM	LINE		
083	006	. . . .	JAILLIR LES EAUX DE LA SOUFFRANCE.
104	024	QUI	JAILLIRA VERS DIEU COMME UNE RARE FLEUR!"
037	008	C'EST BIEN! CHARMANT POIGNARD,	JAILLIS DE TON ETUI!
079	013	OU VIVENT,	JAILLISSANT DE MON OEIL PAR MILLIERS,
129	007	. . . . QUI	JAILLIT COMME UNE CLARTE.
048	008	D'OU	JAILLIT TOUTE VIVE UNE AME QUI REVIENT.
039	014	STATUE AUX YEUX DE	JAIS, GRAND ANGE AU FRONT D'AIRAIN!
146	013		JALOUSE DU NEANT L'INSENSIBILITE.
030	012	. . . . JE	JALOUSE LE SORT DES PLUS VILS ANIMAUX
100	001	LA SERVANTE AU GRAND COEUR DONT VOUS ETIEZ	JALOUSE,
130	014	ET VENUS A BON DROIT PEUT	JALOUSER SAPHO!
057	010	ET DANS MA	JALOUSIE, O MORTELLE MADONE,
120	020	. . . . LE DIEU	JALOUX CACHA LES PIERRES PRECIEUSES,
014	012	TANT VOUS ETES	JALOUX DE GARDER VOS SECRETS!
116	037	SOUS LES PIEDS, UN TROUPEAU DE	JALOUX QUADRUPEDES,
097	005	VIT -ON	JAMAIS AU BAL UNE TAILLE PLUS MINCE?
018	001	. . . . CE NE SERONT	JAMAIS CES BEAUTES DE VIGNETTES,
095	037	ENCORE LA PLUPART N'ONT -ILS	JAMAIS CONNU
021	024	D'UN INFINI QUE J'AIME ET N'AI	JAMAIS CONNU?
038	055	TU NE TUERAS	JAMAIS DANS MA MEMOIRE
126	132	DE CETTE APRES -MIDI QUI N'A	JAMAIS DE FIN?"
128	024	QUI N'A	JAMAIS EMPRISONNE DE COEUR.
112	004	SOUS L'ETERNEL LABEUR N'A	JAMAIS ENFANTE.
025	014	NE T'A DONC	JAMAIS FAIT RECULER D'EPOUVANTE,
112	008	UN LIT QUE LE REMORDS N'A	JAMAIS FREQUENTE,
126	019	DE LEUR FATALITE	JAMAIS ILS NE S'ECARTENT,
017	008	. ET	JAMAIS JE NE PLEURE ET JAMAIS JE NE RIS.
017	008	ET JAMAIS JE NE PLEURE ET	JAMAIS JE NE RIS.
025	008	. . . . . SANS CONNAITRE	JAMAIS LA LOI DE LEUR BEAUTE.
001	066	OU NE MORDRONT	JAMAIS LA TERRE ET LES ENFERS,
131	061	MAUDIT SOIT A	JAMAIS LE REVEUR INUTILE
005	034	N'EMPECHERONT	JAMAIS LES RACES MALADIVES
126	031	OU L'HOMME, DONT	JAMAIS L'ESPERANCE N'EST LASSE,
102	002	TEL QUE	JAMAIS MORTEL N'EN VIT,
126	066		JAMAIS NE CONTENAIENT L'ATTRAIT MYSTERIEUX
054	048	MAIS MON COEUR, QUE	JAMAIS NE VISITE L'EXTASE,
038	003	. . . . . OU	JAMAIS N'ENTRE UN RAYON ROSE ET GAI;
123	009	IL EN EST QUI	JAMAIS N'ONT CONNU LEUR IDOLE,
116	014	VENEREE A	JAMAIS PAR TOUTE NATION,
093	012	AILLEURS, BIEN LOIN D'ICI! TROP TARD!	JAMAIS PEUT-ETRE!
077	013	LE SAVANT QUI LUI FAIT DE L'OR N'A	JAMAIS PU
131	067	NE CHAUFFERA	JAMAIS SON CORPS PARALYTIQUE
146	014	--AH! NE	JAMAIS SORTIR DES NOMBRES ET DES ETRES!
023	033	AFIN QU'A MON DESIR TU NE SOIS	JAMAIS SOURDE!
073	014	. . . . . DE NE POUVOIR	JAMAIS S'ENDORMIR SOUS LA TABLE.
126	024	ET DONT L'ESPRIT HUMAIN N'A	JAMAIS SU LE NOM!
131	093		JAMAIS UN RAYON FRAIS N'ECLAIRA VOS CAVERNES;
130	012	OU	JAMAIS UN SOUPIR NE RESTA SANS ECHO,
119	008	AURA-T -IL	JAMAIS UNE FIN?
095	038	LA DOUCEUR DU FOYER ET N'ONT	JAMAIS VECU!
092	007	AU CIEL; ON NE LES VOIT	JAMAIS VERS LES PAVES
131	091		JAMAIS VOUS NE POURREZ ASSOUVIR VOTRE RAGE,
027	013	. . . . . v . . . RESPLENDIT A	JAMAIS, COMME UN ASTRE INUTILE,
089	046		JAMAIS, JAMAIS! A CEUX QUI S'ABREUVENT DE PLEURS
131	054	TOI QUE J'AIME A	JAMAIS, MA SOEUR D'ELECTION,
106	035		JAMAIS, NI L'ETE NI L'HIVER,
054	027	EST SOUFFLEE, EST MORTE A	JAMAIS!
089	046	JAMAIS!	JAMAIS! A CEUX QUI S'ABREUVENT DE PLEURS
093	005	AGILE ET NOBLE, AVEC SA	JAMBE DE STATUE.
090	022	FAISANT AVEC SA	JAMBE UN PARFAIT ANGLE DROIT,
088	019	. . . . SUR TA	JAMBE UN POIGNARD D'OR
110	025	UN BAS ROSATRE, ORNE DE COINS D'OR, A LA	JAMBE,
127	017	ET SON BRAS ET SA	JAMBE, ET SA CUISSE ET SES REINS,
029	005	LES	JAMBES EN L'AIR, COMME UNE FEMME LUBRIQUE,
052	029	. . . . TES NOBLES	JAMBES, SOUS LES VOLANTS QU'ELLES CHASSENT,
149	007	--SON COEUR: COEUR RACORNI, FUME COMME UN	JAMBON,
008	002	AURAS -TU, QUAND	JANVIER LACHERA SES BOREES,
129	017	QUELQUEFOIS DANS UN BEAU	JARDIN
010	004	. . . . . . QU'IL RESTE EN MON	JARDIN BIEN PEU DE FRUITS VERMEILS.
006	001	RUBENS, FLEUVE D'OUBLI,	JARDIN DE LA PARESSE,
116	016	ROULENT L'ENCENS SUR UN	JARDIN DE ROSES
118	009	--AH! JESUS, SOUVIENS -TOI DU	JARDIN DES OLIVES!
091	054	. . . DONT LES SOLDATS PARFOIS INONDENT NOS	JARDINS,
086	018	DES	JARDINS, DES JETS D'EAU PLEURANT DANS LES ALBATRES
110	027	LA	JARRETIERE, AINSI QU'UN OEIL SECRET QUI FLAMBE,
155	005	DANS LA COUR LE JET D'EAU QUI	JASE
111	006	. . . . DANS LE FOND DES BOSQUETS OU	JASENT LES RUISSEAUX,
056	028	DE L'ARRIERE -SAISON LE RAYON	JAUNE ET DOUX!
090	009	UN BROUILLARD SALE ET	JAUNE INONDAIT TOUT L'ESPACE,
006	019	GRAND COEUR GONFLE D'ORGUEIL, HOMME DEBILE ET	JAUNE,
141	002	. . . . . . A DANS LE COEUR UN SERPENT	JAUNE,
147	009	SOUS TON DOMINO	JAUNE, ET D'UN PIED CLANDESTIN,
090	013	TOUT A COUP, UN VIEILLARD DONT LES GUENILLES	JAUNES
123	004	COMBIEN, O MON CARQUOIS, PERDRE DE	JAVELOTS?
050	014	. . . . ADORERAI -	JE AUSSI TA NEIGE ET VOS FRIMAS,
081	014		JE BATIS DE GRANDS SARCOPHAGES.
068	009	J'ENLACE ET	JE BERCE SON AME
036	018	ET	JE BUVAIS TON SOUFFLE, O DOUCEUR! O POISON!
093	006	. . . . MOI,	JE BUVAIS, CRISPE COMME UN EXTRAVAGANT,

J

		POEM	LINE
PAR TOI	JE CHANGE L'OR EN FER	081	009
CAR	JE CHERCHE LE VIDE, ET LE NOIR, ET LE NU!	079	011
ET	JE CHERIS, O BETE IMPLACABLE ET CRUELLE!	024	009
	JE COMPRENDS BIEN, AMIS, QUE LE DESIR BALANCE;	151	002
CAR	JE COMPTAI SEPT FOIS, DE MINUTE EN MINUTE, ...	090	035
MIEUX QUE TOUS,	JE CONNAIS CERTAIN VOLUPTUEUX	149	013
	JE CONNAIS LES ENGINS DE SON VIEIL ARSENAL:	064	011
	JE CONTEMPLE D'EN HAUT LE GLOBE EN SA RONDEUR	080	013
QUAND	JE CONTEMPLE, AUX FEUX DU GAZ QUI ME COLORE, . . .	098	005
POUR DIRE VRAI,	JE CRAINS QUE TA COQUETTERIE	097	033
	JE CROIS BOIRE UN VIN DE BOHEME,	028	033
VOUS AVEZ, QUE	JE CROIS, ASSEZ COMMUNIE,	149	023
	JE CROYAIS RESPIRER LE PARFUM DE TON SANG.	036	014
	JE CROYAIS VOIR UNIS PAR UN NOUVEAU DESSIN	127	025
	JE DECOUVRE UN CADAVRE CHER,	081	012
	JE DIS: QUE CHERCHENT -ILS AU CIEL, TOUS CES AVEUGLES?	092	014
A QUEL COMPLOT INFAME ETAIS -	JE DONC EN BUTTE, ...	090	033
O MOINE FAINEANT! QUAND SAURAI -	JE DONC FAIRE	009	012
ET	JE DORMIRAI COMME UN CHIEN!	106	045
	JE FAIS BOUILLIR ET JE MANGE MON COEUR,	038	008
	JE FAISAIS, A MA VOLONTE, ...	102	038
ET	JE FERAI DE TA PAUPIERE,	083	004
	JE FERAI LE METIER DES IDOLES ANTIQUES,	001	039
	JE FERAI POUR TA TETE UNE ENORME COURONNE;	057	009
	JE FERAI REJAILLIR TA HAINE QUI M'ACCABLE	001	013
BOURREAU PLEIN DE REMORDS,	JE FERAI SEPT COUTEAUX	057	040
	JE FERMAI LES DEUX YEUX, DANS MA FROIDE EPOUVANTE,	132	021
JE RENTRAI,	JE FERMAI MA PORTE, EPOUVANTE,	090	046
	JE FERMERAI PARTOUT PORTIERES ET VOLETS	086	015
	JE FRISSONNE DE PEUR QUAND TU ME DIS: "MON ANGE!"	131	051
	JE FUME COMME LA CHAUMINE	068	006
ET	JE FUS DES L'ENFANCE ADMIS AU NOIR MYSTERE	130	043
	JE GOUTE A VOTRE INSU DES PLAISIRS CLANDESTINS! . . .	091	076
JE M'AVANCE A L'ATTAQUE, ET	JE GRIMPE AUX ASSAUTS,	024	007
	JE GUETTE, OBEISSANT A MES HUMEURS FATALES,	091	003
	JE HAIS LA PASSION ET L'ESPRIT ME FAIT MAL!	064	008
	JE HAIS LE MOUVEMENT QUI DEPLACE LES LIGNES, . . .	017	007
	JE HAIS LES TESTAMENTS ET JE HAIS LES TOMBEAUX;	072	005
JE HAIS LES TESTAMENTS ET	JE HAIS LES TOMBEAUX;	072	005
OU	JE HUME A LONGS TRAITS LE VIN DU SOUVENIR?	023	035
	JE JALOUSE LE SORT DES PLUS VILS ANIMAUX	030	012
	JE LA TROUVAIS TAPIE EN UN COIN DE MA CHAMBRE,	100	018
	JE LA VEUX AGITER DANS L'AIR COMME UN MOUCHOIR!	023	005
CALME, DANS LE FAUTEUIL	JE LA VOYAIS S'ASSEOIR,	100	016
	JE LAISSE A GAVARNI, POETE DES CHLOROSES, ...	018	005
	JE LE LUI JETTERAI PAR TERRE AVEC DEDAIN!"	001	052
--JE L'OUBLIERAI SI	JE LE PUIS!	106	016
AR JE SUIS TON BON ANGE, ENTENDS -TU?)	JE LE VEUX!	140	004
	JE LES ENTENDIS RIRE ET CHUCHOTER ENTRE EUX, . . .	115	011
	JE LES PLANTERAI TOUS DANS TON COEUR PANTELANT,	057	043
ET QUAND	JE LES ROUVRIS A LA CLARTE VIVANTE,	132	022
DES PLAISIRS PLUS OBSCURS	JE LEVERAI LES VOILES	131	039
	JE L'AI JETEE AU FOND D'UN PUITS, ...	106	013
	JE L'AIMAIS TROP! VOILA POURQUOI	106	027
	JE L'AVALE ET LE SENS QUI BRULE MON POUMON	109	003
	JE L'ENTENDS BIEN QUI COULE AVEC UN LONG MURMURE,	113	003
	JE L'ENTENDS DANS LE RIRE ENORME DE LA MER, ...	079	008
--	JE L'OUBLIERAI SI JE LE PUIS!	106	016
	JE LUI DIS: SORS DE CETTE VIE!	106	028
JE FAIS BOUILLIR ET	JE MANGE MON COEUR,	038	008
	JE ME COUCHERAI SUR LA TERRE, ...	106	044
COMME	JE ME DIS: QU'ELLE EST BELLE! ET BIZARREMENT FRAICHE!	098	009
OU	JE ME PLAIGNAIS UN JOUR A LA NATURE,	115	002
	JE ME PLAIS BIEN MIEUX QUE DANS MES FROIDS CAVEAUX.	104	012
	JE ME PRIS A SONGER PRES DE CE CORPS VENDU	032	003
	JE ME REPRESENTAI SA MAJESTE NATIVE,	032	005
ET	JE ME SOULERAI DE NARD, D'ENCENS, DE MYRRHE,	001	041
MAIS	JE ME SOUVIENS!...J'AI VU TOUT, FLEUR, SOURCE, SILLON,	145	005
ET QUE LANGUISSAMMENT	JE ME TATE EN VAIN POUR TROUVER LA BLESSURE. . . .	113	004
VOIS!	JE ME TOURNAI VERS ELLE	132	018
	JE ME TRAINE AUSSI! MAIS, PLUS QU'EUX HEBETE,	092	013
	JE ME VIS ACCOUDE, FROID, MUET, ENVIANT,	096	016
	JE METS A LA VOILE;	069	004
MOI,	JE METS MA GRANDE JOIE,	058	035
	JE METTRAI LE SERPENT QUI ME MORD LES ENTRAILLES	057	025
--"AH! QUE N'AI -	JE MIS BAS TOUT UN NOEUD DE VIPERES,	001	005
	JE M'AVANCE A L'ATTAQUE, ET JE GRIMPE AUX ASSAUTS, .	024	007
	JE M'EN MOQUE COMME DE DIEU,	106	051
	JE M'ENIVRE ARDEMMENT DES SENTEURS CONFONDUES	023	029
ET, QUAND	JE M'ENNUIERAI DE CES FARCES IMPIES,	001	045
	JE NE CHERCHE, A L'ASPECT DE CES MEMBRES DISCORDS, . .	091	030
	JE NE GEINDRAI PAS COMME OVIDE	082	007
ET JAMAIS	JE NE PLEURE ET JAMAIS JE NE RIS.	017	008
ET QUE	JE NE PUIS PAS REJETER DANS LES FLAMMES,	001	011
CAR	JE NE PUIS TROUVER PARMI CES PALES ROSES	018	007
SI	JE NE PUIS, MALGRE TOUT MON ART DILIGENT,	057	023
HELAS! ET	JE NE PUIS, MEGERE LIBERTINE,	026	012
DONT	JE NE PUIS, OH! PARDON!	088	051
ET JAMAIS JE NE PLEURE ET JAMAIS	JE NE RIS.	017	008

```
148 011  .  .  .  .  .  .  .  .  .  .  .  .  .  .  .  .      SOUS  JE NE SAIS QUEL OEIL DE FEU
152 003                                                            JE NE SAIS QUOI DE BON, DE DOUX COMME LA NUIT!
038 031                                                            JE NE SAIS QUOI D'ETRANGE ET D'ENCHANTE
104 008                                                     MAIS  JE NE SERAI POINT INGRAT NI MALFAISANT,
026 011  .  .  .  .  .  .  .  .  .  .  .  .  .  .  .  .  .  .       JE NE SUIS PAS LE STYX POUR T'EMBRASSER NEUF FOIS,
131 042                                                     --"   JE NE SUIS POINT INGRATE ET NE ME REPENS PAS,
140 014              MAIS LE DAMNE REPOND TOUJOURS: "            JE NE VEUX PAS!"
132 019                    POUR LUI RENDRE UN BAISER D'AMOUR,     JE NE VIS PLUS
089 009  .  .  .  .  .  .  .  .  .  .  T  .  .  .  .  .  .  .      JE NE VOIS QU'EN ESPRIT TOUT CE CAMP DE BARAQUES,
146 011                                                           JE NE VOIS QU'INFINI PAR TOUTES LES FENETRES,
099 001                                                           JE N'AI PAS OUBLIE, VOISINE DE LA VILLE,
116 057                              DANS TON ILE, O VENUS:      JE N'AI TROUVE DEBOUT
148 014  .  .  .  .  .  .  .  .  .  T  .  .  .  .  .  .  .  .      JE N'AURAI PAS L'HONNEUR SUBLIME
115 026                                                      SI  JE N'EUSSE PAS VU PARMI LEUR TROUPE OBSCENE,
044 024                                           MAIS DE TOI    JE N'IMPLORE, ANGE, QUE TES PRIERES,
080 014                                                      ET  JE N'Y CHERCHE PLUS L'ABRI D'UNE CAHUTE.
009 010  .  .  .  .  .  .  .  .  .  .  DEPUIS L'ETERNITE         JE PARCOURS ET J'HABITE;
083 013                                          NE SUIS -      JE PAS UN FAUX ACCORD
089 041                                                          JE PENSE A LA NEGRESSE, AMAIGRIE ET PHTISIQUE,
089 034                                                          JE PENSE A MON GRAND CYGNE, AVEC SES GESTES FOUS,
089 001  .  .  .  .  .  .  .  .  .  .  .  .  ANDROMAQUE,         JE PENSE A VOUS! CE PETIT FLEUVE,
089 051                                                          JE PENSE AUX MATELOTS OUBLIES DANS UNE ILE,
023 021                                                          JE PLONGERAI MA TETE AMOUREUSE D'IVRESSE
093 011                                 NE TE VERRAI -          JE PLUS QUE DANS L'ETERNITE?
001 046  .  .  .  .  .  .  .  .  .  .  .  .  .  .  .  .  .       JE POSERAI SUR LUI MA FRELE ET FORTE MAIN;
145 009                                                     MAIS JE POURSUIS EN VAIN LE DIEU QUI SE RETIRE;
104 002                                           "HOMME, VERS TOI JE POUSSE, O CHER DESHERITE,
026 005                                                          JE PREFERE AU CONSTANCE, A L'OPIUM, AU NUITS,
136 025                                                     QUE  JE PRENDS TRES -SOUVENT LES FAITS POUR DES MENSONGE
136 007                                                          JE PUIS (ET TON PLAISIR SERAIT ALORS SANS TERME!)
001 043                                        POUR SAVOIR SI   JE PUIS DANS UN COEUR QUI M'ADMIRE
106 002                                                          JE PUIS DONC BOIRE TOUT MON SOUL.
072 003  .  .  .  .  .  .  .  .  .  .  .  .  .  .  .  .      OU  JE PUISSE A LOISIR ETALER MES VIEUX OS
038 013                                                          JE RECONNAIS MA BELLE VISITEUSE:
051 036                                                  ET QUE JE REGARDE EN MOI-MEME,
132 009                                                          JE REMPLACE, POUR QUI ME VOIT NUE ET SANS VOILES,
104 018  .  .  .  .  .  .  .  .  .  .  A TON FILS              JE RENDRAI SA FORCE ET SES COULEURS
090 046                                                          JE RENTRAI, JE FERMAI MA PORTE, EPOUVANTE,
106 003                                                  LORSQUE JE RENTRAIS SANS UN SOU,
100 021                                    QUE POURRAIS -      JE REPONDRE A CETTE AME PIEUSE,
022 002  .  .  .  .  .  .  .  .  .  .  .  .  .  .  .  .         JE RESPIRE L'ODEUR DE TON SEIN CHALEUREUX,
010 009           ET QUI SAIT SI LES FLEURS NOUVELLES QUE     JE REVE
023 034                              N'EST -TU PAS L'OASIS OU  JE REVE, ET LA GOURDE
086 017                                                   ALORS JE REVERAI DES HORIZONS BLEUATRES,
063 002  .  .  .  .  .  .  .  .  .  .  .  .  .  .  .  .         JE REVIENDRAI DANS TON ALCOVE
136 023                                                     QUE JE RIS DANS LES DEUILS ET PLEURE DANS LES FETES,
068 012                                                      ET JE ROULE UN PUISSANT DICTAME,
104 005                                                          JE SAIS COMBIEN IL FAUT, SUR LA COLLINE EN FLAMME,
132 005  .  .  .  .  .  .  --"MOI, J'AI LA LEVRE HUMIDE, ET  JE SAIS LA SCIENCE
036 021                                                          JE SAIS L'ART D'EVOQUER LES MINUTES HEUREUSES,
036 025                                                          JE SAIS L'ART D'EVOQUER LES MINUTES HEUREUSES!
001 065                                                          JE SAIS QUE LA DOULEUR EST LA NOBLESSE UNIQUE
138 021                                                          JE SAIS QUE TON COEUR, QUI REGORGE
001 061                                                          JE SAIS QUE VOUS GARDEZ UNE PLACE AU POETE
098 017                                                          JE SAIS QU'IL EST DES YEUX, DES PLUS MELANCOLIQUES
057 011                                                          JE SAURAI TE TAILLER UN MANTEAU, DE FACON
102 010  .  .  .  .  .  .  .  .  .  .  .  .  .  .  .  .         JE SAVOURAIS DANS MON TABLEAU
132 007                                                          JE SECHE TOUS LES PLEURS SUR MES SEINS TRIOMPHANTS,
131 045                                                          JE SENS FONDRE SUR MOI DE LOURDES EPOUVANTES
131 052                                               ET CEPENDANT JE SENS MA BOUCHE ALLER VERS TOI.
148 012  .  .  .  .  .  .  .  .  .  .  .  .  .  .  .  .         JE SENS MON AILE QUI SE CASSE;
146 004                                  MAINTE FOIS DE LA PEUR JE SENS PASSER LE VENT.
131 075                                           CRIA SOUDAIN:--" JE SENS S'ELARGIR DANS MON ETRE
069 009                                                          JE SENS VIBRER EN MOI TOUTES LES PASSIONS
116 046  .  .  .  .  .  .  .  .  .  .  .  .  .  .  .  .         JE SENTIS, A L'ASPECT DE TES MEMBRES FLOTTANTS,
106 042                                                          JE SERAI CE SOIR IVRE MORT;
048 021                                                AINSI, QUAND JE SERAI PERDU DANS LA MEMOIRE
086 023                                                     CAR JE SERAI PLONGE DANS CETTE VOLUPTE
048 025  .  .  .  .  .  .  .  .  .  .  .  .  .  .  .  .         JE SERAI TON CERCUEIL, AIMABLE PESTILENCE!
118 029                                                 --CERTES, JE SORTIRAI, QUANT A MOI, SATISFAIT
131 043                                             MA DELPHINE, JE SOUFFRE ET JE SUIS INQUIETE,
128 021                                                          JE SUCERAI, POUR NOYER MA RANCOEUR,
129 015  .  .  .  .  .  .  .  .  .  .       FOLLE DONT         JE SUIS AFFOLE
085 011                                     D'INSECTE, MAINTENANT DIT: JE SUIS AUTREFOIS,
042 012                                     PARFOIS IL PARLE ET DIT: " JE SUIS BELLE, ET J'ORDONNE
017 001                                                          JE SUIS BELLE, O MORTELS! COMME UN REVE DE PIERRE,
077 001  .  .  .  .  .  .  .  .  .  .  .  .  .  .  .  .         JE SUIS COMME LE ROI D'UN PAYS PLUVIEUX,
038 005                                                          JE SUIS COMME UN PEINTRE QU'UN DIEU MOQUEUR
083 025                                                          JE SUIS DE MON COEUR LE VAMPIRE,
106 005                                         AUTANT QU'UN ROI JE SUIS HEUREUX;
131 043  .  .  .  .  .  .  MA DELPHINE, JE SOUFFRE ET         JE SUIS INQUIETE,
068 001                                                          JE SUIS LA PIPE D'UN AUTEUR:
083 021                                                          JE SUIS LA PLAIE ET LE COUTEAU!
083 019                                                          JE SUIS LE SINISTRE MIROIR
083 022  .  .  .  .  .  .  .  .  .  .  .  .  .  .  .  .         JE SUIS LE SOUFFLET ET LA JOUE!
083 023                                                          JE SUIS LES MEMBRES ET LA ROUE,
043 007                                         ILS SONT MES SERVITEURS ET JE SUIS LEUR ESCLAVE;
106 001                                            MA FEMME EST MORTE, JE SUIS LIBRE!
031 007  .  .  .  .  .  .  .  .  .  .  .  .  .  --INFAME A QUI JE SUIS LIE
```

J

```
                                                                      POEM LINE
                              JE SUIS L'ANGE GARDIEN, LA MUSE ET LA MADONE."   . . . . 042 014
                   (CAR JE SUIS TON BON ANGE, ENTENDS -TU?)  JE LE VEUX!      140 004
                     " JE SUIS TON EGALE, O MON ROI!"                         138 040
                    -- JE SUIS UN CIMETIERE ABHORRE DE LA LUNE,               076 008
                       JE SUIS UN VIEUX BOUDOIR PLEIN DE ROSES FANEES,   . . 076 011
                       JE SUIS, MON CHER SAVANT, SI DOCTE AUX VOLUPTES,       132 011
                       JE SUIVAIS, ROIDISSANT MES NERFS COMME UN HEROS        090 010
                       JE TE DONNE CES VERS AFIN QUE SI MON NOM               039 001
                    ET JE TE DONNERAI, MA BRUNE,   . . . . . . . . .          063 005
                       JE TE FERAI DE MON RESPECT DE BEAUX SOULIERS           057 019
                       JE TE FRAPPERAI SANS COLERE                            083 001
                       JE TE HAIS AUTANT QUE JE T'AIME!                       129 016
                       JE TE HAIS, OCEAN! TES BONDS ET TES TUMULTES,   . . .  079 005
           PLAINS -MOI!...SINON, JE TE MAUDIS!                                142 014
     "O MON SEMBLABLE, O MON MAITRE, JE TE MAUDIS!"                           126 104
                       JE TE REPONDIS:  "OUI! DOUCE VOIX!" C'EST D'ALORS       136 014
                  QUAND JE TE VOIS PASSER, O MA CHERE INDOLENTE,   . . . . .  098 001
           ET SAURAI - JE TIRER DE L'IMPLACABLE HIVER                         050 015
   CAR J'EPROUVE UNE JOIE IMMENSE QUAND JE TOMBE                              104 009
        ET QUE, LES YEUX AU CIEL, JE TOMBE DANS DES TROUS.                    136 026
                 EN TOI JE TOMBERAI, VEGETALE AMBROISIE,   . . . . . . . .    104 021
                    ET JE TORDRAI SI BIEN CET ARBRE MISERABLE,                001 015
                 --MAIS JE TOURNAI LE DOS AU CORTEGE INFERNAL,                090 044
                     OU JE TRAINAIS MON ATONIE,                               129 018
                       JE TRAINE DES SERPENTS QUI MORDENT MES SOULIERS.  . . 136 020
                  COMME JE TRAVERSAIS LE NOUVEAU CARROUSEL,                   089 006
                       JE TRONE DANS L'AZUR COMME UN SPHINX INCOMPRIS;        017 005
                       JE T'ADORE A L'EGAL DE LA VOUTE NOCTURNE,              024 001
                       JE T'ADORE, O MA FRIVOLE,   . . . . . . . .            058 005
    QUI NE CRIE: O MON CHER BELZEBUTH, JE T'ADORE!                            037 014
       "JESUS, PETIT JESUS! JE T'AI POUSSE BIEN HAUT!                         016 011
                       JE T'AIME AINSI! POURTANT, SI TU VEUX AUJOURD'HUI,     037 005
                       JE T'AIME QUAND TON GRAND OEIL VERSE   . . . . . .     138 011
                       JE T'AIME SURTOUT QUAND LA JOIE                        138 006
        JE TE HAIS AUTANT QUE JE T'AIME!                                      129 016
                    ET JE T'ENDORMIRAI DANS UN REVE SANS FIN!"                131 040
               PUISSE - JE VAIS USER DU GLAIVE ET PERIR PAR LE GLAIVE!   . . . .  118 031
                       JE VAIS ME COUCHER SUR LE DOS                          124 012
                       JE VAIS M'EXERCER SEUL A MA FANTASQUE ESCRIME,         087 005
                       JE VAIS VOUS EMPORTER A TRAVERS L'EPAISSEUR,           149 035
    CAR J'IGNORE OU TU FUIS, TU NE SAIS OU JE VAIS,                           093 013
          ET DEPUIS LORS JE VEILLE AU SOMMET DE LEUCATE,                      130 046
          ET DEPUIS LORS JE VEILLE AU SOMMET DE LEUCATE,                      130 050
                       JE VERRAI LES PRINTEMPS, LES ETES, LES AUTOMNES;       086 013
                       JE VERRAI L'ATELIER QUI CHANTE ET QUI BAVARDE;   . . . 086 006
 REPETANT, L'IMPUISSANT ET LA FAT: "OUI, JE VEUX                              149 015
                       JE VEUX BATIR POUR TOI, MADONE, MA MAITRESSE,          057 001
                       JE VEUX CREUSER MOI-MEME UNE FOSSE PROFONDE,           072 002
                       JE VEUX DORMIR! DORMIR PLUTOT QUE VIVRE!   . . . . .   128 009
                       JE VEUX LONGTEMPS PLONGER MES DOIGTS TREMBLANTS        128 003
           ET COMME ELLES JE VEUX ME FAIRE REDORER;                          001 040
                       JE VEUX M'ANEANTIR DANS TA GORGE PROFONDE.             131 083
                   MOI, JE VEUX REGNER PAR L'EFFROI,   . . . . . . .          063 014
                       JE VEUX TE PEINDRE TA BEAUTE,                          052 003
                       JE VEUX TE PEINDRE TA BEAUTE,                          052 015
                       JE VEUX TE RACONTER, O MOLLE ENCHANTERESSE!            052 001
                       JE VEUX TE RACONTER, O MOLLE ENCHANTERESSE!   . . . .  052 013
                       JE VEUX, POUR COMPOSER CHASTEMENT MES EGLOGUES,        086 001
          QUI, S'IL DIT: " JE VEUX!" REPOND:  "NON!"                          141 004
                       JE VIS EN PLEIN MIDI DESCENDRE SUR MA TETE             115 005
                       JE VIS SE DEROULER SOUS MON OEIL CLAIRVOYANT.   . . .  096 014
       SOMBRES OU LUMINEUX, JE VIS VOS JOURS PERDUS;                          091 078
                     LA JE VIS, UN MATIN, A L'HEURE OU SOUS LES CIEUX         089 014
                       JE VOIS AVEC ETONNEMENT                                051 037
                       JE VOIS CE MALHEUREUX, MYTHE ETRANGE ET FATAL,   . . . 089 024
                       JE VOIS DISTINCTEMENT DES MONDES SINGULIERS,           136 018
                       JE VOIS MA FEMME EN ESPRIT.  SON REGARD,               034 009
                       JE VOIS SE DEROULER DES RIVAGES HEUREUX                022 003
                       JE VOIS S'EPANOUIR VOS PASSIONS NOVICES,               091 077
                    "-- JE VOIS TA MERE, ENFANT DE CE SIECLE APPAUVRI,        147 012
                    ET JE VOIS TOUR A TOUR REFLECHIS SUR TON TEINT            007 033
                       JE VOIS UN PORT REMPLI DE VOILES ET DE MATS            022 010
                       JE VOIS, ERRANT ENCOR, L'INSATIABLE ASPIC.   . . . . . 097 032
                ME DIT: " JE VOUDRAIS BIEN SAVOIR,                            041 004
                       JE VOUDRAIS QU'EXHALANT L'ODEUR DE LA SANTE            007 009
                  AINSI JE VOUDRAIS, UNE NUIT,                                129 025
         PAUVRES SOEURS, JE VOUS AIME AUTANT QUE JE VOUS PLAINS,   . . . . .  111 026
      ENDORMEUSES SAISONS! JE VOUS AIME ET VOUS LOUE                          101 002
                       JE VOUS FAIS CHAQUE SOIR UN SOLENNEL ADIEU!            091 082
PAUVRES SOEURS, JE VOUS AIME AUTANT QUE JE VOUS PLAINS,                       111 026
                AURAIS - JE, SANS MOURIR, CONTEMPLE LE HUITIEME,   . . . . .  090 041
       NOUS AVONS BLASPHEME JESUS.                                            150 009
          SERVITEUR DE JESUS, COURTISAN DE CYTHERE,                          144 003
                     " JESUS, PETIT JESUS! JE T'AI POUSSE BIEN HAUT!          016 011
   POUR QUE TU PUISSES FAIRE, A JESUS, QUAND IL PASSE,                        140 007
                   --AH! JESUS, SOUVIENS -TOI DU JARDIN DES OLIVES!           118 009
    SAINT PIERRE A RENIE JESUS...IL A BIEN FAIT!                              118 032
       "JESUS, PETIT JESUS! JE T'AI POUSSE BIEN HAUT!                         016 011
        DANS LA COUR LE JET D'EAU QUI JASE   . . . . . . . . . . . . . .      155 005
```

```
POEM LINE
104 022  .  .  .  .  .  .  .  .  .  .  .  .   GRAIN PRECIEUX   JETE PAR L'ETERNEL SEMEUR,
048 023                          QUAND ON M'AURA   JETE, VIEUX FLACON DESOLE,
106 013                                  JE L'AI   JETEE AU FOND D'UN PUITS,
126 042             FAUT -IL LE METTRE AUX FERS, LE   JETER A LA MER,
131 011  .  .  .  .  .  .  .  .  .  .   SES BRAS VAINCUS,   JETES COMME DE VAINES ARMES,
086 018                      DES JARDINS, DES   JETS D'EAU PLEURANT DANS LES ALBATRES,
142 003                                            JETTE CE LIVRE SATURNIEN,
109 012                                      ET   JETTE DANS MES YEUX PLEINS DE CONFUSION
045 035  .  .  .  .  .  .   JUSQU'A CE QUE L'OUBLI LES   JETTE DANS SA HOTTE
119 032                      ET SUR LA TERRE   JETTE DIEU!
127 005                              QUAND IL   JETTE EN DANSANT SON BRUIT VIF ET MOQUEUR,
074 007                                            JETTE FIDELEMENT SON CRI RELIGIEUX,
142 007  .  .  .  .  .  .  .  .  .  .  .  .  .  .   JETTE! TU N'Y COMPRENDRAIS RIEN,
001 035                      AVEC HYPOCRISIE ILS   JETTENT CE QU'IL TOUCHE,
129 011                                            JETTENT DANS L'ESPRIT DES POETES
130 007                                  QUI SE   JETTENT SANS PEUR DANS LES GOUFFRES SANS FONDS
001 052  .  .  .  .  .  .  .  .  .  .   JE LE LUI   JETTERAI PAR TERRE AVEC DEDAIN!"
095 023             LES TABLES D'HOTE, DONT LE   JEU FAIT LES DELICES,
117 015                                  --"CE   JEU FEROCE ET RIDICULE,
031 009                              COMME AU   JEU LE JOUEUR TETU,
075 011  .  .  .  .  .   CEPENDANT QU'EN UN   JEU PLEIN DE SALES PARFUMS,
025 003                  POUR EXERCER TES DENTS A CE   JEU SINGULIER,
008 012                  OU, SALTIMBANQUE A   JEUN, ETALER TES APPAS
131 004              QUI LEVAIENT LE RIDEAU DE SA   JEUNE CANDEUR.
088 006  .  .  .  .  .  .  .  .  .  .  .   TON   JEUNE CORPS MALADIF,
028 024                                  D'UN   JEUNE ELEPHANT,
110 041                          ELLE EST BIEN   JEUNE ENCOR:--SON AME EXASPEREE
077 002             RICHE, MAIS IMPUISSANT,   JEUNE ET POURTANT TRES -VIEUX,
019 003  .  .  .  .   J'EUSSE AIME VIVRE AUPRES D'UNE   JEUNE GEANTE,
001 049                          COMME UN TOUT   JEUNE OISEAU QUI TREMBLE ET QUI PALPITE
126 126              AVEC LE COEUR JOYEUX D'UN   JEUNE PASSAGER.
116 022                                  OU LA   JEUNE PRETRESSE, AMOUREUSE DES FLEURS,
157 004  .  .  .  .  .  .  .  .  .  .   POUR UN   JEUNE RUFFIAN TERRASSANT SA MAITRESSE.
077 012              POUR TIRER UN SOURIS DE CE   JEUNE SQUELETTE,
131 041              MAIS HIPPOLYTE ALORS, LEVANT SA   JEUNE TETE:
111 008              ET CREUSENT LE BOIS VERT DES   JEUNES ARBRISSEAUX;
087 014  .  .  .  .   ET LES REND GAIS ET DOUX COMME DES   JEUNES FILLES,
130 063              ET LE RAYONNEMENT DE SA   JEUNESSE BLONDE
035 004                                  D'UNE   JEUNESSE EN PROIE A L'AMOUR VAGISSANT.
107 012              TU LUI VERSES L'ESPOIR, LA   JEUNESSE ET LA VIE,
010 001  .  .  .  .  .  .  .  .  .  .  .  .  .   MA   JEUNESSE NE FUT QU'UN TENEBREUX ORAGE,
038 027              TOUT IMPREGNES DE SA   JEUNESSE PURE,
005 035              DE RENDRE A LA   JEUNESSE UN HOMMAGE PROFOND,
063 013              SUR TA VIE ET SUR TA   JEUNESSE,
035 005  .  .  .   LES GLAIVES SONT BRISES! COMME NOTRE   JEUNESSE,
005 036                          --A LA SAINTE   JEUNESSE, A L'AIR SIMPLE, AU DOUX FRONT,
052 002              LES DIVERSES BEAUTES QUI PARENT TA   JEUNESSE;
052 014              LES DIVERSES BEAUTES QUI PARENT TA   JEUNESSE;
114 007  .  .  .  .  .  .  .  .  .  .  .   DANS SES   JEUX DESTRUCTEURS A POURTANT RESPECTE
130 001              MERE DES   JEUX LATINS ET DES VOLUPTES GRECQUES,
130 005              MERE DES   JEUX LATINS ET DES VOLUPTES GRECQUES,
035 003              CES   JEUX, CES CLIQUETIS DU FER SONT LES VACARMES
019 006  .  .  .   ET GRANDIR LIBREMENT DANS SES TERRIBLES   JEUX;
138 006              JE T'AIME SURTOUT QUAND LA   JOIE
044 021              ANGE PLEIN DE BONHEUR, DE   JOIE ET DE LUMIERES,
044 025              ANGE PLEIN DE BONHEUR, DE   JOIE ET DE LUMIERES!
110 033  .  .  .  .  .  .  .  .  .  .   UNE COUPABLE   JOIE ET DES FETES ETRANGES
016 026              IL FAISAIT DES ENFANTS LA   JOIE ET LA RISEE.
021 011              TU SEMES AU HASARD LA   JOIE ET LES DESASTRES,
134 018              QUI FAIT MA   JOIE ET MA SANTE,
104 009  .  .  .  .  .  .  .  .  .  .   CAR J'EPROUVE UNE   JOIE IMMENSE QUAND JE TOMBE
062 017              OU SOUS UN CLAIR AZUR TOUT N'EST QU'AMOUR ET   JOIE,
058 035              MOI, JE METS MA GRANDE   JOIE,
149 036              COMPAGNONS DE MA TRISTE   JOIE,
131 013  .  .  .   ETENDUE A SES PIEDS, CALME ET PLEINE DE   JOIE,
040 006              ET, COMME VOTRE   JOIE, ECLATANTE POUR TOUS.
029 012              TOUT CE QU'ENSEMBLE ELLE AVAIT   JOINT;
097 008              UN SOULIER POMPONNE,   JOLI COMME UNE FLEUR.
106 025  .  .  .  .  .  .   ELLE ETAIT ENCORE   JOLIE,
118 024              DES CHEMINS TOUT   JONCHES DE FLEURS ET DE RAMEAUX;
057 041              BIEN AFFILES, ET, COMME UN   JONGLEUR INSENSIBLE,
027 003              COMME CES LONGS SERPENTS QUE LES   JONGLEURS SACRES
126 083  .  .  .  .  .  .  .  .  .  .  .   ET DES   JONGLEURS SAVANTS QUE LE SERPENT CARESSE."
090 050              LA TEMPETE EN   JOUANT DEROUTAIT SES EFFORTS,
059 007              LA JOUE ET L'OEIL EN FEU,   JOUANT SON PERSONNAGE,
097 009              LA RUCHE QUI SE   JOUE AU BORD DES CLAVICULES,
001 025  .  .  .  .  .  .  .  .  .  .  .  .   IL   JOUE AVEC LE VENT, CAUSE AVEC LE NUAGE,
129 003              LE RIRE   JOUE EN TON VISAGE
059 007              LA   JOUE ET L'OEIL EN FEU, JOUANT SON PERSONNAGE,
101 005              DANS CETTE GRANDE PLAINE OU L'AUTAN FROID SE   JOUE,
083 022  .  .  .  .  .  .   JE SUIS LE SOUFFLET ET LA   JOUE!
115 018              PARCE QU'IL SAIT   JOUER ARTISTEMENT SON ROLE,
008 010              COMME UN ENFANT DE CHOEUR,   JOUER DE L'ENCENSOIR,
052 033              TES BRAS, QUI SE   JOUERAIENT DES PRECOCES HERCULES,
149 047  .  .   MON AME DANS TES MAINS N'EST PAS UN VAIN   JOUET,
085 017              SOUVIENS -TOI QUE LE TEMPS EST UN   JOUEUR AVIDE
031 009              COMME AU JEU LE   JOUEUR TETU,
107 005              LE DERNIER SAC D'ECUS DANS LES DOIGTS D'UN   JOUEUR;
005 004  .  .  .  .  .  .  .  .  .  .  .  .  .  .   JOUISSAIENT SANS MENSONGE ET SANS ANXIETE,
```

J

		POEM	LINE
L'APRE STERILITE DE VOTRE	JOUISSANCE	131	097
--LA	JOUISSANCE AJOUTE AU DESIR DE LA FORCE.	126	069
MON COEUR MULTIPLIE	JOUIT DE TOUS VOS VICES!	091	079
LE BOURREAU QUI	JOUIT, LE MARTYR QUI SANGLOTE;	126	093
COMME JE ME PLAIGNAIS UN	JOUR A LA NATURE, ...	115	002
QUI GUETTE NUIT ET	JOUR BRICK, TARTANE OU FREGATE,	130	048
--DE SAPHO QUI MOURUT LE	JOUR DE SON BLASPHEME.	130	066
DE CELLE QUI MOURUT LE	JOUR DE SON BLASPHEME.	130	070
LE	JOUR DECROIT; LA NUIT AUGMENTE; SOUVIENS -TOI!	085	019
CONCEVAIT CHAQUE	JOUR DES ENFANTS MONSTRUEUX,	019	002
LA LAMPE SUR LE	JOUR FAIT UNE TACHE ROUGE;	103	006
CHAQUE	JOUR FROTTE AVEC SON AILE RUDE...	038	053
D'ENDORMIR POUR UN	JOUR LA TERREUR QUI ME MINE;	113	010
IL NOUS VERSE UN	JOUR NOIR PLUS TRISTE QUE LES NUITS;	078	004
NOUS FIMES DU	JOUR QUI S'ENFUIT:	150	004
OU LE SPECTRE EN PLEIN	JOUR RACCROCHE LE PASSANT!	090	002
IL TE FAUT CHAQUE	JOUR UN COEUR AU RATELIER.	025	004
ON RACONTE QU'UN	JOUR UN DOCTEUR DES PLUS GRANDS,	016	003
CHAQUE	JOUR VERS L'ENFER NOUS DESCENDONS D'UN PAS,	000	015
ET NE SE TAIT NI NUIT NI	JOUR,	155	006
PARAITRA LE TERRIBLE	JOUR, ...	135	012
L'OMBRE AVEC LA CHALEUR, LA NUIT AVEC LE	JOUR,	131	066
QUI BAILLE NUIT ET	JOUR, ET SE LAMENTE ET PLEURE,	149	014
TOUT LE	JOUR, OU TU VEUX, TU MENES TES PIEDS NUS	133	011
FAIS QUE MON AME UN	JOUR, SOUS L'ARBRE DE SCIENCE, ...	120	049
IMITE LES COMBATS DE LA LAMPE ET DU	JOUR.	103	008
QU'ONT LES CIERGES BRULANT EN PLEIN	JOUR; LE SOLEIL	043	010
RIEN N'EGALE EN LONGUEUR LES BOITEUSES	JOURNEES,	076	015
TU RAPPELLES CES	JOURS BLANCS, TIEDES ET VOILES, ...	050	005
CONSUMERONT LEURS	JOURS EN D'AUSTERES ETUDES;	017	011
POUR VIVRE QUELQUES	JOURS ET VETIR LEURS MAITRESSES.	095	028
FONT L'ORNEMENT DES NUITS ET DES	JOURS GLORIEUX;	130	004
QU'ONT DANS LEURS	JOURS HEUREUX LES ESCLAVES DES MORES, ...	127	004
ET DONT SUR LEURS VIEUX	JOURS LES PUISSANTS SE SOUVIENNENT,	077	016
SOMBRES OU LUMINEUX, JE VIS VOS	JOURS PERDUS;	091	078
REVAIS -TU DE CES	JOURS SI BRILLANTS ET SI BEAUX	118	021
QUI MONTE TOUS LES	JOURS VERS SES CHERS SERAPHINS?	118	002
--MAINT	JOYAU DORT ENSEVELI	011	009
DES TRONES CONSTELLES DE	JOYAUX LUMINEUX;	126	078
BEAUX ECRINS SANS	JOYAUX, MEDAILLONS SANS RELIQUES,	098	019
DE VOUS, CLAIRE ET	JOYEUSE AINSI QU'UNE FANFARE	045	017
A LA	JOYEUSE MESSE NOIRE?	149	024
POUR CHATIER TA CHAIR	JOYEUSE,	129	029
COEUR, COMME UN OISEAU, VOLTIGEAIT TOUT	JOYEUX	116	001
LES UNS,	JOYEUX DE FUIR UNE PATRIE INFAME;	126	009
AVEC LE COEUR	JOYEUX D'UN JEUNE PASSAGER.	126	126
LESBOS, OU LES BAISERS, LANGUISSANTS OU	JOYEUX,	130	002
VIENDRA RANIMER, FIDELE ET	JOYEUX,	121	013
VOYEZ VENIR A VOUS UN MORT LIBRE ET	JOYEUX;	072	010
QUAND DON	JUAN DESCENDIT VERS L'ONDE SOUTERRAINE	015	001
--CEPENDANT, TOUT EN HAUT DE L'UNIVERS	JUCHE,	149	043
SE PROJETAIT, PAREILLE A CELLE DE	JUDAS.	090	020
QUI DES DIEUX OSERA, LESBOS, ETRE TON	JUGE	130	031
--POUR RENDRE LE	JUGE PROPICE,	135	010
IL	JUGE, IL PRESIDE, IL INSPIRE	051	030
QUI DES DIEUX OSERA, LESBOS, ETRE TON	JUGE?	130	035
LES STUPIDES MORTELS QUI T'ONT	JUGEE AMERE, ...	039	013
D'UN QUADRUPEDE INFIRME OU D'UN	JUIF A TROIS PATTES.	090	025
COMME LE	JUIF ERRANT ET COMME LES APOTRES,	126	117
UNE NUIT QUE J'ETAIS PRES D'UNE AFFREUSE	JUIVE,	032	001
CE	JUMEAU CENTENAIRE, ET CES SPECTRES BAROQUES	090	031
DANS NOS DEUX ESPRITS, CES MIROIRS	JUMEAUX.	121	008
QUAND TU VAS BALAYANT L'AIR DE TA	JUPE LARGE,	052	005
QUAND TU VAS BALAYANT L'AIR DE TA	JUPE LARGE,	052	025
LE DESTIN CHARME SUIT TES	JUPONS COMME UN CHIEN;	021	010
DANS TES	JUPONS REMPLIS DE TON PARFUM	128	005
SOUS DES	JUPONS TROUES ET SOUS DE FROIDS TISSUS	091	008
JUSQU'A CE QUE L'OUBLI LES JETTE DANS SA HOTTE		045	035
EPRISE DU PLAISIR	JUSQU'A CETTE FROIDEUR PAR OU TU M'ES PLUS BELLE! . . .	024	010
	JUSQU'A L'ATROCITE,	092	012
SAURONT	JUSQU'A L'HEURE MELANCOLIQUE	067	006
ET DEPUIS TES PIEDS FRAIS	JUSQU'A SON COEUR SE FRAYER UN CHEMIN.	001	048
HIPPOGRIFFE PUISSANT, MENE -MOI	JUSQU'A TES NOIRES TRESSES	032	010
DESCEND	JUSQU'AU CIEL!	091	044
VAS -TU, COMME JADIS, DU SOIR	JUSQU'AU FOND DE MON COEUR.	155	022
	JUSQU'AU MATIN,	147	010
QUI, LA TORCHE A LA MAIN, LE BRULE	JUSQU'AU PLUS HAUT DU CIEL, RIEN, HORS MOI, NE REPOND! .	039	010
OU	JUSQU'AU SANG.	131	080
ET NOUS DONNE LE COEUR DE MARCHER	JUSQU'AU SOIR IL FERA FROID.	063	011
SURTOUT, CE QUI LA FAIT FREMIR	JUSQU'AU SOIR;	122	004
O TOISON, MOUTONNANT	JUSQU'AUX GENOUX, ...	020	034
ET CONSTANT	JUSQUE SUR L'ENCOLURE!	023	001
ET, DES PIEDS	JUSQUES A LA MORT.	110	060
DU HAUT	JUSQUES A LA TETE,	034	012
S'ADAPTAIENT	JUSQUES EN BAS DE L'ECHELLE FATALE, ...	126	087
QUE NOUS VEULENT LES LOIS DU	JUSTE A SA RARE BEAUTE?	038	034
QUE NOUS VEULENT LES LOIS DU	JUSTE ET DE L'INJUSTE?	130	036
LORSQUE DE LA STRICTE	JUSTE ET DE L'INJUSTE?	130	040
	JUSTICE	135	011

[165]

```
POEM LINE
041 010 .  .  .  .  .  .  .  .  .  .  .  .     TU REPONDIS A   L'ABHORRE:
148 015 .  .  .  .  .  .  .  .  .  .   DE DONNER MON NOM A   L'ABIME
096 022 .  .  .  .  .  .  .  .   COURANT AVEC FERVEUR A   L'ABIME BEANT,
128 014 .  .  .  .  .  .  .  .  .  .  .   RIEN NE ME VAUT   L'ABIME DE TA COUCHE;
039 009 .  .  .  .  .  .  .  .   ETRE MAUDIT A QUI, DE   L'ABIME PROFOND
021 001 .   VIENS -TU DU CIEL PROFOND OU SORS -TU DE   L'ABIME,
136 017 .  .   DE L'EXISTENCE IMMENSE, AU PLUS NOIR DE   L'ABIME,
020 024 .  .  .  .  .  .  .  .  .  .  .  .   RENVERSEE A   L'ABRI DE LA FACE QUI MENT.
061 012 .  .  .  .  .  .  .  .  .  .  .   VOUS FERIEZ, A   L'ABRI DES OMBREUSES RETRAITES,
080 014 .  .  .  .  .  .  .  .  .   ET JE N'Y CHERCHE PLUS   L'ABRI D'UNE CAHUTE.
153 006 .  .  .  .  .  .  .  .  .  .  .   VERS L'ETRANGE ET   L'ABSURDE INVITENT SA RAISON;
090 048 .  .  .  .  .  .  .   BLESSE PAR LE MYSTERE ET PAR   L'ABSURDITE!
126 133 .  .  .  .  .  .  .  .  .  .  .  .  .  .   A   L'ACCENT FAMILIER NOUS DEVINONS LE SPECTRE;
048 006 .  .  .  .  .  .  .  .  .  .  .  .   PLEINE DE   L'ACRE ODEUR DES TEMPS, POUDREUSE ET NOIRE,
090 008 .  .  .  .  .   ET QUE, DECOR SEMBLABLE A L'AME DE   L'ACTEUR,
118 030 .  .  .  .  .  .  .  .  .  .  .  .   D'UN MONDE OU   L'ACTION N'EST PAS LA SOEUR DU REVE;
149 034 .  .  .  .  .  .   QUI SE MORFOND LONGTEMPS A   L'AFFUT DE LA PROIE.
105 014 .   MOULUS PAR LE TRAVAIL ET TOURMENTES PAR   L'AGE,
106 013 .  .  .  .  .  .  .  .  .  .  .  .  .  .   JE   L'AI JETEE AU FOND D'UN PUITS,
108 009 .  .  .  .  .  .  .  .   MOLLEMENT BALANCES SUR   L'AILE
106 027 .  .  .  .  .  .  .  .  .  .  .  .  .  .   JE   L'AIMAIS TROP! VOILA POURQUOI
038 038 .  .  .  .  .  .  .  .  .  .  .   QUE TOUT VOULAIT   L'AIMER; ELLE NOYAIT
131 010 .  .  .  .  .  .  .  .  .  .  .  .  .   L'AIR BRISE, LA STUPEUR, LA MORNE VOLUPTE,
103 020 .  .  .  .   LE CHANT DU COQ AU LOIN DECHIRAIT   L'AIR BRUMEUX;
023 005 .  .  .  .  .  .  .  .   JE LA VEUX AGITER DANS   L'AIR COMME UN MOUCHOIR!
006 004 .  .  .  .  .  .  .  .  .  .  .  .  .  .   COMME   L'AIR DANS LE CIEL ET LA MER DANS LA MER;
042 011 .  .  .  .  .  .  .  .  .  .   SON FANTOME DANS   L'AIR DANSE COMME UN FLAMBEAU.
035 002 .  .  .  .  .  .  .  .  .  .  .  .   ONT ECLABOUSSE   L'AIR DE LUEURS ET DE SANG.
052 005 .  .  .  .  .  .  .  .   QUAND TU VAS BALAYANT   L'AIR DE TA JUPE LARGE,
052 025 .  .  .  .  .  .  .  .   QUAND TU VAS BALAYANT   L'AIR DE TA JUPE LARGE,
017 010 .  .  .  .  .  .  .  .  .  .  .  .  .   QUE J'AI   L'AIR D'EMPRUNTER AUX PLUS FIERS MONUMENTS,
021 020 .  .  .  .  .  .  .  .  .  .  .  .  .  .   A   L'AIR D'UN MORIBOND CARESSANT SON TOMBEAU.
047 003 .  .  .  .  .   LES SONS ET LES PARFUMS TOURNENT DANS   L'AIR DU SOIR;
110 006 .  .  .  .  .  .  .  .  .  .  .  .  .   L'AIR EST DANGEREUX ET FATAL,
103 010 .  .  .  .  .  .  .  .  .  .  .  .  .   L'AIR EST PLEIN DU FRISSON DES CHOSES QUI S'ENFUIEN
106 006 .  .  .  .  .  .  .  .  .  .  .  .  .   L'AIR EST PUR, LE CIEL ADMIRABLE...
022 013 .  .  .  .  .  .  .  .   QUI CIRCULE DANS   L'AIR ET M'ENFLE LA NARINE.
090 040 .  .  .   CES SEPT MONSTRES HIDEUX AVAIENT   L'AIR ETERNEL!
091 060 .  .  .  .  .  .  .   SON FRONT DE MARBRE AVAIT   L'AIR FAIT POUR LE LAURIER!
074 010 .  .  .  .   ELLE VEUT DE SES CHANTS PEUPLER   L'AIR FROID DES NUITS,
139 005 .  .  .  .  .  .  .  .  .  .  .  .   DEESSE DANS   L'AIR REPANDUE,
089 016 .  .  .   POUSSE UN SOMBRE OURAGAN DANS   L'AIR SILENCIEUX,
005 036 .  .  .  .  .  .   --A LA SAINTE JEUNESSE, A   L'AIR SIMPLE, AU DOUX FRONT,
003 010 .  .  .  .  .  .  .  .  .  .   VA TE PURIFIER DANS   L'AIR SUPERIEUR!
048 014 .  .  .  .  .  .  .  .  .  .  .  .  .   DANS   L'AIR TROUBLE; LES YEUX SE FERMENT; LE VERTIGE
127 003 .  .  .   DONT LE RICHE ATTIRAIL LUI DONNAIT   L'AIR VAINQUEUR
117 006 .  .  .  .  .  .  .  .  .  .  .   QUI MONTENT DANS   L'AIR,
117 018 .  .  .  .  .  .  .  .  .  .  .  .   EPARPILLE EN   L'AIR,
029 005 .  .  .  .  .  .  .  .   LES JAMBES EN   L'AIR, COMME UNE FEMME LUBRIQUE,
126 046 .  .  .  .  .  .  .  .  .  .   REVE, LE NEZ EN   L'AIR, DE BRILLANT PARADIS!
112 009 .  .  .  .  .  .  .  .  .  .   ET LA BIERE ET   L'ALCOVE EN BLASPHEMES FECONDES
023 003 .  .  .  .   EXTASE! POUR PEUPLER CE SOIR   L'ALCOVE OBSCURE
038 024 .  .  .  .  .  .   VIVANT SACHET, ENCENSOIR DE   L'ALCOVE,
156 011 .  .  .  .  .  .  .  .  .  .   SOUS LA TORCHE DE   L'ALECTO
038 021 .  .  .  .  .  .  .  .  .  .  .  .  .   AINSI   L'AMANT SUR UN CORPS ADORE
130 056 .  .  .  .  .  .  .  .  .  .  .   DE LA MALE SAPHO,   L'AMANTE ET LE POETE,
130 060 .  .  .  .  .  .  .  .  .  .   DE LA MALE SAPHO,   L'AMANTE ET LE POETE!
110 015 .  .  .  .  .  .  .  .  .  .  .   LA TETE, AVEC   L'AMAS DE SA CRINIERE SOMBRE
152 007 .  .  .  .  .  .  .  .  .  .  .   OU, DERRIERE   L'AMAS DES OMBRES LETHARGIQUES,
053 020 .  .  .  .  .  .  .   AUX VAGUES SENTEURS DE   L'AMBRE,
004 013 .  .  .  .  .  .  .  .  .  .  .  .  .   COMME   L'AMBRE, LE MUSC, LE BENJOIN ET L'ENCENS,
001 024 .  .  .  .  .  .  .  .  .  .  .  .  .   RETROUVE   L'AMBROISIE ET LE NECTAR VERMEIL.
049 010 .  .  .  .  .  .  .  .  .  .  .  .  .   REMPLIT   L'AME AU DELA DE SA CAPACITE.
059 010 .  .  .  .  .  .  .  .  .  .  .  .  .  .   A   L'AME CHARITABLE AUTANT QUE MEURTRIERE;
138 039 .  .  .  .  .  .  .  .  .  .   ME DIRE,   L'AME DE CRIS PLEINE:
090 008 .  .  .   ET QUE, DECOR SEMBLABLE A   L'AME DE L'ACTEUR,
075 007 .  .  .  .  .  .  .  .  .  .  .   UN SOIR,   L'AME DU VIN CHANTAIT DANS LES BOUTEILLES:
104 001 .  .  .  .  .  .  .  .  .  .  .  .   L'AME D'UN VIEUX POETE ERRE DANS LA GOUTTIERE
053 025 .  .  .  .  .  .  .  .  .  .  .  .  .  .   A   L'AME EN SECRET
048 015 .  .  .  .  .  .  .  .   SAISIT   L'AME VAINCUE ET LA POUSSE A DEUX MAINS
103 007 .  .  .  .  .  .  .  .  .  .  .  .  .   OU   L'AME, SOUS LE POIDS DU CORPS REVECHE ET LOURD,
104 007 .   POUR ENGENDRER MA VIE ET POUR ME DONNER   L'AME;
057 038 .  .  .  .  .  .  .  .  .   ET POUR MELER   L'AMOUR AVEC LA BARBARIE,
064 009 .  .  .  .  .  .  .   AIMONS -NOUS DOUCEMENT.   L'AMOUR DANS SA GUERITE,
007 006 .  .  .  .  .   T'ONT -ILS VERSE LA PEUR ET   L'AMOUR DE LEURS URNES?
009 014 .  .  .  .  .   LE TRAVAIL DE MES MAINS ET   L'AMOUR DE MES YEUX?
042 013 .  .  .  .  .  .  .  .  .  .   QUE POUR   L'AMOUR DE MOI VOUS N'AIMIEZ QUE LE BEAU;
111 007 .  .  .  .  .  .  .  .  .  .   VONT EPELANT   L'AMOUR DES CRAINTIVES ENFANCES
120 038 .  .  .  .   LE CULTE DE LA PLAIE ET   L'AMOUR DES GUENILLES,
148 013 .  .  .  .  .  .  .  .  .   ET BRULE PAR   L'AMOUR DU BEAU,
084 006 .  .  .  .  .  .  .  .  .  .   QU'A TENTE   L'AMOUR DU DIFFORME,
117 001 .  .  .  .  .  .  .  .  .  .  .  .  .   L'AMOUR EST ASSIS SUR LE CRANE
120 011 .  .  .  .  .  .  .   ENSEIGNES PAR   L'AMOUR LE GOUT DU PARADIS.
020 013 .  .  .   "LA VOLUPTE M'APPELLE ET   L'AMOUR ME COURONNE!"
032 008 .  .  .  .   ET DONT LE SOUVENIR POUR   L'AMOUR ME RAVIVE.
131 064 .  .  .  .  .  .  .  .   AUX CHOSES DE   L'AMOUR MELER L'HONNETETE!
080 007 .  .  .  .  .  .  .  .  .  .  .  .  .   L'AMOUR N'A PLUS DE GOUT, NON PLUS QUE LA DISPUTE;
113 013 .  .  .  .  .  .  .  .  .  .  .  .   MAIS   L'AMOUR N'EST POUR MOI QU'UN MATELAS D'AIGUILLES
131 060 .  .  .  .  .  .  .  .  .   --"QUI DONC DEVANT   L'AMOUR OSE PARLER D'ENFER?
```

L

		POEM	LINE
L'ELIXIR DE TA BOUCHE OU	L'AMOUR SE PAVANE;	026	006
ET	L'AMOUR SE RIRA DE L'ENFER ET DU CIEL!	130	039
--O FUREUR DES COEURS MURS PAR	L'AMOUR ULCERES!	035	008
J'AI CHERCHE DANS	L'AMOUR UN SOMMEIL OUBLIEUX;	113	012
D'UNE JEUNESSE EN PROIE A	L'AMOUR VAGISSANT.	035	004
N'A CONNU	L'AMOUR VERITABLE,	106	036
LES GRIFFES DE	L'AMOUR, LES POISONS DU TRIPOT,	114	003
OU CE SOIR M'A PLONGE	L'AMOUR.	155	008
L'UN EST L'ART, ET L'AUTRE	L'AMOUR.	135	009
	L'AMOUREUX PANTELANT INCLINE SUR SA BELLE	021	019
A CE ROUGE SOLEIL QUE L'ON NOMME	L'AMOUR!	131	068
TEL EST	L'AMOUR! AVANT QUE TON COEUR NE SE BLASE,	140	009
DE SES POINGS DE GEANT TORTURE	L'ANATHEME;	140	013
VIEUX CAPITAINE, IL EST TEMPS! LEVONS	L'ANCRE!	126	137
DANS UN TROU DU PLAFOND LA TROMPETTE DE	L'ANGE	097	055
JE SUIS	L'ANGE GARDIEN, LA MUSE ET LA MADONE."	042	014
OU	L'ANGE INVIOLE SE MELE AU SPHINX ANTIQUE, ...	027	011
A	L'ANGE, A L'IDOLE IMMORTELLE,	134	003
A	L'ANGE, A L'IDOLE IMMORTELLE,	134	019
ET	L'ANGE, CHATIANT AUTANT, MA FOI! QU'IL AIME,	140	012
VAINCU, PLEURE, ET	L'ANGOISSE ATROCE, DESPOTIQUE, ...	078	019
ANGE PLEIN DE GAIETE, CONNAISSEZ -VOUS	L'ANGOISSE,	044	001
ANGE PLEIN DE GAIETE, CONNAISSEZ -VOUS	L'ANGOISSE?	044	005
ET	L'ANIMER ENCOR D'UNE VOIX ARGENTINE,	062	029
VOUS ENTENDREZ TOUTE	L'ANNEE	070	009
LES HANCHES DE	L'ANTIOPE AU BUSTE D'UN IMBERBE,	127	026
EXCEPTE LA CANDEUR DE	L'ANTIQUE ANIMAL,	064	004
DE PERDRE AU FOND D'UN LIT	L'ANTIQUE CONSCIENCE.	132	006
MAIS LES BIJOUX PERDUS DE	L'ANTIQUE DOULEUR ETERNEL ALAMBIC!	097	030
DE	L'ANTIQUE PALMYRE,	001	069
MOI-MEME, DANS UN COIN DE	L'ANTIQUE VENUS LE SUPERBE FANTOME	116	010
"OU DONC	L'ANTRE TACITURNE,	096	015
ET	L'APERÇOIS -TU, CE CREATEUR DU BEAU, ...	149	011
MAIS NE SUFFIT -IL PAS QUE TU SOIS	L'APPAREIL SANGLANT DE LA DESTRUCTION!	109	014
	L'APPARENCE.	098	021
	L'APRE STERILITE DE VOTRE JOUISSANCE	131	097
	L'ARAIGNEE Y FERA SES TOILES, ...	070	007
FAIS QUE MON AME UN JOUR, SOUS	L'ARBRE DE SCIENCE,	120	049
J'IRAI LA-BAS OU	L'ARBRE ET L'HOMME,.PLEINS DE SEVE,	023	011
QUI HANTE LA TEMPETE ET SE RIT DE	L'ARCHER;	002	014
VIERGES AU COEUR SUBLIME, HONNEUR DE	L'ARCHIPEL.	130	037
AFIN D'ETERNISER	L'ARDEUR DE NOTRE HAINE!	035	014
SE PAMENT LONGUEMENT SOUS	L'ARDEUR DES CLIMATS;	023	012
LES SOIRS ILLUMINES PAR	L'ARDEUR DU CHARBON,	036	006
LES SOIRS ILLUMINES PAR	L'ARDEUR DU CHARBON.	036	010
ET LEUR PEAU FLEURIRA	L'ARIDITE DES RONCES.	035	011
DE	L'ARMURE, TA HONTE EGALERAIT TA GLOIRE,	016	013
DE	L'ARRIERE -SAISON LE RAYON JAUNE ET DOUX!	056	028
"FIERS MIGNONS, MALGRE	L'ART DES POUDRES ET DU ROUGE, ...	097	047
JE SAIS	L'ART D'EVOQUER LES MINUTES HEUREUSES,	036	021
JE SAIS	L'ART D'EVOQUER LES MINUTES HEUREUSES!	036	025
	L'ART EST LONG ET LE TEMPS EST COURT.	011	004
NOIR ASSASSIN DE LA VIE ET DE	L'ART, ...	038	054
S IL PREND, SACHANT MON GRAND AMOUR DE	L'ART,	109	005
L'UN EST	L'ART, ET L'AUTRE L'AMOUR.	135	009
ET DONT	L'ART, SUBTIL ENTRE TOUS;	156	002
SUR LA TOILE OUBLIEE, ET QUE	L'ARTISTE ACHEVE	029	031
A	L'ARTISTE PENSIF TON CORPS EST DOUX ET CHER;	133	003
O BLASPHEME DE	L'ART! O SURPRISE FATALE!	020	017
ET DONT	L'ASPECT AURAIT FAIT PLEUVOIR LES AUMONES,	090	015
JE NE CHERCHE, A	L'ASPECT DE CES MEMBRES DISCORDS, ...	091	030
JE SENTIS, A	L'ASPECT DE TES MEMBRES FLOTTANTS,	116	046
LUI DEROBENT	L'ASPECT DES PEUPLES FURIEUX!	001	056
QUE	L'ASPECT PERMANENT DE VOS PALES TENEBRES,	101	012
EXCITANT A	L'ASSAUT UN PEUPLE SANS SOULIERS, ...	059	006
JE VERRAI	L'ATELIER QUI CHANTE ET QUI BAVARDE;	086	006
CEPENDANT DES DEMONS MALSAINS DANS	L'ATMOSPHERE	095	011
	L'ATMOSPHERE D'UN CHER REDUIT,	134	010
IEN, NI VOTRE AMOUR, NI LE BOUDOIR, NI	L'ATRE, ...	056	019
EPRISE DU PLAISIR JUSQU'A	L'ATROCITE,	092	012
JE M'AVANCE A	L'ATTAQUE, ET JE GRIMPE AUX ASSAUTS,	024	007
S'OUVRE ET S'ENFONCE AVEC	L'ATTIRANCE DU GOUFFRE.	046	007
JAMAIS NE CONTENAIENT	L'ATTRAIT MYSTERIEUX	126	066
QUAND CHEZ LES DEBAUCHES	L'AUBE BLANCHE ET VERMEILLE	046	001
L'ESPERANCE QUI BRILLE AUX CARREAUX DE	L'AUBERGE	054	026
C'EST	L'AUBERGE FAMEUSE INSCRITE SUR LE LIVRE,	122	007
E DIABLE A TOUT ETEINT AUX CARREAUX DE	L'AUBERGE!	054	030
DANS DES CONSTRUCTIONS DONT	L'AUDACE CORRECTE	157	007
OU	L'AUGUSTE VERTU, TON EPOUSE ENCOR VIERGE,	085	022
ELLE EBLOUIT COMME	L'AURORE	041	015
	L'AURORE GRELOTTANTE EN ROBE ROSE ET VERTE	103	025
CONTIENS DANS TON OEIL LE COUCHANT ET	L'AURORE;	021	005
POUR CELUI QUE	L'AUSTERE INFORTUNE ALLAITA!	091	036
DANS CETTE GRANDE PLAINE OU	L'AUTAN FROID SE JOUE,	101	005
DEVANT	L'AUTEL FLEURI DE LA REINE DES VIERGES, ...	057	030
VOILA QUE J'AI TOUCHE	L'AUTOMNE DES IDEES,	010	005
POUR QUI?--C'ETAIT HIER L'ETE; VOICI	L'AUTOMNE!	056	010
L'UN DE SON VIEIL HONNEUR,	L'AUTRE DE SA BEAUTE!	096	020
	L'AUTRE EN TOI MET SON DEUIL, NATURE!	081	002

```
POEM LINE
023 022 .  .  .  .  .  .  .  .  .  .  .      DANS CE NOIR OCEAN OU   L'AUTRE EST ENFERME;
135 009                                       L'UN EST L'ART, ET   L'AUTRE L'AMOUR.
002 012                                                            L'AUTRE MIME, EN BOITANT, L'INFIRME QUI VOLAIT!
126 114               PAR, S'IL LE FAUT, L'UN COURT, ET   L'AUTRE SE TAPIT
130 009 .  .  .  .  .  .           LESBOS, OU LES PHRYNES L'UNE   L'AUTRE S'ATTIRENT,
130 015                            LESBOS, OU LES PHRYNES L'UNE   L'AUTRE S'ATTIRENT,
091 047                                                            L'AUTRE, PAR SON ENFANT MADONE TRANSPERCEE,
091 046                                                      ET   L'AUTRE, QUE SON EPOUX SURCHARGEA DE DOULEURS,
035 001 .  .  .  .  .       DEUX GUERRIERS ONT COURU L'UN SUR   L'AUTRE; LEURS ARMES
136 009                                                            L'AUTRE:  "VIENS! OH! VIENS VOYAGER DANS LES REVE
081 004                                                   DIT A   L'AUTRE: VIE ET SPLENDEUR!
095 013            ET COGNENT EN VOLANT LES VOLETS ET   L'AUVENT.
116 036 .  .  .  .  .  .  .  .  .  .  .  .  .  .      L'AVAIENT A COUPS DE BEC ABSOLUMENT CHATRE.
109 003                                                      JE   L'AVALE ET LE SENS QUI BRULE MON POUMON
141 013                                             SANS SUBIR   L'AVERTISSEMENT
110 012                                                   AVEC   L'AVIDITE D'UN PRE.
051 027 .  .  .  .  .  .  .  .  .      J'EN FUS EMBAUME, POUR   L'AVOIR
126 086                        NOUS AVONS VU PARTOUT, ET SANS   L'AVOIR CHERCHE,
131 016                                                  APRES   L'AVOIR D'ABORD MARQUEE AVEC LES DENTS.
065 008                                       QUI MONTENT DANS   L'AZUR COMME DES FLORAISONS,
017 005 .  .  .  .  .  .  .  .  .  .  .      JE TRONE DANS   L'AZUR COMME UN SPHINX .INCOMPRIS;
027 005                            COMME LE SABLE MORNE ET   L'AZUR DES DESERTS,
023 027                                          VOUS ME RENDEZ   L'AZUR DU CIEL IMMENSE ET ROND;
005 039                                                  COMME   L'AZUR DU CIEL, LES OISEAUX ET LES FLEURS,
084 002 .  .  .  .  .  .  .  .  .  .  .  .      PARTI DE   L'AZUR ET TOMBE
012 010                                       AU MILIEU DE   L'AZUR, DES VAGUES, DES SPLENDEURS
086 010                                      L'ETOILE DANS   L'AZUR, LA LAMPE A LA FENETRE,
002 006                                       QUE CES ROIS DE   L'AZUR, MALADROITS ET HONTEUX,
130 049 .  .      DONT LES FORMES AU LOIN FRISSONNENT DANS   L'AZUR;
154 008                                      --LA BRISE ET   L'EAU CHANTENT AU LOIN
029 026                                                  COMME   L'EAU COURANTE ET LE VENT,
010 030                                                     OU   L'EAU CREUSE DES TROUS GRANDS COMME DES TOMBEAUX.
028 031 .  .  .  .  .  .  .  .  .  .  .      QUAND   L'EAU DE TA BOUCHE REMONTE
089 011            LES HERBES, LES GROS BLOCS VERDIS PAR   L'EAU DES FLAQUES,
091 018                            LUISANTS COMME CES TROUS OU   L'EAU DORT DANS LA NUIT;
077 013                          OU COULE AU LIEU DE SANG   L'EAU VERTE DU LETHE.
102 012 .  .  .  .  .  .      DU METAL, DU MARBRE ET DE   L'EAU.
028 028                                      SES VERGUES DANS   L'EAU.
091 052                            PENSIVE, S'ASSEYAIT A   L'ECART SUR UN BANC,
056 010 .  .  .  .  .  .      L'ECHAFAUD QU'ON BATIT N'A PAS D'ECHO PLUS SOURD.
126 087              DU HAUT JUSQUES EN BAS DE   L'ECHELLE FATALE.
030 014                                                   TANT   L'ECHEVEAU DU TEMPS LENTEMENT SE DEVIDE!
005 005           ET, LE CIEL AMOUREUX LEUR CARESSANT   L'ECHINE.
155 016                                                            L'ECLAIR BRULANT DES VOLUPTES
016 016 .  .  .  .  .  .  .  .  .  .  .  .      L'ECLAT DE CE SOLEIL D'UN CREPE SE VOILA;
001 017                                       ELLE RAVALE AINSI   L'ECUME DE SA HAINE.
111 020                                                            L'ECUME DU PLAISIR AUX LARMES DES TOURMENTS.
052 006                                                   TU FAIS   L'EFFET D'UN BEAU VAISSEAU QUI PREND LE LARGE,
052 016                                                   TU FAIS   L'EFFET D'UN BEAU VAISSEAU QUI PREND LE LARGE,
009 003                                                   DONT   L'EFFET, RECHAUFFANT LES PIEUSES ENTRAILLES,
094 015                                                DE TOUT   L'EFFORT DE VOS VERTEBRES,
136 013               QUI CARESSE L'OREILLE ET CEPENDANT   L'EFFRAIE.
063 014 .  .  .  .  .  .      MOI, JE VEUX REGNER PAR   L'EFFROI.
024 001                                             JE T'ADORE A   L'EGAL DE LA VOUTE NOCTURNE,
081 007                                             TU ME RENDS   L'EGAL DE MIDAS,
130 013                                                      A   L'EGAL DE PAPHOS LES ETOILES T'ADMIRENT,
077 005 .  .  .  .  .  .      RIEN NE PEUT   L'EGAYER, NI GIBIER, NI FAUCON,
045 028                                             SE TRAHIT   L'EGOISME HUMAIN;
126 092            ESCLAVE DE L'ESCLAVE ET RUISSEAU DANS   L'EGOUT;
020 003                                                            L'ELEGANCE ET LA FORCE ABONDENT, SOEURS DIVINES,
097 019 .  .  .  .  .  .  .  .  .  .  .      L'ELEGANCE SANS NOM DE L'HUMAINE ARMATURE.
077 014                          DE SON ETRE EXTIRPER   L'ELEMENT CORROMPU,
026 006                                       L'ELIXIR DE TA BOUCHE OU L'AMOUR SE PAVANE;
129 013                                       CES ROBES FOLLES SONT   L'EMBLEME
014 006 .  .  .  .  .  .  .  .  .  .  .  .  .      TU   L'EMBRASSES DES YEUX ET DES BRAS, ET TON COEUR
086 021                                                            L'EMEUTE, TEMPETANT VAINEMENT A MA VITRE,
002 021                                       SES AILES DE GEANT   L'EMPECHENT DE MARCHER.
013 014                                                            L'EMPIRE FAMILIER DES TENEBRES FUTURES.
109 004 .  .  .  .  .  .  .  .  .  .  .  .  .  .      ET   L'EMPLIT D'UN DESIR ETERNEL ET COUPABLE.
057 022            COMME UN MOULE FIDELE EN GARDERONT   L'EMPREINTE.
116 016                                       ROULENT COMME   L'ENCENS SUR UN JARDIN DE ROSES
004 013            COMME L'AMBRE, LE MUSC, LE BENJOIN ET   L'ENCENS,
008 010 .  .  .  .      COMME UN ENFANT DE CHOEUR, JOUER DE   L'ENCENSOIR,
023 010                                       O TOISON, MOUTONNANT JUSQUE SUR   L'ENCOLURE!
126 139            SI LE CIEL ET LA MER SONT NOIRS COMME DE   L'ENCRE,
156 006                                                   MAIS   L'ENERGIE AVEC LAQUELLE
130 043 .  .  .  .  .  .  .  .  .      ET JE FUS DES   L'ENFANCE ADMIS AU NOIR MYSTERE
052 004                                                      OU   L'ENFANCE S'ALLIE A LA MATURITE.
052 016                                                      OU   L'ENFANCE S'ALLIE A LA MATURITE.
125 009                                       J'ETAIS COMME   L'ENFANT AVIDE DU SPECTACLE,
021 008 .  .  .  .  .  .      QUI FONT LE HEROS LACHE ET   L'ENFANT COURAGEUX.
001 022                                                            L'ENFANT DESHERITE S'ENIVRE DE SOLEIL,
100 020                                                   COUVER   L'ENFANT GRANDI DE SON OEIL MATERNEL,
126 006                                       L'ENFANT, AMOUREUX DE CARTES ET D'ESTAMPES,
131 074 .  .  .  .  .  .  .  .  .  .      MAIS   L'ENFANT, EPANCHANT UNE IMMENSE DOULEUR,
097 028                          DE RAFRAICHIR   L'ENFER ALLUME DANS TON COEUR?
096 024            LA DOULEUR A LA MORT ET   L'ENFER AU NEANT!
114 017                                       ELLE IGNORE   L'ENFER COMME LE PURGATOIRE,
026 014 .  .  .  .  .  .  .  .  .  .      DANS   L'ENFER DE TON LIT DEVENIR PROSERPINE!
```

[168]

L

		POEM	LINE
ET L'AMOUR SE RIRA DE	L'ENFER ET DU CIEL!	130	039
DESCENDEZ LE CHEMIN DE	L'ENFER ETERNEL!	131	086
CHAQUE JOUR VERS	L'ENFER NOUS DESCENDONS D'UN PAS,	000	015
DE	L'ENFER OU MON COEUR SE PLAIT.	082	014
N'AURONT PAS REFLETE	L'ENFER,	138	027
FAVORI DE	L'ENFER, COURTISAN MAL RENTRE,	112	006
--CE GOUFFRE, C'EST	L'ENFER, DE NOS AMIS PEUPLE!	035	012
DE	L'ENFER, OU, VAINCU, TU REVES EN SILENCE!	120	048
QUE TU VIENNES DU CIEL OU DE	L'ENFER, QU'IMPORTE,	021	021
	L'ENIGME ET DU SECRET.	058	012
	L'ENIVRANTE MONOTONIE	102	011
AINSI QUE	L'ENNEMI QUI TENTE UN COUP DE MAIN;	095	018
POUR TROMPER	L'ENNEMI VIGILANT ET FUNESTE,	126	115
FAITES, POUR EGAYER	L'ENNUI DE NOS PRISONS,	126	054
ET PROMENANT	L'ENNUI DE TON REGARD PROFOND;	098	004
ET SES SENS PAR	L'ENNUI MORDUS	110	042
FEMME IMPURE!	L'ENNUI REND TON AME CRUELLE.	025	002
	L'ENNUI, FRUIT DE LA MORNE INCURIOSITE,	076	017
DES PLAINES DE	L'ENNUI, PROFONDES ET DESERTES,	109	011
ET PLONGE TOUT ENTIERE AU GOUFFRE DE	L'ENNUI!	037	004
C'EST	L'ENNUI!--L'OEIL CHARGE D'UN PLEUR INVOLONTAIRE,	000	037
SALUE	L'ENORME BETISE,	150	019
VOMISSEMENT CONFUS DE	L'ENORME PARIS,	105	016
TERRASSER	L'ENORME SATAN;	054	047
QUAND IL MIAULE, ON	L'ENTEND A PEINE,	051	004
JE	L'ENTENDS BIEN QUI COULE AVEC UN LONG MURMURE,	113	003
JE	L'ENTENDS DANS LE RIRE ENORME DE LA MER.	079	008
SON VENT MELANCOLIQUE A	L'ENTOUR DE LEURS MARBRES,	100	006
ET PLANAIT LIBREMENT A	L'ENTOUR DES CORDAGES;	116	002
LACS OU MON AME TREMBLE ET SE VOIT A	L'ENVERS...	049	013
USANT A	L'ENVI LEURS CHALEURS DERNIERES,	121	005
LE DOUTE	L'ENVIRONNE, ET LA PEUR RIDICULE,	153	007
A TRAVERS	L'EPAISSEUR DE LA TERRE ET DU ROC,	149	037
DANS	L'EPAISSEUR DE TA CRINIERE LOURDE;	128	004
JE VAIS VOUS EMPORTER A TRAVERS	L'EPAISSEUR,	149	035
DE	L'EPAULE AU CONTOUR HEURTE,	110	038
VENGENT BIENTOT	L'EPEE ET LA DAGUE TRAITRESSE.	035	007
L'ESPOIR, DONT	L'EPERON ATTISAIT TON ARDEUR,	080	002
	L'EPHEMERE EBLOUI VOLE VERS TOI, CHANDELLE,	021	017
LE FER EST VAINCU PAR	L'EPIEU!	119	030
PRES DE	L'EPOUX PERFIDE ET QUI FUT SON AMANT,	015	014
	L'EREBE LES EUT PRIS POUR SES COURSIERS FUNEBRES,	066	007
	L'ERREUR, LE PECHE, LA LESINE,	000	001
	L'ESCALIER DE VERTIGE OU S'ABIME SON AME.	153	004
SOUS	L'ESCALIER,	088	036
ESCLAVE DE	L'ESCLAVE ET RUISSEAU DANS L'EGOUT;	126	092
EN VAIN J'AI VOULU DE	L'ESPACE	148	009
LE SILENCE,	L'ESPACE AFFREUX ET CAPTIVANT...	146	006
QUE	L'ESPACE EST PROFOND! QUE LE COEUR EST PUISSANT!	036	012
AUJOURD'HUI	L'ESPACE EST SPLENDIDE!	108	001
AU TRAVERS DE	L'ESPACE ILS S'ENFONCENT TOUS DEUX,	071	007
UN BROUILLARD SALE ET JAUNE INONDAIT TOUT	L'ESPACE,	090	009
OU L'HOMME, DONT JAMAIS	L'ESPERANCE N'EST LASSE,	126	031
	L'ESPERANCE QUI BRILLE AUX CARREAUX DE L'AUBERGE	054	026
OU	L'ESPERANCE, COMME UNE CHAUVE -SOURIS,	078	006
ENGENDRAS	L'ESPERANCE,--UNE FOLLE CHARMANTE!	120	014
JE HAIS LA PASSION ET	L'ESPRIT ME FAIT MAL!	064	008
ET	L'ESPOIR QUI GAZOUILLE EN MON SEIN PALPITANT?	104	014
DEFILENT LENTEMENT DANS MON AME;	L'ESPOIR,	078	018
	L'ESPOIR, DONT L'EPERON ATTISAIT TON ARDEUR,	080	002
TU LUI VERSES	L'ESPOIR, LA JEUNESSE ET LA VIE,	107	013
JETTENT DANS	L'ESPRIT DES POETES	129	011
QUI CHANTENT LES TRANSPORTS DE	L'ESPRIT ET DES SENS.	004	014
C'EST	L'ESPRIT FAMILIER DU LIEU;	051	029
MALADE ET MORFONDU,	L'ESPRIT FIEVREUX ET TROUBLE,	090	047
SUR	L'ESPRIT GEMISSANT EN PROIE AUX LONGS ENNUIS;	078	002
ET DONT	L'ESPRIT HUMAIN N'A JAMAIS SU LE NOM!	126	024
LES NERFS TROP EVEILLES RAILLENT	L'ESPRIT QUI DORT.	050	008
ET	L'ESPRIT QUI LE SUIT DANS SON PELERINAGE	001	027
ET FONT SUR LUI	L'ESSAI DE LEUR FEROCITE.	001	032
ES GRIMACES, CES CRIS, CES SPECTRES DONT	L'ESSAIM	153	010
DONT SE REJOUISSAIT	L'ESSAIM DES MAUVAIS ANGES	110	035
C'ETAIT L'HEURE OU	L'ESSAIM DES REVES MALFAISANTS	103	003
QUE J'AI GARDE LA FORME ET	L'ESSENCE DIVINE	029	047
GOUTER, EN REGRETTANT	L'ETE BLANC ET TORRIDE,	056	027
JAMAIS, NI	L'ETE NI L'HIVER,	106	035
POUR QUI?--C'ETAIT HIER	L'ETE; VOICI L'AUTOMNE!	056	015
--TEL EST DU GLOBE ENTIER	L'ETERNEL BULLETIN."	126	108
SOUS	L'ETERNEL LABEUR N'A JAMAIS ENFANTE,	112	004
TU TIRES TON PARDON DE	L'ETERNEL MARTYRE,	130	026
TU TIRES TON PARDON DE	L'ETERNEL MARTYRE'	130	030
GRAIN PRECIEUX JETE PAR	L'ETERNEL SEMEUR,	104	022
VERSE LE GOUT DE	L'ETERNEL.	134	008
D'UN CIEL PUR OU FREMIT	L'ETERNELLE CHALEUR.	023	020
ET QUE VOUS L'INVITEZ A	L'ETERNELLE FETE	001	063
OU TU VINS POUR REMPLIR	L'ETERNELLE PROMESSE,	118	022
DEPUIS	L'ETERNITE JE PARCOURS ET J'HABITE;	009	010
DEBRIS D'HUMANITE POUR	L'ETERNITE MURS!	091	072
NE TE VERRAI -JE PLUS QUE DANS	L'ETERNITE?	093	011

```
POEM LINE
045 036  . . . . . . . . . . . .       POUR LES RENDRE A  L'ETERNITE!"
117 008                                      AU FOND DE  L'ETHER.
086 010                                                  L'ETOILE DANS L'AZUR, LA LAMPE A LA FENETRE,
144 009                EN HAUT, LE CIEL! CE MUR DE CAVEAU QUI  L'ETOUFFE,
105 022  . . . . . . . . . . . .              ET DANS  L'ETOURDISSANTE ET LUMINEUSE ORGIE
153 006                                           VERS  L'ETRANGE ET L'ABSURDE INVITENT SA RAISON;
054 050                        TOUJOURS, TOUJOURS EN VAIN,  L'ETRE AUX AILES DE GAZE!
138 034                              TU N'AURAS PAS SENTI  L'ETREINTE
131 079  . . . . .  ET NE RAFRAICHIRA LA SOIF DE  L'EUMENIDE
130 022                           TU TIRES TON PARDON DE  L'EXCES DES BAISERS,
120 004                                       O PRINCE DE  L'EXIL, A QUI L'ON A FAIT TORT,
003 014                          QUI CHARGENT DE LEUR POIDS  L'EXISTENCE BRUMEUSE,
136 017  . . . . . . . . . . . . . . . . .      DE  L'EXISTENCE IMMENSE, AU PLUS NOIR DE L'ABIME,
004 012                                           AYANT  L'EXPANSION DES CHOSES INFINIES,
155 007                             ENTRETIENT DOUCEMENT  L'EXTASE
054 048               MAIS MON COEUR, QUE JAMAIS NE VISITE  L'EXTASE,
097 043  . . . . . . . . .  QU'IMPORTE LE PARFUM,  L'HABIT OU LA TOILETTE?
041 017                                               ET  L'HARMONIE EST TROP EXQUISE,
140 006                         LE PAUVRE, LE MECHANT, LE TORTU,  L'HEBETE,
029 015                    LA PUANIEUR ETAIT SI FORTE, QUE SUR  L'HERBE
029 043  . . . . . . . . .  QUAND VOUS IREZ, SOUS  L'HERBE ET LES FLORAISONS GRASSES,
005 027                             DU VICE MATERNEL TRAINANT  L'HEREDITE
129 026                                             QUAND  L'HEURE DES VOLUPTES SONNE,
067 006                                           JUSQU'A  L'HEURE MELANCOLIQUE
085 021  . . . . . . . . . .      TANTOT SONNERA  L'HEURE OU LE DIVIN HASARD,
091 050                    UNE, ENTRE AUTRES, A  L'HEURE OU LE SOLEIL TOMBANT
070 005                                              A  L'HEURE OU LES CHASTES ETOILES
095 031                                         C'EST  L'HEURE OU LES DOULEURS DES MALADES S'AIGRISSENT!
103 003                                       C'ETAIT  L'HEURE OU L'ESSAIM DES REVES MALFAISANTS
103 017                                       C'ETAIT  L'HEURE OU PARMI LE FROID ET LA LESINE
089 014                             LA JE VIS, UN MATIN, A  L'HEURE OU SOUS LES CIEUX
120 050                         PRES DE TOI SE REPOSE, A  L'HEURE OU SUR TON FRONT
138 033  . . . . . . . .      TE CONVULSANT QUAND  L'HEURE TINTE,
114 018                                      ET QUAND  L'HEURE VIENDRA D'ENTRER DANS LA NUIT NOIRE,
133 017                                      POURQUOI,  L'HEUREUSE ENFANT, VEUX -TU VOIR NOTRE FRANCE,
071 014                               LES PEUPLES DE  L'HISTOIRE ANCIENNE ET MODERNE.
100 012  . . . .  ILS SENTENT S'EGOUTTER LES NEIGES DE  L'HIVER
086 014                            ET QUAND VIENDRA  L'HIVER AUX NEIGES MONOTONES,
056 005                                             TOUT  L'HIVER VA RENTRER DANS MON ETRE: COLERE,
106 035                     JAMAIS, NI L'ETE NI  L'HIVER,
131 027  . . . . . . . . . . . . . . . . . .          L'HOLOCAUSTE SACRE DE TES PREMIERES ROSES
135 001                                                  L'HOMME A, POUR PAYER SA RANCON,
105 032                                                  L'HOMME AJOUTA LE VIN, FILS SACRE DU SOLEIL!
095 020                      COMME UN VER QUI DEROBE A  L'HOMME CE QU'IL MANGE.
126 037  . . . . .      CHAQUE ILOT SIGNALE PAR  L'HOMME DE VIGIE
089 025              VERS LE CIEL QUELQUEFOIS, COMME  L'HOMME D'OVIDE
149 019                                                  L'HOMME EST AVEUGLE, SOURD, FRAGILE, COMME UN MUR
103 011                                              ET  L'HOMME EST LAS D'ECRIRE ET LA FEMME D'AIMER.
005 017  . . . . . . . . .      LA NUDITE DE  L'HOMME ET CELLE DE LA FEMME,
005 003                                           ALORS  L'HOMME ET LA FEMME EN LEUR AGILITE
120 031                      TOI QUI, POUR CONSOLER  L'HOMME FRELE QUI SOUFFRE,
105 027                            PAR LE GOSIER DE  L'HOMME IL CHANTE SES EXPLOITS
095 004                                               ET  L'HOMME IMPATIENT SE CHANGE EN BETE FAUVE,
067 012                                                  L'HOMME IVRE D'UNE OMBRE QUI PASSE
141 012                                                  L'HOMME NE VIT PAS UN MOMENT
125 002                  ET DE TOI FAIS -TU DIRE: "OH!  L'HOMME SINGULIER!"
144 007  . . . . . . . .      PARTOUT  L'HOMME SUBIT LA TERREUR DU MYSTERE,
046 006                                             POUR  L'HOMME TERRASSE QUI REVE ENCORE ET SOUFFRE,
079 007                                              DE  L'HOMME VAINCU, PLEIN DE SANGLOTS ET D'INSULTES,
110 045                                                  L'HOMME VINDICATIF QUE TU N'AS PU, VIVANTE,
004 003  . . . . . . . . .      OU  L'HOMME Y PASSE A TRAVERS DES FORETS DE SYMBOLES
126 031                                                  L'HOMME, DONT JAMAIS L'ESPERANCE N'EST LASSE,
005 011                                                  L'HOMME, ELEGANT, ROBUSTE ET FORT, AVAIT LE DROIT
023 011                  J'IRAI LA-BAS OU L'ARBRE ET  L'HOMME, PLEINS DE SEVE,
126 091  . . . . . . . . . . . . . . . . .          L'HOMME, TYRAN GOULU, PAILLARD, DUR ET CUPIDE,
131 064                  AUX CHOSES DE L'AMOUR MELER  L'HONNETETE!
148 014                                     JE N'AURAI PAS  L'HONNEUR SUBLIME
095 034                                                  L'HOPITAL SE REMPLIT DE LEURS SOUPIRS.--PLUS D'UN
085 005  . . . . .      LE PLAISIR VAPOREUX FUIRA VERS  L'HORIZON
124 004                                     AUSSI, SITOT QU'A  L'HORIZON
111 002               ELLES TOURNENT LEURS YEUX VERS  L'HORIZON DES MERS,
078 003                                        ET QUE DE  L'HORIZON EMBRASSANT TOUT LE CERCLE
030 003  . . . . .      C'EST UN UNIVERS MORNE A  L'HORIZON PLOMBE,
145 007                                   --COURONS VERS  L'HORIZON, IL EST TARD, COURONS VITE,
149 017                                                  L'HORLOGE, A SON TOUR, DIT A VOIX BASSE:  "IL EST M
138 038                                             DANS  L'HORREUR DE LA NUIT MALSAINE
126 010  . . . . . . . . . .      D'AUTRES,  L'HORREUR DE LEURS BERCEAUX, ET QUELQUES-UNS,
102 054                                          J'AI VU  L'HORREUR DE MON TAUDIS,
153 012                              CE REVEUR QUE  L'HORREUR DE SON LOGIS REVEILLE,
066 006              ILS CHERCHENT LE SILENCE ET  L'HORREUR DES TENEBRES,
030 004  . . . . .      OU NAGENT DANS LA NUIT  L'HORREUR ET LE BLASPHEME;
097 036                            LES CHARMES DE  L'HORREUR N'ENIVRENT QUE LES FORTS!
021 014                                   DE TES BIJOUX  L'HORREUR N'EST PAS LE MOINS CHARMANT,
138 008                          QUAND TON COEUR DANS  L'HORREUR SE NOIE;
007 004  . . . . .      LA FOLIE ET  L'HORREUR, FROIDES ET TACITURNES.
091 002                                   OU TOUT, MEME  L'HORREUR, TOURNE AUX ENCHANTEMENTS,
106 009                                                  L'HORRIBLE SOIF QUI ME DECHIRE
044 012                  QUI, LE LONG DES GRANDS MURS DE  L'HOSPICE BLAFARD,
023 030  . . . . . . . . . . . . . . .      DE  L'HUILE DE COCO, DU MUSC ET DU GOUDRON.
```

L

		POEM	LINE
	L'HUILE QUI RAFFERMIT LES MUSCLES DES LUTTEURS. . . .	104	020
POLIS COMME DE	L'HUILE, ONDULEUX COMME UN CYGNE,	127	018
L'ELEGANCE SANS NOM DE	L'HUMAINE ARMATURE.	097	019
SEMBLABLE AU CRI LOINTAIN DE	L'HUMAINE DOULEUR,	107	008
INSENSIBLES TOUS DEUX A	L'HUMAINE SOUFFRANCE, ...	027	006
	L'HUMANITE BAVARDE, IVRE DE SON GENIE,	126	101
C'EST AINSI QU'A TRAVERS	L'HUMANITE FRIVOLE	105	025
OU	L'HUMANITE GROUILLE EN FERMENTS ORAGEUX,	105	004
DE	L'HUMANITE, ...	117	002
DONT	L'HUMEUR EST VAGABONDE;	053	031
OUBLIE SUR LA CARTE, ET DONT	L'HUMEUR FAROUCHE	076	023
TRAHIT	L'HUMIDE PROFONDEUR,	084	019
ET SE MULTIPLIER COMME	L'HYDRE DE LERNE.	073	011
ENTRE EN SOCIETE DE	L'IDEAL RONGEUR,	046	002
A L'ANGE, A	L'IDOLE IMMORTELLE,	134	003
A L'ANGE, A	L'IDOLE IMMORTELLE,	134	019
ET TOUT CE QUE	L'IDYLLE A DE PLUS ENFANTIN.	086	020
ALLONGE	L'ILLIMITE,	049	007
	L'IMAGE D'UN BALLET DE FLEURS.	129	012
CE MATIN ENCORE	L'IMAGE,	102	003
CELUI DONT NOUS T'OFFRONS	L'IMAGE, ...	156	001
	L'IMAGINATION QUI DRESSE SON ORGIE	126	039
SUR	L'IMMENSE GOUFFRE	069	012
DANS TON CRANE OU VIVAIT	L'IMMENSE HUMANITE:	118	016
	L'IMMENSE MAJESTE DE VOS DOULEURS DE VEUVE, ...	089	003
EN L'ISOLANT DE	L'IMMENSE NATURE,	038	032
QU'ACCOMPAGNE	L'IMMENSE ORGUE DES VENTS GRONDEURS,	062	008
	L'IMMENSITE DE SON DESIR?	110	048
TU SILLONNES GAIEMENT	L'IMMENSITE PROFONDE	003	007
LOIN DU NOIR OCEAN DE	L'IMMONDE CITE,	062	002
PREND LES PROPORTIONS DE	L'IMMORTALITE.	076	018
SALUT EN	L'IMMORTALITE!	134	004
SALUT EN	L'IMMORTALITE!	134	020
LE SPECTACLE ENNUYEUX DE	L'IMMORTEL PECHE:	126	088
AME RESPLENDISSANTE, A	L'IMMORTEL SOLEIL!	046	014
OU BOUT	L'IMPERCEPTIBLE ET VASTE HUMANITE.	144	014
D'UN BRUTAL DONT L'ORGUEIL PUNIT	L'IMPIETE	130	069
ET SAURAI -JE TIRER DE	L'IMPLACABLE HIVER	050	015
POUVONS -NOUS ETOUFFER	L'IMPLACABLE REMORDS?	054	005
COMME POUR	L'IMPRIMER DANS TON COEUR, TON AMANT,	052	036
REPETANT,	L'IMPUISSANT ET LA FAT: "OUI, JE VEUX	149	015
POUR QUE	L'IMPUISSANTE ANALYSE	041	019
DES CIEUX SPIRITUELS	L'INACCESSIBLE AZUR,	046	005
SI LE VIOL, LE POISON, LE POIGNARD,	L'INCENDIE,	000	025
DE L'OBSCUR ET DE	L'INCERTAIN, ...	082	006
AU FOND DE	L'INCONNU POUR TROUVER DU NOUVEAU!	126	144
EST -IL DEJA PLUS LOIN QUE	L'INDE ET QUE LA CHINE?	062	027
POUR NOYER LA RANCOEUR ET BERCER	L'INDOLENCE	105	029
REFLECHIT	L'INDOLENCE ET LA PALEUR DU CIEL.	050	004
DONT	L'INFERNAL DESIR NOUS REMPLIT DE SANGLOTS!	123	008
ET FOULENT	L'INFINI D'UN SABOT HASARDEUX,	071	008
ET FUYEZ	L'INFINI QUE VOUS PORTEZ EN VOUS!	131	104
L'AUTRE MIME, EN BOITANT,	L'INFIRME QUI VOLAIT!	002	012
JE NOUS VEULENT LES LOIS DU JUSTE ET DE	L'INJUSTE?	130	036
JE NOUS VEULENT LES LOIS DU JUSTE ET DE	L'INJUSTE?	130	040
	L'INNOCENT PARADIS, PLEIN DE PLAISIRS FURTIFS,	062	026
	L'INNOCENT PARADIS PLEIN DE PLAISIRS FURTIFS?	062	030
JE VOIS, ERRANT ENCOR,	L'INSATIABLE ASPIC.	097	032
JALOUSE DU NEANT	L'INSENSIBILITE.	146	013
SUR	L'INSOLENCE DE LA NATURE.	129	024
DE	L'INSUPPORTABLE VIPERE.	141	014
TOUT A COUP, AU MILIEU DE	L'INTIMITE LIBRE	045	013
ET QUE VOUS	L'INVITEZ A L'ETERNELLE FETE	001	063
DIS, CONNAIS -TU	L'IRREMISSIBLE?	054	032
	L'IRREPARABLE RONGE AVEC SA DENT MAUDITE	054	036
	L'IRREPARABLE RONGE AVEC SA DENT MAUDITE!	054	040
DE	L'IRRESISTIBLE DEGOUT.	138	035
EN	L'IRRESISTIBLE NUIT ETABLIT SON EMPIRE, ...	145	010
	L'ISOLANT DE L'IMMENSE NATURE,	038	032
	L'IVRESSE DES CHOSES FUNEBRES,	150	029
DE	L'IVROGNE ATTARDE FOULE PAR LES CHEVAUX,	120	029
COMME A LA BOUTEILLE	L'IVROGNE.	031	010
N'EST -TU PAS	L'OASIS OU JE REVE, ET LA GOURDE	023	034
RAPPELEZ -VOUS	L'OBJET QUE NOUS VIMES, MON AME,	029	001
ET	L'OBSCUR ENNEMI QUI NOUS RONGE LE COEUR	010	013
DE	L'OBSCUR ET DE L'INCERTAIN, ...	082	006
TOUS CEUX QU'IL VEUT AIMER	L'OBSERVENT AVEC CRAINTE,	001	029
QUI	L'OBSERVENT AVEC DES REGARDS FAMILIERS.	004	004
AU BORD D'UN GOUFFRE DONT	L'ODEUR	084	018
JE VOUDRAIS QU'EXHALANT	L'ODEUR DE LA SANTE	007	009
JE RESPIRE	L'ODEUR DE TON SEIN CHALEUREUX,	022	002
SEULS, RESPIRENT	L'ODEUR D'UN FLACON DEBOUCHE.	076	014
LAISSE DU VIEUX PLATON SE FRONCER	L'OEIL AUSTERE.	130	025
LAISSE DU VIEUX PLATON SE FRONCER	L'OEIL AUSTERE;	130	021
PALES, LE SOURCIL PEINT,	L'OEIL CALIN ET FATAL.	096	002
C'EST L'ENNUI!--	L'OEIL CHARGE D'UN PLEUR INVOLONTAIRE,	000	037
TOI DONT	L'OEIL CLAIR CONNAIT LES PROFONDS ARSENAUX	120	022
	L'OEIL CLAIR ET PLEIN DU FEU DE LA PRECOCITE.	157	005

131 021	. . . . ELLE CHERCHAIT DANS	L'OEIL DE SA PALE VICTIME
130 058	--	L'OEIL D'AZUR EST VAINCU PAR L'OEIL NOIR QUE TACHET
091 059	SON OEIL PARFOIS S'OUVRAIT COMME	L'OEIL D'UN VIEIL AIGLE;
059 007	LA JOUE ET	L'OEIL EN FEU, JOUANT SON PERSONNAGE,
131 059	. . . . τ	L'OEIL FATAL, REPONDIT D'UNE VOIX DESPOTIQUE:
063 001	COMME LES ANGES A	L'OEIL FAUVE,
015 003	UN SOMBRE MENDIANT,	L'OEIL FIER COMME ANTISTHENE,
089 042	PIETINANT DANS LA BOUE, ET CHERCHANT,	L'OEIL HAGARD,
091 074	. . . .	L'OEIL INQUIET, FIXE SUR VOS PAS INCERTAINS,
005 037	A	L'OEIL LIMPIDE ET CLAIR AINSI QU'UNE EAU COURANTE,
130 058	--L'OEIL D'AZUR EST VAINCU PAR	L'OEIL NOIR QUE TACHETE
022 008	ET DES FEMMES DONT	L'OEIL PAR SA FRANCHISE ETONNE,
133 027	. . . .	L'OEIL PENSIF, ET SUIVANT, DANS NOS SALES BROUILLA
130 047	COMME UNE SENTINELLE A	L'OEIL PERCANT ET SUR,
113 011	LE VIN REND	L'OEIL PLUS CLAIR ET L'OREILLE PLUS FINE!
102 051	TOUT POUR	L'OEIL, RIEN POUR LES OREILLES!)
126 034	. . . UNE VOIX RETENTIT SUR LE PONT: "OUVRE	L'OEIL!"
006 007	TOUT CHARGE DE MYSTERE, APPARAISSENT A	L'OMBRE
110 013	SEMBLABLE AUX VISIONS PALES QU'ENFANTE	L'OMBRE
131 066		L'OMBRE AVEC LA CHALEUR, LA NUIT AVEC LE JOUR,
019 013	. . . . DORMIR NONCHALAMMENT A	L'OMBRE DE SES SEINS,
040 014	ET SOMMEILLER LONGTEMPS A	L'OMBRE DE VOS CILS!
044 007	LES POINGS CRISPES DANS	L'OMBRE ET LES LARMES DE FIEL,
120 004	O PRINCE DE L'EXIL, A QUI	L'ON A FAIT TORT,
062 018	. . . . OU TOUT CE QUE	L'ON AIME EST DIGNE D'ETRE AIME,
054 049	EST UN THEATRE OU	L'ON ATTEND
054 028	SANS LUNE ET SANS RAYONS, TROUVER OU	L'ON HEBERGE
091 032	LA FORME DE LA BOITE OU	L'ON MET TOUS CES CORPS.
006 002	OREILLER DE CHAIR FRAICHE OU	L'ON NE PEUT AIMER,
131 068	A CE ROUGE SOLEIL QUE	L'ON NOMME L'AMOUR!
021 004	ET	L'ON PEUT POUR CELA TE COMPARER AU VIN.
122 008	OU	L'ON POURRA MANGER, ET DORMIR, ET S'ASSEOIR;
091 055	. . . . . ET QUI, DANS CES SOIRS D'OR OU	L'ON SE SENT REVIVRE,
149 030	QU'ON SE MOQUE DU MAITRE, ET QU'AVEC LUI	L'ON TRICHE,
006 013	MICHEL-ANGE, LIEU VAGUE OU	L'ON VOIT DES HERCULES
015 001	QUAND DON JUAN DESCENDIT VERS	L'ONDE SOUTERRAINE
003 006	. . . ET COMME UN BON NAGEUR QUI SE PAME DANS	L'ONDE.
072 004	ET DORMIR DANS L'OUBLI COMME UN REQUIN DANS	L'ONDULATION DE CE CORPS MUSCULEUX
020 002	DANS	L'ONT MANGE.
055 008	NE CHERCHEZ PLUS MON COEUR; LES BETES	L'ONT MANGE.
046 003	. . . . PAR	L'OPERATION D'UN MYSTERE VENGEUR
049 006		L'OPIUM AGRANDIT CE QUI N'A PAS DE BORNES,
126 107	ET SE REFUGIANT DANS	L'OPIUM IMMENSE!
026 005	JE PREFERE AU CONSTANCE, A	L'OPIUM, AU NUITS,
028 016	DANS	L'OR DE SA VAPEUR ROUGE,
049 004	RECOLTERAS -TU	L'OR DES VOUTES AZUREES?
008 008	PAR TOI JE CHANGE	L'OR EN FER
081 009	OU LES VAISSEAUX, GLISSANT DANS	L'OR ET DANS LA MOIRE,
023 018	TOMBANT DANS	L'OR MAT OU BRUNI;
102 016	LE SAVANT QUI LUI FAIT DE	L'OR N'A JAMAIS PU
077 013	LE VIN ROULE DE	L'OR, EBLOUISSANT PACTOLE;
105 026		L'ORAGE RAJEUNIT LES FLEURS.
138 005	QU'ENFLAMMAIT	L'ORCHESTRE SONORE,
054 042		L'OREILLE AU GUET, OU BIEN, COMME DES OMBRES CHERE
045 011	QUI CARESSE	L'OREILLE ET CEPENDANT L'EFFRAIE.
136 013	LE VIN REND L'OEIL PLUS CLAIR ET	L'OREILLE PLUS FINE!
113 011	SUR	L'OREILLER DESALTERE
110 010	SUR	L'OREILLER DU MAL C'EST SATAN TRISMEGISTE
000 009	VOUS HURLEZ COMME	L'ORGUE; ET DANS NOS COEURS MAUDITS,
079 002	UN PEU DE	L'ORGUEIL DES DAMNES;
138 025	D'UN BRUTAL DONT	L'ORGUEIL PUNIT L'IMPIETE
130 069	--ET	L'ORGUEIL, CE TRESOR DE TOUTE GUEUSERIE,
107 013	EN OUVRANT UN COFFRET VENU DE	L'ORIENT
048 003	ET, COMME UN LONG LINCEUL TRAINANT A	L'ORIENT,
143 013	FONT	L'ORNEMENT DES NUITS ET DES JOURS GLORIEUX;
130 004	QU'IL NE FAUT PAS LACHER SANS EN EXTRAIRE	L'OR:
085 016	ET DORMIR DANS	L'OUBLI COMME UN REQUIN DANS L'ONDE.
072 004	JUSQU'A CE QUE	L'OUBLI LES JETTE DANS SA HOTTE
045 035	QUI PLONGE DANS	L'OUBLI MON AME SANS REMORD,
049 018		L'OUBLI PUISSANT HABITE SUR TA BOUCHE,
128 015	DANS LES TENEBRES ET	L'OUBLI,
011 010	--JE	L'OUBLIERAI SI JE LE PUIS!
106 016	. . . .	L'OURAGAN,
093 007	DANS SON OEIL, CIEL LIVIDE OU GERME	L'OURLET;
093 004	SOULEVANT, BALANCANT LE FESTON ET	L'OUVRAGE,
011 003	BIEN QU'ON AIT DU COEUR A	L'OUVRAGE
095 010	. . . . ET	L'OUVRIER COURBE QUI REGAGNE SON LIT.
091 031	COMBIEN DE FOIS IL FAUT QUE	L'OUVRIER VARIE
002 011	PAR, S'IL LE FAUT.	L'UN AGACE SON BEC AVEC UN BRULE -GUEULE,
126 114		L'UN COURT, ET L'AUTRE SE TAPIT
096 020	. . . .	L'UN DE SON VIEIL HONNEUR, L'AUTRE DE SA BEAUTE!
135 009		L'UN EST L'ART, ET L'AUTRE L'AMOUR.
035 001	DEUX GUERRIERS ONT COURU	L'UN SUR L'AUTRE; LEURS ARMES
081 001		L'UN T'ECLAIRE AVEC SON ARDEUR,
130 011	. . . . LESBOS, OU LES PHRYNES	L'UNE L'AUTRE S'ATTIRENT,
130 015	LESBOS, OU LES PHRYNES	L'UNE L'AUTRE S'ATTIRENT,
136 005	DEUX VOIX ME PARLAIENT.	L'UNE, INSIDIEUSE ET FERME,
091 045	. . . .	L'UNE, PAR SA PATRIE AU MALHEUR EXERCEE,
030 001	. . . . J'IMPLORE TA PITIE, TOI,	L'UNIQUE QUE J'AIME,

L

                                                                    POEM LINE
                    ET DONT L'UNIQUE SOIN ÉTAIT D'APPROFONDIR 012 013
                 ABREUVAIT L'UNIVERS A SES TETINES BRUNES,   005 010
              TU METTRAIS L'UNIVERS ENTIER DANS TA RUELLE,   025 001
                           L'UNIVERS EST EGAL A SON VASTE APPETIT.   126 002
    --CEPENDANT, TOUT EN HAUT DE L'UNIVERS JUCHE, ... 149 043
                           L'UNIVERS MOINS HIDEUX ET LES INSTANTS MOINS LOURDS? 021 028
                HOSTILE A L'UNIVERS PLUTOT QU'INDIFFERENT.   090 028
  ET, MALGRE LES HONNEURS QUE LUI REND L'UNIVERS,   130 072
         VERS LES CONFINS DE L'UNIVERS; 102 028
         CAR IL EST FAIT AVEC L'UNIVERSEL PECHE,   149 041
               CE QUI DIT A L'UN: SEPULTURE!   081 003
          QUE LE DIEU DE L'UTILE, IMPLACABLE ET SEREIN,   005 023
    ET POUR MELER L'AMOUR AVEC LA BARBARIE, ... 057 038
             SE TENAIT A LA BARRE ET COUPAIT LE FLOT NOIR;   015 018
  VAINEMENT MA RAISON VOULAIT PRENDRE LA BARRE;   090 049
                    PAR LA BASE LE BATIMENT.   054 039
                 PROUVE LA BEAUTE DE SON COEUR. 156 008
          TU TE RAPPELLERAS LA BEAUTE DES CARESSES,   036 003
   TOI QUI SUS RAMASSER LA BEAUTE DES GOUJATS,   006 018
                    QUE LA BEAUTE DU CORPS EST UN SUBLIME DON   114 015
   LA SECRETE SPLENDEUR ET LA BEAUTE FATALE 110 023
  BEAUTE FORTE A GENOUX DEVANT LA BEAUTE FRELE,   131 017
           ONT COMMUNIQUE LA BEAUTE,   094 008
                    ET LA BEAUTE,   088 004
   PRES D'UN RUISSEAU SANS EAU LA BETE OUVRANT LE BEC 089 020
                           LA BETISE AU FRONT DE TAUREAU;   150 020
   MON BERCEAU S'ADOSSAIT A LA BIBLIOTHEQUE,   136 001
                    ET LA BIERE ET L'ALCOVE EN BLASPHEMES FECONDES   112 009
                   BENI LA BLAFARDE LUMIERE: 150 024
   J'UNIS UN COEUR DE NEIGE A LA BLANCHEUR DES CYGNES: 017 006
   MAIS JE ME TATE EN VAIN POUR TROUVER LA BLESSURE.   113 004
           LA FORME DE LA BOITE OU L'ON MET TOUS CES CORPS.   091 032
         LE NEPENTHES ET LA BONNE CIGUE 128 022
   LOIN! LOIN! ICI LA BOUE EST FAITE DE NOS PLEURS!   062 012
   DANS LA NEIGE ET LA BOUE IL ALLAIT S'EMPETRANT.   090 026
   TEL LE VIEUX VAGABOND, PIETINANT DANS LA BOUE,   126 045
         PIETINANT DANS LA BOUE, ET CHERCHANT, L'OEIL HAGARD, ...   089 042
   NOUS IMITONS, HORREUR! LA TOUPIE ET LA BOULE   126 025
                  C'EST LA BOURSE DU PAUVRE ET SA PATRIE ANTIQUE,   122 013
               COMME A LA BOUTEILLE L'IVROGNE,   031 010
   EN SE TORDANT AINSI QU'UN SERPENT SUR LA BRAISE, ...   132 002
                    -- LA BRISE ET L'EAU CHANTENT AU LOIN   154 008
   LA LANGOUREUSE ASIE ET LA BRULANTE AFRIQUE,   023 006
   LES MAISONS, DONT LA BRUME ALLONGEAIT LA HAUTEUR,   090 006
  U BRUIT DES CARILLONS QUI CHANTENT DANS LA BRUME.   074 004
   SON TEINT EST PALE ET CHAUD; LA BRUNE ENCHANTERESSE   061 005
                   DANS LA BRUTE ASSOUPIE UN ANGE SE REVEILLE.   046 004
   NOUS AVONS, POUR PLAIRE A LA BRUTE,   150 013
   LE BOURDON SE LAMENTE, ET LA BUCHE ENFUMEE 075 009
                 LORSQUE LA BUCHE SIFFLE ET CHANTE, SI LE SOIR,   100 015
   ET QU'ELLE AURAIT LONGTEMPS, POUR LA CACHER AU MONDE,   045 023
   LASSE, LA FONT S'ETENDRE A TRAVERS LA CAMPAGNE,   019 012
                 EXCEPTE LA CANDEUR DE L'ANTIQUE ANIMAL, ...   064 004
                    ET LA CANDEUR UNIE A LA LUBRICITE   127 015
   ET LE CIEL REGARDAIT LA CARCASSE SUPERBE   029 013
   ET TU CONNAIS LA CARESSE   058 019
              OUBLIE SUR LA CARTE, ET DONT L'HUMEUR FAROUCHE 076 023
               C'EST ICI LA CASE SACREE   154 001
          ILS MELENT DE LA CENDRE AVEC D'IMPURS CRACHATS;   001 034
                 TOUT, LA CENDRE LATINE ET LA POUSSIERE GRECQUE,   136 003
   COMME LE FORCAT A LA CHAINE, ...   031 008
   LE DAMNE! J'AVERTIS EN VAIN LA CHAIR INFECTE.   149 018
                   DONT LA CHAIR LISSE ET FERME APPELAIT LES MORSURES!   005 014
   L'OMBRE AVEC LA CHALEUR, LA NUIT AVEC LE JOUR,   131 006
                  C'EST LA CHAMBRE DE DOROTHEE.   154 007
   COMME LE FOYER SEUL ILLUMINAIT LA CHAMBRE,   127 030
              PARTOUT OU LA CHANDELLE ILLUMINE UN TAUDIS.   126 048
   COMME UN TAMBOUR QUI BAT LA CHARGE!   083 012
   COMME AUX VERMINES LA CHAROGNE, ...   031 011
   FRISSONNANT SOUS SON DEUIL, LA CHASTE ET MAIGRE ELVIRE,   015 013
             JE FUME COMME LA CHAUMINE   068 006
          COMME DU CHENE LA CHENILLE?   054 004
   E MEME QU'AUTREFOIS NOUS PARTIONS POUR LA CHINE, ...   126 123
   T -IL DEJA PLUS LOIN QUE L'INDE ET QUE LA CHINE?   062 027
   POUR NE PAS OUBLIER LA CHOSE CAPITALE,   126 085
                           LA CIRCE TYRANNIQUE AUX DANGEREUX PARFUMS.   126 012
   ELLE REMUE AU SEIN DE LA CITE DE FANGE   095 019
   LES TUYAUX, LES CLOCHERS, CES MATS DE LA CITE,   086 007
              A TRAVERS LA CITE, COMME DANS UN CHAMP CLOS,   113 005
           TES YEUX SONT LA CITERNE OU BOIVENT MES ENNUIS.   026 008
   AH! QUE LE MONDE EST GRAND A LA CLARTE DES LAMPES! 126 003
   CHARMANTS YEUX, VOUS BRILLEZ DE LA CLARTE MYSTIQUE   043 009
              SOUVENT, A LA CLARTE ROUGE D'UN REVERBERE   105 001
                  C'EST LA CLARTE VIBRANTE A NOTRE HORIZON NOIR;   122 006
   ET QUAND JE LES ROUVRIS A LA CLARTE VIVANTE, ...   132 022
   VASTE COMME LA NUIT ET COMME LA CLARTE,   004 007
   CHERCHANT LA LUMIERE ET LA CLE;   084 016
   COMME DANS UN CAVEAU DONT LA CLEF EST PERDUE.   016 021
   LE GOUFFRE A TOUJOURS SOIF; LA CLEPSYDRE SE VIDE. 085 020

```
POEM LINE
074 005 . . . . . . . . . . . . . BIENHEUREUSE  LA CLOCHE AU GOSIER VIGOUREUX
055 009 . . . . . . . MON COEUR EST UN PALAIS FLETRI PAR  LA COHUE;
104 005 . . . . . . JE SAIS COMBIEN IL FAUT, SUR  LA COLLINE EN FLAMME,
103 012 . . . . . . . . . . . LES MAISONS CA ET  LA COMMENCAIENT A FUMER.
131 099 . . . . . . . . . ET LE VENT FURIBOND DE  LA CONCUPISCENCE
084 040 . . . . . . . . . . . . . . . . -- LA CONSCIENCE DANS LE MAL!
116 025 . . . . . . . . . . MAIS VOILA QU'EN RASANT  LA COTE D'ASSEZ PRES
090 014 . . . . . . . . . . . . . . IMITAIENT  LA COULEUR DE CE CIEL PLUVIEUX,
102 041 . . . . . . . . . . . ET TOUT, MEME  LA COULEUR NOIRE,
023 017 . . . . . A GRANDS FLOTS LE PARFUM, LE SON ET  LA COULEUR;
085 006 . . . . AINSI QU'UNE SYLPHIDE AU FOND DE  LA COULISSE;
155 005 . . . . . . . . . . . . . . . DANS  LA COUR LE JET D'EAU QUI JASE
098 011 . . . . . . . . . . . . . . . . . LA COURONNE, ET SON COEUR, MEURTRI COMME UNE PECHE
054 008 . . . . . . . . DESTRUCTEUR ET GOURMAND COMME  LA COURTISANE,
131 014 . . . . . . . . . . . . . . DELPHINE  LA COUVAIT AVEC DES YEUX ARDENTS,
118 014 . . . . . . . . . . . . . . . . . LA CRAPULE DU CORPS DE GARDE ET DES CUISINES,
083 017 . . . . . . . ELLE EST DANS MA VOIX,  LA CRIARDE!
001 026 . . . ET S'ENIVRE EN CHANTANT DU CHEMIN DE  LA CROIX;
029 010 . . . . . . . . . . . COMME AFIN DE  LA CUIRE A POINT,
068 007 . . . . . . . . . . . . OU SE PREPARE  LA CUISINE
126 027 . . . . . . . . . . . . . . . . . LA CURIOSITE NOUS TOURMENTE ET NOUS ROULE,
035 007 . . . . . . . VENGENT BIENTOT L'EPEE ET  LA DAGUE TRAITRESSE.
075 013 . . . . . . . LE BEAU VALET DE COEUR ET  LA DAME DE PIQUE
097 051 . . . . . . LE BRANLE UNIVERSEL DE  LA DANSE MACABRE
045 031 . . . . . . . . . . . . . . . . DE  LA DANSEUSE FOLLE ET FROIDE QUI SE PAME
112 001 . . . . . . . . . . . . . . . . . LA DEBAUCHE ET LA MORT SONT DEUX AIMABLES FILLES,
114 005 . . . . . . . ELLE RIT A LA MORT ET NARGUE  LA DEBAUCHE,
005 026 . . . . . . QUE RONGE ET QUE NOURRIT  LA DEBAUCHE, ET VOUS, VIERGES,
157 001 . . . . . . VOUS AVEZ EMPOIGNE LES CRINS DE  LA DEESSE
126 105 . . . ET LES MOINS SOTS, HARDIS AMANTS DE  LA DEMENCE,
141 007 . . . . . . . . . . . . . . . . . LA DENT DIT: "PENSE A TON DEVOIR!"
141 010 . . . . . . . . . . . . . . . . . LA DENT DIT: "VIVRAS -TU CE SOIR?"
055 007 . . . . . . . . . PAR LA GRIFFE ET  LA DENT FEROCE DE LA FEMME.
127 023 . . . . . . . . . . . . ET POUR  LA DERANGER DU ROCHER DE CRISTAL
085 023 . . . . . OU LE REPENTIR MEME (OH!  LA DERNIERE AUBERGE!),
097 003 . . . . . . ELLE A LA NONCHALANCE ET  LA DESINVOLTURE
109 014 . . . . . . ET L'APPAREIL SANGLANT DE  LA DESTRUCTION!
058 007 . . . . . . . . . . . . . . AVEC  LA DEVOTION
103 001 . . . . . . . . . . . . . . . . . LA DIANE CHANTAIT DANS LES COURS DES CASERNES,
080 007 . . . . L'AMOUR N'A PLUS DE GOUT, NON PLUS QUE  LA DISPUTE;
092 005 . . . . . . . . . . LEURS YEUX, D'OU  LA DIVINE ETINCELLE EST PARTIE,
083 014 . . . . . . . . . . . . . . . DANS  LA DIVINE SYMPHONIE,
059 009 . . . . . . . . . TELLE LA SISINA! MAIS  LA DOUCE GUERRIERE
143 014 . . . . . . ENTENDS, MA CHERE, ENTENDS  LA DOUCE NUIT QUI MARCHE.
053 002 . . . . . . . . . . . . SONGE A  LA DOUCEUR
042 006 . . . . . . . . . . . . RIEN NE VAUT  LA DOUCEUR DE SON AUTORITE;
015 016 . . . . . . . . . . . . OU BRILLAT  LA DOUCEUR DE SON PREMIER SERMENT.
095 038 . . . . . . . . . . . . . . . . . LA DOUCEUR DU FOYER ET N'ONT JAMAIS VECU!
036 004 . . . . . . . . . . . . . . . . . LA DOUCEUR DU FOYER ET LE CHARME DES SOIRS,
056 023 . . . . . . AMANTE OU SOEUR, SOYEZ  LA DOUCEUR EPHEMERE
126 131 . . . . . . . VENEZ VOUS ENIVRER DE  LA DOUCEUR ETRANGE
093 024 . . . . . . . . . . . . . . . . . LA DOUCEUR QUI FASCINE ET LE PLAISIR QUI TUE.
096 024 . . . . . . . . . . . . . . . . . LA DOULEUR A LA MORT ET L'ENFER AU NEANT!
089 047 . . . . . . . . . . . . ET TETTENT  LA DOULEUR COMME UNE BONNE LOUVE!
001 065 . . . . . . . . . . . . JE SAIS QUE  LA DOULEUR EST LA NOBLESSE UNIQUE
020 028 . . . . . . . . . . . AUX FLOTS QUE  LA DOULEUR FAIT JAILLIR DE TES YEUX!
125 001 . . . . . . . CONNAIS -TU, COMME MOI,  LA DOULEUR SAVOUREUSE,
101 014 . . . . . . . . . . . . D'ENDORMIR  LA DOULEUR SUR UN LIT HASARDEUX.
091 042 . . . . . . IL EN EST QUI, FAISANT DE  LA DOULEUR UN MIEL,
149 046 . . . . . . . . . . . SEIGNEUR! QUE  LA DOULEUR, O PERE, SOIT BENIE!
156 014 . . . . . . . . . . . . N'EST QUE  LA DOULOUREUSE CHARGE!
114 019 . . . . . . . . . . ELLE REGARDERA  LA FACE DE LA MORT,
020 024 . . . . . . . RENVERSEE A L'ABRI DE  LA FACE QUI MENT.
119 012 . . . . . . . . . . . . . HURLENT  LA FAIM COMME UN VIEUX CHIEN.
124 006 . . . . . . . APAISANT TOUT, MEME  LA FAIM,
020 034 . . . . . . . . . SURTOUT, CE QUI  LA FAIT FREMIR JUSQU'AUX GENOUX,
119 003 . . . . . . . . . RACE DE CAIN, DANS  LA FANGE
149 015 . . . . . . REPETANT, L'IMPUISSANT ET  LA FAT: "OUI, JE VEUX
020 009 . . . . . . . . . . . . . . . OU  LA FATUITE PROMENE SON EXTASE;
005 028 . . . . . . ET TOUTES LES HIDEURS DE  LA FECONDITE!
126 079 . . . . . . . DES PALAIS OUVRAGES DONT  LA FEERIQUE POMPE
020 018 . . . . . . . . . . . . . . . . . LA FEMME AU CORPS DIVIN, PROMETTANT LE BONHEUR,
132 001 . . . . . . . . . . . . . . . . . LA FEMME CEPENDANT, DE SA BOUCHE DE FRAISE,
103 011 . . . . . ET L'HOMME EST LAS D'ECRIRE ET  LA FEMME D'AIMER,
005 003 . . . . . . . . . . ALORS L'HOMME ET  LA FEMME EN LEUR AGILITE
027 014 . . . . . . . . . LA FROIDE MAJESTE DE  LA FEMME STERILE.
005 017 . . . . . . LA NUDITE DE L'HOMME ET CELLE DE  LA FEMME,
126 089 . . . . . . . . . . . . . . . . . LA FEMME, ESCLAVE VILE, ORGUEILLEUSE ET STUPIDE,
055 007 . . . . . . PAR LA GRIFFE ET LA DENT FEROCE DE  LA FEMME.
086 010 . . . . L'ETOILE DANS L'AZUR, LA LAMPE A  LA FENETRE,
128 020 . . . . . . . . . . . . . . . DONT  LA FERVEUR ATTISE LE SUPPLICE,
097 022 . . . . . . . . . . . . . . . . . LA FETE DE LA VIE? OU QUELQUE VIEUX DESIR,
126 094 . . . . . . . . . . . . . . . . . LA FETE QU'ASSAISONNE ET PARFUME LE SANG;
143 007 . . . . . . VA CUEILLIR DES REMORDS DANS  LA FETE SERVILE.
106 004 . . . . . . SES CRIS ME DECHIRAIENT  LA FIBRE,
148 010 . . . . . . . . . . . . . TROUVER  LA FIN ET LE MILIEU;
046 012 . . . . . . . . . . LE SOLEIL A NOIRCI  LA FLAMME DES BOUGIES;
037 009 . . . . . . . . . ALLUME TA PRUNELLE A  LA FLAMME DES LUSTRES!
064 007 . . . . . . . . . NI SA NOIRE LEGENDE AVEC  LA FLAMME ECRITE.
```

L

		POEM	LINE
DONT LE VENT BAT	LA FLAMME ET TOURMENTE LE VERRE,	105	002
RECUIT A	LA FLAMME ETERNELLE!	149	008
ET SON COEUR, RAVAGE PAR	LA FLAMME, A TOUJOURS,	059	013
ASTRES DONT NUL SOLEIL NE PEUT FLETRIR	LA FLAMME!	043	014
DU SOUVENIR CUEILLE	LA FLEUR EXQUISE.	038	022
EU DONC, CHANTS DU CUIVRE ET SOUPIRS DE	LA FLUTE!	080	008
ELLE A DANS LE PLAISIR	LA FOI MAHOMETANE,	114	010
QUI VERSENT	LA FOLIE A CE BAL TOURNOYANT;	006	024
TE PAVANER AUX LIEUX QUE	LA FOLIE ENCOMBRE,	037	007
	LA FOLIE ET L'HORREUR, FROIDES ET TACITURNES.	007	004
LASSE,	LA FONT S'ETENDRE A TRAVERS LA CAMPAGNE,	019	012
COMME UN FLOT GROSSI PAR	LA FONTE	028	029
L'ELEGANCE ET	LA FORCE ABONDENT, SOEURS DIVINES.	020	003
--AH! SEIGNEUR! DONNEZ -MOI	LA FORCE ET LE COURAGE	116	059
--LA JOUISSANCE AJOUTE AU DESIR DE	LA FORCE.	126	069
LE DESERT ET	LA FORET	058	009
AINSI DANS	LA FORET OU MON ESPRIT S'EXILE	089	049
	LA FORME DE LA BOITE OU L'ON MET TOUS CES CORPS.	091	032
CEUX-LA DONT LES DESIRS ONT	LA FORME DE LA PLUS SEDUISANTE DES FEMMES,	109	006
LE VIEUX PARIS N'EST PLUS	LA FORME DES NUES,	126	021
QUE J'AI GARDE	LA FORME D'UNE VILLE	089	007
MONTRER QUE DANS	LA FORME ET L'ESSENCE DIVINE	029	047
--LOIN DU MONDE RAILLEUR, LOIN DE	LA FOSSE MEME	094	023
PATIENT COMME	LA FOULE IMPURE,	110	053
ET TROUVER SUR TON SEIN	LA FOURMI?"	054	009
	LA FRAICHEUR DES TOMBEAUX!"	131	084
	LA FROIDE CRUAUTE DE CE SOLEIL DE GLACE	030	010
	LA FROIDE MAJESTE DE LA FEMME STERILE.	027	014
TEMPERAIT	LA FROIDEUR DE LEUR AUSTERITE.	009	004
DE CES VIEILLES PUTAINS	LA FUNEBRE GAIETE,	096	018
ME RAVIT EN EXTASE, ET J'AIME A	LA FUREUR	127	007
LEUR RIRE, HELAS! DE	LA GAITE	156	013
ELLE-MEME PREPARE AU FOND DE	LA GEHENNE	001	019
VOIS QUEL CHARME EXCITANT	LA GENTILLESSE DONNE!	020	015
A MOINS QUE, MEDITANT SUR	LA GEOMETRIE,	091	029
	LA GERBE EPANOUIE	155	023
	LA GERBE EPANOUIE	155	037
	LA GERBE EPANOUIE	155	009
OU PAR LES LONGUES NUITS	LA GIROUETTE S'ENROUE,	101	006
DES PLAISIRS PLUS AIGUS QUE	LA GLACE ET LE FER?	050	016
	LA GLACE QUI LES MORD, LES SOLEILS QUI LES CUIVRENT,	126	015
VRENT LEURS VASTES BRAS POUR EMBRASSER	LA GLOIRE	023	019
ILS APPORTENT	LA GLOIRE AU PEUPLE IVRE D'AMOUR!	105	024
A	LA GLOIRE DE DIEU RALLUME TON EXTASE!	140	010
	LA GLOIRE DES CITES DANS LE SOLEIL COUCHANT,	126	062
C'EST	LA GLOIRE DES DIEUX, C'EST LE GRENIER MYSTIQUE,	122	012
	LA GLOIRE DU SOLEIL SUR LA MER VIOLETTE,	126	061
DONT	LA GLOIRE EST DE DEPLOYER	150	028
VOUS QUI FUTES LA GRACE OU QUI FUTES	LA GLOIRE,	091	065
ET D'AUTRES, DONT	LA GORGE AIME LES SCAPULAIRES,	111	017
LA SOMBRE NUIT LES PREND A	LA GORGE; ILS FINISSENT	095	032
N'EST -TU PAS L'OASIS OU JE REVE, ET	LA GOURDE	023	034
L'AME D'UN VIEUX POETE ERRE DANS	LA GOUTTIERE	075	007
MONTRAIT	LA GRACE ENFANTINE DU SINGE.	038	042
VOUS QUI FUTES	LA GRACE OU QUI FUTES LA GLOIRE,	091	065
AVANT DE CONTEMPLER	LA GRANDE CREATURE	123	007
LE CIEL! COUVERCLE NOIR DE	LA GRANDE MARMITE	144	013
ET DE RENDRE AU CENTUPLE LA	LA GRANDE NATURE	029	011
	LA GRANDEUR DE CE MAL OU TU TE CROIS SAVANTE	025	013
AVEZ -VOUS A REMPLIR	LA GRANGE?	094	020
DESSINS AUXQUELS	LA GRAVITE	094	005
HAUT, EN BAS, PARTOUT, LA PROFONDEUR,	LA GREVE,	146	005
SUR QUI PESE	LA GRIFFE EFFROYABLE DE DIEU?	091	084
PAR	LA GRIFFE ET LA DENT FEROCE DE LA FEMME.	055	007
SON RIRE N'EST PAS	LA GRIMACE,	156	009
SACHE QU'IL FAUT AIMER, SANS FAIRE	LA GRIMACE,	140	005
DU BOUFFON FAVORI	LA GROTESQUE BALLADE	077	007
	LA HAINE EST LE TONNEAU DES PALES DANAIDES;	073	001
	LA HAINE EST UN IVROGNE AU FOND D'UNE TAVERNE,	073	009
	LA HAINE EST VOUEE A CE SORT LAMENTABLE	073	013
ET	LA HAINE,	044	006
ANGE PLEIN DE BONTE, CONNAISSEZ -VOUS	LA HAINE?	044	010
ANGE PLEIN DE BONTE, CONNAISSEZ -VOUS	LA HANCHE UN PEU POINTUE ET LA TAILLE FRINGANTE	110	039
LES MAISONS, DONT LA BRUME ALLONGEAIT	LA HAUTEUR,	090	006
EFFACANT TOUT, MEME	LA HONTE,	124	007
	LA HONTE, LES REMORDS, LES SANGLOTS, LES ENNUIS	044	002
COMME LES LONGS RESEAUX DE	LA HOULE DES MERS,	027	007
FORTES TRESSES, SOYEZ	LA HOULE QUI M'ENLEVE!	023	013
UNE VOIX DE	LA HUNE, ARDENTE ET FOLLE, CRIE:	126	035
UN BAS ROSATRE, ORNE DE COINS D'OR, A	LA JAMBE,	110	025
	LA JARRETIERE, AINSI QU'UN OEIL SECRET QUI FLAMBE,	110	027
	LA JE VIS, UN MATIN, A L'HEURE OU SOUS LES CIEUX	089	014
	LA JEUNE PRETRESSE, AMOUREUSE DES FLEURS,	116	022
OU	LA JEUNESSE ET LA VIE,	107	012
TU LUI VERSES L'ESPOIR,	LA JEUNESSE UN HOMMAGE PROFOND,	005	035
DE RENDRE A	LA JOIE	138	006
JE T'AIME SURTOUT QUAND	LA JOIE ET LA RISEE.	016	026
IL FAISAIT DES ENFANTS	LA JOIE ET LES DESASTRES,	021	011
TU SEMES AU HASARD	LA JOUE ET L'OEIL EN FEU, JOUANT SON PERSONNAGE.	059	007

```
083 022  . . . . . . . .  .  . . .  JE SUIS LE SOUFFLET ET  LA JOUE!
126 069                                                   --  LA JOUISSANCE AJOUTE AU DESIR DE LA FORCE.
149 024                                                    A  LA JOYEUSE MESSE NOIRE?
126 007          ET NOUS ALLONS, SUIVANT LE RHYTHME DE  LA LAME,
086 010  . . . . . . . .  .  . . .  L'ETOILE DANS L'AZUR,  LA LAMPE A LA FENETRE,
103 008                    IMITE LES COMBATS DE  LA LAMPE ET DU JOUR,
127 029                                                  --ET  LA LAMPE S'ETANT RESIGNEE A MOURIR,
103 006                                                         LA LAMPE SUR LE JOUR FAIT UNE TACHE ROUGE;
150 031  . . . . . . . .  .  . . .  --VITE SOUFFLONS  LA LAMPE, AFIN
118 028          PENETRE DANS TON FLANC PLUS AVANT QUE  LA LANCE!
023 006                                                         LA LANGOUREUSE ASIE ET LA BRULANTE AFRIQUE,
120 025                                           TOI DONT  LA LARGE MAIN CACHE LES PRECIPICES
131 082  . . . . . . . .  .  . . . .  ET QUE  LA LASSITUDE AMENE LE REPOS!
095 021                             ON ENTEND CA ET  LA LES CUISINES SIFFLER,
103 017          C'ETAIT L'HEURE OU PARMI LE FROID ET  LA LESINE
000 001              LA SOTTISE, L'ERREUR, LE PECHE,  LA LESINE,
132 005  . . . . . . .  .  . . .  --"MOI, J'AI  LA LEVRE HUMIDE, ET JE SAIS LA SCIENCE
073 010          QUI SENT TOUJOURS LA SOIF NAITRE DE  LA LIQUEUR
025 008                    SANS CONNAITRE JAMAIS  LA LOI DE LEUR BEAUTE,
085 018  QUI GAGNE SANS TRICHER, A TOUT COUP! C'EST  LA LOI,
127 015          . . . . . ET LA CANDEUR UNIE A  LA LUBRICITE
084 016  . . . . . .  CHERCHANT  LA LUMIERE ET LA CLE;
079 010                                            DONT  LA LUMIERE PARLE UN LANGAGE CONNU!
056 017              J'AIME DE VOS LONGS YEUX  LA LUMIERE VERDATRE,
127 008  . . . . . .  LES CHOSES OU LE SON SE MELE A  LA LUMIERE.
063 006                    DES BAISERS FROIDS COMME  LA LUNE
107 003                                            QUE  LA LUNE ONDULEUSE ENVOIE AU LAC TREMBLANT,
065 001                                       CE SOIR,  LA LUNE REVE AVEC PLUS DE PARESSE;
086 012  . . . . . .  .  . .  ET  LA LUNE VERSER SON PALE ENCHANTEMENT.
076 008          --JE SUIS UN CIMETIERE ABHORRE DE  LA LUNE,
132 010                                                     LA LUNE, LE SOLEIL, LE CIEL ET LES ETOILES!
058 032                    TON OEIL DOUX COMME  LA LUNE,
080 001  . . .  MORNE ESPRIT, AUTREFOIS AMOUREUX DE  LA LUTTE,
150 027              NOUS, PRETRE ORGUEILLEUX DE  LA LYRE,
042 014          JE SUIS L'ANGE GARDIEN, LA MUSE ET  LA MADONE."
107 006              UN BAISER LIBERTIN DE  LA MAIGRE ADELINE;
110 037  . . . . . . .  ET CEPENDANT, A VOIR  LA MAIGREUR ELEGANTE
064 006                    BERCEUSE DONT  LA MAIN AUX LONGS SOMMEILS M'INVITE,
089 038              VIL BETAIL, SOUS  LA MAIN DU SUPERBE PYRRHUS,
131 080                    QUI, LA TORCHE A  LA MAIN, LE BRULE JUSQU'AU SANG.
114 006          CES MONSTRES DONT  LA MAIN, QUI TOUJOURS GRATTE ET FAUCHE,
143 008          MA DOULEUR, DONNE -MOI  LA MAIN; VIENS PAR ICI,
066 003  LES CHATS PUISSANTS ET DOUX, ORGUEIL DE  LA MAISON,
038 043                                                         LA MALADIE ET LA MORT FONT DES CENDRES
130 056  . . . . . . . .  .  . . . . . . . .  DE  LA MALE SAPHO, L'AMANTE ET LE POETE,
130 060  . . . . . . . .  .  . . . . . . . .  DE  LA MALE SAPHO, L'AMANTE ET LE POETE!
114 014              ET POURTANT NECESSAIRE A  LA MARCHE DU MONDE,
106 015                    TOUS LES PAVES DE  LA MARGELLE,
126 016  . . . . . .  .  . .  EFFACENT LENTEMENT  LA MARQUE DES BAISERS.
017 004          ETERNEL ET MUET AINSI QUE  LA MATIERE.
052 004              OU L'ENFANCE S'ALLIE A  LA MATURITE.
052 016              OU L'ENFANCE S'ALLIE A  LA MATURITE.
090 016  . . . . . . . .  .  . . .  SANS  LA MECHANCETE QUI LUISAIT DANS SES YEUX,
083 020                                            OU  LA MEGERE SE REGARDE.
001 059                                       ET COMME  LA MEILLEURE ET LA PLUS PURE ESSENCE
048 021          AINSI, QUAND JE SERAI PERDU DANS  LA MEMOIRE
000 032  . . . . . . . .  .  . . .  DANS  LA MENAGERIE INFAME DE NOS VICES,
006 004          COMME L'AIR DANS LE CIEL ET  LA MER DANS LA MER,
126 125          NOUS NOUS EMBARQUERONS SUR  LA MER DES TENEBRES
130 051  . . . . . . . .  .  . . .  POUR SAVOIR SI  LA MER EST INDULGENTE ET BONNE,
130 055  . . . . . . . .  .  . . .  POUR SAVOIR SI  LA MER EST INDULGENTE ET BONNE!
014 002                                                         LA MER EST TON MIROIR; TU CONTEMPLES TON AME
116 053              --LE CIEL ETAIT CHARMANT,  LA MER ETAIT UNIE;
130 034              DE LARMES QU'A  LA MER ONT VERSE TES RUISSEAUX?
126 139  . . . . . .  .  . .  SI LE CIEL ET  LA MER SONT NOIRS COMME DE L'ENCRE,
040 002          MONTANT COMME  LA MER SUR LE ROC NOIR ET NU?"
126 061                    LA GLOIRE DU SOLEIL SUR  LA MER VIOLETTE,
055 002          MAIS LA TRISTESSE EN MOI MONTE DANS  LA MER,
001 070  . . .  LES METAUX INCONNUS, LES PERLES DE  LA MER,
127 011          A MON AMOUR PROFOND ET DOUX COMME  LA MER,
126 042  FAUT -IL LE METTRE AUX FERS, LE JETER A  LA MER,
062 006                                                         LA MER, LA VASTE MER, CONSOLE NOS LABEURS!
062 010  . . . . . . . .  .  . . . . . .  LA MER, LA VASTE MER, CONSOLE NOS LABEURS!
062 007                    QUEL DEMON A DOTE  LA MER, RAUQUE CHANTEUSE
079 008              JE L'ENTENDS DANS LE RIRE ENORME DE  LA MER.
056 020          NE ME VAUT LE SOLEIL RAYONNANT SUR  LA MER.
006 004  . . .  COMME L'AIR DANS LE CIEL ET LA MER DANS  LA MER;
136 022              J'AIME SI TENDREMENT LE DESERT ET  LA MER;
014 001              HOMME LIBRE, TOUJOURS TU CHERIRAS  LA MER!
065 014                                                         LA MET DANS SON COEUR LOIN DES YEUX DU SOLEIL.
110 043  . . . . .  S'ETAIENT -ILS ENTR'OUVERTS A  LA MEUTE ALTEREE
132 017          QUAND ELLE EUT DE MES OS SUCE TOUTE  LA MOELLE,
135 005                                       POUR OBTENIR  LA MOINDRE ROSE,
052 017          TA GORGE QUI S'AVANCE ET QUI POUSSE  LA MOIRE,
023 018  .  OU LES VAISSEAUX, GLISSANT DANS L'OR ET DANS  LA MOIRE,
028 023                    SE BALANCE AVEC  LA MOLLESSE
076 017          L'ENNUI, FRUIT DE  LA MORNE INCURIOSITE,
131 010          L'AIR BRISE, LA STUPEUR,  LA MORNE VOLUPTE,
058 028  . . . . . . . .  .  . . . . . .  LA MORSURE ET LE BAISER;
```

L

		POEM	LINE
GLORIFIAIT	LA MORT AVEC SIMPLICITE.	009	008
ET, QUAND NOUS RESPIRONS,	LA MORT DANS NOS POUMONS	000	023
QUI ME RONGE, O LA VIE ET	LA MORT DE MON COEUR!	048	028
LA DOULEUR A	LA MORT ET L'ENFER AU NEANT!	096	024
ELLE RIT A	LA MORT ET NARGUE LA DEBAUCHE, ...	114	005
LA MALADIE ET	LA MORT FONT DES CENDRES	038	043
	LA MORT NOUS TIENT SOUVENT PAR DES LIENS SUBTILS.	040	011
C'EST	LA MORT QUI CONSOLE, HELAS! ET QUI FAIT VIVRE;	122	001
	LA MORT SAVANTE MET DANS CES BIERES PAREILLES	091	023
LA DEBAUCHE ET	LA MORT SONT DEUX AIMABLES FILLES,	112	001
EN TOUT CLIMAT, SOUS TOUT SOLEIL,	LA MORT T'ADMIRE	097	057
TELLEMENT VOUS AIMEZ LE CARNAGE ET	LA MORT,	014	015
DANS UN SOMMEIL AUSSI DOUX QUE	LA MORT, ...	128	010
ELLE REGARDERA LA FACE DE	LA MORT,	114	019
QUE TOUT, MEME	LA MORT, NOUS MENT,	094	026
C'EST QUE	LA MORT, PLANANT COMME UN SOLEIL NOUVEAU,	123	013
O TOI QUI DE	LA MORT, TA VIEILLE ET FORTE AMANTE, ...	120	013
ILS CELEBRENT	LA MORT, VOUS CHANTEZ LE REVEIL;	043	012
ET CONSTANT JUSQUES A	LA MORTALITE SUR LES FAUBOURGS BRUMEUX.	110	060
ET	LA ROULE DEFAILLANTE AUX RIVES DE	075	004
LA ROULE DEFAILLANTE AUX RIVES DE	LA MORT!	049	020
VOUS SENTEZ TOUS	LA MORT! O SQUELETTES MUSQUES,	097	048
DONT	LA MOUSTACHE PEND COMME LES VIEUX DRAPEAUX.	105	019
PENDANT QUE DES MORTELS	LA MULTITUDE VILE,	143	005
QUE CE SOIT DANS LA RUE ET DANS	LA MULTITUDE,	042	010
DERRIERE	LA MURAILLE IMMENSE DU BROUILLARD;	089	044
JE SUIS L'ANGE GARDIEN,	LA MUSE ET LA MADONE."	042	014
	LA MUSIQUE SOUVENT ME PREND COMME UNE MER!	069	001
SON HALEINE FAIT	LA MUSIQUE,	041	023
COMME D'AUTRES ESPRITS VOGUENT SUR	LA MUSIQUE,	023	009
SUR	LA NAPPE FRUGALE ET LES RIDEAUX DE SERGE.	099	010
QUI CIRCULE DANS L'AIR ET M'ENFLE	LA NARINE,	022	013
UNE ILE PARESSEUSE OU	LA NATURE DONNE	022	005
DU TEMPS QUE	LA NATURE EN SA VERVE PUISSANTE	019	001
	LA NATURE EST UN TEMPLE OU DE VIVANTS PILIERS	004	001
DONT	LA NATURE LUI FIT DON;	110	024
COMME JE ME PLAIGNAIS UN JOUR A	LA NATURE, ...	115	002
QUAND	LA NATURE, GRANDE EN SES DESSEINS CACHES,	025	015
L'INSOLENCE DE	LA NATURE.	129	024
ET PARTOUT COLORANT EN ROUGE	LA NATURE.	113	008
JE PENSE A	LA NEGRESSE, AMAIGRIE ET PHTISIQUE, ...	089	041
DANS	LA NEIGE ET LA BOUE IL ALLAIT S'EMPETRANT,	090	026
FRISSONNANTE LA-BAS SOUS	LA NEIGE ET LES GRELES,	133	022
COMME	LA NEIGE IMMENSE UN CORPS PRIS DE ROIDEUR;	080	012
A TRAVERS LA TEMPETE, ET	LA NEIGE, ET LE GIVRE, ...	122	005
JE SAIS QUE LA DOULEUR EST	LA NOBLESSE UNIQUE	001	065
ELLE A	LA NONCHALANCE ET LA DESINVOLTURE,	097	003
PLUSIEURS RELIGIONS SEMBLABLES A	LA NOTRE,	126	097
	LA NUDITE DE L'HOMME ET CELLE DE LA FEMME, ...	005	017
DOMINE	LA NUEE ET LE CRI DES DEMONS)	115	024
LE JOUR DECROIT;	LA NUIT AUGMENTE; SOUVIENS -TOI!	085	019
MAUDITE SOIT	LA NUIT AUX PLAISIRS EPHEMERES	001	007
L'OMBRE AVEC LA CHALEUR,	LA NUIT AVEC LE JOUR, ...	131	001
ET LES SIX AUTRES MOIS	LA NUIT COUVRE LA TERRE;	030	006
VASTE COMME	LA NUIT ET COMME LA CLARTE,	004	007
QUE CE SOIT DANS	LA NUIT ET DANS LA SOLITUDE,	042	009
OU NAGENT DANS	LA NUIT L'HORREUR ET LE BLASPHEME;	030	004
DANS L'HORREUR DE	LA NUIT MALSAINE	138	038
QUE	LA NUIT ME VOILE;	069	008
POUR BATIR DANS	LA NUIT MES FEERIQUES PALAIS.	086	016
ET QUAND L'HEURE VIENDRA D'ENTRER DANS	LA NUIT NOIRE,	114	018
O TOI, QUE	LA NUIT REND SI BELLE,	155	029
	LA NUIT S'EPAISSISSAIT AINSI QU'UNE CLOISON.	036	016
	LA NUIT S'EPAISSISSAIT AINSI QU'UNE CLOISON.	036	020
LE SILENCE ET	LA NUIT S'INSTALLERENT EN LUI, ...	016	020
	LA NUIT VOLUPTUEUSE MONTE,	124	005
EN SECRET A TRAVERS	LA NUIT,	134	012
ET LA SOLENNITE DE	LA NUIT, COMME UN FLEUVE,	045	007
OU, SEUL AVEC	LA NUIT, MAUSSADE HOTESSE, ...	038	004
ANTS COMME CES TROUS OU L'EAU DORT DANS	LA NUIT;	091	018
AVEC LES OMBRES DE	LA NUIT;	063	004
ET CONSOLE COMME	LA NUIT;	041	016
JE NE SAIS QUOI DE BON, DE DOUX COMME	LA NUIT!	152	003
UN ECLAIR...PUIS	LA NUIT!--FUGITIVE BEAUTE	093	009
AUX UNS PORTANT	LA PAIX, AUX AUTRES LE SOUCI.	143	004
A	LA PALE CLARTE DES LAMPES LANGUISSANTES,	131	001
ECLOSE A	LA PALE CLARTE, ...	045	014
REFLECHIT L'INDOLENCE ET	LA PALEUR DU CIEL.	050	004
TRAVERSE CA ET	LA PAR DE BRILLANTS SOLEILS;	010	002
ET DE PALMIERS D'OU PLEUT SUR LES YEUX	LA PARESSE,	061	003
RUBENS, FLEUVE D'OUBLI, JARDIN DE	LA PARESSE,	006	001
JE HAIS	LA PASSION ET L'ESPRIT ME FAIT MAL!	064	008
ENVIANT DE CES GENS	LA PASSION TENACE,	096	017
ELLE FIT SON BEAU CORPS	LA PATURE SUPREME	130	068
QUI SORT DE	LA PAUPIERE AINSI QU'UN LONG SOUPIR.	131	024
LES FEMMES DE PLAISIR,	LA PAUPIERE LIVIDE,	103	013
LAISSE VOIR	LA PAUVRETE	088	003
MIROITER	LA PEAU!	028	004
COMME UN BEAU CADRE AJOUTE A	LA PEINTURE, ...	038	029

```
POEM LINE
010 006 . . . . . . . .         ET QU'IL FAUT EMPLOYER  LA PELLE ET LES RÂTEAUX'
102 057                                                 LA PENDULE AUX ACCENTS FUNEBRES
075 010                              ACCOMPAGNE EN FAUSSET  LA PENDULE ENRHUMEE,
150 001                                                 LA PENDULE, SONNANT MINUIT,
037 006 . . . .     COMME UN ASTRE ECLIPSE QUI SORT DE  LA PENOMBRE,
023 032                                  SEMERA LE RUBIS,  LA PERLE ET LE SAPHIR,
118 017                            QUAND DE TON CORPS BRISE  LA PESANTEUR HORRIBLE
091 019                        ILS ONT LES YEUX DIVINS DE  LA PETITE FILLE
044 017 . . . . . . . . . . . . . . . . . .        ET  LA PEUR DE VIEILLIR, ET CE HIDEUX TOURMENT
007 006                          T'ONT -ILS VERSE  LA PEUR ET L'AMOUR DE LEURS URNES?
146 004                              MAINTE FOIS DE  LA PEUR JE SENS PASSER LE VENT.
153 007                   LE DOUTE L'ENVIRONNE, ET  LA PEUR RIDICULE,
033 005 . . . . . . . .          QUAND  LA PIERRE, OPPRIMANT TA POITRINE PEUREUSE
133 006                          TA TACHE EST D'ALLUMER  LA PIPE DE TON MAITRE,
068 001                                  JE SUIS  LA PIPE D'UN AUTEUR;
083 021                                  JE SUIS  LA PLAIE ET LE COUTEAU!
120 038 . . . . . .       LE CULTE DE  LA PLAIE ET L'AMOUR DES GUENILLES.
155 031                         D'ECOUTER  LA PLAINTE ETERNELLE
045 006                                          LA PLEINE LUNE S'ETALAIT.
078 009                                  QUAND  LA PLUIE ETALANT SES IMMENSES TRAINEES
010 003 . . . . . . . .          LE TONNERRE ET  LA PLUIE ONT FAIT UN TEL RAVAGE,
095 037                          ENCORE  LA PLUPART N'ONT -ILS JAMAIS CONNU
133 002                     EST LARGE A FAIRE ENVIE A  LA PLUS BELLE BLANCHE;
088 029                              PERLES DE  LA PLUS BELLE EAU,
001 059 . . . . . . . .      ET COMME LA MEILLEURE ET  LA PLUS PURE ESSENCE
109 006                         LA FORME DE  LA PLUS SEDUISANTE DES FEMMES,
096 008                            FOUILLANT  LA POCHE VIDE OU LE SEIN PALPITANT;
104 023                     POUR QUE DE NOTRE AMOUR NAISSE  LA POESIE
102 056 . . . . . . . . . . . . . . . . .          LA POINTE DES SOUCIS MAUDITS;
069 005                                          LA POITRINE EN AVANT ET LES POUMONS GONFLES
123 011                            QUI VONT SE MARTELANT  LA POITRINE ET LE FRONT,
054 023                            PLUS DENSES QUE  LA POIX, SANS MATIN ET SANS SOIR,
021 023 .      SI TON OEIL, TON SOURIS, TON PIED, M'OUVRENT  LA PORTE
089 021                     BAIGNAIT NERVEUSEMENT SES AILES DANS  LA POUDRE,
072 011                        PHILOSOPHES VIVEURS, FILS DE  LA POURRITURE,
048 015                            SAISIT L'AME VAINCUE ET  LA POUSSIERE A DEUX MAINS
136 003 . . . . . . .       TOUT, LA CENDRE LATINE ET  LA POUSSIERE GRECQUE,
157 005                    L'OEIL CLAIR ET PLEIN DU FEU DE  LA PRECOCITE,
001 004                          CRISPE SES POINGS VERS DIEU, QUI  LA PREND EN PITIE:
006 011                                          OU  LA PRIERE EN PLEURS S'EXHALE DES ORDURES,
153 005 . . . . .     LES RIRES ENIVRANTS DONT S'EMPLIT  LA PRISON
146 005                       EN HAUT, EN BAS, PARTOUT,  LA PROFONDEUR, LA GREVE,
149 034             QUI SE MORFOND LONGTEMPS A L'AFFUT DE  LA PROIE.
095 015                                          LA PROSTITUTION S'ALLUME DANS LES RUES;
029 015 . . . . . . . . . . . . .                  LA PUANTEUR ETAIT SI FORTE, QUE SUR L'HERBE
150 023                              ET DE  LA PUTREFACTION
012 009                                  C'EST  LA QUE J'AI VECU DANS LES VOLUPTES CALMES,
114 012                              ELLE APPELLE DES YEUX  LA RACE DES HUMAINS.
045 016 . . . . . . . . . . . . .         QUE  LA RADIEUSE GAIETE,
097 035                    QUI, DE CES COEURS MORTELS, ENTEND  LA RAILLERIE?
135 004                              AVEC LE FER DE  LA RAISON;
105 029                              POUR NOYER  LA RANCOEUR ET BERCER L'INDOLENCE
008 014 . . . . . . . . . . .       POUR FAIRE EPANOUIR  LA RATE DU VULGAIRE.
111 022                                  DE  LA REALITE GRANDS ESPRITS CONTEMPTEURS,
091 057               CELLE-LA, DROITE ENCOR, FIERE ET SENTANT  LA REGLE,
140 003               ET DIT, LE SECOUANT: "TU CONNAITRAS  LA REGLE!
115 028 . . . . . . . . . . .          LA REINE DE MON COEUR AU REGARD NONPAREIL,
029 041                          OUI! TELLE VOUS SEREZ, O  LA REINE DES GRACES,
057 030                           DEVANT L'AUTEL FLEURI DE  LA REINE DES VIERGES,
087 006                  FLAIRANT DANS TOUS LES COINS LES HASARDS DE  LA RIME,
016 026 . . . . .      IL FAISAIT DES ENFANTS LA JOIE ET  LA RISEE.
157 010                         EST -CE QUE PAR HASARD  LA ROBE DU CENTAURE
088 002                                  DONT  LA ROBE PAR SES TROUS
083 023                         JE SUIS LES MEMBRES ET  LA ROUE,
049 020 . . . . . . . . . . . .          LA ROULE DEFAILLANTE AUX RIVES DE LA MORT!
043 006                       ILS CONDUISENT MES PAS DANS  LA ROUTE DU BEAU;
097 009                                          LA RUCHE QUI SE JOUE AU BORD DES CLAVICULES,
114 008                         DE CE CORPS FERME ET DROIT  LA RUDE MAJESTE.
093 001 . . . . . . . . .         LA RUE ASSOURDISSANTE AUTOUR DE MOI HURLAIT.
042 010                      QUE CE SOIT DANS  LA RUE ET DANS LA MULTITUDE,
016 022                    DES LORS IL FUT SEMBLABLE AUX BETES DE  LA RUE,
005 036                                          --A  LA SAINTE JEUNESSE, A L'AIR SIMPLE, AU DOUX FRONT,
106 052 . . . . . . . . . .          DU DIABLE OU DE  LA SAINTE TABLE!
009 002                          ETALAIENT EN TABLEAUX  LA SAINTE VERITE,
126 098                        TOUTES ESCALADANT LE CIEL;  LA SAINTETE,
044 022                          DAVID MOURANT AURAIT DEMANDE  LA SANTE
007 009 . . . .     JE VOUDRAIS QU'EXHALANT L'ODEUR DE  LA SANTE
129 006                              EST EBLOUI PAR  LA SANTE
005 006                              EXERCAIENT  LA SANTE DE LEUR NOBLE MACHINE.
026 003                   OEUVRE DE QUELQUE OBI, LE FAUST DE  LA SAVANE,
132 005 . .     --"MOI, J'AI LA LEVRE HUMIDE, ET JE SAIS  LA SCIENCE
066 005                              AMIS DE  LA SCIENCE ET DE LA VOLUPTE,
085 000                TROIS MILLE SIX CENTS FOIS PAR HEURE,  LA SECONDE
044 018                              DE LIRE  LA SECRETE HORREUR DU DEVOUEMENT
110 023 . . . . . . . . .      .          LA SECRETE SPLENDEUR ET LA BEAUTE FATALE
097 053                       DES QUAIS FROIDS DE  LA SEINE AUX BORDS BRULANTS DU GANGE,
103 026                      S'AVANCAIT LENTEMENT SUR  LA SEINE DESERTE,
061 010                         SUR LES BORDS DE  LA SEINE OU DE LA VERTE LOIRE,
048 004 . . . . . . . . . . . . . . .         DONT  LA SERRURE GRINCE ET RECHIGNE EN CRIANT,
```

[178]

L

		POEM	LINE
	LA SERVANTE AU GRAND COEUR DONT VOUS ETIEZ JALOUSE,	100	001
LA VERITABLE TETE, ET	LA SINCERE FACE	020	023
TELLE	LA SISINA! MAIS LA.DOUCE GUERRIERE	059	009
D'UN MONDE OU L'ACTION N'EST PAS	LA SOEUR DU REVE;	118	030
DESALTERANT	LA SOIF DE CHAQUE CREATURE,	113	007
ET NE RAFRAICHIRA	LA SOIF DE L'EUMENIDE	131	079
QUI SENT TOUJOURS	LA SOIF NAITRE DE LA LIQUEUR	073	010
ET	LA SOLENNITE DE LA NUIT, COMME UN FLEUVE,	045	007
QUE CE SOIT DANS LA NUIT ET DANS	LA SOLITUDE,	042	009
QUI, COMME MOI, MEURT DANS	LA SOLITUDE,	038	051
	LA SOMBRE NUIT LES PREND A LA GORGE; ILS FINISSENT	095	032
C'EST	LA SON CHARME ET SON SECRET.	051	008
	LA SOTTISE, L'ERREUR, LE PECHE, LA LESINE,	000	001
"SOYEZ BENI, MON DIEU, QUI DONNEZ	LA SOUFFRANCE	001	057
CE PAYS TROP PEUPLE QUE FAUCHE	LA SOUFFRANCE,	133	018
JAILLIR LES EAUX DE	LA SOUFFRANCE,	083	006
NE VIENDRA PLUS CHERCHER	LA SOUPE PARFUMEE,	095	035
OBSCURCIR	LA SPLENDEUR DE TES FROIDES PRUNELLES.	032	014
VERS UN AUTRE OCEAN OU	LA SPLENDEUR ECLATE,	062	003
	LA SPLENDEUR ORIENTALE,	053	023
	LA S'ETALAIT JADIS UNE MENAGERIE;	089	013
LORSQUE DE	LA STRICTE JUSTICE	135	011
L'AIR BRISE,	LA STUPEUR, LA MORNE VOLUPTE,	131	010
BAISE	LA STUPIDE MATIERE	150	021
LES COCOTIERS ABSENTS DE	LA SUPERBE AFRIQUE	089	043
COMME UN PARASITE A	LA TABLE	150	011
SUR	LA TABLE DE NUIT, COMME UNE RENONCULE,	110	017
LES COUDES SUR	LA TABLE ET RETROUSSANT TES MANCHES,	104	015
DE NE POUVOIR JAMAIS S'ENDORMIR SOUS	LA TABLE.	073	014
LA HANCHE UN PEU POINTUE ET	LA TAILLE FRINGANTE	110	039
QUI HANTE	LA TEMPETE EN JOUANT DEROUTAIT SES EFFORTS,	090	050
LE BON VENT,	LA TEMPETE ET SE RIT DE L'ARCHER;	002	014
ELLE CHERCHAIT, D'UN OEIL TROUBLE PAR	LA TEMPETE ET SES CONVULSIONS	069	011
A TRAVERS	LA TEMPETE,	131	005
INSI QU'UN VIEUX SOLDAT QUI VEILLE SOUS	LA TEMPETE, ET LA NEIGE, ET LE GIVRE,	122	005
IL	LA TENDRESSE,	063	012
CAR LESBOS ENTRE TOUS M'A CHOISI SUR	LA TENTE!	074	008
QUAND	LA TERRASSE AU BORD D'UN GOUFFRE SECULAIRE,	048	017
DISAIT: "	LA TERRE EST CHANGEE EN UN CACHOT HUMIDE,	130	041
A TRAVERS L'EPAISSEUR DE	LA TERRE EST UN GATEAU PLEIN DE DOUCEUR;	078	005
OU NE MORDRONT JAMAIS	LA TERRE ET DU ROC,	136	006
ET SUR	LA TERRE ET LES ENFERS,	149	037
C'EST UN PAYS PLUS NU QUE	LA TERRE JETTE DIEU!	001	066
ECORCHER	LA TERRE POLAIRE;	119	030
IL FERAIT VOLONTIERS DE	LA TERRE REVECHE	030	007
JE ME COUCHERAI SUR	LA TERRE UN DEBRIS	094	030
	LA TERRE,	000	035
CAR LESBOS ENTRE TOUS M'A CHOISI SUR	LA TERRE,	106	044
ET LES SIX AUTRES MOIS LA NUIT COUVRE	LA TERRE;	130	045
PARTOUT L'HOMME SUBIT	LA TERREUR DU MYSTERE,	030	006
MESURE D'UN REGARD QUE	LA TERREUR ENFLAMME	144	007
D'ENDORMIR POUR UN JOUR	LA TERREUR QUI ME MINE;	153	003
J'ETAIS MORT SANS SURPRISE, ET	LA TERRIBLE AURORE	113	010
AINSI QU'UN VOYAGEUR QUI RETOURNE	LA TETE	125	012
ET SE COGNANT	LA TETE A DES PLAFONDS POURRIS;	131	007
ET, DES PIEDS JUSQUES A	LA TETE,	078	008
VOIT UN CHIFFONNIER QUI VIENT, HOCHANT	LA TETE,	034	012
	LA TETE,	105	005
EN CES TEMPS MERVEILLEUX OU	LA TETE, AVEC L'AMAS DE SA CRINIERE SOMBRE	110	015
	LA THEOLOGIE	016	001
SUR	LA TOILE ETAIT LEVEE ET J'ATTENDAIS ENCORE.	125	014
UN SANG ROUGE ET VIVANT, DONT	LA TOILE OUBLIEE, ET QUE L'ARTISTE ACHEVE	029	031
COMME DE	LA TOILE S'ABREUVE	110	011
QU'IMPORTE LE PARFUM, L'HABIT OU	LA TOILE,	069	006
COURTE TACHE!	LA TOILETTE?	097	043
QUI,	LA TOMBE ATTEND; ELLE EST AVIDE!	056	025
SOUS	LA TORCHE A LA MAIN, LE BRULE JUSQU'AU SANG.	131	080
NOUS IMITONS, HORREUR!	LA TORCHE DE L'ALECTO	156	011
MON ESPRIT EST PAREIL A	LA TOUPIE ET LA BOULE	126	025
S'ENIVRE CHAQUE NUIT DU CRI DE	LA TOUR QUI SUCCOMBE	056	011
LUI DONNAIT	LA TOURMENTE	130	073
--O TOI QUI, COMME UNE OMBRE A	LA TOURNURE ET LE PAS MALADROIT	090	024
A LA TRES -CHERE, A	LA TRACE EPHEMERE,	039	011
A LA TRES -BONNE, A	LA TRES -BELLE	134	001
A	LA TRES -BELLE	134	017
	LA TRES -BELLE, A LA TRES -BONNE, A LA TRES -CHERE,	042	003
A LA TRES -BELLE, A	LA TRES -BONNE, A LA TRES -CHERE,	042	003
A	LA TRES -BONNE, A LA TRES -BELLE	134	017
	LA TRES -CHERE ETAIT NUE, ET, CONNAISSANT MON COEUR,	127	001
A LA TRES -BELLE, A LA TRES -BONNE, A	LA TRES -CHERE,	042	003
A	LA TRES -CHERE, A LA TRES -BELLE	134	001
	LA TRIBU PROPHETIQUE AUX PRUNELLES ARDENTES	013	001
	LA TRISTE BEAUTE DONT MON DESIR SE PRIVE.	032	004
A	LA TRISTE RUE	090	005
UN MATIN, CEPENDANT QUE DANS	LA TRISTE VOIX D'UN FANTOME FRILEUX.	075	008
AVEC	LA TRISTESSE EN MOI MONTE COMME LA MER,	055	002
MAIS	LA TROMPETTE DE L'ANGE	097	055
DANS UN TROU DU PLAFOND	LA TROMPETTE EST SI DELICIEUX,	149	049
LE SON DE	LA TROUVAIS TAPIE EN UN COIN DE MA CHAMBRE,	100	018
JE			

```
POEM LINE
001 021 . . . . . . . . . . . .      POURTANT, SOUS  LA TUTELLE INVISIBLE D'UN ANGE,
022 011                   ENCOR TOUT FATIGUES PAR  LA VAGUE MARINE,
062 006                                 LA MER,  LA VASTE MER, CONSOLE NOS LABEURS!
062 010                                 LA MER,  LA VASTE MER, CONSOLE NOS LABEURS!
044 008 . . . . . . . . . . . . . . .      QUAND  LA VENGEANCE BAT SON INFERNAL RAPPEL,
073 002                                          LA VENGEANCE EPERDUE AUX BRAS ROUGES ET FORTS
129 021                    ET LE PRINTEMPS ET  LA VERDURE
020 023                                          LA VERITABLE TETE, ET LA SINCERE FACE
125 011 . . . . . . . . . . . . . .      ENFIN  LA VERITE FROIDE SE REVELA:
098 022              POUR REJOUIR UN COEUR QUI FUIT  LA VERITE?
029 045            ALORS, O MA BEAUTE! DITES A  LA VERMINE
061 010              SUR LES BORDS DE LA SEINE OU DE  LA VERTE LOIRE,
023 005 . . . . . . . . . . . . . . . . .      JE  LA VEUX AGITER DANS L'AIR COMME UN MOUCHOIR!
083 024                                      ET  LA VICTIME ET LE BOURREAU!
149 044                            UN ANGE SONNE  LA VICTOIRE
104 019                ET SERAI POUR CE FRELE ATHLETE DE  LA VIE
006 003 . . . . . . . . . . . . .      MAIS OU  LA VIE AFFLUE ET S'AGITE SANS CESSE,
038 054                        NOIR ASSASSIN DE  LA VIE ET DE L'ART,
048 028                        QUI ME RONGE, O  LA VIE ET LA MORT DE MON COEUR!
040 010            BOUCHE AU RIRE ENFANTIN: PLUS ENCOR QUE  LA VIE,
010 012 . . .      --O DOULEUR! O DOULEUR! LE TEMPS MANGE  LA VIE,
107 012                TU LUI VERSES L'ESPOIR, LA JEUNESSE ET  LA VIE,
003 019                          --QUI PLANE SUR  LA VIE, ET COMPREND SANS EFFORT
122 002                            C'EST LE BUT DE  LA VIE, ET C'EST LE SEUL ESPOIR
124 003 . . . . . . . . . . . . . .  .      LA VIE, IMPUDENTE ET CRIARDE.
097 022                              LA FETE DE  LA VIE? OU QUELQUE VIEUX DESIR,
075 001                      PLUVIOSE, IRRITE CONTRE  LA VILLE ENTIERE,
053 037                                LES CANAUX,  LA VILLE ENTIERE,
087 004 . . . . . . . . . . . . . .      SUR  LA VILLE ET LES CHAMPS, SUR LES TOITS ET LES BLES,
099 001                JE N'AI PAS OUBLIE, VOISINE DE  LA VILLE,
143 003            UNE ATMOSPHERE OBSCURE ENVELOPPE  LA VILLE,
070 008                                      ET  LA VIPERE SES PETITS;
062 004 . . . . . .      BLEU, CLAIR, PROFOND, AINSI QUE  LA VIRGINITE?
099 006                  QUI, DERRIERE  LA VITRE OU SE BRISAIT SA GERBE,
069 004                          JE METS A  LA VOILE;
089 015            FROIDS ET CLAIRS LE TRAVAIL S'EVEILLE, OU  LA VOIRIE
136 027 . . . . . . . . . . . .      MAIS  LA VOIX ME CONSOLE ET DIT: "GARDE TES SONGES;
020 013                " LA VOLUPTE M'APPELLE ET L'AMOUR ME COURONNE!"
062 019                          OU DANS  LA VOLUPTE PURE LE COEUR SE NOIE!
140 011                            C'EST  LA VOLUPTE VRAIE AUX DURABLES APPAS!"
066 005 . . . . . . . . .      AMIS DE LA SCIENCE ET DE  LA VOLUPTE,
049 004            APPROFONDIT LE TEMPS, CREUSE  LA VOLUPTE,
126 100            DANS LES CLOUS ET LE CRIN CHERCHANT  LA VOLUPTE;
083 015                              GRACE A  LA VORACE IRONIE
024 001 . . . . . . . . .      JE T'ADORE A L'EGAL DE  LA VOUTE NOCTURNE,
100 016                CALME, DANS LE FAUTEUIL JE  LA VOYAIS S'ASSEOIR,
053 013                                          LA, TOUT N'EST QU'ORDRE ET BEAUTE,
053 027                                          LA, TOUT N'EST QU'ORDRE ET BEAUTE,
053 041 . . . . . . . . . . .      LA, TOUT N'EST QU'ORDRE ET BEAUTE,
023 011                                J'IRAI  LA-BAS OU L'ARBRE ET L'HOMME, PLEINS DE SEVE,
133 022                      FRISSONNANTE  LA-BAS SOUS LA NEIGE ET LES GRELES,
126 134                        NOS PYLADES  LA-BAS TENDENT LEURS BRAS VERS NOUS.
053 003 . . . . . . . . . .      D'ALLER  LA-BAS VIVRE ENSEMBLE!
056 006              HAINE, FRISSONS, HORREUR,  LABEUR DUR ET FORCE,
112 004                        SOUS L'ETERNEL  LABEUR N'A JAMAIS ENFANTE.
062 006              LA MER, LA VASTE MER, CONSOLE NOS  LABEURS!
062 010 . . . . .      LA MER, LA VASTE MER, CONSOLE NOS  LABEURS!
103 028            EMPOIGNAIT SES OUTILS, VIEILLARD  LABORIEUX.
068 008                            POUR LE RETOUR DU  LABOUREUR.
094 011                          BECHANT COMME DES  LABOUREURS.
105 003 . . . . . . .      AU COEUR D'UN VIEUX FAUBOURG,  LABYRINTHE FANGEUX
006 035                SONT UN ECHO REDIT PAR MILLE  LABYRINTHES;
006 029                                  DELACROIX,  LAC DE SANG HANTE DES MAUVAIS ANGES,
074 013                            AU BORD D'UN  LAC DE SANG, SOUS UN GRAND TAS DE MORTS,
089 022 . . .      ET DISAIT, LE COEUR PLEIN DE SON BEAU  LAC NATAL:
107 003                QUE LA LUNE ONDULEUSE ENVOIE AU  LAC TREMBLANT,
021 008                          QUI FONT LE HEROS  LACHE ET L'ENFANT COURAGEUX,
091 068              SUR VOS TALONS GAMBADE UN ENFANT  LACHE ET VIL.
129 028 . . . . . . . .      COMME UN  LACHE, RAMPER SANS BRUIT,
029 036                        LE MORCEAU QU'ELLE AVAIT  LACHE.
085 024              OU TOUT TE DIRA: MEURS, VIEUX  LACHE! IL EST TROP TARD!"
085 016                        QU'IL NE FAUT PAS  LACHER SANS EN EXTRAIRE L'OR!
008 002 . . . . . . . . .      AURAS -TU, QUAND JANVIER  LACHERA SES BOREES,
000 005              NOS PECHES SONT TETUS, NOS REPENTIRS SONT  LACHES;
031 016                              DE SECOURIR MA  LACHETE.
049 013                                          LACS OU MON AME TREMBLE ET SE VOIT A L'ENVERS...
131 030 . . . . .      QUI CARESSENT LE SOIR LES GRANDS  LACS TRANSPARENTS,
018 010                                C'EST VOUS,  LADY MACBETH, AME PUISSANTE AU CRIME,
149 028                            ENORME ET  LAID COMME LE MONDE!
016 025                        SALE, INUTILE ET  LAID COMME UNE CHOSE USEE,
000 033 . . . . . . . . . . .      IL EN EST UN PLUS  LAID, PLUS MECHANT, PLUS IMMONDE!
002 010          LUI, NAGUERE SI BEAU, QU'IL EST COMIQUE ET  LAID!
091 006                                EPONINE OU  LAIS! MONSTRES BRISES, BOSSUS
127 009                ELLE ETAIT DONC COUCHEE ET SE  LAISSAIT AIMER,
132 004 . . . . . . . . . .      LAISSAIT COULER CES MOTS TOUT IMPREGNES DE MUSC:
034 003                                      ET  LAISSE -MOI PLONGER DANS TES BEAUX YEUX,
018 005                                      JE  LAISSE A GAVARNI, POETE DES CHLOROSES,
114 002                                    QUI  LAISSE DANS SON VIN TRAINER SA CHEVELURE.
130 025 . . . . . . . . . . . . . . . .      LAISSE DU VIEUX PLATON DE FRONCER L'OEIL AUSTERE.
```

		POEM	LINE
	LAISSE DU VIEUX PLATON SE FRONCER L'OEIL AUSTERE; . . .	130	021
ELLE	LAISSE FILER UNE LARME FURTIVE,	065	010
	LAISSE VOIR LA PAUVRETE	088	003
ET	LAISSE, EN REFLUANT, SUR MA LEVRE MOROSE	055	003
	LAISSENT PARFOIS SORTIR DE CONFUSES PAROLES;	004	002
	LAISSENT PITEUSEMENT LEURS GRANDES AILES BLANCHES	002	007
MAIS SI, SANS SE	LAISSER CHARMER,	142	009
AH!	LAISSEZ -MOI, MON FRONT POSE SUR VOS GENOUX,	056	026
LAISSEZ,	LAISSEZ MON COEUR S'ENIVRER D'UN MENSONGE, ...	040	012
	LAISSEZ, LAISSEZ MON COEUR S'ENIVRER D'UN MENSONGE,	040	012
REMPLACENT LES	LAMBEAUX QUI PENDENT A LEUR GRILLE.	100	014
CALCINE CES	LAMBEAUX QU'ONT EPARGNES LES BETES!	055	014
DANS LE DEROULEMENT INFINI DE SA	LAME, ...	014	003
ET NOUS ALLONS, SUIVANT LE RHYTHME DE LA	LAME,	126	007
AU MILIEU DES FLACONS, DES ETOFFES	LAMEES	110	001
ET LA HAINE EST VOUEE A CE SORT	LAMENTABLE	073	013
LES CRIS	LAMENTABLES DES LOUPS	070	011
--DESCENDEZ, DESCENDEZ,	LAMENTABLES VICTIMES,	131	085
QUI BAILLE NUIT ET JOUR, ET SE	LAMENTE ET PLEURE,	149	014
ET C'EST DEPUIS CE TEMPS QUE LESBOS SE	LAMENTE,	130	071
LE BOURDON SE	LAMENTE, ET LA BUCHE ENFUMEE	075	009
ET C'EST DEPUIS CE TEMPS QUE LESBOS SE	LAMENTE!	130	075
TEINTES D'AZUR, GLACES DE ROSE,	LAMES D'OR.	048	012
L'ETOILE DANS L'AZUR, LA	LAMPE A LA FENETRE,	086	010
MA VIEILLE CYNTHIA,	LAMPE DE NOS REPAIRES, ...	147	004
BATON DES EXILES,	LAMPE DES INVENTEURS,	120	040
IMITE LES COMBATS DE LA	LAMPE ET DU JOUR.	103	008
--ET LA	LAMPE S'ETANT RESIGNEE A MOURIR,	127	029
LA	LAMPE SUR LE JOUR FAIT UNE TACHE ROUGE;	103	006
UN DAMNE DESCENDANT SANS	LAMPE,	084	017
--VITE SOUFFLONS LA	LAMPE, AFIN	150	031
A LA PALE CLARTE DES	LAMPES LANGUISSANTES,	131	001
QUE LE MONDE EST GRAND A LA CLARTE DES	LAMPES!	126	003
COMME UNE EXPLOSION NOUS	LANCANT SON BONJOUR!	145	002
PENETRE DANS TON FLANC PLUS AVANT QUE LA	LANCE?	118	028
ET	LANCENT VERS LE CIEL UN AFFREUX HURLEMENT	078	014
DES CORBEAUX	LANCINANTS ET DES PANTHERES NOIRES	116	051
DONT LA LUMIERE PARLE UN	LANGAGE CONNU!	079	010
LE	LANGAGE DES FLEURS ET DES CHOSES MUETTES!	003	020
ENFANTS, EMMAILLOTA DANS SES	LANGES D'AIRAIN!	005	024
LA	LANGOUREUSE ASIE ET LA BRULANTE AFRIQUE, ...	023	006
CAR A QUOI BON CHERCHER TES BEAUTES	LANGOUREUSES	036	023
LESBOS, TERRE DES NUITS CHAUDES ET	LANGOUREUSES,	130	016
LESBOS, TERRE DES NUITS CHAUDES ET	LANGOUREUSES,	130	020
PAR TES POSES	LANGOUREUSES.	058	024
CE LONG REGARD SOURNOIS,	LANGOUREUX ET MOQUEUR;	020	010
VALSE MELANCOLIQUE ET	LANGOUREUX VERTIGE!	047	004
VALSE MELANCOLIQUE ET	LANGOUREUX VERTIGE!	047	007
ET D'UN GRAND PORTRAIT	LANGOUREUX, ...	110	030
SA DOUCE	LANGUE NATALE.	053	026
(MON GOSIER DE METAL PARLE TOUTES LES	LANGUES.)	085	014
QUAND PARFOIS SUR CE GLOBE, EN SA	LANGUEUR OISIVE,	065	009
CE SILENCE ET CETTE	LANGUEUR,	045	038
EN UN FLOT DE TRISTE	LANGUEUR,	155	020
ET CHARGE LES ESPRITS D'AMOUR ET DE	LANGUEUR.	116	012
ET COMME QUI DIRAIT DES BEAUTES DE	LANGUEUR;	005	032
ONT DE DOUCES	LANGUEURS ET DES FRISSONS AMERS.	111	004
LE SECRET DOULOUREUX QUI ME FAISAIT	LANGUIR.	012	014
ET QUE	LANGUISSAMMENT JE ME TOURNAI VERS ELLE	132	018
A LA PALE CLARTE DES LAMPES	LANGUISSANTES,	131	001
LESBOS, OU LES BAISERS,	LANGUISSANTS OU JOYEUX, ...	130	002
FILTRENT EN S'ENFLAMMANT AINSI QUE DES	LANTERNES	131	095
ET LE VENT DU MATIN SOUFFLAIT SUR LES	LANTERNES.	103	002
MAIS L'ENERGIE AVEC	LAQUELLE	156	006
LE SIEN RAYONNE, FRANC ET	LARGE	156	015
EST	LARGE A FAIRE ENVIE A LA PLUS BELLE BLANCHE;	133	002
UNE BLESSURE	LARGE ET CREUSE,	129	032
LES YEUX FIXES AU	LARGE ET LES CHEVEUX AU VENT;	126	124
SUR TON COU	LARGE ET ROND, SUR TES EPAULES GRASSES, ...	052	009
SUR TON COU	LARGE ET ROND, SUR TES EPAULES GRASSES,	052	037
TOI DONT LA	LARGE MAIN CACHE LES PRECIPICES	120	025
COMME UN VAISSEAU QUI PREND LE	LARGE,	083	009
QUAND TU VAS BALAYANT L'AIR DE TA JUPE	LARGE, ...	052	005
L'EFFET D'UN BEAU VAISSEAU QUI PREND LE	LARGE,	052	006
QUAND TU VAS BALAYANT L'AIR DE TA JUPE	LARGE,	052	025
L'EFFET D'UN BEAU VAISSEAU QUI PREND LE	LARGE,	052	026
OUVRIRA	LARGEMENT SES AILES DE CORBEAU.	101	008
REPANDANT	LARGEMENT SES BEAUX REFLETS DE CIERGE	099	009
DE	LARGES PLEURS.	155	028
DE	LARGES PLEURS.	155	042
DE	LARGES PLEURS. ▼	155	014
MES YEUX, MES	LARGES YEUX AUX CLARTES ETERNELLES!	017	014
DONT LES	LARGES YEUX DE PHOSPHORE	084	022
PLUTOT QUE D'IMPLORER UNE	LARME DU MONDE,	072	006
ELLE LAISSE FILER UNE	LARME FURTIVE, ...	065	010
DANS LE CREUX DE SA MAIN PREND CETTE	LARME PALE,	065	012
LES POINGS CRISPES DANS L'OMBRE ET LES	LARMES DE FIEL,	044	007
DE GRANDS SEAUX PLEINS DU SANG ET DES	LARMES DES MORTS,	073	004
L'ECUME DU PLAISIR AUX	LARMES DES TOURMENTS.	111	020

```
POEM LINE
130 034 . . . . . . . . . . . . . . . . . . . . . . DE LARMES QU'A LA MER ONT VERSE TES RUISSEAUX?
091 033    CES YEUX SONT DES PUITS FAITS D'UN MILLION DE LARMES,
131 009                   DE SES YEUX AMORTIS LES PARESSEUSES LARMES,
106 039                        SES FIOLES DE POISON, SES LARMES.
059 014      POUR QUI S'EN MONTRE DIGNE, UN RESERVOIR DE LARMES.
053 012                       BRILLANT A TRAVERS LEURS LARMES.
057 014      NON DE PERLES BRODE, MAIS DE TOUTES MES LARMES!
029 019 . . . . . . . . . . . . . . . . . . . . . . DE LARVES, QUI COULAIENT COMME UN EPAIS LIQUIDE
103 011 . . . . . . . . . . . . . . ET L'HOMME EST LAS D'ECRIRE ET LA FEMME D'AIMER.
155 001                          TES BEAUX YEUX SONT LAS, PAUVRE AMANTE!
097 010                         COMME UN RUISSEAU LASCIF QUI SE FROTTE AU ROCHER,
090 011           ET DISCUTANT AVEC MON AME DEJA LASSE,
126 031 . . OU L'HOMME, DUNT JAMAIS L'ESPERANCE N'EST LASSE,
019 012                                        LASSE, LA FONT S'ETENDRE A TRAVERS LA CAMPAGNE,
131 082                               ET QUE LA LASSITUDE AMENE LE REPOS!
082 008                      CHASSE DU PARADIS LATIN.
136 003 . . . . . . . . . . . TOUT, LA CENDRE LATINE ET LA POUSSIERE GRECQUE,
130 001                             MERE DES JEUX LATINS ET DES VOLUPTES GRECQUES,
130 005                             MERE DES JEUX LATINS ET DES VOLUPTES GRECQUES,
091 060  SON FRONT DE MARBRE AVAIT L'AIR FAIT POUR LE LAURIER!
010 010 . . . . . . . . . . TROUVERONT DANS CE SOL LAVE COMME UNE GREVE.
000 008                 CROYANT PAR DE VILS PLEURS LAVER TOUTES NOS TACHES.
111 011      OU SAINT ANTOINE A VU SURGIR COMME DES LAVES
036 029                            APRES S'ETRE LAVES AU FOND DES MERS PROFONDES?
048 018 . . . . . . . . . . . . . . . . . . . OU, LAZARE ODORANT DECHIRANT SON SUAIRE,
097 011                    DEFEND PUDIQUEMENT DES LAZZI RIDICULES
058 028                         LA MORSURE ET LE BAISER;
054 039                          PAR LA BASE LE BATIMENT.
075 013 . . . . . QUE POUR L'AMOUR DE MOI VOUS N'AIMIEZ QUE LE BEAU VALET DE COEUR ET LA DAME DE PIQUE
042 013                                            LE BEAU;
089 020  PRES D'UN RUISSEAU SANS EAU LA BETE OUVRANT LE BEC
004 013                       COMME L'AMBRE, LE MUSC, LE BENJOIN ET L'ENCENS,
021 003 . . . . . . . . . . VERSE CONFUSEMENT LE BIENFAIT ET LE CRIME,
030 014        OU NAGENT DANS LA NUIT L'HORREUR ET LE BLASPHEME;
108 007                                     DANS LE BLEU CRISTAL DU MATIN
056 004                                          LE BOIS RETENTISSANT SUR LE PAVE DES COURS.
111 019 . . . . . . . . MELENT, DANS LE BOIS SOMBRE ET LES NUITS SOLITAIRES,
111 008                                ET CREUSENT LE BOIS VERT DES JEUNES ARBRISSEAUX;
069 011                                        LE BON VENT, LA TEMPETE ET SES CONVULSIONS
020 018       LA FEMME AU CORPS DIVIN, PROMETTANT LE BONHEUR.
056 019 . . . . . . . . ET RIEN, NI VOTRE AMOUR, NI LE BOUDOIR, NI L'ATRE,
075 009                                          LE BOURDON SE LAMENTE, ET LA BUCHE ENFUMEE
126 093                                          LE BOURREAU QUI JOUIT, LE MARTYR QUI SANGLOTE;
083 024                           ET LA VICTIME ET LE BOURREAU!
097 051 . . . . . . . . . . . . . . . . . . . . . LE BRANLE UNIVERSEL DE LA DANSE MACABRE
089 024                  ET, BRILLANT AUX CARREAUX, LE BRIC-A-BRAC CONFUS.
131 080               QUI, LA TORCHE A LA MAIN, LE BRULE JUSQU'AU SANG.
122 002                                       C'EST LE BUT DE LA VIE, ET C'EST LE SEUL ESPOIR
126 029 . . . . . . SINGULIERE FORTUNE OU LE BUT SE DEPLACE,
123 003                        POUR PIQUER DANS LE BUT, DE MYSTIQUE NATURE,
130 054                                          LE CADAVRE ADORE DE SAPHO, QUI PARTIT
031 024                                          LE CADAVRE DE TON VAMPIRE!"
048 019 . . . . . . SE MEUT DANS SON REVEIL LE CADAVRE SPECTRAL
015 019                                       MAIS LE CALME HEROS, COURBE SUR SA RAPIERE,
000 027                                          LE CANEVAS BANAL DE NOS PITEUX DESTINS,
126 022  ET QUI REVENT, AINSI QU'UN CONSCRIT LE CANON.
131 022 . . . . . . . . . . . . . . . . . LE CANTIQUE MUET QUE CHANTE LE PLAISIR,
044 019                     ET DE NOS FACULTES SE FAIT LE CAPITAINE?
014 015                     TELLEMENT VOUS AIMEZ LE CARNAGE ET LA MORT,
071 003                  QU'UN DIADEME AFFREUX SENTANT LE CARNAVAL.
075 005                             MON CHAT SUR LE CARREAU CHERCHANT UNE LITIERE
007 007                                          LE CAUCHEMAR, D'UN POING DESPOTIQUE ET MUTIN,
071 009                                          LE CAVALIER PROMENE UN SABRE QUI FLAMBOIE
078 003     ET QUE DE L'HORIZON EMBRASSANT TOUT LE CERCLE
130 059                                          LE CERCLE TENEBREUX TRACE PAR LES DOULEURS
126 005                    UN MATIN NOUS PARTONS, LE CERVEAU PLEIN DE FLAMME,
126 142  NOUS VOULONS, TANT CE FEU NOUS BRULE LE CERVEAU,
009 007                        PRENANT POUR ATELIER LE CHAMP DES FUNERAILLES,
103 020  LE CHANT DU COQ AU LOIN DECHIRAIT L'AIR BRUMEUX;
091 062                                  A TRAVERS LE CHAOS DES VIVANTES CITES,
016 017                                      TOUT LE CHAOS ROULA DANS CETTE INTELLIGENCE,
106 046                                          LE CHARIOT AUX LOURDES ROUES
036 004 . . . . . LA DOUCEUR DU FOYER ET LE CHARME DES SOIRS,
151 004                                          LE CHARME INATTENDU D'UN BIJOU ROSE ET NOIR.
067 013                            PORTE TOUJOURS LE CHATIMENT
000 007                 ET NOUS RENTRONS GAIEMENT DANS LE CHEMIN BOURBEUX,
131 086 . . . . . . . . . . DESCENDEZ LE CHEMIN DE L'ENFER ETERNEL:
095 002   IL VIENT COMME UN COMPLICE, A PAS DE LOUP; LE CIEL
104 006                              L'AIR EST PUR, LE CIEL ADMIRABLE...
005 005 . . . . . . . . . . ET, LE CIEL AMOUREUX LEUR CARESSANT L'ECHINE,
070 001 . . . . . . . . . . QUAND LE CIEL BAS ET LOURD PESE COMME UN COUVERCLE
099 007  SEMBLAIT, GRAND OEIL OUVERT DANS LE CIEL CURIEUX,
091 051                            ENSANGLANTE LE CIEL DE BLESSURES VERMEILLES,
131 006                          DE SA NAIVETE LE CIEL DEJA LOINTAIN,
013 007                         PROMENANT SUR LE CIEL DES YEUX APPESANTIS
047 008                                          LE CIEL EST TRISTE ET BEAU COMME UN GRAND REPOSOIR
047 011                                          LE CIEL EST TRISTE ET BEAU COMME UN GRAND REPOSOIR
006 004                     COMME L'AIR DANS LE CIEL ET LA MER DANS LA MER;
126 139 . . . . . . . . . . SI LE CIEL ET LA MER SONT NOIRS COMME DE L'ENCRE,
```

L

		POEM LINE
LA LUNE, LE SOLEIL,	LE CIEL ET LES ETOILES!	132 010
--	LE CIEL ETAIT CHARMANT, LA MER ETAIT UNIE;	116 053
VERS	LE CIEL IRONIQUE ET CRUELLEMENT BLEU,	089 026
VERS	LE CIEL QUELQUEFOIS, COMME L'HOMME D'OVIDE,	089 025
ET	LE CIEL REGARDAIT LA CARCASSE SUPERBE	029 013
ET LANCENT VERS	LE CIEL UN AFFREUX HURLEMENT,	078 014
ET	LE CIEL VERSAIT DES TENEBRES,	102 059
IL FAIT S'EVAPORER LES SOUCIS VERS	LE CIEL,	087 011
VERS	LE CIEL, OU SON OEIL VOIT UN TRONE SPLENDIDE, ...	001 053
TOUTES ESCALADANT	LE CIEL: LA SAINTETE,	126 098
EN HAUT,	LE CIEL: CE MUR DE CAVEAU QUI L'ETOUFFE,	144 009
	LE CIEL! COUVERCLE NOIR DE LA GRANDE MARMITE	144 013
	LE CIMETIERE IMMENSE ET FROID, SANS HORIZON, ...	071 012
ET L'OBSCUR ENNEMI QUI NOUS RONGE	LE COEUR	010 013
QUI COMPRIMENT	LE COEUR COMME UN PAPIER QU'ON FROISSE?	044 004
ET NOUS DONNE	LE COEUR DE MARCHER JUSQU'AU SOIR;	122 004
TOI QUI METS DANS LES YEUX ET DANS	LE COEUR DES FILLES	120 037
GERMER MILLE SONNETS DANS	LE COEUR DES POETES,	061 013
DE CEUX DONT	LE COEUR DIT: "QUE BENI SOIT TON FOUET,	149 045
CHANGE PLUS VITE, HELAS! QUE	LE COEUR D'UN MORTEL);	089 008
	LE COEUR ENSEVELI DANS CETTE ALLEGORIE.	116 056
QUE L'ESPACE EST PROFOND! QUE	LE COEUR EST PUISSANT!	036 012
	LE COEUR GROS DE RANCUNE ET DE DESIRS AMERS,	126 006
DANS	LE COEUR IMMORTEL QUI TOUJOURS VEUT FLEURIR!	087 016
AVEC	LE COEUR JOYEUX D'UN JEUNE PASSAGER.	126 126
ET DISAIT,	LE COEUR PLEIN DE SON BEAU LAC NATAL!	089 022
	LE COEUR PLEIN DE SONGES FUNEBRES,	124 011
OU DANS LA VOLUPTE PURE	LE COEUR SE NOIE!	062 019
OU,	LE COEUR TOUT GONFLE D'ESPOIR ET DE VAILLANCE, ...	118 025
A DANS	LE COEUR UN SERPENT JAUNE,	141 002
DES HOMMES, DANS	LE COIN D'UN SINISTRE ARMOIRE	048 022
ET CREUSER DANS	LE COIN LE PLUS NOIR DE MON COEUR,	057 003
QUAND JE CONTEMPLE, AUX FEUX DU GAZ QUI	LE COLORE, ...	098 005
ET	LE COMMENCEMENT DE MA PERDITION!"	131 056
TU	LE CONNAIS, LECTEUR, CE MONSTRE DELICAT.	000 039
AVANT DE S'ENDORMIR	LE CONTOUR DE SES SEINS,	065 004
ET QUE SURVEILLE	LE CORBEAU, ...	054 017
ALLAIT,	LE CORPS BRULE DE SECRETES CHALEURS,	116 023
DES HOMMES DONT	LE CORPS EST MINCE ET VIGOUREUX,	022 007
ON EUT DIT QUE	LE CORPS, ENFLE D'UN SOUFFLE VAGUE,	029 023
SI,	LE CORSET BRUTAL EMPRISONNANT TES FLANCS, ...	133 024
A DANS	LE COU DES AIRS NOBLEMENT MANIERES;	061 026
TU CONTIENS DANS TON OEIL	LE COUCHANT ET L'AURORE	021 005
--AH! SEIGNEUR! DONNEZ -MOI LA FORCE ET	LE COURAGE	116 059
JE SUIS LA PLAIE ET	LE COUTEAU!	083 021
L'AMOUR EST ASSIS SUR	LE CRANE	117 001
J'ENTENDS	LE CRANE A CHAQUE BULLE	117 013
UN REGARD VAGUE ET BLANC COMME	LE CREPUSCULE	110 019
DANS	LE CREUX DE SA MAIN PREND CETTE LARME PALE, ...	065 012
QUI DANS	LE CREUX MUET DES VIEUX ANTRES PAIENS	111 014
DOMINE LA NUEE ET	LE CRI DES DEMONS;	115 024
QUI D'EUX-MEMES RENDAIENT	LE CRI D'UNE GIROUETTE	132 026
VERSE CONFUSEMENT LE BIENFAIT ET	LE CRIME, ...	021 003
DANS LES CLOUS ET	LE CRIN CHERCHANT LA VOLUPTE;	126 100
ILS ME DISENT, TES YEUX, CLAIRS COMME	LE CRISTAL,	064 001
SUR TON BEAU CORPS POLI COMME	LE CUIVRE,	128 012
	LE CULTE DE LA PLAIE ET L'AMOUR DES GUENILLES, ...	120 038
QUAND, INSULTANT LE RITE ET	LE CULTE INVENTE,	130 067
QUE	LE CYPRES?--POURTANT NOUS AVONS, AVEC SOIN,	126 074
MAIS	LE DAMNE REPOND TOUJOURS: "JE NE VEUX PAS!"	140 014
	LE DAMNE! J'AVERTIS EN VAIN LA CHAIR INFECTE.	149 018
EPIERAIENT POUR	LE DEDUIT	088 039
POUR ETRE	LE DEGOUT DE MON TRISTE MARI,	001 010
QUI FAIT	LE DEGOUTE MONTRE QU'IL SE CROIT BEAU.	097 004
LE VERTIGE DANS	LE DELIRE, ...	150 026
SI SES BALANCES D'OR N'ONT PESE	LE DELUGE	130 033
	LE DEMON FAIT DES TROUS SECRETS A CES ABIMES,	073 005
	LE DEMON, DANS MA CHAMBRE HAUTE,	041 001
SANS CESSE A MES COTES S'AGITE	LE DEMON;	109 001
	LE DERNIER SAC D'ECUS DANS LES DOIGTS D'UN JOUEUR;	107 005
DANS	LE DEROULEMENT INFINI DE SA LAME,	014 003
FAIT COULER LE ROCHER ET FLEURIR	LE DESERT	013 012
	LE DESERT ET LA FORET	058 009
J'AIME SI TENDREMENT	LE DESERT ET LA MER;	136 022
JE COMPRENDS BIEN, AMIS, QUE	LE DESIR BALANCE;	151 002
ALLUME	LE DESIR DANS LES REGARDS DES RUSTRES!	037 010
ET TOUJOURS	LE DESIR NOUS RENDAIT SOUCIEUX!	126 068
LE POISON DU POUVOIR ENERVANT	LE DESPOTE,	126 095
OU	LE DESTIN CHARME SUIT TES JUPONS COMME UN CHIEN;	021 010
FUYANT LE GRAND TROUPEAU PARQUE PAR	LE DESTIN M'A DEJA RELEGUE;	038 002
EST UN ELDORADO PROMIS PAR	LE DESTIN,	126 106
QUI DONNE A PENSER QUE	LE DESTIN;	126 038
	LE DIABLE	084 031
	LE DIABLE A TOUT ETEINT AUX CARREAUX DE L'AUBERGE!	054 030
C'EST	LE DIABLE QUI TIENT LES FILS QUI NOUS REMUENT!	000 013
QUE	LE DIEU DE L'UTILE, IMPLACABLE ET SEREIN, . . .	005 023
	LE DIEU JALOUX CACHA LES PIERRES PRECIEUSES.	120 020
MAIS JE POURSUIS EN VAIN	LE DIEU QUI SE RETIRE;	145 009
TANTOT SONNERA L'HEURE OU	LE DIVIN HASARD, ...	085 021

```
POEM LINE
085 002 .   .   .   .   .   .   .   .   .   .   .   .   .   .   DONT   LE DOIGT NOUS MENACE ET NOUS DIT: "SOUVIENS -TOI!
122 010                                    LE SOMMEIL ET   LE ·DON DES·REVES EXTATIQUES,
124 012                         JE VAIS ME COUCHER SUR   LE DOS
090 044                                  --MAIS JE TOURNAI   LE DOS AU CORTEGE INFERNAL.
091 070 .   .   .   .   .   .   .   .   .   .   .   .   PEUREUSES,   LE DOS BAS, VOUS COTOYEZ LES MURS;
069 007                                  J'ESCALADE   LE DOS DES FLOTS AMONCELES
065 005                                        SUR   LE DOS SATINE DES MOLLES AVALANCHES,
153 007                                              LE DOUTE L'ENVIRONNE, ET LA PEUR RIDICULE,
128 008 .   .   L'HOMME, ELEGANT, ROBUSTE ET FORT, AVAIT   LE DOUX RELENT DE MON AMOUR DEFUNT.
005 011                                              LE DROIT
150 018                                              LE FAIBLE QU'A TORT ON MEPRISE;
127 028                         SUR CE TEINT FAUVE ET BRUN,   LE FARD ETAIT SUPERBE!
028 021 .   .   .   .   .   .   .   .   .   .   .   SOUS   LE FARDEAU DE TA PARESSE
125 006                              PLUS ALLAIT SE VIDANT   LE FATAL SABLIER,
090 012                                              LE FAUBOURG SECOUE PAR LES LOURDS TOMBEREAUX.
026 003                         OEUVRE DE QUELQUE OBI,   LE FAUST DE LA SAVANE,
126 114 .   .   .   .   .   .   .   .   .   .   .   PAR, S'IL   LE FAUT. L'UN COURT, ET L'AUTRE SE TAPIT
100 016                                  CALME, DANS   LE FAUTEUIL JE LA VOYAIS S'ASSEOIR,
135 004                                        AVEC   LE FER DE LA RAISON;
132 003                         ET PETRISSANT SES SEINS SUR   LE FER DE SON BUSC,
119 030 .   .   .   .   .   .   .   .   .   .   .   .   .   LE FER EST VAINCU PAR L'EPIEU!
028 016                                    L'OR AVEC   LE FER.
050 016                         DES PLAISIRS PLUS AIGUS QUE LA GLACE ET   LE FER?
093 004                         SOULEVANT, BALANCANT   LE FESTON ET L'OURLET;
003 012 .   .   .   .   .   .   .   .   .   .   .   .   .   LE FEU CLAIR QUI REMPLIT LES ESPACES LIMPIDES.
051 038                                              LE FEU DE SES PRUNELLES PALES,
038 044                                        DE TOUT   LE FEU QUI POUR NOUS FLAMBOYA.
090 018                                    DANS   LE FIEL; SON REGARD AIGUISAIT LES FRIMAS,
015 012                                              LE FILS AUDACIEUX QUI RAILLA SON FRONT BLANC.
126 008                         BERCANT NOTRE INFINI SUR   LE FINI DES MERS:
105 011                                    ET SOUS   LE FIRMAMENT COMME UN DAIS SUSPENDU
102 034                         DES GANGES, DANS   LE FIRMAMENT,
112 003 .   .   .   .   .   .   .   .   .   .   .   DONT   LE FLANC TOUJOURS VIERGE ET DRAPE DE GUENILLES
138 004                                    COMME   LE FLEUVE AU PAYSAGE;
015 018                         SE TENAIT A LA BARRE ET COUPAIT   LE FLOT NOIR;
146 007                                        SUR   LE FOND DE MES NUITS DIEU DE SON DOIGT SAVANT
014 010 .   .   .   .   .   .   HOMME, NUL N'A SONDE   LE FOND DE TES ABIMES;
111 006                                    DANS   LE FOND DES BOSQUETS OU JASENT LES RUISSEAUX,
103 022                         ET LES AGONISANTS DANS   LE FOND DES HOSPICES
076 021                         ASSOUPI DANS   LE FOND D'UN SAHARAH BRUMEUX;
045 003 .   .   .   .   .   .   S'APPUYA (SUR   LE FOND TENEBREUX DE MON AME
031 008                                    COMME   LE FORCAT A LA CHAINE,
143 006                                        SOUS   LE FOUET DU PLAISIR, CE BOURREAU SANS MERCI,
091 026                         TRAVERSANT DE PARIS   LE FOURMILLANT TABLEAU,
127 030 .   .   .   .   .   .   .   .   .   .   COMME   LE FOYER SEUL ILLUMINAIT LA CHAMBRE,
147 006                         DE LEUR BOUCHE EN DORMANT MONTRER   LE FRAIS EMAIL?
103 017                         C'ETAIT L'HEURE OU PARMI   LE FROID ET LA LESINE
012 012                         QUI ME RAFRAICHISSAIENT   LE FRONT AVEC DES PALMES,
077 008 .   .   NE DISTRAIT PLUS   LE FRONT DE CE CRUEL MALADE;
120 035                                        SUR   LE FRONT DU CRESUS IMPITOYABLE ET VIL,
095 009                         LE SAVANT OBSTINE DONT   LE FRONT S'ALOURDIT,
123 011                         QUI VONT SE MARTELANT LA POITRINE ET   LE FRONT,
098 013 .   .   .   .   .   .   .   .   ES -TU   LE FRUIT D'AUTOMNE AUX SAVEURS SOUVERAINES?
020 030                         QUI METTRAIT A SES PIEDS   LE GENRE HUMAIN VAINCU,
149 033                                              LE GIBIER PAYE LE VIEUX CHASSEUR
122 005                         A TRAVERS LA TEMPETE, ET LA NEIGE, ET   LE GIVRE,
031 017 .   .   .   .   .   HELAS! LE POISON ET   LE GLAIVE RAPIDE
031 013                                    J'AI PRIE   LE GLAIVE
118 031                         PUISSE -JE USER DU GLAIVE ET PERIR PAR   LE GLAIVE!
080 013                         JE CONTEMPLE D'EN HAUT   LE GLOBE EN SA RONDEUR
117 009 .   .   .   .   .   .   .   .   .   .   .   .   .   LE GLOBE LUMINEUX ET FRELE
105 027                                        PAR   LE GOSIER DE L'HOMME IL CHANTE SES EXPLOITS
104 010                                    DANS   LE GOSIER D'UN HOMME USE PAR SES TRAVAUX,
085 020                                              LE GOUFFRE A TOUJOURS SOIF; LA CLEPSYDRE SE VIDE.
095 033 .   .   .   LEUR DESTINEE ET VONT VERS   LE GOUFFRE COMMUN;
097 037                                              LE GOUFFRE DE TES YEUX, PLEIN D'HORRIBLES PENSEES,
126 044                         DONT LE MIRAGE REND   LE GOUFFRE PLUS AMER?
134 008                                    VERSE   LE GOUT DE L'ETERNEL.
120 011 .   .   ENSEIGNES PAR L'AMOUR   LE GOUT DU PARADIS,
029 027                                        OU   LE GRAIN QU'UN VANNEUR D'UN MOUVEMENT RHYTHMIQUE
007 014                                  PHOEBUS, ET   LE GRAND PAN, LE SEIGNEUR DES MOISSONS.
126 106                                  FUYANT   LE GRAND TROUPEAU PARQUE PAR LE DESTIN,
122 012 .   .   .   C'EST LA GLOIRE DES DIEUX, C'EST   LE GRENIER MYSTIQUE,
013 009                         DU FOND DE SON REDUIT SABLONNEUX,   LE GRILLON,
126 067                                  DE CEUX QUE   LE HASARD FAIT AVEC LES NUAGES,
020 018                                        PAR   LE HAUT SE TERMINE EN MONSTRE BICEPHALE!
021 008 .   .   .   .   .   .   .   .   QUI FONT   LE HEROS LACHE ET L'ENFANT COURAGEUX.
090 041                         AURAIS -JE, SANS MOURIR, CONTEMPLE   LE HUITIEME,
155 005                                  DANS LA COUR   LE JET D'EAU QUI JASE
126 042                         FAUT -IL LE METTRE AUX FERS,   LE JETER A LA MER,
095 023 .   .   .   LES TABLES D'HOTE, DONT   LE JEU FAIT LES DELICES,
031 009                                    COMME AU JEU   LE JOUEUR TETU,
130 066                                  --DE SAPHO QUI MOURUT   LE JOUR DE SON BLASPHEME,
130 070                         DE CELLE QUI MOURUT   LE JOUR DE SON BLASPHEME.
085 019 .   .   .   .   .   .   .   .   .   .   .   .   .   LE JOUR DECROIT; LA NUIT AUGMENTE; SOUVIENS -TOI!
103 006                                  LA LAMPE SUR   LE JOUR FAIT UNE TACHE ROUGE;
131 066                         L'OMBRE AVEC LA CHALEUR, LA NUIT AVEC   LE JOUR,
133 011                                        TOUT   LE JOUR, OU TU VEUX, TU MENES TES PIEDS NUS
135 010 .   .   .   .   .   .   .   .   .   --POUR RENDRE   LE JUGE PROPICE,
```

L

		POEM	LINE
COMME	LE JUIF ERRANT ET COMME LES APOTRES, ...	126	117
	LE LANGAGE DES FLEURS ET DES CHOSES MUETTES!	003	020
COMME UN VAISSEAU QUI PREND	LE LARGE,	083	009
FAIS L'EFFET D'UN BEAU VAISSEAU QUI PREND	LE LARGE,	052	006
FAIS L'EFFET D'UN BEAU VAISSEAU QUI PREND	LE LARGE, ...	052	026
SON FRONT DE MARBRE AVAIT L'AIR FAIT POUR	LE LAURIER!	091	060
FATIGUE	LE LECTEUR AINSI QU'UN TYMPANON,	039	006
ET	LE LETHE COULE DANS TES BAISERS.	128	016
	LE LIQUIDE ENCHASSAIT SA GLOIRE	102	043
ET QUI REFAIT	LE LIT DES GENS PAUVRES ET NUS;	122	011
SUR	LE LIT, LE TRONC NU SANS SCRUPULES ETALE	110	021
C'EST L'AUBERGE FAMEUSE INSCRITE SUR	LE LIVRE,	122	007
	LE LONG DE CES VIVANTS HAILLONS.	029	020
	LE LONG DES CHARIOTS OU LES LEURS SONT BLOTTIS,	013	006
QUI,	LE LONG DES GRANDS MURS DE L'HOSPICE BLAFARD,	044	012
ET	LE LONG DES MAISONS, SOUS LES PORTES COCHERES,	045	009
	LE LONG DU VIEUX FAUBOURG, OU PENDENT AUX MASURES . . .	087	001
	LE LONG FLEUVE DE FIEL DES DOULEURS ANCIENNES;	116	048
POUVONS -NOUS ETOUFFER LE VIEUX,	LE LONG REMORDS,	054	001
	LE LOTUS PARFUME! C'EST ICI QU'ON VENDANGE	126	129
A CET AGONISANT QUE	LE LOUP DEJA FLAIRE	054	016
CE PAUVRE AGONISANT QUE DEJA	LE LOUP FLAIRE!	054	020
JE	LE LUI JETTERAI PAR TERRE AVEC DEDAIN!"	001	052
PAUVRE GRANDE BEAUTE!	LE MAGNIFIQUE FLEUVE	020	025
IL PEINT	LE MAL ET SA SEQUELLE, ...	156	007
DECHIFFRANT	LE MALHEUR PARTOUT,	138	032
--LA CONSCIENCE DANS	LE MAL!	084	040•
LE BOURREAU QUI JOUIT,	LE MARTYR QUI SANGLOTE;	126	093
PRENDS	LE MASQUE D'UNE SIRENE	139	010
DANS	LE MATIN ETINCELANT,	045	018
ET, DES QUE	LE MATIN FAIT CHANTER LES PLATANES,	133	009
QUAND VIENDRA	LE MATIN LIVIDE,	063	009
VERS LES CIEUX	LE MATIN PRENNENT UN LIBRE ESSOR, ...	003	018
VERS LES HORIZONS BLEUS DEPASSES	LE MATIN.	131	008
LE PAUVRE,	LE MECHANT, LE TORTU, L'HEBETE,	140	006
CAR C'EST VRAIMENT, SEIGNEUR,	LE MEILLEUR TEMOIGNAGE	006	041
JE FERAI	LE METIER DES IDOLES ANTIQUES, ...	001	037
FAUT -IL	LE METTRE AUX FERS, LE JETER A LA MER,	126	042
ET	LE MEURTRE, PARMI TES PLUS CHERES BRELOQUES,	021	015
	LE MIEN, O MON AMOUR! NAGE SUR TON PARFUM	023	010
QUI SAURONT SATISFAIRE UN COEUR COMME	LE MIEN.	018	004
OU ME COUPER PAR	LE MILIEU,	106	050
TROUVER LA FIN ET	LE MILIEU;	148	010
SUIVONS	LE MIRAGE LOINTAIN!	108	008
DONT	LE MIRAGE REND LE GOUFFRE PLUS AMER?	126	044
EST	LE MIROIR DE MON AMOUR.	155	036
DE TES BIJOUX L'HORREUR N'EST PAS	LE MOINS CHARMANT,	021	014
EPIANT	LE MOMENT DE REPRENDRE AU SQUELETTE	029	035
--PLUS BELLE QUE VENUS SE DRESSANT SUR	LE MONDE	130	061
AH! QUE	LE MONDE EST GRAND A LA CLARTE DES LAMPES!	126	003
AUX YEUX DU SOUVENIR QUE	LE MONDE EST PETIT!	126	004
	LE MONDE S'ENDORT	053	039
TON EPOUX COURT	LE MONDE, ET TA FORME IMMORTELLE	110	057
	LE MONDE, MONOTONE ET PETIT, AUJOURD'HUI,	126	110
ET DANS UN BAILLEMENT AVALERAIT	LE MONDE;	000	036
ENORME ET LAID COMME	LE MONDE!	149	028
PLUS BELLE QUE VENUS SE DRESSANT SUR	LE MONDE!	130	065
PAR	LE MORCEAU QU'ELLE AVAIT LACHE.	029	036
	LE MORNE REGRET DES CHIMERES ABSENTES.	013	004
JE HAIS	LE MOUVEMENT QUI DEPLACE LES LIGNES,	017	007
LE TUMULTE ET	LE MOUVEMENT;	067	011
OU D'UN SACHET	LE MUSC INVETERE?	038	018
COMME L'AMBRE,	LE MUSC, LE BENJOIN ET L'ENCENS,	004	013
	LE MUSEAU RELEVE, TOURNOYAIT ET RODAIT;	116	038
BLESSE PAR	LE MYSTERE ET PAR L'ABSURDITE!	090	048
	LE MYSTIQUE ALIMENT QUI FERAIT LEUR VIGUEUR?	010	011
	LE NAVIRE GLISSANT SUR LES GOUFFRES AMERS.	002	004
	LE NAVIRE ROULAIT SOUS UN CIEL SANS NUAGES,	116	003
QU'ENVERS NOUS	LE NEANT EST TRAITRE;	094	035
UN COEUR TENDRE, QUI HAIT	LE NEANT VASTE ET NOIR!	047	010
UN COEUR TENDRE, QUI HAIT	LE NEANT VASTE ET NOIR,	047	013
RETROUVE L'AMBROISIE ET	LE NECTAR VERMEIL.	001	024
	LE NEPENTHES ET LA BONNE CIGUE	128	022
FLATTE	LE NEZ DU SERAPHIN!	119	006
REVE,	LE NEZ EN L'AIR, DE BRILLANT PARADIS;	126	046
ET MES YEUX DANS	LE NOIR DEVINAIENT TES PRUNELLES,	036	017
DES FEMMES SE TORDAIENT SOUS	LE NOIR FIRMAMENT, ...	015	006
ILS TRAVERSENT AINSI	LE NOIR ILLIMITE,	092	009
VOILA	LE NOIR TABLEAU QU'EN UN REVE NOCTURNE	096	013
CAR JE CHERCHE LE VIDE, ET	LE NOIR, ET LE NU!	079	011
ENTERRE SAIT	LE NOM; CELEBRE EVAPOREE	091	039
D'ETRE FIER DES BEAUTES QUI	LE NOMMAIENT LEUR ROI;	005	012
ET DONT L'ESPRIT HUMAIN N'A JAMAIS SU	LE NOM!	126	024
COMME JE TRAVERSAIS	LE NOUVEAU CARROUSEL.	089	006
	LE NUAGE AFFREUX DU PASSE.	138	010
IL JOUE AVEC LE VENT, CAUSE AVEC	LE NUAGE,	001	025
CAR JE CHERCHE LE VIDE, ET LE NOIR, ET	LE NU!	079	011
DANS	LE PAIN ET LE VIN DESTINES A SA BOUCHE	001	033
VERS	LE PARADIS DE MES REVES!	108	014

```
POEM LINE
081 010  .  .  .  .  .  .  .  .  .  .  .  .  ET  LE PARADIS EN ENFER;
114 016            QUI DE TOUTE INFAMIE ARRACHE  LE PARDON
133 026                             ET VENDRE  LE PARFUM DE TES CHARMES ETRANGES,
036 014                    JE CROYAIS RESPIRER  LE PARFUM DE TON SANG.
042 007  .  .  .  .  .  .  .  .  SA CHAIR SPIRITUELLE A  LE PARFUM DES ANGES,
022 012                          PENDANT QUE  LE PARFUM DES VERTS TAMARINIERS,
058 013                          SUR TA CHAIR  LE PARFUM RODE
023 017                         A GRANDS FLOTS  LE PARFUM, LE SON ET LA COULEUR;
097 043  .  .  .  .  .  .  .  .  .  QU'IMPORTE  LE PARFUM, L'HABIT OU LA TOILETTE?
041 024                 COMME SA VOIX FAIT  LE PARFUM!"
090 024             LUI DONNAIT LA TOURNURE ET  LE PAS MALADROIT
129 005                                         LE PASSANT CHAGRIN QUE TU FROLES
090 002  .  .  OU LE SPECTRE EN PLEIN JOUR RACCROCHE  LE PASSANT!
038 020                          DANS LE PRESENT  LE PASSE RESTAURE!
126 041                                     O  LE PAUVRE AMOUREUX DES PAYS CHIMERIQUES!
140 006                                         LE PAUVRE, LE MECHANT, LE TORTU, L'HEBETE
056 004  .  .  .  .  .  .  LE BOIS RETENTISSANT SUR  LE PAVE DES COURS.
089 018           ET, DE SES PIEDS PALMES FROTTANT  LE PAVE SEC,
000 001                          LA SOTTISE, L'ERREUR,  LE PECHE, LA LESINE,
007 013                    OU REGNENT TOUR A TOUR  LE PERE DES CHANSONS,
120 044  .  .  .  .  DU PARADIS TERRESTRE A CHASSES DIEU  LE PERE,
157 014                                     QUE  LE PETIT HERCULE ETRANGLAIT AU BERCEAU?
126 096                                     ET  LE PEUPLE AMOUREUX DU FOUET ABRUTISSANT;
120 023                          OU DORT ENSEVELI  LE PEUPLE DES METAUX,
080 004                          VIEUX CHEVAL DONT  LE PIED A CHAQUE OBSTACLE BUTTE.
126 121             LORSQUE ENFIN IL METTRA  LE PIED SUR NOTRE ECHINE,
057 031                     ETOILANT DE REFLETS  LE PLAFOND PEINT EN BLEU,
114 010                             ELLE A DANS  LE PLAISIR LA FOI MAHOMETANE,
093 008           LA DOUCEUR QUI FASCINE ET  LE PLAISIR QUI TUE.
126 070             DESIR, VIEIL ARBRE A QUI  LE PLAISIR SERT D'ENGRAIS,
085 005                                         LE PLAISIR VAPOREUX FUIRA VERS L'HORIZON
131 022             LE CANTIQUE MUET QUE CHANTE  LE PLAISIR.
155 004  .  .  .  .  .  .  OU T'A SURPRISE  LE PLAISIR.
136 024             ET TROUVE UN GOUT SUAVE AU VIN  LE PLUS AMER;
120 001                 O TOI, LE PLUS SAVANT ET  LE PLUS BEAU DES ANGES,
097 020  TU REPONDS, GRAND SQUELETTE, A MON GOUT  LE PLUS CHER!
110 022  .  .  .  .  .  .  .  .  .  .  .  DANS  LE PLUS COMPLET ABANDON
016 002                          FLEURIT AVEC  LE PLUS DE SEVE ET D'ENERGIE,
041 009                             QUEL EST  LE PLUS DOUX."--O MON AME!
150 010                             DES DIEUX  LE PLUS INCONTESTABLE!
057 003  .  .  .  .  ET CREUSER DANS LE COIN  LE PLUS NOIR DE MON COEUR,
057 042                          PRENANT  LE PLUS PROFOND DE TON AMOUR POUR CIBLE,
120 001                                     O TOI,  LE PLUS SAVANT ET LE PLUS BEAU DES ANGES,
049 001                 LE VIN SAIT REVETIR  LE PLUS SORDIDE BOUGE
051 010  .  .  .  .  .  .  DANS MON FONDS  LE PLUS TENEBREUX,
081 008                                         LE PLUS TRISTE DES ALCHIMISTES;
001 002                                         LE POETE APPARAIT EN CE MONDE ENNUYE,
153 001                                         LE POETE AU CACHOT, DEBRAILLE, MALADIF,
005 015                                         LE POETE AUJOURD'HUI, QUAND IL VEUT CONCEVOIR
147 007                                         LE POETE BUTER DU FRONT SUR SON TRAVAIL:
002 013                                         LE POETE EST SEMBLABLE AU PRINCE DES NUEES
124 008                                         LE POETE SE DIT: "ENFIN!
001 054                                         LE POETE SEREIN LEVE SES BRAS PIEUX,
130 056             DE LA MALE SAPHO, L'AMANTE ET  LE POETE,
033 010  (CAR LE TOMBEAU TOUJOURS COMPRENDRA  LE POETE),
130 060             DE LA MALE SAPHO, L'AMANTE ET  LE POETE!
103 007  .  .  .  .  .  .  .  OU L'AME, SOUS  LE POIDS DU CORPS REVECHE ET LOURD,
115 004  J'AIGUISAIS LENTEMENT SUR MON COEUR  LE POIGNARD,
000 025                 SI LE VIOL, LE POISON,  LE POIGNARD, L'INCENDIE,
126 095                                         LE POISON DU POUVOIR ENERVANT LE DESPOTE,
031 017  .  .  .  .  .  .  .  .  .  HELAS!  LE POISON ET LE GLAIVE
049 011                 TOUT CELA NE VAUT PAS  LE POISON QUI DECOULE
000 025                          SI LE VIOL,  LE POISON, LE POIGNARD, L'INCENDIE,
084 025                 UN NAVIRE PRIS DANS  LE POLE,
126 034                     UNE VOIX RETENTIT SUR  LE PONT: "OUVRE L'OEIL!"
122 014                                     C'EST  LE PORTIQUE OUVERT SUR LES CIEUX INCONNUS!
131 062                          QUI VOULUT  LE PREMIER, DANS SA STUPIDITE,
038 020                             DANS  LE PRESENT LE PASSE RESTAURE!
080 010  .  .  .  .  .  .  .  .  .  .  .  D'EVOQUER  LE PRINTEMPS ADORABLE A PERDU SON ODEUR!
086 024                                     ET  LE PRINTEMPS AVEC MA VOLONTE,
129 021                                         LE PRINTEMPS ET LA VERDURE
117 003             ET SUR CE TRONE  LE PROFANE,
106 016  .  .  .  .  .  --JE L'OUBLIERAI SI JE  LE PUIS!
114 017             ELLE IGNORE L'ENFER COMME  LE PURGATOIRE,
130 028             QU'ATTIRE LOIN DE NOUS  LE RADIEUX SOURIRE
074 012                             SEMBLE  LE RALE EPAIS D'UN BLESSE QU'ON OUBLIE
062 028  .  .  .  .  .  .  .  PEUT -ON  LE RAPPELER AVEC DES CRIS PLAINTIFS,
035 009                             DANS  LE RAVIN HANTE DES CHATS-PARDS ET DES ONCES
107 002             QUI SE GLISSE VERS NOUS COMME  LE RAYON BLANC
102 044                             DANS  LE RAYON CRISTALLISE,
056 028  .  .  .  .  .  .  DE L'ARRIERE -SAISON  LE RAYON JAUNE ET DOUX!
130 063                                     ET  LE RAYONNEMENT DE SA JEUNESSE BLONDE
153 014                                     QUE  LE REEL ETOUFFE ENTRE SES QUATRE MURS!
082 013             ET VOS LUEURS SONT  LE REFLET
042 004                             DONT  LE REGARD DIVIN T'A SOUDAIN REFLEURI?
115 015                                         LE REGARD INDECIS ET LES CHEVEUX AU VENT.
093 013                             DONT  LE REGARD M'A FAIT SOUDAINEMENT RENAITRE,
107 001                                         LE REGARD SINGULIER D'UNE FEMME GALANTE
143 011  .  .  .  .  .  .  .  .  SURGIR DU FOND DES EAUX  LE REGRET SOURIANT;
```

L

		POEM	LINE
UN LIT QUE	LE REMORDS N'A JAMAIS FREQUENTE.	112	008
OU TU FUS MAITRE ENFIN?	LE REMORDS N'A-T-IL PAS	118	027
CONNAIS -TU	LE REMORDS, AUX TRAITS EMPOISONNES,	054	033
OU	LE REPENTIR MEME (OH! LA DERNIERE AUBERGE!),	085	023
POUR TROUVER	LE REPOS COURT TOUJOURS COMME UN FOU!	126	032
POUR TROUBLER	LE REPOS OU MON AME ETAIT MISE,	127	022
INVOQUE ARDEMMENT	LE REPOS;	124	010
ET QUE LA LASSITUDE AMENE	LE REPOS!	131	082
DANS	LE RESEAU MOBILE ET BLEU	068	010
POUR	LE RETOUR DU LABOUREUR.	068	008
VOUS MARCHEZ EN CHANTANT	LE REVEIL DE MON AME,	043	013
ILS CELEBRENT LA MORT, VOUS CHANTEZ	LE REVEIL;	043	012
MAUDIT SOIT A JAMAIS	LE REVEUR INUTILE	131	061
ET NOUS ALLONS, SUIVANT	LE RHYTHME DE LA LAME.	126	007
DONT	LE RICHE ATTIRAIL LUI DONNAIT L'AIR VAINQUEUR	127	003
ET	LE RICHE METAL DE NOTRE VOLONTE	000	011
HAISSANT	LE RIDEAU COMME ON HAIT UN OBSTACLE...	125	010
QUI LEVAIENT	LE RIDEAU DE SA JEUNE CANDEUR.	131	004
JE L'ENTENDS DANS	LE RIRE ENORME DE LA MER.	079	008
	LE RIRE JOUE EN TON VISAGE	129	003
QUAND, INSULTANT	LE RITE ET LE CULTE INVENTE,	130	067
MONTANT COMME LA MER SUR	LE ROC NOIR ET NU?"	040	002
ET PARMI LES SANGLOTS DONT	LE ROC RETENTIT	130	052
FAIT COULER	LE ROCHER ET FLEURIR LE DESERT	013	012
COMME MOISE	LE ROCHER!	083	003
JE SUIS COMME	LE ROI D'UN PAYS PLUVIEUX,	077	001
LE SUCCUBE VERDATRE ET	LE ROSE LUTIN	007	005
OU	LE ROUCOULEMENT ETERNEL D'UN RAMIER!	116	017
ET MON ESPRIT SUBTIL QUE	LE ROULIS CARESSE	023	023
SEMERA	LE RUBIS, LA PERLE ET LE SAPHIR,	023	032
CHEZ SATAN,	LE RUSE DOYEN,	142	006
COMME UN BETAIL PENSIF SUR	LE SABLE COUCHEES,	111	001
COMME	LE SABLE MORNE ET L'AZUR DES DESERTS,	027	005
QUE	LE SABOT DU CHEVAL FROISSE,	054	014
DIS -LE, BELLE SORCIERE, OH! DIS, SI TU	LE SAIS,	054	011
DIS -LE, BELLE SORCIERE, OH! DIS, SI TU	LE SAIS,	054	015
NOUS APPRIS A MELER	LE SALPETRE ET LE SOUFRE,	120	032
PUISQUE, MALGRE	LE SANG QUE LEUR VOLUPTE COUTE,	118	007
UNE EAU CHAUDE COMME	LE SANG;	138	012
LA FETE QU'ASSAISONNE ET PARFUME	LE SANG;	126	094
SEMERA LE RUBIS, LA PERLE ET	LE SAPHIR, ...	023	032
O TOI QUE J'EUSSE AIMEE, O TOI QUI	LE SAVAIS!	093	014
EST MUR, COMME SON CORPS, POUR	LE SAVANT AMOUR.	098	012
	LE SAVANT OBSTINE DONT LE FRONT S'ALOURDIT,	095	009
	LE SAVANT QUI LUI FAIT DE L'OR N'A JAMAIS PU	077	013
ET	LE SAVOIR D'UN VIEIL ARTISTE,	094	006
ET DIT,	LE SECOUANT: "TU CONNAITRAS LA REGLE!	140	003
POUR CHANTER	LE SECRET DE SES VIERGES EN FLEURS,	130	042
	LE SECRET DOULOUREUX QUI ME FAISAIT LANGUIR.	012	014
PHOEBUS, ET LE GRAND PAN,	LE SEIGNEUR DES MOISSONS,	007	014
	LE SEIN MARTYRISE D'UNE ANTIQUE CATIN,	000	018
FOUILLANT LA POCHE VIDE OU	LE SEIN PALPITANT;	096	008
ET PLATRE ARTISTEMENT	LE SEIN QUI T'A NOURRI!"	147	014
JE L'AVALE ET	LE SENS QUI BRULE MON POUMON	109	003
ET DES JONGLEURS SAVANTS QUE	LE SERPENT CARESSE.»	126	083
JE METTRAI	LE SERPENT QUI ME MORD LES ENTRAILLES	057	025
C'EST LE BUT DE LA VIE, ET C'EST	LE SEUL ESPOIR	122	002
ET	LE SIECLE COULER, SANS QU'AMIS NI FAMILLE	100	013
	LE SIEN RAYONNE, FRANC ET LARGE	156	015
	LE SILENCE ET LA NUIT S'INSTALLERENT EN LUI,	016	020
ILS CHERCHENT	LE SILENCE ET L'HORREUR DES TENEBRES;	066	006
	LE SILENCE, L'ESPACE AFFREUX ET CAPTIVANT...	146	006
REGARDAIT	LE SILLAGE ET NE DAIGNAIT RIEN VOIR.	015	020
	LE SINGULIER ASPECT DE CETTE SOLITUDE	110	029
JE SUIS	LE SINISTRE MIROIR	083	019
ET QUAND DESCEND	LE SOIR AU MANTEAU D'ECARLATE,	133	013
VOICI	LE SOIR CHARMANT, AMI DU CRIMINEL;	095	001
QUI CARESSENT	LE SOIR LES GRANDS LACS TRANSPARENTS,	131	030
NOUS AVONS TRAVAILLE!--C'EST	LE SOIR QUI SOULAGE	095	007
TU CHARMES COMME	LE SOIR,	100	015
LORSQUE LA BUCHE SIFFLE ET CHANTE, SI	LE SOIR,	058	015
AU COIN DU FEU,	LE SOIR, AUPRES D'UNE AME AIMEE.	095	036
RENDAIENT PAREILS,	LE SOIR, AUX GROTTES BASALTIQUES, ...	012	004
AVEC LES BROCS DE VIN,	LE SOIR, DANS LES BOSQUETS,	062	024
ET LE SOLEIL,	LE SOIR, RUISSELANT ET SUPERBE,	099	005
	LE SOIR, SUR UNE ROUTE OBSCURE.	106	022
TU RECLAMAIS	LE SOIR: IL DESCEND; LE VOICI:	143	002
EXILE SUR	LE SOL AU MILIEU DES HUEES,	002	015
ENGRAISSERA	LE SOL FUMANT!	119	026
SUR	LE SOL RABOTEUX TRAINAIT SON BLANC PLUMAGE.	089	019
J'ONT LES CIERGES BRULANT EN PLEIN JOUR;	LE SOLEIL	043	010
	LE SOLEIL A NOIRCI LA FLAMME DES BOUGIES;	046	012
AU PAYS PARFUME QUE	LE SOLEIL CARESSE	061	001
LA GLOIRE DES CITES DANS	LE SOLEIL COUCHANT,	126	062
QUAND	LE SOLEIL CRUEL FRAPPE A TRAITS REDOUBLES	087	003
ET, COMME	LE SOLEIL DANS SON ENFER POLAIRE,	056	007
TES BRANCHES VEULENT VOIR	LE SOLEIL DE PLUS PRES!	126	072
	LE SOLEIL DECHIRER MON SEIN;	129	020
QUE	LE SOLEIL EST BEAU QUAND TOUT FRAIS IL SE LEVE, ...	145	001

```
POEM LINE
143 012 . . . . . . . . . . . . .            LE SOLEIL MORIBOND S'ENDORMIR SOUS UNE ARCHE,
067 007                          OU, POUSSANT   LE SOLEIL OBLIQUE,
044 014                          CHERCHANT      LE SOLEIL RARE ET REMUANT LES LEVRES?
029 009                                         LE SOLEIL RAYONNAIT SUR CETTE POURRITURE,
056 020 . . . . . . . . .          ' NE ME VAUT  LE SOLEIL RAYONNANT SUR LA MER.
037 001                                         LE SOLEIL S'EST COUVERT D'UN CREPE. COMME LUI,
047 012                                         LE SOLEIL S'EST NOYE DANS SON SANG QUI SE FIGE.
047 015                                         LE SOLEIL S'EST NOYE DANS SON SANG QUI SE FIGE...
091 050        UNE, ENTRE AUTRES, A L'HEURE OU  LE SOLEIL TOMBANT
132 010                          LA LUNE,       LE SOLEIL, LE CIEL ET LES ETOILES!
099 005                          ET             LE SOLEIL, LE SOIR, RUISSELANT ET SUPERBE,
003 003                          PAR DELA       LE SOLEIL, PAR DELA LES ETHERS,
115 027      CRIME QUI N'A PAS FAIT CHANCELER   LE SOLEIL!
103 027                          ET             LE SOMBRE PARIS, EN SE FROTTANT LES YEUX,
033 011          DURANT CES GRANDES NUITS D'OU  LE SOMME EST BANNI,
102 005                                         LE SOMMEIL EST PLEIN DE MIRACLES!
122 010 . . . . . . . . . . . .                LE SOMMEIL ET LE DON DES REVES EXTATIQUES,
094 024                                         LE SOMMEIL PROMIS N'EST PAS SUR:
105 031          DIEU, TOUCHE DE REMORDS, AVAIT FAIT  LE SOMMEIL;
149 049                                         LE SON DE LA TROMPETTE EST SI DELICIEUX,
023 017          A GRANDS FLOTS LE PARFUM,      LE SON ET LA COULEUR;
127 008                          LES CHOSES OU  LE SON SE MELE A LA LUMIERE.
087 018                          IL ENNOBLIT    LE SORT DES CHOSES LES PLUS VILES,
030 012                          JE JALOUSE     LE SORT DES PLUS VILS ANIMAUX
120 002 . . . . . . . .          DIEU TRAHI PAR  LE SORT ET PRIVE DE LOUANGES.
143 004        AUX UNS PORTANT LA PAIX, AUX AUTRES  LE SOUCI.
083 022                          JE SUIS        LE SOUFFLET ET LA JOUE!
091 038      PRETRESSE DE THALIE, HELAS! DONT   LE SOUFFLEUR
120 032      NOUS APPRIS A MELER LE SALPETRE ET  LE SOUFRE,
096 002                          PALES,         LE SOURCIL PEINT, L'OEIL CALIN ET FATAL,
097 040                                         LE SOURIRE ETERNEL DE TES TRENTE-DEUX DENTS.
059 004                                         LE SOUVENIR CUISANT DE SON LIMON AMER.
005 001 . . . . . . . . .          J'AIME       LE SOUVENIR DE CES EPOQUES NUES,
048 013                          VOILA          LE SOUVENIR ENIVRANT QUI VOLTIGE
098 010                                         LE SOUVENIR MASSIF, ROYALE ET LOURDE TOUR,
032 008                          ET DONT        LE SOUVENIR POUR L'AMOUR ME RAVIVE,
029 032                          SEULEMENT PAR   LE SOUVENIR.
126 088                                         LE SPECTACLE ENNUYEUX DE L'IMMORTEL PECHE:
090 002                          OU             LE SPECTRE EN PLEIN JOUR RACCROCHE LE PASSANT!
124 133      A L'ACCENT FAMILIER NOUS DEVINONS  LE SPECTRE;
026 011 . . . . . .               JE NE SUIS PAS  LE STYX POUR T'EMBRASSER NEUF FOIS,
081 011                          DANS           LE SUAIRE DES NUAGES
007 005                                         LE SUCCUBE VERDATRE ET LE ROSE LUTIN
135 016                          GAGNENT        LE SUFFRAGE DES ANGES,
001 027          ET L'ESPRIT QUI               LE SUIT DANS SON PELERINAGE
090 029                          SON PAREIL     LE SUIVAIT: BARBE, OEIL, DOS, BATON, LOQUES,
094 007                          BIEN QUE       LE SUJET EN SOIT TRISTE,
116 010          DE L'ANTIQUE VENUS            LE SUPERBE FANTOME
128 020          DONT LA FERVEUR ATTISE        LE SUPPLICE,
048 026                                         LE TEMOIN DE TA FORCE ET DE TA VIRULENCE,
011 004          L'ART EST LONG ET             LE TEMPS EST COURT.
089 017          SOUVIENS -TOI QUE             LE TEMPS EST UN JOUEUR AVIDE
010 012          --O DOULEUR! O DOULEUR!       LE TEMPS MANGE LA VIE,
080 011                          ET             LE TEMPS M'ENGLOUTIT MINUTE PAR MINUTE,
049 008                          APPROFONDIT    LE TEMPS, CREUSE LA VOLUPTE,
038 052                          ET QUE         LE TEMPS, INJURIEUX VIEILLARD,
126 116                                         LE TEMPS! IL EST, HELAS! DES COUREURS SANS REPIT,
054 038      ET SOUVENT IL ATTAQUE, AINSI QUE   LE TERMITE,
135 012                          PARAITRA       LE TERRIBLE JOUR,
049 016          TOUT CELA NE VAUT PAS         LE TERRIBLE PRODIGE
034 010 . . . . . .               COMME         LE TIEN, AIMABLE BETE,
033 010                          (CAR           LE TOMBEAU TOUJOURS COMPRENDRA LE POETE),
033 009                                         LE TOMBEAU, CONFIDENT DE MON REVE INFINI
116 044          ET DES PECHES QUI T'ONT INTERDIT  LE TOMBEAU.
073 001 . . . . . . . .            LA HAINE EST  LE TONNEAU DES PALES DANAIDES;
010 003                                         LE TONNERRE ET LA PLUIE ONT FAIT UN TEL RAVAGE,
140 006          LE PAUVRE, LE MECHANT,        LE TORTU, L'HEBETE,
150 008                          MENE           LE TRAIN D'UN HERETIQUE;
045 030          ET QUE C'EST                  LE TRAVAIL BANAL
009 014                                         LE TRAVAIL DE MES MAINS ET L'AMOUR DE MES YEUX?
105 014                          MOULUS PAR     LE TRAVAIL ET TOURMENTES PAR L'AGE,
089 015          FROIDS ET CLAIRS              LE TRAVAIL S'EVEILLE, OU LA VOIRIE
097 031          A TRAVERS                     LE TREILLIS RECOURBE DE TES COTES
131 050      ET COMME TREPIGNANT SUR          LE TREPIED DE FER,
102 035                          VERSAIENT      LE TRESOR DE LEURS URNES
032 011                          DEROULE        LE TRESOR DES PROFONDES CARESSES,
113 004 . . . . . . .                          LE TRESOR TOUJOURS PRET DES MAMELLES PENDANTES.
062 013          --EST -IL VRAI QUE PARFOIS     LE TRISTE COEUR D'AGATHE
102 060                          SUR            LE TRISTE MONDE ENGOURDI
110 021          SUR LE LIT,                   LE TRONC NU SANS SCRUPULES ETALE
097 054 . . . . . .                            LE TROUPEAU MORTEL SAUTE ET SE PAME, SANS VOIR
126 120          QUI SAVENT                    LE TUER SANS QUITTER LEUR BERCEAU.
067 011                                         LE TUMULTE ET LE MOUVEMENT;
083 025          JE SUIS DE MON COEUR          LE VAMPIRE,
102 008 . . . . . .                            LE VEGETAL IRREGULIER,
095 014          A TRAVERS LES LUEURS QUE TOURMENTE  LE VENT
105 002                          DONT           LE VENT BAT LA FLAMME ET TOURMENTE LE VERRE,
136 011          ET CELLE-LA CHANTAIT COMME     LE VENT DES GREVES,
103 002 . . . . . . . . . . . . . .      ET    LE VENT DU MATIN SOUFFLAIT SUR LES LANTERNES.
```

L

		POEM	LINE
ET	LE VENT FURIBOND DE LA CONCUPISCENCE	131	099
QUE BALANCE	LE VENT PENDANT LES NUITS D'HIVER.	132	028
COMME L'EAU COURANTE ET	LE VENT,	029	026
IL JOUE AVEC	LE VENT, CAUSE AVEC LE 'NUAGE,	001	025
LEURS HYMNES SOLENNELS EMPORTES PAR	LE VENT.	086	004
MAINTE FOIS DE LA PEUR JE SENS PASSER	LE VENT.	146	004
ET SE NOURRIT DE NOUS COMME	LE VER DES MORTS,	054	003
--ET	LE VER RONGERA TA PEAU COMME UN REMORDS.	033	014
VIEUX SQUELETTES GELES TRAVAILLES PAR	LE VER, ...	100	011
DONT LE VENT BAT LA FLAMME ET TOURMENTE	LE VERRE,	105	002
EST POREUSE. ON DIRAIT QU'ILS PENETRENT	LE VERRE.	048	002
RAMPER SUR	LE VERSANT DE SES GENOUX ENORMES,	019	010
MAIS	LE VERT PARADIS DES AMOURS ENFANTINES, ...	062	021
--MAIS	LE VERT PARADIS DES AMOURS ENFANTINES,	062	025
DANS L'AIR TROUBLE; LES YEUX SE FERMENT;	LE VERTIGE	048	014
	LE VERTIGE DANS LE DELIRE,	150	026
ET, CHARRIANT	LE VERTIGE,	049	019
EXHALE	LE VERTIGE, ET LES DANSEURS PRUDENTS	097	038
O BEAUTE, DUR FLEAU DES AMES, TU	LE VEUX!	055	012
R JE SUIS TON BON ANGE, ENTENDS -TU?) JE	LE VEUX!	140	010
CAR JE CHERCHE	LE VIDE, ET LE NOIR, ET LE NU!	079	011
BRULANT COMME UN VOLCAN, PROFOND COMME	LE VIDE!	131	077
SUR	LE VIEIL OCEAN DE SA FILLE ENCHANTE;	130	064
IL FAUT QUE LE GIBIER PAYE	LE VIEUX CHASSEUR	149	033
	LE VIEUX PARIS N'EST PLUS (LA FORME D'UNE VILLE . . .	089	007
	LE VIEUX VAGABOND, PIETINANT DANS LA BOUE,	126	045
TEL	LE VIEUX, LE LONG REMORDS,	054	001
POUVONS -NOUS ETOUFFER	LE VIN	108	003
PARTONS A CHEVAL SUR	LE VIN DE SON TRIOMPHE, ET S'ALLONGEAIT VERS ELLE, . .	131	019
DANS LE PAIN ET	LE VIN DESTINES A SA BOUCHE	001	033
OU JE HUME A LONGS TRAITS	LE VIN DU SOUVENIR?	023	035
DANS	LE VIN INFORME ET MYSTIQUE,	139	013
	LE VIN REND L'OEIL PLUS CLAIR ET L'OREILLE PLUS FINE! .	113	011
	LE VIN ROULE DE L'OR, EBLOUISSANT PACTOLE;	105	026
	LE VIN SAIT REVETIR LE PLUS SORDIDE BOUGE	049	001
L'HOMME AJOUTA	LE VIN, FILS SACRE DU SOLEIL!	105	032
SI	LE VIOL, LE POISON, LE POIGNARD, L'INCENDIE, ...	000	025
	LE VIOLON FREMIT COMME UN COEUR QU'ON AFFLIGE;	047	016
	LE VIOLON FREMIT COMME UN COEUR QU'ON AFFLIGE,	047	009
TU RECLAMAIS LE SOIR; IL DESCEND;	LE VOICI:	143	002
PLEURE DE	LE VOIR GAI COMME UN OISEAU DES BOIS.	001	028
	LE WAGON ENRAGE PEUT BIEN	106	024
DIS - LE, BELLE SORCIERE, OH! DIS, SI TU LE SAIS,	054	011
DIS - LE, BELLE SORCIERE, OH! DIS, SI TU LE SAIS,	054	015
FATIGUE LE	LECTEUR AINSI QU'UN TYMPANON, ...	039	006
	LECTEUR PAISIBLE ET BUCOLIQUE,	142	001
	LECTEUR, AS -TU QUELQUEFOIS RESPIRE	038	015
TU LE CONNAIS,	LECTEUR, CE MONSTRE DELICAT,	000	039
CELUI-LA,	LECTEUR, EST UN SAGE.	156	004
--HYPOCRITE	LECTEUR,--MON SEMBLABLE,--MON FRERE!	000	040
NI SA NOIRE	LEGENDE AVEC LA FLAMME ECRITE.	064	007
FOULES D'UN PIED	LEGER ET D'UN REGARD SEREIN	039	012
QUI D'UNE MAIN DISTRAITE ET	LEGERE CARESSE	065	003
NOUS AURONS DES LITS PLEINS D'ODEURS	LEGERES,	121	001
MES BAISERS SONT	LEGERS COMME CES EPHEMERES	131	029
DECORS FRAIS ET	LEGERS ECLAIRES PAR DES LUSTRES	006	023
POUR PARTIR; COEURS	LEGERS, SEMBLABLES AUX BALLONS, ...	126	018
DANS LES RANGS BIENHEUREUX DES SAINTES	LEGIONS,	001	062
QUE SON PETIT CERVEAU SOIT ACTIF OU SOIT	LENT,	144	006
SUIVANT UN RHYTHME DOUX, ET PARESSEUX, ET	LENT.	052	008
SUIVANT UN RHYTHME DOUX, ET PARESSEUX, ET	LENT.	052	028
UNE EBAUCHE	LENTE A VENIR,	029	030
AVEC IVRESSE ET	LENTE GOURMANDISE	038	016
ET,	LENTE OU BRUSQUE, A CHAQUE MOUVEMENT	038	041
SUSPENDANT TON ALLURE HARMONIEUSE ET	LENTE, ...	098	003
SE FERME	LENTEMENT COMME UNE GRANDE ALCOVE,	095	003
DEFILENT	LENTEMENT DANS MON AME; L'ESPOIR,	078	018
EFFACENT	LENTEMENT LA MARQUE DES BAISERS.	126	016
TANT L'ECHEVEAU DU TEMPS	LENTEMENT SE DEVIDE!	030	014
LES SOUVENIRS LOINTAINS	LENTEMENT S'ELEVER	074	010
S'AVANCAIT	LENTEMENT SUR LA SEINE DESERTE,	103	026
J'AIGUISAIS	LENTEMENT SUR MON COEUR LE POIGNARD,	115	040
NOUS ACCOMPAGNAIENT	LENTEMENT.	045	012
D'AUTRES, COMME DES SOEURS, MARCHENT	LENTES ET GRAVES	111	009
	LEONARD DE VINCI, MIROIR PROFOND ET SOMBRE,	006	005
TOI QUI, MEME AUX	LEPREUX, AUX PARIAS MAUDITS,	120	010
ET SE MULTIPLIER COMME L'HYDRE DE	LERNE.	073	011
SOUS LES IFS NOIRS QUI	LES ABRITENT,	067	001
TOURMENTENT LES DESIRS OBSCURS ET	LES AGACENT,	052	030
ET	LES AGONISANTS DANS LE FOND DES HOSPICES	103	022
	LES AIGLES, LES GRILLONS, LES RUISSEAUX ET LES FLEURS,	115	020
	LES AIME, AUGMENTE SES VERDURES,	013	011
CYBELE, QUI	LES ALBATRES,	086	018
	LES AMANTS DES PROSTITUEES	148	016
DES JARDINS, DES JETS D'EAU PLEURANT DANS	LES AMAS CONFUS DE VOTRE CENDRE, ...	149	038
	LES AMOUREUX FERVENTS ET LES SAVANTS AUSTERES	066	001
A TRAVERS	LES AMOUREUX, SUR LEURS GRABATS PROSPERES	147	005
VOIS -TU	LES ANGES A L'OEIL FAUVE,	063	001
COMME	LES ANGES DU MAL, ...	127	021
S'AVANCAIENT, PLUS CALINS QUE	LES ANGES DU MAL,		

POEM	LINE		
132	016	. . . .	LES ANGES IMPUISSANTS SE DAMNERAIENT POUR MOI!"
048	027	CHER POISON PREPARE PAR	LES ANGES! LIQUEUR
091	014	SE TRAINENT, COMME FONT	LES ANIMAUX BLESSES,
053	016	POLIS PAR	LES ANS,
061	011	. . . . BELLE DIGNE D'ORNER	LES ANTIQUES MANOIRS,
126	117	COMME LE JUIF ERRANT ET COMME	LES APOTRES,
105	020	LES BANNIERES, LES FLEURS ET	LES ARCS TRIOMPHAUX
059	012	DEVANT LES SUPPLIANTS SAIT METTRE BAS	LES ARMES,
135	008	. . . . SANS CESSE IL FAUT QU'IL	LES ARROSE.
147	003		LES ASTRES VONT TE SUIVRE EN PIMPANT ATTIRAIL,
086	002	COUCHER AUPRES DU CIEL, COMME	LES ASTROLOGUES,
058	011	TA TETE A	LES ATTITUDES
090	015	. . ET DONT L'ASPECT AURAIT FAIT PLEUVOIR	LES AUMONES,
086	013	JE VERRAI LES PRINTEMPS, LES ETES,	LES AUTOMNES;
016	005		LES AVOIR REMUES DANS LEURS PROFONDEURS NOIRES;
038	040	DANS	LES BAISERS DU SATIN ET DU LINGE,
130	006	. . . . LESBOS, OU	LES BAISERS SONT COMME LES CASCADES
130	010	LESBOS, OU	LES BAISERS SONT COMME LES CASCADES!
130	002	LESBOS, OU	LES BAISERS, LANGUISSANTS OU JOYEUX,
062	022	LES COURSES, LES CHANSONS,	LES BAISERS, LES BOUQUETS,
143	010	. . . . SUR	LES BALCONS DU CIEL, EN ROBES SURANNEES;
105	020		LES BANNIERES, LES FLEURS ET LES ARCS TRIOMPHAUX
078	010	D'UNE VASTE PRISON IMITE	LES BARREAUX,
154	006	ECOUTE PLEURER	LES BASSINS;
155	032	. . . . QUI SANGLOTE DANS	LES BASSINS!
105	018	SUIVIS DE COMPAGNONS, BLANCHIS DANS	LES BATAILLES,
107	010		LES BAUMES PENETRANTS QUE TA PANSE FECONDE
157	012	ETAIT TEINTE TROIS FOIS DANS	LES BAVES SUBTILES
116	050	. . . . J'AI SENTI TOUS	LES BECS ET TOUTES LES MACHOIRES
041	005	PARMI TOUTES	LES BELLES CHOSES
055	008	NE CHERCHEZ PLUS MON COEUR,	LES BETES L'ONT MANGE.
055	014	CALCINE CES LAMBEAUX QU'ONT EPARGNES	LES BETES;
001	069	. . . . MAIS	LES BIJOUX PERDUS DE L'ANTIQUE PALMYRE,
091	009	ILS RAMPENT, FLAGELLES PAR	LES BISES INIQUES,
087	004	SUR LA VILLE ET LES CHAMPS, SUR LES TOITS ET	LES BLES,
054	013	ET PAREIL AU MOURANT QU'ECRASENT	LES BLESSES,
076	015	. . . . RIEN N'EGALE EN LONGUEUR	LES BOITEUSES JOURNEES,
061	010	SUR	LES BORDS DE LA SEINE OU DE LA VERTE LOIRE,
023	028	SUR	LES BORDS DUVETES DE VOS MECHES TORDUES
062	024	AVEC LES BROCS DE VIN, LE SOIR, DANS	LES BOSQUETS,
052	020	. . . . COMME	LES BOUCLIERS ACCROCHENT DES ECLAIRS;
062	022	LES COURSES, LES CHANSONS, LES BAISERS,	LES BOUQUETS,
104	001	UN SOIR, L'AME DU VIN CHANTAIT DANS	LES BOUTEILLES:
072	008	A SAIGNER TOUS	LES BOUTS DE MA CARCASSE IMMONDE
095	006	. . . . DONT	LES BRAS, SANS MENTIR, PEUVENT DIRE: AUJOURD'HUI
103	009	COMME UN VISAGE EN PLEURS QUE	LES BRISES ESSUIENT,
062	024	AVEC	LES BROCS DE VIN, LE SOIR, DANS LES BOSQUETS,
156	012	QUI	LES BRULE, MAIS QUI NOUS GLACE.
086	009	. . . . IL EST DOUX, A TRAVERS	LES BRUMES, DE VOIR NAITRE,
103	004	TORD SUR LEURS OREILLERS	LES BRUNS ADOLESCENTS;
001	020		LES BUCHERS CONSACRES AUX CRIMES MATERNELS.
073	012	--MAIS	LES BUVEURS HEUREUX CONNAISSENT LEUR VAINQUEUR,
095	027	. . . . . ET FORCER DOUCEMENT LES PORTES ET	LES CAISSES
090	004	DANS	LES CANAUX ETROITS DU COLOSSE PUISSANT.
053	037		LES CANAUX, LA VILLE ENTIERE,
130	006	LESBOS, OU LES BAISERS SONT COMME	LES CASCADES
130	010	. . . . LESBOS, OU LES BAISERS SONT COMME	LES CASCADES!
038	001	DANS	LES CAVEAUX D'INSONDABLE TRISTESSE
016	006	APRES AVOIR FRANCHI VERS	LES CELESTES GLOIRES
081	013	ET SUR	LES CELESTES RIVAGES
087	012	. . . . ET REMPLIT	LES CERVEAUX ET LES RUCHES DE MIEL.
052	024	QUI FERAIENT DELIRER	LES CERVEAUX ET LES COEURS!
039	003	ET FAIT REVER UN SOIR	LES CERVELLES HUMAINES,
000	029	MAIS PARMI	LES CHACALS, LES PANTHERES, LES LICES,
087	010	. . . . EVEILLE DANS	LES CHAMPS LES VERS COMME LES ROSES;
003	016	S'ELANCER VERS	LES CHAMPS LUMINEUX ET SEREINS;
053	036	REVETENT	LES CHAMPS,
016	024		LES CHAMPS, SANS DISTINGUER LES ETES DES HIVERS,
087	004	. . . . SUR LA VILLE ET	LES CHAMPS, SUR LES TOITS ET LES BLES,
005	031	DES VISAGES RONGES PAR	LES CHANCRES DU COEUR,
116	006	NOUS DIT -ON, UN PAYS FAMEUX DANS	LES CHANSONS,
062	022	LES COURSES,	LES CHANSONS, LES BAISERS, LES BOUQUETS,
053	009	. . . . POUR MON ESPRIT ONT	LES CHARMES
097	036		LES CHARMES DE L'HORREUR N'ENIVRENT QUE LES FORTS!
070	005	A L'HEURE OU	LES CHASTES ETOILES,
066	003		LES CHATS PUISSANTS ET DOUX, ORGUEIL DE LA MAISON,
036	011	. . . . QUE LES SOLEILS SONT BEAUX DANS	LES CHAUDES SOIREES!
036	015	QUE LES SOLEILS SONT BEAUX DANS	LES CHAUDES SOIREES!
120	029	DE L'IVROGNE ATTARDE FOULE PAR	LES CHEVAUX,
126	124	LES YEUX FIXES AU LARGE ET	LES CHEVEUX AU VENT·
115	015	. . . . LE REGARD INDECIS ET	LES CHEVEUX AU VENT.
140	002	DU MECREANT SAISIT A PLEIN POING	LES CHEVEUX,
127	008		LES CHOSES OU LE SON SE MELE A LA LUMIERE.
057	029	TU VERRAS MES PENSERS, RANGES COMME	LES CIERGES
043	010	. . . . QU'ONT	LES CIERGES BRULANT EN PLEIN JOUR; LE SOLEIL
089	014	LA JE VIS, UN MATIN, A L'HEURE OU SOUS	LES CIEUX
122	014	C'EST LE PORTIQUE OUVERT SUR	LES CIEUX INCONNUS!
003	018	VERS	LES CIEUX LE MATIN PRENNENT UN LIBRE ESSOR,
118	008	. . . .	LES CIEUX NE S'EN SONT POINT ENCORE RASSASIES·

L

		POEM	LINE
QUE POUSSENT VERS	LES CIEUX SES RIVAGES DESERTS, ...	130	974
LES TUYAUX,	LES CLOCHERS, CES MATS DE LA CITE,	086	007
	LES CLOITRES ANCIENS SUR LEURS GRANDES MURAILLES	009	001
DANS	LES CLOUS ET LE CRIN CHERCHANT LA VOLUPTE;	126	100
	LES COCOTIERS ABSENTS DE LA SUPERBE AFRIQUE	089	043
QUI FONT SE FONDRE EN PLEURS	LES COEURS ENSORCELES,	050	006
QUE BATIR SUR	LES COEURS EST UNE CHOSE SOTTE;	045	033
--APRES AVOIR FORCE	LES COEURS INDIFFERENTS,	016	004
C'EST POUR	LES COEURS MORTELS UN DIVIN OPIUM!	006	036
QUI FERAIENT DELIRER LES CERVEAUX ET	LES COEURS!	052	024
FLAIRANT DANS TOUS	LES COINS LES HASARDS DE LA RIME,	087	006
DANS TOUS	LES COINS SAIGNANTS DE CETTE POURRITURE;	116	032
LES VIOLONS VIBRANT DERRIERE	LES COLLINES, ...	062	023
IMITE	LES COMBATS DE LA LAMPE ET DU JOUR,	103	008
ET	LES COMPLOTS DES NOIRS FILOUS.	070	014
VERS	LES CONFINS DE L'UNIVERS;	102	028
PAR DELA	LES CONFINS DES SPHERES ETOILEES, ...	003	004
VIVANT, J'AIMERAIS MIEUX INVITER	LES CORBEAUX	072	007
SONT	LES CORBILLARDS DE MES REVES,	082	012
	LES COUDES SUR LA TABLE ET RETROUSSANT TES MANCHES,	104	015
DONT LES FORMES ET	LES COULEURS	135	015
LES PARFUMS,	LES COULEURS ET LES SONS SE REPONDENT.	004	008
SOUS	LES COUPS DU BELIER INFATIGABLE ET LOURD.	056	012
QUI, DE SES PRECEPTEURS MEPRISANT	LES COURBETTES,	077	003
LA DIANE CHANTAIT DANS	LES COURS DES CASERNES, ...	103	001
	LES COURSES, LES CHANSONS, LES BAISERS, LES BOUQUETS,	062	022
ET TU RAVIS	LES COUSSINS	058	023
ET SON COUDE DANS	LES COUSSINS,	154	005
DES FANTOMES PUISSANTS QUI DANS	LES CREPUSCULES	006	015
PLONGEZ AU PLUS PROFOND DU GOUFFRE, OU TOUS	LES CRIMES,	131	087
VOUS AVEZ EMPOIGNE	LES CRINS DE LA DEESSE	157	001
	LES CRIS LAMENTABLES DES LOUPS	070	011
ON ENTEND CA ET LA	LES CUISINES SIFFLER, ...	095	021
LES INTESTINS PESANTS LUI COULAIENT SUR	LES CUISSES,	116	034
LA GLACE QUI LES MORD, LES SOLEILS QUI	LES CUIVRENT,	126	015
ET	LES DAMES D'ATOUR, POUR QUI TOUT PRINCE EST BEAU,	077	010
ADORABLE SORCIERE, AIMES -TU	LES DAMNES?	054	031
ADORABLE SORCIERE, AIMES -TU	LES DAMNES?	054	031
EXHALE LE VERTIGE, ET	LES DANSEURS PRUDENTS	097	038
QUAND CHEZ	LES DEBAUCHES L'AUBE BLANCHE ET VERMEILLE	046	001
	LES DEBAUCHES RENTRAIENT, BRISES PAR LEURS TRAVAUX. . .	103	024
SUR	LES DEBRIS FUMEUX DES STUPIDES ORGIES	046	009
ET MA FATALITE, DERRIERE	LES DECORS	136	016
LOIN D'EUX, VOIS SE PENCHER	LES DEFUNTES ANNEES,	143	009
LES TABLES D'HOTE, DONT LE JEU FAIT	LES DELICES	095	023
POUR TENTER	LES DEMONS AJUSTANT BIEN LEURS BAS;	006	028
DES FEMMES DONT	LES DENTS ET LES ONGLES SONT TEINTS,	126	082
MA CHERE! MAIS	LES DENTS, LES ONGLES ACERES,	035	006
APRES L'AVOIR D'ABORD MARQUEE AVEC	LES DENTS.	131	016
APRES	LES DERNIERS SACREMENTS,	029	042
TU SEMES AU HASARD LA JOIE ET	LES DESASTRES,	021	011
A TRAVERS	LES DESIRS COUREZ COMME LES LOUPS;	131	102
TOURMENTENT	LES DESIRS OBSCURS ET LES AGACENT, ...	052	030
CEUX-LA DONT	LES DESIRS ONT LA FORME DES NUES,	126	021
ET, NE COMPRENANT PAS	LES DESSEINS ETERNELS,	001	018
QUE JE RIS DANS	LES DEUILS ET PLEURE DANS LES FETES,	136	023
	LES DEUX MAINS AU MENTON, DU HAUT DE MA MANSARDE, . .	086	005
SIMULAIENT	LES DEUX QUAIS D'UNE RIVIERE ACCRUE,	090	007
VOUS ETES TOUS	LES DEUX TENEBREUX ET DISCRETS;	014	009
QUAND,	LES DEUX YEUX FERMES, EN UN SOIR CHAUD D'AUTOMNE	022	001
JE FERMAI	LES DEUX YEUX, DANS MA FROIDE EPOUVANTE, ...	132	021
	LES DIVERSES BEAUTES QUI PARENT TA JEUNESSE;	052	002
	LES DIVERSES BEAUTES QUI PARENT TA JEUNESSE;	052	014
LE DERNIER SAC D'ECUS DANS	LES DOIGTS D'UN JOUEUR;	107	055
	LES DOIGTS LUTINS, ...	088	028
LE CERCLE TENEBREUX TRACE PAR	LES DOULEURS	130	059
S'AGGRAVENT	LES DOULEURS DES FEMMES EN GESINE;	103	018
C'EST L'HEURE OU	LES DOULEURS DES MALADES S'AIGRISSENT!	095	031
JAILLIR	LES EAUX DE LA SOUFFRANCE.	083	006
	LES EBATS DES VIEILLARDS LUBRIQUES	070	013
REPONDENT	LES ECHOS DE VOS DE PROFUNDIS.	079	004
MONTREZ -NOUS	LES ECRINS DE VOS RICHES MEMOIRES,	126	051
UNE MER DE BROUILLARDS BAIGNAIT	LES EDIFICES, ...	103	021
QUI,	LES EMPRISONNANT DANS UNE MOLLE ETREINTE,	057	021
OU NE MORDRONT JAMAIS LA TERRE ET	LES ENFERS,	001	066
JE CONNAIS	LES ENGINS DE SON VIEIL ARSENAL:	064	011
LA HONTE, LES REMORDS, LES SANGLOTS,	LES ENNUIS	044	002
DERRIERE	LES ENNUIS ET LES VASTES CHAGRINS	003	013
JE	LES ENTENDIS RIRE ET CHUCHOTER ENTRE EUX,	115	011
JE METTRAI LE SERPENT QUI ME MORD	LES ENTRAILLES	057	025
ET LORSQUE TU SENTIS S'ENFONCER	LES EPINES	118	015
QU'ONT DANS LEURS JOURS HEUREUX	LES ESCLAVES DES MORES.	127	004
LE FEU CLAIR QUI REMPLIT	LES ESPACES LIMPIDES.	003	012
ET CHARGE	LES ESPRITS D'AMOUR ET DE LANGUEUR.	116	012
	LES ESPRITS QUE DEVORE UNE DOULEUR SAUVAGE, ...	095	008
	LES ETANGS DORMANTS S'ENTOURAIENT,	102	012
LES CHAMPS, SANS DISTINGUER	LES ETES DES HIVERS,	016	024
JE VERRAI LES PRINTEMPS,	LES ETES, LES AUTOMNES;	086	013
PAR DELA LE SOLEIL, PAR DELA	LES ETHERS, ...	003	003

130 013	. . . . A L'EGAL DE PAPHOS	LES ETOILES T'ADMIRENT,
132 010	LA LUNE, LE SOLEIL, LE CIEL ET	LES ETOILES!
066 007	L'EREBE	LES EUT PRIS POUR SES COURSIERS FUNEBRES,
089 035	COMME	LES EXILES, RIDICULE ET SUBLIME,
051 014	. . . . ET CONTIENT TOUTES	LES EXTASES;
136 025	QUE JE PRENDS TRES -SOUVENT	LES FAITS POUR DES MENSONGES,
133 028	DES COCOTIERS ABSENTS	LES FANTOMES EPARS!
075 004	ET LA MORTALITE SUR	LES FAUBOURGS BRUMEUX.
001 009	. . PUISQUE TU M'AS CHOISIE ENTRE TOUTES	LES FEMMES
103 013		LES FEMMES DE PLAISIR, LA PAUPIERE LIVIDE,
146 011	JE NE VOIS QU'INFINI PAR TOUTES	LES FENETRES,
131 094	PAR	LES FENTES DES MURS DES MIASMES FIEVREUX
025 006	. . . . . ET DES IFS FLAMBOYANTS DANS	LES FETES PUBLIQUES,
136 023	QUE JE RIS DANS LES DEUILS ET PLEURE DANS	LES FETES,
022 004	QU'EBLOUISSENT	LES FEUX D'UN SOLEIL MONOTONE;
044 011	ANGE PLEIN DE SANTE, CONNAISSEZ -VOUS	LES FIEVRES,
044 015	. . ANGE PLEIN DE SANTE, CONNAISSEZ -VOUS	LES FIEVRES?
130 018		LES FILLES AUX YEUX CREUX, DE LEUR CORPS AMOUREUSES,
000 013	C'EST LE DIABLE QUI TIENT	LES FILS QUI NOUS REMUENT!
133 007	DE POUVOIR	LES FLACONS D'EAUX FRAICHES ET D'ODEURS,
121 014	. . . . LES MIROIRS TERNIS ET	LES FLAMMES MORTES.
001 011	ET QUE JE NE PUIS PAS REJETER DANS	LES FLAMMES,
131 028	AUX SOUFFLES VIOLENTS QUI POURRAIENT	LES FLETRIR?
123 014	FERA S'EPANOUIR	LES FLEURS DE LEUR CERVEAU!
105 020	. . . . LES BANNIERES,	LES FLEURS ET LES ARCS TRIOMPHAUX
010 009	ET QUI SAIT SI	LES FLEURS NOUVELLES QUE JE REVE
005 039	COMME L'AZUR DU CIEL, LES OISEAUX ET	LES FLEURS,
115 020	LES AIGLES, LES GRILLONS, LES RUISSEAUX ET	LES FLEURS,
138 005	. . . . L'ORAGE RAJEUNIT	LES FLEURS.
086 011		LES FLEUVES DE CHARBON MONTER AU FIRMAMENT
029 043	QUAND VOUS IREZ, SOUS L'HERBE ET	LES FLORAISONS GRASSES,
059 002	PARCOURANT	LES FORETS OU BATTANT LES HALLIERS,
130 049	. . . . DONT	LES FORMES AU LOIN FRISSONNENT DANS L'AZUR;
135 015	DONT	LES FORMES ET LES COULEURS
029 029		LES FORMES S'EFFACAIENT ET N'ETAIENT PLUS QU'UN REVE
001 060	QUI PREPARE	LES FORTS AUX SAINTES VOLUPTES!
097 036	. . . LES CHARMES DE L'HORREUR N'ENIVRENT QUE	LES FORTS!
071 010	SUR	LES FOULES SANS NOM QUE SA MONTURE BROIE,
084 011	QUI VA CHANTANT COMME	LES FOUS
136 028	LES SAGES N'EN ONT PAS D'AUSSI BEAUX QUE	LES FOUS!"
101 010	. . ET SUR QUI DES LONGTEMPS DESCENDENT	LES FRIMAS,
090 018	DANS LE FIEL; SON REGARD AIGUISAIT	LES FRIMAS,
056 001	BIENTOT NOUS PLONGERONS DANS	LES FROIDES TENEBRES;
126 130		LES FRUITS MIRACULEUX DONT VOTRE COEUR A FAIM;
130 019	. . . . CARESSENT	LES FRUITS MURS DE LEUR NUBILITE;
097 012		LES FUNEBRES APPAS QU'ELLE TIENT A CACHER.
147 008	OU SOUS	LES GAZONS SECS S'ACCOUPLER LES VIPERES?
126 136	DIT CELLE DONT JADIS NOUS BAISIONS	LES GENOUX.
035 005		LES GLAIVES SONT BRISES! COMME NOTRE JEUNESSE,
002 004	LE NAVIRE GLISSANT SUR	LES GOUFFRES AMERS,
130 007	QUI SE JETTENT SANS PEUR DANS	LES GOUFFRES SANS FONDS
142 010	TON OEIL SAIT PLONGER DANS	LES GOUFFRES,
147 011	BAISER D'ENDYMION	LES GRACES SURANNEES?
006 040	UN APPEL DE CHASSEURS PERDUS DANS	LES GRANDS BOIS!
086 008	ET	LES GRANDS CIELS QUI FONT REVER D'ETERNITE.
131 030	QUI CARESSENT LE SOIR	LES GRANDS LACS TRANSPARENTS,
133 022	. . . FRISSONNANTE LA-BAS SOUS LA NEIGE ET	LES GRELES,
114 003		LES GRIFFES DE L'AMOUR, LES POISONS DU TRIPOT,
034 002	RETIENS	LES GRIFFES DE TA PATTE,
115 020	LES AIGLES,	LES GRILLONS, LES RUISSEAUX ET LES FLEURS,
089 011	. . . LES HERBES,	LES GROS BLOCS VERDIS PAR L'EAU DES FLAQUES,
090 013	TOUT A COUP, UN VIEILLARD DONT	LES GUENILLES JAUNES
059 002	PARCOURANT LES FORETS OU BATTANT	LES HALLIERS,
127 026		LES HANCHES DE L'ANTIOPE AU BUSTE D'UN IMBERBE,
087 006	. . . . FLAIRANT DANS TOUS LES COINS	LES HASARDS DE LA RIME,
004 010	DOUX COMME	LES HAUTBOIS, VERTS COMME LES PRAIRIES,
120 046	GLOIRE ET LOUANGE A TOI, SATAN, DANS	LES HAUTEURS
089 011		LES HERBES, LES GROS BLOCS VERDIS PAR L'EAU DES FLAC
067 002		LES HIBOUX SE TIENNENT RANGES,
005 028	ET TOUTES	LES HIDEURS DE LA FECONDITE!
001 044	USURPER EN RIANT	LES HOMMAGES DIVINS!
002 001	SOUVENT, POUR S'AMUSER,	LES HOMMES D'EQUIPAGE
013 005	. . . .	LES HOMMES VONT A PIED SOUS LEURS ARMES LUISANTES
130 072	ET, MALGRE	LES HONNEURS QUE LUI REND L'UNIVERS,
087 020	DANS TOUS	LES HOPITAUX ET DANS TOUS LES PALAIS.
131 008	VERS	LES HORIZONS BLEUS DEPASSES LE MATIN.
012 005	. . . .	LES HOULES, EN ROULANT LES IMAGES DES CIEUX,
067 001	SOUS	LES IFS NOIRS QUI LES ABRITENT,
012 005	LES HOULES, EN ROULANT	LES IMAGES DES CIEUX,
021 028	L'UNIVERS MOINS HIDEUX ET	LES INSTANTS MOINS LOURDS?
116 034	. . . .	LES INTESTINS PESANTS LUI COULAIENT SUR LES CUISSES
029 005		LES JAMBES EN L'AIR, COMME UNE FEMME LUBRIQUE,
045 035	JUSQU'A CE QUE L'OUBLI	LES JETTE DANS SA HOTTE
027 003	COMME CES LONGS SERPENTS QUE	LES JONGLEURS SACRES
118 002	. . . . QUI MONTE TOUS	LES JOURS VERS SES CHERS SERAPHINS?
100 014	REMPLACENT	LES LAMBEAUX QUI PENDENT A LEUR GRILLE.
085 014	(MON GOSIER DE METAL PARLE TOUTES	LES LANGUES.)
103 002	ET LE VENT DU MATIN SOUFFLAIT SUR	LES LANTERNES.
084 022	. . . . DONT	LES LARGES YEUX DE PHOSPHORE

L

		POEM	LINE
LES POINGS CRISPES DANS L'OMBRE ET	LES LARMES DE FIEL,	044	007
LE LONG DES CHARIOTS OU	LES LEURS SONT BLOTTIS.	013	006
CHERCHANT LE SOLEIL RARE ET REMUANT	LES LEVRES?	044	014
MAIS PARMI LES CHACALS, LES PANTHERES,	LES LICES,	000	029
PLUS IRONIQUEMENT ACCUMULER	LES LIEUES	024	005
JE HAIS LE MOUVEMENT QUI DEPLACE	LES LIGNES,	017	007
QUE NOUS VEULENT	LES LOIS DU JUSTE ET DE L'INJUSTE?	130	036
QUE NOUS VEULENT	LES LOIS DU JUSTE ET DE L'INJUSTE?	130	040
ET CHARMER	LES LOISIRS D'UN PONTIFE OU D'UN PRINCE.	020	007
COMME	LES LONGS RESEAUX DE LA HOULE DES MERS,	027	007
OU PAR	LES LONGUES NUITS LA GIROUETTE S'ENROUE,	101	006
DONT ELLE CHANTE	LES LOUANGES,	149	052
A TRAVERS LES DESERTS COUREZ COMME	LES LOUPS!	131	102
FREMISSANT DOUCEMENT DANS	LES LOURDES TENEBRES,	048	010
QUAND SOUS	LES LOURDS FLOCONS DES NEIGEUSES ANNEES	076	016
LE FAUBOURG SECOUE PAR	LES LOURDS TOMBEREAUX.	090	012
A TRAVERS	LES LUEURS QUE TOURMENTE LE VENT	095	014
COMME	LES MACHINES DE FER	106	034
J'AI SENTI TOUS LES BECS ET TOUTES	LES MACHOIRES	116	050
	LES MAISONS CA ET LA COMMENCAIENT A FUMER.	103	012
	LES MAISONS, DONT LA BRUME ALLONGEAIT LA HAUTEUR,	090	006
	LES MARTYRS D'UN CHEMIN MAUVAIS!	054	029
TERRASSE	LES MECHANTS, RELEVE LES VICTIMES,	105	010
SUPERBE ET DEFIANT	LES MEILLEURS CAVALIERS!	059	004
JE SUIS	LES MEMBRES ET LA ROUE,	083	023
COMME	LES MENDIANTS NOURRISSENT LEUR VERMINE.	000	004
NOUS LISONS DANS VOS YEUX PROFONDS COMME	LES MERS!	126	050
	LES METAUX INCONNUS, LES PERLES DE LA MER,	001	070
RIDICULE PENDU, TES DOULEURS SONT	LES MIENNES!	116	045
JE SAIS L'ART D'EVOQUER	LES MINUTES HEUREUSES,	036	021
JE SAIS L'ART D'EVOQUER	LES MINUTES HEUREUSES!	036	025
	LES MINUTES, MORTEL FOLATRE, SONT DES GANGUES	085	015
	LES MIROIRS PROFONDS,	053	022
	LES MIROIRS TERNIS ET LES FLAMMES MORTES.	121	014
DEVANT TOUS	LES MIROIRS VU PALIR TES APPAS?	025	012
ET	LES MOINS SOTS, HARDIS AMANTS DE LA DEMENCE,	126	105
COMME POUR REJOINDRE	LES MONDES	117	007
	LES MONSTRES GLAPISSANTS, HURLANTS, GROGNANTS, RAMPANTS,	000	031
J'AURAIS PU (MON ORGUEIL AUSSI HAUT QUE	LES MONTS	115	023
LA GLACE QUI	LES MORD, LES SOLEILS QUI LES CUIVRENT,	126	015
DONT LA CHAIR LISSE ET FERME APPELAIT	LES MORSURES!	005	014
MONTRAIT A TOUS	LES MORTS ERRANT SUR LES RIVAGES	015	011
DE N'AVOIR PAS CONNU CE QUE PLEURENT	LES MORTS, LES PAUVRES MORTS, ONT DE GRANDES DOULEURS,	100	004
	LES MORTS?"	033	013
POUR CE VIEUX CORPS SANS AME ET MORT PARMI	LES MORTS!	072	040
QUI FAIT REVIVRE	LES MORTS!	058	020
TREBUCHANT SUR	LES MOTS COMME SUR LES PAVES,	087	007
	LES MOUCHES BOURDONNAIENT SUR CE VENTRE PUTRIDE,	029	017
DE CHASSER LOIN DU LIT	LES MOUSTIQUES RODEURS,	133	024
RIEN N'EMBELLIT	LES MURS DE CE CLOITRE ODIEUX.	009	011
S'EN VA BATTANT	LES MURS DE SON AILE TIMIDE	078	007
PEUREUSES, LE DOS BAS, VOUS COTOYEZ	LES MURS;	091	070
L'HUILE QUI RAFFERMIT	LES MUSCLES DES LUTTEURS,	104	020
	LES MYSTERES PARTOUT COULENT COMME DES SEVES	090	003
ILS SENTENT S'EGOUTTER	LES NEIGES DE L'HIVER	100	012
	LES NERFS TROP EVEILLES RAILLENT L'ESPRIT QUI DORT.	050	008
ILS PRENNENT EN SONGEANT	LES NOBLES ATTITUDES	066	009
DURANT	LES NOIRS ENNUIS DES NEIGEUSES SOIREES,	008	003
EN NOTE	LES NOMBREUX ACCORDS.	041	020
DONT AUTREFOIS	LES NOMS PAR TOUS ETAIENT CITES.	091	064
DE CEUX QUE LE HASARD FAIT AVEC	LES NUAGES,	126	067
IL EST AMER ET DOUX, PENDANT	LES NUITS D'HIVER,	074	001
QUE BALANCE LE VENT PENDANT	LES NUITS D'HIVER.	132	028
MELENT, DANS LE BOIS SOMBRE ET	LES NUITS SOLITAIRES,	111	019
BIZARRE DEITE, BRUNE COMME	LES NUITS,	026	001
L NOUS VERSE UN JOUR NOIR PLUS TRISTE QUE	LES NUITS;	078	004
PARMI	LES OBJETS NOIRS OU ROSES	041	007
DIS DONC A CES DANSEURS QUI FONT	LES OFFUSQUES:	097	046
POUR TROUBLER	LES OISEAUX AVEC NOS VOILES BLANCHES.	116	026
COMME L'AZUR DU CIEL	LES OISEAUX ET LES FLEURS,	005	039
AVEC	LES OMBRES DE LA NUIT;	063	004
MA CHERE! MAIS LES DENTS,	LES ONGLES ACERES,	035	006
DES FEMMES DONT LES DENTS ET	LES ONGLES SONT TEINTS,	126	082
A PEINE	LES ONT -ILS DEPOSES SUR LES PLANCHES,	002	005
LES THEATRES GLAPIR,	LES ORCHESTRES RONFLER;	095	022
TOUT POUR L'OEIL, RIEN POUR	LES OREILLES!)	102	051
MOISIR PARMI	LES OSSEMENTS.	029	044
DANS TOUS LES HOPITAUX ET DANS TOUS	LES PALAIS.	087	020
OU LES PASTELS PLAINTIFS ET	LES PALES BOUCHER,	076	013
DONT	LES PANNEAUX BOMBES ET CLAIRS	052	019
MAIS PARMI LES CHACALS,	LES PANTHERES, LES LICES,	000	030
DE SES YEUX AMORTIS	LES PARESSEUSES LARMES,	131	009
LES SONS ET	LES PARFUMS TOURNENT DANS L'AIR DU SOIR;	047	003
	LES PARFUMS, LES COULEURS ET LES SONS SE REPONDENT.	004	008
JE SENS VIBRER EN MOI TOUTES	LES PASSIONS	069	009
OU	LES PASTELS PLAINTIFS ET LES PALES BOUCHER,	076	013
CHAUDS COMME LES SOLEILS, FRAIS COMME	LES PASTEQUES,	130	003
LES MORTS,	LES PAUVRES MORTS, ONT DE GRANDES DOULEURS,	100	004
	LES PAUVRESSES, TRAINANT LEURS SEINS MAIGRES ET FROIDS,	103	015

```
POEM LINE
092 007 .  .  .  .     AU CIEL; ON NE LES VOIT JAMAIS VERS  LES PAVES
106 015                                           TOUS  LES PAVES DE LA MARGELLE.
113 006                        IL S'EN VA, TRANSFORMANT  LES PAVES EN ILOTS,
087 007            TREBUCHANT SUR LES MOTS COMME SUR  LES PAVES,
003 031 .  .  .  .  .  .  .  .  .  .  .  .  .  CELUI DONT  LES PENSERS, COMME DES ALOUETTES,
001 070                        LES METAUX INCONNUS,  LES PERLES DE LA MER,
087 002                                                 LES PERSIENNES, ABRI DES SECRETES LUXURES,
071 014                                                 LES PEUPLES DE L'HISTOIRE ANCIENNE ET MODERNE.
058 017 .  .  .  .  .  .  .  .  .  .  .  .  .  .  .  .  AH!  LES PHILTRES LES PLUS FORTS
130 011                        LESBOS, OU  LES PHRYNES L'UNE L'AUTRE S'ATTIRENT,
130 015                        LESBOS, OU  LES PHRYNES L'UNE L'AUTRE S'ATTIRENT,
116 037                                          SOUS  LES PIEDS, UN TROUPEAU DE JALOUX QUADRUPEDES,
120 020 .  .  .  .  .  .  .  LE DIEU JALOUX CACHA  LES PIERRES PRECIEUSES,
009 003               DONT L'EFFET, RECHAUFFANT  LES PIEUSES ENTRAILLES,
001 037                     SA FEMME VA CRIANT SUR  LES PLACES PUBLIQUES:
016 019                                          SOUS  LES PLAFONDS DUQUEL TANT DE POMPE AVAIT LUI.
094 001 .  .  .  .  .  .  .  .  .  .  .  .  .  DANS  LES PLANCHES D'ANATOMIE
002 005                        A PEINE LES ONT -ILS DEPOSES SUR  LES PLANCHES,
057 043                                          JE  LES PLANTERAI TOUS DANS TON COEUR PANTELANT,
133 009              ET, DES QUE LE MATIN FAIT CHANTER  LES PLATANES,
138 002 .  .  .  .  .  .  SOIS BELLE! ET SOIS TRISTE!  LES PLEURS
132 007                              JE SECHE TOUS  LES PLEURS SUR MES SEINS TRIOMPHANTS,
110 036                             NAGEANT DANS  LES PLIS DES RIDEAUX;
091 001                                     DANS  LES PLIS SINUEUX DES VIEILLES CAPITALES,
152 001 .  .  .  .  .  .  VOUS POUVEZ MEPRISER LES YEUX  LES PLUS CELEBRES,
076 010     QUI S'ACHARNENT TOUJOURS SUR MES MORTS  LES PLUS CHERS,
051 013                              ELLE ENDORT  LES PLUS CRUELS MAUX
058 017                          AH! LES PHILTRES  LES PLUS FORTS
126 065 .  .  .  .  .  .  .  LES PLUS RICHES CITES,  LES PLUS GRANDS PAYSAGES,
051 015                              POUR DIRE  LES PLUS LONGUES PHRASES,
053 018                                          LES PLUS RARES FLEURS
126 065                        LES PLUS RICHES CITES, LES PLUS GRANDS PAYSAGES,
087 018 .  .  .  .  .  .  IL ENNOBLIT LE SORT DES CHOSES  LES PLUS VILES,
017 009                                          LES POETES, DEVANT MES GRANDES ATTITUDES,
044 007                                          LES POINGS CRISPES DANS L'OMBRE ET LES LARMES DE FIE
114 003                        LES GRIFFES DE L'AMOUR,  LES POISONS DU TRIPOT,
029 006 .  .  .  .  .  .  .  .  .  BRULANTE ET SUANT  LES POISONS,
045 009               ET LE LONG DES MAISONS, SOUS  LES PORTES COCHERES,
095 027                        ET FORCER DOUCEMENT  LES PORTES ET LES CAISSES
121 012     ET PLUS TARD UN ANGE, ENTR'OUVRANT  LES PORTES,
087 013 .  .  .  .  .  .  .  C'EST LUI QUI RAJEUNIT  LES PORTEURS DE BEQUILLES
069 005                        LA POITRINE EN AVANT ET  LES POUMONS GONFLES
004 010              DOUX COMME LES HAUTBOIS, VERTS COMME  LES PRAIRIES,
120 025               TOI DONT LA LARGE MAIN CACHE  LES PRECIPICES
095 032 .  .  .  .  .  .  LA SOMBRE NUIT  LES PREND A LA GORGE; ILS FINISSENT
073 008                              ET POUR  LES PRESSURER RESSUSCITER LEURS CORPS.
086 013                              JE VERRAI  LES PRINTEMPS, LES ETES, LES AUTOMNES;
120 047               DU CIEL, OU TU REGNAS, ET DANS  LES PROFONDEURS
120 022 .  .  .  TOI DONT L'OEIL CLAIR CONNAIT  LES PROFONDS ARSENAUX
076 018                                          PREND  LES PROPORTIONS DE L'IMMORTALITE.
077 016              ET DONT SUR LEURS VIEUX JOURS  LES PUISSANTS SE SOUVIENNENT,
119 022                                          COMME  LES PUNAISES DES BOIS!
016 008 .  .  .  .  .  .  .  .  .  OU  LES PURS ESPRITS SEULS PEUT-ETRE ETAIENT VENUS,--
005 034                        N'EMPECHERONT JAMAIS  LES RACES MALADIVES
001 062                                          DANS  LES RANGS BIENHEUREUX DES SAINTES LEGIONS,
010 006     ET QU'IL FAUT EMPLOYER LA PELLE ET  LES RATEAUX
050 012 .  .  .  .  .  .  QU'ENFLAMMENT  LES RAYONS TOMBANT D'UN CIEL BROUILLE!
104 013                        ENTENDS -TU RETENTIR  LES REFRAINS DES DIMANCHES
013 010                                          LES REGARDANT PASSER, REDOUBLE SA CHANSON;
037 010              ALLUME LE DESIR DANS  LES REGARDS DES RUSTRES
044 002 .  .  .  .  .  .  LA HONTE,  LES REMORDS, LES SANGLOTS, LES ENNUIS
087 014                              ET  LES REND GAIS ET DOUX COMME DES JEUNES FILLES,
045 036                              POUR  LES RENDRE A L'ETERNITE!"
129 009                                          LES RETENTISSANTES COULEURS
079 006 .  .  .  .  .  .  .  .  .  MON ESPRIT  LES RETROUVE EN LUI; CE RIRE AMER
136 009     ET L'AUTRE: "VIENS! OH! VIENS VOYAGER DANS  LES REVES,
053 021                                          LES RICHES PLAFONDS,
099 010                        SUR LA NAPPE FRUGALE ET  LES RIDEAUX DE SERGE.
044 016 .  .  ANGE PLEIN DE BEAUTE, CONNAISSEZ -VOUS  LES RIDES,
044 020     ANGE PLEIN DE BEAUTE, CONNAISSEZ -VOUS  LES RIDES?
153 005                                          LES RIRES ENIVRANTS DONT S'EMPLIT LA PRISON
015 011              MONTRAIT A TOUS LES MORTS ERRANT SUR  LES RIVAGES
111 010                              A TRAVERS  LES ROCHERS PLEINS D'APPARITIONS,
029 033                              DERRIERE  LES ROCHERS UNE CHIENNE INQUIETE
087 010     EVEILLE DANS LES CHAMPS LES VERS COMME  LES ROSES;
119 023                        RACE DE CAIN, SUR  LES ROUTES
155 002 .  .  .  .  .  .  .  RESTE LONGTEMPS, SANS  LES ROUVRIR,
132 022                        ET QUAND JE  LES ROUVRIS A LA CLARTE VIVANTE,
059 008               ET MONTANT, SABRE AU POING,  LES ROYAUX ESCALIERS?
087 012                        ET REMPLIT LES CERVEAUX ET  LES RUCHES DE MIEL,
095 015 .  .  .  .  .  LA PROSTITUTION S'ALLUME DANS  LES RUES;
115 020                        LES AIGLES, LES GRILLONS,  LES RUISSEAUX ET LES FLEURS,
111 006     DANS LE FOND DES BOSQUETS OU JASENT  LES RUISSEAUX,
136 028                                          LES SAGES N'EN ONT PAS D'AUSSI BEAUX QUE LES FOUS!"
138 018 .  .  .  .  .  .  .  .  .  .  .  .  TOUS  LES SANGLOTS DE TA POITRINE,
118 005                                          LES SANGLOTS DES MARTYRS ET DES SUPPLICIES
130 052                              ET PARMI  LES SANGLOTS DONT LE ROC RETENTIT
044 002              LA HONTE, LES REMORDS,  LES SANGLOTS, LES ENNUIS
066 001 .  .  .  .  .  .  .  .  LES AMOUREUX FERVENTS ET  LES SAVANTS AUSTERES
```

L

		POEM	LINE
ET D'AUTRES, DONT LA GORGE AIME	LES SCAPULAIRES, ...	111	017
LES SINGES,	LES SCORPIONS, LES VAUTOURS, LES SERPENTS,	000	030
	LES SEINS NUS ET POURPRES DE SES TENTATIONS;	111	012
EN CES TEMPS OU DU CHRIST FLORISSAIENT	LES SEMAILLES,	009	005
LES SINGES, LES SCORPIONS, LES VAUTOURS,	LES SERPENTS, ...	000	030
	LES SINGES, LES SCORPIONS, LES VAUTOURS, LES SERPENTS,	000	030
ET	LES SIX AUTRES MOIS LA NUIT COUVRE LA TERRE;	030	006
ET	LES SOIRS AU BALCON, VOILES DE VAPEURS ROSES.	036	007
	LES SOIRS ILLUMINES PAR L'ARDEUR DU CHARBON.	036	006
	LES SOIRS ILLUMINES PAR L'ARDEUR DU CHARBON.	036	010
DONT	LES SOLDATS PARFOIS INONDENT NOS JARDINS,	091	054
--	LES SOLEILS COUCHANTS	053	035
QU'ALLUMENT	LES SOLEILS DES BRUMEUSES SAISONS...	050	010
ET PARFOIS EN ETE, QUAND	LES SOLEILS MALSAINS,	019	011
QUE	LES SOLEILS MARINS TEIGNAIENT DE MILLE FEUX,	012	002
	LES SOLEILS MOUILLES	053	007
LA GLACE QUI LES MORD,	LES SOLEILS QUI LES CUIVRENT, ...	126	015
COMME MONTENT AU CIEL	LES SOLEILS RAJEUNIS	036	028
QUE	LES SOLEILS SONT BEAUX DANS LES CHAUDES SOIREES!	036	011
QUE	LES SOLEILS SONT BEAUX DANS LES CHAUDES SOIREES!	036	015
CHAUDS COMME	LES SOLEILS, FRAIS COMME LES PASTEQUES, ...	130	003
SONT DES BOAS LUISANTS	LES SOLIDES EMULES.	052	034
DANS	LES SOLITUDES PROFONDES.	011	014
TERRIBLES, SINGULIERS COMME	LES SOMNAMBULES;	092	003
	LES SONS D'UNE MUSIQUE ENERVANTE ET CALINE, ...	107	007
	LES SONS ET LES PARFUMS TOURNENT DANS L'AIR DU SOIR;	047	003
COMMES	LES SONS NOMBREUX DES SYLLABES ANTIQUES,	007	012
LES PARFUMS, LES COULEURS ET	LES SONS SE REPONDENT	004	008
IL FAIT S'EVAPORER	LES SOUCIS VERS LE CIEL, ...	087	011
OU	LES SOUPIRS DES COEURS EN ADORATION	116	015
	LES SOUVENIRS LOINTAINS LENTEMENT S'ELEVER	174	003
DONT PHOEBUS SE PLAISAIT A DORER	LES STATUES.	005	002
	LES STUPIDES MORTELS QUI T'ONT JUGEE AMERE, ...	039	013
DEVANT	LES SUPPLIANTS SAIT METTRE BAS LES ARMES,	059	012
COLLE	LES SUPREMES ADIEUX?	110	052
	LES TABLES D'HOTE, DONT LE JEU FAIT LES DELICES,	095	023
IMPOSER TOUS	LES TEMPS ET TOUS LES UNIVERS.	001	068
VOICI VENIR	LES TEMPS OU VIBRANT SUR SA TIGE	047	001
DANS	LES TENEBRES ET L'OUBLI,	011	010
UNE ODEUR DE TOMBEAU DANS	LES TENEBRES NAGE,	145	012
MAIS	LES TENEBRES SONT ELLES-MEMES DES TOILES	079	012
	LES TENEBRES S'ETABLIRONT.	067	008
ET PIROUETTANT DANS	LES TENEBRES;	084	012
CONDAMNE A PEINDRE, HELAS! SUR	LES TENEBRES;	038	006
DIT AU PAUVRE, QU'IL A NOYE DANS	LES TENEBRES;	149	010
DE NOUS CACHER DANS	LES TENEBRES!	150	032
POUR RASSEMBLER A NEUF	LES TERRES INONDEES,	010	007
JE HAIS	LES TESTAMENTS ET JE HAIS LES TOMBEAUX;	072	005
	LES THEATRES GLAPIR, LES ORCHESTRES RONFLER;	095	022
SUR LA VILLE ET LES CHAMPS, SUR	LES TOITS ET LES BLES,	087	004
JE HAIS LES TESTAMENTS ET JE HAIS	LES TOMBEAUX;	072	005
OU	LES TORCHES DU SOIR ALLUMENT UNE AURORE,	098	007
QUAND, AGITES D'UN MAL INCONNU QUI	LES TORD, ...	050	007
	LES TOUT -PUISSANTS ACCORDS DE LEUR RICHE MUSIQUE	012	007
QUI CHANTENT	LES TRANSPORTS DE L'ESPRIT ET DES SENS.	004	014
ET CONDAMNER TON FRONT PALI DANS	LES TRAVAUX,	130	032
ET VERSANT	LES TRESORS DE SA SERENITE	130	062
VERS	LES TRESORS DE TA PERSONNE,	129	027
	LES TUYAUX, LES CLOCHERS, CES MATS DE LA CITE,	086	007
	LES UNES, COEURS EPRIS DES LONGUES CONFIDENCES,	111	005
IMPOSER TOUS LES TEMPS ET TOUS	LES UNIVERS.	001	068
ET	LES UNS, JOYEUX DE FUIR UNE PATRIE INFAME;	126	009
	LES URNES D'AMOUR DONT VOS GRANDS COEURS SONT PLEINS!	111	028
CES JEUX, CES CLIQUETIS DU FER SONT	LES VACARMES	035	003
ET	LES VAGUES TERREURS DE CES AFFREUSES NUITS	044	010
OU	LES VAISSEAUX, GLISSANT DANS L'OR ET DANS LA MOIRE,	023	018
DERRIERE LES ENNUIS ET	LES VASTES CHAGRINS	003	013
VERS	LES VASTES CIEUX ENCHANTES.	155	018
ET	LES VASTES ECLAIRS DE SON ESPRIT LUCIDE	001	055
LES SINGES, LES SCORPIONS,	LES VAUTOURS, LES SERPENTS,	000	030
EVEILLE DANS LES CHAMPS	LES VERS COMME LES ROSES;	087	010
	LES VIBRANTES DOULEURS DANS TON COEUR PLEIN D'EFFROI	085	003
TERRASSE LES MECHANTS, RELEVE	LES VICTIMES, ...	105	010
DONT LA MOUSTACHE PEND COMME	LES VIEUX DRAPEAUX.	105	019
ET FAIS RIRE	LES VIEUX DU RIRE DES ENFANTS.	132	008
ELDORADO BANAL DE TOUS	LES VIEUX GARCONS.	116	007
TOI QUI, MAGIQUEMENT, ASSOUPLIS	LES VIEUX OS	120	028
QUAND, AINSI QU'UN POETE, IL DESCEND DANS	LES VILLES,	087	017
	LES VILLONS VIBRANT DERRIERE LES COLLINES,	062	023
OU SOUS LES GAZONS SECS S'ACCOUPLER	LES VIPERES?	147	008
ET PROMENE SES YEUX SUR	LES VISIONS BLANCHES	065	007
CERTE, ILS DOIVENT TROUVER	LES VIVANTS BIEN INGRATS,	100	007
DES PLAISIRS PLUS OBSCURS JE LEVERAI	LES VOILES	131	039
AU CIEL; ON NE	LES VOIT JAMAIS VERS LES PAVES	092	007
TES NOBLES JAMBES, SOUS	LES VOLANTS QU'ELLES CHASSENT, ...	052	029
ET COGNENT EN VOLANT	LES VOLETS ET L'AUVENT.	095	013
AUX NOCTURNES RAYONS QUI PERCENT	LES VOLETS?	008	006
ET	LES VOLEURS, QUI N'ONT NI TREVE NI MERCI,	095	025
C'EST LA QUE J'AI VECU DANS	LES VOLUPTES CALMES, ...	012	009

```
105 028 .   .   .   .   .   .        ET REGNE PAR SES DONS AINSI QUE    LES VRAIS ROIS.
126 017                                                         MAIS  LES VRAIS VOYAGEURS SONT CEUX-LA SEULS QUI PARTENT
136 026                                                        ET QUE, LES YEUX AU CIEL, JE TOMBE DANS DES TROUS.
104 017                                               J'ALLUMERAI LES YEUX DE TA FEMME RAVIE;
088 018 .   .   .   .   .   .   .   .   .   .   .   .   QUE POUR LES YEUX DES ROUES
091 019                                                        ILS ONT LES YEUX DIVINS DE LA PETITE FILLE
126 011                                            ASTROLOGUES NOYES DANS LES YEUX D'UNE FEMME,
120 037                                          TOI QUI METS DANS LES YEUX ET DANS LE COEUR DES FILLES
116 033 .   .   .   .   .   .   .   .   .   .   LES YEUX ETAIENT DEUX TROUS, ET DU VENTRE EFFONDRE
141 005                                        PLONGE TES YEUX DANS LES YEUX FIXES
126 124                                                                LES YEUX FIXES AU LARGE ET LES CHEVEUX AU VENT,
127 013                                                                LES YEUX FIXES SUR MOI, COMME UN TIGRE DOMPTE,
061 003 .   .   .   .   .   .   ET DE PALMIERS D'OU PLEUT SUR LES YEUX LA PARESSE,
152 001                                             VOUS POUVEZ MEPRISER LES YEUX LES PLUS CELEBRES,
001 075                                                        ET DONT LES YEUX MORTELS, DANS LEUR SPLENDEUR ENTIERE,
048 014                                             DANS L'AIR TROUBLE; LES YEUX SE FERMENT; LE VERTIGE
126 081 .   .   .   .   .   .   DES COSTUMES QUI SONT POUR LES YEUX UNE IVRESSE;
110 014                                             ET QUI NOUS ENCHAINENT LES YEUX,
103 027                              ET LE SOMBRE PARIS, EN SE FROTTANT LES YEUX,
092 001                                                       CONTEMPLE - LES, MON AME; ILS SONT VRAIMENT AFFREUX!
091 007 .   .   .   .   .   .   .   .   OU TORDUS, AIMONS - LES! CE SONT ENCOR DES AMES.
130 041                                                           CAR  LESBOS ENTRE TOUS M'A CHOISI SUR LA TERRE
130 045                                                           CAR  LESBOS ENTRE TOUS M'A CHOISI SUR LA TERRE.
130 071                                       ET C'EST DEPUIS CE TEMPS QUE LESBOS SE LAMENTE
130 075                                       ET C'EST DEPUIS CE TEMPS QUE LESBOS SE LAMENTE!
130 031                                            QUI DES DIEUX OSERA,  LESBOS, ETRE TON JUGE
130 035                                            QUI DES DIEUX OSERA,  LESBOS, ETRE TON JUGE?
130 002                                                                LESBOS, OU LES BAISERS, LANGUISSANTS OU JOYEUX,
130 006 .   .   .   .   .   .   .   .   .   .                      LESBOS, OU LES BAISERS SONT COMME LES CASCADES,
130 010                                                                LESBOS, OU LES BAISERS SONT COMME LES CASCADES!
130 011                                                                LESBOS, OU LES PHRYNES L'UNE L'AUTRE S'ATTIRENT,
130 015                                                                LESBOS, OU LES PHRYNES L'UNE L'AUTRE S'ATTIRENT,
130 053 .   .   .   .   .   .   .   UN SOIR RAMENERA VERS  LESBOS, QUI PARDONNE,
130 016                                                                LESBOS, TERRE DES NUITS CHAUDES ET LANGOUREUSES,
130 020                                                                LESBOS, TERRE DES NUITS CHAUDES ET LANGOUREUSES,
103 017                           C'ETAIT L'HEURE OU PARMI LE FROID ET LA LESINE
000 001 .   .   .   LA SOTTISE, L'ERREUR, LE PECHE, LA  LESINE
013 013                                         DEVANT CES VOYAGEURS, POUR LESQUELS EST OUVERT
152 007                                   OU, DERRIERE L'AMAS DES OMBRES  LETHARGIQUES,
128 016                                                          ET LE  LETHE COULE DANS TES BAISERS.
077 018 .   .   OU COULE AU LIEU DE SANG L'EAU VERTE DU  LETHE.
130 046                                   ET DEPUIS LORS JE VEILLE AU SOMMET DE LEUCATE,
130 050                                   ET DEPUIS LORS JE VEILLE AU SOMMET DE LEUCATE,
005 003                                         ALORS L'HOMME ET LA FEMME EN LEUR AGILITE
048 011 .   .   .   .   .   .   .   .   .   QUI DEGAGENT  LEUR AILE ET PRENNENT LEUR ESSOR,
067 009                                                                LEUR ATTITUDE AU SAGE ENSEIGNE
009 004                                              TEMPERAIT LA FROIDEUR DE LEUR AUSTERITE.
025 008                                          SANS CONNAITRE JAMAIS LA LOI DE LEUR BEAUTE.
126 120                                          QUI SAVENT LE TUER SANS QUITTER LEUR BERCEAU.
147 006                                                             DE  LEUR BOUCHE EN DORMANT MONTRER LE FRAIS EMAIL?
005 005                                           ET, LE CIEL AMOUREUX  LEUR CARESSANT L'ECHINE,
123 014                                     FERA S'EPANOUIR LES FLEURS DE  LEUR CERVEAU!
154 009 .   .   .   .   .   .   .   .   .                          LEUR CHANSON DE SANGLOTS HEURTEE
130 018                            LES FILLES AUX YEUX CREUX, DE  LEUR CORPS AMOUREUSES,
033 008                                        ET TES PIEDS DE COURIR  LEUR COURSE AVENTUREUSE,
103 023                                                     POUSSAIENT  LEUR DERNIER RALE EN HOQUETS INEGAUX.
095 033 .   .   .   .   .   .   .   .   .                          LEUR DESTINEE ET VONT VERS LE GOUFFRE COMMUN;
149 022                                                        ET QUI  LEUR DIT, RAILLEUR ET FIER: "DANS MON CIBOIRE,
043 007                            ILS SONT MES SERVITEURS ET JE SUIS  LEUR ESCLAVE,
048 011                                 QUI DEGAGENT LEUR AILE ET PRENNENT LEUR ESSOR,
126 019                                                             DE  LEUR FATALITE JAMAIS ILS NE S'ECARTENT,
001 032                                         ET FONT SUR LUI L'ESSAI DE  LEUR FEROCITE.
066 008                                       S'ILS POUVAIENT AU SERVAGE INCLINER LEUR FIERTE.
043 011                                           ROUGIT, MAIS N'ETEINT PAS  LEUR FLAMME FANTASTIQUE;
091 011 .   .   .   .   .   .   .   .   .   .   ET SERRANT SUR  LEUR FLANC, AINSI QUE DES RELIQUES,
100 014                            REMPLACENT LES LAMBEAUX QUI PENDENT A  LEUR GRILLE.
123 009                                     IL EN EST QUI JAMAIS N'ONT CONNU  LEUR IDOLE,
066 002                                          AIMENT EGALEMENT, DANS  LEUR MURE SAISON,
005 006 .   .   .   .   .   .   .   EXERCAIENT LA SANTE DE  LEUR NOBLE MACHINE.
130 019                                          CARESSENT LES FRUITS MURS DE  LEUR NUBILITE;
067 004                                                       DARDANT  LEUR OEIL ROUGE.  ILS MEDITENT.
116 029                                         DE FEROCES OISEAUX PERCHES SUR  LEUR PATURE
006 008 .   .   .   DES GLACIERS ET DES PINS QUI FERMENT  LEUR PAYS:
035 011                                                            ET  LEUR PEAU FLEURIRA L'ARIDITE DES RONCES.
003 014                                            QUI CHARGENT DE  LEUR POIDS L'EXISTENCE BRUMEUSE,
091 043                                       ONT DIT AU DEVOUEMENT QUI  LEUR PRETAIT SES AILES:
012 007 .   .   .   .   .   LES TOUT -PUISSANTS ACCORDS DE  LEUR RICHE MUSIQUE
156 013                                                                LEUR RIRE, HELAS! DE LA GAITE
005 012                            D'ETRE FIER DES BEAUTES QUI LE NOMMAIENT LEUR ROI;
103 014                                           BOUCHE OUVERTE, DORMAIENT DE LEUR SOMMEIL STUPIDE;
110 008 .   .   .   .   .   .   .   .   .   EXHALENT  LEUR SOUPIR FINAL,
001 075                                       ET DONT LES YEUX MORTELS, DANS  LEUR SPLENDEUR ENTIERE,
006 016                                                       DECHIRENT  LEUR SUAIRE EN ETIRANT LEURS DOIGTS;
092 008 .   .   .   .   .   .   PENCHER REVEUSEMENT  LEUR TETE APPESANTIE.
095 026                                         VONT BIENTOT COMMENCER  LEUR TRAVAIL, EUX AUSSI,
115 026                                          SI JE N'EUSSE PAS VU PARMI  LEUR TROUPE OBSCENE,
073 012                            --MAIS LES BUVEURS HEUREUX CONNAISSENT  LEUR VAINQUEUR,
126 026                                                            DANS  LEUR VALSE ET LEURS BONDS; MEME DANS NOS SOMMEILS
000 004 .   .   .   .   .   COMME LES MENDIANTS NOURRISSENT  LEUR VERMINE.
```

L

		POEM	LINE
ET	LEUR VERSAIT PARFOIS QUELQUE SALE CARESSE.	115	030
O MONSTRUOSITES PLEURANT	LEUR VETEMENT!	005	020
LE MYSTIQUE ALIMENT QUI FERAIT	LEUR VIGUEUR?	010	011
PUISQUE, MALGRE LE SANG QUE	LEUR VOLUPTE COUTE,	118	007
CAUSENT SINISTREMENT DE	LEURS AMOURS DEFUNTS.	075	014
UX GUERRIERS ONT COURU L'UN SUR L'AUTRE;	LEURS ARMES	035	001
LES HOMMES VONT A PIED SOUS	LEURS ARMES LUISANTES	013	005
POUR TENTER LES DEMONS AJUSTANT BIEN	LEURS BAS:	006	028
AU BOUT DE	LEURS BATONS AGITENT EN CADENCE.	027	004
D'AUTRES, L'HORREUR DE	LEURS BERCEAUX, ET QUELQUES-UNS,	126	010
DANS LEUR VALSE ET	LEURS BONDS; MEME DANS NOS SOMMEILS	126	026
NOS PYLADES LA-BAS TENDENT	LEURS BRAS VERS NOUS.	126	134
VOS SOUVENIRS AVEC	LEURS CADRES D'HORIZONS.	126	056
OU DES BOUQUETS MOURANTS DANS	LEURS CERCUEILS DE VERRE	110	007
USANT A L'ENVI	LEURS CHALEURS DERNIERES,	121	005
TOMBEAUX ET LUPANARS MONTRENT SOUS	LEURS CHARMILLES	112	007
S'EMPLISSENT DE CATINS ET D'ESCROCS,	LEURS COMPLICES, ...	095	024
ET POUR LES PRESSURER RESSUSCITER	LEURS CORPS.	073	008
ENT SUR LEURS TISONS ET SOUFFLAIENT SUR	LEURS DOIGTS.	103	016
DECHIRENT LEUR SUAIRE EN ETIRANT	LEURS DOIGTS;	006	016
QUI REFLECHIRONT	LEURS DOUBLES LUMIERES	121	007
DORMIR, COMME ILS FONT, CHAUDEMENT DANS	LEURS DRAPS,	100	008
SECOUANT DANS MES YEUX	LEURS FEUX DIAMANTES.	043	004
	LEURS FEUX SONT CES PENSERS D'AMOUR, MELES DE FOI,	152	011
SUR SON DOS, OU LIVRANT A	LEURS FIERS APPETITS	013	003
T'APPELLENT AU SECOURS DE	LEURS FIEVRES HURLANTES,	111	015
DARDANT ON NE SAIT OU	LEURS GLOBES TENEBREUX,	092	004
VOIS -TU LES AMOUREUX, SUR	LEURS GRABATS PROSPERES,	147	005
LAISSENT PITEUSEMENT	LEURS GRANDES AILES BLANCHES	002	007
LES CLOITRES ANCIENS SUR	LEURS GRANDES MURAILLES	009	001
ET QUE	LEURS GRANDS PILIERS, DROITS ET MAJESTUEUX,	012	003
	LEURS HYMNES SOLENNELS EMPORTES PAR LE VENT.	086	004
CONSUMERONT	LEURS JOURS EN D'AUSTERES ETUDES;	017	011
QU'ONT DANS	LEURS JOURS HEUREUX LES ESCLAVES DES MORES.	127	004
BRILLANT A TRAVERS	LEURS LARMES.	053	012
QUI, RECELANT UN FOUET SOUS	LEURS LONGS VETEMENTS,	111	018
ET D'ENORMES QUINQUETS PROJETANT	LEURS LUEURS	096	010
MINAUDANT, ET FAISANT DE	LEURS MAIGRES OREILLES	096	003
ET LEURS PIEDS SE CHERCHANT ET	LEURS MAINS RAPPROCHEES	111	003
POUR VIVRE QUELQUES JOURS ET VETIR	LEURS MAITRESSES.	095	028
SON VENT MELANCOLIQUE A L'ENTOUR DE	LEURS MARBRES, ...	100	006
DANS UN BOSQUET CHETIF CACHANT	LEURS MEMBRES NUS,	099	004
QUI FONT QU'A	LEURS MIROIRS, STERILE VOLUPTE!	130	017
MELANT	LEURS ODEURS	053	019
TORD SUR	LEURS OREILLERS LES BRUNS ADOLESCENTS;	103	004
ET CEUX DE TON AMANT CREUSERONT	LEURS ORNIERES	131	031
ET PENETRENT VOS CORPS DE	LEURS PARFUMS AFFREUX.	131	096
ET S'ACCUSENT D'AVOIR MIS	LEURS PIEDS DANS SES PAS.	001	036
ET	LEURS PIEDS SE CHERCHANT ET LEURS MAINS RAPPROCHEES . .	111	003
N'ONT PAS ENCOR BRODE DE	LEURS PLAISANTS DESSINS	000	026
TOUTES AURAIENT PU FAIRE UN FLEUVE AVEC	LEURS PLEURS!	091	048
TE DEDIANT	LEURS PRIMEURS	088	034
LES AVOIR REMUES DANS	LEURS PROFONDEURS NOIRES;	016	005
ETOILENT VAGUEMENT	LEURS PRUNELLES MYSTIQUES.	066	014
	LEURS REINS FECONDS SONT PLEINS D'ETINCELLES MAGIQUES,	066	012
MONTRANT LEURS SEINS PENDANTS ET	LEURS ROBES OUVERTES,	015	005
QUI VIENNENT GASPILLER	LEURS SANGLANTES SUEURS;	096	012
LES PAUVRESSES, TRAINANT	LEURS SEINS MAIGRES ET FROIDS,	103	015
MONTRANT	LEURS SEINS PENDANTS ET LEURS ROBES OUVERTES,	015	005
LE LONG DES CHARIOTS OU LES	LEURS SONT BLOTTIS,	013	006
L'HOPITAL SE REMPLIT DE	LEURS SOUPIRS.--PLUS D'UN	095	034
SOUFFLAIENT SUR	LEURS TISONS ET SOUFFLAIENT SUR LEURS DOIGTS.	103	016
LES DEBAUCHES RENTRAIENT, BRISES PAR	LEURS TRAVAUX.	103	024
VERSAIENT LE TRESOR DE	LEURS URNES	102	035
T'ONT -ILS VERSE LA PEUR ET L'AMOUR DE	LEURS URNES?	007	006
OUVRENT	LEURS VASTES BRAS POUR EMBRASSER LA GLOIRE	023	019
ET DONT SUR	LEURS VIEUX JOURS LES PUISSANTS SE SOUVIENNENT,	077	016
FERMENT	LEURS YEUX APPESANTIS	070	006
ELLES TOURNENT	LEURS YEUX VERS L'HORIZON DES MERS, ...	111	002
	LEURS YEUX, D'OU LA DIVINE ETINCELLE EST PARTIE,	092	005
QUI	LEVAIENT LE RIDEAU DE SA JEUNE CANDEUR.	131	004
MAIS HIPPOLYTE ALORS,	LEVANT SA JEUNE TETE:	131	041
LE POETE SEREIN	LEVE SES BRAS PIEUX, ...	001	054
E SOLEIL EST BEAU QUAND TOUT FRAIS IL SE	LEVE,	145	001
LA TOILE ETAIT	LEVEE ET J'ATTENDAIS ENCORE,	125	014
NE FERA PAS	LEVER MON FRONT DE MON PUPITRE;	086	022
SE MELER A DES CHRISTS, ET SE	LEVER TOUT DROITS	006	014
DES PLAISIRS PLUS OBSCURS JE	LEVERAI LES VOILES	131	039
COMME S'ILS REGARDAIENT, AU LOIN, RESTENT	LEVES	092	006
O MORT, VIEUX CAPITAINE, IL EST TEMPS!	LEVONS L'ANCRE!	126	137
ACCOUTUME MA	LEVRE A DES PHILTRES INFAMES.	109	008
--"MOI, J'AI LA	LEVRE HUMIDE, ET JE SAIS LA SCIENCE	132	005
ET LAISSE, EN REFLUANT, SUR MA	LEVRE MOROSE	055	003
AUTOUR DES VERTS TAPIS DES VISAGES SANS	LEVRE,	096	005
SE DIT, REVEUR, DEVANT CES	LEVRES DEJA BLANCHES:	149	002
A TRAVERS CES	LEVRES NOUVELLES	129	034
DES	LEVRES SANS COULEUR, DES MACHOIRES SANS DENT,	096	006
CHERCHANT LE SOLEIL RARE ET REMUANT LES	LEVRES?	044	014
DE CONQUERIR MA	LIBERTE, ...	031	014

107 006 . . . . UN BAISER LIBERTIN DE LA MAIGRE ADELINE;
144 012   TERREUR DU LIBERTIN, ESPOIR DU FOL ERMITE:
082 004   DESCENDENT? REPONDS, LIBERTIN.
026 012   HELAS! ET JE NE PUIS, MEGERE LIBERTINE,
132 014 . . . . TIMIDE ET LIBERTINE, ET FRAGILE ET ROBUSTE,
045 013   TOUT A COUP, AU MILIEU DE L'INTIMITE LIBRE
003 018   VERS LES CIEUX LE MATIN PRENNENT UN LIBRE ESSOR,
072 010   VOYEZ VENIR A VOUS UN MORT LIBRE ET JOYEUX;
106 041 . . . . --ME VOILA LIBRE ET SOLITAIRE!
014 001   HOMME LIBRE, TOUJOURS TU CHERIRAS LA MER!
106 001   MA FEMME EST MORTE, JE SUIS LIBRE!
116 002   ET PLANAIT LIBREMENT A L'ENTOUR DES CORDAGES;
019 006 . . . . ET GRANDIR LIBREMENT DANS SES TERRIBLES JEUX;
000 029 MAIS PARMI LES CHACALS, LES PANTHERES, LES LICES.
031 007   --INFAME A QUI JE SUIS LIE
040 011   LA MORT NOUS TIENT SOUVENT PAR DES LIENS SUBTILS.
077 018 . . . . OU COULE AU LIEU DE SANG L'EAU VERTE DU LETHE,
088 013   AU LIEU D'UN HAILLON TROP COURT,
132 023   A MES COTES, AU LIEU DU MANNEQUIN PUISSANT
084 015   POUR FUIR D'UN LIEU PLEIN DE REPTILES,
144 001   EN QUELQUE LIEU QU'IL AILLE, OU SUR MER OU SUR TERRE,
055 006 CE QU'ELLE CHERCHE, AMIE, EST UN LIEU SACCAGE
006 013   MICHEL-ANGE, LIEU VAGUE OU L'ON VOIT DES HERCULES
051 029   C'EST L'ESPRIT FAMILIER DU LIEU;
024 005 . . . . . PLUS IRONIQUEMENT ACCUMULER LES LIEUES,
102 027   PENDANT DES MILLIONS DE LIEUES.
005 016   CES NATIVES GRANDEURS, AUX LIEUX OU SE FONT VOIR
037 007   TE PAVANER AUX LIEUX QUE LA FOLIE ENCOMBRE,
097 052 . . . . VOUS ENTRAINE EN DES LIEUX QUI NE SONT PAS CONNUS!
017 007 JE HAIS LE MOUVEMENT QUI DEPLACE LES LIGNES,
145 014   DES CRAPAUDS IMPREVUS ET DE FROIDS LIMACONS.
055 004   LE SOUVENIR CUISANT DE SON LIMON AMER.
084 033 . . . . TETE-A-TETE SOMBRE ET LIMPIDE
005 037   A L'OEIL LIMPIDE ET CLAIR AINSI QU'UNE EAU COURANTE,
003 012   LE FEU CLAIR QUI REMPLIT LES ESPACES LIMPIDES.
143 013   ET, COMME UN LONG LINCEUL TRAINANT A L'ORIENT,
101 004 . . . . D'UN LINCEUL VAPOREUX ET D'UN VAGUE TOMBEAU.
106 032   A FAIRE DU VIN UN LINCEUL?
038 040   DANS LES BAISERS DU SATIN ET DU LINGE,
073 010   QUI SENT TOUJOURS LA SOIF NAITRE DE LA LIQUEUR
048 027 . . . CHER POISON PREPARE PAR LES ANGES! LIQUEUR
003 011   ET BOIS, COMME UNE PURE ET DIVINE LIQUEUR,
052 023   DE VINS, DE PARFUMS, DE LIQUEURS
029 019 DE LARVES, QUI COULAIENT COMME UN EPAIS LIQUIDE
102 043   . . . . LE LIQUIDE ENCHASSAIT SA GLOIRE
028 035   UN CIEL LIQUIDE QUI PARSEME
044 018   DE LIRE LA SECRETE HORREUR DU DEVOUEMENT
088 042   PLUS DE BAISERS QUE DE LIS
142 011 . . . . .   LIS -MOI, POUR APPRENDRE A M'AIMER;
126 050   NOUS LISONS DANS VOS YEUX PROFONDS COMME LES MERS!
005 014   DONT LA CHAIR LISSE ET FERME APPELAIT LES MORSURES!
126 099   COMME EN UN LIT DE PLUME UN DELICAT SE VAUTRE,
122 011 . . . . ET QUI REFAIT LE LIT DES GENS PAUVRES ET NUS;
026 014   DANS L'ENFER DE TON LIT DEVENIR PROSERPINE!
031 006   FAIRE TON LIT ET TON DOMAINE;
100 019   GRAVE, ET VENANT DU FOND DE SON LIT ETERNEL
077 009   SON LIT FLEURDELISE SE TRANSFORME EN TOMBEAU.
101 014   D'ENDORMIR LA DOULEUR SUR UN LIT HASARDEUX.
133 008   DE CHASSER LOIN DU LIT LES MOUSTIQUES RODEURS.
132 006   DE PERDRE AU FOND D'UN LIT L'ANTIQUE CONSCIENCE.
112 008   UN LIT QUE LE REMORDS N'A JAMAIS FREQUENTE.
029 004   SUR UN LIT SEME DE CAILLOUX,
110 021   SUR LE LIT, LE TRONC NU SANS SCRUPULES ETALE
100 010   SANS COMPAGNON DE LIT, SANS BONNES CAUSERIES,
095 010 . . . ET L'OUVRIER COURBE QUI REGAGNE SON LIT.
075 005   MON CHAT SUR LE CARREAU CHERCHANT UNE LITIERE
088 041   TU COMPTERAIS DANS TES LITS
121 001   NOUS AURONS DES LITS PLEINS D'ODEURS LEGERES,
020 006 . . . . . EST FAITE POUR TRONER SUR DES LITS SOMPTUEUX,
093 007   DANS SON OEIL, CIEL LIVIDE OU GERME L'OURAGAN,
082 001   DE CE CIEL BIZARRE ET LIVIDE,
084 036   OU TREMBLE UNE ETOILE LIVIDE,
063 009 . . . . QUAND VIENDRA LE MATIN LIVIDE,
131 071 ET, PLEINE DE REMORDS ET D'HORREUR, ET LIVIDE,
103 013   LES FEMMES DE PLAISIR, LA PAUPIERE LIVIDE,
013 003   SUR SON DOS, OU LIVRANT A LEURS FIERS APPETITS
065 006 . . . . MOURANTE, ELLE SE LIVRE AUX LONGUES PAMOISONS,
094 003   OU MAINT LIVRE CADAVEREUX
142 003   JETTE CE LIVRE SATURNIEN,
122 007 C'EST L'AUBERGE FAMEUSE INSCRITE SUR LE LIVRE,
153 012 . . . . . CE REVEUR QUE L'HORREUR DE SON LOGIS REVEILLE,
025 008   SANS CONNAITRE JAMAIS LA LOI DE LEUR BEAUTE.
085 018 QUI GAGNE SANS TRICHER, A TOUT COUP! C'EST LA LOI.
154 008   --LA BRISE ET L'EAU CHANTENT AU LOIN
003 009 . . . . ENVOLE -TOI BIEN LOIN DE CES MIASMES MORBIDES;
110 053   --LOIN DU MONDE RAILLEUR, LOIN DE LA FOULE IMPURE,
130 028   QU'ATTIRE LOIN DE NOUS LE RADIEUX SOURIRE
103 020   LE CHANT DU COQ AU LOIN DECHIRAIT L'AIR BRUMEUX;
110 054 . . . . LOIN DES MAGISTRATS CURIEUX,

L

		POEM	LINE
	LOIN DES PEUPLES VIVANTS, ERRANTES, CONDAMNEES, . . .	131	101
BIEN	LOIN DES PIOCHES ET DES SONDES;	011	011
DISE:	LOIN DES REMORDS, DES CRIMES, DES DOULEURS,	062	014
	LOIN DES SEPULTURES CELEBRES,	011	005
ET LA MET DANS SON COEUR	LOIN DES YEUX DU SOLEIL.	065	014
	LOIN D'EUX. VOIS SE PENCHER LES DEFUNTES ANNEES,	143	009
AILLEURS, BIEN	LOIN D'ICI! TROP TARD! JAMAIS PEUT-ETRE!	093	012
	LOIN DU DESIR MONDAIN ET DU REGARD MOQUEUR,	057	004
DE CHASSER	LOIN DU LIT LES MOUSTIQUES RODEURS, ...	133	008
	LOIN DU MONDE RAILLEUR, LOIN DE LA FOULE IMPURE,	110	053
	LOIN DU NOIR OCEAN DE L'IMMONDE CITE,	062	002
IL ME CONDUIT AINSI,	LOIN DU REGARD DE DIEU,	109	009
DONT LES FORMES AU	LOIN FRISSONNENT DANS L'AZUR;	130	049
EST -IL DEJA PLUS	LOIN QUE L'INDE ET QUE LA CHINE?	062	027
COMME DE LONGS ECHOS QUI DE	LOIN SE CONFONDENT	004	005
MAIS MOI, MOI QUI DE	LOIN TENDREMENT VOUS SURVEILLE,	091	073
COMME VOUS ETES	LOIN, PARADIS PARFUME!	062	020
COMME VOUS ETES	LOIN, PARADIS PARFUME,	062	016
COMME S'ILS REGARDAIENT AU	LOIN, RESTENT LEVES	092	006
S QUI TROUVEZ BEAU TOUT CE QUI VIENT DE	LOIN!	126	076
LOIN!	LOIN! ICI LA BOUE EST FAITE DE NOS PLEURS!	062	012
	LOIN! LOIN! ICI LA BOUE EST FAITE DE NOS PLEURS!	062	012
SEMBLABLE AU CRI	LOINTAIN DE L'HUMAINE DOULEUR,	107	008
DE SA NAIVETE LE CIEL DEJA	LOINTAIN,	131	006
TOUT UN MONDE	LOINTAIN, ABSENT, PRESQUE DEFUNT, ...	023	007
POUR UN CIEL	LOINTAIN,	028	012
SUIVONS LE MIRAGE	LOINTAIN!	108	008
VAGUE ET	LOINTAINE, ME RAVIT.	102	004
PARFUM QUI FAIT REVER AUX OASIS	LOINTAINES, ...	098	015
ABORDE HEUREUSEMENT AUX EPOQUES	LOINTAINES,	039	002
LES SOUVENIRS	LOINTAINS LENTEMENT S'ELEVER	074	003
UR LES BORDS DE LA SEINE OU DE LA VERTE	LOIRE,	061	010
ET RANGERAIS SOUS LES	LOIS	088	043
QUE NOUS VEULENT LES	LOIS DU JUSTE ET DE L'INJUSTE?	130	036
QUE NOUS VEULENT LES	LOIS DU JUSTE ET DE L'INJUSTE?	130	040
IL PRETE DES SERMENTS, DICTE DES	LOIS SUBLIMES,	105	009
LORSQUE MES DOIGTS CARESSENT A	LOISIR	034	005
--"CONTEMPLONS A	LOISIR CETTE CARICATURE	115	013
INFINIS BERCEMENTS DU	LOISIR EMBAUME!	023	025
OU JE PUISSE A	LOISIR ETALER MES VIEUX OS	072	003
PARCOURIR A	LOISIR SES MAGNIFIQUES FORMES;	019	009
AIMER A	LOISIR,	053	004
COMME TU PLEURERAIS TES	LOISIRS DOUX ET FRANCS,	133	023
ET CHARMER LES	LOISIRS D'UN PONTIFE OU D'UN PRINCE.	020	007
MAIS ON VOIT SCINTILLER EN	LOLA DE VALENCE	151	003
LE	LONG DE CES VIVANTS HAILLONS.	029	020
LE	LONG DES CHARIOTS OU LES LEURS SONT BLOTTIS,	013	006
QUI, LE	LONG DES GRANDS MURS DE L'HOSPICE BLAFARD,	044	012
ET LE	LONG DES MAISONS, SOUS LES PORTES COCHERES, ...	045	009
COMME AU	LONG D'UN CADAVRE UN CADAVRE ETENDU,	032	002
LE	LONG DU VIEUX FAUBOURG, OU PENDENT AUX MASURES	087	001
L'ART EST	LONG ET LE TEMPS EST COURT.	011	004
LE	LONG FLEUVE DE FIEL DES DOULEURS ANCIENNES;	116	048
ET, COMME UN	LONG LINCEUL TRAINANT A L'ORIENT,	143	013
DERRIERE LUI TRAINAIENT UN	LONG MUGISSEMENT.	015	008
JE L'ENTENDS BIEN QUI COULE AVEC UN	LONG MURMURE,	113	003
CE	LONG REGARD SOURNOIS, LANGOUREUX ET MOQUEUR;	020	010
POUVONS -NOUS ETOUFFER LE VIEUX, LE	LONG REMORDS,	054	001
COMME UN	LONG SANGLOT, TOUT CHARGE D'ADIEUX;	121	011
QUI SORT DE LA PAUPIERE AINSI QU'UN	LONG SOUPIR.	131	024
TRAINE A PLIS BRUYANTS ET	LONGS	088	015
--ET DE	LONGS CORBILLARDS, SANS TAMBOURS NI MUSIQUE,	078	017
COMME DE	LONGS ECHOS QUI DE LOIN SE CONFONDENT	004	005
SUR L'ESPRIT GEMISSANT EN PROIE AUX	LONGS ENNUIS,	078	002
CONTEMPLER NOS DINERS	LONGS ET SILENCIEUX, ...	099	008
ET SA BARBE A	LONGS POILS, ROIDE COMME UNE EPEE,	090	019
COMME LES	LONGS RESEAUX DE LA HOULE DES MERS,	027	007
COMME CES	LONGS SERPENTS QUE LES JONGLEURS SACRES	027	003
BERCEUSE DONT LA MAIN AUX	LONGS SOMMEILS M'INVITE, ...	064	006
OU JE HUME A	LONGS TRAITS LE VIN DU SOUVENIR?	023	035
OU COMME DES REMORDS SE TRAINENT DE	LONGS VERS	076	009
QUI, RECELANT UN FOUET SOUS LEURS	LONGS VETEMENTS,	111	018
J'AIME DE VOS	LONGS YEUX LA LUMIERE VERDATRE, ...	056	017
QUI SE MORFOND	LONGTEMPS A L'AFFUT DE LA PROIE.	149	034
ET SOMMEILLER	LONGTEMPS A L'OMBRE DE VOS CILS!	040	014
DANS DES YEUX OU	LONGTEMPS BURENT NOS YEUX AVIDES?	044	019
ET SUR QUI DES	LONGTEMPS DESCENDENT LES FRIMAS, ...	101	010
J'AI	LONGTEMPS HABITE SOUS DE VASTES PORTIQUES	012	001
JE VEUX	LONGTEMPS PLONGER MES DOIGTS TREMBLANTS	128	003
HEURTANT PARFOIS DES VERS DEPUIS	LONGTEMPS REVES.	087	008
ET QU'ELLE AURAIT	LONGTEMPS, POUR LA CACHER AU MONDE, ...	045	023
RESTE	LONGTEMPS, SANS LES ROUVRIR,	155	002
	LONGTEMPS! TOUJOURS! MA MAIN DANS TA CRINIERE LOURDE	023	031
O SATAN, PRENDS PITIE DE MA	LONGUE MISERE!	120	003
	LONGUE, MINCE, EN GRAND DEUIL, DOULEUR MAJESTUEUSE, . .	093	002
QUI BERCE	LONGUEMENT NOTRE ESPRIT ENCHANTE,	000	010
SE PAMENT	LONGUEMENT SOUS L'ARDEUR DES CLIMATS;	023	012
LES UNES, COEURS EPRIS DES	LONGUES CONFIDENCES,	111	005
OU PAR LES	LONGUES NUITS LA GIROUETTE S'ENROUE, ...	101	006

```
POEM LINE
065 006 . . . . . . .  MOURANTE, ELLE SE LIVRE AUX  LONGUES PAMOISONS,
051 015                 POUR DIRE LES PLUS  LONGUES PHRASES,
076 015                 RIEN N'EGALE EN  LONGUEUR LES BOITEUSES JOURNEES,
090 029   SON PAREIL LE SUIVAIT: BARBE, OEIL, DOS, BATON,  LOQUES,
088 049 . . . . . . . . . . . . . . . TU VAS  LORGNANT EN DESSOUS
016 022                         DES  LORS IL FUT SEMBLABLE AUX BETES DE LA RUE,
130 046                 ET DEPUIS  LORS JE VEILLE AU SOMMET DE LEUCATE,
130 050                 ET DEPUIS  LORS JE VEILLE AU SOMMET DE LEUCATE,
074 009 . . . . . . . MOI, MON AME EST FELEE, ET  LORSQU'EN SES ENNUIS
015 002                         ET  LORSQU'IL EUT DONNE SON OBOLE A CHARON,
135 011                         LORSQUE DE LA STRICTE JUSTICE
126 121                         LORSQUE ENFIN IL METTRA LE PIED SUR NOTRE ECHINE,
106 003 . . . . . . . . . . . . . . .  LORSQUE JE RENTRAIS SANS UN SOU,
132 013                         OU  LORSQUE J'ABANDONNE AUX MORSURES MON BUSTE,
106 008                         LORSQUE J'EN DEVINS AMOUREUX!
091 025                         ET  LORSQUE J'ENTREVOIS UN FANTOME DEBILE
132 012 . . . . . . . . . . . .  LORSQUE J'ETOUFFE UN HOMME EN MES BRAS REDOUTES,
100 015                         LORSQUE LA BUCHE SIFFLE ET CHANTE, SI LE SOIR,
034 005                         LORSQUE MES DOIGTS CARESSENT A LOISIR
041 013                         LORSQUE TOUT ME RAVIT, J'IGNORE
033 001 . . . . . . . . . . . .  LORSQUE TU DORMIRAS, MA BELLE TENEBREUSE,
033 003                         ET  LORSQUE TU N'AURAS POUR ALCOVE ET MANOIR
118 015                         ET  LORSQUE TU SENTIS S'ENFONCER LES EPINES
118 013                         LORSQUE TU VIS CRACHER SUR TA DIVINITE
001 001 . . . . . . . . . . . .  LORSQUE, PAR UN DECRET DES PUISSANCES SUPREMES,
126 129                         LE  LOTUS PARFUME! C'EST ICI QU'ON VENDANGE
120 046                 GLOIRE ET  LOUANGE A TOI, SATAN, DANS LES HAUTEURS
120 002     DIEU TRAHI PAR LE SORT ET PRIVE DE  LOUANGES.
149 052 . . . . . . . . . DONT ELLE CHANTE LES  LOUANGES.
042 015   --NOUS METTRONS NOTRE ORGUEIL A CHANTER SES  LOUANGES!
101 002   ENDORMEUSES SAISONS! JE VOUS AIME ET VOUS  LOUE
054 016                 A CET AGONISANT QUE LE  LOUP DEJA FLAIRE
054 020 . . . . . CE PAUVRE AGONISANT QUE DEJA LE  LOUP FLAIRE!
095 002   IL VIENT COMME UN COMPLICE, A PAS DE  LOUP; LE CIEL
070 011                 LES CRIS LAMENTABLES DES  LOUPS
131 102     A TRAVERS LES DESERTS COUREZ COMME LES  LOUPS;
147 013 . . . . . . QUI VERS SON MIROIR PENCHE UN  LOURD AMAS D'ANNEES,
131 033             ILS PASSERONT SUR TOI COMME UN  LOURD ATTELAGE
078 001             QUAND LE CIEL BAS ET  LOURD PESE COMME UN COUVERCLE
011 001                 POUR SOULEVER UN POIDS SI  LOURD,
103 007 .   OU L'AME, SOUS LE POIDS DU CORPS REVECHE ET  LOURD,
057 012                 BARBARE, ROIDE ET  LOURD, ET DOUBLE DE SOUPCON,
056 012       SOUS LES COUPS DU BELIER INFATIGABLE ET  LOURD,
023 031   LONGTEMPS! TOUJOURS! MA MAIN DANS TA CRINIERE  LOURDE
123 006 . . . . .  ET NOUS DEMOLIRONS MAINTE  LOURDE ARMATURE,
094 031                 ET POUSSER UNE  LOURDE BECHE
070 001                 SI PAR UNE NUIT  LOURDE ET SOMBRE
098 010           LE SOUVENIR MASSIF, ROYALE ET  LOURDE TOUR,
138 014 . . . . . . . . . . . TON ANGOISSE, TROP  LOURDE, PERCE
128 004     DANS L'EPAISSEUR DE TA CRINIERE  LOURDE;
095 012                 S'EVEILLENT  LOURDEMENT, COMME DES GENS D'AFFAIRE,
131 045         JE SENS FONDRE SUR MOI DE  LOURDES EPOUVANTES
106 046 . . , . . . . . LE CHARIOT AUX  LOURDES ROUES
048 010     FREMISSANT DOUCEMENT DANS LES  LOURDES TENEBRES,
139 012             OU VERSE –MOI TES SOMMEILS  LOURDS
076 004                 AVEC DE  LOURDS CHEVEUX ROULES DANS DES QUITTANCES,
076 016 . . . . . . . . . QUAND SOUS LES  LOURDS FLOCONS DES NEIGEUSES ANNEES
089 032     ET MES CHERS SOUVENIRS SONT PLUS  LOURDS QUE DES ROCS.
090 012         LE FAUBOURG SECOUE PAR LES  LOURDS TOMBEREAUX.
038 023         DE SES CHEVEUX ELASTIQUES ET  LOURDS,
088 012 . . . . . . . . . . TES SABOTS  LOURDS.
021 028     L'UNIVERS MOINS HIDEUX ET LES INSTANTS MOINS  LOURDS?
005 009                     MAIS,  LOUVE AU COEUR GONFLE DE TENDRESSES COMMUNES,
089 047     ET TETTENT LA DOULEUR COMME UNE BONNE  LOUVE!
089 033 . . . . . . . . . AUSSI DEVANT CE  LOUVRE UNE IMAGE M'OPPRIME:
097 050     CADAVRES VERNISSES,  LOVELACES CHENUS,
127 015         ET LA CANDEUR UNIE A LA  LUBRICITE
029 005     LES JAMBES EN L'AIR, COMME UNE FEMME  LUBRIQUE,
070 013 . . . . . . . . LES EBATS DES VIEILLARDS  LUBRIQUES
001 055     ET LES VASTES ECLAIRS DE SON ESPRIT  LUCIDE
046 008         AINSI, CHERE DEESSE, ETRE  LUCIDE ET PUR,
021 027         RHYTHME, PARFUM,  LUEUR, O MON UNIQUE REINE!--
096 010 . . . ET D'ENORMES QUINQUETS PROJETANT LEURS  LUEURS
111 013             IL EN EST, AUX  LUEURS DES RESINES CROULANTES,
071 013         OU GISENT, AUX  LUEURS D'UN SOLEIL BLANC ET TERNE,
035 002         ONT ECLABOUSSE L'AIR DE  LUEURS ET DE SANG.
095 014 . . . . . . . . . A TRAVERS LES  LUEURS QUE TOURMENTE LE VENT
082 013             ET VOS  LUEURS SONT LE REFLET
153 008     HIDEUSE ET MULTIFORME, AUTOUR DE  LUI CIRCULE.
116 034         LES INTESTINS PESANTS  LUI COULAIENT SUR LES CUISSES,
001 056 . . . . . . . . . . . . . . .  LUI DEROBENT L'ASPECT DES PEUPLES FURIEUX:
106 028                     JE  LUI DIS: SORS DE CETTE VIE!
090 024                     LUI DONNAIT LA TOURNURE ET LE PAS MALADROIT
127 003         DONT LE RICHE ATTIRAIL  LUI DONNAIT L'AIR VAINQUEUR
077 013 . . . . . . . . LE SAVANT QUI  LUI FAIT DE L'OR N'A JAMAIS PU
110 024             DONT LA NATURE  LUI FIT DON;
032 007         SES CHEVEUX QUI  LUI FONT UN CASQUE PARFUME,
001 052         JE LE  LUI JETTERAI PAR TERRE AVEC DEDAIN!"
001 032 . . . . . . . . ET FONT SUR  LUI L'ESSAI DE LEUR FEROCITE.
```

L

		POEM	LINE
QU'ON SE MOQUE DU MAITRE, ET QU'AVEC	LUI L'ON TRICHE, ...	149	030
JE POSERAI SUR	LUI MA FRELE ET FORTE MAIN;	001	046
IL FAUDRA	LUI MONTRER DES GRANGES	135	013
NOUS DEVRIONS POURTANT	LUI PORTER QUELQUES FLEURS.	100	003
VEILLE PRES DE	LUI QUAND IL DORT;	110	058
C'EST	LUI QUI RAJEUNIT LES PORTEURS DE BEQUILLES	087	013
SGANARELLE EN RIANT	LUI RECLAMAIT SES GAGES.	015	009
SEMBLAIT	LUI RECLAMER UN SUPREME SOURIRE	015	015
ET, MALGRE LES HONNEURS QUE	LUI REND L'UNIVERS, ...	130	072
·POUR	LUI RENDRE UN BAISER D'AMOUR, JE NE VIS PLUS	132	019
PASCAL AVAIT SON GOUFFRE, AVEC	LUI SE MOUVANT.	146	001
ET TOUT SEMBLAIT	LUI SERVIR DE BORDURE.	038	036
CHERCHENT A QUI SAURA	LUI TIRER UNE PLAINTE, ...	001	031
DERRIERE	LUI TRAINAIENT UN LONG MUGISSEMENT.	015	008
TU	LUI VERSES L'ESPOIR, LA JEUNESSE ET LA VIE,	107	012
E SOLEIL S'EST COUVERT D'UN CREPE. COMME	LUI,	037	001
LE SILENCE ET LA NUIT S'INSTALLERENT EN	LUI, ...	016	020
	LUI, NAGUERE SI BEAU, QU'IL EST COMIQUE ET LAID!	002	010
FANTOME COMME	LUI, ROSSE APOCALYPTIQUE,	071	005
S LES PLAFONDS DUQUEL TANT DE POMPE AVAIT	LUI.	016	019
MON ESPRIT LES RETROUVE EN	LUI; CE RIRE AMER	079	006
DES CHEMINS SINGULIERS A	LUI-MEME INCONNUS,	016	007
DEGOUTANT PHENIX, FILS ET PERE DE	LUI-MEME?	090	043
TANDIS QUE DON	LUIS AVEC UN DOIGT TREMBLANT	015	010
SANS LA MECHANCETE QUI	LUISAIT DANS SES YEUX, ...	090	016
LES HOMMES VONT A PIED SOUS LEURS ARMES	LUISANTES	013	005
	LUISANTS COMME CES TROUS OU L'EAU DORT DANS LA NUIT;	091	018
SONT DES BOAS	LUISANTS LES SOLIDES EMULES,	052	034
DES MEUBLES	LUISANTS, ...	053	015
TON SOUVENIR EN MOI	LUIT COMME UN OSTENSOIR!	047	016
SOUS UNE	LUMIERE BLAFARDE	124	001
PAR TOI,	LUMIERE ET COULEUR!	058	038
D'ESPACE ET DE	LUMIERE ET DE CIEUX EMBRASES;	126	014
UN CHANT PLEIN DE	LUMIERE ET DE FRATERNITE!	104	004
OU TOUT N'EST QU'OR, ACIER,	LUMIERE ET DIAMANTS,	027	012
CHERCHANT LA	LUMIERE ET LA CLE;	084	016
DONT LA	LUMIERE PARLE UN LANGAGE CONNU!	079	010
J'AIME DE VOS LONGS YEUX LA	LUMIERE VERDATRE,	056	017
CAR IL NE SERA FAIT QUE DE PURE	LUMIERE,	001	073
UN ETRE, QUI N'ETAIT QUE	LUMIERE, OR ET GAZE,	054	046
DANS UNE CHAUDE	LUMIERE.	053	040
LES CHOSES OU LE SON SE MELE A LA	LUMIERE.	127	008
BENI LA BLAFARDE	LUMIERE:	150	024
QUI REFLECHIRONT LEURS DOUBLES	LUMIERES	121	007
MARCHENT DEVANT MOI, CES YEUX PLEINS DE	LUMIERES, ...	043	001
ANGE PLEIN DE BONHEUR, DE JOIE ET DE	LUMIERES,	044	021
ANGE PLEIN DE BONHEUR, DE JOIE ET DE	LUMIERES!	044	025
ET DANS L'ETOURDISSANTE ET	LUMINEUSE ORGIE	105	022
· C'EST ELLE! NOIRE ET POURTANT	LUMINEUSE, ...	038	014
LE GLOBE	LUMINEUX ET FRELE	117	009
S'ELANCER VERS LES CHAMPS	LUMINEUX ET SEREINS;	003	016
DU PASSE	LUMINEUX RECUEILLE TOUT VESTIGE!	047	014
SOMBRES OU	LUMINEUX, JE VIS VOS JOURS PERDUS;	091	078
DES TRONES CONSTELLES DE JOYAUX	LUMINEUX;	126	078
DES BAISERS FROIDS COMME LA	LUNE	063	006
O	LUNE DE MA VIE! EMMITOUFLE -TOI D'OMBRE;	037	002
POUR MARCHEPIED TAILLER UNE	LUNE D'ARGENT,	057	024
J'AI SOUVENT EVOQUE CETTE	LUNE ENCHANTEE,	045	037
SANS	LUNE ET SANS RAYONS, TROUVER OU L'ON HEBERGE	054	028
QUE LA	LUNE ONDULEUSE ENVOIE AU LAC TREMBLANT,	107	003
O	LUNE QU'ADORAIENT DISCRETEMENT NOS PERES, ...	147	001
CE SOIR, LA	LUNE REVE AVEC PLUS DE PARESSE;	065	001
LA PLEINE	LUNE S'ETALAIT,	045	006
ET LA	LUNE VERSER SON PALE ENCHANTEMENT.	086	012
--JE SUIS UN CIMETIERE ABHORRE DE LA	LUNE, ...	076	008
--SI CE N'EST, PAR UN SOIR SANS	LUNE, DEUX A DEUX,	101	013
	LUNE, EAU SONORE, NUIT BENIE,	155	033
LA	LUNE, LE SOLEIL, LE CIEL ET LES ETOILES!	132	010
TON OEIL DOUX COMME LA	LUNE.	058	032
TOMBEAUX ET	LUPANARS MONTRENT SOUS LEURS CHARMILLES	112	007
SOUS DE SALES PLAFONDS UN RANG DE PALES	LUSTRES	096	009
DECORS FRAIS ET LEGERS ECLAIRES PAR DES	LUSTRES	006	023
ALLUME TA PRUNELLE A LA FLAMME DES	LUSTRES!	037	009
LE SUCCUBE VERDATRE ET LE ROSE	LUTIN	007	005
LES DOIGTS	LUTINS,	088	028
ET	LUTTANT, ANGOISSES FUNEBRES!	084	009
MORNE ESPRIT, AUTREFOIS AMOUREUX DE LA	LUTTE,	080	001
O	LUTTEURS ETERNELS, O FRERES IMPLACABLES!	014	016
L'HUILE QUI RAFFERMIT LES MUSCLES DES	LUTTEURS,	104	020
D'UN	LUXE MIRACULEUX,	049	002
	LUXE, CALME ET VOLUPTE.	053	014
	LUXE, CALME ET VOLUPTE.	053	028
	LUXE, CALME ET VOLUPTE.	053	042
LES PERSIENNES, ABRI DES SECRETES	LUXURES,	087	002
NOUS, PRETRE ORGUEILLEUX DE LA	LYRE, ...	150	027

```
POEM LINE
130 041 . . . . . . . . . . . . CAR LESBOS ENTRE TOUS    M'A CHOISI SUR LA TERRE
130 045                          CAR LESBOS ENTRE TOUS    M'A CHOISI SUR LA TERRE.
038 002                                    OU LE DESTIN   M'A DEJA RELEGUE;
093 010                                DONT LE REGARD     M'A FAIT SOUDAINEMENT RENAITRE,
149 025 . . . . . . . . . . . . . CHACUN DE VOUS          M'A FAIT UN TEMPLE DANS SON COEUR;
149 006                    ET NATURELLEMENT, DIEU         M'A FAITE TRES BELLE."
155 008                                       OU CE SOIR  M'A PLONGE L'AMOUR.
001 013                    JE FERAI REJAILLIR TA HAINE QUI M'ACCABLE
001 043         POUR SAVOIR SI JE PUIS DANS UN COEUR QUI  M'ADMIRE
001 038         "PUISQU'IL ME TROUVE ASSEZ BELLE POUR     M'ADORER,
142 011                       LIS -MOI, POUR APPRENDRE A  M'AIMER:
138 037                                       QUI ME      M'AIMES QU'AVEC EFFROI,
131 083                                       JE VEUX     M'ANEANTIR DANS TA GORGE PROFONDE,
090 017                                                   M'APPARUT. ON EUT DIT SA PRUNELLE TREMPEE
020 013                               "LA VOLUPTE TU      M'APPELLE ET L'AMOUR ME COURONNE!"
001 009                              PUISQUE TU           M'AS CHOISIE ENTRE TOUTES LES FEMMES
081 005 . . . . . . . . . HERMES INCONNU QUI             M'ASSISTES
048 023                                       QUAND ON    M'AURA JETE, VIEUX FLACON DESOLE,
024 007                                       JE          M'AVANCE A L'ATTAQUE, ET JE GRIMPE AUX ASSAUTS,
079 001                    GRANDS BOIS, VOUS              M'EFFRAYEZ COMME DES CATHEDRALES;
080 015                    AVALANCHE, VEUX -TU            M'EMPORTER DANS TA CHUTE?
106 051                                       JE          M'EN MOQUE COMME DE DIEU,
022 013                    QUI CIRCULE DANS L'AIR ET      M'ENFLE LA NARINE,
080 011                                ET LE TEMPS        M'ENGLOUTIT MINUTE PAR MINUTE,
023 029                                       JE          M'ENIVRE ARDEMMENT DES SENTEURS CONFONDUES
020 027                                TON MENSONGE       M'ENIVRE, ET MON AME S'ABREUVE
091 041                                       TOUTES      M'ENIVRENT: MAIS PARMI CES ETRES FRELES
023 013         FORTES TRESSES, SOYEZ LA HOULE QUI        M'ENLEVE!
001 045 . . . . . . . . . . ET, QUAND JE                 M'ENNUIERAI DE CES FARCES IMPIES,
112 012                                QUAND VEUX -TU     M'ENTERRER, DEBAUCHE AUX BRAS IMMONDES?
125 013                                                   M'ENVELOPPAIT.--EH QUOI! N'EST -CE DONC QUE CELA?
024 010         JUSQU'A CETTE FROIDEUR PAR OU TU          M'ES PLUS BELLE!
056 018 . . . DOUCE BEAUTE, MAIS TOUT AUJOURD'HUI         M'EST AMER.
155 030                                       QU'IL       M'EST DOUX, PENCHE VERS TES SEINS,
037 011                                       TOUT DE TOI M'EST PLAISIR, MORBIDE OU PETULANT;
036 008         QUE TON SEIN M'ETAIT DOUX! QUE TON COEUR  M'ETAIT BON!
036 008 . . . . . . . . . QUE TON SEIN                    M'ETAIT DOUX! QUE TON COEUR M'ETAIT BON!
087 005                                       JE VAIS     M'EXERCER SEUL A MA FANTASQUE ESCRIME,
090 034                    OU QUEL MECHANT HASARD AINSI   M'HUMILIAIT?
138 001                                       QUE         M'IMPORTE QUE TU SOIS SAGE?
081 006 . . . . . . . . . ET QUI TOUJOURS                 M'INTIMIDAS,
064 006         BERCEUSE DONT LA MAIN AUX LONGS SOMMEILS  M'INVITE,
031 018                    M'ONT PRIS EN DEDAIN ET        M'ONT DIT:
031 018                                                   M'ONT PRIS EN DEDAIN ET M'ONT DIT:
089 033 . . . . . AUSSI DEVANT CE LOUVRE UNE IMAGE        M'OPPRIME!
021 023         SI TON OEIL, TON SOURIS, TON PIED,        M'OUVRENT LA PORTE
088 056                                       O           MA BEAUTE!
029 045                                ALORS, O           MA BEAUTE! DITES A LA VERMINE
033 001 . . . . . . . . . LORSQUE TU DORMIRAS,            MA BELLE TENEBREUSE,
038 013                                       JE RECONNAIS MA BELLE VISITEUSE:
001 051         ET, POUR RASSASIER                        MA BETE FAVORITE,
131 052         ET CEPENDANT JE SENS                      MA BOUCHE ALLER VERS TOI.
068 011 . . . . . . . . QUI MONTE DE                      MA BOUCHE EN FEU,
063 005         ET JE TE DONNERAI,                        MA BRUNE,
058 029                                TU ME DECHIRES,    MA BRUNE.
072 008         A SAIGNER TOUS LES BOUTS DE               MA CARCASSE IMMONDE.
051 001 . . . . . . . . . . . . . . DANS                  MA CERVELLE SE PROMENE,
117 019                    MONSTRE ASSASSIN, C'EST        MA CERVELLE,
116 052         QUI JADIS AIMAIENT TANT A TRITURER        MA CHAIR.
117 020                                MON SANG ET        MA CHAIR!"
041 001 . . . . . . . . . LE DEMON, DANS                  MA CHAMBRE HAUTE,
100 018         JE LA TROUVAIS TAPIE EN UN COIN DE        MA CHAMBRE,
098 016         QUAND JE TE VOIS PASSER, O                MA CHERE INDOLENTE,
143 014                                ENTENDS,           MA CHERE, ENTENDS LA DOUCE NUIT QUI MARCHE.
138 026 . . . . . . . . . MAIS TANT,                      MA CHERE, QUE TES REVES
035 006                                                   MA CHERE! MAIS LES DENTS, LES ONGLES ACERES,
136 019                                ET, DE             MA CLAIRVOYANCE EXTATIQUE VICTIME,
001 067         ET QU'IL FAUT POUR TRESSER                MA COURONNE MYSTIQUE
131 043         UN AUTEL SOUTERRAIN AU FOND DE            MA DELPHINE, JE SOUFFRE ET JE SUIS INQUIETE,
057 002                                                   MA DETRESSE,
149 042         ET CONTIENT MON ORGUEIL,                  MA DOULEUR ET MA GLOIRE!"
143 008                                                   MA DOULEUR, DONNE -MOI LA MAIN; VIENS PAR ICI,
143 001 . . . . . . . . SOIS SAGE, O                      MA DOULEUR, ET TIENS -TOI PLUS TRANQUILLE.
096 019         ET TOUS GAILLARDEMENT TRAFIQUANT A        MA FACE,
091 081                                       RUINES!     MA FAMILLE! O CERVEAUX CONGENERES!
087 005                    JE VAIS M'EXERCER SEUL A       MA FANTASQUE ESCRIME,
136 016 . . . . . . . . . . . . . . ET                    MA FATALITE. DERRIERE LES DECORS
034 009                                       JE VOIS     MA FEMME EN ESPRIT. SON REGARD,
106 001                                                   MA FEMME EST MORTE, JE SUIS LIBRE!
149 026         VOUS AVEZ, EN SECRET, BAISE               MA FESSE IMMONDE!
140 012         ET L'ANGE, CHATIANT AUTANT,               MA FOI! QU'IL AIME,
001 046         JE POSERAI SUR LUI                        MA FRELE ET FORTE MAIN:
058 005                                JE T'ADORE, O       MA FRIVOLE,
132 021         JE FERMAI LES DEUX YEUX, DANS             MA FROIDE EPOUVANTE,
038 056 . . . . . CELLE QUI FUT MON PLAISIR ET            MA GLOIRE!
149 042         ET CONTIENT MON ORGUEIL, MA DOULEUR ET    MA GLOIRE!"
058 035                                MOI, JE METS        MA GRANDE JOIE,
057 010                                ET DANS            MA JALOUSIE, O MORTELLE MADONE,
010 001 . . . . . . . . . . . . . . . .                   MA JEUNESSE NE FUT QU'UN TENEBREUX ORAGE,
```

M

		POEM	LINE
QUI FAIT	MA JOIE ET MA SANTE, ...	134	018
DE SECOURIR	MA LACHETE.	031	016
ACCOUTUME	MA LEVRE A DES PHILTRES INFAMES.	109	008
ET LAISSE, EN REFLUANT, SUR	MA LEVRE MOROSE	055	003
DE CONQUERIR	MA LIBERTE, ...	031	014
O SATAN, PRENDS PITIE DE	MA LONGUE MISERE!	120	003
LONGTEMPS! TOUJOURS!	MA MAIN DANS TA CRINIERE LOURDE	023	031
QUAND, MALGRE	MA MAIN QUI TE BERCE,	138	013
ET QUE	MA MAIN S'ENIVRE DU PLAISIR	034	007
JE VEUX BATIR POUR TOI, MADONE,	MA MAITRESSE,	057	001
LES DEUX MAINS AU MENTON, DU HAUT DE	MA MANSARDE,	086	005
PARIS CHANGE! MAIS RIEN DANS	MA MELANCOLIE	089	029
TU NE TUERAS JAMAIS DANS	MA MEMOIRE	038	055
A FECONDE SOUDAIN	MA MEMOIRE FERTILE,	089	005
ON VOIT, A CONTEMPLER	MA MINE	068	002
TOI, MON AME ET MON COEUR, MON TOUT ET	MA MOITIE,	131	036
ETOILE DE MES YEUX, SOLEIL DE	MA NATURE, ...	029	039
DANS	MA NOIRE SIBERIE!	058	040
VERS	MA PALE ETOILE,	069	002
VOUS, MON ANGE ET	MA PASSION!	029	040
	MA PAUVRE MUSE, HELAS! QU'AS -TU DONC CE MATIN? . . .	007	001
ET QUE	MA PENSEE, EN VAGUANT AU HASARD,	115	003
NE ME REGARDE PAS AINSI, TOI,	MA PENSEE!	131	053
ET LE COMMENCEMENT DE	MA PERDITION!"	131	056
TU TROUVERAS	MA PLACE VIDE, ...	063	010
QUE DATE CE QU'ON PEUT, HELAS! NOMMER	MA PLAIE	136	015
JE RENTRAI, JE FERMAI	MA PORTE, EPOUVANTE,	090	046
SOUS	MA PRISON DE VERRE ET MES CIRES VERMEILLES,	104	003
VAINEMENT	MA RAISON VOULAIT PRENDRE LA BARRE;	090	049
JE SUCERAI, POUR NOYER	MA RANCOEUR,	128	021
VOLUPTE, SOIS TOUJOURS	MA REINE!	139	009
A TRAVERS	MA RUINE ALLEZ DONC SANS REMORDS,	072	012
QUI FAIT MA JOIE ET	MA SANTE, ...	134	018
O	MA SI BLANCHE, O MA SI FROIDE MARGUERITE?	064	014
O MA SI BLANCHE, O	MA SI FROIDE MARGUERITE?	064	014
TOI QUE J'AIME A JAMAIS,	MA SOEUR D'ELECTION,	131	054
MON ENFANT,	MA SOEUR,	053	001
	MA SOEUR, COTE A COTE NAGEANT,	108	012
T'INFUSER MON VENIN,	MA SOEUR!	129	036
HIPPOLYTE, O	MA SOEUR! TOURNE DONC TON VISAGE,	131	035
QUI RIAIT AVEC EUX DE	MA SOMBRE DETRESSE	115	029
	MA TERRIBLE PASSION!	058	006
JE VIS EN PLEIN MIDI DESCENDRE SUR	MA TETE	115	005
JE PLONGERAI	MA TETE AMOUREUSE D'IVRESSE	023	021
ECRASER	MA TETE COUPABLE	106	049
ENSEVELIR	MA TETE ENDOLORIE,	128	006
DETOURNER SIMPLEMENT	MA TETE SOUVERAINE,	115	025
PLUS	MA TORTURE ETAIT APRE ET DELICIEUSE;	125	007
COMPAGNONS DE	MA TRISTE JOIE, ...	149	036
DU SPECTACLE VIVANT DE	MA TRISTE MISERE	009	013
ET J'AI POMPE TA VIE AVEC	MA TROMPE IMMONDE!	085	012
ELLE SE REPAND DANS	MA VIE	134	005
POUR ENGENDRER	MA VIE ET POUR ME DONNER L'AME;	104	007
	MA VIEILLE CYNTHIA, LAMPE DE NOS REPAIRES,	147	004
O LUNE DE	MA VIE! EMMITOUFLE -TOI D'OMBRE;	037	002
SON VENTRE ET SES SEINS, CES GRAPPES DE	MA VIGNE,	127	020
L'EMEUTE, TEMPETANT VAINEMENT A	MA VITRE,	086	021
ELLE EST DANS	MA VOIX, LA CRIARDE!	063	017
JE FAISAIS, A	MA VOLONTE,	102	038
D'EVOQUER LE PRINTEMPS AVEC	MA VOLONTE,	086	024
LE BRANLE UNIVERSEL DE LA DANSE	MACABRE	097	051
C'EST VOUS, LADY	MACBETH, AME PUISSANTE AU CRIME,	018	010
DANS UN SOURIRE	MACHINAL;	045	032
	MACHINE AVEUGLE ET SOURDE, EN CRUAUTES FECONDE!	025	009
EXERCAIENT LA SANTE DE LEUR NOBLE	MACHINE,	005	006
COMME LES	MACHINES DE FER	106	034
J'AI SENTI TOUS LES BECS ET TOUTES LES	MACHOIRES	116	050
DES LEVRES SANS COULEUR, DES	MACHOIRES SANS DENT,	096	006
SI VOUS ALLIEZ,	MADAME, AU VRAI PAYS DE GLOIRE,	061	009
L'AUTRE, PAR SON ENFANT	MADONE TRANSPERCEE,	091	047
ET DANS MA JALOUSIE, O MORTELLE	MADONE,	057	010
JE VEUX BATIR POUR TOI,	MADONE, MA MAITRESSE,	057	001
JE SUIS L'ANGE GARDIEN, LA MUSE ET LA	MADONE."	042	014
SE DRESSENT DEVANT EUX, SOLENNELLE	MAGIE!	105	021
CHARME PROFONDE,	MAGIQUE, DONT NOUS GRISE	038	019
TOI QUI,	MAGIQUEMENT, ASSOUPLIS LES VIEUX OS	120	028
VOUS RESSEMBLEZ BEAUCOUP A CES GROTTES	MAGIQUES	152	006
REINS FECONDS SONT PLEINS D'ETINCELLES	MAGIQUES,	066	012
ET DES FLOTS	MAGIQUES; C'ETAIENT	102	030
LOIN DES	MAGISTRATS CURIEUX,	110	054
C'EST UN ANGE QUI TIENT DANS SES DOIGTS	MAGNETIQUES	122	009
PAUVRE GRANDE BEAUTE! LE	MAGNIFIQUE FLEUVE	020	025
PARCOURIR A LOISIR SES	MAGNIFIQUES FORMES;	019	009
ELLE A DANS LE PLAISIR LA FOI	MAHOMETANE,	114	010
UN BAISER LIBERTIN DE LA	MAIGRE ADELINE;	107	006
D'UNE COQUETTE	MAIGRE AUX AIRS EXTRAVAGANTS,	097	004
RISSONNANT SOUS SON DEUIL, LA CHASTE ET	MAIGRE ELVIRE,	015	013
AGITE SANS REPOS SON CORPS	MAIGRE ET GALEUX;	075	006
QUE TA	MAIGRE NUDITE, ...	088	055

```
POEM LINE
103 015  .  .  .  .      LES PAUVRESSES, TRAINANT LEURS SEINS   MAIGRES ET FROIDS,
096 003                  MINAUDANT, ET FAISANT DE LEURS         MAIGRES OREILLES
089 048                                              AUX        MAIGRES ORPHELINS SECHANT COMME DES FLEURS!
116 018       --CYTHERE N'ETAIT PLUS QU'UN TERRAIN DES PLUS     MAIGRES,
005 022                           O PAUVRES CORPS TORDUS,       MAIGRES, VENTRUS OU FLASQUES,
110 037                     ET CEPENDANT, A VOIR LA             MAIGREUR ELEGANTE
064 006                            BERCEUSE DONT LA             MAIN AUX LONGS SOMMEILS M'INVITE,
120 025                        TOI DONT LA LARGE                MAIN CACHE LES PRECIPICES
023 031  .  .  .  .  .  .  .     LONGTEMPS! TOUJOURS! MA         MAIN DANS TA CRINIERE LOURDE
065 003                              QUI D'UNE                  MAIN DISTRAITE ET LEGERE CARESSE
089 038                  VIL BETAIL, SOUS LA                    MAIN DU SUPERBE PYRRHUS,
154 004                               D'UNE                     MAIN EVENTANT SES SEINS,
093 003  .  .  .  .      UNE FEMME PASSA, D'UNE                  MAIN FASTUEUSE
001 071                              PAR VOTRE                  MAIN MONTES, NE POURRAIENT PAS SUFFIRE
065 012                   DANS LE CREUX DE SA                   MAIN PREND CETTE LARME PALE,
138 013               QUAND, MALGRE MA                          MAIN QUI TE BERCE,
055 005  .  .  .  .  .  .  .  .  .  .  .       --TA              MAIN SE GLISSE EN VAIN SUR MON SEIN QUI SE PAME;
034 007                            ET QUE MA                    MAIN S'ENIVRE DU PLAISIR
131 080                      QUI, LA TORCHE A LA                MAIN, LE BRULE JUSQU'AU SANG.
114 006                   CES MONSTRES DONT LA                  MAIN, QUI TOUJOURS GRATTE ET FAUCHE,
095 018  .  .   AINSI QUE L'ENNEMI QUI TENTE UN COUP DE         MAIN;
001 046             JE POSERAI SUR LUI MA FRELE ET FORTE         MAIN;
143 008             MA DOULEUR, DONNE -MOI LA                    MAIN; VIENS PAR ICI,
048 015       SAISIT L'AME VAINCUE ET LA POUSSE A DEUX          MAINS
086 005  .  .  .  .  .  .  .  .  .           LES DEUX           MAINS AU MENTON, DU HAUT DE MA MANSARDE,
009 014                      LE TRAVAIL DE MES                  MAINS ET L'AMOUR DE MES YEUX?
036 019            ET TES PIEDS S'ENDORMAIENT DANS MES          MAINS FRATERNELLES,
149 047                  MON AME DANS TES                       MAINS N'EST PAS UN VAIN JOUET,
111 003  .  .  .  .   ET LEURS PIEDS SE CHERCHANT ET LEURS      MAINS RAPPROCHEES
133 001               TES PIEDS SONT AUSSI FINS QUE TES         MAINS, ET TA HANCHE
115 012               EN ECHANGEANT MAINT SIGNE ET              MAINT CLIGNEMENT D'YEUX:
011 009                                             --           MAINT JOYAU DORT ENSEVELI
094 003  .  .  .  .  .  .  .  .  .  .  .  .  .  .      OU        MAINT LIVRE CADAVEREUX
088 037                                                        MAINT PAGE EPRIS DU HASARD,
096 021              ET MON COEUR S'EFFRAYA D'ENVIER            MAINT PAUVRE HOMME
088 038                      MAINT SEIGNEUR ET                  MAINT RONSARD
088 038  .  .  .  .  .  .  .  .  .           MAINT SEIGNEUR ET MAINT RONSARD
115 012                            EN ECHANGEANT                MAINT SIGNE ET MAINT CLIGNEMENT D'YEUX:
011 012                                                        MAINTE FLEUR EPANCHE A REGRET
146 004                                                        MAINTE FOIS DE LA PEUR JE SENS PASSER LE VENT.
123 006  .  .  .  .  .  .  .     ET NOUS DEMOLIRONS             MAINTE LOURDE ARMATURE,
126 102                         ET, FOLLE                       MAINTENANT COMME ELLE ETAIT JADIS,
085 011                            D'INSECTE,                   MAINTENANT DIT: JE SUIS AUTREFOIS,
131 026                      COMPRENDS -TU                      MAINTENANT QU'IL NE FAUT PAS OFFRIR
091 021               --AVEZ -VOUS OBSERVE QUE                  MAINTS CERCUEILS DE VIEILLES
090 021                     IL N'ETAIT PAS VOUTE,               MAIS CASSE, SON ECHINE
020 033               ET PARCE QU'ELLE VIT!                     MAIS CE QU'ELLE DEPLORE
005 033                                                        MAIS CES INVENTIONS DE NOS MUSES TARDIVES
102 021  .  .  .  .  .  .  .  .  .        NON D'ARBRES,         MAIS DE COLONNADES
044 024                                                        MAIS DE TOI JE N'IMPLORE, ANGE, QUE TES PRIERES,
057 014                     NON DE PERLES BRODE,                MAIS DE TOUTES MES LARMES!
131 041                                                        MAIS HIPPOLYTE ALORS, LEVANT SA JEUNE TETE:
077 002  .  .  .  .  .  .  .  .           RICHE,                MAIS IMPUISSANT, JEUNE ET POURTANT TRES -VIEUX,
113 004                                                        MAIS JE ME TATE EN VAIN POUR TROUVER LA BLESSURE.
104 008                                                        MAIS JE NE SERAI POINT INGRAT NI MALFAISANT,
145 009                                                        MAIS JE POURSUIS EN VAIN LE DIEU QUI SE RETIRE;
090 044  .  .  .  .  .  .       --  MAIS                        MAIS JE TOURNAI LE DOS AU CORTEGE INFERNAL.
059 009              TELLE LA SISINA!                           MAIS LA DOUCE GUERRIERE
055 002                                                        MAIS LA TRISTESSE EN MOI MONTE COMME LA MER,
136 023                                                        MAIS LA VOIX ME CONSOLE ET DIT: "GARDE TES SONGES;
015 019  .  .  .  .  .  .  .  .  .                              MAIS LE CALME HEROS, COURBE SUR SA RAPIERE,
140 014                                                        MAIS LE DAMNE REPOND TOUJOURS: "JE NE VEUX PAS!"
062 021                                                        MAIS LE VERT PARADIS DES AMOURS ENFANTINES,
062 025                                                        -- MAIS LE VERT PARADIS DES AMOURS ENFANTINES,
001 069  .  .  .  .  .  .  .  .                                 MAIS LES BIJOUX PERDUS DE L'ANTIQUE PALMYRE,
073 012                                                        -- MAIS LES BUVEURS HEUREUX CONNAISSENT LEUR VAINQUEUR
035 006                        MA CHERE!                        MAIS LES DENTS, LES ONGLES ACERES,
079 012                                                        MAIS LES TENEBRES SONT ELLES-MEMES DES TOILES
126 017  .  .  .  .  .  .  .  .                                 MAIS LES VRAIS VOYAGEURS SONT CEUX-LA SEULS QUI PAR
113 013                                                        MAIS L'AMOUR N'EST POUR MOI QU'UN MATELAS D'AIGUILL
156 006                                                        MAIS L'ENERGIE AVEC LAQUELLE
131 074                                                        MAIS L'ENFANT, EPANCHANT UNE IMMENSE DOULEUR,
091 073  .  .  .  .  .  .  .  .                                 MAIS MOI, MOI QUI DE LOIN TENDREMENT VOUS SURVEILLE
054 048                                                        MAIS MON COEUR, QUE JAMAIS NE VISITE L'EXTASE,
098 021                                                        MAIS NE SUFFIT -IL PAS QUE TU SOIS L'APPARENCE,
020 020                                                        -- MAIS NON! CE N'EST QU'UN MASQUE, UN DECOR SUBORNEUR
043 011  .  .  .  .  .  v  .  .  .  .  .      ROUGIT,           MAIS N'ETEINT PAS LEUR FLAMME FANTASTIQUE;
151 003                                                        MAIS ON VOIT SCINTILLER EN LOLA DE VALENCE
006 003                                                        MAIS OU LA VIE AFFLUE ET S'AGITE SANS CESSE,
091 041                    TOUTES M'ENIVRENT;                   MAIS PARMI CES ETRES FRELES
000 029  .  .  .  .  .  .  .  .                                 MAIS PARMI LES CHACALS, LES PANTHERES, LES LICES,
020 029                                                        -- MAIS POURQUOI PLEURE-T -ELLE? ELLE, BEAUTE PARFAI
051 006                                                        MAIS QUE SA VOIX S'APAISE OU GRONDE,
156 012                     QUI LES BRULE,                      MAIS QUI NOUS GLACE.
089 029                 PARIS CHANGE!                           MAIS RIEN DANS MA MELANCOLIE
151 003                                                        MAIS SI, SANS SE LAISSER CHARMER,
142 009                                                        MAIS TANT, MA CHERE, QUE TES REVES
138 026                     DOUCE BEAUTE,                       MAIS TOUT AUJOURD'HUI M'EST AMER,
099 002  .  .  .  .  .  .       NOTRE BLANCHE MAISON, PETITE    MAIS, TRANQUILLE;
```

		POEM	LINE
	MAIS VOILA QU'EN RASANT LA COTE D'ASSEZ PRES	116	025
	MAIS, LOUVE AU COEUR GONFLE DE TENDRESSES COMMUNES,	005	009
VOIS! JE ME TRAINE AUSSI!	MAIS, PLUS QU'EUX HEBETE,	092	013
	MAIS, SI J'AVAIS VOULU T'ATTAQUER AU DEFAUT	016	012
OU DANS UNE	MAISON DESERTE QUELQUE ARMOIRE	048	005
PARCOURT, COMME UN PRINCE INSPECTANT SA	MAISON,	071	011
S CHATS PUISSANTS ET DOUX, ORGUEIL DE LA	MAISON,	066	003
NOTRE BLANCHE	MAISON, PETITE MAIS TRANQUILLE;	099	002
LES	MAISONS CA ET LA COMMENCAIENT A FUMER.	103	012
LES	MAISONS, DONT LA BRUME ALLONGEAIT LA HAUTEUR,	090	006
ET LE LONG DES	MAISONS, SOUS LES PORTES COCHERES,	045	009
SONNETS DE	MAITRE BELLEAU	088	030
OU TU FUS	MAITRE ENFIN? LE REMORDS N'A-T-IL PAS	118	027
QUE MON	MAITRE EST UN GRAND FUMEUR.	068	004
TA TACHE EST D'ALLUMER LA PIPE DE TON	MAITRE,	133	006
QU'ON SE MOQUE DU	MAITRE, ET QU'AVEC LUI L'ON TRICHE,	149	030
"O MON SEMBLABLE, O MON	MAITRE, JE TE MAUDIS!"	126	104
ON NE PEUT ICI-BAS CONTENTER QU'UN SEUL	MAITRE!"	131	073
MERE DES SOUVENIRS,	MAITRESSE DES MAITRESSES,	036	001
MERE DES SOUVENIRS,	MAITRESSE DES MAITRESSES!	036	005
JE VEUX BATIR POUR TOI, MADONE, MA	MAITRESSE,	057	001
POUR UN JEUNE RUFFIAN TERRASSANT SA	MAITRESSE.	157	004
POUR VIVRE QUELQUES JOURS ET VETIR LEURS	MAITRESSES,	036	001
MERE DES SOUVENIRS, MAITRESSE DES	MAITRESSES,	095	028
ET CET AIR DE	MAITRESSES!	036	005
A CET ETRE DOUE DE TANT DE	MAITRISE ET CE BEAU NONCHALOIR,	157	003
LA FROIDE	MAJESTE	020	014
L'IMMENSE	MAJESTE DE LA FEMME STERILE,	027	014
JE ME REPRESENTAI SA	MAJESTE DE VOS DOULEURS DE VEUVE, ...	089	003
DE CE CORPS FERME ET DROIT LA RUDE	MAJESTE NATIVE,	032	005
TU PASSES TON CHEMIN,	MAJESTE.	114	008
TU PASSES TON CHEMIN,	MAJESTUEUSE ENFANT.	052	012
LONGUE, MINCE, EN GRAND DEUIL, DOULEUR	MAJESTUEUSE ENFANT.	052	040
ET QUE LEURS GRANDS PILIERS, DROITS ET	MAJESTUEUSE,	093	002
QUE DES NOEUDS	MAJESTUEUX,	012	003
SUR L'OREILLER DU	MAL ATTACHES	088	021
IL PEINT LE	MAL C'EST SATAN TRISMEGISTE	000	009
QUAND, AGITES D'UN	MAL ET SA SEQUELLE,	156	007
QUEL	MAL INCONNU QUI LES TORD,	050	007
LA GRANDEUR DE CE	MAL MYSTERIEUX RONGE SON FLANC D'ATHLETE?	020	031
DESIR MELE D'HORREUR, UN	MAL OU TU TE CROIS SAVANTE	025	013
FAVORI DE L'ENFER, COURTISAN	MAL PARTICULIER;	125	004
VANCAIENT, PLUS CALINS QUE LES ANGES DU	MAL RENTRE,	112	006
VIVRE EST UN	MAL.	127	021
--LA CONSCIENCE DANS LE	MAL! C'EST UN SECRET DE TOUS CONNU, ...	040	004
JE HAIS LA PASSION ET L'ESPRIT ME FAIT	MAL!	084	040
	MAL!	064	008
	MALADE ET MORFONDU, L'ESPRIT FIEVREUX ET TROUBLE,	090	047
NE DISTRAIT PLUS LE FRONT DE CE CRUEL	MALADE;	077	008
C'EST L'HEURE OU LES DOULEURS DES	MALADES S'AIGRISSENT!	095	031
LA	MALADIE ET LA MORT FONT DES CENDRES	038	043
TON JEUNE CORPS	MALADIF,	088	006
LE POETE AU CACHOT, DEBRAILLE,	MALADIF, ...	153	001
N'EMPECHERONT JAMAIS LES RACES	MALADIVES	005	034
LUI DONNAIT LA TOURNURE ET LE PAS	MALADROIT	090	024
QUE CES ROIS DE L'AZUR,	MALADROITS ET HONTEUX,	002	006
DE LA	MALE SAPHO, L'AMANTE ET LE POETE, ...	130	056
DE LA	MALE SAPHO, L'AMANTE ET LE POETE!	130	060
AVEC UNE INDICIBLE ET	MALE VOLUPTE.	003	008
CES	MALEDICTIONS, CES BLASPHEMES, CES PLAINTES,	006	033
MAIS JE NE SERAI POINT INGRAT NI	MALFAISANT,	104	008
C'ETAIT L'HEURE OU L'ESSAIM DES REVES	MALFAISANTS	103	003
ET,	MALGRE BIEN DES CHOCS ET D'IMPREVUS DESASTRES,	126	059
PUISQUE,	MALGRE LE SANG QUE LEUR VOLUPTE COUTE,	118	007
ET,	MALGRE LES HONNEURS QUE LUI REND L'UNIVERS, ...	130	072
"FIERS MIGNONS,	MALGRE L'ART DES POUDRES ET DU ROUGE,	097	047
QUAND,	MALGRE MA MAIN QUI TE BERCE,	138	013
QUI,	MALGRE SA VIEILLESSE, ALERTE ET BIEN PORTANTE,	074	006
SONGE BIEN QUE	MALGRE TANT DE DECREPITUDE	090	039
	MALGRE TANT D'AMOUR, ASSOUVIR.	110	046
	MALGRE TOUT CE QUE NOUS SAVONS,	150	007
SI JE NE PUIS,	MALGRE TOUT MON ART DILIGENT,	057	023
L'UNE, PAR SA PATRIE AU	MALHEUR EXERCEE, ...	091	045
DECHIFFRANT LE	MALHEUR PARTOUT,	138	032
UN	MALHEUREUX ENSORCELE	084	013
JE VOIS CE	MALHEUREUX, MYTHE ETRANGE ET FATAL,	089	024
CE GENIE ENFERME DANS UN TAUDIS	MALSAIN.	153	009
DANS L'HORREUR DE LA NUIT	MALSAINE	138	038
CEPENDANT DES DEMONS	MALSAINS DANS L'ATMOSPHERE	095	011
ET PARFOIS EN ETE, QUAND LES SOLEILS	MALSAINS,	019	011
LE TRESOR TOUJOURS PRET DES	MAMELLES PENDANTES.	013	004
	MANANTS RESIGNES ET FUNEBRES,	094	014
COUDES SUR LA TABLE ET RETROUSSANT TES	MANCHES,	104	015
NSI QU'UN DEBAUCHE PAUVRE QUI BAISE ET	MANGE	000	017
UT CE QU'IL BOIT ET DANS TOUT CE QU'IL	MANGE	001	023
--O DOULEUR! O DOULEUR! LE TEMPS	MANGE LA VIE,	010	012
JE FAIS BOUILLIR ET JE	MANGE MON COEUR,	038	008
BU SANS SOIF ET	MANGE SANS FAIM!	150	030
E UN VER QUI DEROBE A L'HOMME CE QU'IL	MANGE.	095	020

```
055 008 .           NE CHERCHEZ PLUS MON COEUR; LES BETES L'ONT   MANGE.
119 001                           RACE D'ABEL, DORS, BOIS ET       MANGE;
126 128              QUI CHANTENT: "PAR ICI! VOUS QUI VOULEZ       MANGER
122 008                                   OU L'ON POURRA           MANGER, ET DORMIR, ET S'ASSEOIR;
029 046 . . . . . . . . . . . . . . . . . QUI VOUS                 MANGERA DE BAISERS,
061 006              A DANS LE COU DES AIRS NOBLEMENT               MANIERES;
132 023                       A MES COTES, AU LIEU DU              MANNEQUIN PUISSANT
092 002                              PAREILS AUX                   MANNEQUINS; VAGUEMENT RIDICULES;
033 003 . . . . ET LORSQUE TU N'AURAS POUR ALCOVE ET               MANOIR
061 011              BELLE DIGNE D'ORNER LES ANTIQUES              MANOIRS,
086 005              LES DEUX MAINS AU MENTON, DU HAUT DE MA        MANSARDE,
133 013                   ET QUAND DESCEND LE SOIR AU              MANTEAU D'ECARLATE,
057 011 . . . . . . . . JE SAURAI TE TAILLER UN                    MANTEAU, DE FACON
153 002                                   ROULANT SOUS SON PIED CONVULSIF,  MANUSCRIT SOUS SON PIED CONVULSIF,
080 006              ESPRIT VAINCU, FOURBU! POUR TOI, VIEUX        MARAUDEUR,
091 060                         SON FRONT AVAIT L'AIR FAIT POUR LE LAURIER!  MARBRE AVAIT L'AIR FAIT POUR LE LAURIER!
102 012 . . . . . . . . . . . . . DU METAL, DU                     MARBRE ET DE L'EAU.
033 002              AU FOND D'UN MONUMENT CONSTRUIT EN            MARBRE NOIR,
008 005                          RANIMERAS -TU DONC TES EPAULES    MARBREES
100 006              SON VENT MELANCOLIQUE A L'ENTOUR DE LEURS      MARBRES,
141 009 . . . . . . . POLIS DES VERS, SCULPTE DES                  MARBRES,
110 003                                   DES                      MARBRES, DES TABLEAUX, DES ROBES PARFUMEES
090 032                                   MARCHAIENT DU MEME PAS VERS UN BUT INCONNU.  MARCHAIENT DU MEME PAS VERS UN BUT INCONNU.
118 026                      TU FOUETTAIS TOUS CES VILS            MARCHANDS A TOUR DE BRAS,
061 007 . . . . . . . . . . GRANDE ET SVELTE EN                    MARCHANT COMME UNE CHASSERESSE,
114 014              ET POURTANT NECESSAIRE A LA                   MARCHE DU MONDE,
114 009                                   ELLE                     MARCHE EN DEESSE ET REPOSE EN SULTANE;
027 002                              MEME QUAND ELLE               MARCHE ON CROIRAIT QU'ELLE DANSE,
143 014 .       ENTENDS, MA CHERE, ENTENDS LA DOUCE NUIT QUI       MARCHE.
043 001                                   ILS                      MARCHENT DEVANT MOI, CES YEUX PLEINS DE LUMIERES,
111 009                      D'AUTRES, COMME DES SOEURS,           MARCHENT LENTES ET GRAVES
043 003                                   ILS                      MARCHENT, CES DIVINS FRERES QUI SONT MES FRERES,
057 024 . . . . . . . . . . . . . . . . . POUR                     MARCHEPIED TAILLER UNE LUNE D'ARGENT,
028 017                              A TE VOIR                     MARCHER EN CADENCE,
122 004              ET NOUS DONNE LE COEUR DE                     MARCHER JUSQU'AU SOIR;
002 016              SES AILES DE GEANT L'EMPECHENT DE             MARCHER.
011 008 . . . . . . . . . . . . . . . . . VA BATTANT DES           MARCHES FUNEBRES.
021 015                                   TU                       MARCHES SUR DES MORTS, BEAUTE, DONT TU TE MOQUES;
043 013                                   VOUS                     MARCHEZ EN CHANTANT LE REVEIL DE MON AME,
145 013              ET MON PIED PEUREUX FROISSE, AU BORD DU       MARECAGE,
106 015 . . . . . . . . . . TOUS LES PAVES DE LA                   MARGELLE.
064 015                          O MA SI BLANCHE, O MA SI FROIDE   MARGUERITE?
064 012              CRIME, HORREUR ET FOLIE!--O PALE              MARGUERITE!
001 010              POUR ETRE LE DEGOUT DE MON TRISTE             MARI,
057 037 . . . . . ENFIN, POUR COMPLETER TON ROLE DE               MARIE,
022 011              ENCOR TOUT FATIGUES PAR LA VAGUE              MARINE,
022 014              SE MELE DANS MON AME AU CHANT DES             MARINIERS.
012 002                      QUE LES SOLEILS                       MARINS TEIGNAIENT DE MILLE FEUX,
133 019 . . . ET, CONFIANT TA VIE AUX BRAS FORTS DES              MARINS,
091 013                      ILS TROTTENT, TOUT PAREILS A DES      MARIONNETTES;
144 013              LE CIEL! COUVERCLE NOIR DE LA GRANDE          MARMITE
126 016                          EFFACENT LENTEMENT LA             MARQUE DES BAISERS.
120 034 . . . . . . . . . TOI QUI POSES TA                         MARQUE, O COMPLICE SUBTIL,
131 016                      APRES L'AVOIR D'ABORD                 MARQUEE AVEC LES DENTS.
123 010              ET CES SCULPTEURS DAMNES ET                   MARQUES D'UN AFFRONT,
123 011                          QUI VONT SE                       MARTELANT LA POITRINE ET LE FRONT,
128 019              LE BOURREAU QUI JOUIT, LE                     MARTYR DOCILE, INNOCENT CONDAMNE,
126 093                          LE BOURREAU QUI JOUIT, LE         MARTYR QUI SANGLOTE;
130 026              TU TIRES TON PARDON DE L'ETERNEL              MARTYRE,
130 030              TU TIRES TON PARDON DE L'ETERNEL              MARTYRE!
111 021 . . . . O VIERGES, O DEMONS, O MONSTRES, O                 MARTYRES,
000 018                                   LE SEIN                  MARTYRISE D'UNE ANTIQUE CATIN,
054 029                                   LES                      MARTYRS D'UN CHEMIN MAUVAIS!
118 005              LES SANGLOTS DES                              MARTYRS ET DES SUPPLICIES
139 010 . . . . . . . . . . . PRENDS LE                            MASQUE D'UNE SIRENE
098 024                                   MASQUE OU DECOR, SALUT! J'ADORE TA BEAUTE.  MASQUE OU DECOR, SALUT! J'ADORE TA BEAUTE.
020 020                              --MAIS NON! CE N'EST QU'UN    MASQUE, UN DECOR SUBORNEUR,
005 021              O RIDICULES TRONCS! TORSES DIGNES DES         MASQUES!
098 010 . . . . . . . . . . . . LE SOUVENIR                        MASSIF, ROYALE ET LOURDE TOUR,
087 001              LE LONG DU VIEUX FAUBOURG, OU PENDENT AUX     MASURES
102 016                      TOMBANT DANS L'OR                     MAT OU BRUNI;
113 013              MAIS L'AMOUR N'EST POUR MOI QU'UN             MATELAS D'AIGUILLES
132 015 . . . . . . . . . . . QUE SUR CES                          MATELAS QUI SE PAMENT D'EMOI,
126 043                                   CE                       MATELOT IVROGNE, INVENTEUR D'AMERIQUES
089 051                          JE PENSE AUX                      MATELOTS OUBLIES DANS UNE ILE,
005 027                                   DU VICE                  MATERNEL TRAINANT L'HEREDITE
100 020 . . . COUVER L'ENFANT GRANDI DE SON OEIL                   MATERNEL,
001 020              LES BUCHERS CONSACRES AUX CRIMES              MATERNELS.
048 001              IL EST DE FORTS PARFUMS POUR QUI TOUTE        MATIERE
150 021                          BAISE LA STUPIDE                  MATIERE
076 019 . . . . . . . . --DESORMAIS TU N'ES PLUS, O                MATIERE VIVANTE!
017 004              ETERNEL ET MUET AINSI QUE LA                  MATIERE.
108 007              DANS LE BLEU CRISTAL DU                       MATIN
029 002                                   CE BEAU                  MATIN D'ETE SI DOUX!
102 003 . . . . . . . . . . . . . CE                               MATIN ENCORE L'IMAGE,
041 002                                   CE                       MATIN EST VENU ME VOIR,
054 023              PLUS DENSES QUE LA POIX, SANS                 MATIN ET SANS SOIR,
045 018 . . . . . . . . . . . . . DANS LE                          MATIN ETINCELANT,
133 009 . . . . . . . . . . . ET, DES QUE LE                       MATIN FAIT CHANTER LES PLATANES,
```

M

		POEM	LINE
QUAND VIENDRA LE	MATIN LIVIDE, ...	063	009
UN	MATIN NOUS PARTONS, LE CERVEAU PLEIN DE FLAMME,	126	005
VERS LES CIEUX LE	MATIN PRENNENT UN LIBRE ESSOR,	003	018
ET LE VENT DU	MATIN SOUFFLAIT SUR LES LANTERNES.	103	002
S BAISERS, DES OISEAUX CHANTANT SOIR ET	MATIN, ...	086	019
AU VENT DU	MATIN,	028	010
VAS -TU, COMME JADIS, DU SOIR JUSQU'AU	MATIN,	147	010
LA JE VIS, UN	MATIN, A L'HEURE OU SOUS LES CIEUX	089	014
UN	MATIN, CEPENDANT QUE DANS LA TRISTE RUE	090	005
VERS LES HORIZONS BLEUS DEPASSES LE	MATIN.	131	008
NE TROUVE QU'UN RECIF AUX CLARTES DU	MATIN.	126	040
A PAUVRE MUSE, HELAS! QU'AS -TU DONC CE	MATIN?	007	001
JE VOIS UN PORT REMPLI DE VOILES ET DE	MATS	022	010
NOTRE AME EST UN TROIS -	MATS CHERCHANT SON ICARIE;	126	033
LES TUYAUX, LES CLOCHERS, CES	MATS DE LA CITE,	086	007
SANS	MATS, SUR UNE MER MONSTRUEUSE ET SANS BORDS!	090	052
DE VOILES, DE RAMEURS, DE FLAMMES ET DE	MATS:	023	015
OU L'ENFANCE S'ALLIE A LA	MATURITE.	052	004
OU L'ENFANCE S'ALLIE A LA	MATURITE.	052	016
FAIT VOIR QUELLE SERA VOTRE	MATURITE.	157	008
PLAINS -MOI!...SINON, JE TE	MAUDIS!	142	014
"O MON SEMBLABLE, O MON MAITRE, JE TE	MAUDIS!"	126	104
ETRE	MAUDIT A QUI, DE L'ABIME PROFOND	039	009
SUR L'INSTRUMENT	MAUDIT DE TES MECHANCETES,	001	014
	MAUDIT SOIT A JAMAIS LE REVEUR INUTILE	131	061
A TON ESCLAVAGE	MAUDITE,	031	020
L'IRREPARABLE RONGE AVEC SA DENT	MAUDITE	054	036
--MAUDITE,	MAUDITE SOIS -TU!	031	012
	MAUDITE SOIT LA NUIT AUX PLAISIRS EPHEMERES	001	007
--	MAUDITE, MAUDITE SOIS -TU!	031	012
L'IRREPARABLE RONGE AVEC SA DENT	MAUDITE!	054	040
DE TOUS CES VIEUX	MAUDITS QUI MEURENT EN SILENCE,	105	030
URLEZ COMME L'ORGUE; ET DANS NOS COEURS	MAUDITS, ...	079	002
TOI QUI, MEME AUX LEPREUX, AUX PARIAS	MAUDITS;	120	010
LA POINTE DES SOUCIS	MAUDITS;	102	056
OU, SEUL AVEC LA NUIT,	MAUSSADE HOTESSE,	038	004
DONT SE REJOUISSAIT L'ESSAIM DES	MAUVAIS ANGES	110	035
DELACROIX, LAC DE SANG HANTE DES	MAUVAIS ANGES,	006	029
--MON AME EST UN TOMBEAU QUE,	MAUVAIS CENOBITE,	009	009
LES MARTYRS D'UN CHEMIN	MAUVAIS!	054	029
ELLE ENDORT LES PLUS CRUELS	MAUX	051	013
ME BERCENT.	D'AUTRES FOIS, CALME PLAT, GRAND MIROIR	069	013
NUL NE PEUT	ME COMPRENDRE. UN SEUL	106	029
QUI VEULENT	ME CONDUIRE EN DES ROUTES MOUVANTES	131	047
IL	ME CONDUIT AINSI, LOIN DU REGARD DE DIEU,	109	009
A	ME CONSIDERER FROIDEMENT ILS SE MIRENT,	115	009
MAIS LA VOIX	ME CONSOLE ET DIT: "GARDE TES SONGES;	136	027
QUI	ME CONTEMPLENT FIXEMENT.	051	040
JE VAIS	ME COUCHER SUR LE DOS	124	012
JE	ME COUCHERAI SUR LA TERRE,	106	044
OU	ME COUPER PAR LE MILIEU,	106	050
"LA VOLUPTE M'APPELLE ET L'AMOUR	ME COURONNE!"	020	013
OU TU	ME CROIRAIS HYSTERIQUE.	142	008
SES CRIS	ME DECHIRAIENT LA FIBRE.	106	004
L'HORRIBLE SOIF QUI	ME DECHIRE	106	009
TU	ME DECHIRES, MA BRUNE,	058	029
	ME DIRE, L'AME DE CRIS PLEINE:	138	039
ILS	ME DISENT, TES YEUX, CLAIRS COMME LE CRISTAL;	064	001
JE	ME DIS: QU'ELLE EST BELLE! ET BIZARREMENT FRAICHE!	098	009
JE FRISSONNE DE PEUR QUAND TU	ME DIS: "MON ANGE!"	131	051
	ME DIT: "JE VOUDRAIS BIEN SAVOIR, ...	041	004
POUR ENGENDRER MA VIE ET POUR	ME DONNER L'AME;	104	007
ET COMME ELLES JE VEUX	ME FAIRE REDORER;	001	040
LE SECRET DOULOUREUX QUI	ME FAISAIT LANGUIR.	012	014
JE HAIS LA PASSION ET L'ESPRIT	ME FAIT MAL!	064	008
ET T'AIME D'AUTANT PLUS, BELLE, QUE TU	ME FUIS,	024	003
TU	ME GLORIFIERAS ET TU SERAS CONTENT;	104	016
O'ENDORMIR POUR UN JOUR LA TERREUR QUI	ME MINE;	113	010
JE METTRAI LE SERPENT QUI	ME MORD LES ENTRAILLES	057	025
QUI ME SECOUE ET QUI	ME MORD?	083	016
ET QUE TU	ME PARAIS, ORNEMENT DE MES NUITS,	024	004
DEUX VOIX	ME PARLAIENT. L'UNE, INSIDIEUSE ET FERME,	136	005
EN	ME PENCHANT VERS TOI, REINE DES ADOREES, ...	036	013
COMME JE	ME PLAIGNAIS UN JOUR A LA NATURE,	115	002
COMME TU	ME PLAIRAIS, O NUIT! SANS CES ETOILES	079	009
OU JE	ME PLAIS BIEN MIEUX QUE DANS MES FROIDS CAVEAUX	104	012
LA MUSIQUE SOUVENT	ME PREND COMME UNE MER!	069	001
ET, TACHANT A	ME PRENDRE EN FAUTE,	041	003
JE	ME PRIS A SONGER PRES DE CE CORPS VENDU	032	003
QUI	ME RAFRAICHISSAIENT LE FRONT AVEC DES PALMES,	012	012
TU	ME RAPPORTERAS TES SEINS STIGMATISES...	131	072
	ME RAVIT EN EXTASE, ET J'AIME A LA FUREUR	127	007
LORSQUE TOUT	ME RAVIT, J'IGNORE	041	013
VAGUE ET LOINTAINE,	ME RAVIT.	102	004
ET DONT LE SOUVENIR POUR L'AMOUR	ME RAVIVE.	032	008
NE	ME REGARDE PAS AINSI, TOI, MA PENSEE!	131	053
ET	ME REJOUIT COMME UN PHILTRE.	051	012
	ME REMPLIT COMME UN VERS NOMBREUX	051	011
VOUS	ME RENDEZ L'AZUR DU CIEL IMMENSE ET ROND;	023	027

```
081 007 .  .  .  .  .  .  .  .  .  .  .  .  .  .  .  .  .  .  TU  ME RENDS L'EGAL DE MIDAS,
131 042                      "JE NE SUIS POINT INGRATE ET NE  ME REPENS PAS,
032 005                                                  JE  ME REPRESENTAI SA MAJESTE NATIVE,
048 028                                                 QUI  ME RONGE, O LA VIE ET LA MORT DE MON COEUR!
124 013 .  .  .  .  .  .  .  .  .  .  .  .  .  .  .  .  .  ET  ME ROULER DANS VOS RIDEAUX,
043 005                                                      ME SAUVANT DE TOUT PIEGE ET DE TOUT PECHE. GRAVE,
083 016                                                 QUI  ME SECOUE ET QUI ME MORD?
041 014                                   SI QUELQUE CHOSE  ME SEDUIT.
113 001 .  .  .  .  .  .  .  .  .  .  .  .  .  .  .  .  .  IL  ME SEMBLE PARFOIS QUE MON SANG COULE A FLOTS,
091 027                                                  IL  ME SEMBLE TOUJOURS QUE CET ETRE FRAGILE
056 013                                                  IL  ME SEMBLE, BERCE PAR CE CHOC MONOTONE,
149 004                                                  CE  ME SEMBLE, DE VIEILLES PLANCHES?"
148 016 .  .  .  .  .  .  .  .  .  .  .  .  .  .  .  .  .  QUI  ME SERVIRA DE TOMBEAU.
001 041                                              ET JE  ME SOULERAI DE NARD, D'ENCENS, DE MYRRHE,
145 005                                                  JE  ME SOUVIENS!...J'AI VU TOUT, FLEUR, SOURCE, SILLON,
113 004                                            MAIS JE  ME TATE EN VAIN POUR TROUVER LA BLESSURE.
132 018 .  .  .  .  .  .  .  ET QUE LANGUISSAMMENT JE  ME TOURNAI VERS ELLE
092 013                                            VOIS! JE  ME TRAINE AUSSI! MAIS, PLUS QU'EUX HEBETE,
001 038                                          "PUISQU'IL  ME TROUVE ASSEZ BELLE POUR M'ADORER,
056 020                                                  NE  ME VAUT LE SOLEIL RAYONNANT SUR LA MER.
128 014 .  .  .  .  .  .  .  .  .  .  .  .  .  RIEN NE  ME VAUT L'ABIME DE TA COUCHE;
096 016                                                  JE  ME VIS ACCOUDE, FROID, MUET, ENVIANT,
106 041                                                  --  ME VOILA LIBRE ET SOLITAIRE!
069 008                                      QUE LA NUIT  ME VOILE;
041 002 .  .  .  .  .  .  .  .  .  CE MATIN EST VENU  ME VOIR,
132 009                              JE REMPLACE, POUR QUI  ME VOIT NUE ET SANS VOILES,
035 010                             NOS HEROS, S'ETREIGNANT  MECHAMMENT, ONT ROULE,
090 016                                            SANS LA  MECHANCETE QUI LUISAIT DANS SES YEUX,
001 014 .  .  .  .  .  .  SUR L'INSTRUMENT MAUDIT DE TES  MECHANCETES,
090 034                                              OU QUEL  MECHANT HASARD AINSI M'HUMILIAIT?
148 006                                        LE PAUVRE, LE  MECHANT, LE TORTU, L'HEBETE,
000 033 .  .  .  .  .  .  IL EN EST UN PLUS LAID, PLUS  MECHANT, PLUS IMMONDE!
056 022 .  .  .  .  .  MEME POUR UN INGRAT, MEME POUR UN  MECHANT;
058 001                                      QUOIQUE TES SOURCILS  MECHANTS
105 010                                          TERRASSE LES  MECHANTS, RELEVE LES VICTIMES,
023 028                                SUR LES BORDS DUVETES DE VOS  MECHES TORDUES
140 002 .  .  .  .  .  .  .  .  .  .  .  .  .  .  .  DU  MECREANT SAISIT A PLEIN POING LES CHEVEUX,
045 005                                  IL ETAIT TARD; AINSI QU'UNE  MEDAILLE NEUVE
098 019                                        BEAUX ECRINS SANS JOYAUX,  MEDAILLONS SANS RELIQUES,
091 029                                              A MOINS QUE,  MEDITANT SUR LA GEOMETRIE,
067 004 .  .  .  .  .  DARDANT LEUR OEIL ROUGE. ILS  MEDITENT.
026 012                                    HELAS! ET JE NE PUIS,  MEGERE LIBERTINE,
083 020                                                  OU LA  MEGERE SE REGARDE.
006 041                          CAR C'EST VRAIMENT, SEIGNEUR, LE  MEILLEUR TEMOIGNAGE
001 059 .  .  .  .  .  .  .  .  .  ET COMME LA  MEILLEURE ET LA PLUS PURE ESSENCE
059 004                                    SUPERBE ET DEFIANT LES  MEILLEURS CAVALIERS!
012 006                                                      MELAIENT D'UNE FACON SOLENNELLE ET MYSTIQUE
136 004                                                  SE  MELAIENT. J'ETAIS HAUT COMME UN IN-FOLIO.
089 029 .  .  .  .  .  PARIS CHANGE! MAIS RIEN DANS MA  MELANCOLIE
155 035                                            VOTRE PURE  MELANCOLIE
067 006                                        JUSQU'A L'HEURE  MELANCOLIQUE
100 006                                            SON VENT  MELANCOLIQUE A L'ENTOUR DE LEURS MARBRES,
006 020 .  .  .  .  .  .  .  .  .  .  .  .  .  PUGET,  MELANCOLIQUE EMPEREUR DES FORCATS;
047 004                                                VALSE  MELANCOLIQUE ET LANGOUREUX VERTIGE!
047 007                                                VALSE  MELANCOLIQUE ET LANGOUREUX VERTIGE!
142 006                                          ORGIAQUE ET  MELANCOLIQUE.
098 017 .  .  .  .  JE SAIS QU'IL EST DES YEUX, DES PLUS  MELANCOLIQUES,
026 002                                              AU PARFUM  MELANGE DE MUSC ET DE HAVANE,
053 019                                                      MELANT LEURS ODEURS
028 015                                    SONT DEUX BIJOUX FROIDS OU SE  MELE
127 008 .  .  .  .  .  LES CHOSES OU LE SON SE  MELE A LA LUMIERE.
027 011                            OU L'ANGE INVIOLE SE  MELE AU SPHINX ANTIQUE,
022 014                                                  SE  MELE DANS MON AME AU CHANT DES MARINIERS.
125 004                                                DESIR  MELE D'HORREUR, UN MAL PARTICULIER;
097 060                                                      MELE SON IRONIE A TON INSANITE!"
001 034 .  .  .  .  .  .  .  .  .  .  .  .  ILS  MELENT DE LA CENDRE AVEC D'IMPURS CRACHATS;
111 019                                                      MELENT, DANS LE BOIS SOMBRE ET LES NUITS SOLITAIRE
006 014                                                  SE  MELER A DES CHRISTS, ET SE LEVER TOUT DROITS
120 032 .  .  .  .  .  .  .  NOUS APPRIS A  MELER LE SALPETRE ET LE SOUFRE,
057 038                                            ET POUR  MELER L'AMOUR AVEC LA BARBARIE,
131 064                                    AUX CHOSES DE L'AMOUR  MELER L'HONNETETE!
130 044                                        DES RIRES EFFRENES  MELES DE SOMBRES PLEURS;
152 011 .  .  .  LEURS FEUX SONT CES PENSERS D'AMOUR,  MELES DE FOI,
034 004                                                      MELES DE METAL ET D'AGATE.
156 010                                                  DE  MELMOTH OU DE MEPHISTO
091 030                          JE NE CHERCHE, A L'ASPECT DE CES  MEMBRES DISCORDS,
083 023 .  .  .  .  .  .  .  .  .  JE SUIS LES  MEMBRES ET LA ROUE,
116 046                          JE SENTIS, A L'ASPECT DE TES  MEMBRES FLOTTANTS,
099 004                          DANS UN BOSQUET CHETIF CACHANT LEURS  MEMBRES NUS,
094 023                                    MONTRER QUE DANS LA FOSSE  MEME
085 023 .  .  .  .  .  .  OU LE REPENTIR  MEME (OH! LA DERNIERE AUBERGE!),
115 021                            ET  MEME A NOUS, AUTEURS DE CES VIEILLES RUBRIQUES,
102 046                                              DE SOLEIL,  MEME AU BAS DU CIEL,
120 010                                              TOI QUI,  MEME AUX LEPREUX, AUX PARIAS MAUDITS,
126 026 .  .  .  .  DANS LEUR VALSE ET LEURS BONDS;  MEME DANS NOS SOMMEILS
073 007                                                QUAND  MEME ELLE SAURAIT RANIMER SES VICTIMES,
090 030                            NUL TRAIT NE DISTINGUAIT, DU  MEME ENFER VENU,
102 041                                            ET TOUT,  MEME LA COULEUR NOIRE,
124 006 .  .  .  .  .  .  .  .  .  .  APAISANT TOUT,  MEME LA FAIM,
```

M

		POEM	LINE
EFFACANT TOUT,	MEME LA HONTE, ...	124	007
QUE TOUT,	MEME LA MORT, NOUS MENT,	094	026
OU TOUT,	MEME L'HORREUR, TOURNE AUX ENCHANTEMENTS,	091	002
	MEME ON EUT DIT PARFOIS QU'ELLE CROYAIT	038	037
MARCHAIENT DU	MEME PAS VERS UN BUT INCONNU, ...	090	032
	MEME POUR UN INGRAT, MEME POUR UN MECHANT;	056	022
MEME POUR UN INGRAT,	MEME POUR UN MECHANT;	056	022
ET J'AI	MEME POUSSE SUR ELLE	106	014
	MEME QUAND ELLE MARCHE ON CROIRAIT QU'ELLE DANSE, . . .	027	002
DE	MEME QU'AUTREFOIS NOUS PARTIONS POUR LA CHINE,	126	123
QUAND	MEME TU SERAIS UNE EMBUCHE DRESSEE	131	055
AINSI, QUAND JE SERAI PERDU DANS LA	MEMOIRE	048	021
TU NE TUERAS JAMAIS DANS MA	MEMOIRE	038	055
A FECONDE SOUDAIN MA	MEMOIRE FERTILE,	089	005
TA	MEMOIRE, PAREILLE AUX FABLES INCERTAINES,	039	005
MONTREZ -NOUS LES ECRINS DE VOS RICHES	MEMOIRES,	126	051
REMEMBER! SOUVIENS -TOI, PRODIGUE! ESTO	MEMOR!	085	013
	MENACE ET NOUS DIT: "SOUVIENS -TOI!	085	002
DONT LE DOIGT NOUS	MENACE ET NOUS DIT: "SOUVIENS -TOI!	085	002
DANS LA	MENAGERIE INFAME DE NOS VICES,	000	032
OUI, CES GENS HARCELES DE CHAGRINS DE	MENAGE,	105	013
LA S'ETALAIT JADIS UNE	MENAGERIE;	089	013
TOUT PLEIN DE VAGUE HORREUR,	MENANT ON NE SAIT OU;	146	010
	MENDIANT TENEBREUX OU CRESUS RUTILANT,	144	004
UN SOMBRE	MENDIANT, L'OEIL FIER COMME ANTISTHENE,	015	003
COMME LES	MENDIANTS NOURRISSENT LEUR VERMINE.	000	004
HIPPOGRIFFE PUISSANT,	MENE -MOI JUSQU'AU CIEL!	091	044
	MENE LE TRAIN D'UN HERETIQUE;	150	008
TOUT LE JOUR, OU TU VEUX, TU	MENES TES PIEDS NUS	133	011
JOUISSAIENT SANS	MENSONGE ET SANS ANXIETE, ...	005	004
TON	MENSONGE M'ENIVRE, ET MON AME S'ABREUVE	020	027
AISSEZ, LAISSEZ MON COEUR S'ENIVRER D'UN	MENSONGE,	040	012
PRENDS TRES -SOUVENT LES FAITS POUR DES	MENSONGES,	136	025
QUE TOUT, MEME LA MORT, NOUS	MENT, ...	094	026
RENVERSEE A L'ABRI DE LA FACE QUI	MENT.	020	024
CE SIMOIS	MENTEUR QUI PAR VOS PLEURS GRANDIT,	089	004
DONT LES BRAS, SANS	MENTIR, PEUVENT DIRE: AUJOURD'HUI	095	006
LES DEUX MAINS AU	MENTON, DU HAUT DE MA MANSARDE, ...	086	005
DE MELMOTH OU DE	MEPHISTO	156	010
QUI, DE SES PRECEPTEURS	MEPRISANT LES COURBETTES	077	003
LE FAIBLE QU'A TORT ON	MEPRISE:	150	018
VOUS POUVEZ	MEPRISER LES YEUX LES PLUS CELEBRES,	152	001
COMME L'AIR DANS LE CIEL ET LA	MER DANS LA MER;	006	004
UNE	MER DE BROUILLARDS BAIGNAIT LES EDIFICES,	103	021
NOUS NOUS EMBARQUERONS SUR LA	MER DES TENEBRES	126	125
TU CONTIENS,	MER D'ERENE, UN EBLOUISSANT REVE	023	014
POUR SAVOIR SI LA	MER EST INDULGENTE ET BONNE,	130	051
POUR SAVOIR SI LA	MER EST INDULGENTE ET BONNE!	130	055
LA	MER EST TON MIROIR: TU CONTEMPLES TON AME	014	002
--LE CIEL ETAIT CHARMANT, LA	MER ETAIT UNIE;	116	053
SANS MATS, SUR UNE	MER MONSTRUEUSE ET SANS BORDS!	090	052
	MER ODORANTE ET VAGABONDE	028	007
DE LARMES QU'A LA	MER ONT VERSE TES RUISSEAUX?	130	034
EN QUELQUE LIEU QU'IL AILLE, OU SUR	MER OU SUR TERRE, ...	144	001
SI LE CIEL ET LA	MER SONT NOIRS COMME DE L'ENCRE,	126	139
MONTANT COMME LA	MER SUR LE ROC NOIR ET NU?"	040	002
LA GLOIRE DU SOLEIL SUR LA	MER VIOLETTE,	126	061
MAIS LA TRISTESSE EN MOI MONTE COMME LA	MER, ...	055	002
LES METAUX INCONNUS, LES PERLES DE LA	MER,	001	070
A MON AMOUR PROFOND ET DOUX COMME LA	MER,	127	011
T -IL LE METTRE AUX FERS, LE JETER A LA	MER,	126	042
LA MER, LA VASTE	MER, CONSOLE NOS LABEURS!	062	006
LA MER, LA VASTE	MER, CONSOLE NOS LABEURS!	062	010
LA	MER, LA VASTE MER, CONSOLE NOS LABEURS!	062	006
LA	MER, LA VASTE MER, CONSOLE NOS LABEURS!	062	010
O	MER, NUL NE CONNAIT TES RICHESSES INTIMES, ...	014	011
	MER, RAUQUE CHANTEUSE	062	007
JE L'ENTENDS DANS LE RIRE ENORME DE LA	MER.	079	008
NE ME VAUT LE SOLEIL RAYONNANT SUR LA	MER.	056	020
ME L'AIR DANS LE CIEL ET LA MER DANS LA	MER;	006	004
J'AIME SI TENDREMENT LE DESERT ET LA	MER!	136	022
LA MUSIQUE SOUVENT ME PREND COMME UNE	MER!	069	001
HOMME LIBRE, TOUJOURS TU CHERIRAS LA	MER!	014	001
ET LES VOLEURS, QUI N'ONT NI TREVE NI	MERCI, ...	095	025
S LE FOUET DU PLAISIR, CE BOURREAU SANS	MERCI,	143	006
	MERE DES JEUX LATINS ET DES VOLUPTES GRECQUES,	130	001
	MERE DES JEUX LATINS ET DES VOLUPTES GRECQUES,	130	005
	MERE DES SOUVENIRS, MAITRESSE DES MAITRESSES, . . .	036	001
	MERE DES SOUVENIRS, MAITRESSE DES MAITRESSES!	036	005
SA	MERE EPOUVANTEE ET PLEINE DE BLASPHEMES	001	003
POURTANT AIMEZ -MOI TENDRE COEUR! SOYEZ	MERE,	056	021
"--JE VOIS TA	MERE, ENFANT DE CE SIECLE APPAUVRI, ...	147	012
	MERES AU COEUR SAIGNANT, COURTISANES OU SAINTES,	091	063
R TOI, BIZARRE AMANT, QUEL EST DONC MON	MERITE?"	064	002
AU-DESSUS DE TES	MERS PLANE COMME UN AROME,	116	011
APRES S'ETRE LAVES AU FOND DES	MERS PROFONDES?	036	029
COMME LES LONGS RESEAUX DE LA HOULE DES	MERS,	027	007
ENNENT DES ALBATROS, VASTES OISEAUX DES	MERS,	002	002
ES MONTAGNES, DES BOIS, DES NUAGES, DES	MERS,	003	002
TOURNENT LEURS YEUX VERS L'HORIZON DES	MERS, ...	111	002

```
126 008  .  .  .  .      BERCANT NOTRE INFINI SUR LE FINI DES   MERS:
126 050        NOUS LISONS DANS VOS YEUX PROFONDS COMME LES   MERS!
091 075              TOUT COMME SI J'ETAIS VOTRE PERE, O   MERVEILLE!
102 049                       ET SUR CES MOUVANTES   MERVEILLES
016 001  .  .  .  .  .  .  .  .  .  .  .      EN CES TEMPS   MERVEILLEUX OU LA THEOLOGIE
126 052                         CES BIJOUX   MERVEILLEUX, FAITS D'ASTRES ET D'ETHERS.
029 048                             DE   MES AMOURS DECOMPOSES!
128 011                       J'ETALERAI   MES BAISERS SANS REMORD
131 029  .  .  .  .  .               MES BAISERS SONT LEGERS COMME CES EPHEMERES
024 006                  QUI SEPARENT   MES BRAS DES IMMENSITES BLEUES
132 012        LORSQUE J'ETOUFFE UN HOMME EN   MES BRAS REDOUTES,
148 003                  QUANT A MOI,   MES BRAS SONT ROMPUS
089 032  .  .  .  .  .  .  .  .  .  .      ET   MES CHERS SOUVENIRS SONT PLUS LOURDS QUE DES ROCS.
104 003              SOUS MA PRISON DE VERRE ET   MES CIRES VERMEILLES,
109 001                    SANS CESSE A   MES COTES S'AGITE LE DEMON:
132 023                           A   MES COTES, AU LIEU DU MANNEQUIN PUISSANT
116 047  .  .  .  .      COMME UN VOMISSEMENT, REMONTER VERS   MES DENTS
026 007                  QUAND VERS TOI   MES DESIRS PARTENT EN CARAVANE,
036 002      O TOI, TOUS MES PLAISIRS! O TOI, TOUS   MES DEVOIRS!
034 005                     LORSQUE   MES DOIGTS CARESSENT A LOISIR
128 003  .  .  .  .  .  .  .      JE VEUX LONGTEMPS PLONGER   MES DOIGTS TREMBLANTS
086 001        JE VEUX, POUR COMPOSER CHASTEMENT   MES EGLOGUES,
026 008        TES YEUX SONT LA CITERNE OU BOIVENT   MES ENNUIS.
102 037                       ARCHITECTE DE   MES FEERIES,
086 016  .  .  .  .  .  .  .      POUR BATIR DANS LA NUIT   MES FEERIQUES PALAIS.
043 003        ILS MARCHENT, CES DIVINS FRERES QUI SONT   MES FRERES,
104 012        OU JE ME PLAIS BIEN MIEUX QUE DANS   MES FROIDS CAVEAUX.
017 009                  LES POETES, DEVANT   MES GRANDES ATTITUDES,
123 001  .  .  .  .  .      COMBIEN FAUT-IL DE FOIS SECOUER   MES GRELOTS
091 003              JE GUETTE, OBEISSANT A   MES HUMEURS FATALES,
017 014                     MES YEUX,   MES LARGES YEUX AUX CLARTES ETERNELLES!
057 014        NON DE PERLES BRODE, MAIS DE TOUTES   MES LARMES!
009 014  .  .  .  .  .  .  .  .  '      LE TRAVAIL DE   MES MAINS ET L'AMOUR DE MES YEUX?
036 019        ET TES PIEDS S'ENDORMAIENT DANS   MES MAINS FRATERNELLES.
076 010        QUI S'ACHARNENT TOUJOURS SUR   MES MORTS LES PLUS CHERS.
090 010              JE SUIVAIS, ROIDISSANT   MES NERFS COMME UN HEROS
146 007  .  .  .  .  .  .  .  .      SUR LE FOND DE   MES NUITS DIEU DE SON DOIGT SAVANT
024 004        ET QUE TU ME PARAIS, ORNEMENT DE   MES NUITS,
001 047                           ET   MES ONGLES, PAREILS AUX ONGLES DES HARPIES,
132 017        QUAND ELLE EUT DE   MES OS SUCE TOUTE LA MOELLE,
043 006  .  .  .  .      ILS CONDUISENT   MES PAS DANS LA ROUTE DU BEAU:
086 026                     DE   MES PENSERS BRULANTS UNE TIEDE ATMOSPHERE.
057 029                  TU VERRAS   MES PENSERS, RANGES COMME LES CIERGES
036 002              O TOI, TOUS   MES PLAISIRS! O TOI, TOUS MES DEVOIRS!
082 012  .  .  .  .  z  .  .      SONT LES CORBILLARDS DE   MES REVES,
108 014              VERS LE PARADIS DE   MES REVES!
039 008              RESTE COMME PENDUE A   MES RIMES HAUTAINES:
128 013              POUR ENGLOUTIR   MES SANGLOTS APAISES
132 007  .  .  .  .  .  .      JE SECHE TOUS LES PLEURS SUR   MES SEINS TRIOMPHANTS,
041 022                     DE TOUS   MES SENS FONDUS EN UN!
043 007                       ILS SONT   MES SERVITEURS ET JE SUIS LEUR ESCLAVE;
049 014                         MES SONGES VIENNENT EN FOULE
136 020  .  .  .      JE TRAINE DES SERPENTS QUI MORDENT   MES SOULIERS.
057 004                       AVEC   MES VERS POLIS, TREILLIS D'UN PUR METAL
124 009              MON ESPRIT, COMME   MES VERTEBRES,
072 003        OU JE PUISSE A LOISIR ETALER   MES VIEUX OS
046 011  .  .  .  .  .  .      A   MES YEUX AGRANDIS VOLTIGE INCESSAMMENT.
127 019              PASSAIENT DEVANT   MES YEUX CLAIRVOYANTS ET SEREINS;
148 007              QUE   MES YEUX CONSUMES NE VOIENT
036 017                     ET   MES YEUX DANS LE NOIR DEVINAIENT TES PRUNELLES,
043 004              SECOUANT DANS   MES YEUX LEURS FEUX DIAMANTES.
109 012        ET JETTE DANS   MES YEUX PLEINS DE CONFUSION
102 053              EN ROUVRANT   MES YEUX PLEINS DE FLAMME
017 014                     MES YEUX,   MES LARGES YEUX AUX CLARTES ETERNELLES!
029 039  .  .  .  .  .  .  .  .  .      ETOILE DE   MES YEUX, SOLEIL DE MA NATURE,
051 033                     QUAND   MES YEUX, VERS CE CHAT QUE J'AIME
012 008        AUX COULEURS DU COUCHANT REFLETE PAR   MES YEUX.
009 014        LE TRAVAIL DE MES MAINS ET L'AMOUR DE   MES YEUX?
149 024  .  .  .  .  .  .  .  .  .      A LA JOYEUSE   MESSE NOIRE?
153 003                         MESURE D'UN REGARD QUE LA TERREUR ENFLAMME
091 023              LA MORT SAVANTE   MET DANS CES BIERES PAREILLES
065 014                     ET LA   MET DANS SON COEUR LOIN DES YEUX DU SOLEIL.
155 026  .  .  .  .  .  .  .  .  .  .  .  .      MET SES COULEURS,
155 040  .  .  .  .  .  .  .  .  .  .  .  .      MET SES COULEURS,
155 012                         MET SES COULEURS,
081 002              L'AUTRE EN TOI   MET SON DEUIL, NATURE!
091 032  .  .  .  .  .  .      LA FORME DE LA BOITE OU L'ON   MET TOUS CES CORPS,
057 007        AVEC MES VERS POLIS, TREILLIS D'UN PUR   METAL
000 011                     ET LE RICHE   METAL DE NOTRE VOLONTE
127 006              CE MONDE RAYONNANT DE   METAL ET DE PIERRE
034 004                  MELES DE   METAL ET D'AGATE.
085 014  .  .  .  .  .  .  .      (MON GOSIER DE   METAL PARLE TOUTES LES LANGUES.)
091 034              DES CREUSETS QU'UN   METAL REFROIDI PAILLETA...
102 012                       DU   METAL, DU MARBRE ET DE L'EAU.
102 020  .  .  .  .  .  .  .      A DES MURAILLES DE   METAL,
096 004        TOMBER UN CLIQUETIS DE PIERRE ET DE   METAL:
041 021                       O   METAMORPHOSE MYSTIQUE
127 016        DONNAIT UN CHARME NEUF A SES   METAMORPHOSES:
001 070  .  .  .  .  .  .  .  .  .  .  .  .  .  .  .  .      LES   METAUX INCONNUS, LES PERLES DE LA MER,
```

M

		POEM	LINE
OU DORT ENSEVELI LE PEUPLE DES	METAUX, ...	120	023
AINSI BIJOUX, MEUBLES,	METAUX, DORURE,	038	033
JE FERAI LE	METIER DES IDOLES ANTIQUES,	001	039
QUE C'EST UN DUR	METIER QUE D'ETRE BELLE FEMME,	045	029
JE	METS A LA VOILE;	069	004
TOI QUI	METS DANS LES YEUX ET DANS LE COEUR DES FILLES	120	037
MOI, JE	METS MA GRANDE JOIE,	058	035
ET PUIS TU	METS SUR MON COEUR	058	031
QUI SE	METTENT A GEINDRE OPINIATREMENT.	078	016
LORSQUE ENFIN IL	METTRA LE PIED SUR NOTRE ECHINE,	126	121
JE	METTRAI LE SERPENT QUI ME MORD LES ENTRAILLES	057	025
TU	METTRAIS L'UNIVERS ENTIER DANS TA RUELLE,	025	001
QUI	METTRAIT A SES PIEDS LE GENRE HUMAIN VAINCU, ...	020	030
POUR BRISER TON COURAGE ET TE	METTRE AUX ABOIS,	026	013
FAUT -IL LE	METTRE AUX FERS, LE JETER A LA MER,	126	042
DEVANT LES SUPPLIANTS SAIT	METTRE BAS LES ARMES,	059	012
--NOUS	METTRONS NOTRE ORGUEIL A CHANTER SES LOUANGES: . . .	042	005
UN GROS	MEUBLE A TIROIRS ENCOMBRE DE BILANS,	076	002
DES	MEUBLES LUISANTS,	053	015
ET DES	MEUBLES VOLUPTUEUX,	110	002
AINSI BIJOUX,	MEUBLES, METAUX, DORURE, ...	038	033
DE TOUS CES VIEUX MAUDITS QUI	MEURENT EN SILENCE.	105	030
RAMPE ET	MEURS MISERABLEMENT.	119	004
OU TOUT TE DIRA:	MEURS, VIEUX LACHE! IL EST TROP TARD!"	085	024
QUI, COMME MOI,	MEURT DANS LA SOLITUDE, ...	038	051
ET QUI	MEURT, SANS BOUGER, DANS D'IMMENSES EFFORTS.	074	014
ET LE	MEURTRE, PARMI TES PLUS CHERES BRELOQUES,	021	015
LA COURONNE, ET SON COEUR,	MEURTRI COMME UNE PECHE,	098	011
ET MON SEIN, OU CHACUN S'EST	MEURTRI TOUR A TOUR, ...	017	002
A L'AME CHARITABLE AUTANT QUE	MEURTRIERE;	059	010
POUR	MEURTRIR TON SEIN PARDONNE,	129	030
MON ESPRIT, TU TE	MEUS AVEC AGILITE,	003	005
SE	MEUT DANS SON REVEIL LE CADAVRE SPECTRAL	048	019
S'ETAIENT -ILS ENTR'OUVERTS A LA	MEUTE ALTEREE	110	043
PAR LES FENTES DES MURS DES	MIASMES FIEVREUX	131	094
VERS UN GOUFFRE OBSCURCI DE	MIASMES HUMAINS;	048	016
ENVOLE -TOI BIEN LOIN DE CES	MIASMES MORBIDES;	003	009
QUAND IL	MIAULE, ON L'ENTEND A PEINE,	051	004
OU BIEN TOI, GRANDE NUIT, FILLE DE	MICHEL-ANGE,	018	012
	MICHEL-ANGE, LIEU VAGUE OU L'ON VOIT DES HERCULES	006	013
TU ME RENDS L'EGAL DE	MIDAS,	081	007
JE VIS EN PLEIN	MIDI DESCENDRE SUR MA TETE	115	005
DE CETTE APRES -	MIDI QUI N'A JAMAIS DE FIN?"	126	132
SONNAIT BRUTALEMENT	MIDI,	102	058
IL EN EST QUI, FAISANT DE LA DOULEUR UN	MIEL, ...	091	042
T REMPLIT LES CERVEAUX ET LES RUCHES DE	MIEL.	087	012
LE	MIEN, O MON AMOUR! NAGE SUR TON PARFUM	023	010
UI SAURONT SATISFAIRE UN COEUR COMME LE	MIEN.	018	004
RIDICULE PENDU, TES DOULEURS SONT LES	MIENNES!	116	045
VIVANT, J'AIMERAIS	MIEUX INVITER LES CORBEAUX	072	007
OU JE ME PLAIS BIEN	MIEUX QUE DANS MES FROIDS CAVEAUX.	104	013
	MIEUX QUE TOUS, JE CONNAIS CERTAIN VOLUPTUEUX	149	013
MON AME	MIEUX QU'AU TEMPS DU TIEDE RENOUVEAU	101	007
CE VISAGE	MIGNARD, TOUT ENCADRE DE GAZE,	020	011
"FIERS	MIGNONS, MALGRE L'ART DES POUDRES ET DU ROUGE,	097	047
HALETANT ET BRISE DE FATIGUE, AU	MILIEU	109	010
A COUP, AU	MILIEU DE L'AZUR, DES VAGUES, DES SPLENDEURS	012	010
TOUT A COUP, AU	MILIEU DE L'INTIMITE LIBRE	045	013
AU	MILIEU DES FLACONS, DES ETOFFES LAMEES	110	001
AU	MILIEU DES HUEES,	002	015
EXILE SUR LE SOL AU	MILIEU DES SABBATS, ...	006	026
UNE PLUS GRANDE BETE AU	MILIEU S'AGITAIT	116	039
OU ME COUPER PAR LE	MILIEU,	106	050
TROUVER LA FIN ET LE	MILIEU)	148	010
PAR OU FUIRAIENT	MILLE ANS DE SUEURS ET D'EFFORTS, ...	073	006
J'AI PLUS DE SOUVENIRS QUE SI J'AVAIS	MILLE ANS.	076	001
C'EST UN PHARE ALLUME SUR	MILLE CITADELLES,	006	039
QUE LES SOLEILS MARINS TEIGNAIENT DE	MILLE FEUX,	012	002
EN	MILLE FLEURS, ...	155	024
EN	MILLE FLEURS,	155	038
EN	MILLE FLEURS,	155	010
SONT UN ECHO REDIT PAR	MILLE LABYRINTHES;	006	035
	MILLE PENSERS DORMAIENT, CHRYSALIDES FUNEBRES, ...	048	009
UN ORDRE RENVOYE PAR	MILLE PORTE -VOIX;	006	038
C'EST UN CRI REPETE PAR	MILLE SENTINELLES,	006	037
TROIS	MILLE SIX CENTS FOIS PAR HEURE, LA SECONDE	085	009
GERMER	MILLE SONNETS DANS LE COEUR DES POETES, ...	061	013
OU VIVENT, JAILLISSANT DE MON OEIL PAR	MILLIERS,	079	013
--CES YEUX SONT DES PUITS FAITS D'UN	MILLION DE LARMES,	091	033
SERRE, FOURMILLANT, COMME UN	MILLION D'HELMINTHES,	000	021
PENDANT DES	MILLIONS DE LIEUES, ...	102	027
L'AUTRE	MIME, EN BOITANT, L'INFIRME QUI VOLAIT!	002	012
	MINAUDANT, ET FAISANT DE LEURS MAIGRES OREILLES	096	003
DES HOMMES DONT LE CORPS EST	MINCE ET VIGOUREUX,	022	007
DIVINEMENT ROBUSTE, ADORABLEMENT	MINCE, ...	020	005
LONGUE,	MINCE, EN GRAND DEUIL, DOULEUR MAJESTUEUSE,	093	002
VIT -ON JAMAIS AU BAL UNE TAILLE PLUS	MINCE?	097	005
ON VOIT, A CONTEMPLER MA	MINE	068	002
SI BIEN QUE SON BATON, PARACHEVANT SA	MINE, ...	090	023

113	010	. .	D'ENDORMIR POUR UN JOUR LA TERREUR QUI ME	MINE;
027	009		SES YEUX POLIS SONT FAITS DE	MINERAUX CHARMANTS,
007	008		T'A-T -IL NOYEE AU FOND D'UN FABULEUX	MINTURNES?
150	001		LA PENDULE, SONNANT	MINUIT,
026	004	.	SORCIERE AU FLANC D'EBENE, ENFANT DES NOIRS	MINUITS,
090	035		CAR JE COMPTAI SEPT FOIS, DE	MINUTE EN MINUTE,
080	011		ET LE TEMPS M'ENGLOUTIT	MINUTE PAR MINUTE,
090	035		CAR JE COMPTAI SEPT FOIS, DE MINUTE EN	MINUTE.
080	011	. . .	ET LE TEMPS M'ENGLOUTIT MINUTE PAR	MINUTE.
036	021		JE SAIS L'ART D'EVOQUER LES	MINUTES HEUREUSES,
036	025		JE SAIS L'ART D'EVOQUER LES	MINUTES HEUREUSES!
085	015		LES	MINUTES, MORTEL FOLATRE, SONT DES GANGUES
102	005	. . . .	LE SOMMEIL EST PLEIN DE	MIRACLES!
054	044		UNE	MIRACULEUSE AURORE;
126	130		LES FRUITS	MIRACULEUX DONT VOTRE COEUR A FAIM;
049	002		D'UN LUXE	MIRACULEUX,
020	004	.	CETTE FEMME, MORCEAU VRAIMENT	MIRACULEUX,
108	008		SUIVONS LE	MIRAGE LOINTAIN!
126	044		DONT LE	MIRAGE REND LE GOUFFRE PLUS AMER?
102	024		COMME DES FEMMES, SE	MIRAIENT.
082	010	. . . .	EN VOUS SE	MIRE MON ORGUEIL;
115	009		A ME CONSIDERER FROIDEMENT ILS SE	MIRENT,
083	019		JE SUIS LE SINISTRE	MIROIR
069	013		ME BERCENT. D'AUTRES FOIS, CALME PLAT, GRAND	MIROIR
155	036	. . . .	EST LE	MIROIR DE MON AMOUR,
006	027		DE VIEILLES AU	MIROIR ET D'ENFANTS TOUTES NUES,
089	002		PAUVRE ET TRISTE	MIROIR OU JADIS RESPLENDIT
147	013		QUI VERS SON	MIROIR PENCHE UN LOURD AMAS D'ANNEES,
006	005		LEONARD DE VINCI,	MIROIR PROFOND ET SOMBRE,
014	002		LA MER EST TON	MIROIR; TU CONTEMPLES TON AME
084	034		QU'UN COEUR DEVENU SON	MIROIR!
121	008		DANS NOS DEUX ESPRITS, CES	MIROIRS JUMEAUX.
001	076	. . . .	NE SONT QUE DES	MIROIRS OBSCURCIS ET PLAINTIFS!"
053	022		LES	MIROIRS PROFONDS,
017	013		DE PURS	MIROIRS QUI FONT TOUTES CHOSES PLUS BELLES:
121	014		LES	MIROIRS TERNIS ET LES FLAMMES MORTES.
025	012	. . . . . .	DEVANT TOUS LES	MIROIRS VU PALIR TES APPAS?
130	017		QUI FONT QU'A LEURS	MIROIRS, STERILE VOLUPTE!
028	004			MIROITER LA PEAU!
088	031		PAR TES GALANTS	MIS AUX FERS
001	005	.	--"AH! QUE N'AI -JE	MIS BAS TOUT UN NOEUD DE VIPERES,
001	036		ET S'ACCUSENT D'AVOIR	MIS LEURS PIEDS DANS SES PAS.
045	024		DANS UN CAVEAU	MISE AU SECRET.
013	002		HIER S'EST	MISE EN ROUTE, EMPORTANT SES PETITS
127	022	. .	POUR TROUBLER LE REPOS OU MON AME ETAIT	MISE.
001	015		ET JE TORDRAI SI BIEN CET ARBRE	MISERABLE,
119	004		RAMPE ET MEURS	MISERABLEMENT.
009	013		DU SPECTACLE VIVANT DE MA TRISTE	MISERE
120	003	. . .	O SATAN, PRENDS PITIE DE MA LONGUE	MISERE!
068	010		DANS LE RESEAU	MOBILE ET BLEU
071	014		LES PEUPLES DE L'HISTOIRE ANCIENNE ET	MODERNE.
076	012		OU GIT TOUT UN FOUILLIS DE	MODES SURANNEES,
132	017	. .	QUAND ELLE EUT DE MES OS SUCE TOUTE LA	MOELLE;
109	002		IL NAGE AUTOUR DE	MOI COMME UN AIR IMPALPABLE;
131	045		JE SENS FONDRE SUR	MOI DE LOURDES EPOUVANTES
089	031		VIEUX FAUBOURGS, TOUT POUR	MOI DEVIENT ALLEGORIE,
093	001		LA RUE ASSOURDISSANTE AUTOUR DE	MOI HURLAIT.
091	044		HIPPOGRIFFE PUISSANT, MENE -	MOI JUSQU'AU CIEL!
116	059		--AH! SEIGNEUR! DONNEZ -	MOI LA FORCE ET LE COURAGE
143	008		MA DOULEUR, DONNE -	MOI LA MAIN; VIENS PAR ICI,
047	016		TON SOUVENIR EN	MOI LUIT COMME UN OSTENSOIR!
026	010		O DEMON SANS PITIE! VERSE -	MOI MOINS DE FLAMME!
055	002		MAIS LA TRISTESSE EN	MOI MONTE COMME LA MER,
064	013		COMME	MOI N'ES -TU PAS UN SOLEIL AUTOMNAL,
034	003	. . . . . .	ET LAISSE -	MOI PLONGER DANS TES BEAUX YEUX,
091	073		MAIS MOI,	MOI QUI DE LOIN TENDREMENT VOUS SURVEILLE,
113	013		MAIS L'AMOUR N'EST POUR	MOI QU'UN MATELAS D'AIGUILLES
072	013		ET DITES -	MOI S'IL EST ENCOR QUELQUE TORTURE
057	033		ET COMME TOUT EN	MOI TE CHERIT ET T'ADMIRE,
056	021		ET POURTANT AIMEZ -	MOI TENDRE COEUR! SOYEZ MERE,
139	012		OU VERSE -	MOI TES SOMMEILS LOURDS
131	037		TOURNE VERS	MOI TES YEUX PLEINS D'AZUR ET D'ETOILES!
116	054	. . . . . .	POUR	MOI TOUT ETAIT NOIR ET SANGLANT DESORMAIS,
069	009		JE SENS VIBRER EN	MOI TOUTES LES PASSIONS
152	004		BEAUX YEUX, VERSEZ SUR	MOI VOS CHARMANTES TENEBRES!
042	013		QUE POUR L'AMOUR DE	MOI VOUS N'AIMIEZ QUE LE BEAU;
106	026	. . . .	QUOIQUE BIEN FATIGUEE! ET	MOI,
043	001		ILS MARCHENT DEVANT	MOI, CES YEUX PLEINS DE LUMIERES,
127	013		LES YEUX FIXES SUR	MOI, COMME UN TIGRE DOMPTE,
149	039		DANS UN PALAIS AUSSI GRAND QUE	MOI, D'UN SEUL BLOC,
062	015	. . .	EMPORTE -MOI, WAGON, ENLEVE -	MOI, FREGATE?
062	011		EMPORTE -MOI, WAGON! ENLEVE -	MOI, FREGATE!
093	006			MOI, JE BUVAIS, CRISPE COMME UN EXTRAVAGANT,
058	035			MOI, JE METS MA GRANDE JOIE,
063	014	. . .		MOI, JE VEUX REGNER PAR L'EFFROI.
132	005		--"	MOI, J'AI LA LEVRE HUMIDE, ET JE SAIS LA SCIENCE
125	001		CONNAIS -TU, COMME	MOI, LA DOULEUR SAVOUREUSE,
148	003		QUANT A	MOI, MES BRAS SONT ROMPUS
038	051	. . . .	QUI, COMME	MOI, MEURT DANS LA SOLITUDE,

M

		POEM LINE
MAIS	MOI, MOI QUI DE LOIN TENDREMENT VOUS SURVEILLE,	091 073
	MOI, MON AME EST FELEE, ET LORSQU'EN SES ENNUIS	074 009
AH! LAISSEZ -	MOI, MON FRONT POSE SUR VOS GENOUX,	056 026
JUSQU'AU PLUS HAUT DU CIEL, RIEN, HORS	MOI, NE REPOND!	039 010
POUR	MOI, POETE CHETIF,	088 005
LIS -	MOI, POUR APPRENDRE A M'AIMER;	142 011
--CERTES, JE SORTIRAI, QUANT A	MOI, SATISFAIT	118 029
DIS -	MOI, TETE EFFRAYANTE, A-T -IL SUR TES DENTS FROIDES	110 051
DIS -	MOI, TON COEUR PARFOIS S'ENVOLE-T -IL, AGATHE,	062 001
DIS -	MOI, TON COEUR PARFOIS S'ENVOLE-T -IL, AGATHE?	062 005
EMPORTE -	MOI, WAGON, ENLEVE -MOI, FREGATE?	062 015
EMPORTE -	MOI, WAGON! ENLEVE -MOI, FREGATE!	062 011
PLAINS -	MOI!...SINON, JE TE MAUDIS!	142 014
LES ANGES IMPUISSANTS SE DAMNERAIENT POUR	MOI!"	132 016
JE VEUX CREUSER	MOI-MEME UNE FOSSE PROFONDE,	072 002
ET QUE JE REGARDE EN	MOI-MEME,	051 036
	MOI-MEME, DANS UN COIN DE L'ANTRE TACITURNE,	096 015
TON	MOINDRE DESIR	053 033
POUR OBTENIR LA	MOINDRE ROSE,	135 005
O	MOINE FAINEANT! QUAND SAURAI -JE DONC FAIRE	009 012
PLUS D'UN ILLUSTRE	MOINE, AUJOURD'HUI PEU CITE,	009 006
ET TON ESPRIT N'EST PAS UN GOUFFRE	MOINS AMER.	014 004
DE TES BIJOUX L'HORREUR N'EST PAS LE	MOINS CHARMANT,	021 014
O DEMON SANS PITIE! VERSE -MOI	MOINS DE FLAMME;	026 010
CACHE	MOINS DE SECRETS QUE MON TRISTE CERVEAU.	076 005
NOUS SOMMES TOUS PLUS OU	MOINS FOUS!	106 024
L'UNIVERS	MOINS HIDEUX ET LES INSTANTS MOINS LOURDS?	021 028
L'UNIVERS MOINS HIDEUX ET LES INSTANTS	MOINS LOURDS?	021 028
A	MOINS QUE, MEDITANT SUR LA GEOMETRIE,	091 029
ET LES	MOINS SOTS, HARDIS AMANTS DE LA DEMENCE,	126 105
POUR ATTRAPER AU	MOINS UN OBLIQUE RAYON!	145 008
TA GORGE QUI S'AVANCE ET QUI POUSSE LA	MOIRE,	052 017
VAISSEAUX, GLISSANT DANS L'OR ET DANS LA	MOIRE,	023 018
ET LES SIX AUTRES	MOIS LA NUIT COUVRE LA TERRE;	030 006
SOLEIL SANS CHALEUR PLANE AU-DESSUS SIX	MOIS,	030 005
COMME	MOISE LE ROCHER!	083 003
	MOISIR PARMI LES OSSEMENTS.	029 044
DITES, QUELLE	MOISSON ETRANGE,	094 017
ET COMMANDE AUX	MOISSONS DE CROITRE ET DE MURIR	087 015
PLEINES DE	MOISSONS, ET DES FLEURS	135 014
PHOEBUS, ET LE GRAND PAN, LE SEIGNEUR DES	MOISSONS.	007 014
TOI, VETUE A	MOITIE DE MOUSSELINES FRELES,	133 021
TOI, MON AME ET MON COEUR, MON TOUT ET MA	MOITIE.	131 036
JE VEUX TE RACONTER, O	MOLLE ENCHANTERESSE!	052 001
JE VEUX TE RACONTER, O	MOLLE ENCHANTERESSE!	052 013
QUI, LES EMPRISONNANT DANS UNE	MOLLE ETREINTE,	057 021
	MOLLEMENT BALANCES SUR L'AILE	108 009
OSCILLE	MOLLEMENT SUR SES FRELES VERTEBRES.	097 015
SUR LE DOS SATINE DES	MOLLES AVALANCHES,	065 005
SE BALANCE AVEC LA	MOLLESSE	028 023
L'HOMME NE VIT PAS UN	MOMENT	141 012
EPIANT LE	MOMENT DE REPRENDRE AU SQUELETTE	029 035
RECUEILLE -TOI, MON AME, EN CE GRAVE	MOMENT,	095 029
DORT COMME UNE ANTIQUE	MOMIE,	094 004
JE SENS	MON AILE QUI SE CASSE;	148 012
S'APPUYA (SUR LE FOND TENEBREUX DE	MON AME	045 003
VOUS QUE DANS VOTRE ENFER	MON AME A POURSUIVIES,	111 025
--J'ALLAIS MOURIR. C'ETAIT DANS	MON AME AMOUREUSE,	125 003
SE MELE DANS	MON AME AU CHANT DES MARINIERS.	022 014
	MON AME DANS TES MAINS N'EST PAS UN VAIN JOUET,	149 047
ET	MON AME DANSAIT, DANSAIT, VIEILLE GABARRE	090 051
ET DISCUTANT AVEC	MON AME DEJA LASSE,	090 011
MOI,	MON AME EST FELEE, ET LORSQU'EN SES ENNUIS	074 009
--	MON AME EST UN TOMBEAU QUE, MAUVAIS CENOBITE,	009 009
TOI,	MON AME ET MON COEUR, MON TOUT ET MA MOITIE,	131 036
POUR TROUBLER LE REPOS OU	MON AME ETAIT MISE,	127 022
ET DANS	MON AME INASSOUVIE	134 007
	MON AME MIEUX QU'AU TEMPS DU TIEDE RENOUVEAU	101 007
	MON AME PAR TOI GUERIE,	058 037
UN PORT RETENTISSANT OU	MON AME PEUT BOIRE	023 016
	MON AME RESPLENDIT DE TOUTES VOS VERTUS!	091 080
	MON AME REVEUSE APPAREILLE	028 011
QUI PLONGE DANS L'OUBLI	MON AME SANS REMORD,	049 018
TON MENSONGE M'ENIVRE, ET	MON AME S'ABREUVE	020 027
LACS OU	MON AME TREMBLE ET SE VOIT A L'ENVERS...	049 013
FAIS QUE	MON AME UN JOUR, SOUS L'ARBRE DE SCIENCE,	120 049
VOUS MARCHEZ EN CHANTANT LE REVEIL DE	MON AME,	043 013
RAPPELEZ -VOUS L'OBJET QUE NOUS VIMES,	MON AME,	029 001
ET SENTI, RENTRANT DANS	MON AME,	102 055
RECUEILLE -TOI,	MON AME, EN CE GRAVE MOMENT,	095 029
CONTEMPLE -LES,	MON AME; ILS SONT VRAIMENT AFFREUX!	092 001
DEFILENT LENTEMENT DANS	MON AME; L'ESPOIR,	078 018
QUE RESTE-T -IL? C'EST AFFREUX, O	MON AME!	038 049
QUEL EST LE PLUS DOUX."--O	MON AME!	041 009
LE DOUX RELENT DE	MON AMOUR DEFUNT.	128 008
A	MON AMOUR PROFOND ET DOUX COMME LA MER,	127 011
EST LE MIROIR DE	MON AMOUR.	155 036
LE MIEN, O	MON AMOUR! NAGE SUR TON PARFUM	023 010
VOUS,	MON ANGE ET MA PASSION!	029 040

POEM	LINE		
131	051	. . . JE FRISSONNE DE PEUR QUAND TU ME DIS: " MON	ANGE!"
057	023	SI JE NE PUIS, MALGRE TOUT MON	ART DILIGENT,
129	018	OU JE TRAINAIS MON	ATONIE,
034	001	VIENS, MON	BEAU CHAT, SUR MON COEUR AMOUREUX;
136	001	MON	BERCEAU S'ADOSSAIT A LA BIBLIOTHEQUE,
045	002	A MON	BRAS VOTRE BRAS POLI
132	013	OU LORSQUE J'ABANDONNE AUX MORSURES MON	BUSTE.
123	004	COMBIEN, O MON	CARQUOIS, PERDRE DE JAVELOTS?
101	003	D'ENVELOPPER AINSI MON COEUR ET MON	CERVEAU
075	005	MON	CHAT SUR LE CARREAU CHERCHANT UNE LITIERE
037	014	QUI NE CRIE: O MON	CHER BELZEBUTH, JE T'ADORE!
132	011	JE SUIS, MON	CHER SAVANT, SI DOCTE AUX VOLUPTES,
149	022	. . ET QUI LEUR DIT, RAILLEUR ET FIER: "DANS MON	CIBOIRE,
058	031	ET PUIS TU METS SUR MON	COEUR
034	001	VIENS, MON BEAU CHAT, SUR MON	COEUR AMOUREUX;
115	028	LA REINE DE MON	COEUR AU REGARD NONPAREIL,
134	002	. . . . QUI REMPLIT MON	COEUR DE CLARTE,
139	002	RECHAUFFE MON	COEUR ENGOURDI
149	005	CELIMENE ROUCOULE ET DIT: " MON	COEUR EST BON,
030	002	OU FOND DU GOUFFRE OBSCUR OU MON	COEUR EST TOMBE.
055	009	MON	COEUR EST UN PALAIS FLETRI PAR LA COHUE;
101	003	D'ENVELOPPER AINSI MON	COEUR ET MON CERVEAU
116	060	DE CONTEMPLER MON	COEUR ET MON CORPS SANS DEGOUT!
115	004	J'AIGUISAIS LENTEMENT SUR MON	COEUR LE POIGNARD,
083	025	JE SUIS DE MON	COEUR LE VAMPIRE,
091	079	MON	COEUR MULTIPLIE JOUIT DE TOUS VOS VICES!
056	008	MON	COEUR NE SERA PLUS QU'UN BLOC ROUGE ET GLACE.
031	002	DANS MON	COEUR PLAINTIF ES ENTREE;
083	010	. . . . ET DANS MON	COEUR QU'ILS SOULERONT
038	046	DE CETTE BOUCHE OU MON	COEUR SE NOYA,
082	014	DE L'ENFER OU MON	COEUR SE PLAIT.
020	026	DE TES PLEURS ABOUTIT DANS MON	COEUR SOUCIEUX;
125	008	. . . . TOUT MON	COEUR S'ARRACHAIT AU MONDE FAMILIER.
096	021	ET MON	COEUR S'EFFRAYA D'ENVIER MAINT PAUVRE HOMME
040	012	LAISSEZ, LAISSEZ MON	COEUR S'ENIVRER D'UN MENSONGE,
057	003	ET CREUSER DANS LE COIN LE PLUS NOIR DE MON	COEUR,
038	008	. . . . JE FAIS BOUILLIR ET JE MANGE MON	COEUR,
129	022	ONT TANT HUMILIE MON	COEUR,
127	001	LA TRES -CHERE ETAIT NUE, ET, CONNAISSANT MON	COEUR,
008	001	O MUSE DE MON	COEUR, AMANTE DES PALAIS,
128	001	. . . . VIENS SUR MON	COEUR, AME CRUELLE ET SOURDE,
042	002	QUE DIRAS -TU, MON	COEUR, COEUR AUTREFOIS FLETRI
011	007	MON	COEUR, COMME UN TAMBOUR VOILE,
116	001	MON	COEUR, COMME UN OISEAU, VOLTIGEAIT TOUT JOYEUX
086	025	. . . . . DE TIRER UN SOLEIL DE MON	COEUR, ET DE FAIRE
131	036	TOI, MON AME ET MON	COEUR, MON TOUT ET MA MOITIE,
051	018	SUR MON	COEUR, PARFAIT INSTRUMENT,
054	048	MAIS MON	COEUR, QUE JAMAIS NE VISITE L'EXTASE,
064	003	. . . . . --SOIS CHARMANTE ET TAIS -TOI! MON	COEUR, QUE TOUT IRRITE,
155	022	DESCEND JUSQU'AU FOND DE MON	COEUR; DORS TON SOMMEIL DE BRUTE.
080	005	RESIGNE -TOI, MON	COEUR; LES BETES L'ONT MANGE.
055	008	NE CHERCHEZ PLUS MON	COEUR!
048	028	. . . . QUI ME RONGE, O LA VIE ET LA MORT DE MON	COEUR!
028	036	D'ETOILES MON	COEUR!
131	076	UN ABIME BEANT; CET ABIME EST MON	COEUR!
116	060	DE CONTEMPLER MON COEUR ET MON	CORPS SANS DEGOUT!
037	013	IL N'EST PAS UNE FIBRE EN TOUT MON	CORPS TREMBLANT
078	020	SUR MON	CRANE INCLINE PLANTE SON DRAPEAU NOIR.
128	017	A MON DESTIN, DESORMAIS MON	DELICE,
069	014	DE MON	DESESPOIR!
083	007	ONDULEUX, MON	DESIR GONFLE D'ESPERANCE
057	016	MON	DESIR QUI MONTE ET QUI DESCEND,
032	004	A LA TRISTE BEAUTE DONT MON	DESIR SE PRIVE.
023	033	AFIN QU'A MON	DESIR TU NE SOIS JAMAIS SOURDE!
057	015	TA ROBE, CE SERA MON	DESIR, FREMISSANT,
058	036	MON GENIE ET MON	DESTIN,
128	017	A MON	DESTIN, DESORMAIS MON DELICE,
001	057	--"SOYEZ BENI, MON	DIEU, QUI DONNEZ LA SOUFFRANCE
131	050	EXPLIQUE, SI TU PEUX, MON TROUBLE ET MON	EFFROI!
152	009	MON	ENFANT A DES YEUX OBSCURS, PROFONDS ET VASTES,
152	005	GRANDS YEUX DE MON	ENFANT, ARCANES ADORES,
053	001	MON	ENFANT, MA SOEUR,
152	002	BEAUX YEUX DE MON	ENFANT, PAR OU FILTRE ET S'ENFUIT
056	011	MON	ESPRIT EST PAREIL A LA TOUR QUI SUCCOMBE
031	005	DE MON	ESPRIT HUMILIE
079	006	MON	ESPRIT LES RETROUVE EN LUI; CE RIRE AMER
053	009	. . . . POUR MON	ESPRIT ONT LES CHARMES
057	036	EN VAPEURS MONTERA MON	ESPRIT ORAGEUX.
089	049	AINSI DANS LA FORET OU MON	ESPRIT S'EXILE
023	023	ET MON	ESPRIT SUBTIL QUE LE ROULIS CARESSE
124	009	. . . . MON	ESPRIT, COMME MES VERTEBRES,
146	012	. . ET MON	ESPRIT, TOUJOURS DU VERTIGE HANTE,
003	005	MON	ESPRIT, TU TE MEUS AVEC AGILITE,
134	016	AU FOND DE MON	ETERNITE!
131	075	. . . CRIA SOUDAIN:--"JE SENS S'ELARGIR DANS MON	ETRE
043	008	TOUT MON	ETRE OBEIT A CE VIVANT FLAMBEAU.
056	005	TOUT L'HIVER VA RENTRER DANS MON	ETRE: COLERE,
001	008	OU MON VENTRE A CONCU MON	EXPIATION!
051	010	. . . . DANS MON	FONDS LE PLUS TENEBREUX,

M

		POEM	LINE
--HYPOCRITE LECTEUR,--MON SEMBLABLE,--	MON FRERE!	000	040
NE FERA PAS LEVER	MON FRONT DE MON PUPITRE;	086	022
AH! LAISSEZ -MOI,	MON FRONT POSE SUR VOS GENOUX,	056	026
	MON GENIE ET MON DESTIN,	058	036
ET, PEINTRE FIER DE	MON GENIE.	102	009
(	MON GOSIER DE METAL PARLE TOUTES LES LANGUES.)	085	014
TU REPONDS, GRAND SQUELETTE, A	MON GOUT LE PLUS CHER!	097	020
PARFOIS IL PREND, SACHANT	MON GRAND AMOUR DE L'ART,	109	005
JE PENSE A	MON GRAND CYGNE, AVEC SES GESTES FOUS,	089	034
QU'UN GIBET SYMBOLIQUE OU PENDAIT	MON IMAGE....	116	058
QUE CELUI-LA QUI RIT DE	MON INQUIETUDE,	090	037
QU'IL RESTE EN	MON JARDIN BIEN PEU DE FRUITS VERMEILS.	010	004
QUE	MON MAITRE EST UN GRAND FUMEUR.	068	004
"O MON SEMBLABLE, O	MON MAITRE, JE TE MAUDIS!"	126	104
"POUR TOI, BIZARRE AMANT, QUEL EST DONC	MON MERITE?"	064	002
JE TE DONNE CES VERS AFIN QUE SI	MON NOM	039	001
DE DONNER	MON NOM A L'ABIME	148	015
JE VIS SE DEROULER SOUS	MON OEIL CLAIRVOYANT.	096	014
OU VIVENT, JAILLISSANT DE	MON OEIL PAR MILLIERS,	079	013
J'AURAIS PU (	MON ORGUEIL AUSSI HAUT QUE LES MONTS	115	023
ET CONTIENT	MON ORGUEIL, MA DOULEUR ET MA GLOIRE!"	149	042
EN VOUS SE MIRE	MON ORGUEIL;	082	010
ET REVIS	MON PASSE BLOTTI DANS TES GENOUX.	036	022
ET	MON PIED PEUREUX FROISSE, AU BORD DU MARECAGE,	145	013
CELLE QUI FUT	MON PLAISIR ET MA GLOIRE!	038	056
PAROLE! ET SUR	MON POIL QUI TOUT DROIT SE RELEVE	146	003
JE L'AVALE ET LE SENS QUI BRULE	MON POUMON	109	003
NE FERA PAS LEVER MON FRONT DE	MON PUPITRE;	086	022
JE TE FERAI DE	MON RESPECT DE BEAUX SOULIERS	057	019
LE TOMBEAU, CONFIDENT DE	MON REVE INFINI	033	009
"JE SUIS TON EGALE, O	MON ROI!"	138	040
UNE FLEUR QUI RESSEMBLE,A	MON ROUGE IDEAL.	018	008
POUR ABREUVER	MON SAHARAH.	083	005
IL ME SEMBLE PARFOIS QUE	MON SANG COULE A FLOTS,	113	001
	MON SANG ET MA CHAIR!"	117	020
C'EST TOUT	MON SANG, CE POISON NOIR!	083	018
ET L'ESPOIR QUI GAZOUILLE EN	MON SEIN PALPITANT?	104	014
--TA MAIN SE GLISSE EN VAIN SUR	MON SEIN QUI SE PAME;	055	005
ET	MON SEIN, OU CHACUN S'EST MEURTRI TOUR A TOUR,	017	002
LE SOLEIL DECHIRER	MON SEIN;	129	020
"O	MON SEMBLABLE, O MON MAITRE, JE TE MAUDIS!"	126	104
--HYPOCRITE LECTEUR,--	MON SEMBLABLE,--MON FRERE!	000	040
JE PUIS DONC BOIRE TOUT	MON SOUL.	106	002
JE SAVOURAIS DANS	MON TABLEAU	102	010
J'AI VU L'HORREUR DE	MON TAUDIS,	102	054
TOI, MON AME ET MON COEUR,	MON TOUT ET MA MOITIE,	131	036
CACHE MOINS DE SECRETS QUE	MON TRISTE CERVEAU.	076	005
POUR ETRE LE DEGOUT DE	MON TRISTE MARI,	001	010
EXPLIQUE, SI TU PEUX,	MON TROUBLE ET MON EFFROI:	131	050
RHYTHME, PARFUM, LUEUR, O	MON UNIQUE REINE!--	021	027
T'INFUSER	MON VENIN, MA SOEUR!	129	036
OU	MON VENTRE A CONCU MON EXPIATION!	001	008
LOIN DU DESIR	MONDAIN ET DU REGARD MOQUEUR,	057	004
--PLUS BELLE QUE VENUS SE DRESSANT SUR LE	MONDE	130	061
SUR LE TRISTE	MONDE ENGOURDI.	102	060
LE POETE APPARAIT EN CE	MONDE ENNUYE,	001	002
AH! QUE LE	MONDE EST GRAND A LA CLARTE DES LAMPES!	126	003
AUX YEUX DU SOUVENIR QUE LE	MONDE EST PETIT!	126	004
TOUT MON COEUR S'ARRACHAIT AU	MONDE FAMILIER.	125	008
UN VIEUX SPHINX IGNORE DU	MONDE INSOUCIEUX,	076	022
TOUT UN	MONDE LOINTAIN, ABSENT, PRESQUE DEFUNT,	023	007
D'UN	MONDE OU L'ACTION N'EST PAS LA SOEUR DU REVE;	118	030
OR IL N'EST PAS D'HORREUR AU	MONDE QUI SURPASSE	030	009
QU'IL FAUT EN CE	MONDE QU'IL CRAIGNE	067	010
--LOIN DU	MONDE RAILLEUR, LOIN DE LA FOULE IMPURE,	110	053
CE	MONDE RAYONNANT DE METAL ET DE PIERRE	127	006
ET CE	MONDE RENDAIT UNE ETRANGE MUSIQUE,	029	025
LE	MONDE S'ENDORT	053	039
PLUTOT QUE D'IMPLORER UNE LARME DU	MONDE,	072	006
ELLE AURAIT LONGTEMPS, POUR LA CACHER AU	MONDE,	045	023
SALUTAIRE INSTRUMENT, BUVEUR DU SANG DU	MONDE,	025	010
QUE NOS RIDEAUX FERMES NOUS SEPARENT DU	MONDE,	131	081
ET POURTANT NECESSAIRE A LA MARCHE DU	MONDE, ET TA FORME IMMORTELLE	114	014
TON EPOUX COURT LE	MONDE, MONOTONE ET PETIT, AUJOURD'HUI,	110	014
LE	MONDE, MONOTONE ET PETIT, AUJOURD'HUI,	126	110
QU'ILS VIENNENT DU BOUT DU	MONDE.	053	034
ET DANS UN BAILLEMENT AVALERAIT LE	MONDE:	000	036
ENORME ET LAID COMME LE	MONDE!	149	028
PLUS BELLE QUE VENUS SE DRESSANT SUR LE	MONDE!	130	065
COMME POUR REJOINDRE LES	MONDES	117	007
JE VOIS DISTINCTEMENT DES	MONDES SINGULIERS,	136	018
LE MONDE,	MONOTONE ET PETIT, AUJOURD'HUI,	126	110
IL ME SEMBLE, BERCE PAR CE CHOC	MONOTONE,	056	013
QU'EBLOUISSENT LES FEUX D'UN SOLEIL	MONOTONE,	022	004
ET QUAND VIENDRA L'HIVER AUX NEIGES	MONOTONES,	086	014
L'ENIVRANTE	MONOTONIE	102	011
	MONSTRE ASSASSIN, C'EST MA CERVELLE,	117	019
TIGRE ADORE,	MONSTRE AUX AIRS INDOLENTS;	128	002
PAR LE HAUT SE TERMINE EN	MONSTRE BICEPHALE!	020	019

```
POEM LINE
000 039  .   .   .   .   .   .   .   .    TU LE CONNAIS, LECTEUR, CE    MONSTRE DELICAT,
021 022                                              O BEAUTE!    MONSTRE ENORME, EFFRAYANT, INGENU!
131 078                           RIEN NE RASSASIERA CE    MONSTRE GEMISSANT
001 012                       COMME UN BILLET D'AMOUR, CE    MONSTRE RABOUGRI,
057 028  .   .   .   .   .   .   .   .    .       CE    MONSTRE TOUT GONFLE DE HAINE ET DE CRACHATS.
091 006                                     EPONINE OU LAIS!    MONSTRES BRISES, BOSSUS
091 005                                             CES    MONSTRES DISLOQUES FURENT JADIS DES FEMMES,
114 006                                             CES    MONSTRES DONT LA MAIN, QUI TOUJOURS GRATTE ET FAUCHE,
000 031  .   .   .   .   .   .   .   .   .   .    LES    MONSTRES GLAPISSANTS, HURLANTS, GROGNANTS, RAMPANTS,
090 040                                        CES SEPT    MONSTRES HIDEUX AVAIENT L'AIR ETERNEL!
084 021                                   OU VEILLENT DES    MONSTRES VISQUEUX
111 021                             O VIERGES, O DEMONS, O    MONSTRES, O MARTYRES,
090 052  .   .   .   .   .   .   .    SANS MATS, SUR UNE MER,    MONSTRUEUSE ET SANS BORDS!
150 012                                      DE QUELQUE    MONSTRUEUX CRESUS,
157 013                           DE CES VINDICATIFS ET    MONSTRUEUX REPTILES
019 002                     CONCEVAIT CHAQUE JOUR DES ENFANTS    MONSTRUEUX,
005 020  .   .   .   .   .   .   .   .   .   .   .   .    O    MONSTRUOSITES PLEURANT LEUR VETEMENT!
019 014             COMME UN HAMEAU PAISIBLE AU PIED D'UNE    MONTAGNE.
003 002                                             DES    MONTAGNES, DES BOIS, DES NUAGES, DES MERS,
029 021                                 TOUT CELA DESCENDAIT,    MONTAIT COMME UNE VAGUE,
127 012                                  QUI VERS ELLE    MONTAIT COMME VERS SA FALAISE.
038 025                                 UNE SENTEUR    MONTAIT, SAUVAGE ET FAUVE,
040 002                                            MONTANT COMME LA MER SUR LE ROC NOIR ET NU?"
059 008                                             ET    MONTANT, SABRE AU POING, LES ROYAUX ESCALIERS?
055 002  .   .   .   .   .   .   .    MAIS LA TRISTESSE EN MOI    MONTE COMME LA MER,
068 011                                            QUI    MONTE DE MA BOUCHE EN FEU,
122 003                        QUI, COMME UN ELIXIR, NOUS    MONTE ET NOUS ENIVRE,
057 016                      ONDULEUX, MON DESIR QUI    MONTE ET QUI DESCEND,
118 023  .   .   .   .   .   .   .   .    OU TU FOULAIS,    MONTE SUR UNE DOUCE ANESSE,
118 002                                            QUI    MONTE TOUS LES JOURS VERS SES CHERS SERAPHINS?
016 009                              COMME UN HOMME    MONTE TROP HAUT, PRIS DE PANIQUE,
119 031                          RACE DE CAIN, AU CIEL    MONTE,
124 005  .   .   .   .   .   .    LA NUIT VOLUPTUEUSE    MONTE,
036 028                                        COMME    MONTENT AU CIEL LES SOLEILS RAJEUNIS
117 006                                            QUI    MONTENT DANS L'AIR,
065 008                                            QUI    MONTENT DANS L'AZUR COMME DES FLORAISONS.
086 011  .   .   .   .   .    LES FLEUVES DE CHARBON    MONTER AU FIRMAMENT
057 036                                    EN VAPEURS    MONTERA MON ESPRIT ORAGEUX.
001 071                                    PAR VOTRE MAIN    MONTES, NE POURRAIENT PAS SUFFIRE
015 011                                            MONTRAIT A TOUS LES MORTS ERRANT SUR LES RIVAGES
038 042                                            MONTRAIT LA GRACE ENFANTINE DU SINGE.
015 005                                            MONTRANT LEURS SEINS PENDANTS ET LEURS ROBES OUVERTE
059 014                                     POUR QUI S'EN    MONTRE DIGNE, UN RESERVOIR DE LARMES.
097 044                              QUI FAIT LE DEGOUTE    MONTRE QU'IL SE CROIT BEAU.
112 007                          TOMBEAUX ET LUPANARS    MONTRENT SOUS LEURS CHARMILLES
135 013                                 IL FAUDRA LUI    MONTRER DES GRANGES
147 006                      DE LEUR BOUCHE EN DORMANT    MONTRER LE FRAIS EMAIL?
094 023                                            MONTRER QUE DANS LA FOSSE MEME
064 005  .   .   .   .   .   .   .   .   .    NE VEUT PAS TE    MONTRER SON SECRET INFERNAL,
126 051                                            MONTREZ -NOUS LES ECRINS DE VOS RICHES MEMOIRES
115 023             J'AURAIS PU (MON ORGUEIL AUSSI HAUT QUE LES    MONTS
071 010                   SUR LES FOULES SANS SON NOM QUE SA    MONTURE BROIE,
033 002  .   .   .   .   .   .   .    AU FOND D'UN    MONUMENT CONSTRUIT EN MARBRE NOIR,
054 037                                 NOTRE AME, PITEUX    MONUMENT,
017 010                 QUE J'AI L'AIR D'EMPRUNTER AUX PLUS FIERS    MONUMENTS,
106 051                                         JE M'EN    MOQUE COMME DE DIEU,
149 030  .   .   .   .   .   .   .   .   .    QU'ON SE    MOQUE DU MAITRE, ET QU'AVEC LUI L'ON TRICHE,
021 013               TU MARCHES SUR DES MORTS, BEAUTE, DONT TU TE    MOQUES:
038 005                       JE SUIS COMME UN PEINTRE QU'UN DIEU    MOQUEUR
097 026                    ESPERES -TU CHASSER TON CAUCHEMAR    MOQUEUR,
058 030  .   .   .   .   .   .   .   .    AVEC UN RIRE    MOQUEUR,
057 004                     LOIN DU DESIR MONDAIN ET DU REGARD    MOQUEUR,
127 005              QUAND IL JETTE EN DANSANT SON BRUIT VIF ET    MOQUEUR,
020 010                 CE LONG REGARD SOURNOIS, LANGOUREUX ET    MOQUEUR;
156 005  .   .   .   .   .   .    C'EST UN SATIRIQUE, UN    MOQUEUR;
098 054                   TON FRONT PALE, EMBELLI PAR UN    MORBIDE ATTRAIT,
037 011                          TOUT DE TOI M'EST PLAISIR,    MORBIDE OU PETULANT;
106 031                       SONGEA-T -IL DANS SES NUITS    MORBIDES
003 009  .   .   .    ENVOLE -TOI BIEN LOIN DE CES MIASMES    MORBIDES;
085 007                           CHAQUE INSTANT TE DEVORE UN    MORCEAU DU DELICE
029 036                                             LE    MORCEAU QU'ELLE AVAIT LACHE.
020 004                                     CETTE FEMME,    MORCEAU VRAIMENT MIRACULEUX,
057 025  .   .   .   .   .    JE METTRAI LE SERPENT QUI ME    MORD LES ENTRAILLES
049 017                                 DE TA SALIVE QUI    MORD,
126 015                                  LA GLACE QUI LES    MORD, LES SOLEILS QUI LES CUIVRENT,
083 016                             QUI ME SECOUE ET QUI ME    MORD?
051 017  .   .   .   .    NON, IL N'EST PAS D'ARCHET QUI    MORDE
136 020                          JE TRAINE DES SERPENTS QUI    MORDENT MES SOULIERS.
001 066                                           OU NE    MORDRONT JAMAIS LA TERRE ET LES ENFERS,
110 042                           ET SES SENS PAR L'ENNUI    MORDUS
127 004      QU'ONT DANS LEURS JOURS HEUREUX LES ESCLAVES DES    MORES.
149 034                                           QUI SE    MORFOND LONGTEMPS A L'AFFUT DE LA PROIE.
090 047                                     MALADE ET    MORFONDU, L'ESPRIT FIEVREUX ET TROUBLE,
139 007                            EXAUCE UNE AME    MORFONDUE.
021 020  .   .   .   .   .   .   .   .   .    A L'AIR D'UN    MORIBOND CARESSANT SON TOMBEAU.
143 012                                  LE SOLEIL    MORIBOND S'ENDORMIR SOUS UNE ARCHE,
030 003                              C'EST UN UNIVERS    MORNE A L'HORIZON PLOMBE,
123 002                       ET BAISER TON FRONT BAS,    MORNE CARICATURE?
080 001  .   .   .   .   .   .   .   .   .   .   .   .   .   .   .    MORNE ESPRIT, AUTREFOIS AMOUREUX DE LA LUTTE,
```

M

		POEM	LINE
COMME LE SABLE	MORNE ET L'AZUR DES DESERTS, ...	027	005
L'ENNUI, FRUIT DE LA	MORNE INCURIOSITE,	076	017
PAR LE	MORNE REGRET DES CHIMERES ABSENTES.	013	008
L'AIR BRISE, LA STUPEUR, LA	MORNE VOLUPTE, ...	131	010
ET DE PLAISIRS NOIRS ET	MORNES	049	009
POUR VOS	MORNES DOULEURS, VOS SOIFS INASSOUVIES,	111	027
PLUS BELLE QUE VENUS PAR SES	MORNES PALEURS!	130	057
ET LAISSE, EN REFLUANT, SUR MA LEVRE	MOROSE	055	003
SANS	MORS, SANS EPERONS, SANS BRIDE, ...	108	002
LA	MORSURE ET LE BAISER;	058	028
OU LORSQUE J'ABANDONNE AUX	MORSURES MON BUSTE,	132	013
DONT LA CHAIR LISSE ET FERME APPELAIT LES	MORSURES!	005	014
GLORIFIAIT LA	MORT AVEC SIMPLICITE.	009	008
ET, QUAND NOUS RESPIRONS, LA	MORT DANS NOS POUMONS	000	023
QUI ME RONGE, O LA VIE ET LA	MORT DE MON COEUR!	048	028
LA DOULEUR A LA	MORT ET L'ENFER AU NEANT!	096	024
ELLE RIT A LA	MORT ET NARGUE LA DEBAUCHE, ...	114	005
LA MALADIE ET LA	MORT FONT DES CENDRES	038	043
VOYEZ VENIR A VOUS UN	MORT LIBRE ET JOYEUX;	072	010
LA	MORT NOUS TIENT SOUVENT PAR DES LIENS SUBTILS.	040	011
POUR CE VIEUX CORPS SANS AME ET	MORT PARMI LES MORTS!	072	014
C'EST LA	MORT QUI CONSOLE, HELAS! ET QUI FAIT VIVRE;	122	001
J'ETAIS	MORT SANS SURPRISE, ET LA TERRIBLE AURORE	125	012
LA	MORT SAVANTE MET DANS CES BIERES PAREILLES	091	023
LA DEBAUCHE ET LA	MORT SONT DEUX AIMABLES FILLES, ...	112	001
EN TOUT CLIMAT, SOUS TOUT SOLEIL, LA	MORT T'ADMIRE	097	057
TELLEMENT VOUS AIMEZ LE CARNAGE ET LA	MORT,	014	015
DANS UN SOMMEIL AUSSI DOUX QUE LA	MORT, ...	128	010
ELLE REGARDERA LA FACE DE LA	MORT,	114	019
QUE TOUT, MEME LA	MORT, NOUS MENT,	094	026
C'EST QUE LA	MORT, PLANANT COMME UN SOLEIL NOUVEAU,	123	013
O	MORT, QUAND VIENDRAS -TU, SA RIVALE EN ATTRAITS,	112	013
O TOI QUI DE LA	MORT, TA VIEILLE ET FORTE AMANTE, ...	120	013
O	MORT, VIEUX CAPITAINE, IL EST TEMPS! LEVONS L'ANCRE!	126	137
ILS CELEBRENT LA	MORT, VOUS CHANTEZ LE REVEIL;	043	012
ET CONSTANT JUSQUES A LA	MORT.	110	060
JE SERAI CE SOIR IVRE	MORT;	106	042
LA ROULE DEFAILLANTE AUX RIVES DE LA	MORT!	049	020
CE PAYS NOUS ENNUIE, O	MORT! APPAREILLONS!	126	138
VOUS SENTEZ TOUS LA	MORT! O SQUELETTES MUSQUES,	097	048
ET LA	MORTALITE SUR LES FAUBOURGS BRUMEUX.	075	004
EST SOUFFLEE, EST	MORTE A JAMAIS!	054	027
MA FEMME EST	MORTE, JE SUIS LIBRE!	106	001
LES MINUTES,	MORTEL FOLATRE, SONT DES GANGUES	085	015
TEL QUE JAMAIS	MORTEL N'EN VIT, ...	102	002
LE TROUPEAU	MORTEL SAUTE ET SE PAME, SANS VOIR	097	054
CHANGE PLUS VITE, HELAS! QUE LE COEUR D'UN	MORTEL):	089	008
ET DANS MA JALOUSIE, O	MORTELLE MADONE,	057	019
PENDANT QUE DES	MORTELS LA MULTITUDE VILE,	143	005
LES STUPIDES	MORTELS QUI T'ONT JUGEE AMERE,	039	013
C'EST POUR LES COEURS	MORTELS UN DIVIN OPIUM!	006	036
ET DONT LES YEUX	MORTELS, DANS LEUR SPLENDEUR ENTIERE,	001	075
QUI, DE CES COEURS	MORTELS, ENTEND LA RAILLERIE?	097	035
JE SUIS BELLE, O	MORTELS! COMME UN REVE DE PIERRE,	017	001
LES MIROIRS TERNIS ET LES FLAMMES	MORTES.	121	014
MONTRAIT A TOUS LES	MORTS ERRANT SUR LES RIVAGES	015	011
QUI S'ACHARNENT TOUJOURS SUR MES	MORTS LES PLUS CHERS,	076	010
QUI CONTIENT PLUS DE	MORTS QUE LA FOSSE COMMUNE.	076	007
COMME S'IL ECRASAIT DES	MORTS SOUS SES SAVATES,	090	027
DES SEAUX PLEINS DU SANG ET DES LARMES DES	MORTS,	073	004
BORD D'UN LAC DE SANG, SOUS UN GRAND TAS DE	MORTS,	074	013
ET SE NOURRIT DE NOUS COMME LE VER DES	MORTS,	054	003
TU MARCHES SUR DES	MORTS, BEAUTE, DONT TU TE MOQUES;	021	013
LES	MORTS, LES PAUVRES MORTS, ONT DE GRANDES DOULEURS,	100	004
LES MORTS, LES PAUVRES	MORTS, ONT DE GRANDES DOULEURS, . .	100	004
DE N'AVOIR PAS CONNU CE QUE PLEURENT LES	MORTS?"	033	013
CE VIEUX CORPS SANS AME ET MORT PARMI LES	MORTS!	072	014
QUI FAIT REVIVRE LES	MORTS!	058	020
TREBUCHANT SUR LES	MOTS COMME SUR LES PAVES, ...	087	007
LAISSAIT COULER CES	MOTS TOUT IMPREGNES DE MUSC:	132	004
ELLE N'A PAS BESOIN DE	MOTS.	051	016
ET, SANS PRENDRE SOUCI DES	MOUCHARDS, SES SUJETS,	105	007
LES	MOUCHES BOURDONNAIENT SUR CE VENTRE PUTRIDE,	029	017
AVEC SON GROS BOUQUET, SON	MOUCHOIR ET SES GANTS,	097	002
JE LA VEUX AGITER DANS L'AIR COMME UN	MOUCHOIR!	023	005
COMME TU RESPLENDIS, PAYSAGE	MOUILLE	050	011
LES SOLEILS	MOUILLES	053	007
COMME UN	MOULE FIDELE EN GARDERONT L'EMPREINTE.	057	022
	MOULUS PAR LE TRAVAIL ET TOURMENTES PAR L'AGE,	105	014
DAVID	MOURANT AURAIT DEMANDE LA SANTE	044	022
NI SON PEUPLE	MOURANT EN FACE DU BALCON.	077	006
ET PAREIL AU	MOURANT QU'ECRASENT LES BLESSES,	054	013
PUIS, ELLE S'EPANCHE,	MOURANTE,	155	019
	MOURANTE, ELLE SE LIVRE AUX LONGUES PAMOISONS,	065	006
OU DES BOUQUETS	MOURANTS DANS LEURS CERCUEILS DE VERRE	110	007
AIMER ET	MOURIR	053	005
ET VIENT	MOURIR AU BORD DE VOTRE ETERNITE!	006	044
--ET LA LAMPE S'ETANT RESIGNEE A	MOURIR,	127	029
AURAIS -JE, SANS	MOURIR, CONTEMPLE LE HUITIEME, ...	090	041

```
POEM LINE
125 003 . . . . . . . .              --J'ALLAIS   MOURIR. C'ETAIT DANS MON AME AMOUREUSE,
130 066 . . . . . . .            --DE SAPHO QUI   MOURUT LE JOUR DE SON BLASPHEME,
130 070 . . . . . . .             DE CELLE QUI    MOURUT LE JOUR DE SON BLASPHEME.
038 026 . . . . . . .            ET DES HABITS,   MOUSSELINE OU VELOURS,
133 021 . . . . .      TOI, VETUE A MOITIE DE     MOUSSELINES FRELES,
105 019 . . . . . . . . . . . .          DONT LA  MOUSTACHE PEND COMME LES VIEUX DRAPEAUX.
133 008 . . . .      DE CHASSER LOIN DU LIT LES   MOUSTIQUES RODEURS,
023 001 . . . . . . . . . . .         O TOISON!   MOUTONNANT JUSQUE SUR L'ENCOLURE!
146 001 . .      PASCAL AVAIT SON GOUFFRE, AVEC LUI SE   MOUVANT.
131 047 . . . .      QUI VEULENT ME CONDUIRE EN DES ROUTES   MOUVANTES
102 049 . . . . . . . .             ET SUR CES    MOUVANTES MERVEILLES
038 041 . . . .      ET, LENTE OU BRUSQUE, A CHAQUE   MOUVEMENT
017 007 . . . . . . . . . . .        JE HAIS LE   MOUVEMENT QUI DEPLACE LES LIGNES,
029 027 . .      OU LE GRAIN QU'UN VANNEUR D'UN   MOUVEMENT RHYTHMIQUE
067 011 . . . . . . . .        LE TUMULTE ET LE   MOUVEMENT;
017 004 . . . . . . . . . .          ETERNEL ET   MUET AINSI QUE LA MATIERE.
111 014 . . . . . . . .      QUI DANS LE CREUX    MUET DES VIEUX ANTRES PAIENS
078 011 . . . . . . .        ET QU'UN PEUPLE      MUET D'INFAMES ARAIGNEES
131 022 . . . . . . . .          LE CANTIQUE      MUET QUE CHANTE LE PLAISIR,
096 016 . . . .      JE ME VIS ACCOUDE, FROID,    MUET, ENVIANT,
037 003 . . . . .      DORS OU FUME A TON GRE: SOIS   MUETTE, SOIS SOMBRE,
003 020 . .      LE LANGAGE DES FLEURS ET DES CHOSES   MUETTES!
015 008 . . . .      DERRIERE LUI TRAINAIENT UN LONG   MUGISSEMENT.
146 008 . . . . . . . .          DESSINE UN CAUCHEMAR   MULTIFORME ET SANS TREVE.
153 008 . . . . . . .             HIDEUSE ET      MULTIFORME, AUTOUR DE LUI CIRCULE.
090 036 . . . .      CE SINISTRE VIEILLARD QUI SE   MULTIPLIAIT!
029 024 . . . . . . . .          VIVAIT EN SE     MULTIPLIANT.
091 079 . . . . . . . .              MON COEUR    MULTIPLIE JOUIT DE TOUS VOS VICES!
073 011 . . . . . . . . . . .          ET SE      MULTIPLIER COMME L'HYDRE DE LERNE.
143 005 . . . .      PENDANT QUE DES MORTELS LA   MULTITUDE VILE,
042 010 . . . .      QUE CE SOIT DANS LA RUE ET DANS LA   MULTITUDE,
149 019 . .      L'HOMME EST AVEUGLE, SOURD, FRAGILE, COMME UN   MUR
144 009 . . . .             EN HAUT, LE CIEL! CE   MUR DE CAVEAU QUI L'ETOUFFE,
149 017 .      L'HORLOGE, A SON TOUR, DIT A VOIX BASSE: "IL EST   MUR,
116 030 . . . .      DETRUISAIENT AVEC RAGE UN PENDU DEJA   MUR,
098 012 . . . . . . . . . . .               EST   MUR, COMME SON CORPS, POUR LE SAVANT AMOUR.
089 044 . . . . . . . .             DERRIERE LA   MURAILLE IMMENSE DU BROUILLARD;
009 001 . .      LES CLOITRES ANCIENS SUR LEURS GRANDES   MURAILLES
102 020 . . . . . . . .                A DES      MURAILLES DE METAL.
066 002 . . . . . . . .          AIMENT EGALEMENT, DANS LEUR   MURE SAISON.
087 015 . .      ET COMMANDE AUX MOISSONS DE CROITRE ET DE   MURIR
113 003 . . . .      JE L'ENTENDS BIEN QUI COULE AVEC UN LONG   MURMURE,
006 009 . . . .      REMBRANDT, TRISTE HOPITAL TOUT REMPLI DE   MURMURES,
105 006 . . . . . . . .          BUTTANT, ET SE COGNANT AUX   MURS COMME UN POETE,
009 011 . . . . . . . . . . .      RIEN N'EMBELLIT LES   MURS DE CE CLOITRE ODIEUX.
130 019 . . . . . . . .          CARESSENT LES FRUITS   MURS DE LEUR NUBILITE;
044 012 . . . .      QUI, LE LONG DES GRANDS     MURS DE L'HOSPICE BLAFARD,
078 007 . . . . . . . .          S'EN VA BATTANT LES   MURS DE SON AILE TIMIDE
131 094 . . . . . . . .          PAR LES FENTES DES   MURS DES MIASMES FIEVREUX
035 008 . . . . . . . . . .      --O FUREUR DES COEURS   MURS PAR L'AMOUR ULCERES!
091 070 . .      PEUREUSES, LE DOS BAS, VOUS COTOYEZ LES   MURS;
091 072 . . . .      DEBRIS D'HUMANITE POUR L'ETERNITE   MURS!
153 014 . . . .      QUE LE REEL ETOUFFE ENTRE SES QUATRE   MURS!
026 002 . . . . . . . .          AU PARFUM MELANGE DE   MUSC ET DE HAVANE,
023 030 . . . .      DE L'HUILE DE COCO, DU      MUSC ET DU GOUDRON,
038 018 . . . . . . . .          OU D'UN SACHET LE   MUSC INVETERE?
134 015 . . . . . . . . . .             GRAIN DE   MUSC QUI GIS, INVISIBLE,
004 013 . . . . . . .          COMME L'AMBRE, LE   MUSC, LE BENJOIN ET L'ENCENS,
132 004 . .      LAISSAIT COULER CES MOTS TOUT IMPREGNES DE   MUSC:
094 016 . . . . . . . .             OU DE VOS     MUSCLES DEPOUILLES,
104 020 . . . . . . .      L'HUILE QUI RAFFERMIT LES   MUSCLES DES LUTTEURS.
020 002 . . . . . . .      DANS L'ONDULATION DE CE CORPS   MUSCULEUX
008 001 . . . . . . . . . . .                O   MUSE DE MON COEUR, AMANTE DES PALAIS,
042 014 . . . . . . . .      JE SUIS L'ANGE GARDIEN, LA   MUSE ET LA MADONE."
007 001 . . . . . . . .              MA PAUVRE    MUSE, HELAS! QU'AS -TU DONC CE MATIN?
116 038 . . . . . . . .                LE         MUSEAU RELEVE, TOURNOYAIT ET RODAIT;
005 033 . . . .      MAIS CES INVENTIONS DE NOS   MUSES TARDIVES
012 007 . .      LES TOUT -PUISSANTS ACCORDS DE LEUR RICHE   MUSIQUE
107 007 . . . . . . . .          LES SONS D'UNE   MUSIQUE ENERVANTE ET CALINE,
069 001 . . . . . . . .                LA         MUSIQUE SOUVENT ME PREND COMME UNE MER!
078 017 . .      --ET DE LONGS CORBILLARDS, SANS TAMBOURS NI   MUSIQUE,
041 023 . . . . . . . .          SON HALEINE FAIT LA   MUSIQUE,
029 025 . . . . .      ET CE MONDE RENDAIT UNE ETRANGE   MUSIQUE,
023 009 . .      COMME D'AUTRES ESPRITS VOGUENT SUR LA   MUSIQUE,
097 058 . .      VOUS SENTEZ TOUS LA MORT! O SQUELETTES   MUTIN,
007 007 . . . .      LE CAUCHEMAR, D'UN POING DESPOTIQUE ET   MUTIN,
088 027 . . . . . . .          ET CHASSENT A COUPS   MUTINS
097 059 . .      ET SOUVENT, COMME TOI, SE PARFUMANT DE   MYRRHE,
057 034 . . . .      TOUT SE FERA BENJOIN, ENCENS, OLIBAN,   MYRRHE,
001 041 . .      ET JE ME SOULERAI DE NARD, D'ENCENS, DE   MYRRHE,
112 014 . . . . . . . . . .             SUR SES   MYRTES INFECTS ENTER TES NOIRS CYPRES?
116 013 . . . . . . . .          BELLE ILE AUX    MYRTES VERTS, PLEINE DE FLEURS ECLOSES,
130 043 . .      ET JE FUS DES L'ENFANCE ADMIS AU NOIR   MYSTERE
090 048 . . . . . . . .          BLESSE PAR LE    MYSTERE ET PAR L'ABSURDITE!
046 003 . . . . . . .          PAR L'OPERATION D'UN   MYSTERE VENGEUR
144 007 . .      PARTOUT L'HOMME SUBIT LA TERREUR DU   MYSTERE,
006 007 . . . .      TOUT CHARGE DE   MYSTERE, APPARAISSENT A L'OMBRE
090 003 . . . . . . . .                LES        MYSTERES PARTOUT COULENT COMME DES SEVES
058 026 . . . . . . . .          TA RAGE         MYSTERIEUSE,
```

M

		POEM	LINE
UNE DOULEUR TRES -SIMPLE ET NON	MYSTERIEUSE, ...	040	005
CES	MYSTERIEUSES HORREURS,	094	010
SI	MYSTERIEUX	053	010
JAMAIS NE CONTENAIENT L'ATTRAIT	MYSTERIEUX	126	066
TON OEIL	MYSTERIEUX (EST -IL BLEU, GRIS OU VERT?)	050	002
CES YEUX	MYSTERIEUX ONT D'INVINCIBLES CHARMES	091	035
QUEL MAL	MYSTERIEUX RONGE SON FLANC D'ATHLETE?	020	031
CE BRUIT	MYSTERIEUX SONNE COMME UN DEPART.	056	016
QUE TA VOIX, CHAT	MYSTERIEUX, ...	051	021
DANS TON TOMBEAU	MYSTERIEUX;	110	056
CHARMANTS YEUX, VOUS BRILLEZ DE LA CLARTE	MYSTIQUE	043	009
O METAMORPHOSE	MYSTIQUE	041	021
MELAIENT D'UNE FACON SOLENNELLE ET	MYSTIQUE	012	006
ET QU'IL FAUT POUR TRESSER MA COURONNE	MYSTIQUE	001	067
CELUI QUI VEUT UNIR DANS UN ACCORD	MYSTIQUE	131	065
LE	MYSTIQUE ALIMENT QUI FERAIT LEUR VIGUEUR?	010	011
ET PAR UN FRATERNEL ET	MYSTIQUE CHAINON	039	007
POUR PIQUER DANS LE BUT, DE	MYSTIQUE NATURE,	123	003
DANS LE VIN INFORME ET	MYSTIQUE,	139	013
UN SOIR FAIT DE ROSE ET DE BLEU	MYSTIQUE,	121	009
EST LA GLOIRE DES DIEUX, C'EST LE GRENIER	MYSTIQUE, ...	122	012
ETOILENT VAGUEMENT LEURS PRUNELLES	MYSTIQUES.	066	014
JE VOIS CE MALHEUREUX,	MYTHE ETRANGE ET FATAL,	089	024

```
POEM LINE
089 030  .  .  .  .  .  .  .  .  .  .  .  .  .  .  .  .      N'A BOUGE! PALAIS NEUFS, ECHAFAUDAGES, BLOCS,
106 036                                                     N'A CONNU L'AMOUR VERITABLE,
126 132                          DE CETTE APRES -MIDI QUI    N'A JAMAIS DE FIN?"
128 024                                              QUI    N'A JAMAIS EMPRISONNE DE COEUR.
112 004  .  .  .  .  .  .  .  .      SOUS L'ETERNEL LABEUR   N'A JAMAIS ENFANTE.
112 008                       UN LIT QUE LE REMORDS          N'A JAMAIS FREQUENTE.
077 013              LE SAVANT QUI LUI FAIT DE L'OR          N'A JAMAIS PU
126 024                ET DONT L'ESPRIT HUMAIN               N'A JAMAIS SU LE NOM!
051 016  .  .  .  .  .  .  .  .  .  .  .  .      ELLE        N'A PAS BESOIN DE MOTS.
049 006                    L'OPIUM AGRANDIT CE QUI           N'A PAS DE BORNES,
056 010               L'ECHAFAUD QU'ON BATIT                 N'A PAS D'ECHO PLUS SOURD.
115 027                                CRIME QUI             N'A PAS FAIT CHANCELER LE SOLEIL!
080 007  .  .  .  .  .  .  .  .  .  .      L'AMOUR           N'A PLUS DE GOUT, NON PLUS QUE LA DISPUTE;
071 001                   CE SPECTRE SINGULIER               N'A POUR TOUTE TOILETTE,
097 041                          POURTANT, QUI               N'A SERRE DANS SES BRAS UN SQUELETTE,
014 010                    HOMME, NUL                        N'A SONDE LE FOND DE TES ABIMES;
077 017  .  .  .  .  .  .  .  .  .  .  .  .  .      IL       N'A SU RECHAUFFER CE CADAVRE HEBETE
118 027             OU TU FUS MAITRE ENFIN?  LE REMORDS      N'A-T -IL PAS
001 005                                 --"AH! QUE           N'AI -JE MIS BAS TOUT UN NOEUD DE VIPERES,
021 024                D'UN INFINI QUE J'AIME ET             N'AI JAMAIS CONNU?
099 001  .  .  .  .  .  .  .  .  .  .  .  .  .      JE       N'AI PAS OUBLIE, VOISINE DE LA VILLE,
116 057                    DANS TON ILE, O VENUS! JE         N'AI TROUVE DEBOUT
042 013                QUE POUR L'AMOUR DE MOI VOUS          N'AIMIEZ QUE LE BEAU;
025 011          COMMENT N'AS -TU PAS HONTE ET COMMENT       N'AS -TU PAS
025 011                                SI TU                 N'AS -TU PAS HONTE ET COMMENT N'AS -TU PAS
142 005                                 COMMENT              N'AS FAIT TA RHETORIQUE
110 045               L'HOMME VINDICATIF QUE TU              N'AS PU, VIVANTE,
148 014                                  JE                  N'AURAI PAS L'HONNEUR SUBLIME
138 034                             TU                       N'AURAS PAS SENTI L'ETREINTE
033 003  .  .  .  .  .  .  .      ET LORSQUE TU              N'AURAS POUR ALCOVE ET MANOIR
138 027                                                      N'AURONT PAS REFLETE L'ENFER,
127 002                                  ELLE                N'AVAIT GARDE QUE SES BIJOUX SONORES,
033 013  .  .  .  .  .  .  .  .  .  .  .  .  .      DE       N'AVOIR PAS CONNU CE QUE PLEURENT LES MORTS?"
131 093              JAMAIS UN RAYON FRAIS                   N'ECLAIRA VOS CAVERNES,
076 015                                RIEN                  N'EGALE EN LONGUEUR LES BOITEUSES JOURNEES,
009 011                                RIEN                  N'EMBELLIT LES MURS DE CE CLOITRE ODIEUX.
005 034  .  .  .  .  .  .  .  .  .  .  .  .  .      LES SAGES N'EMPECHERONT JAMAIS LES RACES MALADIVES
136 028              TEL QUE JAMAIS MORTEL                   N'EN ONT PAS D'AUSSI BEAUX QUE LES FOUS!"
102 002             LES CHARMES DE L'HORREUR                 N'EN VIT,
097 036  .  .  .  .  .  .  .  .  .  .      OU JAMAIS          N'ENIVRENT QUE LES FORTS!
038 003                             OU JAMAIS                N'ENTRE UN RAYON ROSE ET GAI;
064 013                    COMME MOI                         N'ES -TU PAS UN SOLEIL AUTOMNAL,
031 019                             "TU                      N'ES PAS DIGNE QU'ON T'ENLEVE
076 019                  --DESORMAIS TU                      N'ES PLUS, O MATIERE VIVANTE!
125 013  .  .  .  .  .  .      M'ENVELOPPAIT.--EH QUOI!       N'EST -CE DONC QUE CELA?
115 016                                                      N'EST -CE PAS GRAND'PITIE DE VOIR CE BON VIVANT,
023 034                                                      N'EST -TU PAS L'OASIS OU JE REVE, ET LA GOURDE
045 026                       "QUE RIEN ICI-BAS              N'EST CERTAIN,
126 031  .  .  .  .      OU L'HOMME, DONT JAMAIS L'ESPERANCE  N'EST LASSE,
000 028               C'EST QUE NOTRE AME, HELAS!            N'EST PAS ASSEZ HARDIE.
058 003                                QUI                   N'EST PAS CELUI D'UN ANGE
149 040                            ET QUI                    N'EST PAS DE PIERRE TENDRE;
051 017                      NON, IL                         N'EST PAS D'ARCHET QUI MORDE
030 009                   OR IL                              N'EST PAS D'HORREUR AU MONDE QUI SURPASSE
119 028                                                      N'EST PAS FAITE SUFFISAMMENT;
156 009                          SON RIRE                    N'EST PAS LA GRIMACE
118 030  .  .  .  .  .  .      D'UN MONDE OU L'ACTION        N'EST PAS LA SOEUR DU REVE;
021 014              DE TES BIJOUX L'HORREUR                 N'EST PAS LE MOINS CHARMANT,
106 012                      SON TOMBEAU;--CE                N'EST PAS PEU DIRE;
090 038                            ET QUI                    N'EST PAS SAISI D'UN FRISSON FRATERNEL,
094 024  .  .  .  .  .  .      LE SOMMEIL PROMIS             N'EST PAS SUR;
014 004                    ET TON ESPRIT                     N'EST PAS UN GOUFFRE MOINS AMER.
149 047              MON AME DANS TES MAINS                  N'EST PAS UN VAIN JOUET,
037 013                      IL                              N'EST PAS UNE FIBRE EN TOUT MON CORPS TREMBLANT
089 007  .  .  .  .  .  .  .  .      LE VIEUX PARIS          N'EST PLUS (LA FORME D'UNE VILLE
101 009                          RIEN                        N'EST PLUS DOUX AU COEUR PLEIN DE CHOSES FUNEBRES,
045 004                    CE SOUVENIR                       N'EST PLUS PALI);
113 013              MAIS L'AMOUR                            N'EST POINT PALI);
156 014  .  .  .  .  .  .  .  .  .  .  .  .                  N'EST POUR MOI QU'UN MATELAS D'AIGUILLES
062 017              OU SOUS UN CLAIR AZUR TOUT              N'EST QUE LA DOULOUREUSE CHARGE;
027 012                      OU TOUT                         N'EST QU'AMOUR ET JOIE,
053 013  .  .  .      LA, TOUT                               N'EST QU'OR, ACIER, LUMIERE ET DIAMANTS,
053 027  .  .  .      LA, TOUT                               N'EST QU'ORDRE ET BEAUTE,
053 041  .  .  .      LA, TOUT                               N'EST QU'ORDRE ET BEAUTE,
020 020                      --MAIS NON! CE                  N'EST QU'UN MASQUE, UN DECOR SUBORNEUR,
101 013                      --SI CE                         N'EST, PAR UN SOIR SANS LUNE, DEUX A DEUX,
029 029              LES FORMES S'EFFACAIENT ET              N'ETAIENT PLUS QU'UN REVE,
116 021                            CE                        N'ETAIT PAS UN TEMPLE AUX OMBRES BOCAGERES,
090 021                      IL                              N'ETAIT PAS VOUTE, MAIS CASSE, SON ECHINE
116 018                  --CYTHERE                           N'ETAIT PLUS QU'UN TERRAIN DES PLUS MAIGRES,
054 046              UN ETRE, QUI                            N'ETAIT QUE LUMIERE, OR ET GAZE,
126 030                      ET,                             N'ETANT NULLE PART, PEUT ETRE N'IMPORTE OU!
043 011                ROUGIT, MAIS                          N'ETEINT PAS LEUR FLAMME FANTASTIQUE;
126 013                      POUR                            N'ETRE PAS CHANGES EN BETES, ILS S'ENIVRENT
115 026  .  .  .  .  .      SI JE                            N'EUSSE PAS VU PARMI LEUR TROUPE OBSCENE
044 024              MAIS DE TOI JE                          N'IMPLORE, ANGE, QUE TES PRIERES,
126 030      ET, N'ETANT NULLE PART, PEUT ETRE               N'IMPORTE OU!
038 035  .  .  .  .  .  .  .  .  .  .  .  .      RIEN         N'OFFUSQUAIT SA PARFAITE CLARTE,
095 037  .  .  .  .  .  .  .  .      ENCORE LA PLUPART       N'ONT -ILS JAMAIS CONNU
```

N

		POEM LINE
IL EN EST QUI JAMAIS	N'ONT CONNU LEUR IDOLE, ...	123 009
LA DOUCEUR DU FOYER ET	N'ONT JAMAIS VECU!	095 038
ET LES VOLEURS, QUI	N'ONT NI TREVE NI MERCI,	095 025
	N'ONT PAS ENCOR BRODE DE LEURS PLAISANTS DESSINS	000 026
SI SES BALANCES D'OR	N'ONT PESE LE DELUGE	130 033
	N'ONT QU'UN ESPOIR, ETRANGE ET SOMBRE CAPITOLE!	123 012
	N'OUVRANT A CHACUN QU'AVEC CRAINTE,	138 031
ET JE	N'Y CHERCHE PLUS L'ABRI D'UNE CAHUTE,	080 014
JETTE! TU	N'Y COMPRENDRAIS RIEN, ...	142 007
IL	NACRES,	027 001
AVEC SES VETEMENTS ONDOYANTS ET	NACRES,	109 002
--UN PARFUM	NAGE AUTOUR DE MOI COMME UN AIR IMPALPABLE;	055 011
LE MIEN, O MON AMOUR!	NAGE AUTOUR DE VOTRE GORGE NUE!...	023 010
"POUR RAFRAICHIR TON COEUR	NAGE SUR TON PARFUM	126 135
UNE ODEUR DE TOMBEAU DANS LES TENEBRES	NAGE VERS TON ELECTRE!"	145 012
	NAGE,	110 036
MA SOEUR, COTE A COTE	NAGEANT DANS LES PLIS DES RIDEAUX;	108 012
	NAGEANT, ...	034 014
OU	NAGENT AUTOUR DE SON CORPS BRUN.	030 004
AUX HUMIDES BROUILLARDS QUI	NAGENT DANS LA NUIT L'HORREUR ET LE BLASPHEME;	019 008
SUR TES PLEURS SALES	NAGENT DANS SES YEUX;	083 008
ET COMME UN BON	NAGERA	003 006
SE DEBATTANT COMME UN	NAGEUR QUI SE PAME DANS L'ONDE,	084 008
LUI,	NAGEUR,	002 010
OU DE GIGANTESQUES	NAGUERE SI BEAU, QU'IL EST COMIQUE ET LAID!	102 023
SOBRE ET	NAIADES,	142 002
SEMBLABLES A DES	NAIF HOMME DE BIEN,	115 008
POUR QUE DE NOTRE AMOUR	NAINS CRUELS ET CURIEUX.	104 023
ET VOTRE CHATIMENT	NAISSE LA POESIE	131 092
EST DOUX, A TRAVERS LES BRUMES, DE VOIR	NAITRA DE VOS PLAISIRS.	086 009
QUI SENT TOUJOURS LA SOIF	NAITRE	073 010
PAYS CHAUDS ET BLEUS OU TON DIEU T'A FAIT	NAITRE DE LA LIQUEUR	133 005
DE SA	NAITRE,	131 004
SUR LA	NAIVETE LF CIEL DEJA LOINTAIN, ...	099 010
DES	NAPPE FRUGALE ET LES RIDEAUX DE SERGE.	102 025
ET JE ME SOULERAI DE	NAPPES D'EAU S'EPANCHAIENT, BLEUES,	001 041
ELLE RIT A LA MORT ET	NARD, D'ENCENS, DE MYRRHE,	114 005
QUI CIRCULE DANS L'AIR ET M'ENFLE LA	NARGUE LA DEBAUCHE, ...	022 013
QUI BAVE DES	NARINE,	071 006
ET DISAIT, LE COEUR PLEIN DE SON BEAU LAC	NASEAUX COMME UN EPILEPTIQUE.	089 022
SA DOUCE LANGUE	NATAL:	053 026
VENEREE A JAMAIS PAR TOUTE	NATALE.	116 014
NOUS AVONS, IL EST VRAI,	NATION,	005 029
JE ME REPRESENTAI SA MAJESTE	NATIONS CORROMPUES,	032 005
CES	NATIVE,	005 016
TU POSES DOUCEMENT TON CORPS SUR UNE	NATIVES GRANDEURS, AUX LIEUX OU SE FONT VOIR . . .	133 014
ET DE RENDRE AU CENTUPLE A LA GRANDE	NATTE,	029 011
UNE ILE PARESSEUSE OU LA	NATURE	022 005
DU TEMPS QUE LA	NATURE DONNE	019 001
LA	NATURE EN SA VERVE PUISSANTE	004 001
ET DANS CETTE	NATURE EST UN TEMPLE OU DE VIVANTS PILIERS	027 010
DONT LA	NATURE ETRANGE ET SYMBOLIQUE	110 024
EN L'ISOLANT DE L'IMMENSE	NATURE LUI FIT DON;	038 032
ETOILE DE MES YEUX, SOLEIL DE MA	NATURE,	029 039
COMME JE ME PLAIGNAIS UN JOUR A LA	NATURE,	115 002
POUR PIQUER DANS LE BUT, DE MYSTIQUE	NATURE,	123 003
QUAND LA	NATURE,	025 015
L'INSOLENCE DE LA	NATURE, GRANDE EN SES DESSEINS CACHES, ...	129 024
ET PARTOUT COLORANT EN ROUGE LA	NATURE.	113 008
L'AUTRE EN TOI MET SON DEUIL,	NATURE!	081 002
ET QU'IL SOIT	NATUREL DE RECEVOIR DEUX PRIX, ...	149 031
ET	NATURELLEMENT, DIEU M'A FAITE TRES BELLE."	149 006
NE CONTEMPLERONT PAS SANS D'AMERES	NAUSEES	097 031
LE	NAVIRE GLISSANT SUR LES GOUFFRES AMERS.	002 004
UN	NAVIRE PRIS DANS LE POLE, ...	084 025
COMME UN	NAVIRE QUI S'EVEILLE	028 009
LE	NAVIRE ROULAIT SOUS UN CIEL SANS NUAGES	116 003
	NE CHANTE QU'AUX RAYONS DU SOLEIL QUI SE COUCHE	076 024
	NE CHAUFFERA JAMAIS SON CORPS PARALYTIQUE	131 067
JE	NE CHERCHE, A L'ASPECT DE CES MEMBRES DISCORDS,	091 030
	NE CHERCHEZ PLUS MON COEUR; LES BETES L'ONT MANGE.	055 014
ET,	NE COMPRENANT PAS LES DESSEINS ETERNELS,	001 018
QUI	NE COMPRENNENT PAS, AMANTS IVRES DE CHAIR, ...	097 018
O MER, NUL	NE CONNAIT TES RICHESSES INTIMES,	014 011
	NE CONTEMPLERONT PAS SANS D'AMERES NAUSEES	097 039
JAMAIS	NE CONTENAIENT L'ATTRAIT MYSTERIEUX	126 066
QUI	NE CRIE: O MON CHER BELZEBUTH, JE T'ADORE!	037 014
CHANTER DES TE DEUM AUXQUELS TU	NE CROIS GUERE,	008 011
REGARDAIT LE SILLAGE ET	NE DAIGNAIT RIEN VOIR.	015 020
NUL TRAIT	NE DISTINGUAIT, DU MEME ENFER VENU,	090 030
	NE DISTRAIT PLUS LE FRONT DE CE CRUEL MALADE; . . .	077 008
QU'IL	NE FAUT PAS LACHER SANS EN EXTRAIRE L'OR!	085 016
COMPRENDS -TU MAINTENANT QU'IL	NE FAUT PAS OFFRIR	131 026
	NE FERA PAS LEVER MON FRONT DE MON PUPITRE;	086 022
MA JEUNESSE	NE FUT QU'UN TENEBREUX ORAGE, ...	010 001
JE	NE GEINDRAI PAS COMME OVIDE,	082 007
--AH!	NE JAMAIS SORTIR DES NOMBRES ET DES ETRES!	146 014
AU CIEL; ON	NE LES VOIT JAMAIS VERS LES PAVES	092 007
	NE ME REGARDE PAS AINSI, TOI, MA PENSEE!	131 053

```
POEM LINE
131 042 . . . . . . . --"JE NE SUIS POINT INGRATE ET  NE ME REPENS PAS,
056 020                                                 NE ME VAUT LE SOLEIL RAYONNANT SUR LA MER.
128 014                                          RIEN   NE ME VAUT L'ABIME DE TA COUCHE;
001 066                                            OU   NE MORDRONT JAMAIS LA TERRE ET LES ENFERS,
138 037 . . . . . . . . . . . . . . . .            QUI   NE M'AIMES QU'AVEC EFFROI,
126 085                                          POUR   NE PAS OUBLIER LA CHOSE CAPITALE,
084 004                     OU NUL OEIL DU CIEL   NE PENETRE;
006 002          OREILLER DE CHAIR FRAICHE OU L'ON   NE PEUT AIMER,
041 012 . . . . . . . . . . . . . . .            RIEN   NE PEUT ETRE PREFERE.
043 014                    ASTRES DONT NUL SOLEIL   NE PEUT FLETRIR LA FLAMME!
131 073                                            ON   NE PEUT ICI-BAS CONTENTER QU'UN SEUL MAITRE!"
077 005                                          RIEN   NE PEUT L'EGAYER, NI GIBIER, NI FAUCON,
106 029 . . . . . . . . . . . . . . .             NUL   NE PEUT ME COMPRENDRE, UN SEUL
106 018                             DONT RIEN   NE PEUT NOUS DELIER,
083 028                              ET QUI   NE PEUVENT PLUS SOURIRE!
017 008                 ET JAMAIS JE   NE PLEURE ET JAMAIS JE NE RIS.
001 016 . . . . . . . . . . . . .     QU'IL   NE POURRA POUSSER SES BOUTONS EMPESTES!"
001 071              PAR VOTRE MAIN MONTES,   NE POURRAIENT PAS SUFFIRE
138 036                                   TU   NE POURRAS, ESCLAVE REINE
131 091                     JAMAIS VOUS   NE POURREZ ASSOUVIR VOTRE RAGE,
000 034 . . . . . . . . . . . .     QUOIQU'IL   NE POUSSE NI GRANDS GESTES NI GRANDS CRIS,
073 014                                   DE   NE POUVOIR JAMAIS S'ENDORMIR SOUS LA TABLE.
001 011                           ET QUE JE   NE PUIS PAS REJETER DANS LES FLAMMES,
018 007                              CAR JE   NE PUIS TROUVER PARMI CES PALES ROSES
057 023 . . . . . . . . . . . .       SI JE   NE PUIS, MALGRE TOUT MON ART DILIGENT,
026 012                        HELAS! ET JE   NE PUIS, MEGERE LIBERTINE,
088 051                           DONT JE   NE PUIS, OH! PARDON!
131 079                                   ET   NE RAFRAICHIRA LA SOIF DE L'EUMENIDE
139 001                                  AH!   NE RALENTIS PAS TES FLAMMES;
131 078                                 RIEN   NE RASSASIERA CE MONSTRE GEMISSANT
098 018                                  QUI   NE RECELENT POINT DE SECRETS PRECIEUX;
144 008                                   ET   NE REGARDE EN HAUT QU'AVEC UN OEIL TREMBLANT.
084 024 . . . . . . . . . . . . . . . . .      ET   NE RENDENT VISIBLES QUE D'EUX;
039 010     JUSQU'AU PLUS HAUT DU CIEL, RIEN, HORS MOI,   NE REPOND!
021 012                       ET TU GOUVERNES TOUT ET   NE REPONDS DE RIEN.
130 012                        OU JAMAIS UN SOUPIR   NE RESTA SANS ECHO,
017 008 . . .     ET JAMAIS JE NE PLEURE ET JAMAIS JE   NE RIS.
093 013                       CAR J'IGNORE OU TU FUIS, TU   NE SAIS OU JE VAIS,
148 011                              SOUS JE   NE SAIS QUEL OEIL DE FEU
152 003                                   JE   NE SAIS QUOI DE BON, DE DOUX COMME LA NUIT!
038 031                                   JE   NE SAIS QUOI D'ETRANGE ET D'ENCHANTE
136 012                        FANTOME VAGISSANT, ON   NE SAIT D'OU VENU,
092 004                              DARDANT ON   NE SAIT OU LEURS GLOBES TENEBREUX.
146 010     TOUT PLEIN DE VAGUE HORREUR, MENANT ON   NE SAIT OU;
077 011 . . . . . . . .                            NE SAVENT PLUS TROUVER D'IMPUDIQUE TOILETTE
140 009       TEL EST L'AMOUR! AVANT QUE TON COEUR   NE SE BLASE,
089 045                        A QUICONQUE A PERDU CE QUI   NE SE RETROUVE
028 013                           TES YEUX, OU RIEN   NE SE REVELE
155 006 . . . . . . . . . . . . . . .             ET   NE SE TAIT NI NUIT NI JOUR,
001 073                                 CAR IL   NE SERA FAIT QUE DE PURE LUMIERE,
056 008                            MON COEUR   NE SERA PLUS QU'UN BLOC ROUGE ET GLACE.
104 008                              MAIS JE   NE SERAI POINT INGRAT NI MALFAISANT,
016 014 . . . . . . . . . . . .      ET TU   NE SERAIS PLUS QU'UN FOETUS DERISOIRE!"
018 001                                   CE   NE SERONT JAMAIS CES BEAUTES DE VIGNETTES,
023 033                   AFIN QU'A MON DESIR TU   NE SOIS JAMAIS SOURDE!
097 052                   VOUS ENTRAINE EN DES LIEUX QUI   NE SONT PAS CONNUS!
001 076 . . . . . . . . . . . .                    NE SONT QUE DES MIROIRS OBSCURCIS ET PLAINTIFS!"
126 019               DE LEUR FATALITE JAMAIS ILS   NE S'ECARTENT,
118 008                              LES CIEUX   NE S'EN SONT POINT ENCORE RASSASIES!
097 042                              ET QUI   NE S'EST NOURRI DES CHOSES DU TOMBEAU?
098 021                                 MAIS   NE SUFFIT -IL PAS QUE TU SOIS L'APPARENCE,
126 118                        A QUI RIEN   NE SUFFIT, NI WAGON NI VAISSEAU,
083 013                                   JE   NE SUIS PAS UN FAUX ACCORD
026 011                                   JE   NE SUIS -JE PAS LE STYX POUR T'EMBRASSER NEUF FOIS,
131 042 . . . . . . . . . . . .     --"JE   NE SUIS POINT INGRATE ET NE ME REPENS PAS,
093 011                                   JE   NE TE VERRAI -JE PLUS QUE DANS L'ETERNITE?
080 009                          PLAISIRS,   NE TENTEZ PLUS UN COEUR SOMBRE ET BOUDEUR!
005 008                                     NE TROUVAIT POINT SES FILS UN POIDS TROP ONEREUX,
097 034 . . . . . . . . .                            NE TROUVE PAS UN PRIX DIGNE DE SES EFFORTS;
126 040                                     NE TROUVE QU'UN RECIF AUX CLARTES DU MATIN.
025 014                                   NE T'A DONC JAMAIS FAIT RECULER D'EPOUVANTE,
038 055                                   TU   NE TUERAS JAMAIS DANS MA MEMOIRE.
058 018 . . . . . . . . .                            NE VALENT PAS TA PARESSE.
042 006                                 RIEN   NE VAUT LA DOUCEUR DE SON AUTORITE;
049 011                        TOUT CELA   NE VAUT PAS LE POISON QUI DECOULE
049 016                        TOUT CELA   NE VAUT PAS LE TERRIBLE PRODIGE
107 009 . . . . . . . . .     TOUT CELA   NE VAUT PAS, O BOUTEILLE PROFONDE,
064 005                                     NE VEUT PAS TE MONTRER SON SECRET INFERNAL,
080 003                                     NE VEUT PLUS T'ENFOURCHER! COUCHE -TOI SANS PUDEUR,
140 014         MAIS LE DAMNE REPOND TOUJOURS: "JE   NE VEUX PAS!"
045 015 . . .     DE VOUS, RICHE ET SONORE INSTRUMENT OU   NE VIBRE
095 035                                     NE VIENDRA PLUS CHERCHER LA SOUPE PARFUMEE,
131 088                    FLAGELLES PAR UN VENT QUI   NE VIENT PAS DU CIEL,
132 019       POUR LUI RENDRE UN BAISER D'AMOUR, JE   NE VIS PLUS
054 048 . . . . .     MAIS MON COEUR, QUE JAMAIS   NE VISITE L'EXTASE,
141 012                              L'HOMME   NE VIT PAS UN MOMENT
148 007                    QUE MES YEUX CONSUMES   NE VOIENT
089 009                                   JE   NE VOIS QU'EN ESPRIT TOUT CE CAMP DE BARAQUES,
146 011 . . . . . . . . . . . . . . . .      JE   NE VOIS QU'INFINI PAR TOUTES LES FENETRES,
```

N

		POEM	LINE
ET TON RIRE TREMPE DE PLEURS QU'ON	NE VOIT PAS,	008	013
NUL	NE VOUS RECONNAIT! UN IVROGNE INCIVIL	091	066
ET NUL	NE VOUS SALUE, ETRANGES DESTINEES!	091	071
AINSI QU'UN NOUVEAU -	NE,--SANS HAINE ET SANS REMORD.	114	020
QU'ENVERS NOUS LE	NEANT EST TRAITRE;	094	025
O CHARME D'UN	NEANT FOLLEMENT ATTIFE!	097	016
JALOUSE DU	NEANT L'INSENSIBILITE.	146	013
UN COEUR TENDRE, QUI HAIT LE	NEANT VASTE ET NOIR!	047	010
UN COEUR TENDRE, QUI HAIT LE	NEANT VASTE ET NOIR,	047	013
LA DOULEUR A LA MORT ET L'ENFER AU	NEANT!	096	024
COMME UN SOLEIL COUCHANT DANS UN CIEL	NEBULEUX.	049	005
ET POURTANT	NECESSAIRE A LA MARCHE DU MONDE,	114	014
RETROUVE L'AMBROISIE ET LE	NECTAR VERMEIL.	001	024
JE PENSE A LA	NEGRESSE, AMAIGRIE ET PHTISIQUE,	089	041
J'UNIS UN COEUR DE	NEIGE A LA BLANCHEUR DES CYGNES;	017	006
DANS LA	NEIGE ET LA BOUE IL ALLAIT S'EMPETRANT,	090	026
FRISSONNANTE LA-BAS SOUS LA	NEIGE ET LES GRELES,	133	022
ADORERAI -JE AUSSI TA	NEIGE ET VOS FRIMAS,	050	014
COMME LA	NEIGE IMMENSE UN CORPS PRIS DE ROIDEUR;	080	012
A TRAVERS LA TEMPETE, ET LA	NEIGE, ET LE GIVRE,	122	005
ILS SENTENT S'EGOUTTER LES	NEIGES DE L'HIVER	100	012
ET QUAND VIENDRA L'HIVER AUX	NEIGES MONOTONES,	086	014
QUAND SOUS LES LOURDS FLOCONS DES	NEIGEUSES ANNEES	076	016
DURANT LES NOIRS ENNUIS DES	NEIGEUSES SOIREES,	008	003
ET SANS CESSE VERS TOI, SOMMET BLANC ET	NEIGEUX,	057	035
LE	NEPENTHES ET LA BONNE CIGUE	128	022
JE SUIVAIS, ROIDISSANT MES	NERFS COMME UN HEROS	090	010
LES	NERFS TROP EVEILLES RAILLENT L'ESPRIT QUI DORT.	050	008
BAIGNAIT	NERVEUSEMENT SES AILES DANS LA POUDRE,	089	021
PRODUITS AVARIES,	NES D'UN SIECLE VAURIEN,	018	002
--EMBLEMES	NETS, TABLEAU PARFAIT	084	029
DONNAIT UN CHARME	NEUF A SES METAMORPHOSES;	127	016
JE NE SUIS PAS LE STYX POUR T'EMBRASSER	NEUF FOIS,	026	011
POUR RASSEMBLER A	NEUF LES TERRES INONDEES,	010	007
N'A BOUGE! PALAIS	NEUFS, ECHAFAUDAGES, BLOCS,	089	030
IL ETAIT TARD; AINSI QU'UNE MEDAILLE	NEUVE	045	005
FLATTE LE	NEZ DU SERAPHIN!	119	006
REVE, LE	NEZ EN L'AIR, DE BRILLANT PARADIS;	126	046
BAYADERE SANS	NEZ, IRRESISTIBLE GOUGE,	097	045
--	NI BETES, NI RUISSEAUX, NI VERDURE, NI BOIS!	030	008
--NI BETES, NI RUISSEAUX, NI VERDURE,	NI BOIS!	030	008
DE DOUX	NI D'AMER,	028	014
ET LE SIECLE COULER, SANS QU'AMIS	NI FAMILLE	100	013
RIEN NE PEUT L'EGAYER, NI GIBIER,	NI FAUCON,	077	005
RIEN NE PEUT L'EGAYER,	NI GIBIER, NI FAUCON,	077	005
QUOIQU'IL NE POUSSE NI GRANDS GESTES	NI GRANDS CRIS,	000	034
QUOIQU'IL NE POUSSE	NI GRANDS GESTES NI GRANDS CRIS,	000	034
ET NE SE TAIT NI NUIT	NI JOUR,	155	006
ET RIEN, NI VOTRE AMOUR,	NI LE BOUDOIR, NI L'ATRE,	056	019
ET RIEN, NI VOTRE AMOUR, NI LE BOUDOIR,	NI L'ATRE,	056	019
JAMAIS,	NI L'ETE NI L'HIVER,	106	035
JAMAIS, NI L'ETE	NI L'HIVER,	106	035
MAIS JE NE SERAI POINT INGRAT	NI MALFAISANT,	104	008
ET LES VOLEURS, QUI N'ONT NI TREVE	NI MERCI,	095	025
--ET DE LONGS CORBILLARDS, SANS TAMBOURS	NI MUSIQUE,	078	017
ET NE SE TAIT	NI NUIT NI JOUR,	155	006
QUE VOUS VOUS COMBATTEZ SANS PITIE	NI REMORD,	014	014
--NI BETES,	NI RUISSEAUX, NI VERDURE, NI BOIS!	030	008
	NI SA NOIRE LEGENDE AVEC LA FLAMME ECRITE.	064	007
	NI SON PEUPLE MOURANT EN FACE DU BALCON.	077	006
ET LES VOLEURS, QUI N'ONT	NI TREVE NI MERCI,	095	025
NOUS FUIRONS SANS REPOS	NI TREVES	108	013
A QUI RIEN NE SUFFIT, NI WAGON	NI VAISSEAU,	126	118
--NI BETES, NI RUISSEAUX,	NI VERDURE, NI BOIS!	030	008
ET RIEN,	NI VOTRE AMOUR, NI LE BOUDOIR, NI L'ATRE,	056	019
A QUI RIEN NE SUFFIT,	NI WAGON NI VAISSEAU,	126	118
UNE	NICHE, D'AZUR ET D'OR TOUT EMAILLEE,	057	005
PUIS, QUELQU'UN PARAIT, QUE TOUS AVAIENT	NIE,	149	021
DES SATYRESSES OU DES	NIXES.	141	006
CAR J'EUSSE AVEC FERVEUR BAISE TON	NOBLE CORPS,	032	009
EXERCAIENT LA SANTE DE LEUR	NOBLE MACHINE.	005	006
FIERE, AUTANT QU'UN VIVANT, DE SA	NOBLE STATURE,	097	001
REINE DU DOUX EMPIRE, AIMABLE ET	NOBLE TERRE,	130	023
AGILE ET	NOBLE, AVEC SA JAMBE DE STATUE.	093	005
A DANS LE COU DES AIRS	NOBLEMENT MANIERES;	061	006
ILS PRENNENT EN SONGEANT LES	NOBLES ATTITUDES	066	009
ETONNANTS VOYAGEURS! QUELLES	NOBLES HISTOIRES	126	049
TES	NOBLES JAMBES, SOUS LES VOLANTS QU'ELLES CHASSENT,	052	029
JE SAIS QUE LA DOULEUR EST LA	NOBLESSE UNIQUE	001	065
VOILA LE NOIR TABLEAU QU'EN UN REVE	NOCTURNE	096	013
COMME APRES UN	NOCTURNE ET TERRIBLE REPAS.	131	044
JE T'ADORE A L'EGAL DE LA VOUTE	NOCTURNE,	024	001
AUX	NOCTURNES RAYONS QUI PERCENT LES VOLETS?	008	006
TES YEUX CREUX SONT PEUPLES DE VISIONS	NOCTURNES.	007	002
--"AH! QUE N'AI -JE MIS BAS TOUT UN	NOEUD DE VIPERES,	001	005
QUE DES	NOEUDS MAL ATTACHES	088	021
QUAND TON COEUR DANS L'HORREUR SE	NOIE;	138	008
OU DANS LA VOLUPTE PURE LE COEUR SE	NOIE!	062	019
	NOIERONS -NOUS CE VIEIL ENNEMI,	054	007

```
POEM LINE
 038 054  .   .   .   .   .   .   .   .   .   .   .   .         NOIR ASSASSIN DE LA VIE ET DE L'ART,
 052 032                    TOURNER UN PHILTRE  NOIR DANS UN VASE PROFOND.
 144 013                  LE CIEL! COUVERCLE  NOIR DE LA GRANDE MARMITE
 136 017          DE L'EXISTENCE IMMENSE, AU PLUS  NOIR DE L'ABIME,
 057 003  .   .   .   .   ET CREUSER DANS LE COIN LE PLUS  NOIR DE MON COEUR,
 036 017              ET MES YEUX DANS LE  NOIR DEVINAIENT TES PRUNELLES,
 040 002          MONTANT COMME LA MER SUR LE ROC  NOIR ET NU?"
 116 054                POUR MOI TOUT ETAIT  NOIR ET SANGLANT DESORMAIS,
 015 006  .   .   .   DES FEMMES SE TORDAIENT SOUS LE  NOIR FIRMAMENT,
 092 009                ILS TRAVERSENT AINSI LE  NOIR ILLIMITE,
 130 043          ET JE FUS DES L'ENFANCE ADMIS AU  NOIR MYSTERE
 062 002                          LOIN DU  NOIR OCEAN DE L'IMMONDE CITE,
 023 022  .   .   .   .   .   .   .   .   DANS CE  NOIR OCEAN OU L'AUTRE EST ENFERME;
 021 009                  SORS -TU DU GOUFFRE  NOIR OU DESCENDS -TU DES ASTRES?
 078 004          IL NOUS VERSE UN JOUR  NOIR PLUS TRISTE QUE LES NUITS;
 130 058      --L'OEIL D'AZUR EST VAINCU PAR L'OEIL  NOIR QUE TACHETE
 005 019  .   .   .   .   .   .   .   .   DEVANT CE  NOIR TABLEAU PLEIN D'EPOUVANTEMENT.
 096 013                      VOILA LE  NOIR TABLEAU QU'EN UN REVE NOCTURNE
 084 035                PUITS DE VERITE, CLAIR ET  NOIR,
 047 013      UN COEUR TENDRE, QUI HAIT LE NEANT VASTE ET  NOIR,
 033 002  .   .   AU FOND D'UN MONUMENT CONSTRUIT EN MARBRE  NOIR,
 116 028              DU CIEL SE DETACHANT EN  NOIR, COMME UN CYPRES.
 079 011          CAR JE CHERCHE LE VIDE, ET LE  NOIR, ET LE NU!
 097 056      SINISTREMENT BEANTE AINSI QU'UN TROMBLON  NOIR.
 078 020  .   .   SUR MON CRANE INCLINE PLANTE SON DRAPEAU  NOIR.
 151 004          LE CHARME INATTENDU D'UN BIJOU ROSE ET  NOIR.
 015 018          SE TENAIT A LA BARRE ET COUPAIT LE FLOT  NOIR;
 122 006          C'EST LA CLARTE VIBRANTE A NOTRE HORIZON  NOIR;
 054 021  .   .   PEUT -ON ILLUMINER UN CIEL BOURBEUX ET  NOIR?
 083 018              C'EST TOUT MON SANG, CE POISON  NOIR!
 047 010      UN COEUR TENDRE, QUI HAIT LE NEANT VASTE ET  NOIR!
 046 012                  LE SOLEIL A  NOIRCI LA FLAMME DES BOUGIES;
 120 043  .   .   .   .   .   PERE ADOPTIF DE CEUX QU'EN SA  NOIRE COLERE
 084 023              FONT UNE NUIT PLUS  NOIRE ENCORE
 038 014                      C'EST ELLE!  NOIRE ET POURTANT LUMINEUSE.
 064 007                      NI SA  NOIRE LEGENDE AVEC LA FLAMME ECRITE.
 058 040  .   .   .   .   .   .   .   .   DANS MA  NOIRE SIBERIE!
 048 006      PLEINE DE L'ACRE ODEUR DES TEMPS, POUDREUSE ET  NOIRE,
 114 018      ET QUAND L'HEURE VIENDRA D'ENTRER DANS LA NUIT  NOIRE,
 102 041              ET TOUT, MEME LA COULEUR  NOIRE,
 145 011  .   .   .   .   .   .   .   .   .   .   .   .   NOIRE, HUMIDE, FUNESTE ET PLEINE DE FRISSONS;
 037 012              SOIS CE QUE TU VOUDRAS, NUIT  NOIRE, ROUGE AURORE;
 149 024              A LA JOYEUSE MESSE  NOIRE?
 116 005          QUELLE EST CETTE ILE TRISTE ET  NOIRE?--C'EST CYTHERE,
 057 039  .   .   .   .   .   .   .   .   VOLUPTE  NOIRE! DES SEPT PECHES CAPITAUX,
 116 051      DES CORBEAUX LANCINANTS ET DES PANTHERES  NOIRES
 100 009              TANDIS QUE, DEVORES DE  NOIRES SONGERIES,
 032 010      ET DEPUIS TES PIEDS FRAIS JUSQU'A TES  NOIRES TRESSES
 016 005  .   .   LES AVOIR REMUES DANS LEURS PROFONDEURS  NOIRES;
 029 018                  D'OU SORTAIENT DE  NOIRS BATAILLONS
 131 046              ET DE  NOIRS BATAILLONS DE FANTOMES EPARS,
 126 139              SI LE CIEL ET LA MER SONT  NOIRS COMME DE L'ENCRE,
 072 009  .   .   .   .   .   O VERS!  NOIRS COMPAGNONS SANS OREILLE ET SANS YEUX,
 112 014          SUR SES MYRTES INFECTS ENTER TES  NOIRS CYPRES?
 106 037                  AVEC SES  NOIRS ENCHANTEMENTS,
 008 003              DURANT LES  NOIRS ENNUIS DES NEIGEUSES SOIREES,
 049 009          .   .   .   ET DE PLAISIRS  NOIRS ET MORNES
 070 014              ET LES COMPLOTS DES  NOIRS FILOUS.
 026 004      SORCIERE AU FLANC D'EBENE, ENFANT DES  NOIRS MINUITS,
 041 007              PARMI LES OBJETS  NOIRS OU ROSES
 133 004  .   .   .   TES GRANDS YEUX DE VELOURS SONT PLUS  NOIRS QUE TA CHAIR.
 067 001              SOUS LES IFS  NOIRS QUI LES ABRITENT,
 026 009          PAR CES DEUX GRANDS YEUX  NOIRS, SOUPIRAUX DE TON AME,
 061 014      QUE VOS GRANDS YEUX RENDRAIENT PLUS SOUMIS QUE VOS  NOIRS.
 054 025  .   .   PEUT -ON ILLUMINER UN CIEL BOURBEUX ET  NOIRS?
 039 001          JE TE DONNE CES VERS AFIN QUE SI MON  NOM
 141 001                  TOUT HOMME DIGNE DE CE  NOM
 148 015                  DE DONNER MON  NOM A L'ABIME
 097 019  .   .   .   .   .   .   L'ELEGANCE SANS  NOM DE L'HUMAINE ARMATURE.
 106 017                      AU  NOM DES SERMENTS DE TENDRESSE,
 071 010              SUR LES FOULES SANS  NOM QUE SA MONTURE BROIE,
 091 039              ENTERRE SAIT LE  NOM; CELEBRE EVAPOREE
 126 024  .   .   ET DONT L'ESPRIT HUMAIN N'A JAMAIS SU LE  NOM!
 149 003              "NOUS AVONS AU GRENIER UN  NOMBRE SUFFISANT,
 146 014          --AH! NE JAMAIS SORTIR DES  NOMBRES ET DES ETRES!
 051 011              ME REMPLIT COMME UN VERS  NOMBREUX
 041 020  .   .   .   .   .   .   EN NOTE LES  NOMBREUX ACCORDS.
 065 002              AINSI QU'UNE BEAUTE, SUR DE  NOMBREUX COUSSINS,
 007 012              COMMES LES SONS  NOMBREUX DES SYLLABES ANTIQUES,
 005 012          D'ETRE FIER DES BEAUTES QUI LE  NOMMAIENT LEUR ROI;
 131 068  .   .   .   A CE ROUGE SOLEIL QUE L'ON  NOMME L'AMOUR!
 136 015      QUE DATE CE QU'ON PEUT, HELAS!  NOMMER MA PLAIE
 091 064              DONT AUTREFOIS LES  NOMS PAR TOUS ETAIENT CITES.
 057 014                  NOM DE PERLES BRODE, MAIS DE TOUTES MES LARMES!
 102 021  .   .   .   .   .   .   .   .   .   .   NON D'ARBRES, MAIS DE COLONNADES
 040 005          UNE DOULEUR TRES -SIMPLE ET  NON MYSTERIEUSE,
 080 007          L'AMOUR N'A PLUS DE GOUT,  NON PLUS QUE LA DISPUTE;
 051 017                  NON, IL N'EST PAS D'ARCHET QUI MORDE
 020 020  .   .   .   .   .   .   .   .   .   .   --MAIS  NON! CE N'EST QU'UN MASQUE, UN DECOR SUBORNEUR.
```

N

		POEM	LINE
QUI, S'IL DIT: "JE VEUX!" REPOND: "	NON!"	141	004
DORMIR	NONCHALAMMENT A L'OMBRE DE SES SEINS,	019	013
ELLE A LA	NONCHALANCE ET LA DESINVOLTURE	097	003
DANS CETTE POSE	NONCHALANTE	155	003
OUVRAIT D'UNE FACON	NONCHALANTE ET CYNIQUE	029	007
QUAND ELLE Y VEUT BAIGNER SA BEAUTE	NONCHALANTE;	107	004
ET TES FLANCS QU'ASSOUPLIT UN CHARMANT	NONCHALOIR,	033	006
ET CET AIR DE MAITRISE ET CE BEAU	NONCHALOIR,	157	003
O BOUCLES! O PARFUM CHARGE DE	NONCHALOIR!	023	002
LA REINE DE MON COEUR AU REGARD	NONPAREIL,	115	028
C'EST GRACE AUX ASTRES	NONPAREILS,	148	005
IL S'ENDORT AU DOUX BRUIT DE	NOS AFFREUX BLASPHEMES.	118	004
ET NOUS ALIMENTONS	NOS AIMABLES REMORDS,	000	003
--CE GOUFFRE, C'EST L'ENFER, DE	NOS AMIS PEUPLE!	035	012
NOUS NOUS FAISONS PAYER GRASSEMENT	NOS AVEUX,	000	006
DANS	NOS CERVEAUX RIBOTE UN PEUPLE DE DEMONS,	000	022
VIENT TENDRE SES FILETS AU FOND DE	NOS CERVEAUX,	078	012
O BLAFARDES SAISONS, REINES DE	NOS CLIMATS,	101	011
VOUS HURLEZ COMME L'ORGUE; ET DANS	NOS COEURS MAUDITS	079	002
	NOS COEURS QUE TU CONNAIS SONT REMPLIS DE RAYONS!	126	140
ALLUMAIENT DANS	NOS COEURS UNE ARDEUR INQUIETE	126	063
OCCUPENT NOS ESPRITS ET TRAVAILLENT	NOS CORPS,	000	002
	NOS DEUX COEURS SERONT DEUX VASTES FLAMBEAUX,	121	006
	NOS DEUX ESPRITS, CES MIROIRS JUMEAUX.	121	008
CONTEMPLER	NOS DINERS LONGS ET SILENCIEUX,	099	008
SI	NOS EFFORTS TE DELIVRAIENT,	031	022
OCCUPENT	NOS ESPRITS ET TRAVAILLENT NOS CORPS,	000	002
PASSER SUR	NOS ESPRITS, TENDUS COMME UNE TOILE,	126	055
ADIEU, VIVE CLARTE DE	NOS ETES TROP COURTS!	056	002
ET DE	NOS FACULTES SE FAIT LE CAPITAINE?	044	009
IL TE FALLAIT GLANER TON SOUPER DANS	NOS FANGES	133	025
	NOS HEROS, S'ETREIGNANT MECHAMMENT, ONT ROULE,	035	010
COMME UN DIVIN REMEDE A	NOS IMPURETES	001	058
DONT LES SOLDATS PARFOIS INONDENT	NOS JARDINS,	091	054
LA MER, LA VASTE MER, CONSOLE	NOS LABEURS!	062	006
LA MER, LA VASTE MER, CONSOLE	NOS LABEURS!	062	010
MAIS CES INVENTIONS DE	NOS MUSES TARDIVES	005	033
DEVOILENT POUR	NOS PECHES	088	022
	NOS PECHES SONT TETUS, NOS REPENTIRS SONT LACHES;	000	005
O LUNE QU'ADORAIENT DISCRETEMENT	NOS PERES,	147	001
LE CANEVAS BANAL DE	NOS PITEUX DESTINS,	000	027
LOIN! LOIN! ICI LA BOUE EST FAITE DE	NOS PLEURS!	062	012
ET, QUAND NOUS RESPIRONS, LA MORT DANS	NOS POUMONS	000	023
FAITES, POUR EGAYER L'ENNUI DE	NOS PRISONS,	126	054
	NOS PYLADES LA-BAS TENDENT LEURS BRAS VERS NOUS.	126	134
MA VIEILLE CYNTHIA, LAMPE DE	NOS REPAIRES,	147	004
NOS PECHES SONT TETUS,	NOS REPENTIRS SONT LACHES;	000	005
QUE	NOS RIDEAUX FERMES NOUS SEPARENT DU MONDE,	131	081
L'OEIL PENSIF, ET SUIVANT, DANS	NOS SALES BROUILLARDS,	133	027
DANS LEUR VALSE ET LEURS BONDS; MEME DANS	NOS SOMMEILS	126	026
RENAITRONT --ILS D'UN GOUFFRE INTERDIT A	NOS SONDES,	036	027
CROYANT PAR DE VILS PLEURS LAVER TOUTES	NOS TACHES.	000	008
DANS LA MENAGERIE INFAME DE	NOS VICES,	000	032
POUR TROUBLER LES OISEAUX AVEC	NOS VOILES BLANCHES,	116	026
DANS DES YEUX OU LONGTEMPS BURENT	NOS YEUX AVIDES?	044	019
UNE NOTE PLAINTIVE, UNE	NOTE BIZARRE	045	019
PAUVRE ANGE, ELLE CHANTAIT, VOTRE	NOTE CRIARDE:	045	025
EN	NOTE LES NOMBREUX ACCORDS.	041	020
UNE	NOTE PLAINTIVE, UNE NOTE BIZARRE	045	019
NOUS USERONS	NOTRE AME EN DE SUBTILS COMPLOTS,	123	005
	NOTRE AME EST UN TROIS -MATS CHERCHANT SON ICARIE;	126	033
C'EST QUE	NOTRE AME, HELAS! N'EST PAS ASSEZ HARDIE.	000	028
	NOTRE AME, PITEUX MONUMENT,	054	037
POUR QUE DE	NOTRE AMOUR NAISSE LA POESIE	104	023
	NOTRE BLANCHE MAISON, PETITE MAIS TRANQUILLE;	099	002
DECORERAIENT	NOTRE CHAMBRE,	053	017
--QUAND	NOTRE COEUR A FAIT UNE FOIS SA VENDANGE,	040	003
A QUI	NOTRE COEUR SERT DE CIBLE?	054	034
QUE NOUS PUISSIONS DONNER DE	NOTRE DIGNITE	006	042
LORSQUE ENFIN IL METTRA LE PIED SUR	NOTRE ECHINE,	126	121
QUI BERCE LONGUEMENT	NOTRE ESPRIT ENCHANTE,	000	010
POURQUOI, L'HEUREUSE ENFANT, VEUX -TU VOIR	NOTRE FRANCE,	133	017
AFIN D'ETERNISER L'ARDEUR DE	NOTRE HAINE,	035	014
C'EST LA CLARTE VIBRANTE A	NOTRE HORIZON NOIR;	122	006
HIER, DEMAIN, TOUJOURS, NOUS FAIT VOIR	NOTRE IMAGE.	126	111
BERCANT	NOTRE INFINI SUR LE FINI DES MERS:	126	008
COMME AU BEAU TEMPS DE	NOTRE IVRESSE,	106	020
LES GLAIVES SONT BRISES! COMME	NOTRE JEUNESSE,	035	005
--NOUS METTRONS	NOTRE ORGUEIL A CHANTER SES LOUANGES;	042	005
SOUS	NOTRE PIED SANGLANT ET NU?	094	032
POETE,	NOTRE SANG NOUS FUIT PAR CHAQUE PORE;	157	009
FLAMME DANS	NOTRE SOUTERRAIN!	139	006
ET LE RICHE METAL DE	NOTRE VOLONTE!	000	011
PLUSIEURS RELIGIONS SEMBLABLES A LA	NOTRE,	126	097
ET QUI NE S'EST	NOURRI DES CHOSES DU TOMBEAU?	097	042
ET PLATRE ARTISTEMENT LE SEIN QUI T'A	NOURRI!"	147	014
CE FIEL	NOURRICIER, ENNEMI DES CHLOROSES,	087	009
PLUTOT QUE DE	NOURRIR CETTE DERISION!	001	006
COMME LES MENDIANTS	NOURRISSENT LEUR VERMINE.	000	004

```
POEM LINE
054 003 . . . . . . . . . . . . . . ET SE  NOURRIT DE NOUS COMME LE VER DES MORTS,
005 026                   QUE RONGE ET QUE  NOURRIT LA DEBAUCHE. ET VOUS, VIERGES,
045 012                                    NOUS ACCOMPAGNAIENT LENTEMENT.
150 015                    INSULTE CE QUE   NOUS AIMONS
000 003 . . . . . . . . . . . . . . . ET   NOUS ALIMENTONS NOS AIMABLES REMORDS,
126 007                             ET     NOUS ALLONS, SUIVANT LE RHYTHME DE LA LAME,
120 032                                    NOUS APPRIS A MELER LE SALPETRE ET LE SOUFRE,
121 001                                    NOUS AURONS DES LITS PLEINS D'ODEURS LEGERES,
106 007 . . . . . . . . . . . . . . . . .  NOUS AVIONS UN ETE SEMBLABLE
149 003                           "        NOUS AVONS AU GRENIER UN NOMBRE SUFFISANT,
150 009                                    NOUS AVONS BLASPHEME JESUS,
036 009                                    NOUS AVONS DIT SOUVENT D'IMPERISSABLES CHOSES,
126 077 . . . . . . . . . . . . . . . . .  NOUS AVONS SALUE DES IDOLES A TROMPE;
095 007                                    NOUS AVONS TRAVAILLE!--C'EST LE SOIR QUI SOULAGE
126 057            DITES, QU'AVEZ -VOUS VU? " NOUS AVONS VU DES ASTRES
126 058              ET DES FLOTS;         NOUS AVONS VU DES SABLES AUSSI;
126 086 . . . . . . . . . . . . . . . .    NOUS AVONS VU PARTOUT, ET SANS L'AVOIR CHERCHE,
150 006          VENDREDI, TREIZE,         NOUS AVONS, AVEC SOIN,
126 074          QUE LE CYPRES?--POURTANT  NOUS AVONS, AVEC SOIN,
005 029                                    NOUS AVONS, IL EST VRAI, NATIONS CORROMPUES,
150 025 . . . . . . . . . . . . ENFIN,     NOUS AVONS, POUR NOYER
150 013                                    NOUS AVONS, POUR PLAIRE A LA BRUTE,
126 136           DIT CELLE DONT JADIS     NOUS BAISIONS LES GENOUX.
126 142          NOUS VOULONS, TANT CE FEU NOUS BRULE LE CERVEAU,
150 032 . . . . . . . . . . . . . . DE     NOUS CACHER DANS LES TENEBRES!
054 007                NOIERONS - NOUS CE VIEIL ENNEMI,
107 002              QUI SE GLISSE VERS     NOUS COMME LE RAYON BLANC
054 003           ET SE NOURRIT DE         NOUS COMME LE VER DES MORTS,
106 018 . . . . . . . . . . DONT RIEN NE PEUT NOUS DELIER,
123 006                             ET     NOUS DEMOLIRONS MAINTE LOURDE ARMATURE,
000 015      CHAQUE JOUR VERS L'ENFER      NOUS DESCENDONS D'UN PAS,
126 133        A L'ACCENT FAMILIER         NOUS DEVINONS LE SPECTRE;
100 003 . . . . . . . . . . . . . . . . .  NOUS DEVRIONS POURTANT LUI PORTER QUELQUES FLEURS.
116 006                                    NOUS DIT -ON, UN PAYS FAMEUX DANS LES CHANSONS,
020 012             DONT CHAQUE TRAIT      NOUS DIT AVEC UN AIR VAINQUEUR:
085 002            DONT LE DOIGT NOUS MENACE ET NOUS DIT: "SOUVIENS -TOI!
131 049 . . . . . . . . . . . AVONS - NOUS DONC COMMIS UNE ACTION ETRANGE?
122 004                             ET     NOUS DONNE LE COEUR DE MARCHER JUSQU'AU SOIR;
064 009               AIMONS - NOUS DOUCEMENT. L'AMOUR DANS SA GUERITE,
121 010                                    NOUS ECHANGERONS UN ECLAIR UNIQUE,
126 125                      NOUS          NOUS EMBARQUERONS SUR LA MER DES TENEBRES
110 014                    ET QUI          NOUS ENCHAINENT LES YEUX,
150 002           IRONIQUEMENT             NOUS ENGAGE
122 003          QUI, COMME UN ELIXIR, NOUS MONTE ET NOUS ENIVRE,
126 138                    CE PAYS         NOUS ENNUIE, O MORT! APPAREILLONS!
156 003                                    NOUS ENSEIGNE A RIRE DE NOUS,
054 001             POUVONS - NOUS ETOUFFER LE VIEUX, LE LONG REMORDS,
054 005             POUVONS - NOUS ETOUFFER L'IMPLACABLE REMORDS?
000 006 . . . . . . . . . . . . . NOUS     NOUS FAISONS PAYER GRASSEMENT NOS AVEUX,
126 111          HIER, DEMAIN, TOUJOURS,   NOUS FAIT VOIR NOTRE IMAGE:
094 028                    HELAS! IL       NOUS FAUDRA PEUT-ETRE
150 004                                    NOUS FIMES DU JOUR QUI S'ENFUIT:
038 044 . . . . . . DE TOUT LE FEU QUI POUR NOUS FLAMBOYA,
108 013                                    NOUS FUIRONS SANS REPOS NI TREVES
157 009              POETE, NOTRE SANG     NOUS FUIT PAR CHAQUE PORE;
156 012          QUI LES BRULE, MAIS QUE   NOUS GLACE,
038 019 . . . . . CHARME PROFONDE, MAGIQUE, DONT NOUS GRISE
126 025                                    NOUS IMITONS, HORREUR! LA TOUPIE ET LA BOULE
145 002          COMME UNE EXPLOSION       NOUS LANCANT SON BONJOUR!
094 025                    QU'ENVERS        NOUS LE NEANT EST TRAITRE,
130 028 . . . . . . . . QU'ATTIRE LOIN DE  NOUS LE RADIEUX SOURIRE
126 051                   MONTREZ - NOUS LES ECRINS DE VOS RICHES MEMOIRES,
126 050                                    NOUS LISONS DANS VOS YEUX PROFONDS COMME LES MERS!
085 002            DONT LE DOIGT NOUS MENACE ET NOUS DIT: "SOUVIENS -TOI!
094 026          QUE TOUT, MEME LA MORT,   NOUS MENT,
042 005                    --             NOUS METTRONS NOTRE ORGUEIL A CHANTER SES LOUANGES:
122 003          QUI, COMME UN ELIXIR,     NOUS MONTE ET NOUS ENIVRE,
126 125                                    NOUS NOUS EMBARQUERONS SUR LA MER DES TENEBRES
000 006 . . . . . . . . . . . . . . . . .  NOUS NOUS FAISONS PAYER GRASSEMENT NOS AVEUX,
126 060                                    NOUS NOUS SOMMES SOUVENT ENNUYES, COMME ICI.
112 010                                    NOUS OFFRENT TOUR A TOUR, COMME DEUX BONNES SOEURS,
126 123          DE MEME QU'AUTREFOIS      NOUS PARTIONS POUR LA CHINE,
126 005                    UN MATIN        NOUS PARTONS, LE CERVEAU PLEIN DE FLAMME,
010 014          DU SANG QUE               NOUS PERDONS CROIT ET SE FORTIFIE!
056 001             BIENTOT                NOUS PLONGERONS DANS LES FROIDES TENEBRES;
126 122                                    NOUS POURRONS ESPERER ET CRIER: EN AVANT!
000 020 . . . . . . . . . . . . . . QUE    NOUS PRESSONS BIEN FORT COMME UNE VIEILLE ORANGE,
006 042                           QUE      NOUS PUISSIONS DONNER DE NOTRE DIGNITE
150 003                             A      NOUS RAPPELER QUEL USAGE
150 016          ET FLATTE CE QUI          NOUS REBUTE;
106 019 . . . . . . . . . . . ET POUR      NOUS RECONCILIER
126 141          VERSE -NOUS TON POISON POUR QU'IL NOUS RECONFORTE!
029 034                                    NOUS REGARDAIT D'UN OEIL FACHE,
123 008            DONT L'INFERNAL DESIR   NOUS REMPLIT DE SANGLOTS!
000 013 . . . C'EST LE DIABLE QUI TIENT LES FILS QUI NOUS REMUENT!
107 014                    QUI             NOUS REND TRIOMPHANTS ET SEMBLABLES AUX DIEUX!
126 068          ET TOUJOURS LE DESIR      NOUS RENDAIT SOUCIEUX!
000 007 . . . . . . . . . . . . . . ET,    NOUS RENTRONS GAIEMENT DANS LE CHEMIN BOURBEUX,
000 023 . . . . . . . . . . . . ET, QUAND  NOUS RESPIRONS, LA MORT DANS NOS POUMONS
```

N

		POEM	LINE
ET SON OEIL	NOUS REVET D'UN HABIT DE CLARTE.	042	008
ET L'OBSCUR ENNEMI QUI	NOUS RONGE LE COEUR	010	013
LA CURIOSITE NOUS TOURMENTE ET	NOUS ROULE,	126	027
MALGRE TOUT CE QUE	NOUS SAVONS,	150	007
QUE NOS RIDEAUX FERMES	NOUS SEPARENT DU MONDE,	131	081
NOUS	NOUS SOMMES SOUVENT ENNUYES, COMME ICI,	126	060
	NOUS SOMMES TOUS PLUS OU MOINS FOUS!	106	024
ECLOSES POUR	NOUS SOUS DES CIEUX PLUS BEAUX.	121	004
LA MORT	NOUS TIENT SOUVENT PAR DES LIENS SUBTILS.	040	011
VERSE - NOUS	TON POISON POUR QU'IL NOUS RECONFORTE!	126	141
LA CURIOSITE	NOUS TOURMENTE ET NOUS ROULE,	126	027
AUX OBJETS REPUGNANTS	NOUS TROUVONS DES APPAS;	000	014
CELUI DONT	NOUS T'OFFRONS L'IMAGE,	156	001
PENDANT QU'AUTOUR DE	NOUS TU CHANTES, RIS ET BEUGLES,	092	011
	NOUS USERONS NOTRE AME EN DE SUBTILS COMPLOTS,	123	005
IL	NOUS VERSE UN JOUR NOIR PLUS TRISTE QUE LES NUITS;	078	004
QUE	NOUS VEULENT LES LOIS DU JUSTE ET DE L'INJUSTE?	130	036
QUE	NOUS VEULENT LES LOIS DU JUSTE ET DE L'INJUSTE?	130	040
T DANS CES BAINS DE SANG QUI DES ROMAINS	NOUS VIENNENT,	077	015
	NOUS VIMES QUE C'ETAIT UN GIBET A TROIS BRANCHES,	116	027
RAPPELEZ -VOUS L'OBJET QUE	NOUS VIMES, MON AME,	029	001
	NOUS VOLONS AU PASSAGE UN PLAISIR CLANDESTIN	000	019
	NOUS VOULONS VOYAGER SANS VAPEUR ET SANS VOILE!	126	053
	NOUS VOULONS, TANT CE FEU NOUS BRULE LE CERVEAU,	126	142
NOUS ENSEIGNE A RIRE DE	NOUS,	156	003
ET MEME A	NOUS, AUTEURS DE CES VIEILLES RUBRIQUES,	115	021
	NOUS, PRETRE ORGUEILLEUX DE LA LYRE,	150	027
S PYLADES LA-BAS TENDENT LEURS BRAS VERS	NOUS.	126	134
EMAIN, APRES -DEMAIN ET TOUJOURS!--COMME	NOUS!	020	036
AINSI QU'UN	NOUVEAU -NE,--SANS HAINE ET SANS REMORD.	114	020
S'EN VA TOUT DOUCEMENT VERS UN	NOUVEAU BERCEAU.	091	028
COMME JE TRAVERSAIS LE	NOUVEAU CARROUSEL.	089	006
JE CROYAIS VOIR UNIS PAR UN	NOUVEAU DESSIN	127	025
COMME UN TEMPLE	NOUVEAU SES RAMEAUX S'EPANDRONT!	120	051
EST QUE LA MORT, PLANANT COMME UN SOLEIL	NOUVEAU,	123	013
AU FOND DE L'INCONNU POUR TROUVER DU	NOUVEAU!	126	144
PLANAIT (TERRIBLE	NOUVEAUTE!	102	050
ET QUI SAIT SI LES FLEURS	NOUVELLES QUE JE REVE	010	009
A TRAVERS CES LEVRES	NOUVELLES,	129	034
JE VOIS S'EPANOUIR VOS PASSIONS	NOVICES;	091	077
DE CETTE BOUCHE QUI MON COEUR SE	NOYA,	038	046
QUE TOUT VOULAIT L'AIMER; ELLE	NOYAIT	038	038
DIT AU PAUVRE, QU'IL A	NOYE DANS LES TENEBRES:	149	010
LE SOLEIL S'EST	NOYE DANS SON SANG QUI SE FIGE.	047	012
LE SOLEIL S'EST	NOYE DANS SON SANG QUI SE FIGE...	047	015
T'A-T -IL	NOYEE AU FOND D'UN FABULEUX MINTURNES?	007	008
ENFIN, NOUS AVONS, POUR	NOYER	150	025
POUR	NOYER LA RANCOEUR ET BERCER L'INDOLENCE	105	029
JE SUCERAI, POUR	NOYER MA RANCOEUR,	128	021
ASTROLOGUES	NOYES DANS LES YEUX D'UNE FEMME,	126	011
C'EST UN PAYS PLUS	NU QUE LA TERRE POLAIRE;	030	007
SUR LE LIT, LE TRONC	NU SANS SCRUPULES ETALE	110	021
SOUS NOTRE PIED SANGLANT ET	NU?	094	032
MONTANT COMME LA MER SUR LE ROC NOIR ET	NU?"	040	002
AR JE CHERCHE LE VIDE, ET LE NOIR, ET LE	NU!	079	011
LE	NUAGE AFFREUX DU PASSE.	138	010
UN	NUAGE FUNEBRE ET GROS D'UNE TEMPETE,	115	006
IL JOUE AVEC LE VENT, CAUSE AVEC LE	NUAGE,	001	025
DANS LE SUAIRE DES	NUAGES	081	011
VOS VASTES	NUAGES EN DEUIL	082	011
DE CEUX QUE LE HASARD FAIT AVEC LES	NUAGES,	126	067
LE NAVIRE ROULAIT SOUS UN CIEL SANS	NUAGES,	116	003
DES MONTAGNES, DES BOIS, DES	NUAGES, DES MERS,	003	002
CARESSENT LES FRUITS MURS DE LEUR	NUBILITE;	130	019
LA	NUDITE DE L'HOMME ET CELLE DE LA FEMME,	005	017
SA	NUDITE VOLUPTUEUSEMENT	038	039
QUE TA MAIGRE	NUDITE,	088	055
JE REMPLACE, POUR QUI ME VOIT	NUE ET SANS VOILES,	132	009
LA TRES -CHERE ETAIT	NUE, ET, CONNAISSANT MON COEUR,	127	001
--UN PARFUM NAGE AUTOUR DE VOTRE GORGE	NUE!...	055	011
DOMINE LA	NUEE ET LE CRI DES DEMONS)	115	024
LE POETE EST SEMBLABLE AU PRINCE DES	NUEES	002	013
POUR AVOIR ETREINT DES	NUEES.	148	004
E VIEILLES AU MIROIR ET D'ENFANTS TOUTES	NUES,	006	027
J'AIME LE SOUVENIR DE CES EPOQUES	NUES,	005	001
CEUX-LA DONT LES DESIRS ONT LA FORME DES	NUES,	126	021
LE JOUR DECROIT; LA	NUIT AUGMENTE; SOUVIENS -TOI!	085	019
MAUDITE SOIT LA	NUIT AUX PLAISIRS EPHEMERES	001	007
L'OMBRE AVEC LA CHALEUR, LA	NUIT AVEC LE JOUR,	131	066
LUNE, EAU SONORE,	NUIT BENIE.	155	033
SI, PAR UNE	NUIT BLEUE ET FROIDE DE DECEMBRE,	100	017
ET LES SIX AUTRES MOIS LA	NUIT COUVRE LA TERRE;	030	006
S'ENIVRE CHAQUE	NUIT DU CRI DE LA TOURMENTE	130	073
VASTE COMME LA	NUIT ET COMME LA CLARTE,	004	007
QUE CE SOIT DANS LA	NUIT ET DANS LA SOLITUDE,	042	009
QUI GUETTE	NUIT ET JOUR BRICK, TARTANE OU FREGATE,	130	048
QUI BAILLE	NUIT ET JOUR, ET SE LAMENTE ET PLEURE,	149	014
L'IRRESISTIBLE	NUIT ETABLIT SON EMPIRE,	145	010
COMME TOI,	NUIT IMMENSE, ECLAIRES COMME TOI!	152	010

```
095 032 . . . . . . . . . . . . . . . LA SOMBRE   NUIT LES PREND A LA GORGE; ILS FINISSENT
070 001                                SI PAR UNE   NUIT LOURDE ET SOMBRE
030 004                         OU NAGENT DANS LA   NUIT L'HORREUR ET LE BLASPHEME;
138 038                        DANS L'HORREUR DE LA   NUIT MALSAINE
069 008 . . . . . ? . . . . . . . . . . QUE LA   NUIT ME VOILE;
086 016                         POUR BATIR DANS LA   NUIT MES FEERIQUES PALAIS.
155 006                          ET NE SE TAIT NI   NUIT NI JOUR,
114 018   ET QUAND L'HEURE VIENDRA D'ENTRER DANS LA   NUIT NOIRE,
037 012 . . . . . . . SOIS CE QUE TU VOUDRAS,   NUIT NOIRE, ROUGE AURORE;
084 023                               FONT UNE   NUIT PLUS NOIRE ENCORE
032 001                                    UNE   NUIT QUE J'ETAIS PRES D'UNE AFFREUSE JUIVE,
143 014       ENTENDS, MA CHERE, ENTENDS LA DOUCE   NUIT QUI MARCHE.
155 029 . . . . . . . . . O TOI, QUE LA   NUIT REND SI BELLE,
030 011                        ET CETTE IMMENSE   NUIT SEMBLABLE AU VIEUX CHAOS;
036 016                                     LA   NUIT S'EPAISSISSAIT AINSI QU'UNE CLOISON,
036 020                                     LA   NUIT S'EPAISSISSAIT AINSI QU'UNE CLOISON.
016 020 . . . . . . . . . LE SILENCE ET LA   NUIT S'INSTALLERENT EN LUI,
124 005                                     LA   NUIT VOLUPTUEUSE MONTE,
134 012               EN SECRET A TRAVERS LA   NUIT,
129 025                       AINSI JE VOUDRAIS, UNE   NUIT,
045 007 . . . . . . . ET LA SOLENNITE DE LA   NUIT, COMME UN FLEUVE,
110 017                        SUR LA TABLE DE   NUIT, COMME UNE RENONCULE,
018 012                       OU BIEN TOI, GRANDE   NUIT, FILLE DE MICHEL-ANGE,
038 004                          OU, SEUL AVEC LA   NUIT, MAUSSADE HOTESSE,
091 018   LUISANTS COMME CES TROUS OU L'EAU DORT DANS LA   NUIT;
063 004                         AVEC LES OMBRES DE LA   NUIT;
041 016                           ET CONSOLE COMME LA   NUIT;
152 003       JE NE SAIS QUOI DE BON, DE DOUX COMME LA   NUIT!
079 009 . . . . . . . COMME TU ME PLAIRAIS, O   NUIT! SANS CES ETOILES
093 009                          UN ECLAIR...PUIS LA   NUIT!--FUGITIVE BEAUTE
044 003       ET LES VAGUES TERREURS DE CES AFFREUSES   NUITS
130 016                          LESBOS, TERRE DES   NUITS CHAUDES ET LANGOUREUSES,
130 020 . . . . . . . . . LESBOS, TERRE DES   NUITS CHAUDES ET LANGOUREUSES,
146 007                          SUR LE FOND DE MES   NUITS DIEU DE SON DOIGT SAVANT
074 001             IL EST AMER ET DOUX, PENDANT LES   NUITS D'HIVER,
132 028             QUE BALANCE LE VENT PENDANT LES   NUITS D'HIVER.
033 011 . . . . . . . DURANT CES GRANDES   NUITS D'OU LE SOMME EST BANNI,
130 004                       FONT L'ORNEMENT DES   NUITS ET DES JOURS GLORIEUX;
101 006                          OU PAR LES LONGUES   NUITS LA GIROUETTE S'ENROUE,
106 031                          SONGEA-T -IL DANS SES   NUITS MORBIDES
111 019 . . . . MELENT, DANS LE BOIS SOMBRE ET LES   NUITS SOLITAIRES,
074 010   ELLE VEUT DE SES CHANTS PEUPLER L'AIR FROID DES   NUITS,
024 004             ET QUE TU ME PARAIS, ORNEMENT DE MES   NUITS,
026 021                          BIZARRE DEITE, BRUNE COMME LES   NUITS,
026 005 . . . JE PREFERE AU CONSTANCE, A L'OPIUM, AU   NUITS;
078 004   IL NOUS VERSE UN JOUR NOIR PLUS TRISTE QUE LES   NUITS;
102 045                                     NUL ASTRE D'AILLEURS, NULS VESTIGES
014 011                                O MER,   NUL NE CONNAIT TES RICHESSES INTIMES,
106 029 . . . . . . . . . . . . . . . NUL NE PEUT ME COMPRENDRE. UN SEUL
091 066                                     NUL NE VOUS RECONNAIT! UN IVROGNE INCIVIL
091 071                                     ET   NUL NE VOUS SALUE, ETRANGES DESTINEES!
014 010                               HOMME,   NUL N'A SONDE LE FOND DE TES ABIMES;
084 004 . . . . . . . . . . . . . OU   NUL OEIL DU CIEL NE PENETRE;
043 014                           ASTRES DONT   NUL SOLEIL NE PEUT FLETRIR LA FLAMME!
090 030                                     NUL TRAIT NE DISTINGUAIT, DU MEME ENFER VENU,
126 030                            ET, N'ETANT   NULLE PART, PEUT ETRE N'IMPORTE OU!
102 045 . . . . . . . . NUL ASTRE D'AILLEURS,   NULS VESTIGES
133 011   TOUT LE JOUR, OU TU VEUX, TU MENES TES PIEDS   NUS
111 012                                 LES SEINS   NUS ET POURPRES DE SES TENTATIONS;
099 004   DANS UN BOSQUET CHETIF CACHANT LEURS MEMBRES   NUS,
012 011 . . . . . . ET DES ESCLAVES   NUS, TOUT IMPREGNES D'ODEURS,
122 011       ET QUI REFAIT LE LIT DES GENS PAUVRES ET   NUS;
058 016                                     NYMPHE TENEBREUSE ET CHAUDE.
```

O

		POEM	LINE
	O BACCHUS, ENDORMEUR DES REMORDS ANCIENS!	111	016
--O SERMENTS! O PARFUMS!	O BAISERS INFINIS!	036	030
	O BEAUTE, DUR FLEAU DES AMES, TU LE VEUX!	055	012
	O BEAUTE? TON REGARD, INFERNAL ET DIVIN,	021	002
	O BEAUTE! MONSTRE ENORME, EFFRAYANT, INGENU!	021	022
CESSEZ DONC DE CHERCHER,	O BELLE CURIEUSE! —	040	007
ET JE CHERIS,	O BETE IMPLACABLE ET CRUELLE!	024	009
	O BLAFARDES SAISONS, REINES DE NOS CLIMATS,	101	011
	O BLASPHEME DE L'ART! O SURPRISE FATALE!	020	017
	O BOUCLES! O PARFUM CHARGE DE NONCHALOIR!	023	002
TOUT CELA NE VAUT PAS,	O BOUTEILLE PROFONDE,	107	009
RUINES! MA FAMILLE!	O CERVEAUX CONGENERES!	091	081
ET PUIS, ET PUIS ENCORE? "	O CERVEAUX ENFANTINS!	126	084
	O CHARME D'UN NEANT FOLLEMENT ATTIFE!	097	016
"HOMME, VERS TOI JE POUSSE,	O CHER DESHERITE,	104	002
_US VIDES, PLUS PROFONDS QUE VOUS-MEMES,	O CIEUX!	098	020
CE FRERE DU SILENCE ETERNEL.	O CITE!	092	010
TOI QUI POSES TA MARQUE,	O COMPLICE SUBTIL,	120	034
	O DEMON SANS PITIE! VERSE –MOI MOINS DE FLAMME;	026	010
O VIERGES,	O DEMONS, O MONSTRES, O MARTYRES,	111	021
ET JE BUVAIS TON SOUFFLE,	O DOUCEUR! O POISON!	036	018
--O DOULEUR!	O DOULEUR! LE TEMPS MANGE LA VIE,	010	012
--	O DOULEUR! O DOULEUR! LE TEMPS MANGE LA VIE,	010	012
	O FANGEUSE GRANDEUR! SUBLIME IGNOMINIE!	025	018
SAURA VOUS RETROUVER,	O FECONDE PARESSE, ...	023	024
	O FEMME DANGEREUSE, O SEDUISANTS CLIMATS!	050	013
DE TOI SE SERT,	O FEMME, O REINE DES PECHES,	025	016
	O FINS D'AUTOMNE, HIVERS, PRINTEMPS TREMPES DE BOUE,	101	001
O LUTTEURS ETERNELS,	O FRERES IMPLACABLES!	014	016
--	O FUREUR DES COEURS MURS PAR L'AMOUR ULCERES!	035	008
O VASE DE TRISTESSE,	O GRANDE TACITURNE,	024	002
OUI! TELLE VOUS SEREZ,	O LA REINE DES GRACES,	029	041
QUI ME RONGE,	O LA VIE ET LA MORT DE MON COEUR!	048	028
	O LE PAUVRE AMOUREUX DES PAYS CHIMERIQUES!	126	041
	O LUNE DE MA VIE! EMMITOUFLE –TOI D'OMBRE;	037	002
	O LUNE QU'ADORAIENT DISCRETEMENT NOS PERES,	147	001
	O LUTTEURS ETERNELS, O FRERES IMPLACABLES!	014	016
	O MA BEAUTE!	088	056
ALORS,	O MA BEAUTE! DITES A LA VERMINE	029	045
QUAND JE TE VOIS PASSER,	O MA CHERE INDOLENTE,	098	001
SOIS SAGE,	O MA DOULEUR, ET TIENS –TOI PLUS TRANQUILLE. . . .	143	001
JE T'ADORE,	O MA FRIVOLE,	058	005
	O MA SI BLANCHE, O MA SI FROIDE MARGUERITE?	064	014
O MA SI BLANCHE,	O MA SI FROIDE MARGUERITE?	064	014
HIPPOLYTE,	O MA SOEUR! TOURNE DONC TON VISAGE, ...	131	035
O VIERGES, O DEMONS, O MONSTRES,	O MARTYRES,	111	021
--DESORMAIS TU N'ES PLUS,	O MATIERE VIVANTE!	076	019
	O MER, NUL NE CONNAIT TES RICHESSES INTIMES,	014	011
TOUT COMME SI J'ETAIS VOTRE PERE,	O MERVEILLE!	091	075
	O METAMORPHOSE MYSTIQUE	041	021
	O MOINE FAINEANT! QUAND SAURAI –JE DONC FAIRE	009	012
JE VEUX TE RACONTER,	O MOLLE ENCHANTERESSE!	052	001
JE VEUX TE RACONTER,	O MOLLE ENCHANTERESSE!	052	013
QUE RESTE-T –IL? C'EST AFFREUX,	O MON AME!	038	049
QUEL EST LE PLUS DOUX."--	O MON AME!	041	009
LE MIEN,	O MON AMOUR! NAGE SUR TON PARFUM	023	010
COMBIEN,	O MON CARQUOIS, PERDRE DE JAVELOTS?	123	004
QUI NE CRIE:	O MON CHER BELZEBUTH, JE T'ADORE!	037	014
"O MON SEMBLABLE,	O MON MAITRE, JE TE MAUDIS!"	126	104
"JE SUIS TON EGALE,	O MON ROI!'"	138	040
"	O MON SEMBLABLE, O MON MAITRE, JE TE MAUDIS!"	126	104
RHYTHME, PARFUM, LUEUR,	O MON UNIQUE REINE!--	021	027
O VIERGES, O DEMONS,	O MONSTRES, O MARTYRES,	111	021
	O MONSTRUOSITES PLEURANT LEUR VETEMENT!	005	020
	O MORT, QUAND VIENDRAS –TU, SA RIVALE EN ATTRAITS, . .	112	013
	O MORT, VIEUX CAPITAINE, IL EST TEMPS! LEVONS L'ANCRE!	126	137
ET DANS MA JALOUSIE,	O MORTELLE MADONE,	057	010
JE SUIS BELLE,	O MORTELS! COMME UN REVE DE PIERRE,	017	001
CE PAYS NOUS ENNUIE,	O MORT! APPAREILLONS!	126	138
	O MUSE DE MON COEUR, AMANTE DES PALAIS,	008	001
COMME TU ME PLAIRAIS,	O NUIT! SANS CES ETOILES	079	009
CRIME, HORREUR ET FOLIE:--	O PALE MARGUERITE!	064	012
O BOUCLES!	O PARFUM CHARGE DE NONCHALOIR!	023	002
--O SERMENTS!	O PARFUMS! O BAISERS INFINIS!	036	030
	O PAUVRES CORPS TORDUS, MAIGRES, VENTRUS OU FLASQUES,	005	022
SEIGNEUR! QUE LA DOULEUR,	O PERE, SOIT BENIE!	149	046
ET JE BUVAIS TON SOUFFLE, O DOUCEUR!	O POISON!	036	018
	O PRINCE DE L'EXIL, A QUI L'ON A FAIT TORT,	120	004
	O RAFRAICHISSANTES TENEBRES!"	124	014
TU POUVAIS SEULEMENT,	O REINE DES CRUELLES!	032	013
DE TOI SE SERT, O FEMME,	O REINE DES PECHES, ...	025	016
	O RIDICULES TRONCS! TORSES DIGNES DES MASQUES!	005	021
	O SATAN, PRENDS PITIE DE MA LONGUE MISERE!	120	003
O FEMME DANGEREUSE,	O SEDUISANTS CLIMATS!	050	013
--	O SERMENTS! O PARFUMS! O BAISERS INFINIS!	036	030
	O SOIR, AIMABLE SOIR, DESIRE PAR CELUI	095	005
VOUS SENTEZ TOUS LA MORT!	O SQUELETTES MUSQUES,	097	048
O BLASPHEME DE L'ART!	O SURPRISE FATALE!	020	017
	O TOI QUE J'EUSSE AIMEE, O TOI QUI LE SAVAIS! . . .	093	014

```
POEM LINE
120 013 . . . . . . . . . . . . . . .      O TOI QUI DE LA MORT, TA VIEILLE ET FORTE AMANTE,
093 014                  O TOI QUE J'EUSSE AIMEE,  O TOI QUI LE SAVAIS!
039 011                                       -- O TOI QUI, COMME UNE OMBRE A LA TRACE EPHEMERE,
120 001                                          O TOI, LE PLUS SAVANT ET LE PLUS BEAU DES ANGES,
155 029 . . . . . . . . . . . . .            O TOI, QUE LA NUIT REND SI BELLE,
036 002                      O TOI, TOUS MES PLAISIRS!  O TOI, TOUS MES DEVOIRS!
036 002                                          O TOI, TOUS MES PLAISIRS! O TOI, TOUS MES DEVOIRS!
023 001                                          O TOISON, MOUTONNANT JUSQUE SUR L'ENCOLURE!
024 002 . . . . . . . . . . . .              O VASE DE TRISTESSE, O GRANDE TACITURNE,
116 057                          DANS TON ILE,  O VENUS! JE N'AI TROUVE DEBOUT
072 009                                          O VERS! NOIRS COMPAGNONS SANS OREILLE ET SANS YEUX,
111 021                                          O VIERGES, O DEMONS, O MONSTRES, O MARTYRES,
126 112 . . . . . . . . . . UNE                OASIS D'HORREUR DANS UN DESERT D'ENNUI!
098 015               PARFUM QUI FAIT REVER AUX  OASIS LOINTAINES,
023 034                     N'EST -TU PAS L'    OASIS OU JE REVE, ET LA GOURDE
128 018                                      J'  OBEIRAI COMME UN PREDESTINE;
091 003 . . . . . . . . . . JE GUETTE,          OBEISSANT A MES HUMEURS FATALES,
043 004                      TOUT MON ETRE      OBEIT A CE VIVANT FLAMBEAU.
026 003                 OEUVRE DE QUELQUE       OBI, LE FAUST DE LA SAVANE,
029 001             RAPPELEZ -VOUS L'           OBJET QUE NOUS VIMES, MON AME,
116 020          J'ENTREVOYAIS POURTANT UN      OBJET SINGULIER!
041 007                    PARMI LES            OBJETS NOIRS OU ROSES
000 014                        AUX              OBJETS REPUGNANTS NOUS TROUVONS DES APPAS;
145 008 . . . . . . POUR ATTRAPER AU MOINS UN   OBLIQUE RAYON!
067 007 . . . . . . . OU, POUSSANT LE SOLEIL    OBLIQUE,
015 012          ET LORSQU'IL EUT DONNE SON     OBOLE A CHARON,
115 026    SI JE N'EUSSE PAS VU PARMI LEUR TROUPE OBSCENE!
010 013                           ET L'         OBSCUR ENNEMI QUI NOUS RONGE LE COEUR
082 006                        DE L'            OBSCUR ET DE L'INCERTAIN,
030 002            DU FOND DU GOUFFRE           OBSCUR OU MON COEUR EST TOMBE.
048 016                    VERS UN GOUFFRE      OBSCURCI DE MIASMES HUMAINS;
032 014                                         OBSCURCIR LA SPLENDEUR DE TES FROIDES PRUNELLES.
001 076 . . . . . . NE SONT QUE DES MIROIRS     OBSCURCIS ET PLAINTIFS!"
023 003     EXTASE! POUR PEUPLER CE SOIR L'ALCOVE OBSCURE
143 003                    UNE ATMOSPHERE       OBSCURE ENVELOPPE LA VILLE,
106 022              LE SOIR, SUR UNE ROUTE     OBSCURE,
052 030 . . . . . . . . TOURMENTENT LES DESIRS  OBSCURS ET LES AGACENT,
131 039            DES PLAISIRS PLUS            OBSCURS JE LEVERAI LES VOILES
153 013     VOILA BIEN TON EMBLEME, AME AUX SONGES OBSCURS,
152 009             MON ENFANT A DES YEUX       OBSCURS, PROFONDS ET VASTES,
091 021 . . . . . . . . . . --AVEZ -VOUS        OBSERVE QUE MAINTS CERCUEILS DE VIEILLES
001 029            TOUS CEUX QU'IL VEUT AIMER L' OBSERVENT AVEC CRAINTE.
004 004                           QUI L'        OBSERVENT AVEC DES REGARDS FAMILIERS.
080 004      VIEUX CHEVAL DONT LE PIED A CHAQUE OBSTACLE BUTTE.
125 010 . . . HAISSANT LE RIDEAU COMME ON HAIT UN OBSTACLE...
095 009                      LE SAVANT          OBSTINE DONT LE FRONT S'ALOURDIT,
052 035                 FAITS POUR SERRER       OBSTINEMENT,
135 005                           POUR          OBTENIR LA MOINDRE ROSE.
032 012 . . . . . SI, QUELQUE SOIR, D'UN PLEUR  OBTENU SANS EFFORT
095 017         PARTOUT ELLE SE FRAYE UN        OCCULTE CHEMIN,
000 002                                         OCCUPENT NOS ESPRITS ET TRAVAILLENT NOS CORPS,
062 002                    LOIN DU NOIR         OCEAN DE L'IMMONDE CITE,
130 064 . . . . . . SUR LE VIEIL                OCEAN DE SA FILLE ENCHANTE;
102 040                    PASSER UN            OCEAN DOMPTE;
062 003               VERS UN AUTRE             OCEAN OU LA SPLENDEUR ECLATE,
023 022               DANS CE NOIR              OCEAN OU L'AUTRE EST ENFERME,
079 005                      JE TE HAIS,        OCEAN! TES BONDS ET TES TUMULTES,
100 005                        ET QUAND         OCTOBRE SOUFFLE, EMONDEUR DES VIEUX ARBRES,
091 083         OU SEREZ -VOUS DEMAIN, EVES     OCTOGENAIRES,
084 018              AU BORD D'UN GOUFFRE DONT L' ODEUR
105 017 . . . . . . REVIENNENT, PARFUMES D'UNE  ODEUR DE FUTAILLES,
007 009      JE VOUDRAIS QU'EXHALANT LA         ODEUR DE LA SANTE,
145 012                            UNE          ODEUR DE TOMBEAU DANS LES TENEBRES NAGE,
022 002            JE RESPIRE L'                 ODEUR DE TON SEIN CHALEUREUX,
048 006         PLEINE DE L'ACRE                ODEUR DES TEMPS, POUDREUSE ET NOIRE,
076 014               SEULS, RESPIRENT L'       ODEUR D'UN FLACON DEBOUCHE.
022 009             GUIDE PAR TON               ODEUR VERS DE CHARMANTS CLIMATS.
131 002   SUR DE PROFONDS COUSSINS TOUT IMPREGNES D' ODEUR
080 010 . . . . . LE PRINTEMPS ADORABLE A PERDU SON ODEUR!
053 019                    MELANT LEURS         ODEURS
121 001             NOUS AURONS DES LITS PLEINS D' ODEURS LEGERES.
012 011      ET DES ESCLAVES NUS, TOUT IMPREGNES D' ODEURS,
133 007 . DE POURVOIR LES FLACONS D'EAUX FRAICHES ET D' ODEURS,
009 011      RIEN N'EMBELLIT LES MURS DE CE CLOITRE ODIEUX.
048 018           OU, LAZARE                    ODORANT DECHIRANT SON SUAIRE,
154 013                      D'HUILE            ODORANTE ET DE BENJOIN.
028 007 . . . . . . . . . . MER                 ODORANTE ET VAGABONDE
130 025     LAISSE DU VIEUX PLATON SE FRONCER L' OEIL AUSTERE.
130 021     LAISSE DU VIEUX PLATON SE FRONCER L' OEIL AUSTERE;
096 002        PALES, LE SOURCIL PEINT,         OEIL CALIN ET FATAL,
000 037 . . . . . . . . C'EST L'ENNUI!--L'      OEIL CHARGE D'UN PLEUR INVOLONTAIRE,
120 022                 TOI DONT L'             OEIL CLAIR CONNAIT LES PROFONDS ARSENAUX
157 005                       L'               OEIL CLAIR ET PLEIN DU FEU DE LA PRECOCITE,
096 014   JE VIS SE DEROULER SOUS MON          OEIL CLAIRVOYANT.
145 006                SE PAMER SOUS UN         OEIL COMME UN COEUR QUI PALPITE...
148 011             SOUS JE NE SAIS QUEL        OEIL DE FEU
131 021      ELLE CHERCHAIT DANS L'            OEIL DE SA PALE VICTIME
058 032 . . . . . . . . . . . . . . . . TON     OEIL DOUX COMME LA LUNE.
130 058 . . . . . . . . . . . . . . . . --L'    OEIL D'AZUR EST VAINCU PAR L'OEIL NOIR QUE TACHETE
```

O

		POEM	LINE
SON OEIL PARFOIS S'OUVRAIT COMME L'	OEIL D'UN VIEIL AIGLE;	091	059
OU NUL	OEIL DU CIEL NE PENETRE;	084	004
LA JOUE ET L'	OEIL EN FEU, JOUANT SON PERSONNAGE,	059	007
SON	OEIL ENSORCELE DECOUVRE UNE CAPOUE	126	047
NOUS REGARDAIT D'UN	OEIL FACHE,	029	034
L'	OEIL FATAL, REPONDIT D'UNE VOIX DESPOTIQUE:	131	059
COMME LES ANGES A L'	OEIL FAUVE,	063	001
UN SOMBRE MENDIANT, L'	OEIL FIER COMME ANTISTHENE,	015	003
PIETINANT DANS LA BOUE, ET CHERCHANT, L'	OEIL HAGARD,	089	042
L'	OEIL INQUIET, FIXE SUR VOS PAS INCERTAINS,	091	074
TU CONTIENS DANS TON	OEIL LE COUCHANT ET L'AURORE;	021	005
A L'	OEIL LIMPIDE ET CLAIR AINSI QU'UNE EAU COURANTE,	005	037
COUVER L'ENFANT GRANDI DE SON	OEIL MATERNEL,	100	020
TON	OEIL MYSTERIEUX (EST -IL BLEU, GRIS OU VERT?)	050	002
--L'OEIL D'AZUR EST VAINCU PAR L'	OEIL NOIR QUE TACHETE	130	058
ET SON	OEIL NOUS REVET D'UN HABIT DE CLARTE.	042	008
SEMBLAIT, GRAND	OEIL OUVERT DANS LE CIEL CURIEUX,	099	007
OU VIVENT, ELARGISSANT DE MON	OEIL PAR MILLIERS,	079	013
ET DES FEMMES DONT L'	OEIL PAR SA FRANCHISE ETONNE,	022	008
SON	OEIL PARFOIS S'OUVRAIT COMME L'OEIL D'UN VIEIL AIGLE;	091	059
L'	OEIL PENSIF, ET SUIVANT, DANS NOS SALES BROUILLARDS,	133	027
COMME UNE SENTINELLE A L'	OEIL PERCANT ET SUR,	130	047
LE VIN REND L'	OEIL PLUS CLAIR ET L'OREILLE PLUS FINE!	113	011
DARDANT LEUR	OEIL ROUGE. ILS MEDITENT.	067	004
TON	OEIL SAIT PLONGER DANS LES GOUFFRES,	142	010
OU, COMME UN	OEIL SANGLANT QUI PALPITE ET QUI BOUGE,	103	005
LA JARRETIERE, AINSI QU'UN	OEIL SECRET QUI FLAMBE,	110	027
ET NE REGARDE EN HAUT QU'AVEC UN	OEIL TREMBLANT,	144	008
ELLE CHERCHAIT, D'UN	OEIL TROUBLE PAR LA TEMPETE,	131	005
JE T'AIME QUAND TON GRAND	OEIL VERSE	138	011
VERS LE CIEL, OU SON	OEIL VOIT UN TRONE SPLENDIDE,	001	053
DANS SON	OEIL, CIEL LIVIDE OU GERME L'OURAGAN,	093	007
SON PAREIL LE SUIVAIT: BARBE,	OEIL, DOS, BATON, LOQUES,	090	029
TOUT POUR L'	OEIL, RIEN POUR LES OREILLES!)	102	051
SI TON	OEIL, TON SOURIS, TON PIED, M'OUVRENT LA PORTE	021	023
UNE VOIX RETENTIT SUR LE PONT: "OUVRE L'	OEIL!"	126	034
	OEUVRE DE QUELQUE OBI, LE FAUST DE LA SAVANE,	026	003
ET, COMME UN GRAND TROUPEAU DE VICTIMES	OFFERTES,	015	007
SANS CESSE	OFFERTS,	088	032
NOUS	OFFRENT TOUR A TOUR, COMME DEUX BONNES SOEURS,	112	010
PRENDS -TU MAINTENANT QU'IL NE FAUT PAS	OFFRIR	131	026
COURS	OFFRIR UN COEUR VIERGE A SES CRUELS BAISERS;	131	070
CELUI DONT NOUS T'	OFFRONS L'IMAGE,	156	001
RIEN N'	OFFUSQUAIT SA PARFAITE CLARTE,	038	035
DIS DONC A CES DANSEURS QUI FONT LES	OFFUSQUES:	097	046
DIS -LE, BELLE SORCIERE,	OH: DIS, SI TU LE SAIS,	054	011
DIS -LE, BELLE SORCIERE,	OH: DIS, SI TU LE SAIS,	054	015
OU LE REPENTIR MEME (	OH! LA DERNIERE AUBERGE!),	085	023
ET DE TOI FAIS -TU DIRE: "	OH! L'HOMME SINGULIER!"	125	002
DONT JE NE PUIS,	OH! PARDON!	088	051
ET L'AUTRE: "VIENS!	OH! VIENS VOYAGER DANS LES REVES,	136	009
PLEURE DE LE VOIR GAI COMME UN	OISEAU DES BOIS.	001	028
COMME UN TOUT JEUNE	OISEAU QUI TREMBLE ET QUI PALPITE,	001	049
MON COEUR, COMME UN	OISEAU, VOLTIGEAIT TOUT JOYEUX	116	001
POUR TROUBLER LES	OISEAUX AVEC NOS VOILES BLANCHES,	116	026
DES BAISERS, DES	OISEAUX CHANTANT SOIR ET MATIN,	086	019
PRENNENT DES ALBATROS, VASTES	OISEAUX DES MERS,	002	002
COMME L'AZUR DU CIEL, LES	OISEAUX ET LES FLEURS,	005	039
DE FEROCES	OISEAUX PERCHES SUR LEUR PATURE	116	029
ND PARFOIS SUR CE GLOBE, EN SA LANGUEUR	OISIVE,	065	009
TOUT SE FERA BENJOIN, ENCENS,	OLIBAN, MYRRHE,	057	034
AH! JESUS, SOUVIENS -TOI DU JARDIN DES	OLIVES!	118	009
QUE TIVOLI JADIS	OMBRAGEA DANS SA FLEUR,	091	040
OUT CHARGE DE MYSTERE, APPARAISSENT A L'	OMBRAGE PAR UN BOIS DE SAPINS TOUJOURS VERT,	006	007
EMBLABLE AUX VISIONS PALES QU'ENFANTE L'	OMBRE	110	013
--O TOI QUI, COMME UNE	OMBRE A LA TRACE EPHEMERE,	039	011
L'	OMBRE AVEC LA CHALEUR, LA NUIT AVEC LE JOUR,	131	066
DORMIR NONCHALAMMENT A L'	OMBRE DE SES SEINS,	019	013
ET SOMMEILLER LONGTEMPS A L'	OMBRE DE VOS CILS!	040	014
ET CETTE	OMBRE D'HAMLET IMITANT SA POSTURE,	115	014
LES POINGS CRISPES DANS L'	OMBRE ET LES LARMES DE FIEL,	044	004
L'HOMME IVRE D'UNE	OMBRE QUI PASSE	067	012
O LUNE DE MA VIE! EMMITOUFLE -TOI D'	OMBRE,	037	002
CE N'ETAIT PAS UN TEMPLE AUX	OMBRES BOCAGERES,	116	021
L'OREILLE AU GUET, OU BIEN, COMME DES	OMBRES CHERES,	045	011
AVEC LES	OMBRES DE LA NUIT;	063	004
	OMBRES FOLLES, COUREZ AU BUT DE VOS DESIRS;	131	090
OU, DERRIERE L'AMAS DES	OMBRES LETHARGIQUES,	152	007
HONTEUSES D'EXISTER, OMBRES	RATATINEES,	091	069
VOUS FERIEZ, A L'ABRI DES	OMBREUSES RETRAITES,	061	012
FREMISSANT AU FRACAS ROULANT DES	OMNIBUS,	091	010
O PRINCE DE L'EXIL, A QUI L'	ON A FAIT TORT,	120	004
J'AI PEUR DU SOMMEIL COMME	ON A PEUR D'UN GRAND TROU,	146	009
LE VIOLON FREMIT COMME UN COEUR QU'	ON AFFLIGE,	047	009
LE VIOLON FREMIT COMME UN COEUR QU'	ON AFFLIGE,	047	006
OU TOUT CE QUE L'	ON AIME EST DIGNE D'ETRE AIME,	062	018
BIEN QU'	ON AIT DU COEUR A L'OUVRAGE,	011	003
EST UN THEATRE OU L'	ON ATTEND	054	049

```
POEM LINE
056 010 . . . . . . . . . . . . .        L'ECHAFAUD QU'  ON BATIT N'A PAS D'ECHO PLUS SOURD.
056 014                                            QU'  ON CLOUE EN GRANDE HATE UN CERCUEIL QUELQUE PART.
027 002                  MEME QUAND ELLE MARCHE     ON CROIRAIT QU'ELLE DANSE,
054 022                               PEUT -        ON DECHIRER DES TENEBRES
048 002 . . . . . . ? . . .         EST POREUSE,    ON DIRAIT QU'ILS PENETRENT LE VERRE,
050 001                                             ON DIRAIT TON REGARD D'UNE VAPEUR COUVERT;
028 019                                             ON DIRAIT UN SERPENT QUI DANSE
095 021                                             ON ENTEND CA ET LA LES CUISINES SIFFLER.
038 037 . . . . . . . . . . .         MEME          ON EUT DIT PARFOIS QU'ELLE CROYAIT
029 023                                             ON EUT DIT QUE LE CORPS, ENFLE D'UN SOUFFLE VAGUE,
090 017                              M'APPARUT.     ON EUT DIT SA PRUNELLE TREMPEE
006 026                         DE FOETUS QU'        ON FAIT CUIRE AU MILIEU DES SABBATS,
044 004 . .  QUI COMPRIMENT LE COEUR COMME UN PAPIER QU'  ON FROISSE?
125 010                       HAISSANT LE RIDEAU COMME     ON HAIT UN OBSTACLE...
054 028        SANS LUNE ET SANS RAYONS, TROUVER OU L'  ON HEBERGE
054 025                               PEUT -        ON ILLUMINER UN CIEL BOURBEUX ET NOIRS?
054 021 . . . . . . . . .         PEUT -            ON ILLUMINER UN CIEL BOURBEUX ET NOIR?
097 005                                VIT -        ON JAMAIS AU BAL UNE TAILLE PLUS MINCE?
062 028                               PEUT -        ON LE RAPPELER AVEC DES CRIS PLAINTIFS,
051 004                        QUAND IL MIAULE,      ON L'ENTEND A PEINE,
150 018 . . . . . . . .         LE FAIBLE QU'A TORT  ON MEPRISE;
091 032                  LA FURME DE LA BOITE OU L'  ON MET TOUS CES CORPS.
048 023                             QUAND            ON M'AURA JETE, VIEUX FLACON DESOLE,
092 007                              AU CIEL;        ON NE LES VOIT JAMAIS VERS LES PAVES
006 002 . . . . . .  OREILLER DE CHAIR FRAICHE OU L'  ON NE PEUT AIMER,
131 073                                             ON NE PEUT ICI-BAS CONTENTER QU'UN SEUL MAITRE!"
136 012                    FANTOME VAGISSANT,        ON NE SAIT D'OU VENU,
092 004                          DARDANT             ON NE SAIT OU LEURS GLOBES TENEBREUX.
146 010 . . . .  TOUT PLEIN DE VAGUE HORREUR, MENANT  ON NE SAIT OU;
008 013                  ET TON RIRE TREMPE DE PLEURS QU'  ON NE VOIT PAS,
131 068                  A CE ROUGE SOLEIL QUE L'     ON NOMME L'AMOUR!
074 012               SEMBLE LE RALE EPAIS D'UN BLESSE QU'  ON OUBLIE
021 004 . . . . . . . . . . .         ET L'         ON PEUT POUR CELA TE COMPARER AU VIN.
151 001              ENTRE TANT DE BEAUTES QUE PARTOUT  ON PEUT VOIR,
136 015                       QUE DATE CE QU'        ON PEUT, HELAS! NOMMER MA PLAIE
122 008                               OU L'          ON POURRA MANGER, ET DORMIR, ET S'ASSEOIR,
016 003 . . . . . . . . . . . . .                   ON RACONTE QU'UN JOUR UN DOCTEUR DES PLUS GRANDS,
149 030                                             ON SE MOQUE DU MAITRE, ET QU'AVEC LUI L'ON TRICHE,
091 055         ET QUI, DANS CES SOIRS D'OR OU L'     ON SE SENT REVIVRE,
055 010             ON S'Y SOULE, ON S'Y TUE,        ON S'Y PREND AUX CHEVEUX;
055 010 . . . . . . . . . . .                        ON S'Y SOULE, ON S'Y TUE, ON S'Y PREND AUX CHEVEUX
055 010                    ON S'Y SOULE,             ON S'Y SOULE, ON S'Y TUE, ON S'Y PREND AUX CHEVEUX!
126 109                    AMER SAVOIR, CELUI QU'     ON TIRE DU VOYAGE!
149 030       QU'ON SE MOQUE DU MAITRE, ET QU'AVEC LUI L'  ON TRICHE,
048 007 . . . . . . . . .         PARFOIS            ON TROUVE UN VIEUX FLACON QUI SE SOUVIENT,
031 019                  "TU N'ES PAS DIGNE QU'      ON T'ENLEVE
126 129                  LE LOTUS PARFUME! C'EST ICI QU'  ON VENDANGE
006 013                  MICHEL-ANGE, LIEU VAGUE OU L'  ON VOIT DES HERCULES
151 003 . . . . . . . . . . . .         MAIS         ON VOIT SCINTILLER EN LOLA DE VALENCE
105 005                                             ON VOIT UN CHIFFONNIER QUI VIENT, HOCHANT LA TETE,
068 002                                             ON VOIT, A CONTEMPLER MA MINE
094 009                                             ON VOIT, CE QUI REND PLUS COMPLETES
157 002 . . . . .  AVEC UN TEL POIGNET, QU'          ON VOUS EUT PRIS, A VOIR
116 006                          NOUS DIT -           ON, UN PAYS FAMEUX DANS LES CHANSONS,
035 009           DANS LE RAVIN HANTE DES CHATS-PARDS ET DES  ONCES
015 001              ET COMME DON JUAN DESCENDIT VERS L'  ONDE SOUTERRAINE
003 006 . .  ET COMME UN BON NAGEUR QUI SE PAME DANS L'  ONDE,
072 004       ET DORMIR DANS L'OUBLI COMME UN REQUIN DANS L'  ONDE.
027 001                          AVEC SES VETEMENTS   ONDOYANTS ET NACRES,
020 002                               DANS L'        ONDULATION DE CE CORPS MUSCULEUX
107 003 . . . . . . . . . .         QUE LA LUNE      ONDULEUSE ENVOIE AU LAC TREMBLANT,
127 001                     POLIS COMME DE L'HUILE,   ONDULEUX COMME UN CYGNE,
057 016                                             ONDULEUX, MON DESIR QUI MONTE ET QUI DESCEND,
005 008           NE TROUVAIT POINT SES FILS UN POIDS TROP  ONEREUX,
035 006 . . . . . .  MA CHERE: MAIS LES DENTS, LES    ONGLES ACERES,
001 047               ET MES ONGLES, PAREILS AUX      ONGLES DES HARPIES,
126 082          DES FEMMES DONT LES DENTS ET LES     ONGLES SONT TEINTS,
001 047                               ET MES         ONGLES, PAREILS AUX ONGLES DES HARPIES,
002 005 . . . . . . . .         A PEINE LES          ONT -ILS DEPOSES SUR LES PLANCHES,
095 037               ENCORE LA PLUPART N'           ONT -ILS JAMAIS CONNU
007 006                               T'            ONT -ILS VERSE LA PEUR ET L'AMOUR DE LEURS URNES?
094 008                                             ONT COMMUNIQUE LA BEAUTE,
123 009               IL EN EST QUI JAMAIS N'        ONT CONNU LEUR IDOLE,
035 004                          DEUX GUERRIERS      ONT COURU L'UN SUR L'AUTRE; LEURS ARMES
127 004                               QU'            ONT DANS LEURS JOURS HEUREUX LES ESCLAVES DES MORE
111 004                                             ONT DE DOUCES LANGUEURS ET DES FRISSONS AMERS.
100 004 . . . .  LES MORTS, LES PAUVRES MORTS,       ONT DE GRANDES DOULEURS,
091 017                  QU'ILS SONT, ILS           ONT DES YEUX PERCANTS COMME UNE VRILLE,
091 043                                             ONT DIT AU DEVOUEMENT QUI LEUR PRETAIT SES AILES:
031 018              M'ONT PRIS EN DEDAIN ET M'       ONT DIT:
091 035 . . . . . .  CES YEUX MYSTERIEUX             ONT D'INVINCIBLES CHARMES
035 002                                             ONT ECLABOUSSE L'AIR DE LUEURS ET DE SANG.
055 014                  CALCINE CES LAMBEAUX QU'     ONT EPARGNES LES BETES!
010 003                  LE TONNERRE ET LA PLUIE     ONT FAIT UN TEL RAVAGE,
116 044 . . . . . .  ET DES PECHES QUI T'            ONT INTERDIT LE TOMBEAU.
095 038               LA DOUCEUR DU FOYER ET N'       ONT JAMAIS VECU!
039 013               LES STUPIDES MORTELS QUI T'     ONT JUGEE AMERE,
126 021                  CEUX-LA DONT LES DESIRS     ONT LA FORME DES NUES,
053 009 . . . . . . . . . . . .         POUR MON ESPRIT  ONT LES CHARMES
```

O

		POEM	LINE
QU'	ONT LES CIERGES BRULANT EN PLEIN JOUR; LE SOLEIL . . .	043	010
ILS	ONT LES YEUX DIVINS DE LA PETITE FILLE	091	019
NE CHERCHEZ PLUS MON COEUR; LES BETES L'	ONT MANGE.	055	008
ET LES VOLEURS, QUI N'	ONT NI TREVE NI MERCI.	095	025
LES SAGES N'EN	ONT PAS D'AUSSI BEAUX QUE LES FOUS!"	136	028
N'	ONT PAS ENCOR BRODE DE LEURS PLAISANTS DESSINS	000	026
SI SES BALANCES D'OR N'	ONT PESE LE DELUGE	130	033
M'	ONT PRIS EN DEDAIN ET M'ONT DIT:	031	018
N'	ONT QU'UN ESPOIR, ETRANGE ET SOMBRE CAPITOLE:	123	012
NOS HEROS, S'ETREIGNANT MECHAMMENT,	ONT ROULE,	035	010
	ONT TANT HUMILIE MON COEUR,	129	022
DE LARMES QU'A LA MER	ONT VERSE TES RUISSEAUX?	130	034
AUX REFLETS IRISES COMME UN FRAGMENT D'	OPALE, ...	065	013
CLAIRS FANAUX, VIVANTES	OPALES,	051	039
PLAFOND ILLUMINE PAR UN	OPERA BOUFFE	144	010
PAR L'	OPERATION D'UN MYSTERE VENGEUR	046	003
QUI SE METTENT A GEINDRE	OPINIATREMENT.	078	016
L'	OPIUM AGRANDIT CE QUI N'A PAS DE BORNES,	049	006
ET SE REFUGIANT DANS L'	OPIUM IMMENSE!	126	107
JE PREFERE AU CONSTANCE, A L'	OPIUM, AU NUITS,	026	005
C'EST POUR LES COEURS MORTELS UN DIVIN	OPIUM!	006	036
QUAND LA PIERRE,	OPPRIMANT TA POITRINE PEUREUSE	033	005
AUSSI DEVANT CE LOUVRE UNE IMAGE M'	OPPRIME!	089	033
MPLE AUTREFOIS VIVANT, PLEIN D'ORDRE ET D'	OPULENCE,	016	018
SUR TA JAMBE UN POIGNARD D'	OR	088	019
L'	OR AVEC LE FER.	028	016
DANS L'	OR DE SA VAPEUR ROUGE,	049	004
RECOLTERAS -TU L'	OR DES VOUTES AZUREES?	008	008
PAR TOI JE CHANGE L'	OR EN FER	081	009
OU LES VAISSEAUX, GLISSANT DANS L'	OR ET DANS LA MOIRE,	023	018
UN ETRE, QUI N'ETAIT QUE LUMIERE,	OR ET GAZE,	054	046
TON	OR FAIT AUSSI DES PETITS.	119	018
	OR IL N'EST PAS D'HORREUR AU MONDE QUI SURPASSE . . .	030	009
TOMBANT DANS L'	OR MAT OU BRUNI;	102	016
LE SAVANT QUI LUI FAIT DE L'	OR N'A JAMAIS PU	077	013
SI SES BALANCES D'	OR N'ONT PESE LE DELUGE	130	033
ET QUI, DANS CES SOIRS D'	OR OU L'ON SE SENT REVIVRE,	091	055
UNE NICHE, D'AZUR ET D'	OR TOUT EMAILLEE,	057	005
UN BAS ROSATRE, ORNE DE COINS D'	OR, A LA JAMBE,	110	025
OU TOUT N'EST QU'	OR, ACIER, LUMIERE ET DIAMANTS,	027	012
ET DES PARCELLES D'	OR, AINSI QU'UN SABLE FIN, ...	066	013
LE VIN ROULE DE L'	OR, EBLOUISSANT PACTOLE;	105	026
TEINTES D'AZUR, GLACES DE ROSE, LAMES D'	OR,	048	012
COMME UN SONGE D'	OR.	117	012
D'HYACINTHE ET D'	OR;	053	038
IL NE FAUT PAS LACHER SANS EN EXTRAIRE L'	OR!	085	016
L'	ORAGE RAJEUNIT LES FLEURS.	138	005
MA JEUNESSE NE FUT QU'UN TENEBREUX	ORAGE,	010	001
BOUILLONNENT PELE-MELE AVEC UN BRUIT D'	ORAGE.	131	089
	ORAGEUX ET SECRETS, FOURMILLANTS ET PROFONDS;	130	009
OU L'HUMANITE GROUILLE EN FERMENTS	ORAGEUX,	105	004
EN VAPEURS MONTERA MON ESPRIT	ORAGEUX,	057	036
TU REPANDS DES PARFUMS COMME UN SOIR	ORAGEUX;	021	006
OUS PRESSONS BIEN FORT COMME UNE VIEILLE	ORANGE.	000	020
QU'ENFLAMMAIT L'	ORCHESTRE SONORE,	054	042
LES THEATRES GLAPIR, LES	ORCHESTRES RONFLER;	095	022
S IL PARLE ET DIT: "JE SUIS BELLE, ET J'	ORDONNE	042	012
LA, TOUT N'EST QU'	ORDRE ET BEAUTE,	053	013
LA, TOUT N'EST QU'	ORDRE ET BEAUTE,	053	027
LA, TOUT N'EST QU'	ORDRE ET BEAUTE,	053	041
TEMPLE AUTREFOIS VIVANT, PLEIN D'	ORDRE ET D'OPULENCE, ...	016	018
UN	ORDRE RENVOYE PAR MILLE PORTE -VOIX;	006	038
ET POURTANT VOUS SEREZ SEMBLABLE A CETTE	ORDURE,	029	037
OU LA PRIERE EN PLEURS S'EXHALE DES	ORDURES,	006	011
ET FERME TON	OREILLE A CE RUGISSEMENT.	095	030
L'	OREILLE AU GUET, OU BIEN, COMME DES OMBRES CHERES,	045	011
QUI CARESSE L'	OREILLE ET CEPENDANT L'EFFRAIE.	136	013
O VERS! NOIRS COMPAGNONS SANS	OREILLE ET SANS YEUX,	072	009
LE VIN REND L'OEIL PLUS CLAIR ET L'	OREILLE PLUS FINE!	113	011
TOURBILLONNE, AMEUTE DERRIERE SON	OREILLE,	153	011
	OREILLER CARESSANT, OU CORBEILLE DE FLEURS?	098	016
	OREILLER DE CHAIR FRAICHE OU L'ON NE PEUT AIMER,	006	002
SUR L'	OREILLER DESALTERE	110	010
SUR L'	OREILLER DU MAL C'EST SATAN TRISMEGISTE	000	000
TORD SUR LEURS	OREILLERS LES BRUNS ADOLESCENTS;	103	004
MINAUDANT, ET FAISANT DE LEURS MAIGRES	OREILLES	096	003
TOUT POUR L'OEIL, RIEN POUR LES	OREILLES!)	102	051
	ORGIAQUE ET MELANCOLIQUE.	142	004
L'IMAGINATION QUI DRESSE SON	ORGIE	126	039
ET DANS L'ETOURDISSANTE ET LUMINEUSE	ORGIE	105	022
ET VIENS -TU DEMANDER AU TORRENT DES	ORGIES	097	027
SUR LES DEBRIS FUMEUX DES STUPIDES	ORGIES	046	009
QU'ACCOMPAGNE L'IMMENSE	ORGUE DES VENTS GRONDEURS,	062	008
VOUS HURLEZ COMME L'	ORGUE; ET DANS NOS COEURS MAUDITS,	079	002
--NOUS METTRONS NOTRE	ORGUEIL A CHANTER SES LOUANGES:	042	005
J'AURAIS PU (MON	ORGUEIL AUSSI HAUT QUE LES MONTS	115	023
LES CHATS PUISSANTS ET DOUX,	ORGUEIL DE LA MAISON,	066	003
UN PEU DE L'	ORGUEIL DES DAMNES;	138	025
VOUS AVEZ PRELASSE VOTRE	ORGUEIL D'ARCHITECTE	157	006

```
POEM LINE
130 069 . . . . . . . . . . . D'UN BRUTAL DONT L' ORGUEIL PUNIT L'IMPIETE
016 010                        S'ECRIA, TRANSPORTE D'UN ORGUEIL SATANIQUE:
107 013                                       --ET L' ORGUEIL, CE TRESOR DE TOUTE GUEUSERIE,
006 019                        GRAND COEUR GONFLE D' ORGUEIL, HOMME DEBILE ET JAUNE,
149 042 . . . . . . . . . . . ET CONTIENT MON ORGUEIL, MA DOULEUR ET MA GLOIRE!"
082 010                        EN VOUS SE MIRE MON ORGUEIL;
126 089                        LA FEMME, ESCLAVE VILE, ORGUEILLEUSE ET STUPIDE,
021 016                        SUR TON VENTRE ORGUEILLEUX DANSE AMOUREUSEMENT.
150 027 . . . . . . . . . . . NOUS, PRETRE ORGUEILLEUX DE LA LYRE,
048 003                        EN OUVRANT UN COFFRET VENU DE L' ORIENT
143 013                        ET, COMME UN LONG LINCEUL TRAINANT A L' ORIENT,
053 023                        LA SPLENDEUR ORIENTALE,
038 011 . . . . . . . . A SA REVEUSE ALLURE ORIENTALE,
110 025                        UN BAS ROSATRE, ORNE DE COINS D'OR, A LA JAMBE,
024 004                        ET QUE TU ME PARAIS, ORNEMENT DE MES NUITS,
130 004                        FONT L' ORNEMENT DES NUITS ET DES JOURS GLORIEUX;
088 053 . . . . . . . . . . VA DONC, SANS AUTRE ORNEMENT,
061 011                        BELLE DIGNE D' ORNER LES ANTIQUES MANOIRS,
131 031                        ET CEUX DE TON AMANT CREUSERONT LEURS ORNIERES
089 048                        AUX MAIGRES ORPHELINS SECHANT COMME DES FLEURS!
072 003 . . . OU JE PUISSE A LOISIR ETALER MES VIEUX OS
120 028                        TOI QUI, MAGIQUEMENT, ASSOUPLIS LES VIEUX OS
132 017                        QUAND ELLE EUT DE MES OS SUCE TOUTE LA MOELLE,
097 015                        OSCILLE MOLLEMENT SUR SES FRELES VERTEBRES.
131 060 . . . . . . . --"QUI DONC DEVANT L'AMOUR OSE PARLER D'ENFER?
130 031                        QUI DES DIEUX OSERA, LESBOS, ETRE TON JUGE
130 035                        QUI DES DIEUX OSERA, LESBOS, ETRE TON JUGE?
029 044                        MOISIR PARMI LES OSSEMENTS.
106 040 . . . . . . SES BRUITS DE CHAINE ET D' OSSEMENTS!
047 016                        TON SOUVENIR EN MOI LUIT COMME UN OSTENSOIR!
059 002                        PARCOURANT LES FORETS OU BATTENT LES HALLIERS,
006 021                        WATTEAU, CE CARNAVAL OU BIEN DES COEURS ILLUSTRES,
018 012 . . . . . . . . . . . . . . OU BIEN TOI, GRANDE NUIT, FILLE DE MICHEL-ANGE,
045 011                        L'OREILLE AU GUET, OU BIEN, COMME DES OMBRES CHERES,
001 030                        OU BIEN, S'ENHARDISSANT DE SA TRANQUILLITE,
026 008                        TES YEUX SONT LA CITERNE OU BOIVENT MES ENNUIS;
144 014 . . . . . . . . . . . OU BOUT L'IMPERCEPTIBLE ET VASTE HUMANITE.
015 016                        OU BRILLAT LA DOUCEUR DE SON PREMIER SERMENT.
102 016                        TOMBANT DANS L'OR MAT OU BRUNI;
038 041                        ET, LENTE OU BRUSQUE, A CHAQUE MOUVEMENT
155 008 . . . . . OU CE SOIR M'A PLONGE L'AMOUR.
154 002                        OU CETTE FILLE TRES -PAREE,
017 002                        ET MON SEIN, OU CHACUN S'EST MEURTRI TOUR A TOUR,
144 011                        OU CHAQUE HISTRION FOULE UN SOL ENSANGLANTE;
152 012 . . . . . QUI PETILLENT AU FOND, VOLUPTUEUX OU CHASTES.
126 143                        PLONGER AU FOND DU GOUFFRE, ENFER OU CIEL, QU'IMPORTE?
076 009                        OU COMME DES REMORDS SE TRAINENT DE LONGS VERS
098 016                        OREILLER CARESSANT, OU CORBEILLE DE FLEURS?
077 018 . . . . . OU COULE AU LIEU DE SANG L'EAU VERTE DU LETHE.
144 004                        MENDIANT TENEBREUX OU CRESUS RUTILANT,
062 019                        OU DANS LA VOLUPTE PURE LE COEUR SE NOIE!
069 003                        SOUS UN PLAFOND DE BRUME OU DANS UN VASTE ETHER,
048 005 . . . . . OU DANS UNE MAISON DESERTE QUELQUE ARMOIRE
091 015                        OU DANSENT, SANS VOULOIR DANSER, PAUVRES SONNETTES
068 003                        D'ABYSSINIENNE OU DE CAFRINE,
021 025                        DE SATAN OU DE DIEU, QU'IMPORTE? ANGE OU SIRENE,
102 023 . . . . . . . . OU DE GIGANTESQUES NAIADES,
106 052                        DU DIABLE OU DE LA SAINTE TABLE!
061 010                        SUR LES BORDS DE LA SEINE OU DE LA VERTE LOIRE,
021 021                        QUE TU VIENNES DU CIEL OU DE L'ENFER, QU'IMPORTE,
156 010 . . . . . . . DE MELMOTH OU DE MEPHISTO
091 012                        UN PETIT SAC BRODE DE FLEURS OU DE REBUS;
004 001                        LA NATURE EST UN TEMPLE OU DE VIVANTS PILIERS
094 016                        OU DE VOS MUSCLES DEPOUILLES,
098 024 . . . . . . . . . MASQUE OU DECOR, SALUT! J'ADORE TA BEAUTE.
006 006                        OU DES ANGES CHARMANTS, AVEC UN DOUX SOURIS
110 007                        OU DES BOUQUETS MOURANTS DANS LEURS CERCUEILS DE VER
141 006                        DES SATYRESSES OU DES NIXES,
131 032 . . . . . . . COMME DES CHARIOTS OU DES SOCS DECHIRANTS;
021 009                        SORS -TU DU GOUFFRE NOIR OU DESCENDS -TU DES ASTRES?
149 011                        " OU DONC L'APERCOIS -TU, CE CREATEUR DU BEAU,
120 023                        OU DORT ENSEVELI LE PEUPLE DES METAUX,
090 025 . . . . . . . D'UN QUADRUPEDE INFIRME OU D'UN JUIF A TROIS PATTES,
020 007                        ET CHARMER LES LOISIRS D'UN PONTIFE OU D'UN PRINCE.
038 018                        OU D'UN SACHET LE MUSC INVETERE?
056 024                        D'UN GLORIEUX AUTOMNE OU D'UN SOLEIL COUCHANT.
132 027 . . . . . . . . OU D'UNE ENSEIGNE, AU BOUT D'UNE TRINGLE DE FER,
009 005                        EN CES TEMPS OU DU CHRIST FLORISSAIENT LES SEMAILLES,
152 002                        BEAUX YEUX DE MON ENFANT, PAR OU FILTRE ET S'ENFUIT
005 022                        O PAUVRES CORPS TORDUS, MAIGRES, VENTRUS OU FLASQUES,
130 048 . . . QUI GUETTE NUIT ET JOUR BRICK, TARTANE OU FREGATE,
023 020                        D'UN CIEL PUR OU FREMIT L'ETERNELLE CHALEUR.
073 006                        PAR OU FUIRAIENT MILLE ANS DE SUEURS ET D'EFFORTS,
037 003                        DORS OU FUME A TON GRE; SOIS MUETTE, SOIS SOMBRE,
093 007 . . . . . DANS SON OEIL, CIEL LIVIDE OU GERME L'OURAGAN,
071 013                        OU GISENT, AUX LUEURS D'UN SOLEIL BLANC ET TERNE,
076 012                        OU GIT TOUT UN FOUILLIS DE MODES SURANNEES,
051 006                        MAIS QUE SA VOIX S'APAISE OU GRONDE,
089 002 . . . . . . . PAUVRE ET TRISTE MIROIR OU JADIS RESPLENDIT
```

O

		POEM	LINE
D'	OU JAILLIT TOUTE VIVE UNE AME QUI REVIENT.	048	008
	OU JAMAIS N'ENTRE UN RAYON ROSE ET GAI;	038	003
	OU JAMAIS UN SOUPIR NE RESTA SANS ECHO,	130	012
DANS LE FOND DES BOSQUETS	OU JASENT LES RUISSEAUX,	111	006
	OU JE HUME A LONGS TRAITS LE VIN DU SOUVENIR?	023	035
	OU JE ME PLAIS BIEN MIEUX QUE DANS MES FROIDS CAVEAUX.	104	012
	OU JE PUISSE A LOISIR ETALER MES VIEUX OS	072	003
N'EST -TU PAS L'OASIS	OU JE REVE, ET LA GOURDE	023	034
	OU JE TRAINAIS MON ATONIE,	129	018
CAR J'IGNORE OU TU FUIS, TU NE SAIS	OU JE VAIS,	093	013
LESBOS, OU LES BAISERS, LANGUISSANTS	OU JOYEUX,	130	002
	OU JUSQU'AU SOIR IL FERA FROID.	063	011
PARTOUT	OU LA CHANDELLE ILLUMINE UN TAUDIS.	126	048
LEURS YEUX, D'	OU LA DIVINE ETINCELLE EST PARTIE,	092	005
	OU LA FATUITE PROMENE SON EXTASE;	020	009
	OU LA JEUNE PRETRESSE, AMOUREUSE DES FLEURS,	116	022
	OU LA MEGERE SE REGARDE.	083	020
UNE ILE PARESSEUSE	OU LA NATURE DONNE	022	005
	OU LA PRIERE EN PLEURS S'EXHALE DES ORDURES,	006	011
VERS UN AUTRE OCEAN	OU LA SPLENDEUR ECLATE,	062	003
EN CES TEMPS MERVEILLEUX	OU LA THEOLOGIE	016	001
QU'IMPORTE LE PARFUM, L'HABIT	OU LA TOILETTE?	097	043
MAIS	OU LA VIE AFFLUE ET S'AGITE SANS CESSE,	006	003
FROIDS ET CLAIRS LE TRAVAIL S'EVEILLE,	OU LA VOIRIE	089	015
EPONINE	OU LAIS! MONSTRES BRISES, BOSSUS	091	006
SINGULIERE FORTUNE	OU LE BUT SE DEPLACE,	126	029
	OU LE DESTIN M'A DEJA RELEGUE;	038	002
TANTOT SONNERA L'HEURE	OU LE DIVIN HASARD,	085	021
	OU LE GRAIN QU'UN VANNEUR D'UN MOUVEMENT RHYTHMIQUE	029	027
	OU LE REPENTIR MEME (OH! LA DERNIERE AUBERGE!),	085	023
	OU LE ROUCOULEMENT ETERNEL D'UN RAMIER!	116	017
FOUILLANT LA POCHE VIDE	OU LE SEIN PALPITANT;	096	008
UNE, ENTRE AUTRES, A L'HEURE	OU LE SOLEIL TOMBANT	091	050
DURANT CES GRANDES NUITS D'	OU LE SOMME EST BANNI,	033	011
LES CHOSES	OU LE SON SE MELE A LA LUMIERE.	127	008
	OU LE SPECTRE EN PLEIN JOUR RACCROCHE LE PASSANT!	090	002
LESBOS,	OU LES BAISERS SONT COMME LES CASCADES	130	006
LESBOS,	OU LES BAISERS SONT COMME LES CASCADES!	130	010
LESBOS,	OU LES BAISERS, LANGUISSANTS OU JOYEUX,	130	002
A L'HEURE	OU LES CHASTES ETOILES	070	005
C'EST L'HEURE	OU LES DOULEURS DES MALADES S'AIGRISSENT!	095	031
LE LONG DES CHARIOTS	OU LES LEURS SONT BLOTTIS,	013	006
	OU LES PASTELS PLAINTIFS ET LES PALES BOUCHER,	076	013
LESBOS,	OU LES PHRYNES L'UNE L'AUTRE S'ATTIRENT,	130	011
LESBOS,	OU LES PHRYNES L'UNE L'AUTRE S'ATTIRENT,	130	015
	OU LES PURS ESPRITS SEULS PEUT-ETRE ETAIENT VENUS,--	016	008
	OU LES SOUPIRS DES COEURS EN ADORATION	116	015
	OU LES TORCHES DU SOIR ALLUMENT UNE AURORE,	098	007
	OU LES VAISSEAUX, GLISSANT DANS L'OR ET DANS LA MOIRE,	023	018
DARDANT ON NE SAIT	OU LEURS GLOBES TENEBREUX,	092	004
SUR SON DOS,	OU LIVRANT A LEURS FIERS APPETITS	013	003
DANS DES YEUX	OU LONGTEMPS BURENT NOS YEUX AVIDES!	044	019
	OU LORSQUE J'ABANDONNE AUX MORSURES MON BUSTE,	132	013
D'UN MONDE	OU L'ACTION N'EST PAS LA SOEUR DU REVE;	118	030
	OU L'AME, SOUS LE POIDS DU CORPS REVECHE ET LOURD,	103	007
L'ELIXIR DE TA BOUCHE	OU L'AMOUR SE PAVANE;	026	006
	OU L'ANGE INVIOLE SE MELE AU SPHINX ANTIQUE,	027	011
J'IRAI LA-BAS	OU L'ARBRE ET L'HOMME, PLEINS DE SEVE,	023	011
	OU L'AUGUSTE VERTU, TON EPOUSE ENCOR VIERGE,	085	022
DANS CETTE GRANDE PLAINE	OU L'AUTAN FROID SE JOUE,	101	005
DANS CE NOIR OCEAN	OU L'AUTRE EST ENFERME;	023	022
	OU L'EAU CREUSE DES TROUS GRANDS COMME DES TOMBEAUX.	010	004
LUISANTS COMME CES TROUS	OU L'EAU DORT DANS LA NUIT;	091	018
	OU L'ENFANCE S'ALLIE A LA MATURITE.	052	004
	OU L'ENFANCE S'ALLIE A LA MATURITE.	052	016
	OU L'ESPERANCE, COMME UNE CHAUVE -SOURIS,	078	006
C'ETAIT L'HEURE	OU L'ESSAIM DES REVES MALFAISANTS	103	003
	OU L'HOMME, DONT JAMAIS L'ESPERANCE N'EST LASSE,	126	031
	OU L'HUMANITE GROUILLE EN FERMENTS ORAGEUX,	105	004
EST UN THEATRE	OU L'ON ATTEND	054	049
SANS LUNE ET SANS RAYONS, TROUVER	OU L'ON HEBERGE	054	028
LA FORME DE LA BOITE	OU L'ON MET TOUS CES CORPS.	091	032
OREILLER DE CHAIR FRAICHE	OU L'ON NE PEUT AIMER,	006	002
	OU L'ON POURRA MANGER, ET DORMIR, ET S'ASSEOIR;	122	008
ET QUI, DANS CES SOIRS D'OR	OU L'ON SE SENT REVIVRE,	091	055
MICHEL-ANGE, LIEU VAGUE	OU L'ON VOIT DES HERCULES	006	013
SOMBRES	OU LUMINEUX, JE VIS VOS JOURS PERDUS;	091	078
	OU MAINT LIVRE CADAVEREUX	094	003
	OU ME COUPER PAR LE MILIEU,	106	050
NOUS SOMMES TOUS PLUS	OU MOINS FOUS!	106	024
POUR TROUBLER LE REPOS	OU MON AME ETAIT MISE,	127	022
UN PORT RETENTISSANT	OU MON AME PEUT BOIRE	023	016
LACS	OU MON AME TREMBLE ET SE VOIT A L'ENVERS...	049	013
DU FOND DU GOUFFRE OBSCUR	OU MON COEUR EST TOMBE.	030	002
DE CETTE BOUCHE	OU MON COEUR SE NOYA,	038	046
DE L'ENFER	OU MON COEUR SE PLAIT.	082	014
AINSI DANS LA FORET	OU MON ESPRIT S'EXILE	089	049
	OU MON VENTRE A CONCU MON EXPIATION!	001	008
	OU NAGENT DANS LA NUIT L'HORREUR ET LE BLASPHEME;	030	004

```
001 066 . . . . .  \  . . . . . . . .                          OU NE MORDRONT JAMAIS LA TERRE ET LES ENFERS,
045 015            DE VOUS, RICHE ET SONORE INSTRUMENT         OU NE VIBRE
084 004 . . . . . . . . . . . . . . . .                        OU NUL OEIL DU CIEL NE PENETRE;
101 006                                                        OU PAR LES LONGUES NUITS LA GIROUETTE S'ENROUE,
103 017 . . . . . . . . . . C'ETAIT L'HEURE                    OU PARMI LE FROID ET LA LESINE
116 058                          QU'UN GIBET SYMBOLIQUE        OU PENDAIT MON IMAGE....
087 001                    LE LONG DU VIEUX FAUBOURG,          OU PENDENT AUX MASURES
037 011          TOUT DE TOI M'EST PLAISIR, MORBIDE            OU PETULANT;
155 025 . . . . . . . . . . . . . . .                          OU PHOEBE REJOUIE
155 039                                                        OU PHOEBE REJOUIE
155 011                                                        OU PHOEBE REJOUIE
061 003                         ET DE PALMIERS D'              OU PLEUT SUR LES YEUX LA PARESSE,
090 034 . . . . . . . . . . . . . . .                          OU QUEL MECHANT HASARD AINSI M'HUMILIAIT?
097 022                      LA FETE DE LA VIE?                OU QUELQUE VIEUX DESIR,
091 065            VOUS QUI FUTES LA GRACE,                    OU QUI FUTES LA GLOIRE,
141 011            QUOI QU'IL EBAUCHE                          OU QU'IL ESPERE,
007 013 . . . . . . . . . . . . . .                            OU REGNENT TOUR A TOUR LE PERE DES CHANSONS,
028 013                                   TES YEUX,            OU RIEN NE SE REVELE
136 002                            BABEL SOMBRE,              OU ROMAN, SCIENCE, FABLIAU,
041 007                    PARMI LES OBJETS NOIRS              OU ROSES
111 011 . . . .  . . . . . . . . .                             OU SAINT ANTOINE A VU SURGIR COMME DES LAVES
091 063        MERES AU COEUR SAIGNANT, COURTISANES            OU SAINTES,
099 006           QUI, DERRIERE LA VITRE,                     OU SE BRISAIT SA GERBE,
005 016        CES NATIVES GRANDEURS, AUX LIEUX               OU SE FONT VOIR
028 015 . . . . . . . . SONT DEUX BIJOUX FROIDS               OU SE MELE
091 016                                                        OU SE PEND UN DEMON SANS PITIE! TOUT CASSES
068 007                                                        OU SE PREPARE LA CUISINE
091 083                                                        OU SEREZ -VOUS DEMAIN, EVES OCTOGENAIRES,
021 025 . . DE SATAN OU DE DIEU, QU'IMPORTE? ANGE             OU SIRENE,
056 023                                   AMANTE               OU SOEUR, SOYEZ LA DOUCEUR EPHEMERE
144 006         QUE SON PETIT CERVEAU SOIT ACTIF              OU SOIT LENT,
001 053                               VERS LE CIEL,           OU SON OEIL VOIT UN TRONE SPLENDIDE,
021 001 . . . . . . . VIENS -TU DU CIEL PROFOND               OU SORS -TU DE L'ABIME,
029 018                                         D'            OU SORTAIENT DE NOIRS BATAILLONS
089 014          LA JE VIS, UN MATIN, A L'HEURE               OU SOUS LES CIEUX
147 008                                                        OU SOUS LES GAZONS SECS S'ACCOUPLER LES VIPERES?
062 017 . . . . . . . . . . . . . . .                          OU SOUS UN CLAIR AZUR TOUT N'EST QU'AMOUR ET JOIE,
144 002                   SOUS UN CLIMAT DE FLAMME             OU SOUS UN SOLEIL BLANC,
153 004                   L'ESCALIER DE VERTIGE                OU S'ABIME SON AME.
029 022                                                        OU S'ELANCAIT EN PETILLANT;
144 001 . . . . . . . EN QUELQUE LIEU QU'IL AILLE,             OU SUR MER OU SUR TERRE,
144 001     EN QUELQUE LIEU QU'IL AILLE, OU SUR MER            OU SUR TERRE,
120 050              PRES DE TOI SE REPOSE, A L'HEURE          OU SUR TON FRONT
133 015                                                        OU TES REVES FLOTTANTS SONT PLEINS DE COLIBRIS,
133 005 . . . . . . . AUX PAYS CHAUDS ET BLEUS                 OU TON DIEU T'A FAIT NAITRE,
098 023                          QU'IMPORTE TA BETISE          OU TON INDIFFERENCE?
091 007                                                        OU TORDUS, AIMONS -LES! CE SONT ENCOR DES AMES.
131 087         PLONGEZ AU PLUS PROFOND DU GOUFFRE,            OU TOUS LES CRIMES,
062 018 . . . . . . . . . . . . . . .                          OU TOUT CE QUE L'ON AIME EST DIGNE D'ETRE AIME,
027 012                                                        OU TOUT N'EST QU'OR, ACIER, LUMIERE ET DIAMANTS,
085 024                                                        OU TOUT TE DIRA: MEURS, VIEUX LACHE! IL EST TROP TA
091 002                                                        OU TOUT, MEME L'HORREUR, TOURNE AUX ENCHANTEMENTS,
084 036 . . . . . . . . . . . . . . .                          OU T'A SURPRISE LE PLAISIR.
155 004                                                        OU TU FOULAIS, MONTE SUR UNE DOUCE ANESSE,
118 023                                                        OU TU FUIS; TU NE SAIS OU JE VAIS,
093 013                            CAR J'IGNORE               OU TU FUS MAITRE ENFIN?  LE REMORDS N'A-T -IL PAS
118 027 . . . . . . . . . .   \  . . . . . .                   OU TU ME CROIRAIS HYSTERIQUE.
142 008                                                        OU TU M'ES PLUS BELLE!
024 010              JUSQU'A CETTE FROIDEUR PAR               OU TU REGNAS, ET DANS LES PROFONDEURS
120 047                                   DU CIEL,            OU TU TE CROIS SAVANTE
025 013 . . . . . LA GRANDEUR DE CE MAL                        OU TU TE DRESSERAS, STATUE EMERVEILLEE.
057 006                                                        OU TU VEUX, TU MENES TES PIEDS NUS
133 011                              TOUT LE JOUR,            OU TU VINS POUR REMPLIR L'ETERNELLE PROMESSE,
118 022                                                        OU VEILLENT DES MONSTRES VISQUEUX
038 026            ET DES HABITS, MOUSSELINE                   OU VELOURS,
136 012         FANTOME VAGISSANT, ON NE SAIT D'               OU VENU,
139 012                                                        OU VERSE -MOI TES SOMMEILS LOURDS
050 002 . . TON OEIL MYSTERIEUX (EST -IL BLEU, GRIS           OU VERT?)
047 001                      VOICI VENIR LES TEMPS             OU VIBRANT SUR SA TIGE
079 003           CHAMBRES D'ETERNEL DEUIL                     OU VIBRENT DE VIEUX RALES,
118 016                    DANS TON CRANE                      OU VIVAIT L'IMMENSE HUMANITE;
079 013 . . . . . . . . . . . . .  "D'                         OU VIVENT, JAILLISSANT DE MON OEIL PAR MILLIERS,
040 001                                                        OU VOUS VIENT, DISIEZ -VOUS, CETTE TRISTESSE ETRANG
127 024                                                        OU, CALME ET SOLITAIRE, ELLE S'ETAIT ASSISE.
110 005                     DANS UNE CHAMBRE TIEDE             OU, COMME EN UNE SERRE,
103 005 . . . . . . . . . . . . . . .                          OU, COMME UN OEIL SANGLANT QUI PALPITE ET QUI BOUGE
038 007                                                        OU, CUISINIER AUX APPETITS FUNEBRES,
152 007                                                        OU, DERRIERE L'AMAS DES OMBRES LETHARGIQUES,
048 018                                                        OU, LAZARE ODORANT DECHIRANT SON SUAIRE,
118 025                                                        OU, LE COEUR TOUT GONFLE D'ESPOIR ET DE VAILLANCE,
067 007                                                        OU, POUSSANT LE SOLEIL OBLIQUE.
147 002             DU HAUT DES PAYS BLEUS                     OU, RADIEUX SERAIL,
008 012 . . . . . . . . . . . . . . . .                        OU, SALTIMBANQUE A JEUN, ETALER TES APPAS
038 004 . . . . . . . . . . . . . . . .                        OU, SEUL AVEC LA NUIT, MAUSSADE HOTESSE,
006 031                                                        OU, SOUS UN CIEL CHAGRIN, DES FANFARES ETRANGES
120 048                              DE L'ENFER,              OU, VAINCU, TU REVES EN SILENCE!
146 010  TOUT PLEIN DE VAGUE HORREUR, MENANT ON NE SAIT       OU;
126 030 .  ET, N'ETANT NULLE PART, PEUT ETRE N'IMPORTE        OU!
```

O

		POEM	LINE
ET DORMIR DANS L'	OUBLI COMME UN REQUIN DANS L'ONDE.	072	004
JUSQU'A CE QUE L'	OUBLI LES JETTE DANS SA HOTTE	045	035
QUI PLONGE DANS L'	OUBLI MON AME SANS REMORD,	049	018
L'	OUBLI PUISSANT HABITE SUR TA BOUCHE,	128	015
DANS LES TENEBRES ET L'	OUBLI, ...	011	010
RUBENS, FLEUVE D'	OUBLI, JARDIN DE LA PARESSE,	006	001
SEMBLE LE RALE EPAIS D'UN BLESSE QU'ON	OUBLIE	074	012
ENCENSOIR	OUBLIE QUI FUME	134	011
	OUBLIE SUR LA CARTE, ET DONT L'HUMEUR FAROUCHE	076	023
JE N'AI PAS	OUBLIE, VOISINE DE LA VILLE,	099	001
SUR LA TOILE	OUBLIEE, ET QUE L'ARTISTE ACHEVE	029	031
POUR NE PAS	OUBLIER LA CHOSE CAPITALE,	126	085
--JE L'	OUBLIERAI SI JE LE PUIS!	106	016
JE PENSE AUX MATELOTS	OUBLIES DANS UNE ILE,	089	051
J'AI CHERCHE DANS L'AMOUR UN SOMMEIL	OUBLIEUX;	113	012
	OUI, CES GENS HARCELES DE CHAGRINS DE MENAGE,	105	013
REPETANT, L'IMPUISSANT ET LA FAT: "	OUI, JE VEUX	149	015
JE TE REPONDIS: "	OUI! DOUCE VOIX!" C'EST D'ALORS	136	014
	OUI! TELLE VOUS SEREZ, O LA REINE DES GRACES,	029	041
POUSSE UN SOMBRE	OURAGAN DANS L'AIR SILENCIEUX,	089	016
DANS SON OEIL, CIEL LIVIDE OU GERME L'	OURAGAN	093	007
SOULEVANT, BALANCANT LE FESTON ET L'	OURLET;	093	004
CHACUN PLANTANT, COMME UN	OUTIL, SON BEC IMPUR	116	031
EMPOIGNAIT SES	OUTILS, VIEILLARD LABORIEUX.	103	028
FRUITS PURS DE TOUT	OUTRAGE ET VIERGES DE GERCURES, ...	005	013
QU'UNE	OUTRE AUX FLANCS GLUANTS, TOUTE PLEINE DE PUS!	132	020
DEVANT CES VOYAGEURS, POUR LESQUELS EST	OUVERT	013	013
SEMBLAIT, GRAND OEIL	OUVERT DANS LE CIEL CURIEUX,	099	007
C'EST LE PORTIQUE	OUVERT SUR LES CIEUX INCONNUS!	122	014
BOUCHE	OUVERTE, DORMAIENT DE LEUR SOMMEIL STUPIDE;	103	014
RANT LEURS SEINS PENDANTS ET LEURS ROBES	OUVERTES,	015	005
DES VETEMENTS SOUILLES, DES BLESSURES	OUVERTES,	109	013
S'ETAIENT -ILS ENTR'	OUVERTS A LA MEUTE ALTEREE	110	043
ET DANS SES BRAS	OUVERTS, QUE REMPLISSENT SES SEINS,	114	011
BIEN QU'ON AIT DU COEUR A L'	OUVRAGE,	011	003
DES PALAIS	OUVRAGES DONT LA FEERIQUE POMPE	126	079
SON OEIL PARFOIS S'	OUVRAIT COMME L'OEIL D'UN VIEIL AIGLE;	091	059
	OUVRAIT D'UNE FACON NONCHALANTE ET CYNIQUE	029	007
N'	OUVRANT A CHACUN QU'AVEC CRAINTE,	138	031
PRES D'UN RUISSEAU SANS EAU LA BETE	OUVRANT LE BEC	089	020
ET PLUS TARD UN ANGE, ENTR'	OUVRANT LES PORTES, ...	121	012
EN	OUVRANT UN COFFRET VENU DE L'ORIENT	048	003
S'	OUVRE ET S'ENFONCE AVEC L'ATTIRANCE DU GOUFFRE.	046	007
UNE VOIX RETENTIT SUR LE PONT: "	OUVRE L'OEIL!"	126	034
COMME UNE FOURMILIERE ELLE	OUVRE SES ISSUES;	095	016
SI TON OEIL, TON SOURIS, TON PIED, M'	OUVRENT LA PORTE	021	023
ET L'	OUVRENT LEURS VASTES BRAS POUR EMBRASSER LA GLOIRE	023	019
COMBIEN DE FOIS IL FAUT QUE L'	OUVRIER COURBE QUI REGAGNE SON LIT.	095	010
	OUVRIER VARIE	091	031
JE NE GEINDRAI PAS COMME	OUVRIRA LARGEMENT SES AILES DE CORBEAU.	101	008
JE NE GEINDRAI PAS COMME	OVIDE	082	007
ERS LE CIEL QUELQUEFOIS, COMME L'HOMME D'	OVIDE,	089	025

```
105 026  .  .  .  .  .  .  LE VIN ROULE DE L'OR, EBLOUISSANT   PACTOLE;
088 037                                            MAINT        PAGE EPRIS DU HASARD,
111 014               QUI DANS LE CREUX MUET DES VIEUX ANTRES   PAIENS
126 091                          L'HOMME, TYRAN GOULU,          PAILLARD, DUR ET CUPIDE,
091 034  .  .  .  .  .  DES CREUSETS QU'UN METAL REFROIDI       PAILLETA...
008 009                 IL TE FAUT, POUR GAGNER TON             PAIN DE CHAQUE SOIR,
001 033                                           DANS LE       PAIN ET LE VIN DESTINES A SA BOUCHE
019 014                         COMME UN HAMEAU                 PAISIBLE AU PIED D'UNE MONTAGNE.
142 001  .  .  .  .  .  .  .  .  .  .  .  .  LECTEUR             PAISIBLE ET BUCOLIQUE,
018 013                                       QUI TORS          PAISIBLEMENT DANS UNE POSE ETRANGE
143 004                         AUX UNS PORTANT LA              PAIX, AUX AUTRES LE SOUCI.
110 055                                       DORS EN           PAIX, DORS EN PAIX, ETRANGE CREATURE,
110 055  .  .  .  .  .  .  .  .  DORS EN PAIX, DORS EN           PAIX, ETRANGE CREATURE,
149 039                                       DANS UN           PALAIS AUSSI GRAND QUE MOI, D'UN SEUL BLOC,
055 009                         MON COEUR EST UN                PALAIS FLETRI PAR LA COHUE;
102 014                                    C'ETAIT UN           PALAIS INFINI.
089 030  .  .  .  .  .  .  .  .  .  .  .  .  N'A BOUGE!          PALAIS NEUFS, ECHAFAUDAGES, BLOCS,
126 079                                          DES           PALAIS OUVRAGES DONT LA FEERIQUE POMPE
008 001                 O MUSE DE MON COEUR, AMANTE DES          PALAIS,
008 007             SENTANT TA BOURSE A SEC AUTANT QUE TON       PALAIS,
086 016  .  .  .  POUR BATIR DANS LA NUIT MES FEERIQUES          PALAIS.
087 020             DANS TOUS LES HOPITAUX ET DANS TOUS LES      PALAIS.
131 001                                            A LA         PALE CLARTE DES LAMPES LANGUISSANTES,
045 014                                     ECLOSE A LA         PALE CLARTE,
086 012  .  .  .  .  .  .  .  .  ET LA LUNE VERSER SON           PALE ENCHANTEMENT.
061 005                         SON TEINT EST                   PALE ET CHAUD; LA BRUNE ENCHANTERESSE
069 002                                       VERS MA           PALE ETOILE,
064 012                         CRIME, HORREUR ET FOLIE!--O      PALE MARGUERITE!
131 021  .  .  .  .  .  ELLE CHERCHAIT DANS L'OEIL DE SA         PALE VICTIME
065 012     DANS LE CREUX DE SA MAIN PREND CETTE LARME          PALE,
038 050                         RIEN QU'UN DESSIN FORT          PALE, AUX TROIS CRAYONS,
098 006                                     TON FRONT           PALE, EMBELLI PAR UN MORBIDE ATTRAIT,
076 013  .  .  .  .  OU LES PASTELS PLAINTIFS ET LES             PALES BOUCHER,
005 025                 ET VOUS, FEMMES, HELAS!                 PALES COMME DES CIERGES,
073 001                 LA HAINE EST LE TONNEAU DES             PALES DANAIDES;
075 003                                          AUX           PALES HABITANTS DU VOISIN CIMETIERE
096 009  .  .  .  .  .  SOUS DE SALES PLAFONDS UN RANG DE        PALES LUSTRES
110 013                 SEMBLABLE AUX VISIONS                   PALES QU'ENFANTE L'OMBRE
018 007             CAR JE NE PUIS TROUVER PARMI CES             PALES ROSES
101 012                 QUE L'ASPECT PERMANENT DE VOS           PALES TENEBRES,
051 038  .  .  .  .  .  LE FEU DE SES PRUNELLES                  PALES,
096 002                                               PALES, LE SOURCIL PEINT, L'OEIL CALIN ET FATAL,
050 004                 REFLECHIT L'INDOLENCE ET LA             PALEUR DU CIEL.
130 057             PLUS BELLE QUE VENUS PAR SES MORNES          PALEURS!
130 032  .  .  .  .  .  .  ET CONDAMNER TON FRONT               PALI DANS LES TRAVAUX,
045 004                 CE SOUVENIR N'EST POINT                 PALI;
025 012                 DEVANT TOUS LES MIROIRS VU              PALIR TES APPAS?
118 019             ET TA SUEUR COULAIENT DE TON FRONT          PALISSANT,
089 018  .  .  .  .  .  .  .  .  ET, DE SES PIEDS               PALMES FROTTANT LE PAVE SEC,
012 012     QUI ME RAFRAICHISSAIENT LE FRONT AVEC DES           PALMES,
061 003                                           ET DE        PALMIERS D'OU PLEUT SUR LES YEUX LA PARESSE,
001 069             MAIS LES BIJOUX PERDUS DE L'ANTIQUE          PALMYRE,
034 008  .  .  .  .  .  .  .  .  .  .  .  .  .  DE              PALPER TON CORPS ELECTRIQUE,
096 008             FOUILLANT LA POCHE VIDE OU LE SEIN          PALPITANT;
104 014             ET L'ESPOIR QUI GAZOUILLE EN MON SEIN        PALPITANT?
103 005                 OU, COMME UN OEIL SANGLANT QUI          PALPITE ET QUI BOUGE,
074 002  .  .  .  .  .  .  .  D'ECOUTER, PRES DU FEU QUI         PALPITE ET QUI FUME,
001 049     COMME UN TOUT JEUNE OISEAU QUI TREMBLE ET QUI       PALPITE,
145 006             SE PAMER SOUS SON OEIL COMME UN COEUR QUI    PALPITE...
045 031             DE LA DANSEUSE FOLLE ET FROIDE QUI SE        PAME
003 006  .  .  .  .  .  .  ET COMME UN BON NAGEUR QUI SE         PAME DANS L'ONDE,
097 054                 LE TROUPEAU MORTEL SAUTE ET SE          PAME, SANS VOIR
055 005     --TA MAIN SE GLISSE EN VAIN SUR MON SEIN QUI SE     PAME;
154 014                         --DES FLEURS DANS UN COIN,      PAMENT DANS UN COIN.
132 015  .  .  .  .  .  QUE SUR CES MATELAS QUI SE              PAMENT D'EMOI,
023 012                                            SE          PAMENT LONGUEMENT SOUS L'ARDEUR DES CLIMATS;
145 006                                            SE          PAMER SOUS SON OEIL COMME UN COEUR QUI PALPITE...
065 006             MOURANTE, ELLE SE LIVRE AUX LONGUES          PAMOISONS,
007 014  .  .  .  .  .  .  .  .  .  PHOEBUS, ET LE GRAND         PAN, LE SEIGNEUR DES MOISSONS.
016 009     COMME UN HOMME MONTE TROP HAUT, PRIS DE             PANIQUE,
052 019                                          DONT LES      PANNEAUX BOMBES ET CLAIRS
107 010             LES BAUMES PENETRANTS QUE TA                PANSE FECONDE
021 019  .  .  .  .  .  .  .  .  .  .  .  L'AMOUREUX            PANTELANT INCLINE SUR SA BELLE
057 043             JE LES PLANTERAI TOUS DANS TON COEUR         PANTELANT,
116 051                 DES CORBEAUX LANCINANTS ET DES          PANTHERES NOIRES
000 029                 MAIS PARMI LES CHACALS, LES             PANTHERES, LES LICES,
130 013  .  .  .  .  .  .  .  .  .  A L'EGAL DE                 PAPHOS LES ETOILES T'ADMIRENT,
044 004     QUI COMPRIMENT LE COEUR COMME UN                   PAPIER QU'ON FROISSE?
006 022                                          COMME DES     PAPILLONS, ERRENT EN FLAMBOYANT,
056 013             IL ME SEMBLE, BERCE                         PAR CE CHOC MONOTONE,
000 012  .  .  .  .  .  .  .  .  .  EST TOUT VAPORISE           PAR CE SAVANT CHIMISTE.
095 005                 O SOIR, AIMABLE SOIR, DESIRE            PAR CELUI
026 009                                               PAR CES DEUX GRANDS YEUX NOIRS, SOUPIRAUX DE TON AME
157 009                 POETE, NOTRE SANG NOUS FUIT             PAR CHAQUE PORE;
070 002  .  .  .  .  .  .  .  .  UN BON CHRETIEN,               PAR CHARITE,
010 002                 TRAVERSE CA ET LA                       PAR DE BRILLANTS SOLEILS;
000 008                                         CROYANT        PAR DE VILS PLEURS LAVER TOUTES NOS TACHES.
003 003                 PAR DELA LE SOLEIL, PAR DELA LES ETHERS,
003 004  .  .  .  .  .  .  .  .  .  .  .  .  .  .  .  .  .       PAR DELA LES CONFINS DES SPHERES ETOILEES,
```

P

		POEM	LINE
PAR DELA LE SOLEIL,	PAR DELA LES ETHERS,	003	003
UN DESERT ROCAILLEUX TROUBLE	PAR DES CRIS AIGRES.	116	019
LA MORT NOUS TIENT SOUVENT	PAR DES LIENS SUBTILS.	040	011
DECORS FRAIS ET LEGERS ECLAIRES	PAR DES LUSTRES	006	023
EST -CE QUE	PAR HASARD LA ROBE DU CENTAURE	157	010
TROIS MILLE SIX CENTS FOIS	PAR HEURE, LA SECONDE	085	009
MA DOULEUR, DONNE -MOI LA MAIN; VIENS	PAR ICI.	143	008
QUI CHANTENT: "	PAR ICI! VOUS QUI VOULEZ MANGER	126	128
	PAR INSTANTS BRILLE, ET S'ALLONGE, ET S'ETALE	038	009
	PAR LA BASE LE BATIMENT.	054	039
MON COEUR EST UN PALAIS FLETRI	PAR LA COHUE;	055	009
ET SON COEUR, RAVAGE	PAR LA FLAMME, A TOUJOURS,	059	013
COMME UN FLOT GROSSI	PAR LA FONTE	028	029
	PAR LA GRIFFE ET LA DENT FEROCE DE LA FEMME.	055	007
EST EBLOUI	PAR LA SANTE	129	006
ELLE CHERCHAIT, D'UN OEIL TROUBLE	PAR LA TEMPETE,	131	005
COMME D'AUTRES	PAR LA TENDRESSE,	063	012
ENCOR TOUT FATIGUES	PAR LA VAGUE MARINE,	022	011
FUYANT LE GRAND TROUPEAU PARQUE	PAR LE DESTIN,	126	106
EST UN ELDORADO PROMIS	PAR LE DESTIN.	126	038
PUISSE -JE USER DU GLAIVE ET PERIR	PAR LE GLAIVE!	118	031
	PAR LE GOSIER DE L'HOMME IL CHANTE SES EXPLOITS	105	027
	PAR LE HAUT SE TERMINE EN MONSTRE BICEPHALE!	020	019
OU ME COUPER	PAR LE MILIEU,	106	050
	PAR LE MORNE REGRET DES CHIMERES ABSENTES.	013	008
BLESSE	PAR LE MYSTERE ET PAR L'ABSURDITE!	090	048
DIEU TRAHI	PAR LE SORT ET PRIVE DE LOUANGES,	120	002
SEULEMENT	PAR LE SOUVENIR.	029	032
MOULUS	PAR LE TRAVAIL ET TOURMENTES PAR L'AGE,	105	014
LEURS HYMNES SOLENNELS EMPORTES	PAR LE VENT.	086	004
VIEUX SQUELETTES GELES TRAVAILLES	PAR LE VER,	100	011
CHER POISON PREPARE	PAR LES ANGES! LIQUEUR	048	027
POLIS	PAR LES ANS,	053	016
ILS RAMPENT, FLAGELLES	PAR LES BISES INIQUES,	091	009
DES VISAGES RONGES	PAR LES CHANCRES DU COEUR,	005	031
DE L'IVROGNE ATTARDE FOULE	PAR LES CHEVAUX,	120	029
LE CERCLE TENEBREUX TRACE	PAR LES DOULEURS	130	059
	PAR LES FENTES DES MURS DES MIASMES FIEVREUX	131	094
OU	PAR LES LONGUES NUITS LA GIROUETTE S'ENROUE,	101	006
LE FAUBOURG SECOUE	PAR LES LOURDS TOMBEREAUX.	090	012
LES DEBAUCHES RENTRAIENT, BRISES	PAR LEURS TRAVAUX.	103	024
BLESSE PAR LE MYSTERE ET	PAR L'ABSURDITE!	090	048
MOULUS PAR LE TRAVAIL ET TOURMENTES	PAR L'AGE,	105	014
ET BRULE	PAR L'AMOUR DU BEAU,	148	013
ENSEIGNES	PAR L'AMOUR LE GOUT DU PARADIS,	120	011
--O FUREUR DES COEURS MURS	PAR L'AMOUR ULCERES!	035	008
LES SOIRS ILLUMINES	PAR L'ARDEUR DU CHARBON,	036	006
LES SOIRS ILLUMINES	PAR L'ARDEUR DU CHARBON.	036	010
LES HERBES, LES GROS BLOCS VERDIS	PAR L'EAU DES FLAQUES,	089	011
MOI, JE VEUX REGNER	PAR L'EFFROI.	063	014
ET SES SENS	PAR L'ENNUI MORDUS	110	042
LE FER EST VAINCU	PAR L'EPIEU!	119	030
GRAIN PRECIEUX JETE	PAR L'ETERNEL SEMEUR,	104	022
CHAQUE ILOT SIGNALE	PAR L'HOMME DE VIGIE	126	037
--L'OEIL D'AZUR EST VAINCU	PAR L'OEIL NOIR QUE TACHETE	130	058
	PAR L'OPERATION D'UN MYSTERE VENGEUR	046	003
AUX COULEURS DU COUCHANT REFLETE	PAR MES YEUX.	012	008
SONT UN ECHO REDIT	PAR MILLE LABYRINTHES;	006	035
UN ORDRE RENVOYE	PAR MILLE PORTE -VOIX;	006	038
C'EST UN CRI REPETE	PAR MILLE SENTINELLES,	006	037
OU VIVENT, JAILLISSANT DE MON OEIL	PAR MILLIERS,	079	013
ET LE TEMPS M'ENGLOUTIT MINUTE	PAR MINUTE,	080	011
BEAUX YEUX DE MON ENFANT,	PAR OU FILTRE ET S'ENFUIT	152	002
	PAR OU FUIRAIENT MILLE ANS DE SUEURS ET D'EFFORTS,	073	006
JUSQU'A CETTE FROIDEUR	PAR OU TU M'ES PLUS BELLE!	024	010
CHERCHANT	PAR QUEL DETROIT FATAL	084	027
ET DES FEMMES DONT L'OEIL	PAR SA FRANCHISE ETONNE.	022	008
L'UNE,	PAR SA PATRIE AU MALHEUR EXERCEE,	091	045
ET COURENT, SANGLOTANT ET GLOUSSANT	PAR SACCADES,	130	008
ET REGNE	PAR SES DONS AINSI QUE LES VRAIS ROIS.	105	028
PLUS BELLE QUE VENUS	PAR SES MORNES PALEURS!	130	057
DANS LE GOSIER D'UN HOMME USE	PAR SES TRAVAUX,	104	010
DONT LA ROBE	PAR SES TROUS	088	002
L'AUTRE,	PAR SON ENFANT MADONE TRANSPERCEE,	091	047
JE LE LUI JETTERAI	PAR TERRE AVEC DEDAIN!"	001	052
	PAR TES GALANTS MIS AUX FERS	088	031
DE SATIN,	PAR TES PIEDS DIVINS HUMILIES,	057	020
	PAR TES POSES LANGOUREUSES.	058	024
REPONDS, CADAVRE IMPUR! ET	PAR TES TRESSES ROIDES	110	049
MON AME	PAR TOI GUERIE,	058	037
	PAR TOI JE CHANGE L'OR EN FER	081	009
	PAR TOI, LUMIERE ET COULEUR!	058	038
	PAR TON ODEUR VERS DE CHARMANTS CLIMATS,	022	009
GUIDE	PAR TOUS ETAIENT CITES.	091	064
DONT AUTREFOIS LES NOMS	PAR TOUT CE QU'ELLES REFLETAIENT!	102	032
VENEREE A JAMAIS	PAR TOUTE NATION,	116	014
JE NE VOIS QU'INFINI	PAR TOUTES LES FENETRES,	146	011
TIRES COMME	PAR UN AIMANT,	051	034
OMBRAGE	PAR UN BOIS DE SAPINS TOUJOURS VERT,	006	030

```
102 006 . . . . . . . . . . . . . .    PAR UN CAPRICE SINGULIER,
001 001                       LORSQUE,   PAR UN DECRET DES PUISSANCES SUPREMES,
039 007                            ET    PAR UN FRATERNEL ET MYSTIQUE CHAINON
039 004            VAISSEAU FAVORISE     PAR UN GRAND AQUILON,
098 006 . . . TON FRONT PALE, EMBELLI    PAR UN MORBIDE ATTRAIT,
127 025          JE CROYAIS VOIR UNIS    PAR UN NOUVEAU DESSIN
144 010          PLAFOND ILLUMINE        PAR UN OPERA BOUFFE
103 019       COMME UN SANGLOT COUPE     PAR UN SANG ECUMEUX
101 013          --SI CE N'EST,          PAR UN SOIR SANS LUNE, DEUX A DEUX,
131 088             FLAGELLES            PAR UN VENT QUI NE VIENT PAS DU CIEL,
155 021                 QUI              PAR UNE INVISIBLE PENTE
100 017                 SI,              PAR UNE NUIT BLEUE ET FROIDE DE DECEMBRE,
070 001 . . . . . . . . . . . . SI       PAR UNE NUIT LOURDE ET SOMBRE
089 004       CE SIMOIS MENTEUR QUI      PAR VOS PLEURS GRANDIT,
001 071       PAR VOTRE MAIN MONTES, NE POURRAIENT PAS SUFFIRE
126 114       PAR, S'IL LE FAUT. L'UN COURT, ET L'AUTRE SE TAPIT
090 023 . . . SI BIEN QUE SON BATON,     PARACHEVANT SA MINE,
108 014                 VERS LE          PARADIS DE MES REVES!
062 021              MAIS LE VERT        PARADIS DES AMOURS ENFANTINES,
062 025            --MAIS LE VERT        PARADIS DES AMOURS ENFANTINES,
081 010 . . . . . . . . . ET LE          PARADIS EN ENFER;
082 008                 CHASSE DU        PARADIS LATIN.
062 016          COMME VOUS ETES LOIN,   PARADIS PARFUME,
062 020          COMME VOUS ETES LOIN,   PARADIS PARFUME!
062 030 . . . . . . . L'INNOCENT         PARADIS PLEIN DE PLAISIRS FURTIFS?
120 044                 DU               PARADIS TERRESTRE A CHASSES DIEU LE PERE,
142 013       ET VAS CHERCHANT TON       PARADIS,
120 011     ENSEIGNES PAR L'AMOUR LE GOUT DU  PARADIS,
062 026 . . . . . . . . L'INNOCENT       PARADIS, PLEIN DE PLAISIRS FURTIFS,
126 046    REVE, LE NEZ EN L'AIR, DE BRILLANT  PARADIS;
024 004           ET QUE TU ME           PARAIS, ORNEMENT DE MES NUITS,
131 012         'TOUT SERVAIT, TOUT      PARAIT SA FRAGILE BEAUTE.
149 021       ET PUIS, QUELQU'UN         PARAIT, QUE TOUS AVAIENT NIE,
135 012                               PARAITRA LE TERRIBLE JOUR,
108 011            DANS UN DELIRE        PARALLELE,
131 067    NE CHAUFFERA JAMAIS SON CORPS PARALYTIQUE
150 011 . . . . . . . . . COMME UN       PARASITE A LA TABLE
020 032       --ELLE PLEURE, INSENSE,    PARCE QU'ELLE A VECU!
020 033                 ET              PARCE QU'ELLE VIT! MAIS CE QU'ELLE DEPLORE
115 018                               PARCE QU'IL SAIT JOUER ARTISTEMENT SON ROLE,
066 013 . . . . . . . . ET DES           PARCELLES D'OR, AINSI QU'UN SABLE FIN,
059 002       PARCOURANT LES FORETS OU BATTANT LES HALLIERS;
019 009       PARCOURIR A LOISIR SES MAGNIFIQUES FORMES;
009 010       DEPUIS L'ETERNITE JE       PARCOURS ET J'HABITE!
071 011 . . . . . . . . . ET             PARCOURT, COMME UN PRINCE INSPECTANT SA MAISON,
130 026          TU TIRES TON            PARDON DE L'ETERNEL MARTYRE,
130 030          TU TIRES TON            PARDON DE L'ETERNEL MARTYRE!
130 022          TU TIRES TON            PARDON DE L'EXCES DES BAISERS,
114 016 . . . . . QUI DE TOUTE INFAMIE ARRACHE LE  PARDON.
088 051          DONT JE NE PUIS, OH!    PARDON!
130 053    UN SOIR RAMENERA VERS LESBOS, QUI  PARDONNE,
129 030          POUR MEURTRIR TON SEIN  PARDONNE,
031 004 . . . . . DE DEMONS, VINS, FOLLE ET  PAREE,
154 002          OU CETTE FILLE TRES - PAREE,
056 011          MON ESPRIT EST         PAREIL A LA TOUR QUI SUCCOMBE
054 013                 ET             PAREIL AU MOURANT QU'ECRASENT LES BLESSES,
136 021 . . . . . ET C'EST DEPUIS CE TEMPS QUE,  PAREIL AUX PROPHETES,
090 029          SON                    PAREIL LE SUIVAIT: BARBE, OEIL, DOS, BATON, LOQUES,
046 013     AINSI, TOUJOURS VAINQUEUR, TON FANTOME EST  PAREIL,
090 020          SE PROJETAIT,          PAREILLE A CELLE DE JUDAS,
039 005 . . . . . . . . . . TA MEMOIRE,  PAREILLE AUX FABLES INCERTAINES,
091 023     LA MORT SAVANTE MET DANS CES BIERES  PAREILLES
091 013          ILS TROTTENT, TOUT     PAREILS A DES MARIONNETTES;
092 002                               PAREILS AUX MANNEQUINS; VAGUEMENT RIDICULES;
001 047 . . . . . . . . ET MES ONGLES,   PAREILS AUX ONGLES DES HARPIES,
012 004          RENDAIENT              PAREILS, LE SOIR, AUX GROTTES BASALTIQUES.
052 002          LES DIVERSES BEAUTES QUI  PARENT TA JEUNESSE,
052 014          LES DIVERSES BEAUTES QUI  PARENT TA JEUNESSE;
028 021 . . . . . . . . SOUS LE FARDEAU DE TA  PARESSE,
058 018          NE VALENT PAS TA       PARESSE,
061 003     ET DE PALMIERS D'OU PLEUT SUR LES YEUX LA  PARESSE,
023 024       SAURA VOUS RETROUVER, O FECONDE  PARESSE,
006 001 . . . RUBENS, FLEUVE D'OUBLI, JARDIN DE LA  PARESSE;
065 001       CE SOIR, LA LUNE REVE AVEC PLUS DE  PARESSE;
022 005                 UNE ILE          PARESSEUSE OU LA NATURE DONNE
131 009          DE SES YEUX AMORTIS LES  PARESSEUSES LARMES.
052 008       SUIVANT UN RHYTHME DOUX, ET  PARESSEUX, ET LENT.
052 028       SUIVANT UN RHYTHME DOUX, ET  PARESSEUX, ET LENT.
084 029          --EMBLEMES NETS, TABLEAU  PARFAIT
090 022       FAISANT AVEC SA JAMBE UN   PARFAIT ANGLE DROIT,
051 018 . . . . . . . . . SUR MON COEUR,  PARFAIT INSTRUMENT,
020 029   --MAIS POURQUOI PLEURE-T -ELLE? ELLE, BEAUTE  PARFAITE
038 035          RIEN N'OFFUSQUAIT SA    PARFAITE CLARTE,
050 009          TU RESSEMBLES          PARFOIS A CES BEAUX HORIZONS
054 045          J'AI VU                PARFOIS AU FOND D'UN THEATRE BANAL
087 008          HEURTANT               PARFOIS DES VERS DEPUIS LONGTEMPS REVES.
019 011                 ET             PARFOIS EN ETE, QUAND LES SOLEILS MALSAINS,
042 012                               PARFOIS IL PARLE ET DIT: "JE SUIS BELLE, ET J'ORDO
109 005 . . . . . . . . . . . . . . .    PARFOIS IL PREND, SACHANT MON GRAND AMOUR DE L'ART,
```

P

```
                                                                          POEM LINE
          DONT LES SOLDATS  PARFOIS INONDENT NOS JARDINS,      . . . . . .  . 091 054
          --EST -IL VRAI QUE  PARFOIS LE TRISTE COEUR D'AGATHE             062 013
                              PARFOIS ON TROUVE UN VIEUX FLACON QUI SE SOUVIENT, 048 007
               IL ME SEMBLE  PARFOIS QUE MON SANG COULE A FLOTS,           113 001
           ET LEUR VERSAIT  PARFOIS QUELQUE SALE CARESSE,                  115 030
          MEME ON EUT DIT  PARFOIS QU'ELLE CROYAIT                         038 037
                 LAISSENT  PARFOIS SORTIR DE CONFUSES PAROLES:             004 002
         DIS -MOI, TON COEUR  PARFOIS S'ENVOLE-T -IL, AGATHE,              062 001
         DIS -MOI, TON COEUR  PARFOIS S'ENVOLE-T -IL, AGATHE?              062 005
                 SON OEIL  PARFOIS S'OUVRAIT COMME L'OEIL D'UN VIEIL AIGLE; 091 059
                   QUAND  PARFOIS SUR CE GLOBE, EN SA LANGUEUR OISIVE,     065 009
                --J'AI VU  PARFOIS, AU FOND D'UN THEATRE BANAL             054 041
      UN AIR SUBTIL, UN DANGEREUX  PARFUM      . . . . .  . . . . . .  . . 034 013
      LE MIEN, O MON AMOUR! NAGE SUR TON  PARFUM                          023 010
       DANS TES JUPONS REMPLIS DE TON  PARFUM                             128 005
                  O BOUCLES! O  PARFUM CHARGE DE NONCHALOIR!              023 002
                  SE DEGAGEAIT UN  PARFUM DE FOURRURE.    . . .  . . . . . . . 038 028
                  ET VENDRE LE  PARFUM DE TES CHARMES ETRANGES,           133 026
           JE CROYAIS RESPIRER LE  PARFUM DE TON SANG.                    036 014
          SA CHAIR SPIRITUELLE A LE  PARFUM DES ANGES,                    042 007
             PENDANT QUE LE  PARFUM DES VERTS TAMARINIERS,    . . . . . . . . 022 012
                    SON  PARFUM DOUX COMME UN SECRET                      011 013
                     AU  PARFUM MELANGE DE MUSC ET DE HAVANE,             026 002
                    --UN  PARFUM NAGE AUTOUR DE VOTRE GORGE NUE!...       055 011
                         PARFUM QUI FAIT REVER AUX OASIS LOINTAINES,  . . . . 098 015
             SUR TA CHAIR LE  PARFUM RODE                                 058 013
                  SORT UN  PARFUM SI DOUX, QU'UN SOIR                     051 026
            A GRANDS FLOTS LE  PARFUM, LE SON ET LA COULEUR;              023 017
           QU'IMPORTE LE  PARFUM, L'HABIT OU LA TOILETTE?    . . . . . . . . 097 043
                RHYTHME,  PARFUM, LUEUR, O MON UNIQUE REINE!--            021 027
                         PARFUM, PERLES, DIAMANT,                         088 054
          COMME SA VOIX FAIT LE  PARFUM!"                                 041 024
          ET SOUVENT, COMME TOI, SE  PARFUMANT DE MYRRHE,    . . . . . . . . 097 059
          SACHET TOUJOURS FRAIS QUI  PARFUME                             134 009
          LA FETE QU'ASSAISONNE ET  PARFUME LE SANG;                      126 094
                   AU PAYS  PARFUME QUE LE SOLEIL CARESSE,                061 001
       COMME VOUS ETES LOIN, PARADIS  PARFUME,                           062 016
      SES CHEVEUX QUI LUI FONT UN CASQUE  PARFUME,                        032 007
       COMME VOUS ETES LOIN, PARADIS  PARFUME!                           062 020
                  LE LOTUS  PARFUME! C'EST ICI QU'ON VENDANGE             126 129
      NE VIENDRA PLUS CHERCHER LA SOUPE  PARFUMEE,                        095 035
      DES MARBRES, DES TABLEAUX, DES ROBES  PARFUMEES                     110 003
                  REVIENNENT,  PARFUMES D'UNE ODEUR DE FUTAILLES,         105 017
          ET PENETRENT VOS CORPS DE LEURS  PARFUMS AFFREUX,               131 096
                  TU REPANDS DES  PARFUMS COMME UN SOIR ORAGEUX;  . . . . . . 021 006
                  IL EST DES  PARFUMS FRAIS COMME DES CHAIRS D'ENFANTS,   004 009
               IL EST DE FORTS  PARFUMS POUR QUI TOUTE MATIERE           048 001
             LES SONS ET LES  PARFUMS TOURNENT DANS L'AIR DU SOIR;        047 003
      CEPENDANT QU'EN UN JEU PLEIN DE SALES  PARFUMS,     . . . . . . . . . . 075 011
                  AUX ACRES  PARFUMS,                                     028 006
             CES SERMENTS, CES  PARFUMS, CES BAISERS INFINIS,             036 026
                  DE VINS, DE  PARFUMS, DE LIQUEURS                       052 023
                     LES  PARFUMS, LES COULEURS ET LES SONS SE REPONDENT,  . . . 004 008
                     SES  PARFUMS, SES CHANSONS ET SES DOUCES CHALEURS!     005 040
      LA CIRCE TYRANNIQUE AUX DANGEREUX  PARFUMS.                         126 012
                  --O SERMENTS! O  PARFUMS! O BAISERS INFINIS!            036 030
      TOI QUI, MEME AUX LEPREUX, AUX  PARIAS MAUDITS,    . . . . . . . . . . 120 010
                         PARIS CHANGE! MAIS RIEN DANS MA MELANCOLIE       089 029
                         PARIS DORMANT RUISSELAIT.                        045 008
                  SUR  PARIS LE FOURMILLANT TABLEAU,                      091 026
             TRAVERSANT DE  PARIS N'EST PLUS (LA FORME D'UNE VILLE   . . . . . 089 007
      VOMISSEMENT CONFUS DE L'ENORME  PARIS,                             105 016
                  ET LE SOMBRE  PARIS, EN SE FROTTANT LES YEUX,          103 027
             DEUX VOIX ME  PARLAIENT.  L'UNE, INSIDIEUSE ET FERME,        136 005
               PARFOIS IL  PARLE ET DIT: "JE SUIS BELLE, ET J'ORDONNE   . . . . 042 012
      (MON GOSIER DE METAL  PARLE TOUTES LES LANGUES.)                   085 014
             DONT LA LUMIERE  PARLE UN LANGAGE CONNU!                    079 010
      --"QUI DONC DEVANT L'AMOUR OSE  PARLER D'ENFER?                    131 060
                  TOUT Y  PARLERAIT   . . . . . . . . . .  . . . . . . . . . 053 024
             TOUTES M'ENIVRENT; MAIS  PARMI CES ETRES FRELES             091 041
                         PARMI CES IVROGNES STUPIDES                     106 030
          CAR JE NE PUIS TROUVER  PARMI CES PALES ROSES                  018 007
          C'ETAIT L'HEURE OU  PARMI LE FROID ET LA LESINE     . . . . . . . . 103 017
                    MAIS  PARMI LES CHACALS, LES PANTHERES, LES LICES,   000 029
      POUR CE VIEUX CORPS SANS AME ET MORT  PARMI LES MORTS!             072 014
                         PARMI LES OBJETS NOIRS OU ROSES                 041 007
                 MOISIR  PARMI LES OSSEMENTS.    . . . . . . . . . . . . . 029 044
                     ET  PARMI LES SANGLOTS DONT LE ROC RETENTIT         130 052
          SI JE N'EUSSE PAS VU  PARMI LEUR TROUPE OBSCENE,               115 026
          ET LE MEURTRE,  PARMI TES PLUS CHERES BRELOQUES,               021 015
                         PARMI TOUTES LES BELLES CHOSES    . . . . . . . . 041 005
                         PAROLE! ET SUR MON POIL QUI TOUT DROIT SE RELEVE 146 003
      LAISSENT PARFOIS SORTIR DE CONFUSES  PAROLES;                      004 002
      FUYANT LE GRAND TROUPEAU  PARQUE PAR LE DESTIN,                    126 106
             UN CIEL LIQUIDE QUI  PARSEME                                028 035
                  DONT TU  PARSEMES TES TOILETTES                        129 010
             ET, N'ETANT NULLE  PART, PEUT ETRE N'IMPORTE OU!            126 030
      OUE EN GRANDE HATE UN CERCUEIL QUELQUE  PART.                      056 014
      VRAIS VOYAGEURS SONT CEUX-LA SEULS QUI  PARTENT    . . . . . . . . . . 126 017
```

```
POEM LINE
026 007  .  .  .  .  .  .  .  .      QUAND VERS TOI MES DESIRS   PARTENT EN CARAVANE,
084 002                                                          PARTI DE L'AZUR ET TOMBE
125 004                                                          PARTICULIER;
092 005                    LEURS YEUX, D'OU LA DIVINE ETINCELLE EST   PARTIE.
126 123  .  .  .  .  .  .  .      DE MEME QU'AUTREFOIS NOUS        PARTIONS POUR LA CHINE,
126 018                                                    POUR   PARTIR; COEURS LEGERS, SEMBLABLES AUX BALLONS,
126 113                                                 FAUT -IL  PARTIR? RESTER? SI TU PEUX RESTER, RESTE;
130 054                          LE CADAVRE ADORE DE SAPHO, QUI   PARTIT
108 003  .  .  .                                   UN MATIN NOUS  PARTONS A CHEVAL SUR LE VIN
126 005                                           UN MATIN NOUS   PARTONS, LE CERVEAU PLEIN DE FLAMME,
113 008                                          LES MYSTERES     PARTOUT COLORANT EN ROUGE LA NATURE.
090 003                                                           PARTOUT COULENT COMME DES SEVES
095 017  .  .  .  .  .  .  .  .  .  .  .  .  .  .  .  .            PARTOUT ELLE SE FRAYE UN OCCULTE CHEMIN,
144 007                                                           PARTOUT L'HOMME SUBIT LA TERREUR DU MYSTERE,
151 001                             ENTRE TANT DE BEAUTES QUE     PARTOUT ON PEUT VOIR,
126 048                                                           PARTOUT OU LA CHANDELLE ILLUMINE UN TAUDIS.
086 015  .  .  .  .  .  .  .  .  .  .  .  .      JE FERMERAI       PARTOUT PORTIERES ET VOLETS
138 032                              DECHIFFRANT LE MALHEUR       PARTOUT,
126 086                                        NOUS AVONS VU      PARTOUT, ET SANS L'AVOIR CHERCHE,
146 005          QU'UN HORIZON SANGLANT FERME DE TOUTES           EN HAUT, EN BAS,   PARTOUT, LA PROFONDEUR, LA GREVE,
131 048          QU'UN HORIZON SANGLANT FERME DE TOUTES           PARTS.
025 011          COMMENT N'AS -TU PAS HONTE ET COMMENT N'AS -TU   PAS
118 027          OU TU FUS MAITRE ENFIN? LE REMORDS N'A-T -IL     PAS
131 053                                            NE ME REGARDE  PAS AINSI, TOI, MA PENSEE!
000 028  .  .  .  .  .      C'EST QUE NOTRE AME, HELAS! N'EST     PAS ASSEZ HARDIE.
051 016                                                ELLE N'A   PAS BESOIN DE MOTS.
058 003                                                 QUI N'EST PAS CELUI D'UN ANGE
126 013                                             POUR N'ETRE   PAS CHANGES EN BETES, ILS S'ENIVRENT
082 007  .  .  .  .  .  .  .  .  .  .  .              JE NE GEINDRAI  PAS COMME OVIDE
033 013                                             DE N'AVOIR    PAS CONNU CE QUE PLEURENT LES MORTS?"
097 052                     VOUS ENTRAINE EN DES LIEUX QUI NE SONT  PAS CONNUS!
043 006                                        ILS CONDUISENT MES  PAS DANS LA ROUTE DU BEAU;
049 006  .  .  .  .  .  .      L'OPIUM AGRANDIT CE QUI N'A         PAS DE BORNES,
095 002              IL VIENT COMME UN COMPLICE, A                 PAS DE LOUP; LE CIEL
149 040                                          ET QUI N'EST      PAS DE PIERRE TENDRE;
031 019                                             "TU N'ES       PAS DIGNE QU'ON T'ENLEVE
051 017                                        NON, IL N'EST       PAS D'ARCHET QUI MORDE
136 028                              LES SAGES N'EN ONT            PAS D'AUSSI BEAUX QUE LES FOUS!"
056 010                          L'ECHAFAUD QU'ON BATIT N'A        PAS D'ECHO PLUS SOURD.
030 009                                         OR IL N'EST        PAS D'HORREUR AU MONDE QUI SURPASSE
131 088  .  .  .  .      FLAGELLES PAR UN VENT QUI NE VIENT        PAS DU CIEL,
000 026                                                 N'ONT      PAS ENCOR BRODE DE LEURS PLAISANTS DESSINS
115 027                                         CRIME QUI N'A      PAS FAIT CHANCELER LE SOLEIL!
119 028                                                 N'EST      PAS FAITE SUFFISAMMENT;
115 016  .  .  .  .  .                             N'EST -CE       PAS GRAND'PITIE DE VOIR CE BON VIVANT,
025 011                                  COMMENT N'AS -TU          PAS HONTE ET COMMENT N'AS -TU PAS
091 074                          L'OEIL INQUIET, FIXE SUR VOS      PAS INCERTAINS,
156 009                                             SON RIRE N'EST PAS LA GRIMACE
118 030                          D'UN MONDE OU L'ACTION N'EST      PAS LA SOEUR DU REVE;
085 016                                         QU'IL NE FAUT      PAS LACHER SANS EN EXTRAIRE L'OR!
021 014                               DE TES BIJOUX L'HORREUR N'EST  PAS LE MOINS CHARMANT,
049 011  .  .  .  .  .  .  .  .  .  .          TOUT CELA NE VAUT   PAS LE POISON QUI DECOULE
026 011  .  .  .  .  .  .  .  .  .  .              JE NE SUIS      PAS LE STYX POUR T'EMBRASSER NEUF FOIS,
049 016                                        TOUT CELA NE VAUT   PAS LE TERRIBLE PRODIGE
001 018                                 ET, NE COMPRENANT          PAS LES DESSEINS ETERNELS;
043 011                             ROUGIT, MAIS N'ETEINT          PAS LEUR FLAMME FANTASTIQUE!
086 022  .  .  .  .  .  .  .  .  .  .  .  .                NE FERA PAS LEVER MON FRONT DE MON PUPITRE!
148 014                                              JE N'AURAI    PAS L'HONNEUR SUBLIME
023 034                                                N'EST -TU   PAS L'OASIS OU JE REVE, ET LA GOURDE
090 024                        LUI DONNAIT LA TOURNURE ET LE       PAS MALADROIT
131 026  .  .  .      COMPRENDS -TU MAINTENANT QU'IL NE FAUT       PAS OFFRIR
099 001                                               JE N'AI      PAS OUBLIE, VOISINE DE LA VILLE,
126 085                                              POUR NE       PAS OUBLIER LA CHOSE CAPITALE,
106 012                            SON TOMBEAU;--CE N'EST          PAS PEU DIRE:
098 021  .  .  .      MAIS NE SUFFIT -IL                           PAS QUE TU SOIS L'APPARENCE,
138 027                                                 N'AURONT   PAS REFLETE L'ENFER,
001 011                               ET QUE JE NE PUIS            PAS REJETER DANS LES FLAMMES,
090 038                                              ET QUI N'EST  PAS SAISI D'UN FRISSON FRATERNEL,
097 039                                        NE CONTEMPLERONT    PAS SANS D'AMERES NAUSEES
138 034                                              TU N'AURAS    PAS SENTI L'ETREINTE
001 071                PAR VOTRE MAIN MONTES, NE POURRAIENT        PAS SUFFIRE
094 024                             LE SOMMEIL PROMIS N'EST        PAS SUR;
058 018  .  .  .  .  .  .  .  .  .  .  .              NE VALENT     PAS TA PARESSE,
064 005                                               NE VEUT      PAS TE MONTRER SON SECRET INFERNAL,
139 001                                    AH! NE RALENTIS         PAS TES FLAMMES;
083 013                                          NE SUIS -JE       PAS UN FAUX ACCORD
014 004                             ET TON ESPRIT VA-T            PAS UN GOUFFRE MOINS AMER,
141 012                                          L'HOMME NE VIT    PAS UN MOMENT
097 034                                             NE TROUVE      PAS UN PRIX DIGNE DE SES EFFORTS;
064 013                                     COMME MOI N'ES -TU     PAS UN SOLEIL AUTOMNAL,
116 021  .  .  .  .  .  .  .  .                        CE N'ETAIT  PAS UN TEMPLE AUX OMBRES BOCAGERES,
149 047                         MON AME DANS TES MAINS N'EST       PAS UN VAIN JOUET,
037 013                                                IL N'EST    PAS UNE FIBRE EN TOUT MON CORPS TREMBLANT
090 032                                         MARCHAIENT DU MEME PAS VERS UN BUT INCONNU.
090 021  .  .  .  .  .  .  .  .  .  .  .  .            IL N'ETAIT   PAS VOUTE, MAIS CASSE, SON ECHINE
115 026                                              SI JE N'EUSSE PAS VU PARMI LEUR TROUPE OBSCENE,
008 013          ET TON RIRE TREMPE DE PLEURS QU'ON NE VOIT        PAS,
000 015          CHAQUE JOUR VERS L'ENFER NOUS DESCENDONS D'UN     PAS,
131 042          --"JE NE SUIS POINT INGRATE ET NE ME REPENS       PAS,
```

P

		POEM	LINE
QUI NE COMPRENNENT	PAS, AMANTS IVRES DE CHAIR, ...	097	018
TOUT CELA NE VAUT	PAS, O BOUTEILLE PROFONDE,	107	009
'ACCUSENT D'AVOIR MIS LEURS PIEDS DANS SES	PAS.	001	036
IS LE DAMNE REPOND TOUJOURS: '"JE NE VEUX	PAS!"	140	014
	PASCAL AVAIT SON GOUFFRE, AVEC LUI SE MOUVANT.	146	001
UNE FEMME	PASSA, D'UNE MAIN FASTUEUSE	093	003
NOUS VOLONS AU	PASSAGE UN PLAISIR CLANDESTIN	000	019
AVEC LE COEUR JOYEUX D'UN JEUNE	PASSAGER, ...	126	126
ENTRE -BAILLANT SA ROBE AUX BRISES	PASSAGERES;	116	024
	PASSAIENT DEVANT MES YEUX CLAIRVOYANTS ET SEREINS;	127	019
DES CHATS	PASSAIENT FURTIVEMENT,	045	010
LE	PASSANT CHAGRIN QUE TU FROLES	129	005
VOUS INSULTE EN	PASSANT D'UN AMOUR DERISOIRE;	091	067
OU LE SPECTRE EN PLEIN JOUR RACCROCHE LE	PASSANT!	090	002
ET, COMME DES	PASSANTS SUR UN FOU QU'ILS ADMIRENT,	115	010
L'HOMME IVRE D'UNE OMBRE QUI	PASSE	067	012
L'HOMME Y	PASSE A TRAVERS DES FORETS DE SYMBOLES	004	003
ET REVIS MON	PASSE BLOTTI DANS TES GENOUX,	036	022
DU	PASSE LUMINEUX RECUEILLE TOUT VESTIGE!	047	014
DANS LE PRESENT LE	PASSE RESTAURE!	038	020
R QUE TU PUISSES FAIRE, A JESUS, QUAND IL	PASSE, ...	140	007
LE NUAGE AFFREUX DU	PASSE.	138	010
	PASSENT, COMME UN SOUPIR ETOUFFE DE WEBER;	006	032
MAINTE FOIS DE LA PEUR JE SENS	PASSER LE VENT.	146	004
	PASSER SUR NOS ESPRITS, TENDUS COMME UNE TOILE, . . .	126	055
	PASSER UN OCEAN DOMPTE;	102	040
QUAND JE TE VOIS	PASSER, O MA CHERE INDOLENTE,	098	001
LES REGARDANT	PASSER, REDOUBLE SA CHANSON;	013	010
ILS	PASSERONT SUR TOI COMME UN LOURD ATTELAGE	131	033
TU	PASSES TON CHEMIN, MAJESTUEUSE ENFANT.	052	012
TU	PASSES TON CHEMIN, MAJESTUEUSE ENFANT.	052	040
JE HAIS LA	PASSION ET L'ESPRIT ME FAIT MAL!	064	008
ENVIANT DE CES GENS LA	PASSION TENACE, ...	096	017
MA TERRIBLE	PASSION!	058	006
VOUS, MON ANGE ET MA	PASSION!	029	040
JE SENS VIBRER EN MOI TOUTES LES	PASSIONS	069	009
JE VOIS S'EPANOUIR VOS	PASSIONS NOVICES;	091	077
OU LES	PASTELS PLAINTIFS ET LES PALES BOUCHER,	076	013
CHAUDS COMME LES SOLEILS, FRAIS COMME LES	PASTEQUES,	130	003
	PATIENT COMME LA FOURMI?	054	009
A TON FOYER	PATRIARCAL;	119	014
AINSI QUE DES ESPRITS ERRANTS ET SANS	PATRIE	078	015
C'EST LA BOURSE DU PAUVRE ET SA	PATRIE ANTIQUE,	122	013
L'UNE, PAR SA	PATRIE AU MALHEUR EXERCEE,	091	045
LES UNS, JOYEUX DE FUIR UNE	PATRIE INFAME;	126	009
RETIENS LES GRIFFES DE TA	PATTE,	034	002
QUADRUPEDE INFIRME OU D'UN JUIF A TROIS	PATTES.	090	025
DE FEROCES OISEAUX PERCHES SUR LEUR	PATURE	116	029
QUI SORT DE LA	PATURE SUPREME	130	068
ELLE FIT SON BEAU CORPS LA	PAUPIERE AINSI QU'UN LONG SOUPIR.	131	024
VOYANT TOMBER DES PLEURS DE SA	PAUPIERE CREUSE?	100	022
LES FEMMES DE PLAISIR, LA	PAUPIERE LIVIDE,	103	013
ET JE FERAI DE TA	PAUPIERE, ...	083	004
CE	PAUVRE AGONISANT QUE DEJA LE LOUP FLAIRE!	054	020
TES BEAUX YEUX SONT LAS,	PAUVRE AMANTE!	155	001
QUE DIRAS -TU CE SOIR,	PAUVRE AME SOLITAIRE,	042	001
O LE	PAUVRE AMOUREUX DES PAYS CHIMERIQUES!	126	041
	PAUVRE ANGE, ELLE CHANTAIT, VOTRE NOTE CRIARDE:	045	025
TREMBLE DE FROID,	PAUVRE CHACAL!	119	016
DEVANT TOI,	PAUVRE DIABLE AU SOUVENIR SI CHER,	116	049
C'EST LA BOURSE DU	PAUVRE ET SA PATRIE ANTIQUE, ...	122	013
	PAUVRE ET TRISTE MIROIR OU JADIS RESPLENDIT	089	002
ET MON COEUR S'EFFRAYA D'ENVIER MAINT	PAUVRE GRANDE BEAUTE! LE MAGNIFIQUE FLEUVE	020	025
MA	PAUVRE HOMME	096	021
	PAUVRE MUSE, HELAS! QU'AS -TU DONC CE MATIN?	007	001
AINSI QU'UN DEBAUCHE	PAUVRE QUI BAISE ET MANGE	000	017
REGARDEZ, APRES TOUT, C'EST UNE	PAUVRE TERRE.	116	008
LE	PAUVRE, LE MECHANT, LE TORTU, L'HEBETE,	140	006
DIT AU	PAUVRE, QU'IL A NOYE DANS LES TENEBRES:	149	010
O	PAUVRES CORPS TORDUS, MAIGRES, VENTRUS OU FLASQUES,	005	022
ET QUI REFAIT LE LIT DES GENS	PAUVRES ET NUS;	122	011
LES MORTS, LES	PAUVRES MORTS, ONT DE GRANDES DOULEURS,	100	004
	PAUVRES SOEURS, JE VOUS AIME AUTANT QUE JE VOUS PLAINS,	111	026
OU DANSENT, SANS VOULOIR DANSER,	PAUVRES SONNETTES	091	015
LES	PAUVRESSES, TRAINANT LEURS SEINS MAIGRES ET FROIDS,	103	015
LAISSE VOIR LA	PAUVRETE	088	003
TA TETE SE	PAVANE AVEC D'ETRANGES GRACES;	052	010
TA TETE SE	PAVANE AVEC D'ETRANGES GRACES;	052	038
L'ELIXIR DE TA BOUCHE OU L'AMOUR SE	PAVANE;	026	006
TE	PAVANER AUX LIEUX QUE LA FOLIE ENCOMBRE.	037	007
LE BOIS RETENTISSANT SUR LE	PAVE DES COURS.	056	004
ET, DE SES PIEDS PALMES FROTTANT LE	PAVE SEC,	089	018
AU CIEL; ON NE LES VOIT JAMAIS VERS LES	PAVES	092	007
TOUS LES	PAVES DE LA MARGELLE.	106	015
IL S'EN VA, TRANSFORMANT LES	PAVES EN ILOTS, ...	113	006
TREBUCHANT SUR LES MOTS COMME SUR LES	PAVES,	087	007
CHEVEUX BLEUS,	PAVILLON DE TENEBRES TENDUES,	023	026
IL FAUT QUE LE GIBIER	PAYE LE VIEUX CHASSEUR	149	033
NOUS NOUS FAISONS	PAYER GRASSEMENT NOS AVEUX,	000	006

```
POEM LINE
135 001 . . . . . . . . . . .  L'HOMME A, POUR  PAYER SA RANCON,
147 002                         DU HAUT DES      PAYS BLEUS OU, RADIEUX SERAIL,
133 005                             AUX          PAYS CHAUDS ET BLEUS OU TON DIEU T'A FAIT NAITRE,
126 041         O LE PAUVRE AMOUREUX DES         PAYS CHIMERIQUES!
061 009 . . . . SI VOUS ALLIEZ, MADAME, AU VRAI  PAYS DE GLOIRE,
116 006                    NOUS DIT -ON, UN      PAYS FAMEUX DANS LES CHANSONS,
094 029                       DANS QUELQUE       PAYS INCONNU
126 138                            CE            PAYS NOUS ENNUIE, O MORT! APPAREILLONS!
061 001 . . . . . . . . . . . .    AU            PAYS PARFUME QUE LE SOLEIL CARESSE,
030 007                          C'EST UN        PAYS PLUS NU QUE LA TERRE POLAIRE;
077 001         JE SUIS COMME LE ROI D'UN        PAYS PLUVIEUX,
053 006                            AU            PAYS QUI TE RESSEMBLE!
133 018 . . . . . . . . . . . .    CE            PAYS TROP PEUPLE QUE FAUCHE LA SOUFFRANCE,
006 008    DES GLACIERS ET DES PINS QUI FERMENT LEUR  PAYS;
050 011                  COMME TU RESPLENDIS,    PAYSAGE MOUILLE
102 001                     DE CE TERRIBLE       PAYSAGE,
138 004 . . . . . . . . . COMME LE FLEUVE AU     PAYSAGE;
129 002                  SONT BEAUX COMME UN BEAU PAYSAGE!
126 065    LES PLUS RICHES CITES, LES PLUS GRANDS PAYSAGES,
033 014                 --ET LE VER RONGERA TA   PEAU COMME UN REMORDS,
127 032 . . . . . . IL INONDAIT DE SANG CETTE    PEAU COULEUR D'AMBRE!
154 012                          SA             PEAU DELICATE EST FROTTEE
035 011                    ET LEUR              PEAU FLEURIRA L'ARIDITE DES RONCES.
131 098         ALTERE VOTRE SOIF ET ROIDIT VOTRE PEAU,
114 004 . TOUT GLISSE ET TOUT S'EMOUSSE AU GRANIT DE SA PEAU.
028 004                       MIROITER LA        PEAU!
043 005         ME SAUVANT DE TOUT PIEGE ET DE TOUT PECHE GRAVE,
098 011    LA COURONNE, ET SON COEUR, MEURTRI COMME UNE PECHE,
149 041 . . . CAR IL EST FAIT AVEC L'UNIVERSEL   PECHE,
000 001            LA SOTTISE, L'ERREUR, LE      PECHE, LA LESINE,
126 088         LE SPECTACLE ENNUYEUX DE L'IMMORTEL PECHE:
088 022                   DEVOILENT POUR NOS     PECHES
057 039                 VOLUPTE NOIRE! DES SEPT  PECHES CAPITAUX,
116 044               ET DES                     PECHES QUI T'ONT INTERDIT LE TOMBEAU.
000 005                          NOS            PECHES SONT TETUS, NOS REPENTIRS SONT LACHES;
025 016    DE TOI SE SERT, O FEMME, O REINE DES  PECHES,
052 003 . . . . . . . . . . .   JE VEUX TE       PEINDRE TA BEAUTE,
052 015                     JE VEUX TE           PEINDRE TA BEAUTE,
038 006                   CONDAMNE A             PEINDRE, HELAS! SUR LES TENEBRES;
002 005                          A              PEINE LES ONT -ILS DEPOSES SUR LES PLANCHES,
051 004 . . . . QUAND IL MIAULE, ON L'ENTEND A   PEINE,
104 006                          DE             PEINE, DE SUEUR ET DE SOLEIL CUISANT
057 031         ETOILANT DE REFLETS LE PLAFOND   PEINT EN BLEU,
156 007                          IL             PEINT LE MAL ET SA SEQUELLE,
096 002 . . . . . . . . PALES, LE SOURCIL        PEINT, L'OEIL CALIN ET FATAL,
102 009                          ET,            PEINTRE FIER DE MON GENIE,
038 005               JE SUIS COMME UN           PEINTRE QU'UN DIEU MOQUEUR
038 029    COMME UN BEAU CADRE AJOUTE A LA       PEINTURE,
131 089 . . . . . . . . . BOUILLONNENT           PELE-MELE AVEC UN BRUIT D'ORAGE.
001 027    ET L'ESPRIT QUI LE SUIT DANS SON      PELERINAGE
010 006               ET QU'IL FAUT EMPLOYER LA  PELLE ET LES RATEAUX
100 002    ET QUI DORT SON SOMMEIL SOUS UNE HUMBLE PELOUSE.
036 013 . . . . . . . . . . . EN ME             PENCHANT VERS TOI, REINE DES ADOREES,
028 025                  ET TON CORPS SE         PENCHE ET S'ALLONGE
147 013               QUI VERS SON MIROIR        PENCHE UN LOURD AMAS D'ANNEES,
155 030                QU'IL M'EST DOUX,         PENCHE VERS TES SEINS,
143 009 . . . . . . LOIN D'EUX. VOIS SE          PENCHER LES DEFUNTES ANNEES,
092 008               PENCHER REVEUSEMENT LEUR TETE APPESANTIE.
105 019                  DONT LA MOUSTACHE       PEND COMME LES VIEUX DRAPEAUX.
091 016               OU SE                      PEND UN DEMON SANS PITIE! TOUT CASSES
116 058 . . . . . QU'UN GIBET SYMBOLIQUE OU      PENDAIT MON IMAGE....
102 027                       PENDANT DES MILLIONS DE LIEUES,
074 001               IL EST AMER ET DOUX,       PENDANT LES NUITS D'HIVER,
132 028               QUE BALANCE LE VENT        PENDANT LES NUITS D'HIVER,
143 005 . . . . . . . . PENDANT QUE DES MORTELS LA MULTITUDE VILE,
022 012               PENDANT QUE LE PARFUM DES VERTS TAMARINIERS,
092 011               PENDANT QU'AUTOUR DE NOUS TU CHANTES, RIS ET BEUGL
013 004    LE TRESOR TOUJOURS PRET DES MAMELLES  PENDANTES.
015 005 . . . . . . . MONTRANT LEURS SEINS       PENDANTS ET LEURS ROBES OUVERTES,
100 014    REMPLACANT LES LAMBEAUX QUI           PENDENT A LEUR GRILLE.
087 001    LE LONG DU VIEUX FAUBOURG, OU         PENDENT AUX MASURES
116 030 . . . . . DETRUISAIENT AVEC RAGE UN      PENDU DEJA MUR,
116 045 . . . . . . . . . RIDICULE              PENDU, TES DOULEURS SONT LES MIENNES!
039 008                  RESTE COMME             PENDUE A MES RIMES HAUTAINES;
102 057                          LA             PENDULE AUX ACCENTS FUNEBRES
075 010    ACCOMPAGNE EN FAUSSET LA             PENDULE ENRHUMEE,
150 001 . . . . . . . . . . . . . LA            PENDULE, SONNANT MINUIT,
120 041    CONFESSEUR DES                        PENDUS ET DES CONSPIRATEURS,
107 010               LES BAUMES                 PENETRANTS QUE TA PANSE FECONDE
118 028    PENETRE DANS TON FLANC PLUS AVANT QUE LA LANCE?
084 004 . . . . . . . . OU NUL OEIL DU CIEL NE   PENETRE;
048 002    EST POREUSE. ON DIRAIT QU'ILS         PENETRENT LE VERRE.
131 096                          ET             PENETRENT VOS CORPS DE LEURS PARFUMS AFFREUX.
037 006    COMME UN ASTRE ECLIPSE QUI SORT DE LA PENOMBRE,
089 041 . . . . . . . . . . . . . JE            PENSE A LA NEGRESSE, AMAIGRIE ET PHTISIQUE,
089 034                          JE             PENSE A MON GRAND CYGNE, AVEC SES GESTES FOUS,
141 007               LA DENT DIT: " PENSE A TON DEVOIR!"
089 001               ANDROMAQUE, JE             PENSE A VOUS! CE PETIT FLEUVE,
089 051 . . . . . . . . . . . . . JE            PENSE AUX MATELOTS OUBLIES DANS UNE ILE,
```

P

		POEM	LINE
ET QUE DE MA	PENSEE, EN VAGUANT AU HASARD,	115	003
NE ME REGARDE PAS AINSI, TOI, MA	PENSEE!	131	053
LE GOUFFRE DE TES YEUX, PLEIN D'HORRIBLES	PENSEES,	097	037
QUI DONNE A	PENSER QUE LE DIABLE	084	031
DE MES	PENSERS BRULANTS UNE TIEDE ATMOSPHERE.	086	026
QUELS	PENSERS DANS TON AME VIDE	082	003
MILLE	PENSERS DORMAIENT, CHRYSALIDES FUNEBRES,	048	009
LEURS FEUX SONT CES	PENSERS D'AMOUR, MELES DE FOI,	152	011
TON SEIN DE	PENSERS FORTS FUT TOUJOURS FREQUENTE,	007	010
REPOSE; ET, VIDE DE	PENSERS,	110	018
CELUI DONT LES	PENSERS, COMME DES ALOUETTES,	003	017
TU VERRAS MES	PENSERS, RANGES COMME LES CIERGES	057	029
COMME UN BETAIL	PENSIF SUR LE SABLE COUCHEES,	111	001
A L'ARTISTE	PENSIF TON CORPS EST DOUX ET CHER;	133	003
L'OEIL	PENSIF, ET SUIVANT, DANS NOS SALES BROUILLARDS,	133	027
	PENSIVE, S'ASSEYAIT A L'ECART SUR UN BANC,	091	052
QUI PAR UNE INVISIBLE	PENTE	155	021
COMME UNE SENTINELLE A L'OEIL	PERCANT ET SUR,	130	047
QU'ILS SONT, ILS ONT DES YEUX	PERCANTS COMME UNE VRILLE,	091	017
TON ANGOISSE, TROP LOURDE,	PERCE	138	014
AUX NOCTURNES RAYONS QUI	PERCENT LES VOLETS?	008	006
DE FEROCES OISEAUX	PERCHES SUR LEUR PATURE	116	029
ET LE COMMENCEMENT DE MA	PERDITION!"	131	056
DU SANG QUE NOUS	PERDONS CROIT ET SE FORTIFIE!	010	014
DE	PERDRE AU FOND D'UN LIT L'ANTIQUE CONSCIENCE.	132	006
COMBIEN, O MON CARQUOIS,	PERDRE DE JAVELOTS?	123	004
A QUICONQUE A	PERDU CE QUI NE SE RETROUVE	089	045
AINSI, QUAND JE SERAI	PERDU DANS LA MEMOIRE	048	021
LE PRINTEMPS ADORABLE A	PERDU SON ODEUR!	080	010
COMME DANS UN CAVEAU DONT LA CLEF EST	PERDUE.	016	021
UN APPEL DE CHASSEURS	PERDUS DANS LES GRANDS BOIS!	006	040
MAIS LES BIJOUX	PERDUS DE L'ANTIQUE PALMYRE,	001	069
SOMBRES OU LUMINEUX, JE VIS VOS JOURS	PERDUS;	091	078
DES DESIRS ERRANTS ET	PERDUS?	110	044
HARPAGON, QUI VEILLAIT SON	PERE ADOPTIF DE CEUX QU'EN SA NOIRE COLERE	120	043
DEGOUTANT PHENIX, FILS ET	PERE AGONISANT,	149	001
DU REGNENT TOUR A TOUR LE	PERE DE LUI-MEME?	090	043
CE	PERE DES CHANSONS,	007	013
DU PARADIS TERRESTRE A CHASSES DIEU LE	PERE NOURRICIER, ENNEMI DES CHLOROSES,	087	009
TOUT COMME SI J'ETAIS VOTRE	PERE,	120	044
SEIGNEUR! QUE LA DOULEUR, O	PERE, O MERVEILLE!	091	075
O LUNE QU'ADORAIENT DISCRETEMENT NOS	PERE, SOIT BENIE!	149	046
ET J'AI DIT AU POISON	PERES,	147	001
PRES DE L'EPOUX	PERFIDE	031	015
PUISSE -JE USER DU GLAIVE ET	PERFIDE ET QUI FUT SON AMANT,	015	014
SEMERA LE RUBIS, LA	PERIR PAR LE GLAIVE!	118	031
CETTE VOIX, QUI	PERLE ET LE SAPHIR,	023	032
NON DE	PERLE ET QUI FILTRE	051	009
LES METAUX INCONNUS, LES	PERLES BRODE, MAIS DE TOUTES MES LARMES!	057	014
DES	PERLES DE LA MER,	001	070
PARFUM,	PERLES DE LA PLUS BELLE EAU,	088	029
QUE L'ASPECT	PERLES QUE VERSENT TES YEUX!	138	020
LES	PERLES, DIAMANT,	088	054
LA JOUE ET L'OEIL EN FEU, JOUANT SON	PERMANENT DE VOS PALES TENEBRES,	101	012
VERS LES TRESORS DE TA	PERSIENNES, ABRI DES SECRETES LUXURES,	087	002
QUI BRILLAIENT D'UN FEU	PERSONNAGE,	059	007
ET DES CATARACTES	PERSONNE,	129	027
QUAND DE TON CORPS BRISE LA	PERSONNEL!	102	048
LES INTESTINS	PESANTES,	102	017
QUAND LE CIEL BAS ET LOURD	PESANTEUR HORRIBLE	118	017
SUR QUI	PESANTS LUI COULAIENT SUR LES CUISSES,	116	034
SI SES BALANCES D'OR N'ONT	PESE COMME UN COUVERCLE	078	001
JE SERAI TON CERCUEIL, AIMABLE	PESE LA GRIFFE EFFROYABLE DE DIEU?	091	084
OU S'ELANCAIT EN	PESE LE DELUGE	130	033
QUI	PESTILENCE!	048	025
QUE SON	PETILLANT;	029	022
ANDROMAQUE, JE PENSE A VOUS! CE	PETILLENT AU FOND, VOLUPTUEUX OU CHASTES.	152	012
QUE LE	PETIT CERVEAU SOIT ACTIF OU SOIT LENT,	144	006
"JESUS,	PETIT FLEUVE,	089	001
UN	PETIT HERCULE ETRANGLAIT AU BERCEAU?	157	014
LE MONDE, MONOTONE ET	PETIT JESUS! JE T'AI POUSSE BIEN HAUT!	016	011
AUX YEUX DU SOUVENIR QUE LE MONDE EST	PETIT SAC BRODE DE FLEURS OU DE REBUS;	091	012
ILS ONT LES YEUX DIVINS DE LA	PETIT, AUJOURD'HUI,	126	110
NOTRE BLANCHE MAISON,	PETIT!	126	004
AH! QUE J'EN AI SUIVI DE CES	PETITE FILLE	091	019
HIER S'EST MISE EN ROUTE, EMPORTANT SES	PETITE MAIS TRANQUILLE;	099	002
SONT PRESQUE AUSSI	PETITES VIEILLES!	091	049
TON OR FAIT AUSSI DES	PETITS	013	002
ET LA VIPERE SES	PETITS QUE CELUI D'UN ENFANT?	091	022
--DE TOI, VIL ANIMAL,--POUR	PETITS,	119	018
TOUT DE TOI M'EST PLAISIR, MORBIDE OU	PETITS;	070	008
PLUS D'UN ILLUSTRE MOINE, AUJOURD'HUI	PETRIR UN GENIE?	025	017
QU'IL RESTE EN MON JARDIN BIEN	PETRISSANT SES SEINS SUR LE FER DE SON BUSC,	132	003
UN	PETULANT;	037	011
SON TOMBEAU;--CE N'EST PAS	PEU CITE,	009	006
LA HANCHE UN	PEU DE FRUITS VERMEILS.	010	004
	PEU DE L'ORGUEIL DES DAMNES;	138	025
	PEU DIRE:	106	012
	PEU POINTUE ET LA TAILLE FRINGANTE	110	039

```
POEM LINE
126 096 . . . . . . . . . . . . . . . ET LE    PEUPLE AMOUREUX DU FOUET ABRUTISSANT;
120 017                      QUI DAMNÉ TOUT UN    PEUPLE AUTOUR D'UN ECHAFAUD.
000 022              DANS NOS CERVEAUX RIBOTE UN    PEUPLE DE DEMONS,
120 023                  OU DORT ENSEVELI LE    PEUPLE DES METAUX,
105 024 . . . . . . ILS APPORTENT LA GLOIRE AU    PEUPLE IVRE D'AMOUR!
077 006                              NI SON    PEUPLE MOURANT EN FACE DU BALCON.
078 011                          ET QU'UN    PEUPLE MUET D'INFAMES ARAIGNEES
133 018                       CE PAYS TROP    PEUPLE QUE FAUCHE LA SOUFFRANCE,
059 006 . . . . . . EXCITANT A L'ASSAUT UN    PEUPLE SANS SOULIERS,
035 012       --CE GOUFFRE, C'EST L'ENFER, DE NOS AMIS    PEUPLE!
023 003                  EXTASE! POUR    PEUPLER CE SOIR L'ALCOVE OBSCURE
074 010            ELLE VEUT DE SES CHANTS    PEUPLER L'AIR FROID DES NUITS,
005 030 . . . . . . . . . . . . . . AUX    PEUPLES ANCIENS DES BEAUTES INCONNUES:
071 014                               LES    PEUPLES DE L'HISTOIRE ANCIENNE ET MODERNE.
007 002                TES YEUX CREUX SONT    PEUPLES DE VISIONS NOCTURNES,
001 056           LUI DEROBENT L'ASPECT DES    PEUPLES FURIEUX:
131 101 . . . . . . . . . . . . LOIN DES    PEUPLES VIVANTS, ERRANTES, CONDAMNEES,
130 007                   QUI SE JETTENT SANS    PEUR DANS LES GOUFFRES SANS FONDS
044 017                             ET LA    PEUR DE VIEILLIR, ET CE HIDEUX TOURMENT
146 009    J'AI PEUR DU SOMMEIL COMME ON A    PEUR D'UN GRAND TROU,
146 009 . . . . . . . . . . . . . J'AI    PEUR DU SOMMEIL COMME ON A PEUR D'UN GRAND TROU,
007 006               T'ONT -ILS VERSE LA    PEUR ET L'AMOUR DE LEURS URNES?
106 043                    ALORS, SANS    PEUR ET SANS REMORD,
146 004           JE FRISSONNE DE    PEUR JE SENS PASSER LE VENT.
131 051 . . . . . . . . . . JE FRISSONNE DE    PEUR QUAND TU ME DIS: "MON ANGE!"
153 007            LE DOUTE L'ENVIRONNE, ET LA    PEUR RIDICULE,
033 005    QUAND LA PIERRE, OPPRIMANT TA POITRINE    PEUREUSE
091 070                                       PEUREUSES, LE DOS BAS, VOUS COTOYEZ LES MURS;
145 013 . . . . . . . . . . . ET MON PIED    PEUREUX FROISSE, AU BORD DU MARECAGE,
054 022                                       PEUT -ON DECHIRER DES TENEBRES
054 025                                       PEUT -ON ILLUMINER UN CIEL BOURBEUX ET NOIRS?
054 021                                       PEUT -ON ILLUMINER UN CIEL BOURBEUX ET NOIR?
062 028 . . . . ON LE RAPPELER AVEC DES CRIS PLAINTIFS,    PEUT
006 002     OREILLER DE CHAIR FRAICHE OU L'ON NE    PEUT AIMER,
145 003                --BIENHEUREUX CELUI-LA QUI    PEUT AVEC AMOUR
106 048                    LE WAGON ENRAGE    PEUT BIEN
023 016 . . . . . UN PORT RETENTISSANT OU MON AME    PEUT BOIRE
003 015                   HEUREUX CELUI QUI    PEUT D'UNE AILE VIGOUREUSE
126 030         ET, N'ETANT NULLE PART,    PEUT ETRE N'IMPORTE OU!
041 012                              RIEN NE    PEUT ETRE PREFERE.
043 014    ASTRES DONT NUL SOLEIL NE    PEUT FLETRIR LA FLAMME!
131 073                              ON NE    PEUT ICI-BAS CONTENTER QU'UN SEUL MAITRE!"
130 014            ET VENUS A BON DROIT    PEUT JALOUSER SAPHO!
077 005                          RIEN NE    PEUT L'EGAYER, NI GIBIER, NI FAUCON,
106 029 . . . . . . . . . . . NUL NE    PEUT ME COMPRENDRE, UN SEUL
106 018                      DONT RIEN NE    PEUT NOUS DELIER,
021 004                       ET L'ON    PEUT POUR CELA TE COMPARER AU VIN.
106 011              D'AUTANT DE VIN QU'EN    PEUT TENIR
151 001 . . . . ENTRE TANT DE BEAUTES QUE PARTOUT ON    PEUT VOIR,
136 015                    QUE DATE CE QU'ON    PEUT, HELAS! NOMMER MA PLAIE
094 028                           HELAS!    PEUT-ETRE
051 032                                       PEUT-ETRE EST -IL FEE, EST -IL DIEU?
016 008 . . . . . . . OU LES PURS ESPRITS SEULS    PEUT-ETRE ETAIENT VENUS,--
093 012    AILLEURS, BIEN LOIN D'ICI! TROP TARD! JAMAIS    PEUT-ETRE!
095 006                DONT LES BRAS, SANS MENTIR,    PEUVENT DIRE: AUJOURD'HUI
083 028                                QUI    PEUVENT PLUS SOURIRE!
030 013 . . . . . . . . QUI    PEUVENT SE PLONGER DANS UN SOMMEIL STUPIDE,
126 113    FAUT -IL PARTIR? RESTER? SI TU    PEUX RESTER, RESTE;
131 050             EXPLIQUE, SI TU    PEUX, MON TROUBLE ET MON EFFROI:
006 039                            C'EST UN    PHARE ALLUME SUR MILLE CITADELLES,
084 037 . . . . . . . . . . UN    PHARE IRONIQUE, INFERNAL,
090 043                       DEGOUTANT    PHENIX, FILS ET PERE DE LUI-MEME?
072 011                                       PHILOSOPHES VIVEURS, FILS DE LA POURRITURE,
021 007                TES BAISERS SONT UN    PHILTRE ET TA BOUCHE UNE AMPHORE
052 032 . . . . . . . . TOURNER UN    PHILTRE NOIR DANS UN VASE PROFOND,
054 006                   DANS QUEL    PHILTRE, DANS QUEL VIN, DANS QUELLE TISANE,
051 012           ET ME REJOUIT COMME UN    PHILTRE.
054 010                     DANS QUEL    PHILTRE?--DANS QUEL VIN?--DANS QUELLE TISANE?
109 008 . . . . . . ACCOUTUME MA LEVRE A DES    PHILTRES INFAMES.
058 017                           AH! LES    PHILTRES LES PLUS FORTS
155 025                               OU    PHOEBE REJOUIE
155 039                               OU    PHOEBE REJOUIE
155 011 . . . . . . . . . . OU    PHOEBE REJOUIE
005 002                             DONT    PHOEBUS SE PLAISAIT A DORER LES STATUES.
007 014                                       PHOEBUS, ET LE GRAND PAN, LE SEIGNEUR DES MOISSONS
084 022              DONT LES LARGES YEUX DE    PHOSPHORE
051 015 . . . . . POUR DIRE LES PLUS LONGUES    PHRASES,
130 011                   LESBOS, OU LES    PHRYNES L'UNE L'AUTRE S'ATTIRENT,
130 015                   LESBOS, OU LES    PHRYNES L'UNE L'AUTRE S'ATTIRENT,
089 041    JE PENSE A LA NEGRESSE, AMAIGRIE ET    PHTISIQUE.
080 004 . . . . . . . . VIEUX CHEVAL DONT LE    PIED A CHAQUE OBSTACLE BUTTE.
147 009       SOUS TON DOMINO JAUNE, ET D'UN    PIED CLANDESTIN,
153 002         RUULANT UN MANUSCRIT SOUS SON    PIED CONVULSIF,
019 014         COMME UN HAMEAU PAISIBLE AU    PIED D'UNE MONTAGNE,
039 012 . . . . . . . . FOULES D'UN    PIED LEGER ET D'UN REGARD SEREIN
145 013                            ET MON    PIED PEUREUX FROISSE, AU BORD DU MARECAGE,
094 032                      SOUS NOTRE    PIED SANGLANT ET NU?
097 007    S'ECROULE ABONDAMMENT SUR UN    PIED SEC QUE PINCE
013 005 . . . . . . . . LES HOMMES VONT A    PIED SOUS LEURS ARMES LUISANTES
```

P

		POEM	LINE
LORSQUE ENFIN IL METTRA LE	PIED SUR NOTRE ECHINE,	126	121
COMME DES EXILES, S'EN VONT D'UN	PIED TRAINARD,	044	013
SI TON OEIL, TON SOURIS, TON	PIED, M'OUVRENT LA PORTE	021	023
CES	PIEDS A BRODEQUINS, CES DOIGTS A CASTAGNETTES,	018	003
ET S'ACCUSENT D'AVOIR MIS LEURS	PIEDS DANS SES PAS.	001	036
ET TES	PIEDS DE COURIR LEUR COURSE AVENTUREUSE,	033	008
SOUS TES CHARMANTS	PIEDS DE SOIE,	058	030
DE SATIN, PAR TES	PIEDS DIVINS HUMILIES,	057	020
COMME AUX	PIEDS D'UNE REINE UN CHAT VOLUPTUEUX.	019	004
ET DEPUIS TES	PIEDS FRAIS JUSQU'A TES NOIRES TRESSES	032	010
ET, DES	PIEDS JUSQUES A LA TETE,	034	012
QUI METTRAIT A SES	PIEDS LE GENRE HUMAIN VAINCU,	020	030
TOUT LE JOUR, OU TU VEUX, TU MENES TES	PIEDS NUS	133	011
ET, DE SES	PIEDS PALMES FROTTANT LE PAVE SEC,	089	018
ET LEURS	PIEDS SE CHERCHANT ET LEURS MAINS RAPPROCHEES	111	003
TES	PIEDS SONT AUSSI FINS QUE TES MAINS, ET TA HANCHE	133	001
ET TES	PIEDS S'ENDORMAIENT DANS MES MAINS FRATERNELLES.	036	019
UN TISON POUR CHAUFFER TES DEUX	PIEDS VIOLETS?	008	004
ETENDUE A SES	PIEDS, CALME ET PLEINE DE JOIE,	131	013
SOUS LES	PIEDS, UN TROUPEAU DE JALOUX QUADRUPEDES,	116	037
COMME EN UN	PIEGE DE CRISTAL,	084	026
ME SAUVANT DE TOUT	PIEGE ET DE TOUT PECHE GRAVE,	043	005
DROIT DANS SON ARMURE, UN GRAND HOMME DE	PIERRE	015	017
CE MONDE RAYONNANT DE METAL ET DE	PIERRE	127	006
SAINT	PIERRE A RENIE JESUS...IL A BIEN FAIT!	118	032
TOMBER UN CLIQUETIS DE	PIERRE ET DE METAL;	096	004
ET QUI N'EST PAS DE	PIERRE TENDRE;	149	040
E SUIS BELLE, O MORTELS! COMME UN REVE DE	PIERRE,	017	001
QUAND LA	PIERRE, OPPRIMANT TA POITRINE PEUREUSE	033	005
SOUS UN TUNNEL DE	PIERRERIES	102	039
CHARGE DE	PIERRES ET DE BOUES,	106	047
C'ETAIENT DES	PIERRES INOUIES	102	029
LE DIEU JALOUX CACHA LES	PIERRES PRECIEUSES,	120	020
	PIETINANT DANS LA BOUE, ET CHERCHANT, L'OEIL HAGARD,	089	042
QUE POURRAIS -JE REPONDRE A CETTE AME	PIETINANT DANS LA BOUE,	126	045
TEL LE VIEUX VAGABOND,	PIEUSE,	100	021
DONT L'EFFET, RECHAUFFANT LES	PIEUSES ENTRAILLES,	009	003
LE POETE SEREIN LEVE SES BRAS	PIEUX,	001	054
UN POETE	PIEUX, ENNEMI DU SOMMEIL,	065	011
GARDE AU COEUR ALTERE DU POETE	PIEUX;	107	011
LA NATURE EST UN TEMPLE OU DE VIVANTS	PILIERS	004	001
ET QUE LEURS GRANDS	PILIERS, DROITS ET MAJESTUEUX,	012	003
LES ASTRES VONT TE SUIVRE EN	PIMPANT ATTIRAIL,	147	011
'ECROULE ABONDAMMENT SUR UN PIED SEC QUE	PINCE	097	007
BIEN QU'ELLE SOIT D'UN	PINCEAU TRES -VANTE.	038	030
DES GLACIERS ET DES	PINS QUI FERMENT LEUR PAYS;	006	008
BIEN LOIN DES	PIOCHES ET DES SONDES;	011	011
TA TACHE EST D'ALLUMER LA	PIPE DE TON MAITRE,	133	006
JE SUIS LA	PIPE D'UN AUTEUR;	068	001
LE BEAU VALET DE COEUR ET LA DAME DE	PIQUE	075	013
POUR	PIQUER DANS LE BUT, DE MYSTIQUE NATURE,	123	003
ET	PIROUETTANT DANS LES TENEBRES;	084	012
LAISSENT	PITEUSEMENT LEURS GRANDES AILES BLANCHES	002	007
LE CANEVAS BANAL DE NOS	PITEUX DESTINS,	000	027
NOTRE AME,	PITEUX MONUMENT,	054	037
O SATAN, PRENDS	PITIE DE MA LONGUE MISERE!	120	003
N'EST -CE PAS GRAND'	PITIE DE VOIR CE BON VIVANT,	115	016
QUE VOUS VOUS COMBATTEZ SANS	PITIE NI REMORD,	014	014
J'IMPLORE TA	PITIE, TOI, L'UNIQUE QUE J'AIME,	030	001
DE CHEVAUX ET DE BOEUFS AUX SABOTS SANS	PITIE...	131	034
DE SES POINGS VERS DIEU, QUI LA PREND EN	PITIE:	001	004
OU SE PEND UN DEMON SANS	PITIE! TOUT CASSES	091	016
O DEMON SANS	PITIE! VERSE -MOI MOINS DE FLAMME;	026	010
JE SAIS QUE VOUS GARDEZ UNE	PLACE AU POETE	001	061
EN	PLACE DE BAS TROUES,	088	017
TU TROUVERAS MA	PLACE VIDE,	063	010
D'AVOIR VOULU CHANGER DE	PLACE,	067	014
SA FEMME VA CRIANT SUR LES	PLACES PUBLIQUES,	001	037
D'UN AIR	PLACIDE ET TRIOMPHANT	052	011
D'UN AIR	PLACIDE ET TRIOMPHANT	052	039
U CHANT DES INSTRUMENTS QUI SE BRISE AU	PLAFOND	098	002
SOUS UN	PLAFOND DE BRUME OU DANS UN VASTE ETHER,	069	003
DANS UN TROU DU	PLAFOND ILLUMINE PAR UN OPERA BOUFFE	144	010
ETOILANT DE REFLETS LE	PLAFOND LA TROMPETTE DE L'ANGE	097	055
SOUS LES	PLAFOND PEINT EN BLEU,	057	031
ET SE COGNANT LA TETE A DES	PLAFONDS DUQUEL TANT DE POMPE AVAIT LUI.	016	019
SOUS DE SALES	PLAFONDS POURRIS;	078	008
LES RICHES	PLAFONDS UN RANG DE PALES LUSTRES	096	009
UE DATE CE QU'ON PEUT, HELAS! NOMMER MA	PLAFONDS,	053	021
JE SUIS LA	PLAIE	136	015
LE CULTE DE LA	PLAIE ET LE COUTEAU!	083	021
COMME JE ME	PLAIE ET L'AMOUR DES GUENILLES,	120	038
DANS CETTE GRANDE	PLAIGNAIS UN JOUR A LA NATURE,	115	002
DES	PLAINE OU L'AUTAN FROID SE JOUE,	101	005
SOEURS, JE VOUS AIME AUTANT QUE JE VOUS	PLAINES DE L'ENNUI, PROFONDES ET DESERTES,	109	011
D'ECOUTER LA	PLAINS -MOI!...SINON, JE TE MAUDIS!	142	014
AU BRUIT DE CETTE	PLAINS,	111	026
	PLAINTE ETERNELLE	155	031
	PLAINTE INDOMPTABLE ET SAUVAGE.	014	008

POEM	LINE		
001	031	. . . . CHERCHENT A QUI SAURA LUI TIRER UNE	PLAINTE,
091	061	TELLES VOUS CHEMINEZ, STOIQUES ET SANS	PLAINTES,
006	033	CES MALEDICTIONS, CES BLASPHEMES, CES	PLAINTES,
000	024	DESCEND, FLEUVE INVISIBLE, AVEC DE SOURDES	PLAINTES.
031	002	. . . . DANS MON COEUR	PLAINTIF ES ENTREE;
076	013	OU LES PASTELS	PLAINTIFS ET LES PALES BOUCHER,
062	028	PEUT -ON LE RAPPELER AVEC DES CRIS	PLAINTIFS,
001	076	NE SONT QUE DES MIROIRS OBSCURCIS ET	PLAINTIFS!"
045	019	. . . . UNE NOTE	PLAINTIVE, UNE NOTE BIZARRE
079	009	COMME TU ME	PLAIRAIS, O NUIT! SANS CES ETOILES
150	013	NOUS AVONS, POUR	PLAIRE A LA BRUTE,
014	005	TU TE	PLAIS A PLONGER AU SEIN DE TON IMAGE;
104	012	. . . . OU JE ME	PLAIS BIEN MIEUX QUE DANS MES FROIDS CAVEAUX.
005	002	DONT PHOEBUS SE	PLAISAIT A DORER LES STATUES.
000	026	N'ONT PAS ENCOR BRODE DE LEURS	PLAISANTS DESSINS
034	007	ET QUE MA MAIN S'ENIVRE DU	PLAISIR
111	020	. . . . . . L'ECUME DU	PLAISIR AUX LARMES DES TOURMENTS.
000	019	NOUS VOLONS AU PASSAGE UN	PLAISIR CLANDESTIN
038	056	CELLE QUI FUT MON	PLAISIR ET MA GLOIRE!
092	012	EPRISE DU	PLAISIR JUSQU'A L'ATROCITE,
114	010	ELLE A DANS LE	PLAISIR LA FOI MAHOMETANE,
093	008	LA DOUCEUR QUI FASCINE ET LE	PLAISIR QUI TUE!
136	007	JE PUIS (ET TON	PLAISIR SERAIT ALORS SANS TERME!)
126	070	DESIR, VIEIL ARBRE A QUI LE	PLAISIR SERT D'ENGRAIS,
085	005	. . . . LE	PLAISIR VAPOREUX FUIRA VERS L'HORIZON
131	022	LE CANTIQUE MUET QUE CHANTE LE	PLAISIR,
143	006	SOUS LE FOUET DU	PLAISIR, CE BOURREAU SANS MERCI,
103	013	LES FEMMES DE	PLAISIR, LA PAUPIERE LIVIDE,
037	011	TOUT DE TOI M'EST	PLAISIR, MORBIDE OU PETULANT;
155	004	. . . . OU T'A SURPRISE LE	PLAISIR.
097	024	TE POUSSE-T -IL, CREDULE, AU SABBAT DU	PLAISIR?
091	076	JE GOUTE A VOTRE INSU DES	PLAISIRS CLANDESTINS:
001	007	MAUDITE SOIT LA NUIT AUX	PLAISIRS EPHEMERES
112	011	. . . . DE TERRIBLES	PLAISIRS ET D'AFFREUSES DOUCEURS.
062	026	L'INNOCENT PARADIS, PLEIN DE	PLAISIRS FURTIFS,
062	030	L'INNOCENT PARADIS PLEIN DE	PLAISIRS FURTIFS?
049	009	. . . . JET DE	PLAISIRS NOIRS ET MORNES
050	016	DES	PLAISIRS PLUS AIGUS QUE LA GLACE ET LE FER?
131	039	DES	PLAISIRS PLUS OBSCURS JE LEVERAI LES VOILES
080	009	ET VOTRE CHATIMENT NAITRA DE VOS	PLAISIRS, NE TENTEZ PLUS UN COEUR SOMBRE ET BOUDEUR
131	092	O TOI, TOUS MES	PLAISIRS.
036	002	DE L'ENFER OU MON COEUR SE	PLAISIRS! O TOI, TOUS MES DEVOIRS!
082	014	ET	PLAIT.
102	050	. . . . . . C'EST QUE LA MORT,	PLANAIT (TERRIBLE NOUVEAUTE!
116	002	DANS LES	PLANAIT LIBREMENT A L'ENTOUR DES CORDAGES;
123	013	A PEINE LES ONT -ILS DEPOSES SUR LES	PLANANT COMME UN SOLEIL NOUVEAU,
094	001	CE ME SEMBLE, DE VIEILLES	PLANCHES D'ANATOMIE
002	005	UN SOLEIL SANS CHALEUR	PLANCHES,
149	004	AU-DESSUS DE TES MERS	PLANCHES?"
030	005	--QUI	PLANE AU-DESSUS SIX MOIS,
116	011	QUE D'IGNOBLES BOURREAUX	PLANE COMME UN AROME,
003	019	CHACUN	PLANE SUR LA VIE, ET COMPREND SANS EFFORT
118	012	FAIS DES ENFANTS,	PLANTAIENT DANS TES CHAIRS VIVES,
116	031	SUR MON CRANE INCLINE	PLANTANT, COMME UN OUTIL, SON BEC IMPUR
141	008	JE LES	PLANTE DES ARBRES,
078	020	SE	PLANTE SON DRAPEAU NOIR.
057	043	ME BERCENT, D'AUTRES FOIS, CALME	PLANTERAI TOUS DANS TON COEUR PANTELANT,
085	004	ET, DES QUE LE MATIN FAIT CHANTER LES	PLANTERONT BIENTOT COMME DANS UNE CIBLE;
069	013	LAISSE DU VIEUX	PLAT, GRAND MIROIR
133	009	LAISSE DU VIEUX	PLATANES,
130	025	. . . . . . ET	PLATON SE FRONCER L'OEIL AUSTERE
130	021	SA POMONE DE	PLATON SE FRONCER L'OEIL AUSTERE;
147	014	. . . .	PLATRE ARTISTEMENT LE SEIN QUI T'A NOURRI!"
099	003	ANGE	PLATRE ET SA VIEILLE VENUS
102	015	ANGE	PLEIN DE BASSINS ET DE CASCADES
044	016	ANGE	PLEIN DE BEAUTE, CONNAISSEZ -VOUS LES RIDES,
044	020	ANGE	PLEIN DE BEAUTE, CONNAISSEZ -VOUS LES RIDES?
044	021	ANGE	PLEIN DE BONHEUR, DE JOIE ET DE LUMIERES,
044	025	ANGE	PLEIN DE BONHEUR, DE JOIE ET DE LUMIERES!
044	006	ANGE	PLEIN DE BONTE, CONNAISSEZ -VOUS LA HAINE,
044	010	RIEN N'EST PLUS DOUX AU COEUR	PLEIN DE BONTE, CONNAISSEZ -VOUS LA HAINE?
101	009	GOYA, CAUCHEMAR	PLEIN DE CHOSES FUNEBRES,
006	025	DISAIT: "LA TERRE EST UN GATEAU	PLEIN DE CHOSES INCONNUES,
136	006	UN MATIN NOUS PARTONS, LE CERVEAU	PLEIN DE DOUCEUR;
126	005	ANGE	PLEIN DE FLAMME,
044	001	ANGE	PLEIN DE GAIETE, CONNAISSEZ -VOUS L'ANGOISSE,
044	005	. . . . UN CHANT	PLEIN DE GAIETE, CONNAISSEZ -VOUS L'ANGOISSE?
104	004	LE SOMMEIL EST	PLEIN DE LUMIERE ET DE FRATERNITE!
102	005	L'INNOCENT PARADIS,	PLEIN DE MIRACLES!
062	026	L'INNOCENT PARADIS,	PLEIN DE PLAISIRS FURTIFS,
062	030	BOURREAU	PLEIN DE PLAISIRS FURTIFS?
057	040	POUR FUIR D'UN LIEU	PLEIN DE REMORDS, JE FERAI SEPT COUTEAUX
084	015	JE SUIS UN VIEUX BOUDOIR	PLEIN DE REPTILES,
076	016	CEPENDANT QU'EN UN JEU	PLEIN DE ROSES FANEES,
075	011	DE L'HOMME VAINCU,	PLEIN DE SALES PARFUMS,
079	007	ANGE	PLEIN DE SANGLOTS ET D'INSULTES,
044	011	ANGE	PLEIN DE SANTE, CONNAISSEZ -VOUS LES FIEVRES,
044	015	. . . . ET DISAIT, LE COEUR	PLEIN DE SANTE, CONNAISSEZ -VOUS LES FIEVRES?
089	022		PLEIN DE SON BEAU LAC NATAL:

P

		POEM	LINE
LE COEUR	**PLEIN** DE SONGES FUNEBRES, ...	124	011
	PLEIN DE TACHES DE ROUSSEUR,	088	007
TOUT	PLEIN DE VAGUE HORREUR, MENANT ON NE SAIT OU;	146	010
LES VIBRANTES DOULEURS DANS TON COEUR	PLEIN D'EFFROI	085	003
DEVANT CE NOIR TABLEAU	PLEIN D'EPOUVANTEMENT.	005	019
SON VENTRE	PLEIN D'EXHALAISONS.	029	008
LE GOUFFRE DE TES YEUX	PLEIN D'HORRIBLES PENSEES,	097	037
TEMPLE AUTREFOIS VIVANT,	PLEIN D'ORDRE ET D'OPULENCE,	016	018
L'OEIL CLAIR ET	PLEIN DU FEU DE LA PRECOCITE, ...	157	005
L'AIR EST	PLEIN DU FRISSON DES CHOSES QUI S'ENFUIENT,	103	010
OU LE SPECTRE EN	PLEIN JOUR RACCROCHE LE PASSANT!	090	002
QU'ONT LES CIERGES BRULANT EN	PLEIN JOUR; LE SOLEIL	043	010
JE VIS EN	PLEIN MIDI DESCENDRE SUR MA TETE	115	005
DU MECREANT SAISIT A	PLEIN POING LES CHEVEUX,	140	002
UN VIEUX SOUVENIR SONNE A	PLEIN SOUFFLE DU COR!	089	050
SA MERE EPOUVANTEE ET	PLEINE DE BLASPHEMES	001	003
ARMOIRE A DOUX SECRETS,	PLEINE DE BONNES CHOSES, ...	052	022
BELLE ILE AUX MYRTES VERTS,	PLEINE DE FLEURS ECLOSES,	116	013
NOIRE, HUMIDE, FUNESTE ET	PLEINE DE FRISSONS,	145	011
ETENDUE A SES PIEDS, CALME ET	PLEINE DE JOIE,	131	013
	PLEINE DE L'ACRE ODEUR DES TEMPS, POUDREUSE ET NOIRE,	048	006
QU'UNE OUTRE AUX FLANCS GLUANTS, TOUTE	PLEINE DE PUS!	132	020
ET,	PLEINE DE REMORDS ET D'HORREUR, ET LIVIDE,	131	071
FOURMILLANTE CITE, CITE	PLEINE DE REVES,	090	001
DANS UNE TERRE GRASSE ET	PLEINE D'ESCARGOTS	072	001
LA	PLEINE LUNE S'ETALAIT,	045	006
ME DIRE, L'AME DE CRIS	PLEINE:	138	039
	PLEINES DE BAISERS INFERNAUX,	110	034
TANTOT	PLEINES DE CRIS, TANTOT PLEINES DE PLEURS, ...	111	024
	PLEINES DE MOISSONS, ET DES FLEURS	135	014
TANTOT PLEINES DE CRIS, TANTOT	PLEINES DE PLEURS,	111	024
OU TES REVES FLOTTANTS SONT	PLEINS DE COLIBRIS,	133	015
ET JETTE DANS MES YEUX	PLEINS DE CONFUSION	109	012
EN ROUVRANT MES YEUX	PLEINS DE FLAMME	102	053
ILS MARCHENT DEVANT MOI, CES YEUX	PLEINS DE LUMIERES,	043	001
J'IRAI LA-BAS OU L'ARBRE ET L'HOMME,	PLEINS DE SEVE,	023	011
A TRAVERS LES ROCHERS	PLEINS D'APPARITIONS, ...	111	010
TOURNE VERS MOI TES YEUX	PLEINS D'AZUR ET D'ETOILES!	131	037
LEURS REINS FECONDS SONT	PLEINS D'ETINCELLES MAGIQUES,	066	012
NOUS AURONS DES LITS	PLEINS D'ODEURS LEGERES,	121	001
DE GRANDS SEAUX	PLEINS DU SANG ET DES LARMES DES MORTS, ...	073	004
URNES D'AMOUR DONT VOS GRANDS COEURS SONT	PLEINS!	111	028
C'EST L'ENNUI!--L'OEIL CHARGE D'UN	PLEUR INVOLONTAIRE,	000	037
SI, QUELQUE SOIR, D'UN	PLEUR OBTENU SANS EFFORT	032	012
DES JARDINS, DES JETS D'EAU	PLEURANT DANS LES ALBATRES, ...	086	018
O MONSTRUOSITES	PLEURANT LEUR VETEMENT!	005	024
QUE JE RIS DANS LES DEUILS ET	PLEURE DANS LES FETES,	136	023
	PLEURE DE LE VOIR GAI COMME UN OISEAU DES BOIS.	001	028
ET JAMAIS JE NE	PLEURE ET JAMAIS JE NE RIS.	017	008
QUI BAILLE NUIT ET JOUR, ET SE LAMENTE ET	PLEURE,	149	014
VAINCU,	PLEURE, ET L'ANGOISSE ATROCE, DESPOTIQUE,	078	019
--ELLE	PLEURE, INSENSE, PARCE QU'ELLE A VECU!	020	032
--MAIS POURQUOI	PLEURE-T-ELLE? ELLE, BEAUTE PARFAITE	020	029
DE N'AVOIR PAS CONNU CE QUE	PLEURENT LES MORTS?"	033	013
ECOUTE	PLEURER LES BASSINS;	154	006
COMME TU	PLEURERAIS TES LOISIRS DOUX ET FRANCS,	133	023
JAMAIS, JAMAIS! A CEUX QUI S'ABREUVENT DE	PLEURS	089	046
SOIS BELLE! ET SOIS TRISTE! LES	PLEURS	138	002
DE TES	PLEURS ABOUTIT DANS MON COEUR SOUCIEUX;	020	026
VOYANT TOMBER DES	PLEURS DE SA PAUPIERE CREUSE?	100	022
CE SIMOIS MENTEUR QUI PAR VOS	PLEURS GRANDIT, ...	089	004
CROYANT PAR DE VILS	PLEURS LAVER TOUTES NOS TACHES,	000	008
QUI FONT SE FONDRE EN	PLEURS LES COEURS ENSORCELES,	050	006
COMME UN VISAGE EN	PLEURS QUE LES BRISES ESSUIENT,	103	009
ET TON RIRE TREMPE DE	PLEURS QU'ON NE VOIT PAS, ...	008	013
DES	PLEURS SALES DE SON FRONT GRIS	135	007
SUR TES	PLEURS SALES NAGERA	083	008
OU LA PRIERE ATTENDANT QUELQUES	PLEURS S'EXHALE DES ORDURES,	006	011
JE SECHE TOUS LES	PLEURS SUR MES SEINS TRIOMPHANTS,	132	007
ES -TU VASE FUNEBRE ATTENDANT QUELQUES	PLEURS,	098	014
TANTOT PLEINES DE CRIS, TANTOT PLEINES DE	PLEURS,	111	024
CES EXTASES, CES CRIS, CES	PLEURS, CES TE DEUM,	006	034
DE LARGES	PLEURS.	155	028
DE LARGES	PLEURS.	155	042
DE LARGES	PLEURS.	155	014
DES RIRES EFFRENES MELES AUX SOMBRES	PLEURS.	130	044
TES AURAIENT PU FAIRE UN FLEUVE AVEC LEURS	PLEURS!	091	048
LOIN! LOIN! ICI LA BOUE EST FAITE DE NOS	PLEURS!	062	012
ET DE PALMIERS D'OU	PLEUT SUR LES YEUX LA PARESSE,	061	003
"EAU, QUAND DONC	PLEUVOIR LES AUMONES,	090	015
EREINTES ET	PLEUVRAS -TU? QUAND TONNERAS -TU, FOUDRE?"	089	023
TRAINE A	PLIANT SOUS UN TAS DE DEBRIS,	105	013
NAGEANT DANS LES	PLIS BRUYANTS ET LONGS	088	015
DANS LES	PLIS DES RIDEAUX;	110	036
QUI TRAINENT A	PLIS SINUEUX DES VIEILLES CAPITALES, ...	091	001
DANS UN STYX BOURBEUX ET	PLIS SOMPTUEUX,	110	004
C'EST UN UNIVERS MORNE A L'HORIZON	PLOMBE	084	003
QUI ROULE BORD SUR BORD ET	PLOMBE,	030	003
	PLONGE	028	027

```
POEM LINE
086 023 . . . . . . . . . . . .        CAR JE SERAI  PLONGE DANS CETTE VOLUPTE
049 018                                         QUI  PLONGE DANS L'OUBLI MON AME SANS REMORD,
155 008                              OU CE SOIR M'A  PLONGE L'AMOUR.
141 005                                              PLONGE TES YEUX DANS LES YEUX FIXES
037 004 . . . . . . . . . . . .               ET  PLONGE TOUT ENTIERE AU GOUFFRE DE L'ENNUI;
126 143                                              PLONGER AU FOND DU GOUFFRE, ENFER OU CIEL, QU'IMPORTE
014 005                                  TU TE PLAIS A  PLONGER AU SEIN DE TON IMAGE;
142 010                                 TON OEIL SAIT  PLONGER DANS LES GOUFFRES,
034 003                                ET LAISSE -MOI  PLONGER DANS TES BEAUX YEUX,
126 064                                           DE  PLONGER DANS UN CIEL AU REFLET ALLECHANT.
030 013                            QUI PEUVENT SE  PLONGER DANS UN SOMMEIL STUPIDE,
040 013                                              PLONGER DANS VOS BEAUX YEUX COMME DANS UN BEAU SONGE,
128 003                          JE VEUX LONGTEMPS  PLONGER MES DOIGTS TREMBLANTS
023 021                                           JE  PLONGERAI MA TETE AMOUREUSE D'IVRESSE
056 001                               BIENTOT NOUS  PLONGERONS DANS LES FROIDES TENEBRES;
131 087                                              PLONGEZ AU PLUS PROFOND DU GOUFFRE, OU TOUS LES CRIME
155 027 . . . . . . . . . . . .       TOMBE COMME UNE  PLUIE
155 041                             TOMBE COMME UNE  PLUIE
155 013                             TOMBE COMME UNE  PLUIE
078 009                                     QUAND LA  PLUIE ETALANT SES IMMENSES TRAINEES
010 003 . . . . . . . . . . .        LE TONNERRE ET LA  PLUIE ONT FAIT UN TEL RAVAGE,
089 019                     SUR LE SOL RABOTEUX TRAINAIT SON BLANC  PLUMAGE.
126 099                             COMME EN UN LIT DE  PLUME UN DELICAT SE VAUTRE,
095 037                                     ENCORE LA  PLUPART N'ONT -ILS JAMAIS CONNU
132 019              POUR LUI RENDRE UN BAISER D'AMOUR, JE NE VIS  PLUS
089 007                               LE VIEUX PARIS N'EST  PLUS (LA FORME D'UNE VILLE
050 016                                    DES PLAISIRS  PLUS AIGUS QUE LA GLACE ET LE FER?
125 006                                              PLUS ALLAIT SE VIDANT LE FATAL SABLIER,
136 024 . . . . . . ET TROUVE UN GOUT SUAVE AU VIN LE  PLUS AMER;
126 044                       DONT LE MIRAGE REND LE GOUFFRE  PLUS AMER?
118 028                           PENETRE DANS TON FLANC  PLUS AVANT QUE LA LANCE?
120 001                       O TOI, LE PLUS SAVANT ET LE  PLUS BEAU DES ANGES,
121 004              ECLOSES POUR NOUS SOUS DES CIEUX  PLUS BEAUX,
133 002                       EST LARGE A FAIRE ENVIE A LA  PLUS BELLE BLANCHE;
088 029                                   PERLES DE LA  PLUS BELLE EAU.
130 057                                              PLUS BELLE QUE VENUS PAR SES MORNES PALEURS!
130 061                                          --  PLUS BELLE QUE VENUS SE DRESSANT SUR LE MONDE
130 065                                              PLUS BELLE QUE VENUS SE DRESSANT SUR LE MONDE!
024 010              JUSQU'A CETTE FROIDEUR PAR OU TU M'ES  PLUS BELLE!
129 035                            PLUS ECLATANTES ET  PLUS BELLES,
017 013            DE PURS MIROIRS QUI FONT TOUTES CHOSES  PLUS BELLES:
127 021                                 S'AVANCAIENT,  PLUS CALINS QUE LES ANGES DU MAL,
152 001                       VOUS POUVEZ MEPRISER LES YEUX LES  PLUS CELEBRES,
046 010                       TON SOUVENIR PLUS CLAIR, PLUS ROSE  PLUS CHARMANT,
095 035 . . . . . . . . . . .           NE VIENDRA  PLUS CHERCHER LA SOUPE PARFUMEE,
021 015                       ET LE MEURTRE, PARMI TES  PLUS CHERES BRELOQUES,
097 020              TU REPONDS, GRAND SQUELETTE, A MON GOUT LE  PLUS CHER!
076 010              QUI S'ACHARNENT TOUJOURS SUR MES MORTS LES  PLUS CHERS,
113 011 . . . . . . . . . . . .        LE VIN REND L'OEIL  PLUS CLAIR ET L'OREILLE PLUS FINE!
046 010                                 TON SOUVENIR  PLUS CLAIR, PLUS ROSE PLUS CHARMANT,
110 022                                       DANS LE  PLUS COMPLET ABANDON
094 009                              ON VOIT, CE QUI REND  PLUS COMPLETES
051 013 . . . . . . . . . . . .       ELLE ENDORT LES  PLUS CRUELS MAUX
088 042                                              PLUS DE BAISERS QUE DE LIS
080 007                                   L'AMOUR N'A  PLUS DE GOUT, NON PLUS QUE LA DISPUTE;
076 007                                 QUI CONTIENT  PLUS DE MORTS QUE LA FOSSE COMMUNE.
065 001                          CE SOIR, LA LUNE REVE AVEC  PLUS DE PARESSE;
016 002                                 FLEURIT AVEC LE  PLUS DE SEVE ET D'ENERGIE,
076 001                                           J'AI  PLUS DE SOUVENIRS QUE SI J'AVAIS MILLE ANS.
054 023                                              PLUS DENSES QUE LA POIX, SANS MATIN ET SANS SOIR,
101 009 . . . . . . . . . . .          RIEN N'EST  PLUS DOUX AU COEUR PLEIN DE CHOSES FUNEBRES,
041 009                                 QUEL EST LE  PLUS DOUX."--O MON AME!
095 034              L'HOPITAL SE REMPLIT DE LEURS SOUPIRS.--  PLUS D'UN
009 006                                              PLUS D'UN ILLUSTRE MOINE, AUJOURD'HUI PEU CITE,
049 003 . . . . . . . . . .          ET FAIT SURGIR  PLUS D'UN PORTIQUE FABULEUX
088 044                                              PLUS D'UN VALOIS!
129 035                                              PLUS ECLATANTES ET PLUS BELLES,
040 010                       BOUCHE AU RIRE ENFANTIN!  PLUS ENCOR QUE LA VIE,
086 020 . . . . . . ET TOUT CE QUE L'IDYLLE A DE  PLUS ENFANTIN.
017 010                       QUE J'AI L'AIR D'EMPRUNTER AUX  PLUS FIERS MONUMENTS,
113 011              LE VIN REND L'OEIL PLUS CLAIR ET L'OREILLE  PLUS FINE!
120 005                       ET QUI, VAINCU, TOUJOURS TE REDRESSES  PLUS FORT,
058 017 . . . . . . . . . . .          AH! LES PHILTRES LES  PLUS FORTS
088 009                                    TU PORTES  PLUS GALAMMENT
145 004                            SALUER SON COUCHER  PLUS GLORIEUX QU'UN REVE!
116 039                                          UNE  PLUS GRANDE BETE AU MILIEU S'AGITAIT
126 065 . . . . . . LES PLUS RICHES CITES, LES  PLUS GRANDS PAYSAGES,
016 003              ON RACONTE QU'UN JOUR UN DOCTEUR DES  PLUS GRANDS,
039 010                                       JUSQU'AU  PLUS HAUT DU CIEL, RIEN, HORS MOI, NE REPOND!
000 033              IL EN EST UN PLUS LAID, PLUS MECHANT,  PLUS IMMONDE!
150 010 . . . . . . . . . . . .        DES DIEUX LE  PLUS INCONTESTABLE!
024 005                                              PLUS IRONIQUEMENT ACCUMULER LES LIEUES
000 033                              IL EN EST UN  PLUS LAID, PLUS MECHANT, PLUS IMMONDE!
077 008                                 NE DISTRAIT  PLUS LE FRONT DE CE CRUEL MALADE;
062 027                                 EST -IL DEJA  PLUS LOIN QUE L'INDE ET QUE LA CHINE?
051 015                              POUR DIRE LES  PLUS LONGUES PHRASES,
089 032                       ET MES CHERS SOUVENIRS SONT  PLUS LOURDS QUE DES ROCS.
080 014                              ET JE N'Y CHERCHE  PLUS L'ABRI D'UNE CAHUTE.
125 007 . . . . . . . . . . .           PLUS MA TORTURE ETAIT APRE ET DELICIEUSE;
```

[250]

P

		POEM	LINE
--CYTHERE N'ETAIT PLUS QU'UN TERRAIN DES	PLUS MAIGRES,	116	018
● IL EN EST UN PLUS LAID,	PLUS MECHANT, PLUS IMMONDE!	000	033
JE SAIS QU'IL EST DES YEUX, DES	PLUS MELANCOLIQUES,	098	017
VIT -ON JAMAIS AU BAL UNE TAILLE	PLUS MINCE?	097	005
NE CHERCHEZ	PLUS MON COEUR; LES BETES L'ONT MANGE.	055	008
DE L'EXISTENCE IMMENSE, AU	PLUS NOIR DE L'ABIME,	136	017
ET CREUSER DANS LE COIN LE	PLUS NOIR DE MON COEUR,	057	003
FONT UNE NUIT	PLUS NOIRE ENCORE	084	023
TES GRANDS YEUX DE VELOURS SONT	PLUS NOIRS QUE TA CHAIR.	133	004
C'EST UN PAYS	PLUS NU QUE LA TERRE POLAIRE;	030	007
DES PLAISIRS	PLUS OBSCURS JE LEVERAI LES VOILES	131	039
NOUS SOMMES TOUS	PLUS OU MOINS FOUS!	106	024
TES BRANCHES VEULENT VOIR LE SOLEIL DE	PLUS PRES!	126	072
PRENANT LE	PLUS PROFOND DE TON AMOUR POUR CIBLE,	057	042
PLONGEZ AU	PLUS PROFOND DU GOUFFRE, OU TOUS LES CRIMES,	131	087
PLUS VIDES,	PLUS PROFONDS QUE VOUS-MEMES, O CIEUX!	098	020
ET COMME LA MEILLEURE ET LA	PLUS PURE ESSENCE	001	059
NE TE VERRAI -JE	PLUS QUE DANS L'ETERNITE?	093	011
L'AMOUR N'A PLUS DE GOUT, NON	PLUS QUE LA DISPUTE;	080	007
VOIS! JE ME TRAINE AUSSI! MAIS,	PLUS QU'EUX HEBETE,	092	013
MON COEUR NE SERA	PLUS QU'UN BLOC ROUGE ET GLACE.	056	008
ET TU NE SERAIS	PLUS QU'UN FOETUS DERISOIRE!"	016	011
LES FORMES S'EFFACAIENT ET N'ETAIENT	PLUS QU'UN REVE,	029	029
--CYTHERE N'ETAIT	PLUS QU'UN TERRAIN DES PLUS MAIGRES,	116	018
LES	PLUS RARES FLEURS	053	018
LES	PLUS RICHES CITES, LES PLUS GRANDS PAYSAGES,	126	065
TON SOUVENIR PLUS CLAIR,	PLUS ROSE PLUS CHARMANT,	046	010
ET FASSE	PLUS ROYALEMENT	051	019
O TOI, LE	PLUS SAVANT ET LE PLUS BEAU DES ANGES,	120	001
LA FORME DE LA	PLUS SEDUISANTE DES FEMMES,	109	006
LE VIN SAIT REVETIR LE	PLUS SORDIDE BOUGE	049	001
QUE VOS GRANDS YEUX RENDRAIENT	PLUS SOUMIS QUE VOS NOIRS.	061	014
L'ECHAFAUD QU'ON BATIT N'A PAS D'ECHO	PLUS SOURD.	056	010
ET QUI NE PEUVENT	PLUS SOURIRE!	083	028
ET	PLUS TARD UN ANGE, ENTR'OUVRANT LES PORTES,	121	012
DANS MON FONDS LE	PLUS TENEBREUX,	051	010
SOIS SAGE, O MA DOULEUR, ET TIENS -TOI	PLUS TRANQUILLE.	143	001
LE	PLUS TRISTE DES ALCHIMISTES!	081	008
IL NOUS VERSE UN JOUR NOIR	PLUS TRISTE QUE LES NUITS;	078	004
NE SAVENT	PLUS TROUVER D'IMPUDIQUE TOILETTE	077	011
NE VEUT	PLUS T'ENFOURCHER! COUCHE -TOI SANS PUDEUR,	080	003
PLAISIRS, NE TENTEZ	PLUS UN COEUR SOMBRE ET BOUDEUR!	080	009
CHANTER SA	PLUS VIBRANTE CORDE,	051	020
	PLUS VIDES, PLUS PROFONDS QUE VOUS-MEMES, O CIEUX!	098	020
DE CES TRANSPORTS	PLUS VIFS QUE DES RAYONS,	038	048
IL ENNOBLIT LE SORT DES CHOSES LES	PLUS VILES,	087	018
JE JALOUSE LE SORT DES	PLUS VILS ANIMAUX	030	012
CHANGE	PLUS VITE, HELAS! QUE LE COEUR D'UN MORTEL);	089	008
GRANDIRAS -TU TOUJOURS, GRAND ARBRE	PLUS VIVACE	126	073
ET T'AIME D'AUTANT	PLUS, BELLE, QUE TU ME FUIS,	024	003
--DESORMAIS TU N'ES	PLUS, O MATIERE VIVANTE!	076	019
	PLUSIEURS RELIGIONS SEMBLABLES A LA NOTRE,	126	097
	PLUTOT QUE DE NOURRIR CETTE DERISION!	001	006
	PLUTOT QUE D'IMPLORER UNE LARME DU MONDE,	072	006
JE VEUX DORMIR! DORMIR	PLUTOT QUE VIVRE!	128	009
HOSTILE A L'UNIVERS	PLUTOT QU'INDIFFERENT.	090	028
QU'UN CAVEAU	PLUVIEUX ET QU'UNE FOSSE CREUSE;	033	004
IMITAIENT LA COULEUR DE CE CIEL	PLUVIEUX,	090	014
JE SUIS COMME LE ROI D'UN PAYS	PLUVIEUX,	077	001
	PLUVIOSE, IRRITE CONTRE LA VILLE ENTIERE,	075	001
FOUILLANT LA	POCHE VIDE OU LE SEIN PALPITANT;	096	008
POUR QUE DE NOIRE AMOUR NAISSE LA	POESIE	104	023
JE SAIS QUE VOUS GARDEZ UNE PLACE AU	POETE	001	061
LE	POETE APPARAIT EN CE MONDE ENNUYE,	001	002
LE	POETE AU CACHOT, DEBRAILLE, MALADIF,	153	001
LE	POETE AUJOURD'HUI, QUAND IL VEUT CONCEVOIR	005	015
LE	POETE BUTER DU FRONT SUR SON TRAVAIL?	147	007
POUR MOI,	POETE CHETIF,	088	005
JE LAISSE A GAVARNI,	POETE DES CHLOROSES,	018	005
L'AME D'UN VIEUX	POETE ERRE DANS LA GOUTTIERE	075	007
LE	POETE EST SEMBLABLE AU PRINCE DES NUEES	002	013
UN	POETE PIEUX, ENNEMI DU SOMMEIL,	065	011
GARDE AU COEUR ALTERE DU	POETE PIEUX,	107	011
LE	POETE SE DIT: "ENFIN!	124	008
LE	POETE SEREIN LEVE SES BRAS PIEUX,	001	054
AU	POETE SINISTRE, ENNEMI DES FAMILLES,	112	005
EST FAIT POUR INSPIRER AU	POETE UN AMOUR	017	003
DE LA MALE SAPHO, L'AMANTE ET LE	POETE,	130	056
BUTTANT, ET SE COGNANT AUX MURS COMME UN	POETE,	105	006
QUAND, AINSI QU'UN	POETE, IL DESCEND DANS LES VILLES,	087	017
	POETE, NOTRE SANG NOUS FUIT PAR CHAQUE PORE;	157	009
(CAR LE TOMBEAU TOUJOURS COMPRENDRA LE	POETE!)	033	010
DE LA MALE SAPHO, L'AMANTE ET LE	POETE!	130	060
JETTENT DANS L'ESPRIT DES	POETES	129	011
SUR DES FRONTS TENEBREUX DE	POETES ILLUSTRES	096	011
GERMER MILLE SONNETS DANS LE COEUR DES	POETES,	061	013
LES	POETES, DEVANT MES GRANDES ATTITUDES,	017	009
OU L'AME, SOUS LE	POIDS DU CORPS REVECHE ET LOURD,	103	007
QUI CHARGENT DE LEUR	POIDS L'EXISTENCE BRUMEUSE,	003	014

```
POEM LINE
011 001  .  .  .  .  .  .  .|.  .  .  .  .  .       POUR SOULEVER UN       POIDS SI LOURD,
005 008  .  .  .  .  .  .  .  .  .  .  .  .  .       NE TROUVAIT POINT SES FILS UN  POIDS TROP ONEREUX,
088 019  .  .  .  .  .  .  .  .  .  .  .  .  .       SUR TA JAMBE UN        POIGNARD D'OR
115 004  .  .  .  .  .  J'AIGUISAIS LENTEMENT SUR MON COEUR LE  POIGNARD,
037 008  .  .  .  .  .  .  .  .  .  .  C'EST BIEN! CHARMANT  POIGNARD, JAILLIS DE TON ETUI!
000 025  .  .  .  .  .  .  .  .  SI LE VIOL, LE POISON, LE  POIGNARD, L'INCENDIE,
157 002  .  .  .  .  .  .  .  .  .  .  .  AVEC UN TEL  POIGNET, QU'ON VOUS EUT PRIS, A VOIR
146 003  .  .  .  .  .  .  .  .  .  .  PAROLE! ET SUR MON  POIL QUI TOUT DROIT SE RELEVE
090 019  .  .  .  .  .  .  .  .  ET SA BARBE A LONGS  POILS, ROIDE COMME UNE EPEE,
007 007  .  .  .  .  .  .  .  .  .  LE CAUCHEMAR, D'UN  POING DESPOTIQUE ET MUTIN,
140 002  .  .  .  .  .  .  DU MECREANT SAISIT A PLEIN  POING LES CHEVEUX,
059 008  .  .  .  .  .  .  .  .  ET MONTANT, SABRE AU  POING, LES ROYAUX ESCALIERS?
044 007  .  .  .  .  .  .  .  .  .  .  .  .  .  LES  POINGS CRISPES DANS L'OMBRE ET LES LARMES DE FIEL,
140 013  .  .  .  .  .  .  .  .  .  .  .  .  .  DE SES  POINGS DE GEANT TORTURE L'ANATHEME;
001 004  .  .  .  .  .  .  .  .  .  .  .  CRISPE SES  POINGS VERS DIEU, QUI LA PREND EN PITIE:
098 018  .  .  .  .  .  .  .  .  .  .  QUI NE RECELENT  POINT DE SECRETS PRECIEUX;
118 008  .  .  .  .  .  .  .  LES CIEUX NE S'EN SONT  POINT ENCORE RASSASIES!
104 008  .  .  .  .  .  .  .  .  .  .  MAIS JE NE SERAI  POINT INGRAT NI MALFAISANT,
131 042  .  .  .  .  .  .  .  .  .  .  .  --"JE NE SUIS  POINT INGRATE ET NE ME REPENS PAS,
045 004  .  .  .  .  .  .  .  .  .  .  CE SOUVENIR N'EST  POINT PALI);
005 008  .  .  .  .  .  .  .  .  .  .  .  NE TROUVAIT  POINT SES FILS UN POIDS TROP ONEREUX,
029 010  .  .  .  .  .  .  .  COMME AFIN DE LA CUIRE A  POINT,
102 056  .  .  .  .  .  .  .  .  .  .  .  .  .  .  LA  POINTE DES SOUCIS MAUDITS;
052 021  .  .  .  .  .  BOUCLIERS PROVOQUANTS, ARMES DE  POINTES ROSES!
057 017  .  .  .  .  .  .  .  .  .  .  .  .  .  AUX  POINTES SE BALANCE, AUX VALLONS SE REPOSE,
110 039  .  .  .  .  .  .  .  .  LA HANCHE UN PEU  POINTUE ET LA TAILLE FRINGANTE
126 095  .  .  .  .  .  .  .  .  .  .  .  .  .  LE  POISON DU POUVOIR ENERVANT LE DESPOTE,
031 017  .  .  .  .  .  .  .  .  .  .  .  HELAS! LE  POISON ET LE GLAIVE
083 018  .  .  .  .  .  .  C'EST TOUT MON SANG, CE  POISON NOIR!
031 015  .  .  .  .  .  .  .  .  .  .  ET J'AI DIT AU  POISON PERFIDE
126 141  .  .  .  .  .  .  .  .  .  VERSE -NOUS TON  POISON POUR QU'IL NOUS RECONFORTE!
048 027  .  .  .  .  .  .  .  .  .  .  .  .  CHER  POISON PREPARE PAR LES ANGES! LIQUEUR
049 011  .  .  .  .  .  TOUT CELA NE VAUT PAS LE  POISON QUI DECOULE
000 025  .  .  .  .  .  .  .  .  .  .  SI LE VIOL, LE  POISON, LE POIGNARD, L'INCENDIE,
106 039  .  .  .  .  .  .  .  .  .  .  SES FIOLES DE  POISON, SES LARMES.
036 018  .  .  .  .  .  ET JE BUVAIS TON SOUFFLE, O DOUCEUR! O  POISON!
114 003  .  .  .  .  .  .  LES GRIFFES DE L'AMOUR, LES  POISONS DU TRIPOT,
138 029  .  .  .  .  .  .  .  .  .  .  SONGEANT DE  POISONS ET DE GLAIVES,
029 006  .  .  .  .  .  .  .  .  BRULANTE ET SUANT LES  POISONS.
069 005  .  .  .  .  .  .  .  .  .  .  .  .  .  .  LA  POITRINE EN AVANT ET LES POUMONS GONFLES
104 011  .  .  .  .  .  .  .  .  .  ET SA CHAUDE  POITRINE EST UNE DOUCE TOMBE
123 011  .  .  .  .  .  QUI VONT SE MARTELANT LA  POITRINE ET LE FRONT,
033 005  .  .  .  .  .  QUAND LA PIERRE, OPPRIMANT TA  POITRINE PEUREUSE
138 018  .  .  .  .  .  .  .  .  TOUS LES SANGLOTS DE TA  POITRINE,
054 023  .  .  .  .  .  .  .  .  .  .  PLUS DENSES QUE LA  POIX, SANS MATIN ET SANS SOIR,
056 007  .  .  .  .  ET, COMME LE SOLEIL DANS SON ENFER  POLAIRE,
030 007  .  .  .  .  .  C'EST UN PAYS PLUS NU QUE LA TERRE  POLAIRE;
084 025  .  .  .  .  .  .  .  .  .  UN NAVIRE PRIS DANS LE  POLE,
045 002  .  .  .  .  .  .  .  .  .  A MON BRAS VOTRE BRAS  POLI
128 012  .  .  .  .  .  .  .  .  .  SUR TON BEAU CORPS  POLI COMME LE CUIVRE.
127 018  .  .  .  .  .  .  .  .  .  .  .  .  .  .  .  POLIS COMME DE L'HUILE, ONDULEUX COMME UN CYGNE,
141 009  .  .  .  .  .  .  .  .  .  .  .  .  .  .  .  POLIS DES VERS, SCULPTE DES MARBRES,
053 016  .  .  .  .  .  .  .  .  .  .  .  .  .  .  .  POLIS PAR LES ANS,
027 009  .  .  .  .  .  .  .  .  .  .  .  SES YEUX  POLIS SONT FAITS DE MINERAUX CHARMANTS,
057 007  .  .  .  .  .  .  .  .  .  .  AVEC MES VERS  POLIS, TREILLIS D'UN PUR METAL
099 003  .  .  .  .  .  .  .  .  .  .  .  .  .  .  SA  POMONE DE PLATRE ET SA VIEILLE VENUS
126 079  .  .  .  .  DES PALAIS OUVRAGES DONT LA FEERIQUE  POMPE
016 010  .  .  .  .  .  SOUS LES PLAFONDS DUQUEL TANT DE  POMPE AVAIT LUI.
085 012  .  .  .  .  .  .  .  .  .  .  .  ET J'AI  POMPE TA VIE AVEC MA TROMPE IMMONDE!
097 008  .  .  .  .  .  .  .  .  .  .  UN SOULIER  POMPONNE, JOLI COMME UNE FLEUR.
126 034  .  .  .  .  .  UNE VOIX RETENTIT SUR LE  PONT: "OUVRE L'OEIL!"
020 007  .  .  .  .  .  ET CHARMER LES LOISIRS D'UN  PONTIFE OU D'UN PRINCE.
157 009  .  .  .  POETE, NOTRE SANG NOUS FUIT PAR CHAQUE  PORE;
048 002  .  .  .  .  .  .  .  .  .  .  .  .  .  EST  POREUSE. ON DIRAIT QU'ILS PENETRENT LE VERRE.
022 010  .  .  .  .  .  .  .  .  .  .  JE VOIS UN  PORT REMPLI DE VOILES ET DE MATS
023 016  .  .  .  .  .  .  .  .  .  .  .  .  UN  PORT RETENTISSANT OU MON AME PEUT BOIRE
115 007  .  .  .  .  .  .  .  .  .  .  .  .  QUI  PORTAIT UN TROUPEAU DE DEMONS VICIEUX,
143 004  .  .  .  .  .  .  .  .  .  .  .  AUX UNS  PORTANT LA PAIX, AUX AUTRES LE SOUCI.
074 006  .  .  QUI, MALGRE SA VIEILLESSE, ALERTE ET BIEN  PORTANTE,
021 023  .  .  SI TON OEIL, TON SOURIS, TON PIED, M'OUVRENT LA  PORTE
006 038  .  .  .  .  .  .  .  UN ORDRE RENVOYE PAR MILLE  PORTE -VOIX;
067 013  .  .  .  .  .  .  .  .  .  .  .  .  .  .  PORTE TOUJOURS LE CHATIMENT
090 046  .  .  .  .  .  JE RENTRAI, JE FERMAI MA  PORTE, EPOUVANTE,
100 003  .  .  .  .  .  .  NOUS DEVRIONS POURTANT LUI  PORTER QUELQUES FLEURS.
045 009  .  .  .  .  ET LE LONG DES MAISONS, SOUS LES  PORTES COCHERES,
095 027  .  .  .  .  .  .  .  ET FORCER DOUCEMENT LES  PORTES ET LES CAISSES
088 009  .  .  .  .  .  .  .  .  .  .  .  .  .  TU  PORTES PLUS GALAMMENT
121 012  .  .  .  .  ET PLUS TARD UN ANGE, ENTR'OUVRANT LES  PORTES,
087 013  .  .  .  .  .  .  .  C'EST LUI QUI RAJEUNIT LES  PORTEURS DE BEQUILLES
131 104  .  .  .  .  .  ET FUYEZ L'INFINI QUE VOUS  PORTEZ EN VOUS!
086 015  .  .  .  .  .  .  .  .  .  JE FERMERAI PARTOUT  PORTIERES ET VOLETS
049 003  .  .  .  .  .  .  .  ET FAIT SURGIR PLUS D'UN  PORTIQUE FABULEUX
122 014  .  .  .  .  .  .  .  .  .  .  .  C'EST LE  PORTIQUE OUVERT SUR LES CIEUX INCONNUS!
012 001  .  .  .  J'AI LONGTEMPS HABITE SOUS DE VASTES  PORTIQUES
110 030  .  .  .  .  .  .  .  .  .  ET D'UN GRAND  PORTRAIT LANGOUREUX,
098 008  .  .  .  ET TES YEUX ATTIRANTS COMME CEUX D'UN  PORTRAIT,
118 020  .  .  .  .  .  .  .  QUAND TU FUS DEVANT TOUS  POSE COMME UNE CIBLE,
018 013  .  .  .  .  .  QUI TORS PAISIBLEMENT DANS UNE  POSE ETRANGE
155 003  .  .  .  .  .  .  .  .  .  .  .  DANS CETTE  POSE NONCHALANTE
```

P

		POEM	LINE
AH! LAISSEZ -MOI, MON FRONT	POSE SUR VOS GENOUX, ...	056	026
JE	POSERAI SUR LUI MA FRELE ET FORTE MAIN;	001	046
TU	POSES DOUCEMENT TON CORPS SUR UNE NATTE,	133	014
PAR TES	POSES LANGOUREUSES;	058	024
TOI QUI	POSES TA MARQUE, O COMPLICE SUBTIL, ...	120	034
UN AIR VAGUE ET REVEUR ELLE ESSAYAIT DES	POSES,	127	014
AU DELA DU	POSSIBLE, AU DELA DU CONNU!"	136	010
ET CETTE OMBRE D'HAMLET IMITANT SA	POSTURE,	115	014
EPRISE DE	POUDRE ET DE FER, ...	138	030
SON COURAGE, AFFOLE DE	POUDRE ET DE TAMBOURS,	059	011
BAIGNAIT NERVEUSEMENT SES AILES DANS LA	POUDRE,	089	021
"FIERS MIGNONS, MALGRE L'ART DES	POUDRES ET DU ROUGE,	097	047
PLEINE DE L'ACRE ODEUR DES TEMPS,	POUDREUSE ET NOIRE, ...	048	006
QUI TRAINENT SUR CES QUAIS	POUDREUX	094	002
DECREPIT,	POUDREUX, SALE, ABJECT, VISQUEUX, FELE,	048	024
JE L'AVALE ET LE SENS QUI BRULE MON	POUMON	109	003
, QUAND NOUS RESPIRONS, LA MORT DANS NOS	POUMONS	000	023
LA POITRINE EN AVANT ET LES	POUMONS GONFLES	069	005
	POUR ABREUVER MON SAHARAH,	083	005
ET LORSQUE TU N'AURAS	POUR ALCOVE ET MANOIR	033	003
QUELQUEFOIS,	POUR APAISER	058	025
LIS -MOI,	POUR APPRENDRE A M'AIMER;	142	011
C'EST	POUR ASSOUVIR	053	032
PRENANT	POUR ATELIER LE CHAMP DES FUNERAILLES,	009	007
	POUR ATTRAPER AU MOINS UN OBLIQUE RAYON!	145	008
	POUR AVOIR ETREINT DES NUEES.	148	004
	POUR BATIR DANS LA NUIT MES FEERIQUES PALAIS.	086	016
	POUR BERCER CETTE ENFANT GATEE.	154	010
	POUR BRISER TON COURAGE ET TE METTRE AUX ABOIS, . .	026	013
ET SERAI	POUR CE FRELE ATHLETE DE LA VIE	104	019
	POUR CE VIEUX CORPS SANS AME ET MORT PARMI LES MORTS!	072	014
ET L'ON PEUT	POUR CELA TE COMPARER AU VIN,	021	004
	POUR CELUI QUE L'AUSTERE INFORTUNE ALLAITA!	091	036
	POUR CHANTER LE SECRET DE SES VIERGES EN FLEURS,	130	042
	POUR CHATIER TA CHAIR JOYEUSE,	129	029
UN TISON	POUR CHAUFFER TES DEUX PIEDS VIOLETS?	008	004
PRENANT LE PLUS PROFOND DE TON AMOUR	POUR CIBLE, ...	057	042
ENFIN,	POUR COMPLETER TON ROLE DE MARIE,	057	037
JE VEUX,	POUR COMPOSER CHASTEMENT MES EGLOGUES,	086	001
TOI QUI,	POUR CONSOLER L'HOMME FRELE QUI SOUFFRE,	120	031
QUE JE PRENDS TRES -SOUVENT LES FAITS	POUR DES MENSONGES, ...	136	025
	POUR DIRE LES PLUS LONGUES PHRASES,	051	015
	POUR DIRE VRAI, JE CRAINS QUE TA COQUETTERIE	097	033
FAIT	POUR DONNER A BOIRE A CES CRUELLES FILLES!	113	014
FAITES,	POUR EGAYER L'ENNUI DE NOS PRISONS,	126	054
OUVRENT LEURS VASTES BRAS	POUR EMBRASSER LA GLOIRE	023	019
	POUR ENGENDRER MA VIE ET POUR ME DONNER L'AME!	104	007
	POUR ENGLOUTIR MES SANGLOTS APAISES	128	013
	POUR ENTENDRE UN DE CES CONCERTS, RICHES DE CUIVRE, .	091	053
	POUR ETRE LE DEGOUT DE MON TRISTE MARI,	001	010
	POUR EXERCER TES DENTS A CE JEU SINGULIER,	025	030
	POUR EXTORQUER QUELQUES EPIS,	135	006
CAR J'AI,	POUR FAIRE EPANOUIR LA RATE DU VULGAIRE,	008	014
	POUR FASCINER CES DOCILES AMANTS,	017	012
	POUR FUIR CE RETIAIRE INFAME; IL EN EST D'AUTRES	126	119
	POUR FUIR D'UN LIEU PLEIN DE REPTILES,	084	015
IL TE FAUT,	POUR GAGNER TON PAIN DE CHAQUE SOIR, ...	008	009
	POUR ILLUMINER CES PRODIGES,	102	047
EST FAIT	POUR INSPIRER AU POETE UN AMOUR	017	010
ET QU'ELLE AURAIT LONGTEMPS,	POUR LA CACHER AU MONDE,	045	023
DE MEME QU'AUTREFOIS NOUS PARTIONS	POUR LA CHINE, ...	126	123
ET	POUR LA DERANGER DU ROCHER DE CRISTAL	127	023
EPIERAIENT	POUR LE DEDUIT	088	039
SON FRONT DE MARBRE AVAIT L'AIR FAIT	POUR LE LAURIER!	091	060
	POUR LE RETOUR DU LABOUREUR.	068	008
EST MUR COMME SON CORPS,	POUR LE SAVANT AMOUR	098	012
C'EST	POUR LES COEURS MORTELS UN DIVIN OPIUM!	006	036
TOUT POUR L'OEIL, RIEN	POUR LES OREILLES!)	102	051
ET	POUR LES PRESSURER RESSUSCITER LEURS CORPS.	073	008
	POUR LES RENDRE A L'ETERNITE!"	045	036
QUE	POUR LES YEUX DES ROUES	088	018
DES COSTUMES QUI SONT	POUR LES YEUX UNE IVRESSE;	126	081
DEVANT CES VOYAGEURS,	POUR LESQUELS EST OUVERT	013	013
QUE	POUR L'AMOUR DE MOI VOUS N'AIMIEZ QUE LE BEAU;	042	013
ET DONT LE SOUVENIR	POUR L'AMOUR ME RAVIVE,	032	008
J'EN FUS EMBAUME,	POUR L'AVOIR	051	027
	POUR L'ENFANT, AMOUREUX DE CARTES ET D'ESTAMPES, . .	126	001
DEBRIS D'HUMANITE	POUR L'ETERNITE MURS!	091	072
	POUR L'HOMME TERRASSE QUI REVE ENCORE ET SOUFFRE,	046	006
COMME	POUR L'IMPRIMER DANS TON COEUR, TON AMANT.	052	036
TOUT	POUR L'OEIL, RIEN POUR LES OREILLES!)	102	051
	POUR LUI RENDRE UN BAISER D'AMOUR, JE NE VIS PLUS	132	019
	POUR MARCHEPIED TAILLER UNE LUNE D'ARGENT,	057	024
POUR ENGENDRER MA VIE ET	POUR ME DONNER L'AME;	104	007
ET	POUR MELER L'AMOUR AVEC LA BARBARIE, ...	057	038
	POUR MEURTRIR TON SEIN PARDONNE,	129	030
VIEUX FAUBOURGS, TOUT	POUR MOI DEVIENT ALLEGORIE,	089	031
MAIS L'AMOUR N'EST	POUR MOI QU'UN MATELAS D'AIGUILLES	113	013
	POUR MOI TOUT ETAIT NOIR ET SANGLANT DESORMAIS, . . .	116	054

```
POEM LINE
088 005  . . . . . . . . . .                              POUR MOI, POETE CHETIF,
132 016                LES ANGES IMPUISSANTS SE DAMNERAIENT  POUR MOI!"
053 009                                                    POUR MON ESPRIT ONT LES CHARMES
001 038                      "PUISQU'IL ME TROUVE ASSEZ BELLE  POUR M'ADORER,
126 085  . . . . . . .      .                              POUR NE PAS OUBLIER LA CHOSE CAPITALE,
088 022                                          DEVOILENT  POUR NOS PECHES
038 044                              DE TOUT LE FEU QUI     POUR NOUS FLAMBOYA,
106 019                                                ET  POUR NOUS RECONCILIER
121 004  . . . . .                                ECLOSES  POUR NOUS SOUS DES CIEUX PLUS BEAUX.
150 025                              ENFIN, NOUS AVONS,     POUR NOYER
105 029                                                    POUR NOYER LA RANCOEUR ET BERCER L'INDOLENCE
128 021                                      JE SUCERAI,    POUR NOYER MA RANCOEUR,
126 013  . . .      .                                      POUR N'ETRE PAS CHANGES EN BETES, ILS S'ENIVRENT
135 005                                                    POUR OBTENIR LA MOINDRE ROSE,
126 018                                                    POUR PARTIR; COEURS LEGERS, SEMBLABLES AUX BALLONS,
135 001                                     L'HOMME A,     POUR PAYER SA RANCON,
025 017                        --DE TOI, VIL ANIMAL,--     POUR PETRIR UN GENIE?
023 003                                         EXTASE!    POUR PEUPLER CE SOIR L'ALCOVE OBSCURE
123 003                                                    POUR PIQUER DANS LE BUT, DE MYSTIQUE NATURE,
150 013                                     NOUS AVONS,    POUR PLAIRE A LA BRUTE,
104 023  . . . . .                                         POUR QUE DE NOTRE AMOUR NAISSE LA POESIE
041 019                                                    POUR QUE L'IMPUISSANTE ANALYSE
140 007                                                    POUR QUE TU PUISSES FAIRE, A JESUS, QUAND IL PASSE,
132 009                                     JE REMPLACE,   POUR QUI ME VOIT NUE ET SANS VOILES.
059 014  . . . . .                                         POUR QUI S'EN MONTRE DIGNE, UN RESERVOIR DE LARMES.
077 010                            ET LES DAMES D'ATOUR,   POUR QUI TOUT PRINCE EST BEAU,
048 001                           IL EST DE FORTS PARFUMS  POUR QUI TOUTE MATIERE
056 015                                                    POUR QUI?--C'ETAIT HIER L'ETE; VOICI L'AUTOMNE!
126 141                            VERSE -NOUS TON POISON  POUR QU'IL NOUS RECONFORTE!
126 135                                          "         POUR RAFRAICHIR TON COEUR NAGE VERS TON ELECTRE!"
001 051                                            ET,     POUR RASSASIER MA BETE FAVORITE,
010 007                                                    POUR RASSEMBLER A NEUF LES TERRES INONDEES,
131 020  . . . . .                                COMME    POUR RECUEILLIR UN DOUX REMERCIMENT.
117 007                                          COMME     POUR REJOINDRE LES MONDES
098 022                                                    POUR REJOUIR UN COEUR QUI FUIT LA VERITE?
118 022                                       OU TU VINS   POUR REMPLIR L'ETERNELLE PROMESSE,
135 010                                         --         POUR RENDRE LE JUGE PROPICE.
001 043                                                    POUR SAVOIR SI JE PUIS DANS UN COEUR QUI M'ADMIRE
130 051                                                    POUR SAVOIR SI LA MER EST INDULGENTE ET BONNE,
130 055                                                    POUR SAVOIR SI LA MER EST INDULGENTE ET BONNE!
049 015                                                    POUR SE DESALTERER A CES GOUFFRES AMERS.
052 035                                          FAITS     POUR SERRER OBSTINEMENT,
066 007                             L'EREBE LES EUT PRIS   POUR SES COURSIERS FUNEBRES,
058 008                                      DU PRETRE     POUR SON IDOLE.
011 001  . . . .                                           POUR SOULEVER UN POIDS SI LOURD,
002 001                                        SOUVENT,    POUR S'AMUSER, LES HOMMES D'EQUIPAGE
106 010                                   AURAIT BESOIN    POUR S'ASSOUVIR
057 009                                        JE FERAI    POUR TA TETE UNE ENORME COURONNE;
088 025  . . . . .                                QUE      POUR TE DESHABILLER
006 028                                                    POUR TENTER LES DEMONS AJUSTANT BIEN LEURS BAS;
077 012                                                    POUR TIRER UN SOURIS DE CE JEUNE SQUELETTE.
064 002                                          "         POUR TOI, BIZARRE AMANT, QUEL EST DONC MON MERITE?"
057 001                                   JE VEUX BATIR    POUR TOI, MADONE, MA MAITRESSE,
080 006                          ESPRIT VAINCU, FOURBU!    POUR TOI, VIEUX MARAUDEUR,
040 006                  ET, COMME VOTRE JOIE, ECLATANTE    POUR TOUS.
085 008                          A CHAQUE HOMME ACCORDE    POUR TOUTE SA SAISON.
071 001                        CE SPECTRE SINGULIER N'A    POUR TOUTE TOILETTE,
001 067                                   ET QU'IL FAUT    POUR TRESSER MA COURONNE MYSTIQUE
126 115                                                    POUR TROMPER L'ENNEMI VIGILANT ET FUNESTE,
020 006                                       EST FAITE    POUR TRONER SUR DES LITS SOMPTUEUX,
127 022  . . . . .                                         POUR TROUBLER LE REPOS OU MON AME ETAIT MISE,
116 026                                                    POUR TROUBLER LES OISEAUX AVEC NOS VOILES BLANCHES.
126 144                           AU FOND DE L'INCONNU     POUR TROUVER DU NOUVEAU!
113 004                           MAIS JE ME TATE EN VAIN  POUR TROUVER LA BLESSURE.
126 032  . . . .                                           POUR TROUVER LE REPOS COURT TOUJOURS COMME UN FOU!
026 011                              JE NE SUIS PAS LE STYX POUR T'EMBRASSER NEUF FOIS,
108 004                                                    POUR UN CIEL FEERIQUE ET DIVIN!
028 012                                                    POUR UN CIEL LOINTAIN.
131 038  . . . . .                                         POUR UN DE CES REGARDS CHARMANTS, BAUME DIVIN,
056 022                                           MEME     POUR UN INGRAT, MEME POUR UN MECHANT;
157 004                                                    POUR UN JEUNE RUFFIAN TERRASSANT SA MAITRESSE.
113 010                                      D'ENDORMIR    POUR UN JOUR LA TERREUR QUI ME MINE;
056 022                       MEME POUR UN INGRAT, MEME    POUR UN MECHANT;
095 028                                                    POUR VIVRE QUELQUES JOURS ET VETIR LEURS MAITRESSES,
126 080                                          SERAIT    POUR VOS BANQUIERS UN REVE RUINEUX;
111 027                                                    POUR VOS MORNES DOULEURS, VOS SOIFS INASSOUVIES,
126 075  . . . .           CUEILLI QUELQUES CROQUIS        POUR VOTRE ALBUM VORACE,
111 012                                   LES SEINS NUS ET POURPRES DE SES TENTATIONS!
106 027                          JE L'AIMAIS TROP! VOILA   POURQUOI
020 029                                          --MAIS    POURQUOI PLEURE-T -ELLE? ELLE, BEAUTE PARFAITE
126 020  . . . .             ET, SANS SAVOIR              POURQUOI, DISENT TOUJOURS: ALLONS!
133 017                                                    POURQUOI, L'HEUREUSE ENFANT, VEUX -TU VOIR NOTRE FRA
122 008                                         OU L'ON    POURRA MANGER, ET DORMIR, ET S'ASSEOIR;
001 016                                     QU'IL NE        POURRA POUSSER SES BOUTONS EMPESTES!"
131 028  . . . .           AUX SOUFFLES VIOLENTS QUI       POURRAIENT LES FLETRIR?
001 071                                             QUE    POURRAIENT PAS SUFFIRE
100 021                          PAR VOTRE MAIN MONTES, NE  POURRAIS -JE REPONDRE A CETTE AME PIEUSE,
138 036                                          TU NE      POURRAS, ESCLAVE REINE
131 091  . . . . . . .               JAMAIS VOUS NE        POURREZ ASSOUVIR VOTRE RAGE,
```

P

		POEM	LINE
ET SE COGNANT LA TETE A DES PLAFONDS	POURRIS;	078	008
PHILOSOPHES VIVEURS, FILS DE LA	POURRITURE,	029	009
LE SOLEIL RAYONNAIT SUR CETTE	POURRITURE,	116	032
DANS TOUS LES COINS SAIGNANTS DE CETTE	POURRITURE,	126	122
NOUS	POURRONS ESPERER ET CRIER: EN AVANT!	145	009
MAIS JE	POURSUIS EN VAIN LE DIEU QUI SE RETIRE;	111	025
VOUS QUE DANS VOTRE ENFER MON AME A	POURSUIVIES,	056	021
ET	POURTANT AIMEZ —MOI TENDRE COEUR! SOYEZ MERE,	100	003
NOUS DEVRIONS	POURTANT LUI PORTER QUELQUES FLEURS.	038	014
C'EST ELLE! NOIRE ET	POURTANT LUMINEUSE.	114	014
ET	POURTANT NECESSAIRE A LA MARCHE DU MONDE,	126	074
QUE LE CYPRES?--	POURTANT NOUS AVONS, AVEC SOIN,	114	007
DANS SES JEUX DESTRUCTEURS A	POURTANT RESPECTE	077	002
RICHE, MAIS IMPUISSANT, JEUNE ET	POURTANT TRES —VIEUX,	116	020
J'ENTREVOYAIS	POURTANT UN OBJET SINGULIER!	029	037
--ET	POURTANT VOUS SEREZ SEMBLABLE A CETTE ORDURE,	097	041
	POURTANT, QUI N'A SERRE DANS SES BRAS UN SQUELETTE,	037	005
JE T'AIME AINSI!	POURTANT, SI TU VEUX AUJOURD'HUI,	001	021
DE	POURTANT, SOUS LA TUTELLE INVISIBLE D'UN ANGE,	133	007
	POURVOIR LES FLACONS D'EAUX FRAICHES ET D'ODEURS,	103	023
CHAQUE FOIS QU'IL	POUSSAIT UN FLAMBOYANT SOUPIR,	127	031
OU,	POUSSAIT LE SOLEIL OBLIQUE,	067	009
SAISIT L'AME VAINCUE ET LA	POUSSE A DEUX MAINS	048	015
"JESUS, PETIT JESUS! JE T'AI	POUSSE BIEN HAUT!	016	011
TA GORGE QUI S'AVANCE ET QUI	POUSSE LA MOIRE,	052	017
QUOIQU'IL NE	POUSSE NI GRANDS GESTES NI GRANDS CRIS,	000	034
ET J'AI MEME	POUSSE SUR ELLE	106	014
	POUSSE UN SOMBRE OURAGAN DANS L'AIR SILENCIEUX,	089	016
"HOMME, VERS TOI JE	POUSSE, O CHER DESHERITE,	104	002
TE	POUSSE-T -IL, CREDULE, AU SABBAT DU PLAISIR?	097	024
QUE	POUSSENT VERS LES CIEUX SES RIVAGES DESERTS.	130	074
QU'IL NE POURRA	POUSSER SES BOUTONS EMPESTES!"	001	016
ET	POUSSER UNE LOURDE BECHE	094	031
TOUT, LA CENDRE LATINE ET LA	POUSSIERE GRECQUE,	136	003
S'ILS	POUVAIENT AU SERVAGE INCLINER LEUR FIERTE.	066	008
TU	POUVAIS SEULEMENT, O REINE DES CRUELLES!	032	013
VOUS	POUVEZ MEPRISER LES YEUX LES PLUS CELEBRES,	152	001
USENT INSOLEMMENT D'UN	POUVOIR EMPRUNTE,	025	007
LE POISON DU	POUVOIR ENERVANT LE DESPOTE,	126	095
DE NE	POUVOIR JAMAIS S'ENDORMIR SOUS LA TABLE.	073	014
	POUVONS —NOUS ETOUFFER L'IMPLACABLE REMORDS?	054	005
	POUVONS —NOUS ETOUFFER LE VIEUX, LE LONG REMORDS,	054	001
DOUX COMME LES HAUTBOIS, VERTS COMME LES	PRAIRIES.	004	010
AVEC L'AVIDITE D'UN	PRE.	110	012
QUI, DE SES	PRECEPTEURS MEPRISANT LES COURBETTES,	077	003
LE DIEU JALOUX CACHA LES PIERRES	PRECIEUSES,	120	020
GRAIN	PRECIEUX JETE PAR L'ETERNEL SEMEUR,	104	022
ET DE SES BIJOUX	PRECIEUX,	110	016
QUI NE RECELENT POINT DE SECRETS	PRECIEUX;	098	018
TOI DONT LA LARGE MAIN CACHE LES	PRECIPICES	120	025
A BEAU	PRECIPITER DANS SES TENEBRES VIDES	073	003
TES BRAS, QUI SE JOUERAIENT DES	PRECOCES HERCULES,	052	033
L'OEIL CLAIR ET PLEIN DU FEU DE LA	PRECOCITE.	157	005
J'OBEIRAI COMME UN	PREDESTINE;	128	018
JE	PREFERE AU CONSTANCE, A L'OPIUM, AU NUITS,	026	005
RIEN NE PEUT ETRE	PREFERE.	041	012
ET QUI, SOUL DE SON SANG,	PREFERERAIT EN SOMME	096	023
VOUS AVEZ	PRELASSE VOTRE ORGUEIL D'ARCHITECTE	157	006
OU BRILLAT LA DOUCEUR DE SON	PREMIER SERMENT.	015	014
QUI VOULUT LE	PREMIER, DANS SA STUPIDITE,	131	062
L'HOLOCAUSTE SACRE DE TES	PREMIERES ROSES	131	027
	PRENANT LE PLUS PROFOND DE TON AMOUR POUR CIBLE,	057	042
	PRENANT POUR ATELIER LE CHAMP DES FUNERAILLES,	009	007
LA SOMBRE NUIT LES	PREND A LA GORGE; ILS FINISSENT	095	032
ON S'Y SOULE, ON S'Y TUE, ON S'Y	PREND AUX CHEVEUX!	055	010
DANS LE CREUX DE SA MAIN	PREND CETTE LARME PALE,	065	012
LA MUSIQUE SOUVENT ME	PREND COMME UNE MER!	069	001
CRISPE SES POINGS VERS DIEU, QUI LA	PREND EN PITIE:	001	004
COMME UN VAISSEAU QUI	PREND LE LARGE,	083	009
TU FAIS L'EFFET D'UN BEAU VAISSEAU QUI	PREND LE LARGE,	052	006
TU FAIS L'EFFET D'UN BEAU VAISSEAU QUI	PREND LE LARGE,	052	026
	PREND LES PROPORTIONS DE L'IMMORTALITE.	076	018
	PREND UN GRAND ESSOR,	117	010
PARFOIS IL	PREND, SACHANT MON GRAND AMOUR DE L'ART,	109	005
ET, TACHANT A ME	PRENDRE EN FAUTE,	041	003
VAINEMENT MA RAISON VOULAIT	PRENDRE LA BARRE!	090	049
ET, SANS	PRENDRE SOUCI DES MOUCHARDS, SES SUJETS,	105	007
	PRENDS GARDE A CES GRANDS APPETITS.	119	020
	PRENDS LE MASQUE D'UNE SIRENE	139	010
O SATAN,	PRENDS PITIE DE MA LONGUE MISERE!	120	003
QUE JE	PRENDS TRES —SOUVENT LES FAITS POUR DES MENSONGES,	136	025
	PRENNENT DES ALBATROS, VASTES OISEAUX DES MERS,	002	002
ILS	PRENNENT EN SONGEANT LES NOBLES ATTITUDES	066	009
QUI DEGAGENT LEUR AILE ET	PRENNENT LEUR ESSOR.	048	011
VERS LES CIEUX LE MATIN	PRENNENT UN LIBRE ESSOR,	003	018
ELLE-MEME	PREPARE AU FOND DE LA GEHENNE	001	019
OU SE	PREPARE LA CUISINE	068	007
QUI	PREPARE LES FORTS AUX SAINTES VOLUPTES!	001	060

```
POEM LINE
048 027 . . . . . . . . . . . . CHER POISON      PREPARE PAR LES ANGES! LIQUEUR
154 003                   TRANQUILLE ET TOUJOURS  PREPAREE,
116 025   MAIS VOILA QU'EN RASANT LA COTE D'ASSEZ PRES
032 003                    JE ME PRIS A SONGER    PRES DE CE CORPS VENDU
015 014 . . . . . . . . . . . . . . . VEILLE      PRES DE L'EPOUX PERFIDE ET QUI FUT SON AMANT,
110 058                          VEILLE           PRES DE LUI QUAND IL DORT;
120 050                                           PRES DE TOI SE REPOSE, A L'HEURE OU SUR TON FRONT
089 020                                           PRES D'UN RUISSEAU SANS EAU LA BETE OUVRANT LE BEC
032 001 . . . . . . . . . . . UNE NUIT QUE J'ETAIS PRES D'UNE AFFREUSE JUIVE,
074 002               D'ECOUTER,                  PRES DU FEU QUI PALPITE ET QUI FUME,
126 072   TES BRANCHES VEULENT VOIR LE SOLEIL DE PLUS PRES!
038 020                           DANS LE         PRESENT LE PASSE RESTAURE!
138 009 . . . . . . . . . . . QUAND SUR TON       PRESENT SE DEPLOIE
051 030                       IL JUGE, IL         PRESIDE, IL INSPIRE
091 022                            SONT           PRESQUE AUSSI PETITS QUE CELUI D'UN ENFANT?
023 007           TOUT UN MONDE LOINTAIN, ABSENT, PRESQUE DEFUNT,
000 020 . . . . . . . . . . . . . QUE NOUS        PRESSONS BIEN FORT COMME UNE VIEILLE ORANGE.
073 008                       ET POUR LES         PRESSURER RESSUSCITER LEURS CORPS,
013 004                   LE TRESOR TOUJOURS      PRET DES MAMELLES PENDANTES.
091 043             ONT DIT AU DEVOUEMENT QUI LEUR PRETAIT SES AILES!
105 009 . . . . . . . . . . . . . . . IL          PRETE DES SERMENTS, DICTE DES LOIS SUBLIMES,
109 007               ET, SOUS DE SPECIEUX        PRETEXTES DE CAFARD,
150 027                         NOUS,             PRETRE ORGUEILLEUX DE LA LYRE,
058 008                         DU                PRETRE POUR SON IDOLE.
091 038 . . . . . . . . . . . . . . . OU LA JEUNE PRETRESSE DE THALIE, HELAS! DONT LE SOUFFLEUR
116 022                                           PRETRESSE, AMOUREUSE DES FLEURS,
118 010              DANS TA SIMPLICITE TU        PRIAIS A GENOUX
031 013                        J'AI               PRIE LE GLAIVE RAPIDE
088 026 . . . . . . . . . TES BRAS SE FASSENT     PRIER
117 014                                           PRIER ET GEMIR:
006 011                        OU LA              PRIERE EN PLEURS S'EXHALE DES ORDURES,
044 024   MAIS DE TOI JE N'IMPLORE, ANGE, QUE TES PRIERES,
088 034 . . . . . . . . . . TE DEDIANT LEURS      PRIMEURS
001 074    PUISEE AU FOYER SAINT DES RAYONS       PRIMITIFS,
120 004                            O              PRINCE DE L'EXIL, A QUI L'ON A FAIT TORT,
002 013                   LE POETE EST SEMBLABLE AU PRINCE DES NUEES
077 010 . . . ET LES DAMES D'ATOUR, POUR QUI TOUT PRINCE EST BEAU,
071 011               ET PARCOURT, COMME UN       PRINCE INSPECTANT SA MAISON.
020 007   ET CHARMER LES LOISIRS D'UN PONTIFE OU D'UN PRINCE.
080 010                           LE              PRINTEMPS ADORABLE A PERDU SON ODEUR!
086 024 . . . . . . . . . . . . . D'EVOQUER LE    PRINTEMPS AVEC MA VOLONTE.
129 021                         ET LE             PRINTEMPS ET LA VERDURE
101 001              O FINS D'AUTOMNE, HIVERS,    PRINTEMPS TREMPES DE BOUE,
086 013                JE VERRAI LES              PRINTEMPS, LES ETES, LES AUTOMNES;
032 003 . . . . . . . . . . . . . . JE ME         PRIS A SONGER PRES DE CE CORPS VENDU
084 025                        UN NAVIRE          PRIS DANS LE POLE,
016 009   COMME UN HOMME MONTE TROP HAUT,         PRIS DE PANIQUE,
080 012   COMME LA NEIGE IMMENSE UN CORPS         PRIS DE ROIDEUR;
031 018 . . . . . . . . . . . . . . M'ONT         PRIS EN DEDAIN ET M'ONT DIT:
066 007                 L'EREBE LES EUT           PRIS POUR SES COURSIERS FUNEBRES,
157 002   AVEC UN TEL POIGNET, QU'ON VOUS EUT     PRIS, A VOIR
153 005   LES RIRES ENIVRANTS DONT S'EMPLIT LA    PRISON
104 003 . . . . . . . . . . . . . . SOUS MA       PRISON DE VERRE ET MES CIRES VERMEILLES,
078 010                    D'UNE VASTE            PRISON IMITE LES BARREAUX,
126 054   FAITES, POUR EGAYER L'ENNUI DE NOS      PRISONS,
120 002                    DIEU TRAHI PAR LE SORT ET PRIVE DE LOUANGES.
032 004 . . . A LA TRISTE BEAUTE DONT MON DESIR SE PRIVE.
097 034                   NE TROUVE PAS UN        PRIX DIGNE DE SES EFFORTS;
149 031   ET QU'IL SOIT NATUREL DE RECEVOIR DEUX  PRIX,
131 063                     S'EPRENANT D'UN       PROBLEME INSOLUBLE ET STERILE,
076 003 . . . . . DE VERS, DE BILLETS DOUX, DE    PROCES, DE ROMANCES,
049 016   TOUT CELA NE VAUT PAS LE TERRIBLE       PRODIGE
102 047                POUR ILLUMINER CES         PRODIGES,
085 013                 REMEMBER! SOUVIENS -TOI,  PRODIGUE! ESTO MEMOR!
112 002 . . . . . . . . . . . . . . . . .         PRODIGUES DE BAISERS ET RICHES DE SANTE,
058 027                         TU                PRODIGUES, SERIEUSE,
018 002                                           PRODUITS AVARIES, NES D'UN SIECLE VAURIEN,
005 007        CYBELE ALORS, FERTILE EN           PRODUITS GENEREUX,
117 003 . . . . . . . . . . . . . ET SUR CE TRONE LE PROFANE
039 009   ETRE MAUDIT A QUI, DE L'ABIME           PROFOND
131 077             BRULANT COMME UN VOLCAN,      PROFOND COMME LE VIDE!
018 009        CE QU'IL FAUT A CE COEUR           PROFOND COMME UN ABIME,
057 042 . . . . . . . . . . . . PRENANT LE PLUS   PROFOND DE TON AMOUR POUR CIBLE,
131 087               PLONGEZ AU PLUS             PROFOND DU GOUFFRE, OU TOUS LES CRIMES,
127 011                     A MON AMOUR           PROFOND ET DOUX COMME LA MER,
034 011                                           PROFOND ET FROID, COUPE ET FEND COMME UN DARD,
135 002 . . . . . . . . . . . . DEUX CHAMPS AU TUF PROFOND ET RICHE,
006 005   LEONARD DE VINCI, MIROIR                PROFOND ET SOMBRE,
021 001                       VIENS -TU DU CIEL   PROFOND OU SORS -TU DE L'ABIME,
005 035   DE RENDRE A LA JEUNESSE UN HOMMAGE      PROFOND,
062 004 . . . . . . . . . . . . . BLEU, CLAIR,    PROFOND, AINSI QUE LA VIRGINITE?
138 017                          HYMNE            PROFOND, DELICIEUX!
052 032   TOURNER UN PHILTRE NOIR DANS UN VASE    PROFOND.
098 004   ET PROMENANT L'ENNUI DE TON REGARD      PROFOND!
036 012 . . . . . . . . . . . . . QUE L'ESPACE EST PROFOND! QUE LE COEUR EST PUISSANT!
028 005                    SUR TA CHEVELURE       PROFONDE
003 007   TU SILLONNES GAIEMENT L'IMMENSITE       PROFONDE
004 006              DANS UNE TENEBREUSE ET       PROFONDE UNITE,
072 002 . . . JE VEUX CREUSER MOI-MEME UNE FOSSE  PROFONDE,
```

P

		POEM	LINE
JE VEUX M'ANEANTIR DANS TA GORGE	PROFONDE, ...	131	083
TOUT CELA NE VAUT PAS, O BOUTEILLE	PROFONDE,	107	009
CHARME	PROFONDE, MAGIQUE, DONT NOUS GRISE	038	019
ELLE EST TOUJOURS RICHE ET	PROFONDE.	051	007
DEROULE LE TRESOR DES	PROFONDES CARESSES, ...	032	011
DES PLAINES DE L'ENNUI,	PROFONDES ET DESERTES,	109	011
DANS LES SOLITUDES	PROFONDES.	011	014
APRES S'ETRE LAVES AU FOND DES MERS	PROFONDES?	036	029
TRAHIT L'HUMIDE	PROFONDEUR.	084	019
EN HAUT, EN BAS, PARTOUT, LA	PROFONDEUR, LA GREVE,	146	005
DU CIEL, OU TU REGNAS, ET DANS LES	PROFONDEURS	120	047
LES AVOIR REMUES DANS LEURS	PROFONDEURS NOIRES;	016	005
VIT DANS TES	PROFONDEURS, FORET AROMATIQUE!	023	008
TOI DONT L'OEIL CLAIR CONNAIT LES	PROFONDS ARSENAUX	120	022
DES DIVANS	PROFONDS COMME DES TOMBEAUX,	121	007
NOUS LISONS DANS VOS YEUX	PROFONDS COMME LES MERS!	126	050
SUR DE	PROFONDS COUSSINS TOUT IMPREGNES D'ODEUR, ...	131	002
MON ENFANT A DES YEUX OBSCURS,	PROFONDS ET VASTES,	152	009
PLUS VIDES, PLUS	PROFONDS QUE VOUS-MEMES, O CIEUX!	098	020
SES YEUX	PROFONDS SONT FAITS DE VIDE ET DE TENEBRES,	097	013
LES MIROIRS	PROFONDS, ...	053	022
ORAGEUX ET SECRETS, FOURMILLANTS ET	PROFONDS!	130	009
REPONDENT LES ECHOS DE VOS DE	PROFUNDIS.	079	004
D'UNE JEUNESSE EN	PROIE A L'AMOUR VAGISSANT.	035	004
SUR L'ESPRIT GEMISSANT EN	PROIE AUX LONGS ENNUIS, ...	078	012
COMME UN ANIMAL FORT QUI SURVEILLE UNE	PROIE,	131	015
QUI SE MORFOND LONGTEMPS A L'AFFUT DE LA	PROIE,	149	034
SE	PROJETAIT, PAREILLE A CELLE DE JUDAS,	090	020
ET D'ENORMES QUINQUETS	PROJETANT LEURS LUEURS	096	010
EPANCHE TOUT SON COEUR EN GLORIEUX	PROJETS.	105	008
ET	PROMENANT L'ENNUI DE TON REGARD PROFOND;	098	004
PROMENANT SUR LE CIEL DES YEUX APPESANTIS	013	007
ET	PROMENE SES YEUX SUR LES VISIONS BLANCHES	065	007
OU LA FATUITE	PROMENE SON EXTASE;	020	009
LE CAVALIER	PROMENE UN SABRE QUI FLAMBOIE	071	009
DANS MA CERVELLE SE	PROMENE,	051	001
OU TU VINS POUR REMPLIR L'ETERNELLE	PROMESSE, ...	118	022
LA FEMME AU CORPS DIVIN,	PROMETTANT LE BONHEUR,	020	018
LE SOMMEIL	PROMIS N'EST PAS SUR;	094	024
EST UN ELDORADO	PROMIS PAR LE DESTIN;	126	038
ET C'EST DEPUIS CE TEMPS QUE, PAREIL AUX	PROPHETES, ...	136	021
LA TRIBU	PROPHETIQUE AUX PRUNELLES ARDENTES	013	001
--POUR RENDRE LE JUGE	PROPICE,	135	010
PREND LES	PROPORTIONS DE L'IMMORTALITE.	076	018
SE DISTRAIT QUELQUEFOIS DE SA	PROPRE RUMEUR	014	007
S'ENIVRE DES SPLENDEURS DE SA	PROPRE VERTU.	105	012
TOI QUI FAIS AU	PROSCRIT CE REGARD CALME ET HAUT	120	016
DANS L'ENFER DE TON LIT DEVENIR	PROSERPINE!	026	014
VOIS -TU LES AMOUREUX, SUR LEURS GRABATS	PROSPERES, ...	147	005
LES AMANTS DES	PROSTITUEES	148	001
LA	PROSTITUTION S'ALLUME DANS LES RUES;	095	015
PROUVE LA BEAUTE DE SON COEUR.	156	008
QUI SEMBLAIT AVOIR FAIT	PROVISION DE SANG, ...	132	024
AUX YEUX	PROVOCATEURS COMME SON ATTITUDE,	110	031
BOUCLIERS	PROVOQUANTS, ARMES DE POINTES ROSES!	052	021
ET TA	PRUDENCE EST INFINIE."	149	048
EXHALE LE VERTIGE, ET LES DANSEURS	PRUDENTS	097	038
ALLUME TA	PRUNELLE A LA FLAMME DES LUSTRES!	037	009
M'APPARUT. ON EUT DIT SA	PRUNELLE TREMPEE	090	017
LA TRIBU PROPHETIQUE AUX	PRUNELLES ARDENTES	013	001
ETOILENT VAGUEMENT LEURS	PRUNELLES MYSTIQUES.	066	014
LE FEU DE SES	PRUNELLES PALES,	051	038
ET MES YEUX DANS LE NOIR DEVINAIENT TES	PRUNELLES,	036	017
OBSCURCIR LA SPLENDEUR DE TES FROIDES	PRUNELLES.	032	014
E SAVANT QUI LUI FAIT DE L'OR N'A JAMAIS	PU	077	013
J'AURAIS	PU (MON ORGUEIL AUSSI HAUT QUE LES MONTS	115	023
AVEZ -VOUS DONC	PU CROIRE, HYPOCRITES SURPRIS,	149	029
TOUTES AURAIENT	PU FAIRE UN FLEUVE AVEC LEURS PLEURS!	091	048
L'HOMME VINDICATIF QUE TU N'AS	PU, VIVANTE,	110	045
LA	PUANTEUR ETAIT SI FORTE, QUE SUR L'HERBE	029	015
ET DES IFS FLAMBOYANTS DANS LES FETES	PUBLIQUES,	025	006
RECITER EN HURLANT SES TIRADES	PUBLIQUES?"	115	022
SA FEMME VA CRIANT SUR LES PLACES	PUBLIQUES;	001	037
VEUT PLUS T'ENFOURCHER! COUCHE -TOI SANS	PUDEUR,	080	003
DEFEND	PUDIQUEMENT DES LAZZI RIDICULES	097	011
SANS HORREUR, A TRAVERS DES TENEBRES QUI	PUENT.	000	016
PUGET, MELANCOLIQUE EMPEREUR DES FORCATS;	006	020
JE	PUIS (ET TON PLAISIR SERAIT ALORS SANS TERME!)	136	007
ET RONGE D'UN DESIR SANS TREVE! ET	PUIS A VOUS,	089	036
POUR SAVOIR SI JE	PUIS DANS UN COEUR QUI M'ADMIRE	001	043
JE	PUIS DONC BOIRE TOUT MON SOUL.	106	002
ET PUIS, ET	PUIS ENCORE? "O CERVEUX ENFANTINS'	126	084
UN ECLAIR..	PUIS LA NUIT!--FUGITIVE BEAUTE	093	009
ET QUE JE NE	PUIS PAS REJETER DANS LES FLAMMES,	018	007
CAR JE NE	PUIS TROUVER PARMI CES PALES ROSES	058	031
ET	PUIS TU METS SUR MON COEUR	155	019
PUIS, ELLE S'EPANCHE, MOURANTE,	080	003
ET	PUIS, ET PUIS ENCORE! "O CERVEUX ENFANTINS!	126	084
SI JE NE	PUIS, MALGRE TOUT MON ART DILIGENT,	057	023

```
POEM LINE
026 012 . . . . . . . . . . . . HELAS! ET JE NE    PUIS, MEGERE LIBERTINE,
088 051                            DONT JE NE       PUIS, OH! PARDON!
149 021                                    ET       PUIS, QUELQU'UN PARAIT, QUE TOUS AVAIENT NIE,
106 016                   --JE L'OUBLIERAI SI JE LE  PUIS!
001 074 . . . . . . . . . . . . . . . . .           PUISEE AU FOYER SAINT DES RAYONS PRIMITIFS,
041 011                                          "  PUISQU'EN ELLE TOUT EST DICTAME,
001 038                                          "  PUISQU'IL ME TROUVE ASSEZ BELLE POUR M'ADORER,
001 009                                             PUISQUE TU M'AS CHOISIE ENTRE TOUTES LES FEMMES
118 007 . . . . . . . . . . . . . .                 PUISQUE, MALGRE LE SANG QUE LEUR VOLUPTE COUTE,
001 001               LORSQUE, PAR UN DECRET DES     PUISSANCES SUPREMES,
132 023         A MES COTES, AU LIEU DU MANNEQUIN    PUISSANT
068 012                            ET JE ROULE UN    PUISSANT DICTAME
128 015 . . . . . . . . . . . . . .      L'OUBLI     PUISSANT HABITE SUR TA BOUCHE,
091 044                              HIPPOGRIFFE     PUISSANT, MENE -MOI JUSQU'AU CIEL!
090 004           DANS LES CANAUX ETROITS DU COLOSSE PUISSANT.
036 012        QUE L'ESPACE EST PROFOND! QUE LE COEUR EST PUISSANT!
019 001 . . . .     DU TEMPS QUE LA NATURE EN SA VERVE PUISSANTE
018 010              C'EST VOUS, LADY MACBETH, AME    PUISSANTE AU CRIME,
097 021              VIENS -TU TROUBLER, AVEC TA      PUISSANTE GRIMACE,
131 003            HIPPOLYTE REVAIT AUX CARESSES      PUISSANTES
012 007 . . . . . . . \ . . . . .    LES TOUT -      PUISSANTS ACCORDS DE LEUR RICHE MUSIQUE
038 047                     DE CES BAISERS           PUISSANTS COMME UN DICTAME,
066 003                            LES CHATS         PUISSANTS ET DOUX, ORGUEIL DE LA MAISON,
006 015                       DES FANTOMES           PUISSANTS QUI DANS LES CREPUSCULES
077 016 . . . . .  ET DONT SUR LEURS VIEUX JOURS LES PUISSANTS SE SOUVIENNENT,
118 031                                             PUISSE -JE USER DU GLAIVE ET PERIR PAR LE GLAIVE!
072 003                               OU JE         PUISSE A LOISIR ETALER MES VIEUX OS
140 007                       POUR QUE TU            PUISSES FAIRE, A JESUS, QUAND IL PASSE,
006 042 . . . . . . . . . . . . .   QUE NOUS         PUISSIONS DONNER DE NOTRE DIGNITE
097 029                           INEPUISABLE        PUITS DE SOTTISE ET DE FAUTES!
084 035                                             PUITS DE VERITE, CLAIR ET NOIR,
091 033                     --CES YEUX SONT DES      PUITS FAITS D'UN MILLION DE LARMES,
106 013 . . . . . . .   JE L'AI JETEE AU FOND D'UN   PUITS,
119 017                         RACE D'ABEL, AIME ET PULLULE!
119 022                         COMME LES            PUNAISES DES BOIS!
129 023                         QUE J'AI             PUNI SUR UNE FLEUR
130 069 . . . . .    D'UN BRUTAL DONT L'ORGUEIL      PUNIT L'IMPIETE
086 022          NE FERA PAS LEVER MON FRONT DE MON  PUPITRE;
057 007            AVEC MES VERS POLIS, TREILLIS D'UN PUR METAL
023 020                             D'UN CIEL        PUR OU FREMIT L'ETERNELLE CHALEUR.
046 008 . . . .  AINSI, CHERE DEESSE, ETRE LUCIDE ET PUR,
106 006                             L'AIR EST        PUR, LE CIEL ADMIRABLE...
001 059          ET COMME LA MEILLEURE ET LA PLUS    PURE ESSENCE
003 011                    ET BOIS, COMME UNE        PURE ET DIVINE LIQUEUR,
062 019 . . . . . . . ▼ . . . .  OU DANS LA VOLUPTE  PURE LE COEUR SE NOIE!
001 073               CAR IL NE SERA FAIT QUE DE     PURE LUMIERE,
155 035                              VOTRE           PURE MELANCOLIE
038 027                TOUT IMPREGNES DE SA JEUNESSE  PURE,
114 017 . . . . . .   ELLE IGNORE L'ENFER COMME LE   PURGATOIRE,
003 010                                VA TE         PURIFIER DANS L'AIR SUPERIEUR,
005 013                             FRUITS           PURS DE TOUT OUTRAGE ET VIERGES DE GERCURES,
016 008                            OU LES            PURS ESPRITS SEULS PEUT-ETRE ETAIENT VENUS,--
017 013 . . . . . . . . . . . . . . . .  DE         PURS MIROIRS QUI FONT TOUTES CHOSES PLUS BELLES:
132 020  QU'UNE OUTRE AUX FLANCS GLUANTS, TOUTE PLEINE DE PUS!
096 018                        DE CES VIEILLES       PUTAINS LA FUNEBRE GAIETE,
150 023                           ET DE LA           PUTREFACTION
029 017 . . .  LES MOUCHES BOURDONNAIENT SUR CE VENTRE PUTRIDE,
126 134                               NOS            PYLADES LA-BAS TENDENT LEURS BRAS VERS NOUS.
076 006                           C'EST UNE          PYRAMIDE, UN IMMENSE CAVEAU,
089 038         VIL BETAIL, SOUS LA MAIN DU SUPERBE  PYRRHUS,
```

Q

		POEM LINE
DE LARMES	QU'A LA MER ONT VERSE TES RUISSEAUX?	130 034
QUI FONT	QU'A LEURS MIROIRS, STERILE VOLUPTE!	130 017
AUSSI, SITOT	QU'A L'HORIZON	124 004
AFIN	QU'A MON DESIR TU NE SOIS JAMAIS SOURDE!	023 033
	QU'A TENTE L'AMOUR DU DIFFORME,	084 006
LE FAIBLE	QU'A TORT ON MEPRISE;	150 018
C'EST AINSI	QU'A TRAVERS L'HUMANITE FRIVOLE	105 025
	QU'ACCOMPAGNE L'IMMENSE ORGUE DES VENTS GRONDEURS,	062 008
O LUNE	QU'ADORAIENT DISCRETEMENT NOS PERES,	147 001
	QU'ALLUMENT LES SOLEILS DES BRUMEUSES SAISONS...	050 010
ET LE SIECLE COULER, SANS	QU'AMIS NI FAMILLE	100 013
OU SOUS UN CLAIR AZUR TOUT N'EST	QU'AMOUR ET JOIE,	062 017
MA PAUVRE MUSE, HELAS!	QU'AS -TU DONC CE MATIN?	007 001
LA FETE	QU'ASSAISONNE ET PARFUME LE SANG;	126 094
ET TES FLANCS	QU'ASSOUPLIT UN CHARMANT NONCHALOIR,	033 006
	QU'ATTIRE LOIN DE NOUS LE RADIEUX SOURIRE	130 028
MON AME MIEUX	QU'AU TEMPS DU TIEDE RENOUVEAU	101 007
PENDANT	QU'AUTOUR DE NOUS TU CHANTES, RIS ET BEUGLES,	092 011
DE MEME	QU'AUTREFOIS NOUS PARTIONS POUR LA CHINE,	126 123
NE CHANTE	QU'AUX RAYONS DU SOLEIL QUI SE COUCHE.	076 024
N'OUVRANT A CHACUN	QU'AVEC CRAINTE,	138 031
QUI NE M'AIMES	QU'AVEC EFFROI,	138 037
QU'ON SE MOQUE DU MAITRE, ET	QU'AVEC LUI L'ON TRICHE,	149 030
ET NE REGARDE EN HAUT	QU'AVEC UN OEIL TREMBLANT.	144 008
DITES,	QU'AVEZ -VOUS VU? "NOUS AVONS VU DES ASTRES	126 057
	QU'EBLOUISSENT LES FEUX D'UN SOLEIL MONOTONE;	022 004
ET PAREIL AU MOURANT	QU'ECRASENT LES BLESSES,	054 013
--ELLE PLEURE, INSENSE, PARCE	QU'ELLE A VECU!	020 032
ET	QU'ELLE AURAIT LONGTEMPS, POUR LA CACHER AU MONDE,	045 023
LE MORCEAU	QU'ELLE AVAIT LACHE.	029 036
CE	QU'ELLE CHERCHE, AMIE, EST UN LIEU SACCAGE	055 006
MEME ON EUT DIT PARFOIS	QU'ELLE CROYAIT	038 037
MEME QUAND ELLE MARCHE ON CROIRAIT	QU'ELLE DANSE,	027 002
ET PARCE QU'ELLE VIT! MAIS CE	QU'ELLE DEPLORE	020 033
JE ME DIS:	QU'ELLE EST BELLE! ET BIZARREMENT FRAICHE!	098 009
BIEN	QU'ELLE SOIT D'UN PINCEAU TRES -VANTE,	038 030
LES FUNEBRES APPAS	QU'ELLE TIENT A CACHER.	097 012
ET PARCE	QU'ELLE VIT! MAIS CE QU'ELLE DEPLORE	020 033
TES NOBLES JAMBES, SOUS LES VOLANTS	QU'ELLES CHASSENT,	052 029
PAR TOUT CE	QU'ELLES REFLETAIENT!	102 032
JE NE VOIS	QU'EN ESPRIT TOUT CE CAMP DE BARAQUES,	089 009
D'AUTANT DE VIN	QU'EN PEUT TENIR	106 011
MAIS VOILA	QU'EN RASANT LA COTE D'ASSEZ PRES	116 025
PERE ADOPTIF DE CEUX	QU'EN SA NOIRE COLERE	120 043
AINSI	QU'EN SON APPARTEMENT,	051 002
AILLEURS	QU'EN TON CHER CORPS ET QU'EN TON COEUR SI DOUX?	036 024
AILLEURS QU'EN TON CHER CORPS ET	QU'EN TON COEUR SI DOUX?	036 024
ET	QU'EN UN CAUCHEMAR SANS TREVES,	138 028
CEPENDANT	QU'EN UN JEU PLEIN DE SALES PARFUMS,	075 011
VOILA LE NOIR TABLEAU	QU'EN UN REVE NOCTURNE	096 013
SEMBLABLE AUX VISIONS PALES	QU'ENFANTE L'OMBRE	110 013
	QU'ENFLAMMAIT L'ORCHESTRE SONORE,	054 042
	QU'ENFLAMMENT LES RAYONS TOMBANT D'UN CIEL BROUILLE!	050 012
TOUT CE	QU'ENSEMBLE ELLE AVAIT JOINT;	029 012
	QU'ENVERS NOUS LE NEANT EST TRAITRE;	094 025
	QU'EST -CE QUE CE QUE DIEU FAIT DONC DE CE FLOT D'ANATHEMES	118 001
VOIS! JE ME TRAINE AUSSI! MAIS, PLUS	QU'EUX HEBETE,	092 013
ET NE RENDENT VISIBLES	QU'EUX;	084 024
JE VOUDRAIS	QU'EXHALANT L'ODEUR DE LA SANTE	007 009
	QU'HABITE ET QUE RONGE UN INSECTE!"	149 020
AUSSI SUBTIL	QU'HARMONIEUX!	051 024
DIT AU PAUVRE,	QU'IL A NOYE DANS LES TENEBRES;	149 010
EN QUELQUE LIEU	QU'IL AILLE, OU SUR MER OU SUR TERRE,	144 001
ET L'ANGE, CHATIANT AUTANT, MA FOI!	QU'IL AIME,	140 012
ET DANS TOUT CE	QU'IL BOIT ET DANS TOUT CE QU'IL MANGE	001 023
QU'IL FAUT EN CE MONDE	QU'IL CRAIGNE	067 010
A CE SOLDAT BRISE! S'IL FAUT	QU'IL DESESPERE	054 018
QUOI	QU'IL EBAUCHE OU QU'IL ESPERE,	141 011
QUOI QU'IL EBAUCHE OU	QU'IL ESPERE,	141 011
LUI, NAGUERE SI BEAU,	QU'IL EST COMIQUE ET LAID!	002 010
JE SAIS	QU'IL EST DES YEUX, DES PLUS MELANCOLIQUES,	098 017
FAIT TOUJOURS BIEN TOUT CE	QU'IL FAIT!	084 032
CE	QU'IL FAUT A CE COEUR PROFOND COMME UN ABIME,	018 009
SACHE	QU'IL FAUT AIMER, SANS FAIRE LA GRIMACE,	140 005
ET	QU'IL FAUT EMPLOYER LA PELLE ET LES RATEAUX	010 006
	QU'IL FAUT EN CE MONDE QU'IL CRAIGNE	067 010
ET	QU'IL FAUT POUR TRESSER MA COURONNE MYSTIQUE	001 067
	QU'IL FAUT QU'IL REMUE ET DEFRICHE	135 003
SANS CESSE IL FAUT	QU'IL LES ARROSE.	135 008
DANS TOUT CE QU'IL BOIT ET DANS TOUT CE	QU'IL MANGE	001 023
COMME UN VER QUI DEROBE A L'HOMME CE	QU'IL MANGE,	095 020
	QU'IL M'EST DOUX, PENCHE VERS TES SEINS,	155 030
COMPRENDS -TU MAINTENANT	QU'IL NE FAUT PAS LACHER SANS EN EXTRAIRE L'OR!	085 016
	QU'IL NE FAUT PAS OFFRIR	131 026
	QU'IL NE POURRA POUSSER SES BOUTONS EMPESTES!"	001 016
VERSE -NOUS TON POISON POUR	QU'IL NOUS RECONFORTE!	126 141
CHAQUE FOIS	QU'IL POUSSAIT UN FLAMBOYANT SOUPIR,	127 031
QU'IL FAUT	QU'IL REMUE ET DEFRICHE	135 003
	QU'IL RESTE EN MON JARDIN BIEN PEU DE FRUITS VERMEILS.	010 004

```
POEM LINE
115 018 .  .  .  .  .  .  .  .  .  .  .  .  .  PARCE  QU'IL SAIT JOUER ARTISTEMENT SON ROLE,
097 044                      QUI FAIT LE DEGOUTE MONTRE  QU'IL SE CROIT BEAU
045 027           ET QUE TOUJOURS, AVEC QUELQUE SOIN  QU'IL SE FARDE,
149 031                                          ET  QU'IL SOIT NATUREL DE RECEVOIR DEUX PRIX,
149 051 .  .  .  .  .  .  .  .  .  .  .  .  .  .  .  QU'IL S'INFILTRE COMME UNE EXTASE DANS TOUS CEUX
001 035               AVEC HYPOCRISIE ILS.JETTENT CE  QU'IL TOUCHE,
001 029                                    TOUS CEUX  QU'IL VEUT AIMER L'OBSERVENT AVEC CRAINTE,
115 010        ET, COMME DES PASSANTS SUR UN FOU  QU'ILS ADMIRENT,
048 002 .  .  .  .  .  .  .  .  .  EST POREUSE.  ON DIRAIT  QU'ILS PENETRENT LE VERRE.
091 017             QU'ILS SONT, ILS ONT DES YEUX PERCANTS COMME UNE VR
083 010                         ET DANS MON COEUR  QU'ILS SOULERONT
053 034                                     QU'ILS VIENNENT DU BOUT DU MONDE.
097 043 .  .  .  .  .  .  .  .  .  .  .  .  .  .  .  QU'IMPORTE LE PARFUM, L'HABIT OU LA TOILETTE?
098 023                    QUE TU VIENNES DU CIEL OU DE L'ENFER,  QU'IMPORTE TA BETISE OU TON INDIFFERENCE?
021 021               QUE TU VIENNES DU CIEL OU DE L'ENFER,  QU'IMPORTE,
021 026                                     QU'IMPORTE, SI TU RENDS,--FEE AUX YEUX DE VELOURS,
126 143 .  .  PLONGER AU FOND DU GOUFFRE, ENFER OU CIEL,  QU'IMPORTE?
021 025               DE SATAN OU DE DIEU,  QU'IMPORTE? ANGE OU SIRENE,
155 015                       AINSI TON AME  QU'INCENDIE
090 028           HOSTILE A L'UNIVERS PLUTOT  QU'INDIFFERENT.
146 011 .  .  .  .  .  .  .  .  .  .  JE NE VOIS  QU'INFINI PAR TOUTES LES FENETRES,
047 009       LE VIOLON FREMIT COMME UN COEUR  QU'ON AFFLIGE,
047 006       LE VIOLON FREMIT COMME UN COEUR  QU'ON AFFLIGE;
011 003                                    BIEN  QU'ON AIT DU COEUR A L'OUVRAGE,
056 010 .  .  .  .  .  .  .  .  .  .  L'ECHAFAUD  QU'ON BATIT N'A PAS D'ECHO PLUS SOURD.
056 014             QU'ON CLOUE EN GRANDE HATE UN CERCUEIL QUELQUE PART
006 026                            DE FOETUS  QU'ON FAIT CUIRE AU MILIEU DES SABBATS.
044 004     QUI COMPRIMENT LE COEUR COMME UN PAPIER  QU'ON FROISSE?
008 013 .  .  .  .  .  ET TON RIRE TREMPE DE PLEURS  QU'ON NE VOIT PAS,
074 012        SEMBLE LE RALE EPAIS D'UN BLESSE  QU'ON OUBLIE
136 015                      QUE DATE CE  QU'ON PEUT, HELAS! NOMMER MA PLAIE
149 030                QU'ON SE MOQUE DU MAITRE, ET QU'AVEC LUI L'ON TRIC
126 109 .  .  .  .  .  .  .  .  AMER SAVOIR, CELUI  QU'ON TIRE DU VOYAGE!
031 019            "TU N'ES PAS DIGNE  QU'ON T'ENLEVE
126 129        LE LOTUS PARFUME! C'EST ICI  QU'ON VENDANGE
157 002           AVEC UN TEL POIGNET,  QU'ON VOUS EUT PRIS, A VOIR
127 004 .  .  .  .  .  .  .  .  .  .  QU'ONT DANS LEURS JOURS HEUREUX LES ESCLAVES DES MU
055 014           CALCINE CES LAMBEAUX  QU'ONT EPARGNES LES BETES;
043 010                  QU'ONT LES CIERGES BRULANT EN PLEIN JOUR; LE SOLE
027 012               OU TOUT N'EST  QU'OR, ACIER, LUMIERE ET DIAMANTS,
053 013               LA, TOUT N'EST  QU'ORDRE ET BEAUTE,
053 027               LA, TOUT N'EST  QU'ORDRE ET BEAUTE,
053 041               LA, TOUT N'EST  QU'ORDRE ET BEAUTE,
043 002               QU'UN ANGE TRES -SAVANT A SANS DOUTE AIMANTES;
056 008 .  .  .  .  .  .  MON COEUR NE SERA PLUS  QU'UN BLOC ROUGE ET GLACE.
033 004               QU'UN CAVEAU PLUVIEUX ET QU'UNE FOSSE CREUSE;
084 034               QU'UN COEUR DEVENU SON MIROIR!
126 022           ET QUI REVENT, AINSI  QU'UN CONSCRIT LE CANON,
000 017 .  .  .  .  .  .  .  .  .  .  AINSI  QU'UN DEBAUCHE PAUVRE QUI BAISE ET MANGE
038 050                          RIEN  QU'UN DESSIN FORT PALE, AUX TROIS CRAYONS,
071 003               QU'UN DIADEME AFFREUX SENTANT LE CARNAVAL.
038 005           JE SUIS COMME UN PEINTRE  QU'UN DIEU MOQUEUR
047 002 .  .  .  CHAQUE FLEUR S'EVAPORE AINSI  QU'UN ENCENSOIR;
047 005           CHAQUE FLEUR S'EVAPORE AINSI  QU'UN ENCENSOIR;
123 012                   N'ONT  QU'UN ESPOIR, ETRANGE ET SOMBRE CAPITOLE!
016 014           ET TU NE SERAIS PLUS  QU'UN FOETUS DERISOIRE!"
116 058 .  .  .  .  .  .  .  .  .  QU'UN GIBET SYMBOLIQUE OU PENDAIT MON IMAGE....
076 020               QU'UN GRANIT ENTOURE D'UNE VAGUE EPOUVANTE,
131 048               QU'UN HORIZON SANGLANT FERME DE TOUTES PARTS.
016 003               ON RACONTE  QU'UN JOUR UN DOCTEUR DES PLUS GRANDS,
131 024 .  .  .  .  .  QUI SORT DE LA PAUPIERE AINSI  QU'UN LONG SOUPIR.
020 020           --MAIS NON! CE N'EST  QU'UN MASQUE, UN DECOR SUBORNEUR,
113 013            MAIS L'AMOUR N'EST POUR MOI  QU'UN MATELAS D'AIGUILLES
091 034                   DES CREUSETS  QU'UN METAL REFROIDI PAILLETA...
114 020 .  .  .  .  .  .  .  .  .  AINSI  QU'UN NOUVEAU -NE--SANS HAINE ET SANS REMORD.
110 027           LA JARRETIERE, AINSI  QU'UN OEIL SECRET QUI FLAMBE,
078 011                        ET  QU'UN PEUPLE MUET D'INFAMES ARAIGNEES
087 017             QUAND, AINSI  QU'UN POETE, IL DESCEND DANS LES VILLES,
126 040               NE TROUVE  QU'UN RECIF AUX CLARTES DU MATIN.
110 040                     AINSI  QU'UN REPTILE IRRITE,
029 029        LES FORMES S'EFFACAIENT ET N'ETAIENT PLUS  QU'UN REVE.
145 004          SALUER SON COUCHER PLUS GLORIEUX  QU'UN REVE!
106 005 .  .  .  .  .  .  .  .  AUTANT  QU'UN ROI JE SUIS HEUREUX;
066 013            ET DES PARCELLES D'OR,  QU'UN SABLE FIN,
132 002            EN SE TORDANT AINSI  QU'UN SERPENT SUR LA BRAISE,
131 073         ON NE PEUT ICI-BAS CONTENTER  QU'UN SEUL MAITRE!"
051 026 .  .  .  .  .  .  .  SORT UN PARFUM SI DOUX,  QU'UN SOIR
088 014               QU'UN SUPERBE HABIT DE COUR
010 001               MA JEUNESSE NE FUT  QU'UN TENEBREUX ORAGE,
116 018           --CYTHERE N'ETAIT PLUS  QU'UN TERRAIN DES PLUS MAIGRES,
097 056 .  .  .  SINISTREMENT BEANTE AINSI  QU'UN TROMBLON NOIR,
039 006           FATIGUE LE LECTEUR AINSI  QU'UN TYMPANON,
029 027               OU LE GRAIN  QU'UN VANNEUR D'UN MOUVEMENT RHYTHMIQUE
131 100       FAIT CLAQUER VOTRE CHAIR AINSI  QU'UN VIEUX DRAPEAU.
074 008 .  .  .  .  .  .  AINSI  QU'UN VIEUX SOLDAT QUI VEILLE SOUS LA TENTE!
097 001               FIERE, AUTANT  QU'UN VIVANT, DE SA NOBLE STATURE,
131 007               AINSI  QU'UN VOYAGEUR QUI RETOURNE LA TETE
065 002               AINSI  QU'UNE BEAUTE, SUR DE NOMBREUX COUSSINS,
036 016 .  .  .  .  .  .  LA NUIT S'EPAISSISSAIT AINSI  QU'UNE CLOISON.
```

		POEM	LINE
LA NUIT S'EPAISSISSAIT AINSI	QU'UNE CLOISON.	036	020
A L'OEIL LIMPIDE ET CLAIR AINSI	QU'UNE EAU COURANTE,	005	037
DE VOUS, CLAIRE ET JOYEUSE AINSI	QU'UNE FANFARE	045	017
AINSI	QU'UNE FONTAINE AUX RHYTHMIQUES SANGLOTS.	113	002
QU'UN CAVEAU PLUVIEUX ET	QU'UNE FOSSE CREUSE;	033	004
IL ETAIT TARD; AINSI	QU'UNE MEDAILLE NEUVE	045	005
	QU'UNE OUTRE AUX FLANCS GLUANTS, TOUTE PLEINE DE PUS!	132	020
	QU'UNE REINE DE ROMAN	088	010
AINSI	QU'UNE SYLPHIDE AU FOND DE LA COULISSE;	085	006
CARESSEE UNE FOIS, RIEN	QU'UNE.	051	028
D'UN	QUADRUPEDE INFIRME OU D'UN JUIF A TROIS PATTES.	090	025
SOUS LES PIEDS, UN TROUPEAU DE JALOUX	QUADRUPEDES,	116	037
SIMULAIENT LES DEUX	QUAIS D'UNE RIVIERE ACCRUE, ...	090	007
DES	QUAIS FROIDS DE LA SEINE AUX BORDS BRULANTS DU GANGE,	097	053
QUI TRAINENT SUR CES	QUAIS POUDREUX	094	002
ENTRE DES	QUAIS ROSES ET VERTS,	102	026
	QUAND CHEZ LES DEBAUCHES L'AUBE BLANCHE ET VERMEILLE .	046	001
	QUAND DE TON CORPS BRISE LA PESANTEUR HORRIBLE	118	017
ET	QUAND DESCEND LE SOIR AU MANTEAU D'ECARLATE,	133	013
	QUAND DOIT -IL FINIR?	117	016
	QUAND DON JUAN DESCENDIT VERS L'ONDE SOUTERRAINE . . .	015	001
"EAU,	QUAND DONC PLEUVRAS -TU? QUAND TONNERAS -TU, FOUDRE?"	089	023
	QUAND ELLE EUT DE MES OS SUCE TOUTE LA MOELLE,	132	017
MEME	QUAND ELLE MARCHE ON CROIRAIT QU'ELLE DANSE,	027	002
	QUAND ELLE Y VEUT BAIGNER SA BEAUTE NONCHALANTE; . .	107	004
	QUAND IL ATTEINT SA TOTALE GRANDEUR,	038	012
VEILLE PRES DE LUI	QUAND IL DORT;	110	058
	QUAND IL EST COMBLE DE DOULEUR,	068	005
	QUAND IL JETTE EN DANSANT SON BRUIT VIF ET MOQUEUR, .	127	005
	QUAND IL MIAULE, ON L'ENTEND A PEINE,	051	004
POUR QUE TU PUISSES FAIRE, A JESUS,	QUAND IL PASSE,	140	007
ET,	QUAND IL S'EN ALLAIT SANS RIEN VOIR, A TRAVERS	016	023
LE POETE AUJOURD'HUI,	QUAND IL VEUT CONCEVOIR	005	015
AURAS -TU,	QUAND JANVIER LACHERA SES BOREES,	008	002
	QUAND JE CONTEMPLE, AUX FEUX DU GAZ QUI LE COLORE,	098	005
ET	QUAND JE LES ROUVRIS A LA CLARTE VIVANTE,	132	022
ET,	QUAND JE M'ENNUIERAI DE CES FARCES IMPIES, ...	001	045
AINSI,	QUAND JE SERAI PERDU DANS LA MEMOIRE	048	021
	QUAND JE TE VOIS PASSER, O MA CHERE INDOLENTE,	098	001
CAR J'EPROUVE UNE JOIE IMMENSE	QUAND JE TOMBE	104	009
JE T'AIME SURTOUT	QUAND LA JOIE	138	006
	QUAND LA NATURE, GRANDE EN SES DESSEINS CACHES,	025	015
	QUAND LA PIERRE, OPPRIMANT TA POITRINE PEUREUSE	033	005
	QUAND LA PLUIE ETALANT SES IMMENSES TRAINEES	078	009
	QUAND LA TERRE EST CHANGEE EN UN CACHOT HUMIDE, . .	078	005
	QUAND LA VENGEANCE BAT SON INFERNAL RAPPEL,	044	008
	QUAND LE CIEL BAS ET LOURD PESE COMME UN COUVERCLE	078	001
	QUAND LE SOLEIL CRUEL FRAPPE A TRAITS REDOUBLES	087	003
ET PARFOIS EN ETE,	QUAND LES SOLEILS MALSAINS, ...	019	011
	QUAND L'EAU DE TA BOUCHE REMONTE	028	031
	QUAND L'HEURE DES VOLUPTES SONNE,	129	026
TE CONVULSANT	QUAND L'HEURE TINTE,	138	033
ET	QUAND L'HEURE VIENDRA D'ENTRER DANS LA NUIT NOIRE, .	114	018
	QUAND MEME ELLE SAURAIT RANIMER SES VICTIMES,	073	007
	QUAND MEME TU SERAIS UNE EMBUCHE DRESSEE	131	055
	QUAND MES YEUX, VERS CE CHAT QUE J'AIME	051	033
--	QUAND NOTRE COEUR A FAIT UNE FOIS SA VENDANGE, . . .	040	003
ET,	QUAND NOUS RESPIRONS, LA MORT DANS NOS POUMONS	000	023
ET	QUAND OCTOBRE SOUFFLE, EMONDEUR DES VIEUX ARBRES,	100	005
	QUAND ON M'AURA JETE, VIEUX FLACON DESOLE,	048	023
	QUAND PARFOIS SUR CE GLOBE, EN SA LANGUEUR OISIVE, .	065	009
O MOINE FAINEANT!	QUAND SAURAI -JE DONC FAIRE	009	012
	QUAND SOUS LES LOURDS FLOCONS DES NEIGEUSES ANNEES	076	016
	QUAND SUR TON PRESENT SE DEPLOIE	138	009
JE T'AIME	QUAND TON COEUR DANS L'HORREUR SE NOIE;	138	008
"EAU, QUAND DONC PLEUVRAS -TU?	QUAND TON GRAND OEIL VERSE	138	011
QUE LE SOLEIL EST BEAU	QUAND TONNERAS -TU, FOUDRE?"	089	023
	QUAND TOUT FRAIS IL SE LEVE,	145	001
JE FRISSONNE DE PEUR	QUAND TU FUS DEVANT TOUS POSE COMME UNE CIBLE, . . .	118	020
	QUAND TU ME DIS: "MON ANGE!"	131	051
	QUAND TU VAS BALAYANT L'AIR DE TA JUPE LARGE,	052	005
	QUAND TU VAS BALAYANT L'AIR DE TA JUPE LARGE,	052	005
	QUAND VERS TOI MES DESIRS PARTENT EN CARAVANE, . . .	026	007
	QUAND VEUX -TU M'ENTERRER, DEBAUCHE AUX BRAS IMMONDES?	112	012
	QUAND VIENDRA LE MATIN LIVIDE,	063	009
ET	QUAND VIENDRA L'HIVER AUX NEIGES MONOTONES,	086	014
O MORT,	QUAND.VIENDRAS -TU, SA RIVALE EN ATTRAITS, ...	112	013
	QUAND VOUS IREZ, SOUS L'HERBE ET LES FLORAISONS GRASSES,	029	043
	QUAND, AGITES D'UN MAL INCONNU QUI LES TORD,	050	007
	QUAND, AINSI QU'UN POETE, IL DESCEND DANS LES VILLES,	087	017
	QUAND, INSULTANT LE RITE ET LE CULTE INVENTE, ...	130	067
	QUAND, LES DEUX YEUX FERMES, EN UN SOIR CHAUD D'AUTOMNE	022	001
	QUAND, MALGRE MA MAIN QUI TE BERCE,	138	013
	QUANT A MOI, MES BRAS SONT ROMPUS	148	003
--CERTES, JE SORTIRAI,	QUANT A MOI, SATISFAIT	118	029
QUE LE REEL ETOUFFE ENTRE SES	QUATRE MURS!	153	014
	QUE BALANCE LE VENT PENDANT LES NUITS D'HIVER.	132	028
	QUE BATIR SUR LES COEURS EST UNE CHOSE SOTTE;	045	033
DE CEUX DONT LE COEUR DIT: "	QUE BENI SOIT TON FOUET, ...	149	045

042 009	. . . .	QUE CE SOIT DANS LA NUIT ET DANS LA SOLITUDE,
042 010	. . . .	QUE CE SOIT DANS LA RUE ET DANS LA MULTITUDE,
125 013	M'ENVELOPPAIT.--EH QUOI! N'EST -CE DONC	QUE CELA?
091 022	SONT PRESQUE AUSSI PETITS	QUE CELUI D'UN ENFANT?
090 037	. . . .	QUE CELUI-LA QUI RIT DE MON INQUIETUDE,
002 006		QUE CES ROIS DE L'AZUR, MALADROITS ET HONTEUX,
006 043		QUE CET ARDENT SANGLOT QUI ROULE D'AGE EN AGE
091 027	IL ME SEMBLE TOUJOURS	QUE CET ETRE FRAGILE
131 022	. . . . . . v . . . LE CANTIQUE MUET	QUE CHANTE LE PLAISIR,
092 014	JE DIS:	QUE CHERCHENT -ILS AU CIEL, TOUS CES AVEUGLES?
045 030	ET	QUE C'EST LE TRAVAIL BANAL
045 029		QUE C'EST UN DUR METIER QUE D'ETRE BELLE FEMME,
116 027	. . . . NOUS VIMES	QUE C'ETAIT UN GIBET A TROIS BRANCHES,
094 023	MONTRER	QUE DANS LA FOSSE MEME
090 005	UN MATIN, CEPENDANT	QUE DANS LA TRISTE RUE
093 011	NE TE VERRAI -JE PLUS	QUE DANS L'ETERNITE?
104 012	OU JE ME PLAIS BIEN MIEUX	QUE DANS MES FROIDS CAVEAUX,
111 025	VOUS	QUE DANS VOTRE ENFER MON AME A POURSUIVIES,
136 015		QUE DATE CE QU'ON PEUT, HELAS! NOMMER MA PLAIE
088 042	PLUS DE BAISERS	QUE DE LIS
078 003	. . . . ET	QUE DE L'HORIZON EMBRASSANT TOUT LE CERCLE
115 003		QUE DE MA PENSEE, EN VAGUANT AU HASARD,
104 023	POUR	QUE DE NOTRE AMOUR NAISSE LA POESIE
001 006	PLUTOT	QUE DE NOURRIR CETTE DERISION!
001 073	CAR IL NE SERA FAIT	QUE DE PURE LUMIERE,
054 020	CE PAUVRE AGONISANT	QUE DEJA LE LOUP FLAIRE!
020 035	C'EST	QUE DEMAIN, HELAS! IL FAUDRA VIVRE ENCORE!
025 005	TES YEUX, ILLUMINES AINSI	QUE DES BOUTIQUES
067 003	. . . . AINSI	QUE DES DIEUX ETRANGERS,
078 015	AINSI	QUE DES ESPRITS ERRANTS ET SANS PATRIE
131 095	FILTRENT EN S'ENFLAMMANT AINSI	QUE DES LANTERNES
001 076	NE SONT	QUE DES MIROIRS OBSCURCIS ET PLAINTIFS!"
143 005	. . . . . PENDANT	QUE DES MORTELS LA MULTITUDE VILE,
088 021		QUE DES NOEUDS MAL ATTACHES
038 048	DE CES TRANSPORTS PLUS VIFS	QUE DES RAYONS,
091 011	ET SERRANT SUR LEUR FLANC, AINSI	QUE DES RELIQUES,
089 032	. . . ET MES CHERS SOUVENIRS SONT PLUS LOURDS	QUE DES ROCS.
148 008		QUE DES SOUVENIRS DE SOLEILS.
095 008	LES ESPRITS	QUE DEVORE UNE DOULEUR SAUVAGE,
118 001	QU'EST -CE	QUE DIEU FAIT DONC DE CE FLOT D'ANATHEMES
042 001	. . . .	QUE DIRAS -TU CE SOIR, PAUVRE AME SOLITAIRE,
042 002		QUE DIRAS -TU, MON COEUR, COEUR AUTREFOIS FLETRI,
131 025	--"HIPPOLYTE, CHER COEUR,	QUE DIS -TU DE CES CHOSES?
015 010	TANDIS	QUE DON LUIS AVEC UN DOIGT TREMBLANT
045 029	QUE C'EST UN DUR METIER	QUE D'ETRE BELLE FEMME,
118 012		QUE D'IGNOBLES BOURREAUX PLANTAIENT DANS TES CHAIRS
072 006	PLUTOT	QUE D'IMPLORER UNE LARME DU MONDE,
133 018	CE PAYS TROP PEUPLE	QUE FAUCHE LA SOUFFRANCE,
126 071	. . . . CEPENDANT	QUE GROSSIT ET DURCIT TON ECORCE,
102 002	TEL	QUE JAMAIS MORTEL N'EN VIT,
054 048	MAIS MON COEUR,	QUE JAMAIS NE VISITE L'EXTASE,
149 023	VOUS AVEZ,	QUE JE CROIS, ASSEZ COMMUNIE,
001 011	ET	QUE JE NE PUIS PAS REJETER DANS LES FLAMMES,
136 025		QUE JE PRENDS TRES -SOUVENT LES FAITS POUR DES MENS
051 036	ET	QUE JE REGARDE EN MOI-MEME,
010 009	ET QUI SAIT SI LES FLEURS NOUVELLES	QUE JE REVE
136 023	. . . . . v	QUE JE RIS DANS LES DEUILS ET PLEURE DANS LES FETES
129 016	JE TE HAIS AUTANT	QUE JE T'AIME!
111 026	PAUVRES SOEURS, JE VOUS AIME AUTANT	QUE JE VOUS PLAINS,
029 047		QUE J'AI GARDE LA FORME ET L'ESSENCE DIVINE
017 010	. . . .	QUE J'AI L'AIR D'EMPRUNTER AUX PLUS FIERS MONUMENTS
129 023		QUE J'AI PUNI SUR UNE FLEUR
010 005	VOILA	QUE J'AI TOUCHE L'AUTOMNE DE MES IDEES,
012 009	C'EST LA	QUE J'AI VECU DANS LES VOLUPTES CALMES,
051 033	. . . . QUAND MES YEUX, VERS CE CHAT	QUE J'AIME
131 054	TOI	QUE J'AIME A JAMAIS, MA SOEUR D'ELECTION,
021 024	D'UN INFINI	QUE J'AIME ET N'AI JAMAIS CONNU?
028 001		QUE J'AIME VOIR, CHERE INDOLENTE,
030 001	J'IMPLORE TA PITIE, TOI, L'UNIQUE	QUE J'AIME,
091 049	AH!	QUE J'EN AI SUIVI DE CES PETITES VIEILLES!
032 001	UNE NUIT	QUE J'ETAIS PRES D'UNE AFFREUSE JUIVE,
093 014	O TOI	QUE J'EUSSE AIMEE, O TOI QUI LE SAVAIS!
114 015	. . . .	QUE LA BEAUTE DU CORPS EST UN SUBLIME DON
062 027	EST -IL DEJA PLUS LOIN QUE L'INDE ET	QUE LA CHINE?
080 007	L'AMOUR N'A PLUS DE GOUT, NON PLUS	QUE LA DISPUTE;
001 065	JE SAIS	QUE LA DOULEUR EST LA NOBLESSE UNIQUE
020 028	. . . . AUX FLOTS	QUE LA DOULEUR FAIT JAILLIR DE TES YEUX!
149 046	SEIGNEUR!	QUE LA DOULEUR, O PERE, SOIT BENIE!
156 014	N'EST	QUE LA DOULOUREUSE CHARGE;
037 007	TE PAVANER AUX LIEUX	QUE LA FOLIE ENCOMBRE,
050 016	. . . . . DES PLAISIRS PLUS AIGUS	QUE LA GLACE ET LE FER?
118 028	PENETRE DANS TON FLANC PLUS AVANT	QUE LA LANCE?
131 082	ET	QUE LA LASSITUDE AMENE LE REPOS?
107 003		QUE LA LUNE ONDULEUSE ENVOIE AU LAC TREMBLANT,
017 004	. . . . ETERNEL ET MUET AINSI	QUE LA MATIERE.
128 010	DANS UN SOMMEIL AUSSI DOUX	QUE LA MORT,
123 013	C'EST	QUE LA MORT, PLANANT COMME UN SOLEIL NOUVEAU,
019 001	DU TEMPS	QUE LA NATURE EN SA VERVE PUISSANTE
069 008	. . . .	QUE LA NUIT ME VOILE;

Q

		POEM	LINE
O TOI,	QUE LA NUIT REND SI BELLE, ...	155	029
PLUS DENSES	QUE LA POIX, SANS MATIN ET SANS SOIR,	054	023
	QUE LA RADIEUSE GAIETE,	045	016
C'EST UN PAYS PLUS NU	QUE LA TERRE POLAIRE:	030	007
MESURE D'UN REGARD	QUE LA TERREUR ENFLAMME	153	003
BOUCHE AU RIRE ENFANTIN! PLUS ENCOR	QUE LA VIE,	040	010
BLEU, CLAIR, PROFOND, AINSI	QUE LA VIRGINITE?	062	004
ET	QUE LANGUISSAMMENT JE ME TOURNAI VERS ELLE	132	018
QUE POUR L'AMOUR DE MOI VOUS N'AIMIEZ	QUE LE BEAU:	042	013
CHANGE PLUS VITE, HELAS!	QUE LE COEUR D'UN MORTEL);	089	008
QUE L'ESPACE EST PROFOND!	QUE LE COEUR EST PUISSANT!	036	012
ON EUT DIT	QUE LE CORPS, ENFLE D'UN SOUFFLE VAGUE,	029	023
	QUE LE CYPRES?--POURTANT NOUS AVONS, AVEC SOIN, . . .	126	074
JE COMPRENDS BIEN, AMIS,	QUE LE DESIR BALANCE:	151	002
QUI DONNE A PENSER	QUE LE DIABLE	084	031
IL FAUT	QUE LE DIEU DE L'UTILE, IMPLACABLE ET SEREIN,	005	023
DE CEUX	QUE LE GIBIER PAYE LE VIEUX CHASSEUR	149	033
A CET AGONISANT	QUE LE HASARD FAIT AVEC LES NUAGES,	126	067
ET, DES	QUE LE LOUP DEJA FLAIRE	054	016
AH!	QUE LE MATIN FAIT CHANTER LES PLATANES,	133	009
AUX YEUX DU SOUVENIR	QUE LE MONDE EST GRAND A LA CLARTE DES LAMPES! . . .	126	003
PENDANT	QUE LE MONDE EST PETIT!	126	004
	QUE LE PARFUM DES VERTS TAMARINIERS,	022	012
	QUE LE PETIT HERCULE ETRANGLAIT AU BERCEAU?	157	014
UN LIT	QUE LE REEL ETOUFFE ENTRE SES QUATRE MURS!	153	014
ET MON ESPRIT SUBTIL	QUE LE REMORDS N'A JAMAIS FREQUENTE.	112	008
	QUE LE ROULIS CARESSE	023	023
ET DES JONGLEURS SAVANTS	QUE LE SABOT DU CHEVAL FROISSE,	054	014
AU PAYS PARFUME	QUE LE SERPENT CARESSE."	126	083
BIEN	QUE LE SOLEIL CARESSE,	061	001
SOUVIENS -TOI	QUE LE SOLEIL EST BEAU QUAND TOUT FRAIS IL SE LEVE,	145	001
ET	QUE LE SUJET EN SOIT TRISTE,	094	007
ET SOUVENT IL ATTAQUE, AINSI	QUE LE TEMPS EST UN JOUEUR AVIDE	085	017
S'AVANCAIENT, PLUS CALINS	QUE LE TEMPS, INJURIEUX VIEILLARD,	038	052
COMME UN VISAGE EN PLEURS	QUE LE TERMITE,	054	038
LES CHARMES DE L'HORREUR N'ENIVRENT	QUE LES ANGES DU MAL,	127	021
LES SAGES N'EN ONT PAS D'AUSSI BEAUX	QUE LES BRISES ESSUIENT, ...	103	009
COMME CES LONGS SERPENTS	QUE LES FORTS!"	097	036
J'AURAIS PU (MON ORGUEIL AUSSI HAUT	QUE LES JONGLEURS SACRES	136	028
IL NOUS VERSE UN JOUR NOIR PLUS TRISTE	QUE LES MONTS	027	003
	QUE LES NUITS;	115	023
	QUE LES SOLEILS MARINS TEIGNAIENT DE MILLE FEUX,	078	004
	QUE LES SOLEILS SONT BEAUX DANS LES CHAUDES SOIREES!	012	002
	QUE LES SOLEILS SONT BEAUX DANS LES CHAUDES SOIREES! .	036	011
ET REGNE PAR SES DONS AINSI	QUE LES VRAIS ROIS.	036	015
ET C'EST DEPUIS CE TEMPS	QUE LESBOS SE LAMENTE,	105	028
ET C'EST DEPUIS CE TEMPS	QUE LESBOS SE LAMENTE!	130	071
PUISQUE, MALGRE LE SANG	QUE LEUR VOLUPTE COUTE,	130	075
ET	QUE LEURS GRANDS PILIERS, DROITS ET MAJESTUEUX,	118	007
SUR LA TOILE OUBLIEE, ET	QUE L'ARTISTE ACHEVE	012	003
	QUE L'ASPECT PERMANENT DE VOS PALES TENEBRES,	029	031
POUR CELUI	QUE L'AUSTERE INFORTUNE ALLAITA!	101	012
AINSI	QUE L'ENNEMI QUI TENTE UN COUP DE MAIN;	091	036
CE REVEUR	QUE L'ESPACE EST PROFOND! QUE LE COEUR EST PUISSANT!	095	018
ET TOUT CE	QUE L'HORREUR DE SON LOGIS REVEILLE,	036	012
POUR	QUE L'IDYLLE A DE PLUS ENFANTIN.	153	012
EST -IL DEJA PLUS LOIN	QUE L'IMPUISSANTE ANALYSE	086	020
OU TOUT CE	QUE L'INDE ET QUE LA CHINE?	041	019
A CE ROUGE SOLEIL	QUE L'ON AIME EST DIGNE D'ETRE AIME, ...	062	027
JUSQU'A CE	QUE L'ON NOMME L'AMOUR!	062	018
COMBIEN DE FOIS IL FAUT	QUE L'OUBLI LES JETTE DANS SA HOTTE	131	068
ET, MALGRE LES HONNEURS	QUE L'OUVRIER VARIE	045	035
UN ETRE, QUI N'ETAIT	QUE LUI REND L'UNIVERS,	091	031
ET	QUE LUMIERE, OR ET GAZE,	130	072
EST -IL DEJA PLUS LOIN	QUE MA MAIN S'ENIVRE DU PLAISIR	054	046
--AVEZ -VOUS OBSERVE	QUE MAINTS CERCUEILS DE VIEILLES	034	007
SONGE BIEN	QUE MALGRE TANT DE DECREPITUDE	091	021
	QUE MES YEUX CONSUMES NE VOIENT	090	039
A L'AME CHARITABLE AUTANT	QUE MEURTRIERE;	148	007
DANS UN PALAIS AUSSI GRAND	QUE MOI, D'UN SEUL BLOC,	059	010
FAIS	QUE MON AME UN JOUR, SOUS L'ARBRE DE SCIENCE,	149	039
	QUE MON MAITRE EST UN GRAND FUMEUR.	120	049
IL ME SEMBLE PARFOIS	QUE MON SANG COULE A FLOTS,	068	004
CACHE MOINS DE SECRETS	QUE MON TRISTE CERVEAU.	113	001
	QUE M'IMPORTE QUE TU SOIS SAGE?	076	005
C'EST	QUE NOS RIDEAUX FERMES NOUS SEPARENT DU MONDE, . . .	138	001
QUE RONGE ET	QUE NOTRE AME, HELAS! N'EST PAS ASSEZ HARDIE.	131	081
INSULTE CE	QUE NOURRIT LA DEBAUCHE, ET VOUS, VIERGES,	000	028
DU SANG	QUE NOUS AIMONS	005	026
	QUE NOUS PERDONS CROIT ET SE FORTIFIE!	150	015
	QUE NOUS PRESSONS BIEN FORT COMME UNE VIEILLE ORANGE,	010	014
MALGRE TOUT CE	QUE NOUS PUISSIONS DONNER DE NOTRE DIGNITE	000	020
	QUE NOUS SAVONS,	006	042
	QUE NOUS VEULENT LES LOIS DU JUSTE ET DE L'INJUSTE? .	150	007
RAPPELEZ -VOUS L'OBJET	QUE NOUS VEULENT LES LOIS DU JUSTE ET DE L'INJUSTE?	130	036
--"AH!	QUE NOUS VIMES, MON AME,	130	040
EST -CE	QUE N'AI -JE MIS BAS TOUT UN NOEUD DE VIPERES,	029	001
	QUE PAR HASARD LA ROBE DU CENTAURE	001	005
		157	010

```
POEM LINE
062 013 . . . . . . . . . . .      --EST -IL VRAI   QUE PARFOIS LE TRISTE COEUR D'AGATHE
151 001                       ENTRE TANT DE BEAUTES   QUE PARTOUT ON PEUT VOIR,
097 007            S'ECROULE ABONDAMMENT SUR UN PIED SEC   QUE PINCE
033 013                       DE N'AVOIR PAS CONNU CE   QUE PLEURENT LES MORTS?"
088 018 . . . . . . . . . . . . . . . . . .   QUE POUR LES YEUX DES ROUES
042 013                                         QUE POUR L'AMOUR DE MOI VOUS N'AIMIEZ QUE LE BEAU;
088 025                                         QUE POUR TE DESHABILLER
100 021                                         QUE POURRAIS -JE REPONDRE A CETTE AME PIEUSE,
130 074 . . . . . . . . . . . . . .   QUE POUSSENT VERS LES CIEUX SES RIVAGES DESERTS.
114 011                  ET DANS SES BRAS OUVERTS,   QUE REMPLISSENT SES SEINS,
038 049                                         QUE RESTE-T -IL? C'EST AFFREUX, O MON AME!
045 026                                      "  QUE RIEN ICI-BAS N'EST CERTAIN,
005 026 . . . . . . . . . . . . . .   QUE RONGE ET QUE NOURRIT LA DEBAUCHE, ET VOUS, VIE
149 020                            QU'HABITE ET   QUE RONGE UN INSECTE!"
071 010               SUR LES FOULES SANS NOM   QUE SA MONTURE BROIE,
074 011                   IL ARRIVE SOUVENT   QUE SA VOIX AFFAIBLIE
051 006 . . . . . . . . . . . . .  MAIS   QUE SA VOIX S'APAISE OU GRONDE,
094 027                                    ET   QUE SEMPITERNELLEMENT,
127 002                ELLE N'AVAIT GARDE   QUE SES BIJOUX SONORES,
076 001          J'AI PLUS DE SOUVENIRS   QUE SI J'AVAIS MILLE ANS.
039 001 . . . .  JE TE DONNE CES VERS AFIN   QUE SI MON NOM
090 023                         SI BIEN   QUE SON BATON, PARACHEVANT SA MINE,
091 046                       L'AUTRE,   QUE SON EPOUX SURCHARGEA DE DOULEURS,
144 006                                     QUE SON PETIT CERVEAU SOIT ACTIF OU SOIT LENT,
132 015 . . . . . . . . . .   QUE SUR CES MATELAS QUI SE PAMENT D'EMOI,
029 015            LA PUANTEUR ETAIT SI FORTE,   QUE SUR L'HERBE
054 017                          ET   QUE SURVEILLE LE CORBEAU,
117 017                      CAR CE   QUE TA BOUCHE CRUELLE
133 004 . .  TES GRANDS YEUX DE VELOURS SONT PLUS NOIRS   QUE TA CHAIR.
097 033          POUR DIRE VRAI, JE CRAINS   QUE TA COQUETTERIE
088 055                                     QUE TA MAIGRE NUDITE,
107 010                 LES BAUMES PENETRANTS   QUE TA PANSE FECONDE
051 021 . . . . . . . . . . . . . . . . .   QUE TA VOIX, CHAT MYSTERIEUX,
130 058      --L'OEIL D'AZUR EST VAINCU PAR L'OEIL NOIR   QUE TACHETE
133 001                TES PIEDS SONT AUSSI FINS   QUE TES MAINS, ET TA HANCHE
044 024          MAIS DE TOI JE N'IMPLORE, ANGE,   QUE TES PRIERES,
138 026 . . . . . . . .  MAIS TANT, MA CHERE,   QUE TES REVES
091 040                                     QUE TIVOLI JADIS OMBRAGEA DANS SA FLEUR,
110 059                           AUTANT   QUE TOI SANS DOUTE IL TE SERA FIDELE,
036 008          QUE TON SEIN M'ETAIT DOUX!   QUE TON COEUR M'ETAIT BON!
140 009 . . . . . . . . .  TEL EST L'AMOUR!  AVANT   QUE TON COEUR NE SE BLASE,
138 019                        ET CROIS   QUE TON COEUR S'ILLUMINE
138 021                        JE SAIS   QUE TON COEUR, QUI REGORGE
008 007           SENTANT TA BOURSE A SEC AUTANT   QUE TON PALAIS,
118 018 . . . .  ALLONGEAIT TES DEUX BRAS DISTENDUS,   QUE TON SANG
007 011                           ET   QUE TON SANG CHRETIEN COULAT A FLOTS RHYTHMIQUES,
036 008                                     QUE TON SEIN M'ETAIT DOUX! QUE TON COEUR M'ETAIT B
108 005               COMME DEUX ANGES   QUE TORTURE
045 027 . . . . . . . . . . . . . .  ET   QUE TOUJOURS, AVEC QUELQUE SOIN QU'IL SE FARDE,
095 014                A TRAVERS LES LUEURS   QUE TOURMENTE LE VENT
149 021          ET PUIS, QUELQU'UN PARAIT,   QUE TOUS AVAIENT NIE,
149 013                          MIEUX   QUE TOUS, JE CONNAIS CERTAIN VOLUPTUEUX
045 034 . . . . . . . . . . . . . . . . . .   QUE TOUT CRAQUE, AMOUR ET BEAUTE,
064 014        --SOIS CHARMANTE ET TAIS -TOI! MON COEUR,   QUE TOUT IRRITE,
038 038                                     QUE TOUT VOULAIT L'AIMER: ELLE NOYAIT
094 026                                     QUE TOUT, MEME LA MORT, NOUS MENT,
149 012                  CE REDRESSEUR   QUE TU CELEBRES?"
126 140                   NOS COEURS   QUE TU CONNAIS SONT REMPLIS DE RAYONS!
138 024                        ET   QUE TU COUVES SOUS TA GORGE
057 026           SOUS TES TALONS, AFIN   QUE TU FOULES ET RAILLES,
129 005 . . . . . . . . .  LE PASSANT CHAGRIN   QUE TU FROLES
024 003          ET T'AIME D'AUTANT PLUS, BELLE,   QUE TU ME FUIS,
024 004                        ET   QUE TU ME PARAIS, ORNEMENT DE MES NUITS,
110 045            L'HOMME VINDICATIF   QUE TU N'AS PU, VIVANTE,
140 007 . . . . . . . .  POUR   QUE TU PUISSES FAIRE, A JESUS, QUAND IL PASSE,
098 021          MAIS NE SUFFIT -IL PAS   QUE TU SOIS L'APPARENCE,
138 001                  QUE M'IMPORTE   QUE TU SOIS SAGE?
021 021 . . . . . . . . . . . . .   QUE TU VIENNES DU CIEL OU DE L'ENFER, QU'IMPORTE,
037 012                      SOIS CE   QUE TU VOUDRAS, NUIT NOIRE, ROUGE AURORE;
130 057                    PLUS BELLE   QUE VENUS PAR SES MORNES PALEURS!
130 061                  --PLUS BELLE   QUE VENUS SE DRESSANT SUR LE MONDE
130 065                    PLUS BELLE   QUE VENUS SE DRESSANT SUR LE MONDE!
138 020 . . . . . . . . . . .  DES PERLES   QUE VERSENT TES YEUX!
128 026          JE VEUX DORMIR! DORMIR PLUTOT   QUE VIVRE!
061 014                                     QUE VOS GRANDS YEUX RENDRAIENT PLUS SOUMIS QUE VOS
061 014      QUE VOS GRANDS YEUX RENDRAIENT PLUS SOUMIS   QUE VOS NOIRS,
040 008 . . . . . . . . . .  ET, BIEN   QUE VOTRE VOIX SOIT DOUCE, TAISEZ -VOUS!
094 013              DE CE TERRAIN   QUE VOUS FOUILLEZ,
001 061              JE SAIS   QUE VOUS GARDEZ UNE PLACE AU POETE
001 063                        ET   QUE VOUS L'INVITEZ A L'ETERNELLE FETE
131 104 . . . . . . .  ET FUYEZ L'INFINI   QUE VOUS PORTEZ EN VOUS!
033 012                  TE DIRA: "   QUE VOUS SERT, COURTISANE IMPARFAITE,
014 014                                     QUE VOUS VOUS COMBATTEZ SANS PITIE NI REMORD,
098 020          PLUS VIDES, PLUS PROFONDS   QUE VOUS-MEMES, O CIEUX!
090 008                        ET   QUE, DECOR SEMBLABLE A L'AME DE L'ACTEUR,
100 009 . . . . . . . . .  TANDIS   QUE, DEVORES DE NOIRES SONGERIES,
136 026                        ET   QUE, LES YEUX AU CIEL, JE TOMBE DANS DES TROUS.
009 009        --MON AME EST UN TOMBEAU   QUE, MAUVAIS CENOBITE,
091 029 . . . . . . . . . . . . .  A MOINS   QUE, MEDITANT SUR LA GEOMETRIE,
```

Q

		POEM	LINE
ET C'EST DEPUIS CE TEMPS	QUE, PAREIL AUX PROPHETES, ...	136	021
VOIS	QUEL CHARME EXCITANT LA GENTILLESSE DONNE!	020	015
A	QUEL COMPLOT INFAME ETAIS -JE DONC EN BUTTE,	090	033
	QUEL DEMON A DOTE LA MER, RAUQUE CHANTEUSE	062	007
CHERCHANT PAR	QUEL DETROIT FATAL	084	027
"POUR TOI, BIZARRE AMANT,	QUEL EST DONC MON MERITE?"	064	002
	QUEL EST LE PLUS DOUX."--O MON AME!	041	009
TIREZ -VOUS, ET DE	QUEL FERMIER	094	019
	QUEL MAL MYSTERIEUX RONGE SON FLANC D'ATHLETE? . . .	020	031
OU	QUEL MECHANT HASARD AINSI M'HUMILIAIT?	090	034
SOUS JE NE SAIS	QUEL OEIL DE FEU	148	011
DANS	QUEL PHILTRE, DANS QUEL VIN, DANS QUELLE TISANE,	054	006
DANS	QUEL PHILTRE?--DANS QUEL VIN?--DANS QUELLE TISANE? .	054	010
A NOUS RAPPELER	QUEL USAGE	150	003
DANS QUEL PHILTRE, DANS	QUEL VIN, DANS QUELLE TISANE,	054	006
DANS QUEL PHILTRE?--DANS	QUEL VIN?--DANS QUELLE TISANE?	054	010
DITES,	QUELLE EST CETTE ILE TRISTE ET NOIRE?--C'EST CYTHERE,	116	005
	QUELLE MOISSON ETRANGE,	094	017
FAIT VOIR	QUELLE SERA VOTRE MATURITE.	157	008
DANS QUEL PHILTRE, DANS QUEL VIN, DANS	QUELLE TISANE,	054	006
DANS QUEL PHILTRE?--DANS QUEL VIN?--DANS	QUELLE TISANE?	054	010
ETONNANTS VOYAGEURS!	QUELLES NOBLES HISTOIRES	126	049
ET PUIS,	QUELQU'UN PARAIT, QUE TOUS AVAIENT NIE,	149	021
OU DANS UNE MAISON DESERTE	QUELQUE ARMOIRE	048	005
SI	QUELQUE CHOSE ME SEDUIT.	041	014
VERSENT	QUELQUE HEROISME AU COEUR DES CITADINS.	091	056
EN	QUELQUE LIEU QU'IL AILLE, OU SUR MER OU SUR TERRE,	144	001
DE	QUELQUE MONSTRUEUX CRESUS,	150	012
OEUVRE DE	QUELQUE OBI, LE FAUST DE LA SAVANE, ...	026	003
QU'ON CLOUE EN GRANDE HATE UN CERCUEIL	QUELQUE PART.	056	014
DANS	QUELQUE PAYS INCONNU	094	029
ET LEUR VERSAIT PARFOIS	QUELQUE SALE CARESSE.	115	030
ET QUE TOUJOURS, AVEC	QUELQUE SOIN QU'IL SE FARDE, ...	045	027
SI,	QUELQUE SOIR, D'UN PLEUR OBTENU SANS EFFORT	032	012
ET DITES -MOI S'IL EST ENCOR	QUELQUE TORTURE	072	013
AU SEUIL DE	QUELQUE VEFOUR	088	047
	QUELQUE VIEUX DEBRIS GISANT	088	046
DERRIERE	QUELQUE VIEUX DECOMBRE	070	003
LA FETE DE LA VIE? OU	QUELQUE VIEUX DESIR,	097	022
	QUELQUEFOIS DANS UN BEAU JARDIN	129	017
SE DISTRAIT	QUELQUEFOIS DE SA PROPRE RUMEUR	014	007
LECTEUR, AS -TU	QUELQUEFOIS RESPIRE	038	015
VERS LE CIEL	QUELQUEFOIS, COMME L'HOMME D'OVIDE,	089	025
	QUELQUEFOIS, POUR APAISER	058	025
CUEILLI	QUELQUES CROQUIS POUR VOTRE ALBUM VORACE, ...	126	075
POUR EXTORQUER	QUELQUES EPIS,	135	006
NOUS DEVRIONS POURTANT LUI PORTER	QUELQUES FLEURS.	100	003
POUR VIVRE	QUELQUES JOURS ET VETIR LEURS MAITRESSES.	095	028
ES -TU VASE FUNEBRE ATTENDANT	QUELQUES PLEURS, ...	098	014
AUTRES, L'HORREUR DE LEURS BERCEAUX, ET	QUELQUES-UNS,	126	010
TOI QUI SAIS EN	QUELS COINS DES TERRES ENVIEUSES	120	019
	QUELS PENSERS DANS TON AME VIDE	082	003
	QUI BAILLE NUIT ET JOUR, ET SE LAMENTE ET PLEURE, . . .	149	014
AINSI QU'UN DEBAUCHE PAUVRE	QUI BAISE ET MANGE	000	017
COMME UN TAMBOUR	QUI BAT LA CHARGE!	083	012
JE VERRAI L'ATELIER QUI CHANTE ET	QUI BAVARDE;	086	006
	QUI BAVE DES NASEAUX COMME UN EPILEPTIQUE.	071	006
	QUI BERCE LONGUEMENT NOTRE ESPRIT ENCHANTE,	000	010
, COMME UN OEIL SANGLANT QUI PALPITE ET	QUI BOUGE,	103	005
	QUI BRILLAIENT D'UN FEU PERSONNEL!	102	048
L'ESPERANCE	QUI BRILLE AUX CARREAUX DE L'AUBERGE	054	026
JE L'AVALE ET LE SENS	QUI BRULE MON POUMON	109	003
RACE DE CAIN, COEUR	QUI BRULE,	119	019
	QUI CARESSE L'OREILLE ET CEPENDANT L'EFFRAIE.	136	013
	QUI CARESSENT LE SOIR LES GRANDS LACS TRANSPARENTS, .	131	030
	QUI CHANGEAIT TOUTE VEINE EN FUNEBRE RUISSEAU	157	011
JE VERRAI L'ATELIER	QUI CHANTE ET QUI BAVARDE;	086	006
AU BRUIT DES CARILLONS	QUI CHANTENT DANS LA BRUME.	074	004
	QUI CHANTENT LES TRANSPORTS DE L'ESPRIT ET DES SENS. . .	004	014
	QUI CHANTENT: "PAR ICI! VOUS QUI VOULEZ MANGER	126	128
	QUI CHARGENT DE LEUR POIDS L'EXISTENCE BRUMEUSE,	003	014
	QUI CHARME SON COEUR ET GUERIT	068	013
	QUI CIRCULE DANS L'AIR ET M'ENFLE LA NARINE. . . .	022	013
	QUI COMME EUX SONT FRILEUX ET COMME EUX SEDENTAIRES.	066	004
	QUI COMPOSENT SON CORPS CHARMANT,	041	008
	QUI COMPRIMENT LE COEUR COMME UN PAPIER QU'ON FROISSE?	044	004
C'EST LA MORT	QUI CONSOLE, HELAS! ET QUI FAIT VIVRE;	122	001
	QUI CONTIENT PLUS DE MORTS QUE LA FOSSE COMMUNE.	076	007
DE LARVES,	QUI COULAIENT COMME UN EPAIS LIQUIDE	029	019
JE L'ENTENDS BIEN	QUI COULE AVEC UN LONG MURMURE,	113	003
	QUI DAMNE TOUT UN PEUPLE AUTOUR D'UN ECHAFAUD. . . .	120	017
	QUI DANS LE CREUX MUET DES VIEUX ANTRES PAIENS	111	014
DES FANTOMES PUISSANTS	QUI DANS LES CREPUSCULES	006	015
CELUI	QUI DANS SON CIEL RIAIT AU BRUIT DES CLOUS	118	011
ON DIRAIT UN SERPENT	QUI DANSE	028	019
O TOI	QUI DE LA MORT, TA VIEILLE ET FORTE AMANTE,	120	013
COMME DE LONGS ECHOS	QUI DE LOIN SE CONFONDENT	004	005
MAIS MOI, MOI	QUI DE LOIN TENDREMENT VOUS SURVEILLE,	091	073
	QUI DE TOUTE INFAMIE ARRACHE LE PARDON, ...	114	016

```
POEM LINE
049 011  . . . . .        TOUT CELA NE VAUT PAS LE POISON  QUI DECOULE
048 011                                                    QUI DEGAGENT LEUR AILE ET PRENNENT LEUR ESSOR,
017 007                            JE HAIS LE MOUVEMENT     QUI DEPLACE LES LIGNES,
095 020                              COMME UN VER           QUI DEROBE A L'HOMME CE QU'IL MANGE,
130 031  . . . . .                                          QUI DES DIEUX OSERA, LESBOS, ETRE TON JUGE
130 035                                                     QUI DES DIEUX OSERA, LESBOS, ETRE TON JUGE?
101 010                              ET SUR                 QUI DES LONGTEMPS DESCENDENT LES FRIMAS,
077 015             ET DANS CES BAINS DE SANG               QUI DES ROMAINS NOUS VIENNENT,
057 016  . . . . . ONDULEUX, MON DESIR QUI MONTE ET         QUI DESCEND,
005 032                              ET COMME               QUI DIRAIT DES BEAUTES DE LANGUEUR:
081 003                              CE                     QUI DIT A L'UN: SEPULTURE!
131 060                              --"                    QUI DONC DEVANT L'AMOUR OSE PARLER D'ENFER?
084 031  . . . . .                                          QUI DONNE A PENSER QUE LE DIABLE
001 057             --"SOYEZ BENI, MON DIEU,                QUI DONNEZ LA SOUFFRANCE
100 002                              ET                     QUI DORT SON SOMMEIL SOUS UNE HUMBLE PELOUSE,
050 008             LES NERFS TROP EVEILLES RAILLENT L'ESPRIT QUI DORT.
126 039  . . . . .                   L'IMAGINATION          QUI DRESSE SON ORGIE
132 026                                                     QUI D'EUX-MEMES RENDAIENT LE CRI D'UNE GIROUETTE
065 003                                                     QUI D'UNE MAIN DISTRAITE ET LEGERE CARESSE
120 016                              TOI                    QUI FAIS AU PROSCRIT CE REGARD CALME ET HAUT
097 044  . . . . .                                          QUI FAIT LE DEGOUTE MONTRE QU'IL SE CROIT BEAU.
134 018                                                     QUI FAIT MA JOIE ET MA SANTE,
098 015                              PARFUM                 QUI FAIT REVER AUX OASIS LOINTAINES,
058 020                                                     QUI FAIT REVIVRE LES MORTS!
122 001  . . . . . C'EST LA MORT QUI CONSOLE, HELAS! ET     QUI FAIT VIVRE;
093 008                              LA DOUCEUR             QUI FASCINE ET LE PLAISIR QUI TUE.
052 024                                                     QUI FERAIENT DELIRER LES CERVEAUX ET LES COEURS!
010 011                              LE MYSTIQUE ALIMENT    QUI FERAIT LEUR VIGUEUR?
006 008  . . . . . . . . . DES GLACIERS ET DES PINS         QUI FERMENT LEUR PAYS;
051 009                              CETTE VOIX, QUI PERLE ET QUI FILTRE
110 027             LA JARRETIERE, AINSI QU'UN OEIL SECRET  QUI FLAMBE,
071 009             LE CAVALIER PROMENE UN SABRE            QUI FLAMBOIE
052 031  . . . . . . .                COMME DEUX SORCIERES  QUI FONT
021 008                                                     QUI FONT LE HEROS LACHE ET L'ENFANT COURAGEUX.
097 046             DIS DONC A CES DANSEURS                 QUI FONT LES OFFUSQUES:
130 017                                                     QUI FONT QU'A LEURS MIROIRS, STERILE VOLUPTE!
086 008  . . . . . ET LES GRANDS CIELS                     QUI FONT REVER D'ETERNITE.
050 006                                                     QUI FONT SE FONDRE EN PLEURS LES COEURS ENSORCELES;
017 013                              DE PURS MIROIRS        QUI FONT TOUTES CHOSES PLUS BELLES:
126 028             COMME UN ANGE CRUEL                     QUI FOUETTE DES SOLEILS,
155 034  . . . . . . . . .           ARBRES                 QUI FRISSONNEZ AUTOUR,
098 022             POUR REJOUIR UN COEUR                   QUI FUIT LA VERITE?
134 011             ENCENSOIR OUBLIE                        QUI FUME
074 002             D'ECOUTER, PRES DU FEU QUI PALPITE ET   QUI FUME,
038 056  . . . . .                   CELLE                  QUI FUT MON PLAISIR ET MA GLOIRE!
015 014             PRES DE L'EPOUX PERFIDE ET              QUI FUT SON AMANT,
091 065             VOUS QUI FUTES LA GRACE OU              QUI FUTES LA GLOIRE,
091 065                              VOUS                   QUI FUTES LA GRACE OU QUI FUTES LA GLOIRE,
085 018  . . . . . . . . . .                                QUI GAGNE SANS TRICHER, A TOUT COUP! C'EST LA LOI.
104 014                              ET L'ESPOIR            QUI GAZOUILLE EN MON SEIN PALPITANT?
134 015                              GRAIN DE MUSC          QUI GIS, INVISIBLE,
041 018                                                     QUI GOUVERNE TOUT SON BEAU CORPS,
130 048  . . . . . . *                                      QUI GUETTE NUIT ET JOUR BRICK, TARTANE OU FREGATE,
047 010                              UN COEUR TENDRE,       QUI HAIT LE NEANT VASTE ET NOIR!
047 013                              UN COEUR TENDRE,       QUI HAIT LE NEANT VASTE ET NOIR,
002 014                                                     QUI HANTE LA TEMPETE SE RIT DE L'ARCHER;
116 052  . . . . .                                          QUI JADIS AIMAIENT TANT A TRITURER MA CHAIR.
104 024                                                     QUI JAILLIRA VERS DIEU COMME UNE RARE FLEUR!"
129 007                                                     QUI JAILLIT COMME UNE CLARTE
123 009                              IL EN EST              QUI JAMAIS N'ONT CONNU LEUR IDOLE,
155 005  . . . . . DANS LA COUR LE JET D'EAU                QUI JASE
031 007                              --INFAME A             QUI JE SUIS LIE
126 093             LE BOURREAU                             QUI JOUIT, LE MARTYR QUI SANGLOTE;
020 034             SURTOUT, CE                             QUI LA FAIT FREMIR JUSQU'AUX GENOUX,
001 004  . . . . . CRISPE SES POINGS VERS DIEU,             QUI LA PREND EN PITIE!
114 002                                                     QUI LAISSE DANS SON VIN TRAINER SA CHEVELURE.
098 005             QUAND JE CONTEMPLE, AUX FEUX DU GAZ     QUI LE COLORE,
005 012             D'ETRE FIER DES BEAUTES                 QUI LE NOMMAIENT LEUR ROI;
126 070  . . . . . . .          DESIR, VIEIL ARBRE A        QUI LE PLAISIR SERT D'ENGRAIS,
093 014             O TOI QUE J'EUSSE AIMEE, O TOI          QUI LE SAVAIS!
001 027                              ET L'ESPRIT            QUI LE SUIT DANS SON PELERINAGE
067 001             SOUS LES IFS NOIRS                      QUI LES ABRITENT,
013 011  . . . . .                   CYBELE                 QUI LES AIME, AUGMENTE SES VERDURES,
156 012                                                     QUI LES BRULE, MAIS QUI NOUS GLACE.
126 015             LA GLACE QUI LES MORD, LES SOLEILS      QUI LES CUIVRENT,
126 015             LA GLACE                               QUI LES MORD, LES SOLEILS QUI LES CUIVRENT,
050 007  . . . . . QUAND, AGITES D'UN MAL INCONNU           QUI LES TORD,
149 022                                                     QUI LEUR DIT, RAILLEUR ET FIER: "DANS MON CIBOIRE
091 043             ONT DIT AU DEVOUEMENT                   QUI LEUR PRETAIT SES AILES:
131 004                                                     QUI LEVAIENT LE RIDEAU DE SA JEUNE CANDEUR.
144 009  . . . EN HAUT, LE CIEL! CE MUR DE CAVEAU           QUI L'ETOUFFE,
004 004                                                     QUI L'OBSERVENT AVEC DES REGARDS FAMILIERS.
120 004             O PRINCE DE L'EXIL, A                   QUI L'ON A FAIT TORT,
077 013             LE SAVANT                               QUI LUI FAIT DE L'OR N'A JAMAIS PU
032 007  . . . . . . . . . . .       SES CHEVEUX           QUI LUI FONT UN CASQUE PARFUME,
090 016             SANS LA MECHANCETE                      QUI LUISAIT DANS SES YEUX,
143 014             ENTENDS, MA CHERE, ENTENDS LA DOUCE NUIT QUI MARCHE.
051 040  . . . . . . . . . .          L'HORRIBLE SOIF       QUI ME CONTEMPLENT FIXEMENT,
106 009  . . . . .                   L'HORRIBLE SOIF        QUI ME DECHIRE
```

		POEM	LINE
LE SECRET DOULOUREUX	QUI ME FAISAIT LANGUIR.	012	014
D'ENDORMIR POUR UN JOUR LA TERREUR	QUI ME MINE;	113	010
JE METTRAI LE SERPENT	QUI ME MORD LES ENTRAILLES	057	025
QUI ME SECOUE ET	QUI ME MORD?	083	016
	QUI ME RAFRAICHISSAIENT LE FRONT AVEC DES PALMES, . . .	012	012
	QUI ME RONGE, O LA VIE ET LA MORT DE MON COEUR!	048	028
	QUI ME SECOUE ET QUI ME MORD?	083	016
	QUI ME SERVIRA DE TOMBEAU.	148	016
JE REMPLACE, POUR	QUI ME VOIT NUE ET SANS VOILES, ...	132	009
RENVERSEE A L'ABRI DE LA FACE	QUI MENT.	020	024
TOI	QUI METS DANS LES YEUX ET DANS LE COEUR DES FILLES	120	037
	QUI METTRAIT A SES PIEDS LE GENRE HUMAIN VAINCU,	020	030
DE TOUS CES VIEUX MAUDITS	QUI MEURENT EN SILENCE, ...	105	030
ET	QUI MEURT, SANS BOUGER, DANS D'IMMENSES EFFORTS.	074	014
	QUI MONTE DE MA BOUCHE EN FEU,	068	011
ONDULEUX, MON DESIR	QUI MONTE ET QUI DESCEND,	057	016
	QUI MONTE TOUS LES JOURS VERS SES CHERS SERAPHINS? . .	118	002
	QUI MONTENT DANS L'AZUR COMME DES FLORAISONS.	065	008
DE TA SALIVE	QUI MONTENT DANS L'AIR,	117	006
NON, IL N'EST PAS D'ARCHET	QUI MORD,	049	017
JE TRAINE DES SERPENTS	QUI MORDE	051	017
--DE SAPHO	QUI MORDENT MES SOULIERS.	136	020
DE CELLE	QUI MOURUT LE JOUR DE SON BLASPHEME,	130	066
JE FERAI REJAILLIR TA HAINE	QUI MOURUT LE JOUR DE SON BLASPHEME.	130	070
POUR SAVOIR SI JE PUIS DANS UN COEUR	QUI M'ACCABLE	001	013
HERMES INCONNU	QUI M'ADMIRE	001	043
FORTES TRESSES, SOYEZ LA HOULE	QUI M'ASSISTES	081	005
AUX HUMIDES BROUILLARDS	QUI M'ENLEVE!	023	013
	QUI NAGENT DANS SES YEUX;	019	008
	QUI NE COMPRENNENT PAS, AMANTS IVRES DE CHAIR,	097	018
	QUI NE CRIE: O MON CHER BELZEBUTH, JE T'ADORE!	037	014
	QUI NE M'AIMES QU'AVEC EFFROI,	138	037
ET	QUI NE PEUVENT PLUS SOURIRE!	083	028
	QUI NE RECELENT POINT DE SECRETS PRECIEUX;	098	018
A QUICONQUE A PERDU CE	QUI NE SE RETROUVE	089	045
VOUS ENTRAINE EN DES LIEUX	QUI NE SONT PAS CONNUS!	097	052
ET	QUI NE S'EST NOURRI DES CHOSES DU TOMBEAU?	097	042
FLAGELLES PAR UN VENT	QUI NE VIENT PAS DU CIEL,	131	088
A	QUI NOTRE COEUR SERT DE CIBLE?	054	034
ET	QUI NOUS ENCHAINENT LES YEUX,	110	014
QUI LES BRULE, MAIS	QUI NOUS GLACE.	156	012
ET FLATTE CE	QUI NOUS REBUTE;	150	016
C'EST LE DIABLE QUI TIENT LES FILS	QUI NOUS REMUENT!	000	013
	QUI NOUS REND TRIOMPHANTS ET SEMBLABLES AUX DIEUX!	107	014
ET L'OBSCUR ENNEMI	QUI NOUS RONGE LE COEUR	010	013
DE CETTE APRES -MIDI	QUI N'A JAMAIS DE FIN?"	126	132
	QUI N'A JAMAIS EMPRISONNE DE COEUR.	128	024
L'OPIUM AGRANDIT CE	QUI N'A PAS DE BORNES,	049	006
CRIME	QUI N'A PAS FAIT CHANCELER LE SOLEIL!	115	027
POURTANT,	QUI N'A SERRE DANS SES BRAS UN SQUELETTE,	097	041
	QUI N'EST PAS CELUI D'UN ANGE	058	003
ET	QUI N'EST PAS DE PIERRE TENDRE;	149	040
ET	QUI N'EST PAS SAISI D'UN FRISSON FRATERNEL, ...	090	038
UN ETRE,	QUI N'ETAIT QUE LUMIERE, OR ET GAZE,	054	046
ET LES VOLEURS,	QUI N'ONT NI TREVE NI MERCI,	095	025
D'ECOUTER, PRES DU FEU	QUI PALPITE ET QUI FUME,	074	002
OU, COMME UN OEIL SANGLANT	QUI PALPITE ET QUI BOUGE, ...	103	005
MME UN TOUT JEUNE OISEAU QUI TREMBLE ET	QUI PALPITE,	001	049
SE PAMER SOUS SON OEIL COMME UN COEUR	QUI PALPITE...	145	006
	QUI PAR UNE INVISIBLE PENTE	155	021
CE SIMOIS MENTEUR	QUI PAR VOS PLEURS GRANDIT, ...	089	004
UN SOIR RAMENERA VERS LESBOS,	QUI PARDONNE,	130	053
LES DIVERSES BEAUTES	QUI PARENT TA JEUNESSE;	052	002
LES DIVERSES BEAUTES	QUI PARENT TA JEUNESSE;	052	014
SACHET TOUJOURS FRAIS	QUI PARFUME	134	009
UN CIEL LIQUIDE	QUI PARSEME	028	035
LES VRAIS VOYAGEURS SONT CEUX-LA SEULS	QUI PARTENT	126	017
LE CADAVRE ADORE DE SAPHO,	QUI PARTIT	130	054
L'HOMME IVRE D'UNE OMBRE	QUI PASSE	067	012
REMPLACENT LES LAMBEAUX	QUI PENDENT A LEUR GRILLE.	100	014
AUX NOCTURNES RAYONS	QUI PERLE ET QUI FILTRE	008	006
.CETTE VOIX,	QUI PERLE ET QUI FILTRE	051	009
SUR	QUI PESE LA GRIFFE EFFROYABLE DE DIEU?	091	084
	QUI PETILLENT AU FOND, VOLUPTUEUX OU CHASTES.	152	012
--BIENHEUREUX CELUI-LA	QUI PEUT AVEC AMOUR	145	012
HEUREUX CELUI	QUI PEUT D'UNE AILE VIGOUREUSE	003	015
--	QUI PEUVENT SE PLONGER DANS UN SOMMEIL STUPIDE, . .	030	013
	QUI PLANE SUR LA VIE, ET COMPREND SANS EFFORT	003	019
	QUI PLONGE DANS L'OUBLI MON AME SANS REMORD,	049	018
	QUI PORTAIT UN TROUPEAU DE DEMONS VICIEUX,	115	007
TOI	QUI POSES TA MARQUE, O COMPLICE SUBTIL, ...	120	034
	QUI POUR NOUS FLAMBOYA,	038	044
AUX SOUFFLES VIOLENTS	QUI POURRAIENT LES FLETRIR?	131	028
TA GORGE QUI S'AVANCE ET	QUI POUSSE LA MOIRE,	052	017
COMME UN VAISSEAU	QUI PREND LE LARGE, ...	083	009
TU FAIS L'EFFET D'UN BEAU VAISSEAU	QUI PREND LE LARGE,	052	006
TU FAIS L'EFFET D'UN BEAU VAISSEAU	QUI PREND LE LARGE,	052	026
	QUI PREPARE LES FORTS AUX SAINTES VOLUPTES!	001	060
SANS HORREUR, A TRAVERS DES TENEBRES	QUI PUENT.	000	016

104 020	. . . .	L'HUILE	QUI RAFFERMIT LES MUSCLES DES LUTTEURS.
015 012		LE FILS AUDACIEUX	QUI RAILLA SON FRONT BLANC.
087 013		C'EST LUI	QUI RAJEUNIT LES PORTEURS DE BEQUILLES
122 011		ET	QUI REFAIT LE LIT DES GENS PAUVRES ET NUS;
121 007	. . . .		QUI REFLECHIRONT LEURS DOUBLES LUMIERES
095 010		ET L'OUVRIER COURBE	QUI REGAGNE SON LIT.
138 021		JE SAIS QUE TON COEUR,	QUI REGORGE
091 020		QUI S'ETONNE ET QUI RIT A TOUT CE	QUI RELUIT.
003 012	. . . .	LE FEU CLAIR	QUI REMPLIT LES ESPACES LIMPIDES.
134 002			QUI REMPLIT MON COEUR DE CLARTE,
038 017		CE GRAIN D'ENCENS	QUI REMPLIT UNE EGLISE,
094 009		ON VOIT, CE	QUI REND PLUS COMPLETES
018 008	. . . .	UNE FLEUR	QUI RESSEMBLE A MON ROUGE IDEAL.
131 009		AINSI QU'UN VOYAGEUR	QUI RETOURNE LA TETE
046 006		POUR L'HOMME TERRASSE	QUI REVE ENCORE ET SOUFFRE,
126 022		ET	QUI REVENT, AINSI QU'UN CONSCRIT LE CANON,
048 008	. . . . .	D'OU JAILLIT TOUTE VIVE UNE AME	QUI REVIENT.
115 029			QUI RIAIT AVEC EUX DE MA SOMBRE DETRESSE
126 118		A	QUI RIEN NE SUFFIT, NI WAGON NI VAISSEAU,
091 020		QUI S'ETONNE ET	QUI RIT A TOUT CE QUI RELUIT.
090 037		QUE CELUI-LA	QUI RIT DE MON INQUIETUDE,
028 027			QUI ROULE BORD SUR BORD ET PLONGE
006 043		QUE CET ARDENT SANGLOT	QUI ROULE D'AGE EN AGE
120 019		TOI	QUI SAIS EN QUELS COINS DES TERRES ENVIEUSES
120 007	. . . .	TOI	QUI SAIS TOUT, GRAND ROI DES CHOSES SOUTERRAINES,
010 009		ET	QUI SAIT SI LES FLEURS NOUVELLES QUE JE REVE
155 032			QUI SANGLOTE DANS LES BASSINS!
126 093		LE BOURREAU QUI JOUIT, LE MARTYR	QUI SANGLOTE;
001 031	. . . .	CHERCHENT A	QUI SAURA LUI TIRER UNE PLAINTE,
018 004			QUI SAURONT SATISFAIRE UN COEUR COMME LE MIEN.
126 120			QUI SAVENT LE TUER SANS QUITTER LEUR BERCEAU.
098 002		AU CHANT DES INSTRUMENTS	QUI SE BRISE AU PLAFOND
148 012	. . . . . .	JE SENS MON AILE	QUI SE CASSE,
076 024		NE CHANTE QU'AUX RAYONS DU SOLEIL	QUI SE COUCHE.
149 009		UN GAZETIER FUMEUX,	QUI SE CROIT UN FLAMBEAU,
047 012		LE SOLEIL S'EST NOYE DANS SON SANG	QUI SE FIGE.
047 015	. . .	LE SOLEIL S'EST NOYE DANS SON SANG	QUI SE FIGE...
097 010		COMME UN RUISSEAU LASCIF	QUI SE FROTTE AU ROCHER,
107 002			QUI SE GLISSE VERS NOUS COMME LE RAYON BLANC
130 007			QUI SE JETTENT SANS PEUR DANS LES GOUFFRES SANS FC
097 009	. . . .	LA RUCHE	QUI SE JOUE AU BORD DES CLAVICULES,
052 033		TES BRAS,	QUI SE JOUERAIENT DES PRECOCES HERCULES,
078 016			QUI SE METTENT A GEINDRE OPINIATREMENT.
149 034			QUI SE MORFOND LONGTEMPS A L'AFFUT DE LA PROIE.
090 036	. . . .	CE SINISTRE VIEILLARD	QUI SE MULTIPLIAIT!
045 031		DE LA DANSEUSE FOLLE ET FROIDE	QUI SE PAME
003 006		ET COMME UN BON NAGEUR	QUI SE PAME DANS L'ONDE,
055 005		--TA MAIN SE GLISSE EN VAIN SUR MON SEIN	QUI SE PAME;
132 015	. . . .	QUE SUR CES MATELAS	QUI SE PAMENT D'EMOI,
145 009		MAIS JE POURSUIS EN VAIN LE DIEU	QUI SE RETIRE;
048 007		PARFOIS ON TROUVE UN VIEUX FLACON	QUI SE SOUVIENT,
132 024			QUI SEMBLAIT AVOIR FAIT PROVISION DE SANG.
066 011	. . . .		QUI SEMBLENT S'ENDORMIR DANS UN REVE SANS FIN;
073 010			QUI SENT TOUJOURS LA SOIF NAITRE DE LA LIQUEUR
024 006			QUI SEPARENT MES BRAS DES IMMENSITES BLEUES
043 003		ILS MARCHENT, CES DIVINS FRERES	QUI SONT MES FRERES,
126 081	. . . .	DES COSTUMES	QUI SONT POUR LES YEUX UNE IVRESSE;
131 024			QUI SORT DE LA PAUPIERE AINSI QU'UN LONG SOUPIR.
037 006		COMME UN ASTRE ECLIPSE	QUI SORT DE LA PENOMBRE,
120 031		TOI QUI, POUR CONSOLER L'HOMME FRELE	QUI SOUFFRE!
069 010	. . . .	D'UN VAISSEAU	QUI SOUFFRE;
142 012		AME CURIEUSE	QUI SOUFFRES
095 007		NOUS AVONS TRAVAILLE!--C'EST LE SOIR	QUI SOULAGE
089 046		JAMAIS, JAMAIS! A CEUX	QUI S'ABREUVENT DE PLEURS
076 010	. . . .		QUI S'ACHARNENT TOUJOURS SUR MES MORTS LES PLUS C
052 017		TA GORGE	QUI S'AVANCE ET QUI POUSSE LA MOIRE,
059 014		POUR	QUI S'EN MONTRE DIGNE, UN RESERVOIR DE LARMES.
103 010		L'AIR EST PLEIN DU FRISSON DES CHOSES	QUI S'ENFUIENT,
150 004	. . . .	NOUS FIMES DU JOUR	QUI S'ENFUIT:
089 017		UN CYGNE	QUI S'ETAIT EVADE DE SA CAGE,
091 020			QUI S'ETONNE ET QUI RIT A TOUT CE QUI RELUIT.
028 009		COMME UN NAVIRE	QUI S'EVEILLE
056 011	. . . . .	MON ESPRIT EST PAREIL A LA TOUR	QUI SUCCOMBE
002 003			QUI SUIVENT, INDOLENT COMPAGNONS DE VOYAGE,
030 009		OR IL N'EST PAS D'HORREUR AU MONDE	QUI SURPASSE
131 015		COMME UN ANIMAL FORT	QUI SURVEILLE UNE PROIE,
006 018	. . . .	TOI	QUI SUS RAMASSER LA BEAUTE DES GOUJATS.
138 013		QUAND, MALGRE MA MAIN	QUI TE BERCE,
139 008			QUI TE CONSACRE UN CHANT D'AIRAIN.
053 006		AU PAYS	QUI TE RESSEMBLE!
095 018	. . . . . .	AINSI QUE L'ENNEMI	QUI TENTE UN COUP DE MAIN;
122 009		C'EST UN ANGE	QUI TIENT DANS SES DOIGTS MAGNETIQUES
000 013		C'EST LE DIABLE	QUI TIENT LES FILS QUI NOUS REMUENT!
056 009		J'ECOUTE EN FREMISSANT CHAQUE BUCHE	QUI TOMBE;
018 013	. . . .		QUI TORS PAISIBLEMENT DANS UNE POSE ETRANGE
114 006		CES MONSTRES DONT LA MAIN,	QUI TOUJOURS GRATTE ET FAUCHE,
081 006		ET	QUI TOUJOURS M'INTIMIDAS,
087 016		DANS LE COEUR IMMORTEL	QUI TOUJOURS VEUT FLEURIR!
148 006	. . . .		QUI TOUT AU FOND DU CIEL FLAMBOIENT,

Q

		POEM	LINE
PAROLE! ET SUR MON POIL	QUI TOUT DROIT SE RELEVE	146	003
EN	QUI TOUT EST, COMME EN UN ANGE,	051	023
ET LES DAMES D'ATOUR, POUR	QUI TOUT PRINCE EST BEAU,	077	010
IL EST DE FORTS PARFUMS POUR	QUI TOUTE MATIERE	048	001
	QUI TRAINENT A PLIS SOMPTUEUX, ...	110	004
	QUI TRAINENT SUR CES QUAIS POUDREUX	094	002
COMME UN TOUT JEUNE OISEAU	QUI TREMBLE ET QUI PALPITE,	001	049
FRERES	QUI TROUVEZ BEAU TOUT CE QUI VIENT DE LOIN!	126	076
ET PLATRE ARTISTEMENT LE SEIN	QUI T'A NOURRI!"	147	014
ET DES PECHES	QUI T'ONT INTERDIT LE TOMBEAU.	116	044
LES STUPIDES MORTELS	QUI T'ONT JUGEE AMERE,	039	013
LA DOUCEUR QUI FASCINE ET LE PLAISIR	QUI TUE.	093	008
ET	QUI VA CHANTANT COMME LES FOUS	084	011
	QUI VA REPANDANT SUR TOUT, INSOUCIANTE	005	038
HARPAGON,	QUI VEILLAIT SON PERE AGONISANT,	149	001
AINSI QU'UN VIEUX SOLDAT	QUI VEILLE SOUS LA TENTE!	074	008
	QUI VERS ELLE MONTAIT COMME VERS SA FALAISE. . . .	127	012
	QUI VERS SON MIROIR PENCHE UN LOURD AMAS D'ANNEES,	147	013
	QUI VERSENT LA FOLIE A CE BAL TOURNOYANT!	006	024
	QUI VEULENT ME CONDUIRE EN DES ROUTES MOUVANTES	131	047
CELUI	QUI VEUT UNIR DANS UN ACCORD MYSTIQUE	131	065
	QUI VIENNENT GASPILLER LEURS SANGLANTES SUEURS,	096	012
FRERES QUI TROUVEZ BEAU TOUT CE	QUI VIENT DE LOIN!	126	076
ON VOIT UN CHIFFONNIER	QUI VIENT, HOCHANT LA TETE,	105	005
	QUI VIT, S'AGITE ET SE TORTILLE, ...	054	002
EXASPERE COMME UN IVROGNE	QUI VOIT DOUBLE,	090	045
L'AUTRE MIME, EN BOITANT, L'INFIRME	QUI VOLAIT!	002	012
VOILA LE SOUVENIR ENIVRANT	QUI VOLTIGE	048	013
	QUI VONT SE MARTELANT LA POITRINE ET LE FRONT, ...	123	011
QUI CHANTENT: "PAR ICI! VOUS	QUI VOULEZ MANGER	126	128
	QUI VOULUT LE PREMIER, DANS SA STUPIDITE,	131	062
	QUI VOUS MANGERA DE BAISERS,	029	046
	QUI, COMME MOI, MEURT DANS LA SOLITUDE, ...	038	051
TOI	QUI, COMME UN COUP DE COUTEAU,	031	001
	QUI, COMME UN ELIXIR, NOUS MONTE ET NOUS ENIVRE,	122	003
	QUI, COMME UNE GUERITE, ENFERMERA TES CHARMES;	057	013
--O TOI	QUI, COMME UNE OMBRE A LA TRACE EPHEMERE, ...	039	011
ET	QUI, DANS CES SOIRS D'OR OU L'ON SE SENT REVIVRE,	091	055
	QUI, DE CES COEURS MORTELS, ENTEND LA RAILLERIE?	097	035
ETRE MAUDIT A	QUI, DE L'ABIME PROFOND	039	009
	QUI, DE SES PRECEPTEURS MEPRISANT LES COURBETTES, . . .	077	003
	QUI, DERRIERE LA VITRE OU SE BRISAIT SA GERBE,	099	006
IL EN EST	QUI, FAISANT DE LA DOULEUR UN MIEL,	091	042
TOI	QUI, FORTE COMME UN TROUPEAU	031	003
	QUI, LA TORCHE A LA MAIN, LE BRULE JUSQU'AU SANG. . . .	131	080
	QUI, LE LONG DES GRANDS MURS DE L'HOSPICE BLAFARD,	044	012
	QUI, LES EMPRISONNANT DANS UNE MOLLE ETREINTE,	057	021
TOI	QUI, MAGIQUEMENT, ASSOUPLIS LES VIEUX OS	120	028
	QUI, MALGRE SA VIEILLESSE, ALERTE ET BIEN PORTANTE, . .	074	006
TOI	QUI, MEME AUX LEPREUX, AUX PARIAS MAUDITS,	120	010
TOI	QUI, POUR CONSOLER L'HOMME FRELE QUI SOUFFRE,	120	031
	QUI, RECELANT UN FOUET SOUS LEURS LONGS VETEMENTS,	111	018
ET	QUI, SOUL DE SON SANG, PREFERERAIT EN SOMME	096	023
	QUI, S'IL DIT: "JE VEUX!" REPOND: "NON!"	141	004
ET	QUI, VAINCU, TOUJOURS TE REDRESSES PLUS FORT,	120	005
POUR	QUI?--C'ETAIT HIER L'ETE; VOICI L'AUTOMNE!	056	015
A	QUICONQUE A PERDU CE QUI NE SE RETROUVE	096	010
ET D'ENORMES	QUINQUETS PROJETANT LEURS LUEURS	076	004
AVEC DE LOURDS CHEVEUX ROULES DANS DES	QUITTANCES,	126	120
QUI SAVENT LE TUER SANS	QUITTER LEUR BERCEAU.	120	031
CAR A	QUOI BON CHERCHER TES BEAUTES LANGOUREUSES	036	023
JE NE SAIS	QUOI DE BON, DE DOUX COMME LA NUIT!	152	003
JE NE SAIS	QUOI D'ETRANGE ET D'ENCHANTE	038	031
	QUOI QU'IL EBAUCHE OU QU'IL ESPERE,	141	011
M'ENVELOPPAIT.--EH	QUOI! N'EST -CE DONC QUE CELA?	125	013
	QUOIQU'IL NE POUSSE NI GRANDS GESTES NI GRANDS CRIS,	000	034
	QUOIQUE BIEN FATIGUEE! ET MOI,	106	026
	QUOIQUE TES SOURCILS MECHANTS	058	001

```
POEM LINE
089 019 . . . . . . . . . . . . SUR LE SOL    RABOTEUX TRAINAIT SON BLANC PLUMAGE.
001 012              COMME UN BILLET D'AMOUR, CE MONSTRE    RABOUGRI,
090 002                     OU LE SPECTRE EN PLEIN JOUR    RACCROCHE LE PASSANT!
119 031                                                    RACE DE CAIN, AU CIEL MONTE,
119 019 . . . . . . . . . . . . . . . . .    RACE DE CAIN, COEUR QUI BRULE!
119 015                                      RACE DE CAIN, DANS TON ANTRE
119 003                                      RACE DE CAIN, DANS LA FANGE
119 023                                      RACE DE CAIN, SUR LES ROUTES
119 027 . . . . . . . . . ? . . . . . . .    RACE DE CAIN, TA BESOGNE
119 011                                      RACE DE CAIN, TES ENTRAILLES
119 007                                      RACE DE CAIN, TON SUPPLICE
114 012              ELLE APPELLE DES YEUX LA    RACE DES HUMAINS.
119 017 . . . . . . . . . . . . . . . . .    RACE D'ABEL, AIME ET PULLULE!
119 013                                      RACE D'ABEL, CHAUFFE TON VENTRE
119 001                                      RACE D'ABEL, DORS, BOIS ET MANGE;
119 025                               AH!    RACE D'ABEL, TA CHAROGNE
119 005 . . . . . . . . . . . . . . . . .    RACE D'ABEL, TON SACRIFICE
119 021                                      RACE L'ABEL, TU CROIS ET BROUTES
119 029                                      RACE D'ABEL, VOICI TA HONTE!
119 009                                      RACE D'ABEL, VOIS TES SEMAILLES
005 034 . . . . . . . . N'EMPECHERONT JAMAIS LES    RACES MALADIVES
057 027              REINE VICTORIEUSE ET FECONDE EN    RACHATS,
016 003                                        ON    RACONTE QU'UN JOUR UN DOCTEUR DES PLUS GRANDS,
052 001                                JE VEUX TE    RACONTER, O MOLLE ENCHANTERESSE!
052 013 . . . . . . . . . . . JE VEUX TE    RACONTER, O MOLLE ENCHANTERESSE!
149 002                           --SON COEUR! COEUR    RACORNI, FUME COMME UN JAMBON,
045 016                                  QUE LA    RADIEUSE GAIETE,
088 023                     TES DEUX BEAUX SEINS,    RADIEUX
147 002 . . . . . . . DU HAUT DES PAYS BLEUS OU,    RADIEUX SERAIL,
130 028              QU'ATTIRE LOIN DE NOUS LE    RADIEUX SOURIRE
116 004     COMME UN ANGE ENIVRE D'UN SOLEIL    RADIEUX.
104 020                              L'HUILE QUI    RAFFERMIT LES MUSCLES DES LUTTEURS.
130 024 . . . . . . . . . . . ET DES    RAFFINEMENTS TOUJOURS INEPUISES,
097 028                                     DE    RAFRAICHIR L'ENFER ALLUME DANS TON COEUR?
126 135                                   "POUR    RAFRAICHIR TON COEUR NAGE VERS TON ELECTRE!"
131 079                                  ET NE    RAFRAICHIRA LA SOIF DE L'EUMENIDE
012 012 . . . . . . . . . . QUI NE    RAFRAICHISSAIENT LE FRONT AVEC DES PALMES,
124 014                                      O    RAFRAICHISSANTES TENEBRES!"
058 026                                     TA    RAGE MYSTERIEUSE,
116 030                          DETRUISAIENT AVEC    RAGE UN PENDU DEJA MUR,
131 091 . . . JAMAIS VOUS NE POURREZ ASSOUVIR VOTRE    RAGE,
015 012                       LE FILS AUDACIEUX QUI    RAILLA SON FRONT BLANC.
050 008                     LES NERFS TROP EVEILLES    RAILLENT L'ESPRIT QUI DORT.
097 035          QUI, DE CES COEURS MORTELS, ENTEND LA    RAILLERIE?
057 026 . . . SOUS TES TALONS, AFIN QUE TU FOULES ET    RAILLES,
149 022                        ET QUI LEUR DIT,    RAILLEUR ET FIER: "DANS MON CIBOIRE,
110 053                         --LOIN DU MONDE    RAILLEUR, LOIN DE LA FOULE IMPURE,
124 002              COURT, DANSE ET SE TORD SANS    RAISON
016 015 . . . . . . . . . . . IMMEDIATEMENT SA    RAISON S'EN ALLA.
090 049                            VAINEMENT MA    RAISON VOULAIT PRENDRE LA BARRE;
153 006          VERS L'ETRANGE ET L'ABSURDE INVITENT SA    RAISON;
135 004                       AVEC LE FER DE LA    RAISON;
036 028 . . . . . COMME MONTENT AU CIEL LES SOLEILS    RAJEUNIS
138 005                              L'ORAGE    RAJEUNIT LES FLEURS.
087 013                          C'EST LUI QUI    RAJEUNIT LES PORTEURS DE BEQUILLES
138 015                               COMME UN    RALE D'AGONISANT.
103 023 . . . . . . . POUSSAIENT LEUR DERNIER    RALE EN HOQUETS INEGAUX,
074 002                            SEMBLE LE    RALE EPAIS D'UN BLESSE QU'ON OUBLIE
139 001                             AH! NE    RALENTIS PAS TES FLAMMES;
079 003     CHAMBRES D'ETERNEL DEUIL OU VIBRENT DE VIEUX    RALES,
140 010 . . . . . . . ? . . . A LA GLOIRE DE DIEU    RALLUME TON EXTASE;
006 018                        TOI QUI SUS    RAMASSER LA BEAUTE DES GOUJATS,
120 051              COMME UN TEMPLE NOUVEAU SES    RAMEAUX S'EPANDRONT!
118 024     DES CHEMINS TOUT JONCHES DE FLEURS ET DE    RAMEAUX,
130 053 . . . . . . . . . . UN SOIR    RAMENERA VERS LESBOS, QUI PARDONNE,
023 015                        DE VOILES, DE    RAMEURS, DE FLAMMES ET DE MATS!
116 017             OU LE ROUCOULEMENT ETERNEL D'UN    RAMIER!
063 008                         AUTOUR D'UNE FOSSE    RAMPANT.
000 031     LES MONSTRES GLAPISSANTS, HURLANTS, GROGNANTS,    RAMPANTS,
119 004                                             RAMPE ET MEURS MISERABLEMENT.
084 020                   D'ETERNELS ESCALIERS SANS    RAMPE,
091 009                                    ILS    RAMPENT, FLAGELLES PAR LES BISES INIQUES,
129 028 . . . . . . . COMME UN LACHE,    RAMPER SANS BRUIT,
019 010                                             RAMPER SUR LE VERSANT DE SES GENOUX ENORMES,
048 020                          D'UN VIEIL AMOUR    RANCI, CHARMANT ET SEPULCRAL.
105 029                          POUR NOYER LA    RANCOEUR ET BERCER L'INDOLENCE
128 021              JE SUCERAI, POUR NOYER MA    RANCOEUR,
135 001                       L'HOMME A, POUR PAYER SA    RANCON,
126 006                         LE COEUR GROS DE    RANCUNE ET DE DESIRS AMERS,
096 009              SOUS DE SALES PLAFONDS UN    RANG DE PALES LUSTRES
088 043 . . . . . . . ? . . . . ET    RANGERAIS SOUS TES LOIS
057 029                    TU VERRAS MES PENSERS,    RANGES COMME LES CIERGES
067 002                  LES HIBOUX SE TIENNENT    RANGES,
001 062                             DANS LES    RANGS BIENHEUREUX DES SAINTES LEGIONS,
073 007              QUAND MEME ELLE SAURAIT    RANIMER SES VICTIMES,
121 013                               VIENDRA    RANIMER, FIDELE ET JOYEUX,
008 005                                             RANIMERAS -TU DONC TES EPAULES MARBREES
031 013              J'AI PRIE LE GLAIVE    RAPIDE
155 017 . . . . . . . . . . . S'ELANCE,    RAPIDE ET HARDIE,
```

CHUCHOTE: SOUVIENS -TOI-- RAPIDE, AVEC SA VOIX 085 010
MAIS LE CALME HÉROS, COURBE SUR SA RAPIERE, 015 019
QUAND LA VENGEANCE BAT SON INFERNAL RAPPEL, 044 008
PEUT -ON LE RAPPELER AVEC DES CRIS PLAINTIFS, 062 028
A NOUS RAPPELER QUEL USAGE 150 003
RAPPELEZ -VOUS L'OBJET QUE NOUS VIMES, MON AME, 029 001
TU TE RAPPELLERAS LA BEAUTE DES CARESSES, 036 003
TU RAPPELLES CES JOURS BLANCS, TIEDES ET VOILES, 050 005
TU ME RAPPORTERAS TES SEINS STIGMATISES... . . . . 131 072
LEURS PIEDS SE CHERCHANT ET LEURS MAINS RAPPROCHEES 111 003
S'ADAPTAIENT JUSTE A SA RARE BEAUTE: 038 034
CHERCHANT LE SOLEIL RARE ET REMUANT LES LEVRES? 044 014
QUI JAILLIRA VERS DIEU COMME UNE RARE FLEUR!" 104 024
LES PLUS RARES FLEURS 053 018
MAIS VOILA QU'EN RASANT LA COTE D'ASSEZ PRES 116 025
ET, POUR RASSASIER MA BETE FAVORITE, 001 051
RIEN NE RASSASIERA CE MONSTRE GEMISSANT 131 078
LES CIEUX NE S'EN SONT POINT ENCORE RASSASIES! 118 008
POUR RASSEMBLER A NEUF LES TERRES INONDEES, 010 007
HONTEUSES D'EXISTER, OMBRES RATATINEES, 091 069
POUR FAIRE EPANOUIR LA RATE DU VULGAIRE. 008 014
ET QU'IL FAUT EMPLOYER LA PELLE ET LES RATEAUX 010 006
IL TE FAUT CHAQUE JOUR UN COEUR AU RATELIER. 025 004
QUEL DEMON A DOTE LA MER, RAUQUE CHANTEUSE 062 007
ET SON COEUR, RAVAGE PAR LA FLAMME, A TOUJOURS, ... 059 013
LE TONNERRE ET LA PLUIE ONT FAIT UN TEL RAVAGE, 010 003
ELLE RAVALE AINSI L'ECUME DE SA HAINE, 001 017
RAVIE; 104 017
J'ALLUMERAI LES YEUX DE TA FEMME RAVIE! 032 008
TAISEZ -VOUS, IGNORANTE! AME TOUJOURS RAVIE! 040 009
DANS LE RAVIN HANTE DES CHATS-PARDS ET DES ONCES 035 009
ET TU RAVIS LES COUSSINS 058 023
ME RAVIT EN EXTASE, ET J'AIME A LA FUREUR 127 007
LORSQUE TOUT ME RAVIT, J'IGNORE 041 013
VAGUE ET LOINTAINE, ME RAVIT. 102 004
ET DONT LE SOUVENIR POUR L'AMOUR ME RAVIVE. 032 008
QUI SE GLISSE VERS NOUS COMME LE RAYON BLANC 107 002
DANS LE RAYON CRISTALLISE. 102 044
ET D'UN RAYON D'HIVER TRAVERSE BRUSQUEMENT; 006 012
JAMAIS UN RAYON FRAIS N'ECLAIRA VOS CAVERNES; 131 093
DE L'ARRIERE -SAISON LE RAYON JAUNE ET DOUX! 056 028
OU JAMAIS N'ENTRE UN RAYON ROSE ET GAI; 038 003
POUR ATTRAPER AU MOINS UN OBLIQUE RAYON! 145 008
LE SOLEIL RAYONNAIT SUR CETTE POURRITURE, 029 009
CE MONDE RAYONNANT DE METAL ET DE PIERRE 127 006
NE ME VAUT LE SOLEIL RAYONNANT SUR LA MER. 056 020
LE SIEN RAYONNE, FRANC ET LARGE 156 015
ET LE RAYONNEMENT DE SA JEUNESSE BLONDE 130 063
NE CHANTE QU'AUX RAYONS DU SOLEIL QUI SE COUCHE. 076 024
PUISEE AU FOYER SAINT DES RAYONS PRIMITIFS, ... 001 074
AUX NOCTURNES RAYONS QUI PERCENT LES VOLETS? 008 006
QU'ENFLAMMENT LES RAYONS TOMBANT D'UN CIEL BROUILLE! 050 012
DE CES TRANSPORTS PLUS VIFS QUE DES RAYONS, 038 048
SANS LUNE ET SANS RAYONS, TROUVER OU L'ON HEBERGE 054 028
S COEURS QUE TU CONNAIS SONT REMPLIS DE RAYONS! 126 140
DE LA REALITE GRANDS ESPRITS CONTEMPTEURS, 111 022
UN PETIT SAC BRODE DE FLEURS OU DE REBUS: 091 012
ET FLATTE CE QUI NOUS REBUTE; 150 016
QUI, RECELANT UN FOUET SOUS LEURS LONGS VETEMENTS, 111 018
QUI NE RECELENT POINT DE SECRETS PRECIEUX; 098 018
ET QU'IL SOIT NATUREL DE RECEVOIR DEUX PRIX, 149 031
DONT L'EFFET, RECHAUFFANT LES PIEUSES ENTRAILLES, ... 009 003
RECHAUFFE MON COEUR ENGOURDI, 139 002
IL N'A SU RECHAUFFER CE CADAVRE HEBETE 077 017
DONT LA SERRURE GRINCE ET RECHIGNE EN CRIANT, 048 004
NE TROUVE QU'UN RECIF AUX CLARTES DU MATIN. 126 040
RECITER EN HURLANT SES TIRADES PUBLIQUES?" 115 022
TU RECLAMAIS LE SOIR; IL DESCEND; LE VOICI: 143 002
SGANARELLE EN RIANT LUI RECLAMAIT SES GAGES, 015 009
SEMBLAIT LUI RECLAMER UN SUPREME SOURIRE 015 015
RECOLTERAS -TU L'OR DES VOUTES AZUREES? 008 008
ET POUR NOUS RECONCILIER 106 019
VERSE -NOUS TON POISON POUR QU'IL NOUS RECONFORTE! 126 141
JE RECONNAIS MA BELLE VISITEUSE! 038 013
RECONNAISSEZ SATAN A SON RIRE VAINQUEUR, 149 027
NUL NE VOUS RECONNAIT! UN IVROGNE INCIVIL 091 066
A TRAVERS LE TREILLIS RECOURBE DE TES COTES 097 031
RECUEILLE -TOI, MON AME, EN CE GRAVE MOMENT, ... 095 029
DU PASSE LUMINEUX RECUEILLE TOUT VESTIGE! 047 014
COMME POUR RECUEILLIR UN DOUX REMERCIMENT. 131 020
RECUIT A LA FLAMME ETERNELLE, 149 008
NE T'A DONC JAMAIS FAIT RECULER D'EPOUVANTE. 025 014
SONT UN ECHO REDIT PAR MILLE LABYRINTHES; 006 035
ET COMME ELLES JE VEUX ME FAIRE REDORER; 001 040
LES REGARDANT PASSER, REDOUBLE SA CHANSON; 013 010
QUAND LE SOLEIL CRUEL FRAPPE A TRAITS REDOUBLES 087 003
LORSQUE J'ETOUFFE UN HOMME EN MES BRAS REDOUTES. 132 012
ET QUI, VAINCU, TOUJOURS TE REDRESSES PLUS FORT, 120 005
CE REDRESSEUR QUE TU CELEBRES?" 149 012
DU FOND DE SON REDUIT SABLONNEUX, LE GRILLON, ... 013 009

```
134 010 . . . . . . . . .    L'ATMOSPHERE D'UN CHER  REDUIT,
088 040                              TON FRAIS  REDUIT!
153 014                                QUE LE  REEL ETOUFFE ENTRE SES QUATRE MURS!
122 011                               ET QUI  REFAIT LE LIT DES GENS PAUVRES ET NUS;
121 007 . . . . . . . . . . . . . .      QUI  REFLECHIRONT LEURS DOUBLES LUMIERES
007 003                   ET JE VOIS TOUR A TOUR  REFLECHIS SUR TON TEINT
050 004                                       REFLECHIT L'INDOLENCE ET LA PALEUR DU CIEL.
082 013                    ET VOS LUEURS SONT LE  REFLET
126 064 . . . . . .  DE PLONGER DANS UN CIEL AU  REFLET ALLECHANT.
102 032                  PAR TOUT CE QU'ELLES  REFLETAIENT!
138 027                          N'AURONT PAS  REFLETE L'ENFER,
012 008              AUX COULEURS DU COUCHANT  REFLETE PAR MES YEUX.
099 009 . . . . .  REPANDANT LARGEMENT SES BEAUX  REFLETS DE CIERGE
065 013                                  AUX  REFLETS IRISES COMME UN FRAGMENT D'OPALE,
057 031                          ETOILANT DE  REFLETS LE PLAFOND PEINT EN BLEU,
042 004          DONT LE REGARD DIVIN T'A SOUDAIN  REFLEURI?
055 003 . . . . . . . . . .  ET LAISSE, EN  REFLUANT, SUR MA LEVRE MOROSE
104 013              ENTENDS -TU RETENTIR LES  REFRAINS DES DIMANCHES
091 034            DES CREUSETS QU'UN METAL  REFROIDI PAILLETA...
126 107                                ET SE  REFUGIANT DANS L'OPIUM IMMENSE!
095 010 . . . . . .  ET L'OUVRIER COURBE QUI  REGAGNE SON LIT.
090 018                     DANS LE FIEL; SON  REGARD AIGUISAIT LES FRIMAS,
120 016         TOI QUI FAIS AU PROSCRIT CE  REGARD CALME ET HAUT
109 009             IL ME CONDUIT AINSI, LOIN DU  REGARD DE DIEU,
032 006 . . . . . . . . . . . .      SON  REGARD DE VIGUEUR ET DE GRACES ARME,
110 028                           DARDE UN  REGARD DIAMANTE.
042 004                             DONT LE  REGARD DIVIN T'A SOUDAIN REFLEURI?
050 001                     ON DIRAIT TON  REGARD D'UNE VAPEUR COUVERT;
115 015 . . . . . . . . . . . . .      LE  REGARD INDECIS ET LES CHEVEUX AU VENT.
057 004           LOIN DU DESIR MONDAIN ET DU  REGARD MOQUEUR,
093 010                             DONT LE  REGARD M'A FAIT SOUDAINEMENT RENAITRE,
115 028            LA REINE DE MON COEUR AU  REGARD NONPAREIL,
098 004 . . . . . .  ET PROMENANT L'ENNUI DE TON  REGARD PROFOND;
153 003                       MESURE D'UN  REGARD QUE LA TERREUR ENFLAMME
039 012         FOULES D'UN PIED LEGER ET D'UN  REGARD SEREIN
107 001                                  LE  REGARD SINGULIER D'UNE FEMME GALANTE
020 010               CE LONG  REGARD SOURNOIS, LANGOUREUX ET MOQUEUR;
110 019                             UN  REGARD VAGUE ET BLANC COMME LE CREPUSCULE
034 009         JE VOIS MA FEMME EN ESPRIT. SON  REGARD,
021 002                        O BEAUTE? TON  REGARD, INFERNAL ET DIVIN,
092 006 . . . . .  COMME S'ILS  REGARDAIENT AU LOIN, RESTENT LEVES
029 034                             NOUS  REGARDAIT D'UN OEIL FACHE,
029 013                         ET LE CIEL  REGARDAIT LA CARCASSE SUPERBE
015 020              REGARDAIT LE SILLAGE ET NE DAIGNAIT RIEN VOIR.
013 010 . . . . . . . . . . . . . .      LES  REGARDANT PASSER, REDOUBLE SA CHANSON;
144 008                             ET NE  REGARDE EN HAUT QU'AVEC UN OEIL TREMBLANT.
051 036                    ET QUE JE  REGARDE EN MOI-MEME,
131 053                        NE ME  REGARDE PAS AINSI, TOI, MA PENSEE!
020 022 . . . . . . . . . . .      ET,  REGARDE, VOICI, CRISPEE ATROCEMENT,
083 020                  OU LA MEGERE SE  REGARDE.
057 032                                TE  REGARDER TOUJOURS AVEC DES YEUX DE FEU;
114 019                              ELLE  REGARDERA LA FACE DE LA MORT.
116 008 . . . . . . . . . . . .      REGARDEZ, APRES TOUT, C'EST UNE PAUVRE TERRE.
131 038                   POUR UN DE CES  REGARDS CHARMANTS, BAUME DIVIN,
037 010                    ALLUME LE DESIR DANS LES  REGARDS DES RUSTRES!
079 014               DES ETRES DISPARUS AUX  REGARDS FAMILIERS,
004 004 . . . . . .  QUI L'OBSERVENT AVEC DES  REGARDS FAMILIERS,
091 057  CELLE-LA, DROITE ENCOR, FIERE ET SENTANT LA  REGLE!
140 003       ET DIT, LE SECOUANT: "TU CONNAITRAS LA  REGLE!
120 047                      DU CIEL, OU TU  REGNAS, ET DANS LES PROFONDEURS
105 028 . . . . . . . . .      ET  REGNE PAR SES DONS AINSI QUE LES VRAIS ROIS.
007 013                      OU  REGNENT TOUR A TOUR LE PERE DES CHANSONS,
063 014                      MOI, JE VEUX  REGNER PAR L'EFFROI,
138 021         JE SAIS QUE TON COEUR, QUI  REGORGE
011 012 . . . . . . .  MAINTE FLEUR EPANCHE A  REGRET
013 008           PAR LE MORNE  REGRET DES CHIMERES ABSENTES.
143 011       SURGIR DU FOND DES EAUX LE  REGRET SOURIANT;
056 027                GOUTER, EN  REGRETTANT L'ETE BLANC ET TORRIDE,
138 036                 TU NE POURRAS, ESCLAVE  REINE
115 028                                LA  REINE DE MON COEUR AU REGARD NONPAREIL,
088 010                              QU'UNE  REINE DE ROMAN
036 013              EN ME PENCHANT VERS TOI,  REINE DES ADOREES,
032 013 . . . . . . .  TU POUVAIS SEULEMENT, O  REINE DES CRUELLES!
029 041         OUI! TELLE VOUS SEREZ, O LA  REINE DES GRACES,
025 016          DE TOI SE SERT, O FEMME, O  REINE DES PECHES,
057 030          DEVANT L'AUTEL FLEURI DE LA  REINE DES VIERGES.
130 023 . . . . . . . . . .      REINE DU DOUX EMPIRE, AIMABLE ET NOBLE TERRE,
019 004               COMME AUX PIEDS D'UNE  REINE UN CHAT VOLUPTUEUX.
057 027                                       REINE VICTORIEUSE ET FECONDE EN RACHATS,
139 009             VOLUPTE, SOIS TOUJOURS MA  REINE!
021 027 . . .  RHYTHME, PARFUM, LUEUR, O MON UNIQUE  REINE!--
101 011              O BLAFARDES SAISONS,  REINES DE NOS CLIMATS,
066 012                          LEURS  REINS FECONDS SONT PLEINS D'ETINCELLES MAGIQUES,
127 017  ET SON BRAS ET SA JAMBE, ET SA CUISSE ET SES  REINS,
001 013 . . . . . . . . . . .      JE FERAI  REJAILLIR TA HAINE QUI M'ACCABLE
001 011           ET QUE JE NE PUIS PAS  REJETER DANS LES FLAMMES,
117 007                      COMME POUR  REJOINDRE LES MONDES
155 025                            OU PHOEBE  REJOUIE
155 039 . . . . . . . . . . . . .      OU PHOEBE  REJOUIE
```

R

		POEM	LINE
OU PHOEBE	REJOUIE	155	011
POUR	REJOUIR UN COEUR QUI FUIT LA VERITE?	098	022
DONT SE	REJOUISSAIT L'ESSAIM DES MAUVAIS ANGES	110	035
ET ME	REJOUIT COMME UN PHILTRE.	051	012
INFLIGE SANS	RELACHE AUX COEURS AMBITIEUX, ...	130	027
OU LE DESTIN M'A DEJA	RELEGUE;	038	002
LE DOUX	RELENT DE MON AMOUR DEFUNT.	128	008
ROLE! ET SUR MON POIL QUI TOUT DROIT SE	RELEVE	146	003
TERRASSE LES MECHANTS,	RELEVE LES VICTIMES, ...	105	010
LE MUSEAU	RELEVE, TOURNOYAIT ET RODAIT;	116	038
JETTE FIDELEMENT SON CRI	RELIGIEUX,	074	007
VOTRE	RELIGION COMME UNE AUTRE EST AUGUSTE,	130	038
AUX ECRINS SANS JOYAUX, MEDAILLONS SANS	RELIGIONS SEMBLABLES A LA NOTRE, ...	126	097
PLUSIEURS	RELIQUES,	098	019
T SERRANT SUR LEUR FLANC, AINSI QUE DES	RELIQUES,	091	011
	RELUISE ENCOR;	088	020
QUI S'ETONNE ET QUI RIT A TOUT CE QUI	RELUIT.	091	020
	REMBRANDT, TRISTE HOPITAL TOUT REMPLI DE MURMURES,	006	009
COMME UN DIVIN	REMEDE A NOS IMPURETES	001	058
	REMEMBER! SOUVIENS -TOI, PRODIGUE! ESTO MEMOR!	085	013
COMME POUR RECUEILLIR UN DOUX	REMERCIMENT.	131	020
QUAND L'EAU DE TA BOUCHE	REMONTE	028	031
COMME UN VOMISSEMENT,	REMONTER VERS MES DENTS	116	047
J'ETALERAI MES BAISERS SANS	REMORD	128	011
QUI PLONGE DANS L'OUBLI MON AME SANS	REMORD, ...	049	018
QUE VOUS VOUS COMBATTEZ SANS PITIE NI	REMORD,	014	014
ALORS, SANS PEUR ET SANS	REMORD,	106	043
QU'UN NOUVEAU ~NE,--SANS HAINE ET SANS	REMORD,	114	020
O BACCHUS, ENDORMEUR DES	REMORDS ANCIENS!	111	016
VA CUEILLIR DES	REMORDS DANS LA FETE SERVILE,	143	007
ET, PLEINE DE	REMORDS ET D'HORREUR, ET LIVIDE,	131	071
UN LIT QUE LE	REMORDS N'A JAMAIS FREQUENTE.	112	008
OU TU FUS MAITRE ENFIN? LE	REMORDS N'A-T -IL PAS	118	027
OU COMME DES	REMORDS SE TRAINENT DE LONGS VERS	076	009
A TRAVERS MA RUINE ALLEZ DONC SANS	REMORDS.	072	012
OUVONS -NOUS ETOUFFER LE VIEUX, LE LONG	REMORDS.	054	001
ET NOUS ALIMENTONS NOS AIMABLES	REMORDS.	000	003
ROULONS -Y SANS	REMORDS, AMAZONE INHUMAINE,	035	013
CONNAIS -TU LE	REMORDS, AUX TRAITS EMPOISONNES,	054	033
DIEU, TOUCHE DE	REMORDS, AVAIT FAIT LE SOMMEIL;	105	031
DISE: LOIN DES	REMORDS, DES CRIMES, DES DOULEURS,	062	014
BOURREAU PLEIN DE	REMORDS, JE FERAI SEPT COUTEAUX	057	040
LA HONTE, LES	REMORDS, LES SANGLOTS, LES ENNUIS	044	002
--ET LE VER RONGERA TA PEAU COMME UN	REMORDS.	033	014
POUVONS -NOUS ETOUFFER L'IMPLACABLE	REMORDS?	054	005
CONTRE UN GIGANTESQUE	REMOUS	084	010
JE	REMPLACE, POUR QUI ME VOIT NUE ET SANS VOILES,	132	009
	REMPLACENT LES LAMBEAUX QUI PENDENT A LEUR GRILLE.	100	014
REMBRANDT, TRISTE HOPITAL TOUT	REMPLI DE MURMURES, ...	006	009
JE VOIS UN PORT	REMPLI DE VOILES ET DE MATS	022	010
AVEZ -VOUS A	REMPLIR LA GRANGE?	094	020
OU TU VINS POUR	REMPLIR L'ETERNELLE PROMESSE,	118	022
NOS COEURS QUE TU CONNAIS SONT	REMPLIS DE RAYONS!	126	140
DANS TES JUPONS	REMPLIS DE TON PARFUM	128	005
ET DANS SES BRAS OUVERTS, QUE	REMPLISSENT SES SEINS,	114	011
ME	REMPLIT COMME UN VERS NOMBREUX	051	019
L'HOPITAL SE	REMPLIT DE LEURS SOUPIRS.--PLUS D'UN	095	034
DONT L'INFERNAL DESIR NOUS	REMPLIT DE SANGLOTS!	123	008
ET	REMPLIT LES CERVEAUX ET LES RUCHES DE MIEL.	087	012
LE FEU CLAIR QUI	REMPLIT LES ESPACES LIMPIDES.	003	012
QUI	REMPLIT L'AME AU DELA DE SA CAPACITE.	049	010
CE GRAIN D'ENCENS QUI	REMPLIT MON COEUR DE CLARTE,	134	002
CHERCHANT LE SOLEIL RARE ET	REMPLIT UNE EGLISE,	038	017
ELLE	REMUANT LES LEVRES?	044	014
QU'IL FAUT QU'IL	REMUE AU SEIN DE LA CITE DE FANGE	095	019
LE DIABLE QUI TIENT LES FILS QUI NOUS	REMUE ET DEFRICHE	135	003
SANS	REMUER ILS SE TIENDRONT	000	013
LES AVOIR	REMUES DANS LEURS PROFONDEURS NOIRES;	016	005
DONT LE REGARD M'A FAIT SOUDAINEMENT	RENAITRE,	093	010
	RENAITRONT -ILS D'UN GOUFFRE INTERDIT A NOS SONDES,	036	027
ET LES	REND GAIS ET DOUX COMME DES JEUNES FILLES,	087	014
DONT LE MIRAGE	REND LE GOUFFRE PLUS AMER?	126	044
LE VIN	REND L'OEIL PLUS CLAIR ET L'OREILLE PLUS FINE!	113	011
ET, MALGRE LES HONNEURS QUE LUI	REND L'UNIVERS,	130	072
ON VOIT, CE QUI	REND PLUS COMPLETES	094	009
O TOI, QUE LA NUIT	REND SI BELLE, ...	155	029
FEMME IMPURE! L'ENNUI	REND TON AME CRUELLE.	025	002
QUI NOUS	REND TRIOMPHANTS ET SEMBLABLES AUX DIEUX!	107	014
QUI D'EUX-MEMES	RENDAIENT LE CRI D'UNE GIROUETTE	132	026
	RENDAIENT PAREILS, LE SOIR, AUX GROTTES BASALTIQUES.	012	004
ET TOUJOURS LE DESIR NOUS	RENDAIT SOUCIEUX!	126	068
ET CE MONDE	RENDAIT UNE ETRANGE MUSIQUE,	029	025
ET NE	RENDENT VISIBLES QU'EUX:	084	024
VOUS ME	RENDEZ L'AZUR DU CIEL IMMENSE ET ROND;	023	027
J'IMPLORAI D'ELLE UN	RENDEZ-VOUS,	106	021
A TON FILS JE	RENDRAI SA FORCE ET SES COULEURS	104	018
QUE VOS GRANDS YEUX	RENDRAIENT PLUS SOUMIS QUE VOS NOIRS.	061	014
DE	RENDRE A LA JEUNESSE UN HOMMAGE PROFOND, ...	005	035

```
045 036 .  .  .  .  .  .  .  .  .  .  .  .  .   POUR LES  RENDRE A L'ETERNITE!"
029 011 .  .  .  .  .  .  .  .  .  .  .  .  ET DE  RENDRE AU CENTUPLE A LA GRANDE NATURE
135 010 .  .  .  .  .  .  .  .  .  .  .  .  --POUR  RENDRE LE JUGE PROPICE,
132 019 .  .  .  .  .  .  .  .  .  .  .  POUR LUI  RENDRE UN BAISER D'AMOUR, JE NE VIS PLUS
081 007 .  .  .  .  .  .  .  .  .  .  .  TU ME  RENDS L'EGAL DE MIDAS;
021 026 .  .  .  .  .  .  .  .  .  QU'IMPORTE, SI TU  RENDS,--FEE AUX YEUX DE VELOURS,
118 032 .  .  .  .  .  .  .  .  .  SAINT PIERRE A  RENIE JESUS...IL A BIEN FAIT!
110 017 .  .  .  .  SUR LA TABLE DE NUIT, COMME UNE  RENONCULE,
101 007 .  .  .  MON AME MIEUX QU'AU TEMPS DU TIEDE  RENOUVEAU
090 046 .  .  .  .  .  .  .  .  .  .  .  .  .  .  JE  RENTRAI, JE FERMAI MA PORTE, EPOUVANTE,
103 024 .  .  .  .  .  .  .  .  .  .  LES DEBAUCHES  RENTRAIENT, BRISES PAR LEURS TRAVAUX.
106 003 .  .  .  .  .  .  .  .  .  .  LORSQUE JE  RENTRAIS SANS UN SOU,
102 055 .  .  .  .  .  .  .  .  .  .  ET SENTI,  RENTRANT DANS MON AME,
112 006 .  .  .  .  FAVORI DE L'ENFER, COURTISAN MAL  RENTRE,
056 005 .  .  .  .  .  .  .  .  TOUT L'HIVER VA  RENTRER DANS MON ETRE: COLERE,
000 007 .  .  .  .  .  .  .  .  .  .  ET NOUS  RENTRONS GAIEMENT DANS LE CHEMIN BOURBEUX,
020 024 .  .  .  .  .  .  .  .  .  .  .  .  .  .  RENVERSEE A L'ABRI DE LA FACE QUI MENT.
006 038 .  .  .  .  .  .  .  .  .  .  UN ORDRE  RENVOYE PAR MILLE PORTE -VOIX;
147 004 .  .  MA VIEILLE CYNTHIA, LAMPE DE NOS  REPAIRES,
134 005 .  .  .  .  .  .  .  .  .  .  ELLE SE  REPAND DANS MA VIE
099 009 .  .  .  .  .  .  .  .  .  .  .  .  REPANDANT LARGEMENT SES BEAUX REFLETS DE CIERGE
005 038 .  .  .  .  .  .  .  .  .  ET QUI VA  REPANDANT SUR TOUT, INSOUCIANTE
021 006 .  .  .  .  .  .  .  .  .  .  .  .  TU  REPANDS DES PARFUMS COMME UN SOIR ORAGEUX;
139 005 .  .  .  .  .  .  .  .  DEESSE DANS L'AIR  REPANDUE,
131 044 .  .  .  .  COMME APRES UN NOCTURNE ET TERRIBLE  REPAS.
131 042 .  .  .  .  --"JE NE SUIS POINT INGRATE ET NE ME  REPENS PAS,
085 023 .  .  .  .  .  .  .  .  .  .  OU LE  REPENTIR MEME (OH! LA DERNIERE AUBERGE!),
000 005 .  .  .  .  .  .  NOS PECHES SONT TETUS, NOS  REPENTIRS SONT LACHES;
149 015 .  .  .  .  .  .  .  .  .  .  .  .  .  .  REPETANT, L'IMPUISSANT ET LA FAT:  "OUI, JE VEUX
006 037 .  .  .  .  .  .  .  .  .  .  .  .  REPETE PAR MILLE SENTINELLES,
126 116 .  LE TEMPS! IL EST, HELAS! DES COUREURS SANS  REPIT,
140 014 .  .  .  .  .  .  .  .  MAIS LE DAMNE  REPOND TOUJOURS:  "JE NE VEUX PAS!"
141 004 .  .  .  .  .  .  QUI, S'IL DIT:  "JE VEUX!"  REPOND:  "NON!"
039 010 .  JUSQU'AU PLUS HAUT DU CIEL, RIEN, HORS MOI, NE  REPOND!
079 004 .  .  .  .  .  .  .  .  .  .  .  .  .  REPONDENT LES ECHOS DE VOS DE PROFUNDIS.
004 008 .  .  .  LES PARFUMS, LES COULEURS ET LES SONS SE  REPONDENT.
041 010 .  .  .  .  .  .  .  .  .  .  .  JE TE  REPONDIS A L'ABHORRE:
136 014 .  .  .  .  .  .  .  .  .  .  .  .  REPONDIS:  "OUI! DOUCE VOIX!" C'EST D'ALORS
131 059 .  .  .  .  .  .  .  .  .  L'OEIL FATAL,  REPONDIT D'UNE VOIX DESPOTIQUE:
100 021 .  .  .  .  .  .  .  .  .  QUE POURRAIS -JE  REPONDRE A CETTE AME PIEUSE,
021 012 .  .  .  ET TU GOUVERNES TOUT ET NE  REPONDS DE RIEN.
110 049 .  .  .  .  .  .  .  .  .  .  .  .  REPONDS, CADAVRE IMPUR! ET PAR TES TRESSES ROIDES
097 020 .  .  .  .  .  .  .  .  .  .  .  TU  REPONDS, GRAND SQUELETTE, A MON GOUT LE PLUS CHER;
082 004 .  .  .  .  .  .  .  .  .  .  DESCENDENT?  REPONDS, LIBERTIN.
126 032 .  .  .  .  .  .  POUR TROUVER LE  REPOS COURT TOUJOURS COMME UN FOU!
108 013 .  .  .  .  .  .  .  .  NOUS FUIRONS SANS  REPOS NI TREVES
127 022 .  .  .  .  .  .  .  POUR TROUBLER LE  REPOS OU MON AME ETAIT MISE,
075 006 .  .  .  .  .  .  .  .  .  AGITE SANS  REPOS SON CORPS MAIGRE ET GALEUX;
124 010 .  .  .  .  .  .  INVOQUE ARDEMMENT LE  REPOS;
131 082 .  .  .  ET QUE LA LASSITUDE AMENE LE  REPOS!
114 009 .  .  .  .  .  ELLE MARCHE EN DEESSE ET  REPOSE EN SULTANE;
057 017 .  .  .  AUX POINTES SE BALANCE, AUX VALLONS SE  REPOSE,
120 050 .  .  .  .  .  .  .  .  PRES DE TOI SE  REPOSE, A L'HEURE OU SUR TON FRONT
110 018 .  .  .  .  .  .  .  .  .  .  .  .  .  REPOSE; ET, VIDE DE PENSERS,
047 008 .  .  LE CIEL EST TRISTE ET BEAU COMME UN GRAND  REPOSOIR.
047 011 .  .  LE CIEL EST TRISTE ET BEAU COMME UN GRAND  REPOSOIR;
029 035 .  .  .  .  .  .  EPIANT LE MOMENT DE  REPRENDRE AU SQUELETTE
032 005 .  .  .  .  .  .  .  .  .  .  JE ME  REPRESENTAI SA MAJESTE NATIVE,
089 028 .  .  .  .  COMME S'IL ADRESSAIT DES  REPROCHES A DIEU!
110 040 .  .  .  .  .  .  .  .  .  AINSI QU'UN  REPTILE IRRITE,
157 013 .  .  .  .  DE CES VINDICATIFS ET MONSTRUEUX  REPTILES
084 015 .  .  .  .  POUR FUIR D'UN LIEU PLEIN DE  REPTILES,
000 014 .  .  .  .  .  .  .  .  AUX OBJETS  REPUGNANTS NOUS TROUVONS DES APPAS;
148 002 .  .  .  .  .  .  .  SONT HEUREUX, DISPOS ET  REPUS;
072 004 .  .  .  ET DORMIR DANS L'OUBLI COMME UN  REQUIN DANS L'ONDE.
068 010 .  .  .  .  .  .  .  .  .  .  DANS LE  RESEAU MOBILE ET BLEU
027 007 .  .  .  .  .  .  .  COMME LES LONGS  RESEAUX DE LA HOULE DES MERS,
059 014 .  .  .  .  .  POUR QUI S'EN MONTRE DIGNE, UN  RESERVOIR DE LARMES.
080 005 .  .  .  .  .  .  .  .  .  .  .  .  RESIGNE -TOI, MON COEUR; DORS TON SOMMEIL DE BRUT
127 029 .  .  .  .  .  .  .  --ET LA LAMPE S'ETANT  RESIGNEE A MOURIR,
094 014 .  .  .  .  .  .  .  .  .  MANANTS  RESIGNES ET FUNEBRES,
111 013 .  .  .  .  .  IL EN EST, AUX LUEURS DES  RESINES CROULANTES,
057 019 .  .  .  .  .  .  .  .  JE TE FERAI DE MON  RESPECT DE BEAUX SOULIERS
114 007 .  .  DANS SES JEUX DESTRUCTEURS A POURTANT  RESPECTE
038 015 .  .  .  LECTEUR, AS -TU QUELQUEFOIS  RESPIRE
022 002 .  .  .  .  .  .  .  .  .  .  .  .  JE  RESPIRE L'ODEUR DE TON SEIN CHALEUREUX,
076 014 .  .  .  .  .  .  .  .  .  .  SEULS,  RESPIRENT L'ODEUR D'UN FLACON DEBOUCHE.
036 014 .  .  .  .  .  .  .  .  JE CROYAIS  RESPIRER LE PARFUM DE TON SANG.
128 007 .  .  .  .  .  .  .  .  .  .  .  ET  RESPIRER, COMME UNE FLEUR FLETRIE,
000 023 .  .  .  .  .  .  .  .  ET, QUAND NOUS  RESPIRONS, LA MORT DANS NOS POUMONS
050 011 .  .  .  .  .  .  .  .  .  COMME TU  RESPLENDIS, PAYSAGE MOUILLE
046 014 .  .  .  .  .  .  .  .  .  .  .  AME  RESPLENDISSANTE, A L'IMMORTEL SOLEIL!
089 002 .  .  .  .  PAUVRE ET TRISTE MIROIR OU JADIS  RESPLENDIT
027 013 .  .  .  .  .  .  .  .  .  .  .  .  RESPLENDIT A JAMAIS, COMME UN ASTRE INUTILE,
091 080 .  .  .  .  .  .  .  .  .  .  MON AME  RESPLENDIT DE TOUTES VOS VERTUS!
018 008 .  .  .  .  .  .  .  .  UNE FLEUR QUI  RESSEMBLE A MON ROUGE IDEAL.
053 006 .  .  .  .  .  .  .  .  AU PAYS QUI TE  RESSEMBLE!
050 009 .  .  .  .  .  .  .  .  .  .  .  TU  RESSEMBLES PARFOIS A CES BEAUX HORIZONS
152 006 .  .  .  .  .  .  .  .  .  .  VOUS  RESSEMBLEZ BEAUCOUP A CES GROTTES MAGIQUES
```

R

		POEM	LINE
TANT SA TAILLE FAISAIT	RESSORTIR SON BASSIN.	127	027
ET POUR LES PRESSURER	RESSUSCITER LEURS CORPS.	073	008
TES BAISERS	RESSUSCITERAIENT	031	023
OU JAMAIS UN SOUPIR NE	RESTA SANS ECHO,	130	012
DANS LE PRESENT LE PASSE	RESTAURE!	038	020
	RESTE COMME PENDUE A MES RIMES HAUTAINES;	039	008
QU'IL	RESTE EN MON JARDIN BIEN PEU DE FRUITS VERMEILS.	010	004
	RESTE LONGTEMPS, SANS LES ROUVRIR,	155	002
T -IL PARTIR? RESTER? SI TU PEUX RESTER,	RESTE;	126	113
COMME UN SOUVENIR EST	RESTE;	110	026
QUE	RESTE-T -IL? C'EST AFFREUX, O MON AME!	038	049
COMME S'ILS REGARDAIENT AU LOIN,	RESTENT LEVES	092	006
FAUT -IL PARTIR? RESTER? SI TU PEUX	RESTER, RESTE;	126	113
FAUT -IL PARTIR?	RESTER? SI TU PEUX RESTER, RESTE;	126	113
ENTENDS -TU	RETENTIR LES REFRAINS DES DIMANCHES	104	013
TES CHERS SANGLOTS	RETENTIRONT	083	011
UN PORT	RETENTISSANT OU MON AME PEUT BOIRE	023	016
LE BOIS	RETENTISSANT SUR LE PAVE DES COURS.	056	004
LES	RETENTISSANTES COULEURS	129	009
ET PARMI LES SANGLOTS DONT LE ROC	RETENTIT	130	052
UNE VOIX	RETENTIT SUR LE PONT: "OUVRE L'OEIL!"	126	034
POUR FUIR CE	RETIAIRE INFAME: IL EN EST D'AUTRES	126	119
	RETIENS LES GRIFFES DE TA PATTE,	034	002
MAIS JE POURSUIS EN VAIN LE DIEU QUI SE	RETIRE;	145	009
POUR LE	RETOUR DU LABOUREUR.	068	008
AINSI QU'UN VOYAGEUR QUI	RETOURNE LA TETE	131	007
SE	RETOURNENT DOCILEMENT	051	035
VOUS FERIEZ, A L'ABRI DES OMBREUSES	RETRAITES,	061	012
LES COUDES SUR LA TABLE ET	RETROUSSANT TES MANCHES,	104	015
A QUICONQUE A PERDU CE QUI NE SE	RETROUVE	089	045
MON ESPRIT LES	RETROUVE EN LUI; CE RIRE AMER	079	006
	RETROUVE L'AMBROISIE ET LE NECTAR VERMEIL.	001	024
SAURA VOUS	RETROUVER, O FECONDE PARESSE,	023	024
	REVAIS -TU DE CES JOURS SI BRILLANTS ET SI BEAUX	118	021
HIPPOLYTE	REVAIT AUX CARESSES PUISSANTES	131	003
ET, VOISIN DES CLOCHERS, ECOUTER EN	REVANT	086	003
U CONTIENS, MER D'EBENE, UN EBLOUISSANT	REVE	023	014
CUI SAIT SI LES FLEURS NOUVELLES QUE JE	REVE	010	009
CE SOIR, LA LUNE	REVE AVEC PLUS DE PARESSE;	065	001
JE SUIS BELLE, O MORTELS! COMME UN	REVE DE PIERRE,	017	001
IL	REVE D'ECHAFAUDS EN FUMANT SON HOUKA,	000	038
	REVE D'ESCHYLE ECLOS AU CLIMAT DES AUTANS;	018	011
POUR L'HOMME TERRASSE QUI	REVE ENCORE ET SOUFFRE,	046	006
LE TOMBEAU, CONFIDENT DE MON	REVE INFINI	033	009
VOILA LE NOIR TABLEAU QU'EN UN	REVE NOCTURNE	096	013
SERAIT POUR VOS BANQUIERS UN	REVE RUINEUX;	126	080
QUI SEMBLENT S'ENDORMIR DANS UN	REVE SANS FINS;	066	011
ET JE T'ENDORMIRAI DANS UN	REVE SANS FIN!"	131	040
ES S'EFFACAIENT ET N'ETAIENT PLUS QU'UN	REVE,	029	029
HELAS! TOUT EST ABIME,--ACTION, DESIR,	REVE,	146	002
N'EST -TU PAS L'OASIS OU JE	REVE, ET LA GOURDE	023	034
MONDE OU L'ACTION N'EST PAS LA SOEUR DU	REVE;	126	046
SALUER SON COUCHER PLUS GLORIEUX QU'UN	REVE;	118	030
ECORCHER LA TERRE	REVE!	145	004
OU L'AME, SOUS LE POIDS DU CORPS	REVECHE	094	030
VOUS MARCHEZ EN CHANTANT LE	REVECHE ET LOURD,	103	007
SE MEUT DANS SON	REVEIL DE MON AME,	043	013
ILS CELEBRENT LA MORT, VOUS CHANTEZ LE	REVEIL LE CADAVRE SPECTRAL	048	019
CE REVEUR QUE L'HORREUR DE SON LOGIS	REVEIL;	043	012
DANS LA BRUTE ASSOUPIE UN ANGE SE	REVEILLE,	153	012
ENFIN LA VERITE FROIDE SE	REVEILLE.	046	004
TES YEUX, OU RIEN NE SE	REVELA:	125	011
	REVELE	028	013
ET QUI	REVELE UN AMOUR TENEBREUX,	110	032
PARFUM QUI FAIT	REVENT, AINSI QU'UN CONSCRIT LE CANON,	126	022
ET LES GRANDS CIELS QUI FONT	REVER AUX OASIS LOINTAINES	098	015
ET FAIT	REVER D'ETERNITE.	086	008
ALORS JE	REVER UN SOIR LES CERVELLES HUMAINES,	039	003
SOUVENT, A LA CLARTE ROUGE D'UN	REVERAI DES HORIZONS BLEUATRES,	086	017
MAIS TANT, MA CHERE, QUE TES	REVERBERE	105	001
DE L'ENFER, OU, VAINCU, TU	REVES	138	026
LE SOMMEIL ET LE DON DES	REVES EN SILENCE!	120	048
OU TES	REVES EXTATIQUES,	122	010
C'ETAIT L'HEURE OU L'ESSAIM DES	REVES FLOTTANTS SONT PLEINS DE COLIBRIS,	133	015
FOURMILLANTE CITE, CITE PLEINE DE	REVES MALFAISANTS	103	003
SONT LES CORBILLARDS DE MES	REVES,	090	001
E: "VIENS! OH! VIENS VOYAGER DANS LES	REVES,	082	012
TANT PARFOIS DES VERS DEPUIS LONGTEMPS	REVES,	136	009
VERS LE PARADIS DE MES	REVES!	087	008
ET	REVET D'UN BAISER TOUT TON CORPS BLANC ET ROSE.	108	014
ET SON OEIL NOUS	REVET D'UN HABIT DE CLARTE.	057	018
	REVETENT LES CHAMPS,	042	008
LE VIN SAIT	REVETIR LE PLUS SORDIDE BOUGE	053	036
D'UN AIR VAGUE ET	REVEUR ELLE ESSAYAIT DES POSES,	049	001
MAUDIT SOIT A JAMAIS LE	REVEUR INUTILE	127	014
CE	REVEUR QUE L'HORREUR DE SON LOGIS REVEILLE,	131	061
ALTERNATIVEMENT TENDRE,	REVEUR, CRUEL,	153	012
SE DIT,	REVEUR, DEVANT CES LEVRES DEJA BLANCHES:	050	003
		149	002

```
POEM LINE
038 011  . . . . . . . . . . . . .         A SA   REVEUSE ALLURE ORIENTALE,
028 011                                  MON AME   REVEUSE APPAREILLE
092 008                                  PENCHER   REVEUSEMENT LEUR TETE APPESANTIE.
063 002                                       JE   REVIENDRAI DANS TON ALCOVE
105 017  . . . . . .                              REVIENNENT, PARFUMES D'UNE ODEUR DE FUTAILLES,
048 008         D'OU JAILLIT TOUTE VIVE UNE AME QUI   REVIENT.
036 022                                       ET   REVIS MON PASSE BLOTTI DANS TES GENOUX.
058 020                                  QUI FAIT   REVIVRE LES MORTS!
091 055  .   ET QUI, DANS CES SOIRS D'OR OU L'ON SE SENT   REVIVRE,
110 020                             SI TU N'AS FAIT TA   S'ECHAPPE DES YEUX   REVULSES.
142 005                                            RHETORIQUE
126 007                     ET NOUS ALLONS, SUIVANT LE   RHYTHME DE LA LAME,
052 008  . . . . . .            SUIVANT UN   RHYTHME DOUX, ET PARESSEUX, ET LENT.
052 028                                SUIVANT UN   RHYTHME DOUX, ET PARESSEUX, ET LENT.
021 032                                            RHYTHME, PARFUM, LUEUR, O MON UNIQUE REINE!--
029 027            OU LE GRAIN QU'UN VANNEUR D'UN MOUVEMENT   RHYTHMIQUE
113 002  . . . . . .              AINSI QU'UNE FONTAINE AUX   RHYTHMIQUES SANGLOTS.
007 011       ET QUE TON SANG CHRETIEN COULAT A FLOTS   RHYTHMIQUES,
118 011                         CELUI QUI DANS SON CIEL   RIAIT AU BRUIT DES CLOUS
115 029                                      QUI   RIAIT AVEC EUX DE MA SOMBRE DETRESSE
001 044  . . . . . . .          USURPER EN   RIANT LES HOMMAGES DIVINS!
015 009                          SGANARELLE EN   RIANT LUI RECLAMAIT SES GAGES,
000 022                       DANS NOS CERVEAUX   RIBOTE UN PEUPLE DE DEMONS,
127 003                                  DONT LE   RICHE ATTIRAIL LUI DONNAIT L'AIR VAINQUEUR
114 001            C'EST UNE FEMME BELLE ET DE   RICHE ENCOLURE,
051 007                          ELLE EST TOUJOURS   RICHE ET PROFONDE.
045 015                              DE VOUS,   RICHE ET SONORE INSTRUMENT OU NE VIBRE
000 011                                   ET LE   RICHE METAL DE NOTRE VOLONTE
012 007  . . . .   LES TOUT -PUISSANTS ACCORDS DE LEUR   RICHE MUSIQUE
135 002            DEUX CHAMPS AU TUF PROFOND ET   RICHE,
077 002                                            RICHE, MAIS IMPUISSANT, JEUNE ET POURTANT TRES -VI
149 032                         D'ALLER AU CIEL ET D'ETRE   RICHE?
126 065  . . . .                       LES PLUS   RICHES CITES. LES PLUS GRANDS PAYSAGES,
091 053           POUR ENTENDRE UN DE CES CONCERTS,   RICHES DE CUIVRE,
112 002                         PRODIGUES DE BAISERS ET   RICHES DE SANTE,
004 011                       --ET D'AUTRES, CORROMPUS,   RICHES ET TRIOMPHANTS,
126 051  . . . .           MONTREZ -NOUS LES ECRINS DE VOS   RICHES MEMOIRES,
053 021                                      LES   RICHES PLAFONDS,
014 011            O MER, NUL NE CONNAIT TES   RICHESSES INTIMES,
125 010                              HAISSANT LE   RIDEAU COMME ON HAIT UN OBSTACLE...
131 004  . . . .               QUI LEVAIENT LE   RIDEAU DE SA JEUNE CANDEUR.
102 018                                 COMME DES   RIDEAUX DE CRISTAL,
099 010                        SUR LA NAPPE FRUGALE ET LES   RIDEAUX DE SERGE.
131 081                                      QUE NOS   RIDEAUX FERMES NOUS SEPARENT DU MONDE,
124 013  . . . . . . .           ET ME ROULER DANS VOS   RIDEAUX,
110 036                          NAGEANT DANS LES PLIS DES   RIDEAUX;
044 016       ANGE PLEIN DE BEAUTE, CONNAISSEZ -VOUS LES   RIDES,
044 020       ANGE PLEIN DE BEAUTE, CONNAISSEZ -VOUS LES   RIDES?
089 035                                 COMME LES EXILES,   RIDICULE ET SUBLIME,
116 045                                            RIDICULE PENDU, TES DOULEURS SONT LES MIENNES!
153 007                    LE DOUTE L'ENVIRONNE, ET LA PEUR   RIDICULE,
117 015                             --CE JEU FEROCE ET   RIDICULE,
097 011  . . . . . .         DEFEND PUDIQUEMENT DES LAZZI   RIDICULES
005 021                                            O   RIDICULES TRONCS! TORSES DIGNES DES MASQUES!
092 002           PAREILS AUX MANNEQUINS; VAGUEMENT   RIDICULES:
089 029                          PARIS CHANGE! MAIS   "QUE   RIEN DANS MA MELANCOLIE
045 026  . . . . . .                               RIEN ICI-BAS N'EST CERTAIN,
128 014                                            RIEN NE ME VAUT L'ABIME DE TA COUCHE;
041 012                                            RIEN NE PEUT ETRE PREFERE.
077 009                                     DONT   RIEN NE PEUT L'EGAYER, NI GIBIER, NI FAUCON,
106 018  . . . . . . .                   RIEN NE RASSASIERA CE MONSTRE GEMISSANT
131 078                         TES YEUX, OU   RIEN NE SE REVELE
028 013                                     A QUI   RIEN NE SUFFIT, NI WAGON NI VAISSEAU,
126 118  . . . . . . .                     RIEN NE VAUT LA DOUCEUR DE SON AUTORITE:
042 006                                            RIEN N'EGALE EN LONGUEUR LES BOITEUSES JOURNEES,
076 015                                            RIEN N'EMBELLIT LES MURS DE CE CLOITRE ODIEUX.
009 011                                            RIEN N'EST PLUS DOUX AU COEUR PLEIN DE CHOSES FUN
101 009                                            RIEN N'OFFUSQUAIT SA PARFAITE CLARTE,
038 035                              TOUT POUR L'OEIL,   RIEN POUR LES OREILLES!)
102 051                                            RIEN QU'UN DESSIN FORT PALE, AUX TROIS CRAYONS,
038 050                            CARESSEE UNE FOIS,   RIEN QU'UNE.
051 028  . . . . . .            ET, QUAND IL S'EN ALLAIT SANS   RIEN VOIR, A TRAVERS
016 023            REGARDAIT LE SILLAGE ET NE DAIGNAIT   RIEN VOIR.
015 020                        JETTE! TU N'Y COMPRENDRAIS   RIEN,
142 007                          JUSQU'AU PLUS HAUT DU CIEL,   RIEN, HORS MOI, NE REPOND!
039 010  . . . . . .                              ET   RIEN, NI VOTRE AMOUR, NI LE BOUDOIR, NI L'ATRE,
056 019                                            RIEN,
021 012                ET TU GOUVERNES TOUT ET NE REPONDS DE   RIME,
087 006       FLAIRANT DANS TOUS LES COINS LES HASARDS DE LA   RIME,
057 008                         SAVAMMENT CONSTELLE DE   RIMES DE CRISTAL,
039 008                       RESTE COMME PENDUE A MES   RIMES HAUTAINES;
088 033                             ET L'AMOUR SE   RIMEURS
130 039            MON ESPRIT LES RETROUVE EN LUI; CE   RIRA DE L'ENFER ET DU CIEL!
079 006  . . . . . .           NOUS ENSEIGNE A   RIRE AMER
156 003                      ET FAIS RIRE LES VIEUX DU   RIRE DE NOUS,
132 008                                      AU   RIRE DES ENFANTS.
117 004                                 BOUCHE AU   RIRE EFFRONTE,
040 010                                            RIRE ENFANTIN! PLUS ENCOR QUE LA VIE,
079 008  . . . . . . .             JE L'ENTENDS DANS LE   RIRE ENORME DE LA MER.
```

R

		POEM	LINE
JE LES ENTENDIS	RIRE ET CHUCHOTER ENTRE EUX, ...	115	011
AU	RIRE ETERNEL CONDAMNES,	083	027
LE	RIRE JOUE EN TON VISAGE	129	003
ET FAIS	RIRE LES VIEUX DU RIRE DES ENFANTS.	132	008
AVEC UN	RIRE MOQUEUR, ...	058	030
SON	RIRE N'EST PAS LA GRIMACE	156	009
SANS	RIRE S'ADORANT ET S'AIMANT SANS DEGOUT;	126	090
ET TON	RIRE TREMPE DE PLEURS QU'ON NE VOIT PAS,	008	013
RECONNAISSEZ SATAN A SON	RIRE VAINQUEUR, ...	149	027
LEUR	RIRE, HELAS! DE LA GAITE	156	013
DES	RIRES EFFRENES MELES AUX SOMBRES PLEURS;	130	044
LES	RIRES ENIVRANTS DONT S'EMPLIT LA PRISON	153	005
QUE JE	RIS DANS LES DEUILS ET PLEURE DANS LES FETES, ...	136	023
PENDANT QU'AUTOUR DE .NOUS TU CHANTES,	RIS ET BEUGLES,	092	011
ET JAMAIS JE NE PLEURE ET JAMAIS JE NE	RIS.	017	008
IL FAISAIT DES ENFANTS LA JOIE ET LA	RISEE.	016	026
EN TES CONTORSIONS,	RISIBLE HUMANITE.	097	058
ELLE	RIT A LA MORT ET NARGUE LA DEBAUCHE,	114	005
QUI S'ETONNE ET QUI	RIT A TOUT CE QUI RELUIT.	091	020
QUI HANIE LA TEMPETE ET SE	RIT DE L'ARCHER;	002	014
QUE CELUI-LA QUI	RIT DE MON INQUIETUDE, ...	090	037
QUAND, INSULTANT LE	RITE ET LE CULTE INVENTE,	130	067
ET SUR LES CELESTES	RIVAGES	081	013
ONTRAIT A TOUS LES MORTS ERRANT SUR LES	RIVAGES	015	011
QUE POUSSENT VERS LES CIEUX SES	RIVAGES DESERTS.	130	074
JE VOIS SE DEROULER DES	RIVAGES HEUREUX	022	003
O MORT, QUAND VIENDRAS -TU, SA	RIVALE EN ATTRAITS,	112	013
LA ROULE DEFAILLANTE AUX	RIVES DE LA MORT!	049	020
SIMULAIENT LES DEUX QUAIS D'UNE	RIVIERE ACCRUE, ...	090	007
ENTRE -BAILLANT SA	ROBE AUX BRISES PASSAGERES;	116	024
EST -CE QUE PAR HASARD LA	ROBE DU CENTAURE	157	010
SA	ROBE EXAGEREE, EN SA ROYALE AMPLEUR,	097	006
DONT LA	ROBE PAR SES TROUS	088	002
L'AURORE GRELOTTANTE EN	ROBE ROSE ET VERTE	103	025
TA	ROBE, CE SERA MON DESIR, FREMISSANT,	057	015
CES	ROBES FOLLES SONT L'EMBLEME	129	013
MONTRANT LEURS SEINS PENDANTS ET LEURS	ROBES OUVERTES, ...	015	005
DES MARBRES, DES TABLEAUX,	ROBES PARFUMEES	110	003
SUR LES BALCONS DU CIEL, EN	ROBES SURANNEES;	143	010
L'HOMME, ELEGANT,	ROBUSTE ET FORT, AVAIT LE DROIT	005	011
TIMIDE ET LIBERTINE, ET FRAGILE ET	ROBUSTE, ...	132	014
DIVINEMENT	ROBUSTE, ADORABLEMENT MINCE,	020	005
MONTANT COMME LA MER SUR LE	ROC NOIR ET NU?"	040	002
ET PARMI LES SANGLOTS DONT LE	ROC RETENTIT	130	052
A TRAVERS L'EPAISSEUR DE LA TERRE ET DU	ROC, ...	149	037
UN DESERT	ROCAILLEUX TROUBLE PAR DES CRIS AIGRES.	116	019
ET POUR LA DERANGER DU	ROCHER DE CRISTAL	127	023
FAIT COULER LE	ROCHER ET FLEURIR LE DESERT	013	012
MME UN RUISSEAU LASCIF QUI SE FROTTE AU	ROCHER, ...	097	010
COMME MOISE LE	ROCHER!	083	003
A TRAVERS LES	ROCHERS PLEINS D'APPARITIONS,	111	010
DERRIERE LES	ROCHERS UNE CHIENNE INQUIETE	029	033
HERS SOUVENIRS SONT PLUS LOURDS QUE DES	ROCS.	089	032
LE MUSEAU RELEVE, TOURNOYAIT ET	RODAIT;	116	038
SUR TA CHAIR LE PARFUM	RODE	058	013
DE CHASSER LOIN DU LIT LES MOUSTIQUES	RODEURS,	133	008
TOI QUI SAIS TOUT, GRAND	ROI DES CHOSES SOUTERRAINES, ...	120	007
JE SUIS COMME LE	ROI D'UN PAYS PLUVIEUX,	077	001
AUTANT QU'UN	ROI JE SUIS HEUREUX;	106	005
ET S'INTRODUIT EN	ROI, SANS BRUIT ET SANS VALETS,	087	019
FIER DES BEAUTES QUI LE NOMMAIENT LEUR	ROI;	005	012
"JE SUIS TON EGALE, O MON	ROI!"	138	040
ET SA BARBE A LONGS POILS,	ROIDE COMME UNE EPEE,	090	019
BARBARE,	ROIDE ET LOURD, ET DOUBLE DE SOUPCON,	057	012
ONDS, CADAVRE IMPUR! ET PAR TES TRESSES	ROIDES	110	049
COMME LA NEIGE IMMENSE UN CORPS PRIS DE	ROIDEUR;	080	012
JE SUIVAIS,	ROIDISSANT MES NERFS COMME UN HEROS	090	010
ALTERE VOTRE SOIF ET	ROIDIT VOTRE PEAU,	131	098
QUE CES	ROIS DE L'AZUR, MALADROITS ET HONTEUX, ...	002	006
REGNE PAR SES DONS AINSI QUE LES VRAIS	ROIS.	105	028
ENFIN, POUR COMPLETER TON	ROLE DE MARIE,	057	037
PARCE QU'IL SAIT JOUER ARTISTEMENT SON	ROLE,	115	018
ET DANS CES BAINS DE SANG QUI DES	ROMAINS NOUS VIENNENT, ...	077	015
QU'UNE REINE DE	ROMAN	088	010
BABEL SOMBRE, OU	ROMAN, SCIENCE, FABLIAU,	136	002
E VERS, DE BILLETS DOUX, DE PROCES, DE	ROMANCES,	076	003
QUANT A MOI, MES BRAS SONT	ROMPUS	148	003
ET LEUR PEAU FLEURIRA L'ARIDITE DES	RONCES.	035	011
SUR TON COU LARGE ET	ROND, SUR TES EPAULES GRASSES,	052	009
SUR TON COU LARGE ET	ROND, SUR TES EPAULES GRASSES,	052	037
US ME RENDEZ L'AZUR DU CIEL IMMENSE ET	ROND;	023	027
SOUFFLE GAIEMENT DES BULLES	RONDES	117	005
JE CONTEMPLE D'EN HAUT LE GLOBE EN SA	RONDEUR	080	013
LES THEATRES GLAPIR, LES ORCHESTRES	RONFLER;	095	022
L'IRREPARABLE	RONGE AVEC SA DENT MAUDITE	054	036
L'IRREPARABLE	RONGE AVEC SA DENT MAUDITE!	054	040
ET	RONGE D'UN DESIR SANS TREVE! ET PUIS A VOUS,	089	036
QUE	RONGE ET QUE NOURRIT LA DEBAUCHE, ET VOUS, VIERGES,	005	026
ET L'OBSCUR ENNEMI QUI NOUS	RONGE LE COEUR	010	013

```
020 031 . . . . . . . . .        QUEL MAL MYSTERIEUX  RONGE SON FLANC D'ATHLETE?
149 020                          QU'HABITE ET QUE      RONGE UN INSECTE!"
048 028                                       QUI ME  RONGE, O LA VIE ET LA MORT DE MON COEUR!
033 014                                   --ET LE VER  RONGERA TA PEAU COMME UN REMORDS.
005 031 . . . . . . . . . . .      DES VISAGES         RONGES PAR LES CHANCRES DU COEUR,
046 002           ENTRE EN SOCIETE DE L'IDEAL          RONGEUR,
088 038                   MAINT SEIGNEUR ET MAINT      RONSARD
110 025                                       UN BAS   ROSATRE, ORNE DE COINS D'OR, A LA JAMBE,
121 009 . . . . . . . . .  UN SOIR FAIT DE             ROSE ET DE BLEU MYSTIQUE,
038 003             OU JAMAIS N'ENTRE UN RAYON         ROSE ET GAI;
151 004       LE CHARME INATTENDU D'UN BIJOU           ROSE ET NOIR.
103 025            L'AURORE GRELOTTANTE EN ROBE        ROSE ET VERTE
007 005 . . . . . . . .    LE SUCCUBE VERDATRE ET LE   ROSE LUTIN
046 010            TON SOUVENIR PLUS CLAIR, PLUS       ROSE PLUS CHARMANT,
135 005                   POUR OBTENIR LA MOINDRE      ROSE,
048 012                 TEINTES D'AZUR, GLACES DE      ROSE, LAMES D'OR.
057 018 .    ET REVET D'UN BAISER TOUT TON CORPS BLANC ET  ROSE!
055 001     VOUS ETES UN BEAU CIEL D'AUTOMNE, CLAIR ET  ROSE!
041 007                     PARMI LES OBJETS NOIRS OU  ROSES
018 007       CAR JE NE PUIS TROUVER PARMI CES PALES   ROSES
131 027 . . . .   L'HOLOCAUSTE SACRE DE TES PREMIERES  ROSES
116 016        ROULENT COMME L'ENCENS SUR UN JARDIN DE  ROSES
102 026                             ENTRE DES QUAIS    ROSES ET VERTS,
076 011           JE SUIS UN VIEUX BOUDOIR PLEIN DE    ROSES FANEES,
036 007 . .   ET LES SOIRS AU BALCON, VOILES DE VAPEURS  ROSES.
087 010         EVEILLE DANS LES CHAMPS LES VERS COMME LES  ROSES;
052 021        BOUCLIERS PROVOQUANTS, ARMES DE POINTES  ROSES,
071 005                          FANTOME COMME LUI,    ROSSE APOCALYPTIQUE,
149 005 . . . . . . . . . . .   CELIMENE              ROUCOULE ET DIT: "MON COEUR EST BON,
116 017                                       OU LE    ROUCOULEMENT ETERNEL D'UN RAMIER!
083 023                        JE SUIS LES MEMBRES ET LA  ROUE,
088 018                        QUE POUR LES YEUX DES   ROUES
106 046 . . . . . . .    LE CHARIOT AUX LOURDES        ROUES
037 012          SOIS CE QUE TU VOUDRAS, NUIT NOIRE,   ROUGE AURORE;
001 050                      J'ARRACHERAI CE COEUR TOUT  ROUGE DE SON SEIN,
105 001                          SOUVENT, A LA CLARTE  ROUGE D'UN REVERBERE
056 008 . . . . .  MON COEUR NE SERA PLUS QU'UN BLOC   ROUGE ET GLACE.
110 011                                       UN SANG  ROUGE ET VIVANT, DONT LA TOILE S'ABREUVE
018 008             UNE FLEUR QUI RESSEMBLE A MON      ROUGE IDEAL.
113 008                     ET PARTOUT COLORANT EN     ROUGE LA NATURE.
131 068 . . . . . . . . . . . . . . .     A CE         ROUGE SOLEIL QUE L'ON NOMME L'AMOUR!
097 047   "FIERS MIGNONS, MALGRE L'ART DES POUDRES ET DU  ROUGE,
049 004                        DANS L'OR DE SA VAPEUR  ROUGE,
067 004                           DARDANT LEUR OEIL    ROUGE, ILS MEDITENT.
103 006 . . . .   LA LAMPE SUR LE JOUR FAIT UNE TACHE  ROUGE;
073 002          LA VENGEANCE EPERDUE AUX BRAS         ROUGES ET FORTS
045 022                             DONT SA FAMILLE    ROUGIRAIT,
043 011                                               ROUGIT, MAIS N'ETEINT PAS LEUR FLAMME FANTASTIQUE;
016 017 . . . . . . . . .    TOUT LE CHAOS             ROULA DANS CETTE INTELLIGENCE,
116 003                             LE NAVIRE          ROULAIT SOUS UN CIEL SANS NUAGES,
052 007                 CHARGE DE TOILE, ET VA.        ROULANT
052 027                 CHARGE DE TOILE, ET VA         ROULANT
091 010 . . . . . . .    FREMISSANT AU FRACAS          ROULANT DES OMNIBUS,
012 005                    LES HOULES, EN              ROULANT LES IMAGES DES CIEUX,
153 002                                               ROULANT UN MANUSCRIT SOUS SON PIED CONVULSIF,
028 027                                       QUI      ROULE BORD SUR BORD ET PLONGE
105 026 . . . . . .    v . . . . .   LE VIN            ROULE DE L'OR, EBLOUISSANT PACTOLE;
049 020                                       LA       ROULE DEFAILLANTE AUX RIVES DE LA MORT!
006 043             QUE CET ARDENT SANGLOT QUI         ROULE D'AGE EN AGE
068 012                                   ET JE        ROULE UN PUISSANT DICTAME
035 010 . . .  NOS HEROS, S'ETREIGNANT MECHAMMENT, ONT  ROULE,
126 027            LA CURIOSITE NOUS TOURMENTE ET NOUS  ROULE,
116 016                                               ROULENT COMME L'ENCENS SUR UN JARDIN DE ROSES
124 013                                   ET ME        ROULE DANS VOS RIDEAUX,
076 004 . . . . . .    AVEC DE LOURDS CHEVEUX          ROULES DANS DES QUITTANCES,
023 023         ET MON ESPRIT SUBTIL QUE LE            ROULIS CARESSE
035 013                                               ROULONS -Y SANS REMORDS, AMAZONE INHUMAINE,
088 007                       PLEIN DE TACHES DE       ROUSSEUR,
043 006 . . . . . .    ILS CONDUISENT MES PAS DANS LA  ROUTE DU BEAU!
106 022                       LE SOIR, SUR UNE         ROUTE OBSCURE.
013 002                       HIER S'EST MISE EN       ROUTE, EMPORTANT SES PETITS
119 023                       RACE DE CAIN, SUR LES    ROUTES
131 047 . . . . .   QUI VEULENT ME CONDUIRE EN DES     ROUTES MOUVANTES
102 053                                       EN       ROUVRANT MES YEUX PLEINS DE FLAMME
155 002               RESTE LONGTEMPS, SANS LES        ROUVRIR,
132 022                       ET QUAND JE LES          ROUVRIS A LA CLARTE VIVANTE,
088 001 . . . . . .    BLANCHE FILLE AUX CHEVEUX       ROUX,
097 006                 SA ROBE EXAGEREE, EN SA        ROYALE AMPLEUR,
098 010                       LE SOUVENIR MASSIF,      ROYALE ET LOURDE TOUR,
051 019                       ET FASSE PLUS            ROYALEMENT
059 008 . . . .   ET MONTANT, SABRE AU POING, LES      ROYAUX ESCALIERS?
006 001                                               RUBENS, FLEUVE D'OUBLI, JARDIN DE LA PARESSE,
023 032                             SEMERA LE          RUBIS, LA PERLE ET LE SAPHIR,
115 021       ET MEME A NOUS, AUTEURS DE CES VIEILLES  RUBRIQUES,
097 009 . . . . .  . . . . . . . . .      LA           RUCHE QUI SE JOUE AU BORD DES CLAVICULES,
087 012           ET REMPLIT LES CERVEAUX ET LES       RUCHES DE MIEL.
114 008              DE CE CORPS FERME ET DROIT LA     RUDE MAJESTE.
038 053          CHAQUE JOUR FROTTE AVEC SON AILE      RUDE...
058 010 . . . . . . . . .    EMBAUMANT TES TRESSES     RUDES,
```

R

		POEM	LINE
UN MATIN, CEPENDANT QUE DANS.LA TRISTE	RUE	090	005
LA	RUE ASSOURDISSANTE AUTOUR DE MOI HURLAIT.	093	001
QUE CE SOIT DANS LA	RUE ET DANS LA MULTITUDE,	042	010
ES LORS IL FUT SEMBLABLE AUX BETES DE LA	RUE,	016	022
TU METTRAIS L'UNIVERS ENTIER DANS TA	RUELLE, ...	025	001
LA PROSTITUTION S'ALLUME DANS LES	RUES;	095	015
POUR UN JEUNE	RUFFIAN TERRASSANT SA MAITRESSE.	157	004
ET FERME TON OREILLE A CE	RUGISSEMENT.	095	030
A TRAVERS MA	RUINE ALLEZ DONC, SANS REMORDS, ...	072	012
	RUINES! MA FAMILLE! O CERVEAUX CONGENERES!	091	081
SERAIT POUR VOS BANQUIERS UN REVE	RUINEUX;	126	080
QUI CHANGEAIT TOUTE VEINE EN FUNEBRE	RUISSEAU	157	011
ESCLAVE DE L'ESCLAVE ET	RUISSEAU DANS L'EGOUT;	126	092
COMME UN	RUISSEAU LASCIF QUI SE FROTTE AU ROCHER,	097	010
PRES D'UN	RUISSEAU SANS EAU LA BETE OUVRANT LE BEC	089	020
LES AIGLES, LES GRILLONS, LES	RUISSEAUX ET LES FLEURS,	115	020
DANS LE FOND DES BOSQUETS OU JASENT LES	RUISSEAUX, ...	111	006
--NI BETES, NI	RUISSEAUX, NI VERDURE, NI BOIS!	030	008
DE LARMES QU'A LA MER ONT VERSE TES	RUISSEAUX?	130	034
SUR PARIS DORMANT	RUISSELAIT.	045	008
ET LE SOLEIL, LE SOIR,	RUISSELANT ET SUPERBE, ...	099	005
ANS TON COEUR SANGLOTANT, DANS TON COEUR	RUISSELANT!	057	044
SE DISTRAIT QUELQUEFOIS DE SA PROPRE	RUMEUR	014	007
CHEZ SATAN, LE	RUSE DOYEN,	142	006
ALLUME LE DESIR DANS LES REGARDS DES	RUSTRES!	037	010
MENDIANT TENEBREUX OU CRESUS	RUTILANT,	144	004

```
153 004 . . .   .   .   .   .   . . L'ESCALIER DE VERTIGE OU   S'ABIME SON AME.
020 027              TON MENSONGE M'ENIVRE, ET MON AME   S'ABREUVE
110 011        UN SANG ROUGE ET VIVANT, DONT LA TOILE   S'ABREUVE
089 046              JAMAIS, JAMAIS! A CEUX QUI   S'ABREUVENT DE PLEURS
147 008 . . .   .   .   .   . . OU SOUS LES GAZONS SECS   S'ACCOUPLER LES VIPERES?
001 036                             ET   S'ACCUSENT D'AVOIR MIS LEURS PIEDS DANS SES PAS.
076 010                            QUI   S'ACHARNENT TOUJOURS SUR MES MORTS LES PLUS CHERS.
038 034                                  S'ADAPTAIENT JUSTE A SA RARE BEAUTE;
126 090 . . .   .   .   .   .   . . SANS RIRE   S'ADORANT ET S'AIMANT SANS DEGOUT;
136 001                      MON BERCEAU   S'ADOSSAIT A LA BIBLIOTHEQUE,
103 018                                  S'AGGRAVENT LES DOULEURS DES FEMMES EN GESINE;
116 039            UNE PLUS GRANDE BETE AU MILIEU   S'AGITAIT
054 002 . . .   .   .   .   .   .   . . QUI VIT,   S'AGITE ET SE TORTILLE,
109 001            SANS CESSE A MES COTES   S'AGITE LE DEMON;
006 003        MAIS OU LA VIE AFFLUE ET   S'AGITE SANS CESSE,
095 031    C'EST L'HEURE OU LES DOULEURS DES MALADES   S'AIGRISSENT!
126 090 . . .   .   .   .   . . SANS RIRE S'ADORANT ET   S'AIMANT SANS DEGOUT.
052 004                    OU L'ENFANCE   S'ALLIE A LA MATURITE.
052 016                    OU L'ENFANCE   S'ALLIE A LA MATURITE.
028 025            ET TON CORPS SE PENCHE ET   S'ALLONGE
038 009 . . .   .   .   .   . . PAR INSTANTS BRILLE,   S'ALLONGE, ET S'ETALE
131 019        LE VIN DE SON TRIOMPHE, ET   S'ALLONGEAIT VERS ELLE,
095 015              LA PROSTITUTION   S'ALLUME DANS LES RUES;
095 009        LE SAVANT OBSTINE DONT LE FRONT   S'ALOURDIT;
002 001 . . .   .   .   .   .   . . SOUVENT, POUR   S'AMUSER, LES HOMMES D'EQUIPAGE
051 006              MAIS QUE SA VOIX   S'APAISE OU GRONDE,
045 003                                  S'APPUYA (SUR LE FOND TENEBREUX DE MON AME
125 008              TOUT MON COEUR   S'ARRACHAIT AU MONDE FAMILIER.
100 016 . . .   . CALME, DANS LE FAUTEUIL JE LA VOYAIS   S'ASSEOIR,
122 008    OU L'ON POURRA MANGER, ET DORMIR, ET   S'ASSEOIR;
091 052                      PENSIVE,   S'ASSEYAIT A L'ECART SUR UN BANC,
106 010              AURAIT BESOIN POUR   S'ASSOUVIR
130 011    LESBOS, OU LES PHRYNES L'UNE L'AUTRE   S'ATTIRENT,
130 015    LESBOS, OU LES PHRYNES L'UNE L'AUTRE   S'ATTIRENT,
127 021                                  S'AVANCAIENT, PLUS CALINS QUE LES ANGES DU MAL,
103 026                                  S'AVANCAIT LENTEMENT SUR LA SEINE DESERTE,
052 017 . . .   .   .   .   . . TA GORGE QUI   S'AVANCE ET QUI POUSSE LA MOIRE,
126 019        DE LEUR FATALITE JAMAIS ILS NE   S'ECARTENT,
045 020                                  S'ECHAPPA, TOUT EN CHANCELANT
110 020                                  S'ECHAPPE DES YEUX REVULSES.
016 010 . . .   .   .   .   .   . .   S'ECRIA, TRANSPORTE D'UN ORGUEIL SATANIQUE:
097 007                                  S'ECROULE ABONDAMMENT SUR UN PIED SEC QUE PINCE
029 029              LES FORMES   S'EFFACAIENT ET N'ETAIENT PLUS QU'UN REVE,
096 021        ET MON COEUR   S'EFFRAYA D'ENVIER MAINT PAUVRE HOMME
100 012 . . .   .   .   .   . . ILS SENTENT   S'EGOUTTER LES NEIGES DE L'HIVER
029 022                             OU   S'ELANCAIT EN PETILLANT;
155 017                                  S'ELANCE, RAPIDE ET HARDIE,
003 016                                  S'ELANCER VERS LES CHAMPS LUMINEUX ET SEREINS;
131 075 . . .   .   .   . CRIA SOUDAIN:--"JE SENS   S'ELARGIR DANS MON ETRE
074 003    LES SOUVENIRS LOINTAINS LENTEMENT   S'ELEVER
114 004        TOUT GLISSE ET TOUT   S'EMOUSSE AU GRANIT DE SA PEAU.
090 026    DANS LA NEIGE ET LA BOUE IL ALLAIT   S'EMPETRANT,
095 024 . . .   .   .   .   .   . .   S'EMPLISSENT DE CATINS ET D'ESCROCS, LEURS COMPLICES
153 005        LES RIRES ENIVRANTS DONT   S'EMPLIT LA PRISON
016 015        IMMEDIATEMENT SA RAISON   S'EN ALLA.
016 023              ET, QUAND IL   S'EN ALLAIT SANS RIEN VOIR, A TRAVERS
059 014 . . .   .   .   . POUR QUI   S'EN MONTRE DIGNE, UN RESERVOIR DE LARMES.
118 008        LES CIEUX NE   S'EN SONT POINT ENCORE RASSASIES!
078 007                                  S'EN VA BATTANT LES MURS DE SON AILE TIMIDE
091 028                             IL   S'EN VA TOUT DOUCEMENT VERS UN NOUVEAU BERCEAU;
113 006 . . .   .   .   .   . . IL   S'EN VA, TRANSFORMANT LES PAVES EN ILOTS,
044 013        COMME DES EXILES,   S'EN VONT D'UN PIED TRAINARD,
036 019        ET TES PIEDS   S'ENDORMAIENT DANS MES MAINS FRATERNELLES.
066 011              QUI SEMBLENT   S'ENDORMIR DANS UN REVE SANS FIN;
065 004 . . .   .   .   . AVANT DE   S'ENDORMIR LE CONTOUR DE SES SEINS,
073 014    DE NE POUVOIR JAMAIS   S'ENDORMIR SOUS LA TABLE.
143 012        LE SOLEIL MORIBOND   S'ENDORMIR SOUS UNE ARCHE,
053 039              LE MONDE   S'ENDORT
118 004 . . .   .   .   .   . . IL   S'ENDORT AU DOUX BRUIT DE NOS AFFREUX BLASPHEMES.
131 095        FILTRENT EN   S'ENFLAMMANT AINSI QUE DES LANTERNES.
046 007        S'OUVRE ET   S'ENFONCE AVEC L'ATTIRANCE DU GOUFFRE,
071 007        AU TRAVERS DE L'ESPACE ILS   S'ENFONCENT TOUS DEUX,
118 015 . . .   .   .   . ET LORSQUE TU SENTIS   S'ENFONCER LES EPINES
103 010    L'AIR EST PLEIN DU FRISSON DES CHOSES QUI   S'ENFUIENT,
152 002    BEAUX YEUX DE MON ENFANT, PAR OU FILTRE ET   S'ENFUIT
138 007                                  S'ENFUIT DE TON FRONT TERRASSE;
150 004 . . .   .   .   . NOUS FIMES DU JOUR QUI   S'ENFUIT:
001 030              OU BIEN,   S'ENHARDISSANT DE SA TRANQUILLITE,
059 003        CHEVEUX ET GORGE AU VENT,   S'ENIVRANT DE TAPAGE,
130 073                                  S'ENIVRE CHAQUE NUIT DU CRI DE LA TOURMENTE
001 022 . . .   .   .   .   . . L'ENFANT DESHERITE   S'ENIVRE DE SOLEIL,
105 012                                  S'ENIVRE DES SPLENDEURS DE SA PROPRE VERTU.
034 007        ET QUE MA MAIN   S'ENIVRE DU PLAISIR
001 026                             ET   S'ENIVRE EN CHANTANT DU CHEMIN DE LA CROIX;
126 013 . . .   POUR N'ETRE PAS CHANGES EN BETES, ILS   S'ENIVRENT
040 012        LAISSEZ, LAISSEZ MON COEUR   S'ENIVRER D'UN MENSONGE,
077 004                                  S'ENNUIE AVEC SES CHIENS COMME AVEC D'AUTRES BETES
101 006    OU PAR LES LONGUES NUITS LA GIROUETTE   S'ENROUE,
102 022 . . .   .   .   .   . . LES ETANGS DORMANTS   S'ENTOURAIENT,
```

		POEM	LINE
DIS -MOI, TON COEUR PARFOIS	S'ENVOLE-T -IL, AGATHE,	062	001
DIS -MOI, TON COEUR PARFOIS	S'ENVOLE-T -IL, AGATHE?	062	005
LA NUIT	S'EPAISSISSAIT AINSI QU'UNE CLOISON,	036	016
LA NUIT	S'EPAISSISSAIT AINSI QU'UNE CLOISON.	036	020
DES NAPPES D'EAU	S'EPANCHAIENT, BLEUES,	102	025
PUIS, ELLE	S'EPANCHE, MOURANTE,	155	019
COMME UN TEMPLE NOUVEAU SES RAMEAUX	S'EPANDRONT!	120	051
FERA	S'EPANOUIR LES FLEURS DE LEUR CERVEAU!	123	014
JE VOIS	S'EPANOUIR VOS PASSIONS NOVICES;	091	077
COMME UNE FLEUR	S'EPANOUIR.	029	014
	S'EPRENANT D'UN PROBLEME INSOLUBLE ET STERILE,	131	063
LE SOLEIL	S'EST COUVERT D'UN CREPE. COMME LUI,	037	001
ET MON SEIN, OU CHACUN	S'EST MEURTRI TOUR A TOUR,	017	002
HIER	S'EST MISE EN ROUTE, EMPORTANT SES PETITS	013	002
ET QUI NE	S'EST NOURRI DES CHOSES DU TOMBEAU?	097	042
LE SOLEIL	S'EST NOYE DANS SON SANG QUI SE FIGE.	047	012
LE SOLEIL	S'EST NOYE DANS SON SANG QUI SE FIGE...	047	015
LES TENEBRES	S'ETABLIRONT.	067	008
	S'ETAIENT -ILS ENTR'OUVERTS A LA MEUTE ALTEREE	110	043
OU, CALME ET SOLITAIRE, ELLE	S'ETAIT ASSISE.	127	024
UN CYGNE QUI	S'ETAIT EVADE DE SA CAGE,	089	017
LA	S'ETALAIT JADIS UNE MENAGERIE;	089	013
LA PLEINE LUNE	S'ETALAIT,	045	006
PAR INSTANTS BRILLE, ET S'ALLONGE, ET	S'ETALE	038	009
--ET LA LAMPE	S'ETANT RESIGNEE A MOURIR,	127	029
LASSE, LA FONT	S'ETENDRE A TRAVERS LA CAMPAGNE,	019	012
QUI	S'ETONNE ET QUI RIT A TOUT CE QUI RELUIT.	091	020
APRES	S'ETRE LAVES AU FOND DES MERS PROFONDES?	036	029
NOS HEROS,	S'ETREIGNANT MECHAMMENT, ONT ROULE,	035	010
CHAQUE FLEUR	S'EVAPORE AINSI QU'UN ENCENSOIR;	047	002
CHAQUE FLEUR	S'EVAPORE AINSI QU'UN ENCENSOIR;	047	005
IL FAIT	S'EVAPORER LES SOUCIS VERS LE CIEL,	087	011
COMME UN NAVIRE QUI	S'EVEILLE	028	009
FROIDS ET CLAIRS LE TRAVAIL	S'EVEILLE, OU LA VOIRIE	089	015
	S'EVEILLENT LOURDEMENT, COMME DES GENS D'AFFAIRE,	095	012
OU LA PRIERE EN PLEURS	S'EXHALE DES ORDURES,	006	011
AINSI DANS LA FORET OU MON ESPRIT	S'EXILE	089	049
COMME	S'IL ADRESSAIT DES REPROCHES A DIEU!	089	028
QUI,	S'IL DIT: "JE VEUX!" REPOND: "NON!"	141	004
COMME	S'IL ECRASAIT DES MORTS SOUS SES SAVATES,	090	027
ET DITES -MOI	S'IL EST ENCOR QUELQUE TORTURE	072	013
A CE SOLDAT BRISE!	S'IL FAUT QU'IL DESESPERE	054	018
PAR,	S'IL LE FAUT. L'UN COURT, ET L'AUTRE SE TAPIT	126	114
ET CROIS QUE TON COEUR	S'ILLUMINE	138	019
	S'ILS POUVAIENT AU SERVAGE INCLINER LEUR FIERTE.	066	008
COMME	S'ILS REGARDAIENT AU LOIN, RESTENT LEVES	092	006
QU'IL	S'INFILTRE COMME UNE EXTASE DANS TOUS CEUX	149	051
LE SILENCE ET LA NUIT	S'INSTALLERENT EN LUI,	016	020
ET	S'INTRODUIT EN ROI, SANS BRUIT ET SANS VALETS,	087	019
SON OEIL PARFOIS	S'OUVRAIT COMME L'OEIL D'UN VIEIL AIGLE;	091	059
	S'OUVRE ET S'ENFONCE AVEC L'ATTIRANCE DU GOUFFRE,	046	007
ON S'Y SOULE, ON S'Y TUE, ON	S'Y PREND AUX CHEVEUX!	055	010
ON	S'Y SOULE, ON S'Y TUE, ON S'Y PREND AUX CHEVEUX!	055	010
ON S'Y SOULE, ON	S'Y TUE, ON S'Y PREND AUX CHEVEUX!	090	019
ET	SA BARBE A LONGS POILS, ROIDE COMME UNE EPEE.	107	004
QUAND ELLE Y VEUT BAIGNER	SA BEAUTE NONCHALANTE;	020	016
APPROCHONS, ET TOURNONS AUTOUR DE	SA BEAUTE.	096	020
L'UN DE SON VIEIL HONNEUR, L'AUTRE DE	SA BEAUTE!	021	019
L'AMOUREUX PANTELANT INCLINE SUR	SA BELLE	156	016
COMME UN SIGNE DE	SA BONTE!	001	033
DANS LE PAIN ET LE VIN DESTINES A	SA BOUCHE	132	001
	SA BOUCHE DE FRAISE,	089	017
UN CYGNE QUI S'ETAIT EVADE DE	SA CAGE,	049	010
REMPLIT L'AME AU DELA DE	SA CAPACITE.	042	007
	SA CHAIR SPIRITUELLE A LE PARFUM DES ANGES,	013	010
LES REGARDANT PASSER, REDOUBLE	SA CHANSON;	104	011
ET	SA CHAUDE POITRINE EST UNE DOUCE TOMBE	114	002
QUI LAISSE DANS SON VIN TRAINER	SA CHEVELURE.	110	015
LA TETE, AVEC L'AMAS DE	SA CRINIERE SOMBRE	131	057
DELPHINE SECOUANT	SA CRINIERE TRAGIQUE,	054	019
D'AVOIR	SA CROIX ET SON TOMBEAU;	127	017
ET SON BRAS ET SA JAMBE, ET	SA CUISSE ET SES REINS,	054	036
L'IRREPARABLE RONGE AVEC	SA DENT MAUDITE	054	040
L'IRREPARABLE RONGE AVEC	SA DENT MAUDITE!	053	026
	SA DOUCE LANGUE NATALE.	088	008
A	SA DOUCEUR.	127	012
QUI VERS ELLE MONTAIT COMME VERS	SA FALAISE.	045	022
DONT	SA FAMILLE ROUGIRAIT,	130	064
	SA FEMME VA CRIANT SUR LES PLACES PUBLIQUES:	001	037
SUR LE VIEIL OCEAN DE	SA FILLE ENCHANTE;	091	040
QUE TIVOLI JADIS OMBRAGEA DANS	SA FLEUR,	104	018
A TON FILS JE RENDRAI	SA FORCE ET SES COULEURS	051	025
DE	SA FOURRURE BLONDE ET BRUNE	131	012
TOUT SERVAIT, TOUT PARAIT	SA FRAGILE BEAUTE.	022	008
ET DES FEMMES DONT L'OEIL PAR	SA FRANCHISE ETONNE.	126	103
CRIANT A DIEU, DANS	SA FURIBONDE AGONIE:	099	006
QUI, DERRIERE LA VITRE OU SE BRISAIT	SA GERBE,	102	043
LE LIQUIDE ENCHASSAIT	SA GLOIRE	064	009
AIMONS -NOUS DOUCEMENT. L'AMOUR DANS	SA GUERITE,		

```
POEM LINE
001 017 .  .   .   .   .   .  ELLE RAVALE AINSI L'ECUME DE      SA HAINE,
045 035          JUSQU'A CE QUE L'OUBLI LES JETTE DANS          SA HOTTE
093 005                    AGILE ET NOBLE, AVEC                 SA JAMBE DE STATUE,
090 022                          FAISANT AVEC                   SA JAMBE UN PARFAIT ANGLE DROIT,
127 017 .  .   .   .   .   .  .        ET SON BRAS ET           SA JAMBE, ET SA CUISSE ET SES REINS,
131 004              QUI LEVAIENT LE RIDEAU DE                  SA JEUNE CANDEUR,
131 041          MAIS HIPPOLYTE ALORS, LEVANT                   SA JEUNE TETE;
130 063                  ET LE RAYONNEMENT DE                   SA JEUNESSE BLONDE
038 027 .  .   .   .   .    TOUT IMPREGNES DE                   SA JEUNESSE PURE,
014 003          DANS LE DEROULEMENT INFINI DE                  SA LAME,
065 009          QUAND PARFOIS SUR CE GLOBE, EN                 SA LANGUEUR OISIVE,
065 012                    DANS LE CREUX DE                     SA MAIN PREND CETTE LARME PALE,
071 011 .  ET PARCOURT, COMME UN PRINCE INSPECTANT              SA MAISON,
157 004          POUR UN JEUNE RUFFIAN TERRASSANT               SA MAITRESSE.
032 005                    JE ME REPRESENTAI                    SA MAJESTE NATIVE,
001 003                                                         SA MERE EPOUVANTEE ET PLEINE DE BLASPHEMES
090 023 .  .   .  SI BIEN QUE SON BATON, PARACHEVANT            SA MINE,
071 010          SUR LES FOULES SANS NOM QUE                    SA MONTURE BROIE,
131 006                              DE                         SA NAIVETE LE CIEL DEJA LOINTAIN,
097 001          FIERE, AUTANT QU'UN VIVANT, DE                 SA NOBLE STATURE,
120 043 .  .   .   .  '  PERE ADOPTIF DE CEUX QU'EN             SA NOIRE COLERE
064 007                              NI                         SA NOIRE LEGENDE AVEC LA FLAMME ECRITE.
038 039                                                         SA NUDITE VOLUPTUEUSEMENT
131 021          ELLE CHERCHAIT DANS L'OEIL DE                  SA PALE VICTIME
038 035 .  .   .   .  .     RIEN N'OFFUSQUAIT                   SA PARFAITE CLARTE,
122 013          C'EST LA BOURSE DU PAUVRE ET                   SA PATRIE ANTIQUE,
091 045                          L'UNE, PAR                     SA PATRIE AU MALHEUR EXERCEE,
100 022          VOYANT TOMBER DES PLEURS DE                    SA PAUPIERE CREUSE?
154 012 .  .   .   .   .   .   .   .                            SA PEAU DELICATE EST FROTTEE
114 004   TOUT GLISSE ET TOUT S'EMOUSSE AU GRANIT DE            SA PEAU.
051 020                          CHANTER                        SA PLUS VIBRANTE CORDE,
099 003                                                         SA POMONE DE PLATRE ET SA VIEILLE VENUS
115 014 .  .   .   ET CETTE OMBRE D'HAMLET IMITANT              SA POSTURE,
014 007          SE DISTRAIT QUELQUEFOIS DE                     SA PROPRE RUMEUR
105 012          S'ENIVRE DES SPLENDEURS DE                     SA PROPRE VERTU,
090 017                  M'APPARUT. ON EUT DIT                  SA PRUNELLE TREMPEE
016 015 .  .   .   .   .   .   IMMEDIATEMENT                    SA RAISON S'EN ALLA.
153 006          VERS L'ETRANGE ET L'ABSURDE INVITENT           SA RAISON;
135 001                  L'HOMME A, POUR PAYER                  SA RANCON,
015 019          MAIS LE CALME HEROS, COURBE SUR                SA RAPIERE,
038 034 .  .   .   .   .     S'ADAPTAIENT JUSTE A               SA RARE BEAUTE;
038 011                              A                          SA REVEUSE ALLURE ORIENTALE,
112 013          O MORT, QUAND VIENDRAS -TU,                    SA RIVALE EN ATTRAITS,
116 024                    ENTRE -BAILLANT                      SA ROBE AUX BRISES PASSAGERES;
097 006 .  .   .   .   .   .   .   .                            SA ROBE EXAGEREE, EN SA ROYALE AMPLEUR,
080 013          JE CONTEMPLE D'EN HAUT LE GLOBE EN             SA RONDEUR
097 006                    SA ROBE EXAGEREE, EN                 SA ROYALE AMPLEUR,
085 008          A CHAQUE HOMME ACCORDE POUR TOUTE              SA SAISON,
156 007 .  .   .   .   .   .   .   IL PEINT LE MAL ET           SA SEQUELLE,
130 062                  ET VERSANT LES TRESORS DE              SA SERENITE
131 062          QUI VOULUT LE PREMIER, DANS                    SA STUPIDITE,
127 027                              TANT                       SA TAILLE FAISAIT RESSORTIR SON BASSIN.
089 027 .  .   .   .   SUR SON COU CONVULSIF TENDANT            SA TETE AVIDE,
047 001          VOICI VENIR LES TEMPS OU VIBRANT SUR           SA TIGE
038 012                  QUAND IL ATTEINT                       SA TOTALE GRANDEUR,
001 030          OU BIEN, S'ENHARDISSANT DE                     SA TRANQUILLITE,
049 004 .  .   .   .   .   DANS L'OR DE                         SA VAPEUR ROUGE,
040 003   --QUAND NOTRE COEUR A FAIT UNE FOIS                   SA VENDANGE,
019 001          DU TEMPS QUE LA NATURE EN                      SA VERVE PUISSANTE
099 003          SA POMONE DE PLATRE ET                         SA VIEILLE VENUS
074 006 .  .   .   .   .   .   QUI, MALGRE                      SA VIEILLESSE, ALERTE ET BIEN PORTANTE,
085 010   CHUCHOTE: SOUVIENS -TOI--RAPIDE, AVEC                 SA VOIX
074 011          IL ARRIVE SOUVENT QUE                          SA VOIX AFFAIBLIE
041 024                          COMME                          SA VOIX FAIT LE PARFUM!"
051 006 .  .   .   .   .   .   .   MAIS QUE                     SA VOIX S'APAISE OU GRONDE,
097 024          TE POUSSE-T -IL, CREDULE, AU                   SABBAT DU PLAISIR?
006 026   DE FOETUS QU'ON FAIT CUIRE AU MILIEU DES              SABBATS,
111 001          COMME UN BETAIL PENSIF SUR LE                  SABLE COUCHEES,
066 013 .  .  ET DES PARCELLES D'OR, AINSI QU'UN                SABLE FIN,
027 005                          COMME LE                       SABLE MORNE ET L'AZUR DES DESERTS.
126 058          ET DES FLOTS; NOUS AVONS VU DES                SABLES AUSSI;
125 006          PLUS ALLAIT SE VIDANT LE FATAL                 SABLIER,
013 009 .  .   .   .   .  .  DU FOND DE SON REDUIT              SABLONNEUX, LE GRILLON,
054 014                              QUE LE                     SABOT DU CHEVAL FROISSE,
071 008          ET FOULENT L'INFINI D'UN                       SABOT HASARDEUX,
088 012                              TES                        SABOTS LOURDS.
131 034 .  .   .   DE CHEVAUX ET DE BOEUFS AUX                  SABOTS SANS PITIE...
059 008                          ET MONTANT,                    SABRE AU POING, LES ROYAUX ESCALIERS?
071 009          LE CAVALIER PROMENE UN                         SABRE QUI FLAMBOIE
091 012                          UN PETIT                       SAC BRODE DE FLEURS OU DE REBUS;
107 005 .  .   .   .   .   LE DERNIER                           SAC D'ECUS DANS LES DOIGTS D'UN JOUEUR;
130 008   ET COURENT, SANGLOTANT ET GLOUSSANT PAR              SACCADES,
055 006   CE QU'ELLE CHERCHE, AMIE, EST UN LIEU                 SACCAGE
109 005                  PARFOIS IL PREND                       SACHANT MON GRAND AMOUR DE L'ART,
140 005 .  .   .   .   .   .   T  .   .   .   .   .             SACHE QU'IL FAUT AIMER, SANS FAIRE LA GRIMACE,
038 018                          OU D'UN                        SACHET LE MUSC INVETERE?
134 009                                                         SACHET TOUJOURS FRAIS QUI PARFUME
038 024                          VIVANT                         SACHET, ENCENSOIR DE L'ALCOVE,
131 027 .  .   .   .   .   .   .   .   .   .   .  L'HOLOCAUSTE  SACRE DE TES PREMIERES ROSES
```

S

		POEM	LINE
L'HOMME AJOUTA LE VIN, FILS	SACRE DU SOLEIL!	105	032
C'EST ICI LA CASE	SACREE	154	001
APRES LES DERNIERS	SACREMENTS,	029	042
COMME CES LONGS SERPENTS QUE LES JONGLEURS	SACRES	027	003
RACE D'ABEL, TON	SACRIFICE	119	005
LEUR ATTITUDE AU	SAGE ENSEIGNE	067	009
SOIS	SAGE, O MA DOULEUR, ET TIENS -TOI PLUS TRANQUILLE.	143	001
CELUI-LA, LECTEUR, EST UN	SAGE.	156	004
QUE M'IMPORTE QUE TU SOIS	SAGE?	138	001
LES	SAGES N'EN ONT PAS D'AUSSI BEAUX QUE LES FOUS!"	136	028
ASSOUPI DANS LE FOND D'UN	SAHARAH BRUMEUX;	076	021
POUR ABREUVER MON	SAHARAH,	083	005
MERES AU COEUR	SAIGNANT, COURTISANES OU SAINTES, ...	091	063
DANS TOUS LES COINS	SAIGNANTS DE CETTE POURRITURE;	116	032
A	SAIGNER TOUS LES BOUTS DE MA CARCASSE IMMONDE.	072	008
OU	SAINT ANTOINE A VU SURGIR COMME DES LAVES	111	011
PUISEE AU FOYER	SAINT DES RAYONS PRIMITIFS, ...	001	074
	SAINT PIERRE A RENIE JESUS,...IL A BIEN FAIT!	118	032
--A LA	SAINTE JEUNESSE, A L'AIR SIMPLE, AU DOUX FRONT,	005	036
DU DIABLE OU DE LA	SAINTE TABLE!	106	052
ETALAIENT EN TABLEAUX LA	SAINTE VERITE, ...	009	002
DANS LES RANGS BIENHEUREUX DES	SAINTES LEGIONS,	001	062
QUI PREPARE LES FORTS AUX	SAINTES VOLUPTES!	001	060
MERES AU COEUR SAIGNANT, COURTISANES OU	SAINTES,	091	063
TOUTES ESCALADANT LE CIEL; LA	SAINTETE, ...	126	098
JE	SAIS COMBIEN IL FAUT, SUR LA COLLINE EN FLAMME,	104	005
TOI QUI	SAIS EN QUELS COINS DES TERRES ENVIEUSES	120	019
--"MOI, J'AI LA LEVRE HUMIDE, ET JE	SAIS LA SCIENCE	132	005
JE	SAIS L'ART D'EVOQUER LES MINUTES HEUREUSES, ...	036	021
JE	SAIS L'ART D'EVOQUER LES MINUTES HEUREUSES!	036	025
CAR J'IGNORE OU TU FUIS, TU NE	SAIS OU JE VAIS,	093	013
JE	SAIS QUE LA DOULEUR EST LA NOBLESSE UNIQUE	001	065
JE	SAIS QUE TON COEUR, QUI REGORGE	138	021
JE	SAIS QUE VOUS GARDEZ UNE PLACE AU POETE	001	061
SOUS JE NE	SAIS QUEL OEIL DE FEU	148	011
JE NE	SAIS QUOI DE BON, DE DOUX COMME LA NUIT!	152	003
JE NE	SAIS QUOI D'ETRANGE ET D'ENCHANTE	038	031
JE	SAIS QU'IL EST DES YEUX, DES PLUS MELANCOLIQUES,	098	017
TOI QUI	SAIS TOUT, GRAND ROI DES CHOSES SOUTERRAINES,	120	007
DIS -LE, BELLE SORCIERE, OH! DIS, SI TU LE	SAIS, ...	054	011
DIS -LE, BELLE SORCIERE, OH! DIS, SI TU LE	SAIS,	054	015
ET QUI N'EST PAS	SAISI D'UN FRISSON FRATERNEL,	090	038
DU MECREANT	SAISIT A PLEIN POING LES CHEVEUX,	140	002
D'UN BRAS VENGEUR ET FORT	SAISIT CHAQUE AVIRON.	015	004
	SAISIT L'AME VAINCUE ET LA POUSSE A DEUX MAINS . . .	048	015
DE L'ARRIERE -	SAISON LE RAYON JAUNE ET DOUX!	056	028
AIMENT EGALEMENT, DANS LEUR MURE	SAISON,	066	002
A CHAQUE HOMME ACCORDE POUR TOUTE SA	SAISON.	085	008
O BLAFARDES	SAISONS, REINES DE NOS CLIMATS, ...	101	011
QU'ALLUMENT LES SOLEILS DES BRUMEUSES	SAISONS...	050	010
ENDORMEUSES	SAISONS! JE VOUS AIME ET VOUS LOUE	101	002
FANTOME VAGISSANT, ON NE	SAIT D'OU VENU,	136	012
PARCE QU'IL	SAIT JOUER ARTISTEMENT SON ROLE, ...	115	018
ENTERRE	SAIT LE NOM CELEBRE EVAPOREE	091	039
DEVANT LES SUPPLIANTS	SAIT METTRE BAS LES ARMES,	059	012
DARDANT ON NE	SAIT OU LEURS GLOBES TENEBREUX,	092	004
TOUT PLEIN DE VAGUE HORREUR, MENANT ON NE	SAIT OU;	146	010
LE VIN	SAIT PLONGER DANS LES GOUFFRES,	142	010
ET QUI	SAIT REVETIR LE PLUS SORDIDE BOUGE	049	001
	SAIT SI LES FLEURS NOUVELLES QUE JE REVE	010	009
ELLE CROIT, ELLE	SAIT, CETTE VIERGE INFECONDE	114	013
ET LEUR VERSAIT PARFOIS QUELQUE	SALE CARESSE.	115	030
UN BROUILLARD	SALE ET JAUNE INONDAIT TOUT L'ESPACE,	090	009
DECREPIT, POUDREUX,	SALE, ABJECT, VISQUEUX, FELE,	048	024
	SALE, INUTILE ET LAID COMME UNE CHOSE USEE, ...	016	025
L'OEIL PENSIF, ET SUIVANT, DANS NOS	SALES BROUILLARDS,	133	027
DES PLEURS	SALES DE SON FRONT GRIS	135	007
SUR TES PLEURS	SALES NAGERA	083	008
CEPENDANT QU'EN UN JEU PLEIN DE	SALES PARFUMS, ...	075	011
SOUS DE	SALES PLAFONDS UN RANG DE PALES LUSTRES	096	009
DE TA	SALIVE QUI MORD,	049	017
NOUS APPRIS A MELER LE	SALPETRE ET LE SOUFRE,	120	032
OU,	SALTIMBANQUE A JEUN, ETALER TES APPAS	008	012
NOUS AVONS	SALUE DES IDOLES A TROMPE;	126	077
	SALUE L'ENORME BETISE.	150	019
ET NUL NE VOUS	SALUE, ETRANGES DESTINEES!	091	071
	SALUER SON COUCHER PLUS GLORIEUX QU'UN REVE!	145	004
	SALUT EN L'IMMORTALITE!	134	004
	SALUT EN L'IMMORTALITE!	134	020
MASQUE OU DECOR,	SALUT! J'ADORE TA BEAUTE.	098	024
	SALUTAIRE INSTRUMENT, BUVEUR DU SANG DU MONDE, . . .	025	010
LLONGFAIT TES DEUX BRAS DISTENDUS, QUE TON	SANG	118	018
IL INONDAIT DE	SANG CETTE PEAU COULEUR D'AMBRE!	127	032
ET QUE TON	SANG CHRETIEN COULAT A FLOTS RHYTHMIQUES,	007	011
IL ME SEMBLE PARFOIS QUE MON	SANG COULE A FLOTS, ...	113	001
SALUTAIRE INSTRUMENT, BUVEUR DU	SANG DU MONDE,	025	010
COMME UN SANGLOT COUPE PAR UN	SANG ECUMEUX	103	019
DE GRANDS SEAUX PLEINS DU	SANG ET DES LARMES DES MORTS,	073	004
MON	SANG ET MA CHAIR!"	117	020

```
POEM LINE
006 029 . . . . . . . . . DELACROIX, LAC DE    SANG HANTE DES MAUVAIS ANGES,
077 018              OU COULE AU LIEU DE        SANG L'EAU VERTE DU LETHE.
157 009              POETE, NOTRE               SANG NOUS FUIT PAR CHAQUE PORE;
118 007              PUISQUE, MALGRE LE         SANG QUE LEUR VOLUPTE COUTE,
010 014 . . . . . . . . . . . . . . . DU        SANG QUE NOUS PERDONS CROIT ET SE FORTIFIE!
077 015              ET DANS CES BAINS DE       SANG QUI DES ROMAINS NOUS VIENNENT,
047 012          LE SOLEIL S'EST NOYE DANS SON  SANG QUI SE FIGE,
047 015          LE SOLEIL S'EST NOYE DANS SON  SANG QUI SE FIGE...
110 011 . . . . . . . . . . . . . . UN          SANG ROUGE ET VIVANT, DONT LA TOILE S'ABREUVE
132 024     QUI SEMBLAIT AVOIR FAIT PROVISION DE SANG,
083 018              C'EST TOUT MON             SANG, CE POISON NOIR!
096 023              ET QUI, SOUL DE SON        SANG, PREFERERAIT EN SOMME
074 013 . . . . . . . . AU BORD D'UN LAC DE     SANG, SOUS UN GRAND TAS DE MORTS,
035 002     ONT ECLABOUSSE L'AIR DE LUEURS ET DE SANG.
036 014     JE CROYAIS RESPIRER LE PARFUM DE TON SANG.
131 080     QUI, LA TORCHE A LA MAIN, LE BRULE JUSQU'AU SANG.
138 021 . . . . . . . UNE EAU CHAUDE COMME LE   SANG,
126 094     LA FETE QU'ASSAISONNE ET PARFUME LE SANG;
109 014              ET L'APPAREIL              SANGLANT DE LA DESTRUCTION!
116 054              POUR MOI TOUT ETAIT NOIR ET SANGLANT DESORMAIS,
094 021 . . . . . . . . . . . SOUS NOTRE PIED   SANGLANT ET NU?
131 048              QU'UN HORIZON              SANGLANT FERME DE TOUTES PARTS.
103 005              OU, COMME UN OEIL          SANGLANT QUI PALPITE ET QUI BOUGE,
096 012     QUI VIENNENT GASPILLER LEURS        SANGLANTES SUEURS;
103 019 . . . . . . . . . . COMME UN           SANGLOT COUPE PAR UN SANG ECUMEUX
006 043              QUE CET ARDENT             SANGLOT QUI ROULE D'AGE EN AGE
121 011              COMME UN LONG              SANGLOT, TOUT CHARGE D'ADIEUX;
130 008              ET COURENT,                SANGLOTANT ET GLOUSSANT PAR SACCADES,
057 044 . . . . . . . . DANS TON COEUR          SANGLOTANT, DANS TON COEUR RUISSELANT!
155 032 . . . . . . . . . . . . . . QUI         SANGLOTE DANS LES BASSINS!
126 093     LE BOURREAU QUI JOUIT, LE MARTYR QUI SANGLOTE;
128 013              POUR ENGLOUTIR MES         SANGLOTS APAISES
138 018 . . . . . . . . . . . TOUS LES         SANGLOTS DE TA POITRINE,
118 005              LES                        SANGLOTS DES MARTYRS ET DES SUPPLICIES
130 052              ET PARMI LES               SANGLOTS DONT LE ROC RETENTIT
079 007     DE L'HOMME VAINCU, PLEIN DE         SANGLOTS ET D'INSULTES,
154 009 . . . . . . . . . . LEUR CHANSON DE     SANGLOTS HEURTEE
083 011              TES CHERS                  SANGLOTS RETENTIRONT
044 002     LA HONTE, LES REMORDS, LES          SANGLOTS, LES ENNUIS
113 002     AINSI QU'UNE FONTAINE AUX RHYTHMIQUES SANGLOTS.
123 008 . . . DONT L'INFERNAL DESIR NOUS REMPLIT DE SANGLOTS!
072 014              POUR CE VIEUX CORPS        SANS AME ET MORT PARMI LES MORTS!
005 004     JOUISSAIENT SANS MENSONGE ET        SANS ANXIETE,
054 024              SANS ASTRES, SANS ECLAIRS FUNEBRES?
088 053 . . . . . . . . . . . . VA DONC,        SANS AUTRE ORNEMENT.
100 010              SANS COMPAGNON DE LIT,     SANS BONNES CAUSERIES,
090 052     SANS MATS, SUR UNE MER MONSTRUEUSE ET SANS BORDS!
074 014              ET QUI MEURT,              SANS BOUGER, DANS D'IMMENSES EFFORTS.
108 002 . . . . SANS MORS, SANS EPERONS,        SANS BRIDE,
063 003              ET VERS TOI GLISSERAI      SANS BRUIT
087 019              ET S'INTRODUIT EN ROI,     SANS BRUIT ET SANS VALETS,
129 028              COMME UN LACHE, RAMPER     SANS BRUIT,
079 009 . . . . . COMME TU ME PLAIRAIS, O NUIT! SANS CES ETOILES
109 001              SANS CESSE A MES COTES S'AGITE LE DEMON;
135 008              SANS CESSE IL FAUT QU'IL LES ARROSE.
088 032              SANS CESSE OFFERTS,
057 035 . . . . . . . . . . . . . ET         SANS CESSE VERS TOI, SOMMET BLANC ET NEIGEUX,
006 003     MAIS OU LA VIE AFFLUE ET S'AGITE    SANS CESSE,
030 005              UN SOLEIL                  SANS CHALEUR PLANE AU-DESSUS SIX MOIS,
083 001              JE TE FRAPPERAI            SANS COLERE
100 010 . . . . . . . . . . . . . . .          SANS COMPAGNON DE LIT, SANS BONNES CAUSERIES,
025 008              SANS CONNAITRE JAMAIS LA LOI DE LEUR BEAUTE.
096 006              DES LEVRES                 SANS COULEUR, DES MACHOIRES SANS DENT,
126 090     SANS RIRE S'ADORANT ET S'AIMANT     SANS DEGOUT;
116 060 . . . DE CONTEMPLER MON COEUR ET MON CORPS SANS DEGOUT!
096 006     DES LEVRES SANS COULEUR, DES MACHOIRES SANS DENT,
016 024              LES CHAMPS,                SANS DISTINGUER LES ETES DES HIVERS,
043 002              QU'UN ANGE TRES -SAVANT A   SANS DOUTE AIMANTES;
110 059 . . . . . . . . AUTANT QUE TOI          SANS DOUTE IL TE SERA FIDELE,
118 006              SONT UNE SYMPHONIE ENIVRANTE SANS DOUTE,
097 039              NE CONTEMPLERONT PAS       SANS D'AMERES NAUSEES
089 020              PRES D'UN RUISSEAU         SANS EAU LA BETE OUVRANT LE BEC
130 012 . . . . . OU JAMAIS UN SOUPIR NE RESTA  SANS ECHO.
054 024              SANS ASTRES,               SANS ECLAIRS FUNEBRES?
032 012     SI, QUELQUE SOIR, D'UN PLEUR OBTENU SANS EFFORT
003 019     --QUI PLANE SUR LA VIE, ET COMPREND SANS EFFORT
085 014 . . . . . . . . QU'IL NE FAUT PAS LACHER SANS EN EXTRAIRE L'OR!
071 013              SANS EPERONS, SANS FOUET, IL ESSOUFFLE UN CHEVAL,
108 002              SANS MORS,                 SANS EPERONS, SANS BRIDE,
150 030              BU SANS SOIF ET MANGE      SANS FAIM!
140 005 . . . . . . SACHE QU'IL FAUT AIMER,     SANS FAIRE LA GRIMACE,
066 011     QUI SEMBLENT S'ENDORMIR DANS UN REVE SANS FIN;
131 040     ET JE T'ENDORMIRAI DANS UN REVE     SANS FIN!"
130 007     QUI SE JETTENT SANS PEUR DANS LES GOUFFRES SANS FONDS
071 004 . . . . . . . . . SANS EPERONS,         SANS FOUET, IL ESSOUFFLE UN CHEVAL,
114 020     AINSI QU'UN NOUVEAU -NE,--           SANS HAINE ET SANS REMORD,
083 002              ET                         SANS HAINE, COMME UN BOUCHER,
071 012     LE CIMETIERE IMMENSE ET FROID,      SANS HORIZON.
000 016 . . . . . . . . . . . . . . . .          SANS HORREUR, A TRAVERS DES TENEBRES QUI PUENT.
```

S

		POEM	LINE
ANGOISSE ET VIF ESPOIR,	SANS HUMEUR FACTIEUSE.	125	005
BEAUX ECRINS	SANS JOYAUX, MEDAILLONS SANS RELIQUES,	098	019
	SANS LA MECHANCETE QUI LUISAIT DANS SES YEUX,	090	016
	SANS LAMPE,	084	017
UN DAMNE DESCENDANT	SANS LES ROUVRIR,	155	002
RESTE LONGTEMPS,	SANS LEVRE,	096	005
AUTOUR DES VERTS TAPIS DES VISAGES	SANS L'AVOIR CHERCHE,	126	086
NOUS AVONS VU PARTOUT, ET	SANS LUNE ET SANS RAYONS, TROUVER OU L'ON HEBERGE	054	028
	SANS LUNE, DEUX A DEUX,	101	013
--SI CE N'EST, PAR UN SOIR	SANS MATIN ET SANS SOIR,	054	023
PLUS DENSES QUE LA POIX,	SANS MATS, SUR UNE MER MONSTRUEUSE ET SANS BORDS!	090	052
	SANS MENSONGE ET SANS ANXIETE,	005	004
JOUISSAIENT	SANS MENTIR, PEUVENT DIRE: AUJOURD'HUI	095	006
DONT LES BRAS,	SANS MERCI,	143	006
SOUS LE FOUET DU PLAISIR, CE BOURREAU	SANS MORS, SANS EPERONS, SANS BRIDE,	108	002
	SANS MOURIR, CONTEMPLE LE HUITIEME,	090	041
AURAIS -JE,	SANS NEZ, IRRESISTIBLE GOUGE,	097	045
BAYADERE	SANS NOM DE L'HUMAINE ARMATURE,	097	019
L'ELEGANCE	SANS NOM QUE SA MONTURE BROIE,	071	010
SUR LES FOULES	SANS NUAGES,	116	003
LE NAVIRE ROULAIT SOUS UN CIEL	SANS OREILLE ET SANS YEUX,	072	009
O VERS! NOIRS COMPAGNONS	SANS PATRIE	078	015
AINSI QUE DES ESPRITS ERRANTS ET	SANS PEUR DANS LES GOUFFRES SANS FONDS	130	007
QUI SE JETTENT	SANS PEUR ET SANS REMORD,	106	043
ALORS,	SANS PITIE NI REMORD,	014	014
QUE VOUS VOUS COMBATTEZ	SANS PITIE...	131	034
DE CHEVAUX ET DE BOEUFS AUX SABOTS	SANS PITIE! TOUT CASSES	091	016
OU SE PEND UN DEMON	SANS PITIE! VERSE -MOI MOINS DE FLAMME;	026	010
O DEMON	SANS PLAINTES,	091	061
TELLES VOUS CHEMINEZ, STOIQUES ET	SANS PRENDRE SOUCI DES MOUCHARDS, SES SUJETS,	105	007
ET,	SANS PUDEUR,	080	003
NE VEUT PLUS T'ENFOURCHER! COUCHE -TOI	SANS QUITTER LEUR BERCEAU.	126	120
QUI SAVENT LE TUER	SANS QU'AMIS NI FAMILLE	100	013
ET LE SIECLE COULER,	SANS RAISON	124	002
COURT, DANSE ET SE TORD	SANS RAMPE.	084	020
D'ETERNELS ESCALIERS	SANS RAYONS, TROUVER OU L'ON HEBERGE	054	028
SANS LUNE ET	SANS RELACHE AUX COEURS AMBITIEUX,	130	027
INFLIGE	SANS RELIQUES,	098	019
BEAUX ECRINS SANS JOYAUX, MEDAILLONS	SANS REMORD	128	011
J'ETALERAI MES BAISERS	SANS REMORD,	049	018
QUI PLONGE DANS L'OUBLI MON AME	SANS REMORD,	106	043
ALORS, SANS PEUR ET	SANS REMORD.	114	020
AINSI QU'UN NOUVEAU -NE,--SANS HAINE ET	SANS REMORD.	072	012
A TRAVERS MA RUINE ALLEZ DONC	SANS REMORDS,	035	013
ROULONS -Y	SANS REMORDS, AMAZONE INHUMAINE,	067	005
	SANS REMUER ILS SE TIENDRONT	126	116
LE TEMPS: IL EST, HELAS! DES COUREURS	SANS REPIT,	108	013
NOUS FUIRONS	SANS REPOS NI TREVES	075	006
AGITE	SANS REPOS SON CORPS MAIGRE ET GALEUX;	016	023
ET, QUAND IL S'EN ALLAIT	SANS RIEN VOIR, A TRAVERS	126	090
	SANS RIRE S'ADORANT ET S'AIMANT SANS DEGOUT!	126	020
ET,	SANS SAVOIR POURQUOI, DISENT TOUJOURS: ALLONS!	110	009
SUR LE LIT, LE TRONC NU	SANS SCRUPULES ETALE	142	009
MAIS SI,	SANS SE LAISSER CHARMER,	150	030
BU	SANS SOIF ET MANGE SANS FAIM!	054	023
PLUS DENSES QUE LA POIX, SANS MATIN ET	SANS SOIR,	059	006
EXCITANT A L'ASSAUT UN PEUPLE	SANS SOULIERS,	141	013
J'ETAIS MORT	SANS SUBIR L'AVERTISSEMENT	125	012
--ET DE LONGS CORBILLARDS,	SANS SURPRISE, ET LA TERRIBLE AURORE	078	017
JE PUIS (ET TON PLAISIR SERAIT ALORS	SANS TAMBOURS NI MUSIQUE,	136	007
UN CADAVRE	SANS TERME!)	110	009
DESSINE UN CAUCHEMAR MULTIFORME ET	SANS TETE EPANCHE, COMME UN FLEUVE,	146	008
ET RONGE D'UN DESIR	SANS TREVE,	089	036
ET QU'EN UN CAUCHEMAR	SANS TREVE! ET PUIS A VOUS,	138	028
QUI GAGNE	SANS TREVES,	085	018
LORSQUE JE RENTRAIS	SANS TRICHER, A TOUT COUP! C'EST LA LOI.	106	003
ET S'INTRODUIT EN ROI, SANS BRUIT ET	SANS UN SOU,	087	019
NOUS VOULONS VOYAGER	SANS VALETS.	126	053
DANS DES TERRAINS CENDREUX, CALCINES,	SANS VAPEUR ET SANS VOILE!	115	001
NOUS VOULONS VOYAGER SANS VAPEUR ET	SANS VERDURE,	126	053
JE REMPLACE, POUR QUI ME VOIT NUE ET	SANS VOILE!	132	009
LE TROUPEAU MORTEL SAUTE ET SE PAME,	SANS VOILES,	097	054
OU DANSENT,	SANS VOIR	091	015
O VERS! NOIRS COMPAGNONS SANS OREILLE ET	SANS VOULOIR DANSER, PAUVRES SONNETTES	072	009
DAVID MOURANT AURAIT DEMANDE LA	SANS YEUX,	044	022
JE VOUDRAIS QU'EXHALANT L'ODEUR DE LA	SANTE	007	009
EST EBLOUI PAR LA	SANTE	129	006
EXERCAIENT LA	SANTE	005	006
QUI FAIT MA JOIE ET MA	SANTE DE LEUR NOBLE MACHINE.	134	018
PRODIGUES DE BAISERS ET RICHES DE	SANTE,	112	002
ANGE PLEIN DE	SANTE,	044	011
ANGE PLEIN DE	SANTE, CONNAISSEZ -VOUS LES FIEVRES,	044	015
SEMERA LE RUBIS, LA PERLE ET LE	SANTE, CONNAISSEZ -VOUS LES FIEVRES?	023	032
	SAPHIR,	130	066
--DE	SAPHO QUI MOURUT LE JOUR DE SON BLASPHEME,	130	056
DE LA MALE	SAPHO, L'AMANTE ET LE POETE,	130	060
DE LA MALE	SAPHO, L'AMANTE ET LE POETE!	130	054
LE CADAVRE ADORE DE	SAPHO, QUI PARTIT	130	014
ET VENUS A BON DROIT PEUT JALOUSER	SAPHO!	006	030
OMBRAGE PAR UN BOIS DE	SAPINS TOUJOURS VERT,	006	030

```
081 014 . . . . . . . . . . . . . . JE BATIS DE GRANDS  SARCOPHAGES.
149 027                              RECONNAISSEZ  SATAN A SON RIRE VAINQUEUR,
021 025                                        DE  SATAN OU DE DIEU, QU'IMPORTE? ANGE OU SIRENE,
000 009           SUR L'OREILLER DU MAL C'EST  SATAN TRISMEGISTE
120 046 . . . . . . . . . . . GLOIRE ET LOUANGE A TOI,  SATAN, DANS LES HAUTEURS
142 006                                      CHEZ  SATAN, LE RUSE DOYEN,
120 003                                          O  SATAN, PRENDS PITIE DE MA LONGUE MISERE!
054 047                        TERRASSER L'ENORME  SATAN;
016 010      S'ECRIA, TRANSPORTE D'UN ORGUEIL  SATANIQUE;
084 038                      FLAMBEAU DES GRACES  SATANIQUES,
038 040                   DANS LES BAISERS DU  SATIN ET DU LINGE,
058 033                     SOUS TES SOULIERS DE  SATIN,
057 020 . . . . . . . . . . . . . .       DE  SATIN, PAR TES PIEDS DIVINS HUMILIES,
065 005                              SUR LE DOS  SATINE DES MOLLES AVALANCHES,
156 005                                   C'EST UN  SATIRIQUE, UN MOQUEUR;
018 004                            QUI SAURONT  SATISFAIRE UN COEUR COMME LE MIEN.
118 029 . . . . --CERTES, JE SORTIRAI, QUANT A MOI,  SATISFAIT
142 003                          JETTE CE LIVRE  SATURNIEN,
111 023             CHERCHEUSES D'INFINI, DEVOTES ET  SATYRES,
141 006                                       DES  SATYRESSES OU DES NIXES,
001 031 . . . . . . . . . .    CHERCHENT A QUI  SAURA LUI TIRER UNE PLAINTE,
023 024                                          SAURA VOUS RETROUVER, O FECONDE PARESSE,
009 012           O MOINE FAINEANT! QUAND  SAURAI -JE DONC FAIRE
050 015                                      ET  SAURAI -JE TIRER DE L'IMPLACABLE HIVER
057 011 . . . . . . . . . . . . . .       JE  SAURAI TE TAILLER UN MANTEAU, DE FACON
073 007               QUAND MEME ELLE  SAURAIT RANIMER SES VICTIMES,
001 048                                          SAURONT JUSQU'A SON COEUR SE FRAYER UN CHEMIN.
018 004                                  QUI  SAURONT SATISFAIRE UN COEUR COMME LE MIEN.
097 054                          LE TROUPEAU MORTEL  SAUTE ET SE PAME, SANS VOIR
078 013              DES CLOCHES TOUT A COUP  SAUTENT AVEC FURIE
038 025                       UNE SENTEUR MONTAIT,  SAUVAGE ET FAUVE,
095 008             LES ESPRITS QUE DEVORE UNE DOULEUR  SAUVAGE,
014 008 . . AU BRUIT DE CETTE PLAINTE INDOMPTABLE ET  SAUVAGE.
043 005                                      ME  SAUVANT DE TOUT PIEGE ET DE TOUT PECHE GRAVE,
093 014      O TOI QUE J'EUSSE AIMEE, O TOI QUI LE  SAVAIS!
057 008                                          SAVAMMENT CONSTELLE DE RIMES DE CRISTAL,
026 003 . . . OEUVRE DE QUELQUE OBI, LE FAUST DE LA  SAVANE,
146 007  SUR LE FOND DE MES NUITS DIEU DE SON DOIGT  SAVANT
043 002                     QU'UN ANGE TRES -  SAVANT A SANS DOUTE AIMANTES;
098 012           EST MUR, COMME SON CORPS, POUR LE  SAVANT AMOUR,
000 012 . . . . . . . . EST TOUT VAPORISE PAR CE  SAVANT CHIMISTE.
120 001                              O TOI, LE PLUS  SAVANT ET LE PLUS BEAU DES ANGES,
095 009                                      LE  SAVANT OBSTINE DONT LE FRONT S'ALOURDIT,
077 013                                      LE  SAVANT QUI LUI FAIT DE L'OR N'A JAMAIS PU
132 011 . . . . . . . . . . .    JE SUIS, MON CHER  SAVANT, SI DOCTE AUX VOLUPTES,
025 013             LA GRANDEUR DE CE MAL OU TU TE CROIS  SAVANTE
091 023                                  LA MORT  SAVANTE MET DANS CES BIERES PAREILLES
066 001             LES AMOUREUX FERVENTS ET LES  SAVANTS AUSTERES
126 083 . . . . . . . . . . . ET DES JONGLEURS  SAVANTS QUE LE SERPENT CARESSE."
090 027     COMME S'IL ECRASAIT DES MORTS SOUS SES  SAVATES,
126 120                                      QUI  SAVENT LE TUER SANS QUITTER LEUR BERCEAU.
077 011                                      NE  SAVENT PLUS TROUVER D'IMPUDIQUE TOILETTE
098 013      ES -TU LE FRUIT D'AUTOMNE AUX  SAVEURS SOUVERAINES?
094 006                                  ET LE  SAVOIR D'UN VIEIL ARTISTE,
126 020               ET, SANS  SAVOIR POURQUOI, DISENT TOUJOURS: ALLONS!
001 043                                      POUR  SAVOIR SI JE PUIS DANS UN COEUR QUI M'ADMIRE
130 051 . . . . . . . . . . . . .   POUR  SAVOIR SI LA MER EST INDULGENTE ET BONNE,
130 055                                      POUR  SAVOIR SI LA MER EST INDULGENTE ET BONNE!
041 004                      ME DIT: "JE VOUDRAIS BIEN  SAVOIR,
126 109                                      AMER  SAVOIR, CELUI QU'ON TIRE DU VOYAGE!
150 007 . . . . MALGRE TOUT CE QUE NOUS  SAVONS,
102 010                                      JE  SAVOURAIS DANS MON TABLEAU
125 001           CONNAIS -TU, COMME MOI, LA DOULEUR  SAVOUREUSE,
022 006            DES ARBRES SINGULIERS ET DES FRUITS  SAVOUREUX;
111 017 . . . . ET D'AUTRES, DONT LA GORGE AIME LES  SCAPULAIRES,
132 005     --"MOI, J'AI LA LEVRE HUMIDE, ET JE SAIS LA  SCIENCE
066 005                        AMIS DE LA  SCIENCE ET DE LA VOLUPTE,
120 049     FAIS QUE MON AME UN JOUR, SOUS L'ARBRE DE  SCIENCE,
136 002 . . . . . . . BABEL SOMBRE, OU ROMAN,  SCIENCE, FABLIAU,
152 008                                          SCINTILLENT VAGUEMENT DES TRESORS IGNORES!
151 003                    MAIS ON VOIT  SCINTILLER EN LOLA DE VALENCE
000 030                          LES SINGES, LES  SCORPIONS, LES VAUTOURS, LES SERPENTS,
110 021      SUR LE LIT, LE TRONC NU SANS  SCRUPULES ETALE
141 009 . . . . . . . . . . .    POLIS DES VERS,  SCULPTE DES MARBRES,
123 010                              ET CES  SCULPTEURS DAMNES ET MARQUES D'UN AFFRONT,
028 023                                          SE BALANCE AVEC LA MOLLESSE
057 017 . . . . . . . . .    AUX POINTES  SE BALANCE, AUX VALLONS SE REPOSE,
140 009   TEL EST L'AMOUR! AVANT QUE TON COEUR NE  SE BLASE,
099 006               QUI, DERRIERE LA VITRE OU  SE BRISAIT SA GERBE,
098 002               AU CHANT DES INSTRUMENTS QUI  SE BRISE AU PLAFOND
148 012 . . . . . . JE SENS MON AILE QUI  SE CASSE;
095 004                  ET L'HOMME IMPATIENT  SE CHANGE EN BETE FAUVE,
111 003               ET LEURS PIEDS  SE CHERCHANT ET LEURS MAINS RAPPROCHEES
105 006                            BUTTANT, ET  SE COGNANT AUX MURS COMME UN POETE,
078 008 . . . . . . . . . . . . . .    ET  SE COGNANT LA TETE A DES PLAFONDS POURRIS;
004 005            COMME DE LONGS ECHOS QUI DE LOIN  SE CONFONDENT
076 024     NE CHANTE QU'AUX RAYONS DU SOLEIL QUI  SE COUCHE,
097 044              QUI FAIT LE DEGOUTE MONTRE QU'IL  SE CROIT BEAU.
149 009 . . . . . . . . .    UN GAZETIER FUMEUX, QUI  SE CROIT UN FLAMBEAU,
```

S

		POEM	LINE
LES ANGES IMPUISSANTS	SE DAMNERAIENT POUR MOI!"	132	016
	SE DEBATTANT COMME UN NAGEUR,	084	008
	SE DEGAGEAIT UN PARFUM DE FOURRURE.	038	028
SINGULIERE FORTUNE OU LE BUT	SE DEPLACE,	126	029
QUAND SUR TON PRESENT	SE DEPLOIE	138	009
JE VOIS	SE DEROULER DES RIVAGES HEUREUX	022	003
JE VIS	SE DEROULER SOUS MON OEIL CLAIRVOYANT.	096	014
POUR	SE DESALTERER A CES GOUFFRES AMERS.	049	015
DU CIEL	SE DETACHANT EN NOIR, COMME UN CYPRES.	116	028
ELLE	SE DEVELOPPE AVEC INDIFFERENCE.	027	008
TANT L'ECHEVEAU DU TEMPS LENTEMENT	SE DEVIDE!	030	014
	SE DISTRAIT QUELQUEFOIS DE SA PROPRE RUMEUR	014	007
	SE DIT, REVEUR, DEVANT CES LEVRES DEJA BLANCHES:	149	002
LE POETE	SE DIT: "ENFIN!	124	008
--PLUS BELLE QUE VENUS	SE DRESSANT SUR LE MONDE	130	061
PLUS BELLE QUE VENUS	SE DRESSANT SUR LE MONDE!	130	065
	SE DRESSENT DEVANT EUX, SOLENNELLE MAGIE!	105	021
ET DE NOS FACULTES	SE FAIT LE CAPITAINE?	044	009
ET QUE TOUJOURS, AVEC QUELQUE SOIN QU'IL	SE FARDE,	045	027
TES BRAS	SE FASSENT PRIER	088	026
TOUT	SE FERA BENJOIN, ENCENS, OLIBAN, MYRRHE,	057	034
DANS L'AIR TROUBLE; LES YEUX	SE FERME LENTEMENT COMME UNE GRANDE ALCOVE,	095	003
	SE FERMENT; LE VERTIGE	048	014
LE SOLEIL S'EST NOYE DANS SON SANG QUI	SE FIGE.	047	012
LE SOLEIL S'EST NOYE DANS SON SANG QUI	SE FIGE...	047	015
QUI FONT	SE FONDRE EN PLEURS LES COEURS ENSORCELES,	050	006
CES NATIVES GRANDEURS, AUX LIEUX OU	SE FONT VOIR	005	016
DU SANG QUE NOUS PERDONS CROIT ET	SE FORTIFIE!	010	014
PARTOUT ELLE	SE FRAYE UN OCCULTE CHEMIN,	095	017
SAURONI JUSQU'A SON COEUR	SE FRAYER UN CHEMIN.	001	048
LAISSE DU VIEUX PLATON	SE FRONCER L'OEIL AUSTERE,	130	025
LAISSE DU VIEUX PLATON	SE FRONCER L'OEIL AUSTERE!	130	021
ET LE SOMBRE PARIS, EN	SE FROTTANT LES YEUX,	103	027
COMME UN RUISSEAU LASCIF QUI	SE FROTTE AU ROCHER,	097	010
--TA MAIN	SE GLISSE EN VAIN SUR MON SEIN QUI SE PAME;	055	005
QUI	SE GLISSE VERS NOUS COMME LE RAYON BLANC	107	002
QUI	SE JETTENT SANS PEUR DANS LES GOUFFRES SANS FONDS	130	007
LA RUCHE QUI	SE JOUE AU BORD DES CLAVICULES,	097	009
DANS CETTE GRANDE PLAINE OU L'AUTAN FROID	SE JOUE,	101	005
TES BRAS, QUI	SE JOUERAIENT DES PRECOCES HERCULES,	052	033
ELLE ETAIT DONC COUCHEE ET	SE LAISSAIT AIMER,	127	009
MAIS SI, SANS	SE LAISSER CHARMER,	142	009
QUI BAILLE NUIT ET JOUR, ET	SE LAMENTE ET PLEURE,	149	014
ET C'EST DEPUIS CE TEMPS QUE LESBOS	SE LAMENTE, ET LA BUCHE ENFUMEE	130	071
LE BOURDON	SE LAMENTE,	075	009
ET C'EST DEPUIS CE TEMPS QUE LESBOS	SE LAMENTE!	130	075
QUE LE SOLEIL EST BEAU QUAND FRAIS IL	SE LEVE,	145	001
SE MELER A DES CHRISTS, ET	SE LEVER TOUT DROITS	006	014
MOURANTE, ELLE	SE LIVRE AUX LONGUES PAMOISONS,	065	006
QUI VONT	SE MARTELANT LA POITRINE ET LE FRONT,	123	011
	SE MELAIENT. J'ETAIS HAUT COMME UN IN-FOLIO.	136	004
SONT DEUX BIJOUX FROIDS OU	SE MELE	028	015
LES CHOSES OU LE SON	SE MELE A LA LUMIERE.	127	008
OU L'ANGE INVIOLE	SE MELE AU SPHINX ANTIQUE,	027	011
	SE MELE DANS MON AME AU CHANT DES MARINIERS.	022	014
	SE MELER A DES CHRISTS, ET SE LEVER TOUT DROITS	006	014
QUI	SE METTENT A GEINDRE OPINIATREMENT,	078	016
	SE MEUT DANS SON REVEIL LE CADAVRE SPECTRAL	048	019
COMME DES FEMMES,	SE MIRAIENT.	102	024
EN VOUS	SE MIRE MON ORGUEIL;	082	010
A ME CONSIDERER FROIDEMENT ILS	SE MIRENT,	115	009
QU'ON	SE MOQUE DU MAITRE, ET QU'AVEC LUI L'ON TRICHE,	149	030
QUI	SE MORFOND LONGTEMPS A L'AFFUT DE LA PROIE.	149	034
PASCAL AVAIT SON GOUFFRE, AVEC LUI	SE MOUVANT.	146	001
CE SINISTRE VIEILLARD QUI	SE MULTIPLIAIT!	090	036
VIVAIT EN	SE MULTIPLIANT.	029	024
ET	SE MULTIPLIER COMME L'HYDRE DE LERNE.	073	011
QUAND TON COEUR DANS L'HORREUR	SE NOIE;	138	008
OU DANS LA VOLUPTE PURE LE COEUR	SE NOIE!	062	019
ET	SE NOURRIT DE NOUS COMME LE VER DES MORTS,	054	003
DE CETTE BOUCHE OU MON COEUR	SE NOYA,	038	046
DE LA DANSEUSE FOLLE ET FROIDE QUI	SE PAME	045	031
ET COMME UN BON NAGEUR QUI	SE PAME DANS L'ONDE,	003	006
LE TROUPEAU MORTEL SAUTE ET	SE PAME, SANS VOIR	097	054
TA MAIN SE GLISSE EN VAIN SUR MON SEIN QUI	SE PAME;	055	005
--DES FLEURS	SE PAMENT DANS UN COIN,	154	014
QUE SUR CES MATELAS QUI	SE PAMENT D'EMOI,	132	015
	SE PAMENT LONGUEMENT SOUS L'ARDEUR DES CLIMATS;	023	012
	SE PAMER SOUS SON OEIL COMME UN COEUR QUI PALPITE...	145	006
ET SOUVENT, COMME TOI,	SE PARFUMANT DE MYRRHE,	097	059
TA TETE	SE PAVANE AVEC D'ETRANGES GRACES;	052	010
TA TETE	SE PAVANE AVEC D'ETRANGES GRACES;	052	038
L'ELIXIR DE TA BOUCHE OU L'AMOUR	SE PAVANE;	026	006
ET TON CORPS	SE PENCHE ET S'ALLONGE	028	025
LOIN D'EUX. VOIS	SE PENCHER LES DEFUNTES ANNEES,	143	009
OU	SE PEND UN DEMON SANS PITIE; TOUT CASSES	091	016
DONT PHOEBUS	SE PLAISAIT A DORER LES STATUES.	005	002
DE L'ENFER OU MON COEUR	SE PLAIT,	082	014
	SE PLANTERONT BIENTOT COMME DANS UNE CIBLE;	085	004

```
POEM LINE
030 013 .  .  .  .  .  .  .  .  .  .   QUI PEUVENT  SE PLONGER DANS UN SOMMEIL STUPIDE,
068 007                           OU  SE PREPARE LA CUISINE
032 004         A LA TRISTE BEAUTE DONT MON DESIR  SE PRIVE.
090 020                               SE PROJETAIT, PAREILLE A CELLE DE JUDAS.
051 001 .  .  .  .  .  .  .  .  DANS MA CERVELLE  SE PROMENE,
126 107                          ET  SE REFUGIANT DANS L'OPIUM IMMENSE!
083 020                 OU LA MEGERE  SE REGARDE.
110 035                        DONT  SE REJOUISSAIT L'ESSAIM DES MAUVAIS ANGES
146 003 .  .   PAROLE! ET SUR MON POIL QUI TOUT DROIT  SE RELEVE
095 034                    L'HOPITAL  SE REMPLIT DE LEURS SOUPIRS,--PLUS D'UN
134 005                        ELLE  SE REPAND DANS MA VIE
004 008     LES PARFUMS, LES COULEURS ET LES SONS  SE REPONDENT.
057 017 .  .  .    AUX POINTES SE BALANCE, AUX VALLONS  SE REPOSE,
120 050                     PRES DE TOI  SE REPOSE, A L'HEURE OU SUR TON FRONT
145 009    MAIS JE POURSUIS EN VAIN LE DIEU QUI  SE RETIRE;
051 035                               SE RETOURNENT DOCILEMENT
089 045 .  .  .  .  .  A QUICONQUE A PERDU CE QUI NE  SE RETROUVE
046 004         DANS LA BRUTE ASSOUPIE UN ANGE  SE REVEILLE.
125 011            ENFIN LA VERITE FROIDE  SE REVELA:
028 013          TES YEUX, OU RIEN NE  SE REVELE
130 039 .  .  .  .  .  .  .   ET L'AMOUR  SE RIRA DE L'ENFER ET DU CIEL!
002 014            QUI HANTE LA TEMPETE ET  SE RIT DE L'ARCHER,
091 055       ET QUI, DANS CES SOIRS D'OR OU L'ON  SE SENT REVIVRE,
025 016                        DE TOI  SE SERT, O FEMME, O REINE DES PECHES,
077 016   ET DONT SUR LEURS VIEUX JOURS LES PUISSANTS  SE SOUVIENNENT,
048 007       PARFOIS ON TROUVE UN VIEUX FLACON QUI  SE SOUVIENT,
102 019                               SE SUSPENDAIENT, EBLOUISSANTES.
155 006                      ET NE  SE TAIT NI NUIT NI JOUR
126 114 .  .   PAR, S'IL LE FAUT   L'UN COURT, ET L'AUTRE  SE TAPIT
015 018                               SE TENAIT A LA BARRE ET COUPAIT LE FLOT NOIR;
020 019                   PAR LE HAUT  SE TERMINE EN MONSTRE BICEPHALE!
067 005             SANS REMUER ILS  SE TIENDRONT
067 002 .  .  .  .  .  .  .  .   LES HIBOUX  SE TIENNENT RANGES,
124 002             COURT, DANSE ET  SE TORD SANS RAISON
015 006                 DES FEMMES  SE TORDAIENT SOUS LE NOIR FIRMAMENT,
132 002                          EN  SE TORDANT AINSI QU'UN SERPENT SUR LA BRAISE,
054 002 .  .  .  .  .  .   QUI VIT, S'AGITE ET  SE TORTILLE,
045 028                               SE TRAHIT L'EGOISME HUMAIN;
076 009             OU COMME DES REMORDS  SE TRAINENT DE LONGS VERS
091 014                               SE TRAINENT, COMME FONT LES ANIMAUX BLESSES,
077 009           SON LIT FLEURDELISE  SE TRANSFORME EN TOMBEAU,
126 099       COMME EN UN LIT DE PLUME UN DELICAT  SE VAUTRE,
125 006               PLUS ALLAIT  SE VIDANT LE FATAL SABLIER,
085 020       LE GOUFFRE A TOUJOURS SOIF; LA CLEPSYDRE  SE VIDE.
016 016 .  .  .  .   L'ECLAT DE CE SOLEIL D'UN CREPE  SE VOILA;
049 013             LACS OU MON AME TREMBLE ET  SE VOIT A L'ENVERS...
073 004                    DE GRANDS  SEAUX PLEINS DU SANG ET DES LARMES DES MORTS,
008 007 .  .  .  .  .   SENTANT TA BOURSE A  SEC AUTANT QUE TON PALAIS,
097 007        S'ECROULE ABONDAMMENT SUR UN PIED  SEC QUE PINCE
089 018   ET, DE SES PIEDS PALMES FROTTANT LE PAVE  SEC,
089 048          AUX MAIGRES ORPHELINS  SECHANT COMME DES FLEURS!
132 007                          JE  SECHE TOUS LES PLEURS SUR MES SEINS TRIOMPHANTS,
085 009 .  .   TROIS MILLE SIX CENTS FOIS PAR HEURE, LA  SECONDE
043 004                               SECOUANT DANS MES YEUX LEURS FEUX DIAMANTES.
131 057                    DELPHINE  SECOUANT SA CRINIERE TRAGIQUE,
140 003               ET DIT, LE  SECOUANT: "TU CONNAITRAS LA REGLE!
083 016 .  .  .  .  .  .  .  .   QUI ME  SECOUE ET QUI ME MORD?
090 012              LE FAUBOURG  SECOUE PAR LES LOURDS TOMBEREAUX
123 001        COMBIEN FAUT -IL DE FOIS  SECOUER MES GRELOTS
031 016                          DE  SECOURIR MA LACHETE.
111 015 .  .  .  .  .  .  .  .   T'APPELLENT AU  SECOURS DE LEURS FIEVRES HURLANTES,
053 025              A L'AME EN  SECRET
011 013           SON PARFUM DOUX COMME UN  SECRET
134 012                          EN  SECRET A TRAVERS LA NUIT,
130 042 .  .  .  .  .  .   POUR CHANTER LE  SECRET DE SES VIERGES EN FLEURS,
040 004          VIVRE EST UN MAL. C'EST UN  SECRET DE TOUS CONNU,
012 014                          LE  SECRET DOULOUREUX QUI ME FAISAIT LANGUIR.
064 005        NE VEUT PAS TE MONTRER SON  SECRET INFERNAL,
110 027 .  .   LA JARRETIERE, AINSI QU'UN OEIL  SECRET QUI FLAMBE,
149 026            VOUS AVEZ, EN  SECRET, BAISE MA FESSE IMMONDE!
058 012             DE L'ENIGME ET DU  SECRET.
051 008      C'EST LA SON CHARME ET SON  SECRET.
045 024 .  .  .  .  .  .   DANS UN CAVEAU MISE AU  SECRET.
044 018             DE LIRE LA  SECRETE HORREUR DU DEVOUEMENT
110 023                          LA  SECRETE SPLENDEUR ET LA BEAUTE FATALE
116 023           ALLAIT, LE CORPS BRULE DE  SECRETES CHALEURS,
087 002 .  .  .  .   LES PERSIENNES, ABRI DES  SECRETES LUXURES,
073 005              LE DEMON FAIT DES TROUS  SECRETS A CES ABIMES,
116 009                   --ILE DES DOUX  SECRETS ET DES FETES DU COEUR!
098 018          QUI NE RECELENT POINT DE  SECRETS PRECIEUX;
076 005 .  .  .  .  .  .  .  .   CACHE MOINS DE  SECRETS QUE MON TRISTE CERVEAU.
130 009                 ORAGEUX ET  SECRETS, FOURMILLANTS ET PROFONDS;
052 022           ARMOIRE A DOUX  SECRETS, PLEINE DE BONNES CHOSES,
014 012        TANT VOUS ETES JALOUX DE GARDER VOS  SECRETS!
147 008 .  .  .  .  .  .   OU SOUS LES GAZONS  SECS S'ACCOUPLER LES VIPERES?
048 017        IL LA TERRASSE AU BORD D'UN GOUFFRE  SECULAIRE,
144 005          CITADIN, CAMPAGNARD, VAGABOND,  SEDENTAIRE,
066 004   QUI COMME EUX SONT FRILEUX ET COMME EUX  SEDENTAIRES.
109 006 .  .  .  .  .  .  .   LA FORME DE LA PLUS  SEDUISANTE DES FEMMES,
```

S

```
                                                                        POEM LINE
           O FEMME DANGEREUSE, O  SEDUISANTS CLIMATS!    . . . . . . . . . . .  050 013
              SI QUELQUE CHOSE ME  SEDUIT,                                       041 014
         PHOEBUS, ET LE GRAND PAN, LE  SEIGNEUR DES MOISSONS.                    007 014
                          MAINT  SEIGNEUR ET MAINT RONSARD                       088 038
             CAR C'EST VRAIMENT,  SEIGNEUR, LE MEILLEUR TEMOIGNAGE   . . . . . . . 006 041
                          --AH!  SEIGNEUR! DONNEZ -MOI LA FORCE ET LE COURAGE    116 059
                               SEIGNEUR! QUE LA DOULEUR, O PERE, SOIT BENIE!     149 046
         JE RESPIRE L'ODEUR DE TON  SEIN CHALEUREUX,                             022 002
                 ELLE REMUE AU  SEIN DE LA CITE DE FANGE  . . . . . . . .        095 019
                          TON  SEIN DE PENSERS FORTS FUT TOUJOURS FREQUENTE,     007 010
        TU TE PLAIS A PLONGER AU  SEIN DE TON IMAGE;                             014 005
            ET TROUVER SUR TON  SEIN LA FRAICHEUR DES TOMBEAUX!"                 131 084
                           LE  SEIN MARTYRISE D'UNE ANTIQUE CATIN,   . . . . . . 000 018
                    QUE TON  SEIN M'ETAIT DOUX! QUE TON COEUR M'ETAIT BON!       036 008
    FOUILLANT LA POCHE VIDE OU LE  SEIN PALPITANT;                               096 008
    ET L'ESPOIR QUI GAZOUILLE EN MON  SEIN PALPITANT?                           104 014
                   POUR MEURTRIR TON  SEIN PARDONNE,   . . . . . . . . . . .     129 030
       --TA MAIN SE GLISSE EN VAIN SUR MON  SEIN QUI SE PAME;                    055 005
            ET PLATRE ARTISTEMENT LE  SEIN QUI T'A NOURRI!"                      147 014
    J'ARRACHERAI CE COEUR TOUT ROUGE DE SON  SEIN,                              001 050
                        ET MON  SEIN, OU CHACUN S'EST MEURTRI TOUR A TOUR,   . . . 017 002
           LE SOLEIL DECHIRER MON  SEIN;                                         129 020
         DES QUAIS FROIDS DE LA  SEINE AUX BORDS BRULANTS DU GANGE,              097 053
    S'AVANCAIT LENTEMENT SUR LA  SEINE DESERTE,                                  103 026
           SUR LES BORDS DE LA  SEINE OU DE LA VERTE LOIRE,   . . . . . . . .    061 010
    LES PAUVRESSES, TRAINANT LEURS  SEINS MAIGRES ET FROIDS,                     103 015
                        LES  SEINS NUS ET POURPRES DE SES TENTATIONS;            111 012
          MONTRANT LEURS  SEINS PENDANTS ET LEURS ROBES OUVERTES,                015 005
        TU ME RAPPORTERAS TES  SEINS STIGMATISES...                             131 072
            ET PETRISSANT SES  SEINS SUR LE FER DE SON BUSC,                     132 003
    JE SECHE TOUS LES PLEURS SUR MES  SEINS TRIOMPHANTS,                         132 007
    AVANT DE S'ENDORMIR LE CONTOUR DE SES  SEINS,                                065 004
         DE TON DOS ET DE TES  SEINS,   . . . . . . . . . . . .                  058 022
    DORMIR NONCHALAMMENT A L'OMBRE DE SES  SEINS,                                019 013
    QU'IL M'EST DOUX, PENCHE VERS TES  SEINS,                                    155 030
        D'UNE MAIN EVENTANT SES  SEINS,                                          154 004
    ANS SES BRAS OUVERTS, QUE REMPLISSENT SES  SEINS,   . . . . . . . . . . .    114 011
        ET SON VENTRE ET SES  SEINS, CES GRAPPES DE MA VIGNE,                    127 020
          TES DEUX BEAUX  SEINS, RADIEUX                                         088 023
       COMME UN AIR IMPREGNE DE  SEL,                                            134 006
        RACE D'ABEL, VOIS TES  SEMAILLES   . . . . . . . . . . .                 119 009
    CES TEMPS OU DU CHRIST FLORISSAIENT LES  SEMAILLES,                          009 005
          NOUS AVIONS UN ETE  SEMBLABLE                                          106 007
         --ET POURTANT VOUS SEREZ  SEMBLABLE A CETTE ORDURE,                     029 037
          ET QUE, DECOR  SEMBLABLE A L'AME DE L'ACTEUR,   . . . . . . . . . .    090 008
                      SEMBLABLE AU CRI LOINTAIN DE L'HUMAINE DOULEUR,            107 008
            LE POETE EST  SEMBLABLE AU PRINCE DES NUEES                          002 013
        ET CETTE IMMENSE NUIT  SEMBLABLE AU VIEUX CHAOS;                         030 011
           DES LORS IL FUT  SEMBLABLE AUX BETES DE LA RUE,   . . . . . . . .     016 022
                     SEMBLABLE AUX VISIONS PALES QU'ENFANTE L'OMBRE             110 013
                "O MON  SEMBLABLE, O MON MAITRE, JE TE MAUDIS!"                 126 104
    --HYPOCRITE LECTEUR,--MON  SEMBLABLE,--MON FRERE!                            000 040
         PLUSIEURS RELIGIONS  SEMBLABLES A DES NAINS CRUELS ET CURIEUX.   . . . . 115 008
                     SEMBLABLES A LA NOTRE,                                      126 097
    POUR PARTIR; COEURS LEGERS,  SEMBLABLES AUX BALLONS,                         126 018
    QUI NOUS REND TRIOMPHANTS ET  SEMBLABLES AUX DIEUX!                          107 014
                         QUI  SEMBLAIT AVOIR FAIT PROVISION DE SANG,   . . . . . 132 024
                     SEMBLAIT FOURBI, CLAIR, IRISE;                              102 042
                     SEMBLAIT LUI RECLAMER UN SUPREME SOURIRE                    015 015
              ET TOUT  SEMBLAIT LUI SERVIR DE BORDURE,                           038 036
                     SEMBLAIT, GRAND OEIL OUVERT DANS LE CIEL CURIEUX,   . . . . 099 007
                     SEMBLE LE RALE EPAIS D'UN BLESSE QU'ON OUBLIE               074 012
               IL ME  SEMBLE PARFOIS QUE MON SANG COULE A FLOTS,                 113 001
               IL ME  SEMBLE TOUJOURS QUE CET ETRE FRAGILE                       091 027
               IL ME  SEMBLE, BERCE PAR CE CHOC MONOTONE,   . . . . . . .        056 013
               CE ME  SEMBLE, DE VIEILLES PLANCHES?"                             149 004
                QUI  SEMBLENT S'ENDORMIR DANS UN REVE SANS FIN;                 066 011
          SUR UN LIT  SEME DE CAILLOUX,                                          029 004
                     SEMERA LE RUBIS, LA PERLE ET LE SAPHIR,   . . . . . . .     023 032
                 TU  SEMES AU HASARD LA JOIE ET LES DESASTRES,                   021 011
    GRAIN PRECIEUX JETE PAR L'ETERNEL  SEMEUR,                                   104 022
             ET QUE  SEMPITERNELLEMENT,                                          094 025
                 JE  SENS FONDRE SUR MOI DE LOURDES EPOUVANTES   . . . . . . .   131 045
        DE TOUS MES  SENS FONDUS EN UN!                                          041 022
    ET CEPENDANT JE  SENS MA BOUCHE ALLER VERS TOI.                              131 052
                 JE  SENS MON AILE QUI SE CASSE;                                 148 012
            ET SES  SENS PAR L'ENNUI MORDUS   . . . . . . . . . .                110 042
    MAINTE FOIS DE LA PEUR JE  SENS PASSER LE VENT.                              146 004
    JE L'AVALE ET LE  SENS QUI BRULE MON POUMON                                  109 003
    CRIA SOUDAIN:--"JE  SENS S'ELARGIR DANS MON ETRE                             131 075
                 JE  SENS VIBRER EN MOI TOUTES LES PASSIONS   . . . . . . .      069 009
                     SENS.                                                       004 014
    ANTENT LES TRANSPORTS DE L'ESPRIT ET DES  SENT REVIVRE,                      091 055
    ET QUI, DANS CES SOIRS D'OR OU L'ON SE  SENT REVIVRE,                        091 055
                QUI  SENT TOUJOURS LA SOIF NAITRE DE LA LIQUEUR                  073 010
                     SENT UN FROID TENEBREUX ENVELOPPER SON AME   . . . . . .    005 018
    CELLE-LA, DROITE ENCOR, FIERE ET  SENTANT LA REGLE.                          091 057
    QU'UN DIADEME AFFREUX  SENTANT LE CARNAVAL.                                  071 003
                     SENTANT TA BOURSE A SEC AUTANT QUE TON PALAIS,              008 007
                ILS  SENTENT S'EGOUTTER LES NEIGES DE L'HIVER   . . . . . .      100 012
```

```
POEM LINE
038 025 .  .   .   .   .   .   .   .  .   .   .   .   .   UNE   SENTEUR MONTAIT, SAUVAGE ET FAUVE,
023 029                     JE M'ENIVRE ARDEMMENT DES   SENTEURS CONFONDUES
053 020                             AUX VAGUES   SENTEURS DE L'AMBRE,
097 048                                 VOUS   SENTEZ TOUS LA MORT! O SQUELETTES MUSQUES,
138 034                         TU N'AURAS PAS   SENTI L'ETREINTE
116 050                                 J'AI   SENTI TOUS LES BECS ET TOUTES LES MACHOIRES
129 019                                 J'AI   SENTI, COMME UNE IRONIE,
102 055                                  ET   SENTI, RENTRANT DANS MON AME,
029 003 .   .   .   .   .   .   .   .   AU DETOUR D'UN   SENTIER UNE CHAROGNE INFAME
130 047                             COMME UNE   SENTINELLE A L'OEIL PERCANT ET SUR,
006 037                 C'EST UN CRI REPETE PAR MILLE   SENTINELLES,
118 015                           ET LORSQUE TU   SENTIS S'ENFONCER LES EPINES
116 046 .   .   .   .   .   .   .   .   .   .   JE   SENTIS, A L'ASPECT DE TES MEMBRES FLOTTANTS,
131 081               QUE NOS RIDEAUX FERMES NOUS   SEPARENT DU MONDE,
024 006                                  QUI   SEPARENT MES BRAS DES IMMENSITES BLEUES
057 040           BOURREAU PLEIN DE REMORDS, JE FERAI   SEPT COUTEAUX
090 035 .   .   .   .   .   .   .   .   .   CAR JE COMPTAI   SEPT FOIS, DE MINUTE EN MINUTE,
090 040                                 CES   SEPT MONSTRES HIDEUX AVAIENT L'AIR ETERNEL!
057 039                        VOLUPTE NOIRE! DES   SEPT PECHES CAPITAUX,
048 020           D'UN VIEIL AMOUR RANCI, CHARMANT ET   SEPULCRAL.
081 003 .   .   .   .   .   .   .   .   CE QUI DIT A L'UN:   SEPULTURE!
011 005                            LOIN DES   SEPULTURES CELEBRES,
156 007                     IL PEINT LE MAL ET SA   SEQUELLE,
001 073                             CAR IL NE   SERA FAIT QUE DE PURE LUMIERE,
110 059 .   .   .   .   AUTANT QUE TOI SANS DOUTE IL TE   SERA FIDELE,
057 015                        TA ROBE, CE   SERA MON DESIR, FREMISSANT,
056 008                        MON COEUR NE   SERA PLUS QU'UN BLOC ROUGE ET GLACE,
157 008                     FAIT VOIR QUELLE   SERA VOTRE MATURITE,
106 042 .   .   .   .   .   .   .   .   .   .   .   JE   SERAI CE SOIR IVRE MORT;
048 021                      AINSI, QUAND JE   SERAI PERDU DANS LA MEMOIRE
086 023                             CAR JE   SERAI PLONGE DANS CETTE VOLUPTE
104 008                           MAIS JE NE   SERAI POINT INGRAT NI MALFAISANT,
104 019 .   .   .   .   .   .   .   .   .   .   .   ET   SERAI POUR CE FRELE ATHLETE DE LA VIE
048 025 .   .   .   .   .   .   .   .   .   .   .   JE   SERAI TON CERCUEIL, AIMABLE PESTILENCE!
147 002               DU HAUT DES PAYS BLEUS OU, RADIEUX   SERAIL,
016 014                             ET TU NE   SERAIS PLUS QU'UN FOETUS DERISOIRE!"
131 055 .   .   .   .   .   .   .   .   QUAND MEME TU   SERAIS UNE EMBUCHE DRESSEE
136 007               JE PUIS (ET TON PLAISIR   SERAIT ALORS SANS TERME!)
126 080                             SERAIT POUR VOS BANQUIERS UN REVE RUINEUX;
119 006                         FLATTE LE NEZ DU   SERAPHIN!
118 002 .   .   QUI MONTE TOUS LES JOURS VERS SES CHERS   SERAPHINS?
051 022                                 CHAT   SERAPHIQUE, CHAT ETRANGE,
104 016                     TU ME GLORIFIERAS ET TU   SERAS CONTENT:
039 012           FOULES D'UN PIED LEGER ET D'UN REGARD   SEREIN
001 054 .   .   .   .   .   .   .   .   .   .   LE POETE   SEREIN LEVE SES BRAS PIEUX,
005 023               QUE LE DIEU DE L'UTILE, IMPLACABLE ET   SEREIN,
003 016                   S'ELANCER VERS LES CHAMPS LUMINEUX ET   SEREINS;
127 019           PASSAIENT DEVANT MES YEUX CLAIRVOYANTS ET   SEREINS;
130 062 .   .   .   .   .   .   ET VERSANT LES TRESORS DE SA   SERENITE
091 083                                  OU   SEREZ -VOUS DEMAIN, EVES OCTOGENAIRES,
029 037                        --ET POURTANT VOUS   SEREZ SEMBLABLE A CETTE ORDURE,
029 041                       OUI! TELLE VOUS   SEREZ, O LA REINE DES GRACES,
099 010 .   .   SUR LA NAPPE FRUGALE ET LES RIDEAUX DE   SERGE,
058 027                          TU PRODIGUES,   SERIEUSE,
015 016               OU BRILLAT LA DOUCEUR DE SON PREMIER   SERMENT.
106 017                         AU NOM DES   SERMENTS DE TENDRESSE,
036 026 .   .   .   .   .   .   .   .   .   .   .   CES   SERMENTS, CES PARFUMS, CES BAISERS INFINIS,
105 009                       IL PRETE DES   SERMENTS, DICTE DES LOIS SUBLIMES,
036 030                                --O   SERMENTS! O PARFUMS! O BAISERS INFINIS!
121 006                         NOS DEUX COEURS   SERONT DEUX VASTES FLAMBEAUX,
018 001 .   .   .   .   .   .   .   .   .   .   .   CE NE   SERONT JAMAIS CES BEAUTES DE VIGNETTES,
063 007                     ET DES CARESSES DE   SERPENT
126 083               ET DES JONGLEURS SAVANTS QUE LE   SERPENT CARESSE."
141 002                         A DANS LE COEUR UN   SERPENT JAUNE,
028 019 .   .   .   .   .   .   .   .   .   ON DIRAIT UN   SERPENT QUI DANSE
057 025                         JE METTRAI LE   SERPENT QUI ME MORD LES ENTRAILLES
132 002               EN SE TORDANT AINSI QU'UN   SERPENT SUR LA BRAISE,
027 003                     COMME CES LONGS   SERPENTS QUE LES JONGLEURS SACRES
136 020 .   .   .   .   .   .   .   .   .   .   JE TRAINE DES   SERPENTS QUI MORDENT MES SOULIERS,
000 030       LES SINGES, LES SCORPIONS, LES VAUTOURS, LES   SERPENTS,
091 011                                  ET   SERRANT SUR LEUR FLANC, AINSI QUE DES RELIQUES,
097 041                       POURTANT, QUI N'A   SERRE DANS SES BRAS UN SQUELETTE,
110 005 .   .   DANS UNE CHAMBRE TIEDE OU, COMME EN UNE   SERRE,
000 021                             SERRE, FOURMILLANT, COMME UN MILLION D'HELMINTHES,
052 035                         FAITS POUR   SERRER OBSTINEMENT,
048 004                         DONT LA   SERRURE GRINCE ET RECHIGNE EN CRIANT,
054 034 .   .   .   .   .   .   .   .   A QUI NOTRE COEUR   SERT DE CIBLE?
126 070               DESIR, VIEIL ARBRE A QUI LE PLAISIR   SERT D'ENGRAIS,
033 012                   TE DIRA: "QUE VOUS   SERT, COURTISANE IMPARFAITE,
025 016                         DE TOI SE   SERT, O FEMME, O REINE DES PECHES,
066 008 .   .   .   .   .   .   .   .   S'ILS POUVAIENT AU   SERVAGE INCLINER LEUR FIERTE.
131 012                               TOUT   SERVAIT, TOUT PARAIT SA FRAGILE BEAUTE,
100 001                               LA   SERVANTE AU GRAND COEUR DONT VOUS ETIEZ JALOUSE,
150 017                         CONTRISTE,   SERVILE BOURREAU,
143 007 .   .   .   .   VA CUEILLIR DES REMORDS DANS LA FETE   SERVILE,
038 036               ET TOUT SEMBLAIT LUI   SERVIR DE BORDURE,
148 016                           QUI ME   SERVIRA DE TOMBEAU.
144 003                             SERVITEUR DE JESUS, COURTISAN DE CYTHERE,
043 007 .   .   .   .   .   .   .   .   .   .   ILS SONT MES   SERVITEURS ET JE SUIS LEUR ESCLAVE;
```

		POEM	LINE
COMME UN EXECUTEUR ENTOURE DE	SES AIDES.	116	040
BAIGNAIT NERVEUSEMENT	SES AILES DANS LA POUDRE,	089	021
OUVRIRA LARGEMENT	SES AILES DE CORBEAU.	101	008
	SES AILES DE GEANT L'EMPECHENT DE MARCHER.	002	016
ONT DIT AU DEVOUEMENT QUI LEUR PRETAIT	SES AILES:	091	043
SI	SES BALANCES D'OR N'ONT PESE LE DELUGE	130	033
REPANDANT LARGEMENT	SES BEAUX REFLETS DE CIERGE	099	009
ET DE	SES BIJOUX PRECIEUX,	110	016
ELLE N'AVAIT GARDE QUE	SES BIJOUX SONORES,	127	002
AURAS -TU, QUAND JANVIER LACHERA	SES BOREES,	008	002
ET	SES BOURREAUX, GORGES DE HIDEUSES DELICES,	116	035
QU'IL NE POURRA POUSSER	SES BOUTONS EMPESTES!"	001	016
ET DANS	SES BRAS OUVERTS, QUE REMPLISSENT SES SEINS,	114	011
LE POETE SEREIN LEVE	SES BRAS PIEUX,	001	054
POURTANT, QUI N'A SERRE DANS	SES BRAS UN SQUELETTE,	097	041
	SES BRAS VAINCUS, JETES COMME DE VAINES ARMES,	131	041
	SES BRUITS DE CHAINE ET D'OSSEMENTS!	106	040
SES PARFUMS,	SES CHANSONS ET SES DOUCES CHALEURS!	005	040
ELLE VEUT DE	SES CHANTS PEUPLER L'AIR FROID DES NUITS,	074	010
QUI MONTE TOUS LES JOURS VERS	SES CHERS SERAPHINS?	118	002
DE	SES CHEVEUX ELASTIQUES ET LOURDS,	038	023
	SES CHEVEUX QUI LUI FONT UN CASQUE PARFUME,	032	007
S'ENNUIE AVEC	SES CHIENS COMME AVEC D'AUTRES BETES.	077	004
LE BON VENT, LA TEMPETE ET	SES CONVULSIONS	069	011
A TON FILS JE RENDRAI SA FORCE ET	SES COTHURNES DE VELOURS	088	011
MET	SES COULEURS	104	018
MET	SES COULEURS,	155	026
MET	SES COULEURS,	155	040
L'EREBE LES EUT PRIS POUR	SES COULEURS,	155	012
	SES COURSIERS FUNEBRES,	066	007
COURS OFFRIR UN COEUR VIERGE A	SES CRIS ME DECHIRAIENT LA FIBRE.	106	004
QUAND LA NATURE, GRANDE EN	SES CRUELS BAISERS!	131	070
C'EST UN ANGE QUI TIENT DANS	SES DESSEINS CACHES,	025	015
ET REGNE PAR	SES DOIGTS MAGNETIQUES	122	009
SES PARFUMS, SES CHANSONS ET	SES DONS AINSI QUE LES VRAIS ROIS.	105	028
VOULOIR INTERESSER AU CHANT DE	SES DOUCES CHALEURS!	005	040
LA TEMPETE EN JOUANT DEROUTAIT	SES DOULEURS	115	019
NE TROUVE PAS UN PRIX DIGNE DE	SES EFFORTS	090	050
MOI, MON AME EST FELEE, ET LORSQU'EN	SES EFFORTS:	097	034
PAR LE GOSIER DE L'HOMME IL CHANTE	SES ENNUIS	074	009
DE	SES EXPLOITS	105	027
VIENT TENDRE	SES FATIGUES SON ESPRIT.	068	014
NE TROUVAIT POINT	SES FILETS AU FOND DE NOS CERVEAUX,	078	012
	SES FILS UN POIDS TROP ONEREUX,	005	008
OSCILLE MOLLEMENT SUR	SES FIOLES DE POISON, SES LARMES,	106	039
SGANARELLE EN HIANT LUI RECLAMAIT	SES FRELES VERTEBRES.	097	015
AVEC SON GROS BOUQUET, SON MOUCHOIR ET	SES GAGES,	015	009
RAMPER SUR LE VERSANT DE	SES GANTS,	097	002
JE PENSE A MON GRAND CYGNE, AVEC	SES GENOUX ENORMES,	019	010
QUAND LA PLUIE ETALANT	SES GESTES FOUS,	089	034
COMME UNE FOURMILIERE ELLE OUVRE	SES IMMENSES TRAINEES	078	009
DANS	SES ISSUES:	095	016
ENFANTS, EMMAILLOTA DANS	SES JEUX DESTRUCTEURS A POURTANT RESPECTE	114	007
SES FIOLES DE POISON,	SES LANGES D'AIRAIN!	005	024
--NOUS METTRONS NOTRE ORGUEIL A CHANTER	SES LARMES,	106	039
PARCOURIR A LOISIR	SES LOUANGES	042	005
DONNAIT UN CHARME NEUF A	SES MAGNIFIQUES FORMES;	019	009
PLUS BELLE QUE VENUS PAR	SES METAMORPHOSES;	127	016
SUR	SES MORNES PALEURS!	130	057
AVEC	SES MYRTES INFECTS ENTER TES NOIRS CYPRES?	112	014
SONGEA-T -IL DANS	SES NOIRS ENCHANTEMENTS,	106	037
EMPOIGNAIT	SES NUITS MORBIDES	106	031
	SES OUTILS, VIEILLARD LABORIEUX.	103	028
	SES PARFUMS, SES CHANSONS ET SES DOUCES CHALEURS!	005	040
S'ACCUSENT D'AVOIR MIS LEURS PIEDS DANS	SES PAS.	001	036
HIER S'EST MISE EN ROUTE, EMPORTANT	SES PETITS	013	002
ET LA VIPERE	SES PETITS;	070	008
QUI METTRAIT A	SES PIEDS LE GENRE HUMAIN VAINCU,	020	030
ET, DE	SES PIEDS PALMES FROTTANT LE PAVE SEC,	089	018
ETENDUE A	SES PIEDS, CALME ET PLEINE DE JOIE,	131	013
DE	SES POINGS DE GEANT TORTURE L'ANATHEME;	140	013
CRISPE	SES POINGS VERS DIEU, QUI LA PREND EN PITIE:	001	004
QUI, DE	SES PRECEPTEURS MEPRISANT LES COURBETTES,	077	003
LE FEU DE	SES PRUNELLES PALES,	051	038
QUE LE REEL ETOUFFE ENTRE	SES QUATRE MURS!	153	014
COMME UN TEMPLE NOUVEAU	SES RAMEAUX S'EPANDRONT!	120	051
T SON BRAS ET SA JAMBE, ET SA CUISSE ET	SES REINS,	127	017
QUE POUSSENT VERS LES CIEUX	SES RIVAGES DESERTS.	130	074
COMME S'IL ECRASAIT DES MORTS SOUS	SES SAVATES,	090	027
ET, PETRISSANT	SES SEINS SUR LE FER DE SON BUSC,	132	003
AVANT DE S'ENDORMIR LE CONTOUR DE	SES SEINS,	065	004
DORMIR NONCHALAMMENT A L'OMBRE DE	SES SEINS,	019	013
D'UNE MAIN EVANTANT	SES SEINS,	154	004
DANS SES BRAS OUVERTS, QUE REMPLISSENT	SES SEINS,	114	011
ET SON VENTRE ET	SES SEINS, CES GRAPPES DE MA VIGNE,	127	020
ET	SES SENS PAR L'ENNUI MORDUS	110	042
ET, SANS PRENDRE SOUCI DES MOUCHARDS,	SES SUJETS,	105	007
DANS	SES TATONNEMENTS FUTILES,	084	014
A BEAU PRECIPITER DANS	SES TENEBRES VIDES	073	003

```
POEM LINE
111 012 . . . . . . .        LES SEINS NUS ET POURPRES DE  SES TENTATIONS;
019 006                   ET GRANDIR LIBREMENT DANS  SES TERRIBLES JEUX;
005 010                    ABREUVAIT L'UNIVERS A  SES TETINES BRUNES.
115 022                       RECITER EN HURLANT  SES TIRADES PUBLIQUES?"
070 007 . . . . . . . . .        L'ARAIGNEE Y FERA  SES TOILES,
104 010            DANS LE GOSIER D'UN HOMME USE PAR  SES TRAVAUX,
088 002                      DONT LA ROBE PAR  SES TROUS
013 011              CYBELE, QUI LES AIME, AUGMENTE  SES VERDURES.
028 028 . . . . . . . . .  .   .   .   .   .   .   .   SES VERGUES DANS L'EAU.
027 001                                  AVEC  SES VETEMENTS ONDOYANTS ET NACRES,
073 007          QUAND MEME ELLE SAURAIT RANIMER  SES VICTIMES,
130 042             POUR CHANTER LE SECRET DE  SES VIERGES EN FLEURS,
131 009 . . . . . . . . . . .           DE  SES YEUX AMORTIS LES PARESSEUSES LARMES,
061 008                  SON SOURIRE EST TRANQUILLE ET  SES YEUX ASSURES.
027 009                                       SES YEUX POLIS SONT FAITS DE MINERAUX CHARMANTS,
097 013                                       SES YEUX PROFONDS SONT FAITS DE VIDE ET DE TENEBRES
065 007 . . . . . . . .        ET PROMENE  SES YEUX SUR LES VISIONS BLANCHES
090 016           SANS LA MECHANCETE QUI LUISAIT DANS  SES YEUX,
019 008          AUX HUMIDES BROUILLARDS QUI NAGENT DANS  SES YEUX;
088 047                                  AU  SEUIL DE QUELQUE VEFOUR
106 029 . . . . . NUL NE PEUT ME COMPRENDRE. UN  SEUL
087 005                   JE VAIS M'EXERCER  SEUL A MA FANTASQUE ESCRIME,
038 004                                  OU,  SEUL AVEC LA NUIT, MAUSSADE HOTESSE,
149 039          DANS UN PALAIS AUSSI GRAND QUE MOI, D'UN  SEUL BLOC,
122 002 . . . .    C'EST LE BUT DE LA VIE, ET C'EST LE  SEUL ESPOIR
127 030                   COMME LE FOYER  SEUL ILLUMINAIT LA CHAMBRE,
131 073           ON NE PEUT ICI-BAS CONTENTER QU'UN  SEUL MAITRE!"
045 001                    UNE FOIS, UNE  SEULE, AIMABLE ET DOUCE FEMME,
029 032 . . . . . . .  .   .   .   .   .   .   .   SEULEMENT PAR LE SOUVENIR.
006 010               ET D'UN GRAND CRUCIFIX DECORE  SEULEMENT,
032 013                       TU POUVAIS  SEULEMENT, O REINE DES CRUELLES!
016 008                OU LES PURS ESPRITS  SEULS PEUT-ETRE ETAIENT VENUS,--
126 017 . . .  MAIS LES VRAIS VOYAGEURS SONT CEUX-LA  SEULS QUI PARTENT
076 014                                       SEULS, RESPIRENT L'ODEUR D'UN FLACON DEBOUCHE.
016 002                    FLEURIT AVEC LE PLUS DE  SEVE ET D'ENERGIE,
023 011   J'IRAI LA-BAS OU L'ARBRE ET L'HOMME, PLEINS DE  SEVE,
090 003 . . . LES MYSTERES PARTOUT COULENT COMME DES  SEVES
015 009                                       SGANARELLE EN RIANT LUI RECLAMAIT SES GAGES,
028 002                       DE TON CORPS  SI BEAU,
116 041            HABITANT DE CYTHERE, ENFANT D'UN CIEL  SI BEAU,
002 010 . . . . . . . .       LUI, NAGUERE  SI BEAU, QU'IL EST COMIQUE ET LAID!
118 021           REVAIS -TU DE CES JOURS SI BRILLANTS ET  SI BEAUX
155 029                       O TOI, QUE LA NUIT REND  SI BELLE,
001 015                   ET JE TORDRAI  SI BIEN CET ARBRE MISERABLE,
090 023 . . . . . . . . .  .   .   .   .   .   SI BIEN QUE SON BATON, PARACHEVANT SA MINE,
064 014                                  O MA  SI BLANCHE, O MA SI FROIDE MARGUERITE?
118 021          REVAIS -TU DE CES JOURS  SI BRILLANTS ET SI BEAUX
101 013                                  -- SI CE N'EST, PAR UN SOIR SANS LUNE, DEUX A DEUX,
116 049 . . . DEVANT TOI, PAUVRE DIABLE AU SOUVENIR  SI CHER,
149 049              LE SON DE LA TROMPETTE EST  SI DELICIEUX,
132 011             JE SUIS, MON CHER SAVANT,  SI DOCTE AUX VOLUPTES,
051 026                    SORT UN PARFUM  SI DOUX, QU'UN SOIR
036 024   AILLEURS QU'EN TON CHER CORPS ET QU'EN TON COEUR  SI DOUX?
029 002                     CE BEAU MATIN D'ETE  SI DOUX!
038 045                   DE CES GRANDS YEUX  SI FERVENTS ET SI TENDRES,
029 015                LA PUANTEUR ETAIT  SI FORTE, QUE SUR L'HERBE
064 014                O MA SI BLANCHE, O MA  SI FROIDE MARGUERITE?
106 016                               --JE L'OUBLIERAI  SI JE LE PUIS!
057 023                                       SI JE NE PUIS, MALGRE TOUT MON ART DILIGENT,
115 026                                       SI JE N'EUSSE PAS VU PARMI LEUR TROUPE OBSCENE,
001 043 . . . . . . .     POUR SAVOIR  SI JE PUIS DANS UN COEUR QUI M'ADMIRE
076 001              J'AI PLUS DE SOUVENIRS QUE  SI J'AVAIS MILLE ANS.
016 012                       MAIS,  SI J'AVAIS VOULU T'ATTAQUER AU DEFAUT
091 075                    TOUT COMME  SI J'ETAIS VOTRE PERE, O MERVEILLE!
130 051 . . . . . . .     POUR SAVOIR  SI LA MER EST INDULGENTE ET BONNE,
130 055                    POUR SAVOIR  SI LA MER EST INDULGENTE ET BONNE!
126 139                                       SI LE CIEL ET LA MER SONT NOIRS COMME DE L'ENCRE,
100 015              LORSQUE LA BUCHE SIFFLE ET CHANTE,  SI LE SOIR,
000 025 . . . . . .  .   .   .   .   .   .   SI LE VIOL, LE POISON, LE POIGNARD, L'INCENDIE,
010 009                    ET QUI SAIT  SI LES FLEURS NOUVELLES QUE JE REVE
011 001              POUR SOULEVER UN POIDS  SI LOURD,
039 001       JE TE DONNE CES VERS AFIN QUE  SI MON NOM
053 010 . . . . . . .  .   .   .   .   SI MYSTERIEUX
031 022                                       SI NOS EFFORTS TE DELIVRAIENT,
070 001                                       SI PAR UNE NUIT LOURDE ET SOMBRE
041 014                                       SI QUELQUE CHOSE ME SEDUIT,
130 033 . . . . . . . .  .   .   .   SI SES BALANCES D'OR N'ONT PESE LE DELUGE
019 007                     DEVINER  SI SON COEUR COUVE UNE SOMBRE FLAMME
136 022                    J'AIME  SI TENDREMENT LE DESERT ET LA MER;
038 045   DE CES GRANDS YEUX SI FERVENTS ET  SI TENDRES,
021 023 . . . . . . .     SI TON OEIL, TON SOURIS, TON PIED, M'OUVRENT LA PO
054 011          DIS -LE, BELLE SORCIERE, OH! DIS,  S! TU LE SAIS;
054 015          DIS -LE, BELLE SORCIERE, OH! DIS,  S! TU LE SAIS.
142 005                                       SI TU N'AS FAIT TA RHETORIQUE
126 113 . . . FAUT -IL PARTIR? RESTER?  SI TU PEUX RESTER, RESTE;
131 050                  EXPLIQUE.  SI TU PEUX, MON TROUBLE ET MON EFFROI!
021 026                   QU'IMPORTE,  SI TU RENDS,--FEE AUX YEUX DE VELOURS,
037 005           JE T'AIME AINSI! POURTANT,  SI TU VEUX AUJOURD'HUI,
131 069 . . . . . . . . . . . .      VA,  SI TU VEUX, CHERCHER UN FIANCE STUPIDE;
```

S

		POEM LINE
	SI VOUS ALLIEZ, MADAME, AU VRAI PAYS DE GLOIRE, . . .	061 009
	SI, LE CORSET BRUTAL EMPRISONNANT TES FLANCS,	133 024
	SI, PAR UNE NUIT BLEUE ET FROIDE DE DECEMBRE,	100 017
	SI, QUELQUE SOIR, D'UN PLEUR OBTENU SANS EFFORT	032 012
MAIS	SI, SANS SE LAISSER CHARMER, ...	142 009
DANS MA NOIRE	SIBERIE!	058 040
"--JE VOIS TA MERE, ENFANT DE CE	SIECLE APPAUVRI,	147 012
ET LE	SIECLE COULER, SANS QU'AMIS NI FAMILLE	100 013
PRODUITS AVARIES, NES D'UN	SIECLE VAURIEN, ...	018 002
ET CEPENDANT VOILA DES	SIECLES INNOMBRABLES	014 013
LE	SIEN RAYONNE, FRANC ET LARGE	156 015
LORSQUE LA BUCHE	SIFFLE ET CHANTE, SI LE SOIR,	100 015
ON ENTEND CA ET LA LES CUISINES	SIFFLER, ...	095 021
CHAQUE ILOT	SIGNALE PAR L'HOMME DE VIGIE	126 037
COMME UN	SIGNE DE SA BONTE!	156 016
EN ECHANGEANT MAINT	SIGNE ET MAINT CLIGNEMENT D'YEUX:	115 012
UN	SILENCE D'ETERNITE.	102 052
CE	SILENCE ET CETTE LANGUEUR,	045 038
LE	SILENCE ET LA NUIT S'INSTALLERENT EN LUI,	016 020
ILS CHERCHENT LE	SILENCE ET L'HORREUR DES TENEBRES;	066 006
CE FRERE DU	SILENCE ETERNEL. O CITE!	092 010
DE TOUS CES VIEUX MAUDITS QUI MEURENT EN	SILENCE,	105 030
LE	SILENCE, L'ESPACE AFFREUX ET CAPTIVANT...	146 006
DE L'ENFER, OU, VAINCU, TU REVES EN	SILENCE!	120 048
	SILENCIEUSEMENT TU SOUFFRAIS CES INSULTES	116 042
CONTEMPLER NOS DINERS LONGS ET	SILENCIEUX,	099 008
POUSSE UN SOMBRE OURAGAN DANS L'AIR	SILENCIEUX,	089 016
REGARDAIT LE	SILLAGE ET NE DAIGNAIT RIEN VOIR.	015 020
SOUVIENS!...J'AI VU TOUT, FLEUR, SOURCE,	SILLON, ...	145 005
TU	SILLONNES GAIEMENT L'IMMENSITE PROFONDE	003 007
CE	SIMOIS MENTEUR QUI PAR VOS PLEURS GRANDIT,	089 004
UNE DOULEUR TRES -	SIMPLE ET NON MYSTERIEUSE,	040 005
--A LA SAINTE JEUNESSE, A L'AIR	SIMPLE, AU DOUX FRONT,	005 036
DETOURNER	SIMPLEMENT MA TETE SOUVERAINE,	115 025
DANS TA	SIMPLICITE TU PRIAIS A GENOUX	118 010
GLORIFIAIT LA MORT AVEC	SIMPLICITE.	009 008
	SIMULAIENT LES DEUX QUAIS D'UNE RIVIERE ACCRUE, . .	090 007
LA VERITABLE TETE, ET LA	SINCERE FACE	020 023
MONTRAIT LA GRACE ENFANTINE DU	SINGE.	038 042
LES	SINGES, LES SCORPIONS, LES VAUTOURS, LES SERPENTS,	000 030
LE	SINGULIER ASPECT DE CETTE SOLITUDE	110 029
LE REGARD	SINGULIER D'UNE FEMME GALANTE	107 001
CE SPECTRE	SINGULIER N'A POUR TOUTE TOILETTE,	071 001
PAR UN CAPRICE	SINGULIER, ...	102 006
POUR EXERCER TES DENTS A CE JEU	SINGULIER, ...	025 003
J'ENTREVOYAIS POURTANT UN OBJET	SINGULIER!	116 020
ET DE TOI FAIS -TU DIRE: "OH! L'HOMME	SINGULIER!"	125 002
	SINGULIERE FORTUNE OU LE BUT SE DEPLACE,	126 029
DES CHEMINS	SINGULIERS A LUI-MEME INCONNUS, ...	016 007
TERRIBLES,	SINGULIERS COMME LES SOMNAMBULES;	092 003
DES ARBRES	SINGULIERS ET DES FRUITS SAVOUREUX;	022 006
JE VOIS DISTINCTEMENT DES MONDES	SINGULIERS,	136 018
DES ETRES	SINGULIERS, DECREPITS ET CHARMANTS.	091 004
DES HOMMES, DANS LE COIN D'UN	SINISTRE ARMOIRE	048 022
JE SUIS LE	SINISTRE MIROIR	083 019
CE	SINISTRE VIEILLARD QUI SE MULTIPLIAIT!	090 036
HORLOGE! DIEU	SINISTRE, EFFRAYANT, IMPASSIBLE, ...	085 001
AU POETE	SINISTRE, ENNEMI DES FAMILLES,	112 005
	SINISTREMENT BEANTE AINSI QU'UN TROMBLON NOIR.	097 056
CAUSENT	SINISTREMENT DE LEURS AMOURS DEFUNTS.	075 024
PLAINS -MOI!...	SINON, JE TE MAUDIS!	142 014
DANS LES PLIS	SINUEUX DES VIEILLES CAPITALES,	091 001
PRENDS LE MASQUE D'UNE	SIRENE	139 010
DE SATAN OU DE DIEU, QU'IMPORTE? ANGE OU	SIRENE,	021 025
TELLE LA	SISINA! MAIS LA DOUCE GUERRIERE	059 009
	SISYPHE, IL FAUDRAIT TON COURAGE!	011 002
AUSSI,	SITOT QU'A L'HORIZON	124 004
ET LES	SIX AUTRES MOIS LA NUIT COUVRE LA TERRE;	030 006
TROIS MILLE	SIX CENTS FOIS PAR HEURE, LA SECONDE	085 009
UN SOLEIL SANS CHALEUR PLANE AU-DESSUS	SIX MOIS,	030 005
	SOBRE ET NAIF HOMME DE BIEN,	142 002
ENTRE EN	SOCIETE DE L'IDEAL RONGEUR,	046 002
COMME DES CHARIOTS OU DES	SOCS DECHIRANTS, ...	131 032
TOI QUE J'AIME A JAMAIS, MA	SOEUR D'ELECTION,	131 054
D'UN MONDE OU L'ACTION N'EST PAS LA	SOEUR DU REVE;	118 030
MON ENFANT, MA	SOEUR,	053 001
MA	SOEUR, COTE A COTE NAGEANT, ...	108 012
AMANTE OU	SOEUR, SOYEZ LA DOUCEUR EPHEMERE	056 023
T'INFUSER MON VENIN, MA	SOEUR!	129 036
HIPPOLYTE, O MA	SOEUR! TOURNE DONC TON VISAGE,	131 035
L'ELEGANCE ET LA FORCE ABONDENT,	SOEURS DIVINES.	020 003
US OFFRENT TOUR A TOUR, COMME DEUX BONNES	SOEURS,	112 010
PAUVRES	SOEURS, JE VOUS AIME AUTANT QUE JE VOUS PLAINS,	111 026
D'AUTRES, COMME DES	SOEURS, MARCHENT LENTES ET GRAVES	111 009
SOUS TES CHARMANTS PIEDS DE	SOIE, ...	058 034
DESALTERANT LA	SOIF DE CHAQUE CREATURE,	113 007
ET NE RAFRAICHIRA LA	SOIF DE L'EUMENIDE	131 079
BU SANS	SOIF ET MANGE SANS FAIM!	150 030
ALTERE VOTRE	SOIF ET ROIDIT VOTRE PEAU, ...	131 098

```
073 010 . . . . . . . . . . QUI SENT TOUJOURS LA   SOIF NAITRE DE LA LIQUEUR
106 009                          L'HORRIBLE         SOIF QUI ME DECHIRE
085 020                   LE GOUFFRE A TOUJOURS     SOIF: LA CLEPSYDRE SE VIDE.
111 027            POUR VOS MORNES DOULEURS, VOS    SOIFS INASSOUVIES,
012 013 . . . . . . . . . . ET DONT L'UNIQUE        SOIN ETAIT D'APPROFONDIR
045 027            EI QUE TOUJOURS, AVEC QUELQUE     SOIN QU'IL SE FARDE,
154 011                  DU HAUT EN BAS, AVEC GRAND SOIN,
126 074     QUE LE CYPRES?--POURTANT NOUS AVONS, AVEC SOIN,
051 026 . . . . . . SURT UN PARFUM SI DOUX, QU'UN   SOIR
098 007                          OU LES TORCHES DU  SOIR ALLUMENT UNE AURORE.
133 013                   ET QUAND DESCEND LE       SOIR AU MANTEAU D'ECARLATE,
095 001                              VOICI LE       SOIR CHARMANT, AMI DU CRIMINEL;
022 001 . . . . QUAND, LES DEUX YEUX FERMES, EN UN  SOIR CHAUD D'AUTOMNE
086 019            DES BAISERS, DES OISEAUX CHANTANT SOIR ET MATIN,
121 009                                      UN     SOIR FAIT DE ROSE ET DE BLEU MYSTIQUE,
063 011                          OU JUSQU'AU        SOIR IL FERA FROID.
106 042 . . . . . . . . . . . . . JE SERAI CE       SOIR IVRE MORT;
147 010             VAS -TU, COMME JADIS, DU        SOIR JUSQU'AU MATIN,
039 003                          ET FAIT REVER UN   SOIR LES CERVELLES HUMAINES,
131 030             QUI CARESSENT LE                SOIR LES GRANDS LACS TRANSPARENTS,
023 003 . . . . . . . EXTASE! POUR PEUPLER CE       SOIR L'ALCOVE OBSCURE
155 008                            OU CE            SOIR M'A PLONGE L'AMOUR.
021 006             TU REPANDS DES PARFUMS COMME UN SOIR ORAGEUX;
095 007             NOUS AVONS TRAVAILLE!--C'EST LE SOIR QUI SOULAGE
130 053 . . . . . . . . . . . . . . . . UN         SOIR RAMENERA VERS LESBOS, QUI PARDONNE,
101 013                    --SI CE N'EST, PAR UN    SOIR SANS LUNE, DEUX A DEUX,
091 082                     JE VOUS FAIS CHAQUE     SOIR UN SOLENNEL ADIEU!
100 015       LORSQUE LA BUCHE SIFFLE ET CHANTE, SI LE SOIR,
058 015 . . . . . . . . . . TU CHARMES COMME LE     SOIR,
054 023     PLUS DENSES QUE LA POIX, SANS MATIN ET SANS SOIR,
008 009             IL TE FAUT, POUR GAGNER TON PAIN DE CHAQUE SOIR,
095 005                                        O    SOIR, AIMABLE SOIR, DESIRE PAR CELUI
095 036 . . . . . . . . . . AU COIN DU FEU, LE      SOIR, AUPRES D'UNE AME AIMEE.
012 004             RENDAIENT PAREILS, LE           SOIR, AUX GROTTES BASALTIQUES,
062 024             AVEC LES BROCS DE VIN, LE       SOIR, DANS LES BOSQUETS,
095 005                             O SOIR, AIMABLE SOIR, DESIRE PAR CELUI
032 012 . . . . . . . . . . . SI, QUELQUE           SOIR, D'UN PLEUR OBTENU SANS EFFORT
065 001                                        CE   SOIR, LA LUNE REVE AVEC PLUS DE PARESSE;
104 001                                        UN   SOIR, L'AME DU VIN CHANTAIT DANS LES BOUTEILLES:
042 001             QUE DIRAS -TU CE                SOIR, PAUVRE AME SOLITAIRE,
099 005 . . . . . . ET LE SOLEIL, LE               SOIR, RUISSELANT ET SUPERBE,
106 022                                        LE   SOIR, SUR UNE ROUTE OBSCURE.
047 003     LES SONS ET LES PARFUMS TOURNENT DANS L'AIR DU SOIR;
122 004     ET NOUS DONNE LE COEUR DE MARCHER JUSQU'AU SOIR;
143 002 . . . . . . . . . . TU RECLAMAIS LE         SOIR; IL DESCEND; LE VOICI:
141 010 . . . . . . LA DENT DIT: "VIVRAS -TU CE     SOIR?"
008 003             DURANT LES NOIRS ENNUIS DES NEIGEUSES SOIREES,
036 011     QUE LES SOLEILS SONT BEAUX DANS LES CHAUDES SOIREES!
036 015     QUE LES SOLEILS SONT BEAUX DANS LES CHAUDES SOIREES!
036 007                              ET LES          SOIRS AU BALCON, VOILES DE VAPEURS ROSES.
091 055             ET QUI, DANS CES               SOIRS D'OR OU L'ON SE SENT REVIVRE,
036 006                                        LFS   SOIRS ILLUMINES PAR L'ARDEUR DU CHARBON.
036 010 . . . . . . . . . . . . . . . LES          SOIRS ILLUMINES PAR L'ARDEUR DU CHARBON.
149 050             DANS CES                       SOIRS SOLENNELS DE CELESTES VENDANGES,
036 004     LA DOUCEUR DU FOYER ET LE CHARME DFS    SOIRS,
031 012                     --MAUDITE, MAUDITE      SOIS -TU!
138 002 . . . . . . . . . . . . . . . . . . .      SOIS BELLE! ET SOIS TRISTE! LES PLEURS
037 012             SOIS CE QUE TU VOUDRAS, NUIT NOIRE, ROUGE AURORE;
064 003                                        --   SOIS CHARMANTE ET TAIS -TOI! MON COEUR, QUE TOUT IRR
023 033             AFIN QU'A MON DESIR TU NE       SOIS JAMAIS SOURDE!
098 021             MAIS NE SUFFIT -IL PAS QUE TU   SOIS L'APPARENCE,
037 003             DORS OU FUME A TON GRE;         SOIS MUETTE, SOIS SOMBRE,
143 001                                             SOIS SAGE, O MA DOULEUR, ET TIENS -TOI PLUS TRANQUIL
138 001             QUE M'IMPORTE QUE TU            SOIS SAGE?
037 003 . . . . DORS OU FUME A TON GRE; SOIS MUETTE, SOIS SOMBRE,
139 009             VOLUPTE,                        SOIS TOUJOURS MA REINE!
138 002             SOIS BELLE! ET                  SOIS TRISTE! LES PLEURS
131 061                          MAUDIT             SOIT A JAMAIS LE REVEUR INUTILE
144 006 . . . . . . . . . QUE SON PETIT CERVEAU     SOIT ACTIF OU SOIT LENT,
149 046     SEIGNEUR! QUE LA DOULEUR, O PERE,       SOIT BENIE!
042 009                              QUE CE         SOIT DANS LA NUIT ET DANS LA SOLITUDE,
042 010                              QUE CE         SOIT DANS LA RUE ET DANS LA MULTITUDE,
040 008 . . . . . . . ET, BIEN QUE VOTRE VOIX       SOIT DOUCE, TAISEZ -VOUS!
038 030             BIEN QU'ELLE                    SOIT D'UN PINCEAU TRES -VANTE,
001 007                          MAUDITE            SOIT LA NUIT AUX PLAISIRS EPHEMERES
144 006     QUE SON PETIT CERVEAU SOIT ACTIF OU     SOIT LENT,
149 031 . . . . . . . . . . . ET QU'IL             SOIT NATUREL DE RECEVOIR DEUX PRIX,
149 045     DE CEUX DONT LE COEUR DIT: "QUE BENI    SOIT TON FOUET,
094 007             BIEN QUE LE SUJET EN            SOIT TRISTE.
002 015                          EXILE SUR LE       SOL AU MILIEU DES HUEES,
144 011 . . . . . . OU CHAQUE HISTRION FOULE UN     SOL ENSANGLANTE;
119 026                          ENGRAISSERA LE     SOL FUMANT!
010 010             TROUVERONT DANS CE             SOL LAVE COMME UNE GREVE
089 019                          SUR LE             SOL RABOTEUX TRAINAIT SON BLANC PLUMAGE
054 018 . . . . . . . . . . . . . . . . A CE       SOLDAT BRISE! S'IL FAUT QU'IL DESESPERE
074 008             AINSI QU'UN VIEUX               SOLDAT QUI VEILLE SOUS LA TENTE!
091 054                          DONT LES           SOLDATS PARFOIS INONDENT NOS JARDINS.
043 010     QU'ONT LES CIERGES BRULANT EN PLEIN JOUR; LE SOLEIL
046 012 . . . . . . . . . . . . . . . . . . LE     SOLEIL A NOIRCI LA FLAMME DES BOUGIES;
```

S

```
                                                                            POEM LI
         COMME MOI N'ES -TU PAS UN  SOLEIL AUTOMNAL,   . . . . . . . . . . .  064 013
         OU GISENT, AUX LUEURS D'UN  SOLEIL BLANC ET TERNE,          \        071 013
    SOUS UN CLIMAT DE FLAMME OU SOUS UN  SOLEIL BLANC,                        144 002
                   AU PAYS PARFUME QUE LE  SOLEIL CARESSE,                    061 001
                          COMME UN  SOLEIL COUCHANT DANS UN CIEL NEBULEUX.  . . . . . 049 005
         LA GLOIRE DES CITES DANS LE  SOLEIL COUCHANT,                        126 062
    D'UN GLORIEUX AUTOMNE OU D'UN  SOLEIL COUCHANT.                           056 024
                      QUAND LE  SOLEIL CRUEL FRAPPE A TRAITS REDOUBLES        087 003
        DE PEINE, DE SUEUR ET DE  SOLEIL CUISANT   . . . . . . . . . . .      104 006
             ET, COMME LE  SOLEIL DANS SON ENFER POLAIRE,                     056 007
         LA FROIDE CRUAUTE DE CE  SOLEIL DE GLACE                             030 010
             ETOILE DE MES YEUX,  SOLEIL DE MA NATURE,                        029 039
              DE TIRER UN  SOLEIL DE MON COEUR, ET DE FAIRE   . . . . . . .   086 025
         TES BRANCHES VEULENT VOIR LE  SOLEIL DE PLUS PRES!                   126 072
                        LE  SOLEIL DECHIRER MON SEIN;                         129 020
             L'ECLAT DE CE  SOLEIL D'UN CREPE SE VOILA;                       016 016
               QUE LE  SOLEIL EST BEAU QUAND TOUT FRAIS IL SE LEVE,   . . . . 145 001
    QU'EBLOUISSENT LES FEUX D'UN  SOLEIL MONOTONE;                            022 004
                     LE  SOLEIL MORIBOND S'ENDORMIR SOUS UNE ARCHE,           143 012
         ASTRES DONT NUL  SOLEIL NE PEUT FLETRIR LA FLAMME!                   043 014
    C'EST QUE LA MORT, PLANANT COMME UN  SOLEIL NOUVEAU,   . . . . . . . . . . 123 013
             OU, POUSSANT LE  SOLEIL OBLIQUE,                                 067 007
                A CE ROUGE  SOLEIL QUE L'ON NOMME L'AMOUR!                    131 068
         NE CHANTE QU'AUX RAYONS DU  SOLEIL QUI SE COUCHE.                    076 024
    COMME UN ANGE ENIVRE D'UN  SOLEIL RADIEUX,                                116 004
                CHERCHANT LE  SOLEIL RARE ET REMUANT LES LEVRES?              044 014
                     LE  SOLEIL RAYONNAIT SUR CETTE POURRITURE,               029 009
         NE ME VAUT LE  SOLEIL RAYONNANT SUR LA MER.                          056 020
                 UN  SOLEIL SANS CHALEUR PLANE AU-DESSUS SIX MOIS,  . . . . 030 005
                 LE  SOLEIL S'EST COUVERT D'UN CREPE.  COMME LUI,            037 001
                 LE  SOLEIL S'EST NOYE DANS SON SANG QUI SE FIGE.            047 012
                 LE  SOLEIL S'EST NOYE DANS SON SANG QUI SE FIGE...          047 015
         LA GLOIRE DU  SOLEIL SUR LA MER VIOLETTE,   . . . . . . . . .        126 061
    UNE, ENTRE AUTRES, A L'HEURE OU LE  SOLEIL TOMBANT                        091 050
         L'ENFANT DESHERITE S'ENIVRE DE  SOLEIL,                              001 022
                DES CLAIRONS, DU  SOLEIL, DES CRIS ET DU TAMBOUR,            105 023
         EN TOUT CLIMAT, SOUS TOUT  SOLEIL, LA MORT T'ADMIRE . . . . . . . . . 097 057
         LA LUNE, LE  SOLEIL, LE CIEL ET LES ETOILES!                        132 010
             ET LE  SOLEIL, LE SOIR, RUISSELANT ET SUPERBE,                  099 005
                DE  SOLEIL, MEME AU BAS DU CIEL,                             102 046
         PAR DELA LE  SOLEIL, PAR DELA LES ETHERS,   . . . . . . . .          003 003
    T LA MET DANS SON COEUR LOIN DES YEUX DU  SOLEIL.                         065 014
         AME RESPLENDISSANTE, A L'IMMORTEL  SOLEIL!                           046 014
    CRIME QUI N'A PAS FAIT CHANCELER LE  SOLEIL!                              115 027
    L'HOMME AJOUTA LE VIN, FILS SACRE DU  SOLEIL!   . . . . . . . . . . . .   105 032
              --LES  SOLEILS COUCHANTS                                        053 035
         QU'ALLUMENT LES  SOLEILS DES BRUMEUSES SAISONS...                    050 010
    ET PARFOIS EN ETE, QUAND LES  SOLEILS MALSAINS,                           019 011
         QUE LES  SOLEILS MARINS TEIGNAIENT DE MILLE FEUX,   . . . . . .      012 002
             LES  SOLEILS MOUILLES                                           053 007
    LA GLACE QUI LES MORD, LES  SOLEILS QUI LES CUIVRENT,                      126 015
    COMME MONTENT AU CIEL LES  SOLEILS RAJEUNIS                               036 028
         QUE LES  SOLEILS SONT BEAUX DANS LES CHAUDES SOIREES!                036 011
         QUE LES  SOLEILS SONT BEAUX DANS LES CHAUDES SOIREES!  . . . .       036 015
         CHAUDS COMME LES  SOLEILS, FRAIS COMME LES PASTEQUES,                130 003
         QUE DES SOUVENIRS DE  SOLEILS.                                      148 008
    COMME UN ANGE CRUEL QUI FOUETTE DES  SOLEILS.   . . . . . . . . .         126 028
    TRAVERSE CA ET LA PAR DE BRILLANTS  SOLEILS;                             010 002
         JE VOUS FAIS CHAQUE SOIR UN  SOLENNEL ADIEU!                         091 082
         MELAIENT D'UNE FACON  SOLENNELLE ET MYSTIQUE                         012 006
         SE DRESSENT DEVANT EUX,  SOLENNELLE MAGIE!   . . . . . . .           105 021
         DANS CES SOIRS  SOLENNELS DE CELESTES VENDANGES,                     149 050
         LEURS HYMNES  SOLENNELS EMPORTES PAR LE VENT.                        086 004
             ET LA  SOLENNITE DE LA NUIT, COMME UN FLEUVE,                    045 007
         SONT DES BOAS LUISANTS LES  SOLIDES EMULES,   . . . . . . . .        052 034
    QUE DIRAS -TU CE SOIR, PAUVRE AME  SOLITAIRE,                            042 001
         OU, CALME ET  SOLITAIRE, ELLE S'ETAIT ASSISE.                       127 024
             --ME VOILA LIBRE ET  SOLITAIRE!                                 106 041
    MELENT, DANS LE BOIS SOMBRE ET LES NUITS  SOLITAIRES,   . . . . . .       111 019
         LE SINGULIER ASPECT DE CETTE  SOLITUDE                              110 029
    QUE CE SOIT DANS LA NUIT ET DANS LA  SOLITUDE,                           042 009
         QUI, COMME MOI, MEURT DANS LA  SOLITUDE,                            038 051
                DANS LES  SOLITUDES PROFONDES.   . . . . . . . .              011 014
    DES GRANDS SPHINX ALLONGES AU FOND DES  SOLITUDES,                       066 010
         SI PAR UNE NUIT LOURDE ET  SOMBRE                                    070 001
    LA TETE, AVEC L'AMAS DE SA CRINIERE  SOMBRE                              110 015
    N'ONT QU'UN ESPOIR, ETRANGE ET  SOMBRE CAPITOLE!   . . . . . . .          123 012
    QUI RIAIT AVEC EUX DE MA  SOMBRE DETRESSE                                 115 029
    PLAISIRS, NE TENTEZ PLUS UN COEUR  SOMBRE ET BOUDEUR!                     080 009
         MELENT, DANS LE BOIS  SOMBRE ET LES NUITS SOLITAIRES,               111 019
         TETE-A-TETE  SOMBRE ET LIMPIDE   . . . . . . .                      084 033
    DEVINER SI SON COEUR COUVE UNE  SOMBRE FLAMME                            019 007
             UN  SOMBRE MENDIANT, L'OEIL FIER COMME ANTISTHENE,             015 003
             LA  SOMBRE NUIT LES PREND A LA GORGE; ILS FINISSENT            095 032
         POUSSE UN  SOMBRE OURAGAN DANS L'AIR SILENCIEUX,   . . . . . . .     089 016
             ET LE  SOMBRE PARIS, EN SE FROTTANT LES YEUX,                   103 027
    ORS OU FUME A TON GRE; SOIS MUETTE, SOIS  SOMBRE,                        037 003
         LEONARD DE VINCI, MIROIR PROFOND ET  SOMBRE,                        006 005
    COMME UNE ENFANT CHETIVE, HORRIBLE,  SOMBRE, IMMONDE,   . . . . . . .     045 021
```

```
POEM LINE
136 002  .  .  .  .  .  .  .  .  .  .  .  .  .  BABEL       SOMBRE, OU ROMAN, SCIENCE, FABLIAU,
091 078                                                     SOMBRES OU LUMINEUX, JE VIS VOS JOURS PERDUS;
130 044                         DES RIRES EFFRENES MELES AUX  SOMBRES PLEURS;
096 023        ET QUI, SOUL DE SON SANG, PREFERERAIT EN      SOMME
033 011  .  .  .  .  .  .  DURANT CES GRANDES NUITS D'OU LE   SOMME EST BANNI;
128 010                                          DANS UN     SOMMEIL AUSSI DOUX QUE LA MORT,
146 009                                        J'AI PEUR DU   SOMMEIL COMME ON A PEUR D'UN GRAND TROU,
080 005                        RESIGNE -TOI, MON COEUR; DORS TON  SOMMEIL DE BRUTE.
102 005  .  .  .  .  .  .  .  .  .  .  .  .  LE              SOMMEIL EST PLEIN DE MIRACLES!
122 010                                             LE       SOMMEIL ET LE DON DES REVES EXTATIQUES,
113 012                      J'AI CHERCHE DANS L'AMOUR UN     SOMMEIL OUBLIEUX;
094 024                                             LE       SOMMEIL PROMIS N'EST PAS SUR;
100 002  .  .  .  .  .  .  .  .  .  ET QUI DORT SON          SOMMEIL SOUS UNE HUMBLE PELOUSE,
030 013                    QUI PEUVENT SE PLONGER DANS UN     SOMMEIL STUPIDE,
103 014             BOUCHE OUVERTE, DORMAIENT DE LEUR         SOMMEIL STUPIDE;
065 011                         UN POETE PIEUX, ENNEMI DU     SOMMEIL,
105 031  .  .  .  DIEU, TOUCHE DE REMORDS, AVAIT FAIT LE      SOMMEIL;
040 014                                             ET        SOMMEILLER LONGTEMPS A L'OMBRE DE VOS CILS!
126 026        DANS LEUR VALSE ET LEURS BONDS; MEME DANS NOS  SOMMEILS
139 012                                  OU VERSE -MOI TES    SOMMEILS LOURDS
064 006  .  .  .  .  .  BERCEUSE DONT LA MAIN AUX LONGS       SOMMEILS M'INVITE,
126 060                                        NOUS NOUS      SOMMES SOUVENT ENNUYES, COMME ICI.
106 024                                             NOUS      SOMMES TOUS PLUS OU MOINS FOUS!
057 035                         ET SANS CESSE VERS TOI,       SOMMET BLANC ET NEIGEUX,
130 046  .  .  .  .  .  .  ET DEPUIS LORS JE VEILLE AU        SOMMET DE LEUCATE,
130 050                ET DEPUIS LORS JE VEILLE AU            SOMMET DE LEUCATE,
120 026                                             AU        SOMNAMBULE ERRANT AU BORD DES EDIFICES,
092 003              TERRIBLES, SINGULIERS COMME LES          SOMNAMBULES;
020 006  .  .  .  .  EST FAITE POUR TRONER SUR DES LITS       SOMPTUEUX,
110 004                              QUI TRAINENT A PLIS      SOMPTUEUX,
038 053                        CHAQUE JOUR FROTTE AVEC        SON AILE RUDE...
078 007                   S'EN VA BATTANT LES MURS DE         SON AILE TIMIDE
015 014  .  .  .  PRES DE L'EPOUX PERFIDE ET QUI FUT         SON AMANT,
068 009                            J'ENLACE ET JE BERCE       SON AME
019 005        J'EUSSE AIME VOIR SON CORPS FLEURIR AVEC       SON AME
005 018            SENT UN FROID TENEBREUX ENVELOPPER        SON AME
110 041  .  .  .  .  .  .  ELLE EST BIEN JEUNE ENCOR!--       SON AME EXASPEREE
117 011                              CREVE ET CRACHE          SON AME GRELE
153 004              L'ESCALIER DE VERTIGE OU S'ABIME         SON AME.
051 002                                AINSI QU'EN            SON APPARTEMENT,
064 010  .  .  .  .  .  TENEBREUX, EMBUSQUE, BANDE            SON ARC FATAL.
081 001                         L'UN T'ECLAIRE AVEC           SON ARDEUR,
015 017                         TOUT DROIT DANS               SON ARMURE, UN GRAND HOMME DE PIERRE
110 031                   AUX YEUX PROVOCATEURS COMME         SON ATTITUDE,
042 006  .  .  .  .  .  RIEN NE VAUT LA DOUCEUR DE           SON AUTORITE;
127 027          TANT SA TAILLE FAISAIT RESSORTIR            SON BASSIN.
090 023                                   SI BIEN QUE         SON BATON, PARACHEVANT SA MINE,
130 068                                      ELLE FIT         SON BEAU CORPS LA PATURE SUPREME
041 018  .  .  .  .  .  .  .  QUI GOUVERNE TOUT              SON BEAU CORPS,
089 022                 ET DISAIT, LE COEUR PLEIN DE          SON BEAU LAC NATAL:
002 011                                 L'UN AGACE            SON BEC AVEC UN BRULE -GUEULE,
116 031             CHACUN PLANTANT, COMME UN OUTIL,          SON BEC IMPUR
089 019  .  .  .  .  SUR LE SOL RABOTEUX TRAINAIT            SON BLANC PLUMAGE.
130 066             --DE SAPHO QUI MOURUT LE JOUR DE          SON BLASPHEME.
130 070             DE CELLE QUI MOURUT LE JOUR DE            SON BLASPHEME.
145 002          COMME UNE EXPLOSION NOUS LANCANT             SON BONJOUR!
127 017  .  .  .  .  .  .  .  .  .  .  ET                    SON BRAS ET SA JAMBE, ET SA CUISSE ET SES REINS,
127 005              QUAND IL JETTE EN DANSANT                SON BRUIT VIF ET MOQUEUR,
132 003       ET PETRISSANT SES SEINS SUR LE FER DE           SON BUSC,
051 008                                 C'EST LA             SON CHARME ET SON SECRET.
118 011  .  .  .  .  .  CELUI QUI DANS                       SON CIEL RIAIT AU BRUIT DES CLOUS
019 007                            DEVINER SI                SON COEUR COUVE UNE SOMBRE FLAMME
105 008                           EPANCHE TOUT                SON COEUR EN GLORIEUX PROJETS.
068 013                            QUI CHARME                SON COEUR ET GUERIT
065 014  .  .  .  .  .  ET LA MET DANS                       SON COEUR LOIN DES YEUX DU SOLEIL.
001 048              SAURONT JUSQU'A                         SON COEUR SE FRAYER UN CHEMIN,
098 011             LA COURONNE, ET                           SON COEUR, MEURTRI COMME UNE PECHE,
059 013                                ET                    SON COEUR, RAVAGE PAR LA FLAMME, A TOUJOURS,
156 008  .  .  .  .  .  .  .  PROUVE LA BEAUTE DE            SON COEUR.
149 025       CHACUN DE VOUS M'A FAIT UN TEMPLE DANS          SON COEUR;
149 007                                                      -- SON COEUR! COEUR RACORNI, FUME COMME UN JAMBON,
034 014                          NAGENT AUTOUR DE             SON CORPS BRUN.
041 008  .  .  .  .  .  .  QUI COMPOSENT                     SON CORPS CHARMANT,
019 005             J'EUSSE AIME VOIR                        SON CORPS FLEURIR AVEC SON AME
075 006                      AGITE SANS REPOS                SON CORPS MAIGRE ET GALEUX;
131 067               NE CHAUFFERA JAMAIS                    SON CORPS PARALYTIQUE
098 012  .  .  .  .  .  .  .  EST MUR, COMME                 SON CORPS, POUR LE SAVANT AMOUR,
106 038                                                      SON CORTEGE INFERNAL D'ALARMES,
089 027                                        SUR           SON COU CONVULSIF TENDANT SA TETE AVIDE,
145 004                                       SALUER         SON COUCHER PLUS GLORIEUX QU'UN REVE!
154 005  .  .  .  .  .  .  .  .  ET                         SON COUDE DANS LES COUSSINS,
059 011                                                      SON COURAGE, AFFOLE DE POUDRE ET DE TAMBOURS,
097 014                                      ET             SON CRANE, DE FLEURS ARTISTEMENT COIFFE,
074 007                         JETTE FIDELEMENT              SON CRI RELIGIEUX.
149 049  .  .  .  .  .  .  .  .  .  .  .  .  LE             SON DE LA TROMPETTE EST SI DELICIEUX,
110 048                        L'IMMENSITE DE                SON DESIR?
015 013                    FRISSONNANT SOUS                  SON DEUIL, LA CHASTE ET MAIGRE ELVIRE,
081 002  .  .  .  .  .  L'AUTRE EN TOI MET                   SON DEUIL, NATURE!
146 007  .  .  .  .  .  SUR LE FOND DE MES NUITS DIEU DE      SON DOIGT SAVANT
```

S

```
                                                                           POEM LINE
                         SUR  SON DOS, OU LIVRANT A LEURS FIERS APPETITS    . . . . . 013 003
     SUR MON CRANE INCLINE PLANTE  SON DRAPEAU NOIR.                                  078 020
  IL N'ETAIT PAS VOUTE, MAIS CASSE,  SON ECHINE                                       090 021
                   IMBECILE!--DE  SON EMPIRE                                          031 021
       L'IRRESISTIBLE NUIT ETABLIT  SON EMPIRE,     . . . . . . . . . . . . . . . . . 145 010
          TOUTES CHOSES DANS  SON EMPIRE;                                             051 031
                    DONT EST FAIT  SON ENCHANTEMENT,                                  041 006
                    L'AUTRE, PAR  SON ENFANT MADONE TRANSPERCEE,                      091 047
       ET, COMME LE SOLEIL DANS  SON ENFER POLAIRE.     . . . . . . . . . . . . . . . 056 007
                  L'AUTRE, QUE  SON EPOUX SURCHARGEA DE DOULEURS,                     091 046
        ET LES VASTES ECLAIRS DE  SON ESPRIT LUCIDE                                   001 055
                DE SES FATIGUES  SON ESPRIT.                                          068 014
     A GRANDS FLOTS LE PARFUM, LE  SON ET LA COULEUR;     . . . . . . . . . . . . . . 023 017
                          DE  SON ETRE EXTIRPER L'ELEMENT CORROMPU,                   077 014
          OU LA FATUITE PROMENE  SON EXTASE;                                          020 009
                                  SON FANTOME DANS L'AIR DANSE COMME UN FLAMBEAU.     042 011
      QUEL MAL MYSTERIEUX RONGE  SON FLANC D'ATHLETE?     . . . . . . . . . . . . . . 020 031
       LE FILS AUDACIEUX QUI RAILLA  SON FRONT BLANC.                                 015 012
                                  SON FRONT DE MARBRE AVAIT L'AIR FAIT POUR LE LAURIER! 091 060
       GROTESQUEMENT CAMPE SUR  SON FRONT DE SQUELETTE,                               071 002
           DES PLEURS SALES DE  SON FRONT GRIS     . . . . . . . . . . . . . . . . . . 135 007
       L'HUMANITE BAVARDE, IVRE DE  SON GENIE,                                        126 101
                 PASCAL AVAIT  SON GOUFFRE, AVEC LUI SE MOUVANT.                      146 001
                         AVEC  SON GROS BOUQUET, SON MOUCHOIR ET SES GANTS,           097 002
                                  SON HALEINE FAIT LA MUSIQUE,     . . . . . . . . . . 041 023
     IL REVE D'ECHAFAUDS EN FUMANT  SON HOUKA.                                        000 038
  NOTRE AME EST UN TROIS-MATS CHERCHANT  SON ICARIE;                                  126 033
              DU PRETRE POUR  SON IDOLE.                                              058 008
          QUAND LA VENGEANCE BAT  SON INFERNAL RAPPEL,     . . . . . . . . . . . . . . 044 008
                        MELE  SON IRONIE A TON INSANITE!"                             097 060
        LE SOUVENIR CUISANT DE  SON LIMON AMER.                                       055 004
       GRAVE, ET VENANT DU FOND DE  SON LIT ETERNEL                                   100 019
                                  SON LIT FLEURDELISE SE TRANSFORME EN TOMBEAU,    . . 077 009
   ET L'OUVRIER COURBE QUI REGAGNE  SON LIT.                                          095 010
       CE REVEUR QUE L'HORREUR DE  SON LOGIS REVEILLE,                                153 012
                       QUI VERS  SON MIROIR PENCHE UN LOURD AMAS D'ANNEES,            147 013
         QU'UN COEUR DEVENU  SON MIROIR!     . . . . . . . . . . . . . . . . . . . . . 084 034
       AVEC SON GROS BOUQUET,  SON MOUCHOIR ET SES GANTS,                             097 002
        ET LORSQU'IL EUT DONNE  SON OBOLE A CHARON.                                   015 002
       LE PRINTEMPS ADORABLE A PERDU  SON ODEUR!                                      080 010
            SE PAMER SOUS  SON OEIL COMME UN COEUR QUI PALPITE...    . . . . . . . . . 145 006
                                  SON OEIL ENSORCELE DECOUVRE UNE CAPOUE             126 047
     COUVER L'ENFANT GRANDI DE  SON OEIL MATERNEL,                                    100 020
                       ET  SON OEIL NOUS REVET D'UN HABIT DE CLARTE.                  042 008
              VERS LE CIEL, OU  SON OEIL PARFOIS S'OUVRAIT COMME L'OEIL D'UN VIEIL AIGLE; 091 059
                        DANS  SON OEIL VOIT UN TRONE SPLENDIDE,                       001 053
    TOURBILLONNE, AMEUTE DERRIERE  SON OEIL, CIEL LIVIDE OU GERME L'OURAGAN,          093 007
       L'IMAGINATION QUI DRESSE  SON OREILLE,                                         153 011
          ET LA LUNE VERSER  SON ORGIE     . . . . . . . . . . . . . . . . . . . . . . 126 039
                                  SON PALE ENCHANTEMENT.                             086 012
                                  SON PAREIL LE SUIVAIT: BARBE, OEIL, DOS, BATON, LOQUES, 090 029
                                  SON PARFUM DOUX COMME UN SECRET                    011 013
   ET L'ESPRIT QUI LE SUIT DANS  SON PELERINAGE     . . . . . . . . . . . . . . . . . 001 027
         HARPAGON, QUI VEILLAIT  SON PERE AGONISANT,                                  149 001
  LA JOUE ET L'OEIL EN FEU, JOUANT  SON PERSONNAGE,                                   059 007
                       QUE  SON PETIT CERVEAU SOIT ACTIF OU SOIT LENT,                144 006
                        NI  SON PEUPLE MOURANT EN FACE DU BALCON.     . . . . . . . . 077 006
     ROULANT UN MANUSCRIT SOUS  SON PIED CONVULSIF,                                   153 002
      OU BRILLAIT LA DOUCEUR DE  SON PREMIER SERMENT.                                 015 016
             DU FOND DE  SON REDUIT SABLONNEUX, LE GRILLON,                           013 009
          DANS LE FIEL;  SON REGARD AIGUISAIT LES FRIMAS,     . . . . . . . . . . . . 090 018
                                  SON REGARD DE VIGUEUR ET DE GRACES ARME,           032 006
    JE VOIS MA FEMME EN ESPRIT.  SON REGARD,                                          034 009
            SE MEUT DANS  SON REVEIL LE CADAVRE SPECTRAL                              048 019
         RECONNAISSEZ SATAN A  SON RIRE N'EST PAS LA GRIMACE     . . . . . . . . . . . 156 009
  PARCE QU'IL SAIT JOUER ARTISTEMENT  SON RIRE VAINQUEUR,                             149 027
       LE SOLEIL S'EST NOYE DANS  SON ROLE,                                           115 018
       LE SOLEIL S'EST NOYE DANS  SON SANG QUI SE FIGE.                               047 012
       ET QUI, SOUL DE  SON SANG QUI SE FIGE...     . . . . . . . . . . . . . . . . . . 047 015
         LES CHOSES OU LE  SON SANG, PREFERERAIT EN SOMME                            096 023
     NE VEUT PAS TE MONTRER  SON SE MELE A LA LUMIERE.                                127 008
        C'EST LA SON CHARME ET  SON SECRET INFERNAL,                                  064 005
  J'ARRACHERAI CE COEUR TOUT ROUGE DE  SON SECRET.     . . . . . . . . . . . . . . . . 051 008
                                  SON SEIN,                                          001 050
                                  SON SOMMEIL SOUS UNE HUMBLE PELOUSE,               100 002
                                  SON SOURIRE EST TRANQUILLE ET SES YEUX ASSURES.    061 008
     OU, LAZARE ODORANT DECHIRANT  SON SUAIRE,     . . . . . . . . . . . . . . . . . . 048 018
                                  SON TEINT EST PALE ET CHAUD; LA BRUNE ENCHANTERESSE 061 005
                     TANT  SON TIMBRE EST TENDRE ET DISCRET;                          051 005
   A L'AIR D'UN MORIBOND CARESSANT  SON TOMBEAU.                                      021 020
             D'AVOIR SA CROIX ET  SON TOMBEAU;     . . . . . . . . . . . . . . . . . . 054 019
                                  SON TOMBEAU;--CE N'EST PAS PEU DIRE:               106 012
               L'HORLOGE, A  SON TOUR, DIT A VOIX BASSE: "IL EST MUR,                149 017
       LE POETE BUTER DU FRONT SUR  SON TRAVAIL?                                      147 007
              LE VIN DE  SON TRIOMPHE, ET S'ALLONGEAIT VERS ELLE,     . . . . . . . . . 131 019
                                  SON TROUPEAU GAZOUILLANT DE BEAUTES D'HOPITAL,     018 006
                       DE  SON URNE A GRANDS FLOTS VERSE UN FROID TENEBREUX          075 002
      AGITE ET TOURNE DANS  SON VAN.                                                  029 028
         L'UNIVERS EST EGAL A  SON VASTE APPETIT.     . . . . . . . . . . . . . . . . . 126 002
```

```
100 006  . . . . . . . . . . . . . . .              SON VENT MELANCOLIQUE A L'ENTOUR DE LEURS MARBRES,
127 020                                        ET   SON VENTRE ET SES SEINS, CES GRAPPES DE MA VIGNE,
029 008                                             SON VENTRE PLEIN D'EXHALAISONS.
064 011                     JE CONNAIS LES ENGINS DE SON VIEIL ARSENAL:
096 020  . . . . . . . . . . . . . . L'UN DE        SON VIEIL HONNEUR, L'AUTRE DE SA BEAUTE!
114 002                          QUI LAISSE DANS     SON VIN TRAINER SA CHEVELURE.
014 010                         HOMME, NUL N'A       SONDE LE FOND DE TES ABIMES;
036 027     RENAITRONT -ILS D'UN GOUFFRE INTERDIT A NOS  SONDES,
011 011  . . . . . . BIEN LOIN DES PIOCHES ET DES    SONDES,
053 002                                             SONGE A LA DOUCEUR
090 039                                             SONGE BIEN QUE MALGRE TANT DE DECREPITUDE
117 012                              COMME UN        SONGE D'OR,
040 013     PLONGER DANS VOS BEAUX YEUX COMME DANS UN BEAU  SONGE,
106 031                                             SONGEA-T -IL DANS SES NUITS MORBIDES
138 029                                             SONGEANT DE POISONS ET DE GLAIVES,
066 009                               ILS PRENNENT EN SONGEANT LES NOBLES ATTITUDES
032 003  . . . . . . . . . . . JE ME PRIS A         SONGER PRES DE CE CORPS VENDU
100 009                 TANDIS QUE, DEVORES DE NOIRES  SONGERIES,
124 011                         LE COEUR PLEIN DE    SONGES FUNEBRES,
153 013                 VOILA BIEN TON EMBLEME, AME AUX  SONGES OBSCURS,
049 014  . . . . . . . . . . . . . . . . MES        SONGES VIENNENT EN FOULE
136 027     MAIS LA VOIX ME CONSOLE ET DIT: "GARDE TES  SONGES:
102 058                                             SONNAIT BRUTALEMENT MIDI,
150 001                                 LA PENDULE,  SONNANT MINUIT,
089 050  . . . . . . . . . . . UN VIEUX SOUVENIR     SONNE A PLEIN SOUFFLE DU COR!
056 016                           CE BRUIT MYSTERIEUX SONNE COMME UN DEPART.
149 044                                     UN ANGE  SONNE LA VICTOIRE
129 026                     QUAND L'HEURE DES VOLUPTES SONNE,
085 021  . . . . . . . . . . . . . . . TANTOT        SONNERA L'HEURE OU LE DIVIN HASARD,
061 013                            GERMER MILLE       SONNETS DANS LE COEUR DES POETES,
088 030                                             SONNETS DE MAITRE BELLEAU
091 015     OU DANSENT, SANS VOULOIR DANSER, PAUVRES  SONNETTES
045 015  . . . . . . . . . . . . DE VOUS, RICHE ET   SONORE INSTRUMENT OU NE VIBRE
054 042                        QU'ENFLAMMAIT L'ORCHESTRE SONORE,
155 033                                LUNE, EAU     SONORE, NUIT BENIE,
127 002                 ELLE N'AVAIT GARDE QUE SES BIJOUX  SONORES,
107 007  . . . . . . . . . . . . . . . LES          SONS D'UNE MUSIQUE ENERVANTE ET CALINE,
047 003                                      LES     SONS ET LES PARFUMS TOURNENT DANS L'AIR DU SOIR;
007 012                               COMMES LES     SONS NOMBREUX DES SYLLABES ANTIQUES,
004 008                 LES PARFUMS, LES COULEURS ET LES  SONS SE REPONDENT.
058 021  . . . . . . . . . . . . . . . TES HANCHES   SONT AMOUREUSES
133 001                                    TES PIEDS SONT AUSSI FINS QUE TES MAINS, ET TA HANCHE
129 002                                             SONT BEAUX COMME UN BEAU PAYSAGE,
036 011                             QUE LES SOLFILS   SONT BEAUX DANS LES CHAUDES SOIREES!
036 015                             QUE LES SOLEILS   SONT BEAUX DANS LES CHAUDES SOIREES!
013 006                 LE LONG DES CHARIOTS OU LES LEURS  SONT BLOTTIS,
035 005                               LEURS FEUX     SONT BRISES! COMME NOTRE JEUNESSE,
152 011  . . . . . . . . . . . . . . MAIS LES VRAIS VOYAGEURS SONT CES PENSERS D'AMOUR, MELES DE FOI,
126 017     . . . . . . MAIS LES VRAIS VOYAGEURS     SONT CEUX-LA SEULS QUI PARTENT
130 006                       LESBOS, OU LES BAISERS  SONT COMME LES CASCADES,
130 010                       LESBOS, OU LES BAISERS  SONT COMME LES CASCADES!
052 034               LES MINUTES, MORTEL FOLATRE,    SONT DES BOAS LUISANTS LES SOLIDES EMULES,
085 015                          --CES YEUX          SONT DES GANGUES
091 033                                             SONT DES PUITS FAITS D'UN MILLION DE LARMES,
112 001                          LA DEBAUCHE ET LA MORT SONT DEUX AIMABLES FILLES,
028 015                                             SONT DEUX BIJOUX FROIDS OU SE MELE
079 012  . . . . . . . . . . . . . . MAIS LES TENEBRES SONT ELLES-MEMES DES TOILES
091 007               OU TORDUS, AIMONS -LES! CE     SONT ENCOR DES AMES.
027 009                              SES YEUX POLIS   SONT FAITS DE MINERAUX CHARMANTS,
097 013                       SES YEUX PROFONDS       SONT FAITS DE VIDE ET DE TENEBRES,
066 004                          QUI COMME EUX        SONT FRILEUX ET COMME EUX SEDENTAIRES.
148 002                                             SONT HEUREUX, DISPOS ET REPUS;
026 008                                    TES YEUX  SONT LA CITERNE OU BOIVENT MES ENNUIS.
000 005             NOS PECHES SONT TETUS, NOS REPENTIRS SONT LACHES;
155 001  . . . . . . . . . . . . . TES BEAUX YEUX    SONT LAS, PAUVRE AMANTE!
082 013                          ET VOS LUEURS       SONT LE REFLET
131 029                              MES BAISERS      SONT LEGERS COMME CES EPHEMERES
082 012                                             SONT LES CORBILLARDS DE MES REVES,
116 045  . . . . . . . . . RIDICULE PENDU, TES DOULEURS SONT LES MIENNES!
035 003             CES JEUX, CES CLIQUETIS DU FER    SONT LES VACARMES
129 013                            CES ROBES FOLLES   SONT L'EMBLEME
043 003              ILS MARCHENT, CES DIVINS FRERES QUI SONT MES FRERES,
043 007  . . . . . . . . . . . . . . . . . ILS       SONT MES SERVITEURS ET JE SUIS LEUR ESCLAVE;
126 139                       SI LE CIEL ET LA MER    SONT NOIRS COMME DE L'ENCRE,
097 052               VOUS ENTRAINE EN DES LIEUX QUI NE SONT PAS CONNUS!
007 002                                    TES YEUX CREUX SONT PEUPLES DE VISIONS NOCTURNES,
133 005  . . . . . . . . OU TES REVES FLOTTANTS       SONT PLEINS DE COLIBRIS,
066 012                          LEURS REINS FECONDS  SONT PLEINS D'ETINCELLES MAGIQUES,
111 028     ET LES URNES D'AMOUR DONT VOS GRANDS COEURS SONT PLEINS!
089 032                      ET MES CHERS SOUVENIRS   SONT PLUS LOURDS QUE DES ROCS.
133 004              TES GRANDS YEUX DE VELOURS       SONT PLUS NOIRS QUE TA CHAIR.
118 008                       LES CIEUX NE S'EN       SONT POINT ENCORE RASSASIES!
126 081                       DES COSTUMES QUI        SONT POUR LES YEUX UNE IVRESSE;
091 022  . . . . . . . . . . . . . . . . . NE        SONT PRESQUE AUSSI PETITS QUE CELUI D'UN ENFANT?
001 076                                             SONT QUE DES MIROIRS OBSCURCIS ET PLAINTIFS!"
126 140                  NOS COEURS QUE TU CONNAIS    SONT REMPLIS DE RAYONS!
148 003                          QUANT A MOI, MES BRAS SONT ROMPUS
126 082     DES FEMMES DONT LES DENTS ET LES ONGLES   SONT TEINTS
000 005  . . . . . . . . . . . . . . NOS PECHES      SONT TETUS, NOS REPENTIRS SONT LACHES;
```

S

		POEM	LINE
	SONT UN ECHO REDIT PAR MILLE LABYRINTHES;	006	035
TES BAISERS	SONT UN PHILTRE ET TA BOUCHE UNE AMPHORE	021	007
	SONT UNE SYMPHONIE ENIVRANTE SANS DOUTE,	118	006
CONTEMPLE -LES, MON AME; ILS	SONT VRAIMENT AFFREUX!	092	001
QU'ILS	SONT, ILS ONT DES YEUX PERCANTS COMME UNE VRILLE, . . .	091	017
	SORCIERE AU FLANC D'EBENE, ENFANT DES NOIRS MINUITS,	026	004
	SORCIERE AUX YEUX ALLECHANTS,	058	004
ADORABLE	SORCIERE, AIMES -TU LES DAMNES?	054	031
ADORABLE	SORCIERE, AIMES -TU LES DAMNES?	054	035
DIS -LE, BELLE	SORCIERE, OH! DIS, SI TU LE SAIS,	054	011
DIS -LE, BELLE	SORCIERE, OH! DIS, SI TU LE SAIS,	054	015
ET DES	SORCIERES FAMELIQUES,	070	012
COMME DEUX	SORCIERES QUI FONT	052	031
LE VIN SAIT REVETIR LE PLUS	SORDIDE BOUGE	049	001
VIENS -TU DU CIEL PROFOND OU	SORS -TU DE L'ABIME,	021	001
	SORS -TU DU GOUFFRE NOIR OU DESCENDS -TU DES ASTRES?	021	009
JE LUI DIS:	SORS DE CETTE VIE!	106	028
QUI	SORT DE LA PAUPIERE AINSI QU'UN LONG SOUPIR.	131	024
COMME UN ASTRE ECLIPSE QUI	SORT DE LA PENOMBRE,	037	006
IL ENNOBLIT LE	SORT DES CHOSES LES PLUS VILES,	087	018
JE JALOUSE LE	SORT DES PLUS VILS ANIMAUX	030	012
DIEU TRAHI PAR LE	SORT ET PRIVE DE LOUANGES,	120	002
ET LA HAINE EST VOUEE A CE	SORT LAMENTABLE	073	013
	SORT UN PARFUM SI DOUX, QU'UN SOIR	051	026
D'OU	SORTAIENT DE NOIRS BATAILLONS	029	018
LAISSENT PARFOIS	SORTIR DE CONFUSES PAROLES;	004	002
--AH! NE JAMAIS	SORTIR DES NOMBRES ET DES ETRES!	146	014
--CERTES, JE	SORTIRAI, QUANT A MOI, SATISFAIT	118	029
ET LES MOINS	SOSIE INEXORABLE, IRONIQUE ET FATAL, ...	090	042
QUE BATIR SUR LES COEURS EST UNE CHOSE	SOTS, HARDIS AMANTS DE LA DEMENCE,	126	105
INEPUISABLE PUITS DE	SOTTE;	045	033
LA	SOTTISE ET DE FAUTES!	097	029
LORSQUE JE RENTRAIS SANS UN	SOTTISE, L'ERREUR, LE PECHE, LA LESINE, ...	000	001
ET, SANS PRENDRE	SOU,	106	003
AUX UNS PORTANT LA PAIX, AUX AUTRES LE	SOUCI DES MOUCHARDS, SES SUJETS,	105	007
DE TES PLEURS ABOUTIT DANS MON COEUR	SOUCI.	143	004
LA POINTE DES	SOUCIEUX:	020	026
ET TOUJOURS LE DESIR NOUS RENDAIT	SOUCIEUX!	126	068
IL FAIT S'EVAPORER LES	SOUCIS MAUDITS;	102	056
A FECONDE	SOUCIS VERS LE CIEL,	087	011
DONT LE REGARD DIVIN T'A	SOUDAIN MA MEMOIRE FERTILE, ...	089	005
CRIA	SOUDAIN REFLEURI?	042	004
DONT LE REGARD M'A FAIT	SOUDAIN:--"JE SENS S'ELARGIR DANS MON ETRE	131	075
	SOUDAINEMENT RENAITRE,	093	010
	SOUFFLAIENT SUR LEURS TISONS ET SOUFFLAIENT SUR LEURS DOIGTS.	103	016
SOUFFLAIENT SUR LEURS TISONS ET	SOUFFLAIENT SUR LEURS DOIGTS.	103	016
ET LE VENT DU MATIN	SOUFFLAIT SUR LES LANTERNES,	103	002
UN VIEUX SOUVENIR SONNE A PLEIN	SOUFFLE DU COR!	089	050
	SOUFFLE GAIEMENT DES BULLES RONDES	117	005
ON EUT DIT QUE LE CORPS, ENFLE D'UN	SOUFFLE VAGUE,	029	023
ET QUAND OCTOBRE	SOUFFLE, EMONDEUR DES VIEUX ARBRES,	100	005
ET JE BUVAIS TON	SOUFFLE, O DOUCEUR! O POISON!	036	018
EST	SOUFFLEE, EST MORTE A JAMAIS!	054	027
AUX	SOUFFLES VIOLENTS QUI POURRAIENT LES FLETRIR?	131	028
JE SUIS LE	SOUFFLET ET LA JOUE!	083	022
PRETRESSE DE THALIE, HELAS! DONT LE	SOUFFLEUR	091	038
--VITE	SOUFFLONS LA LAMPE, AFIN	150	031
SILENCIEUSEMENT TU	SOUFFRAIS CES INSULTES	116	042
--"SOYEZ BENI, MON DIEU, QUI DONNEZ LA	SOUFFRANCE	001	057
INSENSIBLES TOUS DEUX A L'HUMAINE	SOUFFRANCE,	027	006
CE PAYS TROP PEUPLE QUE FAUCHE LA	SOUFFRANCE,	133	018
JAILLIR LES EAUX DE LA	SOUFFRANCE.	083	006
MA DELPHINE, JE	SOUFFRE ET JE SUIS INQUIETE,	131	043
POUR L'HOMME TERRASSE QUI REVE ENCORE ET	SOUFFRE,	046	006
TOI QUI, POUR CONSOLER L'HOMME FRELE QUI	SOUFFRE, ...	120	031
D'UN VAISSEAU QUI	SOUFFRE:	069	010
AME CURIEUSE QUI	SOUFFRES	142	012
NOUS APPRIS A MELER LE SALPETRE ET LE	SOUFRE,	120	032
DES VETEMENTS	SOUILLES, DES BLESSURES OUVERTES,	109	013
ET QUI,	SOUL DE SON SANG, PREFERERAIT EN SOMME	096	023
JE PUIS DONC BOIRE TOUT MON	SOUL.	106	002
NOUS AVONS TRAVAILLE!--C'EST LE SOIR QUI	SOULAGE	095	007
	SOULAGEMENT ET GLOIRE UNIQUES, ...	084	039
ON S'Y	SOULE, ON S'Y TUE, ON S'Y PREND AUX CHEVEUX!	055	010
ET JE ME	SOULERAI DE NARD, D'ENCENS, DE MYRRHE,	001	041
ET DANS MON COEUR QU'ILS	SOULERONT	083	010
TE	SOULEVANT D'UN BRAS FIEVREUX,	110	050
	SOULEVANT, BALANCANT LE FESTON ET L'OURLET;	093	004
	SOULEVER UN POIDS SI LOURD,	011	001
ET CONTEMPLANT TON	SOULIER	088	035
UN	SOULIER POMPONNE, JOLI COMME UNE FLEUR.	097	008
JE TE FERAI DE MON RESPECT DE BEAUX	SOULIERS	057	019
SOUS TES	SOULIERS DE SATIN,	058	033
EXCITANT A L'ASSAUT UN PEUPLE SANS	SOULIERS,	059	006
JE TRAINE DES SERPENTS QUI MORDENT MES	SOULIERS.	136	020
QUE VOS GRANDS YEUX RENDRAIENT PLUS	SOUMIS QUE VOS NOIRS.	061	014
BARBARE, ROIDE ET LOURD, ET DOUBLE DE	SOUPCON,	057	012
NE VIENDRA PLUS CHERCHER LA	SOUPE PARFUMEE,	095	035
IL TE FALLAIT GLANER TON	SOUPER DANS NOS FANGES	133	025

```
POEM LINE
006 032 .  .  .  .  .  .  .  .  .  .   PASSENT, COMME UN  SOUPIR ETOUFFE DE WEBER;
110 008                   EXHALENT LEUR  SOUPIR FINAL,
130 012                       OU JAMAIS UN  SOUPIR NE RESTA SANS ECHO,
127 031        CHAQUE FOIS QU'IL POUSSAIT UN FLAMBOYANT  SOUPIR.
131 024 .  .  QUI SORT DE LA PAUPIERE AINSI QU'UN LONG  SOUPIR,
026 009            PAR CES DEUX GRANDS YEUX NOIRS,  SOUPIRAUX DE TON AME,
080 008         ADIEU DONC, CHANTS DU CUIVRE ET  SOUPIRS DE LA FLUTE!
116 015                          OU LES  SOUPIRS DES COEURS EN ADORATION
095 034 .  .  .  .  .  L'HOPITAL SE REMPLIT DE LEURS  SOUPIRS.--PLUS D'UN
145 005       JE ME SOUVIENS!...J'AI VU TOUT, FLEUR,  SOURCE, SILLON,
096 002                          PALES, LE  SOURCIL PEINT, L'OEIL CALIN ET FATAL,
058 001                     QUOIQUE TES  SOURCILS MECHANTS
149 019 .  .  .  .  .  .  .  .   L'HOMME EST AVEUGLE,  SOURD, FRAGILE, COMME UN MUR
056 010       L'ECHAFAUD QU'ON BATIT N'A PAS D'ECHO PLUS  SOURD.
128 001          VIENS SUR MON COEUR, AME CRUELLE ET  SOURDE,
025 009                  MACHINE AVEUGLE ET  SOURDE, EN CRUAUTES FECONDE!
023 033 .  .  AFIN QU'A MON DESIR TU NE SOIS JAMAIS  SOURDE!
000 024       DESCEND, FLEUVE INVISIBLE, AVEC DE  SOURDES PLAINTES.
127 010          ET DU HAUT DU DIVAN ELLE  SOURIAIT D'AISE
143 011            SURGIR DU FOND DES EAUX LE REGRET  SOURIANT;
015 015 .  .  .  SEMBLAIT LUI RECLAMER UN SUPREME  SOURIRE
130 028            QU'ATTIRE LOIN DE NOUS LE RADIEUX  SOURIRE
061 008                             SON  SOURIRE EST TRANQUILLE ET SES YEUX ASSURES.
097 040                              LE  SOURIRE ETERNEL DE TES TRENTE-DEUX DENTS.
045 032 .  .  .  .  .  .  .  .  .  .   DANS UN  SOURIRE MACHINAL;
083 028               ET QUI NE PEUVENT PLUS  SOURIRE!
006 006       OU DES ANGES CHARMANTS, AVEC UN DOUX  SOURIS
077 012                    POUR TIRER UN  SOURIS DE CE JEUNE SQUELETTE.
020 008 .  .  .  .  .  .  --AUSSI, VOIS CE  SOURIS FIN ET VOLUPTUEUX
078 006       OU L'ESPERANCE, COMME UNE CHAUVE -  SOURIS,
021 023                   SI TON OEIL, TON  SOURIS, TON PIED, M'OUVRENT LA PORTE
119 002                           DIEU TE  SOURIT COMPLAISAMMENT.
020 010 .  .  .  .  .  .  .  .   CE LONG REGARD  SOURNOIS, LANGOUREUX ET MOQUEUR;
088 050            DES BIJOUX DE VINGT-NEUF  SOUS
091 008          SOUS DES JUPONS TROUES ET  SOUS DE FROIDS TISSUS
096 009 .  .  .  .  .  .  .  .  .  .   ET,  SOUS DE SALES PLAFONDS UN RANG DE PALES LUSTRES
109 007 .  .  .  .  .  .  .  .  .  .   ET,  SOUS DE SPECIEUX PRETEXTES DE CAFARD,
012 001          J'AI LONGTEMPS HABITE  SOUS DE VASTES PORTIQUES
121 004               ECLOSES POUR NOUS  SOUS DES CIEUX PLUS BEAUX.
091 008          SOUS DES JUPONS TROUES ET SOUS DE FROIDS TISSUS
148 011 .  .  .  .  .  .  .  .   VIL BETAIL,  SOUS JE NE SAIS QUEL OEIL DE FEU
089 038               FRISSONNANTE LA-BAS  SOUS LA MAIN DU SUPERBE PYRRHUS,
133 022       DE NE POUVOIR JAMAIS S'ENDORMIR  SOUS LA NEIGE ET LES GRELES,
073 014 .  .  .  .  AINSI QU'UN VIEUX SOLDAT QUI VEILLE  SOUS LA TABLE.
074 008 .  .  .  .  AINSI QU'UN VIEUX SOLDAT QUI VEILLE  SOUS LA TENTE!
156 011                          SOUS LA TORCHE DE L'ALECTO
001 021                         POURTANT,  SOUS LA TUTELLE INVISIBLE D'UN ANGE,
028 021                          SOUS LE FARDEAU DE TA PARESSE
105 011 .  .  .  .  .  .  .  .  .  .   ET  SOUS LE FIRMAMENT COMME UN DAIS SUSPENDU
143 006          SOUS LE FOUET DU PLAISIR, CE BOURREAU SANS MERCI,
015 006            DES FEMMES SE TORDAIENT  SOUS LE NOIR FIRMAMENT,
103 007                     OU L'AME,  SOUS LE POIDS DU CORPS REVECHE ET LOURD,
089 014 .  .   LA JE VIS, UN MATIN, A L'HEURE OU  SOUS LES CIEUX
056 012                          SOUS LES COUPS DU BELIER INFATIGABLE ET LOURD.
147 008                          OU  SOUS LES GAZONS SECS S'ACCOUPLER LES VIPERES?
067 001                          SOUS LES IFS NOIRS QUI LES ABRITENT,
076 016                         QUAND  SOUS LES LOURDS FLOCONS DES NEIGEUSES ANNEES
116 037          SOUS LES PIEDS, UN TROUPEAU DE JALOUX QUADRUPEDES,
016 019          ET LE LONG DES MAISONS,  SOUS LES PLAFONDS DUQUEL TANT DE POMPE AVAIT LUI.
045 009          ET LE LONG DES MAISONS,  SOUS LES PORTES COCHERES,
052 029               TES NOBLES JAMBES,  SOUS LES VOLANTS QU'ELLES CHASSENT,
013 005            LES HOMMES VONT A PIED  SOUS LEURS ARMES LUISANTES
112 007       TOMBEAUX ET LUPANARS MONTRENT  SOUS LEURS CHARMILLES
111 018               QUI, RECELANT UN FOUET  SOUS LEURS LONGS VETEMENTS,
120 002       FAIS QUE MON AME UN JOUR,  SOUS L'ARBRE DE SCIENCE,
023 012               SE PAMENT LONGUEMENT  SOUS L'ARDEUR DES CLIMATS;
088 036                          SOUS L'ESCALIER,
112 004                          SOUS L'ETERNEL LABEUR N'A JAMAIS ENFANTE.
029 043                   QUAND VOUS IREZ,  SOUS L'HERBE ET LES FLORAISONS GRASSES,
104 003          SOUS MA PRISON DE VERRE ET MES CIRES VERMEILLES,
096 014               JE VIS SE DEROULER  SOUS MON OEIL CLAIRVOYANT.
094 032                          SOUS NOTRE PIED SANGLANT ET NU?
090 027 .  .  .  COMME S'IL ECRASAIT DES MORTS  SOUS SES SAVATES,
015 013                     FRISSONNANT  SOUS SON DEUIL, LA CHASTE ET MAIGRE ELVIRE,
145 006                      SE PAMER  SOUS SON OEIL COMME UN COEUR QUI PALPITE...
153 002            ROULANT UN MANUSCRIT  SOUS SON PIED CONVULSIF,
138 024 .  .  .  .  .  .  .  .   ET QUE TU COUVES  SOUS TA GORGE
058 034               SOUS TES CHARMANTS PIEDS DE SOIE,
088 043                     ET RANGERAIS  SOUS TES LOIS
058 033               SOUS TES SOULIERS DE SATIN,
057 026 .  .  .  .  .  .  .  .  .  .  .   SOUS TES TALONS, AFIN QUE TU FOULES ET RAILLES,
147 009               SOUS TON DOMINO JAUNE, ET D'UN PIED CLANDESTIN,
097 057               EN TOUT CLIMAT,  SOUS TOUT SOLEIL, LA MORT T'ADMIRE
006 031                         OU,  SOUS UN CIEL CHAGRIN, DES FANFARES ETRANGES
116 003 .  .  .  .  .  .  .  .   LE NAVIRE ROULAIT  SOUS UN CIEL SANS NUAGES.
062 017                          OU  SOUS UN CLAIR AZUR TOUT N'EST QU'AMOUR ET JOIE,
144 002          SOUS UN CLIMAT DE FLAMME OU SOUS UN SOLEIL BLANC,
061 002                     J'AI CONNU,  SOUS UN DAIS D'ARBRES TOUT EMPOURPRES
074 013 .  .  .  .  .  .   AU BORD D'UN LAC DE SANG,  SOUS UN GRAND TAS DE MORTS,
```

S

		POEM LINE
	SOUS UN PLAFOND DE BRUME OU DANS UN VASTE ETHER, . . .	069 003
SOUS UN CLIMAT DE FLAMME OU	SOUS UN SOLEIL BLANC,	144 002
EREINTES ET PLIANT	SOUS UN TAS DE DEBRIS,	105 015
	SOUS UN TUNNEL DE PIERRERIES	102 039
LE SOLEIL MORIBOND S'ENDORMIR	SOUS UNE ARCHE, ...	143 012
ET QUI DORT SON SOMMEIL	SOUS UNE HUMBLE PELOUSE,	100 002
	SOUS UNE LUMIERE BLAFARDE	124 001
UN AUTEL	SOUTERRAIN AU FOND DE MA DETRESSE,	057 002
FLAMME DANS NOTRE	SOUTERRAIN!	139 006
QUAND DON JUAN DESCENDIT VERS L'ONDE	SOUTERRAINE	015 001
TOI QUI SAIS TOUT, GRAND ROI DES CHOSES	SOUTERRAINES,	120 007
DU	SOUVENIR CUEILLE LA FLEUR EXQUISE.	038 022
LE	SOUVENIR CUISANT DE SON LIMON AMER.	055 004
J'AIME LE	SOUVENIR DE CES EPOQUES NUES,	005 001
TON	SOUVENIR EN MOI LUIT COMME UN OSTENSOIR!	047 016
VOILA LE	SOUVENIR ENIVRANT QUI VOLTIGE	048 013
COMME UN	SOUVENIR EST RESTE:	110 026
LE	SOUVENIR MASSIF, ROYALE ET LOURDE TOUR,	098 010
CE	SOUVENIR N'EST POINT PALI);	045 004
TON	SOUVENIR PLUS CLAIR, PLUS ROSE PLUS CHARMANT,	046 010
ET DONT LE	SOUVENIR POUR L'AMOUR ME RAVIVE.	032 008
AUX YEUX DU	SOUVENIR QUE LE MONDE EST PETIT!	126 004
DEVANT TOI, PAUVRE DIABLE AU	SOUVENIR SI CHER,	116 049
UN VIEUX	SOUVENIR SONNE A PLEIN SOUFFLE DU COR!	089 050
SEULEMENT PAR LE	SOUVENIR.	029 032
OU JE HUME A LONGS TRAITS LE VIN DU	SOUVENIR?	023 035
VOS	SOUVENIRS AVEC LEURS CADRES D'HORIZONS.	126 056
QUE DES	SOUVENIRS DE SOLEILS.	148 008
DES	SOUVENIRS DORMANT DANS CETTE CHEVELURE, ...	023 004
LES	SOUVENIRS LOINTAINS LENTEMENT S'ELEVER	074 003
J'AI PLUS DE	SOUVENIRS QUE SI J'AVAIS MILLE ANS,	076 001
ET MES CHERS	SOUVENIRS SONT PLUS LOURDS QUE DES ROCS.	089 032
MERE DES	SOUVENIRS, MAITRESSE DES MAITRESSES, ...	036 001
MERE DES	SOUVENIRS, MAITRESSE DES MAITRESSES!	036 005
J'AI DEMANDE	SOUVENT A DES VINS CAPTIEUX	113 009
NOUS AVONS DIT	SOUVENT D'IMPERISSABLES CHOSES	036 009
NOUS NOUS SOMMES	SOUVENT ENNUYES, COMME ICI.	126 060
J'AI	SOUVENT EVOQUE CETTE LUNE ENCHANTEE,	045 037
ET	SOUVENT IL ATTAQUE, AINSI QUE LE TERMITE,	054 038
QUE JE PRENDS TRES -	SOUVENT LES FAITS POUR DES MENSONGES,	136 025
LA MUSIQUE	SOUVENT ME PREND COMME UNE MER!	069 001
LA MORT NOUS TIENT	SOUVENT PAR DES LIENS SUBTILS.	040 011
IL ARRIVE	SOUVENT QUE SA VOIX AFFAIBLIE	074 011
	SOUVENT, A LA CLARTE ROUGE D'UN REVERBERE	105 001
ET	SOUVENT, COMME TOI, SE PARFUMANT DE MYRRHE, . . .	097 030
	SOUVENT, POUR S'AMUSER, LES HOMMES D'EQUIPAGE	002 001
DETOURNER SIMPLEMENT MA TETE	SOUVERAINE,	115 025
ES -TU LE FRUIT D'AUTOMNE AUX SAVEURS	SOUVERAINES?	098 013
T SUR LEURS VIEUX JOURS LES PUISSANTS SE	SOUVIENNENT,	077 016
--AH! JESUS,	SOUVIENS -TOI DU JARDIN DES OLIVES!	118 009
	SOUVIENS -TOI QUE LE TEMPS EST UN JOUEUR AVIDE	085 001
CHUCHOTE:	SOUVIENS -TOI--RAPIDE, AVEC SA VOIX	085 010
REMEMBER!	SOUVIENS -TOI, PRODIGUE! ESTO MEMOR!	085 013
LE JOUR DECROIT; LA NUIT AUGMENTE;	SOUVIENS -TOI!	085 019
DONT LE DOIGT NOUS MENACE ET NOUS DIT: "	SOUVIENS -TOI!	085 002
JE ME	SOUVIENS!...J'AI VU TOUT, FLEUR, SOURCE, SILLON,	145 005
PARFOIS ON TROUVE UN VIEUX FLACON QUI SE	SOUVIENT,	048 007
--"	SOYEZ BENI, MON DIEU, QUI DONNEZ LA SOUFFRANCE	001 057
AMANTE OU SOEUR,	SOYEZ LA DOUCEUR EPHEMERE	056 003
FORTES TRESSES,	SOYEZ LA HOULE QUI M'ENLEVE!	023 013
ET POURTANT AIMEZ -MOI TENDRE COEUR!	SOYEZ MERE,	056 021
ET, SOUS DE	SPECIEUX PRETEXTES DE CAFARD,	109 007
LE	SPECTACLE ENNUYEUX DE L'IMMORTEL PECHE:	126 088
DU	SPECTACLE VIVANT DE MA TRISTE MISERE	009 013
J'ETAIS COMME L'ENFANT AVIDE DU	SPECTACLE, ...	125 009
J'AVAIS BANNI DE CES	SPECTACLES	102 007
SE MEUT DANS SON REVEIL LE CADAVRE	SPECTRAL	048 019
OU LE	SPECTRE EN PLEIN JOUR RACCROCHE LE PASSANT!	090 002
UN	SPECTRE FAIT DE GRACE ET DE SPLENDEUR.	038 010
CE	SPECTRE SINGULIER N'A POUR TOUTE TOILETTE.	071 001
A L'ACCENT FAMILIER NOUS DEVINONS LE	SPECTRE;	126 133
CE JUMEAU CENTENAIRE, ET CES	SPECTRES BAROQUES	090 031
CES GRIMACES, CES CRIS, CES	SPECTRES DONT L'ESSAIM	153 010
PAR DELA LES CONFINS DES	SPHERES ETOILEES,	003 004
DES GRANDS	SPHINX ALLONGES AU FOND DES SOLITUDES,	066 010
OU L'ANGE INVIOLE SE MELE AU	SPHINX ANTIQUE,	027 011
UN VIEUX	SPHINX IGNORE DU MONDE INSOUCIEUX, ...	076 022
JE TRONE DANS L'AZUR COMME UN	SPHINX INCOMPRIS; "	017 005
SA CHAIR	SPIRITUELLE A LE PARFUM DES ANGES,	042 007
DES CIEUX	SPIRITUELS L'INACCESSIBLE AZUR,	046 005
OBSCURCIR LA	SPLENDEUR DE TES FROIDES PRUNELLES.	032 014
VERS UN AUTRE OCEAN OU LA	SPLENDEUR ECLATE,	062 003
ET DONT LES YEUX MORTELS, DANS LEUR	SPLENDEUR ENTIERE,	001 075
LA SECRETE	SPLENDEUR ET LA BEAUTE FATALE	110 023
LA	SPLENDEUR ORIENTALE, ...	053 023
UN SPECTRE FAIT DE GRACE ET DE	SPLENDEUR.	038 010
DIT A L'AUTRE: VIE ET	SPLENDEUR!	081 004
AU MILIEU DE L'AZUR, DES VAGUES, DES	SPLENDEURS	012 010
S'ENIVRE DES	SPLENDEURS DE SA PROPRE VERTU.	105 012

```
POEM LINE
001 053 .  .  .     VERS LE CIEL, OU SON OEIL VOIT UN TRONE   SPLENDIDE,
108 001                        AUJOURD'HUI L'ESPACE EST       SPLENDIDE!
029 035              EPIANT LE MOMENT DE REPRENDRE AU          SQUELETTE,
097 041      POURTANT, QUI N'A SERRE DANS SES BRAS UN          SQUELETTE,
071 002 .  .  .  .     GROTESQUEMENT CAMPE SUR SON FRONT DE    SQUELETTE,
132 025           TREMBLAIENT CONFUSEMENT DES DEBRIS DE        SQUELETTE,
097 020                        TU REPONDS, GRAND               SQUELETTE, A MON GOUT LE PLUS CHER!
077 012                 POUR TIRER UN SOURIS DE CE JEUNE       SQUELETTE.
100 011 .  .  .  .  .  .  .  .  .  .  .  .  VIEUX              SQUELETTES GELES TRAVAILLES PAR LE VER,
097 048                    VOUS SENTEZ TOUS LA MORT! O         SQUELETTES MUSQUES,
094 012                        DES ECORCHES ET DES             SQUELETTES.
039 014                        STATUE AUX YEUX DE JAIS, GRAND ANGE AU FRONT D'AIRAI█
057 006 .  .  .  .  .  .  .  .  OU TU TE DRESSERAS,            STATUE EMERVEILLEE,
093 005              AGILE ET NOBLE, AVEC SA JAMBE DE          STATUE.
005 002                  DONT PHOEBUS SE PLAISAIT A DORER LES  STATUES.
097 001            FIERE, AUTANT QU'UN VIVANT, DE SA NOBLE     STATURE,
130 017 .  .  .  .     QUI FONT QU'A LEURS MIROIRS,            STERILE VOLUPTE!
131 063 .  .  .  .  S'EPRENANT D'UN PROBLEME INSOLUBLE ET      STERILE,
027 014                  LA FROIDE MAJESTE DE LA FEMME         STERILE.
131 097                             L'APRE                     STERILITE DE VOTRE JOUISSANCE
131 072 .  .  .  .  .     TU ME RAPPORTERAS TES SEINS          STIGMATISES...
091 061                  TELLES VOUS CHEMINEZ,                 STOIQUES ET SANS PLAINTES,
135 011                        LORSQUE DE LA                   STRICTE JUSTICE
131 010                        L'AIR BRISE, LA                 STUPEUR, LA MORNE VOLUPTE,
150 021 .  .  .  .  .  .  .  .  .  .  BAISE LA                 STUPIDE MATIERE
030 013            QUI PEUVENT SE PLONGER DANS UN SOMMEIL      STUPIDE,
126 089          LA FEMME, ESCLAVE VILE, ORGUEILLEUSE ET       STUPIDE,
131 069                  VA, SI TU VEUX, CHERCHER UN FIANCE    STUPIDE:
103 014 .     BOUCHE OUVERTE, DORMAIENT DE LEUR SOMMEIL        STUPIDE:
106 030                        PARMI CES IVROGNES              STUPIDES
039 013                             LES                        STUPIDES MORTELS QUI T'ONT JUGEE AMERE,
046 009                 SUR LES DEBRIS FUMEUX DES              STUPIDES ORGIES
131 062 .  .  .  .  .     QUI VOULUT LE PREMIER, DANS SA       STUPIDITE.
084 003                        DANS UN                         STYX BOURBEUX ET PLOMBE
026 011                        JE NE SUIS PAS LE               STYX POUR T'EMBRASSER NEUF FOIS,
126 024          ET DONT L'ESPRIT HUMAIN N'A JAMAIS            SU LE NOM!
077 017 .  .  .  .  .  .  .  .  .  .  IL N'A                   SU RECHAUFFER CE CADAVRE HEBETE
081 011                        DANS LE                         SUAIRE DES NUAGES
006 016                        DECHIRENT LEUR                  SUAIRE EN ETIRANT LEURS DOIGTS:
116 055                HELAS! ET J'AVAIS, COMME EN UN          SUAIRE EPAIS,
048 018 .  .  .  .     OU, LAZARE ODORANT DECHIRANT SON        SUAIRE,
029 006                        BRULANTE ET                     SUANT LES POISONS,
136 024                        ET TROUVE UN GOUT               SUAVE AU VIN LE PLUS AMER;
141 013                        SANS                            SUBIR L'AVERTISSEMENT
144 007 .  .  .  .  .  .  .  .     PARTOUT L'HOMME             SUBIT LA TERREUR DU MYSTERE,
148 014                     JE N'AURAI PAS L'HONNEUR           SUBLIME
131 023              ET CETTE GRATITUDE INFINIE ET             SUBLIME
062 009                        DE CETTE FONCTION               SUBLIME DE BERCEUSE?
114 015 .  .  .  .     QUE LA BEAUTE DU CORPS EST UN           SUBLIME DON
025 018                        O FANGEUSE GRANDEUR!            SUBLIME IGNOMINIE!
089 035              COMME LES EXILES, RIDICULE ET             SUBLIME,
130 037                        VIERGES AU COEUR                SUBLIME, HONNEUR DE L'ARCHIPEL,
105 009 .  .     IL PRETE DES SERMENTS, DICTE DES LOIS         SUBLIMES.
020 020          --MAIS NON! CE N'EST QU'UN MASQUE, UN DECOR   SUBORNEUR,
156 002                        ET DONT L'ART,                  SUBTIL ENTRE TOUS,
023 023                        ET MON ESPRIT                   SUBTIL QUE LE ROULIS CARESSE
051 024 .  .  .  .  .  .  .  .  .  .     AUSSI                 SUBTIL QU'HARMONIEUX!
120 034              TOI QUI POSES TA MARQUE, O COMPLICE        SUBTIL,
034 013                        UN AIR                          SUBTIL, UN DANGEREUX PARFUM
157 012          ETAIT TEINTE TROIS FOIS DANS LES BAVES        SUBTILES
123 005 .  .  .     NOUS USERONS NOTRE AME EN DE              SUBTILS COMPLOTS,
040 011          LA MORT NOUS TIENT SOUVENT PAR DES LIENS      SUBTILS.
056 011                        MON ESPRIT EST PAREIL A LA TOUR QUI  SUCCOMBE
007 005                        LE                              SUCCUBE VERDATRE ET LE ROSE LUTIN
132 017 .  .  .  .     QUAND ELLE EUT DE MES OS               SUCE TOUTE LA MOELLE.
128 021                        JE                              SUCERAI, POUR NOYER MA RANCOEUR,
118 019                        ET TA                           SUEUR COULAIENT DE TON FRONT PALISSANT,
104 006                        DE PEINE, DE                    SUEUR ET DE SOLEIL CUISANT
073 006 .  .  .  .     PAR OU FUIRAIENT MILLE ANS DE          SUEURS ET D'EFFORTS,
096 012              QUI VIENNENT GASPILLER LEURS SANGLANTES   SUEURS;
001 071          PAR VOTRE MAIN MONTES, NE POURRAIENT PAS      SUFFIRE
119 028                        N'EST PAS FAITE                 SUFFISAMMENT;
149 003 .  .  .     "NOUS AVONS AU GRENIER UN NOMBRE          SUFFISANT,
098 021                        MAIS NE                         SUFFIT -IL PAS QUE TU SOIS L'APPARENCE,
126 118                        A QUI RIEN NE                   SUFFIT, NI WAGON NI VAISSEAU,
135 016                        GAGNENT LE                      SUFFRAGE DES ANGES.
083 013 .  .  .  .  .  .  .  .  .  .     NE                    SUIS -JE PAS UN FAUX ACCORD
129 015                        FOLLE DONT JE                   SUIS AFFOLE,
085 011              D'INSECTE, MAINTENANT DIT: JE             SUIS AUTREFOIS,
042 012          PARFOIS IL PARLE ET DIT: "JE                  SUIS BELLE, ET J'ORDONNE
017 001                             JE                         SUIS BELLE, O MORTELS! COMME UN REVE DE PIERRE,
077 001                             JE                         SUIS COMME LE ROI D'UN PAYS PLUVIEUX,
038 005                             JE                         SUIS COMME UN PEINTRE QU'UN DIEU MOQUEUR
083 025                             JE                         SUIS DE MON COEUR LE VAMPIRE,
106 005 .  .  .  .  .  .     AUTANT QU'UN ROI JE              SUIS HEUREUX;
131 043              MA DELPHINE, JE SOUFFRE ET JE             SUIS INQUIETE,
068 001                             JE                         SUIS LA PIPE D'UN AUTEUR;
083 021                             JE                         SUIS LA PLAIE ET LE COUTEAU!
083 019 .  .  .  .  .  .  .  .  .  .  .  .     JE             SUIS LE SINISTRE MIROIR
```

S

		POEM	LINE
JE	SUIS LE SOUFFLET ET LA JOUE!	083	022
JE	SUIS LES MEMBRES ET LA ROUE,	083	023
ILS SONT MES SERVITEURS ET JE	SUIS LEUR ESCLAVE:	043	007
MA FEMME EST MORTE, JE	SUIS LIBRE!	106	001
--INFAME A QUI JE	SUIS LIE	031	007
JE	SUIS L'ANGE GARDIEN, LA MUSE ET LA MADONE."	042	014
JE NE	SUIS PAS LE STYX POUR T'EMBRASSER NEUF FOIS,	026	011
--"JE NE	SUIS POINT INGRATE ET NE ME REPENS PAS,	131	042
(CAR JE	SUIS TON BON ANGE, ENTENDS -TU?) JE LE VEUX!	140	004
"JE	SUIS TON EGALE, O MON ROI!"	138	040
--JE	SUIS UN CIMETIERE ABHORRE DE LA LUNE,	076	008
JE	SUIS UN VIEUX BOUDOIR PLEIN DE ROSES FANEES,	076	011
JE	SUIS, MON CHER SAVANT, SI DOCTE AUX VOLUPTES, ...	132	011
ET L'ESPRIT QUI LE	SUIT DANS SON PELERINAGE	001	027
LE DESTIN CHARME	SUIT TES JUPONS COMME UN CHIEN;	021	010
JE	SUIVAIS, ROIDISSANT MES NERFS COMME UN HEROS	090	010
SON PAREIL LE	SUIVAIT: BARBE, OEIL, DOS, BATON, LOQUES, ...	090	029
ET NOUS ALLONS,	SUIVANT LE RHYTHME DE LA LAME,	126	007
	SUIVANT UN RHYTHME DOUX, ET PARESSEUX, ET LENT.	052	008
	SUIVANT UN RHYTHME DOUX, ET PARESSEUX, ET LENT.	052	028
L'OEIL PENSIF, ET	SUIVANT, DANS NOS SALES BROUILLARDS, ...	133	027
QUI	SUIVENT, INDOLENT COMPAGNONS DE VOYAGE,	002	003
AH! QUE J'EN AI	SUIVI DE CES PETITES VIEILLES!	091	049
	SUIVIS DE COMPAGNONS, BLANCHIS DANS LES BATAILLES,	105	018
	SUIVONS LE MIRAGE LOINTAIN!	108	008
LES ASTRES VONT TE	SUIVRE EN PIMPANT ATTIRAIL,	147	003
BIEN QUE LE	SUJET EN SOIT TRISTE,	094	007
ET, SANS PRENDRE SOUCI DES MOUCHARDS, SES	SUJETS,	105	007
ELLE MARCHE EN DEESSE ET REPOSE EN	SULTANE:	114	009
ET LE CIEL REGARDAIT LA CARCASSE	SUPERBE	029	013
LES COCOTIERS ABSENTS DE LA	SUPERBE AFRIQUE	089	043
	SUPERBE ET DEFIANT LES MEILLEURS CAVALIERS!	059	004
DE L'ANTIQUE VENUS LE	SUPERBE FANTOME	116	010
QU'UN	SUPERBE HABIT DE COUR	088	014
VIL BETAIL, SOUS LA MAIN DU	SUPERBE PYRRHUS,	089	038
ET LE SOLEIL, LE SOIR, RUISSELANT ET	SUPERBE,	099	005
	SUPERBE, ELLE HUMAIT VOLUPTUEUSEMENT	131	018
SUR CE TEINT FAUVE ET BRUN, LE FARD ETAIT	SUPERBE!	127	028
VA TE PURIFIER DANS L'AIR	SUPERIEUR,	003	010
DEVANT LES	SUPPLIANTS SAIT METTRE BAS LES ARMES,	059	012
RACE DE CAIN, TON	SUPPLICE	119	007
DONT LA FERVEUR ATTISE LE	SUPPLICE,	128	020
DIVA!	SUPPLICEM EXAUDI!	139	004
LES SANGLOTS DES MARTYRS ET DES	SUPPLICIES	118	005
ELLE FIT SON BEAU CORPS LA PATURE	SUPREME	130	068
SEMBLAIT LUI RECLAMER UN	SUPREME SOURIRE	015	015
COLLE LES	SUPREMES ADIEUX?	110	052
LORSQUE, PAR UN DECRET DES PUISSANCES	SUPREMES,	001	001
QUI ROULE BORD	SUR BORD ET PLONGE	028	027
QUAND PARFOIS	SUR CE GLOBE, EN SA LANGUEUR OISIVE,	065	009
	SUR CE TEINT FAUVE ET BRUN, LE FARD ETAIT SUPERBE!	127	028
ET	SUR CE TRONE LE PROFANE,	117	003
LES MOUCHES BOURDONNAIENT	SUR CE VENTRE PUTRIDE,	029	017
VOIS	SUR CES CANAUX	053	029
QUE	SUR CES MATELAS QUI SE PAMENT D'EMOI,	132	015
ET	SUR CES MOUVANTES MERVEILLES	102	049
QUI TRAINENT	SUR CES QUAIS POUDREUX	094	002
LE SOLEIL RAYONNAIT	SUR CETTE POURRITURE,	029	009
AINSI QU'UNE BEAUTE,	SUR DE NOMBREUX COUSSINS,	065	002
ET D'ETRANGES FLEURS	SUR DE PROFONDS COUSSINS TOUT IMPREGNES D'ODEUR,	131	002
	SUR DES ETAGERES,	121	003
	SUR DES FRONTS TENEBREUX DE POETES ILLUSTRES	096	011
EST FAITE POUR TRONER	SUR DES LITS SOMPTUEUX,	020	006
.TU MARCHES	SUR DES MORTS, BEAUTE, DONT TU TE MOQUES;	021	013
ET J'AI MEME POUSSE	SUR ELLE	106	014
EN SE TORDANT AINSI QU'UN SERPENT	SUR LA BRAISE,	132	002
OUBLIE	SUR LA CARTE, ET DONT L'HUMEUR FAROUCHE	076	023
JE SAIS COMBIEN IL FAUT,	SUR LA COLLINE EN FLAMME,	104	005
A MOINS QUE, MEDITANT	SUR LA GEOMETRIE, ...	091	029
NOUS NOUS EMBARQUERONS	SUR LA MER DES TENEBRES	126	125
LA GLOIRE DU SOLEIL	SUR LA MER VIOLETTE,	126	061
NE ME VAUT LE SOLEIL RAYONNANT	SUR LA MER.	056	020
COMME D'AUTRES ESPRITS VOGUENT	SUR LA MUSIQUE, ...	023	009
	SUR LA NAPPE FRUGALE ET LES RIDEAUX DE SERGE.	099	010
S'AVANCAIT LENTEMENT	SUR LA SEINE DESERTE,	103	026
	SUR LA TABLE DE NUIT, COMME UNE RENONCULE,	110	017
LES COUDES	SUR LA TABLE ET RETROUSSANT TES MANCHES,	104	015
CAR LESBOS ENTRE TOUS M'A CHOISI	SUR LA TERRE	130	041
ET	SUR LA TERRE JETTE DIEU!	119	032
JE ME COUCHERAI	SUR LA TERRE,	106	044
CAR LESBOS ENTRE TOUS M'A CHOISI	SUR LA TERRE,	130	045
	SUR LA TOILE OUBLIEE, ET QUE L'ARTISTE ACHEVE	029	031
--QUI PLANE	SUR LA VIE, ET COMPREND SANS EFFORT	003	019
	SUR LA VILLE ET LES CHAMPS, SUR LES TOITS ET LES BLES,	087	004
MON CHAT	SUR LE CARREAU CHERCHANT UNE LITIERE	075	005
PROMENANT	SUR LE CIEL DES YEUX APPESANTIS	013	007
L'AMOUR EST ASSIS	SUR LE CRANE	117	001
JE VAIS ME COUCHER	SUR LE DOS	124	012
	SUR LE DOS SATINE DES MOLLES AVALANCHES, ...	065	005

S

		POEM	LINE
	SUR SON COU CONVULSIF TENDANT SA TETE AVIDE, ...	089	027
	SUR SON DOS, OU LIVRANT A LEURS FIERS APPETITS .	013	003
GROTESQUEMENT CAMPE	SUR SON FRONT DE SQUELETTE,	071	002
LE POETE BUTER DU FRONT	SUR SON TRAVAIL?	147	007
L'OUBLI PUISSANT HABITE	SUR TA BOUCHE, ...	128	015
COMBLA-T -IL	SUR TA CHAIR INERTE ET COMPLAISANTE	110	047
	SUR TA CHAIR LE PARFUM RODE	058	013
	SUR TA CHEVELURE PROFONDE	028	005
LORSQUE TU VIS CRACHER	SUR TA DIVINITE	118	013
	SUR TA JAMBE UN POIGNARD D'OR	088	019
SUR TA VIE ET	SUR TA JEUNESSE,	063	013
	SUR TA VIE ET SUR TA JEUNESSE,	063	013
N QUELQUE LIEU QU'IL AILLE, OU SUR MER OU	SUR TERRE, ...	144	001
DIS -MOI, TETE EFFRAYANTE, A-T -IL	SUR TES DENTS FROIDES	110	051
SUR TON COU LARGE ET ROND,	SUR TES EPAULES GRASSES,	052	009
SUR TON COU LARGE ET ROND,	SUR TES EPAULES GRASSES,	052	037
	SUR TES PLEURS SALES NAGERA	083	008
	SUR TES TALONS;	088	016
ILS PASSERONT	SUR TOI COMME UN LOURD ATTELAGE	131	033
	SUR TON BEAU CORPS POLI COMME LE CUIVRE.	128	012
	SUR TON COU LARGE ET ROND, SUR TES EPAULES GRASSES, . .	052	009
	SUR TON COU LARGE ET ROND, SUR TES EPAULES GRASSES,	052	037
PRES DE TOI SE REPOSE, A L'HEURE OU	SUR TON FRONT	120	050
LE MIEN, O MON AMOUR! NAGE	SUR TON PARFUM	023	010
QUAND	SUR TON PRESENT SE DEPLOIE	138	009
ET TROUVER	SUR TON SEIN LA FRAICHEUR DES TOMBEAUX!"	131	084
ET JE VOIS TOUR A TOUR REFLECHIS	SUR TON TEINT	007	003
	SUR TON VENTRE ORGUEILLEUX DANSE AMOUREUSEMENT.	021	016
ET QUI VA REPANDANT	SUR TOUT, INSOUCIANTE	005	038
PENSIVE, S'ASSEYAIT A L'ECART	SUR UN BANC,	091	052
AINSI L'AMANT	SUR UN CORPS ADORE	038	021
ET, COMME DES PASSANTS	SUR UN FOU QU'ILS ADMIRENT,	115	010
ROULENT COMME L'ENCENS	SUR UN JARDIN DE ROSES	116	016
D'ENDORMIR LA DOULEUR	SUR UN LIT HASARDEUX.	101	014
	SUR UN LIT SEME DE CAILLOUX,	029	004
S'ECROULE ABONDAMMENT	SUR UN PIED SEC QUE PINCE	097	007
INSTALLE COMME	SUR UN TRONE, ...	141	003
OU TU FOULAIS, MONTE	SUR UNE DOUCE ANESSE,	118	023
QUE J'AI PUNI	SUR UNE FLEUR	129	023
SANS MATS,	SUR UNE MER MONSTRUEUSE ET SANS BORDS!	090	052
TU POSES DOUCEMENT TON CORPS	SUR UNE NATTE, . . .	133	014
LE SOIR,	SUR UNE ROUTE OBSCURE.	106	022
AH! LAISSEZ -MOI, MON FRONT POSE	SUR VOS GENOUX,	056	026
L'OEIL INQUIET, FIXE	SUR VOS PAS INCERTAINS,	091	074
	SUR VOS TALONS GAMBADE UN ENFANT LACHE ET VIL. . . .	091	068
	SUR VOTRE TETE CONDAMNEE	070	010
COMME UNE SENTINELLE A L'OEIL PERCANT ET	SUR,	130	047
LE SOMMEIL PROMIS N'EST PAS	SUR;	094	024
OU GIT TOUT UN FOUILLIS DE MODES	SURANNEES, ...	076	012
SUR LES BALCONS DU CIEL, EN ROBES	SURANNEES;	143	010
BAISER D'ENDYMION LES GRACES	SURANNEES?	147	011
L'AUTRE, QUE SON EPOUX	SURCHARGEA DE DOULEURS,	091	044
OU SAINT ANTOINE A VU	SURGIR COMME DES LAVES	111	011
	SURGIR DU FOND DES EAUX LE REGRET SOURIANT;	143	011
ET FAIT	SURGIR PLUS D'UN PORTIQUE FABULEUX	049	003
OR IL N'EST PAS D'HORREUR AU MONDE QUI	SURPASSE	030	009
AVEZ -VOUS DONC PU CROIRE, HYPOCRITES	SURPRIS, ...	149	029
O BLASPHEME DE L'ART! O	SURPRISE FATALE!	020	017
OU T'A	SURPRISE LE PLAISIR.	155	004
J'ETAIS MORT SANS	SURPRISE, ET LA TERRIBLE AURORE	125	012
JE T'AIME	SURTOUT QUAND LA JOIE	138	006
	SURTOUT, CE QUI LA FAIT FREMIR JUSQU'AUX GENOUX,	020	034
ET QUE	SURVEILLE LE CORBEAU,	054	017
COMME UN ANIMAL FORT QUI	SURVEILLE UNE PROIE.	131	015
MAIS MOI, MOI QUI DE LOIN TENDREMENT VOUS	SURVEILLE,	091	073
TOI QUI	SUS RAMASSER LA BEAUTE DES GOUJATS.	006	013
SE	SUSPENDAIENT, EBLOUISSANTES,	102	019
	SUSPENDANT TON ALLURE HARMONIEUSE ET LENTE,	098	003
ET SOUS LE FIRMAMENT COMME UN DAIS	SUSPENDU	105	011
GRANDE ET	SVELTE EN MARCHANT COMME UNE CHASSERESSE,	061	007
COMMES LES SONS NOMBREUX DES	SYLLABES ANTIQUES,	007	012
AINSI QU'UNE	SYLPHIDE AU FOND DE LA COULISSE;	085	006
UN	SYMBOLE D'UN GOUT BIZARRE ET CAPTIVANT, ...	091	024
L'HOMME Y PASSE A TRAVERS DES FORETS DES	SYMBOLES	004	003
ET DANS CETTE NATURE ETRANGE ET	SYMBOLIQUE	027	010
QU'UN GIBET	SYMBOLIQUE OU PENDAIT MON IMAGE....	116	058
SONT UNE	SYMPHONIE ENIVRANTE SANS DOUTE, ...	118	006
DANS LA DIVINE	SYMPHONIE,	083	014

```
POEM LINE
025 014 .  .  .  .  .  .  .  .  .  .  .  .  .  NE    T'A DONC JAMAIS FAIT RECULER D'EPOUVANTE,
133 005         AUX PAYS CHAUDS ET BLEUS OU TON DIEU    T'A FAIT NAITRE,
147 014              ET PLATRE ARTISTEMENT LE SEIN QUI    T'A NOURRI!"
042 004                      DONT LE REGARD DIVIN    T'A SOUDAIN REFLEURI?
155 004 .  .  .  .  .  .  .  .  .  .  .  .  .  OU    T'A SURPRISE LE PLAISIR.
007 008                                            T'A-T -IL NOYEE AU FOND D'UN FABULEUX MINTURNES?
097 057       EN TOUT CLIMAT, SOUS TOUT SOLEIL, LA MORT    T'ADMIRE,
057 033             ET COMME TOUT EN MOI TE CHERIT ET    T'ADMIRE,
130 013 .  .  .  .  .  .  .  A L'EGAL DE PAPHOS LES ETOILES    T'ADMIRENT,
024 001                                         JE    T'ADORE A L'EGAL DE LA VOUTE NOCTURNE,
058 005                                         JE    T'ADORE, O MA FRIVOLE,
037 014           QUI NE CRIE: O MON CHER BELZEBUTH, JE    T'ADORE!
016 011 .  .  .  .  .  .  .  .  "JESUS, PETIT JESUS! JE    T'AI POUSSE BIEN HAUT!
037 005                                         JE    T'AIME AINSI! POURTANT, SI TU VEUX AUJOURD'HUI,
024 003                                         ET    T'AIME D'AUTANT PLUS, BELLE, QUE TU ME FUIS,
138 011                                         JE    T'AIME QUAND TON GRAND OEIL VERSE
138 006 .  .  .  .  .  .  .  .  .  .  .  .  .  JE    T'AIME SURTOUT QUAND LA JOIE
129 016                 JE TE HAIS AUTANT QUE JE    T'AIME:
111 015                                     AUCUNS    T'APPELLENT AU SECOURS DE LEURS FIEVRES HURLANTES,
097 017                                            T'APPELLERONT UNE CARICATURE,
016 012 .  .  .  .  .  .  .  .  MAIS, SI J'AVAIS VOULU    T'ATTAQUER AU DEFAUT
081 001                                       L'UN    T'ECLAIRE AVEC SON ARDEUR,
026 011                 JE NE SUIS PAS LE STYX POUR    T'EMBRASSER NEUF FOIS,
131 040                                      ET JE    T'ENDORMIRAI DANS UN REVE SANS FIN!"
080 003 .  .  .  .  .  .  .  .  .  .  .  .  NE VEUT PLUS    T'ENFOURCHER! COUCHE -TOI SANS PUDEUR,
031 019                   "TU N'ES PAS DIGNE QU'ON    T'ENLEVE
134 014                                            T'EXPRIMER AVEC VERITE?
129 036                                            T'INFUSER MON VENIN, MA SOEUR!
156 001 .  .  .  .  .  .  .  .  .  .  .  CELUI DONT NOUS    T'OFFRONS L'IMAGE,
007 006                                            T'ONT -ILS VERSE LA PEUR ET L'AMOUR DE LEURS URNES?
116 044                       ET DES PECHES QUI    T'ONT INTERDIT LE TOMBEAU.
039 013               LES STUPIDES MORTELS QUI    T'ONT JUGEE AMERE,
052 003 .  .  .  .  .  .  .  .  .  .  .  JE VEUX TE PEINDRE    TA BEAUTE,
052 015                         JE VEUX TE PEINDRE    TA BEAUTE,
098 024           MASQUE OU DECOR, SALUT! J'ADORE    TA BEAUTE.
119 027                             RACE DE CAIN,    TA BESOGNE
098 023                      QU'IMPORTE     TA BETISE OU TON INDIFFERENCE?
117 017                      CAR CE QUE     TA BOUCHE CRUELLE
026 006                       L'ELIXIR DE     TA BOUCHE OU L'AMOUR SE PAVANE;
028 031                      QUAND L'EAU DE     TA BOUCHE REMONTE
021 007 .  .  .  .  .  .  TES BAISERS SONT UN PHILTRE ET     TA BOUCHE UNE AMPHORE
128 015            L'OUBLI PUISSANT HABITE SUR     TA BOUCHE,
008 007                            SENTANT     TA BOURSE A SEC AUTANT QUE TON PALAIS,
110 047                  COMBLA-T -IL SUR     TA CHAIR INERTE ET COMPLAISANTE
129 029 .  .  .  .  .  .  .  .  .  .  .  POUR CHATIER     TA CHAIR JOYEUSE,
058 013                            SUR     TA CHAIR LE PARFUM RODE
133 004    TES GRANDS YEUX DE VELOURS SONT PLUS NOIRS QUE     TA CHAIR.
140 008             UN TAPIS TRIOMPHAL AVEC     TA CHARITE.
119 025 .  .  .  .  .  .  .  .  AH! RACE D'ABEL,     TA CHAROGNE
028 005                            SUR     TA CHEVELURE PROFONDE
080 015        AVALANCHE, VEUX -TU M'EMPORTER DANS     TA CHUTE?
097 033           POUR DIRE VRAI, JE CRAINS QUE     TA COQUETTERIE
128 014 .  .  .  .  .  .  RIEN NE ME VAUT L'ABIME DE     TA COUCHE:
023 031        LONGTEMPS! TOUJOURS! MA MAIN DANS     TA CRINIERE LOURDE
128 004               DANS L'EPAISSEUR DE     TA CRINIERE LOURDE;
118 013           LORSQUE TU VIS CRACHER SUR     TA DIVINITE
119 024 .  .  .  .  .  .  .  .  .  .  .  TRAINE     TA FAMILLE AUX ABOIS.
104 017                J'ALLUMERAI LES YEUX DE     TA FEMME RAVIE;
048 026                  LE TEMOIN DE     TA FORCE ET DE TA VIRULENCE,
110 057         TON EPOUX COURT LE MONDE, ET     TA FORME IMMORTELLE
016 013 .  .  .  .  .  DE L'ARMURE, TA HONTE EGALERAIT     TA GLOIRE,
138 024              ET QUE TU COUVES SOUS     TA GORGE
131 083                 JE VEUX M'ANEANTIR DANS     TA GORGE PROFONDE,
052 017                     TA GORGE QUI S'AVANCE ET QUI POUSSE LA MOIRE,
052 018 .  .  .  .  .  .  .  .  .  .  .  JE FERAI REJAILLIR     TA GORGE TRIOMPHANTE EST UNE BELLE ARMOIRE
001 013                        TA HAINE QUI M'ACCABLE
133 001    TES PIEDS SONT AUSSI FINS QUE TES MAINS, ET     TA HANCHE
016 013              DE L'ARMURE,     TA HONTE EGALERAIT TA GLOIRE,
119 029 .  .  .  .  .  .  .  .  RACE D'ABEL, VOICI     TA HONTE:
088 019                            SUR     TA JAMBE UN POIGNARD D'OR
063 013                   SUR TA VIE ET SUR     TA JEUNESSE;
052 002                LES DIVERSES BEAUTES QUI PARENT     TA JEUNESSE;
052 014 .  .  .  .  LES DIVERSES BEAUTES QUI PARENT     TA JEUNESSE;
052 005             QUAND TU VAS BALAYANT L'AIR DE     TA JUPE LARGE,
052 025             QUAND TU VAS BALAYANT L'AIR DE     TA JUPE LARGE,
088 055                          QUE     TA MAIGRE NUDITE,
055 005 .  .  .  .  .  .  .  .  .  .  --     TA MAIN SE GLISSE EN VAIN SUR MON SEIN QUI SE PAME;
120 034                 TOI QUI POSES     TA MARQUE, O COMPLICE SUBTIL,
039 005                        TA MEMOIRE, PAREILLE AUX FABLES INCERTAINES,
147 012                 "--JE VOIS     TA MERE, ENFANT DE CE SIECLE APPAUVRI,
050 014 .  .  .  .  .  .  .  .  ADORERAI -JE AUSSI     TA NEIGE ET VOS FRIMAS,
107 010            LES BAUMES PENETRANTS QUE     TA PANSE FECONDE
028 021                SOUS LE FARDEAU DE     TA PARESSE
058 018                      NE VALENT PAS     TA PARESSE,
034 002 .  .  .  .  .  .  RETIENS LES GRIFFES DE     TA PATTE,
083 004                  ET JE FERAI DE     TA PAUPIERE,
033 014              --ET LE VER RONGERA     TA PEAU COMME UN REMORDS.
129 027               VERS LES TRESORS DE     TA PERSONNE,
030 001 .  .  .  .  .  .  .  .  .  .  .  .  J'IMPLORE     TA PITIE, TOI, L'UNIQUE QUE J'AIME,
```

T

		POEM	LINE
QUAND LA PIERRE, OPPRIMANT	TA POITRINE PEUREUSE	033	005
TOUS LES SANGLOTS DE	TA POITRINE,	138	018
ET	TA PRUDENCE EST INFINIE."	149	048
ALLUME	TA PRUNELLE A LA FLAMME DES LUSTRES!	037	009
VIENS -TU TROUBLER, AVEC	TA PUISSANTE GRIMACE,	097	021
	TA RAGE MYSTERIEUSE,	058	026
SI TU N'AS FAIT	TA RHETORIQUE	142	005
	TA ROBE, CE SERA MON DESIR, FREMISSANT,	057	015
TU METTRAIS L'UNIVERS ENTIER DANS	TA RUELLE,	025	001
DE	TA SALIVE QUI MORD,	049	017
DANS	TA SIMPLICITE TU PRIAIS A GENOUX	118	010
ET	TA SUEUR COULAIENT DE TON FRONT PALISSANT,	118	019
	TA TACHE EST D'ALLUMER LA PIPE DE TON MAITRE,	133	006
	TA TETE A LES ATTITUDES	058	011
	TA TETE D'ENFANT	028	022
	TA TETE ET TON DOS ELASTIQUE,	034	006
	TA TETE SE PAVANE AVEC D'ETRANGES GRACES;	052	010
	TA TETE SE PAVANE AVEC D'ETRANGES GRACES;	052	038
JE FERAI POUR	TA TETE UNE ENORME COURONNE;	057	009
	TA TETE, TON GESTE, TON AIR	129	001
ET, CONFIANT	TA VIE AUX BRAS FORTS DES MARINS,	133	019
ET J'AI POMPE	TA VIE AVEC MA TROMPE IMMONDE!	085	012
SUR	TA VIE ET SUR TA JEUNESSE,	063	013
O TOI QUI DE LA MORT,	TA VIEILLE ET FORTE AMANTE,	120	013
LE TEMOIN DE TA FORCE ET DE	TA VIRULENCE,	048	026
EPERONNANT ENCOR	TA VIVANTE CARCASSE,	097	023
QUE	TA VOIX, CHAT MYSTERIEUX,	051	021
COMME UN PARASITE A LA	TABLE	150	011
SUR LA	TABLE DE NUIT, COMME UNE RENONCULE,	110	017
LES COUDES SUR LA	TABLE ET RETROUSSANT TES MANCHES,	104	015
DE NE POUVOIR JAMAIS S'ENDORMIR SOUS LA	TABLE.	073	014
DU DIABLE OU DE LA SAINTE	TABLE!	106	052
JE SAVOURAIS DANS MON	TABLEAU	102	010
--EMBLEMES NETS,	TABLEAU PARFAIT	084	029
DEVANT CE NOIR	TABLEAU PLEIN D'EPOUVANTEMENT.	005	019
VOILA LE NOIR	TABLEAU QU'EN UN REVE NOCTURNE	096	013
TRAVERSANT DE PARIS LE FOURMILLANT	TABLEAU,	091	026
ETALAIENT EN	TABLEAUX LA SAINTE VERITE,	009	002
DES MARBRES, DES	TABLEAUX, DES ROBES PARFUMEES	110	003
LES	TABLES D'HOTE, DONT LE JEU FAIT LES DELICES,	095	023
ET,	TACHANT A ME PRENDRE EN FAUTE,	041	003
TA	TACHE EST D'ALLUMER LA PIPE DE TON MAITRE,	133	006
LA LAMPE SUR LE JOUR FAIT UNE	TACHE ROUGE;	103	006
COURTE	TACHE! LA TOMBE ATTEND; ELLE EST AVIDE!	056	025
PLEIN DE	TACHES DE ROUSSEUR,	088	007
OYANT PAR DE VILS PLEURS LAVER TOUTES NOS	TACHES,	000	008
EIL D'AZUR EST VAINCU PAR L'OEIL NOIR QUE	TACHETE	130	058
MOI-MEME, DANS UN COIN DE L'ANTRE	TACITURNE,	096	015
O VASE DE TRISTESSE, O GRANDE	TACITURNE,	024	002
INSOUCIANTS ET	TACITURNES,	102	033
LA FOLIE ET L'HORREUR, FROIDES ET	TACITURNES.	007	004
TANT SA	TAILLE FAISAIT RESSORTIR SON BASSIN.	127	027
LA HANCHE UN PEU POINTUE ET LA	TAILLE FRINGANTE	110	039
VIT -ON JAMAIS AU BAL UNE	TAILLE PLUS MINCE?	097	005
JE SAURAI TE	TAILLER UN MANTEAU, DE FACON	057	011
POUR MARCHEPIED	TAILLER UNE LUNE D'ARGENT,	057	024
--SOIS CHARMANTE ET	TAIS -TOI! MON COEUR, QUE TOUT IRRITE,	064	003
	TAISEZ -VOUS, IGNORANTE! AME TOUJOURS RAVIE!	040	009
ET, BIEN QUE VOTRE VOIX SOIT DOUCE,	TAISEZ -VOUS!	040	008
ET NE SE	TAIT NI NUIT NI JOUR,	155	006
SUR VOS	TALONS GAMBADE UN ENFANT LACHE ET VIL.	091	068
SOUS TES	TALONS, AFIN QUE TU FOULES ET RAILLES,	057	026
SUR TES	TALONS;	088	016
PENDANT QUE LE PARFUM DES VERTS	TAMARINIERS,	022	019
FAIRE DE GRANDS ADIEUX A TES CHERS	TAMARINS?	133	020
COMME UN	TAMBOUR QUI BAT LA CHARGE!	083	012
MON COEUR, COMME UN	TAMBOUR VOILE,	011	007
DES CLAIRONS, DU SOLEIL, DES CRIS ET DU	TAMBOUR,	105	023
--ET DE LONGS CORBILLARDS, SANS	TAMBOURS NI MUSIQUE,	078	017
SON COURAGE, AFFOLE DE POUDRE ET DE	TAMBOURS,	059	011
	TANDIS QUE DON LUIS AVEC UN DOIGT TREMBLANT	015	010
	TANDIS QUE, DEVORES DE NOIRES SONGERIES,	100	009
QUI JADIS AIMAIENT	TANT A TRITURER MA CHAIR.	116	052
NOUS VOULONS,	TANT CE FEU NOUS BRULE LE CERVEAU,	126	142
ENTRE	TANT DE BEAUTES QUE PARTOUT ON PEUT VOIR,	151	001
SONGE BIEN QUE MALGRE	TANT DE DECREPITUDE	090	039
A CET ETRE DOUE DE	TANT DE MAJESTE	020	014
SOUS LES PLAFONDS DUQUEL	TANT DE POMPE AVAIT LUI.	016	019
MALGRE	TANT D'AMOUR, ASSOUVIR,	110	046
ONT	TANT HUMILIE MON COEUR,	129	022
	TANT L'ECHEVEAU DU TEMPS LENTEMENT SE DEVIDE!	030	014
	TANT SA TAILLE FAISAIT RESSORTIR SON BASSIN.	127	027
	TANT SON TIMBRE EST TENDRE ET DISCRET;	051	005
	TANT VOUS ETES JALOUX DE GARDER VOS SECRETS!	014	012
MAIS	TANT, MA CHERE, QUE TES REVES	138	026
	TANTOT PLEINES DE CRIS, TANTOT PLEINES DE PLEURS,	111	024
TANTOT PLEINES DE CRIS,	TANTOT PLEINES DE PLEURS,	111	024
	TANTOT SONNERA L'HEURE OU LE DIVIN HASARD,	085	021
CHEVEUX ET GORGE AU VENT, S'ENIVRANT DE	TAPAGE,	059	003

100	018	. . . . JE LA TROUVAIS	TAPIE EN UN COIN DE MA CHAMBRE,
096	005	AUTOUR DES VERTS	TAPIS DES VISAGES SANS LEVRE,
140	008	UN	TAPIS TRIOMPHAL AVEC TA CHARITE.
126	114	PAR, S'IL LE FAUT. L'UN COURT, ET L'AUTRE SE	TAPIT
121	012	. . . . ET PLUS	TARD UN ANGE, ENTR'OUVRANT LES PORTES,
145	007	--COURONS VERS L'HORIZON, IL EST	TARD, COURONS VITE;
045	005	IL ETAIT	TARD; AINSI QU'UNE MEDAILLE NEUVE
093	012	AILLEURS, BIEN LOIN D'ICI! TROP	TARD! JAMAIS PEUT-ETRE!
085	024	TOUT TE DIRA: MEURS, VIEUX LACHE! IL EST TROP	TARD!"
005	033	MAIS CES INVENTIONS DE NOS MUSES	TARDIVES
130	048	QUI GUETTE NUIT ET JOUR BRICK,	TARTANE OU FREGATE,
089	010	CES	TAS DE CHAPITEAUX EBAUCHES ET DE FUTS,
105	015	. . . . EREINTES ET PLIANT SOUS UN	TAS DE DEBRIS,
074	013	AU BORD D'UN LAC DE SANG, SOUS UN GRAND	TAS DE MORTS,
113	004	MAIS JE ME	TATE EN VAIN POUR TROUVER LA BLESSURE.
084	014	DANS SES	TATONNEMENTS FUTILES,
153	009	. . . . CE GENIE ENFERME DANS UN	TAUDIS MALSAIN,
102	054	J'AI VU L'HORREUR DE MON	TAUDIS,
126	048	PARTOUT OU LA CHANDELLE ILLUMINE UN	TAUDIS.
150	020	LA BETISE AU FRONT DE	TAUREAU;
073	009	. . LA HAINE EST UN IVROGNE AU FOND D'UNE	TAVERNE,
138	013	QUAND, MALGRE MA MAIN QUI	TE BERCE,
057	033	ET COMME TOUT EN MOI	TE CHERIT ET T'ADMIRE,
021	004	ET L'ON PEUT POUR CELA	TE COMPARER AU VIN.
139	008	. . . . QUI	TE CONSACRE UN CHANT D'AIRAIN.
138	033		TE CONVULSANT QUAND L'HEURE TINTE,
025	013	LA GRANDEUR DE CE MAL OU TU	TE CROIS SAVANTE
088	034		TE DEDIANT LEURS PRIMEURS
031	022	. . . . SI NOS EFFORTS	TE DELIVRAIENT,
088	025	QUE POUR	TE DESHABILLER
008	011	CHANTER DES	TE DEUM AUXQUELS TU NE CROIS GUERE,
006	034	CES EXTASES, CES CRIS, CES PLEURS, CES	TE DEUM,
085	007	. . . . CHAQUE INSTANT	TE DEVORE UN MORCEAU DU DELICE
085	024	OU TOUT	TE DIRA: MEURS, VIEUX LACHE! IL EST TROP TARD!"
033	012		TE DIRA: "QUE VOUS SERT, COURTISANE IMPARFAITE,
039	001	JE	TE DONNE CES VERS AFIN QUE SI MON NOM
058	002		TE DONNENT UN AIR ETRANGE
063	005	ET JE	TE DONNERAI, MA BRUNE,
057	006	OU TU	TE DRESSERAS, STATUE EMERVEILLEE.
088	052		TE FAIRE DON.
136	008	. . . . ? IL	TE FAIRE UN APPETIT D'UNE EGALE GROSSEUR."
133	025	IL	TE FALLAIT GLANER TON SOUPER DANS NOS FANGES
025	004	IL	TE FAUT CHAQUE JOUR UN COEUR AU RATELIER.
008	009	IL	TE FAUT, POUR GAGNER TON PAIN DE CHAQUE SOIR,
057	019	JE	TE FERAI DE MON RESPECT DE BEAUX SOULIERS
083	001	JE	TE FRAPPERAI SANS COLERE
129	016	JE	TE HAIS AUTANT QUE JE T'AIME!
079	005	JE	TE HAIS, OCEAN! TES BONDS ET TES TUMULTES,
142	014	. . . . . PLAINS -MOI!...SINON, JE	TE MAUDIS!
126	104	"O MON SEMBLABLE, O MON MAITRE, JE	TE MAUDIS!"
026	013	POUR BRISER TON COURAGE ET	TE METTRE AUX ABOIS,
003	005	MON ESPRIT, TU	TE MEUS AVEC AGILITE,
064	005	NE VEUT PAS	TE MONTRER SON SECRET INFERNAL,
021	013	TU MARCHES SUR DES MORTS, BEAUTE, DONT TU	TE MOQUES:
037	007		TE PAVANER AUX LIEUX QUE LA FOLIE ENCOMBRE,
052	003	JE VEUX	TE PEINDRE TA BEAUTE,
052	015	JE VEUX	TE PEINDRE TA BEAUTE,
014	005	TU	TE PLAIS A PLONGER AU SEIN DE TON IMAGE;
097	024		TE POUSSE-T -IL, CREDULE, AU SABBAT DU PLAISIR?
003	010	VA	TE PURIFIER DANS L'AIR SUPERIEUR,
052	001	. . . . JE VEUX	TE RACONTER, O MOLLE ENCHANTERESSE!
052	013	JE VEUX	TE RACONTER, O MOLLE ENCHANTERESSE!
036	003	TU	TE RAPPELLERAS LA BEAUTE DES CARESSES,
120	005	ET QUI, VAINCU, TOUJOURS	TE REDRESSES PLUS FORT,
057	032	. . . .	TE REGARDER TOUJOURS AVEC DES YEUX DE FEU;
136	014	JE	TE REPONDIS: "OUI! DOUCE VOIX!" C'EST D'ALORS
053	006	AU PAYS QUI	TE RESSEMBLE!
110	059	AUTANT QUE TOI SANS DOUTE IL	TE SERA FIDELE,
110	050	. . . .	TE SOULEVANT D'UN BRAS FIEVREUX,
119	002	DIEU	TE SOURIT COMPLAISAMMENT.
147	003	LES ASTRES VONT	TE SUIVRE EN PIMPANT ATTIRAIL,
057	011	JE SAURAI	TE TAILLER UN MANTEAU, DE FACON
093	012	NE	TE VERRAI -JE PLUS QUE DANS L'ETERNITE?
028	017	A	TE VOIR MARCHER EN CADENCE,
098	001	QUAND JE	TE VOIS PASSER, O MA CHERE INDOLENTE.
012	002	QUE LES SOLEILS MARINS	TEIGNAIENT DE MILLE FEUX,
007	003	. . ET JE VOIS TOUR A TOUR REFLECHIS SUR TON	TEINT
061	005	SON	TEINT EST PALE ET CHAUD; LA BRUNE ENCHANTERESSE
127	028	SUR CE	TEINT FAUVE ET BRUN, LE FARD ETAIT SUPERBE!
157	012	ETAIT	TEINTE TROIS FOIS DANS LES BAVES SUBTILES
048	012	. . . .	TEINTES D'AZUR, GLACES DE ROSE, LAMES D'OR.
126	082	DES FEMMES DONT LES DENTS ET LES ONGLES SONT	TEINTS,
126	108	--	TEL EST DU GLOBE ENTIER L'ETERNEL BULLETIN."
140	009		TEL EST L'AMOUR! AVANT QUE TON COEUR NE SE BLASE,
126	045	. . . .	TEL LE VIEUX VAGABOND, PIETINANT DANS LA BOUE,
157	002	AVEC UN	TEL POIGNET, QU'ON VOUS EUT PRIS, A VOIR
102	002		TEL QUE JAMAIS MORTEL N'EN VIT,
010	003	LE TONNERRE ET LA PLUIE ONT FAIT UN	TEL RAVAGE,
059	009	. . . .	TELLE LA SISINA! MAIS LA DOUCE GUERRIERE

T

```
                                                                              POEM LINE
                          OUI!  TELLE VOUS SEREZ, O LA REINE DES GRACES,   . . . . . . 029 041
                                TELLEMENT VOUS AIMEZ LE CARNAGE ET LA MORT,            014 015
                                TELLES VOUS CHEMINEZ, STOÏQUES ET SANS PLAINTES,       091 061
CAR C'EST VRAIMENT, SEIGNEUR, LE MEILLEUR  TEMOIGNAGE                                  006 041
                            LE  TEMOIN DE TA FORCE ET DE TA VIRULENCE,  . . . . .      048 026
                                TEMPERAIT LA FROIDEUR DE LEUR AUSTERITE.              009 004
                     L'EMEUTE,  TEMPETANT VAINEMENT A MA VITRE,                        086 021
                           LA  TEMPETE EN JOUANT DEROUTAIT SES EFFORTS,               090 050
                  QUI HANTE LA  TEMPETE ET SE RIT DE L'ARCHER;  . . . . . . . .       002 014
                LE BON VENT, LA TEMPETE ET SES CONVULSIONS                            069 011
ELLE CHERCHAIT, D'UN OEIL TROUBLE PAR LA  TEMPETE,                                    131 005
          UN NUAGE FUNEBRE ET GROS D'UNE  TEMPETE,                                    115 006
                    A TRAVERS LA  TEMPETE, ET LA NEIGE, ET LE GIVRE,  . . . . . . . . 122 005
                                TEMPLE AUTREFOIS VIVANT, PLEIN D'ORDRE ET D'OPULENCE, 016 018
               CE N'ETAIT PAS UN  TEMPLE AUX OMBRES BOCAGERES,                        116 021
      CHACUN DE VOUS M'A FAIT UN  TEMPLE DANS SON COEUR;                              149 025
                      COMME UN  TEMPLE NOUVEAU SES RAMEAUX S'EPANDRONT!  . . . . .     120 051
             LA NATURE EST UN  TEMPLE OU DE VIVANTS PILIERS                           004 001
               COMME AU BEAU  TEMPS DE NOTRE IVRESSE,                                 106 020
          MON AME MIEUX QU'AU  TEMPS DU TIEDE RENOUVEAU                               101 007
          L'ART EST LONG ET LE  TEMPS EST COURT.  . . . . . . . . . .                 011 004
        SOUVIENS -TOI QUE LE  TEMPS EST UN JOUEUR AVIDE                               085 017
            IMPOSER TOUS LES  TEMPS ET TOUS LES UNIVERS.                              001 068
          TANT L'ECHEVEAU DU  TEMPS LENTEMENT SE DEVIDE!                              030 014
   --O DOULEUR! O DOULEUR! LE  TEMPS MANGE LA VIE,  . . . . . . . . .                 010 012
                     EN CES  TEMPS MERVEILLEUX OU LA THEOLOGIE                        016 001
                     ET LE  TEMPS M'ENGLOUTIT MINUTE PAR MINUTE,                      080 011
                     EN CES  TEMPS OU DU CHRIST FLORISSAIENT LES SEMAILLES,           009 005
               VOICI VENIR LES  TEMPS OU VIBRANT SUR SA TIGE  . . . . . . . .         047 001
                         DU  TEMPS QUE LA NATURE EN SA VERVE PUISSANTE                019 001
          ET C'EST DEPUIS CE  TEMPS QUE LESBOS SE LAMENTE,                            130 074
          ET C'EST DEPUIS CE  TEMPS QUE LESBOS SE LAMENTE!                            130 075
          ET C'EST DEPUIS CE  TEMPS QUE, PAREIL AUX PROPHETES,  . . . . . . .         136 022
              APPROFONDIT CE  TEMPS, CREUSE LA VOLUPTE,                               049 008
                  ET QUE LE  TEMPS, INJURIEUX VIEILLARD,                              038 052
   PLEINE DE L'ACRE ODEUR DES  TEMPS, POUDREUSE ET NOIRE,                             048 006
                         LE  TEMPS! IL EST, HELAS! DES COUREURS SANS REPIT,  . . . .  126 116
  O MORT, VIEUX CAPITAINE, IL EST  TEMPS! LEVONS L'ANCRE!                             126 137
    ENVIANT DE CES GENS LA PASSION  TENACE,                                           096 017
                         SE  TENAIT A LA BARRE ET COUPAIT LE FLOT NOIR;               015 018
          SUR SON COU CONVULSIF  TENDANT SA TETE AVIDE,  . . . . . . . .              089 027
              NOS PYLADES LA-BAS  TENDENT LEURS BRAS VERS NOUS.                       126 134
       ET POURTANT AIMEZ -MOI  TENDRE COEUR! SOYEZ MERE,                              056 021
          TANT SON TIMBRE EST  TENDRE ET DISCRET:                                     051 005
                     VIENT  TENDRE SES FILETS AU FOND DE NOS CERVEAUX.  . . . . .     078 012
                  UN COEUR  TENDRE, QUI HAIT LE NEANT VASTE ET NOIR!                  047 010
                  UN COEUR  TENDRE, QUI HAIT LE NEANT VASTE ET NOIR,                  047 013
            ALTERNATIVEMENT  TENDRE, REVEUR, CRUEL,                                   050 003
     ET QUI N'EST PAS DE PIERRE  TENDRE;  . . . . . . . . . .                         149 040
                   J'AIME SI  TENDREMENT LE DESERT ET LA MER;                         136 022
     MAIS MOI, MOI QUI DE LOIN  TENDREMENT VOUS SURVEILLE,                            091 073
. DE CES GRANDS YEUX SI FERVENTS ET SI  TENDRES.                                      038 045
          COMME D'AUTRES PAR LA  TENDRESSE,  . . . . . .                              063 042
        AU NOM DES SERMENTS DE  TENDRESSE,                                            106 017
   MAIS, LOUVE AU COEUR GONFLE DE  TENDRESSES COMMUNES,                               005 009
   CHEVEUX BLEUS, PAVILLON DE  TENEBRES TENDUES,                                      023 026
    .  PASSER SUR NOS ESPRITS,  TENDUS COMME UNE TOILE,  . . . . . . . .              126 055
          PEUT -ON DECHIRER DES  TENEBRES                                             054 022
NOUS NOUS EMBARQUERONS SUR LA MER DES  TENEBRES                                       126 125
         ET LE CIEL VERSAIT DES  TENEBRES                                             102 059
                    DANS LES  TENEBRES ET L'OUBLI,  . . . . . . . .                   011 010
          L'EMPIRE FAMILIER DES  TENEBRES FUTURES.                                    013 014
   UNE ODEUR DE TOMBEAU DANS LES  TENEBRES NAGE,                                      145 012
     SANS HORREUR, A TRAVERS DES  TENEBRES QUI PUENT.                                 000 016
                   MAIS LES  TENEBRES SONT ELLES-MEMES DES TOILES  . . . . . .        079 012
                        LES  TENEBRES S'ETABLIRONT.                                   067 008
   CHEVEUX BLEUS, PAVILLON DE  TENEBRES TENDUES,                                      023 026
        A BEAU PRECIPITER DANS SES  TENEBRES VIDES                                    073 003
QUE L'ASPECT PERMANENT DE VOS PALES  TENEBRES,  . . . . . .                           101 012
ES YEUX PROFONDS SONT FAITS DE VIDE ET DE  TENEBRES,                                  097 013
FREMISSANT DOUCEMENT DANS LES LOURDES  TENEBRES,                                      048 010
         ET PIROUETTANT DANS LES  TENEBRES;                                           084 012
LS CHERCHAIT LE SILENCE ET L'HORREUR DES  TENEBRES;  . . . . . .                      066 006
BIENTOT NOUS PLONGERONS DANS LES FROIDES  TENEBRES;                                   056 001
   CONDAMNE A PEINDRE, HELAS! SUR LES  TENEBRES;                                      038 006
     DIT AU PAUVRE, QU'IL A NOYE DANS LES  TENEBRES;                                  149 010
         DE NOUS CACHER DANS LES  TENEBRES!  . . . . . .                              150 032
EAUX YEUX, VERSEZ SUR MOI VOS CHARMANTES  TENEBRES!                                   152 004
           O RAFRAICHISSANTES  TENEBRES!"                                             124 014
                     NYMPHE  TENEBREUSE ET CHAUDE.                                    058 016
                   DANS UNE  TENEBREUSE ET PROFONDE UNITE,  . . . . . .               004 006
  LORSQUE TU DORMIRAS, MA BELLE  TENEBREUSE,                                          033 001
E SON URNE A GRANDS FLOTS VERSE UN FROID  TENEBREUX                                   075 002
        S'APPUYA (SUR LE FOND  TENEBREUX DE MON AME                                   045 003
              SUR DES FRONTS  TENEBREUX DE POETES ILLUSTRES  . . . . . .              096 011
              SENT UN FROID  TENEBREUX ENVELOPPER SON AME                             005 018
     VOUS ETES TOUS LES DEUX  TENEBREUX ET DISCRETS:                                  014 009
   MA JEUNESSE NE FUT QU'UN  TENEBREUX ORAGE,                                         010 001
                   MENDIANT  TENEBREUX OU CRESUS RUTILANT,  . . . . . . . . .         144 004
```

```
POEM LINE
130 059 . . . . . . . . . . . . .  LE CERCLE  TENEBREUX TRACE PAR LES DOULEURS
051 010                  DANS MON FONDS LE PLUS  TENEBREUX,
110 032                       REVELE UN AMOUR  TENEBREUX,
064 010                                        TENEBREUX, EMBUSQUE, BANDE SON ARC FATAL.
092 004 . . . .  DARDANT ON NE SAIT OU LEURS GLOBES  TENEBREUX.
106 011              D'AUTANT DE VIN QU'EN PEUT  TENIR
111 012          LES SEINS NUS ET POURPRES DE SES  TENTATIONS;
084 006                                   QU'A  TENTE L'AMOUR DU DIFFORME,
095 018 . . . . . . . .  AINSI QUE L'ENNEMI QUI  TENTE UN COUP DE MAIN;
074 008  AINSI QU'UN VIEUX SOLDAT QUI VEILLE SOUS LA  TENTE!
006 028                                    POUR  TENTER LES DEMONS AJUSTANT BIEN LEURS BAS;
080 009                           PLAISIRS, NE  TENTEZ PLUS UN COEUR SOMBRE ET BOUDEUR!
136 007 . .  JE PUIS (ET TON PLAISIR SERAIT ALORS SANS  TERME!)
020 019                          PAR LE HAUT SE  TERMINE EN MONSTRE BICEPHALE!
054 038        ET SOUVENT IL ATTAQUE, AINSI QUE LE  TERMITE,
071 013      OU GISENT, AUX LUEURS D'UN SOLEIL BLANC ET  TERNE,
121 014 . . . . . . . . .  LES MIROIRS  TERNIS ET LES FLAMMES MORTES.
116 018            --CYTHERE N'ETAIT PLUS QU'UN  TERRAIN DES PLUS MAIGRES,
094 013                               DE CE  TERRAIN QUE VOUS FOUILLEZ,
115 001                               DANS DES  TERRAINS CENDREUX, CALCINES, SANS VERDURE,
157 004 . . . . . . . .  POUR UN JEUNE RUFFIAN  TERRASSANT SA MAITRESSE.
048 017                                    IL LA  TERRASSE AU BORD D'UN GOUFFRE SECULAIRE,
105 010                                        TERRASSE LES MECHANTS, RELEVE LES VICTIMES,
046 006                          POUR L'HOMME  TERRASSE QUI REVE ENCORE ET SOUFFRE,
138 007 . . . . . . . . .  S'ENFUIT DE TON FRONT  TERRASSE;
054 047                                        TERRASSER L'ENORME SATAN;
130 041         CAR LESBOS ENTRE TOUS M'A CHOISI SUR LA  TERRE
001 052            JE LE LUI JETTERAI PAR  TERRE AVEC DEDAIN!"
130 016 . . . . . . . . . . . .  LESBOS,  TERRE DES NUITS CHAUDES ET LANGOUREUSES,
130 020                                  LESBOS,  TERRE DES NUITS CHAUDES ET LANGOUREUSES,
078 005                          QUAND LA  TERRE EST CHANGEE EN UN CACHOT HUMIDE,
136 006                     DISAIT: "LA  TERRE EST UN GATEAU PLEIN DE DOUCEUR.
149 037 . . . . . . .  A TRAVERS L'EPAISSEUR DE LA  TERRE ET DU ROC,
001 066                OU NE MORDRONT JAMAIS UNE  TERRE ET LES ENFERS,
072 001                              DANS UNE  TERRE GRASSE ET PLEINE D'ESCARGOTS
119 032                            ET SUR LA  TERRE JETTE DIEU!
030 007 . . . . .  C'EST UN PAYS PLUS NU QUE LA  TERRE POLAIRE;
094 030                             ECORCHER LA  TERRE REVECHE
144 001         IL FERAIT VOLONTIERS DE LA  TERRE UN DEBRIS
000 035  EN QUELQUE LIEU QU'IL AILLE, OU SUR MER OU SUR  TERRE,
130 023 . . .  REINE DU DOUX EMPIRE, AIMABLE ET NOBLE  TERRE,
106 044                         JE ME COUCHERAI SUR LA  TERRE,
130 045        CAR LESBOS ENTRE TOUS M'A CHOISI SUR LA  TERRE.
116 008           REGARDEZ, APRES TOUT, C'EST UNE PAUVRE  TERRE;
030 006 . .  ET LES SIX AUTRES MOIS LA NUIT COUVRE LA  TERRE;
120 019         TOI QUI SAIS EN QUELS COINS DE  TERRES ENVIEUSES
010 007             POUR RASSEMBLER A NEUF LES  TERRES INONDEES,
120 044                              DU PARADIS  TERRESTRE A CHASSES DIEU LE PERE,
144 012 . . . . . . . . . . . . .  TERREUR DU LIBERTIN, ESPOIR DU FOL ERMITE;
144 007                PARTOUT L'HOMME SUBIT LA  TERREUR DU MYSTERE,
153 003             MESURE D'UN REGARD QUE LA  TERREUR ENFLAMME
113 010            D'ENDORMIR POUR UN JOUR LA  TERREUR QUI ME MINE;
044 003 . . . . . . . . .  ET LES VAGUES  TERREURS DE CES AFFREUSES NUITS
125 012        J'ETAIS MORT SANS SURPRISE, ET LA  TERRIBLE AURORE
135 012                          PARAITRA LE  TERRIBLE JOUR,
102 050                          PLANAIT ' TERRIBLE NOUVEAUTE!
058 006 . . . . . . . . . . . . .  MA  TERRIBLE PASSION!
102 001                                  DE CE  TERRIBLE PAYSAGE,
049 016                 TOUT CELA NE VAUT PAS LE  TERRIBLE PRODIGE
131 044             COMME APRES UN NOCTURNE ET  TERRIBLE REPAS,
019 006 . . . . . .  ET GRANDIR LIBREMENT DANS SES  TERRIBLES JEUX;
112 011                                      DE  TERRIBLES PLAISIRS ET D'AFFREUSES DOUCEURS.
092 003                                        TERRIBLES, SINGULIERS COMME LES SOMNAMBULES;
014 010           HOMME, NUL N'A SONDE LE FOND DE  TES ABIMES;
008 012 . . . . .  OU, SALTIMBANQUE A JEUN, ETALER  TES APPAS
018 014                                        TES APPAS FACONNES AUX BOUCHES DES TITANS!
025 012          DEVANT TOUS LES MIROIRS VU PALIR  TES APPAS?
031 023                                        TES BAISERS RESSUSCITERAIENT
021 007 . . . . . .  .  . . . . . .  TES BAISERS SONT UN PHILTRE ET TA BOUCHE UNE AMPHOR■
128 016            ET LE LETHE COULE DANS  TES BAISERS.
036 023        CAR A QUOI BON CHERCHER  TES BEAUTES LANGOUREUSES
155 001                                        TES BEAUX YEUX SONT LAS, PAUVRE AMANTE!
034 003 . . . . .  ET LAISSE -MOI PLONGER DANS  TES BEAUX YEUX,
021 014                                      DE  TES BIJOUX L'HORREUR N'EST PAS LE MOINS CHARMANT,
079 005                      JE TE HAIS, OCEAN!  TES BONDS ET TES TUMULTES;
126 072                                        TES BRANCHES VEULENT VOIR LE SOLEIL DE PLUS PRES!
129 008 . . . . . . . . . . . . .  DE  TES BRAS ET DE TES EPAULES.
088 026                                        TES BRAS SE FASSENT PRIER
052 033                                        TES BRAS, QUI SE JOUERAIENT DES PRECOCES HERCULES,
118 012    QUE D'IGNOBLES BOURREAUX PLANTAIENT DANS  TES CHAIRS VIVES,
058 034 . . . . . . . . . . . . .  SOUS  TES CHARMANTS PIEDS DE SOIE,
133 026             ET VENDRE LE PARFUM DE  TES CHARMES ETRANGES,
057 013         QUI, COMME UNE GUERITE, ENFERMERA  TES CHARMES;
083 011                                        TES CHERS SANGLOTS RETENTIRONT
133 020 . . . . . . .  FAIRE DE GRANDS ADIEUX A  TES CHERS TAMARINS?
097 058                                      EN  TES CONTORSIONS, RISIBLE HUMANITE,
097 031         A TRAVERS LE TREILLIS RECOURBE DE  TES COTES
025 003                       POUR EXERCER  TES DENTS A CE JEU SINGULIER,
110 051 . . .  DIS -MOI, TETE EFFRAYANTE, A-T -IL SUR  TES DENTS FROIDES
```

T

		POEM	LINE
AU BORD DE	TES DENTS, ...	028	032
	TES DEUX BEAUX SEINS, RADIEUX	088	023
ALLONGEAIT	TES DEUX BRAS DISTENDUS, QUE TON SANG	118	018
UN TISON POUR CHAUFFER	TES DEUX PIEDS VIOLETS?	008	004
RIDICULE PENDU,	TES DOULEURS SONT LES MIENNES!	116	045
RACE DE CAIN,	TES ENTRAILLES	119	011
SUR TON COU LARGE ET ROND,	TES EPAULES GRASSES,	052	009
SUR TON COU LARGE ET ROND, SUR	TES EPAULES GRASSES,	052	037
RANIMERAS —TU DONC	TES EPAULES MARBREES	008	005
DE TES BRAS ET DE	TES EPAULES.	129	008
AH! NE RALENTIS PAS	TES FLAMMES;	139	001
ET	TES FLANCS QU'ASSOUPLIT UN CHARMANT NONCHALOIR,	033	006
SI, LE CORSET BRUTAL EMPRISONNANT	TES FLANCS, ...	133	024
OBSCURCIR LA SPLENDEUR DE	TES FROIDES PRUNELLES.	032	014
PAR	TES GALANTS MIS AUX FERS	088	031
ET REVIS MON PASSE BLOTTI DANS	TES GENOUX,	036	022
	TES GRANDS YEUX DE VELOURS SONT PLUS NOIRS QUE TA CHAIR.	133	004
	TES HANCHES SONT AMOUREUSES	058	021
EN EXPIATION DE	TES INFAMES CULTES	116	043
LE DESTIN CHARME SUIT	TES JUPONS COMME UN CHIEN;	021	010
DANS	TES JUPONS REMPLIS DE TON PARFUM	128	005
TU COMPTERAIS DANS	TES LITS	088	041
ET RANGERAIS SOUS	TES LOIS	088	043
COMME TU PLEURERAIS	TES LOISIRS DOUX ET FRANCS,	133	023
MON AME DANS	TES MAINS N'EST PAS UN VAIN JOUET, ...	149	047
TES PIEDS SONT AUSSI FINS QUE	TES MAINS, ET TA HANCHE	133	001
LES COUDES SUR LA TABLE ET RETROUSSANT	TES MANCHES,	104	015
SUR L'INSTRUMENT MAUDIT DE	TES MECHANCETES,	001	014
JE SENTIS, A L'ASPECT DE	TES MEMBRES FLOTTANTS, ...	116	046
AU-DESSUS DE	TES MERS PLANE COMME UN AROME,	116	011
	TES NOBLES JAMBES, SOUS LES VOLANTS QU'ELLES CHASSENT,	052	029
	TES NOIRES TRESSES	032	010
ET DEPUIS TES PIEDS FRAIS JUSQU'A	TES NOIRS CYPRES?	112	014
SUR SES MYRTES INFECTS ENTER	TES PIEDS DE COURIR LEUR COURSE AVENTUREUSE,	033	004
ET	TES PIEDS DIVINS HUMILIES,	057	020
DE SATIN, PAR	TES PIEDS FRAIS JUSQU'A TES NOIRES TRESSES	032	010
ET DEPUIS	TES PIEDS NUS	133	011
TOUT LE JOUR, OU TU VEUX, TU MENES	TES PIEDS SONT AUSSI FINS QUE TES MAINS, ET TA HANCHE	133	001
ET	TES PIEDS S'ENDORMAIENT DANS MES MAINS FRATERNELLES.	036	019
DE	TES PLEURS ABOUTIT DANS MON COEUR SOUCIEUX;	020	026
SUR	TES PLEURS SALES NAGERA	083	008
ET LE MEURTRE, PARMI	TES PLUS CHERES BRELOQUES,	021	015
PAR	TES POSES LANGOUREUSES.	058	024
L'HOLOCAUSTE SACRE DE	TES PREMIERES ROSES	131	027
MAIS DE TOI JE N'IMPLORE, ANGE, QUE	TES PRIERES, ...	044	024
VIT DANS	TES PROFONDEURS, FORET AROMATIQUE!	023	008
ET MES YEUX DANS LE NOIR DEVINAIENT	TES PRUNELLES,	036	017
MAIS TANT, MA CHERE, QUE	TES REVES	138	026
OU	TES REVES FLOTTANTS SONT PLEINS DE COLIBRIS, . . .	133	015
O MER, NUL NE CONNAIT	TES RICHESSES INTIMES,	014	011
DE LARMES QU'A LA MER ONT VERSE	TES RUISSEAUX?	130	034
	TES SABOTS LOURDS.	088	012
TU ME RAPPORTERAS	TES SEINS STIGMATISES...	131	072
DE TON DOS ET DE	TES SEINS,	058	022
QU'IL M'EST DOUX, PENCHE VERS	TES SEINS,	155	030
RACE D'ABEL, VOIS	TES SEMAILLES	119	009
OU VERSE —MOI	TES SOMMEILS LOURDS	139	012
MAIS LA VOIX ME CONSOLE ET DIT: "GARDE	TES SONGES;	136	027
SOUS	TES SOULIERS DE SATIN,	058	033
QUOIQUE	TES SOURCILS MECHANTS	058	001
SOUS	TES TALONS, AFIN QUE TU FOULES ET RAILLES, ...	057	026
SUR	TES TALONS;	088	016
DONT TU PARSEMES	TES TOILETTES	129	010
DE	TES TRAITRES YEUX,	053	011
LE SOURIRE ETERNEL DE	TES TRENTE-DEUX DENTS.	097	040
REPONDS, CADAVRE IMPUR! ET PAR	TES TRESSES ROIDES	110	049
EMBAUMENT	TES TRESSES RUDES,	058	010
JE TE HAIS, OCEAN! TES BONDS ET	TES TUMULTES,	079	005
ET	TES YEUX ATTIRANTS COMME CEUX D'UN PORTRAIT, ...	098	008
	TES YEUX CREUX SONT PEUPLES DE VISIONS NOCTURNES,	007	002
PLONGE	TES YEUX DANS LES YEUX FIXES	141	005
AVEC	TES YEUX DE FEU, BRILLANTS COMME DES FETES,	055	013
TOURNE VERS MOI	TES YEUX PLEINS D'AZUR ET D'ETOILES!	131	037
	TES YEUX SONT LA CITERNE OU BOIVENT MES ENNUIS.	026	030
DE TES YEUX, DE	TES YEUX VERTS,	049	012
ILS ME DISENT,	TES YEUX, CLAIRS COMME LE CRISTAL:	064	001
DE	TES YEUX, DE TES YEUX VERTS, ...	049	012
	TES YEUX, ILLUMINES AINSI QUE DES BOUTIQUES	025	005
	TES YEUX, OU RIEN NE SE REVELE	028	013
LE GOUFFRE DE	TES YEUX, PLEIN D'HORRIBLES PENSEES,	097	037
AUX FLOTS QUE LA DOULEUR FAIT JAILLIR DE	TES YEUX!	020	028
DES PERLES QUE VERSENT	TES YEUX!	138	016
JE HAIS LES	TESTAMENTS ET JE HAIS LES TOMBEAUX;	072	005
AINSI QU'UN VOYAGEUR QUI RETOURNE LA	TETE	131	007
JE VIS EN PLEIN MIDI DESCENDRE SUR MA	TETE	115	005
ET SE COGNANT LA	TETE A DES PLAFONDS POURRIS;	078	008
TA	TETE A LES ATTITUDES	058	011
JE PLONGERAI MA	TETE AMOUREUSE D'IVRESSE	023	021
PENCHER REVEUSEMENT LEUR	TETE APPESANTIE.	092	008

POEM	LINE		
089	027	. . . . . SUR SON COU CONVULSIF TENDANT SA	TETE AVIDE,
070	010	SUR VOTRE	TETE CONDAMNEE
106	049	ECRASER MA	TETE COUPABLE
028	022	TA	TETE D'ENFANT
110	051	. . . . DIS -MOI,	TETE EFFRAYANTE, A-T -IL SUR TES DENTS FROIDES
128	006	ENSEVELIR MA	TETE ENDOLORIE,
110	009	UN CADAVRE SANS	TETE EPANCHE, COMME UN FLEUVE,
034	006	TA	TETE ET TON DOS ELASTIQUE,
052	010	TA	TETE SE PAVANE AVEC D'ETRANGES GRACES;
052	038	TA	TETE SE PAVANE AVEC D'ETRANGES GRACES;
115	025	DETOURNER SIMPLEMENT MA	TETE SOUVERAINE,
057	009	JE FERAI POUR TA	TETE UNE ENORME COURONNE;
034	012	. . . . ET, DES PIEDS JUSQUES A LA	TETE,
105	005	ON VOIT UN CHIFFONNIER QUI VIENT, HOCHANT LA	TETE, AVEC L'AMAS DE SA CRINIERE SOMBRE
110	015	LA	TETE, ET LA SINCERE FACE
020	023	LA VERITABLE	TETE, ET LA SINCERE FACE
129	001	. . . . TA	TETE, TON GESTE, TON AIR
131	041	MAIS HIPPOLYTE ALORS, LEVANT SA JEUNE	TETE:
084	033		TETE-A-TETE SOMBRE ET LIMPIDE
005	010	ABREUVAIT L'UNIVERS A SES	TETINES BRUNES.
089	047	. . . . ET	TETTENT LA DOULEUR COMME UNE BONNE LOUVE!
031	009	COMME AU JEU LE JOUEUR	TETU,
000	005	NOS PECHES SONT	TETUS, NOS REPENTIRS SONT LACHES;
091	038	PRETRESSE DE	THALIE, HELAS! DONT LE SOUFFLEUR
054	041	. . . . . --J'AI VU PARFOIS, AU FOND D'UN	THEATRE BANAL
054	045	J'AI VU PARFOIS AU FOND D'UN	THEATRE BANAL
054	049	EST UN	THEATRE OU L'ON ATTEND
095	022	LES	THEATRES GLAPIR, LES ORCHESTRES RONFLER;
016	001	. . . . . EN CES TEMPS MERVEILLEUX OU LA	THEOLOGIE
059	005	AVEZ -VOUS VU	THEROIGNE, AMANTE DU CARNAGE,
086	026	DE MES PENSERS BRULANTS UNE	TIEDE ATMOSPHERE.
110	005	DANS UNE CHAMBRE	TIEDE OU, COMME EN UNE SERRE,
101	007	MON AME MIEUX QU'AU TEMPS DU	TIEDE RENOUVEAU
050	005	TU RAPPELLES CES JOURS BLANCS,	TIEDES ET VOILES,
034	010	COMME LE	TIEN, AIMABLE BETE,
067	005	SANS REMUER ILS SE	TIENDRONT
067	002	. . . . LES HIBOUX SE	TIENNENT RANGES,
143	001	SOIS SAGE, O MA DOULEUR, ET	TIENS -TOI PLUS TRANQUILLE.
097	012	LES FUNEBRES APPAS QU'ELLE	TIENT A CACHER.
122	009	C'EST UN ANGE QUI	TIENT DANS SES DOIGTS MAGNETIQUES
000	013	. . . . C'EST LE DIABLE QUI	TIENT LES FILS QUI NOUS REMUENT!
040	011	LA MORT NOUS	TIENT SOUVENT PAR DES LIENS SUBTILS.
047	001	VOICI VENIR LES TEMPS OU VIBRANT SUR SA	TIGE
128	002		TIGRE ADORE, MONSTRE AUX AIRS INDOLENTS;
127	013	. . . . LES YEUX FIXES SUR MOI, COMME UN	TIGRE DOMPTE,
051	005	TANT SON	TIMBRE EST TENDRE ET DISCRET;
078	007	S'EN VA BATTANT LES MURS DE SON AILE	TIMIDE
132	014		TIMIDE ET LIBERTINE, ET FRAGILE ET ROBUSTE,
138	033	. . . . . . TE CONVULSANT QUAND L'HEURE	TINTE,
115	022	RECITER EN HURLANT SES	TIRADES PUBLIQUES?"
126	109	AMER SAVOIR, CELUI QU'ON	TIRE DU VOYAGE!
050	015	ET SAURAI -JE	TIRER DE L'IMPLACABLE HIVER
086	025	. . . . DE	TIRER UN SOLEIL DE MON COEUR, ET DE FAIRE
077	012	POUR	TIRER UN SOURIS DE CE JEUNE SQUELETTE.
001	031	CHERCHENT A QUI SAURA LUI	TIRER UNE PLAINTE,
051	034		TIRES COMME PAR UN AIMANT,
130	026	TU	TIRES TON PARDON DE L'ETERNEL MARTYRE,
130	030	TU	TIRES TON PARDON DE L'ETERNEL MARTYRE!
130	022	TU	TIRES TON PARDON DE L'EXCES DES BAISERS,
094	019		TIREZ -VOUS, ET DE QUEL FERMIER
076	002	. . . . UN GROS MEUBLE A	TIROIRS ENCOMBRE DE BILANS,
054	006	DANS QUEL PHILTRE, DANS QUEL VIN, DANS QUELLE	TISANE,
054	010	DANS QUEL PHILTRE?--DANS QUEL VIN?--DANS QUELLE	TISANE?
008	004	UN	TISON POUR CHAUFFER TES DEUX PIEDS VIOLETS?
103	016	. . . . SOUFFLAIENT SUR LEURS	TISONS ET SOUFFLAIENT SUR LEURS DOIGTS.
091	008	SOUS DES JUPONS TROUES ET SOUS DE FROIDS	TISSUS
018	014	TES APPAS FACONNES AUX BOUCHES DES	TITANS!
091	040	QUE	TIVOLI JADIS OMBRAGEA DANS SA FLEUR,
003	009	. . . . ENVOLE -	TOI BIEN LOIN DE CES MIASMES MORBIDES;
131	033	ILS PASSERONT SUR	TOI COMME UN LOURD ATTELAGE
120	025		TOI DONT LA LARGE MAIN CACHE LES PRECIPICES
120	022		TOI DONT L'OEIL CLAIR CONNAIT LES PROFONDS ARSENAUX
037	002	O LUNE DE MA VIE! EMMITOUFLE -	TOI D'OMBRE;
118	009	--AH! JESUS, SOUVIENS -	TOI DU JARDIN DES OLIVES!
125	002	ET DE	TOI FAIS -TU DIRE: "OH! L'HOMME SINGULIER!"
063	003	ET VERS	TOI GLISSERAI SANS BRUIT
058	037	MON AME PAR	TOI GUERIE,
081	009	PAR	TOI JE CHANGE L'OR EN FER
044	024	MAIS DE	TOI JE N'IMPLORE, ANGE, QUE TES PRIERES,
104	002	"HOMME, VERS	TOI JE POUSSE, O CHER DESHERITE,
104	021	. . . EN	TOI JE TOMBERAI, VEGETALE AMBROISIE,
026	007	QUAND VERS	TOI MES DESIRS PARTENT EN CARAVANE,
081	002	L'AUTRE EN	TOI MET SON DEUIL, NATURE!
037	011	TOUT DE	TOI M'EST PLAISIR, MORBIDE OU PETULANT;
143	001	SOIS SAGE, O MA DOULEUR, ET TIENS -	TOI PLUS TRANQUILLE.
131	054		TOI QUE J'AIME A JAMAIS, MA SOEUR D'ELECTION,
093	014	O	TOI QUE J'EUSSE AIMEE, O TOI QUI LE SAVAIS!
085	017	SOUVIENS -	TOI QUE LE TEMPS EST UN JOUEUR AVIDE
120	013	. . . . O	TOI QUI DE LA MORT, TA VIEILLE ET FORTE AMANTE,

T

```
                                                                          POEM LINE
                              TOI QUI FAIS AU PROSCRIT CE REGARD CALME ET HAUT    . . . 120 016
   O TOI QUE J'EUSSE AIMEE, O  TOI QUI LE SAVAIS!                                       093 014
                              TOI QUI METS DANS LES YEUX ET DANS LE COEUR DES FILLES    120 037
                              TOI QUI POSES TA MARQUE, O COMPLICE SUBTIL,               120 034
                              TOI QUI SAIS EN QUELS COINS DES TERRES ENVIEUSES   . . . 120 019
                              TOI QUI SAIS TOUT, GRAND ROI DES CHOSES SOUTERRAINES,     120 007
                              TOI QUI SUS RAMASSER LA BEAUTE DES GOUJATS,              006 018
                              TOI QUI, COMME UN COUP DE COUTEAU,                       031 001
                         --O  TOI QUI, COMME UNE OMBRE A LA TRACE EPHEMERE,     . . . . 039 011
                              TOI QUI, FORTE COMME UN TROUPEAU                         031 003
                              TOI QUI, MAGIQUEMENT, ASSOUPLIS LES VIEUX OS             120 028
                              TOI QUI, MEME AUX LEPREUX, AUX PARIAS MAUDITS,           120 010
                              TOI QUI, POUR CONSOLER L'HOMME FRELE QUI SOUFFRE,  . . . 120 031
                  AUTANT QUE  TOI SANS DOUTE IL TE SERA FIDELE,                        110 059
    NE VEUT PLUS T'ENFOURCHER! COUCHE -  TOI SE REPOSE, A L'HEURE OU SUR TON FRONT      080 003
                     PRES DE  TOI SE REPOSE, A L'HEURE OU SUR TON FRONT                 120 050
                          DE  TOI SE SERT, O FEMME, O REINE DES PECHES,     . . . .     025 016
            CHUCHOTE: SOUVIENS -  TOI--RAPIDE, AVEC SA VOIX                             085 010
                       "POUR  TOI, BIZARRE AMANT, QUEL EST DONC MON MERITE?"            064 002
        L'EPHEMERE EBLOUI VOLE VERS  TOI, CHANDELLE,                                    021 017
          ET TOUJOURS, COMME  TOI, GRACIEUX ET FLEURIS.     . . .                       133 016
                     OU BIEN  TOI, GRANDE NUIT, FILLE DE MICHEL-ANGE,                   018 012
                          O  TOI, LE PLUS SAVANT ET LE PLUS BEAU DES ANGES,             120 001
              J'IMPLORE TA PITIE,  TOI, L'UNIQUE QUE J'AIME,                            030 001
                         PAR  TOI, LUMIERE ET COULEUR!     . . . . . . . . .            058 038
            NE ME REGARDE PAS AINSI,  TOI, MA PENSEE!                                   131 053
          JE VEUX BATIR POUR  TOI, MADONE, MA MAITRESSE,                                057 001
                              TOI, MON AME ET MON COEUR, MON TOUT ET MA MOITIE,         131 036
                  RECUEILLE -  TOI, MON AME, EN CE GRAVE MOMENT,     . . . . . . .      095 029
                    RESIGNE -  TOI, MON COEUR; DORS TON SOMMEIL DE BRUTE.               080 005
                       COMME  TOI, NUIT IMMENSE, ECLAIRES COMME TOI!                    152 010
                     DEVANT  TOI, PAUVRE DIABLE AU SOUVENIR SI CHER,                    116 049
          REMEMBER! SOUVIENS -  TOI, PRODIGUE! ESTO MEMOR!     . . . . . . . . . .      085 013
                          O  TOI, QUE LA NUIT REND SI BELLE,                            155 029
        EN ME PENCHANT VERS  TOI, REINE DES ADOREES,                                    036 013
          GLOIRE ET LOUANGE A  TOI, SATAN, DANS LES HAUTEURS                            120 046
          ET SOUVENT, COMME  TOI, SE PARFUMANT DE MYRRHE,     . . . . . . . .           097 059
        ET SANS CESSE VERS  TOI, SOMMET BLANC ET NEIGEUX,                               057 035
    O TOI, TOUS MES PLAISIRS! O  TOI, TOUS MES DEVOIRS!                                 036 002
                          O  TOI, TOUS MES PLAISIRS! O TOI, TOUS MES DEVOIRS!           036 002
                              TOI, VETUE A MOITIE DE MOUSSELINES FRELES,     . . . . .  133 021
        ESPRIT VAINCU, FOURBU! POUR  TOI, VIEUX MARAUDEUR,                              080 006
                        --DE  TOI, VIL ANIMAL,--POUR PETRIR UN GENIE?                   025 017
    T CEPENDANT JE SENS MA BOUCHE ALLER VERS  TOI.                                      131 052
  OUR DECROIT; LA NUIT AUGMENTE; SOUVIENS -  TOI!                                       085 019
  OIGT NOUS MENACE ET NOUS DIT: "SOUVIENS -  TOI!                                       085 002
    COMME TOI, NUIT IMMENSE, ECLAIRES COMME  TOI!                                       152 010
        --SOIS CHARMANTE ET TAIS -  TOI! MON COEUR, QUE TOUT IRRITE,                    064 003
                         LA  TOILE ETAIT LEVEE ET J'ATTENDAIS ENCORE.     . . . . .     125 014
    UN SANG ROUGE ET VIVANT, DONT LA  TOILE OUBLIEE, ET QUE L'ARTISTE ACHEVE            029 031
              COMME DE LA  TOILE S'ABREUVE                                              110 011
    PASSER SUR NOS ESPRITS, TENDUS COMME UNE  TOILE,                                    069 006
                   CHARGE DE  TOILE,                                                    126 055
                   CHARGE DE  TOILE, ET VA ROULANT                                      052 007
    MAIS LES TENEBRES SONT ELLES-MEMES DES  TOILE, ET VA ROULANT                        052 027
            L'ARAIGNEE Y FERA SES  TOILES                                               079 012
    NE SAVENT PLUS TROUVER D'IMPUDIQUE  TOILES,     . . . . . . . . . . . . . . .       070 007
    CE SPECTRE SINGULIER N'A POUR TOUTE  TOILETTE                                       077 011
    QU'IMPORTE LE PARFUM, L'HABIT OU LA  TOILETTE,                                      071 001
                DONT TU PARSEMES TES  TOILETTE?                                         097 043
                          O  TOILETTES                                                  129 010
    SUR LA VILLE ET LES CHAMPS, SUR LES  TOISON, MOUTONNANT JUSQUE SUR L'ENCOLURE!      023 001
    NE, ENTRE AUTRES, A L'HEURE OU LE SOLEIL  TOITS ET LES BLES                         087 004
                              TOMBANT                                                   091 050
                              TOMBANT DANS L'OR MAT OU BRUNI;     . . . . . . . .       102 016
      QU'ENFLAMMENT LES RAYONS  TOMBANT D'UN CIEL BROUILLE!                             050 012
                   PARTI DE L'AZUR ET  TOMBE                                            084 002
    CAR J'EPROUVE UNE JOIE IMMENSE QUAND JE  TOMBE                                      104 009
    ET SA CHAUDE POITRINE EST UNE DOUCE  TOMBE                                          104 011
              COURTE TACHE! LA  TOMBE ATTEND; ELLE EST AVIDE!                           056 025
                              TOMBE COMME UNE PLUIE                                      155 027
                              TOMBE COMME UNE PLUIE                                      155 041
                              TOMBE COMME UNE PLUIE     . . . . . . . . . .             155 013
                      IL EST  TOMBE DANS CETTE GEOLE;                                   084 028
        ET QUE, LES YEUX AU CIEL, JE  TOMBE DANS DES TROUS.                             136 026
    FOND DU GOUFFRE OBSCUR OU MON COEUR EST  TOMBE.                                     030 002
    J'ECOUTE EN FREMISSANT CHAQUE BUCHE QUI  TOMBE;                                     056 009
                  UNE ODEUR DE  TOMBEAU DANS LES TENEBRES NAGE,                         145 012
                   DANS TON  TOMBEAU MYSTERIEUX;                                        110 056
              --MON AME EST UN  TOMBEAU QUE, MAUVAIS CENOBITE,                          009 009
                    (CAR LE  TOMBEAU TOUJOURS COMPRENDRA LE POETE),                     033 010
              AUPRES D'UN  TOMBEAU VIDE EN EXTASE COURBEE;                              089 039
    SON LIT FLEURDELISE SE TRANSFORME EN  TOMBEAU,                                      077 009
                          LE  TOMBEAU, CONFIDENT DE MON REVE INFINI                     033 009
    D'UN LINCEUL VAPOREUX ET D'UN VAGUE  TOMBEAU.     . . . . . . . . . . . . . .       101 004
    A L'AIR D'UN MORIBOND CARESSANT SON  TOMBEAU.                                       021 020
                QUI ME SERVIRA DE  TOMBEAU.                                             148 016
    ET DES PECHES QUI T'ONT INTERDIT LE  TOMBEAU.                                       116 044
              D'AVOIR SA CROIX ET SON  TOMBEAU;     . . . . . . . . . . . . . . .       054 019
```

```
POEM LINE
106 012 . . . .  . . . . . . . .  . . . . . . SON    TOMBEAU:--CE N'EST PAS PEU DIRE:
097 042               ET QUI NE S'EST NOURRI DES CHOSES DU    TOMBEAU?
112 007                                                       TOMBEAUX ET LUPANARS MONTRENT SOUS LEURS CHARMILLES
121 002                        DES DIVANS PROFONDS COMME DES    TOMBEAUX,
010 008 . .   OU L'EAU CREUSE DES TROUS GRANDS COMME DES    TOMBEAUX.
072 005             JE HAIS LES TESTAMENTS ET JE HAIS LES    TOMBEAUX;
131 084       ET TROUVER SUR TON SEIN LA FRAICHEUR DES    TOMBEAUX!"
089 037              ANDROMAQUE, DES BRAS D'UN GRAND EPOUX    TOMBEE,
056 003 . .   . . . . . . . . . . . .  J'ENTENDS DEJA    TOMBER AVEC DES CHOCS FUNEBRES
100 004                                        VOYANT    TOMBER DES PLEURS DE SA PAUPIERE CREUSE?
096 004                                     EN TOI JE    TOMBER UN CLIQUETIS DE PIERRE ET DE METAL;
104 021                                                       TOMBERAI, VEGETALE AMBROISIE,
090 012 . . . . LE FAUBOURG SECOUE PAR LES LOURDS    TOMBEREAUX.
129 001                             TA TETE, TON GESTE,    TON AIR
063 002                             JE REVIENDRAI DANS    TON ALCOVE
098 003                                      SUSPENDANT    TON ALLURE HARMONIEUSE ET LENTE,
131 031 . .   . . . . ? . . . . . . ET CEUX QUI    TON AMANT CREUSERONT LEURS ORNIERES
052 036       COMME POUR L'IMPRIMER DANS TON COEUR,    TON AMANT.
014 002               LA MER EST TON MIROIR; TU CONTEMPLES    TON AME
025 002                         FEMME IMPURE! L'ENNUI REND    TON AME CRUELLE.
155 015 . . . . . . . . . . . . . . . . .  AINSI    TON AME QU'INCENDIE
082 003                             QUELS PENSERS DANS    TON AME VIDE
026 009   PAR CES DEUX GRANDS YEUX NOIRS, SOUPIRAUX DE    TON AME,
057 042                       PRENANT LE PLUS PROFOND DE    TON AMOUR POUR CIBLE,
138 014 . . . . . . . . . . . . . . . . . . .       TON ANGOISSE, TROP LOURDE, PERCE
119 015                               RACE DE CAIN, DANS    TON ANTRE
080 002               L'ESPOIR, DONT L'EPERON ATTISAIT    TON ARDEUR,
128 012                                            SUR    TON BEAU CORPS POLI COMME LE CUIVRE.
119 010 . . . . . . . . . . . . . . . . . .  ET    TON BETAIL VENIR A BIEN;
140 004                         (CAR JE SUIS    TON BON ANGE, ENTENDS -TU?)  JE LE VEUX!
097 026                                  ESPERES -TU CHASSER    TON CAUCHEMAR MOQUEUR,
048 025                                       JE SERAI    TON CERCUEIL, AIMABLE PESTILENCE!
052 012 . . . . . . . . . . . . . . .  TU PASSES    TON CHEMIN, MAJESTUEUSE ENFANT.
052 040                                  TU PASSES    TON CHEMIN, MAJESTUEUSE ENFANT.
036 024                          AILLEURS QU'EN    TON CHER CORPS ET QU'EN TON COEUR SI DOUX?
014 006      TU L'EMBRASSES DES YEUX ET DES BRAS, ET    TON COEUR
138 008 . .   . . . . . . . . . . . . . .  QUAND    TON COEUR DANS L'HORREUR SE NOIE;
033 007                                  EMPECHERA    TON COEUR DE BATTRE ET DE VOULOIR,
036 008           QUE TON SEIN M'ETAIT DOUX! QUE    TON COEUR M'ETAIT BON!
126 135                             "POUR RAFRAICHIR    TON COEUR NAGE VERS TON ELECTRE!"
140 009 . . . . . .  TEL EST L'AMOUR!  AVANT QUE    TON COEUR NE SE BLASE,
057 043                 JE LES PLANTERAI TOUS DANS    TON COEUR PANTELANT,
062 001                                      DIS -MOI,    TON COEUR PARFOIS S'ENVOLE-T -IL, AGATHE,
062 005                                      DIS -MOI,    TON COEUR PARFOIS S'ENVOLE-T -IL, AGATHE?
085 003 . .  . . . LES VIBRANTES DOULEURS DANS    TON COEUR PLEIN D'EFFROI
057 044         DANS TON COEUR SANGLOTANT, DANS    TON COEUR RUISSELANT!
036 024       AILLEURS QU'EN TON CHER CORPS ET QU'EN    TON COEUR SANGLOTANT, DANS TON COEUR RUISSELANT;
138 019 . . . . . . . . . . . .  ET CROIS QUE    TON COEUR SI DOUX?
138 021                             JE SAIS QUE    TON COEUR S'ILLUMINE
052 036               COMME POUR L'IMPRIMER DANS    TON COEUR, QUI REGORGE
097 028           DE RAFRAICHIR L'ENFER ALLUME DANS    TON COEUR, TON AMANT.
057 018 . . . .  . . .  ET REVET D'UN BAISER TOUT    TON COEUR?
118 017                               QUAND DE    TON CORPS BLANC ET ROSE.
034 008                                   DE PALPER    TON CORPS BRISE LA PESANTEUR HORRIBLE
044 023                        AUX EMANATIONS DE    TON CORPS ELECTRIQUE,
133 003 . . . . . . . . . . .  A L'ARTISTE PENSIF    TON CORPS ENCHANTE;
028 025                                        ET    TON CORPS EST DOUX ET CHER;
028 002                                        DE    TON CORPS SE PENCHE ET S'ALLONGE
133 014                          TU POSES DOUCEMENT    TON CORPS SI BEAU,
052 009 . . . . . . . . . . . . . . . . .  SUR    TON CORPS SUR UNE NATTE,
052 037                                       SUR    TON COU LARGE ET ROND, SUR TES EPAULES GRASSES,
026 013                                   POUR BRISER    TON COU LARGE ET ROND, SUR TES EPAULES GRASSES,
011 002                     SISYPHE, IL FAUDRAIT    TON COURAGE ET TE METTRE AUX ABOIS,
118 016 . . . . . . . . ? . . . . . . .  DANS    TON COURAGE!
082 002                            TOURMENTE COMME    TON CRANE OU VIVAIT L'IMMENSE HUMANITE;
141 007                     LA DENT DIT: "PENSE A    TON DESTIN,
133 005               AUX PAYS CHAUDS ET BLEUS OU    TON DEVOIR!"
031 006 . . . . . . . . .  FAIRE TON LIT ET    TON DIEU T'A FAIT NAITRE,
017 009                                      SOUS    TON DOMAINE;
034 006                              TA TETE ET    TON DOMINO JAUNE, ET D'UN PIED CLANDESTIN,
058 022                                        DE    TON DOS ELASTIQUE,
126 071 . . . . . .  CEPENDANT QUE GROSSIT ET DURCIT    TON DOS ET DE TES SEINS.
138 040                              "JE SUIS    TON ECORCE,
126 135       "POUR RAFRAICHIR TON COEUR NAGE VERS    TON EGALE, O MON ROI!"
153 013                                  VOILA BIEN    TON ELECTRE!"
085 022 . . . . . . .  OU L'AUGUSTE VERTU,    TON EMBLEME, AME AUX SONGES OBSCURS,
110 057                                                       TON EPOUSE ENCOR VIERGE,
031 020                                        A    TON EPOUX COURT LE MONDE, ET TA FORME IMMORTELLE
129 014                                        DE    TON ESCLAVAGE MAUDIT,
014 004 . . . . . . . . . . . . . . . . . .  ET    TON ESPRIT BARIOLE;
037 008   C'EST BIEN! CHARMANT POIGNARD, JAILLIS DE    TON ESPRIT N'EST PAS UN GOUFFRE MOINS AMER.
140 010         A LA GLOIRE DE DIEU RALLUME    TON ETUI!
046 013               AINSI, TOUJOURS VAINQUEUR,    TON EXTASE;
104 018 . . . . . .  . . . . . . . . . . . .  A    TON FANTOME EST PAREIL,
129 031                                   ET FAIRE A    TON FILS JE RENDRAI SA FORCE ET SES COULEURS
118 028                                PENETRE DANS    TON FLANC ETONNE
149 045   DE CEUX DONT LE COEUR DIT: "QUE BENI SOIT    TON FLANC PLUS AVANT QUE LA LANCE?
119 014 . . . . . . . . . . . . . . . . . .  A    TON FOUET,
                                                          TON FOYER PATRIARCAL;
```

T

		POEM	LINE
	TON FRAIS REDUIT!	088	040
PRES DE TOI SE REPOSE, A L'HEURE OU SUR	TON FRONT	120	050
ET BAISER	TON FRONT BAS, MORNE CARICATURE?	123	002
	TON FRONT PALE, EMBELLI PAR UN MORBIDE ATTRAIT,	098	006
ET CONDAMNER	TON FRONT PALI DANS LES TRAVAUX,	130	032
ET TA SUEUR COULAIENT DE	TON FRONT PALISSANT,	118	019
S'ENFUIT DE	TON FRONT TERRASSE;	138	007
TA TETE,	TON GESTE, TON AIR	129	001
JE T'AIME QUAND	TON GRAND OEIL VERSE	138	011
DORS OU FUME A	TON GRE; SOIS MUETTE, SOIS SOMBRE,	037	003
DANS	TON ILE, O VENUS! JE N'AI TROUVE DEBOUT	116	057
TU TE PLAIS A PLONGER AU SEIN DE	TON IMAGE;	014	005
QU'IMPORTE TA BETISE OU	TON INDIFFERENCE?	098	023
MELE SON IRONIE A	TON INSANITE!"	097	060
	TON JEUNE CORPS MALADIF,	088	066
QUI DES DIEUX OSERA, LESBOS, ETRE	TON JUGE	130	031
QUI DES DIEUX OSERA, LESBOS, ETRE	TON JUGE?	130	035
DANS L'ENFER DE	TON LIT DEVENIR PROSERPINE!	026	014
FAIRE	TON LIT ET TON DOMAINE;	031	006
TA TACHE EST D'ALLUMER LA PIPE DE	TON MAITRE,	133	006
LA MER EST	TON MIROIR; TU CONTEMPLES TON AME	014	002
	TON MENSONGE M'ENIVRE, ET MON AME S'ABREUVE	020	027
	TON MOINDRE DESIR	053	033
CAR J'EUSSE AVEC FERVEUR BAISE	TON NOBLE CORPS,	032	009
GUIDE PAR	TON ODEUR VERS DE CHARMANTS CLIMATS,	022	009
	TON OEIL DOUX COMME LA LUNE.	058	032
TU CONTIENS DANS	TON OEIL LE COUCHANT ET L'AURORE;	021	005
	TON OEIL MYSTERIEUX (EST -IL BLEU, GRIS OU VERT?)	050	002
	TON OEIL SAIT PLONGER DANS LES GOUFFRES,	142	010
-SI	TON OEIL, TON SOURIS, TON PIED, M'OUVRENT LA PORTE	021	023
	TON OR FAIT AUSSI DES PETITS.	119	018
ET FERME	TON OREILLE A CE RUGISSEMENT.	095	030
IL TE FAUT, POUR GAGNER	TON PAIN DE CHAQUE SOIR,	008	009
SENTANT TA BOURSE A SEC AUTANT QUE	TON PALAIS,	008	007
ET VAS CHERCHANT	TON PARADIS,	142	013
TU TIRES	TON PARDON DE L'ETERNEL MARTYRE,	130	030
TU TIRES	TON PARDON DE L'ETERNEL MARTYRE!	130	030
TU TIRES	TON PARDON DE L'EXCES DES BAISERS,	130	022
LE MIEN, O MON AMOUR! NAGE SUR	TON PARFUM	023	010
DANS TES JUPONS REMPLIS DE	TON PARFUM	128	005
SI TON OEIL, TON SOURIS,	TON PIED, M'OUVRENT LA PORTE	021	023
JE PUIS (ET	TON PLAISIR SERAIT ALORS SANS TERME!)	136	007
VERSE -NOUS	TON POISON POUR QU'IL NOUS RECONFORTE!	126	141
QUAND SUR	TON PRESENT SE DEPLOIE	138	009
ON DIRAIT	TON REGARD D'UNE VAPEUR COUVERT;	050	001
ET PROMENANT L'ENNUI DE	TON REGARD PROFOND;	098	004
O BEAUTE?	TON REGARD, INFERNAL ET DIVIN,	021	002
ET	TON RIRE TREMPE DE PLEURS QU'ON NE VOIT PAS,	008	013
ENFIN, POUR COMPLETER	TON ROLE DE MARIE,	057	037
RACE D'ABEL,	TON SACRIFICE	119	005
ALLONGEAIT TES DEUX BRAS DISTENDUS, QUE	TON SANG	118	018
ET QUE	TON SANG CHRETIEN COULAT A FLOTS RHYTHMIQUES,	007	011
JE CROYAIS RESPIRER LE PARFUM DE	TON SANG,	036	014
JE RESPIRE L'ODEUR DE	TON SEIN CHALEUREUX,	022	002
	TON SEIN DE PENSERS FORTS FUT TOUJOURS FREQUENTE,	007	010
ET TROUVER SUR	TON SEIN LA FRAICHEUR DES TOMBEAUX!"	131	084
QUE	TON SEIN M'ETAIT DOUX! QUE TON COEUR M'ETAIT BON!	036	008
POUR MEURTRIR	TON SEIN PARDONNE.	129	030
RESIGNE -TOI, MON COEUR; DORS	TON SOMMEIL DE BRUTE.	080	005
ET JE BUVAIS	TON SOUFFLE, O DOUCEUR! O POISON!	036	018
IL TE CONTEMPLANT	TON SOULIER	088	035
IL TE FALLAIT GLANER	TON SOUPER DANS NOS FANGES	133	025
SI TON OEIL,	TON SOURIS, TON PIED, M'OUVRENT LA PORTE	021	023
	TON SOUVENIR EN MOI LUIT COMME UN OSTENSOIR!	047	016
	TON SOUVENIR PLUS CLAIR, PLUS ROSE PLUS CHARMANT,	046	010
RACE DE CAIN,	TON SUPPLICE	119	007
ET JE VOIS TOUR A TOUR REFLECHIS SUR	TON TEINT	110	056
DANS	TON TOMBEAU MYSTERIEUX;	031	024
LE CADAVRE DE	TON VAMPIRE!"	119	013
RACE D'ABEL, CHAUFFE	TON VENTRE	021	016
SUR	TON VENTRE ORGUEILLEUX DANSE AMOUREUSEMENT.	129	003
LE RIRE JOUE EN	TON VISAGE.	131	035
HIPPOLYTE, O MA SOEUR! TOURNE DONC	TONNEAU DES PALES DANAIDES;	073	001
LA HAINE EST LE	TONNERAS -TU, FOUDRE?"	089	023
"EAU, QUAND DONC PLEUVRAS -TU? QUAND	TONNERRE ET LA PLUIE ONT FAIT UN TEL RAVAGE,	010	001
LE	TORCHE A LA MAIN, LE BRULE JUSQU'AU SANG.	131	080
QUI, LA	TORCHE DE L'ALECTO	156	011
SOUS LA	TORCHES DU SOIR ALLUMENT UNE AURORE,	098	007
OU LES	TORD SANS RAISON	124	002
COURT, DANSE ET SE	TORD SUR LEURS OREILLERS LES BRUNS ADOLESCENTS;	103	004
QUAND, AGITES D'UN MAL INCONNU QUI LES	TORD,	050	007
DES FEMMES SE	TORDAIENT SOUS LE NOIR FIRMAMENT,	015	006
EN SE	TORDANT AINSI QU'UN SERPENT SUR LA BRAISE,	132	002
ET JE	TORDRAI SI BIEN CET ARBRE MISERABLE,	001	015
SUR LES BORDS DUVETES DE VOS MECHES	TORDUES	023	028
OU	TORDUS, AIMONS -LES! CE SONT ENCOR DES AMES.	091	007
	TORDUS, MAIGRES, VENTRUS OU FLASQUES,	005	022
ET VIENS -TU DEMANDER AU	TORRENT DES ORGIES	097	027

056 027	. . . .	GOUTER, EN REGRETTANT L'ETE BLANC ET	TORRIDE,
018 013		QUI	TORS PAISIBLEMENT DANS UNE POSE ETRANGE
005 021		O RIDICULES TRONCS!	TORSES DIGNES DES MASQUES!
150 018		LE FAIBLE QU'A	TORT ON MEPRISE;
120 004	. . .	O PRINCE DE L'EXIL, A QUI L'ON A FAIT	TORT,
054 002		QUI VIT, S'AGITE ET SE	TORTILLE,
140 006		LE PAUVRE, LE MECHANT, LE	TORTU, L'HEBETE,
072 013		ET DITES -MOI S'IL EST ENCOR QUELQUE	TORTURE
108 005	. . . .	COMME DEUX ANGES QUE	TORTURE
139 003		VOLUPTE,	TORTURE DES AMES!
125 007		PLUS MA	TORTURE ETAIT APRE ET DELICIEUSE;
140 013		DE SES POINGS DE GEANT	TORTURE L'ANATHEME;
038 012	. . . .	QUAND IL ATTEINT SA	TOTALE GRANDEUR,
105 031		DIEU,	TOUCHE DE REMORDS, AVAIT FAIT LE SOMMEIL;
010 005		VOILA QUE J'AI	TOUCHE L'AUTOMNE DES IDEES,
001 035		AVEC HYPOCRISIE ILS JETTENT CE QU'IL	TOUCHE,
057 032	. . . .	TE REGARDER	TOUJOURS AVEC DES YEUX DE FEU;
084 032		FAIT	TOUJOURS BIEN TOUT CE QU'IL FAIT!
126 032		POUR TROUVER LE REPOS COURT	TOUJOURS COMME UN FOU!
033 010		(CAR LE TOMBEAU	TOUJOURS COMPRENDRA LE POETE),
146 012	. . . .	ET MON ESPRIT,	TOUJOURS DU VERTIGE HANTE,
054 050		TOUJOURS,	TOUJOURS EN VAIN, L'ETRE AUX AILES DE GAZE!
134 009		SACHET	TOUJOURS FRAIS QUI PARFUME
007 010		TON SEIN DE PENSERS FORTS FUT	TOUJOURS FREQUENTE,
114 006	. . . .	CES MONSTRES DONT LA MAIN, QUI	TOUJOURS GRATTE ET FAUCHE,
130 024		ET DES RAFFINEMENTS	TOUJOURS INEPUISES.
073 010		QUI SENT	TOUJOURS LA SOIF NAITRE DE LA LIQUEUR
067 013		PORTE	TOUJOURS LE CHATIMENT
126 068	. . . .	ET	TOUJOURS LE DESIR NOUS RENDAIT SOUCIEUX!
139 009		VOLUPTE, SOIS	TOUJOURS MA REINE!
081 006		ET QUI	TOUJOURS M'INTIMIDAS,
154 003		TRANQUILLE ET	TOUJOURS PREPAREE,
013 004	. . . .	LE TRESOR	TOUJOURS PRET DES MAMELLES PENDANTES.
091 027		IL ME SEMBLE	TOUJOURS QUE CET ETRE FRAGILE
040 009		TAISEZ -VOUS, IGNORANTE! AME	TOUJOURS RAVIE!
051 007		ELLE EST	TOUJOURS RICHE ET PROFONDE.
085 020	. . . .	LE GOUFFRE A	TOUJOURS SOIF; LA CLEPSYDRE SE VIDE.
076 010		QUI S'ACHARNENT	TOUJOURS SUR MES MORTS LES PLUS CHERS,
120 005		ET QUI, VAINCU,	TOUJOURS TE REDRESSES PLUS FORT,
014 001		HOMME LIBRE,	TOUJOURS TU CHERIRAS LA MER!
046 013	. . . .	AINSI,	TOUJOURS VAINQUEUR, TON FANTOME EST PAREIL,
006 030		OMBRAGE PAR UN BOIS DE SAPINS	TOUJOURS VERT,
087 016		DANS LE COEUR IMMORTEL QUI	TOUJOURS VEUT FLEURIR!
112 003		DONT LE FLANC	TOUJOURS VIERGE ET DRAPE DE GUENILLES
059 013	. . .	ET SON COEUR, RAVAGE PAR LA FLAMME, A	TOUJOURS,
045 027		ET QUE	TOUJOURS, AVEC QUELQUE SOIN QU'IL SE FARDE,
133 016		ET	TOUJOURS, COMME TOI, GRACIEUX ET FLEURIS.
126 073		GRANDIRAS -TU	TOUJOURS, GRAND ARBRE PLUS VIVACE
126 111	. . . .	HIER, DEMAIN,	TOUJOURS, NOUS FAIT VOIR NOTRE IMAGE:
054 050			TOUJOURS, TOUJOURS EN VAIN, L'ETRE AUX AILES DE GAZ
140 014		MAIS LE DAMNE REPOND	TOUJOURS: "JE NE VEUX PAS!"
126 020		ET, SANS SAVOIR POURQUOI, DISENT	TOUJOURS: ALLONS!
023 031		LONGTEMPS!	TOUJOURS: MA MAIN DANS TA CRINIERE LOURDE
020 019		DEMAIN, APRES -DEMAIN ET	TOUJOURS!--COMME NOUS!
126 025		NOUS IMITONS, HORREUR! LA	TOUPIE ET LA BOULE
007 013		OU REGNENT	TOUR A TOUR LE PERE DES CHANSONS,
007 003	. . . .	ET JE VOIS	TOUR A TOUR REFLECHIS SUR TON TEINT
017 002		ET MON SEIN, OU CHACUN S'EST MEURTRI	TOUR A TOUR,
112 010		NOUS OFFRENT	TOUR A TOUR, COMME DEUX BONNES SOEURS,
118 026		TU FOUETTAIS TOUS CES VILS MARCHANDS A	TOUR DE BRAS,
007 013	. . . .	OU REGNENT TOUR A LA	TOUR LE PERE DES CHANSONS,
056 011		MON ESPRIT EST PAREIL A LA	TOUR QUI SUCCOMBE
007 003		ET JE VOIS TOUR A	TOUR REFLECHIS SUR TON TEINT
098 010		LE SOUVENIR MASSIF, ROYALE ET LOURDE	TOUR,
017 002	.	ET MON SEIN, OU CHACUN S'EST MEURTRI TOUR A	TOUR,
112 010		NOUS OFFRENT TOUR A	TOUR, COMME DEUX BONNES SOEURS,
149 017		L'HORLOGE, A SON	TOUR, DIT A VOIX BASSE: "IL EST MUR,
108 010		DU	TOURBILLON INTELLIGENT.
153 011	. . . .		TOURBILLONNE, AMEUTE DERRIERE SON OREILLE,
044 017		ET LA PEUR DE VIEILLIR, ET CE HIDEUX	TOURMENT
130 073		S'ENIVRE CHAQUE NUIT DU CRI DE LA	TOURMENTE
082 002			TOURMENTE COMME TON DESTIN,
126 027		LA CURIOSITE NOUS	TOURMENTE ET NOUS ROULE,
095 024		A TRAVERS LES LUEURS QUE	TOURMENTE LE VENT
105 002		DONT LE VENT BAT LA FLAMME ET	TOURMENTE LE VERRE,
052 030			TOURMENTENT LES DESIRS OBSCURS ET LES AGACENT,
105 014		MOULUS PAR LE TRAVAIL ET	TOURMENTES PAR L'AGE,
111 020		L'ECUME DU PLAISIR AUX LARMES DES	TOURMENTS.
090 044		--MAIS JE	TOURNAI LE DOS AU CORTEGE INFERNAL.
132 018		ET QUE LANGUISSAMMENT JE ME	TOURNAI VERS ELLE
091 002	. . . . .	OU TOUT, MEME L'HORREUR,	TOURNE AUX ENCHANTEMENTS,
029 028		AGITE ET	TOURNE DANS SON VAN.
131 035		HIPPOLYTE, O MA SOEUR!	TOURNE DONC TON VISAGE,
131 037			TOURNE VERS MOI TES YEUX PLEINS D'AZUR ET D'ETOILES!
047 003	. . . .	LES SONS ET LES PARFUMS	TOURNENT DANS L'AIR DU SOIR;
111 002		ELLES	TOURNENT LEURS YEUX VERS L'HORIZON DES MERS,
052 032			TOURNER UN PHILTRE NOIR DANS UN VASE PROFOND.
020 016		APPROCHONS, ET	TOURNONS AUTOUR DE SA BEAUTE.
116 038	. . . .	LE MUSEAU RELEVE,	TOURNOYAIT ET RODAIT;

T

		POEM	LINE
QUI VERSENT LA FOLIE A CE BAL	TOURNOYANTS	006	024
LUI DONNAIT LA	TOURNURE ET LE PAS MALADROIT	090	024
ET PUIS, QUELQU'UN PARAIT, QUE	TOUS AVAIENT NIE,	149	021
JE DIS: QUE CHERCHENT -ILS AU CIEL,	TOUS CES AVEUGLES?	092	014
LA FORME DE LA BOITE OU L'ON MET	TOUS CES CORPS.	091	032
DE	TOUS CES VIEUX MAUDITS QUI MEURENT EN SILENCE,	105	030
TU FOUETTAIS	TOUS CES VILS MARCHANDS A TOUR DE BRAS,	118	026
QU'IL S'INFILTRE COMME UNE EXTASE DANS	TOUS CEUX	149	051
	TOUS CEUX QU'IL VEUT AIMER L'OBSERVENT AVEC CRAINTE,	001	029
VIVRE EST UN MAL. C'EST UN SECRET DE	TOUS CONNU,	040	004
JE LES PLANTERAI	TOUS DANS TON COEUR PANTELANT,	057	043
INSENSIBLES	TOUS DEUX A L'HUMAINE SOUFFRANCE,	027	006
AU TRAVERS DE L'ESPACE ILS S'ENFONCENT	TOUS DEUX,	071	007
ET	TOUS ETAIENT CITES.	091	064
DONT AUTREFOIS LES NOMS PAR	TOUS GAILLARDEMENT TRAFIQUANT A MA FACE,	096	019
VOUS SENTEZ	TOUS LA MORT! O SQUELETTES MUSQUES,	097	048
J'AI SENTI	TOUS LES BECS ET TOUTES LES MACHOIRES	116	050
A SAIGNER	TOUS LES BOUTS DE MA CARCASSE IMMONDE.	072	008
FLAIRANT DANS	TOUS LES COINS LES HASARDS DE LA RIME,	087	006
DANS	TOUS LES COINS SAIGNANTS DE CETTE POURRITURE;	116	032
PLONGEZ AU PLUS PROFOND DU GOUFFRE, OU	TOUS LES CRIMES,	131	087
VOUS ETES	TOUS LES DEUX TENEBREUX ET DISCRETS:	014	009
DANS	TOUS LES HOPITAUX ET DANS TOUS LES PALAIS.	087	020
QUI MONTE	TOUS LES JOURS VERS SES CHERS SERAPHINS?	118	002
DEVANT	TOUS LES MIROIRS VU PALIR TES APPAS?	025	012
MONTRAIT A	TOUS LES MORTS ERRANT SUR LES RIVAGES	015	011
DANS TOUS LES HOPITAUX ET DANS	TOUS LES PALAIS.	087	020
	TOUS LES PAVES DE LA MARGELLE.	106	015
JE SECHE	TOUS LES PLEURS SUR MES SEINS TRIOMPHANTS,	132	007
	TOUS LES SANGLOTS DE TA POITRINE,	138	018
IMPOSER	TOUS LES TEMPS ET TOUS LES UNIVERS.	001	068
IMPOSER TOUS LES TEMPS ET	TOUS LES UNIVERS.	001	068
ELDORADO BANAL DE	TOUS LES VIEUX GARCONS,	116	007
O TOI, TOUS MES PLAISIRS! O TOI,	TOUS MES DEVOIRS!	036	002
O TOI,	TOUS MES PLAISIRS! O TOI, TOUS MES DEVOIRS!	036	002
DE	TOUS MES SENS FONDUS EN UN!	041	022
CAR LESBOS ENTRE	TOUS M'A CHOISI SUR LA TERRE	130	041
CAR LESBOS ENTRE	TOUS M'A CHOISI SUR LA TERRE.	130	045
NOUS SOMMES	TOUS PLUS OU MOINS FOUS!	106	024
QUAND TU FUS DEVANT	TOUS POSE COMME UNE CIBLE,	118	020
MON COEUR MULTIPLIE JOUIT DE	TOUS VOS VICES!	091	079
ET DONT L'ART, SUBTIL ENTRE	TOUS,	156	002
MIEUX QUE	TOUS, JE CONNAIS CERTAIN VOLUPTUEUX	149	013
ET, COMME VOTRE JOIE, ECLATANTE POUR	TOUS.	040	006
LES	TOUT -PUISSANTS ACCORDS DE LEUR RICHE MUSIQUE	012	007
DES CLOCHES	TOUT A COUP SAUTENT AVEC FURIE	078	013
	TOUT A COUP, AU MILIEU DE L'INTIMITE LIBRE	045	013
	TOUT A COUP, UN VIEILLARD DONT LES GUENILLES JAUNES	090	013
QUI	TOUT AU FOND DU CIEL FLAMBOIENT,	148	006
DOUCE BEAUTE, MAIS	TOUT AUJOURD'HUI M'EST AMER,	056	018
ET FREDONNES	TOUT BAS DE VIEUX AIRS INCONNUS;	133	012
OU SE PEND UN DEMON SANS PITIE!	TOUT CASSES	091	016
JE NE VOIS QU'EN ESPRIT	TOUT CE CAMP DE BARAQUES,	089	009
ET	TOUT CE QUE L'IDYLLE A DE PLUS ENFANTIN.	086	020
OU	TOUT CE QUE L'ON AIME EST DIGNE D'ETRE AIME,	062	018
MALGRE	TOUT CE QUE NOUS SAVONS,	150	007
QUI S'ETONNE ET QUI RIT A	TOUT CE QUI RELUIT.	091	020
FRERES QUI TROUVEZ BEAU	TOUT CE QUI VIENT DE LOIN!	126	076
PAR	TOUT CE QU'ELLES REFLETAIENT!	102	032
	TOUT CE QU'ENSEMBLE ELLE AVAIT JOINT;	029	012
ET DANS	TOUT CE QU'IL BOIT ET DANS TOUT CE QU'IL MANGE	001	023
FAIT TOUJOURS BIEN	TOUT CE QU'IL FAIT!	084	032
ET DANS TOUT CE QU'IL BOIT ET DANS	TOUT CE QU'IL MANGE	001	023
	TOUT CELA DESCENDAIT, MONTAIT COMME UNE VAGUE,	029	021
	TOUT CELA NE VAUT PAS LE POISON QUI DECOULE	049	011
	TOUT CELA NE VAUT PAS LE TERRIBLE PRODIGE	049	016
	TOUT CELA NE VAUT PAS, O BOUTEILLE PROFONDE.	107	009
	TOUT CHARGE DE MYSTERE, APPARAISSENT A L'OMBRE	006	007
COMME UN LONG SANGLOT,	TOUT CHARGE D'ADIEUX;	121	011
EN	TOUT CLIMAT, SOUS TOUT SOLEIL, LA MORT T'ADMIRE	097	057
	TOUT COMME SI J'ETAIS VOTRE PERE, O MERVEILLE!	091	075
QUI GAGNE SANS TRICHER, A	TOUT COUP! C'EST LA LOI.	085	018
QUE	TOUT CRAQUE, AMOUR ET BEAUTE,	045	034
	TOUT DE TOI M'EST PLAISIR, MORBIDE OU PETULANT;	037	011
S'EN VA	TOUT DOUCEMENT VERS UN NOUVEAU BERCEAU;	091	028
PAROLE! ET SUR MON POIL QUI	TOUT DROIT DANS SON ARMURE, UN GRAND HOMME DE PIERRE	015	017
SE MELER A DES CHRISTS, ET SE LEVER	TOUT DROIT SE RELEVE	146	003
UNE NICHE, D'AZUR ET D'OR	TOUT DROITS	006	003
J'AI CONNU, SOUS UN DAIS D'ARBRES	TOUT EMAILLEE,	057	005
S'ECHAPPA,	TOUT EMPOURPRES	061	002
--CEPENDANT,	TOUT EN CHANCELANT	045	020
ET COMME	TOUT EN HAUT DE L'UNIVERS JUCHE,	149	043
CE VISAGE MIGNARD,	TOUT EN MOI TE CHERIT ET T'ADMIRE,	057	033
ET PLONGE	TOUT ENCADRE DE GAZE,	020	011
--HELAS!	TOUT ENTIERE AU GOUFFRE DE L'ENNUI!	037	004
"PUISQU'EN ELLE	TOUT EST ABIME,--ACTION, DESIR, REVE,	146	002
EN QUI	TOUT EST DICTAME,	041	011
TOI, MON AME ET MON COEUR, MON	TOUT EST, COMME EN UN ANGE,	051	023
	TOUT ET MA MOITIE,	131	036

POEM	LINE			
021	012	. . . . ET TU GOUVERNES	TOUT	ET NE REPONDS DE RIEN.
116	054	POUR MOI	TOUT	ETAIT NOIR ET SANGLANT DESORMAIS,
054	030	LE DIABLE A	TOUT	ETEINT AUX CARREAUX DE L'AUBERGE!
022	011	ENCOR	TOUT	FATIGUES PAR LA VAGUE MARINE,
145	001	. . . . . . QUE LE SOLEIL EST BEAU QUAND	TOUT	FRAIS IL SE LEVE,
114	004		TOUT	GLISSE ET TOUT S'EMOUSSE AU GRANIT DE SA PEAU
057	028	CE MONSTRE	TOUT	GONFLE DE HAINE ET DE CRACHATS.
118	025	OU, LE COEUR	TOUT	GONFLE D'ESPOIR ET DE VAILLANCE,
141	001		TOUT	HOMME DIGNE DE CE NOM
038	027		TOUT	IMPREGNES DE SA JEUNESSE PURE,
132	004	LAISSAIT COULER CES MOTS	TOUT	IMPREGNES DE MUSC:
012	011	ET DES ESCLAVES NUS,	TOUT	IMPREGNES D'ODEURS,
131	002	. . . . SUR DE PROFONDS COUSSINS	TOUT	IMPREGNES D'ODEUR,
064	003	--SOIS CHARMANTE ET TAIS -TOI! MON COEUR, QUE	TOUT	IRRITE,
001	049	COMME UN	TOUT	JEUNE OISEAU QUI TREMBLE ET QUI PALPITE,
118	024	DES CHEMINS	TOUT	JONCHES DE FLEURS ET DE RAMEAUX,
116	001	. . . MON COEUR, COMME UN OISEAU, VOLTIGEAIT	TOUT	JOYEUX
078	003	ET QUE DE L'HORIZON EMBRASSANT	TOUT	LE CERCLE
016	017		TOUT	LE CHAOS ROULA DANS CETTE INTELLIGENCE,
038	044	DE	TOUT	LE FEU QUI POUR NOUS FLAMBOYA,
133	011	. . . . DE	TOUT	LE JOUR, OU TU VEUX, TU MENES TES PIEDS NUS
094	015		TOUT	L'EFFORT DE VOS VERTEBRES,
090	009	UN BROUILLARD SALE ET JAUNE INONDAIT	TOUT	L'ESPACE,
056	005		TOUT	L'HIVER VA RENTRER DANS MON ETRE: COLERE,
041	013	. . . . ▼ . . . . . . LORSQUE	TOUT	ME RAVIT, J'IGNORE
057	023	SI JE NE PUIS, MALGRE	TOUT	MON ART DILIGENT,
125	008		TOUT	MON COEUR S'ARRACHAIT AU MONDE FAMILIER.
037	013	IL N'EST PAS UNE FIBRE EN	TOUT	MON CORPS TREMBLANT
043	008	. . . .	TOUT	MON ETRE OBEIT A CE VIVANT FLAMBEAU.
083	018	C'EST	TOUT	MON SANG, CE POISON NOIR!
106	002	JE PUIS DONC BOIRE	TOUT	MON SOUL.
062	017	OU SOUS UN CLAIR AZUR	TOUT	N'EST QU'AMOUR ET JOIE,
027	012	OU	TOUT	N'EST QU'OR, ACIER, LUMIERE ET DIAMANTS,
053	013	LA,	TOUT	N'EST QU'ORDRE ET BEAUTE,
053	027	LA,	TOUT	N'EST QU'ORDRE ET BEAUTE,
053	041	LA,	TOUT	N'EST QU'ORDRE ET BEAUTE,
005	013	. . . . FRUITS PURS DE	TOUT	OUTRAGE ET VIERGES DE GERCURES,
131	012	TOUT SERVAIT,	TOUT	PARAIT SA FRAGILE BEAUTE.
091	013	ILS TROTTENT,	TOUT	PAREILS A DES MARIONNETTES;
043	005	ME SAUVANT DE TOUT PIEGE ET DE	TOUT	PECHE GRAVE,
043	005	. . . . ME SAUVANT DE	TOUT	PIEGE ET DE TOUT PECHE GRAVE,
146	010		TOUT	PLEIN DE VAGUE HORREUR, MENANT ON NE SAIT OU;
102	051		TOUT	POUR L'OEIL, RIEN POUR LES OREILLES!)
089	031	VIEUX FAUBOURGS,	TOUT	POUR MOI DEVIENT ALLEGORIE.
077	010	. . . . ET LES DAMES D'ATOUR, POUR QUI	TOUT	PRINCE EST BEAU,
006	009	REMBRANDT, TRISTE HOPITAL	TOUT	REMPLI DE MURMURES,
001	050	J'ARRACHERAI CE COEUR	TOUT	ROUGE DE SON SEIN,
057	034		TOUT	SE FERA BENJOIN, ENCENS, OLIBAN, MYRRHE,
038	036	. . . . ET	TOUT	SEMBLAIT LUI SERVIR DE BORDURE.
131	012		TOUT	SERVAIT, TOUT PARAIT SA FRAGILE BEAUTE.
097	057	EN TOUT CLIMAT, SOUS	TOUT	SOLEIL, LA MORT T'ADMIRE
041	018	QUI GOUVERNE	TOUT	SON BEAU CORPS,
105	008	. . . . EPANCHE	TOUT	SON COEUR EN GLORIEUX PROJETS.
114	004	TOUT GLISSE ET	TOUT	S'EMOUSSE AU GRANIT DE SA PEAU,
085	024	OU	TOUT	TE DIRA: MEURS, VIEUX LACHE! IL EST TROP TARD
057	018	ET REVET D'UN BAISER	TOUT	TON CORPS BLANC ET ROSE.
076	012	OU GIT	TOUT	UN FOUILLIS DE MODES SURANNEES,
023	007		TOUT	UN MONDE LOINTAIN, ABSENT, PRESQUE DEFUNT,
001	005	--"AH! QUE N'AI -JE MIS BAS	TOUT	UN NOEUD DE VIPERES,
120	017	QUI DAMNE	TOUT	UN PEUPLE AUTOUR D'UN ECHAFAUD,
000	012	. . . . EST	TOUT	VAPORISE PAR CE SAVANT CHIMISTE.
047	014	DU PASSE LUMINEUX RECUEILLE	TOUT	VESTIGE!
038	038	QUE	TOUT	VOULAIT L'AIMER; ELLE NOYAIT
053	024		TOUT	Y PARLERAIT
116	008	. . . . REGARDEZ, APRES	TOUT,	C'EST UNE PAUVRE TERRE.
145	005	JE ME SOUVIENS!...J'AI VU	TOUT,	FLEUR, SOURCE, SILLON,
120	007	TOI QUI SAIS	TOUT,	GRAND ROI DES CHOSES SOUTERRAINES,
005	038	ET QUI VA REPANDANT SUR	TOUT,	INSOUCIANTE
136	003		TOUT,	LA CENDRE LATINE ET LA POUSSIERE GRECQUE,
102	041	ET	TOUT,	MEME LA COULEUR NOIRE,
124	006	APAISANT	TOUT,	MEME LA FAIM,
124	007	EFFACANT	TOUT,	MEME LA HONTE,
094	026	. . . . ▼ . . . . . QUE	TOUT,	MEME LA MORT, NOUS MENT,
091	002	OU	TOUT,	MEME L'HORREUR, TOURNE AUX ENCHANTEMENTS,
107	013	--ET L'ORGUEIL, CE TRESOR DE	TOUTE	GUEUSERIE,
114	016	QUI DE	TOUTE	INFAMIE ARRACHE LE PARDON.
132	017	. . . . ▼ . . . QUAND ELLE EUT DE MES OS SUCE	TOUTE	LA MOELLE,
070	009	VOUS ENTENDREZ	TOUTE	L'ANNEE
048	001	IL EST DE FORTS PARFUMS POUR QUI	TOUTE	MATIERE
116	014	VENEREE A JAMAIS PAR	TOUTE	NATION,
132	020	. . . . . QU'UNE OUTRE AUX FLANCS GLUANTS,	TOUTE	PLEINE DE PUS!
085	008	A CHAQUE HOMME ACCORDE POUR	TOUTE	SA SAISON,
071	001	CE SPECTRE SINGULIER N'A POUR	TOUTE	TOILETTE,
157	011	QUI CHANGEAIT	TOUTE	VEINE EN FUNEBRE RUISSEAU
048	008	. . . . D'OU JAILLIT	TOUTE	VIVE UNE AME QUI REVIENT.
091	048		TOUTES	AURAIENT PU FAIRE UN FLEUVE AVEC LEURS PLEUR
051	031		TOUTES	CHOSES DANS SON EMPIRE;
017	013	DE PURS MIROIRS QUI FONT	TOUTES	CHOSES PLUS BELLES:
126	098	. . . .	TOUTES	ESCALADANT LE CIEL; LA SAINTETE,

T

		POEM LINE
PARMI	TOUTES LES BELLES CHOSES	041 005
ET CONTIENT	TOUTES LES EXTASES; .	051 014
PUISQUE TU M'AS CHOISIE ENTRE	TOUTES LES FEMMES	001 009
JE NE VOIS QU'INFINI PAR	TOUTES LES FENETRES,	146 011
ET	TOUTES LES HIDEURS DE LA FECONDITE!	005 028
(MON GOSIER DE METAL PARLE	TOUTES LES LANGUES.)	085 014
J'AI SENTI TOUS LES BECS ET	TOUTES LES MACHOIRES	116 050
JE SENS VIBRER EN MOI	TOUTES LES PASSIONS	069 009
NON DE PERLES BRODE, MAIS DE	TOUTES MES LARMES!	057 014
	TOUTES M'ENIVRENT; MAIS PARMI CES ETRES FRELES	091 041
CROYANT PAR DE VILS PLEURS LAVER	TOUTES NOS TACHES.	000 008
DE VIEILLES AU MIROIR ET D'ENFANTS	TOUTES NUES,	006 027
QU'UN HORIZON SANGLANT FERME DE	TOUTES PARTS.	131 048
MON AME RESPLENDIT DE	TOUTES VOS VERTUS!	091 080
--O TOI QUI, COMME UNE OMBRE A LA	TRACE EPHEMERE,	039 011
LE CERCLE TENEBREUX	TRACE PAR LES DOULEURS	130 059
ET TOUS GAILLARDEMENT	TRAFIQUANT A MA FACE, ...	096 019
DELPHINE SECOUANT SA CRINIERE	TRAGIQUE,	131 057
DIEU	TRAHI PAR LE SORT ET PRIVE DE LOUANGES,	120 002
SE	TRAHIT L'EGOISME HUMAIN;	045 028
	TRAHIT L'HUMIDE PROFONDEUR, ...	084 019
MENE LE	TRAIN D'UN HERETIQUE;	150 008
DERRIERE LUI	TRAINAIENT UN LONG MUGISSEMENT.	015 008
OU JE	TRAINAIS MON ATONIE,	129 018
SUR LE SOL RABOTEUX	TRAINAIT SON BLANC PLUMAGE.	089 019
ET, COMME UN LONG LINCEUL	TRAINANT A L'ORIENT,	143 013
LES PAUVRESSES,	TRAINANT LEURS SEINS MAIGRES ET FROIDS,	103 015
DU VICE MATERNEL	TRAINANT L'HEREDITE	005 027
COMME DES EXILES, S'EN VONT D'UN PIED	TRAINARD.	044 013
	TRAINE A PLIS BRUYANTS ET LONGS	088 015
VOIS! JE ME	TRAINE AUSSI! MAIS, PLUS QU'EUX HEBETE,	092 013
JE	TRAINE DES SERPENTS QUI MORDENT MES SOULIERS.	136 020
	TRAINE TA FAMILLE AUX ABOIS.	119 024
QUAND LA PLUIE ETALANT SES IMMENSES	TRAINEES	078 009
QUI	TRAINENT A PLIS SOMPTUEUX,	110 004
OU COMME DES REMORDS SE	TRAINENT DE LONGS VERS	076 009
QUI	TRAINENT SUR CES QUAIS POUDREUX	094 002
SE	TRAINENT, COMME FONT LES ANIMAUX BLESSES,	091 014
COMME DES AVIRONS	TRAINER A COTE D'EUX.	002 008
QUI LAISSE DANS SON VIN	TRAINER SA CHEVELURE.	114 002
NUL	TRAIT NE DISTINGUAIT, DU MEME ENFER VENU, ...	090 030
DONT CHAQUE	TRAIT NOUS DIT AVEC UN AIR VAINQUEUR:	020 012
QU'ENVERS NOUS LE NEANT EST	TRAITRE:	094 025
DE TES	TRAITRES YEUX,	053 011
VENGENT BIENTOT L'EPEE ET LA DAGUE	TRAITRESSE.	035 007
CONNAIS -TU LE REMORDS, AUX	TRAITS EMPOISONNES,	054 033
OU JE HUME A LONGS	TRAITS LE VIN DU SOUVENIR?	023 035
QUAND LE SOLEIL CRUEL FRAPPE A	TRAITS REDOUBLES	087 003
SON SOURIRE EST	TRANQUILLE ET SES YEUX ASSURES.	061 008
	TRANQUILLE ET TOUJOURS PREPAREE,	154 003
SAGE, O MA DOULEUR, ET TIENS -TOI PLUS	TRANQUILLE.	143 001
NOTRE BLANCHE MAISON, PETITE MAIS	TRANQUILLE,	099 002
OU BIEN, S'ENHARDISSANT DE SA	TRANQUILLITE,	001 030
IL S'EN VA,	TRANSFORMANT LES PAVES EN ILOTS,	113 006
SON LIT FLEURDELISE SE	TRANSFORME EN TOMBEAU,	077 009
QUI CARESSENT LE SOIR LES GRANDS LACS	TRANSPARENTS,	131 030
L'AUTRE, PAR SON ENFANT MADONE	TRANSPERCEE,	091 047
S'ECRIA,	TRANSPORTE D'UN ORGUEIL SATANIQUE:	016 010
QUI CHANTENT LES	TRANSPORTS DE L'ESPRIT ET DES SENS.	004 014
DE CES	TRANSPORTS PLUS VIFS QUE DES RAYONS,	038 048
ET QUE C'EST LE	TRAVAIL BANAL	045 030
LE	TRAVAIL DE MES MAINS ET L'AMOUR DE MES YEUX?	009 014
MOULUS PAR LE	TRAVAIL ET TOURMENTES PAR L'AGE,	105 014
FROIDS ET CLAIRS LE	TRAVAIL S'EVEILLE, OU LA VOIRIE	089 015
VONT BIENTOT COMMENCER LEUR	TRAVAIL, EUX AUSSI.	095 026
LE POETE BUTER DU FRONT SUR SON	TRAVAIL?	147 007
NOUS AVONS	TRAVAILLE!--C'EST LE SOIR QUI SOULAGE	095 007
OCCUPENT NOS ESPRITS ET	TRAVAILLENT NOS CORPS,	000 002
VIEUX SQUELETTES GELES	TRAVAILLES PAR LE VER, ...	100 011
ET CONDAMNER TON FRONT PALI DANS LES	TRAVAUX,	130 032
DANS LE GOSIER D'UN HOMME USE PAR SES	TRAVAUX,	104 010
DEBAUCHES RENTRAIENT, BRISES PAR LEURS	TRAVAUX.	103 024
QUAND IL S'EN ALLAIT SANS RIEN VOIR, A	TRAVERS	016 023
A	TRAVERS CES LEVRES NOUVELLES,	129 034
AU	TRAVERS DE L'ESPACE ILS S'ENFONCENT TOUS DEUX,	071 007
L'HOMME Y PASSE A	TRAVERS DES FORETS DE SYMBOLES	004 003
SANS HORREUR, A	TRAVERS DES TENEBRES QUI PUENT.	000 016
LASSE, LA FONT S'ETENDRE A	TRAVERS LA CAMPAGNE,	019 012
A	TRAVERS LA CITE, COMME DANS UN CHAMP CLOS,	113 005
EN SECRET A	TRAVERS LA NUIT,	134 012
A	TRAVERS LA TEMPETE, ET LA NEIGE, ET LE GIVRE, . . .	122 005
A	TRAVERS LE CHAOS DES VIVANTES CITES,	091 062
A	TRAVERS LE TREILLIS RECOURBE DE TES COTES	097 031
A	TRAVERS LES AMAS CONFUS DE VOTRE CENDRE,	149 038
IL EST DOUX, A	TRAVERS LES BRUMES, DE VOIR NAITRE	086 009
A	TRAVERS LES DESERTS COUREZ COMME LES LOUPS;	131 102
A	TRAVERS LES LUEURS QUE TOURMENTE LE VENT,	095 014
A	TRAVERS LES ROCHERS PLEINS D'APPARITIONS,	111 010
BRILLANT A	TRAVERS LEURS LARMES.	053 012

```
POEM LINE
149 035  . . . . . . . . .          JE VAIS VOUS EMPORTER A   TRAVERS L'EPAISSEUR,
149 037                                                   A   TRAVERS L'EPAISSEUR DE LA TERRE ET DU ROC,
105 025                                    C'EST AINSI QU'A   TRAVERS L'HUMANITE FRIVOLE,
072 012                                                   A   TRAVERS MA RUINE ALLEZ DONC SANS REMORDS,
089 006  . . . . . . . . . . . . . . .            COMME JE   TRAVERSAIS LE NOUVEAU CARROUSEL.
091 026                                                       TRAVERSANT DE PARIS LE FOURMILLANT TABLEAU,
006 012                              ET D'UN RAYON D'HIVER   TRAVERSE BRUSQUEMENT;
010 002                                                       TRAVERSE CA ET LA PAR DE BRILLANTS SOLEILS;
092 009  . . . . . . . . . . . . . . . . . .          ILS   TRAVERSENT AINSI LE NOIR ILLIMITE,
087 007                                                       TREBUCHANT SUR LES MOTS COMME SUR LES PAVES,
057 007                                 AVEC MES VERS POLIS,  TREILLIS D'UN PUR METAL
097 031                                        A TRAVERS LE   TREILLIS RECOURBE DE TES COTES
150 006  . . . . . . . . . . . .            VENDREDI,        TREIZE, NOUS AVONS,
132 025                                                       TREMBLAIENT CONFUSEMENT DES DEBRIS DE SQUELETTE,
037 013                      IL N'EST PAS UNE FIBRE EN TOUT MON CORPS   TREMBLANT
015 010                           TANDIS QUE DON LUIS AVEC UN DOIGT   TREMBLANT
107 003  . . . .            QUE LA LUNE ONDULEUSE ENVOIE AU LAC   TREMBLANT.
144 008                      ET NE REGARDE EN HAUT QU'AVEC UN OEIL   TREMBLANT.
128 003                          JE VEUX LONGTEMPS PLONGER MES DOIGTS   TREMBLANTS
119 016                                                       TREMBLE DE FROID, PAUVRE CHACAL!
001 049  . . . . . .          COMME UN TOUT JEUNE OISEAU QUI   TREMBLE ET QUI PALPITE,
049 013                                    LACS OU MON AME   TREMBLE ET SE VOIT A L'ENVERS...
084 036                                                   OU   TREMBLE UNE ETOILE LIVIDE,
008 013                                        ET TON RIRE   TREMPE DE PLEURS QU'ON NE VOIT PAS,
090 017  . . . . .          M'APPARUT. ON EUT DIT SA PRUNELLE   TREMPEE
101 001                        O FINS D'AUTOMNE, HIVERS, PRINTEMPS   TREMPES DE BOUE,
097 040                                    LE SOURIRE ETERNEL DE TES   TRENTE-DEUX DENTS.
131 058                            ET COMME TREPIGNANT SUR LE   TREPIED DE FER,
131 058  . . . . . . . . . . .                    ET COMME   TREPIGNANT SUR LE TREPIED DE FER,
134 001  . . . . . . . .            A LA TRES -CHERE, A LA   TRES -BELLE
134 017                                  A LA TRES -BONNE, A LA   TRES -BELLE
042 003                                                   A LA   TRES -BELLE, A LA TRES -BONNE, A LA TRES -CHERE,
042 003  . . . . . . . . .          A LA TRES -BELLE, A LA   TRES -BONNE, A LA TRES -CHERE,
134 017                                                   A LA   TRES -BONNE, A LA TRES -BELLE
127 001                                                   LA   TRES -CHERE ETAIT NUE, ET, CONNAISSANT MON COEUR,
042 003                        A LA TRES -BELLE, A LA TRES -BONNE, A LA   TRES -CHERE,
134 001  . . . . . . . . . . . . .              A LA   TRES -CHERE, A LA TRES -BELLE
154 002                                      OU CETTE FILLE   TRES -PAREE,
043 002                                        QU'UN ANGE   TRES -SAVANT A SANS DOUTE AIMANTES;
040 005                                        UNE DOULEUR   TRES -SIMPLE ET NON MYSTERIEUSE,
136 025  . . . . . . . . .              QUE JE PRENDS   TRES -SOUVENT LES FAITS POUR DES MENSONGES,
038 030                      BIEN QU'ELLE SOIT D'UN PINCEAU   TRES -VANTE,
077 002                RICHE, MAIS IMPUISSANT, JEUNE ET POURTANT   TRES -VIEUX,
149 006                      ET NATURELLEMENT, DIEU M'A FAITE   TRES BELLE."
020 001  . . . . . . . . .          CONTEMPLONS CE   TRESOR DE GRACES FLORENTINES;
102 035                                    VERSAIENT LE   TRESOR DE LEURS URNES
107 013                                  --ET L'ORGUEIL, CE   TRESOR DE TOUTE GUEUSERIE,
032 011                                    DEROULE LE   TRESOR DES PROFONDES CARESSES,
013 004  . . . . . . . . .                    LE   TRESOR TOUJOURS PRET DES MAMELLES PENDANTES.
130 062                                  ET VERSANT LES   TRESORS DE SA SERENITE
129 027                                        VERS LES   TRESORS DE TA PERSONNE,
152 008                        SCINTILLENT VAGUEMENT LES   TRESORS IGNORES!
001 067  . . . . . . . . .          ET QU'IL FAUT POUR   TRESSER MA COURONNE MYSTIQUE
032 010              ET DEPUIS TES PIEDS FRAIS JUSQU'A TES NOIRES   TRESSES
110 049                        REPONDS, CADAVRE IMPUR! ET PAR TES   TRESSES ROIDES
058 010                                    EMBAUMENT TES   TRESSES RUDES,
023 013  . . . . . . .                    FORTES   TRESSES, SOYEZ LA HOULE QUI M'ENLEVE!
095 025                        ET LES VOLEURS, QUI N'ONT NI   TREVE NI MERCI,
146 008                DESSINE UN CAUCHEMAR MULTIFORME ET SANS   TREVE
089 008                              ET RONGE D'UN DESIR SANS   TREVE! ET PUIS A VOUS,
108 013  . . . . . . .              NOUS FUIRONS SANS REPOS NI   TREVES
138 028                      ET QU'EN UN CAUCHEMAR SANS   TREVES.
013 001                                                   LA   TRIBU PROPHETIQUE AUX PRUNELLES ARDENTES
149 030          QU'ON SE MOQUE DU MAITRE, ET QU'AVEC LUI L'ON   TRICHE.
085 018  . . . . . . . . .              QUI GAGNE SANS   TRICHER, A TOUT COUP! C'EST LA LOI.
132 027                      OU D'UNE ENSEIGNE, AU BOUT D'UNE   TRINGLE DE FER,
140 008                                        UN TAPIS   TRIOMPHAL AVEC TA CHARITE.
052 011                                D'UN AIR PLACIDE ET   TRIOMPHANT
052 039  . . . . . . . .              D'UN AIR PLACIDE ET   TRIOMPHANT
052 018                                        TA GORGE   TRIOMPHANTE EST UNE BELLE ARMOIRE
107 014                                    QUI NOUS REND   TRIOMPHANTS ET SEMBLABLES AUX DIEUX!
004 011                      --ET D'AUTRES, CORROMPUS, RICHES ET   TRIOMPHANTS,
132 007  . . .            JE SECHE TOUS LES PLEURS SUR MES SEINS   TRIOMPHANTS,
105 020                      LES BANNIERES, LES FLEURS ET LES ARCS   TRIOMPHAUX
131 019                                        LE VIN DE SON   TRIOMPHE, ET S'ALLONGEAIT VERS ELLE,
114 003              LES GRIFFES DE L'AMOUR, LES POISONS DU   TRIPOT,
000 009  . . . . .            SUR L'OREILLER DU MAL C'EST SATAN   TRISMEGISTE
032 004                                                   A LA   TRISTE BEAUTE DONT MON DESIR SE PRIVE.
076 005                              CACHE MOINS DE SECRETS QUE MON   TRISTE CERVEAU,
062 013                              --EST -IL VRAI QUE PARFOIS LE   TRISTE COEUR D'AGATHE
081 008  . . . . . . . .                    LE PLUS   TRISTE DES ALCHIMISTES;
047 008                                    LE CIEL EST   TRISTE ET BEAU COMME UN GRAND REPOSOIR.
047 011                                    LE CIEL EST   TRISTE ET BEAU COMME UN GRAND REPOSOIR;
116 005                              QUELLE EST CETTE ILE   TRISTE ET NOIRE?--C'EST CYTHERE,
006 009  . . . . . . .              REMBRANDT,   TRISTE HOPITAL TOUT REMPLI DE MURMURES,
149 036                      COMPAGNONS DE MA   TRISTE JOIE,
155 020                                  EN UN FLOT DE   TRISTE LANGUEUR,
001 010                      POUR ETRE LE DEGOUT DE MON   TRISTE MARI,
089 002  . . . . . . . . . .              PAUVRE ET   TRISTE MIROIR OU JADIS RESPLENDIT
```

T

		POEM	LINE
DU SPECTACLE VIVANT DE MA	TRISTE MISERE	009	013
SUR LE	TRISTE MONDE ENGOURDI.	102	060
IL NOUS VERSE UN JOUR NOIR PLUS	TRISTE QUE LES NUITS:	078	004
UN MATIN, CEPENDANT QUE DANS LA	TRISTE RUE	090	005
AVEC LA	TRISTE VOIX D'UN FANTOME FRILEUX.	075	008
BIEN QUE LE SUJET EN SOIT	TRISTE,	094	007
SOIS BELLE! ET SOIS	TRISTE! LES PLEURS	138	002
DANS LES CAVEAUX D'INSONDABLE	TRISTESSE	038	001
MAIS LA	TRISTESSE EN MOI MONTE COMME LA MER, ...	055	002
"D'OU VOUS VIENT, DISIEZ -VOUS, CETTE	TRISTESSE ETRANGE,	040	001
O VASE DE	TRISTESSE, O GRANDE TACITURNE,	024	002
QUI JADIS AIMAIENT TANT A	TRITURER MA CHAIR.	116	052
NOTRE AME EST UN	TROIS —MATS CHERCHANT SON ICARIE:	126	033
NOUS VIMES QUE C'ETAIT UN GIBET A	TROIS BRANCHES,	116	027
RIEN QU'UN DESSIN FORT PALE, AUX	TROIS CRAYONS,	038	050
ETAIT TEINTE	TROIS FOIS DANS LES BAVES SUBTILES	157	012
	TROIS MILLE SIX CENTS FOIS PAR HEURE, LA SECONDE . . .	085	009
D'UN QUADRUPEDE INFIRME OU D'UN JUIF A	TROIS PATTES.	090	025
SINISTREMENT BEANTE AINSI QU'UN	TROMBLON NOIR.	097	056
ET J'AI POMPE TA VIE AVEC MA	TROMPE IMMONDE!	085	012
NOUS AVONS SALUE DES IDOLES A	TROMPE:	126	077
POUR	TROMPER L'ENNEMI VIGILANT ET FUNESTE,	126	115
DANS UN TROU DU PLAFOND LA	TROMPETTE DE L'ANGE	097	055
LE SON DE LA	TROMPETTE EST SI DELICIEUX,	149	049
SUR LE LIT, LE	TRONC NU SANS SCRUPULES ETALE	110	021
O RIDICULES	TRONCS! TORSES DIGNES DES MASQUES!	005	021
JE	TRONE DANS L'AZUR COMME UN SPHINX INCOMPRIS;	017	005
ET SUR CE	TRONE LE PROFANE,	117	003
VERS LE CIEL, OU SON OEIL VOIT UN	TRONE SPLENDIDE, ...	001	053
INSTALLE COMME SUR UN	TRONE,	141	003
EST FAITE POUR	TRONER SUR DES LITS SOMPTUEUX,	020	006
DES	TRONES CONSTELLES DE JOYAUX LUMINEUX:	126	078
DES	TRONES, DES VERTUS, DES DOMINATIONS.	001	064
AU LIEU D'UN HAILLON	TROP COURT,	088	013
ADIEU, VIVE CLARTE DE NOS ETES	TROP COURTS!	056	002
VOULEZ -VOUS (D'UN DESTIN	TROP DUR	094	021
LES NERFS	TROP EVEILLES RAILLENT L'ESPRIT QUI DORT.	050	008
ET L'HARMONIE EST	TROP EXQUISE,	041	017
COMME UN HOMME MONTE	TROP HAUT, PRIS DE PANIQUE,	016	009
TON ANGOISSE,	TROP LOURDE, PERCE	138	014
NE TROUVAIT POINT SES FILS UN POIDS	TROP ONEREUX,	005	008
CE PAYS	TROP PEUPLE QUE FAUCHE LA SOUFFRANCE,	133	018
AILLEURS, BIEN LOIN D'ICI!	TROP TARD! JAMAIS PEUT-ETRE!	093	012
OUT TE DIRA: MEURS, VIEUX LACHE! IL EST	TROP TARD!"	085	024
JE L'AIMAIS	TROP! VOILA POURQUOI	106	027
ILS	TROTTENT, TOUT PAREILS A DES MARIONNETTES;	091	013
DANS UN	TROU DU PLAFOND LA TROMPETTE DE L'ANGE	097	055
R DU SOMMEIL COMME ON A PEUR D'UN GRAND	TROU.	146	009
EXPLIQUE, SI TU PEUX, MON	TROUBLE ET MON EFFROI:	131	050
UN DESERT ROCAILLEUX	TROUBLE PAR DES CRIS AIGRES.	116	019
ELLE CHERCHAIT, D'UN OEIL	TROUBLE PAR LA TEMPETE,	131	005
ALADE ET MORFONDU, L'ESPRIT FIEVREUX ET	TROUBLE,	090	047
DANS L'AIR	TROUBLE; LES YEUX SE FERMENT; LE VERTIGE	048	014
POUR	TROUBLER LE REPOS OU MON AME ETAIT MISE,	127	022
POUR	TROUBLER LES OISEAUX AVEC NOS VOILES BLANCHES,	116	026
VIENS -TU	TROUBLER, AVEC TA PUISSANTE GRIMACE,	097	021
SOUS DES JUPONS	TROUES ET SOUS DE FROIDS TISSUS	091	008
EN PLACE DE BAS	TROUES,	088	017
SI JE N'EUSSE PAS VU PARMI LEUR	TROUPE OBSCENE,	115	026
TOI QUI, FORTE COMME UN	TROUPEAU	031	003
QUI PORTAIT UN	TROUPEAU DE DEMONS VICIEUX, ...	115	007
SOUS LES PIEDS, UN	TROUPEAU DE JALOUX QUADRUPEDES,	116	037
ET, COMME UN GRAND	TROUPEAU DE VICTIMES OFFERTES,	015	007
SON	TROUPEAU GAZOUILLANT DE BEAUTES D'HOPITAL,	018	006
LE	TROUPEAU MORTEL SAUTE ET SE PAME, SANS VOIR	097	054
FUYANT LE GRAND	TROUPEAU PARQUE PAR LE DESTIN,	126	106
DONT LA ROBE PAR SES	TROUS	088	002
OU L'EAU CREUSE DES	TROUS GRANDS COMME DES TOMBEAUX.	010	008
LUISANTS COMME CES	TROUS OU L'EAU DORT DANS LA NUIT;	091	018
LE DEMON FAIT DES	TROUS SECRETS A CES ABIMES,	073	005
LES YEUX ETAIENT DEUX	TROUS, ET DU VENTRE EFFONDRE	116	033
UE, LES YEUX AU CIEL, JE TOMBE DANS DES	TROUS.	136	026
JE LA	TROUVAIS TAPIE EN UN COIN DE MA CHAMBRE, ...	100	018
NE	TROUVAIT POINT SES FILS UN POIDS TROP ONEREUX,	005	008
"PUISQU'IL ME	TROUVE ASSEZ BELLE POUR M'ADORER,	001	038
DANS TON ILE, O VENUS! JE N'AI	TROUVE DEBOUT	116	057
NE	TROUVE PAS UN PRIX DIGNE DE SES EFFORTS:	097	034
ET	TROUVE QU'UN RECIF AUX CLARTES DU MATIN.	126	040
TROUVE UN GOUT SUAVE AU VIN LE PLUS AMER:	TROUVE UN GOUT SUAVE AU VIN LE PLUS AMER:	136	024
PARFOIS ON	TROUVE UN VIEUX FLACON QUI SE SOUVIENT,	048	007
NE SAVENT PLUS	TROUVER D'IMPUDIQUE TOILETTE	077	011
AU FOND DE L'INCONNU POUR	TROUVER DU NOUVEAU!	126	144
MAIS JE ME TATE EN VAIN POUR	TROUVER LA BLESSURE.	113	004
	TROUVER LA FIN ET LE MILIEU;	148	010
POUR	TROUVER LE REPOS COURT TOUJOURS COMME UN FOU! . . .	126	032
CERTE, ILS DOIVENT	TROUVER LES VIVANTS BIEN INGRATS,	100	007
SANS LUNE ET SANS RAYONS,	TROUVER OU L'ON HEBERGE	054	028
CAR JE NE PUIS	TROUVER PARMI CES PALES ROSES	018	007
ET	TROUVER SUR TON SEIN LA FRAICHEUR DES TOMBEAUX!" . . .	131	084

```
POEM LINE
063 010  .  .  .  .  .  .  .  .  .  .  .  .  .  .  .  .  TU  TROUVERAS MA PLACE VIDE,
010 010                                                 TU  TROUVERONT DANS CE SOL LAVE COMME UNE GREVE
126 076                                      FRERES QUI  TU  TROUVEZ BEAU TOUT CE QUI VIENT DE LOIN!
000 014                        AUX OBJETS REPUGNANTS NOUS  TROUVONS DES APPAS;
042 001  .  .  .  .  .  .  .  .  .  .  .  .    QUE DIRAS -  TU  CE SOIR, PAUVRE AME SOLITAIRE,
141 010                          LA DENT DIT:  "VIVRAS -  TU  CE SOIR?"
149 012                           CE REDRESSEUR QUE  TU  CELEBRES?"
092 011                     PENDANT QU'AUTOUR DE NOUS  TU  CHANTES, RIS ET BEUGLES,
058 015  .  .  .  .  .  .  .  .  .  .  .  .  .  .    TU  CHARMES COMME LE SOIR,
097 026                                  ESPERES -  TU  CHASSER TON CAUCHEMAR MOQUEUR,
014 001                          HOMME LIBRE, TOUJOURS  TU  CHERIRAS LA MER!
088 041                                             TU  COMPTERAIS DANS TES LITS
058 019  .  .  .  .  .  .  .  .  .  .  .  .  .  ET  TU  CONNAIS LA CARESSE
126 140                           NOS COEURS SONT REMPLIS DE RAYONS!  TU  CONNAIS
140 003                   ET DIT, LE SECOUANT: " TU  CONNAITRAS LA REGLE!
014 002                      LA MER EST TON MIROIR;  TU  CONTEMPLES TON AME
021 005  .  .  .  .  .  .  .  .  .  .  .  .  .  .    TU  CONTIENS DANS TON OEIL LE COUCHANT ET L'AURORE;
023 014                                             TU  CONTIENS, MER D'EBENE, UN EBLOUISSANT REVE
138 024                                    ET QUE  TU  COUVES SOUS TA GORGE
119 021                                RACE D'ABEL,  TU  CROIS ET BROUTES
131 025  .  .  .  .  --"HIPPOLYTE, CHER COEUR, QUE DIS -  TU  DE CES CHOSES?
118 021                                     REVAIS -  TU  DE CES JOURS SI BRILLANTS ET SI BEAUX
021 001                VIENS -TU DU CIEL PROFOND OU SORS -  TU  DE L'ABIME,
097 027                                   ET VIENS -  TU  DEMANDER AU TORRENT DES ORGIES
021 009  .  .  .  SORS -TU DU GOUFFRE NOIR OU DESCENDS -  TU  DES ASTRES?
125 002                              ET DE TOI FAIS -  TU  DIRE: "OH! L'HOMME SINGULIER!"
007 001                MA PAUVRE MUSE, HELAS! QU'AS -  TU  DONC CE MATIN?
008 005                               RANIMERAS -  TU  DONC TES EPAULES MARBREES
033 001  .  .  .  .  .  .  .  .  .  .  .  .    LORSQUE  TU  DORMIRAS, MA BELLE TENEBREUSE,
021 001                              VIENS -  TU  DU CIEL PROFOND OU SORS -TU DE L'ABIME,
021 009                                 SORS -  TU  DU GOUFFRE NOIR OU DESCENDS -TU DES ASTRES?
052 006                                             TU  FAIS L'EFFET D'UN BEAU VAISSEAU QUI PREND LE LA
052 026  .  .  .  .  .  .  .  .  .  .  .  .  .  .    TU  FAIS L'EFFET D'UN BEAU VAISSEAU QUI PREND LE LA
118 026                                             TU  FOUETTAIS TOUS CES VILS MARCHANDS A TOUR DE BRA
118 023                                        OU  TU  FOULAIS, MONTE SUR UNE DOUCE ANESSE,
057 026                  SOUS TES TALONS, AFIN QUE  TU  FOULES ET RAILLES,
129 005  .  .  .  .  .  .  .  .    LE PASSANT CHAGRIN QUE  TU  FROLES
093 013                             CAR J'IGNORE OU  TU  FUIS, TU NE SAIS OU JE VAIS,
118 020                                     QUAND  TU  FUS DEVANT TOUS POSE COMME UNE CIBLE,
118 027                                        OU  TU  FUS MAITRE ENFIN?  LE REMORDS N'A-T -IL PAS
021 012  .  .  .  .  .  .  .  .  .  .  .  .  .  ET  TU  GOUVERNES TOUT ET NE REPONDS DE RIEN.
000 039                                             TU  LE CONNAIS, LECTEUR, CE MONSTRE DELICAT,
098 013                                       ES -  TU  LE FRUIT D'AUTOMNE AUX SAVEURS SOUVERAINES?
054 033                                    CONNAIS -  TU  LE REMORDS, AUX TRAITS EMPOISONNES,
054 011  .  .  .  .  DIS -LE, BELLE SORCIERE, OH! DIS, SI  TU  LE SAIS,
054 015        DIS -LE, BELLE SORCIERE, OH! DIS, SI  TU  LE SAIS,
055 012           O BEAUTE, DUR FLEAU DES AMES,  TU  LE VEUX!
147 005                                     VOIS -  TU  LES AMOUREUX, SUR LEURS GRABATS PROSPERES,
054 031  .  .  .  .  .  .  ADORABLE SORCIERE, AIMES -  TU  LES DAMNES?
054 035                     ADORABLE SORCIERE, AIMES -  TU  LES DAMNES?
014 006                                             TU  L'EMBRASSES DES YEUX ET DES BRAS, ET TON COEUR
054 032                            DIS, CONNAIS -  TU  L'IRREMISSIBLE?
008 008                                 RECOLTERAS -  TU  L'OR DES VOUTES AZUREES?
107 012                                             TU  LUI VERSES L'ESPOIR, LA JEUNESSE ET LA VIE,
131 026                                 COMPRENDS -  TU  MAINTENANT QU'IL NE FAUT PAS OFFRIR
021 013                                             TU  MARCHES SUR DES MORTS, BEAUTE, DONT TU TE MOQUE
142 008  .  .  .  .  .  .  .  .  .  .  .  .  .  .  OU  TU  ME CROIRAIS HYSTERIQUE.
058 029                                             TU  ME DECHIRES, MA BRUNE,
131 051                 JE FRISSONNE DE PEUR QUAND  TU  ME DIS: "MON ANGE!"
024 003            ET T'AIME D'AUTANT PLUS, BELLE, QUE  TU  ME FUIS,
104 016                                             TU  ME GLORIFIERAS ET TU SERAS CONTENT;
024 004                                    ET QUE  TU  ME PARAIS, ORNEMENT DE MES NUITS,
079 009                                     COMME  TU  ME PLAISAIS, O NUIT! SANS CES ETOILES
131 072                                             TU  ME RAPPORTERAS TES SEINS STIGMATISES...
081 007  .  .  .  .  .  .  .  .  .  .  .  .  .  .    TU  ME RENDS L'EGAL DE MIDAS,
133 011                        TOUT LE JOUR, OU TU VEUX,  TU  MENES TES PIEDS NUS
058 031                                     ET PUIS  TU  METS SUR MON COEUR
025 001                                             TU  METTRAIS L'UNIVERS ENTIER DANS TA RUELLE,
001 009  .  .  .  .  .  .  .  .  .  .  .    PUISQUE  TU  M'AS CHOISIE ENTRE TOUTES LES FEMMES
080 015                          AVALANCHE, VEUX -  TU  M'EMPORTER DANS TA CHUTE?
112 012                             QUAND VEUX -  TU  M'ENTERRER, DEBAUCHE AUX BRAS IMMONDES?
024 010              JUSQU'A CETTE FROIDEUR PAR OU  TU  M'ES PLUS BELLE!
008 011  .  .  .  .  .  .  .  CHANTER DES TE DEUM AUXQUELS  TU  NE CROIS GUERE,
138 036                                             TU  NE POURRAS, ESCLAVE REINE
093 013                       CAR J'IGNORE OU TU FUIS,  TU  NE SAIS OU JE VAIS,
016 014                                        ET  TU  NE SERAIS PLUS QU'UN FOETUS DERISOIRE!"
023 033  .  .  .  .  .  .  .  .  AFIN QU'A MON DESIR  TU  NE SOIS JAMAIS SOURDE!
038 055                                             TU  NE TUERAS JAMAIS DANS MA MEMOIRE
142 005                                        SI  TU  N'AS FAIT TA RHETORIQUE.
110 045                     L'HOMME VINDICATIF QUE  TU  N'AS PU, VIVANTE,
138 034  .  .  .  .  .  .  .  .  .  .  .  .  .  .    TU  N'AURAS PAS SENTI L'ETREINTE
033 003                            ET LORSQUE  TU  N'AURAS POUR ALCOVE ET MANOIR
031 019                                         "  TU  N'ES PAS DIGNE QU'ON T'ENLEVE
076 019                              --DESORMAIS  TU  N'ES PLUS, O MATIERE VIVANTE!
142 007  .  .  .  .  .  .  .  .  .  .  .    JETTE!  TU  N'Y COMPRENDRAIS RIEN,
129 010                                      DONT  TU  PARSEMES TES TOILETTES
025 011      COMMENT N'AS -TU PAS HONTE ET COMMENT N'AS -  TU  PAS
025 011                 COMMENT N'AS -  TU  PAS HONTE ET COMMENT N'AS -TU PAS
023 034  .  .  .  .  .  .  .  .  .  .  .  .  .  .    N'EST -  TU  PAS L'OASIS OU JE REVE, ET LA GOURDE
```

T

	POEM	LINE
COMME MOI N'ES - TU PAS UN SOLEIL AUTOMNAL,	064	013
TU PASSES TON CHEMIN, MAJESTUEUSE ENFANT.	052	012
TU PASSES TON CHEMIN, MAJESTUEUSE ENFANT.	052	040
FAUT -IL PARTIR? RESTER? SI TU PEUX RESTER, RESTE;	126	113
EXPLIQUE, SI TU PEUX, MON TROUBLE ET MON EFFROI:	131	050
COMME TU PLEURERAIS TES LOISIRS DOUX ET FRANCS,	133	023
TU PORTES PLUS GALAMMENT	088	009
TU POSES DOUCEMENT TON CORPS SUR UNE NATTE,	133	014
TU POUVAIS SEULEMENT, O REINE DES CRUELLES!	032	013
DANS TA SIMPLICITE TU PRIAIS A GENOUX	118	010
TU PRODIGUES, SERIEUSE,	058	027
POUR QUE TU PUISSES FAIRE, A JESUS, QUAND IL PASSE,	140	007
LECTEUR, AS - TU QUELQUEFOIS RESPIRE	038	015
TU RAPPELLES CES JOURS BLANCS, TIEDES ET VOILES,	050	005
ET TU RAVIS LES COUSSINS	058	023
TU RECLAMAIS LE SOIR; IL DESCEND; LE VOICI:	143	002
DU CIEL, OU TU REGNAS, ET DANS LES PROFONDEURS	120	047
QU'IMPORTE, SI TU RENDS,--FEE AUX YEUX DE VELOURS,	021	026
TU REPANDS DES PARFUMS COMME UN SOIR ORAGEUX;	021	006
TU REPONDIS A L'ABHORRE:	041	010
TU REPONDS, GRAND SQUELETTE, A MON GOUT LE PLUS CHER!	097	020
COMME TU RESPLENDIS, PAYSAGE MOUILLE	050	011
TU RESSEMBLES PARFOIS A CES BEAUX HORIZONS	050	009
ENTENDS - TU RETENTIR LES REFRAINS DES DIMANCHES	104	013
DE L'ENFER, OU, VAINCU, TU REVES EN SILENCE!	120	048
TU SEMES AU HASARD LA JOIE ET LES DESASTRES,	021	011
ET LORSQUE TU SENTIS S'ENFONCER LES EPINES	118	015
QUAND MEME TU SERAIS UNE EMBUCHE DRESSEE	131	055
TU ME GLORIFIERAS ET TU SERAS CONTENT;	104	016
TU SILLONNES GAIEMENT L'IMMENSITE PROFONDE	003	007
MAIS NE SUFFIT -IL PAS QUE TU SOIS L'APPARENCE,	098	021
QUE M'IMPORTE QUE TU SOIS SAGE?	138	001
SILENCIEUSEMENT TU SOUFFRAIS CES INSULTES	116	042
LA GRANDEUR DE CE MAL OU TU TE CROIS SAVANTE	025	013
OU TU TE DRESSERAS, STATUE EMERVEILLEE.	057	006
MON ESPRIT, TU TE MEUS AVEC AGILITE,	003	005
TU MARCHES SUR DES MORTS, BEAUTE, DONT TU TE MOQUES;	021	013
TU TE PLAIS A PLONGER AU SEIN DE TON IMAGE;	014	005
TU TE RAPPELLERAS LA BEAUTE DES CARESSES,	036	003
TU TIRES TON PARDON DE L'ETERNEL MARTYRE,	130	026
TU TIRES TON PARDON DE L'ETERNEL MARTYRE!	130	030
TU TIRES TON PARDON DE L'EXCES DES BAISERS.	130	022
GRANDIRAS - TU TOUJOURS, GRAND ARBRE PLUS VIVACE	126	073
VIENS - TU TROUBLER, AVEC TA PUISSANTE GRIMACE,	097	021
TU TROUVERAS MA PLACE VIDE,	063	010
QUAND TU VAS BALAYANT L'AIR DE TA JUPE LARGE,	052	005
QUAND TU VAS BALAYANT L'AIR DE TA JUPE LARGE,	052	025
--CEPENDANT TU VAS GUEUSANT	088	045
TU VAS LORGNANT EN DESSOUS	088	049
ES - TU VASE FUNEBRE ATTENDANT QUELQUES PLEURS,	098	014
TU VERRAS MES PENSERS, RANGES COMME LES CIERGES	057	029
JE T'AIME AINSI! POURTANT, SI TU VEUX AUJOURD'HUI,	037	005
VA, SI TU VEUX, CHERCHER UN FIANCE STUPIDE;	131	069
TOUT LE JOUR, OU TU VEUX, TU MENES TES PIEDS NUS	021	021
QUE TU VIENNES DU CIEL OU DE L'ENFER, QU'IMPORTE,	133	011
OU TU VINS POUR REMPLIR L'ETERNELLE PROMESSE,	118	022
LORSQUE TU VIS CRACHER SUR TA DIVINITE	118	013
POURQUOI, L'HEUREUSE ENFANT, VEUX - TU VOIR NOTRE FRANCE,	133	017
SOIS CE QUE TU VOUDRAS, NUIT NOIRE, ROUGE AURORE;	037	010
"OU DONC L'APERCOIS - TU, CE CREATEUR DU BEAU,	149	011
VAS - TU, COMME JADIS, DU SOIR JUSQU'AU MATIN,	147	010
CONNAIS - TU, COMME MOI, LA DOULEUR SAVOUREUSE,	125	001
"AND DONC PLEUVRAS -TU? QUAND TONNERAS - TU, FOUDRE?"	089	023
QUE DIRAS - TU, MON COEUR, COEUR AUTREFOIS FLETRI,	042	002
AURAS - TU, QUAND JANVIER LACHERA SES BOREES,	008	002
O MORT, QUAND VIENDRAS - TU, SA RIVALE EN ATTRAITS,	112	013
"EAU, QUAND DONC PLEUVRAS - TU? QUAND TONNERAS -TU, FOUDRE?"	089	023
(CAR JE SUIS TON BON ANGE, ENTENDS - TU?) JE LE VEUX!	140	004
--MAUDITE, MAUDITE SOIS - TU!	031	012
ON S'Y SOULE, ON S'Y TUE, ON S'Y PREND AUX CHEVEUX!	055	010
DOUCEUR QUI FASCINE ET LE PLAISIR QUI TUE.	093	008
QUI SAVENT LE TUER SANS QUITTER LEUR BERCEAU.	126	120
TU NE TUERAS JAMAIS DANS MA MEMOIRE	038	055
DEUX CHAMPS AU TUF PROFOND ET RICHE,	135	002
LE TUMULTE ET LE MOUVEMENT;	067	011
JE TE HAIS, OCEAN! TES BONDS ET TES TUMULTES,	079	005
SOUS UN TUNNEL DE PIERRERIES	102	039
POURTANT, SOUS LA TUTELLE INVISIBLE D'UN ANGE,	001	021
LES TUYAUX, LES CLOCHERS, CES MATS DE LA CITE,	086	007
FATIGUE LE LECTEUR AINSI QU'UN TYMPANON,	039	006
COMME UN TYRAN GORGE DE VIANDE ET DE VINS,	118	003
L'HOMME, TYRAN GOULU, PAILLARD, DUR ET CUPIDE,	126	091
LA CIRCE TYRANNIQUE AUX DANGEREUX PARFUMS.	126	012

```
POEM LINE
035 008 .  .  .      --O FUREUR DES COEURS MURS PAR L'AMOUR   ULCERES!
095 034              L'HOPITAL SE REMPLIT DE LEURS SOUPIRS.--PLUS D'  UN
131 076                                                       UN ABIME BEANT; CET ABIME EST MON COEUR!
018 009                        CE QU'IL FAUT A CE COEUR PROFOND COMME  UN ABIME,
131 065 .  .  .  .  .  .  .  .   CELUI QUI VEUT UNIR DANS  UN ACCORD MYSTIQUE
078 014                             ET LANCENT VERS LE CIEL  UN AFFREUX HURLEMENT,
123 010             ET CES SCULPTEURS DAMNES ET MARQUES D'  UN AFFRONT,
002 011                                                L'  UN AGACE SON BEC AVEC UN BRULE -GUEULE,
140 001 .  .  .       UN ANGE FURIEUX FOND DU CIEL COMME  UN AIGLE,
051 034                              TIRES COMME PAR  UN AIMANT,
058 002                                 TE DONNENT  UN AIR ETRANGE
109 002               IL NAGE AUTOUR DE MOI COMME  UN AIR IMPALPABLE;
134 006 .  .  .  .  .  .  .  .  .  .  .  COMME  UN AIR IMPREGNE DE SEL.
052 011                                    D'  UN AIR PLACIDE ET TRIOMPHANT
052 039                                    D'  UN AIR PLACIDE ET TRIOMPHANT
034 013                                         UN AIR SUBTIL, UN DANGEREUX PARFUM
127 014 .  .  .  .  .  .  .  .  .  .  .  D'  UN AIR VAGUE ET REVEUR ELLE ESSAYAIT DES POSES.
020 012           DONT CHAQUE TRAIT NOUS DIT AVEC  UN AIR VAINQUEUR:
017 003            EST FAIT POUR INSPIRER AU POETE  UN AMOUR
091 067                   VOUS INSULTE EN PASSANT  UN AMOUR DERISOIRE;
110 032 .  .  .  .  .  .  .  .  .  REVELE  UN AMOUR TENEBREUX,
058 003                       QUI N'EST PAS CELUI D'  UN ANGE
126 028                                      COMME  UN ANGE CRUEL QUI FOUETTE DES SOLEILS.
116 004                                      COMME  UN ANGE ENIVRE D'UN SOLEIL RADIEUX.
140 001 .  .  .  .  .  .  .  .  .  .  .           UN ANGE FURIEUX FOND DU CIEL COMME UN AIGLE,
122 009                                      C'EST  UN ANGE QUI TIENT DANS SES DOIGTS MAGNETIQUES
046 004              DANS LA BRUTE ASSOUPIE  UN ANGE SE REVEILLE.
149 044                                         UN ANGE SONNE LA VICTOIRE
043 002 .  .  .  .  .  .  .  .  .  .  .  QU'  UN ANGE TRES -SAVANT A SANS DOUTE AIMANTES;
051 023                  EN QUI TOUT EST, COMME EN  UN ANGE,
001 021        POURTANT, SOUS LA TUTELLE INVISIBLE D'  UN ANGE,
121 012                                   ET PLUS TARD  UN ANGE, ENTR'OUVRANT LES PORTES,
084 005 .  .  .  .  .  .  .  .  .  .  COMME  UN ANGE, IMPRUDENT VOYAGEUR
131 015                          UN ANIMAL FORT QUI SURVEILLE UNE PROIE,
006 040                          UN APPEL DE CHASSEURS PERDUS DANS LES GRANDS BOIS
136 008                               TE FAIRE  UN APPETIT D'UNE EGALE GROSSEUR."
116 011 .  .  .  .   AU-DESSUS DE TES MERS PLANE COMME  UN AROME,
037 006                                      COMME  UN ASTRE ECLIPSE QUI SORT DE LA PENOMBRE,
027 013               RESPLENDIT A JAMAIS, COMME  UN ASTRE INUTILE,
057 002                          UN AUTEL SOUTERRAIN AU FOND DE MA DETRESSE,
068 001 .  .  .  .  .  .  JE SUIS LA PIPE D'  UN AUTEUR:
062 003                                    VERS  UN AUTRE OCEAN OU LA SPLENDEUR ECLATE,
000 036                               ET DANS  UN BAILLEMENT AVALERAIT LE MONDE;
132 019                      POUR LUI RENDRE  UN BAISER D'AMOUR, JE NE VIS PLUS
107 006                              UN BAISER LIBERTIN DE LA MAIGRE ADELINE,
057 018                      ET REVET D'  UN BAISER TOUT TON CORPS BLANC ET ROSE.
129 012                             L'IMAGE D'  UN BALLET DE FLEURS,
091 052            PENSIVE, S'ASSEYAIT A L'ECART SUR  UN BANC,
110 025 .  .  .  .  .  .  .  .  .  .  UN BAS ROSATRE, ORNE DE COINS D'OR, A LA JAMBE,
028 020                               AU BOUT D'  UN BATON.
038 029                                      COMME  UN BEAU CADRE AJOUTE A LA PEINTURE,
051 003                          UN BEAU CHAT, FORT, DOUX ET CHARMANT.
055 001 .  .  .  .  .  .  .  .  VOUS ETES  UN BEAU CIEL D'AUTOMNE, CLAIR ET ROSE!
129 017                        QUELQUEFOIS DANS  UN BEAU JARDIN
129 002                            SONT BEAUX COMME  UN BEAU PAYSAGE;
040 013       PLONGER DANS VOS BEAUX YEUX COMME DANS  UN BEAU SONGE,
052 006 .  .  .  .  .  .  .  .  TU FAIS L'EFFET D'  UN BEAU VAISSEAU QUI PREND LE LARGE,
052 026                        TU FAIS L'EFFET D'  UN BEAU VAISSEAU QUI PREND LE LARGE,
111 001                                      COMME  UN BETAIL PENSIF SUR LE SABLE COUCHEES,
151 004              LE CHARME INATTENDU D'  UN BIJOU ROSE ET NOIR.
001 012                                      COMME  UN BILLET D'AMOUR, CE MONSTRE RABOUGRI,
074 012                       SEMBLE LE RALE EPAIS D'  UN BLESSE QU'ON OUBLIE
056 008                  MON COEUR NE SERA PLUS QU'  UN BLOC ROUGE ET GLACE.
006 030                              OMBRAGE PAR  UN BOIS DE SAPINS TOUJOURS VERT,
070 002 .  .  .  .  .  .  .  .  .  .  UN BON CHRETIEN, PAR CHARITE,
003 006                               ET COMME  UN BON NAGEUR QUI SE PAME DANS L'ONDE,
099 004                                    DANS  UN BOSQUET CHETIF CACHANT LEURS MEMBRES NUS,
083 002                ET SANS HAINE, COMME  UN BOUCHER,,
110 050                            TE SOULEVANT D'  UN BRAS FIEVREUX,
015 004                                    D'  UN BRAS VENGEUR ET FORT SAISIT CHAQUE AVIRON.
090 009                          UN BROUILLARD SALE ET JAUNE INONDAIT TOUT L'ESPACE
131 089           BOUILLONNENT PELE-MELE AVEC  UN BRUIT D'ORAGE.
002 011                     L'UN AGACE SON BEC AVEC  UN BRULE -GUEULE,
130 069                                    D'  UN BRUTAL DONT L'ORGUEIL PUNIT L'IMPIETE
090 032                  MARCHAIENT DU MEME PAS VERS  UN BUT INCONNU.
078 005             QUAND LA TERRE EST CHANGEE EN  UN CACHOT HUMIDE,
081 012 .  .  .  .  .  .  .  JE DECOUVRE  UN CADAVRE CHER,
032 002            COMME AU LONG D'UN CADAVRE  UN CADAVRE ETENDU,
110 009                              UN CADAVRE SANS TETE EPANCHE, COMME UN FLEUVE,
032 002               COMME AU LONG D'  UN CADAVRE UN CADAVRE ETENDU,
024 008 .  .  .  .  .  .  .  .  .  COMME APRES  UN CADAVRE UN CHOEUR DE VERMISSEAUX,
102 006                                      PAR  UN CAPRICE SINGULIER,
032 007           SES CHEVEUX QUI LUI FONT  UN CASQUE PARFUME,
084 007                              AU FOND D'  UN CAUCHEMAR ENORME
146 008 .  .  .  .  .  .  .  .  DESSINE  UN CAUCHEMAR MULTIFORME ET SANS TREVE.
138 028                           ET QU'EN  UN CAUCHEMAR SANS TREVES,
016 021               COMME DANS  UN CAVEAU DONT LA CLEF EST PERDUE.
045 024                                    DANS  UN CAVEAU MISE AU SECRET.
033 004 .  .  .  .  .  .  .  .  .  .  .  .  QU'  UN CAVEAU PLUVIEUX ET QU'UNE FOSSE CREUSE;
```

[324]

U

		POEM	LINE
QU'ON CLOUE EN GRANDE HATE	UN CERCUEIL QUELQUE PART.	056	014
A TRAVERS LA CITE, COMME DANS	UN CHAMP CLOS,	113	005
QUI TE CONSACRE	UN CHANT D'AIRAIN.	139	008
	UN CHANT PLEIN DE LUMIERE ET DE FRATERNITE!	104	004
ET TES FLANCS QU'ASSOUPLIT	UN CHARMANT NONCHALOIR, ...	033	006
AJOUTENT	UN CHARME AU VISAGE,	138	003
DONNAIT	UN CHARME NEUF A SES METAMORPHOSES;	127	016
COMME AUX PIEDS D'UNE REINE	UN CHAT VOLUPTUEUX.	019	004
LES MARTYRS D'	UN CHEMIN MAUVAIS!	054	029
SAURONT JUSQU'A SON COEUR SE FRAYER	UN CHEMIN.	001	048
L'ATMOSPHERE D'	UN CHER REDUIT,	134	010
SANS EPERONS, SANS FOUET, IL ESSOUFFLE	UN CHEVAL,	071	004
LE DESTIN CHARME SUIT TES JUPONS COMME	UN CHIEN;	021	010
ET JE DORMIRAI COMME	UN CHIEN!	106	045
ON VOIT	UN CHIFFONNIER QUI VIENT, HOCHANT LA TETE,	105	005
COMME APRES UN CADAVRE	UN CHOEUR DE VERMISSEAUX,	024	008
DE PLONGER DANS	UN CIEL AU REFLET ALLECHANT.	126	064
PEUT -ON ILLUMINER	UN CIEL BOURBEUX ET NOIRS?	054	025
PEUT -ON ILLUMINER	UN CIEL BOURBEUX ET NOIR?	054	021
QU'ENFLAMMENT LES RAYONS TOMBANT D'	UN CIEL BROUILLE!	050	012
OU, SOUS	UN CIEL CHAGRIN, DES FANFARES ETRANGES	006	031
COMME UN VENT FRAIS DANS	UN CIEL CLAIR.	129	004
POUR	UN CIEL FEERIQUE ET DIVIN!	108	004
UNE FEE ALLUMER DANS	UN CIEL INFERNAL	054	043
	UN CIEL LIQUIDE QUI PARSEME	028	035
POUR	UN CIEL LOINTAIN.	028	012
COMME UN SOLEIL COUCHANT DANS	UN CIEL NEBULEUX.	049	005
D'	UN CIEL PUR OU FREMIT L'ETERNELLE CHALEUR.	023	020
LE NAVIRE ROULAIT SOUS	UN CIEL SANS NUAGES, ...	116	003
HABITANT DE CYTHERE, ENFANT D'	UN CIEL SI BEAU,	116	041
--JE SUIS	UN CIMETIERE ABHORRE DE LA LUNE,	076	008
VERS	UN CIMETIERE ISOLE,	011	006
OU SOUS	UN CLAIR AZUR TOUT N'EST QU'AMOUR ET JOIE, ...	062	017
SOUS	UN CLIMAT DE FLAMME OU SOUS UN SOLEIL BLANC,	144	002
TOMBER	UN CLIQUETIS DE PIERRE ET DE METAL;	096	004
IL TE FAUT CHAQUE JOUR	UN COEUR AU RATELIER.	025	004
QUI SAURONT SATISFAIRE	UN COEUR COMME LE MIEN.	018	004
J'UNIS	UN COEUR DE NEIGE A LA BLANCHEUR DES CYGNES;	017	006
QU'	UN COEUR DEVENU SON MIROIR!	084	034
POUR REJOUIR	UN COEUR QUI FUIT LA VERITE?	098	022
POUR SAVOIR SI JE PUIS DANS	UN COEUR QUI M'ADMIRE	001	043
SE PAMER SOUS SON OEIL COMME	UN COEUR QUI PALPITE...	145	006
LE VIOLON FREMIT COMME	UN COEUR QU'ON AFFLIGE;	047	006
LE VIOLON FREMIT COMME	UN COEUR QU'ON AFFLIGE,	047	009
PLAISIRS, NE TENTEZ PLUS	UN COEUR SOMBRE ET BOUDEUR!	080	009
	UN COEUR TENDRE, QUI HAIT LE NEANT VASTE ET NOIR!	047	010
	UN COEUR TENDRE, QUI HAIT LE NEANT VASTE ET NOIR,	047	013
	UN COEUR VIERGE A SES CRUELS BAISERS'	131	070
COURS OFFRIR	UN COFFRET VENU DE L'ORIENT	048	003
EN OUVRANT	UN COIN DE L'ANTRE TACITURNE,	096	015
MOI-MEME, DANS	UN COIN DE MA CHAMBRE,	100	018
JE LA TROUVAIS TAPIE EN	UN COIN.	154	014
--DES FLEURS SE PAMENT DANS	UN COMPLICE, A PAS DE LOUP; LE CIEL	095	002
IL VIENT COMME	UN CONSCRIT LE CANON,	126	022
ET QUI REVENT, AINSI QU'	UN CORPS ADORE	038	021
AINSI L'AMANT SUR	UN CORPS PRIS DE ROIDEUR;	080	012
COMME LA NEIGE IMMENSE	UN COUP DE COUTEAU, ...	031	001
TOI QUI, COMME	UN COUP DE MAIN;	095	018
AINSI QUE L'ENNEMI QUI TENTE	UN COURT, ET L'AUTRE SE TAPIT	126	114
PAR, S'IL LE FAUT. L'	UN COUVERCLE	078	001
QUAND LE CIEL BAS ET LOURD PESE COMME	UN CREPE SE VOILA;	016	011
L'ECLAT DE CE SOLEIL D'	UN CREPE, COMME LUI,	037	001
LE SOLEIL S'EST COUVERT D'	UN CRI REPETE PAR MILLE SENTINELLES,	006	037
C'EST	UN CYGNE QUI S'ETAIT EVADE DE SA CAGE,	089	017
POLIS COMME DE L'HUILE, ONDULEUX COMME	UN CYGNE,	127	018
DU CIEL SE DETACHANT EN NOIR, COMME	UN CYPRES.	116	028
J'AI CONNU, SOUS	UN DAIS D'ARBRES TOUT EMPOURPRES	061	002
ET SOUS LE FIRMAMENT COMME	UN DAIS SUSPENDU	105	011
	UN DAMNE DESCENDANT SANS LAMPE, ...	084	017
UN AIR SUBTIL,	UN DANGEREUX PARFUM	034	013
PROFOND ET FROID, COUPE ET FEND COMME	UN DARD,	034	011
POUR ENTENDRE	UN DE CES CONCERTS, RICHES DE CUIVRE,	091	053
--	UN DE CES GRANDS ABANDONNES	083	026
POUR	UN DE CES REGARDS CHARMANTS, BAUME DIVIN,	131	038
L'	UN DE SON VIEIL HONNEUR, L'AUTRE DE SA BEAUTE!	096	020
AINSI QU'	UN DEBAUCHE PAUVRE QUI BAISE ET MANGE	000	017
IL FERAIT VOLONTIERS DE LA TERRE	UN DEBRIS	000	035
--MAIS NON! CE N'EST QU'UN MASQUE,	UN DECOR SUBORNEUR,	020	020
LORSQUE, PAR	UN DECRET DES PUISSANCES SUPREMES,	001	001
COMME EN UN LIT DE PLUME	UN DELICAT SE VAUTRE,	126	099
DANS	UN DELIRE PARALLELE, ...	108	011
OU SE PEND	UN DEMON SANS PITIE! TOUT CASSES	091	016
CE BRUIT MYSTERIEUX SONNE COMME	UN DEPART.	056	016
UNE OASIS D'HORREUR DANS	UN DESERT D'ENNUI!	126	112
	UN DESERT ROCAILLEUX TROUBLE PAR DES CRIS AIGRES. . . .	116	019
ET L'EMPLIT D'	UN DESIR ETERNEL ET COUPABLE.	109	004
ET RONGE D'	UN DESIR SANS TREVE! ET PUIS A VOUS,	089	036
RIEN QU'	UN DESSIN FORT PALE, AUX TROIS CRAYONS,	038	050
VOULEZ -VOUS (D'	UN DESTIN TROP DUR	394	021

```
POEM LINE
071 003 .  .  .  .  .  .  .  .  .  .  .  .  .  .  QU'  UN DIADEME AFFREUX SENTANT LE CARNAVAL.
038 047          DE CES BAISERS PUISSANTS COMME  UN DICTAME,
038 005              JE SUIS COMME UN PEINTRE QU'  UN DIEU MOQUEUR
006 036             C'EST POUR LES COEURS MORTELS  UN DIVIN OPIUM!
001 058 .  .  .  .  .  .  .  .  .  .  .  .  .  COMME  UN DIVIN REMEDE A NOS IMPURETES
016 003              ON RACONTE QU'UN JOUR  UN DOCTEUR DES PLUS GRANDS,
015 010           TANDIS QUE DON LUIS AVEC  UN DOIGT TREMBLANT
131 020            COMME POUR RECUEILLIR  UN DOUX REMERCIMENT.
006 006 .  .  .  .  .  OU DES ANGES CHARMANTS, AVEC  UN DOUX SOURIS
045 029                   QUE C'EST  UN DUR METIER QUE D'ETRE BELLE FEMME,
023 014          TU CONTIENS, MER D'EBENE,  UN EBLOUISSANT REVE
120 017      QUI DAMNE TOUT UN PEUPLE AUTOUR D'  UN ECHAFAUD.
006 035 .  .  .  .  .  .  .  .  .  .  .  .  SONT  UN ECHO REDIT PAR MILLE LABYRINTHES;
121 010              NOUS ECHANGERONS  UN ECLAIR UNIQUE,
093 009                       UN ECLAIR...PUIS LA NUIT!--FUGITIVE BEAUTE
126 036     "AMOUR...GLOIRE...BONHEUR!" ENFER! C'EST  UN ECUEIL!
126 038                     EST  UN ELDORADO PROMIS PAR LE DESTIN;
122 003              QUI, COMME  UN ELIXIR, NOUS MONTE ET NOUS ENIVRE,
058 014            COMME AUTOUR D'  UN ENCENSOIR;
047 002        CHAQUE FLEUR S'EVAPORE AINSI QU'  UN ENCENSOIR;
047 005 .  .  .  .  .  CHAQUE FLEUR S'EVAPORE AINSI QU'  UN ENCENSOIR;
008 010                   COMME  UN ENFANT DE CHOEUR, JOUER DE L'ENCENSOIR,
091 068          SUR VOS TALONS GAMBADE  UN ENFANT LACHE ET VIL.
091 022    SONT PRESQUE AUSSI PETITS QUE CELUI D'  UN ENFANT?
029 019 .  .  .  .  .  DE LARVES, QUI COULAIENT COMME  UN EPAIS LIQUIDE
071 006           QUI BAVE DES NASEAUX COMME  UN EPILEPTIQUE.
123 012                   N'ONT QU'  UN ESPOIR, ETRANGE ET SOMBRE CAPITOLE!
135 009                     L'  UN EST L'ART, ET L'AUTRE L'AMOUR.
106 007 .  .  .  .  .  .  .  .  NOUS AVIONS  UN ETE SEMBLABLE
084 001            UNE IDEE, UNE FORME,  UN ETRE
054 046                       UN ETRE, QUI N'ETAIT QUE LUMIERE, OR ET GAZE,
116 040                   COMME  UN EXECUTEUR ENTOURE DE SES AIDES.
093 006 .  .  .  .  .  MOI, JE BUVAIS, CRISPE COMME  UN EXTRAVAGANT,
007 008          T'A-T -IL NOYEE AU FOND D'  UN FABULEUX MINTURNES?
091 025            ET LORSQUE J'ENTREVOIS  UN FANTOME DEBILE
075 008             AVEC LA TRISTE VOIX D'  UN FANTOME FRILEUX.
083 013 .  .  .  .  .  .  .  NE SUIS -JE PAS  UN FAUX ACCORD
102 048              QUI BRILLAIENT D'  UN FEU PERSONNEL!
131 069        VA, SI TU VEUX, CHERCHER  UN FIANCE STUPIDE;
028 026                   COMME  UN FIN VAISSEAU
076 014 .  .  .  .  .  SEULS, RESPIRENT L'ODEUR D'  UN FLACON DEBOUCHE.
149 009          UN GAZETIER FUMEUX, QUI SE CROIT  UN FLAMBEAU.
042 011          SON FANTOME DANS L'AIR DANSE COMME  UN FLAMBEAU.
127 031          CHAQUE FOIS QU'IL POUSSAIT  UN FLAMBOYANT SOUPIR,
091 048 .  .  .  .  .  TOUTES AURAIENT PU FAIRE  UN FLEUVE AVEC LEURS PLEURS!
045 007        ET LA SOLENNITE DE LA NUIT,  UN FLEUVE,
110 009      UN CADAVRE SANS TETE EPANCHE, COMME  UN FLEUVE.
155 020                   EN  UN FLOT DE TRISTE LANGUEUR,
028 029 .  .  .  .  .  .  .  .  .  .  .  COMME  UN FLOT GROSSI PAR LA FONTE
016 014          ET TU NE SERAIS PLUS QU'  UN FOETUS DERISOIRE!"
115 010      ET, COMME DES PASSANTS SUR  UN FOU QU'ILS ADMIRENT,
111 018              QUI, RECELANT  UN FOUET SOUS LEURS LONGS VETEMENTS,
076 012 .  .  .  .  .  .  .  OU GIT TOUT  UN FOUILLIS DE MODES SURANNEES,
126 032    POUR TROUVER LE REPOS COURT TOUJOURS COMME  UN FOU!
065 013            AUX REFLETS IRISES COMME  UN FRAGMENT D'OPALE,
039 007                   ET PAR  UN FRATERNEL ET MYSTIQUE CHAINON
090 038 .  .  .  .  .  .  ET QUI N'EST PAS SAISI D'  UN FRISSON FRATERNEL,
075 002      DE SON URNE A GRANDS FLOTS VERSE  UN FROID TENEBREUX
005 018                   SENT  UN FROID TENEBREUX ENVELOPPER SON AME
136 006          DISAIT: "LA TERRE EST  UN GATEAU PLEIN DE DOUCEUR;
149 009 .  .  .  .  .  .  v  .  .  .  .  .  .  .  UN GAZETIER FUMEUX, QUI SE CROIT UN FLAMBEAU,
025 017      --DE TOI, VIL ANIMAL,--POUR PETRIR  UN GENIE?
116 027          NOUS VIMES QUE C'ETAIT  UN GIBET A TROIS BRANCHES,
116 058                   QU'  UN GIBET SYMBOLIQUE OU PENDAIT MON IMAGE....
084 010 .  .  .  .  .  .  .  .  .  .  .  CONTRE  UN GIGANTESQUE REMOUS.
056 024                   D'  UN GLORIEUX AUTOMNE OU D'UN SOLEIL COUCHANT.
084 018              AU BORD D'  UN GOUFFRE DONT L'ODEUR
036 027          RENAITRONT -ILS QU'  UN GOUFFRE INTERDIT A NOS SONDES,
014 004 .  .  .  .  ET TON ESPRIT N'EST PAS  UN GOUFFRE MOINS AMER,
048 016                   VERS  UN GOUFFRE OBSCURCI DE MIASMES HUMAINS;
048 017        IL LA TERRASSE AU BORD D'  UN GOUFFRE SECULAIRE,
091 024          UN SYMBOLE D'  UN GOUT BIZARRE ET CAPTIVANT.
136 024 .  .  .  .  .  .  .  .  .  ET TROUVE  UN GOUT SUAVE AU VIN LE PLUS AMER;
039 004        VAISSEAU FAVORISE PAR  UN GRAND AQUILON,
006 010                   ET D'  UN GRAND CRUCIFIX DECORE SEULEMENT,
089 037          ANDROMAQUE, DES BRAS D'  UN GRAND EPOUX TOMBEE,
117 010 .  .  .  .  .  .  .  .  .  PREND  UN GRAND ESSOR,
068 004              QUE MON MAITRE EST  UN GRAND FUMEUR.
015 017        TOUT DROIT DANS SON ARMURE,  UN GRAND HOMME DE PIERRE
110 030              ET D'  UN GRAND PORTRAIT LANGOUREUX,
047 008 .  .  .  .  .  LE CIEL EST TRISTE ET BEAU COMME  UN GRAND REPOSOIR.
047 015        LE CIEL EST TRISTE ET BEAU COMME  UN GRAND REPOSOIR;
074 013          AU BORD D'UN LAC DE SANG, SOUS  UN GRAND TAS DE MORTS,
146 024    J'AI PEUR DU SOMMEIL COMME ON A PEUR D'  UN GRAND TROU,
015 007 .  .  .  .  .  .  .  .  .  ET, COMME  UN GRAND TROUPEAU DE VICTIMES OFFERTES,
076 020              QU'  UN GRANIT ENTOURE D'UNE VAGUE EPOUVANTE,
076 002                       UN GROS MEUBLE A TIROIRS ENCOMBRE DE BILANS,
042 008          ET SON OEIL NOUS REVET D'  UN HABIT DE CLARTE,
088 013 .  .  .  .  .  .  .  .  .  .  .  .  AU LIEU D'  UN HAILLON TROP COURT,
```

U

		POEM	LINE
COMME	UN HAMEAU PAISIBLE AU PIED D'UNE MONTAGNE.	019	014
MENE LE TRAIN D'	UN HERETIQUE;	150	008
JE SUIVAIS, ROIDISSANT MES NERFS COMME	UN HEROS	090	010
DE RENDRE A LA JEUNESSE	UN HOMMAGE PROFOND,	005	035
COMME	UN HOMME EN MES BRAS REDOUTES, ...	132	012
COMME	UN HOMME MONTE TROP HAUT, PRIS DE PANIQUE,	016	009
DANS LE GOSIER D'	UN HOMME USE PAR SES TRAVAUX,	104	010
QU'	UN HORIZON SANGLANT FERME DE TOUTES PARTS.	131	048
PLUS D'	UN ILLUSTRE MOINE, AUJOURD'HUI PEU CITE, ...	009	006
LES HANCHES DE L'ANTIOPE AU BUSTE D'	UN IMBERBE,	127	026
C'EST UNE PYRAMIDE,	UN IMMENSE CAVEAU,	076	006
SE MELAIENT. J'ETAIS HAUT COMME	UN IN-FOLIO.	136	004
D'	UN INFINI QUE J'AIME ET N'AI JAMAIS CONNU?	021	024
MEME POUR	UN INGRAT, MEME POUR UN MECHANT;	056	022
QU'HABITE ET QUE RONGE	UN INSECTE!"	149	020
LA HAINE EST	UN IVROGNE AU FOND D'UNE TAVERNE,	073	009
NUL NE VOUS RECONNAIT!	UN IVROGNE INCIVIL, ...	091	066
EXASPERE COMME	UN IVROGNE QUI VOIT DOUBLE,	090	045
--SON COEUR! COEUR RACORNI, FUME COMME	UN JAMBON,	149	007
ROULENT COMME L'ENCENS SUR	UN JARDIN DE ROSES	116	016
CEPENDANT QU'EN	UN JEU PLEIN DE SALES PARFUMS, ...	075	011
D'	UN JEUNE ELEPHANT,	028	024
AVEC LE COEUR JOYEUX D'	UN JEUNE PASSAGER.	126	126
POUR	UN JEUNE RUFFIAN TERRASSANT SA MAITRESSE.	157	004
BIEN AFFILES, ET, COMME	UN JONGLEUR INSENSIBLE, ...	057	041
SOUVIENS -TOI QUE LE TEMPS EST	UN JOUEUR AVIDE	085	017
LE DERNIER SAC D'ECUS DANS LES DOIGTS D'	UN JOUEUR;	107	005
COMME JE ME PLAIGNAIS	UN JOUR A LA NATURE,	115	002
D'ENDORMIR POUR	UN JOUR LA TERREUR QUI ME MINE;	113	010
IL NOUS VERSE	UN JOUR NOIR PLUS TRISTE QUE LES NUITS;	078	004
ON RACONTE QU'	UN JOUR UN DOCTEUR DES PLUS GRANDS,	016	003
FAIS QUE MON AME	UN JOUR, SOUS L'ARBRE DE SCIENCE,	120	049
D'UN QUADRUPEDE INFIRME OU D'	UN JUIF A TROIS PATTES.	090	025
AU BORD D'	UN LAC DE SANG, SOUS UN GRAND TAS DE MORTS,	074	013
COMME	UN LACHE, RAMPER SANS BRUIT.	129	028
DONT LA LUMIERE PARLE	UN LANGAGE CONNU!	079	010
VERS LES CIEUX LE MATIN PRENNENT	UN LIBRE ESSOR, ...	003	018
POUR FUIR D'	UN LIEU PLEIN DE REPTILES,	084	015
CE QU'ELLE CHERCHE, AMIE, EST	UN LIEU SACCAGE	055	006
D'	UN LINCEUL VAPOREUX ET D'UN VAGUE TOMBEAU.	101	004
A FAIRE DU VIN	UN LINCEUL?	106	032
COMME EN	UN LIT DE PLUME UN DELICAT SE VAUTRE,	126	099
D'ENDORMIR LA DOULEUR SUR	UN LIT HASARDEUX,	101	014
DE PERDRE AU FOND D'	UN LIT L'ANTIQUE CONSCIENCE.	132	006
	UN LIT QUE LE REMORDS N'A JAMAIS FREQUENTE.	112	008
SUR	UN LIT SEME DE CAILLOUX,	029	004
ET, COMME	UN LONG LINCEUL TRAINANT A L'ORIENT,	143	013
DERRIERE LUI TRAINAIENT	UN LONG MUGISSEMENT.	015	008
JE L'ENTENDS BIEN QUI COULE AVEC	UN LONG MURMURE, ...	113	003
COMME	UN LONG SANGLOT, TOUT CHARGE D'ADIEUX;	121	011
QUI SORT DE LA PAUPIERE AINSI QU'	UN LONG SOUPIR.	131	024
QUI VERS SON MIROIR PENCHE	UN LOURD AMAS D'ANNEES,	147	013
ILS PASSERONT SUR TOI COMME	UN LOURD ATTELAGE	131	033
D'	UN LUXE MIRACULEUX,	049	002
QUAND, AGITES D'	UN MAL INCONNU QUI LES TORD,	050	007
DESIR MELE D'HORREUR,	UN MAL PARTICULIER;	125	004
VIVRE EST	UN MAL. C'EST UN SECRET DE TOUS CONNU, ...	040	004
	UN MALHEUREUX ENSORCELE	084	013
JE SAURAI TE TAILLER	UN MANTEAU, DE FACON	057	011
ROULANT	UN MANUSCRIT SOUS SON PIED CONVULSIF,	153	002
--MAIS NON! CE N'EST QU'	UN MASQUE, UN DECOR SUBORNEUR, ...	020	020
MAIS L'AMOUR N'EST POUR MOI QU'	UN MATELAS D'AIGUILLES	113	013
	UN MATIN NOUS PARTONS, LE CERVEAU PLEIN DE FLAMME,	126	005
LA JE VIS,	UN MATIN, A L'HEURE OU SOUS LES CIEUX	089	014
	UN MATIN, CEPENDANT QUE DANS LA TRISTE RUE	090	005
MEME POUR UN INGRAT, MEME POUR	UN MECHANT;	056	022
LAISSEZ, LAISSEZ MON COEUR S'ENIVRER D'	UN MENSONGE,	040	012
DES CREUSETS QU'	UN METAL REFROIDI PAILLETA...	091	034
IL EN EST QUI, FAISANT DE LA DOULEUR	UN MIEL, ...	091	042
--CES YEUX SONT DES PUITS FAITS D'	UN MILLION DE LARMES,	091	033
SERRE, FOURMILLANT, COMME	UN MILLION D'HELMINTHES,	000	021
L'HOMME NE VIT PAS	UN MOMENT	141	012
TOUT	UN MONDE LOINTAIN, ABSENT, PRESQUE DEFUNT, ...	023	007
D'	UN MONDE OU L'ACTION N'EST PAS LA SOEUR DU REVE;	118	030
AU FOND D'	UN MONUMENT CONSTRUIT EN MARBRE NOIR,	033	002
C'EST UN SATIRIQUE,	UN MONSTRE ADORE?	156	005
TON FRONT PALE, EMBELLI PAR	UN MORBIDE ATTRAIT, ...	098	006
CHAQUE INSTANT TE DEVORE UN	UN MORCEAU DU DELICE	085	007
A L'AIR D'	UN MORIBOND CARESSANT SON TOMBEAU.	021	020
VOYEZ VENIR A VOUS	UN MORT LIBRE ET JOYEUX;	072	010
HANGE PLUS VITE, HELAS! QUE LE COEUR D'	UN MORTEL);	089	008
JE LA VEUX AGITER DANS L'AIR COMME	UN MOUCHOIR!	023	005
COMME	UN MOULE FIDELE EN GARDERONT L'EMPREINTE.	057	022
OU LE GRAIN QU'UN VANNEUR D'	UN MOUVEMENT RHYTHMIQUE	029	027
MME EST AVEUGLE, SOURD, FRAGILE, COMME	UN MUR	149	019
PAR L'OPERATION D'	UN MYSTERE VENGEUR	046	003
SE DEBATTANT COMME	UN NAGEUR,	084	004
	UN NAVIRE PRIS DANS LE POLE,	084	025
COMME	UN NAVIRE QUI S'EVEILLE	028	009

```
POEM LINE
097 016  .  .  .  .  .  .  .  .  .  .  .  .  .  .        O CHARME D'  UN NEANT FOLLEMENT ATTIFE!
131 044                                          COMME APRES  UN NOCTURNE ET TERRIBLE REPAS.
001 005              --"AH! QUE N'AI -JE MIS BAS TOUT  UN NOEUD DE VIPERES,
149 003                            "NOUS AVONS AU GRENIER  UN NOMBRE SUFFISANT,
114 020  .  .  .  .  .  .  .  .  .  .  .  .  .  AINSI QU'  UN NOUVEAU -NE,--SANS HAINE ET SANS REMORD.
091 028                     S'EN VA TOUT DOUCEMENT VERS  UN NOUVEAU BERCEAU;
127 025                      JE CROYAIS VOIR UNIS PAR  UN NOUVEAU DESSIN
115 006                                              UN NUAGE FUNEBRE ET GROS D'UNE TEMPETE,
116 020  .  .  .  .  .  .  .  .  J'ENTREVOYAIS POURTANT  UN OBJET SINGULIER!
145 008                        POUR ATTRAPER AU MOINS  UN OBLIQUE RAYON!
125 010          HAISSANT LE RIDEAU COMME ON HAIT  UN OBSTACLE...
095 017                          PARTOUT ELLE SE FRAYE  UN OCCULTE CHEMIN,
102 040  .  .  .  .  .  .  .  .  .  .  .  .  PASSER  UN OCEAN DOMPTE;
029 034                            NOUS REGARDAIT D'  UN OEIL FACHE,
103 005                            OU, COMME  UN OEIL SANGLANT QUI PALPITE ET QUI BOUGE,
110 027            LA JARRETIERE, AINSI QU'  UN OEIL SECRET QUI FLAMBE,
144 008  .  .  .  .  .  ET NE REGARDE EN HAUT QU'AVEC  UN OEIL TREMBLANT.
131 005                        ELLE CHERCHAIT, D'  UN OEIL TROUBLE PAR LA TEMPETE,
001 028              PLEURE DE LE VOIR GAI COMME  UN OISEAU DES BOIS.
116 001                        MON COEUR, COMME  UN OISEAU, VOLTIGEAIT TOUT JOYEUX
144 010  .  .  .  .  .  .  .  PLAFOND ILLUMINE PAR  UN OPERA BOUFFE
006 038                                          UN ORDRE RENVOYE PAR MILLE PORTE -VOIX;
016 010                      S'ECRIA, TRANSPORTE D'  UN ORGUEIL SATANIQUE!
047 016        TON SOUVENIR EN MOI LUIT COMME  UN OSTENSOIR:
116 031  .  .  .  .  .  .  CHACUN PLANTANT, COMME  UN OUTIL, SON BEC IMPUR
149 039                        DANS  UN PALAIS AUSSI GRAND QUE MOI, D'UN SEUL BLOC,
055 009                        MON COEUR EST  UN PALAIS FLETRI PAR LA COHUE;
102 014                            C'ETAIT  UN PALAIS INFINI,
044 004  .  .  .  .  .  QUI COMPRIMENT LE COEUR COMME  UN PAPIER QU'ON FROISSE?
149 021                    ET PUIS, QUELQU'  UN PARAIT, QUE TOUS AVAIENT NIE,
150 011                                  COMME  UN PARASITE A LA TABLE
090 022                      FAISANT AVEC SA JAMBE  UN PARFAIT ANGLE DROIT,
038 028  .  .  .  .  .  .  .  SE DEGAGEAIT  UN PARFUM DE FOURRURE.
055 011                        --  UN PARFUM NAGE AUTOUR DE VOTRE GORGE NUE!...
051 026                                  SORT  UN PARFUM SI DOUX, QU'UN SOIR
000 015        CHAQUE JOUR VERS L'ENFER NOUS DESCENDONS D'  UN PAS,
116 006  .  .  .  .  .  .  .  .  .  NOUS DIT -ON,  UN PAYS FAMEUX DANS LES CHANSONS,
030 007                                  C'EST  UN PAYS PLUS NU QUE LA TERRE POLAIRE;
077 001                        JE SUIS COMME LE ROI D'  UN PAYS PLUVIEUX,
038 005                        JE SUIS COMME  UN PEINTRE QU'UN DIEU MOQUEUR
116 030                    DETRUISAIENT AVEC RAGE  UN PENDU DEJA MUR,
091 012                                          UN PETIT SAC BRODE DE FLEURS OU DE REBUS;
138 025                                          UN PEU DE L'ORGUEIL DES DAMNES;
110 039                        LA HANCHE  UN PEU POINTUE ET LA TAILLE FRINGANTE
120 017  .  .  .  .  .  .  QUI DAMNE TOUT  UN PEUPLE AUTOUR D'UN ECHAFAUD.
000 022            DANS NOS CERVEAUX RIBOTE  UN PEUPLE DE DEMONS,
078 011                            ET QU'  UN PEUPLE MUET D'INFAMES ARAIGNEES
059 006            EXCITANT A L'ASSAUT  UN PEUPLE SANS SOULIERS,
006 039  .  .  .  .  .  .  .  C'EST  UN PHARE ALLUME SUR MILLE CITADELLES,
084 037                                          UN PHARE IRONIQUE, INFERNAL,
021 007                      TES BAISERS SONT  UN PHILTRE ET TA BOUCHE UNE AMPHORE
052 032                                  TOURNER  UN PHILTRE NOIR DANS UN VASE PROFOND.
051 012  .  .  .  .  .  .  .  ET ME REJOUIT COMME  UN PHILTRE.
147 009                SOUS TON DOMINO JAUNE, ET D'  UN PIED CLANDESTIN,
039 009                                  FOULES D'  UN PIED LEGER ET D'UN REGARD SEREIN
097 007              S'ECROULE ABONDAMMENT SUR  UN PIED SEC QUE PINCE
044 013  .  .  .  .  .  COMME DES EXILES, S'EN VONT D'  UN PIED TRAINARD,
084 026                            COMME EN  UN PIEGE DE CRISTAL,
038 030                      BIEN QU'ELLE SOIT D'  UN PINCEAU TRES -VANTE,
069 003                                  SOUS  UN PLAFOND DE BRUME OU DANS UN VASTE ETHER,
000 019  .  .  .  .  .  .  .  NOUS VOLONS AU PASSAGE  UN PLAISIR CLANDESTIN
000 037        C'EST L'ENNUI!--L'OEIL CHARGE D'  UN PLEUR INVOLONTAIRE,
032 012              SI, QUELQUE SOIR, D'  UN PLEUR OBTENU SANS EFFORT
000 033                        IL EN EST  UN PLUS LAID, PLUS MECHANT, PLUS IMMONDE!
065 011  .  .  .  .  .  .  .  .  .  .  .  .  .  .  UN POETE PIEUX, ENNEMI DU SOMMEIL,
105 006          BUTTANT, ET SE COGNANT AUX MURS COMME  UN POETE.
087 017                      QUAND, AINSI QU'  UN POETE, IL DESCEND DANS LES VILLES,
011 001                            POUR SOULEVER  UN POIDS SI LOURD,
005 008              NE TROUVAIT POINT SES FILS  UN POIDS TROP ONEREUX,
088 019                            SUR TA JAMBE  UN POIGNARD D'OR
007 007                      LE CAUCHEMAR, D'  UN POING DESPOTIQUE ET MUTIN,
020 007          ET CHARMER LES LOISIRS D'  UN PONTIFE OU D'UN PRINCE.
022 010  .  .  .  .  .  .  .  .  JE VOIS  UN PORT REMPLI DE VOILES ET DE MATS
023 016                                          UN PORT RETENTISSANT OU MON AME PEUT BOIRE
049 003                      ET FAIT SURGIR PLUS D'  UN PORTIQUE FABULEUX
098 008              ET TES YEUX ATTIRANTS COMME CEUX D'  UN PORTRAIT,
025 007  .  .  .  .  .  .  .  USENT INSOLEMMENT D'  UN POUVOIR EMPRUNTE,
110 012                        AVEC L'AVIDITE D'  UN PRE.
128 018                            J'OBEIRAI COMME  UN PREDESTINE;
071 011              ET PARCOURT, COMME  UN PRINCE INSPECTANT SA MAISON.
020 007  .  .  ET CHARMER LES LOISIRS D'UN PONTIFE OU D'  UN PRINCE.
097 034                          NE TROUVE PAS  UN PRIX DIGNE DE SES EFFORTS;
131 063                        S'EPRENANT D'  UN PROBLEME INSOLUBLE ET STERILE,
068 012                            ET JE ROULE D'  UN PUISSANT DICTAME
106 013  .  .  .  .  .  .  .  JE L'AI JETEE AU FOND D'  UN PUITS,
057 007          AVEC MES VERS POLIS, TREILLIS D'  UN PUR METAL
090 025                            D'  UN QUADRUPEDE INFIRME OU D'UN JUIF A TROIS PATTES,
138 015                                  COMME  UN RALE D'AGONISANT.
116 017  .  .  .  .  .  .  OU LE ROUCOULEMENT ETERNEL D'  UN RAMIER!
```

U

		POEM	LINE
SOUS DE SALES PLAFONDS	UN RANG DE PALES LUSTRES	096	009
ET D'	UN RAYON D'HIVER TRAVERSE BRUSQUEMENT;	006	012
JAMAIS	UN RAYON FRAIS N'ECLAIRA VOS CAVERNES;	131	093
OU JAMAIS N'ENTRE	UN RAYON ROSE ET GAI;	038	003
NE TROUVE QU'	UN RECIF AUX CLARTES DU MATIN.	126	040
DARDE	UN REGARD DIAMANTE.	110	028
MESURE D'	UN REGARD QUE LA TERREUR ENFLAMME	153	003
FOLLES D'UN PIED LEGER ET D'	UN REGARD SEREIN	039	012
	UN REGARD VAGUE ET BLANC COMME LE CREPUSCULE	110	019
--ET LE VER RONGERA TA PEAU COMME	UN REMORDS.	033	014
J'IMPLORAI D'ELLE	UN RENDEZ-VOUS,	106	021
AINSI QU'	UN REPTILE IRRITE,	110	040
ET DORMIR DANS L'OUBLI COMME	UN REQUIN DANS L'ONDE.	072	004
POUR QUI S'EN MONTRE DIGNE,	UN RESERVOIR DE LARMES.	059	014
JE SUIS BELLE, O MORTELS! COMME	UN REVE DE PIERRE,	017	001
VOILA LE NOIR TABLEAU QU'EN	UN REVE NOCTURNE	096	013
SERAIT POUR VOS BANQUIERS	UN REVE RUINEUX;	126	080
QUI SEMBLENT S'ENDORMIR DANS	UN REVE SANS FIN;	066	011
ET JE T'ENDORMIRAI DANS	UN REVE SANS FIN!"	131	040
FORMES S'EFFACAIENT ET N'ETAIENT PLUS QU'	UN REVE,	029	029
SOUVENT, A LA CLARTE ROUGE D'	UN REVERBERE	105	001
SALUER SON COUCHER PLUS GLORIEUX QU'	UN REVE!	145	004
SUIVANT	UN RHYTHME DOUX, ET PARESSEUX, ET LENT.	052	008
SUIVANT	UN RHYTHME DOUX, ET PARESSEUX, ET LENT.	052	028
AVEC	UN RIRE MOQUEUR, ...	058	030
AUTANT QU'	UN ROI JE SUIS HEUREUX;	106	005
COMME	UN RUISSEAU LASCIF QUI SE FROTTE AU ROCHER,	097	010
PRES D'	UN RUISSEAU SANS EAU LA BETE OUVRANT LE BEC	089	020
ET DES PARCELLES D'OR, AINSI QU'	UN SABLE FIN, ...	066	013
ET FOULENT L'INFINI D'	UN SABOT HASARDEUX.	071	008
LE CAVALIER PROMENE	UN SABRE QUI FLAMBOIE	071	009
OU D'	UN SACHET LE MUSC INVETERE?	038	018
CELUI-LA, LECTEUR, EST	UN SAGE.	156	004
ASSOUPI DANS LE FOND D'	UN SAHARAH BRUMEUX;	076	021
COMME UN SANGLOT COUPE PAR	UN SANG ECUMEUX	103	019
	UN SANG ROUGE ET VIVANT, DONT LA TOILE S'ABREUVE	110	014
COMME UN SANGLOT COUPE PAR UN SANG ECUMEUX	103	019
C'EST	UN SATIRIQUE, UN MOQUEUR;	156	005
SON PARFUM DOUX COMME	UN SECRET	011	013
VIVRE EST UN MAL. C'EST	UN SECRET DE TOUS CONNU,	040	004
AU DETOUR D'	UN SENTIER UNE CHAROGNE INFAME	029	003
A DANS LE COEUR	UN SERPENT JAUNE,	141	002
ON DIRAIT	UN SERPENT QUI DANSE	028	019
EN SE TORDANT AINSI QU'	UN SERPENT SUR LA BRAISE,	132	002
NUL NE PEUT ME COMPRENDRE.	UN SEUL	106	029
DANS UN PALAIS AUSSI GRAND QUE MOI, D'	UN SEUL BLOC,	149	039
ON NE PEUT ICI-BAS CONTENTER QU'	UN SEUL MAITRE!"	131	073
PRODUITS AVARIES, NES D'	UN SIECLE VAURIEN,	018	002
COMME	UN SIGNE DE SA BONTE!	156	016
	UN SILENCE D'ETERNITE.	102	052
DES HOMMES, DANS LE COIN D'	UN SINISTRE ARMOIRE	048	022
SORT UN PARFUM SI DOUX, QU'	UN SOIR	051	026
QUAND, LES DEUX YEUX FERMES, EN	UN SOIR CHAUD D'AUTOMNE	022	001
	UN SOIR FAIT DE ROSE ET DE BLEU MYSTIQUE,	121	009
ET FAIT REVER	UN SOIR LES CERVELLES HUMAINES;	039	003
TU REPANDS DES PARFUMS COMME	UN SOIR ORAGEUX;	021	006
	UN SOIR RAMENERA VERS LESBOS, QUI PARDONNE, ...	130	053
--SI CE N'EST, PAR	UN SOIR SANS LUNE, DEUX A DEUX,	101	013
	UN SOIR, L'AME DU VIN CHANTAIT DANS LES BOUTEILLES:	104	001
OU CHAQUE HISTRION FOULE	UN SOL ENSANGLANTE;	144	011
COMME MOI N'ES -TU PAS	UN SOLEIL AUTOMNAL, ...	064	013
OU GISENT, AUX LUEURS D'	UN SOLEIL BLANC ET TERNE,	071	013
SOUS UN CLIMAT DE FLAMME OU SOUS	UN SOLEIL BLANC,	144	002
D'UN GLORIEUX AUTOMNE OU D'	UN SOLEIL COUCHANT,	056	024
COMME	UN SOLEIL COUCHANT DANS UN CIEL NEBULEUX.	049	005
DE TIRER	UN SOLEIL DE MON COEUR, ET DE FAIRE	086	025
QU'EBLOUISSENT LES FEUX D'	UN SOLEIL MONOTONE;	022	004
C'EST QUE LA MORT, PLANANT COMME	UN SOLEIL NOUVEAU,	123	013
COMME UN ANGE ENIVRE D'	UN SOLEIL RADIEUX.	116	004
	UN SOLEIL SANS CHALEUR PLANE AU-DESSUS SIX MOIS,	030	005
JE VOUS FAIS CHAQUE SOIR	UN SOLENNEL ADIEU!	091	082
	UN SOMBRE MENDIANT, L'OEIL FIER COMME ANTISTHENE,	015	003
POUSSE	UN SOMBRE OURAGAN DANS L'AIR SILENCIEUX.	089	016
DANS	UN SOMMEIL AUSSI DOUX QUE LA MORT, ...	128	010
J'AI CHERCHE DANS L'AMOUR	UN SOMMEIL OUBLIEUX;	113	012
QUI PEUVENT SE PLONGER DANS	UN SOMMEIL STUPIDE.	030	013
COMME	UN SONGE D'OR.	117	012
LORSQUE JE RENTRAIS SANS	UN SOU,	106	013
ON EUT DIT QUE LE CORPS, ENFLE D'	UN SOUFFLE VAGUE,	029	023
	UN SOULIER POMPONNE, JOLI COMME UNE FLEUR.	097	008
PASSENT, COMME	UN SOUPIR ETOUFFE DE WEBER;	006	032
OU JAMAIS	UN SOUPIR NE RESTA SANS ECHO,	130	012
DANS	UN SOURIRE MACHINAL;	045	032
POUR TIRER	UN SOURIS DE CE JEUNE SQUELETTE.	077	012
COMME	UN SOUVENIR EST RESTE.	110	026
	UN SPECTRE FAIT DE GRACE ET DE SPLENDEUR.	038	010
JE TRONE DANS L'AZUR COMME	UN SPHINX INCOMPRIS;	017	005
POURTANT, QUI N'A SERRE DANS SES BRAS	UN SQUELETTE,	097	041
DANS	UN STYX BOURBEUX ET PLOMBE	084	003

```
116 055 . . . . . . . .  HELAS! ET J'AVAIS, COMME EN  UN SUAIRE EPAIS,
114 015           QUE LA BEAUTE DU CORPS EST  UN SUBLIME DON
088 014                            QU'  UN SUPERBE HABIT DE COUR
015 015         SEMBLAIT LUI RECLAMER  UN SUPREME SOURIRE
035 001 . . . . DEUX GUERRIERS ONT COURU L'  UN SUR L'AUTRE; LEURS ARMES
091 024                               UN SYMBOLE D'UN GOUT BIZARRE ET CAPTIVANT,
083 012                     COMME  UN TAMBOUR QUI BAT LA CHARGE!
011 007              MON COEUR, COMME  UN TAMBOUR VOILE,
140 008 . . . . . . . . . . . . .  UN TAPIS TRIOMPHAL AVEC TA CHARITE.
105 015       EREINTES ET PLIANT SOUS  UN TAS DE DEBRIS,
153 009        CE GENIE ENFERME DANS  UN TAUDIS MALSAIN,
126 048    PARTOUT OU LA CHANDELLE ILLUMINE  UN TAUDIS.
157 002 . . . . . . . . . . .  AVEC  UN TEL POIGNET, QU'ON VOUS EUT PRIS, A VOIR
010 003        LE TONNERRE ET LA PLUIE ONT FAIT  UN TEL RAVAGE,
116 021              CE N'ETAIT PAS  UN TEMPLE AUX OMBRES BOCAGERES,
149 025        CHACUN DE VOUS M'A FAIT  UN TEMPLE DANS SON COEUR,
120 051 . . . . . . . . . . . COMME  UN TEMPLE NOUVEAU SES RAMEAUX S'EPANDRONT!
004 001              LA NATURE EST  UN TEMPLE OU DE VIVANTS PILIERS,
010 001            MA JEUNESSE NE FUT QU'  UN TENEBREUX ORAGE,
116 018            --CYTHERE N'ETAIT PLUS QU'  UN TERRAIN DES PLUS MAIGRES,
054 041 . . . . --J'AI VU PARFOIS, AU FOND D'  UN THEATRE BANAL
054 045        J'AI VU PARFOIS AU FOND D'  UN THEATRE BANAL
054 049                       EST  UN THEATRE OU L'ON ATTEND
127 013       LES YEUX FIXES SUR MOI, COMME  UN TIGRE DOMPTE,
008 004 . . . . . . . . . . .  UN TISON POUR CHAUFFER TES DEUX PIEDS VIOLETS?
009 009              --MON AME EST  UN TOMBEAU QUE, MAUVAIS CENOBITE,
089 039                    AUPRES D'  UN TOMBEAU VIDE EN EXTASE COURBEE;
001 049                     COMME  UN TOUT JEUNE OISEAU QUI TREMBLE ET QUI PALPITE,
126 033 . . . . . . . : . . . .  NOTRE AME EST  UN TROIS -MATS CHERCHANT SON ICARIE;
097 056       SINISTREMENT BEANTE AINSI QU'  UN TROMBLON NOIR,
001 053    VERS LE CIEL, OU SON OEIL VOIT  UN TRONE SPLENDIDE,
141 003           INSTALLE COMME SUR  UN TRONE,
097 055 . . . . . . . . . . . . DANS  UN TROU DU PLAFOND LA TROMPETTE DE L'ANGE
031 003        TOI QUI, FORTE COMME  UN TROUPEAU
115 007            QUI PORTAIT  UN TROUPEAU DE DEMONS VICIEUX,
116 037          SOUS LES PIEDS,  UN TROUPEAU DE JALOUX QUADRUPEDES,
081 001 . . . . . . . . . . . .  L'  UN T'ECLAIRE AVEC SON ARDEUR,
102 039                       SOUS  UN TUNNEL DE PIERRERIES
039 006       FATIGUE LE LECTEUR AINSI QU'  UN TYMPANON,
118 003                     COMME  UN TYRAN GORGE DE VIANDE ET DE VINS,
030 003                       C'EST  UN UNIVERS MORNE A L'HORIZON PLOMBE,
101 004        D'UN LINCEUL VAPOREUX ET D'  UN VAGUE TOMBEAU.
149 047     MON AME DANS TES MAINS N'EST PAS  UN VAIN JOUET,
083 009                     COMME  UN VAISSEAU QUI PREND LE LARGE,
069 010 . . . . . . . . . . . D'  UN VAISSEAU QUI SOUFFRE;
088 044                    PLUS D'  UN VALOIS!
029 027         OU LE GRAIN QU'  UN VANNEUR D'UN MOUVEMENT RHYTHMIQUE
052 032     TOURNER UN PHILTRE NOIR DANS  UN VASE PROFOND,
069 003 . . . . . SOUS UN PLAFOND DE BRUME OU DANS  UN VASTE ETHER,
129 004                     COMME  UN VENT FRAIS DANS UN CIEL CLAIR,
131 088                FLAGELLES PAR  UN VENT QUI NE VIENT PAS DU CIEL,
095 020                     COMME  UN VER QUI DEROBE A L'HOMME CE QU'IL MANGE.
051 011 . .  .* . . . . . .  ME REMPLIT COMME  UN VERS NOMBREUX
091 059    SON OEIL PARFOIS S'OUVRAIT COMME L'OEIL D'  UN VIEIL AIGLE;
048 020                       D'  UN VIEIL AMOUR RANCI, CHARMANT ET SEPULCRAL.
094 006            ET LE SAVOIR D'  UN VIEIL ARTISTE,
090 013             TOUT A COUP,  UN VIEILLARD DONT LES GUENILLES JAUNES
076 011                    JE SUIS  UN VIEUX BOUDOIR PLEIN DE ROSES FANEES,
119 012           HURLENT LA FAIM COMME  UN VIEUX CHIEN.
131 100     FAIT CLAQUER VOTRE CHAIR AINSI QU'  UN VIEUX DRAPEAU.
105 003 . . . . . . . .  AU COEUR D'  UN VIEUX FAUBOURG, LABYRINTHE FANGEUX
048 007         PARFOIS ON TROUVE  UN VIEUX FLACON QUI SE SOUVIENT,
075 007           L'AME D'  UN VIEUX POETE ERRE DANS LA GOUTTIERE
074 008          AINSI QU'  UN VIEUX SOLDAT QUI VEILLE SOUS LA TENTE!
089 050 . . . . . . . . .  UN VIEUX SOUVENIR SONNE A PLEIN SOUFFLE DU COR!
076 022                       UN VIEUX SPHINX IGNORE DU MONDE INSOUCIEUX,
028 033        JE CROIS BOIRE  UN VIN DE BOHEME,
103 009                     COMME  UN VISAGE EN PLEURS QUE LES BRISES ESSUIENT,
097 001 . . . . . . FIERE, AUTANT QU'  UN VIVANT, DE SA NOBLE STATURE,
131 077           BRULANT COMME  UN VOLCAN, PROFOND COMME LE VIDE!
116 047                     COMME  UN VOMISSEMENT, REMONTER VERS MES DENTS
131 007             AINSI QU'  UN VOYAGEUR QUI RETOURNE LA TETE
081 003 . . . . . . .  CE QUI DIT A L'  UN: SEPULTURE!
041 022        DE TOUS MES SENS FONDUS EN  UN!
131 049    AVONS -NOUS DONC COMMIS  UNE ACTION ETRANGE?
032 001       UNE NUIT QUE J'ETAIS PRES D'  UNE AFFREUSE JUIVE,
003 015 . . . . . . . .  HEUREUX CELUI QUI PEUT D'  UNE AILE VIGOUREUSE
095 036    AU COIN DU FEU, LE SOIR, AUPRES D'  UNE AME AIMEE,
139 007                     EXAUCE  UNE AME MORFONDUE,
048 008           D'OU JAILLIT TOUTE VIVE  UNE AME QUI REVIENT.
021 012 . TES BAISERS SONT UN PHILTRE ET TA BOUCHE  UNE AMPHORE
000 018             LE SEIN MARTYRISE D'  UNE ANTIQUE CATIN,
094 004              DORT COMME  UNE ANTIQUE MOMIE,
143 012       LE SOLEIL MORIBOND S'ENDORMIR SOUS  UNE ARCHE,
126 063 . . . . . ALLUMAIENT DANS NOS COEURS  UNE ARDEUR INQUIETE
143 003                       UNE ATMOSPHERE OBSCURE ENVELOPPE LA VILLE,
098 007       OU LES TORCHES DU SOIR ALLUMENT  UNE AURORE,
130 038         VOTRE RELIGION COMME  UNE AUTRE EST AUGUSTE,
065 002 . . . . . . . . . . . .  AINSI QU'  UNE BEAUTE, SUR DE NOMBREUX COUSSINS,
```

```
            TA GORGE TRIOMPHANTE EST  UNE BELLE ARMOIRE    . . . . . . . . . . . . 052 018
                                      UNE BLESSURE LARGE ET CREUSE,              129 032
           ET TETTENT LA DOULEUR COMME UNE BONNE LOUVE!                          089 047
     ET JE N'Y CHERCHE PLUS L'ABRI D'  UNE CAHUTE.                               080 014
         SON OEIL ENSORCELE DECOUVRE   UNE CAPOUE    . . . . . . . . . . . . . 126 047
              AUCUNS T'APPELLERONT     UNE CARICATURE,                           097 017
                              DANS     UNE CHAMBRE TIEDE OU, COMME EN UNE SERRE, 110 005
           AU DETOUR D'UN SENTIER      UNE CHAROGNE INFAME                       029 003
    GRANDE ET SVELTE EN MARCHANT COMME UNE CHASSERESSE,  . . . . . . . . . . . 061 007
                              DANS     UNE CHAUDE LUMIERE.                       053 040
             OU L'ESPERANCE, COMME     UNE CHAUVE -SOURIS,                       078 006
              DERRIERE LES ROCHERS     UNE CHIENNE INQUIETE                      029 033
        QUE BATIR SUR LES COEURS EST   UNE CHOSE SOTTE;  . . . . . . . . . . . 045 033
         SALE, INUTILE ET LAID COMME   UNE CHOSE USEE,                           016 025
   QUAND TU FUS DEVANT TOUS POSE COMME UNE CIBLE,                                118 020
    SE PLANTERONT BIENTOT COMME DANS   UNE CIBLE;                                085 004
               QUI JAILLIT COMME       UNE CLARTE    . . . . . . . . . . . . . 129 007
       LA NUIT S'EPAISSISSAIT AINSI QU' UNE CLOISON,                             036 016
       LA NUIT S'EPAISSISSAIT AINSI QU' UNE CLOISON.                            036 020
                               D'      UNE COQUETTE MAIGRE AUX AIRS EXTRAVAGANTS. 097 004
                                       UNE COUPABLE JOIE ET DES FETES ETRANGES . . . . 110 033
                                       UNE DAME CREOLE AUX CHARMES IGNORES.      061 004
         OU TU FOULAIS, MONTE SUR      UNE DOUCE ANESSE,                         118 023
       ET SA CHAUDE POITRINE EST       UNE DOUCE TOMBE                           104 011
        LES ESPRITS QUE DEVORE         UNE DOULEUR SAUVAGE,  . . . . . . . . . 095 008
                                       UNE DOULEUR TRES -SIMPLE ET NON MYSTERIEUSE, 040 005
                                       UNE EAU CHAUDE COMME LE SANG;             138 012
      A L'OEIL LIMPIDE ET CLAIR AINSI QU' UNE EAU COURANTE,                      005 037
                                       UNE EBAUCHE LENTE A VENIR,  . . . . . . . 029 030
          TE FAIRE UN APPETIT D'       UNE EGALE GROSSEUR."                      136 008
    CE GRAIN D'ENCENS QUI REMPLIT      UNE EGLISE,                               038 017
       QUAND MEME TU SERAIS            UNE EMBUCHE DRESSEE                        131 055
                        COMME          UNE ENFANT CHETIVE, HORRIBLE, SOMBRE, IMMONDE, . . . 045 021
         JE FERAI POUR TA TETE         UNE ENORME COURONNE;                      057 009
                        OU D'          UNE ENSEIGNE, AU BOUT D'UNE TRINGLE DE FER, 132 027
 ET SA BARBE A LONGS POILS, ROIDE COMME UNE EPEE,                                090 019
                      OU TREMBLE       UNE ETOFFE VACILLANTE,  . . . . . . . . . 028 003
            ET CE MONDE RENDAIT        UNE ETOILE LIVIDE,                         084 036
                        COMME          UNE ETRANGE MUSIQUE,                       029 025
                                       UNE EXPLOSION NOUS LANCANT SON BONJOUR!    145 002
        CE VISAGE ECLAIRE D'           UNE EXQUISE GRIMACE,  . . . . . . . . . 020 021
       QU'IL S'INFILTRE COMME          UNE EXTASE DANS TOUS CEUX                  149 051
                      OUVRAIT D'        UNE FACON NONCHALANTE ET CYNIQUE          029 007
              MELAIENT D'              UNE FACON SOLENNELLE ET MYSTIQUE           012 006
  DE VOUS, CLAIRE ET JOYEUSE AINSI QU' UNE FANFARE  . . . . . . . . . . . . . 045 017
                                       UNE FEE ALLUMER DANS UN CIEL INFERNAL     054 043
                        C'EST          UNE FEMME BELLE ET DE RICHE ENCOLURE,      114 001
        LE REGARD SINGULIER D'         UNE FEMME GALANTE,                         107 001
      LES JAMBES EN L'AIR, COMME       UNE FEMME LUBRIQUE,  . . . . . . . . . 029 005
                                       UNE FEMME PASSA, D'UNE MAIN FASTUEUSE      093 003
  ASTROLOGUES NOYES DANS LES YEUX D'   UNE FEMME,                                126 011
                        IL N'EST PAS   UNE FIBRE EN TOUT MON CORPS TREMBLANT      037 013
          AURA-T -IL JAMAIS            UNE FIN?  . . . . . . . . . . . . . . . 119 008
         QUE J'AI PUNI SUR             UNE FLEUR                                 129 023
         ET RESPIRER, COMME            UNE FLEUR FLETRIE,                         128 007
                                       UNE FLEUR QUI RESSEMBLE A MON ROUGE IDEAL. 018 008
                        COMME          UNE FLEUR S'EPANOUIR.  . . . . . . . . . 029 014
  UN SOULIER POMPONNE, JOLI COMME      UNE FLEUR.                                097 008
      --QUAND NOTRE COEUR A FAIT       UNE FOIS SA VENDANGE,                      040 003
                      CARESSEE         UNE FOIS, RIEN QU'UNE.                     051 028
                                       UNE FOIS, UNE SEULE, AIMABLE ET DOUCE FEMME, . . . 045 001
      ENGENDRAS L'ESPERANCE,--         UNE FOLLE CHARMANTE!                       120 014
                      AINSI QU'        UNE FONTAINE AUX RHYTHMIQUES SANGLOTS.     113 002
     FLAMBOIE ENCOR COMME              UNE FORGE,                                138 023
                    UNE IDEE,          UNE FORME, UN ETRE   . . . . . . . . . 084 001
                        D'             UNE FORTUNE IRREMEDIABLE,                  084 030
  QU'UN CAVEAU PLUVIEUX ET QU'         UNE FOSSE CREUSE;                          033 004
  JE VEUX CREUSER MOI-MEME             UNE FOSSE PROFONDE,                        072 002
                      AUTOUR D'        UNE FOSSE RAMPANT.  . . . . . . . . . . 063 008
                        COMME          UNE FOURMILIERE ELLE OUVRE SES ISSUES;     095 016
  QUI D'EUX-MEMES RENDAIENT LE CRI D'  UNE GIROUETTE                             132 026
     SE FERME LENTEMENT COMME          UNE GRANDE ALCOVE,                         095 003
  TROUVERONT DANS CE SOL LAVE COMME    UNE GREVE   . . . . . . . . . . . . . 010 010
                        QUI,           UNE GUERITE, ENFERMERA TES CHARMES;        057 013
          ETRE VERTUEUX, DANS          UNE HEURE!"                               149 016
    ET QUI DORT SON SOMMEIL SOUS       UNE HUMBLE PELOUSE.                        100 002
                                       UNE IDEE, UNE FORME, UN ETRE  . . . . . . 084 001
                                       UNE ILE PARESSEUSE OU LA NATURE DONNE     022 005
  JE PENSE AUX MATELOTS OUBLIES DANS   UNE ILE,                                  089 051
       AUSSI DEVANT CE LOUVRE          UNE IMAGE M'OPPRIME!                       089 033
    MAIS L'ENFANT, EPANCHANT           UNE IMMENSE DOULEUR,  . . . . . . . . . 131 074
                                       UNE IMPLACABLE CALENTURE!                 108 006
                        AVEC           UNE INDICIBLE ET MALE VOLUPTE.             003 008
    ET DES DOIGTS CONVULSES D'         UNE INFERNALE FIEVRE,                      096 007
                      QUI PAR          UNE INVISIBLE PENTE  . . . . . . . . . 155 021
                      J'AI SENTI, COMME UNE IRONIE,                              129 019
 DES COSTUMES QUI SONT POUR LES YEUX   UNE IVRESSE;                              126 081
  J'EUSSE AIME VIVRE AUPRES D'         UNE JEUNE GEANTE,                          019 003
                        D'             UNE JEUNESSE EN PROIE A L'AMOUR VAGISSANT. . . . . . 035 004
```

```
POEM LINE
104 009 .  .  .  .  .  .  .  .  .  .  .  CAR J'EPROUVE  UNE JOIE IMMENSE QUAND JE TOMBE
072 006                    PLUTOT QUE D'IMPLORER  UNE LARME DU MONDE,
065 010                       ELLE LAISSE FILER  UNE LARME FURTIVE,
075 005          MON CHAT SUR LE CARREAU CHERCHANT  UNE LITIERE
094 031 .  .  .  .  .  .  .  .  .  .  .  ET POUSSER  UNE LOURDE BECHE
130 011         LESBOS, OU LES PHRYNES L'  UNE L'AUTRE S'ATTIRENT,
130 015         LESBOS, OU LES PHRYNES L'  UNE L'AUTRE S'ATTIRENT,
124 001                          SOUS  UNE LUMIERE BLAFARDE
057 024 .  .  .  .  .  .  POUR MARCHEPIED TAILLER  UNE LUNE D'ARGENT,
065 003                         QUI D'  UNE MAIN DISTRAITE ET LEGERE CARESSE
154 004                            D'  UNE MAIN EVENTANT SES SEINS,
093 003             UNE FEMME PASSA, D'  UNE MAIN FASTUEUSE
048 005 .  .  .  .  .  .  .  .  .  .  OU DANS  UNE MAISON DESERTE QUELQUE ARMOIRE
045 005          IL ETAIT TARD; AINSI QU'  UNE MEDAILLE NEUVE
089 013                     LA S'ETALAIT JADIS  UNE MENAGERIE;
103 021                               UNE MER DE BROUILLARDS BAIGNAIT LES EDIFICES,
090 052 .  .  .  .  .  .  .  .  .  .  SANS MATS, SUR  UNE MER MONSTRUEUSE ET SANS BORDS!
069 001          LA MUSIQUE SOUVENT ME PREND COMME  UNE MER!
054 044                               UNE MIRACULEUSE AURORE;
057 021             QUI, LES EMPRISONNANT DANS  UNE MOLLE ETREINTE,
019 014 .  .  .  .  COMME UN HAMEAU PAISIBLE AU PIED D'  UNE MONTAGNE,
107 007                      LES SONS D'  UNE MUSIQUE ENERVANTE ET CALINE.
133 014           TU POSES DOUCEMENT TON CORPS SUR  UNE NATTE,
057 005                               UNE NICHE, D'AZUR ET D'OR TOUT EMAILLEE,
045 019 .  .  .  .  .  .  UNE NOTE PLAINTIVE,  UNE NOTE BIZARRE
045 019                     UNE NOTE PLAINTIVE, UNE NOTE BIZARRE
100 017                         SI, PAR  UNE NUIT BLEUE ET FROIDE DE DECEMBRE,
070 001                          SI PAR  UNE NUIT LOURDE ET SOMBRE
084 023 .  .  .  .  .  .  .  .  .  .  .  FONT  UNE NUIT PLUS NOIRE ENCORE
032 001                               UNE NUIT QUE J'ETAIS PRES D'UNE AFFREUSE JUIVE,
129 025                     AINSI JE VOUDRAIS,  UNE NUIT,
126 112                               UNE OASIS D'HORREUR DANS UN DESERT D'ENNUI!
105 017 .  .  .  .  .  .  REVIENNENT, PARFUMES D'  UNE ODEUR DE FUTAILLES,
145 012                               UNE ODEUR DE TOMBEAU DANS LES TENEBRES NAGE,
039 011               --O TOI QUI, COMME  UNE OMBRE A LA TRACE EPHEMERE,
067 012                   L'HOMME IVRE D'  UNE OMBRE QUI PASSE
132 020 .  .  .  .  .  .  .  .  .  .  QU'  UNE OUTRE AUX FLANCS GLUANTS, TOUTE PLEINE DE PUS!
126 009             LES UNS, JOYEUX DE FUIR  UNE PATRIE INFAME;
116 008         REGARDEZ, APRES TOUT, C'EST  UNE PAUVRE TERRE.
098 011         LA COURONNE, ET SON COEUR, MEURTRI COMME  UNE PECHE,
001 061 .  .  .  .  .  .  JE SAIS QUE VOUS GARDEZ  UNE PLACE AU POETE
001 031         CHERCHENT A QUI SAURA LUI TIRER  UNE PLAINTE,
155 027                       TOMBE COMME  UNE PLUIE
155 041                       TOMBE COMME  UNE PLUIE
155 013 .  .  .  .  .  .  .  .  TOMBE COMME  UNE PLUIE
116 039                               UNE PLUS GRANDE BETE AU MILIEU S'AGITAIT
018 013                 QUI TORS PAISIBLEMENT DANS  UNE POSE ETRANGE
131 015         COMME UN ANIMAL FORT QUI SURVEILLE  UNE PROIE,
003 011 .  .  .  .  .  .  ET BOIS, COMME  UNE PURE ET DIVINE LIQUEUR,
076 006                          C'EST  UNE PYRAMIDE, UN IMMENSE CAVEAU,
104 024         QUI JAILLIRA VERS DIEU COMME  UNE RARE FLEUR!"
088 010                          QU'  UNE REINE DE ROMAN
019 004 .  .  .  .  .  .  COMME AUX PIEDS D'  UNE REINE UN CHAT VOLUPTUEUX.
110 017         SUR LA TABLE DE NUIT, COMME  UNE RENONCULE,
090 007         SIMULAIENT LES DEUX QUAIS D'  UNE RIVIERE ACCRUE,
106 022                     LE SOIR, SUR  UNE ROUTE OBSCURE,
038 025 .  .  .  .  .  .  .  .  .  .  .  UNE SENTEUR MONTAIT, SAUVAGE ET FAUVE,
130 047                          COMME  UNE SENTINELLE A L'OEIL PERCANT ET SUR,
110 005         DANS UNE CHAMBRE TIEDE OU, COMME EN  UNE SERRE,
045 001                      UNE FOIS,  UNE SEULE, AIMABLE ET DOUCE FEMME,
139 010 .  .  .  .  .  .  .  PRENDS LE MASQUE D'  UNE SIRENE
019 007         DEVINER SI SON COEUR COUVE  UNE SOMBRE FLAMME
085 006                       AINSI QU'  UNE SYLPHIDE AU FOND DE LA COULISSE;
118 006                          SONT  UNE SYMPHONIE ENIVRANTE SANS DOUTE,
103 006 .  .  .  .  .  LA LAMPE SUR LE JOUR FAIT  UNE TACHE ROUGE;
097 005             VIT -ON JAMAIS AU BAL  UNE TAILLE PLUS MINCE?
073 009         LA HAINE EST UN IVROGNE AU FOND D'  UNE TAVERNE,
115 006         UN NUAGE FUNEBRE ET GROS D'  UNE TEMPETE,
004 006 .  .  .  .  .  .  .  .  .  .  .  DANS  UNE TENEBREUSE ET PROFONDE UNITE,
072 001                          DANS  UNE TERRE GRASSE ET PLEINE D'ESCARGOTS
086 026         DE MES PENSERS BRULANTS  UNE TIEDE ATMOSPHERE.
126 055         PASSER SUR NOS ESPRITS, TENDUS COMME  UNE TOILE,
132 027         OU D'UNE ENSEIGNE, AU BOUT D'  UNE TRINGLE DE FER,
076 020         QU'UN GRANIT ENTOURE D'  UNE VAGUE EPOUVANTE,
029 021         TOUT CELA DESCENDAIT, MONTAIT COMME  UNE VAGUE,
050 001             ON DIRAIT TON REGARD D'  UNE VAPEUR COUVERT;
078 010 .  .  .  .  .  .  .  .  .  .  .  D'  UNE VASTE PRISON IMITE LES BARREAUX,
075 012                 HERITAGE FATAL D'  UNE VIEILLE HYDROPIQUE,
000 020         QUE NOUS PRESSONS BIEN FORT COMME  UNE VIEILLE ORANGE.
089 007         LE VIEUX PARIS N'EST PLUS (LA FORME D'  UNE VILLE
062 029 .  .  .  .  .  .  ET L'ANIMER ENCOR D'  UNE VOIX ARGENTINE,
126 035                               UNE VOIX DE LA HUNE, ARDENTE ET FOLLE, CRIE:
131 059         L'OEIL FATAL, REPONDIT D'  UNE VOIX DESPOTIQUE:
126 034                               UNE VOIX RETENTIT SUR LE PONT! "OUVRE L'OEIL!"
091 017 .  QU'ILS SONT, ILS ONT DES YEUX PERCANTS COMME  UNE VRILLE,
091 050                               UNE, ENTRE AUTRES, A L'HEURE OU LE SOLEIL TOMBANT
136 005         DEUX VOIX ME PARLAIENT.  L'  UNE, INSIDIEUSE ET FERME,
091 045                            L'  UNE, PAR SA PATRIE AU MALHEUR EXERCEE,
051 028 .  .  .  .  .  .  CARESSEE UNE FOIS, RIEN QU'  UNE.
```

[332]

U

		POEM	LINE
LES	UNES, COEURS EPRIS DES LONGUES CONFIDENCES, ...	111	005
ET LA CANDEUR	UNIE A LA LUBRICITE	127	015
--LE CIEL ETAIT CHARMANT, LA MER ETAIT	UNIE;	116	053
JE SAIS QUE LA DOULEUR EST LA NOBLESSE	UNIQUE	001	065
J'IMPLORE TA PITIE, TOI, L'	UNIQUE QUE J'AIME, ...	030	001
RHYTHME, PARFUM, LUEUR, O MON	UNIQUE REINE!--	021	027
ET DONT L'	UNIQUE SOIN ETAIT D'APPROFONDIR	012	013
NOUS ECHANGERONS UN ECLAIR	UNIQUE,	121	010
SOULAGEMENT ET GLOIRE	UNIQUES, ...	084	039
CELUI QUI VEUT	UNIR DANS UN ACCORD MYSTIQUE	131	065
JE CROYAIS VOIR	UNIS PAR UN NOUVEAU DESSIN	127	025
J'	UNIS UN COEUR DE NEIGE A LA BLANCHEUR DES CYGNES;	017	006
DANS UNE TENEBREUSE ET PROFONDE	UNITE, ...	004	006
ABREUVAIT L'	UNIVERS A SES TETINES BRUNES,	005	010
TU METTRAIS L'	UNIVERS ENTIER DANS TA RUELLE,	025	001
L'	UNIVERS EST EGAL A SON VASTE APPETIT.	126	002
--CEPENDANT, TOUT EN HAUT DE L'	UNIVERS JUCHE, ...	149	043
L'	UNIVERS MOINS HIDEUX ET LES INSTANTS MOINS LOURDS?	021	028
C'EST UN	UNIVERS MORNE A L'HORIZON PLOMBE,	030	003
HOSTILE A L'	UNIVERS PLUTOT QU'INDIFFERENT.	090	028
ET, MALGRE LES HONNEURS QUE LUI REND L'	UNIVERS, ...	130	072
IMPOSER TOUS LES TEMPS ET TOUS LES	UNIVERS,	001	068
VERS LES CONFINS DE L'	UNIVERS;	102	028
LE BRANLE	UNIVERSEL DE LA DANSE MACABRE	097	051
CAR IL EST FAIT AVEC L'	UNIVERSEL PECHE, ...	149	041
AUX	UNS PORTANT LA PAIX, AUX AUTRES LE SOUCI,	143	004
LES	UNS, JOYEUX DE FUIR UNE PATRIE INFAME;	126	009
DE SON	URNE A GRANDS FLOTS VERSE UN FROID TENEBREUX	075	002
VERSAIENT LE TRESOR DE LEURS	URNES	102	035
ET LES	URNES D'AMOUR DONT VOS GRANDS COEURS SONT PLEINS!	111	028
T -ILS VERSE LA PEUR ET L'AMOUR DE LEURS	URNES?	007	006
A NOUS RAPPELER QUEL	USAGE	150	003
	USANT A L'ENVI LEURS CHALEURS DERNIERES, ...	121	005
DANS LE GOSIER D'UN HOMME	USE PAR SES TRAVAUX,	104	010
SALE, INUTILE ET LAID COMME UNE CHOSE	USEE,	016	025
	USENT INSOLEMMENT D'UN POUVOIR EMPRUNTE,	025	007
PUISSE -JE	USER DU GLAIVE ET PERIR PAR LE GLAIVE!	118	031
NOUS	USERONS NOTRE AME EN DE SUBTILS COMPLOTS,	123	005
	USURPER EN RIANT LES HOMMAGES DIVINS!	001	044
QUE LE DIEU DE L'	UTILE, IMPLACABLE ET SEREIN,	005	023

011	008	. . . .	VA BATTANT DES MARCHES FUNEBRES.
078	007	S'EN	VA BATTANT LES MURS DE SON AILE TIMIDE
084	011	QUI	VA CHANTANT COMME LES FOUS
001	037	SA FEMME	VA CRIANT SUR LES PLACES PUBLIQUES:
143	007	. . . . ५	VA CUEILLIR DES REMORDS DANS LA FETE SERVILE,
088	053		VA DONC, SANS AUTRE ORNEMENT,
056	005	TOUT L'HIVER	VA RENTRER DANS MON ETRE: COLERE,
005	038	ET QUI	VA REPANDANT SUR TOUT, INSOUCIANTE
052	007	. . . . CHARGE DE TOILE, ET	VA ROULANT
052	027	CHARGE DE TOILE, ET	VA ROULANT
003	010		VA TE PURIFIER DANS L'AIR SUPERIEUR,
091	028	S'EN	VA TOUT DOUCEMENT VERS UN NOUVEAU BERCEAU;
131	069	. . . .	VA, SI TU VEUX, CHERCHER UN FIANCE STUPIDE;
113	006	IL S'EN	VA, TRANSFORMANT LES PAVES EN ILOTS,
115	017	CE GUEUX, CET HISTRION EN	VACANCES, CE DROLE,
035	003	CES JEUX, CES CLIQUETIS DU FER SONT LES	VACARMES
028	003	. . . . COMME UNE ETOFFE	VACILLANTE.
126	045	TEL LE VIEUX	VAGABOND, PIETINANT DANS LA BOUE,
144	005	CITADIN, CAMPAGNARD,	VAGABOND, SEDENTAIRE,
028	007	MER ODORANTE ET	VAGABONDE
053	031	. . . . DONT L'HUMEUR EST	VAGABONDE;
136	012	FANTOME	VAGISSANT, ON NE SAIT D'OU VENU,
035	004	D'UNE JEUNESSE EN PROIE A L'AMOUR	VAGISSANT.
115	003	ET QUE DE MA PENSEE, EN	VAGUANT AU HASARD,
076	020	. . . . QU'UN GRANIT ENTOURE D'UNE	VAGUE EPOUVANTE,
110	019	UN REGARD	VAGUE ET BLANC COMME LE CREPUSCULE
102	004		VAGUE ET LOINTAINE, ME RAVIT.
127	014	D'UN AIR	VAGUE ET REVEUR ELLE ESSAYAIT DES POSES,
146	010	. . . . TOUT PLEIN DE	VAGUE HORREUR, MENANT ON NE SAIT OU;
022	011	ENCOR TOUT FATIGUES PAR LA	VAGUE MARINE,
006	013	MICHEL-ANGE, LIEU	VAGUE OU L'ON VOIT DES HERCULES
101	004	D'UN LINCEUL VAPOREUX ET D'UN	VAGUE TOMBEAU.
029	021	. . . TOUT CELA DESCENDAIT, MONTAIT COMME UNE	VAGUE,
029	023	ON EUT DIT QUE LE CORPS, ENFLE D'UN SOUFFLE	VAGUE,
130	029	ENTREVU	VAGUEMENT AU BORD DES AUTRES CIEUX!
152	008	SCINTILLENT	VAGUEMENT DES TRESORS IGNORES!
066	014	. . . . ६ . . . . ETOILENT	VAGUEMENT LEURS PRUNELLES MYSTIQUES.
092	002	PAREILS AUX MANNEQUINS;	VAGUEMENT RIDICULES;
053	020	AUX	VAGUES SENTEURS DE L'AMBRE,
044	003	ET LES	VAGUES TERREURS DE CES AFFREUSES NUITS
012	010	. . . . . . AU MILIEU DE L'AZUR, DES	VAGUES, DES SPLENDEURS
118	025	OU, LE COEUR TOUT GONFLE D'ESPOIR ET DE	VAILLANCE,
149	047	MON AME DANS TES MAINS N'EST PAS UN	VAIN JOUET!
148	009	EN	VAIN J'AI VOULU DE L'ESPACE
149	018	. . . . LE DAMNE! J'AVERTIS EN	VAIN LA CHAIR INFECTE.
145	009	MAIS JE POURSUIS EN	VAIN LE DIEU QUI SE RETIRE;
113	004	MAIS JE ME TATE EN	VAIN POUR TROUVER LA BLESSURE.
055	005	--TA MAIN SE GLISSE EN	VAIN SUR MON SEIN QUI SE PAME;
054	050	. . . . . . TOUJOURS, TOUJOURS EN	VAIN, L'ETRE AUX AILES DE GAZE!
119	030	LE FER EST	VAINCU PAR L'EPIEU;
130	058	--L'OEIL D'AZUR EST	VAINCU PAR L'OEIL NOIR QUE TACHETE
020	030	QUI METTRAIT A SES PIEDS LE GENRE HUMAIN	VAINCU,
080	006	. . . . ESPRIT	VAINCU, FOURBU! POUR TOI, VIEUX MARAUDEUR,
079	007	DE L'HOMME	VAINCU, PLEIN DE SANGLOTS ET D'INSULTES,
078	019		VAINCU, PLEURE, ET L'ANGOISSE ATROCE, DESPOTIQUE,
120	005	ET QUI,	VAINCU, TOUJOURS TE REDRESSES PLUS FORT,
120	048	. . . . . DE L'ENFER, OU,	VAINCU, TU REVES EN SILENCE!
048	015	SAISIT L'AME	VAINCUE ET LA POUSSE A DEUX MAINS
131	011	SES BRAS	VAINCUS, JETES COMME DE VAINES ARMES,
089	052	AUX CAPTIFS, AUX	VAINCUS!...A BIEN D'AUTRES ENCOR!
086	021	L'EMEUTE, TEMPETANT	VAINEMENT A MA VITRE,
090	049		VAINEMENT MA RAISON VOULAIT PRENDRE LA BARRE;
131	011	SES BRAS VAINCUS, JETES COMME DE	VAINES ARMES,
127	003	DONT LE RICHE ATTIRAIL LUI DONNAIT L'AIR	VAINQUEUR
073	012	. --MAIS LES BUVEURS HEUREUX CONNAISSENT LEUR	VAINQUEUR,
028	034	AMER ET	VAINQUEUR,
149	027	RECONNAISSEZ SATAN A SON RIRE	VAINQUEUR,
046	013	AINSI, TOUJOURS	VAINQUEUR, TON FANTOME EST PAREIL,
020	012	. . DONT CHAQUE TRAIT NOUS DIT AVEC UN AIR	VAINQUEUR:
124	012	JE	VAIS ME COUCHER SUR LE DOS
087	005	JE	VAIS M'EXERCER SEUL A MA FANTASQUE ESCRIME,
149	035	JE	VAIS VOUS EMPORTER A TRAVERS L'EPAISSEUR,
093	013	. . CAR J'IGNORE OU TU FUIS, TU NE SAIS OU JE	VAIS,
028	026	COMME UN FIN	VAISSEAU
039	004		VAISSEAU FAVORISE PAR UN GRAND AQUILON.
083	009	COMME UN	VAISSEAU QUI PREND LE LARGE,
052	006	. . . . . . TU FAIS L'EFFET D'UN BEAU	VAISSEAU QUI PREND LE LARGE,
052	026	TU FAIS L'EFFET D'UN BEAU	VAISSEAU QUI PREND LE LARGE,
069	010	D'UN	VAISSEAU QUI SOUFFRE;
126	118	A QUI RIEN NE SUFFIT, NI WAGON NI	VAISSEAU,
053	030	. . . . DORMIR CES	VAISSEAUX
023	018	OU LES	VAISSEAUX, GLISSANT DANS L'OR ET DANS LA MOIRE,
151	003	MAIS ON VOIT SCINTILLER EN LOLA DE	VALENCE
058	018	NE	VALENT PAS TA PARESSE.
075	013	. . . . . ५ . . . . . LE BEAU	VALET DE COEUR ET LA DAME DE PIQUE
088	033		VALETAILLE DE RIMEURS
087	019	ET S'INTRODUIT EN ROI, SANS BRUIT ET SANS	VALETS,
003	001	AU-DESSUS DES ETANGS, AU-DESSUS DES	VALLEES,
057	017	. . . . AUX POINTES SE BALANCE, AUX	VALLONS SE REPOSE,

		POEM	LINE
PLUS D'UN	VALOIS!	088	044
DANS LEUR	VALSE ET LEURS BONDS; MEME DANS NOS SOMMEILS	126	026
	VALSE MELANCOLIQUE ET LANGOUREUX VERTIGE!	047	004
	VALSE MELANCOLIQUE ET LANGOUREUX VERTIGE!	047	007
JE SUIS DE MON COEUR LE	VAMPIRE,".	083	025
LE CADAVRE DE TON	VAMPIRE!"	031	024
OU LE GRAIN QU'UN	VAN.	029	028
AGITE ET TOURNE DANS SON	VANNEUR D'UN MOUVEMENT RHYTHMIQUE	029	027
ENTERRE VOTRE CORPS	VANTE,	070	004
BIEN QU'ELLE SOIT D'UN PINCEAU TRES -	VANTE,	038	030
ON DIRAIT TON REGARD D'UNE	VAPEUR COUVERT;	050	001
NOUS VOULONS VOYAGER SANS	VAPEUR ET SANS VOILE!	126	053
DANS L'OR DE SA	VAPEUR ROUGE, ...	049	004
EN	VAPEURS MONTERA MON ESPRIT ORAGEUX.	057	036
ET LES SOIRS AU BALCON, VOILES DE	VAPEURS ROSES.	036	007
D'UN LINCEUL	VAPOREUX ET D'UN VAGUE TOMBEAU,	101	004
LE PLAISIR	VAPOREUX FUIRA VERS L'HORIZON	085	005
EST TOUT	VAPORISE PAR CE SAVANT CHIMISTE.	000	012
COMBIEN DE FOIS IL FAUT QUE L'OUVRIER	VARIE	091	031
	VAS -TU, COMME JADIS, DU SOIR JUSQU'AU MATIN,	147	010
QUAND TU	VAS BALAYANT L'AIR DE TA JUPE LARGE, ...	052	005
QUAND TU	VAS BALAYANT L'AIR DE TA JUPE LARGE,	052	025
ET	VAS CHERCHANT TON PARADIS,	142	013
--CEPENDANT TU	VAS GUEUSANT	088	045
TU	VAS LORGNANT EN DESSOUS	088	049
O	VASE DE TRISTESSE, O GRANDE TACITURNE,	024	002
ES -TU	VASE FUNEBRE ATTENDANT QUELQUES PLEURS,	098	014
TOURNER UN PHILTRE NOIR DANS UN	VASE PROFOND.	052	032
DIGNE	VASSALE DES DEMONS, ...	150	014
L'UNIVERS EST EGAL A SON	VASTE APPETIT.	126	002
	VASTE COMME LA NUIT ET COMME LA CLARTE,	004	007
UN COEUR TENDRE, QUI HAIT LE NEANT	VASTE ET NOIR,	047	013
UN COEUR TENDRE, QUI HAIT LE NEANT	VASTE ET NOIR!	047	010
SOUS UN PLAFOND DE BRUME OU DANS UN	VASTE ETHER,	069	003
OU BOUT L'IMPERCEPTIBLE ET	VASTE HUMANITE.	144	014
LA MER, LA	VASTE MER, CONSOLE NOS LABEURS!	062	006
LA MER, LA	VASTE MER, CONSOLE NOS LABEURS!	062	010
D'UNE	VASTE PRISON IMITE LES BARREAUX,	078	010
OUVRENT LEURS	VASTES BRAS POUR EMBRASSER LA GLOIRE	023	019
DERRIERE LES ENNUIS ET LES	VASTES CHAGRINS	003	013
VERS LES	VASTES CIEUX ENCHANTES.	155	018
ET LES	VASTES ECLAIRS DE SON ESPRIT LUCIDE	001	055
NOS DEUX COEURS SERONT DEUX	VASTES FLAMBEAUX,	121	006
VOS	VASTES NUAGES EN DEUIL	082	011
PRENNENT DES ALBATROS,	VASTES OISEAUX DES MERS, ...	002	002
J'AI LONGTEMPS HABITE SOUS DE	VASTES PORTIQUES,	012	001
DE	VASTES VOLUPTES, CHANGEANTES, INCONNUES,	126	023
'N ENFANT A DES YEUX OBSCURS, PROFONDS ET	VASTES,	152	009
PRODUITS AVARIES, NES D'UN SIECLE	VAURIEN, ...	018	002
RIEN NE	VAUT LA DOUCEUR DE SON AUTORITE;	042	006
NE ME	VAUT LE SOLEIL RAYONNANT SUR LA MER.	056	020
RIEN NE ME	VAUT L'ABIME DE TA COUCHE;	128	014
TOUT CELA NE	VAUT PAS LE POISON QUI DECOULE	049	011
TOUT CELA NE	VAUT PAS LE TERRIBLE PRODIGE	049	016
TOUT CELA NE	VAUT PAS, O BOUTEILLE PROFONDE,	107	009
LES SINGES, LES SCORPIONS, LES	VAUTOURS, LES SERPENTS,	000	030
COMME EN UN LIT DE PLUME UN DELICAT SE	VAUTRE,	126	099
C'EST LA QUE J'AI	VECU DANS LES VOLUPTES CALMES,	012	009
LA DOUCEUR DU FOYER ET N'ONT JAMAIS	VECU!	095	038
--ELLE PLEURE, INSENSE, PARCE QU'ELLE A	VECU!	020	032
AU SEUIL DE QUELQUE	VEFOUR	088	047
LE	VEGETAL IRREGULIER.	102	008
EN TOI JE TOMBERAI,	VEGETALE AMBROISIE,	104	021
HARPAGON, QUI	VEILLAIT SON PERE AGONISANT,	149	001
ET DEPUIS LORS JE	VEILLE AU SOMMET DE LEUCATE,	130	046
ET DEPUIS LORS JE	VEILLE AU SOMMET DE LEUCATE,	130	050
	VEILLE PRES DE LUI QUAND IL DORT;	110	058
AINSI QU'UN VIEUX SOLDAT QUI	VEILLE SOUS LA TENTE!	074	008
OU	VEILLENT DES MONSTRES VISQUEUX	084	021
QUI CHANGEAIT TOUTE	VEINE EN FUNEBRE RUISSEAU	157	011
SES COTHURNES DE	VELOURS	088	011
TES GRANDS YEUX DE	VELOURS SONT PLUS NOIRS QUE TA CHAIR.	133	004
ET DES HABITS, MOUSSELINE OU	VELOURS, ...	038	026
J'IMPORTE, SI TU RENDS,--FEE AUX YEUX DE	VELOURS,	021	026
FAITE DE CHAIR ET DE	VELOURS,	139	011
GRAVE, ET	VENANT DU FOND DE SON LIT ETERNEL	100	019
LE LOTUS PARFUME! C'EST ICI QU'ON	VENDANGE	126	129
--QUAND NOTRE COEUR A FAIT UNE FOIS SA	VENDANGE,	040	003
DANS CES SOIRS SOLENNELS DE CELESTES	VENDANGES,	149	050
ET	VENDRE LE PARFUM DE TES CHARMES ETRANGES,	133	026
	VENDREDI, TREIZE, NOUS AVONS, ...	150	006
JE ME PRIS A SONGER PRES DE CE CORPS	VENDU	032	003
	VENEREE A JAMAIS PAR TOUTE NATION,	116	014
	VENEZ VOUS ENIVRER DE LA DOUCEUR ETRANGE	126	131
QUAND LA	VENGEANCE BAT SON INFERNAL RAPPEL, ...	044	008
LA	VENGEANCE EPERDUE AUX BRAS ROUGES ET FORTS	073	002
	VENGENT BIENTOT L'EPEE ET LA DAGUE TRAITRESSE.	035	007
PAR L'OPERATION D'UN MYSTERE	VENGEUR	046	003
D'UN BRAS	VENGEUR ET FORT SAISIT CHAQUE AVIRON.	015	004

```
129 036 .  .  .  .  .  .  .  .  .  .  .  .  .  .      T'INFUSER MON   VENIN, MA SOEUR!
119 010                                              ET TON BETAIL   VENIR A BIEN;
072 010                                                      VOYEZ   VENIR A VOUS UN MORT LIBRE ET JOYEUX;
047 001                                                      VOICI   VENIR LES TEMPS OU VIBRANT SUR SA TIGE
029 030 .  .  .  .  .  .  .  .  .  .        UNE EBAUCHE LENTE A      VENIR.
095 014                           A TRAVERS LES LUEURS QUE TOURMENTE LE   VENT
105 002                                                     DONT LE   VENT BAT LA FLAMME ET TOURMENTE LE VERRE,
136 011                            ET CELLE-LA CHANTAIT COMME LE   VENT DES GREVES,
103 002 .  .  .  .  .  .  .  .  .  .  .  .  .  .  .        ET LE   VENT DU MATIN SOUFFLAIT SUR LES LANTERNES.
028 010                                                       AU   VENT DU MATIN,
129 004                                                 COMME UN   VENT FRAIS DANS UN CIEL CLAIR.
131 099                                                    ET LE   VENT FURIBOND DE LA CONCUPISCENCE
100 006 .  .  .  .  .  .  .  .  .  .  .  .  .  .        SON   VENT MELANCOLIQUE A L'ENTOUR DE LEURS MARBRES,
132 028                                          QUE BALANCE LE   VENT PENDANT LES NUITS D'HIVER,
131 088                                          FLAGELLES PAR UN   VENT QUI NE VIENT PAS DU CIEL,
029 026                             COMME L'EAU COURANTE ET LE   VENT,
126 124 .  .   LES YEUX FIXES AU LARGE ET LES CHEVEUX AU   VENT,
001 025                                       IL JOUE AVEC LE   VENT, CAUSE AVEC LE NUAGE,
069 011                                                  LE BON   VENT, LA TEMPETE ET SES CONVULSIONS
059 003                                 CHEVEUX ET GORGE AU   VENT, S'ENIVRANT DE TAPAGE,
086 004 .  .  .   LEURS HYMNES SOLENNELS EMPORTES PAR LE   VENT.
146 004   MAINTE FOIS DE LA PEUR JE SENS PASSER LE   VENT.
115 015                        LE REGARD INDECIS ET LES CHEVEUX AU   VENT.
119 013                                       RACE D'ABEL, CHAUFFE TON   VENTRE
001 008 .  .  .  .  .  .  .  .  .  .  .  .  .  .        OU MON   VENTRE A CONCU MON EXPIATION!
116 033                            LES YEUX ETAIENT DEUX TROUS, ET DU   VENTRE EFFONDRE
127 020                                             ET SON   VENTRE ET SES SEINS, CES GRAPPES DE MA VIGNE,
021 016                                             SUR TON   VENTRE ORGUEILLEUX DANSE AMOUREUSEMENT.
029 008 .  .  .  .  .  .  .  .  .  .  .  .  .  .        SON   VENTRE PLEIN D'EXHALAISONS.
029 017                            LES MOUCHES BOURDONNAIENT SUR CE   VENTRE PUTRIDE,
005 022                                O PAUVRES CORPS TORDUS, MAIGRES,   VENTRUS OU FLASQUES,
062 008                            QU'ACCOMPAGNE L'IMMENSE ORGUE DES   VENTS GRONDEURS,
048 003 .  .  .  .  .  .  .  .  .       EN OUVRANT UN COFFRET   VENU DE L'ORIENT
041 002                                             CE MATIN EST   VENU ME VOIR.
090 030   NUL TRAIT NE DISTINGUAIT, DU MEME ENFER   VENU,
136 012                     FANTOME VAGISSANT, ON NE SAIT D'OU   VENU,
099 003 .  .  .  .  .   SA POMONE DE PLATRE ET SA VIEILLE   VENUS
130 014                                                      ET   VENUS A BON DROIT PEUT JALOUSER SAPHO!
116 010                                           DE L'ANTIQUE   VENUS LE SUPERBE FANTOME
130 057                               PLUS BELLE QUE   VENUS PAR SES MORNES PALEURS!
130 061 .  .  .  .  .  .  .  .  .  .  .  .    --PLUS BELLE QUE   VENUS SE DRESSANT SUR LE MONDE
130 065                                   PLUS BELLE QUE   VENUS SE DRESSANT SUR LE MONDE!
016 008   OU LES PURS ESPRITS SEULS PEUT-ETRE ETAIENT   VENUS,--
116 057                                DANS TON ILE, O   VENUS! JE N'AI TROUVE DEBOUT
054 003 .  .  .  .  .  .   ET SE NOURRIT DE NOUS COMME LE   VER DES MORTS.
095 020                                            COMME UN   VER QUI DEROBE A L'HOMME CE QU'IL MANGE.
033 014                                             --ET LE   VER RONGERA TA PEAU COMME UN REMORDS.
100 011                          VIEUX SQUELETTES GELES TRAVAILLES PAR LE   VER,
007 005 .  .  .  .  .  .  .  .  .  .  .  .  .  .        LE SUCCUBE   VERDATRE ET LE ROSE LUTIN
056 017                             J'AIME DE VOS LONGS YEUX LA LUMIERE   VERDATRE,
089 011                                  LES HERBES, LES GROS BLOCS   VERDIS PAR L'EAU DES FLAQUES,
129 021                                         ET LE PRINTEMPS ET LA   VERDURE
115 001 .   DANS DES TERRAINS CENDREUX, CALCINES, SANS   VERDURE,
030 008                              --NI BETES, NI RUISSEAUX, NI   VERDURE, NI BOIS!
013 011                             CYBELE, QUI LES AIME, AUGMENTE SES   VERDURES,
028 028                                                     SES   VERGUES DANS L'EAU.
020 023 .  .  .  .  .  .  .  .  .  .  .  .  .  .        LA   VERITABLE TETE, ET LA SINCERE FACE
106 036                                    N'A CONNU L'AMOUR   VERITABLE,
125 011                                                ENFIN LA   VERITE FROIDE SE REVELA:
009 002                            ETALAIENT EN TABLEAUX LA SAINTE   VERITE,
084 035 .  .  .  .  .  .  .  .  .  .  .  .        PUITS DE   VERITE, CLAIR ET NOIR,
098 022                              POUR REJOUIR UN COEUR QUI FUIT LA   VERITE?
134 014                                    T'EXPRIMER AVEC   VERITE?
J01 024                              RETROUVE L'AMBROISIE ET LE NECTAR   VERMEIL.
046 001 .  .   QUAND CHEZ LES DEBAUCHES L'AUBE BLANCHE ET   VERMEILLE
091 051                               ENSANGLANTE LE CIEL DE BLESSURES   VERMEILLES,
104 003                              SOUS MA PRISON DE VERRE ET MES CIRES   VERMEILLES,
010 004   QU'IL RESTE EN MON JARDIN BIEN PEU DE FRUITS   VERMEILS.
029 045 .  .  .  .  .  .        ALURS, O MA BEAUTE! DITES A LA   VERMINE
000 004                            COMME LES MENDIANTS NOURRISSENT LEUR   VERMINE.
031 011                                          COMME AUX   VERMINES LA CHAROGNE,
024 008                            COMME APRES UN CADAVRE UN CHOEUR DE   VERMISSEAUX,
097 050 .  .  .  .  .  .  .  .  .  .  .        CADAVRES   VERNISSES, LOVELACES CHENUS,
093 011                                                  NE TE   VERRAI -JE PLUS QUE DANS L'ETERNITE?
086 013                                                      JE   VERRAI LES PRINTEMPS, LES ETES, LES AUTOMNES;
086 006                                                      JE   VERRAI L'ATELIER QUI CHANTE ET QUI BAVARDE;
057 029 .  .  .  .  .  .  .  .  .  .  .  .  .  .        TU   VERRAS MES PENSERS, RANGES COMME LES CIERGES
110 007   OU DES BOUQUETS MOURANTS DANS LEURS CERCUEILS DE   VERRE
104 003                                        SOUS MA PRISON DE   VERRE ET MES CIRES VERMEILLES,
105 002   DONT LE VENT BAT LA FLAMME ET TOURMENTE LE   VERRE,
048 002 .   EST POREUSE. ON DIRAIT QU'ILS PENETRENT LE   VERRE.
076 009                            OU COMME DES REMORDS SE TRAINENT DE LONGS   VERS
039 001                                              JE TE DONNE CES   VERS AFIN QUE SI MON NOM
051 033                                       QUAND MES YEUX,   VERS CE CHAT QUE J'AIME
087 010 .  .  .   EVEILLE DANS LES CHAMPS LES   VERS COMME LES ROSES;
022 009                                     GUIDE PAR TON ODEUR   VERS DE CHARMANTS CLIMATS,
087 008                               HEURTANT PARFOIS DES   VERS DEPUIS LONGTEMPS REVES,
104 024                                         QUI JAILLIRA   VERS DIEU COMME UNE RARE FLEUR!"
001 004 .  .  .  .  .  .  .  .  .  .  .  .        CRISPE SES POINGS   VERS DIEU, QUI LA PREND EN PITIE:
```

V

		POEM	LINE
ET QUE LANGUISSAMMENT JE ME TOURNAI	VERS ELLE	132	018
QUI	VERS ELLE MONTAIT COMME VERS SA FALAISE.	127	012
LE VIN DE SON TRIOMPHE, ET S'ALLONGEAIT	VERS ELLE,	131	019
	VERS LE CIEL IRONIQUE ET CRUELLEMENT BLEU,	089	026
	VERS LE CIEL QUELQUEFOIS, COMME L'HOMME D'OVIDE,	089	025
ET LANCENT	VERS LE CIEL UN AFFREUX HURLEMENT,	078	014
IL FAIT S'EVAPORER LES SOUCIS	VERS LE CIEL,	087	011
	VERS LE CIEL, OU SON OEIL VOIT UN TRONE SPLENDIDE,	001	053
LEUR DESTINEE ET VONT	VERS LE GOUFFRE COMMUN;	095	033
	VERS LE PARADIS DE MES REVES!	108	014
APRES AVOIR FRANCHI	VERS LES CELESTES GLOIRES	016	006
S'ELANCER	VERS LES CHAMPS LUMINEUX ET SEREINS;	003	016
	VERS LES CIEUX LE MATIN PRENNENT UN LIBRE ESSOR,	003	018
QUE POUSSENT	VERS LES CIEUX SES RIVAGES DESERTS.	130	074
	VERS LES CONFINS DE L'UNIVERS;	102	028
	VERS LES HORIZONS BLEUS DEPASSES LE MATIN.	131	008
AU CIEL; ON NE LES VOIT JAMAIS	VERS LES PAVES	092	007
	VERS LES TRESORS DE TA PERSONNE,	129	027
	VERS LES VASTES CIEUX ENCHANTES.	155	018
UN SOIR RAMENERA	VERS LESBOS, QUI PARDONNE,	130	053
CHAQUE JOUR	VERS L'ENFER NOUS DESCENDONS D'UN PAS,	000	015
	VERS L'ETRANGE ET L'ABSURDE INVITENT SA RAISON;	153	006
LE PLAISIR VAPOREUX FUIRA	VERS L'HORIZON	085	005
ELLES TOURNENT LEURS YEUX	VERS L'HORIZON DES MERS,	111	002
--COURONS	VERS L'HORIZON, IL EST TARD, COURONS VITE,	145	007
QUAND DON JUAN DESCENDIT	VERS L'ONDE SOUTERRAINE	015	001
	VERS MA PALE ETOILE,	069	002
COMME UN VOMISSEMENT, REMONTER	VERS MES DENTS	116	047
TOURNE	VERS MOI TES YEUX PLEINS D'AZUR ET D'ETOILES!	131	037
ME REMPLIT COMME UN	VERS NOMBREUX	051	011
QUI SE GLISSE	VERS NOUS COMME LE RAYON BLANC	107	002
NOS PYLADES LA-BAS TENDENT LEURS BRAS	VERS NOUS.	126	134
AVEC MES	VERS POLIS, TREILLIS D'UN PUR METAL	057	007
QUI VERS ELLE MONTAIT COMME	VERS SA FALAISE.	127	012
QUI MONTE TOUS LES JOURS	VERS SES CHERS SERAPHINS?	118	002
QUI	VERS SON MIROIR PENCHE UN LOURD AMAS D'ANNEES,	147	013
QU'IL M'EST DOUX, PENCHE	VERS TES SEINS,	155	030
ET	VERS TOI GLISSERAI SANS BRUIT	063	003
"HOMME,	VERS TOI JE POUSSE, O CHER DESHERITE,	104	002
QUAND	VERS TOI MES DESIRS PARTENT EN CARAVANE,	026	007
L'EPHEMERE EBLOUI VOLE	VERS TOI, CHANDELLE,	021	017
EN ME PENCHANT	VERS TOI, REINE DES ADOREES,	036	013
ET SANS CESSE	VERS TOI, SOMMET BLANC ET NEIGEUX,	057	035
ET CEPENDANT JE SENS MA BOUCHE ALLER	VERS TOI	131	052
"POUR RAFRAICHIR TON COEUR NAGE	VERS TON ELECTRE!"	126	135
	VERS UN AUTRE OCEAN OU LA SPLENDEUR ECLATE,	062	003
MARCHAIENT DU MEME PAS	VERS UN BUT INCONNU.	090	032
	VERS UN CIMETIERE ISOLE,	011	006
	VERS UN GOUFFRE OBSCURCI DE MIASMES HUMAINS;	048	016
S'EN VA TOUT DOUCEMENT	VERS UN NOUVEAU BERCEAU.	091	028
DE	VERS, DE BILLETS DOUX, DE PROCES, DE ROMANCES,	076	003
POLIS DES	VERS, SCULPTE DES MARBRES,	141	009
O	VERS! NOIRS COMPAGNONS SANS OREILLE ET SANS YEUX,	072	009
	VERSAIENT LE TRESOR DE LEURS URNES	102	035
ET LE CIEL	VERSAIT DES TENEBRES	102	059
ET LEUR	VERSAIT PARFOIS QUELQUE SALE CARESSE.	115	030
RAMPER SUR LE	VERSANT DE SES GENOUX ENORMES,	019	010
ET	VERSANT LES TRESORS DE SA SERENITE	130	062
JE T'AIME QUAND TON GRAND OEIL	VERSE	138	011
O DEMON SANS PITIE!	VERSE -MOI MOINS DE FLAMME!	026	010
OU	VERSE -MOI TES SOMMEILS LOURDS	139	012
	VERSE -NOUS TON POISON POUR QU'IL NOUS RECONFORTE!	126	141
T'ONT -ILS	VERSE CONFUSEMENT LE BIENFAIT ET LE CRIME,	021	003
	VERSE LA PEUR ET L'AMOUR DE LEURS URNES?	007	006
	VERSE LE GOUT DE L'ETERNEL.	134	008
DE LARMES QU'A LA MER ONT	VERSE TES RUISSEAUX?	130	034
DE SON URNE A GRANDS FLOTS	VERSE UN FROID TENEBREUX	075	002
IL NOUS	VERSE UN JOUR NOIR PLUS TRISTE QUE LES NUITS;	078	004
QUI	VERSENT LA FOLIE A CE BAL TOURNOYANT;	006	024
	VERSENT QUELQUE HEROISME AU COEUR DES CITADINS.	091	056
DES PERLES QUE	VERSENT TES YEUX!	138	020
ET LA LUNE	VERSER SON PALE ENCHANTEMENT.	086	012
TU LUI	VERSES L'ESPOIR, LA JEUNESSE ET LA VIE,	107	012
BEAUX YEUX,	VERSEZ SUR MOI VOS CHARMANTES TENEBRES!	152	004
ET CREUSENT LE BOIS	VERT DES JEUNES ARBRISSEAUX;	111	008
MAIS LE	VERT PARADIS DES AMOURS ENFANTINES,	062	021
--MAIS LE	VERT PARADIS DES AMOURS ENFANTINES,	062	025
OMBRAGE PAR UN BOIS DE SAPINS TOUJOURS	VERT,	006	030
ON OEIL MYSTERIEUX (EST -IL BLEU, GRIS OU	VERT?)	050	002
L'AURORE GRELOTTANTE EN ROBE ROSE ET	VERTE	103	025
OU COULE AU LIEU DE SANG L'EAU	VERTE DU LETHE.	077	018
SUR LES BORDS DE LA SEINE OU DE LA	VERTE LOIRE,	061	010
DE TOUT L'EFFORT DE VOS	VERTEBRES,	094	015
MON ESPRIT, COMME MES	VERTEBRES,	124	009
OSCILLE MOLLEMENT SUR SES FRELES	VERTEBRES.	097	015
NS L'AIR TROUBLE; LES YEUX SE FERMENT; LE	VERTIGE	048	014
LE	VERTIGE DANS LE DELIRE,	150	026
ET MON ESPRIT, TOUJOURS DU	VERTIGE HANTE,	146	012
L'ESCALIER DE	VERTIGE OU S'ABIME SON AME.	153	004

```
POEM LINE
049 019 .  .   .    .   .     .    .    .   .      .   .  ET, CHARRIANT LE   VERTIGE,
097 038                                      EXHALE LE   VERTIGE, ET LES DANSEURS PRUDENTS
047 004              VALSE MELANCOLIQUE ET LANGOUREUX    VERTIGE!
047 007              VALSE MELANCOLIQUE ET LANGOUREUX    VERTIGE!
129 033 .  .   .    .   .     .    .    .   .      ET,   VERTIGINEUSE DOUCEUR!
004 010                       DOUX COMME LES HAUTBOIS,   VERTS COMME LES PRAIRIES,
022 012                    PENDANT QUE LE PARFUM DES     VERTS TAMARINIERS,
096 005                                    AUTOUR DES    VERTS TAPIS DES VISAGES SANS LEVRE,
102 026 .  .   .    .   .     .    ENTRE DES QUAIS ROSES ET   VERTS,
049 012                           DE TES YEUX, DE TES YEUX   VERTS,
116 013                        BELLE ILE AUX MYRTES   VERTS, PLEINE DE FLEURS ECLOSES,
085 022                              OU L'AUGUSTE   VERTU, TON EPOUSE ENCOR VIERGE,
105 012 .  .   .    .   S'ENIVRE DES SPLENDEURS DE SA PROPRE   VERTU.
149 016                                   ETRE   VERTUEUX, DANS UNE HEURE!"
001 064                        DES TRONES, DES   VERTUS, DES DOMINATIONS,
091 080             MON AME RESPLENDIT DE TOUTES VOS   VERTUS!
019 001 .  .   .    .   .     .    DU TEMPS QUE LA NATURE EN SA   VERVE PUISSANTE
091 037                         DE FRASCATI DEFUNT   VESTALE ENAMOUREE;
047 014                   DU PASSE LUMINEUX RECUEILLE TOUT   VESTIGE
102 045                          NUL ASTRE D'AILLEURS, NULS   VESTIGES
005 020 .  .   .    .   .     .    O MONSTRUOSITES PLEURANT LEUR   VETEMENT!
027 001                                    AVEC SES   VETEMENTS ONDOYANTS ET NACRES,
109 013                                        DES   VETEMENTS SOUILLES, DES BLESSURES OUVERTES,
111 018            QUI, RECELANT UN FOUET SOUS LEURS LONGS   VETEMENTS,
095 028 .  .   .    .   .     POUR VIVRE QUELQUES JOURS ET   VETIR LEURS MAITRESSES,
133 021                                   TOI,   VETUE A MOITIE DE MOUSSELINES FRELES,
002 009            CE VOYAGEUR AILE, COMME IL EST GAUCHE ET   VEULE!
130 036                                QUE NOUS   VEULENT LES LOIS DU JUSTE ET DE L'INJUSTE?
130 040 .  .   .    .   .     .    .    .   .      QUE NOUS   VEULENT LES LOIS DU JUSTE ET DE L'INJUSTE?
131 047                                       QUI   VEULENT ME CONDUIRE EN DES ROUTES MOUVANTES
126 072                               TES BRANCHES   VEULENT VOIR LE SOLEIL DE PLUS PRES!
001 029                     TOUS CEUX QU'IL   VEUT AIMER L'OBSERVENT AVEC CRAINTE,
107 004 .  .   .    .   .     .    .    .   QUAND ELLE Y   VEUT BAIGNER SA BEAUTE NONCHALANTE;
005 015                      LE POETE AUJOURD'HUI, QUAND IL   VEUT CONCEVOIR
074 010                                       ELLE   VEUT DE SES CHANTS PEUPLER L'AIR FROID DES NUITS,
087 016           DANS LE COEUR IMMORTEL QUI TOUJOURS   VEUT FLEURIR!
064 005 .  .   .    .   .     .    .    .   .      NE   VEUT PAS TE MONTRER SON SECRET INFERNAL,
080 003                                        NE   VEUT PLUS T'ENFOURCHER! COUCHE -TOI SANS PUDEUR,
131 065                                 CELUI QUI   VEUT UNIR DANS UN ACCORD MYSTIQUE
089 040             L'IMMENSE MAJESTE DE VOS DOULEURS DE   VEUVE,
089 003 .  .   .    L'IMMENSE MAJESTE DE VOS DOULEURS DE   VEUVE,
149 015            REPETANT, L'IMPUISSANT ET LA FAT: "OUI, JE   VEUX
080 015                                 AVALANCHE, JE   VEUX -TU M'EMPORTER DANS TA CHUTE?
112 012                                      QUAND   VEUX -TU M'ENTERRER, DEBAUCHE AUX BRAS IMMONDES?
133 017 .  .   .    .   .     POURQUOI, L'HEUREUSE ENFANT,   VEUX -TU VOIR NOTRE FRANCE,
023 005                                      JE   VEUX AGITER DANS L'AIR COMME UN MOUCHOIR!
037 005                JE T'AIME AINSI! POURTANT, SI TU   VEUX AUJOURD'HUI,
057 001                                         JE   VEUX BATIR POUR TOI, MADONE, MA MAITRESSE,
072 002 .  .   .    .   .     .    .    i     .    .   JE   VEUX CREUSER MOI-MEME UNE FOSSE PROFONDE,
128 009                                         JE   VEUX DORMIR! DORMIR PLUTOT QUE VIVRE!
128 003                                         JE   VEUX LONGTEMPS PLONGER MES DOIGTS TREMBLANTS
001 040                           ET COMME ELLES JE   VEUX ME FAIRE REDORER;
131 083 .  .   .    .   .     .    .    .   .      JE   VEUX M'ANEANTIR DANS TA GORGE PROFONDE,
140 014            MAIS LE DAMNE REPOND TOUJOURS: "JE NE   VEUX PAS!"
063 014                                 MOI, JE   VEUX REGNER PAR L'EFFROI.
052 003                                        JE   VEUX TE PEINDRE TA BEAUTE,
052 015                                        JE   VEUX TE PEINDRE TA BEAUTE,
052 001                                        JE   VEUX TE RACONTER, O MOLLE ENCHANTERESSE!
052 013                                        JE   VEUX TE RACONTER, O MOLLE ENCHANTERESSE!
131 069                                VA, SI TU   VEUX, CHERCHER UN FIANCE STUPIDE;
086 001 .  .   .    .   .     v    .    .   .      JE   VEUX, POUR COMPOSER CHASTEMENT MES EGLOGUES,
133 011                           TOUT LE JOUR, OU TU   VEUX, TU MENES TES PIEDS NUS
055 012               O BEAUTE, DUR FLEAU DES AMES, TU LE   VEUX!
140 004            (CAR JE SUIS TON BON ANGE, ENTENDS -TU?) JE LE   VEUX!" REPOND:  "NON!"
141 004 .  .   .    .   .     .    .    .   QUI, S'IL DIT: "JE   VEUX!" REPOND:  "NON!"
118 003                    COMME UN TYRAN GORGE DE   VIANDE ET DE VINS,
001 042                          DE GENUFLEXIONS, DE   VIANDES ET DE VINS,
062 023                               LES VIOLONS   VIBRANT DERRIERE LES COLLINES
047 001 .  .   .    .   .     .    VOICI VENIR LES TEMPS OU   VIBRANT SUR SA TIGE
122 006                          C'EST LA CLARTE   VIBRANTE A NOTRE HORIZON NOIR;
051 020                          CHANTER SA PLUS   VIBRANTE CORDE,
085 003                                        LES   VIBRANTES DOULEURS DANS TON COEUR PLEIN D'EFFROI
045 015 .  .   DE VOUS, RICHE ET SONORE INSTRUMENT OU NE   VIBRE
079 003                   CHAMBRES D'ETERNEL DEUIL OU   VIBRENT DE VIEUX RALES,
069 009                                 JE SENS   VIBRER EN MOI TOUTES LES PASSIONS
005 027                                        DU   VICE MATERNEL TRAINANT L'HEREDITE
000 032 .  .   .    .   .     DANS LA MENAGERIE INFAME DE NOS   VICES.
091 079            MON COEUR MULTIPLIE JOUIT DE TOUS VOS   VICES!
115 007                    QUI PORTAIT UN TROUPEAU DE DEMONS   VICIEUX,
131 021            ELLE CHERCHAIT DANS L'OEIL DE SA PALE   VICTIME
083 024 .  .   .    .   .     .    .    .   .      ET LA   VICTIME ET LE BOURREAU!
136 019                  ET, DE MA CLAIRVOYANCE EXTATIQUE   VICTIME,
015 007           ET, COMME UN GRAND TROUPEAU DE   VICTIMES OFFERTES,
073 007            QUAND MEME ELLE SAURAIT RANIMER SES   VICTIMES,
131 085 .  .   .    .   --DESCENDEZ, DESCENDEZ, LAMENTABLES   VICTIMES,
105 010            TERRASSE LES MECHANTS, RELEVE LES   VICTIMES,
149 044                            UN ANGE SONNE LA   VICTOIRE
057 027                                      REINE   VICTORIEUSE ET FECONDE EN RACHATS,
125 006 .  .   .    .   .     .    .    .   .   .    PLUS ALLAIT SE   VIDANT LE FATAL SABLIER,
```

V

		POEM	LINE
QUELS PENSERS DANS TON AME	VIDE	082	003
REPOSE: ET,	VIDE DE PENSERS,	110	018
AUPRES D'UN TOMBEAU	VIDE EN EXTASE COURBEE;	089	039
SES YEUX PROFONDS SONT FAITS DE	VIDE ET DE TENEBRES,	097	013
FOUILLANT LA POCHE	VIDE OU LE SEIN PALPITANT;	096	008
TU TROUVERAS MA PLACE	VIDE,	063	010
CAR JE CHERCHE LE	VIDE, ET LE NOIR, ET LE NU!	079	011
E GOUFFRE A TOUJOURS SOIF; LA CLEPSYDRE SE	VIDE.	085	020
BRULANT COMME UN VOLCAN, PROFOND COMME LE	VIDE!	131	077
A BEAU PRECIPITER DANS SES TENEBRES	VIDES	073	003
PLUS	VIDES, PLUS PROFONDS QUE VOUS-MEMES, O CIEUX!	098	020
ELLE SE REPAND DANS MA	VIE	134	005
ET SERAI POUR CE FRELE ATHLETE DE LA	VIE	104	019
MAIS OU LA	VIE AFFLUE ET S'AGITE SANS CESSE,	006	003
ET, CONFIANT TA	VIE AUX BRAS FORTS DES MARINS,	133	019
ET J'AI POMPE TA	VIE AVEC MA TROMPE IMMONDE!	085	012
NOIR ASSASSIN DE LA	VIE ET DE L'ART, ...	038	054
QUI ME RONGE, O LA	VIE ET LA MORT DE MON COEUR!	048	028
POUR ENGENDRER MA	VIE ET POUR ME DONNER L'AME;	104	007
DIT A L'AUTRE:	VIE ET SPLENDEUR!	081	004
SUR TA	VIE ET SUR TA JEUNESSE, ...	063	013
BOUCHE AU RIRE ENFANTIN! PLUS ENCOR QUE LA	VIE,	040	010
--O DOULEUR! O DOULEUR! LE TEMPS MANGE LA	VIE,	010	012
TU LUI VERSES L'ESPOIR, LA JEUNESSE ET LA	VIE,	107	012
--QUI PLANE SUR LA	VIE, ET COMPREND SANS EFFORT	003	019
C'EST LE BUT DE LA	VIE, ET C'EST LE SEUL ESPOIR	122	002
LA	VIE, IMPUDENTE ET CRIARDE.	124	003
LA FETE DE LA	VIE? OU QUELQUE VIEUX DESIR,	097	022
JE LUI DIS: SORS DE CETTE	VIE!	106	028
O LUNE DE MA	VIE! EMMITOUFLE -TOI D'OMBRE;	037	002
N OEIL PARFOIS S'OUVRAIT COMME L'OEIL D'UN	VIEIL AIGLE;	091	059
D'UN	VIEIL AMOUR RANCI, CHARMANT ET SEPULCRAL.	048	020
DESIR,	VIEIL ARBRE A QUI LE PLAISIR SERT D'ENGRAIS, ...	126	070
JE CONNAIS LES ENGINS DE SON	VIEIL ARSENAL:	064	011
ET LE SAVOIR D'UN	VIEIL ARTISTE,	094	006
NOIERONS -NOUS CE	VIEIL ENNEMI,	054	007
L'UN DE SON	VIEIL HONNEUR, L'AUTRE DE SA BEAUTE!	096	020
SUR LE	VIEIL OCEAN DE SA FILLE ENCHANTE;	130	064
TOUT A COUP, UN	VIEILLARD DONT LES GUENILLES JAUNES	090	013
EMPOIGNAIT SES OUTILS,	VIEILLARD LABORIEUX.	103	028
CE SINISTRE	VIEILLARD QUI SE MULTIPLIAIT!	090	036
ET QUE LE TEMPS, INJURIEUX	VIEILLARD,	038	052
LES EBATS DES	VIEILLARDS LUBRIQUES	070	013
MA	VIEILLE CYNTHIA, LAMPE DE NOS REPAIRES,	147	004
O TOI QUI DE LA MORT, TA	VIEILLE ET FORTE AMANTE, ...	120	013
ET MON AME DANSAIT, DANSAIT,	VIEILLE GABARRE	090	051
HERITAGE FATAL D'UNE	VIEILLE HYDROPIQUE,	075	012
QUE NOUS PRESSONS BIEN FORT COMME UNE	VIEILLE ORANGE.	000	020
SA POMONE DE PLATRE ET SA	VIEILLE VENUS	099	003
AVEZ -VOUS OBSERVE QUE MAINTS CERCUEILS DE	VIEILLES	091	021
DE	VIEILLES AU MIROIR ET D'ENFANTS TOUTES NUES,	006	027
DANS LES PLIS SINUEUX DES	VIEILLES CAPITALES,	091	001
CE ME SEMBLE, DE	VIEILLES PLANCHES?"	149	004
DE CES	VIEILLES PUTAINS LA FUNEBRE GAIETE,	096	018
ET MEME A NOUS, AUTEURS DE CES	VIEILLES RUBRIQUES,	115	021
DANS DES FAUTEUILS FANES DES COURTISANES	VIEILLES,	096	001
AH! QUE J'EN AI SUIVI DE CES PETITES	VIEILLES!	091	049
QUI, MALGRE SA	VIEILLESSE, ALERTE ET BIEN PORTANTE,	074	006
ET LA PEUR DE	VIEILLIR, ET CE HIDEUX TOURMENT	044	017
ET QUAND L'HEURE	VIENDRA D'ENTRER DANS LA NUIT NOIRE,	114	018
QUAND	VIENDRA LE MATIN LIVIDE, ...	063	009
ET QUAND	VIENDRA L'HIVER AUX NEIGES MONOTONES,	086	014
NE	VIENDRA PLUS CHERCHER LA SOUPE PARFUMEE,	095	035
	VIENDRA RANIMER, FIDELE ET JOYEUX,	121	013
O MORT, QUAND	VIENDRAS -TU, SA RIVALE EN ATTRAITS, ...	112	013
QU'ILS	VIENNENT DU BOUT DU MONDE.	053	034
MES SONGES	VIENNENT EN FOULE	049	014
QUI	VIENNENT GASPILLER LEURS SANGLANTES SUEURS;	096	012
ANS CES BAINS DE SANG QUI DES ROMAINS NOUS	VIENNENT, ...	077	015
QUE TU	VIENNES DU CIEL OU DE L'ENFER, QU'IMPORTE,	021	001
ET	VIENS -TU DEMANDER AU TORRENT DES ORGIES	097	027
	VIENS -TU DU CIEL PROFOND OU SORS -TU DE L'ABIME,	021	001
	VIENS -TU TROUBLER, AVEC TA PUISSANTE GRIMACE, ...	097	021
MA DOULEUR, DONNE -MOI LA MAIN;	VIENS PAR ICI,	143	008
	VIENS SUR MON COEUR, AME CRUELLE ET SOURDE,	128	001
ET L'AUTRE: "VIENS! OH!	VIENS VOYAGER DANS LES REVES,	136	009
	VIENS, MON BEAU CHAT, SUR MON COEUR AMOUREUX;	034	001
ET L'AUTRE: "	VIENS! OH! VIENS VOYAGER DANS LES REVES,	136	009
IL	VIENT COMME UN COMPLICE, A PAS DE LOUP; LE CIEL	095	002
FRERES QUI TROUVEZ BEAU TOUT CE QUI	VIENT DE LOIN!	126	076
ET	VIENT MOURIR AU BORD DE VOTRE ETERNITE!	006	044
FLAGELLES PAR UN VENT QUI NE	VIENT PAS DU CIEL,	131	088
	VIENT TENDRE SES FILETS AU FOND DE NOS CERVEAUX,	078	012
"D'OU VOUS	VIENT, DISIEZ -VOUS, CETTE TRISTESSE ETRANGE,	040	001
ON VOIT UN CHIFFONNIER QUI	VIENT, HOCHANT LA TETE, ...	105	005
COURS OFFRIR UN COEUR	VIERGE A SES CRUELS BAISERS;	131	004
DONT LE FLANC TOUJOURS	VIERGE ET DRAPE DE GUENILLES	112	003
ELLE CROIT, ELLE SAIT, CETTE	VIERGE INFECONDE	114	013
OU L'AUGUSTE VERTU, TON EPOUSE ENCOR	VIERGE, ...	085	022

```
POEM LINE
130 037 . . . . . . . . . . . . .          VIERGES AU COEUR SUBLIME, HONNEUR DE L'ARCHIPEL,
005 013                  FRUITS PURS DE TOUT OUTRAGE ET  VIERGES DE GERCURES,
130 042                  POUR CHANTER LE SECRET DE SES   VIERGES EN FLEURS,
057 030             DEVANT L'AUTEL FLEURI DE LA REINE DES VIERGES,
005 026   QUE RONGE ET QUE NOURRIT LA DEBAUCHE, ET VOUS,  VIERGES,
111 021                                              O   VIERGES, O DEMONS, O MONSTRES, O MARTYRES,
133 012                       ET FREDONNES TOUT BAS DE    VIEUX AIRS INCONNUS;
138 022                                            DE     VIEUX AMOURS DERACINES,
111 014 . . . . . . . .   QUI DANS LE CREUX MUET DES      VIEUX ANTRES PAIENS
100 005        ET QUAND OCTOBRE SOUFFLE, EMONDEUR DES     VIEUX ARBRES,
076 011                              JE SUIS UN           VIEUX BOUDOIR PLEIN DE ROSES FANEES,
126 137                           O MORT,                 VIEUX CAPITAINE, IL EST TEMPS! LEVONS L'ANCRE!
030 011 . . . . . ET CETTE IMMENSE NUIT SEMBLABLE AU      VIEUX CHAOS;
149 033                IL FAUT QUE LE GIBIER PAYE LE       VIEUX CHASSEUR
080 004                                                   VIEUX CHEVAL DONT LE PIED A CHAQUE OBSTACLE BUTTE.
119 012                  HURLENT LA FAIM COMME UN         VIEUX CHIEN.
072 014 . . . . . . . . . .            POUR CE            VIEUX CORPS SANS AME ET MORT PARMI LES MORTS!
088 046                           QUELQUE                 VIEUX DEBRIS GISANT
070 003                   DERRIERE QUELQUE                VIEUX DECOMBRE
097 022               LA FETE DE LA VIE? OU QUELQUE        VIEUX DESIR,
131 100 . . . . FAIT CLAQUER VOTRE CHAIR AINSI QU'UN      VIEUX DRAPEAU.
105 019               DONT LA MOUSTACHE PEND COMME LES     VIEUX DRAPEAUX.
132 008                           ET FAIS RIRE LES        VIEUX DU RIRE DES ENFANTS.
105 003                         AU COEUR D'UN             VIEUX FAUBOURG, LABYRINTHE FANGEUX
087 001 . . . . . . . . . .          LE LONG DU           VIEUX FAUBOURG, OU PENDENT AUX MASURES
089 031                                                   VIEUX FAUBOURGS, TOUT POUR MOI DEVIENT ALLEGORIE,
048 023                          QUAND ON M'AURA JETE,    VIEUX FLACON DESOLE,
048 007                    PARFOIS ON TROUVE UN           VIEUX FLACON QUI SE SOUVIENT,
116 007 . . . . . . ELDORADO BANAL DE TOUS LES            VIEUX GARCONS,
077 016                         ET DONT SUR LEURS         VIEUX JOURS LES PUISSANTS SE SOUVIENNENT,
085 024                 OU TOUT TE DIRA: MEURS,           VIEUX LACHE! IL EST TROP TARD!"
080 006          ESPRIT VAINCU, FOURBU! POUR TOI,         VIEUX MARAUDEUR,
105 030 . . . . . . . . . .      DE TOUS CES              VIEUX MAUDITS QUI MEURENT EN SILENCE,
072 003             OU JE PUISSE A LOISIR ETALER MES      VIEUX OS
120 028         TOI QUI, MAGIQUEMENT, ASSOUPLIS LES       VIEUX OS
089 007                                            LE     VIEUX PARIS N'EST PLUS (LA FORME D'UNE VILLE
130 025 . . . . . . . . . .          LAISSE DU           VIEUX PLATON SE FRONCER L'OEIL AUSTERE.
130 021 . . . . . . . .          LAISSE DU                VIEUX PLATON SE FRONCER L'OEIL AUSTERE;
075 007                         L'AME D'UN                VIEUX POETE ERRE DANS LA GOUTTIERE
079 003     CHAMBRES D'ETERNEL DEUIL OU VIBRENT DE        VIEUX RALES,
074 008 . . . . . . . .          AINSI QU'UN              VIEUX SOLDA' QUI VEILLE SOUS LA TENTE!
089 050                                            UN     VIEUX SOUVENIR SONNE A PLEIN SOUFFLE DU COR!
076 022                                            UN     VIEUX SPHINX IGNORE DU MONDE INSOUCIEUX,
100 011                                                   VIEUX SQUELETTES GELES TRAVAILLES PAR LE VER,
126 045 . . . . . . . . . .          TEL LE              VIEUX VAGABOND, PIETINANT DANS LA BOUE,
077 002  RICHE, MAIS IMPUISSANT, JEUNE ET POURTANT TRES - VIEUX,
054 001                      POUVONS -NOUS ETOUFFER LE     VIEUX, LE LONG REMORDS,
125 005                                     ANGOISSE ET   VIF ESPOIR, SANS HUMEUR FACTIEUSE.
091 058 . . . . . . .      HUMAIT AVIDEMENT CE CHANT       VIF ET GUERRIER;
127 005          QUAND IL JETTE EN DANSANT SON BRUIT      VIF ET MOQUEUR,
038 048                       DE CES TRANSPORTS PLUS      VIFS QUE DES RAYONS,
126 037         . CHAQUE ILOT SIGNALE PAR L'HOMME DE      VIGIE
126 115 . . . . . . . .      POUR TROMPER L'ENNEMI        VIGILANT ET FUNESTE,
127 020  ET SON VENTRE ET SES SEINS, CES GRAPPES DE MA    VIGNE,
018 001                     CE NE SERONT JAMAIS CES BEAUTES DE  VIGNETTES,
003 015              HEUREUX CELUI QUI PEUT D'UNE AILE     VIGOUREUSE
074 005 . . . . .     BIENHEUREUSE LA CLOCHE AU GOSIER    VIGOUREUX
022 007         DES HOMMES DONT LE CORPS EST MINCE ET     VIGOUREUX,
032 006                          SON REGARD DE            VIGUEUR ET DE GRACES ARME,
010 011            LE MYSTIQUE ALIMENT QUI FERAIT LEUR     VIGUEUR?
025 017 . . . . . . . . . . . .      --DE TOI,           VIL ANIMAL,--POUR PETRIR UN GENIE?
089 038                                                   VIL BETAIL, SOUS LA MAIN DU SUPERBE PYRRHUS,
120 035            SUR LE FRONT DU CRESUS IMPITOYABLE ET   VIL,
091 068         SUR VOS TALONS GAMBADE UN ENFANT LACHE ET VIL.
143 005 . . . .  PENDANT QUE DES MORTELS LA MULTITUDE     VILE,
126 089                    LA FEMME, ESCLAVE             VILE, ORGUEILLEUSE ET STUPIDE,
087 018          IL ENNOBLIT LE SORT DES CHOSES LES PLUS  VILES,
089 007      LE VIEUX PARIS N'EST PLUS (LA FORME D'UNE     VILLE
075 001 . . . . . .      PLUVIOSE, IRRITE CONTRE LA        VILLE ENTIERE,
053 037                       LES CANAUX, LA              VILLE ENTIERE,
087 004                                            SUR LA VILLE ET LES CHAMPS, SUR LES TOITS ET LES BLES,
099 001        JE N'AI PAS OUBLIE, VOISINE DE LA           VILLE,
143 003 . . . .     UNE ATMOSPHERE OBSCURE ENVELOPPE LA    VILLE,
087 017   QUAND, AINSI QU'UN POETE, IL DESCEND DANS LES    VILLES,
030 012                  JE JALOUSE LE SORT DES PLUS       VILS ANIMAUX
118 026                     TU FOUETTAIS TOUS CES          VILS MARCHANDS A TOUR DE BRAS,
000 008 . . . . . . . . . .      CROYANT PAR DE          VILS PLEURS LAVER TOUTES NOS TACHES.
116 027                                            NOUS   VIMES QUE C'ETAIT UN GIBET A TROIS BRANCHES,
029 001        RAPPELEZ -VOUS L'OBJET QUE NOUS            VIMES, MON AME,
108 003                    PARTONS A CHEVAL SUR LE         VIN
104 001 . . . . . . . . .      UN SOIR, L'AME DU          VIN CHANTAIT DANS LES BOUTEILLES:
028 033                        JE CROIS BOIRE UN           VIN DE BOHEME,
131 019                                            LE      VIN DE SON TRIOMPHE, ET S'ALLONGEAIT VERS ELLE,
001 033                    DANS LE PAIN ET LE             VIN DESTINES A SA BOUCHE
023 035 . . . .  OU JE HUME A LONGS TRAITS LE             VIN DU SOUVENIR?
139 013                                 DANS LE           VIN INFORME ET MYSTIQUE,
136 024              ET TROUVE UN GOUT SUAVE AU           VIN LE PLUS AMER;
106 011                         D'AUTANT DE              VIN QU'EN PEUT TENIR
113 011 . . . . . . . . . . . . . . .      LE            VIN REND L'OEIL PLUS CLAIR ET L'OREILLE PLUS FINE!
```

V

		POEM	LINE
LE	VIN ROULE DE L'OR, EBLOUISSANT PACTOLE;	105	026
LE	VIN SAIT REVETIR LE PLUS SORDIDE BOUGE	049	001
QUI LAISSE DANS SON	VIN TRAINER SA CHEVELURE,	114	002
A FAIRE DU	VIN UN LINCEUL?	106	032
DANS QUEL PHILTRE, DANS QUEL	VIN, DANS QUELLE TISANE, ...	054	006
L'HOMME AJOUTA LE	VIN, FILS SACRE DU SOLEIL!	105	032
AVEC LES BROCS DE	VIN, LE SOIR, DANS LES BOSQUETS,	062	024
ET L'ON PEUT POUR CELA TE COMPARER AU	VIN.	021	004
DANS QUEL PHILTRE?--DANS QUEL	VIN?--DANS QUELLE TISANE?	054	010
LEONARD DE	VINCI, MIROIR PROFOND ET SOMBRE,	006	005
L'HOMME	VINDICATIF QUE TU N'AS PU, VIVANTE,	110	045
DE CES	VINDICATIFS ET MONSTRUEUX REPTILES	157	013
DES BIJOUX DE	VINGT-NEUF SOUS	088	050
J'AI DEMANDE SOUVENT A DES	VINS CAPTIEUX	113	009
OU TU	VINS POUR REMPLIR L'ETERNELLE PROMESSE,	118	022
DE GENUFLEXIONS, DE VIANDES ET DE	VINS,	001	042
COMME UN TYRAN GORGE DE VIANDE ET DE	VINS, ...	118	003
DE	VINS, DE PARFUMS, DE LIQUEURS	052	023
DE DEMONS,	VINS, FOLLE ET PAREE,	031	004
ELLE Y	VINT!--FOLLE CREATURE!	106	023
SI LE	VIOL, LE POISON, LE POIGNARD, L'INCENDIE, ...	000	025
AUX SOUFFLES	VIOLENTS QUI POURRAIENT LES FLETRIR?	131	028
UN TISON POUR CHAUFFER TES DEUX PIEDS	VIOLETS?	008	004
LA GLOIRE DU SOLEIL SUR LA MER	VIOLETTE,	126	061
LE	VIOLON FREMIT COMME UN COEUR QU'ON AFFLIGE;	047	006
LE	VIOLON FREMIT COMME UN COEUR QU'ON AFFLIGE,	047	009
LES	VIOLONS VIBRANT DERRIERE LES COLLINES,	062	023
AU CHANT DES	VIOLONS, AUX FLAMMES DES BOUGIES,	097	025
ET LA	VIPERE SES PETITS;	070	008
DE L'INSUPPORTABLE	VIPERE,	141	014
AH! QUE N'AI -JE MIS BAS TOUT UN NOEUD DE	VIPERES,	001	005
OU SOUS LES GAZONS SECS S'ACCOUPLER LES	VIPERES?	147	008
BLEU, CLAIR, PROFOND, AINSI QUE LA	VIRGINITE?	062	004
LE TEMOIN DE TA FORCE ET DE TA	VIRULENCE,	048	026
JE ME	VIS ACCOUDE, FROID, MUET, ENVIANT,	096	016
LORSQUE TU	VIS CRACHER SUR TA DIVINITE	118	013
JE	VIS EN PLEIN MIDI DESCENDRE SUR MA TETE	115	005
POUR LUI RENDRE UN BAISER D'AMOUR, JE NE	VIS PLUS	132	019
JE	VIS SE DEROULER SOUS MON OEIL CLAIRVOYANT.	096	014
SOMBRES OU LUMINEUX, JE	VIS VOS JOURS PERDUS;	091	078
LA JE	VIS, UN MATIN, A L'HEURE OU SOUS LES CIEUX	089	014
LE RIRE JOUE EN TON	VISAGE	129	003
CE	VISAGE ECLAIRE D'UNE EXQUISE GRIMACE,	020	021
COMME UN	VISAGE EN PLEURS QUE LES BRISES ESSUIENT,	103	009
CE	VISAGE MIGNARD, TOUT ENCADRE DE GAZE, ...	020	011
AJOUTENT UN CHARME AU	VISAGE,	138	003
HIPPOLYTE, O MA SOEUR! TOURNE DONC TON	VISAGE,	131	035
DES	VISAGES RONGES PAR LES CHANCRES DU COEUR,	005	031
AUTOUR DES VERTS TAPIS DES	VISAGES SANS LEVRE, ...	096	005
ET NE RENDENT	VISIBLES QU'EUX;	084	024
ET PROMENE SES YEUX SUR LES	VISIONS BLANCHES	065	007
TES YEUX CREUX SONT PEUPLES DE	VISIONS NOCTURNES,	007	002
SEMBLABLE AUX	VISIONS PALES QU'ENFANTE L'OMBRE	110	013
MAIS MON COEUR, QUE JAMAIS NE	VISITE L'EXTASE,	054	048
JE RECONNAIS MA BELLE	VISITEUSE:	038	013
OU VEILLENT DES MONSTRES	VISQUEUX	084	021
DECREPIT, POUDREUX, SALE, ABJECT,	VISQUEUX, FELE, ...	048	024
	VIT -ON JAMAIS AU BAL UNE TAILLE PLUS MINCE?	097	005
	VIT DANS TES PROFONDEURS, FORET AROMATIQUE!	023	008
L'HOMME NE	VIT PAS UN MOMENT	141	004
TEL QUE JAMAIS MORTEL N'EN	VIT,	102	002
QUI	VIT, S'AGITE ET SE TORTILLE,	054	002
ET PARCE QU'ELLE	VIT! MAIS CE QU'ELLE DEPLORE	020	033
--	VITE SOUFFLONS LA LAMPE, AFIN	150	031
ONS VERS L'HORIZON, IL EST TARD, COURONS	VITE,	145	007
CHANGE PLUS	VITE, HELAS! QUE LE COEUR D'UN MORTEL);	089	008
QUI, DERRIERE LA	VITRE OU SE BRISAIT SA GERBE,	099	006
L'EMEUTE, TEMPETANT VAINEMENT A MA	VITRE,	086	021
GRANDIRAS -TU TOUJOURS, GRAND ARBRE PLUS	VIVACE	126	073
	VIVAIT EN SE MULTIPLIANT.	029	024
DANS TON CRANE OU	VIVAIT L'IMMENSE HUMANITE;	118	016
DU SPECTACLE	VIVANT DE MA TRISTE MISERE	009	013
TOUT MON ETRE OBEIT A CE	VIVANT FLAMBEAU,	043	008
	VIVANT SACHET, ENCENSOIR DE L'ALCOVE,	038	024
N'EST -CE PAS GRAND'PITIE DE VOIR CE BON	VIVANT,	115	016
FIERE, AUTANT QU'UN	VIVANT, DE SA NOBLE STATURE,	097	001
UN SANG ROUGE ET	VIVANT, DONT LA TOILE S'ABREUVE	110	011
	VIVANT, J'AIMERAIS MIEUX INVITER LES CORBEAUX	072	007
TEMPLE AUTREFOIS	VIVANT, PLEIN D'ORDRE ET D'OPULENCE,	016	018
EPERONNANT ENCOR TA	VIVANTE CARCASSE,	097	023
ET QUAND JE LES ROUVRIS A LA CLARTE	VIVANTE, ...	132	022
L'HOMME VINDICATIF QUE TU N'AS PU,	VIVANTE,	110	045
--DESORMAIS TU N'ES PLUS, O MATIERE	VIVANTE!	076	019
A TRAVERS LE CHAOS DES	VIVANTES CITES,	091	062
CLAIRS FANAUX,	VIVANTES OPALES, ...	051	039
CERTE, ILS DOIVENT TROUVER LES	VIVANTS BIEN INGRATS,	100	007
LE LONG DE CES	VIVANTS HAILLONS.	029	020
LA NATURE EST UN TEMPLE OU DE	VIVANTS PILIERS	004	001
LOIN DES PEUPLES	VIVANTS, ERRANTES, CONDAMNEES, ...	131	101

V

		POEM	LINE
JE REMPLACE, POUR QUI ME	VOIT NUE ET SANS VOILES, ...	132	009
ET TON RIRE TREMPE DE PLEURS QU'ON NE	VOIT PAS,	008	013
MAIS ON	VOIT SCINTILLER EN LOLA DE VALENCE	151	003
ON	VOIT UN CHIFFONNIER QUI VIENT, HOCHANT LA TETE,	105	005
VERS LE CIEL, OU SON OEIL	VOIT UN TRONE SPLENDIDE, ...	001	053
ON	VOIT, A CONTEMPLER MA MINE	068	002
ON	VOIT, CE QUI REND PLUS COMPLETES	094	009
CHUCHOTE: SOUVIENS -TOI--RAPIDE, AVEC SA	VOIX	085	010
IL ARRIVE SOUVENT QUE SA	VOIX AFFAIBLIE	074	011
ET L'ANIMER ENCOR D'UNE	VOIX ARGENTINE,	062	029
L'HORLOGE, A SON TOUR, DIT A	VOIX BASSE: "IL EST MUR,	149	017
UNE	VOIX DE LA HUNE, ARDENTE ET FOLLE, CRIE:	126	035
L'OEIL FATAL, REPONDIT D'UNE	VOIX DESPOTIQUE:	131	059
AVEC LA TRISTE	VOIX D'UN FANTOME FRILEUX.	075	008
COMME SA	VOIX FAIT LE PARFUM!"	041	024
MAIS LA	VOIX ME CONSOLE ET DIT: "GARDE TES SONGES;	136	027
DEUX	VOIX ME PARLAIENT. L'UNE, INSIDIEUSE ET FERME, . . .	136	005
UNE	VOIX RETENTIT SUR LE PONT: "OUVRE L'OEIL!"	126	034
ET, BIEN QUE VOTRE	VOIX SOIT DOUCE, TAISEZ -VOUS!	040	008
MAIS QUE SA	VOIX S'APAISE OU GRONDE,	051	006
ENTENDEZ -VOUS CES	VOIX, CHARMANTES ET FUNEBRES, ...	126	127
QUE TA	VOIX, CHAT MYSTERIEUX,	051	021
ELLE EST DANS MA	VOIX, LA CRIARDE!	083	017
CETTE	VOIX, QUI PERLE ET QUI FILTRE	051	009
UN ORDRE RENVOYE PAR MILLE PORTE -	VOIX:	006	038
JE TE REPONDIS: "OUI! DOUCE	VOIX!" C'EST D'ALORS	136	014
L'AUTRE MIME, EN BOITANT, L'INFIRME QUI	VOLAIT!	002	012
ET COGNENT EN	VOLANT LES VOLETS ET L'AUVENT.	095	013
TES NOBLES JAMBES, SOUS LES	VOLANTS QU'ELLES CHASSENT, ...	052	029
BRULANT COMME UN	VOLCAN, PROFOND COMME LE VIDE!	131	077
L'EPHEMERE EBLOUI	VOLE VERS TOI, CHANDELLE,	021	017
JE FERMERAI PARTOUT PORTIERES ET	VOLETS	086	015
ET COGNENT EN VOLANT LES	VOLETS ET L'AUVENT.	095	013
AUX NOCTURNES RAYONS QUI PERCENT LES	VOLETS?	008	006
ET LES	VOLEURS, QUI N'ONT NI TREVE NI MERCI,	095	025
NOUS	VOLONS AU PASSAGE UN PLAISIR CLANDESTIN	000	019
ET LE RICHE METAL DE NOTRE	VOLONTE	000	011
JE FAISAIS, A MA	VOLONTE,	102	038
D'EVOQUER LE PRINTEMPS AVEC MA	VOLONTE,	086	024
IL FERAIT	VOLONTIERS DE LA TERRE UN DEBRIS	000	035
VOILA LE SOUVENIR ENIVRANT QUI	VOLTIGE	048	013
A MES YEUX AGRANDIS	VOLTIGE INCESSAMMENT.	046	011
MON COEUR, COMME UN OISEAU,	VOLTIGEAIT TOUT JOYEUX	116	001
CAR JE SERAI PLONGE DANS CETTE	VOLUPTE	086	023
PUISQUE, MALGRE LE SANG QUE LEUR	VOLUPTE COUTE, ...	118	007
J'ASPIRE,	VOLUPTE DIVINE!	138	016
"LA	VOLUPTE M'APPELLE ET L'AMOUR ME COURONNE!"	020	013
	VOLUPTE NOIRE! DES SEPT PECHES CAPITAUX,	057	039
OU DANS LA	VOLUPTE PURE LE COEUR SE NOIE!	062	019
C'EST LA	VOLUPTE VRAIE AUX DURABLES APPAS!"	140	011
AMIS DE LA SCIENCE ET DE LA	VOLUPTE,	066	005
APPROFONDIT LE TEMPS, CREUSE LA	VOLUPTE,	049	008
L'AIR BRISE, LA STUPEUR, LA MORNE	VOLUPTE,	131	010
	VOLUPTE, FANTOME ELASTIQUE!	139	014
	VOLUPTE, SOIS TOUJOURS MA REINE!	139	009
	VOLUPTE, TORTURE DES AMES!	139	003
LUXE, CALME ET	VOLUPTE.	053	014
LUXE, CALME ET	VOLUPTE.	053	028
LUXE, CALME ET	VOLUPTE.	053	042
AVEC UNE INDICIBLE ET MALE	VOLUPTE.	003	008
DANS LES CLOUS ET LE CRIN CHERCHANT LA	VOLUPTE!	126	100
QUI FONT QU'A LEURS MIROIRS, STERILE	VOLUPTE!	130	017
L'ECLAIR BRULANT DES	VOLUPTES	155	016
C'EST LA QUE J'AI VECU DANS LES	VOLUPTES CALMES,	012	009
MERE DES JEUX LATINS ET DES	VOLUPTES GRECQUES, ...	130	001
MERE DES JEUX LATINS ET DES	VOLUPTES GRECQUES,	130	005
QUAND L'HEURE DES	VOLUPTES SONNE,	129	026
JE SUIS, MON CHER SAVANT, SI DOCTE AUX	VOLUPTES,	132	011
DE VASTES	VOLUPTES, CHANGEANTES, INCONNUES, ...	126	023
QUI PREPARE LES FORTS AUX SAINTES	VOLUPTES!	001	060
LA NUIT	VOLUPTUEUSE MONTE,	124	005
SA NUDITE	VOLUPTUEUSEMENT	038	039
SUPERBE, ELLE HUMAIT	VOLUPTUEUSEMENT	131	018
--AUSSI, VOIS CE SOURIS FIN ET	VOLUPTUEUX	020	008
MIEUX QUE TOUS, JE CONNAIS CERTAIN	VOLUPTUEUX	149	013
QUI PETILLENT AU FOND,	VOLUPTUEUX OU CHASTES.	152	012
ET DES MEUBLES	VOLUPTUEUX, ...	110	002
COMME AUX PIEDS D'UNE REINE UN CHAT	VOLUPTUEUX.	019	004
	VOMISSEMENT CONFUS DE L'ENORME PARIS,	105	016
	VOMISSEMENT, REMONTER VERS MES DENTS	116	047
	VONT A PIED SOUS LEURS ARMES LUISANTES	013	005
	VONT BIENTOT COMMENCER LEUR TRAVAIL, EUX AUSSI,	095	026
LES HOMMES	VONT D'UN PIED TRAINARD,	044	013
COMME DES EXILES, S'EN	VONT EPELANT L'AMOUR DES CRAINTIVES ENFANCES	111	007
QUI	VONT SE MARTELANT LA POITRINE ET LE FRONT, ...	123	011
LES ASTRES	VONT TE SUIVRE EN PIMPANT ATTIRAIL,	147	003
LEUR DESTINEE ET	VONT VERS LE GOUFFRE COMMUN;	095	033
GRACE A LA	VORACE IRONIE	083	015
UEILLI QUELQUES CROQUIS POUR VOTRE ALBUM	VORACE, ...	126	075

[343]

```
POEM LINE
126 080  .  .   .   .   .   .   .   .   .   .   .   .     SERAIT POUR    VOS BANQUIERS UN REVE RUINEUX;
040 013                                   PLONGER DANS    VOS BEAUX YEUX COMME DANS UN BEAU SONGE,
131 093              JAMAIS UN RAYON FRAIS N'ECLAIRA      VOS CAVERNES;
152 004                          BEAUX YEUX, VERSEZ SUR MOI   VOS CHARMANTES TENEBRES!
040 014  .  .  .  .  ET SOMMEILLER LONGTEMPS A L'OMBRE DE   VOS CILS!
131 096                              ET PENETRENT          VOS CORPS DE LEURS PARFUMS AFFREUX.
079 004                      REPONDENT LES ECHOS DE         VOS DE PROFUNDIS.
131 090            OMBRES FOLLES, COUREZ AU BUT DE          VOS DESIRS;
089 003  .  .  .  .  .  .  .  .   L'IMMENSE MAJESTE DE       VOS DOULEURS DE VEUVE,
050 014                  ADJURERAI -JE AUSSI TA NEIGE ET     VOS FRIMAS,
056 026          AH! LAISSEZ -MOI, MON FRONT POSE SUR        VOS GENOUX,
111 028                          ET LES URNES D'AMOUR DONT   VOS GRANDS COEURS SONT PLEINS!
061 014  .  .  .  .  .  .  .  .  .  .  .  .  .  .  QUE       VOS GRANDS YEUX RENDRAIENT PLUS SOUMIS QUE VOS NOIRS.
091 078              SOMBRES OU LUMINEUX, JE VIS             VOS JOURS PERDUS;
056 017                                  J'AIME DE           VOS LONGS YEUX LA LUMIERE VERDATRE,
082 013                                      ET             VOS LUEURS SONT LE REFLET
023 028  .  .  .  .  .  .  .  .   SUR LES BORDS DUVETES DE    VOS MECHES TORDUES
111 027                                    POUR             VOS MORNES DOULEURS, VOS SOIFS INASSOUVIES,
094 016          OU DE                                       VOS MUSCLES DEPOUILLES,
061 014  QUE VOS GRANDS YEUX RENDRAIENT PLUS SOUMIS QUE      VOS NOIRS,
101 012  .  .  .  .  .  .  .  .   QUE L'ASPECT PERMANENT DE   VOS PALES TENEBRES,
091 074                      L'OEIL INQUIET, FIXE SUR         VOS PAS INCERTAINS,
091 077                              JE VOIS S'EPANOUIR       VOS PASSIONS NOVICES;
131 092              ET VOTRE CHATIMENT NAITRA DE             VOS PLAISIRS.
089 004  .  .  .  .  .  .  .  CE SIMOIS MENTEUR QUI PAR       VOS PLEURS GRANDIT,
126 051          MONTREZ -NOUS LES ECRINS DE                 VOS RICHES MEMOIRES,
124 013                      ET ME ROULER DANS               VOS RIDEAUX,
014 012              TANT VOUS ETES JALOUX DE GARDER         VOS SECRETS!
111 027  .  .  .  .  .  .  .  POUR VOS MORNES DOULEURS,       VOS SOIFS INASSOUVIES,
126 056          VOS SOUVENIRS AVEC LEURS CADRES D'HORIZONS.
091 068                                      SUR             VOS TALONS GAMBADE UN ENFANT LACHE ET VIL.
082 011                  VOS VASTES NUAGES EN DEUIL
094 015  .  .  .  .  .  .  .  .  .  .  .   DE TOUT L'EFFORT DE   VOS VERTEBRES,
091 080                  MON AME RESPLENDIT DE TOUTES         VOS VERTUS!
091 079          MON COEUR MULTIPLIE JOUIT DE TOUS            VOS VICES!
126 050                              NOUS LISONS DANS         VOS YEUX PROFONDS COMME LES MERS!
126 075  .  .  .  .  .  .   CUEILLI QUELQUES CROQUIS POUR     VOTRE ALBUM VORACE,
056 019                      ET RIEN, NI                     VOTRE AMOUR, NI LE BOUDOIR, NI L'ATRE,
045 002                                  A MON BRAS          VOTRE BRAS POLI
149 038              A TRAVERS LES AMAS CONFUS DE             VOTRE CENDRE,
131 100  .  .  .  .  .  .  .  .  .  .  .  .   FAIT CLAQUER    VOTRE CHAIR AINSI QU'UN VIEUX DRAPEAU.
131 092                                      ET             VOTRE CHATIMENT NAITRA DE VOS PLAISIRS.
126 130          LES FRUITS MIRACULEUX DONT                  VOTRE COEUR A FAIM;
070 004                                  ENTERRE             VOTRE CORPS VANTE,
131 103  .  .  .  .  .  .  .  .  .  .   FAITES                VOTRE DESTIN, AMES DESORDONNEES,
111 025                          VOUS QUE DANS               VOTRE ENFER MON AME A POURSUIVIES,
006 044          ET VIENT MOURIR AU BORD DE                  VOTRE ETERNITE!
055 011                  --UN PARFUM NAGE AUTOUR DE          VOTRE GORGE NUE!...
091 076  .  .  .  .  .  .  .  .  .   JE GOUTE A              VOTRE INSU DES PLAISIRS CLANDESTINS:
040 006                              ET, COMME               VOTRE JOIE, ECLATANTE POUR TOUS.
131 097              L'APRE STERILITE DE                     VOTRE JOUISSANCE
001 071                                      PAR             VOTRE MAIN MONTES, NE POURRAIENT PAS SUFFIRE
157 008  .  .  .  .  .  .  .  .   FAIT VOIR QUELLE SERA       VOTRE MATURITE.
045 025              PAUVRE ANGE, ELLE CHANTAIT,             VOTRE NOTE CRIARDE,
157 006                  VOUS AVEZ PRELASSE                  VOTRE ORGUEIL D'ARCHITECTE
131 098          ALTERE VOTRE SOIF ET ROIDIT                 VOTRE PEAU,
091 075  .  .  .  .  .  .  .  .  .   TOUT COMME SI J'ETAIS    VOTRE PERE, O MERVEILLE!
155 035                                                      VOTRE PURE MELANCOLIE
131 091          JAMAIS VOUS NE POURREZ ASSOUVIR             VOTRE RAGE,
130 038                  VOTRE RELIGION COMME UNE AUTRE EST AUGUSTE,
131 098  .  .  .  .  .  .  .  .  .  .  .  .   ALTERE          VOTRE SOIF ET ROIDIT VOTRE PEAU,
070 010                                      SUR             VOTRE TETE CONDAMNEE
040 008                              ET, BIEN QUE            VOTRE VOIX SOIT DOUCE, TAISEZ -VOUS!
041 004                  ME DIT: "JE                         VOUDRAIS BIEN SAVOIR,
007 009  .  .  .  .  .  .  .  .  .  .  .  .  .  .  JE         VOUDRAIS QU'EXHALANT L'ODEUR DE LA SANTE
129 025                              AINSI JE                VOUDRAIS, UNE NUIT,
037 012                              SOIS CE QUE TU          VOUDRAS, NUIT NOIRE, ROUGE AURORE:
073 013              ET LA HAINE EST                         VOUEE A CE SORT LAMENTABLE
038 038  .  .  .  .  .  .  .  .   QUE TOUT                   VOULAIT L'AIMER; ELLE NOYAIT
090 049          VAINEMENT MA RAISON                         VOULAIT PRENDRE LA BARRE,
094 021          VOULEZ -VOUS (D'UN DESTIN TROP DUR
126 128              QUI CHANTENT: "PAR ICI! VOUS QUI        VOULEZ MANGER
091 015  .  .  .  .  .  .  .  .   OU DANSENT, SANS           VOULOIR DANSER, PAUVRES SONNETTES
115 019                  VOULOIR INTERESSER AU CHANT DE SES DOULEURS
033 007          EMPECHERA TON COEUR DE BATTRE ET DE         VOULOIR,
126 053                              NOUS                    VOULONS VOYAGER SANS VAPEUR ET SANS VOILE!
126 142  .  .  .  .  .  .  .  .  .  .  .  .   NOUS           VOULONS, TANT CE FEU NOUS BRULE LE CERVEAU,
067 014                              D'AVOIR                 VOULU CHANGER DE PLACE.
148 009                          EN VAIN J'AI                VOULU DE L'ESPACE
016 012              MAIS, SI J'AVAIS                        VOULU T'ATTAQUER AU DEFAUT
131 062  .  .  .  .  .  .  .  .   QUI                        VOULUT LE PREMIER, DANS SA STUPIDITE,
094 021                  VOULEZ - VOUS (D'UN DESTIN TROP DUR
094 020                  AVEZ - VOUS A REMPLIR LA GRANGE?
111 026              PAUVRES SOEURS, JE                      VOUS AIME AUTANT QUE JE VOUS PLAINS,
101 002  .  .  .  .  .  .  .  .   ENDORMEUSES SAISONS! JE     VOUS AIME ET VOUS LOUE
014 015                              TELLEMENT               VOUS AIMEZ LE CARNAGE ET LA MORT,
061 009                                      SI             VOUS ALLIEZ, MADAME, AU VRAI PAYS DE GLOIRE,
157 001                  VOUS AVEZ EMPOIGNE LES CRINS DE LA DEESSE
157 006  .  .  .  .  .  .  .  .  .  .  .  .  .  .   VOUS AVEZ PRELASSE VOTRE ORGUEIL D'ARCHITECTE
```

[344]

V

		POEM	LINE
	VOUS AVEZ, EN SECRET, BAISE MA FESSE IMMONDE!	149	026
	VOUS AVEZ, QUE JE CROIS, ASSEZ COMMUNIE,	149	023
CHARMANTS YEUX,	VOUS BRILLEZ DE LA CLARTE MYSTIQUE	043	009
ENTENDEZ -	VOUS CES VOIX, CHARMANTES ET FUNEBRES,	126	127
ILS CELEBRENT LA MORT,	VOUS CHANTEZ LE REVEIL;	043	012
TELLES	VOUS CHEMINEZ, STOIQUES ET SANS PLAINTES,	091	061
QUE VOUS	VOUS COMBATTEZ SANS PITIE NI REMORD,	014	014
PEUREUSES, LE DOS BAS,	VOUS COTOYEZ LES MURS;	091	070
	VOUS CRUTES VOUS EVANOUIR.	029	016
OU SEREZ -	VOUS DEMAIN, EVES OCTOGENAIRES,	091	083
AVEZ -	VOUS DONC PU CROIRE, HYPOCRITES SURPRIS,	149	029
JE VAIS	VOUS EMPORTER A TRAVERS L'EPAISSEUR,	149	035
VENEZ	VOUS ENIVRER DE LA DOUCEUR ETRANGE	126	131
	VOUS ENTENDREZ TOUTE L'ANNEE	070	009
	VOUS ENTRAINE EN DES LIEUX QUI NE SONT PAS CONNUS!	097	052
TANT	VOUS ETES JALOUX DE GARDER VOS SECRETS!	014	012
COMME	VOUS ETES LOIN, PARADIS PARFUME!	062	020
COMME	VOUS ETES LOIN, PARADIS PARFUME,	062	016
	VOUS ETES TOUS LES DEUX TENEBREUX ET DISCRETS:	014	009
	VOUS ETES UN BEAU CIEL D'AUTOMNE, CLAIR ET ROSE!	055	001
LA SERVANTE AU GRAND COEUR DONT	VOUS ETIEZ JALOUSE, ...	100	001
AVEC UN TEL POIGNET, QU'ON	VOUS EUT PRIS, A VOIR	157	002
VOUS CRUTES	VOUS EVANOUIR.	029	016
JE	VOUS FAIS CHAQUE SOIR UN SOLENNEL ADIEU!	091	082
	VOUS FERIEZ, A L'ABRI DES OMBREUSES RETRAITES, ...	061	012
DE CE TERRAIN QUE	VOUS FOUILLEZ,	094	013
JE SAIS QUE	VOUS GARDEZ UNE PLACE AU POETE	001	061
	VOUS HURLEZ COMME L'ORGUE; ET DANS NOS COEURS MAUDITS,	079	002
	VOUS INSULTE EN PASSANT D'UN AMOUR DERISOIRE;	091	067
QUAND	VOUS IREZ, SOUS L'HERBE ET LES FLORAISONS GRASSES,	029	043
ANGE PLEIN DE BONTE, CONNAISSEZ -	VOUS LA HAINE,	044	006
ANGE PLEIN DE BONTE, CONNAISSEZ -	VOUS LA HAINE?	044	010
ANGE PLEIN DE SANTE, CONNAISSEZ -	VOUS LES FIEVRES, ...	044	011
ANGE PLEIN DE SANTE, CONNAISSEZ -	VOUS LES FIEVRES?	044	015
ANGE PLEIN DE BEAUTE, CONNAISSEZ -	VOUS LES RIDES,	044	016
ANGE PLEIN DE BEAUTE, CONNAISSEZ -	VOUS LES RIDES?	044	020
ENDORMEUSES SAISONS! JE VOUS AIME ET	VOUS LOUE	101	002
ANGE PLEIN DE GAIETE, CONNAISSEZ -	VOUS L'ANGOISSE,	044	001
ANGE PLEIN DE GAIETE, CONNAISSEZ -	VOUS L'ANGOISSE?	044	005
ET QUE	VOUS L'INVITEZ A L'ETERNELLE FETE	001	063
RAPPELEZ -	VOUS L'OBJET QUE NOUS VIMES, MON AME,	029	001
QUI	VOUS MANGERA DE BAISERS,	029	046
	VOUS MARCHEZ EN CHANTANT LE REVEIL DE MON AME,	043	013
	VOUS ME RENDEZ L'AZUR DU CIEL IMMENSE ET ROND;	023	027
CHACUN DE	VOUS M'A FAIT UN TEMPLE DANS SON COEUR:	149	025
GRANDS BOIS,	VOUS M'EFFRAYEZ COMME DES CATHEDRALES;	079	001
JAMAIS	VOUS NE POURREZ ASSOUVIR VOTRE RAGE,	131	091
QUE POUR L'AMOUR DE MOI	VOUS N'AIMIEZ QUE LE BEAU?	042	013
--AVEZ -	VOUS OBSERVE QUE MAINTS CERCUEILS DE VIEILLES	091	021
UVRES SOEURS, JE VOUS AIME AUTANT QUE JE	VOUS PLAINS,	111	026
ET FUYEZ L'INFINI QUE	VOUS PORTEZ EN VOUS!	131	104
	VOUS POUVEZ MEPRISER LES YEUX LES PLUS CELEBRES,	152	001
	VOUS QUI DANS VOTRE ENFER MON AME A POURSUIVIES, . . .	111	025
	VOUS QUI FUTES LA GRACE OU QUI FUTES LA GLOIRE,	091	065
QUI CHANTENT: "PAR ICI!	VOUS QUI VOULEZ MANGER	126	128
NUL NE	VOUS RECONNAIT! UN IVROGNE INCIVIL	091	066
	VOUS RESSEMBLEZ BEAUCOUP A CES GROTTES MAGIQUES . .	152	006
SAURA	VOUS RETROUVER, O FECONDE PARESSE,	023	024
ET NUL NE	VOUS SALUE, ETRANGES DESTINEES!	091	071
EN	VOUS SE MIRE MON ORGUEIL;	082	010
	VOUS SENTEZ TOUS LA MORT! O SQUELETTES MUSQUES, . .	097	048
--ET POURTANT	VOUS SEREZ SEMBLABLE A CETTE ORDURE,	029	037
OUI! TELLE	VOUS SEREZ, O LA REINE DES GRACES,	029	041
TE DIRA: "QUE	VOUS SERT, COURTISANE IMPARFAITE,	033	012
MAIS MOI, MOI QUI DE LOIN TENDREMENT	VOUS SURVEILLE,	091	073
VOYEZ VENIR A	VOUS UN MORT LIBRE ET JOYEUX;	072	010
"D'OU	VOUS VIENT, DISIEZ -VOUS, CETTE TRISTESSE ETRANGE,	040	001
QUE	VOUS VOUS COMBATTEZ SANS PITIE NI REMORD,	014	014
AVEZ -	VOUS NE THEROIGNE, AMANTE DU CARNAGE, ...	059	005
DITES, QU'AVEZ -	VOUS VU? "NOUS AVONS VU DES ASTRES	126	057
T RONGE D'UN DESIR SANS TREVE! ET PUIS A	VOUS,	089	036
"D'OU VOUS VIENT, DISIEZ -	VOUS, CETTE TRISTESSE ETRANGE,	040	001
DE	VOUS, CLAIRE ET JOYEUSE AINSI QU'UNE FANFARE	045	017
TIREZ -	VOUS, ET DE QUEL FERMIER	094	019
ET	VOUS, FEMMES, HELAS! PALES COMME DES CIERGES,	005	025
TAISEZ -	VOUS, IGNORANTE! AME TOUJOURS RAVIE!	040	009
C'EST	VOUS, LADY MACBETH, AME PUISSANTE AU CRIME, ...	018	010
	VOUS, MON ANGE ET MA PASSION!	029	040
DE	VOUS, RICHE ET SONORE INSTRUMENT OU NE VIBRE	045	015
QUE RONGE ET QUE NOURRIT LA DEBAUCHE, ET	VOUS, VIERGES,	005	026
BIEN QUE VOTRE VOIX SOIT DOUCE, TAISEZ -	VOUS!	040	008
ANDROMAQUE, JE PENSE A	VOUS! CE PETIT FLEUVE,	089	001
ET FUYEZ L'INFINI QUE VOUS PORTEZ EN	VOUS!	131	104
PLUS VIDES, PLUS PROFONDS QUE	VOUS-MEMES, O CIEUX!	098	020
JE T'ADORE A L'EGAL DE LA	VOUTE NOCTURNE,	024	001
IL N'ETAIT PAS	VOUTE, MAIS CASSE, SON ECHINE	090	021
RECOLTERAS -TU L'OR DES	VOUTES AZUREES?	008	008
QUI SUIVENT, INDOLENT COMPAGNONS DE	VOYAGE,	002	003
AMER SAVOIR, CELUI QU'ON TIRE DU	VOYAGE!	126	109

```
POEM LINE
136 009 .  .  .  .  .  .  .  ET L'AUTRE:  "VIENS! OH! VIENS  VOYAGER DANS LES REVES,
126 053                          NOUS VOULONS  VOYAGER SANS VAPEUR ET SANS VOILE!
084 005                    UN ANGE, IMPRUDENT  VOYAGEUR
002 009                                    CE  VOYAGEUR AILE, COMME IL EST GAUCHE ET VEULE!
131 007 .  .  .  .  .  .  .  .  .  AINSI QU'UN  VOYAGEUR QUI RETOURNE LA TETE
126 017                        MAIS LES VRAIS  VOYAGEURS SONT CEUX-LA SEULS QUI PARTENT
013 013                            DEVANT CES  VOYAGEURS, POUR LESQUELS EST OUVERT
126 049                            ETONNANTS  VOYAGEURS! QUELLES NOBLES HISTOIRES
100 016         CALME, DANS LE FAUTEUIL JE LA  VOYAIS S'ASSEOIR,
100 022                                        VOYANT TOMBER DES PLEURS DE SA PAUPIERE CREUSE?
072 010                                        VOYEZ VENIR A VOUS UN MORT LIBRE ET JOYEUX;
061 009                  SI VOUS ALLIEZ, MADAME, AU  VRAI PAYS DE GLOIRE,
062 013 .  .  .  .  .  .  .  .  .  --EST -IL  VRAI QUE PARFOIS LE TRISTE COEUR D'AGATHE
097 033                              POUR DIRE  VRAI, JE CRAINS QUE TA COQUETTERIE
005 029                        NOUS AVONS, IL EST  VRAI, NATIONS CORROMPUES,
140 011                        C'EST LA VOLUPTE  VRAIE AUX DURABLES APPAS!"
092 001 .  .  .  .  CONTEMPLE -LES, MON AME; ILS SONT  VRAIMENT AFFREUX!
020 004                      CETTE FEMME, MORCEAU  VRAIMENT MIRACULEUX,
006 041                              CAR C'EST  VRAIMENT, SEIGNEUR, LE MEILLEUR TEMOIGNAGE
105 028        ET REGNE PAR SES DONS AINSI QUE LES  VRAIS ROIS.
126 017 .  .  .  .  .  .  .  .  .  .  .  MAIS LES  VRAIS VOYAGEURS SONT CEUX-LA SEULS QUI PARTENT
091 017   QU'ILS SONT, ILS ONT DES YEUX PERCANTS COMME UNE  VRILLE.
126 057        DITES, QU'AVEZ -VOUS VU? "NOUS AVONS  VU DES ASTRES
126 058                ET DES FLOTS; NOUS AVONS  VU DES SABLES AUSSI;
102 054 .  .  .  .  .  .  .  .  .  .  J'AI  VU L'HORREUR DE MON TAUDIS,
025 012                  DEVANT TOUS LES MIROIRS  VU PALIR TES APPAS?
054 045                                    J'AI  VU PARFOIS AU FOND D'UN THEATRE BANAL
054 041                                  --J'AI  VU PARFOIS, AU FOND D'UN THEATRE BANAL
115 026 .  .  .  .  .  .  SI JE N'EUSSE PAS  VU PARMI LEUR TROUPE OBSCENE,
126 086                            NOUS AVONS  VU PARTOUT, ET SANS L'AVOIR CHERCHE,
111 011                      OU SAINT ANTOINE A  VU SURGIR COMME DES LAVES
059 005                            AVEZ -VOUS  VU THEROIGNE, AMANTE DU CARNAGE,
145 005 .  .  .  .  .  .  .  .  JE ME SOUVIENS!...J'AI  VU TOUT, FLEUR, SOURCE, SILLON,
126 057                        DITES, QU'AVEZ -VOUS  VU?  "NOUS AVONS VU DES ASTRES
008 014                POUR FAIRE EPANOUIR LA RATE DU  VULGAIRE.
```

W

		POEM	LINE
LE	WAGON ENRAGE PEUT BIEN	106	048
A QUI RIEN NE SUFFIT, NI	WAGON NI VAISSEAU,	126	118
EMPORTE -MOI,	WAGON, ENLEVE -MOI, FREGATE?	062	015
EMPORTE -MOI,	WAGON! ENLEVE -MOI, FREGATE!	062	011
	WATTEAU, CE CARNAVAL OU BIEN DES COEURS ILLUSTRES, . .	006	021
PASSENT, COMME UN SOUPIR ETOUFFE DE	WEBER;	006	032

```
POEM LINE
080 014 . . . . . . . . . . . . . . . . ET JE N' Y CHERCHE PLUS L'ABRI D'UNE CAHUTE.
142 007                                    JETTE! TU N' Y COMPRENDRAIS RIEN,
070 007                               L'ARAIGNEE Y FERA SES TOILES,
053 024                                     TOUT Y PARLERAIT
004 003 . . . . . . . . . . . . . . . L'HOMME Y PASSE A TRAVERS DES FORETS DE SYMBOLES
055 010                   ON S'Y SOULE, ON S'Y TUE, ON S' Y PREND AUX CHEVEUX!
035 013                          ROULONS - Y SANS REMORDS, AMAZONE INHUMAINE,
055 010                               ON S' Y SOULE, ON S'Y TUE, ON S'Y PREND AUX CHEVEUX!
055 010 . . . ON S'Y SOULE, ON S' Y TUE, ON S'Y PREND AUX CHEVEUX!
107 004                        QUAND ELLE Y VEUT BAIGNER SA BEAUTE NONCHALANTE;
106 023                                    ELLE Y VINT!--FOLLE CREATURE!
046 011                               A MES YEUX AGRANDIS VOLTIGE INCESSAMMENT.
058 004 . . . . . . . . SORCIERE AUX YEUX ALLECHANTS,
131 009                               DE SES YEUX AMORTIS LES PARESSEUSES LARMES,
013 007            PROMENANT SUR LE CIEL DES YEUX APPESANTIS
070 006                          FERMENT LEURS YEUX APPESANTIS,
131 014 . . . . DELPHINE LA COUVAIT AVEC DES YEUX ARDENTS,
061 008                SON SOURIRE EST TRANQUILLE ET SES YEUX ASSURES.
098 008                                  ET TES YEUX ATTIRANTS COMME CEUX D'UN PORTRAIT,
136 026                                 ET QUE, LES YEUX AU CIEL, JE TOMBE DANS DES TROUS.
017 014 . . . . . . . MES YEUX, MES LARGES YEUX AUX CLARTES ETERNELLES!
044 019          DANS DES YEUX OU LONGTEMPS BURENT NOS YEUX AVIDES?
127 019                   PASSAIENT DEVANT MES YEUX CLAIRVOYANTS ET SEREINS;
040 013                    PLONGER DANS VOS BEAUX YEUX COMME DANS UN BEAU SONGE,
148 007 . . . . . . . . . . . . . . QUE MES YEUX CONSUMES NE VOIENT
007 002                                     TES YEUX CREUX SONT PEUPLES DE VISIONS NOCTURNES,
130 018               LES FILLES AUX YEUX CREUX, DE LEUR CORPS AMOUREUSES,
036 017                               ET MES YEUX DANS LE NOIR DEVINAIENT TES PRUNELLES,
141 005 . . . . . . . . . . PLONGE TES YEUX DANS LES YEUX FIXES
055 013                                AVEC TES YEUX DE FEU, BRILLANTS COMME DES FETES,
057 032          TE REGARDER TOUJOURS AVEC DES YEUX DE FEU;
039 014                              STATUE AUX YEUX DE JAIS, GRAND ANGE AU FRONT D'AIRAIN!
152 002 . . . . . . . . . . . BEAUX YEUX DE MON ENFANT, PAR OU FILTRE ET S'ENFUIT
152 005                                  GRANDS YEUX DE MON ENFANT, ARCANES ADORES,
084 022                       DONT LES LARGES YEUX DE PHOSPHORE
104 017                       J'ALLUMERAI LES YEUX DE TA FEMME RAVIE;
133 004 . . . . . . . . . . . TES GRANDS YEUX DE VELOURS SONT PLUS NOIRS QUE TA CHAIR.
021 026          QU'IMPORTE, SI TU RENDS,--FEE AUX YEUX DE VELOURS,
088 018                               QUE POUR LES YEUX DES ROUES
091 019                              ILS ONT LES YEUX DIVINS DE LA PETITE FILLE
126 011 . . . . . ASTROLOGUES NOYES DANS LES YEUX D'UNE FEMME,
065 014          ET LA MET DANS SON COEUR LOIN DES YEUX DU SOLEIL.
126 004                                     AUX YEUX DU SOUVENIR QUE LE MONDE EST PETIT!
120 037              TOI QUI METS DANS LES YEUX ET DANS LE COEUR DES FILLES  .
014 006 . . . . . . . TU L'EMBRASSES DES YEUX ET DES BRAS, ET TON COEUR
116 033                                     LES YEUX ETAIENT DEUX TROUS, ET DU VENTRE EFFONDRE
022 001                        QUAND, LES DEUX YEUX FERMES, EN UN SOIR CHAUD D'AUTOMNE
141 005          PLONGE TES YEUX DANS LES YEUX FIXES
126 124 . . . . . . . . . . . . LES YEUX FIXES AU LARGE ET LES CHEVEUX AU VENT,
127 013                                     LES YEUX FIXES SUR MOI, COMME UN TIGRE DOMPTE,
056 017          J'AIME DE VOS LONGS YEUX LA LUMIERE VERDATRE,
061 003          ET DE PALMIERS D'OU PLEUT SUR LES YEUX LA PARESSE
114 012 . . . . . . . . . ELLE APPELLE DES YEUX LA RACE DES HUMAINS.
152 001                  VOUS POUVEZ MEPRISER LES YEUX LES PLUS CELEBRES,
043 004               SECOUANT DANS MES YEUX LEURS FEUX DIAMANTES.
001 075                                 ET DONT LES YEUX MORTELS, DANS LEUR SPLENDEUR ENTIERE,
091 035 . . . . . . . . . . CES YEUX MYSTERIEUX ONT D'INVINCIBLES CHARMES
026 009                  PAR CES DEUX GRANDS YEUX NOIRS, SOUPIRAUX DE TON AME,
152 003                            MON ENFANT A DES YEUX OBSCURS, PROFONDS ET VASTES,
044 019                                DANS DES YEUX OU LONGTEMPS BURENT NOS YEUX AVIDES?
091 017 . . . . . . QU'ILS SONT, ILS ONT DES YEUX PERCANTS COMME UNE VRILLE,
109 012                          ET JETTE DANS MES YEUX PLEINS DE CONFUSION
102 053                           EN ROUVRANT SES YEUX PLEINS DE FLAMME
043 001          ILS MARCHENT DEVANT MOI, CES YEUX PLEINS DE LUMIERES,
131 037 . . . . . . . TOURNE VERS MOI TES YEUX PLEINS D'AZUR ET D'ETOILES!
027 009                                     SES YEUX POLIS SONT FAITS DE MINERAUX CHARMANTS,
126 050                       NOUS LISONS DANS VOS YEUX PROFONDS COMME LES MERS;
097 013                                     SES YEUX PROFONDS SONT FAITS DE VIDE ET DE TENEBRES,
110 031 . . . . . . . . . . . . . . AUX YEUX PROVOCATEURS COMME SON ATTITUDE,
061 014                          QUE VOS GRANDS YEUX RENDRAIENT PLUS SOUMIS QUE VOS NOIRS.
110 020                              S'ECHAPPE DES YEUX REVULSES.
048 014               DANS L'AIR TROUBLE; LES YEUX SE FERMENT; LE VERTIGE
038 045 . . . . . . . . . . DE CES GRANDS YEUX SI FERVENTS ET SI TENDRES,
091 033                            --CES YEUX SONT DES PUITS FAITS D'UN MILLION DE LARMES,
026 008                                     TES YEUX SONT LA CITERNE OU BOIVENT MES ENNUIS.
155 001 . . . . . . . . . . . . TES BEAUX YEUX SONT LAS, PAUVRE AMANTE!
065 007 . . . . . . . ET PROMENE SES YEUX SUR LES VISIONS BLANCHES
126 081          DES COSTUMES QUI SONT POUR LES YEUX UNE IVRESSE;
111 002                        ELLES TOURNENT LEURS YEUX VERS L'HORIZON DES MERS,
049 012                       DE TES YEUX, DE TES YEUX VERTS,
090 016 . . . SANS LA MECHANCETE QUI LUISAIT DANS SES YEUX,
072 009          O VERS! NOIRS COMPAGNONS SANS OREILLE ET SANS YEUX,
053 011                              DE TES TRAITRES YEUX,
034 003               ET LAISSE -MOI PLONGER DANS TES BEAUX YEUX,
110 014 . . . . . . . . . ET QUI NOUS ENCHAINENT LES YEUX,
103 027               ET LE SOMBRE PARIS, EN SE FROTTANT LES YEUX,
064 001                               ILS ME DISENT, TES YEUX, CLAIRS COMME LE CRISTAL:
132 021                             JE FERMAI LES DEUX YEUX, DANS MA FROIDE EPOUVANTE,
049 012 . . . . . . . . . . . . . . . . . DE TES YEUX, DE TES YEUX VERTS,
```

Y

		POEM	LINE
JE SAIS QU'IL EST DES	YEUX, DES PLUS MELANCOLIQUES, ...	098	017
LEURS	YEUX, D'OU LA DIVINE ETINCELLE EST PARTIE,	092	005
TES	YEUX, ILLUMINES AINSI QUE DES BOUTIQUES	025	005
MES	YEUX, MES LARGES YEUX AUX CLARTES ETERNELLES!	017	014
TES	YEUX, OU RIEN NE SE REVELE	028	013
LE GOUFFRE DE TES	YEUX, PLEIN D'HORRIBLES PENSEES,	097	037
ETOILE DE MES	YEUX, SOLEIL DE MA NATURE,	029	039
QUAND MES	YEUX, VERS CE CHAT QUE J'AIME	051	033
BEAUX	YEUX, VERSEZ SUR MOI VOS CHARMANTES TENEBRES!	152	004
CHARMANTS	YEUX, VOUS BRILLEZ DE LA CLARTE MYSTIQUE	043	009
UX COULEURS DU COUCHANT REFLETE PAR MES	YEUX.	012	008
COMME DES	YEUX;	088	024
HUMIDES BROUILLARDS QUI NAGENT DANS SES	YEUX:	019	008
TRAVAIL DE MES MAINS ET L'AMOUR DE MES	YEUX?	009	014
GEANT MAINT SIGNE ET MAINT CLIGNEMENT D'	YEUX!	115	012
LOTS QUE LA DOULEUR FAIT JAILLIR DE TES	YEUX!	020	028
DES PERLES QUE VERSENT TES	YEUX!	138	020

APPENDICES

APPENDICES

```
                                                                    POEM LINE
                              A    .  .  .  .  .  .  .  .  .  .  .  .  .  .  . 131 052
QUI S'EN VONT BRIMBALANT      A                                       096 003
                              A                                       018 001
SUSPENDANT MON REGARD         A                                       043 004
           UN TRISTE... A     .  .  .  .  .  .  .  .  .  .  .  .  .  . 071 012
OUI, VOILA BIEN LE...CHER     A                                       095 005
                     JUSQU'   A CE QUE                                121 012
                              A CETTE BELLE VOIX                      136 014
           ET SUIVENT         A CHEVAL LEURS DESTINS GLORIEUX.  .  .  . 105 020
           QUI SE PENCHE      A LA VOIX DES SONGES,                   153 011
                              A L'ASPECT DU                           005 019
              QUI SERVE       A PAYER L'ESCLAVAGE,                    135 018
                              A TRAVERS  .  .  .  .  .  .  .  .  .  .  . 108 007
INVITE ENFIN LE COEUR         A TROUVER DU REPOS.                     123 004
                  M' A        VERSE                                   134 018
          FIEVRE...SE...      ABATTAIT                                090 050
                       D'     ACCEPTER  .  .  .  .  .  .  .  .  .  .  . 072 006
FRONTS POUDRES...SUR DES REGARDS D' ACIER                             096 002
                              AFIN DE POUVOIR                         140 007
                              AGONIE                                  129 018
              SEMBLE...       AGONISANT  .  .  .  .  .  .  .  .  .  .  . 021 020
                       J'     AI BEAU                                 113 004
                       J'     AI VU DANS UN RETRAIT DE TAMARINS AMBRES 061 002
                              AIMABLE MEDECIN                         120 008
POUSSERAI...,MON BIEN -       AIME  .  .  .  .  .  .  .  .  .  .  .  . 104 002
                              AIMES                                   133 028
                              AIMEZ                                   091 007
              OU L'           AIR EST PLEIN DE PARFUMS                048 016
           DANS L'           AIR SILENCIEUX.  .  .  .  .  .  .  .  .  . 105 008
                              ALLONGER                                073 007
AVAIT LUI...ME DIS -JE        ALORS                                   125 013
           PIPEUSE D'         AMANT  .  .  .  .  .  .  .  .  .  .  .  . 088 010
                              AMATEUR  .  .  .  .  .  .  .  .  .  .  . 126 096
J'AI VU DANS UN RETRAIT DE TAMARINS AMBRES                            061 002
                              AME                                     129 011
           SOLEIL...MON       AME                                     037 002
                              AMES  .  .  .  .  .  .  .  .  .  .  .  . 126 116
                              AMI                                     088 037
           CREPUSCULE,        AMI                                     095 001
L'ORGANE DE L'               AMOUR AVAIT FAIT LEURS                   116 035
                              AMOUR DE L'INCONNU, JUS DE L'ANTIQUE POMME,  .  .  .  . 133 029
                              ANCIEN                                  091 037
                              ANCIENS                                 116 043
                              ANCIENS                                 078 017
           SE BALANCAIT...    ANGE  .  .  .  .  .  .  .  .  .  .  .  . 116 001
              UNE             ANGOISSE ME PRIT EN SONGEANT AU         090 041
              CES             ANIMAUX                                 087 010
                              ANIME                                   098 010
              DIVIN,          ANTIQUE  .  .  .  .  .  .  .  .  .  .  . 086 023
ET NE BOUGERAI PLUS DE L'     ANTIQUE FAUTEUIL                        133 029
AMOUR DE L'INCONNU, JUS DE L' ANTIQUE POMME,                         126 135
                              APAISER                                105 029
                              APAISER LE COEUR ...CALMER LA SOUFFRANCE  .  .  .  . 135 019
ELLES GROSSIRONT L'          APANAGE                                091 025
                              APERCOIS                               048 006
           SENTANT...SIECLE   ARACHNEENNE                            056 020
                       L'     ARDENT  .  .  .  .  .  .  .  .  .  .  . 119 018
                       L'     ARGENT...SES                           105 018
COMMANDANT UNE                ARMEE ET GAGNANT DES                   123 003
           TROUVER UN         ASILE OU LA BONNE                      005 019
                  A L'        ASPECT DU  .  .  .  .  .  .  .  .  .  . 088 039
                              ASSIEGERAIENT AU                       104 017
                              ATTENDRIE                              009 009
                              AU                                     045 030
QU'IL RESSEMBLE               AU  .  .  .  .  .  .  .  .  .  .  .  .  . 088 039
           ASSIEGERAIENT      AU                                     090 041
UNE ANGOISSE ME PRIT EN SONGEANT AU                                  087 001
                              AU FOND DE CARREFOURS                  078 018
           PASSENT EN FOULE   AU FOND DE...ET  .  .  .  .  .  .  .  .  . 099 007
                              AU FOND DU...EN TEMOIN                 090 042
                              AU NEUVIEME! AU POSSIBLE, AU PROBABLE  090 042
           AU NEUVIEME!       AU POSSIBLE, AU PROBABLE               090 042
AU NEUVIEME! AU POSSIBLE,     AU PROBABLE  .  .  .  .  .  .  .  .  .  . 105 007
                              AUCUN                                  090 006
                              AUGMENTAIT                             074 013
                              AUPRES                                 086 021
              ET...           AURA BEAU  .  .  .  .  .  .  .  .  .  .  . 090 015
           HABIT              AURAIT                                 100 003
                              AURIONS DEJA DU                        090 005
              QUELLE          AURORE! ET QUELLE                      078 019
FUYANT VERS D'                AUTRES CIEUX  .  .  .  .  .  .  .  .  .  . 074 012
           RESSEMBLE          AUX HURLEMENS                          116 031
           ET...JUSQU'        AUX YEUX                               097 045
                              AUX YEUX PLEINS D'EPOUVANTES           090 033
                              AUX...DES DEMONS  .  .  .  .  .  .  .  . 116 035
L'ORGANE DE L'AMOUR           AVAIT FAIT LEURS                       125 013
                              AVAIT LUI...ME DIS -JE ALORS           009 005
           LE...              AVAIT SES VICTUAILLES                  127 007
                              AVEC  .  .  .  .  .  .  .  .  .  .  .  .  . 127 007
```

```
POEM LINE
132 003  .   .   .   .   .   .   .   .       FAISANT LUTINER SA HANCHE  AVEC
006 027                                                                 AVEC DES VIERGES
092 012                                      CHERCHANT LA JOUISSANCE     AVEC FEROCITE
155 013                                                                 AVERSE
080 002  .   .   .   .   .   .   .   .   .   .   .   .   .   .           AVIVAIT
150 021                                                          NOUS   AVONS
150 027                                                                 AVONS
116 001                                                            SE   BALANCAIT...ANGE
096 004  .   .   .   .   .   .             CRUEL ET BLESSANT TIC-TAC DE  BALANCIER
120 035                                                                 BANQUIER
105 015                                                       LE DOS    BAS, ET MEURTRI ...LE POIDS
038 055                                                          QUI    BAT LES MURS ET SALIT ET COUDOIE
120 028  .   .   .   .   .   .   .   .   .   .   .       FROTTES DE      BAUME ET D'HUILE
113 004                                                         J'AI    BEAU
086 021                                                     ET...AURA    BEAU
038 039                                                         SON     BEAU CORPS NU PLEIN DE FRISSONNEMENTS
150 029  .   .   .   .   .   .   .   .   .   .   .   .   .   LA          BEAUTE
038 056                                                         UNE     BEAUTE FRELE, EN ROBE DE SOIE.
038 045                                                                 BEAUX
061 014                                                                 BEAUX...RAMPANTS
045 015  .   .   .   .   .   .   .   .   .   .   .   .   .   .           BEL
136 014                                                      A CETTE    BELLE VOIX
155 039                                                                 BENIE
155 009                                                   D'EAU QUI      BERCE
046 004  .   .   .   .   .   ?   .   .   .   .   .   .   .   .           BETE
104 002                                           POUSSERAI....MON      BIEN -AIME
123 002                                                       BROYER    BIEN DES CAILLOUX, ET CREVER SA MONTURE,
090 049                                                                 BIEN EN
095 005  .   .   .   .   .   .             OUI, VOILA                    BIEN LE...CHER A
105 028                                                                 BIENFAITS...BONS
121 012                                                                 BIENTOT
153 010                                             TRISTE PRISONNIER,  BILIEUX ET
088 023  .   .   .   .   .   .   ?   .   .   .   .   TON TETIN           BLANC COMME LAIT
088 023                                                   TON...PLUS    BLANC QUE DU LAIT
088 001                                                           MA    BLANCHETTE
096 004                                                   CRUEL ET      BLESSANT TIC-TAC DE BALANCIER
130 058  .   .   .   .   .   .   .   .   .   .   .   DONT...            BLEU NE VAUT PAS CET
086 008                                                                 BLEUS
130 059                                        L'ORBE MYSTERIEUX...LE   BONHEUR
123 003                                        TROUVER UN ASILE OU LA   BONNE
045 001  .   .   .   .   .   .   .   .   .   .   .   .   .   .           BONNE
088 050                                                        VIEUX    BONNETS...SIX
105 028                                               BIENFAITS...      BONS
115 024                                          RECEVRAIT SANS          BOUGER LE CHOC DE CENT
086 023  .   .   .   .   .   .   .   .   .   .   ET NE                   BOUGERAI PLUS DE L'ANTIQUE FAUTEUIL
095 030                                                                 BOUILLONNEMENT
095 030                                                                 BOURDONNEMENT
122 006                                                        LAMPE    BRILLANTE
096 003  .   .   .   .   .   .   .   .   QUI S'EN VONT                   BRIMBALANT A
088 050                                                                 BRIMBORIONS...VINGT
088 011                                                                 BRODEQUINS
123 002                                        BROYER BIEN DES CAILLOUX, ET CREVER SA MONTURE,
101 004  .   .   .   .   .   .   .   .   .   .   .   .                   BRUMEUX
086 009                                                                 C'EST PLAISIR
021 004                                                                 C'EST POURQUOI
123 002                                        BROYER BIEN DES          CAILLOUX, ET CREVER SA MONTURE,
052 018  .   .   .   .   .   .   .   .   .   .   .   .                   CALME...FIERE
105 029                                          APAISER LE COEUR ...   CALMER LA SOUFFRANCE
087 001                                                     AU FOND DE  CARREFOURS
020 020                                                        ETAIT... CARTON
086 026  .   .   .       DE DOUX VERS TOUT FUMANTS COMME DES            CASSOLETTES.
073 009                                                                 CAVERNE
097 016                                                                 CE
102 060                                                                 CE
090 043  .   .   .   .   .   .   .   .   .   JE VOULUS FUIR             CE PERE ETERNEL...SOI
121 012                                                     JUSQU'A      CE QUE
153 012                                                                 CE RUDE TRAVAILLEUR, QUI TOUJOURS LUTTE ET VEILLE
089 006                                                                 CE VASTE
115 024  .   .   .   .   .   RECEVRAIT SANS BOUGER LE CHOC DE           CENT
086 002                                        OU JE VEUX COMPOSER POUR UN JEUNE  CERCUEIL
133 034                                        LE TOIT QU'ONT PARFUME LES  CERCUEILS DE LEURS PERES.
005 025                                                           DE     CES
005 022  .   .   .   .   .   .   .   .   .       DE TOUS               CES
005 026                                                    HONTE...DE   CES
120 010                                                                 CES ANIMAUX
133 032                                        DESERTER COMME FONT LES OISEAUX,  CES INGRATS,
105 003  .   .   .   .   .   .   .   .   .   .   .   FOND DE            CES QUARTIERS SOMBRES ET TORTUEUX
130 058                                          DONT...BLEU NE VAUT PAS  CET
136 014                                                           A     CETTE BELLE VOIX
056 019                                                MEME L'...LA      CHAMBRE ETROITE ET
000 022  .   .   .   .   .   .   .   .   .   .   GROUILLE,              CHANTE ET RIPAILLE
018 005                                                           LE    CHANTRE
086 004                                                                 CHANTS MELODIEUX
086 025                                               (IL FAUT          CHARMER NOS MORTS DANS LEURS NOIRES RETRAITES)
104 011  .   .   .   .   .   .   .   .   .   .   HONNETE...            CHAUDE
153 001                                               MAL VETU, MAL     CHAUSSE
095 005                                          OUI, VOILA BIEN LE...  CHER A
092 012                                                                 CHERCHANT LA JOUISSANCE AVEC FEROCITE
013 013  .   .   .   .   .   .   .   .   .   .   .   .   .              CHERS
```

```
                                                                      POEM LINE
            ET SUIVENT A   CHEVAL LEURS DESTINS GLORIEUX.   .  .  .  .  .  .  .  . 105 020
                           CHIEN                                          075 005
 RECEVRAIT SANS BOUGER LE   CHOC DE CENT                                  115 024
    FUYANT VERS D'AUTRES   CIEUX                                          078 019
POUR UN LOINTAIN MIRAGE ET DES   CIEUX MOINS PROSPERES,   .  .  .  .  .  .  .  .  . 133 033
                    DES   CIEUX SPIRITUELS                                120 047
          GROUILLENT...   CLARTES...FROID                                 071 013
                           CLIMATS                                       133 005
                           COEUR   .   .   .   .   .   .   .   .  .  .  . 118 017
          APAISER LE   COEUR ...CALMER LA SOUFFRANCE                      105 029
       INVITE ENFIN LE   COEUR A TROUVER DU REPOS.                        123 004
                           COL                                           061 006
                           COLOSSALES   .  .  .  .  .  .  .  .  .  .  .  . 102 023
                           COMMANDANT UNE ARMEE ET GAGNANT DES            105 018
              DOUTEUX   COMME                                             128 010
  DE DOUX VERS TOUT FUMANTS   COMME DES CASSOLETTES.                      086 026
             DESERTER   COMME FONT LES OISEAUX, CES INGRATS,   .  .  .  .  .  .  . 133 032
       TON TETIN BLANC   COMME LAIT                                       088 023
                           COMME LE...FECOND TOMBE DANS LE SILLON         104 022
         S'ENGOUFFRE,   COMME UN                                          000 024
                           COMME UN   .   .   .   .   .   .   .   .  .  .  .  . 078 019
                           COMME UN MANANT IVRE, OU COMME UN SOUDARD      038 054
                           COMME UN NAVIRE                                090 051
                           COMME UN NOUVEAU                               105 026
 COMME UN MANANT IVRE, OU   COMME UN SOUDARD   .  .  .  .  .  .  .  .  .  . 038 054
             GRELOTTE   COMME UN VIEUX                                    119 016
                           COMME...HOMME                                  102 002
                           COMME...IDOLES DE JAIS                         067 003
                DE LA   COMMUNE LIBERTE.   .   .   .   .   .   .  .  .  .  . 135 020
            OU JE VEUX   COMPOSER POUR UN JEUNE CERCUEIL                  086 024
        POUR QUE TU LES   CONNAISSE                                       052 001
                           CONNAISSENT                                    097 018
                    NE   CONNAIT   .   .   .   .   .   .   .   .  .  .  . 014 010
                    NE   CONNAIT PAS                                      126 024
PLUS...SEUL...QUI SOUVENT LES   CONSOLE                                   123 012
                    TON   CORPS                                           131 070
                           CORPS   .   .   .   .   .   .   .   .  .  .  . 138 019
       IL FAUT USER SON   CORPS EN D'ETRANGES TRAVAUX,                    123 005
            SON BEAU   CORPS NU PLEIN DE FRISSONNEMENTS                   038 039
                    SE   COUCHER                                          143 012
QUI BAT LES MURS ET SALIT ET   COUDOIE   .   .   .   .   .   .   .   .  .  .  . 038 055
         FECOND,...   COUVES                                              120 048
                           CREPUSCULE, AMI                               095 001
BROYER BIEN DES CAILLOUX, ET   CREVER SA MONTURE,                        123 002
                           CRI RENAISSANT   .   .   .   .   .   .  .  .  . 006 043
"TOUT DE SUITE ET TOUJOURS!"   CRIAI -JE                                  136 014
                           CRIENT...PAUVRE                                119 012
                    NE   CROIRA-T -ELLE PAS                               114 013
                           CRUEL ET BLESSANT TIC-TAC DE BALANCIER   .  .  .  .  . 096 004
            LES...   CRUELLEMENT                                          116 036
                           CRUELS                                        114 007
            ETEINS...   CRUELS                                            119 020
                           CURIEUX   .   .   .   .   .   .   .   .  .  .  . 002 003
                           CURIEUX                                       076 022
                     O   CURIOSITE, TOUJOURS TU LEUR FERAS                133 031
          QUELQUEFOIS...   D'                                             048 003
                           D'ACCEPTER   .   .   .   .   .   .   .   .  .  . 072 006
FRONTS POUDRES...SUR DES REGARDS   D'ACIER                               096 002
             PIPEUSE   D'AMANT                                            088 010
         FUYANT VERS   D'AUTRES CIEUX                                     078 019
                           D'EAU QUI BERCE   .   .   .   .   .   .   .  .  . 155 009
                           D'EAU RETENTISSANTE                            069 008
    AUX YEUX PLEINS   D'EPOUVANTES                                        097 045
IL FAUT USER SON CORPS EN   D'ETRANGES TRAVAUX,                          123 005
    FROTTES DE BAUME ET   D'HUILE   .   .   .   .   .   .   .   .  .  .  . 120 028
PETRIR ENTRE SES MAINS PLUS   D'UNE FANGE IMPURE                         123 006
            EST L'...   D'UNE...ET DES REVES FUTURS                       153 013
        SOUS UN GRAND   DAIS                                             061 002
                           DANGEREUX   .   .   .   .   .   .   .   .  .  . 131 094
                           DANS                                          151 003
                           DANS                                          016 001
COMME LE...FECOND TOMBE   DANS LE SILLON                                 104 022
    QUE...DE LA NUIT...   DANS LEURS   .   .   .   .   .   .   .   .  .  . 105 002
(IL FAUT CHARMER NOS MORTS   DANS LEURS NOIRES RETRAITES)                086 025
                           DANS L'AIR SILENCIEUX.                         105 008
                           DANS SA                                       130 057
         J'AI VU   DANS UN RETRAIT DE TAMARINS AMBRES   .   .   .   .   .   . 061 002
    GRANDES...   DANS...JARDINIERES                                      121 003
                    EN   DANSANT MARCHE                                  042 011
                           DARDE                                         141 005
                           DE   .   .   .   .   .   .   .   .  .  .  .  . 110 035
        FONT L'EFFET   DE                                                116 016
    PUIS...EFFORCANT   DE                                                150 025
                           DE                                            100 008
        PAGES FLAIREURS   DE   .   .   .   .   .   .   .   .  .  .  .  . 088 037
CRUEL ET BLESSANT TIC-TAC   DE BALANCIER                                 096 004
            FROTTES   DE BAUME ET D'HUILE                                120 028
         AU FOND   DE CARREFOURS                                         087 021
RECEVRAIT SANS BOUGER LE CHOC   DE CENT   .   .   .   .   .   .   .   .  .  .  . 115 024
```

```
POEM LINE
005 026 .  .  .  .  .  .  .  .  .  .  .  .  .  .          HONTE... DE CES
005 025                                                  DE CES
105 003                                          FOND    DE CES QUARTIERS SOMBRES ET TORTUEUX
086 026                                                  DE DOUX VERS TOUT FUMANTS COMME DES CASSOLETTES.
038 039 .  .  .  .  .  .  .  .  .  SON BEAU CORPS NU PLEIN DE FRISSONNEMENTS
067 003                                    COMME...IDOLES DE JAIS
135 020                                                  DE LA COMMUNE LIBERTE.
133 030                               VIEILLE PERDITION   DE LA FEMME ET DE L'HOMME,
105 002 .  .  .  .  .  .  .  .  .  .  .  .  .  .  QUE...  DE LA NUIT...DANS LEURS
133 034          LE TOIT QU'ONT PARFUME LES CERCUEILS    DE LEURS PERES.
116 035                                      L'ORGANE     DE L'AMOUR AVAIT FAIT LEURS
086 023                           ET NE BOUGERAI PLUS     DE L'ANTIQUE FAUTEUIL
133 029 .  .  .  .  .  .  .  .  AMOUR DE L'INCONNU, JUS   DE L'ANTIQUE POMME,
133 030                  VIEILLE PERDITION DE LA FEMME ET DE L'HOMME,
133 029                                         AMOUR     DE L'INCONNU, JUS DE L'ANTIQUE POMME,
116 048                                                  DE MES
102 003 .  .  .  .  .  .  .  .  .  .  .  .  .  .  .  .    DE PAREIL
048 016                            OU L'AIR EST PLEIN     DE PARFUMS
140 007                                        AFIN       DE POUVOIR
074 002                                                  DE SENTIR
038 056 .  .  .  .  .  .  .  UNE BEAUTE FRELE, EN ROBE    DE SOIE.
136 014                                       "TOUT       DE SUITE ET TOUJOURS!" CRIAI -JE
061 002                           J'AI VU DANS UN RETRAIT DE TAMARINS AMBRES
005 022                                                  DE TOUS CES
150 010 .  .  .  .  .  .  .  .  .  .  .  .  .  .  .       DE TOUS LES
078 018                           PASSENT EN FOULE AU FOND DE...ET
123 011                                                  DECHIRANT
153 002                                                  DECHIRANT...SES...USE
156 012 .  .  .  .  .  .  .  .  .  .  .  .  .  .          DECHIRE ET
016 006                                   ET MEME         DECOUVERT
091 039                                                  DEFUNT, SEUL, SE SOUVIENT
116 058                                                  DEGOUTANT
105 031 .  .  .  .  .  .  .  .  .  .  .  .  LEUR...       DEJA DONNE...DOUX
100 003                                      AURIONS      DEJA DU
059 013                                                  DELICAT ET FIER, GARDE
129 033                                                  DELICIEUSE
090 050 .  .  .  .  .  .  .  .  .  .  .  .  .  LE         DELIRE
153 003                                                  DEMENCE
090 033                                      AUX...DES    DEMONS
103 012                                                  DES
105 001 .  .  .  .  .  .  .  .  .  .  .  .  .  SOMBRE     DES
105 018          COMMANDANT UNE ARMEE ET GAGNANT         DES
011 014                                                  DES
044 007                                                  DES
052 020 .  .  .  .  .  .  .  .  .  .  .  .  .  .          DES
061 014                                    REGARDS...     DES
066 007                                                  DES
088 002                                                  DES
123 002 .  .  .  .  .  .  .  BROYER BIEN                  DES CAILLOUX, ET CREVER SA MONTURE,
086 026          DE DOUX VERS TOUT FUMANTS COMME         DES CASSOLETTES.
133 033                   POUR UN LOINTAIN MIRAGE ET     DES CIEUX MOINS PROSPERES,
120 047                                                  DES CIEUX SPIRITUELS
090 033 .  .  .  .  .  .  .  .  .  .  .  AUX...           DES DEMONS
105 016                                       ET         DES FUMIERS INFECTS QUE REJETTE
105 004                             PAR MILLIERS         DES MENAGES FRILEUX,
055 008                                                  DES MONSTRES
097 047 .  .  .  .  .  .  .  .  .  .  .  .  .            DES POMMADES SAVANTES
096 002                           FRONTS POUDRES...SUR   DES REGARDS D'ACIER
153 013                              EST L'...D'UNE...ET DES REVES FUTURS
153 011             QUI SE PENCHE A LA VOIX              DES SONGES,
006 027 .  .  .  .  .  .  .  .  .  .  .  .  .  AVEC       DES VIERGES
005 021                                                  DES VISAGES MANQUES ET PLUS LAIDS QUE
013 012                                     TIRE L'EAU    DES...
116 024                                                  DES...LEGERES
005 020 .  .  .  .  .  .  .  .  .  .  .  .  .  .          DES...QUE VOILE UN
080 011                                                  DESCEND SUR MOI
069 007                           JE MONTE ET JE         DESCENDS SUR...GRANDS MONTS
133 032                                                  DESERTER COMME FONT LES OISEAUX, CES INGRATS,
105 020 .  .  .  .  .  .  ET SUIVENT A CHEVAL LEURS      DESTINS GLORIEUX.
116 030                                                  DEVORAIENT
088 046                                                  DINER
017 010                                       ON          DIRAIT
125 001 .  .  .  .  .  .  .  .  .  .  .  .  .  .  .       DIS
125 013                                 AVAIT LUI...ME   DIS -JE ALORS
125 002                                                  DIT -ON SOUVENT: "QUEL
122 003                                                  DIVIN
098 010 .  .  .  .  .  .  .  .  .  .  .  .  .  .  .       DIVIN, ANTIQUE
046 008                                     FORME         DIVINE
105 031                               LEUR...DEJA         DONNE...DOUX
005 003                                                  DONT IL ETAIT LE
130 058 .  .  .  .  .  .  .  .  .  .  .  .  .  .          DONT...BLEU NE VAUT PAS CET
061 002                                    VERTS ET      DORES
018 013                                                  DORS
105 015                                         LE        DOS BAS, ET MEURTRI ...LE POIDS
105 015 .  .  .  .  .  .  .  .  .  .  .  .  .  LE         DOS MARTYRISE ...HIDEUX
099 009                              ET VERSAIT           DOUCEMENT...GRANDS
128 010                                                  DOUTEUX COMME
105 031                   LEUR...DEJA DONNE...           DOUX
133 012 .  .  .  .  .  .  .  .  .  .  .  .  .  .  .       DOUX
```

		POEM	LINE
	DOUX ET	050	003
DE	DOUX VERS TOUT FUMANTS COMME DES CASSOLETTES.	086	026
	DU	116	004
	DU	116	017
	DU	153	004
	DU	097	016
AURIONS DEJA	DU	100	003
A L'ASPECT	DU	005	019
	DU	048	017
TROUBLE...	DU FASTUEUX	105	016
TON...PLUS BLANC QUE	DU LAIT	088	023
INVITE ENFIN LE COEUR A TROUVER	DU REPOS.	123	004
AU FOND	DU...EN TEMOIN	099	007
	DU...REDOUBLAIT	090	018
TIRE L'	EAU DES...	013	012
	D' EAU QUI BERCE	155	009
	D' EAU RETENTISSANTE	069	008
TRISTES	EBATS	114	007
ET...	ECLAIR	121	011
	ECLAIRE	129	006
	ECLATANTS	130	044
	ECOUTE...LA PLAINTE MUGISSANTE	130	073
	ECRINS	088	029
FONT L'	EFFET DE	116	016
PUIS...	EFFORCANT DE	150	025
	ELLE	100	002
NE CROIRA-T -	ELLE PAS	114	013
	ELLE VENAIT	100	016
	ELLES GROSSIRONT L'APANAGE	135	019
RECLAMAIT SON	EMPIRE	090	049
NOUS LAISSANT	EMPORTER	108	009
	EN	132	011
	EN	088	052
BIEN	EN	090	049
	EN DANSANT MARCHE	042	011
IL FAUT USER SON CORPS	EN D'ETRANGES TRAVAUX,	123	005
	EN ETUDIANT SES	149	002
PASSENT	EN FOULE AU FOND DE...ET	078	018
	EN LA VIE ETERNELLE	134	019
	EN L'ETERNELLE VOLUPTE	134	020
	EN RASSEMBLANT	091	048
	EN RELEVANT LA	131	041
UNE BEAUTE FRELE,	EN ROBE DE SOIE.	038	056
UNE ANGOISSE ME PRIT	EN SONGEANT AU	090	041
AU FOND DU...	EN TEMOIN	099	007
	EN TOUS SES	038	040
QUI S'	EN VONT BRIMBALANT A	096	003
	EN...VOYANT	013	010
	ENCOR	139	009
	ENCOR	145	003
	ENFANCE	125	009
POSSIBLE	ENFERME	153	014
INVITE	ENFIN LE COEUR A TROUVER DU REPOS.	123	004
S'	ENGOUFFRE, COMME UN	000	024
	ENNUIS	126	116
NOIRE,	ENORME	090	052
PETRIR	ENTRE SES MAINS PLUS D'UNE FANGE IMPURE	123	006
	ENVIE	126	063
S'	ENVOLAIT	116	001
ET LA LONGUE	EPOUVANTE	153	009
AUX YEUX PLEINS D'	EPOUVANTES	097	045
	EPUISE	104	010
	ERRANT PARMI	116	022
	ERRANT...VASTES	133	027
QUI SERVE A PAYER L'	ESCLAVAGE, ...	135	018
	EST L'...D'UNE...ET DES REVES FUTURS	153	013
C'	EST PLAISIR	086	009
OU L'AIR	EST PLEIN DE PARFUMS	048	016
C'	EST POURQUOI	021	004
	ET	110	028
	ET	129	001
	ET	133	008
	ET	141	006
TRISTE PRISONNIER, BILIEUX	ET	153	010
DECHIRE	ET	156	012
	ET	097	043
FLOTS	ET	012	010
	ET	046	010
DOUX	ET	050	003
	ET	054	027
MEME L'...LA CHAMBRE ETROITE	ET	056	019
	ET	058	006
PASSENT EN FOULE AU FOND DE...	ET	078	018
	ET	090	042
	ET	090	044
	ET	093	010
SOUVENIR	ET		
CRUEL	ET BLESSANT TIC-TAC DE BALANCIER	096	004
QUI BAT LES MURS ET SALIT	ET COUDOIE	038	055
BROYER BIEN DES CAILLOUX,	ET CREVER SA MONTURE, ...	123	002

		POEM LINE
AU	FOND DE CARREFOURS	087 001
	FOND DE CES QUARTIERS SOMBRES ET TORTUEUX	105 003
PASSENT EN FOULE AU	FOND DE...ET	078 018
AU	FOND DU...EN TEMOIN	099 007
DESERTER COMME	FONT LES OISEAUX, CES INGRATS, ...	133 032
	FONT L'EFFET DE	116 016
LA	FORME	139 010
	FORME DIVINE	046 008
	FOUET VIVANT . ▼	156 011
	FOUETTES	131 088
PASSENT EN	FOULE AU FOND DE...ET	078 018
	FRAIS	126 065
UNE BEAUTE	FRELE, EN ROBE DE SOIE.	038 056
PAR MILLIERS DES MENAGES	FRILEUX,	105 004
SON BEAU CORPS NU PLEIN DE	FRISSONNEMENTS	038 039
GROUILLENT...CLARTES...	FROID	071 013
	FROIDEMENT	115 025
	FRONTS POUDRES...SUR DES REGARDS D'ACIER	096 002
	FROTTES DE BAUME ET D'HUILE	120 028
	FRUITS	101 001
L'ETERNITE	FUIR	100 013
JE VOULUS	FUIR CE PERE ETERNEL...SOI	090 043
DE DOUX VERS TOUT	FUMANTS COMME DES CASSOLETTES.	086 026
ET DES	FUMIERS INFECTS QUE REJETTE	105 016
QUI	FUT	130 056
QUI	FUT	130 060
EST L'...D'UNE...ET DES REVES	FUTURS	153 013
	FUYANT VERS D'AUTRES CIEUX	078 019
COMMANDANT UNE ARMEE ET	GAGNANT DES	105 018
	GALOPENT	071 007
ET POUR LES RESSAIGNER	GALVANISER	073 008
DELICAT ET FIER,	GARDE	059 013
POUSSENT...LONG	GEMISSEMENT	078 014
	GENEREUX	113 009
	GISAIENT	132 025
	GIT	134 015
MAIS VOILA QU'UNE IDEE ETRANGE ME	GLACA	125 011
UN...	GLACIAL	103 021
ET SUIVENT A CHEVAL LEURS DESTINS	GLORIEUX,	105 020
	GOINFRE	118 003
	GONFLANT MES	069 005
	GONFLE	118 003
	GRAND	149 028
	GRAND	015 008
SOUS UN	GRAND DAIS	061 002
MONTERA...UN	GRAND PAPILLON	104 024
GRANDES...DANS...JARDINIERES		121 003
ET VERSAIT DOUCEMENT...	GRANDS	099 009
ET	GRANDS	078 017
	GRANDS	088 038
JE MONTE ET JE DESCENDS SUR...	GRANDS MONTS	069 007
	GRELOTTE COMME UN VIEUX	119 016
ELLES	GROSSIRONT L'APANAGE	135 019
	GROUILLE, CHANTE ET RIPAILLE	000 022
	GROUILLENT...CLARTES...FROID	071 013
ET...TELLEMENT	HABILE	132 011
	HABIT AURAIT	090 015
	HAGARD	090 047
QUI	HAIT	125 010
FAISANT LUTINER SA	HANCHE AVEC	132 003
QU'ILS RENDRONT TOUJOURS LEUR PEUPLE	HEUREUX	105 019
LE DOS MARTYRISE ...	HIDEUX	105 015
	HIDEUX	031 003
	HIVERNAL	064 013
COMME...	HOMME	102 002
VIEILLE PERDITION DE LA FEMME ET DE L'	HOMME,	133 030
	HONNETE...CHAUDE	104 011
	HONTE...DE CES	005 026
LE	HONTEUX	044 017
	HONTEUX	054 037
	HORRIBLE	038 049
	HORRIBLES	078 011
FROTTES DE BAUME ET D'	HUILE	120 028
	HUMENT LE VIEUX PARFUM	076 014
RESSEMBLE AUX	HURLEMENS	074 012
LONG	HURLEMENT	006 043
...RENCONTRER L'	IDEALE FIGURE	123 007
MAIS VOILA QU'UNE	IDEE ETRANGE ME GLACA	125 011
COMME...	IDOLES DE JAIS	067 003
	IGNOBLES	113 014
	IL	105 032
DONT	IL ETAIT LE	005 012
QUE SOUVENT	IL FALLAIT REPEINDRE	001 040
(	IL FAUT CHARMER NOS MORTS DANS LEURS NOIRES RETRAITES)	086 025
	IL FAUT USER SON CORPS EN D'ETRANGES TRAVAUX, . . .	123 005
QU'	IL RESSEMBLE AU	045 030
ET QU'	IL VEUT	001 038
	ILS JURENT QU'ILS RENDRONT TOUJOURS LEUR PEUPLE HEUREUX	105 019
ILS JURENT QU'	ILS RENDRONT TOUJOURS LEUR PEUPLE HEUREUX	105 019

		POEM	LINE
	LE	090	009
SONNANT	LE	091	053
L'ORBE MYSTERIEUX...	LE BONHEUR	130	059
	LE CHANTRE	018	005
RECEVRAIT SANS BOUGER	LE CHOC DE CENT	115	024
APAISER	LE COEUR ...CALMER LA SOUFFRANCE	105	029
INVITE ENFIN	LE COEUR A TROUVER DU REPOS.	123	004
	LE DELIRE	090	050
	LE DOS BAS, ET MEURTRI ...LE POIDS	105	015
	LE DOS MARTYRISE ...HIDEUX	105	015
	LE HONTEUX	044	017
	LE MARCHE	113	005
LE DOS BAS, ET MEURTRI ...	LE POIDS	105	015
COMME LE...FECOND TOMBE DANS	LE SILLON	104	022
	LE SOLEIL	005	002
	LE SOMBRE	123	008
	LE SOMBRE	069	012
	LE SON	132	026
	LE TOIT QU'ONT PARFUME LES CERCUEILS DE LEURS PERES.	133	034
HUMENT	LE VIEUX PARFUM	076	014
	LE VIF	155	016
	LE...AVAIT SES VICTUAILLES	009	005
OUI, VOILA BIEN	LE...CHER A	095	005
COMME	LE...FECOND TOMBE DANS LE SILLON	104	022
	LEGERE	038	011
DES...	LEGERES	116	024
	LES	133	027
DE TOUS	LES	150	010
	LES	104	010
	LES	009	001
	LES	035	010
	LES	046	012
LE TOIT QU'ONT PARFUME	LES CERCUEILS DE LEURS PERES.	133	034
POUR QUE TU	LES CONNAISSE	052	001
PLUS...SEUL...QUI SOUVENT	LES CONSOLE	123	012
	LES ETOILES	017	013
	LES FANTOMES...RACCROCHENT	090	002
	LES INNOCENTS	105	030
QUI BAT	LES MURS ET SALIT ET COUDOIE	038	055
DESERTER COMME FONT	LES OISEAUX, CES INGRATS,	133	032
ET POUR	LES RESSAIGNER GALVANISER	073	008
	LES...CRUELLEMENT	116	036
O CURIOSITE, TOUJOURS TU	LEUR FERAS	133	031
ILS JURENT QU'ILS RENDRONT TOUJOURS	LEUR PEUPLE HEUREUX	105	019
	LEUR...DEJA DONNE...DOUX	105	031
L'ORGANE DE L'AMOUR AVAIT FAIT	LEURS	116	035
QUE...DE LA NUIT...DANS	LEURS	105	002
ET SUIVENT A CHEVAL	LEURS DESTINS GLORIEUX.	105	020
(IL FAUT CHARMER NOS MORTS DANS	LEURS NOIRES RETRAITES)	086	025
LE TOIT QU'ONT PARFUME LES CERCUEILS DE	LEURS PERES.	133	034
JE NE	LEVERAI PAS LE	086	022
DE LA COMMUNE	LIBERTE.	135	020
POUR UN	LOINTAIN MIRAGE ET DES CIEUX MOINS PROSPERES, ...	133	033
	LONG	015	007
POUSSENT...	LONG GEMISSEMENT	078	014
	LONG HURLEMENT	006	043
MARCHER	LONGTEMPS, ET PAR MONTS ET PAR VAUX, ...	123	001
ET LA	LONGUE EPOUVANTE	153	009
	LONGUES	033	011
	LUEURS	155	012
AVAIT	LUI...ME DIS -JE ALORS	125	013
OU LA	LUNE PALIE	155	011
QUE LA	LUNE TRAVERSE	155	011
FAISANT	LUTINER SA HANCHE AVEC	132	003
	LUTINS	088	027
CE RUDE TRAVAILLEUR, QUI TOUJOURS	LUTTE ET VEILLE,	153	012
	M'A VERSE	134	018
	MA BLANCHETTE	088	001
PETRIR ENTRE SES	MAINS PLUS D'UNE FANGE IMPURE	123	006
	MAIS POUR QUE RIEN NE SOIT JETE,	135	017
	MAIS VOILA QU'UNE IDEE ETRANGE ME GLACA	125	011
	MAIS...LA VUE	113	011
	MAITRE	126	091
MAL VETU,	MAL CHAUSSE	153	001
	MAL VETU, MAL CHAUSSE	153	001
	MALSAINS	000	021
COMME UN	MANANT IVRE, OU COMME UN SOUDARD	038	054
DES VISAGES	MANQUES ET PLUS LAIDS QUE	005	021
LE	MARCHE	113	005
EN DANSANT	MARCHE	042	011
	MARCHER LONGTEMPS, ET PAR MONTS ET PAR VAUX, ...	123	001
	MARTYRISANT	133	024
LE DOS	MARTYRISE ...HIDEUX	105	015
	MARTYRS	126	116
	MAUDITS	123	010
	ME	116	006
AVAIT LUI...	ME DIS -JE ALORS	125	013
MAIS VOILA QU'UNE IDEE ETRANGE	ME GLACA	125	011
UNE ANGOISSE	ME PRIT EN SONGEANT AU	090	041

```
POEM LINE
020 007 .  .   .   .   .   .   .   .   .   .   .   .   .   .    .    .       MECENE
120 008                                        AIMABLE   MEDECIN
086 004                                         CHANTS   MELODIEUX
016 006                                             ET   MEME DECOUVERT
056 019 .  .   .   .   .   .   .   .   .   .   .   .   .       MEME L'...LA CHAMBRE ETROITE ET
105 004 .  .   .   .   .   .   .   .   PAR MILLIERS DES   MENAGES FRILEUX,
116 048                                             DE   MES
069 005                                       GONFLANT   MES
120 034 .  .   .   .   .   .   .   .   .   .   .   .   .       METS·TON PARAGRAPHE
105 015                                  LE DOS BAS, ET   MEURTRI ...LE POIDS
105 004                                            PAR   MILLIERS DES MENAGES FRILEUX,
125 012                                              O   MIRACLE
133 033 .  .   .   .   .   POUR UN LOINTAIN   MIRAGE ET DES CIEUX MOINS PROSPERES,
038 033                                         MIROIRS, PIERRE
117 009                                         MIROITANT
149 030                                         MOI
080 011 .  .   .   .   .   .   .   .   .   .   DESCEND SUR   MOI
091 075                                         MOI
092 013                                         MOI
088 051                                         MOI...O
133 033 .  .   .   .   POUR UN LOINTAIN MIRAGE ET DES CIEUX   MOINS PROSPERES,
090 040                                         TOUS... MOINS VIEUX
038 002                                         MON
037 002                                      SOLEIL... MON AME
104 002 .  .   .   .   .   .   .   .   .   POUSSERAI..., MON BIEN -AIME
043 004                                     SUSPENDANT   MON REGARD A
136 018                                         MONSTRES
055 008                                            DES   MONSTRES
156 014 .  .   .   .   .   .   .   .   .   .   .   .   .    .   .   .       MONSTRUEUSE
090 036                                         MONSTRUEUX
069 007                                             JE   MONTE ET JE DESCENDS SUR...GRANDS MONTS
104 024                                         MONTERA...UN GRAND PAPILLON
069 007 .  .   .   .   JE MONTE ET JE DESCENDS SUR...GRANDS   MONTS
123 001                               MARCHER LONGTEMPS, ET PAR   MONTS ET PAR VAUX,
123 002       BROYER BIEN DES CAILLOUX, ET CREVER SA   MONTURE,
029 044                                         VIVRE... MONUMENTS
088 046 .  .   .   .   .   .   .   .   .   .   .   .   .    .   .   .       MORCEAU
072 013                                         MORSURE
116 015                                         TOUS... MORTELS
086 025                            (IL FAUT CHARMER NOS   MORTS DANS LEURS NOIRES RETRAITES)
062 023 .  .   .   .   .   .   .   ▼   .   .   .   .   .   .       MOURANS
061 012                                         MOUSSEUSES
116 045                                     PAUVRE... MUET
130 073                               ECOUTE...LA PLAINTE   MUGISSANTE
038 055 .  .   .   .   .   .   .   .   .   QUI BAT LES   MURS ET SALIT ET COUDOIE
088 028                                         MUTINS
130 059                                       L'ORBE   MYSTERIEUX...LE BONHEUR
104 023                                     ET...UNION   NAITRA
133 028 .  .   .   .   .   .   .   .   .   .   .   .   .       NATIFS
090 051                                      COMME UN   NAVIRE
039 004                                         NAVIRE POUSSE
086 023                                             ET   NE BOUGERAI PLUS DE L'ANTIQUE FAUTEUIL
014 010 .  .   .   .   .   .   .   .   .   .   .   .   .       NE CONNAIT
126 024                                         NE CONNAIT PAS
114 013                                         NE CROIRA-T -ELLE PAS
086 022                                             JE   NE LEVERAI PAS LE
135 017 .  .   .   .   .   .   .   .   MAIS POUR QUE RIEN   NE SOIT JETE,
130 058                                    DONT...BLEU   NE VAUT PAS CET
090 042                                             AU   NEUVIEME! AU POSSIBLE, AU PROBABLE
071 004                                        SANS... NI
090 052 .  .   .   .   .   .   .   .   .   .   .   .   .       NOIRE, ENORME
086 025              (IL FAUT CHARMER NOS MORTS DANS LEURS   NOIRES RETRAITES)
061 011                                         NOS
086 025                          (IL FAUT CHARMER   NOS MORTS DANS LEURS NOIRES RETRAITES)
150 021 .  .   .   .   .   .   .   ▼   .   .   .   .   .       NOUS AVONS
108 009                                         NOUS LAISSANT EMPORTER
105 026                                      COMME UN   NOUVEAU
088 024                                           TOUT   NOUVELET
038 039 .  .   .   .   .   .   .   .   SON BEAU CORPS   NU PLEIN DE FRISSONNEMENTS
105 002                                  QUE...DE LA   NUIT...DANS LEURS
118 009                                         O
088 051                                      MOI... O
133 031 .  .   .   .   .   .   .   .   .   .   .   .   .       O CURIOSITE, TOUJOURS TU LEUR FERAS
125 012                                         O MIRACLE
016 014                                         OBJET
120 016                                          PEUX   OCTROYER
038 028 .  .   .   .   .   .   .   .   .   .   .   .   UNE   ODEUR
032 008                                         ODORANT
102 002                                         OEIL
116 059                                         OH
116 004 .  .   .   .   .   .   .   ▼   .   .   .   .   .   .   .   .   .       OISEAU QU'
133 035                               DESERTER COMME FONT LES   OISEAUX, CES INGRATS,
075 007                                         OMBRE
017 010                                         ON DIRAIT
125 002 .  .   .   .   .   .   .   .   .   .   .   DIT - ON SOUVENT: "QUEL
133 034                       LE TOIT QU'   ONT PARFUME LES CERCUEILS DE LEURS PERES.
130 059                                    L'   ORBE MYSTERIEUX...LE BONHEUR
009 012                                     IMPUISSANT   ORCAGNA!
116 035 .  .   .   .   .   .   .   .   .   .   .   .   L'   ORGANE DE L'AMOUR AVAIT FAIT LEURS
```

		POEM	LINE
	ORGUEIL	059	011
	OTIEUX	130	004
	OU	025	006
	OU	062	027
COMME UN MANANT IVRE,	OU COMME UN SOUDARD	038	054
	OU JE VEUX COMPOSER POUR UN JEUNE CERCUEIL	086	024
TROUVER UN ASILE	OU LA BONNE	123	003
	OU LA LUNE PALIE	155	011
	OU L'AIR EST PLEIN DE PARFUMS	048	016
TRES -LACHEMENT, POUR	OUBLIER	150	028
	OUI	132	005
	OUI, VOILA BIEN LE...CHER A	095	005
	OURS	000	030
	PAGES	094	001
	PAGES FLAIREURS DE	088	037
	PALAIS VERDOYANT	013	009
	PALE	064	014
OU LA LUNE	PALIE	155	011
MONTERA...UN GRAND	PAPILLON	104	024
	PAR	038	020
MARCHER LONGTEMPS, ET	PAR MILLIERS DES MENAGES FRILEUX, ...	105	004
MARCHER LONGTEMPS, ET PAR MONTS ET	PAR MONTS ET PAR VAUX,	123	001
METS TON	PAR VAUX,	123	001
DE	PARAGRAPHE	120	034
	PAREIL	102	003
	PAREILLES	126	097
	PARESSEUX	110	004
	PARFOIS	069	001
ET	PARFOIS LE	069	013
HUMENT LE VIEUX	PARFUM	076	014
LE TOIT QU'ONT	PARFUME LES CERCUEILS DE LEURS PERES.	133	034
OU L'AIR EST PLEIN DE	PARFUMS	048	016
ERRANT	PARMI	116	022
NE CROIRA-T -ELLE	PAS	114	013
NE CONNAIT	PAS	126	024
	PAS	077	017
DONT...BLEU NE VAUT	PAS CET	130	058
JE NE LEVERAI	PAS LE	086	022
	PASSENT EN FOULE AU FOND DE...ET	078	018
CRIENT...	PAUVRE	119	012
	PAUVRE...MUET	116	045
QUI SERVE A	PAYER L'ESCLAVAGE,	135	018
QUI SE	PENCHE A LA VOIX DES SONGES,	153	011
	PENETRE	051	012
VIEILLE	PERDITION DE LA FEMME ET DE L'HOMME, ...	133	030
JE VOULUS FUIR CE	PERE ETERNEL...SOI	090	043
OIT QU'ONT PARFUME LES CERCUEILS DE LEURS	PERES.	133	034
	PESANTE	069	006
	PESANTES	013	005
	PETRIR ENTRE SES MAINS PLUS D'UNE FANGE IMPURE	123	006
ILS JURENT QU'ILS RENDRONT TOUJOURS LEUR	PEUPLE HEUREUX	105	019
SANS	PEUR	119	017
	PEUT	005	016
	PEUX	018	007
	PEUX OCTROYER	120	016
MIROIRS,	PIERRE	038	033
	PILLER	088	026
	PIPEUSE D'AMANT	088	010
ECOUTE...LA	PLAINTE MUGISSANTE	130	073
C'EST	PLAISIR	086	009
	PLEIN	121	009
TOUJOURS	PLEIN	134	011
SON BEAU CORPS NU	PLEIN DE FRISSONNEMENTS	038	039
OU L'AIR EST	PLEIN DE PARFUMS	048	016
	PLEINE	150	022
AUX YEUX	PLEINS D'EPOUVANTES	097	045
	PLEURS	106	004
	PLIANTE	110	039
TON...	PLUS BLANC QUE DU LAIT	088	023
ET NE BOUGERAI	PLUS DE L'ANTIQUE FAUTEUIL	086	023
PETRIR ENTRE SES MAINS ET	PLUS D'UNE FANGE IMPURE	123	006
DES VISAGES MANQUES ET	PLUS LAIDS QUE	005	021
	PLUS...SEUL...QUI SOUVENT LES CONSOLE	123	012
LE DOS BAS, ET MEURTRI ...LE	POIDS	105	015
PREMIERS	POIDS	076	016
	POINT	097	052
DES	POMMADES SAVANTES	097	047
AMOUR DE L'INCONNU, JUS DE L'ANTIQUE	POMME,	133	029
	PORTE	016	011
	POSSIBLE ENFERME	153	014
AU NEUVIEME! AU	POSSIBLE, AU PROBABLE	090	042
	POTS	062	024
FRONTS	POUDRES...SUR DES REGARDS D'ACIER	096	002
	POUR	144	010
	POUR	046	011
ET	POUR LES RESSAIGNER GALVANISER	073	008
TRES -LACHEMENT,	POUR OUBLIER	150	028
MAIS	POUR QUE RIEN NE SOIT JETE,	135	017
	POUR QUE TU LES CONNAISSE	052	001

```
POEM LINE
086 024 .  .  .  .  .  .  .  .  .  .     OU JE VEUX COMPOSER   POUR UN JEUNE CERCUEIL
133 033                                                         POUR UN LOINTAIN MIRAGE ET DES CIEUX MOINS PROSPERES
021 004                                                 C'EST   POURQUOI
039 004                                                NAVIRE   POUSSE
078 014 .  .  .  .  .  .  .  .  .  .  .  .  .  .  .  .   POUSSENT...LONG GEMISSEMENT
104 002                                                         POUSSERAI....MON BIEN -AIME
140 007                                               AFIN DE   POUVOIR
076 016                                                         PREMIERS POIDS
153 010 .  .  .  .  .  .  .  .  .  .  .  .  .  .  TRISTE   PRISONNIER, BILIEUX ET
044 013                                                         PRISONNIERS
090 041                                  UNE ANGOISSE ME   PRIT EN SONGEANT AU
090 042                           AU NEUVIEME! AU POSSIBLE, AU   PROBABLE
051 019 .  .  .  .  .  .  .  .  .  .  .  .  .  .  .     PROFONDEMENT
061 012                                                         PROFONDES
049 007                                                         PROJETTE
133 033       POUR UN LOINTAIN MIRAGE ET DES CIEUX MOINS   PROSPERES,
125 011 .  .  .  .  .  .  .  .  .  .  .  .  .  .  ET   PUIS
150 025                                                         PUIS...EFFORCANT DE
069 003                                                         PUR
116 004                                                OISEAU   QUI'
045 030 .  .  .  .  .  .  v  .  .  .  .  .  .  .  .   QU'IL RESSEMBLE AU
001 038                                                   ET   QU'IL VEUT
105 019                                          ILS JURENT   QU'ILS RENDRONT TOUJOURS LEUR PEUPLE HEUREUX
133 034                                               LE TOIT   QU'ONT PARFUME LES CERCUEILS DE LEURS PERES.
125 011 .  .  .  .  .  v  .  .  .  .  .  .  .  MAIS VOILA   QU'UNE IDEE ETRANGE ME GLACA
123 003                                                         QUADRATURE
118 018                                                         QUAND
105 003                                       FOND DE CES   QUARTIERS SOMBRES ET TORTUEUX
121 012 .  .  .  .  .  .  .  .  .  .  JUSQU'A CE   QUE
005 021                          DES VISAGES MANQUES ET PLUS LAIDS   QUE
088 023                                     TON...PLUS BLANC   QUE DU LAIT
155 011                                                         QUE LA LUNE TRAVERSE
105 016 .  .  .  .  .  .  .  .  ET DES FUMIERS INFECTS   QUE REJETTE
135 017                                          MAIS POUR   QUE RIEN NE SOIT JETE,
001 040                                                         QUE SOUVENT IL FALLAIT REPEINDRE
052 001                                                 POUR   QUE TU LES CONNAISSE
005 020 .  .  .  .  .  .  .  .  .  .  .  .  DES...   QUE VOILE UN
105 002                                                         QUE...DE LA NUIT...DANS LEURS
133 023                                                         QUE...REGRETTERAIS
125 002                                   DIT -ON SOUVENT: "   QUEL
090 005 .  .  .  .  .  v  .  .  .  .  .  .  .  .  .   QUEL
090 005                                  QUELLE AURORE! ET   QUELLE
090 005                                                         QUELLE AURORE! ET QUELLE
048 003                                                         QUELQUEFOIS...D'
096 022 .  .  .  .  .  .  .  .  .  .  .  .  .  .   QUI
097 020                                                         QUI
038 055                                                         QUI BAT LES MURS ET SALIT ET COUDOIE
155 009                                               D'EAU   QUI BERCE
130 056 .  .  .  .  .  .  .  .  .  .  .  .  .  .  .   QUI FUT
130 060                                                         QUI FUT
125 010                                                         QUI HAIT
153 011                                                         QUI SE PENCHE A LA VOIX DES SONGES,
135 018 .  .  .  .  .  .  .  .  .  .  .  .  .  .   QUI SERVE A PAYER L'ESCLAVAGE,
123 012                                        PLUS...SEUL...   QUI SOUVENT LES CONSOLE
096 003                                                         QUI S'EN VONT BRIMBALANT A
153 012                                  CE RUDE TRAVAILLEUR,   QUI TOUJOURS LUTTE ET VEILLE,
130 008 .  .  .  .  .  .  .  .  .  .  .  .  .  .   QUI VONT
090 002                                       LES FANTOMES...   RACCROCHENT
124 014                                                         RAFRAICHISSEUSES
057 012                                                         RAIDE
090 019 .  .  .  .  .  .  .  .  .  .  .  .  .  .   RAIDE
090 010                                                         RAIDISSANT
097 021                                                         RAILLER
074 012                                                         RALEMENS
061 014 .  .  .  .  .  .  .  .  .  .  .  .  BEAUX...   RAMPANTS
091 048                                                   EN   RASSEMBLANT
115 024                                                         RECEVRAIT SANS BOUGER LE CHOC DE CENT
090 049                                                         RECLAMAIT SON EMPIRE
090 018 .  .  .  .  .  .  .  .  .  .  .  .  .  DU...   REDOUBLAIT
043 004                                       SUSPENDANT MON   REGARD A
096 002                               FRONTS POUDRES...SUR DES   REGARDS D'ACIER
061 014                                                         REGARDS...DES
133 023 .  .  .  .  .  .  .  .  .  .  .  .  .  QUE...   REGRETTERAIS
105 016                               ET DES FUMIERS INFECTS QUE   REJETTE
131 041                                                   EN   RELEVANT LA
088 035                                                         RELUQUANT
146 010 .  .  .  .  .  .  .  .  .  .  .  .  .  .  .   REMPLI
006 043                                                  CRI   RENAISSANT
123 007                                             ...   RENCONTRER L'IDEALE FIGURE
105 019                                   ILS JURENT QU'ILS   RENDRONT TOUJOURS LEUR PEUPLE HEUREUX
001 040 .  .  .  .  .  .  .  .  .  QUE SOUVENT IL FALLAIT   REPEINDRE
123 004                          INVITE ENFIN LE COEUR A TROUVER DU   REPOS.
104 013                                                         RESONNER
073 008                                         ET POUR LES   RESSAIGNER GALVANISER
045 030 .  .  .  .  .  .  .  .  .  .  .  .  .  .  QU'IL   RESSEMBLE AU
074 012                                                         RESSEMBLE AUX HURLEMENS
069 008                                                 D'EAU   RETENTISSANTE
061 002                                   J'AI VU DANS UN   RETRAIT DE TAMARINS AMBRES
086 025       (IL FAUT CHARMER NOS MORTS DANS LEURS NOIRES   RETRAITES)
```

```
                                                                      POEM LINE
                                REVANT  .  .  .  .  .  .  .  .  .  .  .  .  .  . 138 029
            EST L'...D'UNE...ET DES  REVES FUTURS                              153 013
                    MAIS POUR QUE  RIEN NE SOIT JETE,                          135 017
               GROUILLE, CHANTE ET  RIPAILLE                                  000 022
           UNE BEAUTE FRELE, EN  ROBE DE SOIE.  .  .  .  .  .  .  .  .  .  . 038 056
                                ROBUSTES                                       112 002
                                RUDE                                           062 007
                            CE  RUDE TRAVAILLEUR, QUI TOUJOURS LUTTE ET VEILLE, 153 012
                                RUISSELANT  .  .  .  .  .  .  .  .  .  .  .  .  . 005 009
                       QUI  S'EN VONT BRIMBALANT A                             096 003
                                S'ENGOUFFRE, COMME UN                          000 024
                                S'ENVOLAIT                                     116 001
                                S'ETALER  .  .  .  .  .  .  .  .  .  .  .  .  . 007 003
                                SA                                             128 020
                       DANS  SA                                                130 057
                                SA                                             037 006
             FAISANT LUTINER  SA HANCHE AVEC  .  .  .  .  .  .  .  .  .  .  . 132 003
BROYER BIEN DES CAILLOUX, ET CREVER  SA MONTURE,                               123 004
                                SAISI                                          105 031
                                SALE                                           089 016
            QUI BAT LES MURS ET  SALIT ET COUDOIE  .  .  .  .  .  .  .  .  .  . 038 055
                                SALIVE EXQUISE                                 028 031
                                3ANG                                           129 036
                                SANGLOT                                        121 010
                                SANS  .  .  .  .  .  .  .  .  .  .  .  .  .  . 133 022
                 RECEVRAIT  SANS BOUGER LE CHOC DE CENT                        115 024
                                SANS PEUR                                      119 017
                                SANS...NI                                      071 004
                                SAPHO  .  .  .  .  .  .  .  .  .  .  .  .  .  . 130 070
             DES POMMADES  SAVANTES                                            097 047
                                SE BALANCAIT...ANGE                            116 001
                                SE COUCHER                                     143 012
                       QUI  SE PENCHE A LA VOIX DES SONGES,  .  .  .  .  .  .  . 153 011
            DEFUNT, SEUL,  SE SOUVIENT                                         091 039
                  FIEVRE...  SE...ABATTAIT                                     090 050
                                SECRETS                                        120 022
                                SELLE  .  .  .  .  .  .  .  .  .  .  .  .  .  . 108 002
                                SEMBLE...AGONISANT                             021 020
                                SENT                                           114 013
                                SENTANT...SIECLE ARACHNEENNE                   048 006
                        DE  SENTIR  .  .  .  .  .  .  .  .  .  .  .  .  .  . 074 002
                                SERTIS                                         001 071
                       QUI  SERVE A PAYER L'ESCLAVAGE,                         135 018
               L'ARGENT...  SES                                                119 018
              EN ETUDIANT  SES  .  .  .  .  .  .  .  .  .  .  .  .  .  .  . 149 002
                                SES                                            155 010
                  EN TOUS  SES                                                 038 040
              PETRIR ENTRE  SES MAINS PLUS D'UNE FANGE IMPURE                  123 006
                  LE...AVAIT  SES VICTUAILLES  .  .  .  .  .  .  .  .  .  .  . 009 005
              DECHIRANT...  SES...USE                                          153 002
                 DEFUNT, SEUL, SE SOUVIENT                                     091 039
                PLUS...  SEUL...QUI SOUVENT LES CONSOLE                        123 012
              SENTANT...  SIECLE ARACHNEENNE  .  .  .  .  .  .  .  .  .  .  . 048 006
               DANS L'AIR  SILENCIEUX.                                         105 008
     COMME LE...FECOND TOMBE DANS LE  SILLON                                   104 022
             VIEUX BONNETS...  SIX                                             088 050
   JE VOULUS FUIR CE PERE ETERNEL...  SOI  .  .  .  .  .  .  .  .  .  .  .  . 090 043
       UNE BEAUTE FRELE, EN ROBE DE  SOIE.                                     038 056
             VIENNE...  SOIGNEUX,                                              121 013
     MAIS POUR QUE RIEN NE  SOIT JETE,                                         135 017
                                SOIXANTE  .  .  .  .  .  .  .  .  .  .  .  .  . 085 009
                        LE  SOLEIL                                             005 002
                                SOLEIL...MON AME                               037 002
                        LE  SOMBRE                                             123 008
                                SOMBRE  .  .  .  .  .  .  .  .  .  .  .  .  . 038 014
                        LE  SOMBRE                                             069 012
                                SOMBRE                                         090 008
                                SOMBRE DES                                     105 001
                                SOMBRES  .  .  .  .  .  .  .  .  .  .  .  .  . 118 004
                                SOMBRES                                        003 013
       FOND DE CES QUARTIERS  SOMBRES ET TORTUEUX                              105 003
                        LE  SON                                                132 026
                                SON  .  .  .  .  .  .  .  .  .  .  .  .  .  . 097 007
                                SON BEAU CORPS NU PLEIN DE FRISSONNEMENTS      038 039
               IL FAUT USER  SON CORPS EN D'ETRANGES TRAVAUX,                  123 005
                  RECLAMAIT  SON EMPIRE                                        090 049
       UNE ANGOISSE ME PRIT EN  SONGEANT AU  .  .  .  .  .  .  .  .  .  .  . 090 041
       QUI SE PENCHE A LA VOIX DES  SONGES,                                    153 011
                                SONNANT LE                                     091 053
     COMME UN MANANT IVRE, OU COMME UN  SOUDARD                                038 054
       APAISER LE COEUR ...CALMER LA  SOUFFRANCE  .  .  .  .  .  .  .  .  .  . 105 029
                                SOUS                                           098 005
                                SOUS UN GRAND DAIS                             061 002
                                SOUVENIR ET                                    093 010
                                SOUVENT  .  .  .  .  .  .  .  .  .  .  .  .  . 067 013
                       QUE  SOUVENT IL FALLAIT REPEINDRE                       001 040
            PLUS...SEUL...QUI  SOUVENT LES CONSOLE                             123 012
                    DIT -ON  SOUVENT: "QUEL                                    125 002
              DEFUNT, SEUL, SE  SOUVIENT  .  .  .  .  .  .  .  .  .  .  .  .  . 091 039
```

```
POEM LINE
120 047 . . . . . . . . . . . . . . . DES CIEUX SPIRITUELS
129 027                                          SPLENDEURS
109 011                                          STEPPES
051 007                                          SUAVE
136 014 . . . . . . . . . . . . "TOUT DE SUITE ET TOUJOURS!" CRIAI -JE
105 020                                       ET SUIVENT A CHEVAL LEURS DESTINS GLORIEUX.
118 020                                          SUR
080 012                                          SUR
096 002 . . . . . . . . . . . . FRONTS POUDRES... SUR DES REGARDS D'ACIER
080 011                                  DESCEND SUR MOI
069 007                  JE MONTE ET JE DESCENDS SUR...GRANDS MONTS
005 010                                          SUSPENDAIT
043 004 . . . . . . . . . . . . . . . . SUSPENDANT MON REGARD A
057 024                                          TABOURET
018 014                                  ET... TAILLES
061 002        J'AI VU DANS UN RETRAIT DE TAMARINS AMBRES
121 009 . . . . . . . . . . . . . . . . . TEINT
132 011                                  ET... TELLEMENT HABILE
099 007                          AU FOND DU...EN TEMOIN
105 007                                          TENEBREUX
150 012 . . . . . . . . . . . . . . . . TERRIBLE
088 023                                      TON TETIN BLANC COMME LAIT
096 004                       CRUEL ET BLESSANT TIC-TAC DE BALANCIER
013 012                                          TIRE L'EAU DES...
018 010 . . . . . . . . . . . . . . . . TOI
133 034                                       LE TOIT QU'ONT PARFUME LES CERCUEILS DE LEURS PERES.
104 022                          COMME LE...FECOND TOMBE DANS LE SILLON
119 019                                          TON
097 057 . . . . . . . . . . . . . . . . TON
020 012                                          TON
131 070                                          TON CORPS
120 034                                     METS TON PARAGRAPHE
088 023 . . . . . . . . . . . . . . . . TON TETIN BLANC COMME LAIT
088 023                                          TON...PLUS BLANC QUE DU LAIT
105 003                 FOND DE CES QUARTIERS SOMBRES ET TORTUEUX
016 004                                          TOUCHE
105 019 . . . . . . ILS JURENT QU'ILS RENDRONT TOUJOURS LEUR PEUPLE HEUREUX
153 012                 CE RUDE TRAVAILLEUR, QUI TOUJOURS LUTTE ET VEILLE,
134 011                                          TOUJOURS PLEIN
133 031                           O CURIOSITE, TOUJOURS TU LEUR FERAS
136 014 . . . . . . . . "TOUT DE SUITE ET TOUJOURS!" CRIAI -JE
005 022                                       DE TOUS CES
150 010                                       DE TOUS LES
038 040                                       EN TOUS SES
090 040 . . . . . . . . . . . . . . . . TOUS...MOINS VIEUX
116 015                                          TOUS...MORTELS
136 014                                       " TOUT DE SUITE ET TOUJOURS!" CRIAI -JE
086 026                          DE DOUX VERS TOUT FUMANTS COMME DES CASSOLETTES.
088 024 . . . . . . . . . . . . . . . . TOUT NOUVELET
113 002                                          TRANQUILLES
039 003                                          TRAVAILLER
153 012                                  CE RUDE TRAVAILLEUR, QUI TOUJOURS LUTTE ET VEILLE,
123 005 . . . . . IL FAUT USER SON CORPS EN D'ETRANGES TRAVAUX,
108 007                                        A TRAVERS
059 002                                          TRAVERSANT
155 011                           QUE LA LUNE TRAVERSE
093 006 . . . . . . . . . . . . . . . . TREMBLANT
107 004                                          TREMPER
150 028                                          TRES -LACHEMENT, POUR OUBLIER
153 010                                          TRISTE PRISONNIER, BILIEUX ET
071 012 . . . . . . . . . . . . . . . . UN TRISTE...A
015 013                                          TRISTEMENT
118 004                                          TRISTES
114 007                                          TRISTES EBATS
030 006 . . . . . . . . . . . . . . . . TROIS
030 005                                          TROIS
118 023                                          TRONANT
105 016                                          TROUBLE...DU FASTUEUX
123 004 . . . . . . . . . . INVITE ENFIN LE COEUR A TROUVER DU REPOS.
123 003                                          TROUVER UN ASILE OU LA BONNE
092 011                                          TU
052 001                                  POUR QUE TU LES CONNAISSE
133 031 . . . . . . . O CURIOSITE, TOUJOURS TU LEUR FERAS
106 031                                          TURPIDES
120 038                                          UN
000 024                          S'ENGOUFFRE, COMME UN
005 020 . . . . . . . . . . . . . DES...QUE VOILE UN
078 019                                    COMME UN
091 038                                          UN
123 003                                   TROUVER UN ASILE OU LA BONNE
061 002 . . . . . . . . . . . . . . . . SOUS UN GRAND DAIS
104 024                             MONTERA... UN GRAND PAPILLON
086 024                 OU JE VEUX COMPOSER POUR UN JEUNE CERCUEIL
133 033                                      POUR UN LOINTAIN MIRAGE ET DES CIEUX MOINS PROSPERES,
038 054 . . . . . . . . . . . . . . . . COMME UN MANANT IVRE, OU COMME UN SOUDARD
090 051                                    COMME UN NAVIRE
105 026                                    COMME UN NOUVEAU
061 002                       J'AI VU DANS UN RETRAIT DE TAMARINS AMBRES
038 054 . . . . . . . COMME UN MANANT IVRE, OU COMME UN SOUDARD
```

```
                                                                    POEM LINE
                             UN TRISTE...A       .  .  .  .  .  .  .  .  .  .  . 071 012
           GRELOTTE COMME    UN VIEUX                                        119 016
                             UN...GLACIAL                                    103 021
                             UNE                                             037 006
                             UNE ANGOISSE ME PRIT EN SONGEANT AU   .  .  .  .  . 090 041
              COMMANDANT     UNE ARMEE ET GAGNANT DES                        105 018
                             UNE BEAUTE FRELE, EN ROBE DE SOIE.             038 056
  PETRIR ENTRE SES MAINS PLUS D'  UNE FANGE IMPURE                           123 006
          MAIS VOILA QU'    UNE IDEE ETRANGE ME GLACA    .  .  .  .  .  .  .  . 125 011
                             UNE ODEUR                                       038 028
             EST L'...D'     UNE...ET DES REVES FUTURS                       153 013
                ET...        UNION NAITRA                                    104 023
         DECHIRANT...SES...  USE       .  .  .  .  .  .  .  .  .  .  .  .  .  . 153 002
              IL FAUT        USER SON CORPS EN D'ETRANGES TRAVAUX,          123 005
                             VAS                                             097 027
                             VASTE                                           101 004
                  CE         VASTE     .  .  .  .  .  .  .  .  .  .  .  .  .  . 089 006
                             VASTES                                          126 051
          ERRANT...          VASTES                                          133 027
       DONT...BLEU NE        VAUT PAS CET                                    130 058
MARCHER LONGTEMPS, ET PAR MONTS ET PAR  VAUX,       .  .  .  .  .  .  .  .  .  . 123 001
IE RUDE TRAVAILLEUR, QUI TOUJOURS LUTTE ET  VEILLE,                          153 012
                             VELOUTES                                        132 012
                             VENAIS                                          118 022
                 ELLE        VENAIT     .  .  .  .  .  .  .  .  .  .  .  .  .  . 100 016
                             VENIR                                           095 001
               PALAIS        VERDOYANT                                       013 009
                             VERS                                            149 039
              FUYANT         VERS D'AUTRES CIEUX    .  .  .  .  .  .  .  .  .  . 078 019
             DE DOUX         VERS TOUT FUMANTS COMME DES CASSOLETTES.        086 026
                 ET          VERSAIT DOUCEMENT...GRANDS                      099 009
                 M'A         VERSE                                           134 018
                             VERTS ET DORES    .  .  .  .  .  .  .  .  .  .  .  . 061 002
                 MAL         VETU, MAL CHAUSSE                               153 001
            ET QU'IL         VEUT                                            001 038
                             VEUX                                            001 041
              OU JE          VEUX COMPOSER POUR UN JEUNE CERCUEIL     .  .  .  .  . 086 024
          LE...AVAIT SES     VICTUAILLES                                     009 005
                             VIE                                             075 001
             EN LA           VIE ETERNELLE                                   134 019
                             VIEILLE    .  .  .  .  .  .  .  .  .  .  .  .  .  . 030 011
                             VIEILLE PERDITION DE LA FEMME ET DE L'HOMME,    133 030
                             VIENNE...SOIGNEUX                               121 013
           AVEC DES          VIERGES                                         006 027
                             VIERGES     .  .  .  .  .  .  .  .  .  .  .  .  .  . 015 006
     GRELOTTE COMME UN       VIEUX                                           119 016
         TOUS...MOINS        VIEUX                                           090 040
                             VIEUX BONNETS...SIX                            088 050
            HUMENT LE        VIEUX PARFUM     .  .  .  .  .  .  .  .  .  .  .  . 076 014
                LE           VIF                                             155 016
                             VIGILANT                                        110 027
         BRIMBORIONS...      VINGT                                           088 050
                DES          VISAGES MANQUES ET PLUS LAIDS QUE    .  .  .  .  .  . 005 021
                             VISANT                                          041 003
              FOUET          VIVANT                                          156 011
                             VIVANT                                          033 006
                             VIVRE...MONUMENTS    .  .  .  .  .  .  .  .  .  .  . 029 044
               OUI,          VOILA BIEN LE...CHER A                          095 005
               MAIS          VOILA QU'UNE IDEE ETRANGE ME GLACA             125 011
           DES...QUE         VOILE UN                                        005 020
         A CETTE BELLE       VOIX     .  .  .  .  .  .  .  .  .  .  .  .  .  .  . 136 014
     QUI SE PENCHE A LA      VOIX DES SONGES,                               153 013
         EN L'ETERNELLE      VOLUPTE                                         134 020
                QUI          VONT                                            130 008
           QUI S'EN          VONT BRIMBALANT A     .  .  .  .  .  .  .  .  .  .  . 096 003
                 JE          VOULUS FUIR CE PERE ETERNEL...SOI              090 043
                EN...        VOYANT                                          013 010
               J'AI          VU DANS UN RETRAIT DE TAMARINS AMBRES          061 002
           MAIS...LA         VUE      .  .  .  .  .  .  .  .  .  .  .  .  .  .  . 113 011
        ET...JUSQU'AUX       YEUX                                            116 031
               AUX           YEUX PLEINS D'EPOUVANTES                        097 045
```

```
                                                                              POEM LINE
                           A CE SEIGNEUR, COMME IL FAUDRAIT,    .   .   .   .   .   .   . 160 058
                           A CELLES DU ROI SALOMON,                               160 024
             TA CARCASSE    A DES AGREMENTS                                       160 016
             TA CARCASSE    A DES AGREMENTS!                                      160 020
      VINRENT DOCILEMENT    A LA CARRIERE ROUGE    .   .   .   .   .   .   .   .   . 137 041
    DE VAPEUR, QUI, SEMBLABLE A LA MAIN QUI COMMANDE                              137 032
               COMPARABLE    A LA VOIX D'UNE EAU TUMULTUEUSE                       137 059
   POUR RAFRAICHIR LEUR FIEVRE A L'OMBRE DE SA MAIN;                              137 057
                           A MIS L'OURS, LE CASTOR, LE RENNE ET LE BISON.   .   .   . 137 065
  "JE VOUS CONVOQUE TOUS, GUERRIERS, A MON CONSEIL!"                              137 036
           (ET POURTANT ELLE A SA DOUCEUR!)                                       160 050
         ET L'ESPRIT SOURIAIT A SES PAUVRES ENFANTS!                              137 091
  POURQUOI L'HOMME FAIT -IL LA CHASSE A SON VOISIN?    .   .   .   .   .   .   . 137 070
                       --  A TRAVERS LA VAPEUR SPLENDIDE DU NUAGE                137 095
                   JUSQU'   A TUSCALOOSA, LA FORET PARFUMEE,                      137 028
       T'ONT DONNE CE LUSTRE ABONDANT                                            160 008
                     ET D'  ABORD CE NE FUT QU'UN SILLON TENEBREUX;    .   .   .   .   . 137 021
        TES YEUX, QUI SONT D' ACCORD AVEC TES NOIRS CHEVEUX,                      159 005
   TES MONUMENTS HAUTAINS OU S' ACCROCHENT LES BRUMES,                            158 021
                           ADDE NUNC VIRES VIRIBUS,                               060 025
        UN LONG ROSEAU QU'AVEC ADRESSE IL ENJOLIVE.    .   .   .   .   .   .   . 137 090
                      FONS  AETERNAE JUVENTUTIS,                                  060 017
         JE SUIS DIABLEMENT  AFFLIGE                                              160 066
        COMBIEN JE DOIS ETRE  AFFLIGE.                                            160 070
             TA CARCASSE A DES AGREMENTS    .   .   .   .   .   .   .   .   . 160 016
             TA CARCASSE A DES AGREMENTS!                                         160 020
   TOUS EQUIPES EN GUERRE, ET LA MINE AGUERRIE,                                   137 044
                    CAR J'  AI DE CHAQUE CHOSE EXTRAIT LA QUINTESSENCE,           158 033
                      ...J'  AI DIT:   .   .   .   .   .   .   .   .   .   .   . 158 002
   TU M'AS DONNE TA BOUE ET J'EN AI FAIT DE L'OR.                                 158 034
                    JE VOUS  AI FAIT LA CHASSE ET LA PECHE FACILES;               137 066
    O VOUS, SOYEZ TEMOINS QUE J' AI FAIT MON DEVOIR                               158 031
   PUISQUE DEPUIS LONGTEMPS JE T' AIME,                                           160 071
                    JE T'   AIME, O MA TRES BELLE, O MA CHARMANTE...              158 003
                      J'    AIME, O PALE BEAUTE, TES SOURCILS SURBAISSES,         159 001
   VRAIMENT OUI! VIEUX MONSTRE, JE T' AIME!                                       160 075
                     ET N'  AIMER QU'UN MONSTRE PARFAIT,    .   .   .   .   .   . 160 074
                  BARIOLES  AINSI QU'UN FEUILLAGE AUTOMNAL;                       137 045
                   DANS L'  AIR DOUX DU MATIN, ONDULEUSE, EMBAUMEE.               137 020
                     ELLE   ALLA SE BRISER AU DUR PLAFOND DES CIEUX.              137 024
                  DE NE PAS  ALLER AUX SABBATS,                                   160 062
                 DEBOUT, IL  ALLUMA, COMME UN DIVIN FANAL,                        137 015
                           ALORS IL CONVOQUA LES PEUPLES INNOMBRABLES,            137 007
                           AMANT DE LA MUSE PLASTIQUE,                            159 008
                NARGUE DES   AMANTS RIDICULES    .   .   .   .   .   .   .   .   . 160 021
                 IN NAUFRAGIIS AMARIS...                                          060 014
    CHACUN S'EN RETOURNA, L' AME CALME ET RAVIE.                                  137 092
   COMME UN PARFAIT CHIMISTE ET COMME UNE AME SAINTE,                             158 032
  ES DEBAUCHES SANS SOIF ET TES AMOURS SANS AME,    .   .   .   .   .   .   .   . 158 005
                 TA LEVRE    AMERE NOUS PROVOQUE;                                 160 037
              PRECHANT L'    AMOUR, ET PUIS TES EGOUTS PLEINS DE SANG.            158 027
              LE JEU, L'     AMOUR, LA BONNE CHERE,                               160 003
   TES DEBAUCHES SANS SOIF ET TES AMOURS SANS AME,    v   .   .   .   .   .   .   . 158 005
 LA HAINE QUI BRULAIT LES YEUX DE LEURS ANCETRES                                 137 044
                           ANGES REVETUS D'OR, DE POURPRE ET D'HYACINTHE,         158 030
                     TES    ANGES, TES BOUFFONS NEUFS AUX VIEILLES DEFROQUES.     158 029
        LA VERDEUR DE TES QUARANTE ANS;    .   .   .   .   .   .   .   .   . 160 012
                           APPARUISTI, DEITAS,                                    060 012
                           AQUA TINCTA SERAPHICA;                                 060 030
              SUSPENDAM COR TUIS ARIS!                                            060 015
    ET SOUDAIN TOUS, JETANT LEURS ARMES SUR LA TERRE,    .   .   .   .   .   .   . 137 086
         ET TES JEUX D'      ARTIFICE, ERUPTIONS DE JOIE,                         158 015
                    TU M'   AS DONNE TA BOUE ET J'EN AI FAIT DE L'OR.             158 034
  POURQUOI DONC LE CHASSEUR DEVIENT -IL ASSASSIN?                                 137 067
   TES TOCSINS, TES CANONS, ORCHESTRE ASSOURDISSANT,    .   .   .   .   .   .   . 158 024
                 QUI NOUS    ATTIRE ET QUI NOUS CHOQUE.                           160 039
                     PUIS,  AU BORD DU RUISSEAU, DANS UNE ENORME GERBE,           137 011
              TU TROUVERAS   AU BOUT DE DEUX BEAUX SEINS BIEN LOURDS,             159 013
       SOTTE, TU T'EN VAS DROIT AU DIABLE!    .   .   .   .   .   .   .   .   . 160 051
      VA-T'EN DONC, TOUTE SEULE, AU DIABLE!                                       160 055
         ELLE ALLA SE BRISER  AU DUR PLAFOND DES CIEUX.                           137 024
                  RAVIVES     AU FARD DE TA JOUE,                                 160 033
             SAIT GRAVIR     AU HAUT DES VOLCANS,    .   .   .   .   .   .   .   . 160 042
        DOUCE, S'EXTASIANT    AU LUXE QU'IL DEPLOIE...                            158 019
          ET TA VERTU RISIBLE, AU REGARD MALHEUREUX,                              158 018
        POUR LA BOURRER IL PRIT AU SAULE SON ECORCE;                             137 013
  BARIOLES AINSI QU'UN FEUILLAGE AUTOMNAL;    .   .   .   .   .   .   .   .   . 137 045
           JE PREFERE TES FRUITS, AUTOMNE,                                        160 013
            DANS L'IMMENSE PRAIRIE AUX COTEAUX MONTUEUX;                          137 003
              TES PETITS ORATEURS, AUX ENFLURES BAROQUES,                         158 026
       DEPUIS LE NOMBRIL JUSQU' AUX FESSES;    .   .   .   .   .   .   .   .   . 159 012
                           AUX FLEURS BANALES DU PRINTEMPS;                       160 014
       DEPUIS LES LACS DU NORD AUX ONDES TAPAGEUSES,                              137 026
                  QUI DIT     AUX QUATRE COINS DE L'IMMENSE PRAIRIE:              137 035
            DE NE PAS ALLER   AUX SABBATS,                                        160 062
   TES ANGES, TES BOUFFONS NEUFS AUX VIEILLES DEFROQUES.                          158 029
         TES REINES DE THEATRE AUX VOIX ENCHANTERESSES,                           158 023
           UN LONG ROSEAU QU' AVEC ADRESSE IL ENJOLIVE.                           137 090
        LES CONSIDERAIT TOUS   AVEC COMPASSION,    .   .   .   .   .   .   .   . 137 051
```

```
POEM LINE
137 009 .  .  .  .  .  .  .  .  .  .  .  .  .  .  .  .  AVEĆ SA MAIN TERRIBLE IL ROMPIT UN MORCEAU
137 058                          PUIS IL LEUR DIT  AVEC SA VOIX MAJESTUEUSE,
159 006                                            AVEC TA CRINIERE ELASTIQUE,
159 005              TES YEUX, QUI SONT D'ACCORD  AVEC TES NOIRS CHEVEUX,
160 052 .  .  .  .  .  .  .  .  .  VOLONTIERS J'IRAIS  AVEC TOI,
137 077         QUI VIENDRA VOUS INSTRUIRE ET SOUFFRIR  AVEC VOUS.
159 009                 SUIVRE L'ESPOIR QU'EN TOI NOUS  AVONS EXCITE,
137 005                      DOMINANT TOUT L'ESPACE ET  BAIGNE DE LUMIERE,
137 017 .  .  .  .  .  .  IL FUMAIT, DROIT, SUPERBE ET  BAIGNE DE LUMIERE.
160 064                        COMMENT TU LUI  BAISES SON CAS!
060 026                                     DULCE  BALNEUM SUAVIBUS
160 014                               AUX FLEURS  BANALES DU PRINTEMPS!
137 031 .  .  LES PROPHETES DISAIENT: "VOYEZ -VOUS CETTE  BANDE
137 045                                            BARIOLES AINSI QU'UN FEUILLAGE AUTOMNAL;
158 026           TES PETITS ORATEURS, AUX ENFLURES  BAROQUES,
137 053             QUI VOIT SES CHERS PETITS  BATAILLER ET SE MORDRE,
159 001 .  .  .  .  .  .  .  .  .  J'AIME, O PALE  BEAUTE, TES SOURCILS SURBAISSES,
159 013         TU TROUVERAS AU BOUT DE DEUX  BEAUX SEINS BIEN LOURDS,
158 003                      JE T'AIME, O MA TRES  BELLE, O MA CHARMANTE...
060 007                                     SICUT  BENEFICUM LETHE,
160 059 .  .  .  .  .  .  .  "HELAS! C'EST VRAIMENT  BIEN DOMMAGE!"
137 071                       JE SUIS VRAIMENT  BIEN LAS DE VOS HORRIBLES GUERRES.
159 013         TU TROUVERAS AU BOUT DE DEUX BEAUX SEINS  BIEN LOURDS,
137 076                                            BIENTOT VOUS RECEVREZ DE MA MAIN UN PROPHETE
137 065 .  .  A MIS L'OURS, LE CASTOR, LE RENNE ET LE  BISON.
159 016                                            BISTRE COMME LA PEAU D'UN BONZE,
137 023                                     PUIS  BLANCHIT; ET MONTANT, ET GROSSISSANT SANS CESSE,
160 026               TES CHEVEUX, COMME UN CASQUE  BLEU.
160 030 .  .  .  .  .  .  COMME LES CRINS D'UN CASQUE  BLEU.
137 022            PUIS LA VAPEUR SE FIT PLUS  BLEUE ET PLUS EPAISSE,
158 008                                      TES  BOMBES, TES POIGNARDS, TES VICTOIRES, TES FETES,
137 052                      COMME UN PERE TRES  BON, ENNEMI DU DESORDRE,
160 003 .  .  .  .  .  .  LE JEU, L'AMOUR, LA  BONNE CHERE,
159 016            BISTRE COMME LA PEAU D'UN  BONZE,
137 011                             PUIS, AU  BORD DU RUISSEAU, DANS UNE ENORME GERBE,
158 034                  TU M'AS DONNE TA  BOUE ET J'EN AI FAIT DE L'OR.
160 031 .  .  .  .  .  TES YEUX QUI SEMBLENT DE LA  BOUE.
160 035             TES YEUX SONT NOIRS COMME LA  BOUE!
158 029                       TES ANGES, TES  BOUFFONS NEUFS AUX VIEILLES DEFROQUES.
137 040         COMPRENANT LE SIGNAL DU NUAGE QUI  BOUGE,
160 004 .  .  .  .  .  .  .  .  .  .  .  .  .  .  .  BOUILLONNENT EN TOI, VIEUX CHAUDRON!
137 013                             POUR LA  BOURRER IL PRIT AU SAULE SON ECORCE;
159 013              TU TROUVERAS AU  BOUT DE DEUX BEAUX SEINS BIEN LOURDS,
137 024                      ELLE ALLA SE  BRISER AU DUR PLAFOND DES CIEUX.
159 014 .  .  .  .  .  .  .  DEUX LARGES MEDAILLES DE  BRONZE,
137 047                        LA HAINE QUI  BRULAIT LES YEUX DE LEURS ANCETRES
160 046                             TA PEAU  BRULANTE ET SANS DOUCEUR,
158 021     TES MONUMENTS HAUTAINS OU S'ACCROCHENT LES  BRUMES,
137 074 .  .  .  .  .  .  .  .  .  .  .  .  .  .  ET  C'EST DANS L'UNION QU'EST VOTRE FORCE.  EN FRERES
137 063                                            C'EST GITCHE MANITO, LE MAITRE DE LA VIE,
137 034                                            C'EST GITCHE MANITO, LE MAITRE DE LA VIE,
160 038                            CETTE LEVRE,  C'EST UN EDEN
160 059 .  .  .  .  .  .  .  .  .  .  .  "HELAS!  C'EST VRAIMENT BIEN DOMMAGE!"
137 018                    OR, POUR LES NATIONS  C'ETAIT LE GRAND SIGNAL.
137 092         CHACUN S'EN RETOURNA, L'AME  CALME ET RAVIE,
137 085               ET TOUS, UNIS, FUMEZ LE  CALUMET DE PAIX!"
160 044 .  .  .  .  DANSER LES PLUS FOUGUEUX  CANCANS,
158 024                    TES TOCSINS, TES  CANONS, ORCHESTRE ASSOURDISSANT,
060 001                              NOVIS TE  CANTABO CHORDIS;
158 033                                            CAR J'AI DE CHAQUE CHOSE EXTRAIT LA QUINTESSENCE,
160 007 .  .  .  .  .  .  .  .  .  .  .  .  .  TES  CARAVANES INSENSEES
160 016                                      TA  CARCASSE A DES AGREMENTS
160 020                                      TA  CARCASSE A DES AGREMENTS!
137 016           LA PIPE DE LA PAIX.  DEBOUT SUR LA  CARRIERE
137 041 .  .  .  .  .  .  .  VINRENT DOCILEMENT A LA  CARRIERE ROUGE
137 004           ET LA, SUR LES ROCHERS DE LA ROUGE  CARRIERE,
160 064                    COMMENT TU LUI BAISES SON  CAS!
160 026               TES CHEVEUX, COMME UN  CASQUE BLEU.
160 030 .  .  .  .  .  .  COMME LES CRINS D'UN  CASQUE BLEU.
060 029                                        O  CASTITATIS LORICA,
137 065             A MIS L'OURS, LE  CASTOR, LE RENNE ET LE BISON.
160 054                             NE ME  CAUSAIT PAS QUELQUE EMOI.
160 008 .  .  .  .  .  .  .  .  .  T'ONT DONNE  CE LUSTRE ABONDANT
137 021                     ET D'ABORD  CE NE FUT QU'UN SILLON TENEBREUX;
160 002                                            CE QUE VEUILLOT NOMME UN TENDRON.
160 058                                      A  CE SEIGNEUR, COMME IL FAUDRAIT.
160 047 .  .  .  .  .  .  .  .  .  .  .  COMME  CELLE DES VIEUX GENDARMES,
160 024                                      A  CELLES DU ROI SALOMON.
137 064                      QUI VOUS PARLE!  CELUI QUI DANS VOTRE PATRIE
160 006              MA VIEILLE INFANTE!  ET  CEPENDANT
160 010 .  .  .  .  .  .  MAIS QUI SEDUISENT  CEPENDANT.
160 001                                 TU N'ES  CERTES PAS, MA TRES -CHERE,
160 025                          ET JE PLAINS  CES GENS RIDICULES!
137 023      PUIS BLANCHIT; ET MONTANT, ET GROSSISSANT SANS  CESSE,
137 031 .  .  .  .  LES PROPHETES DISAIENT: "VOYEZ -VOUS  CETTE BANDE
159 018                                      DE  CETTE ENORME CHEVELURE,
160 038                                            CETTE LEVRE, C'EST UN EDEN
160 053                                      SI  CETTE VITESSE EFFROYABLE
137 089 .  .  .  .  .  .  .  .  .  .  .  .  .  .  .  .  CHACUN CREUSE UNE PIPE ET CUEILLE SUR LA RIVE
```

		POEM	LINE
	CHACUN EN PEUT TIRER SA PIPE. PLUS DE GUERRES,	137	083
	CHACUN S'EN RETOURNA, L'AME CALME ET RAVIE,	137	092
CAR J'AI DE	CHAQUE CHOSE EXTRAIT LA QUINTESSENCE,	158	033
DU VENT, TOUS LES GUERRIERS DE	CHAQUE TRIBU, TOUS,	137	039
JE T'AIME, O MA TRES BELLE, O MA	CHARMANTE...	158	003
POURQUOI L'HOMME FAIT -IL LA	CHASSE A SON VOISIN?	137	070
JE VOUS AI FAIT LA	CHASSE ET LA PECHE FACILES:	137	066
POURQUOI DONC LE	CHASSEUR DEVIENT -IL ASSASSIN?	137	067
BOUILLONNENT EN TOI, VIEUX	CHAUDRON!	160	004
PAR LE	CHEMIN DES EAUX, PAR LA ROUTE DES PLAINES,	137	037
VOULANT DU MAL	CHERCHER LA CREME	160	073
FLAMBEAU D'ENFER! JUGE, MA	CHERE,	160	069
TU N'ES CERTES PAS, MA TRES -	CHERE,	160	001
LE JEU, L'AMOUR, LA BONNE	CHERE,	160	003
TU N'ES PLUS FRAICHE, MA TRES -	CHERE,	160	005
"O MA POSTERITE, DEPLORABLE ET	CHERIE!	137	061
QUI VOIT SES	CHERS PETITS BATAILLER ET SE MORDRE.	137	053
DE CETTE ENORME	CHEVELURE,	159	018
ES YEUX, QUI SONT D'ACCORD AVEC TES NOIRS	CHEVEUX,	159	005
TES	CHEVEUX, COMME UN CASQUE BLEU,	160	026
COMME UN PARFAIT	CHIMISTE ET COMME UNE AME SAINTE.	158	032
POUR S'EN FAIRE UN TUYAU,	CHOISIT UN LONG ROSEAU.	137	012
QUI NOUS ATTIRE ET QUI NOUS	CHOQUE.	160	039
NOVIS TE CANTABO	CHORDIS,	060	001
CAR J'AI DE CHAQUE	CHOSE EXTRAIT LA QUINTESSENCE,	158	033
DES	CHOSES QUI SONT TRES -USEES,	160	009
QUI FONT RIRE LE	CIEL, MUET ET TENEBREUX.	158	016
REMONTA PAR LA PORTE ENTR'OUVERTE DES	CIEUX.	137	094
ELLE ALLA SE BRISER AU DUR PLAFOND DES	CIEUX.	137	024
MEOS	CIRCA LUMBOS MICA,	060	028
JE PREFERE TES	CLAVICULES	160	023
POUR SUBJUGUER LEUR	COEUR ET LEUR NATURE ETROITE,	137	056
QUI DIT AUX QUATRE	COINS DE L'IMMENSE PRAIRIE:	137	035
ET LA HAINE QUI FAIT	COMBATTRE TOUS LES ETRES,	137	046
	COMBIEN JE DOIS ETRE AFFLIGE,	160	070
DE VAPEUR, QUI, SEMBLABLE A LA MAIN QUI	COMMANDE,	137	032
	COMME CELLE DES VIEUX GENDARMES,	160	047
PLUS DE SANG! DESORMAIS VIVEZ	COMME DES FRERES,	137	084
S'ENGOUFFRANT DANS L'ENFER	COMME DES ORENOQUES,	158	028
ET SOUS UN VENTRE UNI, DOUX	COMME DU VELOURS,	159	015
A CE SEIGNEUR,	COMME IL FAUDRAIT.	160	058
TES YEUX SONT NOIRS	COMME LA BOUE!	160	035
BISTRE	COMME LA PEAU D'UN BONZE,	159	016
	COMME LES CRINS D'UN CASQUE BLEU.	160	030
TES CHEVEUX,	COMME UN CASQUE BLEU,	160	026
DEBOUT, IL ALLUMA,	COMME UN DIVIN FANAL,	137	013
TRANQUILLE COMME UN SAGE ET DOUX	COMME UN MAUDIT,	158	001
	COMME UN PARFAIT CHIMISTE ET COMME UNE AME SAINTE.	158	032
	COMME UN PERE TRES BON, ENNEMI DU DESORDRE,	137	052
TRANQUILLE	COMME UN SAGE ET DOUX COMME UN MAUDIT,	158	001
COMME UN PARFAIT CHIMISTE ET	COMME UNE AME SAINTE.	158	032
	COMMENT TU LUI BAISES SON CAS!	160	064
LES CONSIDERAIT TOUS AVEC	COMPARABLE A LA VOIX D'UNE EAU TUMULTUEUSE	137	059
	COMPASSION,	137	051
	COMPRENANT LE SIGNAL DU NUAGE QUI BOUGE,	137	040
QUOD DEBILE,	CONFIRMASTI.	060	021
ET DE TE DEMANDER	CONGE.	160	068
QUE TON OEIL NE	CONNAIT LES LARMES,	160	049
NE	CONNAIT PAS PLUS LA SUEUR	160	048
"JE VOUS CONVOQUE TOUS, GUERRIERS, A MON	CONSEIL!"	137	036
LES	CONSIDERAIT TOUS AVEC COMPASSION,	137	051
TES PRINCIPES SAUVES ET TES LOIS	CONSPUEES,	158	020
TU POURRAS	CONSTATER NOTRE VERACITE	159	011
LE TOUT -PUISSANT MONTAIT,	CONTENT DE SON OUVRAGE,	137	096
POURQUOI N'ETES -VOUS PAS	CONTENTS, FILS INDOCILES?	137	069
LE PERIL EST POUR VOUS DANS VOS HUMEURS	CONTRAIRES,	137	073
ALORS IL	CONVOQUA LES PEUPLES INNOMBRABLES,	137	007
"JE VOUS	CONVOQUE TOUS, GUERRIERS, A MON CONSEIL!"	137	036
SUSPENDAM	COR TUIS ARIS!	060	015
IN SOLITUDINE	CORDIS.	060	003
PATERA GEMMIS	CORUSCA,	060	031
DANS L'IMMENSE PRAIRIE AUX	COTEAUX MONTUEUX;	137	003
PAR LES QUATRE	COTES D'OU SOUFFLENT LES HALEINES	137	038
D'OU SEMBLENT	COULER DES TENEBRES:	159	002
LAVENT DANS LE RUISSEAU LES	COULEURS DE LA GUERRE	137	087
EFFACEZ DANS LES FLOTS VOS	COULEURS MEURTRIERES.	137	081
ET LUI, LE TOUT -PUISSANT,	CREATEUR DE LA FORCE,	137	014
QUOD ERAT SPURCUM,	CREMASTI!	060	019
VOULANT DU MAL CHERCHER LA	CREME	160	073
CHACUN	CREUSE UNE PIPE ET CUEILLE SUR LA RIVE	137	089
DANS LE	CREUX DE TES DEUX SALIERES:	160	019
AVEC TA	CRINIERE ELASTIQUE,	159	006
COMME LES	CRINS D'UN CASQUE BLEU.	160	030
QUI LUISAIENT SUR LEURS FRONTS	CRUELS ET TRIOMPHANTS.	137	088
CHACUN CREUSE UNE PIPE ET	CUEILLE SUR LA RIVE	137	089
ET	D'ABORD CE NE FUT QU'UN SILLON TENEBREUX:	137	021
TES YEUX, QUI SONT	D'ACCORD AVEC TES NOIRS CHEVEUX,	159	005
ET TES JEUX	D'ARTIFICE, ERUPTIONS DE JOIE,	158	015
TES DESESPOIRS	D'ENFANT, TES JEUX DE VIEILLE FOLLE,	158	013

```
160 069  .  .  .  .  .  .  .  .  .  .  .  .  .  .  FLAMBEAU  D'ENFER! JUGE, MA CHERE,
160 018                                    JE TROUVE  D'ETRANGES PIMENTS
158 030              ANGES REVETUS D'OR, DE POURPRE ET  D'HYACINTHE,
158 011           TES JARDINS PLEINS DE SOUPIRS ET  D'INTRIGUES,
158 030  .  .  .  .  .  .  .  .  .  .  .  ANGES REVETUS  D'OR, DE POURPRE ET D'HYACINTHE,
159 002                                              D'OU SEMBLENT COULER DES TENEBRES;
137 038                        PAR LES QUATRE COTES  D'OU SOUFFLENT LES HALEINES
159 016                    BISTRE COMME LA PEAU  D'UN BONZE,
160 030  .  .  .  .  .  .  .  .  .  .  .  COMME LES CRINS  D'UN CASQUE BLEU.
137 048           INCENDIAIT ENCOR LEURS YEUX  D'UN FEU FATAL.
137 059                    COMPARABLE A LA VOIX  D'UNE EAU TUMULTUEUSE
158 017              TON VICE VENERABLE ETALE  DANS LA SOIE,
137 002  .  .  .  .  .  .  .  LE PUISSANT, DESCENDIT  DANS LA VERTE PRAIRIE,
160 019                                              DANS LE CREUX DE TES DEUX SALIERES;
158 007                      QUI PARTOUT,  DANS LE MAL LUI-MEME, SE PROCLAME,
137 030              MONTANT PAISIBLEMENT  DANS LE MATIN VERMEIL.
137 087  .  .  .  .  .  .  .  .  .  .  .  LAVENT  DANS LE RUISSEAU LES COULEURS DE LA GUERRE
137 081                        EFFACEZ  DANS LES FLOTS VOS COULEURS MEURTRIERES.
137 020                                  DANS L'AIR DOUX DU MATIN, ONDULEUSE, EMBAUMEE.
158 028              S'ENGOUFFRANT  DANS L'ENFER COMME DES ORENOQUES,
137 003  .  .  .  .  .  .  .  .  .  .  .  DANS L'IMMENSE PRAIRIE AUX COTEAUX MONTUEUX;
137 074                    ET C'EST  DANS L'UNION QU'EST VOTRE FORCE.  EN FRERES
137 011           PUIS, AU BORD DU RUISSEAU,  DANS UNE ENORME GERBE,
137 073           LE PERIL EST POUR VOUS  DANS VOS HUMEURS CONTRAIRES.
137 064  .  .  .  .  .  .  QUI VOUS PARLE! CELUI QUI  DANS VOTRE PATRIE
160 044                                  DANSER LES PLUS FOUGUEUX CANCANS.
159 014              DEUX LARGES MEDAILLES  DE BRONZE,
159 018                                  DE CETTE ENORME CHEVELURE,
158 033  .  .  .  .  .  .  .  .  .  .  .  CAR J'AI  DE CHAQUE CHOSE EXTRAIT LA QUINTESSENCE,
137 039           DU VENT, TOUS LES GUERRIERS  DE CHAQUE TRIBU, TOUS,
159 013              TU TROUVERAS AU BOUT  DE DEUX BEAUX SEINS BIEN LOURDS,
158 004                              QUE  DE FOIS...
137 083  .  .  .  CHACUN EN PEUT TIRER SA PIPE.  PLUS  DE GUERRES,
160 027                    OMBRAGENT TON FRONT  DE GUERRIERE,
137 049           ET LEURS YEUX ETAIENT PLEINS  DE HAINE HEREDITAIRE.
158 015           ET TES JEUX D'ARTIFICE, ERUPTIONS  DE JOIE,
160 031  .  .  .  .  .  .  .  TES YEUX QUI SEMBLENT  DE LA BOUE,
137 014           ET LUI, LE TOUT-PUISSANT, CREATEUR  DE LA FORCE,
137 087           LAVENT DANS LE RUISSEAU LES COULEURS  DE LA GUERRE
159 008                        AMANT  DE LA MUSE PLASTIQUE,
137 016  .  .  .  .  .  .  .  .  .  .  LA PIPE  DE LA PAIX.  DEBOUT SUR LA CARRIERE
137 004           ET LA, SUR LES ROCHERS  DE LA ROUGE CARRIERE,
137 050           OR, GITCHE MANITO, LE MAITRE  DE LA TERRE,
137 078              SA PAROLE FERA  DE LA VIE UNE FETE;
137 093  .  .  .  .  .  ET GITCHE MANITO, LE MAITRE  DE LA VIE,
137 063           C'EST GITCHE MANITO, LE MAITRE  DE LA VIE,
137 001              OR GITCHE MANITO, LE MAITRE  DE LA VIE,
137 034           C'EST GITCHE MANITO, LE MAITRE  DE LA VIE,
137 047  .  .  .  .  .  LA HAINE QUI BRULAIT LES YEUX  DE LEURS ANCETRES
137 035           QUI DIT AUX QUATRE COINS  DE L'IMMENSE PRAIRIE:
158 006                        TON GOUT  DE L'INFINI
158 034           TU M'AS DONNE TA BOUE ET J'EN AI FAIT  DE L'OR.
137 005  .  .  .  .  DOMINANT TOUT L'ESPACE ET BAIGNE  DE LUMIERE,
137 017           IL FUMAIT, DROIT, SUPERBE ET BAIGNE  DE LUMIERE.
137 076              BIENTOT VOUS RECEVREZ  DE MA MAIN UN PROPHETE
158 022                        TES DOMES  DE METAL QU'ENFLAMME LE SOLEIL,
160 062  .  .  .  .  .  .  .  .  .  .  .  .  DE NE PAS ALLER AUX SABBATS,
160 067                                  DE NE PAS ETRE TA TORCHERE,
137 085           ET TOUS, UNIS, FUMEZ LE CALUMET  DE PAIX!"
158 030              ANGES REVETUS D'OR,  DE POURPRE ET D'HYACINTHE,
137 057  .  .  .  POUR RAFRAICHIR LEUR FIEVRE A L'OMBRE  DE SA MAIN;
158 027  PRECHANT L'AMOUR, ET PUIS TES EGOUTS PLEINS  DE SANG,
137 084                        PLUS  DE SANG! DESORMAIS VIVEZ COMME DES FRERES,
137 096           LE TOUT-PUISSANT MONTAIT, CONTENT  DE SON OUVRAGE,
158 011  .  .  .  .  .  .  .  .  TES JARDINS PLEINS  DE SOUPIRS ET D'INTRIGUES,
160 033              RAVIVES AU FARD  DE TA JOUE,
160 068                              ET  DE TE DEMANDER CONGE,
060 008              HAURIAM OSCULA  DE TE,
160 019  .  .  .  .  .  .  .  .  DANS LE CREUX  DE TES DEUX SALIERES;
160 012              LA VERDEUR  DE TES QUARANTE ANS;
158 023              TES REINES  DE THEATRE AUX VOIX ENCHANTERESSES,
137 032                        DE VAPEUR, QUI, SEMBLABLE A LA MAIN QUI COMMANDE,
158 013  .  .  .  .  .  TES DESESPOIRS D'ENFANT, TES JEUX  DE VIEILLE FOLLE,
137 068           LE MARAIS FUT PAR MOI PEUPLE  DE VOLATILES;
137 071           JE SUIS VRAIMENT BIEN LAS  DE VOS HORRIBLES GUERRES.
158 005                        TES  DEBAUCHES SANS SOIF ET TES AMOURS SANS AME,
060 021  .  .  .  .  .  .  .  .  .  .  .  .  .  QUOD  DEBILE, CONFIRMASTI.
137 016           LA PIPE DE LA PAIX.  DEBOUT SUR LA CARRIERE
137 015                        DEBOUT, IL ALLUMA, COMME UN DIVIN FANAL,
137 006              IL SE TENAIT  DEBOUT, VASTE ET MAJESTUEUX,
160 043  .  .  .  .  .  .  ET MALGRE LA NEIGE ET LA  DECHE
158 014              TES  DECOURAGEMENTS;
160 036           PAR SA LUXURE ET SON  DEDAIN
160 040           QUELLE LUXURE! ET QUEL  DEDAIN!
158 029  .  .  TES ANGES, TES BOUFFONS NEUFS AUX VIEILLES  DEFROQUES.
060 012              APPARUISTI,  DEITAS,
060 005              O FEMINA  DELICATA,
160 068              ET DE TE  DEMANDER CONGE,
158 019  .  .  .  .  |  .  .  DOUCE, S'EXTASIANT AU LUXE QU'IL  DEPLOIE...
```

```
                           "O MA POSTERITE,    DEPLORABLE ET CHERIE!      . . . . . . . . . . .  137 061
                                               DEPUIS LE NOMBRIL JUSQU'AUX FESSES:                 159 012
                                               DEPUIS LES LACS DU NORD AUX ONDES TAPAGEUSES,       137 026
                                    PUISQUE    DEPUIS LONGTEMPS JE T'AIME,                         160 071
                                               DEPUIS TAWASENTHA, LE VALLON SANS PAREIL,    . . . . 137 027
                     ET PUIS SE SAUVENT PAR    DERRIERE,                                           160 029
                              TA CARCASSE A    DES AGREMENTS                                       160 016
                              TA CARCASSE A    DES AGREMENTS!                                      160 020
                                     NARGUE    DES AMANTS RIDICULES        . . . . . . . . .  160 021
                                               DES CHOSES QUI SONT TRES -USEES,                    160 009
             REMONTA PAR LA PORTE ENTR'OUVERTE DES CIEUX,                                          137 094
          ELLE ALLA SE BRISER AU DUR PLAFOND   DES CIEUX.                                          137 024
                               PAR LE CHEMIN   DES EAUX, PAR LA ROUTE DES PLAINES,   . . . . . . 137 037
                 VOS PRIERES, VOS VOEUX MEMES SONT DES FORFAITS!                                   137 072
       PLUS DE SANG! DESORMAIS VIVEZ COMME    DES FRERES,                                          137 084
                                        ET    DES GRACES PARTICULIERES;                            160 017
                DES PLUS LOINTAINS SOMMETS    DES MONTAGNES ROCHEUSES,    . . . . . . . . .  137 025
             S'ENGOUFFRANT DANS L'ENFER COMME DES ORENOQUES,                                       158 028
        'ES YEUX, QUOIQUE TRES -NOIRS, M'INSPIRENT DES PENSERS                                     159 003
            PAR LE CHEMIN DES EAUX, PAR LA ROUTE DES PLAINES,                                      137 037
                                               DES PLUS LOINTAINS SOMMETS DES MONTAGNES ROCHEUSES, . . 137 025
                          D'OU SEMBLENT COULER DES TENEBRES;                                       159 002
                             COMME CELLE       DES VIEUX GENDARMES,                                160 047
                          SAIT GRAVIR AU HAUT  DES VOLCANS,                                        160 042
                               LE PUISSANT,    DESCENDIT DANS LA VERTE PRAIRIE.   . . . . . . . 137 002
                                        TES    DESESPOIRS D'ENFANT, TES JEUX DE VIEILLE FOLLE,     158 013
              COMME UN PERE TRES BON, ENNEMI DU DESORDRE,                                          137 052
                            PLUS DE SANG!     DESORMAIS VIVEZ COMME DES FRERES,                    137 084
                                  OSCILLE ET SE DETACHE EN NOIR SUR LE SOLEIL?   . . . . . . . 137 033
                     TU TROUVERAS AU BOUT DE  DEUX BEAUX SEINS BIEN LOURDS,                        159 013
                                               DEUX LARGES MEDAILLES DE BRONZE,                    159 014
                         DANS LE CREUX DE TES DEUX SALIERES;                                       160 019
                       POURQUOI DONC LE CHASSEUR DEVIENT -IL ASSASSIN?    . . . . . . . . .  137 067
        O VOUS, SOYEZ TEMOINS QUE J'AI FAIT MON DEVOIR                                             158 031
                        SOTTE, TU T'EN VAS DROIT AU DIABLE!                                        160 051
               VA-T'EN DONC, TOUTE SEULE, AU DIABLE!                                               160 055
                                     JE SUIS  DIABLEMENT AFFLIGE    . . . . . . . . . . . .  160 066
                              LES PROPHETES   DISAIENT: "VOYEZ -VOUS CETTE BANDE                   137 031
                                               DISENT MON REIN ET MON JARRET.                      160 060
               TES YEUX, LANGUISSAMMENT, ME   DISENT: "SI TU VEUX,                                 159 007
        PAUVRES ENFANTS MAUDITS, VOUS        DISPARAITREZ TOUS!                                    137 080
                                        QUI   DIT AUX QUATRE COINS DE L'IMMENSE PRAIRIE:           137 035
                             PUIS IL LEUR     DIT AVEC SA VOIX MAJESTUEUSE,                        137 058
                                  ...J'AI     DIT:                                                 158 002
                DEBOUT, IL ALLUMA, COMME UN   DIVIN FANAL,    . . . . . . . . . . . . . .  137 015
                  ET LENTEMENT MONTAIT LA     DIVINE FUMEE                                         137 019
               O MES FILS! ECOUTEZ LA         DIVINE RAISON.                                       137 062
                                               DIVINUM VINUM, FRANCISCA!                           060 033
                                    VINRENT   DOCILEMENT A LA CARRIERE ROUGE    . . . . . . . 137 041
                               COMBIEN JE     DOIS ETRE AFFLIGE,                                   160 070
                                        TES   DOMES DE METAL QU'ENFLAMME LE SOLEIL,                158 022
                                               DOMINANT TOUT L'ESPACE ET BAIGNE DE LUMIERE,        137 005
                 "HELAS! C'EST VRAIMENT BIEN  DOMMAGE!"    . . . . . . . . . . . . . . . .  160 059
                                    POURQUOI  DONC LE CHASSEUR DEVIENT -IL ASSASSIN?               137 067
                                     VIVEZ    DONC, ET SACHEZ VOUS MAINTENIR EN PAIX.              137 075
                                    VA-T'EN   DONC, TOUTE SEULE, AU DIABLE!                        160 055
               OU GITCHE MANITO LEUR          DONNAIT RENDEZ-VOUS.   . . . . . . . . . . .  137 042
                                     T'ONT    DONNE CE LUSTRE ABONDANT                             160 008
                                    TU M'AS   DONNE TA BOUE ET J'EN AI FAIT DE L'OR.               158 034
                                 DU ROCHER,   DONT IL FIT UNE PIPE SUPERBE,                        137 010
                                               DOUCE, S'EXTASIANT AU LUXE QU'IL DEPLOIE...  . . . . 158 019
                TA PEAU BRULANTE ET SANS      DOUCEUR,                                             160 046
                      (ET POURTANT ELLE A SA  DOUCEUR!)                                            160 050
                      ET SOUS UN VENTRE UNI,  DOUX COMME DU VELOURS,                               159 015
             TRANQUILLE COMME UN SAGE ET      DOUX COMME UN MAUDIT,   . . . . . . . . . . .  158 001
                               DANS L'AIR     DOUX DU MATIN, ONDULEUSE, EMBAUMEE,                  137 020
                      TES MAGIQUES PAVES      DRESSES EN FORTERESSES,                              158 025
                         SOTTE, TU T'EN VAS   DROIT AU DIABLE!                                     160 051
                                    IL FUMAIT, DROIT, SUPERBE ET BAIGNE DE LUMIERE.   . . . . . . 137 017
        IL ETENDIT SUR EUX SA PUISSANTE MAIN  DROITE                                              137 055
             COMME UN PERE TRES BON, ENNEMI   DU DESORDRE,                                         137 052
                              DU MELON ET     DU GIRAUMONT!                                        160 022
                                    VOULANT   DU MAL CHERCHER LA CREME    . . . . . . . . .  160 073
                       DANS L'AIR DOUX        DU MATIN, ONDULEUSE, EMBAUMEE.                       137 020
                              DEPUIS LES LACS DU NORD AUX ONDES TAPAGEUSES,                        137 026
              --A TRAVERS LA VAPEUR SPLENDIDE DU NUAGE    . . . . . . . . . . . . . . . .  137 095
                  COMPRENANT LE SIGNAL        DU NUAGE QUI BOUGE,                                  137 040
                      AUX FLEURS BANALES      DU PRINTEMPS!                                         160 014
                                               DU ROCHER, DONT IL FIT UNE PIPE SUPERBE,            137 010
                                    A CELLES  DU ROI SALOMON,    . . . . . . . . . . . . .  160 024
                           PUIS, AU BORD      DU RUISSEAU, DANS UNE ENORME GERBE,                  137 011
                  POUR VOIR, QUAND IL PETE    DU SOUFRE,                                           160 063
                           QUI NE SONT PAS    DU TOUT FUNEBRES.                                    159 004
       ET SOUS UN VENTRE UNI, DOUX COMME      DU VELOURS,                                          159 015
                                               DU VENT, TOUS LES GUERRIERS DE CHAQUE TRIBU, TOUS,  137 039
                                               DULCE BALNEUM SUAVIBUS                              060 026
                      ELLE ALLA SE BRISER AU  DUR PLAFOND DES CIEUX.                               137 024
                  COMPARABLE A LA VOIX D'UNE  EAU TUMULTUEUSE    . . . . . . . . . . . . .  137 059
```

```
POEM LINE
137 037 . . . . . . . . . . .         PAR LE CHEMIN DES  EAUX, PAR LA ROUTE DES PLAINES,
160 034                                  LANCENT UN  ECLAIR INFERNAL!
137 013            POUR LA BOURRER IL PRIT AU SAULE SON  ECORCE;
137 062                                   O MES FILS!  ECOUTEZ LA DIVINE RAISON.
160 038 . . . . . . . . . . .    CETTE LEVRE, C'EST UN  EDEN
137 081                               EFFACEZ DANS LES FLOTS VOS COULEURS MEURTRIERES.
160 072                      ETANT TRES -LOGIQUE! EN  EFFET,
160 053                           SI CETTE VITESSE  EFFROYABLE
159 019 . . . . . . SOUPLE ET FRISEE, ET QUI T'  EGALE EN EPAISSEUR,
158 027         PRECHANT L'AMOUR, ET PUIS TES  EGOUTS PLEINS DE SANG,
159 006                        AVEC TA CRINIERE  ELASTIQUE,
160 050                          (ET POURTANT  ELLE A SA DOUCEUR!)
137 024 . . . . . . . . . . . . . . .  ELLE ALLA SE BRISER AU DUR PLAFOND DES CIEUX.
137 020       DANS L'AIR DOUX DU MATIN, ONDULEUSE,  EMBAUMEE.
160 054              NE ME CAUSAIT PAS QUELQUE  EMOI.
158 034         TU M'AS DONNE TA BOUE ET J'  EN AI FAIT DE L'OR.
160 055 . . . . . . . . . . . . . . .  VA-T'  EN DONC, TOUTE SEULE, AU DIABLE!
160 072                      ETANT TRES -LOGIQUE!  EN EFFET,
159 019            SOUPLE ET FRISEE, ET QUI T'EGALE  EN EPAISSEUR,
137 012                             POUR S'  EN FAIRE UN TUYAU, CHOISIT UN LONG ROSEAU.
158 025 . . . . . . . TES MAGIQUES PAVES DRESSES  EN FORTERESSES,
137 074      ET C'EST DANS L'UNION QU'EST VOTRE FORCE.  EN FRERES
137 044                          TOUS EQUIPES  EN GUERRE, ET LA MINE AGUERRIE,
158 012         TES TEMPLES VOMISSANT LA PRIERE  EN MUSIQUE.
137 033 . . . . . . . . . .  OSCILLE ET SE DETACHE  EN NOIR SUR LE SOLEIL?
137 075         VIVEZ DONC, ET SACHEZ VOUS MAINTENIR  EN PAIX.
137 083                                 CHACUN  EN PEUT TIRER SA PIPE. PLUS DE GUERRES,
137 092                             CHACUN S'  EN RETOURNA, L'AME CALME ET RAVIE,
159 009 . . . . . . . . . . .  SUIVRE L'ESPOIR QU'  EN TOI NOUS AVONS EXCITE,
160 004                           BOUILLONNENT  EN TOI, VIEUX CHAUDRON!
160 051                          SOTTE, TU T'  EN VAS DROIT AU DIABLE!
158 023       TES REINES DE THEATRE AUX VOIX  ENCHANTERESSES,
137 048 . . . . . . . . . .  INCENDIAIT  ENCOR LEURS YEUX D'UN FEU FATAL.
158 013           TES DESESPOIRS D' ENFANT, TES JEUX DE VIEILLE FOLLE,
137 080                          PAUVRES  ENFANTS MAUDITS, VOUS DISPARAITREZ TOUS!
137 091        ET L'ESPRIT SOURIAIT A SES PAUVRES  ENFANTS!
158 028 . . . . . . . . .  S'ENGOUFFRANT DANS L'  ENFER COMME DES ORENOQUES,
160 069                          FLAMBEAU D'  ENFER! JUGE, MA CHERE,
158 022         TES DOMES DE METAL QU'  ENFLAMME LE SOLEIL,
158 026        TES PETITS ORATEURS, AUX  ENFLURES BAROQUES,
158 028 . . . . . . . . . . . . .  S'  ENGOUFFRANT DANS L'ENFER COMME DES ORENOQUES,
137 090        UN LONG ROSEAU QU'AVEC ADRESSE IL  ENJOLIVE.
137 052              COMME UN PERE TRES BON,  ENNEMI DU DESORDRE,
159 018                         DE CETTE  ENORME CHEVELURE,
137 011 . . . .  PUIS, AU BORD DU RUISSEAU, DANS UNE  ENORME GERBE,
137 094              REMONTA PAR LA PORTE  ENTR'OUVERTE DES CIEUX.
137 082       LES ROSEAUX SONT NOMBREUX ET LE ROC EST  EPAIS;
137 022       PUIS LA VAPEUR SE FIT PLUS BLEUE ET PLUS  EPAISSE,
159 019 . . . .  SOUPLE ET FRISEE, ET QUI T'EGALE EN  EPAISSEUR,
137 044                            TOUS  EQUIPES EN GUERRE, ET LA MINE AGUERRIE,
060 019                             QUOD  ERAT SPURCUM, CREMASTI;
158 015         ET TES JEUX D'ARTIFICE,  ERUPTIONS DE JOIE,
160 001 . . . . . . . . . . . . . . .  TU N'  ES CERTES PAS, MA TRES -CHERE,
160 015                           NON, TU N'  ES JAMAIS MONOTONE!
060 009                          QUAE IMBUTA  ES MAGNETE.
160 005                           TU N'  ES PLUS FRAICHE, MA TRES -CHERE,
060 032 . . . . . . . . . .  PANIS SALSUS, MOLLIS  ESCA,
137 005            DOMINANT TOUT L'  ESPACE ET BAIGNE DE LUMIERE,
159 009             SUIVRE L'  ESPOIR QU'EN TOI NOUS AVONS EXCITE,
137 091            ET L'  ESPRIT SOURIAIT A SES PAUVRES ENFANTS!
137 074 . . . . . . . . . . . .  ET C'  EST DANS L'UNION QU'EST VOTRE FORCE. EN FRERES
137 082       LES ROSEAUX SONT NOMBREUX ET LE ROC  EST EPAIS;
137 063                             C'  EST GITCHE MANITO, LE MAITRE DE LA VIE,
137 034                             C'  EST GITCHE MANITO, LE MAITRE DE LA VIE,
159 017 . . . . .  UNE RICHE TOISON QUI, VRAIMENT,  EST LA SOEUR
160 045                           TA JAMBE  EST MUSCULEUSE ET SECHE;
137 073                           LE PERIL  EST POUR VOUS DANS VOS HUMEURS CONTRAIRES,
160 038                       CETTE LEVRE, C'  EST UN EDEN
137 074 . . . . . . . . .  ET C'EST DANS L'UNION QU'  EST VOTRE FORCE. EN FRERES
160 059                       "HELAS! C'  EST VRAIMENT BIEN DOMMAGE!"
060 004                             ESTO SERTIS IMPLICATA,
137 005            DOMINANT TOUT L'ESPACE  ET BAIGNE DE LUMIERE,
137 017 . . . . . . .  IL FUMAIT, DROIT, SUPERBE  ET BAIGNE DE LUMIERE.
160 006                    MA VIEILLE INFANTE!  ET CEPENDANT
137 061         "O MA POSTERITE, DEPLORABLE  ET CHERIE!
158 032        COMME UN PARFAIT CHIMISTE  ET COMME UNE AME SAINTE.
137 074 . . . . . . . . . . . . .  ET C'EST DANS L'UNION QU'EST VOTRE FORCE. EN FRERES
137 089           CHACUN CREUSE UNE PIPE  ET CUEILLE SUR LA RIVE
160 068                          ET DE TE DEMANDER CONGE,
160 017                          ET DES GRACES PARTICULIERES;
158 001 . . . . . . . . .  TRANQUILLE COMME UN SAGE  ET DOUX COMME UN MAUDIT,
137 021           ET D'ABORD CE NE FUT QU'UN SILLON TENEBREUX;
158 030        ANGES REVETUS D'OR, DE POURPRE  ET D'HYACINTHE,
158 011         TES JARDINS PLEINS DE SOUPIRS  ET D'INTRIGUES,
160 022 . . . . . . . . . . .  DU MELON  ET DU GIRAUMONT!
159 019                           SOUPLE  ET FRISEE, ET QUI T'EGALE EN EPAISSEUR,
137 093                          ET GITCHE MANITO, LE MAITRE DE LA VIE,
137 023           PUIS BLANCHIT; ET MONTANT,  ET GROSSISSANT SANS CESSE,
160 025 . . . . . . . . . . . . . . .  ET JE PLAINS CES GENS RIDICULES!
```

```
         TU M'AS DONNE TA BOUE   ET J'EN AI FAIT DE L'OR.  . . . . . . . . . . . 158 034
           ET MALGRE LA NEIGE    ET LA DECHE                                      160 043
                                 ET LA HAINE QUI FAIT COMBATTRE TOUS LES ETRES,   137 046
         TOUS EQUIPES EN GUERRE,  ET LA MINE AGUERRIE,                            137 044
       JE VOUS AI FAIT LA CHASSE  ET LA PECHE FACILES;  . . . . . . . . . . . . . 137 066
                                 ET LA, SUR LES ROCHERS DE LA ROUGE CARRIERE,     137 004
  A MIS L'OURS, LE CASTOR, LE RENNE  ET LE BISON.                                 137 065
        LES ROSEAUX SONT NOMBREUX  ET LE ROC EST EPAIS;                           137 082
                                 ET LENTEMENT MONTAIT LA DIVINE FUMEE  . . . . . . 137 019
  PLUS NOMBREUX QUE NE SONT LES HERBES  ET LES SABLES.                            137 008
        POUR SUBJUGUER LEUR COEUR  ET LEUR NATURE ETROITE,                        137 056
                                 ET LEURS YEUX ETAIENT PLEINS DE HAINE HEREDITAIRE. 137 049
                                 ET L'ESPRIT SOURIAIT A SES PAUVRES ENFANTS!  . . . 137 091
        TOUS VIRENT LE SIGNAL    ET L'IMMENSE FUMEE                               137 029
                                 ET LUI, LE TOUT -PUISSANT, CREATEUR DE LA FORCE,  137 014
      IL SE TENAIT DEBOUT, VASTE  ET MAJESTUEUX,                                  137 006
                                 ET MALGRE LA NEIGE ET LA DECHE  . . . . . . . .  160 043
            DISENT MON REIN      ET MON JARRET,                                   160 060
            PUIS BLANCHIT;       ET MONTANT, ET GROSSISSANT SANS CESSE,           137 023
                                 ET N'AIMER QU'UN MONSTRE PARFAIT,                160 074
    PUIS LA VAPEUR SE FIT PLUS BLEUE  ET PLUS EPAISSE,  ;  . . . . . . . . . . . . 137 022
                                 ET POURTANT ELLE A SA DOUCEUR!)                  160 050
                                 ET PUIS SE SAUVENT PAR DERRIERE,                 160 029
          PRECHANT L'AMOUR,      ET PUIS TES EGOUTS PLEINS DE SANG,               158 027
          QUELLE LUXURE!         ET QUEL DEDAIN!  . . . . . . . . . . . . . . .   160 040
          QUI NOUS ATTIRE        ET QUI NOUS CHOQUE,                              160 039
          SOUPLE ET FRISEE,      ET QUI T'EGALE EN EPAISSEUR,                     159 019
  CHACUN S'EN RETOURNA, L'AME CALME  ET RAVIE,                                    137 092
                 QUI TOMBE,      ET REND UN SON MONSTRUEUX, SURHUMAIN!  . . . . . . 137 060
          QUI NE PENSE           ET ROUGIT QUE PEU,                               160 028
          VIVEZ DONC,            ET SACHEZ VOUS MAINTENIR EN PAIX.                137 075
        TA PEAU BRULANTE         ET SANS DOUCEUR,                                 160 046
          OSCILLE                ET SE DETACHE EN NOIR SUR LE SOLEIL?  . . . . . . 137 033
  QUI VOIT SES CHERS PETITS BATAILLER  ET SE MORDRE,                              137 053
        TA JAMBE MUSCULEUSE      ET SECHE                                         160 041
      TA JAMBE EST MUSCULEUSE    ET SECHE;                                        160 045
          PAR SA LUXURE          ET SON DEDAIN  . . . . . . . . . . . . . . . .   160 036
                                 ET SOUDAIN TOUS, JETANT LEURS ARMES SUR LA TERRE, 137 086
      QUI VIENDRA VOUS INSTRUIRE  ET SOUFFRIR AVEC VOUS.                          137 077
                                 ET SOUS UN VENTRE UNI, DOUX COMME DU VELOURS,    159 015
                                 ET TA VERTU RISIBLE, AU REGARD MALHEUREUX,  . . . 158 018
      QUI FONT RIRE LE CIEL, MUET  ET TENEBREUX,                                  158 016
        TES DEBAUCHES SANS SOIF  ET TES AMOURS SANS AME,                          158 005
                                 ET TES JEUX D'ARTIFICE, ERUPTIONS DE JOIE,       158 015
        TES PRINCIPES SAUVES     ET TES LOIS CONSPUEES,  . . . . . . . . . . . .  158 020
                                 ET TOUS LES GOUTS QUE TU PROFESSES,              159 010
  QUI LUISAIENT SUR LEURS FRONTS CRUELS  ET TRIOMPHANTS.                          137 088
          ET LEURS YEUX          ETAIENT PLEINS DE HAINE HEREDITAIRE.  . . . . . . 137 049
      OR, POUR LES NATIONS C'    ETAIT LE GRAND SIGNAL,                           137 018
        TON VICE VENERABLE       ETALE DANS LA SOIE,                              158 017
                                 ETANT TRES -LOGIQUE! EN EFFET,                   160 072
                IL               ETENDIT SUR EUX SA PUISSANTE MAIN DROITE  . . . . 137 055
          POURQUOI N'            ETES -VOUS PAS CONTENTS, FILS INDOCILES?         137 069
        NUIT SANS                ETOILES, NUIT OBSCURE!"                          159 020
        JE TROUVE D'             ETRANGES PIMENTS                                 160 018
      COMBIEN JE DOIS            ETRE AFFLIGE,  . . . . . . . . . . . . . . . . . 160 070
          DE NE PAS              ETRE TA TORCHERE,                                160 067
  ET LA HAINE QUI FAIT COMBATTRE TOUS LES  ETRES,                                 137 046
  POUR SUBJUGUER LEUR COEUR ET LEUR NATURE  ETROITE,                              137 056
          IL ETENDIT SUR         EUX SA PUISSANTE MAIN DROITE  . . . . . . . . .  137 055
          QUOD RUDIUS,           EXAEQUASTI;                                      060 020
  SUIVRE L'ESPOIR QU'EN TOI NOUS AVONS  EXCITE,                                   159 009
            DOUCE, S'            EXTASIANT AU LUXE QU'IL DEPLOIE...               158 019
      CAR J'AI DE CHAQUE CHOSE   EXTRAIT LA QUINTESSENCE,  . . . . . . . . . . .  158 033
  JE VOUS AI FAIT LA CHASSE ET LA PECHE  FACILES;                                 137 066
          POUR S'EN              FAIRE UN TUYAU, CHOISIT UN LONG ROSEAU.          137 012
          POURQUOI L'HOMME       FAIT -IL LA CHASSE A SON VOISIN?                 137 070
          ET LA HAINE QUI        FAIT COMBATTRE TOUS LES ETRES,  . . . . . . . .  137 046
  TU M'AS DONNE TA BOUE ET J'EN AI  FAIT DE L'OR.                                 158 034
          JE VOUS AI             FAIT LA CHASSE ET LA PECHE FACILES;              137 066
  O VOUS, SOYEZ TEMOINS QUE J'AI  FAIT MON DEVOIR                                 158 034
                IN               FAME MEA TABERNA,  . . . . . . . . . . . . . .   060 022
          OU SCINTILLE QUELQUE   FANAL,                                           160 032
  DEBOUT, IL ALLUMA, COMME UN DIVIN  FANAL,                                       137 015
          RAVIVES AU             FARD DE TA JOUE,                                 160 033
  INCENDIAIT ENCOR LEURS YEUX D'UN FEU  FATAL.  . . . . . . . . . . . . . . . .   137 048
          TES                    FAUBOURGS MELANCOLIQUES,                         158 009
      A CE SEIGNEUR, COMME IL    FAUDRAIT.                                        160 058
                O                FEMINA DELICATA,                                 060 005
          SA PAROLE              FERA DE LA VIE UNE FETE;  . . . . . . . . . . .  137 078
  DEPUIS LE NOMBRIL JUSQU'AUX    FESSES;                                          159 012
  SA PAROLE FERA DE LA VIE UNE   FETE;                                            137 078
  BOMBES, TES POIGNARDS, TES VICTOIRES, TES  FETES,                               158 008
  INCENDIAIT ENCOR LEURS YEUX D'UN  FEU FATAL.  . . . . . . . . . . . . . . . .   137 048
          BARIOLES AINSI QU'UN   FEUILLAGE AUTOMNAL;                              137 045
          POUR RAFRAICHIR LEUR   FIEVRE A L'OMBRE DE SA MAIN;                     137 057
  POURQUOI N'ETES -VOUS PAS CONTENTS,  FILS INDOCILES?                            137 069
          O MES                  FILS! ECOUTEZ LA DIVINE RAISON.  . . . . . . . . 137 062
```

		POEM	LINE
QUAE	IMBUTA ES MAGNETE.	060	009
TOUS VIRENT LE SIGNAL ET L'	IMMENSE FUMEE	137	029
DANS L'	IMMENSE PRAIRIE AUX COTEAUX MONTUEUX;	137	003
QUI DIT AUX QUATRE COINS DE L'	IMMENSE PRAIRIE:	137	035
	IMMENSE, PARFUME, SUBLIME, RADIEUX!	137	097
ESTO SERTIS	IMPLICATA,	060	004
	IN FAME MEA TABERNA,	060	022
	IN NAUFRAGIIS AMARIS...	060	021
	IN NOCTE MEA LUCERNA.	060	023
	IN SOLITUDINE CORDIS.	060	003
	INCENDIAIT ENCOR LEURS YEUX D'UN FEU FATAL.	137	048
POURQUOI N'ETES -VOUS PAS CONTENTS, FILS	INDOCILES?	137	069
MA VIEILLE	INFANTE! ET CEPENDANT	160	006
LANCENT UN ECLAIR	INFERNAL!	160	034
TON GOUT DE L'	INFINI	158	006
ALORS IL CONVOQUA LES PEUPLES	INNOMBRABLES,	137	007
TES CARAVANES	INSENSEES	160	007
TES YEUX, QUOIQUE TRES -NOIRS, M'	INSPIRENT DES PENSERS	159	003
QUI VIENDRA VOUS	INSTRUIRE ET SOUFFRIR AVEC VOUS.	137	077
TES JARDINS PLEINS DE SOUPIRS ET D'	INTRIGUES,	158	011
VOLONTIERS J'	IRAIS AVEC TOI,	160	052
CAR	J'AI DE CHAQUE CHOSE EXTRAIT LA QUINTESSENCE,	158	033
... J'	AI DIT:	158	002
O VOUS, SOYEZ TEMOINS QUE	J'AI FAIT MON DEVOIR	158	031
	J'AIME, O PALE BEAUTE, TES SOURCILS SURBAISSES,	159	001
TU M'AS DONNE TA BOUE ET	J'EN AI FAIT DE L'OR.	158	034
VOLONTIERS	J'IRAIS AVEC TOI,	160	052
NON, TU N'ES	JAMAIS MONOTONE!	160	015
TA	JAMBE EST MUSCULEUSE ET SECHE;	160	045
TA	JAMBE MUSCULEUSE ET SECHE	160	041
TES	JARDINS PLEINS DE SOUPIRS ET D'INTRIGUES,	158	011
MON REIN, MON POUMON, MON	JARRET	160	056
DISENT MON REIN ET MON	JARRET.	160	060
COMBIEN	JE DOIS ETRE AFFLIGE,	160	070
	JE NE TROUVE PAS MONOTONE	160	011
ET	JE PLAINS CES GENS RIDICULES!	160	025
	JE PREFERE TES CLAVICULES	160	023
	JE PREFERE TES FRUITS, AUTOMNE,	160	013
OH! TRES -SINCEREMENT	JE SOUFFRE	160	061
OH! TRES SINCEREMENT	JE SOUFFRE!	160	065
	JE SUIS DIABLEMENT AFFLIGE	160	066
	JE SUIS VRAIMENT BIEN LAS DE VOS HORRIBLES GUERRES.	137	071
	JE TROUVE D'ETRANGES PIMENTS	160	018
PUISQUE DEPUIS LONGTEMPS	JE T'AIME,	160	071
	JE T'AIME, O MA TRES BELLE, O MA CHARMANTE...	158	003
VRAIMENT OUI! VIEUX MONSTRE,	JE T'AIME!	160	075
"	JE VOUS AI FAIT LA CHASSE ET LA PECHE FACILES;	137	066
	JE VOUS CONVOQUE TOUS, GUERRIERS, A MON CONSEIL!"	137	036
ET SOUDAIN TOUS,	JETANT LEURS ARMES SUR LA TERRE,	137	086
LE	JEU, L'AMOUR, LA BONNE CHERE,	160	003
TES DESESPOIRS D'ENFANT, TES	JEUX DE VIEILLE FOLLE,	158	013
ET TES	JEUX D'ARTIFICE, ERUPTIONS DE JOIE,	158	015
ET TES JEUX D'ARTIFICE, ERUPTIONS DE	JOIE,	158	015
RAVIVES AU FARD DE TA	JOUE,	160	033
FLAMBEAU D'ENFER!	JUGE, MA CHERE,	160	069
	JUSQU'A TUSCALOOSA, LA FORET PARFUMEE,	137	028
DEPUIS LE NOMBRIL	JUSQU'AUX FESSES;	159	012
FONS AETERNAE	JUVENTUTIS,	060	017
DANS	L'AIR DOUX DU MATIN, ONDULEUSE, EMBAUMEE.	137	020
CHACUN S'EN RETOURNA,	L'AME CALME ET RAVIE,	137	092
PRECHANT	L'AMOUR, ET PUIS TES EGOUTS PLEINS DE SANG,	158	027
LE JEU,	L'AMOUR, LA BONNE CHERE,	160	003
S'ENGOUFFRANT DANS	L'ENFER COMME DES ORENOQUES,	158	028
DOMINANT TOUT	L'ESPACE ET BAIGNE DE LUMIERE,	137	005
SUIVRE	L'ESPOIR QU'EN TOI NOUS AVONS EXCITE,	159	009
ET	L'ESPRIT SOURIAIT A SES PAUVRES ENFANTS!	137	091
POURQUOI	L'HOMME FAIT -IL LA CHASSE A SON VOISIN?	137	070
TOUS VIRENT LE SIGNAL ET	L'IMMENSE FUMEE	137	029
DANS	L'IMMENSE PRAIRIE AUX COTEAUX MONTUEUX;	137	003
QUI DIT AUX QUATRE COINS DE	L'IMMENSE PRAIRIE:	137	035
TON GOUT DE	L'INFINI	158	006
POUR RAFRAICHIR LEUR FIEVRE A	L'OMBRE DE SA MAIN;	137	057
TU M'AS DONNE TA BOUE ET J'EN AI FAIT DE	L'OR.	158	034
A MIS	L'OURS, LE CASTOR, LE RENNE ET LE BISON.	137	065
ET C'EST DANS	L'UNION QU'EST VOTRE FORCE. EN FRERES	137	074
LE JEU, L'AMOUR,	LA BONNE CHERE,	160	003
TES YEUX QUI SEMBLENT DE	LA BOUE,	160	031
TES YEUX SONT NOIRS COMME	LA BOUE!	160	035
POUR	LA BOURRER IL PRIT AU SAULE SON ECORCE;	137	013
LA PIPE DE LA PAIX. DEBOUT SUR	LA CARRIERE	137	016
VINRENT DOCILEMENT A	LA CARRIERE ROUGE	137	041
POURQUOI L'HOMME FAIT -IL	LA CHASSE A SON VOISIN?	137	070
JE VOUS AI FAIT	LA CHASSE ET LA PECHE FACILES;	137	066
VOULANT DU MAL CHERCHER	LA CREME	160	073
ET MALGRE LA NEIGE ET	LA DECHE	160	043
ET LENTEMENT MONTAIT	LA DIVINE FUMEE	137	019
O MES FILS! ECOUTEZ	LA DIVINE RAISON.	137	062
ET LUI, LE TOUT -PUISSANT, CREATEUR DE	LA FORCE,	137	014
JUSQU'A TUSCALOOSA,	LA FORET PARFUMEE,	137	028

```
137 087 . . .     LAVENT DANS LE RUISSEAU LES COULEURS DE   LA GUERRE
137 047                                                     LA HAINE QUI BRULAIT LES YEUX DE LEURS ANCETRES
137 046                                                ET   LA HAINE QUI FAIT COMBATTRE TOUS LES ETRES,
137 032                        DE VAPEUR, QUI, SEMBLABLE A   LA MAIN QUI COMMANDE,
137 044 . . . .        TOUS EQUIPES EN GUERRE, ET   LA MINE AGUERRIE,
159 008                                         AMANT DE   LA MUSE PLASTIQUE,
160 043                                    ET MALGRE   LA NEIGE ET LA DECHE
137 016                                  LA PIPE DE   LA PAIX, DEBOUT SUR LA CARRIERE
159 016                               BISTRE COMME   LA PEAU D'UN BONZE,
137 066           JE VOUS AI FAIT LA CHASSE ET   LA PECHE FACILES;
137 016                                              LA PIPE DE LA PAIX, DEBOUT SUR LA CARRIERE
137 094                                   REMONTA PAR   LA PORTE ENTR'OUVERTE DES CIEUX.
158 012 . . . . . . .      TES TEMPLES VOMISSANT   LA PRIERE EN MUSIQUE,
158 033          CAR J'AI DE CHAQUE CHOSE EXTRAIT   LA QUINTESSENCE,
137 089       CHACUN CREUSE UNE PIPE ET CUEILLE SUR   LA RIVE
137 004                    ET LA, SUR LES ROCHERS DE   LA ROUGE CARRIERE,
137 037 . . . . .     PAR LE CHEMIN DES EAUX, PAR   LA ROUTE DES PLAINES,
159 017           UNE RICHE TOISON QUI, VRAIMENT, EST   LA SOEUR
158 017               TON VICE VENERABLE ETALE DANS   LA SOIE,
160 048                               NE CONNAIT PAS PLUS   LA SUEUR
137 086 . . .   ET SOUDAIN TOUS, JETANT LEURS ARMES SUR   LA TERRE,
137 050         OR, GITCHE MANITO, LE MAITRE DE   LA TERRE,
137 022                                            PUIS   LA VAPEUR SE FIT PLUS BLEUE ET PLUS EPAISSE,
137 095                              --A TRAVERS   LA VAPEUR SPLENDIDE DU NUAGE
160 012 . . . . . . . . . .      LA VERDEUR DE TES QUARANTE ANS;
137 002                  LE PUISSANT, DESCENDIT DANS   LA VERTE PRAIRIE,
137 043           LES GUERRIERS SE TENAIENT SUR   LA VERTE PRAIRIE;
137 078                         SA PAROLE FERA DE   LA VIE UNE FETE;
137 093 . . . . .     ET GITCHE MANITO, LE MAITRE DE   LA VIE,
137 063          C'EST GITCHE MANITO, LE MAITRE DE   LA VIE,
137 001            OR GITCHE MANITO, LE MAITRE DE   LA VIE,
137 034          C'EST GITCHE MANITO, LE MAITRE DE   LA VIE,
137 059 . . . . . . . . . .     COMPARABLE A   LA VOIX D'UNE EAU TUMULTUEUSE
137 004 . . . . . . . . . . . .         ET   LA, SUR LES ROCHERS DE LA ROUGE CARRIERE,
060 018                                              LABRIS VOCEM REDDE MUTIS!
137 026                                DEPUIS LES   LACS DU NORD AUX ONDES TAPAGEUSES,
160 057 . . . . . .        NE ME   LAISSENT PLUS RENDRE HOMMAGE
160 034                                             LANCENT UN ECLAIR INFERNAL!
159 007                                    TES YEUX,   LANGUISSAMMENT, ME DISENT: "SI TU VEUX,
159 014                                              DEUX   LARGES MEDAILLES DE BRONZE,
160 049 . . . . .      QUE TON OEIL NE CONNAIT LES   LARMES,
137 071               JE SUIS VRAIMENT BIEN   LAS DE VOS HORRIBLES GUERRES.
137 087                                              LAVENT DANS LE RUISSEAU LES COULEURS DE LA GUERRE
137 065          A MIS L'OURS, LE CASTOR, LE RENNE ET   LE BISON.
137 085 . . . . .      ET TOUS, UNIS, FUMEZ   LE CALUMET DE PAIX!"
137 065                             A MIS L'OURS,   LE CASTOR, LE RENNE ET LE BISON.
137 067                          POURQUOI DONC   LE CHASSEUR DEVIENT -IL ASSASSIN?
137 037                                     PAR   LE CHEMIN DES EAUX, PAR LA ROUTE DES PLAINES,
158 016 . . . . .     QUI FONT RIRE   LE CIEL, MUET ET TENEBREUX.
160 019                                          DANS   LE CREUX DE TES DEUX SALIERES;
137 018         OR, POUR LES NATIONS C'ETAIT   LE GRAND SIGNAL.
160 003                                              LE JEU, L'AMOUR, LA BONNE CHERE,
137 050                              OR, GITCHE MANITO,   LE MAITRE DE LA TERRE,
137 093                  ET GITCHE MANITO,   LE MAITRE DE LA VIE,
137 063              C'EST GITCHE MANITO,   LE MAITRE DE LA VIE,
137 001                OR GITCHE MANITO,   LE MAITRE DE LA VIE,
137 034 . . . . .     C'EST GITCHE MANITO,   LE MAITRE DE LA VIE,
158 007                           QUI PARTOUT, DANS   LE MAL LUI-MEME, SE PROCLAME,
137 068                                              LE MARAIS FUT PAR MOI PEUPLE DE VOLATILES;
137 030             MONTANT PAISIBLEMENT DANS   LE MATIN VERMEIL.
159 012 . . . . . . . . .       DEPUIS   LE NOMBRIL JUSQU'AUX FESSES;
137 073                               LE PERIL EST POUR VOUS DANS VOS HUMEURS CONTRAIRES,
137 002                                              LE PUISSANT, DESCENDIT DANS LA VERTE PRAIRIE,
137 065          A MIS L'OURS, LE CASTOR,   LE RENNE ET LE BISON.
137 082           LES ROSEAUX SONT NOMBREUX ET   LE ROC EST EPAIS;
137 087                               LAVENT DANS   LE RUISSEAU LES COULEURS DE LA GUERRE
137 040                                 COMPRENANT   LE SIGNAL DU NUAGE QUI BOUGE,
137 029                                    TOUS VIRENT   LE SIGNAL ET L'IMMENSE FUMEE
158 022           TES DOMES DE METAL QU'ENFLAMME   LE SOLEIL,
137 033        OSCILLE ET SE DETACHE EN NOIR SUR   LE SOLEIL?
137 096                                              LE TOUT -PUISSANT MONTAIT, CONTENT DE SON OUVRAGE,
137 014                                       ET LUI,   LE TOUT -PUISSANT, CREATEUR DE LA FORCE,
137 027 . . . . . . . .     DEPUIS TAWASENTHA,   LE VALLON SANS PAREIL,
137 019                                         ET   LENTEMENT MONTAIT LA DIVINE FUMEE
158 021        TES MONUMENTS HAUTAINS OU S'ACCROCHENT   LES BRUMES,
137 051                                              LES CONSIDERAIT TOUS AVEC COMPASSION,
137 087 . . . . .     LAVENT DANS LE RUISSEAU   LES COULEURS DE LA GUERRE
160 030 . . . . . . .        COMME   LES CRINS D'UN CASQUE BLEU.
137 046         ET LA HAINE QUI FAIT COMBATTRE TOUS   LES ETRES,
137 081                           EFFACEZ DANS   LES FLOTS VOS COULEURS MEURTRIERES.
159 010 . . . . . . .       ET TOUS   LES GOUTS QUE TU PROFESSES,
137 039                   DU VENT, TOUS   LES GUERRIERS DE CHAQUE TRIBU, TOUS,
137 043                                              LES GUERRIERS SE TENAIENT SUR LA VERTE PRAIRIE,
137 038        PAR LES QUATRE COTES D'OU SOUFFLENT   LES HALEINES
137 008 . . . . .     PLUS NOMBREUX QUE NE SONT   LES HERBES ET LES SABLES.
137 026                                      DEPUIS   LES LACS DU NORD AUX ONDES TAPAGEUSES,
160 049              QUE TON OEIL NE CONNAIT   LES LARMES,
137 018                                      OR, POUR   LES NATIONS C'ETAIT LE GRAND SIGNAL.
137 007 . . . . . . . . . . .      ALORS IL CONVOQUA   LES PEUPLES INNOMBRABLES,
```

		POEM	LINE
DANSER	LES PLUS FOUGUEUX CANCANS.	160	044
	LES PROPHETES DISAIENT: "VOYEZ -VOUS CETTE BANDE	137	031
PAR	LES QUATRE COTES D'OU SOUFFLENT LES HALEINES	137	038
ET LA, SUR	LES ROCHERS DE LA ROUGE CARRIERE,	137	004
	LES ROSEAUX SONT NOMBREUX ET LE ROC EST EPAIS;	137	082
PLUS NOMBREUX QUE NE SONT LES HERBES ET	LES SABLES.	137	008
LA HAINE QUI BRULAIT	LES YEUX DE LEURS ANCETRES	137	047
SICUT BENEFICUM	LETHE,	060	007
POUR SUBJUGUER	LEUR COEUR ET LEUR NATURE ETROITE,	137	056
PUIS IL	LEUR DIT AVEC SA VOIX MAJESTUEUSE,	137	058
OU GITCHE MANITO	LEUR DONNAIT RENDEZ-VOUS.	137	042
POUR RAFRAICHIR	LEUR FIEVRE A L'OMBRE DE SA MAIN;	137	057
POUR SUBJUGUER LEUR COEUR ET	LEUR NATURE ETROITE,	137	056
ET SOUDAIN TOUS, JETANT	LEURS ARMES SUR LA TERRE,	137	086
QUI LUISAIENT SUR	LEURS FRONTS CRUELS ET TRIOMPHANTS.	137	088
INCENDIAIT ENCOR	LEURS YEUX D'UN FEU FATAL.	137	048
ET	LEURS YEUX ETAIENT PLEINS DE HAINE HEREDITAIRE,	137	049
TA	LEVRE AMERE NOUS PROVOQUE;	160	037
CETTE	LEVRE, C'EST UN EDEN	160	038
ETANT TRES -	LOGIQUE! EN EFFET,	160	072
DES PLUS	LOINTAINS SOMMETS DES MONTAGNES ROCHEUSES,	137	025
TES PRINCIPES SAUVES ET TES	LOIS CONSPUEES,	158	020
UN	LONG ROSEAU QU'AVEC ADRESSE IL ENJOLIVE.	137	090
POUR S'EN FAIRE UN TUYAU, CHOISIT UN	LONG ROSEAU.	137	012
PUISQUE DEPUIS	LONGTEMPS JE T'AIME,	060	071
O CASTITATIS	LORICA,	159	013
TROUVERAS AU BOUT DE DEUX BEAUX SEINS BIEN	LOURDS,	060	029
IN NOCTE MEA	LUCERNA,	060	002
O NOVELLETUM QUOD	LUDIS	060	023
COMMENT TU	LUI BAISES SON CAS!	160	064
ET	LUI, LE TOUT -PUISSANT, CREATEUR DE LA FORCE,	137	014
QUI PARTOUT, DANS LE MAL	LUI-MEME, SE PROCLAME,	158	007
QUI	LUISAIENT SUR LEURS FRONTS CRUELS ET TRIOMPHANTS,	060	088
MEOS CIRCA	LUMBOS MICA,	137	005
DOMINANT TOUT L'ESPACE ET BAIGNE DE	LUMIERE,	137	005
IL FUMAIT, DROIT, SUPERBE ET BAIGNE DE	LUMIERE,	137	017
T'ONT DONNE CE	LUSTRE ABONDANT	160	008
DOUCE, S'EXTASIANT AU	LUXE QU'IL DEPLOIE...	158	019
PAR SA	LUXURE ET SON DEDAIN	160	036
QUELLE	LUXURE! ET QUEL DEDAIN!	158	034
TU	M'AS DONNE TA BOUE ET J'EN AI FAIT DE L'OR.	160	040
TES YEUX, QUOIQUE TRES -NOIRS,	M'INSPIRENT DES PENSERS	159	003
JE T'AIME, O MA TRES BELLE, O	MA CHARMANTE...	158	003
FLAMBEAU D'ENFER! JUGE,	MA CHERE,	160	069
BIENTOT VOUS RECEVREZ DE	MA MAIN UN PROPHETE	137	061
"O	MA POSTERITE, DEPLORABLE ET CHERIE!	160	001
TU N'ES CERTES PAS,	MA TRES -CHERE,	160	005
TU N'ES PLUS FRAICHE,	MA TRES -CHERE,	158	003
JE T'AIME, O	MA TRES BELLE, O MA CHARMANTE...	160	006
	MA VIEILLE INFANTE! ET CEPENDANT	158	025
TES	MAGIQUES PAVES DRESSES EN FORTERESSES,	060	009
QUAE IMBUTA ES	MAGNETE.	137	055
IL ETENDIT SUR EUX SA PUISSANTE	MAIN DROITE	137	032
DE VAPEUR, QUI, SEMBLABLE A LA	MAIN QUI COMMANDE,	137	009
AVEC SA	MAIN TERRIBLE IL ROMPIT UN MORCEAU	137	076
BIENTOT VOUS RECEVREZ DE MA	MAIN UN PROPHETE	137	057
POUR RAFRAICHIR LEUR FIEVRE A L'OMBRE DE SA	MAIN;	137	075
VIVEZ DONC, ET SACHEZ VOUS	MAINTENIR EN PAIX.	160	010
	MAIS QUI SEDUISENT CEPENDANT.	137	079
OR, GITCHE MANITO, LE	MAITRE DE LA TERRE,	137	050
ET GITCHE MANITO, LE	MAITRE DE LA VIE,	137	093
C'EST GITCHE MANITO, LE	MAITRE DE LA VIE,	137	063
OR GITCHE MANITO, LE	MAITRE DE LA VIE,	137	001
C'EST GITCHE MANITO, LE	MAITRE DE LA VIE,	137	034
PUIS IL LEUR DIT AVEC SA VOIX	MAJESTUEUSE,	137	058
IL SE TENAIT DEBOUT, VASTE ET	MAJESTUEUX.	137	006
VOULANT DU	MAL CHERCHER LA CREME	160	073
QUI PARTOUT, DANS LE	MAL LUI-MEME, SE PROCLAME,	158	007
ET	MALGRE LA NEIGE ET LA DECHE	160	043
ET TA VERTU RISIBLE, AU REGARD	MALHEUREUX,	158	018
OU	MANITO LEUR DONNAIT RENDEZ-VOUS.	137	042
TEL GITCHE	MANITO POUR TOUTE NATION.	137	054
ET GITCHE	MANITO, LE MAITRE DE LA VIE,	137	093
C'EST GITCHE	MANITO, LE MAITRE DE LA VIE,	137	063
OR GITCHE	MANITO, LE MAITRE DE LA VIE,	137	001
C'EST GITCHE	MANITO, LE MAITRE DE LA VIE,	137	034
OR, GITCHE	MANITO, LE MAITRE DE LA TERRE,	137	050
LE	MARAIS FUT PAR MOI PEUPLE DE VOLATILES;	137	068
MONTANT PAISIBLEMENT DANS LE	MATIN VERMEIL.	137	030
DANS L'AIR DOUX DU	MATIN, ONDULEUSE, EMBAUMEE.	137	020
TRANQUILLE COMME UN SAGE ET DOUX COMME UN	MAUDIT,	158	001
PAUVRES ENFANTS	MAUDITS, VOUS DISPARAITREZ TOUS!	137	080
NE	ME CAUSAIT PAS QUELQUE EMOI.	160	054
TES YEUX, LANGUISSAMMENT,	ME DISENT: "SI TU VEUX,	159	007
NE	ME LAISSENT PLUS RENDRE HOMMAGE	160	057
RECTE	ME SEMPER GUBERNA.	060	024
IN NOCTE	MEA LUCERNA,	060	023

```
POEM LINE
060 022  .  .  .  .  .  .  ▼  .  .  .  .  .  .  IN FAME       MEA TABERNA,
159 014                       DEUX LARGES       MEDAILLES DE BRONZE,
158 009                       TES FAUBOURGS     MELANCOLIQUES,
160 022                               DU        MELON ET DU GIRAUMONT!
137 072  .  .  .  .  .  .  VOS PRIERES, VOS VOEUX  MEMES SONT DES FORFAITS!
060 028                               MEOS CIRCA LUMBOS MICA,
137 079                     MAIS SI VOUS        MEPRISEZ SA SAGESSE PARFAITE,
137 062                               O         MES FILS! ECOUTEZ LA DIVINE RAISON.
158 022  .  .  .  .  .  .  .  .  TES DOMES DE    METAL QU'ENFLAMME LE SOLEIL,
137 081              EFFACEZ DANS LES FLOTS VOS COULEURS  METURTRIERES.
060 028                       MEOS CIRCA LUMBOS  MICA,
137 044              TOUS EQUIPES EN GUERRE, ET LA  MINE AGUERRIE,
137 065  .  .  .  .  .  .  .  .  .  A  MIS L'OURS, LE CASTOR, LE RENNE ET lE BISON.
137 068                    LE MARAIS FUT PAR     MOI PEUPLE DE VOLATILES;
060 032                       PANIS SALSUS,      MOLLIS ESCA,
137 036              "JE VOUS CONVOQUE TOUS, GUERRIERS, A  MON CONSEIL!"
158 031  .  .  .  O VOUS, SOYEZ TEMOINS QUE J'AI FAIT  MON DEVOIR
160 060                     MON REIN, MON POUMON,  MON JARRET
160 056                     DISENT MON REIN ET   MON JARRET.
160 060                       MON REIN,          MON POUMON, MON JARRET
160 056  .  .  .  .  .  .  .  .  .  .  DISENT    MON REIN ET MON JARRET.
160 056                               MON REIN, MON POUMON, MON JARRET
160 011                     JE NE TROUVE PAS     MONOTONE
160 015                    NON, TU N'ES JAMAIS   MONOTONE!
160 074  .  .  .  .  .  .  ET N'AIMER QU'UN      MONSTRE PARFAIT,
137 060                    VRAIMENT OUI! VIEUX   MONSTRE, JE T'AIME!
137 025              QUI TOMBE, ET REND UN SON   MONSTRUEUX, SURHUMAIN!
137 019  .  .  .  ▼  .  .  .  DES PLUS LOINTAINS SOMMETS DES  MONTAGNES ROCHEUSES,
137 096  .  .  .  .  .  .  ET LENTEMENT          MONTAIT LA DIVINE FUMEE
137 030              LE TOUT -PUISSANT           MONTANT, CONTENT DE SON OUVRAGE,
137 023                       MONTANT PAISIBLEMENT DANS LE MATIN VERMEIL.
137 003  .  .  .  PUIS BLANCHIT; ET             MONTANT, ET GROSSISSANT SANS CESSE,
158 021              DANS L'IMMENSE PRAIRIE AUX COTEAUX  MONTUEUX;
137 009                       TES               MONUMENTS HAUTAINS OU S'ACCROCHENT LES BRUMES,
137 053              AVEC SA MAIN TERRIBLE IL ROMPIT UN  MORCEAU
158 016  .  .  .  .  QUI VOIT SES CHERS PETITS BATAILLER ET SE  MORDRE.
160 041                    TA JAMBE             MUET ET TENEBREUX.
160 045                    TA JAMBE EST         MUSCULEUSE ET SECHE
159 008                    AMANT DE LA          MUSCULEUSE ET SECHE;
158 012  .  .  .  TES TEMPLES VOMISSANT LA PRIERE EN  MUSE PLASTIQUE,
060 018                    LABRIS VOCEM REDDE    MUSIQUE,
160 074                               ET        MUTIS!
160 001                               TU        N'AIMER QU'UN MONSTRE PARFAIT,
160 015  .  .  .  .  .  .  .  .  NON, TU         N'ES CERTES PAS, MA TRES -CHERE,
160 005                       TU                N'ES JAMAIS MONOTONE!
137 069                     POURQUOI            N'ES PLUS FRAICHE, MA TRES -CHERE,
160 021                       NARGUE DES AMANTS RIDICULES  N'ETES -VOUS PAS CONTENTS, FILS INDOCILES?
137 054  .  .  .  .  TEL GITCHE MANITO POUR TOUTE  NATION.
137 018                    OR, POUR LES         NATIONS C'ETAIT LE GRAND SIGNAL.
137 056              POUR SUBJUGUER LEUR COEUR ET LEUR  NATURE ETROITE,
060 014                               IN        NAUFRAGIIS AMARIS...
160 049  .  .  .  .  .  .  .  .  QUE TON OEIL    NE CONNAIT LES LARMES,
160 048                       NE CONNAIT PAS PLUS LA SUEUR
137 021              ET D'ABORD CE              NE FUT QU'UN SILLON TENEBREUX;
160 054                       NE ME CAUSAIT PAS QUELQUE EMOI.
160 057  .  .  .  .  .  .  .  .  .  NE ME LAISSENT PLUS RENDRE HOMMAGE
160 062                               DE        NE PAS ALLER AUX SABBATS,
160 067                               DE        NE PAS ETRE TA TORCHERE,
160 028                               QUI       NE PENSE ET ROUGIT QUE PEU,
137 008  .  .  .  .  .  PLUS NOMBREUX QUE        NE SONT LES HERBES ET LES SABLES.
159 004                               QUI       NE SONT PAS DU TOUT FUNEBRES.
160 011                               JE        NE TROUVE PAS MONOTONE
160 043                    ET MALGRE LA         NEIGE ET LA DECHE
158 029  .  .  .  .  TES ANGES, TES BOUFFONS    NEUFS AUX VIEILLES DEFROQUES.
060 023                               IN        NOCTE MEA LUCERNA,
137 033                    OSCILLE ET SE DETACHE EN  NOIR SUR LE SOLEIL?
159 005              TES YEUX, QUI SONT D'ACCORD AVEC TES  NOIRS CHEVEUX,
160 035  .  .  .  .  .  .  TES YEUX SONT        NOIRS COMME LA BOUE!
159 003              TES YEUX, QUOIQUE TRES -NOIRS, M'INSPIRENT DES PENSERS
137 082                    LES ROSEAUX SONT     NOMBREUX ET LE ROC EST EPAIS;
137 008                       PLUS             NOMBREUX QUE NE SONT LES HERBES ET LES SABLES.
159 012  .  .  .  .  .  .  DEPUIS LE            NOMBRIL JUSQU'AUX FESSES.
160 002                    CE QUE VEUILLOT      NOMME UN TENDRON.
160 015                       NON, TU N'ES JAMAIS MONOTONE!
137 026              DEPUIS LES LACS DU         NORD AUX ONDES TAPAGEUSES,
159 011  .  .  .  .  TU POURRAS CONSTATER       NOTRE VERACITE
160 039                               QUI       NOUS ATTIRE ET QUI NOUS CHOQUE.
159 009              SUIVRE L'ESPOIR QU'EN TOI   NOUS AVONS EXCITE,
160 039              QUI NOUS ATTIRE ET QUI     NOUS CHOQUE.
160 037  .  .  .  .  .  .  .  TA LEVRE AMERE     NOUS PROVOQUE;
060 002                               O         NOVELLETUM QUOD LUDIS,
060 001                       NOVIS TE CANTABO CHORDIS,
137 095              --A TRAVERS LA VAPEUR SPLENDIDE DU  NUAGE
137 040  .  .  .  .  .  .  COMPRENANT LE SIGNAL DU  NUAGE QUI BOUGE,
159 020                    NUIT SANS ETOILES,    NUIT OBSCURE!"
159 020                       NUIT SANS ETOILES, NUIT OBSCURE!"
060 025                               ADDE       NUNC VIRES VIRIBUS,
060 029  .  .  .  .  .  .  .  .  .  .  .  .  .  O CASTITATIS LORICA,
```

                              O FEMINA DELICATA, ... 060 005
JE T'AIME, O MA TRES BELLE,   O MA CHARMANTE...   158 003
                          "   O MA POSTERITE, DEPLORABLE ET CHERIE!   137 061
             JE T'AIME,   O MA TRES BELLE, O MA CHARMANTE...   158 003
                              O MES FILS! ECOUTEZ LA DIVINE RAISON. 137 062
                              O NOVELLETUM QUOD LUDIS   060 002
                   J'AIME,   O PALE BEAUTE, TES SOURCILS SURBAISSES,   159 001
                              O VOUS, SOYEZ TEMOINS QUE J'AI FAIT MON DEVOIR 158 031
      NUIT SANS ETOILES, NUIT OBSCURE!" 159 020
              UNGUENTATUM   ODORIBUS!   060 027
                   QUE TON   OEIL NE CONNAIT LES LARMES,   160 049
                              OH! TRES -SINCEREMENT JE SOUFFRE   160 061
                              OH! TRES SINCEREMENT JE SOUFFRE! 160 065
                              OMBRAGENT TON FRONT DE GUERRIERE,   160 027
 POUR RAFRAICHIR LEUR FIEVRE A L' OMBRE DE SA MAIN;   137 057
                   TURBABAT   OMNES SEMITAS,   060 011
    DEPUIS LES LACS DU NORD AUX ONDES TAPAGEUSES, ... 137 026
   DANS L'AIR DOUX DU MATIN, ONDULEUSE, EMBAUMEE.   137 020
                          T'   ONT DONNE CE LUSTRE ABONDANT   160 008
                              OR GITCHE MANITO, LE MAITRE DE LA VIE,   137 001
          ANGES REVETUS D'   OR, DE POURPRE ET D'HYACINTHE,   158 030
                              OR, GITCHE MANITO, LE MAITRE DE LA TERRE,   137 050
                              OR, POUR LES NATIONS C'ETAIT LE GRAND SIGNAL. 137 018
M'AS DONNE TA BOUE ET J'EN AI FAIT DE L' OR.   158 034
              TES PETITS   ORATEURS, AUX ENFLURES BAROQUES, ... 158 026
     TES TOCSINS, TES CANONS, ORCHESTRE ASSOURDISSANT,   158 024
S'ENGOUFFRANT DANS L'ENFER COMME DES ORENOQUES,   158 028
                              OSCILLE ET SE DETACHE EN NOIR SUR LE SOLEIL? 137 033
                   HAURIAM   OSCULA DE TE, ... 060 008
                              OU GITCHE MANITO LEUR DONNAIT RENDEZ-VOUS.   137 042
                              OU SCINTILLE QUELQUE FANAL,   160 032
                          D'   OU SEMBLENT COULER DES TENEBRES;   159 002
    PAR LES QUATRE COTES D'   OU SOUFFLENT LES HALEINES 137 038
      TES MONUMENTS HAUTAINS OU S'ACCROCHENT LES BRUMES,   158 021
                   VRAIMENT   OUI! VIEUX MONSTRE, JE T'AIME!   160 075
                  A MIS L'   OURS, LE CASTOR, LE RENNE ET LE BISON.   137 065
   REMONTA PAR LA PORTE ENTR' OUVERTE DES CIEUX.   137 094
E TOUT -PUISSANT MONTAIT, CONTENT DE SON OUVRAGE,   137 096
                   MONTANT   PAISIBLEMENT DANS LE MATIN VERMEIL.   137 030
VIVEZ DONC, ET SACHEZ VOUS MAINTENIR EN PAIX.   137 075
            LA PIPE DE LA   PAIX.   DEBOUT SUR LA CARRIERE 137 016
ET TOUS, UNIS, FUMEZ LE CALUMET DE PAIX!"   137 085
                   J'AIME, O   PALE BEAUTE, TES SOURCILS SURBAISSES,   159 001
                              PANIS SALSUS, MOLLIS ESCA,   060 032
            ET PUIS SE SAUVENT PAR DERRIERE, ... 160 029
                   REMONTA   PAR LA PORTE ENTR'OUVERTE DES CIEUX.   137 094
      PAR LE CHEMIN DES EAUX, PAR LA ROUTE DES PLAINES,   137 037
                              PAR LE CHEMIN DES EAUX, PAR LA ROUTE DES PLAINES, 137 037
                              PAR LES QUATRE COTES D'OU SOUFFLENT LES HALEINES . . . 137 038
            LE MARAIS FUT   PAR MOI PEUPLE DE VOLATILES;   137 068
                              PAR SA LUXURE ET SON DEDAIN   160 036
 DEPUIS TAWASENTHA, LE VALLON SANS PAREIL,   137 027
               COMME UN   PARFAIT CHIMISTE ET COMME UNE AME SAINTE. 158 032
     ET N'AIMER QU'UN MONSTRE PARFAIT,   160 074
 MAIS SI VOUS MEPRISEZ SA SAGESSE PARFAITE,   137 079
                   IMMENSE,   PARFUME, SUBLIME, RADIEUX!   137 097
  JUSQU'A TUSCALOOSA, LA FORET PARFUMEE,   137 028
                   QUI VOUS   PARLE! CELUI QUI DANS VOTRE PATRIE   137 064
                          SA   PAROLE FERA DE LA VIE UNE FETE;   137 078
            ET DES GRACES   PARTICULIERES;   160 017
                          QUI PARTOUT, DANS LE MAL LUI-MEME, SE PROCLAME, ... 158 007
                   DE NE   PAS ALLER AUX SABBATS.   160 062
    POURQUOI N'ETES -VOUS   PAS CONTENTS, FILS INDOCILES?   137 069
             QUI NE SONT   PAS DU TOUT FUNEBRES.   159 004
                   DE NE   PAS ETRE TA TORCHERE, ... 160 067
             JE NE TROUVE   PAS MONOTONE   160 011
             NE CONNAIT   PAS PLUS LA SUEUR   160 048
             NE M'CAUSAIT   PAS QUELQUE EMOI.   160 054
             TU N'ES CERTES   PAS, MA TRES -CHERE, ... 160 001
                              PATERA GEMMIS CORUSCA,   060 031
 QUI VOUS PARLE! CELUI QUI DANS VOTRE PATRIE   137 064
                              PAUVRES ENFANTS MAUDITS, VOUS DISPARAITREZ TOUS! 137 080
    ET L'ESPRIT SOURIAIT A SES PAUVRES ENFANTS! 137 091
             TES MAGIQUES   PAVES DRESSES EN FORTERESSES,   158 025
                          TA   PEAU BRULANTE ET SANS DOUCEUR,   160 046
         BISTRE COMME LA   PEAU D'UN BONZE,   159 016
        PER QUAM SOLVUNTUR   PECCATA! 060 006
 JE VOUS AI FAIT LA CHASSE ET LA PECHE FACILES;   137 066
                   QUI NE   PENSE ET ROUGIT QUE PEU,   160 028
UX, QUOIQUE TRES -NOIRS, M'INSPIRENT DES PENSERS   159 003
                              PER QUAM SOLVUNTUR PECCATA! 060 006
               COMME UN   PERE TRES BON, ENNEMI DU DESORDRE,   137 052
                          LE   PERIL EST POUR VOUS DANS VOS HUMEURS CONTRAIRES, 137 073
       POUR VOIR, QUAND IL   PETE DU SOUFRE,   160 063
     QUI VOIT SES CHERS   PETITS BATAILLER ET SE MORDRE. 137 053
                   TES   PETITS ORATEURS, AUX ENFLURES BAROQUES,   158 026
   QUI NE PENSE ET ROUGIT QUE PEU,   160 028
  LE MARAIS FUT PAR MOI   PEUPLE DE VOLATILES;   137 068
  ALORS IL CONVOQUA LES   PEUPLES INNOMBRABLES, ... 137 007

```
POEM LINE
137 083  .  .  .  .  .  .  .  .  .  .  .  .  CHACUN EN   PEUT TIRER SA PIPE.  PLUS DE GUERRES,
160 018                    JE TROUVE D'ETRANGES  PIMENTS
137 016                               LA   PIPE DE LA PAIX.  DEBOUT SUR LA CARRIERE
137 089                CHACUN CREUSE UNE   PIPE ET CUEILLE SUR LA RIVE
137 010  .  .  .  .  .  .  .  DU ROCHER, DONT IL FIT UNE   PIPE SUPERBE,
137 083           CHACUN EN PEUT TIRER SA   PIPE.  PLUS DE GUERRES,
060 016                            PISCINA   PLENA VIRTUTIS,
137 024          ELLE ALLA SE BRISER AU DUR   PLAFOND DES CIEUX.
137 037  .  .  PAR LE CHEMIN DES EAUX, PAR LA ROUTE DES   PLAINES.
160 025                            ET JE   PLAINS CES GENS RIDICULES!
159 008                    AMANT DE LA MUSE   PLASTIQUE,
137 049            ET LEURS YEUX ETAIENT   PLEINS DE HAINE HEREDITAIRE.
158 027  .  .  .  .  PRECHANT L'AMOUR, ET PUIS TES EGOUTS   PLEINS DE SANG,
158 011                  TES JARDINS   PLEINS DE SOUPIRS ET D'INTRIGUES,
060 016                            PISCINA   PLENA VIRTUTIS,
137 022                  PUIS LA VAPEUR SE FIT   PLUS BLEUE ET PLUS EPAISSE,
137 083  .  .  .  .  .  CHACUN EN PEUT TIRER SA PIPE.   PLUS DE GUERRES,
137 084                            PLUS DE SANG! DESORMAIS VIVEZ COMME DES FRERES,
137 022      PUIS LA VAPEUR SE FIT PLUS BLEUE ET   PLUS EPAISSE,
160 044                    DANSER LES   PLUS FOUGUEUX CANCANS.
160 048  .  .  .  .  .  .  .  .  .  .  .  TU N'ES   PLUS FRAICHE, MA TRES -CHERE,
160 005                    NE CONNAIT PAS   PLUS LA SUEUR
137 025                            DES   PLUS LOINTAINS SOMMETS DES MONTAGNES ROCHEUSES,
137 008                            PLUS NOMBREUX QUE NE SONT LES HERBES ET LES SABLES.
160 057  .  .  .  .  .  .  NE ME LAISSENT   PLUS RENDRE HOMMAGE
158 008            TES BOMBES, TES   POIGNARDS, TES VICTOIRES, TES FETES,
137 094            REMONTA PAR LA   PORTE ENTR'OUVERTE DES CIEUX.
137 061                        "O MA   POSTERITE, DEPLORABLE ET CHERIE!
160 056            MON REIN, MON   POUMON, MON JARRET
137 013                            POUR LA BOURRER IL PRIT AU SAULE SON ECORCE;
137 018                            OR,   POUR LES NATIONS C'ETAIT LE GRAND SIGNAL.
137 057                            POUR RAFRAICHIR LEUR FIEVRE A L'OMBRE DE SA MAIN;
137 012  .  .  .  .  .  V  .  .  .  .  .  .  POUR S'EN FAIRE UN TUYAU, CHOISIT UN LONG ROSEAU,
137 056                            POUR SUBJUGUER LEUR COEUR ET LEUR NATURE ETROITE,
137 054            TEL GITCHE MANITO   POUR TOUTE NATION.
160 063                            POUR VOIR, QUAND IL PETE DU SOUFRE,
137 073  .  .  .  .  .  .  .  .  .  .  LE PERIL EST   POUR VOUS DANS VOS HUMEURS CONTRAIRES,
158 030        ANGES REVETUS D'OR, DE   POURPRE ET D'HYACINTHE,
137 067                            POURQUOI DONC LE CHASSEUR DEVIENT -IL ASSASSIN?
137 070                            POURQUOI L'HOMME FAIT -IL LA CHASSE A SON VOISIN?
137 069  .  .  .  .  .  .  .  .  .  .  .  TU   POURQUOI N'ETES -VOUS PAS CONTENTS, FILS INDOCILES?
159 011                            TU   POURRAS CONSTATER NOTRE VERACITE
160 050                            POURTANT ELLE A SA DOUCEUR!)
137 003                    DANS L'IMMENSE   PRAIRIE AUX COTEAUX MONTUEUX;
137 002  ,  .  .  .  LE PUISSANT, DESCENDIT DANS LA VERTE   PRAIRIE,
137 043        LES GUERRIERS SE TENAIENT SUR LA VERTE   PRAIRIE,
137 035        QUI DIT AUX QUATRE COINS DE L'IMMENSE   PRAIRIE:
158 027                            PRECHANT L'AMOUR, ET PUIS TES EGOUTS PLEINS DE SANG,
160 023  .  .  .  .  .  .  .  .  .  .  .  JE   PREFERE TES CLAVICULES
160 013                            JE   PREFERE TES FRUITS, AUTOMNE,
158 012          TES TEMPLES VOMISSANT LA   PRIERE EN MUSIQUE,
137 072                            VOS   PRIERES, VOS VOEUX MEMES SONT DES FORFAITS!
158 020  .  .  .  .  .  .  .  .  .  .  .  TES   PRINCIPES SAUVES ET TES LOIS CONSPUEES,
160 014            AUX FLEURS BANALES DU   PRINTEMPS!
137 013                POUR LA BOURRER IL   PRIT AU SAULE SON ECORCE;
158 007      QUI PARTOUT, DANS LE MAL LUI-MEME, SE   PROCLAME,
159 010  .  .  .  .  .  .  ET TOUS LES GOUTS QUE TU   PROFESSES,
137 076        BIENTOT VOUS RECEVREZ DE MA MAIN UN   PROPHETE
137 031                            LES   PROPHETES DISAIENT: "VOYEZ -VOUS CETTE BANDE
160 037                    TA LEVRE AMERE NOUS   PROVOQUE!
137 023  .  .  .  .  .  .  .  .  .  .  .  .  PUIS BLANCHIT; ET MONTANT, ET GROSSISSANT SANS CESSE
137 058                            PUIS IL LEUR DIT AVEC SA VOIX MAJESTUEUSE,
137 022                            PUIS LA VAPEUR SE FIT PLUS BLEUE ET PLUS EPAISSE,
160 029                            ET   PUIS SE SAUVENT PAR DERRIERE,
158 027  .  .  .  .  .  PRECHANT L'AMOUR, ET   PUIS TES EGOUTS PLEINS DE SANG,
137 011                            PUIS, AU BORD DU RUISSEAU, DANS UNE ENORME GERBE,
160 071                            PUISQUE DEPUIS LONGTEMPS JE T'AIME,
137 096                LE TOUT -   PUISSANT MONTAIT, CONTENT DE SON OUVRAGE,
137 014  .  .  .  .  .  .  .  ET LUI, LE TOUT -   PUISSANT, CREATEUR DE LA FORCE,
137 002                            LE   PUISSANT, DESCENDIT DANS LA VERTE PRAIRIE,
137 055            IL ETENDIT SUR EUX SA   PUISSANTE MAIN DROITE
137 090                UN LONG ROSEAU   QU'AVEC ADRESSE IL ENJOLIVE,
159 009  .  .  .  .  .  .  SUIVRE L'ESPOIR   QU'EN TOI NOUS AVONS EXCITE,
158 022            TES DOMES DE METAL   QU'ENFLAMME LE SOLEIL,
137 074        ET C'EST DANS L'UNION   QU'EST VOTRE FORCE.  EN FRERES
158 019      DOUCE, S'EXTASIANT AU LUXE   QU'IL DEPLOIE...
137 045  .  .  .  .  .  .  .  BARIOLES AINSI   QU'UN FEUILLAGE AUTOMNAL;
160 074            ET N'AIMER   QU'UN MONSTRE PARFAIT,
137 021        ET D'ABORD CE NE FUT   QU'UN SILLON TENEBREUX;
060 009                            QUAE IMBUTA ES MAGNETE.
060 006  .  .  .  .  .  .  .  .  .  .  .  PER   QUAM SOLVUNTUR PECCATA!
160 063                    POUR VOIR,   QUAND IL PETE DU SOUFRE,
160 012            LA VERDEUR DE TES   QUARANTE ANS:
137 035                QUI DIT AUX   QUATRE COINS DE L'IMMENSE PRAIRIE:
137 038  .  .  .  .  .  .  .  .  .  .  PAR LES   QUATRE COTES D'OU SOUFFLENT LES HALEINES
158 004                            QUE DE FOIS...
158 031        O VOUS, SOYEZ TEMOINS   QUE J'AI FAIT MON DEVOIR
137 008            PLUS NOMBREUX   QUE NE SONT LES HERBES ET LES SABLES.
160 028  .  .  .  .  .  .  .  .  QUI NE PENSE ET ROUGIT   QUE PEU,
```

		POEM	LINE
	QUE TON OEIL NE CONNAIT LES LARMES, ...	160	049
ET TOUS LES GOUTS	QUE TU PROFESSES,	159	010
CE	QUE VEUILLOT NOMME UN TENDRON.	160	002
QUELLE LUXURE! ET	QUEL DEDAIN!	160	040
	QUELLE LUXURE! ET QUEL D'EDAIN!	160	040
NE ME CAUSAIT PAS	QUELQUE EMOI.	160	054
OU SCINTILLE	QUELQUE FANAL,	160	032
COMPRENANT LE SIGNAL DU NUAGE	QUI BOUGE,	137	040
LA HAINE	QUI BRULAIT LES YEUX DE LEURS ANCETRES	137	047
DE VAPEUR, QUI, SEMBLABLE A LA MAIN	QUI COMMANDE,	137	032
QUI VOUS PARLE! CELUI	QUI DANS VOTRE PATRIE	137	064
	QUI DIT AUX QUATRE COINS DE L'IMMENSE PRAIRIE:	137	035
ET LA HAINE	QUI FAIT COMBATTRE TOUS LES ETRES, ...	137	046
	QUI FONT RIRE LE CIEL, MUET ET TENEBREUX.	158	016
	QUI LUISAIENT SUR LEURS FRONTS CRUELS ET TRIOMPHANTS.	137	088
	QUI NE PENSE ET ROUGIT QUE PEU,	160	028
	QUI NE SONT PAS DU TOUT FUNEBRES.	159	004
	QUI NOUS ATTIRE ET QUI NOUS CHOQUE.	160	039
QUI NOUS ATTIRE ET	QUI NOUS CHOQUE.	160	039
	QUI PARTOUT, DANS LE MAL LUI-MEME, SE PROCLAME,	158	044
MAIS	QUI SEDUISENT CEPENDANT.	160	010
TES YEUX	QUI SEMBLENT DE LA BOUE,	160	031
TES YEUX,	QUI SONT D'ACCORD AVEC TES NOIRS CHEVEUX,	159	005
DES CHOSES	QUI SONT TRES -USEES,	160	009
	QUI TOMBE, ET REND UN SON MONSTRUEUX, SURHUMAIN! . . .	137	060
SOUPLE ET FRISEE, ET	QUI T'EGALE EN EPAISSEUR,	159	019
	QUI VIENDRA VOUS INSTRUIRE ET SOUFFRIR AVEC VOUS.	137	077
	QUI VOIT SES CHERS PETITS BATAILLER ET SE MORDRE.	137	053
	QUI VOUS PARLE! CELUI QUI DANS VOTRE PATRIE	137	064
DE VAPEUR,	QUI, SEMBLABLE A LA MAIN QUI COMMANDE,	137	032
UNE RICHE TOISON	QUI, VRAIMENT, EST LA SOEUR	159	017
CAR J'AI DE CHAQUE CHOSE EXTRAIT LA	QUINTESSENCE,	158	033
	QUOD DEBILE, CONFIRMASTI.	060	021
	QUOD ERAT SPURCUM, CREMASTI:	060	019
O NOVELLETUM	QUOD LUDIS	060	002
	QUOD RUDIUS, EXAEQUASTI:	060	020
TES YEUX,	QUOIQUE TRES -NOIRS, M'INSPIRENT DES PENSERS	159	003
	QUUM VITIORUM TEMPESTAS	060	010
IMMENSE, PARFUME, SUBLIME,	RADIEUX!	137	097
POUR	RAFRAICHIR LEUR FIEVRE A L'OMBRE DE SA MAIN;	137	057
O MES FILS! ECOUTEZ LA DIVINE	RAISON.	137	062
CHACUN S'EN RETOURNA, L'AME CALME ET	RAVIE,	137	092
	RAVIVES AU FARD DE TA JOUE,	160	033
BIENTOT VOUS	RECEVREZ DE MA MAIN UN PROPHETE	137	076
	RECTE ME SEMPER GUBERNA.	060	024
LABRIS VOCEM	REDDE MUTIS!	060	018
ET TA VERTU RISIBLE, AU	REGARD MALHEUREUX,	158	018
DISENT MON	REIN ET MON JARRET.	160	060
MON	REIN, MON POUMON, MON JARRET	160	056
TES	REINES DE THEATRE AUX VOIX ENCHANTERESSES,	158	023
	REMONTA PAR LA PORTE ENTR'OUVERTE DES CIEUX.	137	094
QUI TOMBE, ET	REND UN SON MONSTRUEUX, SURHUMAIN!	137	060
OU GITCHE MANITO LEUR DONNAIT	RENDEZ-VOUS.	137	042
NE ME LAISSENT PLUS	RENDRE HOMMAGE	160	057
A MIS L'OURS, LE CASTOR, LE	RENNE ET LE BISON.	137	065
CHACUN S'EN	RETOURNA, L'AME CALME ET RAVIE,	137	092
ANGES	REVETUS D'OR, DE POURPRE ET D'HYACINTHE,	158	030
UNE	RICHE TOISON QUI, VRAIMENT, EST LA SOEUR	159	017
NARGUE DES AMANTS	RIDICULES	160	021
ET JE PLAINS CES GENS	RIDICULES!	160	025
QUI FONT	RIRE LE CIEL, MUET ET TENEBREUX.	158	016
ET TA VERTU	RISIBLE, AU REGARD MALHEUREUX,	158	018
CHACUN CREUSE UNE PIPE ET CUEILLE SUR LA	RIVE	137	089
LES ROSEAUX SONT NOMBREUX ET LE	ROC EST EPAIS;	137	082
DU	ROCHER, DONT IL FIT UNE PIPE SUPERBE,.	137	010
ET LA, SUR LES	ROCHERS DE LA ROUGE CARRIERE,	137	004
DES PLUS LOINTAINS SOMMETS DES MONTAGNES	ROCHEUSES,	137	025
A CELLES DU	ROI SALOMON,	160	024
AVEC SA MAIN TERRIBLE IL	ROMPIT UN MORCEAU	137	009
UN LONG	ROSEAU QU'AVEC ADRESSE IL ENJOLIVE.	137	090
POUR S'EN FAIRE UN TUYAU, CHOISIT UN LONG	ROSEAU.	137	012
LES	ROSEAUX SONT NOMBREUX ET LE ROC EST EPAIS;	137	082
VINRENT DOCILEMENT A LA CARRIERE	ROUGE	137	041
ET LA, SUR LES ROCHERS DE LA	ROUGE CARRIERE,	137	004
QUI NE PENSE ET	ROUGIT QUE PEU,	160	028
PAR LE CHEMIN DES EAUX, PAR LA	ROUTE DES PLAINES;	137	037
QUOD	RUDIUS, EXAEQUASTI:	060	020
LAVENT DANS LE	RUISSEAU AUX COULEURS DE LA GUERRE	137	087
PUIS, AU BORD DU	RUISSEAU, DANS UNE ENORME GERBE,	137	011
TES MONUMENTS HAUTAINS OU	S'ACCROCHENT LES BRUMES,	158	021
POUR	S'EN FAIRE UN TUYAU, CHOISIT UN LONG ROSEAU.	137	012
CHACUN	S'EN RETOURNA, L'AME CALME ET RAVIE,	137	092
	S'ENGOUFFRANT DANS L'ENFER COMME DES ORENOQUES,	158	028
	S'EXTASIANT AU LUXE QU'IL DEPLOIE...	158	019
DOUCE,	(ET POURTANT ELLE A | SA DOUCEUR!)	160	050
PAR	SA LUXURE ET SON DEDAIN	160	036
AVEC	SA MAIN TERRIBLE IL ROMPIT UN MORCEAU	137	009
POUR RAFRAICHIR LEUR FIEVRE A L'OMBRE DE	SA MAIN;	137	057
	SA PAROLE FERA DE LA VIE UNE FETE;	137	078

137 083	. . . . CHACUN EN PEUT TIRER	SA PIPE. PLUS DE GUERRES,
137 055	IL ETENDIT SUR EUX	SA PUISSANTE MAIN DROITE
137 079	MAIS SI VOUS MEPRISEZ	SA SAGESSE PARFAITE,
137 058	PUIS IL LEUR DIT AVEC	SA VOIX MAJESTUEUSE,
160 062	. . . . DE NE PAS ALLER AUX	SABBATS,
137 008	PLUS NOMBREUX QUE NE SONT LES HERBES ET LES	SABLES.
137 075	VIVEZ DONC, ET	SACHEZ VOUS MAINTENIR EN PAIX.
158 001	TRANQUILLE COMME UN	SAGE ET DOUX COMME UN MAUDIT,
137 079	. . . . MAIS SI VOUS MEPRISEZ SA	SAGESSE PARFAITE,
158 032	COMME UN PARFAIT CHIMISTE ET COMME UNE AME	SAINTE.
160 042		SAIT GRAVIR AU HAUT DES VOLCANS,
160 019	DANS LE CREUX DE TES DEUX	SALIERES;
160 024	. . . . A CELLES DU ROI	SALOMON,
060 032	PANIS	SALSUS, MOLLIS ESCA,
060 013	VELUT STELLA	SALUTARIS
158 027	PRECHANT L'AMOUR, ET PUIS TES EGOUTS PLEINS DE	SANG,
137 084	. . . . PLUS DE	SANG! DESORMAIS VIVEZ COMME DES FRERES,
158 005	TES DEBAUCHES SANS SOIF ET TES AMOURS	SANS AME,
137 023	PUIS BLANCHIT; ET MONTANT, ET GROSSISSANT	SANS CESSE,
160 046	TA PEAU BRULANTE ET	SANS DOUCEUR,
159 020	. . . . NUIT	SANS ETOILES, NUIT OBSCURE!"
137 027	DEPUIS TAWASENTHA, LE VALLON	SANS PAREIL,
158 005	TES DEBAUCHES	SANS SOIF ET TES AMOURS SANS AME,
137 013	POUR LA BOURRER IL PRIT AU	SAULE SON ECORCE;
160 029	. . . . ET PUIS SE	SAUVENT PAR DERRIERE,
158 020	TES PRINCIPES	SAUVES ET TES LOIS CONSPUEES,
160 032	OU	SCINTILLE QUELQUE FANAL,
137 024	ELLE ALLA	SE BRISER AU DUR PLAFOND DES CIEUX.
137 033	. . . . OSCILLE ET	SE DETACHE EN NOIR SUR LE SOLEIL?
137 022	PUIS LA VAPEUR	SE FIT PLUS BLEUE ET PLUS EPAISSE,
137 053	QUI VOIT SES CHERS PETITS BATAILLER ET	SE MORDRE,
158 007	QUI PARTOUT, DANS LE MAL LUI-MEME,	SE PROCLAME,
160 029	. . . . ET PUIS	SE SAUVENT PAR DERRIERE,
137 043	LES GUERRIERS	SE TENAIENT SUR LA VERTE PRAIRIE,
137 006	IL	SE TENAIT DEBOUT, VASTE ET MAJESTUEUX.
160 041	TA JAMBE MUSCULEUSE ET	SECHE
160 045	. . . . . . TA JAMBE EST MUSCULEUSE ET	SECHE;
160 010	MAIS QUI	SEDUISENT CEPENDANT.
160 058	A CE	SEIGNEUR, COMME IL FAUDRAIT.
159 013	TU TROUVERAS AU BOUT DE DEUX BEAUX	SEINS BIEN LOURDS,
137 032	. . . . DE VAPEUR, QUI,	SEMBLABLE A LA MAIN QUI COMMANDE,
159 002	D'OU	SEMBLENT COULER DES TENEBRES;
160 031	TES YEUX QUI	SEMBLENT DE LA BOUE.
060 011	TURBABAT OMNES	SEMITAS,
060 024	. . . . RECTE ME	SEMPER GUBERNA.
060 004	AQUA TINCTA	SERAPHICA;
060 004	ESTO	SERTIS IMPLICATA,
137 053	QUI VOIT	SES CHERS PETITS BATAILLER ET SE MORDRE.
137 091	ET L'ESPRIT SOURIAIT A	SES PAUVRES ENFANTS!
160 055	VA-T'EN DONC, TOUTE	SEULE, AU DIABLE!
160 053		SI CETTE VITESSE EFFROYABLE
159 007	TES.YEUX, LANGUISSAMMENT, ME DISENT: "	SI TU VEUX,
137 079	. . . . MAIS	SI VOUS MEPRISEZ SA SAGESSE PARFAITE·
060 007		SICUT BENEFICUM LETHE,
137 040	COMPRENANT LE	SIGNAL DU NUAGE QUI BOUGE,
137 029	TOUS VIRENT LE	SIGNAL ET L'IMMENSE FUMEE
137 018	. . . OR, POUR LES NATIONS C'ETAIT LE GRAND	SIGNAL.
137 021	ET D'ABORD CE NE FUT QU'UN	SILLON TENEBREUX;
160 061	OH! TRES -	SINCEREMENT JE SOUFFRE
160 065	OH! TRES	SINCEREMENT JE SOUFFRE!
159 017	. . . UNE RICHE TOISON QUI, VRAIMENT, EST LA	SOEUR
158 017	TON VICE VENERABLE ETALE DANS LA	SOIE,
158 005	TES DEBAUCHES SANS	SOIF ET TES AMOURS SANS AME,
158 022	TES DOMES DE METAL QU'ENFLAMME LE	SOLEIL,
137 033	. . . OSCILLE ET SE DETACHE EN NOIR SUR LE	SOLEIL?
060 003	IN	SOLITUDINE CORDIS.
060 006	PER QUAM	SOLVUNTUR PECCATA!
137 025	DES PLUS LOINTAINS	SOMMETS DES MONTAGNES ROCHEUSES,
160 064	. . . . COMMENT TU LUI BAISES	SON CAS!
160 036	PAR SA LUXURE ET	SON DEDAIN
137 013	POUR LA BOURRER IL PRIT AU SAULE	SON ECORCE;
137 060	QUI TOMBE, ET REND UN	SON MONSTRUEUX, SURHUMAIN!
137 096	. . . LE TOUT –PUISSANT MONTAIT, CONTENT DE	SON OUVRAGE,
137 070	POURQUOI L'HOMME FAIT –IL LA CHASSE AU	SON VOISIN?
137 072	VOS PRIERES, VOS VOEUX MEMES	SONT DES FORFAITS!
159 005	TES YEUX, QUI	SONT D'ACCORD AVEC TES NOIRS CHEVEUX,
137 008	. . . . PLUS NOMBREUX QUE NE	SONT LES HERBES ET LES SABLES,
160 035	TES YEUX	SONT NOIRS COMME LA BOUE.
137 082	LES ROSEAUX	SONT NOMBREUX ET LE ROC EST EPAIS;
159 004	QUI NE	SONT PAS DU TOUT FUNEBRES.
160 009	DES CHOSES QUI	SONT TRES –USEES.
160 051		SOTTE, TU T'EN VAS DROIT AU DIABLE!
137 086	ET	SOUDAIN TOUS, JETANT LEURS ARMES SUR LA TERRE,
137 038	PAR LES QUATRE COTES D'OU	SOUFFLENT LES HALEINES
160 061	OH! TRES –SINCEREMENT JE	SOUFFRE
160 065	OH! TRES SINCEREMENT JE	SOUFFRE!
137 077	QUI VIENDRA VOUS INSTRUIRE ET	SOUFFRIR AVEC VOUS.
160 063	POUR VOIR, QUAND IL PETE DU	SOUFRE,
158 011	. . . . TES JARDINS PLEINS DE	SOUPIRS ET D'INTRIGUES,

		POEM LINE
	SOUPLE ET FRISEE, ET QUI T'EGALE EN EPAISSEUR.	159 019
J'AIME, O PALE BEAUTE, TES	SOURCILS SURBAISSÉS,	159 001
ET L'ESPRIT	SOURIAIT A SES PAUVRES ENFANTS!	137 091
ET	SOUS UN VENTRE UNI, DOUX COMME DU VELOURS,	159 015
O VOUS,	SOYEZ TEMOINS QUE J'AI FAIT MON DEVOIR	158 031
--A TRAVERS LA VAPEUR	SPLENDIDE DU NUAGE	137 095
QUOD ERAT	SPURCUM, CREMASTI;	060 019
VELUT	STELLA SALUTARIS	060 013
DULCE BALNEUM	SUAVIBUS	060 026
POUR	SUBJUGUER LEUR COEUR ET LEUR NATURE ETROITE,	137 056
IMMENSE, PARFUME,	SUBLIME, RADIEUX!	137 097
NE CONNAIT PAS PLUS LA	SUEUR	160 048
JE	SUIS DIABLEMENT AFFLIGE	160 066
JE	SUIS VRAIMENT BIEN LAS DE VOS HORRIBLES GUERRES.	137 071
	SUIVRE L'ESPOIR QU'EN TOI NOUS AVONS EXCITE,	159 009
IL FUMAIT, DROIT,	SUPERBE ET BAIGNE DE LUMIERE.	137 017
DU ROCHER, DONT IL FIT UNE PIPE	SUPERBE,	137 010
IL ETENDIT	SUR EUX SA PUISSANTE MAIN DROITE	137 055
LA PIPE DE LA PAIX. DEBOUT	SUR LA CARRIERE	137 016
CHACUN CREUSE UNE PIPE ET CUEILLE	SUR LA RIVE	137 089
ET SOUDAIN TOUS, JETANT LEURS ARMES	SUR LA TERRE, ...	137 086
LES GUERRIERS SE TENAIENT	SUR LA VERTE PRAIRIE,	137 043
OSCILLE ET SE DETACHE EN NOIR	SUR LE SOLEIL?	137 033
ET LA,	SUR LES ROCHERS DE LA ROUGE CARRIERE,	137 004
QUI LUISAIENT	SUR LEURS FRONTS CRUELS ET TRIOMPHANTS.	137 088
J'AIME, O PALE BEAUTE, TES SOURCILS	SURBAISSES,	159 001
QUI TOMBE, ET REND UN SON MONSTRUEUX,	SURHUMAIN!	137 060
	SUSPENDAM COR TUIS ARIS!	060 015
PUISQUE DEPUIS LONGTEMPS JE	T'AIME,	160 071
JE	T'AIME, O MA TRES BELLE, O MA CHARMANTE...	158 003
VRAIMENT OUI: VIEUX MONSTRE, JE	T'AIME!	160 075
SOUPLE ET FRISEE, ET QUI	T'EGALE EN EPAISSEUR,	159 019
SOTTE, TU	T'EN VAS DROIT AU DIABLE!	160 051
	T'ONT DONNE CE LUSTRE ABONDANT	160 008
TU M'AS DONNE	TA BOUE ET J'EN AI FAIT DE L'OR.	158 034
	TA CARCASSE A DES AGREMENTS	160 016
	TA CARCASSE A DES AGREMENTS!	160 020
AVEC	TA CRINIERE ELASTIQUE,	159 006
	TA JAMBE EST MUSCULEUSE ET SECHE;	160 045
	TA JAMBE MUSCULEUSE ET SECHE	160 041
RAVIVES AU FARD DE	TA JOUE,	160 033
	TA LEVRE AMERE NOUS PROVOQUE;	160 037
	TA PEAU BRULANTE ET SANS DOUCEUR,	160 046
DE NE PAS ETRE	TA TORCHERE,	160 067
ET	TA VERTU RISIBLE, AU REGARD MALHEUREUX, ...	158 018
IN FAME MEA	TABERNA,	060 022
DEPUIS LES LACS DU NORD AUX ONDES	TAPAGEUSES,	137 026
DEPUIS	TAWASENTHA, LE VALLON SANS PAREIL,	137 027
NOVIS	TE CANTABO CHORDIS, ...	060 001
ET DE	TE DEMANDER CONGE,	160 068
HAURIAM OSCULA DE	TE,	060 008
	TEL GITCHE MANITO POUR TOUTE NATION.	137 054
O VOUS, SOYEZ	TEMOINS QUE J'AI FAIT MON DEVOIR	158 031
QUUM VITIORUM	TEMPESTAS	060 010
TES	TEMPLES VOMISSANT LA PRIERE EN MUSIQUE,	158 012
LES GUERRIERS SE	TENAIENT SUR LA VERTE PRAIRIE,	137 043
IL SE	TENAIT DEBOUT, VASTE ET MAJESTUEUX.	137 006
CE QUE VEUILLOT NOMME UN	TENDRON.	160 002
D'OU SEMBLENT COULER DES	TENEBRES;	159 002
QUI FONT RIRE LE CIEL, MUET ET	TENEBREUX.	158 016
ET D'ABORD CE NE FUT QU'UN SILLON	TENEBREUX;	137 021
SOUDAIN TOUS, JETANT LEURS ARMES SUR LA	TERRE,	137 086
OR, GITCHE MANITO, LE MAITRE DE LA	TERRE,	137 050
AVEC SA MAIN	TERRIBLE IL ROMPIT UN MORCEAU	137 009
TES DEBAUCHES SANS SOIF ET	TES AMOURS SANS AME, ...	158 005
	TES ANGES, TES BOUFFONS NEUFS AUX VIEILLES DEFROQUES.	158 029
	TES BOMBES, TES POIGNARDS, TES VICTOIRES, TES FETES,	158 008
TES ANGES,	TES BOUFFONS NEUFS AUX VIEILLES DEFROQUES.	158 029
TES TOCSINS,	TES CANONS, ORCHESTRE ASSOURDISSANT, ...	158 024
	TES CARAVANES INSENSEES	160 007
	TES CHEVEUX, COMME UN CASQUE BLEU,	160 026
JE PREFERE	TES CLAVICULES	160 023
	TES DEBAUCHES SANS SOIF ET TES AMOURS SANS AME, . .	158 005
	TES DECOURAGEMENTS;	158 014
	TES DESESPOIRS D'ENFANT, TES JEUX DE VIEILLE FOLLE;	158 013
DANS LE CREUX DE	TES DEUX SALIERES;	160 019
	TES DOMES DE METAL QU'ENFLAMME LE SOLEIL, ...	158 022
PRECHANT L'AMOUR, ET PUIS	TES EGOUTS PLEINS DE SANG,	158 027
	TES FAUBOURGS MELANCOLIQUES,	158 009
ES BOMBES, TES POIGNARDS, TES VICTOIRES,	TES FETES,	158 008
JE PREFERE	TES FRUITS, AUTOMNE,	160 013
	TES HOTELS GARNIS,	158 010
	TES JARDINS PLEINS DE SOUPIRS ET D'INTRIGUES,	158 011
TES DESESPOIRS D'ENFANT,	TES JEUX DE VIEILLE FOLLE;	158 013
ET	TES JEUX D'ARTIFICE, ERUPTIONS DE JOIE, ...	158 015
TES PRINCIPES SAUVES ET	TES LOIS CONSPUEES,	158 020
	TES MAGIQUES PAVES DRESSES EN FORTERESSES.	158 025
	TES MONUMENTS HAUTAINS OU S'ACCROCHENT LES BRUMES,	158 021
TES YEUX, QUI SONT D'ACCORD AVEC	TES NOIRS CHEVEUX, ...	159 005

```
POEM LINE
158 026  .  .  .  .  .  .  .  .  .  .  .  .  .  .  TES .  .  .    TES PETITS ORATEURS, AUX ENFLURES BAROQUES,
158 008                              TES BOMBES, TES POIGNARDS, TES VICTOIRES, TES FETES,
158 020                                                         TES PRINCIPES SAUVES ET TES LOIS CONSPUEES,
160 012                                         LA VERDEUR DE   TES QUARANTE ANS;
158 023  .  .  .  .  .  .  .  .  .  .  .  .  .  .  .  .  .  .  .  .  .  .  TES REINES DE THEATRE AUX VOIX ENCHANTERESSES,
159 001                             J'AIME, O PALE BEAUTE,      TES SOURCILS SURBAISSES,
158 012                                                         TES TEMPLES VOMISSANT LA PRIERE EN MUSIQUE,
158 024                                                         TES TOCSINS, TES CANONS, ORCHESTRE ASSOURDISSANT,
158 008  .  .  .  .  .  .  .  .  TES BOMBES, TES POIGNARDS,     TES VICTOIRES, TES FETES,
160 031                                                         TES YEUX QUI SEMBLENT DE LA BOUE,
160 035                                                         TES YEUX SONT NOIRS COMME LA BOUE!
159 007                                                         TES YEUX, LANGUISSAMMENT, ME DISENT: "SI TU VEUX,
159 005  .  .  .  .  .  .  .  .  .  .  .  .  .  .  .  .  .  .  .  .  TES YEUX, QUI SONT D'ACCORD AVEC TES NOIRS CHEVEUX
159 003                                                         TES YEUX, QUOIQUE TRES -NOIRS, M'INSPIRENT DES PEN
158 023                                         TES REINES DE   THEATRE AUX VOIX ENCHANTERESSES,
060 030                                               AQUA      TINCTA SERAPHICA;
137 083  .  .  .  .  .  .  .  .  .  .  CHACUN EN PEUT           TIRER SA PIPE.  PLUS DE GUERRES,
158 024                                                  TES   TOCSINS, TES CANONS, ORCHESTRE ASSOURDISSANT,
159 009                            SUIVRE L'ESPOIR QU'EN        TOI NOUS AVONS EXCITE,
160 052                         VOLONTIERS J'IRAIS AVEC         TOI,
160 004  .  .  .  .  .  .  .  .  .  .  BOUILLONNENT EN          TOI, VIEUX CHAUDRON!
159 017                                          UNE RICHE      TOISON QUI, VRAIMENT, EST LA SOEUR
137 060                                               QUI       TOMBE, ET REND UN SON MONSTRUEUX, SURHUMAIN!
160 027                                          OMBRAGENT      TON FRONT DE GUERRIERE,
158 006  .  .  .  .  .  .  .  .  .  .  .  .  .  .  QUE           TON GOUT DE L'INFINI
160 049                                               QUE       TON OEIL NE CONNAIT LES LARMES,
158 017                                                         TON VICE VENERABLE ETALE DANS LA SOIE,
160 067                                   DE NE PAS ETRE TA     TORCHERE,
137 051  .  .  .  .  .  .  .  .  .  .  LES CONSIDERAIT          TOUS AVEC COMPASSION,
137 044                                                         TOUS EQUIPES EN GUERRE, ET LA MINE AGUERRIE,
137 046                         ET LA HAINE QUI FAIT COMBATTRE  TOUS LES ETRES,
159 010                                               ET        TOUS LES GOUTS QUE TU PROFESSES,
137 039  .  .  .  .  .  .  .  .  .  .  .  .  DU VENT,           TOUS LES GUERRIERS DE CHAQUE TRIBU, TOUS,
137 029                                                         TOUS VIRENT LE SIGNAL ET L'IMMENSE FUMEE
137 039        DU VENT, TOUS LES GUERRIERS DE CHAQUE TRIBU,    TOUS,
137 036                                 "JE VOUS CONVOQUE       TOUS, GUERRIERS, A MON CONSEIL!"
137 086  .  .  .  .  .  .  .  .  .  .  ET SOUDAIN               TOUS, JETANT LEURS ARMES SUR LA TERRE,
137 085                                               ET        TOUS, UNIS, FUMEZ LE CALUMET DE PAIX!"
137 080         PAUVRES ENFANTS MAUDITS, VOUS DISPARAITREZ      TOUS!
137 096                                               LE        TOUT -PUISSANT MONTAIT, CONTENT DE SON OUVRAGE,
137 014  .  .  .  .  .  .  .  .  .  .  ET LUI, LE               TOUT -PUISSANT, CREATEUR DE LA FORCE,
159 004                                QUI NE SONT PAS DU       TOUT FUNEBRES,
137 005                                          DOMINANT       TOUT L'ESPACE ET BAIGNE DE LUMIERE,
137 054                               TEL GITCHE MANITO POUR    TOUTE NATION.
160 055  .  .  .  .  .  .  .  .  .  .  VA-T'EN DONC,            TOUTE SEULE, AU DIABLE!
158 001                       TRANQUILLE COMME UN SAGE ET DOUX COMME UN MAUDIT,
137 095                                               --A       TRAVERS LA VAPEUR SPLENDIDE DU NUAGE
160 001                              TU N'ES CERTES PAS, MA     TRES -CHERE,
160 005                              TU N'ES PLUS FRAICHE, MA   TRES -CHERE,
160 072                                            ETANT        TRES -LOGIQUE! EN EFFET,
159 003                             TES YEUX, QUOIQUE           TRES -NOIRS, M'INSPIRENT DES PENSERS
160 061                                               OH!       TRES -SINCEREMENT JE SOUFFRE
160 009  .  .  .  .  .  .  .  .  .  .  DES CHOSES QUI SONT      TRES -USEES,
158 003                             JE T'AIME, O MA            TRES BELLE, O MA CHARMANTE...
137 052                               COMME UN PERE            TRES BON, ENNEMI DU DESORDRE,
160 065                                               OH!       TRES SINCEREMENT JE SOUFFRE!
137 039  .  .  .  .  DU VENT, TOUS LES GUERRIERS DE CHAQUE      TRIBU, TOUS,
137 088                         QUI LUISAIENT SUR LEURS FRONTS CRUELS ET TRIOMPHANTS.
160 018                                               JE        TROUVE D'ETRANGES PIMENTS
160 011                                            JE NE        TROUVE PAS MONOTONE
159 013  .  .  .  .  .  .  .  .  .  .  .  .  .  .  .  .  TU      TROUVERAS AU BOUT DE DEUX BEAUX SEINS BIEN LOURDS,
160 064                                          COMMENT        TU LUI BAISES SON CAS!
158 034                                                         TU M'AS DONNE TA BOUE ET J'EN AI FAIT DE L'OR.
160 001                                                         TU N'ES CERTES PAS, MA TRES -CHERE,
160 015  .  .  .  .  .  .  .  .  .  .  .  .  .  .  NON,         TU N'ES JAMAIS MONOTONE!
160 005                                                         TU N'ES PLUS FRAICHE, MA TRES -CHERE,
159 011                                                         TU POURRAS CONSTATER NOTRE VERACITE
159 010                               ET TOUS LES GOUTS QUE     TU PROFESSES,
159 013  .  .  .  .  .  .  .  .  .  .  .  .  .  .  .  .  .  .    TU TROUVERAS AU BOUT DE DEUX BEAUX SEINS BIEN LOUR
160 051                                            SOTTE,       TU T'EN VAS DROIT AU DIABLE!
159 007                       TES YEUX, LANGUISSAMMENT, ME DISENT: "SI TU VEUX,
060 015                                    SUSPENDAM COR        TUIS ARIS!
137 059  .  .  .  .  .  COMPARABLE A LA VOIX D'UNE EAU          TUMULTUEUSE
060 011                                                         TURBABAT OMNES SEMITAS,
137 028                                          JUSQU'A        TUSCALOOSA, LA FORET PARFUMEE.
137 012                             POUR S'EN FAIRE UN          TUYAU, CHOISIT UN LONG ROSEAU.
159 016  .  .  .  .  .  .  .  .  .  .  BISTRE COMME LA PEAU D'  UN BONZE,
160 026                                TES CHEVEUX, COMME       UN CASQUE BLEU,
160 030                               COMME LES CRINS D'        UN CASQUE BLEU.
137 015                             DEBOUT, IL ALLUMA, COMME    UN DIVIN FANAL,
160 034  .  .  .  .  .  .  .  .  .  .  .  .  .  LANCENT         UN ECLAIR INFERNAL!
160 038                                CETTE LEVRE, C'EST       UN EDEN
137 048                        INCENDIAIT ENCOR LEURS YEUX D'   UN FEU FATAL,
137 045                               BARIOLES AINSI QU'        UN FEUILLAGE AUTOMNAL;
137 090  .  .  .  .  .  .  .  .  .  .  .  .  .  .  .  .  .  .    UN LONG ROSEAU QU'AVEC ADRESSE IL ENJOLIVE.
137 012                             POUR S'EN FAIRE UN TUYAU, CHOISIT UN LONG ROSEAU,
158 001                      TRANQUILLE COMME UN SAGE ET DOUX COMME UN MAUDIT,
160 074                                            ET N'AIMER QU' UN MONSTRE PARFAIT,
137 009  .  .  .  .  .  .  AVEC SA MAIN TERRIBLE IL ROMPIT      UN MORCEAU
```

		POEM	LINE
COMME	UN PARFAIT CHIMISTE ET COMME UNE AME SAINTE.	158	032
COMME	UN PERE TRES BON, ENNEMI DU DESORDRE,	137	052
BIENTOT VOUS RECEVREZ DE MA MAIN	UN PROPHETE	137	076
TRANQUILLE COMME	UN SAGE ET DOUX COMME UN MAUDIT,	158	001
ET D'ABORD CE NE FUT QU'	UN SILLON TENEBREUX;	137	021
QUI TOMBE, ET REND	UN SON MONSTRUEUX, SURHUMAIN!	137	060
CE QUE VEUILLOT NOMME	UN TENDRON.	160	002
POUR S'EN FAIRE	UN TUYAU, CHOISIT UN LONG ROSEAU,	137	012
ET SOUS	UN VENTRE UNI, DOUX COMME DU VELOURS,	159	015
COMME UN PARFAIT CHIMISTE ET COMME	UNE AME SAINTE.	158	032
COMPARABLE A LA VOIX D'	UNE EAU TUMULTUEUSE	137	059
PUIS, AU BORD DU RUISSEAU, DANS	UNE ENORME GERBE,	137	011
SA PAROLE FERA DE LA VIE	UNE FETE;	137	078
CHACUN CREUSE	UNE PIPE ET CUEILLE SUR LA RIVE	137	089
DU ROCHER, DONT IL FIT	UNE PIPE SUPERBE,	137	010
	UNE RICHE TOISON QUI, VRAIMENT, EST LA SOEUR	159	017
	UNGUENTATUM ODORIBUS!	060	027
ET SOUS UN VENTRE	UNI, DOUX COMME DU VELOURS,	159	015
ET C'EST DANS L'	UNION QU'EST VOTRE FORCE. EN FRERES	137	074
ET TOUS,	UNIS, FUMEZ LE CALUMET DE PAIX!"	137	085
DES CHOSES QUI SONT TRES -	USEES,	160	009
	VA-T'EN DONC, TOUTE SEULE, AU DIABLE!	160	055
DEPUIS TAWASENTHA, LE	VALLON SANS PAREIL,	137	027
PUIS LA	VAPEUR SE FIT PLUS BLEUE ET PLUS EPAISSE,	137	022
--A TRAVERS LA	VAPEUR SPLENDIDE DU NUAGE	137	095
DE	VAPEUR, QUI, SEMBLABLE A LA MAIN QUI COMMANDE,	137	032
SOTTE, TU T'EN	VAS DROIT AU DIABLE!	160	051
IL SE TENAIT DEBOUT,	VASTE ET MAJESTUEUX.	137	006
ET SOUS UN VENTRE UNI, DOUX COMME DU	VELOURS,	159	015
	VELUT STELLA SALUTARIS	060	013
TON VICE	VENERABLE ETALE DANS LA SOIE,	158	017
DU	VENT, TOUS LES GUERRIERS DE CHAQUE TRIBU, TOUS,	137	039
ET SOUS UN	VENTRE UNI, DOUX COMME DU VELOURS,	159	015
TU POURRAS CONSTATER NOTRE	VERACITE	159	011
LA	VERDEUR DE TES QUARANTE ANS;	160	012
MONTANT PAISIBLEMENT DANS LE MATIN	VERMEIL.	137	030
LE PUISSANT, DESCENDIT DANS LA	VERTE PRAIRIE,	137	002
LES GUERRIERS SE TENAIENT SUR LA	VERTE PRAIRIE,	137	043
ET TA	VERTU RISIBLE, AU REGARD MALHEUREUX,	158	018
CE QUE	VEUILLOT NOMME UN TENDRON.	160	002
YEUX, LANGUISSAMMENT, ME DISENT: "SI TU	VEUX,	159	007
TON	VICE VENERABLE ETALE DANS LA SOIE,	158	017
TES BOMBES, TES POIGNARDS, TES	VICTOIRES, TES FETES,	158	008
SA PAROLE FERA DE LA	VIE UNE FETE;	137	078
ET GITCHE MANITO, LE MAITRE DE LA	VIE,	137	093
C'EST GITCHE MANITO, LE MAITRE DE LA	VIE,	137	063
OR GITCHE MANITO, LE MAITRE DE LA	VIE,	137	001
C'EST GITCHE MANITO, LE MAITRE DE LA	VIE,	137	034
TES DESESPOIRS D'ENFANT, TES JEUX DE	VIEILLE FOLLE,	158	013
MA	VIEILLE INFANTE! ET CEPENDANT	160	006
TES ANGES, TES BOUFFONS NEUFS AUX	VIEILLES DEFROQUES.	158	029
QUI	VIENDRA VOUS INSTRUIRE ET SOUFFRIR AVEC VOUS.	137	077
BOUILLONNENT EN TOI,	VIEUX CHAUDRON!	160	004
COMME CELLE DES	VIEUX GENDARMES,	160	047
VRAIMENT OUI!	VIEUX MONSTRE, JE T'AIME!	160	075
	VINRENT DOCILEMENT A LA CARRIERE ROUGE	137	041
DIVINUM	VINUM, FRANCISCA!	060	033
TOUS	VIRENT LE SIGNAL ET L'IMMENSE FUMEE	137	029
ADDE NUNC	VIRES VIRIBUS,	060	025
ADDE NUNC VIRES	VIRIBUS,	060	025
PISCINA PLENA	VIRTUTIS,	060	016
SI CETTE	VITESSE EFFROYABLE	160	053
QUUM	VITIORUM TEMPESTAS	060	010
PLUS DE SANG! DESORMAIS	VIVEZ COMME DES FRERES,	137	084
	VIVEZ DONC, ET SACHEZ VOUS MAINTENIR EN PAIX.	137	075
LABRIS	VOCEM REDDE MUTIS!	060	018
VOS PRIERES, VOS	VOEUX MEMES SONT DES FORFAITS!	137	072
POUR	VOIR, QUAND IL PETE DU SOUFRE,	160	063
OURQUOI L'HOMME FAIT -IL LA CHASSE A SON	VOISIN?	137	070
QUI	VOIT SES CHERS PETITS BATAILLER ET SE MORDRE.	137	053
COMPARABLE A LA	VOIX D'UNE EAU TUMULTUEUSE	137	059
TES REINES DE THEATRE AUX	VOIX ENCHANTERESSES,	158	023
PUIS IL LEUR DIT AVEC SA	VOIX MAJESTUEUSE,	137	058
LE MARAIS FUT PAR MOI PEUPLE DE	VOLATILES;	137	068
SAIT GRAVIR AU HAUT DES	VOLCANS.	160	042
	VOLONTIERS J'IRAIS AVEC TOI,	160	052
TES TEMPLES	VOMISSANT LA PRIERE EN MUSIQUE,	158	012
EFFACEZ DANS LES FLOTS	VOS COULEURS MEURTRIERES,	137	081
JE SUIS VRAIMENT BIEN LAS DE	VOS HORRIBLES GUERRES,	137	071
LE PERIL EST POUR VOUS DANS	VOS HUMEURS CONTRAIRES,	137	073
	VOS PRIERES, VOS VOEUX MEMES SONT DES FORFAITS!	137	072
VOS PRIERES,	VOS VOEUX MEMES SONT DES FORFAITS!	137	072
ET C'EST DANS L'UNION QU'EST	VOTRE FORCE. EN FRERES	137	074
QUI VOUS PARLE! CELUI QUI DANS	VOTRE PATRIE	137	064
	VOULANT DU MAL CHERCHER LA CREME	160	073
JE	VOUS AI FAIT LA CHASSE ET LA PECHE FACILES;	137	066
LES PROPHETES DISAIENT: "VOYEZ -	VOUS CETTE BANDE	137	031
"JE	VOUS CONVOQUE TOUS, GUERRIERS, A MON CONSEIL!"	137	036
LE PERIL EST POUR	VOUS DANS VOS HUMEURS CONTRAIRES,	137	073

```
POEM LINE
137 080 .  .   .   .    .    .    .    .   PAUVRES ENFANTS MAUDITS,   VOUS DISPARAITREZ TOUS!
137 077                                           QUI VIENDRA         VOUS INSTRUIRE ET SOUFFRIR AVEC VOUS.
137 075                            VIVEZ DONC, ET SACHEZ              VOUS MAINTENIR EN PAIX.
137 064 .  .   .   .    .    .    .    .    .    .    .   .   MAIS SI  VOUS MEPRISEZ SA SAGESSE PARFAITE,
137 069                                                 .   .   QUI   VOUS PARLE! CELUI QUI DANS VOTRE PATRIE
137 076                                     POURQUOI N'ETES -         VOUS PAS CONTENTS, FILS INDOCILES?
158 031                                             BIENTOT           VOUS RECEVREZ DE MA MAIN UN PROPHETE
137 077 .                                                 Q           VOUS, SOYEZ TEMOINS QUE J'AI FAIT MON DEVOIR
137 031          QUI ViENDRA VOUS INSTRUIRE ET SOUFFRIR AVEC          VOUS.
160 059                           LES PROPHETES DISAIENT: "           VOYEZ -VOUS CETTE BANDE
137 071                                   "HELAS! C'EST               VRAIMENT BIEN DOMMAGE!"
137 075 .  .   .   .    .    .    .    .    .    .    .    JE SUIS     VRAIMENT BIEN LAS DE VOS HORRIBLES GUERRES.
160 075 .  .   .   .    .    .    .    .    .    .   .     .   .       VRAIMENT OUI! VIEUX MONSTRE, JE T'AIME!
159 017                              UNE RICHE TOISON QUI,            VRAIMENT, EST LA SOEUR
137 047                          LA HAINE QUI BRULAIT LES             YEUX DE LEURS ANCETRES
137 048                      INCENDIAIT ENCOR LEURS                   YEUX D'UN FEU FATAL.
137 049 .  .   .   .    .    .    .    .    .    .    ET LEURS         YEUX ETAIENT PLEINS DE HAINE HEREDITAIRE.
160 031                                                TES            YEUX QUI SEMBLENT DE LA BOUE,
160 035                                                TES            YEUX SONT NOIRS COMME LA BOUE!
159 007                                                TES            YEUX, LANGUISSAMMENT, ME DISENT: "SI TU VEUX,
159 005 .  .   .   .    .    .    .    .    .    .    .    .    TES    YEUX, QUI SONT D'ACCORD AVEC TES NOIRS CHEVEUX,
159 003                                                TES            YEUX, QUOIQUE TRES -NOIRS, M'INSPIRENT DES PENSERS
```

1137 ET	EN	111 AUX	63 SOUS	39 CETTE
995 DE	193 UNE	108 SES TES	62 MES	38 AIR SOIR TOUJOURS
660 LA	188 DU QU	103 CES MA	61 ON VERS	36 BEAUTE BIEN HOMME VOS
641 LE	185 AU	101 O	56 SI	35 ANGE
635 L	178 SUR	100 SA	54 SONT TE	33 BEAU DOUX ONT
607 UN	176 MON	98 N	53 AMOUR	32 AI FOND LUI T
567 LES	154 SON TU	95 YEUX	51 AINSI	31 MER NOIR
475 DES	150 CE	92 AVEC	50 FAIT LEUR MOI	30 GRAND
390 A	149 SE TON	91 VOUS	48 MAIS OEIL	29 BELLE DIT ESPRIT ETAIT
386 D	148 POUR	84 TA	47 SOLEIL	28 LOIN MORT
360 QUI	145 IL	80 DONT J	46 M	27 DEUX NI VOTRE
328 DANS	143 S	74 ME	44 NOS	26 GRANDS MONDE SANG SUIS
327 COMME	125 COEUR	72 PAS	43 JAMAIS NUIT	25 BRAS DIEU NOTRE
271 QUE	122 SANS	69 TOI	42 CORPS TOUS	24
264 JE	119 TOUT	67 CIEL ELLE QUAND	41 ILS VIEUX	
237 OU	116 NOUS PLUS	66 AME LEURS	40 PLEIN	
227 EST	115 NE PAR	64 C		
217				

AIME
FEMME
FLEURS
TETE
VEUX

23
ENFANT
ETRE
JOUR
RIEN

22
BAISERS
CHAQUE
OR
PLEURS
TENEBRES

21
DONC
FRONT
HORREUR
MEME
PEUT
POETE
TRAVERS

20
DOULEUR
ENFER
PARFUM
TEMPS
VOIR
VOIS

19
DESIR
FAUT
MATIN
REGARD
TERRE
TRISTE
VIE
VIN
VOIX
VOLUPTE

18
EAU
GOUFFRE
PARFOIS
REVE
TOUTES
VENT

17
CAR
CHOSES
COEURS
ETERNEL
HAUT
HELAS
MAIN
PIEDS
RACE
REMORDS

16
AUTRE
AZUR
BEAUX
FONT

GLOIRE
IMMENSE
NOIRS
NUITS
PAUVRE
PLAISIR
PROFOND
PUIS
QUELQUE
RIRE
SAIS
SOMBRE

15
AUSSI
DEVANT
FLAMME
LONG
LORSQUE
LUNE
QUEL
SEIN
SOUVENIR
TRES

14
AUTRES
AVONS
CLAIR
DIS
ENCOR
ETRANGE
FAIRE
FUNEBRES
GRANDE
HEURE
JUSQU
LESBOS
LIT
NATURE
SEINS
TOMBEAU
VA

13
BAS
BOUCHE
CHAIR
CIEUX
CLARTE
FEU
JOIE
LONGS
LUMIERE
MILLE
MORTS
NOIRE
PARADIS
PARFUMS
PAYS
REINE
SOLEILS
TANT

12
AUTOUR
AVOIR
BOIS
DOUCEUR
DOULEURS
ENTRE
FLEUR
FOIS
HAINE
JEUNE
LARGE
MAL
PARMI
PIED
PLEINE
POURTANT

ROUGE
SECRET
SOIS
SOIT
SOMMEIL
SOUVENT
TENEBREUX
TOUR
TROP
VU

11
ABIME
ANGES
BORD
CEPENDANT
CHER
FER
JEUNESSE
MYSTIQUE
ORGUEIL
PLAISIRS
PLEINS
PREND
TOMBE
TOUTE
VOIT
Y

10
AH
AMER
AMOUREUX
APRES
ART
AUTANT
BON
BRUIT
CADAVRE
CELUI
CHARGE
CHARME
CHEVEUX
CRIS
DERRIERE
EUX
FEMMES
FRAIS
FROID
GORGE
LARMES
LONGTEMPS
MALGRE
MOINS
MURS
ODEUR
OMBRE
PALE
PALES
PARTOUT
PEUPLE
POISON
REVES
ROSE
SAIT
SANGLOTS
SEMBLABLE
SENS
UNIVERS
VAGUE
VASTES
VERSE

9
AIMER
ANTIQUE
AVEZ
BEAUTES
BLANC
CALME
CET
CHARMANT
CHERCHANT

CHERE
CONNU
DEJA
DESTIN
DOIGTS
DOS
DOUCE
ENCORE
ENIVRE
ENNUI
ESPOIR
ESPRITS
FAIS
FATAL
FLEUVE
FLOTS
HORIZON
INFINI
JOURS
METAL
MILIEU
MIROIR
MONTE
NUL
PALAIS
PEUR
PRES
PROFONDS
RICHE
ROSES
SUPERBE
TROUVER
VASTE
VIDE
VOILA

8
ABEL
AFFREUX
ALORS
AUJOURD
AVAIT
BIJOUX
BRULE
CAIN
CEUX
CHANT
CHARMANTS
CHAT
CHEMIN
CITE
CONNAIS
CONNAISSEZ
COULEURS
DEMONS
DENTS
DEPUIS
DIVIN
ENORME
ENTENDS
ETERNITE
ETES
EXTASE
FANTOME
FIN
FROIDS
HIVER
HUI
HUMANITE
IMPORTE
INFERNAL
JADIS
LAISSE
LAMPE
LENTEMENT
LIEU
LOURDS
MAINT
MANGE
MERS
MONSTRE
MYSTERIEUX
NOM
PENSERS
PERE
PITIE
PLONGER

PROFONDE
REMPLIT
REND
RONGE
SANTE
SAVANT
SILENCE
SOUVENIRS
VAINCU
VENUS
VERTIGE
VEUT
VIEIL
VIEILLES
VIENS
VIVANT
VOLUPTES

7
ADORE
AILE
AMANTE
ARDEUR
AS
ASTRES
AURORE
AUTOMNE
BLEU
CARESSE
CHARMES
DIGNE
DONNE
DORMIR
DORT
ENFANTS
ENNEMI
ES
ESPACE
ETAIENT
ETRANGES
EUT
FILS
FOLLE
FORCE
FORME
FORT
FORTS
FROIDE
GENOUX
GRACES
HASARD
ICI
IMAGE
JESUS
JETTE
LOURD
LOURDE
MAINS
MAITRE
MERE
MET
MIROIRS
MONSTRES
MOQUEUR
MORNE
MUSIQUE
NON
NOUVEAU
PARFUME
PASSE
PEAU
PETIT
PIERRE
POINT
POUSSE
PRIS
RAYON
RAYONS
ROULE
SATAN
SAVOIR
SECRETS
SEUL
SINGULIER
SOEUR
SOIF
SORT

SOUVIENS
SPLENDEUR
SUBLIME
TENDRE
TERRIBLE
TUILE
TROUPEAU
VAIN
VAISSEAU
VENTRE
VIENT
VIS
VIVRE
VOILES
VONT

6
AFIN
AILES
ALCOVE
ANGOISSE
APPAS
ARBRES
ASPECT
AUTREFOIS
AVANT
BAISER
BETE
BETES
BONNE
BRISE
CAUCHEMAR
CELA
CERVEAU
CHAMBRE
CHAMPS
CHANTE
CHERCHE
COIN
COULEUR
COUP
COURT
CRI
CRISTAL
CROIS
DANSE
DEBRIS
DELA
DEMON
DENT
DESCEND
DESIRS
DIEUX
DIRE
DON
DOUCEMENT
DROIT
ENCENSOIR
ENDORMIR
ENFIN
ENNUIS
ETAIS
ETE
ETOILES
FACE
FAITS
FERAI
FERME
FLANC
GARDE
GOUT
HAIS
HEUREUX
ILE
IMMONDE
INFAME
IVROGNE
JOUE
JOYEUX
LECTEUR
LIBRE
LIVIDE
LOISIR
LUEURS
MELANCOLIQUE
MELE
MORTELS

MUSC
NEANT
NEIGE
OCEAN
OH
OMBRES
OREILLE
OUBLI
PARESSE
PARIS
PENDANT
PLEURE
PLONGE
PUISSANT
PURE
REPOS
RICHES
ROBE
ROI
SERAI
SERPENT
SOIRS
SORCIERE
SOURIRE
SQUELETTE
TEL
TEMPETE
TRAVAIL
TROIS
TROUS
TROUVE
VAINQUEUR
VAS
VAUT
VERTS
VIEILLE
VIERGES
VILLE
VINS
VISAGE
VIT
VOICI

5
AGITE
AIMABLE
ALLUME
AMANT
AMOURS
ARBRE
ARMES
AVIDE
BANAL
BIZARRE
BLANCHE
BLASPHEME
BLEUS
BOUE
BOURREAU
BOUT
BRISES
BRUNE
BUT
CAVEAU
CELLE
CERVEAUX
CESSE
CHANTER
CHERS
CONSOLE
COUCHANT
CRANE
CREUSE
DEBAUCHE
DEMAIN
DESERT
DEUIL
DIABLE
DIVINE
DORS
DUR
EFFORTS
EMPIRE
ENCENS
ESCLAVE
ESPERANCE
ETERNELLE

EUSSE
FAITE
FAMILIER
FECONDE
FERA
FETES
FEUX
FILLE
FILLES
FLAMBEAU
FLAMMES
FORTE
FOUET
FOYER
FRELE
FRUITS
FUME
FUT
GENIE
GLACE
GONFLE
GOUFFRES
GRACE
GRANDES
GROS
HONTE
HORRIBLE
IMPLACABLE
INCONNU
IVRESSE
JAMBE
JARDIN
JAUNE
JEU
JEUX
LACHE
LANGUEUR
LARGES
LOINTAIN
LUMINEUX
MAIGRE
MAIGRES
MAJESTE
MATS
MAUDITE
MOURIR
MUET
MUR
MYSTERE
NAGE
NOBLE
NU
NUAGES
NUS
OISEAUX
ORDRE
PARDON
PAREIL
PASSER
PAUVRES
PECHE
PECHES
PENSE
PERLES
PEU
PEUPLES
PHILTRE
PLAFOND
PLUIE
POITRINE
POLIS
PRINCE
PRINTEMPS
PRUNELLES
PU
PUISSANTS
QUELLE
QUELQUEFOIS
QUELQUES
QUOI
RAISON
REGARDE
REMORD
RENDRE
RESTE
REVEUR
RIDEAUX
ROULANT
SALES

SANGLANT
SAPHO
SEIGNEUR
SEMBLAIT
SEMBLE
SERA
SINGULIERS
SINISTRE
SOL
SOUFFLE
SOUPIR
SOURIS
STUPIDE
SUBTIL
TABLE
TABLEAU
TARD
TEMPLE
TOMBEAUX
TORTURE
TOURMENTE
TRESOR
TROUBLE
UNIQUE
VELOURS
VERITE
VERT
VIENDRA
VOLUPTUEUX

4
ABRI
AGONISANT
AIRS
ALLAIT
AMANTS
AMAS
AMERS
AMES
AMIS
ARMOIRE
ASSEZ
ASSOUVIR
ATMOSPHERE
AU-DESSUS
AUBERGE
AUPRES
AURAIT
AVAIS
BAISE
BALANCE
BATON
BEC
BERCE
BERCEAU
BIENTOT
BLANCHES
BLASPHEMES
BOIRE
BONHEUR
BORDS
BOURBEUX
CARESSES
CHACUN
CHALEUR
CHANGE
CHANSONS
CHANTAIT
CHANTANT
CHANTENT
CHAUDE
CHAUDES
CHERCHER
CHEVAL
CHOSE
CIBLE
CIMETIERE
CITES
CLAIRS
CLIMATS
COINS
COMBIEN
COMPAGNONS
CONTEMPLE
CONTEMPLER
COTE
COU

COULE
COURAGE
COURONNE
COUSSINS
CREATURE
CREUX
CRIME
CRINIERE
CROIT
CRUEL
CRUELLE
CYTHERE
DAMNE
DAMNES
DEESSE
DEGOUT
DIRAIT
DITES
DIVINS
DONNER
DOUTE
EFFROI
EGAL
ELLES
ENCHANTE
ENLEVE
ENTIERE
EPANCHE
EPANOUIR
EPAULES
EPOUVANTE
EPOUX
ERRANT
ETOILE
ETOUFFE
ETRES
FAIM
FAMILLE
FAUVE
FETE
FIER
FIRMAMENT
FLOT
FOLIE
FORMES
FOSSE
FOULE
FOUS
FRAGILE
FREMISSANT
FRERES
FROIDES
FUNEBRE
FUS
GAIETE
GENS
GERBE
GLAIVE
GLOBE
GLORIEUX
GOSIER
GRAIN
GRIMACE
HABITE
HANTE
HEROS
HIPPOLYTE
HOMMES
HORIZONS
HUILE
HUMIDE
IDOLE
IGNORE
IMPREGNES
INCONNUS
INSTRUMENT
INVISIBLE
IVRE
JUGE
LA-BAS
LAC
LAID
LAMENTE
LANGOUREUSES
LANGOUREUX
LENTE
LEVRE
LEVRES
LIVRE

LOIS
LONGUES
LUMIERES
LUXE
MADONE
MAISON
MAITRESSE
MARCHE
MATIERE
MAUDIT
MAUDITS
MAUVAIS
MECHANT
MELER
MEMBRES
MEMOIRE
METS
MIEUX
MINCE
MINUTE
MONTRER
MORD
MORTEL
MOUVEMENT
NAVIRE
NOIRES
NOMBREUX
NOTE
OBSCURS
ODEURS
ONGLES
OPIUM
ORAGEUX
OREILLER
OUBLIE
OUI
OUVRANT
PALPITE
PAME
PAREILS
PASSION
PATRIE
PAUPIERE
PAVES
PAYSAGE
PERDUS
PETITS
PEUT-ETRE
PLACE
PLAFONDS
PLEINES
PLIS
PLUTOT
POETES
POIDS
POIGNARD
PORTE
PORTES
POSE
POSES
POURQUOI
PRENDS
PRENNENT
PREPARE
PROFONDES
PROIE
PROMENE
PUITS
PUR
QUAIS
RADIEUX
REGARDS
REPONDS
REPOSE
RHYTHME
RIDICULE
RIT
RIVAGES
ROBES
ROCHER
RUE
RUISSEAU
RUISSEAUX
SAGE
SALE
SCIENCE
SEMBLABLES
SENTI
SEPT

SERMENTS
SERT
SOEURS
SOIN
SONGE
SONGES
SONNE
SONS
SOUFFRANCE
SOUFFRE
SOULIERS
SOYEZ
SPECTRE
SPHINX
SUAIRE
SUIVANT
TERRASSE
TERREUR
TIENS
TIRER
TIRES
TOURNE
TRAINE
TRAINENT
TRANQUILLE
TREMBLANT
TREMBLE
TRESSES
TRISTESSE
TRONE
VAGUEMENT
VAIS
VEILLE
VENIR
VENU
VER
VERRE
VEULENT
VICTIMES
VIEILLARD
VIENNENT
VIERGE
VIL
VIVANTE
VIVANTS
VOILE
VRAI
WAGON

3
A-T
ACTION
ADIEU
ADIEUX
ADMIRE
ADORABLE
AGATHE
AGE
AILLEURS
AIMES
AIMONS
AIRAIN
ALLER
ALLONGE
ALLONGEAIT
AMBRE
AMOUREUSE
ANCIENS
ANIMAL
ANNEES
ANS
ANTIQUES
APPETITS
ARTISTE
ARTISTEMENT
ASTRE
ATTITUDES
AURAS
AUSTERE
AVAIENT
BASSINS
BAT
BATIR
BATTANT
BELLES
BENI
BENJOIN

BETAIL
BETISE
BONNES
BONTE
BOUGE
BRILLANT
BRILLANTS
BRODE
BROUILLARDS
BRULANT
BRUME
BRUMEUX
BRUTE
BUCHE
CA
CACHER
CANAUX
CANDEUR
CARCASSE
CARESSANT
CARESSENT
CARICATURE
CARREAUX
CASCADES
CELEBRES
CELESTES
CELUI-LA
CENDRE
CHALEURS
CHAOS
CHARBON
CHAROGNE
CHERCHENT
CHEVELURE
CHIEN
CIERGES
CLIMAT
COLERE
COMMENT
CONFUS
CONTIENT
COTES
COUCHE
COUCHER
COULAIENT
COULER
COUPABLE
COUPS
COURS
CRESUS
CRIANT
CRIARDE
CRIMES
CRUELS
CUIVRE
CURIEUX
CYGNE
CYPRES
DANGEREUX
DECOR
DEFUNT
DELPHINE
DESCENDEZ
DESERTS
DESORMAIS
DESPOTIQUE
DICTAME
DOIGT
DONNAIT
DORMANT
EAUX
EBLOUISSANT
ECHINE
ECHO
ECLAIR
ECLAIRS
ECOUTER
EFFET
EFFORT
EGALE
EMBLEME
ENCHANTERESSE
ENDORT
ENFANCE
ENFUIT
ENIVRENT
ENSEIGNE
ENSEVELI
ENTEND

ENTRAILLES
EPAIS
EPAISSEUR
EPANOUIE
EPHEMERE
ESCALIERS
ESSAIM
ESSOR
ETERNELS
ETONNE
EVEILLE
EVOQUER
EXILES
EXQUISE
FACON
FAISAIT
FAISANT
FANTOMES
FATALE
FAUBOURG
FAUDRA
FEE
FERMENT
FERVEUR
FIDELE
FIEL
FIERS
FIEVRES
FIEVREUX
FIXES
FLACON
FLANCS
FLEURIR
FOI
FORET
FOULES
FREGATE
FRELES
FREMIT
FRIMAS
FRISSONS
FROISSE
FUIR
GAIEMENT
GAZE
GLISSE
GRANDEUR
GRASSES
GRAVE
GUENILLES
HABIT
HAIT
HAI
HEBETE
HIDEUX
HIER
HONNEUR
HOPITAL
HUMAIN
HUMAINE
HUMEUR
ILLUMINE
ILLUMINER
ILLUMINES
IMMENSES
IMMORTALITE
IMMORTEL
IMMORTELLE
INCONNUES
INFAMES
INFINIS
INNOCENT
INQUIETE
INUTILE
IRONIE
IRONIQUE
IRRESISTIBLE
IRRITE
JALOUSE
JALOUX
JETTENT
JOUEUR
JOYEUSE
JUPONS
JUSQUES
JUSTE
LAISSEZ
LARME
LASSE
LEGERS

LENT
LIBERTIN
LIEUX
LINCEUL
LIQUEUR
LIQUIDE
LITS
LORS
LOUANGES
LOUP
LOURDES
LUISANTS
LUSTRES
MAGIQUES
MAINTE
MAINTENANT
MAISONS
MAITRESSES
MAJESTUEUSE
MALE
MARBRE
MARBRES
MARCHENT
MARCHER
MASQUE
MATURITE
MELES
MENSONGE
METAUX
METTRE
MEUBLES
MIASMES
MIDI
MINE
MINUTES
MIRACULEUX
MIS
MISE
MOI-MEME
MOISSONS
MOLLE
MOMENT
MONOTONE
MONSTRUEUX
MONTAIT
MONTENT
MORCEAU
MORNES
MOTS
MOURANT
MUSE
MYRRHE
NAGENT
NAITRE
NEUF
NEZ
NOBLES
NOCTURNE
NONCHALANTE
NONCHALOIR
NOYE
NOYER
NUAGE
NUDITE
NUE
NUES
OASIS
OBSCUR
OBSCURE
OISEAU
ONDE
ORAGE
ORNEMENT
OS
OUVERT
OUVRE
PAIX
PAMENT
PARCE
PARFAIT
PARLE
PASSANT
PAVANE
PEINDRE
PEINE
PEINT
PENCHE
PENDULE
PENSIF

PERDU	STERILE	AMOUREUSES	CELLE-LA	CUIRE
PESE	STUPIDES	ANDROMAQUE	CERCLE	CUISANT
PEUVENT	SURANNEES	ANGOISSES	CERCUEIL	CUISINES
PHOEBE	SURGIR	ANIMAUX	CERCUEILS	CULTE
PIERRES	SURPRISE	ANTRE	CERTAIN	CURIEUSE
PIEUX	SURVEILLE	APPELLE	CERVELLE	CYBELE
PLAIE	TACHE	APPESANTIS	CEUX-LA	DAIS
PLAINTE	TAILLE	APPETIT	CHAGRIN	DAME
PLAINTES	TALONS	APRE	CHAGRINS	DANSAIT
PLAINTIFS	TAMBOUR	ARCHITECTE	CHAINE	DANSEURS
PLANCHES	TANTOT	ARDEMMENT	CHAIRS	DARDANT
PLANE	TAS	ARMATURE	CHAMP	DATE
PLUVIEUX	TAUDIS	ARMURE	CHANDELLE	DEBAUCHES
POING	TEINT	ASSASSIN	CHANSON	DEBILE
POINGS	TENEBREUSE	ASSEOIR	CHANTS	DECHIRER
POISONS	TENTE	ASTROLOGUES	CHARIOTS	DECHIRES
POMPE	TERRIBLES	ATELIER	CHARITE	DECORS
POUDRE	THEATRE	ATHLETE	CHARMANTE	DECOUVRE
POURRITURE	TIEDE	ATTAQUE	CHARMANTES	DEDAIN
POUVOIR	TOILETTE	ATTEND	CHARMER	DELICAT
PRECIEUX	TOMBANT	ATTIRAIL	CHASSENT	DELICE
PRENDRE	TOMBER	ATTIRENT	CHASSER	DELICES
PRISON	TORD	ATTITUDE	CHASTES	DELICIEUX
PROFONDEURS	TOUCHE	ATTRAIT	CHATIMENT	DELIRE
PUBLIQUES	TRAINANT	AUGMENTE	CHATS	DEMANDE
PUISSANTE	TRAITS	AUGUSTE	CHAUD	DEPLACE
PURS	TRAVAUX	AURAIS	CHAUDS	DERISOIRE
RAGE	TRESORS	AUSTERES	CHEMINS	DERNIER
RALE	TREVE	AUXQUELS	CHERCHAIT	DEROULER
RAPIDE	TRIOMPHANTS	AVANCE	CHERES	DESASTRES
RARE	TROUBLER	AVEUGLE	CHETIF	DESCENDENT
RAVIT	URNES	BABEL	CHEVAUX	DESERTE
REDUIT	VAGUES	BAIGNAIT	CHEZ	DESHERITE
REFLETS	VALSE	BAL	CHINE	DESSEINS
REGARDAIT	VAPEUR	BALANCES	CHLOROSES	DESSIN
REGRET	VASE	BALAYANT	CHOCS	DESSINS
REJOUIE	VECU	BALCON	CHOEUR	DETRESSE
RELEVE	VERDURE	BANNI	CHOISI	DEUM
REPOND	VERRAI	BARBE	CHRETIEN	DEVORE
RESPLENDIT	VERSENT	BARRE	CIELS	DEVOTION
RETROUVE	VERTE	BATAILLONS	CIRCULE	DEVOUEMENT
REVEIL	VERTEBRES	BAVARDE	CLANDESTIN	DIADEME
REVER	VETEMENTS	BEANT	CLARTES	DIAMANT
RIDICULES	VICTIME	BENIE	CLIQUETIS	DIANE
RIS	VIF	BERCER	CLOCHERS	DIRA
ROBUSTE	VILS	BERCEUSE	CLOISON	DIRAS
ROC	VISIONS	BESOIN	CLOUS	DISAIT
ROND	VITE	BIENHEUREUX	COCOTIERS	DISENT
ROUTE	VOLETS	BLAFARDE	COGNANT	DISTRAIT
SABLE	VOLONTE	BLESSE	COMBLE	DIVERSES
SACHET	VOUDRAIS	BLESSES	COMPLICE	DOMPTE
SAINT	VOULOIR	BLESSURE	COMPLOTS	DONNEZ
SAINTE	VOULU	BLESSURES	COMPRENDS	DORMAIENT
SAINTES	VOYAGEUR	BLEUES	CONDAMNE	DOUBLE
SAISIT	VOYAGEURS	BLOC	CONFINS	DOUCES
SAISON	VRAIMENT	BLOCS	CONFUSEMENT	DRAPEAU
SAISONS		BLONDE	CONNAIT	DRESSANT
SALUE		BONDS	CONSCIENCE	DROITS
SALUT		BOSQUETS	CONTEMPLONS	DURANT
SANGLOT	2	BOUCHER	CONTIENS	EBAUCHE
SATIN	ABANDON	BOUCLIERS	CONTOUR	EBENE
SAURAI	ABHORRE	BOUDOIR	CONTRE	EBLOUI
SAUVAGE	ABIMES	BOUGIES	CONVULSIF	ECHAFAUD
SEC	ABOIS	BOUQUETS	CORBEAU	ECHOS
SECOUANT	ABREUVE	BOURREAUX	CORBEAUX	ECLAIRE
SEINE	ABSENTS	BOURSE	CORBILLARDS	ECLAIRES
SENT	ACCOMPAGNE	BOUTEILLE	CORTEGE	ECLOSES
SENTANT	ACCORD	BOUTS	COUPE	ECOUTE
SEREIN	ACCORDS	BRANCHES	COUR	ECRINS
SEREZ	ADMIRENT	BRILLE	COURANTE	ECUME
SERPENTS	AFFLIGE	BROUILLARD	COURBE	EDIFICES
SERRE	AFFOLE	BRULANTE	COUREZ	EFFRAYANT
SEULEMENT	AFFREUSES	BRULANTS	COURONS	EGAYER
SEULS	AFRIQUE	BRUN	COURTISAN	ELASTIQUE
SIECLE	AGILITE	BRUNS	COURTISANE	ELDORADO
SIX	AIGLE	BRUTAL	COURTISANES	ELEGANCE
SOIREES	AIMABLES	BUSTE	COUTEAU	ELIXIR
SOLITAIRE	AIMANT	BUTTE	COUVERCLE	EMBAUME
SOLITUDE	AIMEE	BUVAIS	COUVERT	EMBRASSER
SOMMEILS	AIMEZ	CACHE	CRACHATS	EMPLIT
SOMMET	AJOUTE	CACHOT	CRAINTE	EMPORTE
SONORE	ALLEGORIE	CADENCE	CRAPULE	EMPORTER
SORS	ALLIE	CAPITAINE	CREPE	EMPRISONNANT
SOUDAIN	ALLONS	CAPTIVANT	CREUSER	ENCHANTEMENT
SOUPIRS	ALLUMENT	CARNAGE	CRIE	ENCHANTEMENTS
SOURDE	ALLUMER	CARNAVAL	CRISPE	ENCOLURE
SPECTACLE	ALLURE	CASSE	CROIX	ENCOMBRE
SQUELETTES	ALTERE	CAVEAUX	CROYAIS	ENERGIE
STATUE	AMBROISIE		CRUELLES	ENFANTE

ENFANTIN	FOETUS	INFIRME	MENT	PART
ENFANTINES	FOLLES	INGRAT	MERCI	PARTENT
ENFERME	FONDRE	INJUSTE	MERVEILLEUX	PARTIR
ENFLE	FONDS	INONDAIT	METIER	PARTONS
ENGOURDI	FORCATS	INSECTE	MEURS	PASSAIENT
ENIVRANT	FORETS	INSTANTS	MEURT	PASSES
ENIVRANTE	FORTUNE	INSULTE	MEURTRI	PASSIONS
ENIVRER	FOU	INSULTES	MICHEL-ANGE	PATURE
ENNUIE	FOURMILLANT	INTERDIT	MIEL	PAVE
ENORMES	FOURRURE	IRONIQUEMENT	MIEN	PAYER
ENSANGLANTE	FRAICHE	IRREPARABLE	MILLION	PEINTRE
ENSEMBLE	FRATERNEL	JAILLIR	MIRAGE	PENCHER
ENSORCELE	FREQUENTE	JAILLIT	MISERE	PEND
ENTERRE	FRERE	JAMBES	MOINDRE	PENDENT
ENTIER	FRILEUX	JARDINS	MOINE	PENDU
ENTOUR	FRISSON	JETE	MOIRE	PENETRE
ENTOURE	FRIVOLE	JEUNES	MOIS	PENETRENT
ENTR	FROIDEUR	JONGLEURS	MOITIE	PENSEE
ENVELOPPER	FRONCER	JOUANT	MOLLEMENT	PERDRE
ENVERS	FROTTANT	JOUER	MONDES	PERFIDE
ENVIANT	FROTTE	JOUISSANCE	MONTANT	PERLE
ENVOLE-T	FRUIT	JOUIT	MONTRAIT	PETITE
EPAISSISSAIT	FUIS	JOYAUX	MONTRE	PEUPLER
EPARS	FUIT	JUIF	MONUMENT	PEUX
EPEE	FUMANT	JUPE	MOQUE	PHARE
EPERONS	FUMEUX	LABEUR	MORBIDE	PHILTRES
EPHEMERES	FUNESTE	LABEURS	MORBIDES	PHOEBUS
EPOQUES	FUREUR	LACS	MORIBOND	PHRYNES
EPRIS	FURIEUX	LAISSAIT	MORSURES	PIEGE
EPRISE	FURTIFS	LAISSENT	MORTE	PIETINANT
EQUIPAGE	FUTES	LAMBEAUX	MOUCHOIR	PILIERS
ERRANTS	GAI	LAME	MOURANTE	PIPE
ESCALIER	GEANT	LAMENTABLES	MOURUT	PITEUX
ESCLAVES	GEMISSANT	LAMPES	MOUVANTES	PLACIDE
ESSENCE	GESTES	LANGAGE	MULTIFORME	PLAINS
ETALAIT	GIBET	LANTERNES	MULTITUDE	PLAIS
ETALE	GIBIER	LARGEMENT	MURAILLES	PLANAIT
ETALER	GIROUETTE	LAS	MUSCLES	PLANTE
ETANGS	GLACES	LATINS	MYRTES	PLATON
ETANT	GLACIERS	LAVES	MYSTERIEUSE	PLATRE
ETEINT	GLAIVES	LESINE	NAGEANT	PLEUR
ETHER	GLISSANT	LETHE	NAGEUR	PLEURANT
ETHERS	GRANIT	LEUCATE	NEIGES	PLOMBE
ETOUFFER	GRECQUES	LEVE	NEIGEUSES	POINTES
ETREINTE	GRENIER	LEVER	NERFS	POLAIRE
EVAPORE	GREVE	LIBERTINE	NOCTURNES	POLI
EXCITANT	GREVES	LIBREMENT	NOIE	PORT
EXERCER	GRIFFE	LIEUES	NOURRI	PORTIQUE
EXHALE	GRIFFES	LIMPIDE	NOURRIT	PORTRAIT
EXILE	GRIS	LIS	NOUVELLES	POUDREUX
EXISTENCE	GROTTES	LOI	NUEES	POUMONS
EXPIATION	GUERITE	LOINTAINES	OBJET	POURRA
EXPLOSION	GUETTE	LOISIRS	OBJETS	POURRAIENT
EXTASES	HANCHE	LONGUE	OBLIQUE	POUSSER
FABULEUX	HANCHES	LONGUEMENT	OBSERVENT	POUVONS
FAITES	HARDIE	LORSQU	OBSTACLE	PREFERE
FAMILIERS	HASARDEUX	LOUPS	ODORANTE	PREMIER
FANGE	HERBE	LOUVE	OFFRIR	PRENANT
FATALITE	HERCULES	LUCIDE	ONDULEUX	PRESENT
FATIGUE	LUI-MEME	OREILLES	PRESQUE	
FATIGUES	HEUREUSES	LUMINEUSE	ORGIE	PRETRE
FAUBOURGS	HISTRION	LUTTEURS	ORGIES	PRETRESSE
FAUCHE	HIVERS	MACHINE	ORGUE	PRIER
FAVORI	HORLOGE	MACHOIRES	ORGUEILLEUX	PRIVE
FEERIQUE	HOULE	MALADE	ORIENT	PRIX
FERAIT	HUMAINES	MALADIF	ORIENTALE	PRODIGUES
FERMAI	HUMAINS	MALHEUR	OSERA	PRODUITS
FERMES	HUMAIT	MALHEUREUX	OSSEMENTS	PROFONDEUR
FEROCE	HUMILIE	MALSAINS	OURAGAN	PROMENANT
FERS	ICI-BAS	MANGER	OUVERTES	PROMIS
FERTILE	IDEAL	MANTEAU	OUVERTS	PROPRE
FERVENTS	IDOLES	MARCHES	OUVRAIT	PRUNELLE
FIBRE	IFS	MARGUERITE	OUVRENT	PUISQU
FIERE	IGNORES	MARINS	OUVRIER	PUISQUE
FIGE	ILLIMITE	MARQUE	OVIDE	PUISSE
FILTRE	ILLUSTRES	MARTYR	PAIN	QUANT
FINS	IMITE	MARTYRE	PAISIBLE	QUELS
FIT	IMMENSITE	MARTYRS	PALI	QUOIQUE
FLACONS	IMPLORE	MATELAS	PALMES	RACONTER
FLAGELLES	IMPREVUS	MATERNEL	PALPITANT	RAFRAICHIR
FLAIRE	IMPUISSANT	MAUDIS	PANTELANT	RAILLEUR
FLAMBE	IMPUR	MECHANTS	PANTHERES	RAJEUNIT
FLAMBOIE	IMPURE	MEGERE	PARAIT	RAMEAUX
FLAMBOYANT	INCENDIE	MELAIENT	PARDONNE	RAMPE
FLATTE	INCLINE	MELANCOLIE	PAREE	RAMPER
FLETRI	INDIFFERENCE	MELENT	PAREILLE	RANCOEUR
FLETRIR	INDOLENCE	MENAGERIE	PARENT	RANGES
FLORAISONS	INDOLENTE	MENDIANT	PARESSEUX	RANIMER
FLOTTANTS	INDULGENTE	MENE	PARFAITE	RAPPELER
	INFINIE			

RAVAGE
RAVIE
RAYONNANT
RECUEILLE
REFLET
REFLETE
REGLE
REGLISSE
REINS
RELIQUES
REMPLI
REMPLIR
REMPLIS
REMUE
RENDAIENT
RENDAIT
RENOS
REPANDANT
REPONDENT
REPONDIS
REPOSOIR
REPTILES
RESPIRE
RESPIRER
RESSEMBLE
RESTER
RETENTISSANT
RETENTIT
REVECHE
REVEILLE
REVELE
REVET
REVEUSE
REVIVRE
RHYTHMIQUES
RIAIT
RIANT
RIDEAU
RIDES
RIMES
RIRES
ROCHERS
ROIDE
ROIS
ROLE
ROMAN
ROUES
ROUTES
ROYALE
RUDE
RUISSELANT
SABOT
SABOTS
SABRE
SAC
SACRE
SAHARAH
SANGLOTANT
SANGLOTE
SAURA
SAURONT
SAVANTE
SAVANTS
SAVENT
SECOUE
SECRETE
SECRETES
SEMAILLES
SENTEURS
SENTIS
SEPARENT
SERAIS
SERAIT
SEREINS
SERONT
SERVILE
SEVE
SIGNE
SILENCIEUX
SIMPLE
SIMPLICITE
SINISTREMENT
SIRENE
SOLDAT
SOLENNELLE
SOLENNELS
SOLITUDES
SOMBRES
SOMME
SOMMES

SOMPTUEUX
SONDES
SONGEANT
SONNETS
SORCIERES
SORTIR
SOTTISE
SOUCI
SOUCIEUX
SOUCIS
SOUFFLAIENT
SOUL
SOULEVANT
SOULIER
SOURD
SOUTERRAIN
SPECTRES
SPLENDEURS
SPLENDIDE
STYX
SU
SUBTILS
SUEUR
SUEURS
SUFFIT
SUIT
SUPPLICE
SUPREME
SUPREMES
SURTOUT
SYMBOLIQUE
SYMPHONIE
TABLEAUX
TACHES
TACITURNE
TACITURNES
TAILLER
TAISEZ
TAMBOURS
TANDIS
TAPIS
TELLE
TENDREMENT
TENDRESSE
TERRAIN
TERRES
TIGRE
TIMIDE
TISANE
TOILES
TORCHE
TORDUS
TORT
TOURNAI
TOURNENT
TRACE
TRAHIT
TRAINER
TRAIT
TRANSPORTS
TRAVERSE
TREILLIS
TREVES
TRIOMPHANT
TROMPE
TROMPETTE
TRONES
TROU
TROUES
TUE
TYRAN
UNIE
UNIS
UNIVERSEL
UNS
VAGABOND
VAGABONDE
VAGISSANT
VAINCUS
VAINEMENT
VAISSEAUX
VAMPIRE
VANTE
VAPEURS
VAPOREUX
VENDANGE
VENGEANCE
VENGEUR
VERDATRE

VERITABLE
VERMEILLES
VERMINE
VERSAIT
VERSANT
VERTU
VERTUS
VEUVE
VIBRANT
VIBRANTE
VICES
VIDES
VIGOUREUX
VIGUEUR
VILE
VIMES
VIOLON
VIOLONS
VIPERE
VIPERES
VISAGES
VISQUEUX
VITRE
VIVAIT
VIVANTES
VIVE
VOISIN
VOLTIGE
VOLUPTUEUSEMENT
VOMISSEMENT
VORACE
VOULAIT
VOULEZ
VOULONS
VOUTE
VOYAGE
VOYAGER
VRAIS

1
ABANDONNE
ABANDONNES
ABJECT
ABONDAMMENT
ABONDENT
ABORD
ABORDE
ABOUTIT
ABREUVAIT
ABREUVENT
ABREUVER
ABRITENT
ABRUTISSANT
ABSENT
ABSENTES
ABSOLUMENT
ABSURDE
ABSURDITE
ABYSSINIENNE
ACCABLE
ACCENT
ACCENTS
ACCOMPAGNAIENT
ACCORDE
ACCOUDE
ACCOUPLER
ACCOUTUME
ACCROCHENT
ACCRUE
ACCUMULER
ACCUSENT
ACERES
ACHARNENT
ACHETER
ACHEVE
ACIER
ACRE
ACRES
ACTEUR
ACTIF
ADAPTAIENT
ADELINE
ADMIRABLE
ADMIS
ADOLESCENTS
ADOPTIF
ADORABLEMENT

ADORAIENT
ADORANT
ADORATION
ADOREES
ADORER
ADORERAI
ADORES
ADOSSAIT
ADRESSAIT
AFFAIBLIE
AFFAIRE
AFFILES
AFFLUE
AFFREUSE
AFFRONT
AFFUT
AGACE
AGACENT
AGATE
AGGRAVENT
AGILE
AGITAIT
AGITENT
AGITER
AGITES
AGONIE
AGONISANTS
AGRANDIS
AGRANDIT
AIDES
AIGLES
AIGRES
AIGRISSENT
AIGUE
AIGUILLES
AIGUISAIS
AIGUISAIT
AIGUS
AILLE
AIMAIENT
AIMAIS
AIMANTES
AIMENT
AIMERAIS
AIMIEZ
AISE
AIT
AJOUTA
AJOUTENT
AJUSTANT
ALAMBIC
ALARMES
ALBATRES
ALBATROS
ALBUM
ALCHIMISTES
ALECTO
ALERTE
ALIMENT
ALIMENTONS
ALLA
ALLAIS
ALLAITA
ALLECHANT
ALLECHANTS
ALLEZ
ALLIEZ
ALLONGES
ALLUMAIENT
ALLUMERAI
ALOUETTES
ALOURDIT
ALTEREE
ALTERNATIVEMENT
AMAIGRIE
AMAZONE
AMBITIEUX
AMENE
AMERE
AMERES
AMERIQUES
AMEUTE
AMI
AMIE
AMONCELES
AMORTIS
AMOUREUSEMENT
AMPHORE
AMPLEUR

AMUSER
ANALYSE
ANANAS
ANATHEME
ANATHEMES
ANATOMIE
ANCIENNE
ANCIENNES
ANCRE
ANEANTIR
ANESSE
ANGLE
ANIMER
ANNEE
ANTINOUS
ANTIOPE
ANTISTHENE
ANTOINE
ANTRES
ANXIETE
APAISANT
APAISE
APAISER
APAISES
APERCOIS
APOCALYPTIQUE
APOTRES
APPARAISSENT
APPARAIT
APPAREIL
APPAREILLE
APPAREILLONS
APPARENCE
APPARITIONS
APPARTEMENT
APPARUT
APPAUVRI
APPEL
APPELAIT
APPELLENT
APPELLERONT
APPESANTIE
APPORTENT
APPRENDRE
APPRIS
APPROCHONS
APPROFONDIR
APPROFONDIT
APPUYA
AQUILON
ARAIGNEE
ARAIGNEES
ARBRISSEAUX
ARC
ARCADES
ARCANES
ARCHE
ARCHER
ARCHET
ARCHIPEL
ARCS
ARDENT
ARDENTE
ARDENTES
ARDENTS
ARGENT
ARGENTINE
ARIDITE
ARME
AROMATIQUE
AROME
ARRACHAIT
ARRACHE
ARRACHERAI
ARRACHES
ARRIERE
ARRIVE
ARROSE
ARSENAL
ARSENAUX
ASIE
ASPIC
ASPIRE
ASSAISONNE
ASSAUT
ASSAUTS
ASSEYAIT
ASSIS
ASSISE

ASSISTES	BAROQUES	BOXEUR	CASTAGNETTES	CHUCHOTEE
ASSOUPI	BARREAUX	BRAISE	CATARACTES	CHUCHOTER
ASSOUPIE	BASALTIQUES	BRANLE	CATHEDRALES	CHUTE
ASSOUPLIS	BASE	BRELOQUES	CATIN	CIBOIRE
ASSOUPLIT	BASSE	BRIC-A-BRAC	CATINS	CIERGE
ASSOURDISSANTE	BASSIN	BRICK	CAUSE	CIGUE
ASSURES	BATAILLES	BRIDE	CAUSENT	CILS
ATONIE	BATIMENT	BRILLAIENT	CAUSERIES	CIRCE
ATOUR	BATIS	BRILLAT	CAVALIER	CIRES
ATRE	BATIT	BRILLEZ	CAVALIERS	CITADELLES
ATROCE	BATONS	BRISAIT	CAVERNES	CITADIN
ATROCEMENT	BATTRE	BRISER	CELEBRE	CITADINS
ATROCITE	BAUME	BROCS	CELEBRENT	CITERNE
ATTACHES	BAUMES	BRODEQUINS	CELIMENE	CLAIRE
ATTAQUER	BAVE	BROIE	CENDRES	CLAIRONS
ATTARDE	BAVES	BROUILLE	CENDREUX	CLAIRVOYANCE
ATTEINT	BAYADERE	BROUILLES	CENOBITE	CLAIRVOYANT
ATTELAGE	BAZAR	BROUTES	CENTAURE	CLAIRVOYANTS
ATTENDAIS	BEANTE	BRUITS	CENTENAIRE	CLANDESTINS
ATTENDANT	BEAUCOUP	BRUMES	CENTS	CLAQUER
ATTIFE	BECHANT	BRUMEUSE	CENTUPLE	CLAVICULES
ATTIRANCE	BECHE	BRUMEUSES	CERTE	CLE
ATTIRANTS	BECS	BRUNES	CERTES	CLEF
ATTIRE	BELIER	BRUNI	CERVELLES	CLEPSYDRE
ATTISAIT	BELLEAU	BRUSQUE	CERVEUX	CLIGNEMENT
ATTISE	BELZEBUTH	BRUSQUEMENT	CESSEZ	CLOCHE
ATTRAITS	BENISSONS	BRUTALEMENT	CHACAL	CLOCHES
ATTRAPER	BEQUILLES	BRUYANTS	CHACALS	CLOITRE
AUBE	BERCANT	BU	CHAINON	CLOITRES
AUCUNS	BERCEAUX	BUCHERS	CHALEUREUX	CLOS
AUDACE	BERCEMENTS	BUCOLIQUE	CHAMBRES	CLOUE
AUDACIEUX	BERCENT	BULLE	CHANCELANT	COCHERES
AUMONES	BESOGNE	BULLES	CHANCELER	COCO
AURA	BEUGLES	BULLETIN	CHANCRES	COFFRET
AURA-T	BIBLIOTHEQUE	BURENT	CHANGEAIT	COGNENT
AURAI	BICEPHALE	BUSC	CHANGEANTES	COHUE
AURAIENT	BIENFAIT	BUTER	CHANGEE	COIFFE
AURONS	BIENHEUREUSE	BUTTANT	CHANGER	COLERES
AURONT	BIERE	BUVEUR	CHANGES	COLIBRIS
AUSTERITE	BIERES	BUVEURS	CHANTES	COLLE
AUTAN	BIJOU	CACHA	CHANTEUSE	COLLINE
AUTANS	BILANS	CACHANT	CHANTEZ	COLLINES
AUTEUR	BILLET	CACHES	CHAPITEAUX	COLONNADES
AUTEURS	BILLETS	CADAVEREUX	CHARGENT	COLORANT
AUTOMNAL	BISES	CADAVRES	CHARIOT	COLORE
AUTOMNES	BIZARREMENT	CADRE	CHARITABLE	COLOSSE
AUTORITE	BLAFARD	CADRES	CHARMILLES	COMBATS
AUVENT	BLAFARDES	CAFARD	CHARNIER	COMBATTEZ
AVALANCHE	BLANCHEUR	CAFRINE	CHARON	COMBLA-T
AVALANCHES	BLANCHIS	CAGE	CHARRIANT	COMIQUE
AVALE	BLANCS	CAHUTE	CHASSE	COMMANDE
AVALERAIT	BLASE	CAILLOUX	CHASSERESSE	COMMENCAIENT
AVANCAIENT	BLES	CAISSES	CHASSES	COMMENCEMENT
AVANCAIT	BLEUATRES	CALCINE	CHASSEUR	COMMENCER
AVARIES	BLEUE	CALCINES	CHASSEURS	COMMES
AVENTUREUSE	BLOTTI	CALENTURE	CHASTE	COMMIS
AVERTIS	BLOTTIS	CALIN	CHASTEMENT	COMMUN
AVERTISSEMENT	BOAS	CALINE	CHATIANT	COMMUNES
AVEUGLES	BOCAGERES	CALINS	CHATIER	COMMUNIE
AVEUX	BOEUFS	CALMES	CHATRE	COMMUNIQUE
AVIDEMENT	BOHEME	CAMP	CHATS-PARDS	COMPAGNON
AVIDES	BOIT	CAMPAGNARD	CHAUDEMENT	COMPARER
AVIDITE	BOITANT	CAMPAGNE	CHAUFFE	COMPLAISAMMENT
AVIONS	BOITE	CAMPE	CHAUFFER	COMPLAISANTE
AVIRON	BOITEUSES	CANEVAS	CHAUFFERA	COMPLET
AVIRONS	BOIVENT	CANON	CHAUMINE	COMPLETER
AYANT	BOMBES	CANTIQUE	CHAUVE	COMPLETES
AZUREES	BONJOUR	CAPACITE	CHEMINEZ	COMPLICES
BACCHUS	BORDURE	CAPITALE	CHENE	COMPLOT
BAIGNER	BOREES	CAPITALES	CHENILLE	COMPOSENT
BAILLANT	BORNES	CAPITAUX	CHENUS	COMPOSER
BAILLE	BOSQUET	CAPITOLE	CHERCHEUSES	COMPRENANT
BAILLEMENT	BOSSUS	CAPOUE	CHERCHEZ	COMPREND
BAINS	BOUCHES	CAPRICE	CHERIRAS	COMPRENDRA
BAISIONS	BOUCLES	CAPTIEUX	CHERIS	COMPRENDRAIS
BALANCANT	BOUDEUR	CAPTIFS	CHERIT	COMPRENDRE
BALCONS	BOUES	CARAVANE	CHETIVE	COMPRENNENT
BALLADE	BOUFFE	CARESSEE	CHIENNE	COMPRIMENT
BALLET	BOUFFON	CARILLONS	CHIENS	COMPTAI
BALLONS	BOUGER	CARQUOIS	CHIFFONNIER	COMPTERAIS
BANANES	BOUILLIR	CARREAU	CHIMERES	CONCERTS
BANC	BOUILLONNENT	CARREFOUR	CHIMERIQUES	CONCEVAIT
BANDE	BOULE	CARROUSEL	CHIMISTE	CONCEVOIR
BANNIERES	BOUQUET	CARTE	CHOC	CONCU
BANQUIERS	BOURDON	CARTES	CHOISIE	CONCUPISCENCE
BARAQUES	BOURDONNAIENT	CASE	CHRIST	CONDAMNEE
BARBARE	BOUTEILLES	CASERNES	CHRISTS	CONDAMNEES
BARBARIE	BOUTIQUES	CASQUE	CHRYSALIDES	CONDAMNER
BARIOLE	BOUTONS	CASSES	CHUCHOTE	CONDAMNES

CONDUIRE	COUVE	DECREPITS	DEVINS	ECHAFAUDS
CONDUISENT	COUVER	DECREPITUDE	DEVOILENT	ECHANGEANT
CONDUIT	COUVES	DECRET	DEVOIR	ECHANGERONS
CONFESSEUR	COUVRE	DECROIT	DEVOIRS	ECHAPPA
CONFESSIONNAL	CRACHE	DEDIANT	DEVORES	ECHAPPE
CONFIANT	CRACHER	DEDUIT	DEVOTES	ECHELLE
CONFIDENCE	CRAIGNE	DEFAILLANTE	DEVRIONS	ECHEVEAU
CONFIDENCES	CRAINS	DEFAUT	DIAMANTE	ECLABOUSSE
CONFIDENT	CRAINTIVES	DEFEND	DIAMANTES	ECLAIRA
CONFONDENT	CRAPAUDS	DEFIANT	DIAMANTS	ECLAT
CONFONDUES	CRAQUE	DEFILENT	DICTE	ECLATANTE
CONFUSES	CRAYONS	DEFRICHE	DIFFORME	ECLATANTES
CONFUSION	CREATEUR	DEFUNTES	DIGNES	ECLATE
CONGENERES	CREDULE	DEFUNTS	DIGNITE	ECLIPSE
CONNAISSANT	CREOLE	DEGAGEAIT	DILIGENT	ECLOS
CONNAISSENT	CREPITE	DEGAGENT	DIMANCHES	ECLOSE
CONNAITRAS	CREPUSCULE	DEGOUTANT	DINERS	ECORCE
CONNAITRE	CREPUSCULES	DEGOUTE	DISCORDS	ECORCHER
CONNUS	CREUSENT	DEITE	DISCRET	ECORCHES
CONQUERIR	CREUSERONT	DELACROIX	DISCRETEMENT	ECRASAIT
CONSACRE	CREUSETS	DELICATE	DISCRETS	ECRASENT
CONSACRES	CREVE	DELICIEUSE	DISCUTANT	ECRASER
CONSCRIT	CRIA	DELIER	DISE	ECRIA
CONSIDERER	CRIER	DELIRER	DISIEZ	ECRIRE
CONSOLER	CRIMINEL	DELIVRAIENT	DISLOQUES	ECRITE
CONSPIRATEURS	CRIN	DELUGE	DISPARUS	ECROULE
CONSTANCE	CRINS	DEMANDER	DISPOS	ECUEIL
CONSTANT	CRISPEE	DEMENCE	DISPUTE	ECUMEUX
CONSTELLE	CRISPES	DEMOLIRONS	DISTENDUS	ECUS
CONSTELLES	CRISTALLISE	DENSES	DISTINCTEMENT	EFFACAIENT
CONSTRUCTIONS	CROIRAIS	DEPART	DISTINGUAIT	EFFACANT
CONSTRUIT	CROIRAIT	DEPASSES	DISTINGUER	EFFACENT
CONSUMERONT	CROIRE	DEPLOIE	DISTRAITE	EFFONDRE
CONSUMES	CROITRE	DEPLORE	DIVA	EFFRAIE
CONTEMPLANT	CROQUIS	DEPLOYER	DIVAN	EFFRAYA
CONTEMPLENT	CROULANTES	DEPOSES	DIVANS	EFFRAYANTE
CONTEMPLERONT	CROYAIT	DEPOUILLES	DIVINEMENT	EFFRAYEZ
CONTEMPLES	CROYANT	DERACINES	DIVINES	EFFRENES
CONTEMPTEURS	CRUAUTE	DERANGER	DIVINITE	EFFRONTE
CONTENAIENT	CRUAUTES	DERISION	DOCILE	EFFROYABLE
CONTENT	CRUCIFIX	DERNIERE	DOCILEMENT	EGALEMENT
CONTENTER	CRUELLEMENT	DERNIERES	DOCILES	EGALERAIT
CONTORSIONS	CRUTES	DERNIERS	DOCTE	EGLISE
CONTRISTE	CUEILLE	DEROBE	DOCTEUR	EGLOGUES
CONVULSANT	CUEILLI	DEROBENT	DOIT	EGOISME
CONVULSES	CUEILLIR	DEROULE	DOIVENT	EGOUT
CONVULSIONS	CUISINE	DEROULEMENT	DOMAINE	EGOUTTER
COQ	CUISINIER	DEROUTAIT	DOMINATIONS	EH
COQUETTE	CUISSE	DESALTERANT	DOMINE	ELANCAIT
COQUETTERIE	CUISSES	DESALTERE	DOMINO	ELANCE
COR	CUIVRENT	DESALTERER	DONNENT	ELANCER
CORBEILLE	CULTES	DESCENDAIT	DONNERAI	ELARGIR
CORDAGES	CUPIDE	DESCENDANT	DONS	ELASTIQUES
CORDE	CURIOSITE	DESCENDIT	DORER	ELECTION
CORRECTE	CYGNES	DESCENDONS	DORMANTS	ELECTRE
CORROMPU	CYNIQUE	DESCENDRE	DORMIRAI	ELECTRIQUE
CORROMPUES	CYNTHIA	DESCENDS	DORMIRAS	ELEGANT
CORROMPUS	DAGUE	DESERTES	DOROTHEE	ELEGANTE
CORSET	DAIGNAIT	DESESPERE	DORURE	ELEMENT
COSTUMES	DAMES	DESESPOIR	DOTE	ELEPHANT
COTHURNES	DAMNERAIENT	DESHABILLER	DOUBLES	ELEVER
COTOYEZ	DANAIDES	DESINVOLTURE	DOUCEURS	ELLE-MEME
COUCHANTS	DANDYS	DESIRE	DOUE	ELLES-MEMES
COUCHEE	DANGEREUSE	DESOLE	DOULOUREUSE	ELVIRE
COUCHEES	DANSANT	DESORDONNEES	DOULOUREUX	EMAIL
COUCHERAI	DANSENT	DESPOTE	DOYEN	EMAILLEE
COUDE	DANSER	DESSINE	DRAPE	EMANATIONS
COUDES	DANSEUSE	DESSOUS	DRAPEAUX	EMBARQUERONS
COULAT	DARD	DESTINEE	DRAPS	EMBAUMENT
COULENT	DARDE	DESTINEES	DRESSE	EMBELLI
COULISSE	DAVID	DESTINES	DRESSEE	EMBELLIT
COUPAIT	DEBATTANT	DESTINS	DRESSENT	EMBLEMES
COUPER	DEBOUCHE	DESTRUCTEUR	DRESSERAS	EMBRASES
COURAGEUX	DEBOUT	DESTRUCTEURS	DROITE	EMBRASSANT
COURANT	DEBRAILLE	DESTRUCTION	DROLE	EMBRASSES
COURBEE	DECEMBRE	DETACHANT	DUQUEL	EMBUCHE
COURBETTES	DECHIFFRANT	DETOUR	DURABLES	EMBUSQUE
COURENT	DECHIRAIENT	DETOURNER	DURCIT	EMERVEILLEE
COUREURS	DECHIRAIT	DETROIT	DUVETES	EMEUTE
COURIR	DECHIRANT	DETRUISAIENT	EBATS	EMMAILLOTA
COURSE	DECHIRANTS	DEUILS	EBAUCHES	EMMITOUFLE
COURSES	DECHIRE	DEVELOPPE	EBLOUIES	EMOI
COURSIERS	DECHIRENT	DEVENIR	EBLOUISSANTES	EMONDEUR
COURTE	DECOMBRE	DEVENU	EBLOUISSENT	EMOUSSE
COURTS	DECOMPOSES	DEVIDE	EBLOUIT	EMPECHENT
COURU	DECORE	DEVIENT	ECARLATE	EMPECHERA
COUTE	DECORERAIENT	DEVINAIENT	ECART	EMPECHERONT
COUTEAUX	DECOULE	DEVINER	ECARTENT	EMPEREUR
COUVAIT	DECREPIT	DEVINONS	ECHAFAUDAGES	EMPESTES

EMPETRANT
EMPLISSENT
EMPLOYER
EMPOIGNAIT
EMPOIGNE
EMPOISONNES
EMPORTANT
EMPORTES
EMPOURPRES
EMPREINTE
EMPRISONNE
EMPRUNTE
EMPRUNTER
EMULES
ENAMOUREE
ENCADRE
ENCHAINENT
ENCHANTEE
ENCHANTES
ENCHASSAIT
ENCRE
ENDOLORIE
ENDORMAIENT
ENDORMEUR
ENDORMEUSES
ENDORMIRAI
ENDYMION
ENERVANT
ENERVANTE
ENFANCES
ENFANTINE
ENFANTINS
ENFERMERA
ENFERS
ENFLAMMAIT
ENFLAMMANT
ENFLAMME
ENFLAMMENT
ENFONCE
ENFONCENT
ENFONCER
ENFOURCHER
ENFUIENT
ENFUMEE
ENGAGE
ENGENDRAS
ENGENDRER
ENGINS
ENGLOUTIR
ENGLOUTIT
ENGRAIS
ENGRAISSERA
ENHARDISSANT
ENIGME
ENIVRANTS
ENLACE
ENNOBLIT
ENNUIERAI
ENNUYE
ENNUYES
ENNUYEUX
ENRAGE
ENRHUMEE
ENROUE
ENSEIGNES
ENSEVELIR
ENSORCELES
ENTENDEZ
ENTENDIS
ENTENDRE
ENTENDREZ
ENTER
ENTERRER
ENTOURAIENT
ENTRAINE
ENTREE
ENTRER
ENTRETIENT
ENTREVOIS
ENTREVOYAIS
ENTREVU
ENVELOPPAIT
ENVELOPPE
ENVI
ENVIE
ENVIER
ENVIEUSES
ENVIRONNE
ENVOIE

ENVOLE
EPANCHAIENT
EPANCHANT
EPANDRONT
EPARGNES
EPARPILLE
EPAULE
EPELANT
EPERDUE
EPERON
EPERONNANT
EPIANT
EPIERAIENT
EPIEU
EPILEPTIQUE
EPINES
EPIS
EPONINE
EPOUSE
EPOUVANTABLE
EPOUVANTEE
EPOUVANTEMENT
EPOUVANTES
EPRENANT
EPROUVE
EREBE
EREINTES
ERMITE
ERRANTES
ERRE
ERRENT
ERREUR
ESCALADANT
ESCALADE
ESCARGOTS
ESCHYLE
ESCLAVAGE
ESCRIME
ESCROCS
ESPACES
ESPERE
ESPERER
ESPERES
ESSAI
ESSAYAIT
ESSOUFFLE
ESSUIENT
ESTAMPES
ESTO
ETABLIRONT
ETABLIT
ETAGERES
ETALAIENT
ETALANT
ETALERAI
ETENDRE
ETENDU
ETENDUE
ETERNELLES
ETERNISER
ETIEZ
ETINCELANT
ETINCELLE
ETINCELLES
ETIRANT
ETOFFE
ETOFFES
ETOILANT
ETOILEES
ETOILENT
ETONNANTS
ETONNEMENT
ETOURDISSANTE
ETRANGERS
ETRANGLAIT
ETREIGNANT
ETREINT
ETROITS
ETUDES
ETUI
EUMENIDE
EUX-MEMES
EVADE
EVANOUIR
EVAPOREE
EVAPORER
EVEILLENT
EVEILLES
EVENTANT

EVES
EVOQUE
EXAGEREE
EXASPERE
EXASPEREE
EXAUCE
EXAUDI
EXCEPTE
EXCES
EXECUTEUR
EXERCAIENT
EXERCEE
EXHALAISONS
EXHALANT
EXHALENT
EXIL
EXISTER
EXPANSION
EXPLIQUE
EXPLOITS
EXPRIMER
EXTATIQUE
EXTATIQUES
EXTIRPER
EXTORQUER
EXTRAIRE
EXTRAVAGANT
EXTRAVAGANTS
FABLES
FABLIAU
FACHE
FACONNES
FACTIEUSE
FACULTES
FAIBLE
FAINEANT
FAISAIS
FAISONS
FALAISE
FALLAIT
FAMELIQUES
FAMEUSE
FAMEUX
FAMILLES
FANAUX
FANEES
FANES
FANFARE
FANFARES
FANGES
FANGEUSE
FANGEUX
FANTASQUE
FANTASTIQUE
FARCES
FARD
FARDE
FARDEAU
FAROUCHE
FASCINE
FASCINER
FASSE
FASSENT
FASTUEUSE
FAT
FATALES
FATIDIQUE
FATIGUEE
FATUITE
FAUCON
FAUDRAIT
FAUNE
FAUSSET
FAUST
FAUTE
FAUTES
FAUTEUIL
FAUTEUILS
FAUX
FAVORISE
FAVORITE
FECONDES
FECONDITE
FECONDS
FEERIES
FEERIQUES
FELE
FELEE
FEND

FENETRE
FENETRES
FENTES
FERAIENT
FERIEZ
FERMENTS
FERMERAI
FERMIER
FEROCES
FEROCITE
FESSE
FESTON
FIANCE
FIDELEMENT
FIERTE
FIEVRE
FILER
FILETS
FILOUS
FILTRENT
FIMES
FINAL
FINE
FINI
FINIR
FINISSENT
FIOLES
FIXE
FIXEMENT
FLAIRANT
FLAMBEAUX
FLAMBOIENT
FLAMBOYA
FLAMBOYANTS
FLAQUES
FLASQUES
FLEAU
FLETRIE
FLETRIS
FLEURDELISE
FLEURI
FLEURIRA
FLEURIS
FLEURIT
FLEUVES
FLOCONS
FLORENTINES
FLORISSAIENT
FLUTE
FOL
FOLATRE
FOLLEMENT
FONCTION
FONDUS
FONTAINE
FONTE
FORCAT
FORCER
FORGE
FORTES
FORTIFIE
FOUDRE
FOUETTAIS
FOUETTE
FOUILLANT
FOUILLEZ
FOUILLIS
FOULAIS
FOULENT
FOURBI
FOURBU
FOURMI
FOURMILIERE
FOURMILLANTE
FOURMILLANTS
FRACAS
FRAGMENT
FRAICHES
FRAICHEUR
FRAISE
FRANC
FRANCE
FRANCHI
FRANCHISE
FRANCS
FRAPPE
FRAPPERAI
FRASCATI
FRATERNELLES

FRATERNITE
FRAYE
FRAYER
FREDONNES
FREMIR
FRINGANTE
FRISSONNANT
FRISSONNANTE
FRISSONNE
FRISSONNENT
FRISSONNEZ
FROIDEMENT
FROLES
FRONTS
FROTTEE
FRUGALE
FUGITIVE
FUIRA
FUIRAIENT
FUIRONS
FUMER
FUMEUR
FUNERAILLES
FURENT
FURIBOND
FURIBONDE
FURIE
FURTIVE
FURTIVEMENT
FUTAILLES
FUTILES
FUTS
FUTURES
FUYANT
FUYEZ
GABARRE
GAGES
GAGNE
GAGNENT
GAGNER
GAILLARDEMENT
GAIS
GAITE
GALAMMENT
GALANT
GALANTE
GALANTS
GALEUX
GAMBADE
GANGE
GANGES
GANGUES
GANTS
GARCONS
GARDER
GARDERONT
GARDEZ
GARDIEN
GASPILLER
GATEAU
GATEE
GAUCHE
GAVARNI
GAZ
GAZETIER
GAZONS
GAZOUILLANT
GAZOUILLE
GEANTE
GEHENNE
GEINDRAI
GEINDRE
GELES
GEMIR
GENEREUX
GENRE
GENTILLESSE
GENUFLEXIONS
GEOLE
GEOMETRIE
GERCURES
GERME
GERMER
GESINE
GESTE
GIGANTESQUE
GIGANTESQUES
GIS
GISANT

LIVRANT	MASSIF	MOLLES	NATIVES	OPALES
LOGIS	MASURES	MOLLESSE	NATTE	OPERA
LOINTAINE	MAT	MOMIE	NATUREL	OPERATION
LOINTAINS	MATELOT	MONDAIN	NATURELLEMENT	OPINIATREMENT
LOIRE	MATELOTS	MONOTONES	NAUSEES	OPPRIMANT
LOLA	MATERNELS	MONOTONIE	NEBULEUX	OPPRIME
LONGUEUR	MAUSSADE	MONSTRUEUSE	NECESSAIRE	OPULENCE
LOQUES	MAUX	MONSTRUOSITES	NECTAR	ORANGE
LORGNANT	MECHAMMENT	MONTAGNE	NEGRESSE	ORCHESTRE
LOTUS	MECHANCETE	MONTAGNES	NEIGEUX	ORCHESTRES
LOUANGE	MECHANCETES	MONTER	NEPENTHES	ORDONNE
LOUE	MECHES	MONTERA	NERVEUSEMENT	ORDURE
LOURDEMENT	MECREANT	MONTES	NES	ORDURES
LOUVRE	MEDAILLE	MONTRANT	NETS	OREILLERS
LOVELACES	MEDAILLONS	MONTRENT	NEUFS	ORGIAQUE
LUBRICITE	MEDITANT	MONTREZ	NEUVE	ORGUEILLEUSE
LUBRIQUE	MEDITENT	MONTS	NICHE	ORNE
LUBRIQUES	MEILLEUR	MONTURE	NIE	ORNER
LUEUR	MEILLEURE	MONUMENTS	NIXES	ORNIERES
LUIS	MEILLEURS	MOQUES	NOBLEMENT	ORPHELINS
LUISAIT	MELANCOLIQUES	MORDE	NOBLESSE	OSCILLE
LUISANTES	MELANGE	MORDENT	NOEUD	OSE
LUIT	MELANT	MORDRONT	NOEUDS	OSTENSOIR
LUPANARS	MELMOTH	MORDUS	NOIERONS	OUBLIEE
LUTIN	MEMOIRES	MORES	NOIRCI	OUBLIER
LUTINS	MEMOR	MORFOND	NOMBRE	OUBLIERAI
LUTTANT	MENACE	MORFONDU	NOMBRES	OUBLIES
LUTTE	MENAGE	MORFONDUE	NOMMAIENT	OUBLIEUX
LUXURES	MENANT	MOROSE	NOMME	OURLET
LYRE	MENDIANTS	MORS	NOMMER	OUTIL
MACABRE	MENES	MORSURE	NOMS	OUTILS
MACBETH	MENSONGES	MORTALITE	NONCHALAMMENT	OUTRAGE
MACHINAL	MENTEUR	MORTELLE	NONCHALANCE	OUTRE
MACHINES	MENTIR	MORTES	NONPAREIL	OUVERTE
MADAME	MENTON	MOUCHARDS	NONPAREILS	OUVRAGE
MAGIE	MEPHISTO	MOUCHES	NOURRICIER	OUVRAGES
MAGIQUE	MEPRISANT	MOUILLE	NOURRIR	OUVRIRA
MAGIQUEMENT	MEPRISE	MOUILLES	NOURRISSENT	PACTOLE
MAGISTRATS	MEPRISER	MOULE	NOUVEAUTE	PAGE
MAGNETIQUES	MERES	MOULUS	NOVICES	PAIENS
MAGNIFIQUE	MERITE	MOURANTS	NOYA	PAILLARD
MAGNIFIQUES	MERVEILLE	MOUSSELINE	NOYAIT	PAILLETA
MAHOMETANE	MERVEILLES	MOUSSELINES	NOYEE	PAISIBLEMENT
MAIGREUR	MESSE	MOUSTACHE	NOYES	PALEUR
MAINTS	MESURE	MOUSTIQUES	NUBILITE	PALEURS
MAITRISE	METAMORPHOSE	MOUTONNANT	NUEE	PALIR
MAJESTUEUX	METAMORPHOSES	MOUVANT	NULLE	PALISSANT
MALADES	METTENT	MUETTE	NULS	PALMIERS
MALADIE	METTRA	MUETTES	NYMPHE	PALMYRE
MALADIVES	METTRAI	MUGISSEMENT	OBEIRAI	PALPER
MALADROIT	METTRAIS	MULTIPLIAIT	OBEISSANT	PAMER
MALADROITS	METTRAIT	MULTIPLIANT	OBEIT	PAMOISONS
MALEDICTIONS	METTRONS	MULTIPLIE	OBI	PAN
MALFAISANT	MEUBLE	MULTIPLIER	OBOLE	PANIQUE
MALFAISANTS	MEURENT	MURAILLE	OBSCENE	PANNEAUX
MALSAIN	MEURTRE	MURE	OBSCURCI	PANSE
MALSAINE	MEURTRIERE	MURIR	OBSCURCIR	PAPHOS
MAMELLES	MEURTRIR	MURMURE	OBSCURCIS	PAPIER
MANANTS	MEUS	MURMURES	OBSERVE	PAPILLONS
MANCHES	MEUT	MUSCULEUX	OBSTINE	PARACHEVANT
MANGERA	MEUTE	MUSEAU	OBSTINEMENT	PARAIS
MANIERES	MIAULE	MUSES	OBTENIR	PARAITRA
MANNEQUIN	MIDAS	MUSQUES	OBTENU	PARALLELE
MANNEQUINS	MIENNES	MUTIN	OCCULTE	PARALYTIQUE
MANOIR	MIGNARD	MUTINS	OCCUPENT	PARASITE
MANOIRS	MIGNONS	MYSTERES	OCTOBRE	PARCELLES
MANSARDE	MILLIERS	MYSTERIEUSES	OCTOGENAIRES	PARCOURANT
MANUSCRIT	MILLIONS	MYSTIQUES	ODIEUX	PARCOURIR
MARAUDEUR	MIME	MYTHE	ODORANT	PARCOURS
MARBREES	MINAUDANT	NACRES	OEUVRE	PARCOURT
MARCHAIENT	MINERAUX	NAGERA	OFFERTES	PAREILLES
MARCHANDS	MINTURNES	NAGUERE	OFFERTS	PARESSEUSE
MARCHANT	MINUIT	NAIADES	OFFRENT	PARESSEUSES
MARCHEPIED	MINUITS	NAIF	OFFRONS	PARFUMANT
MARCHEZ	MIRACLES	NAINS	OFFUSQUAIT	PARFUMEE
MARECAGE	MIRACULEUSE	NAISSE	OFFUSQUES	PARFUMEES
MARGELLE	MIRAIENT	NAITRA	OISIVE	PARFUMES
MARI	MIRE	NAIVETE	OLIBAN	PARIAS
MARIE	MIRENT	NAPPE	OLIVES	PARLAIENT
MARINE	MIROITER	NAPPES	OMBRAGE	PARLER
MARINIERS	MISERABLE	NARD	OMBRAGEA	PARLERAIT
MARIONNETTES	MISERABLEMENT	NARGUE	OMBREUSES	PAROLE
MARMITE	MOBILE	NARINE	OMNIBUS	PAROLES
MARQUEE	MODERNE	NASEAUX	ONCES	PARQUE
MARQUES	MODES	NATAL	ONDOYANTS	PARSEME
MARTELANT	MOELLE	NATALE	ONDULATION	PARSEMES
MARTYRES	MOISE	NATION	ONDULEUSE	PARTI
MARTYRISE	MOISIR	NATIONS	ONEREUX	PARTICULIER
MASQUES	MOISSON	NATIVE	OPALE	PARTIE

PARTIONS
PARTIT
PARTS
PASCAL
PASSA
PASSAGE
PASSAGER
PASSAGERES
PASSANTS
PASSENT
PASSERONT
PASTELS
PASTEQUES
PATIENT
PATRIARCAL
PATTE
PATTES
PAUVRESSES
PAUVRETE
PAVANER
PAVILLON
PAYE
PAYSAGES
PEINTURE
PELE-MELE
PELERINAGE
PELLE
PELOUSE
PENCHANT
PENDAIT
PENDANTES
PENDANTS
PENDUE
PENDUS
PENETRANTS
PENOMBRE
PENSEES
PENSER
PENSIVE
PENTE
PERCANT
PERCANTS
PERCE
PERCENT
PERCHES
PERDITION
PERDONS
PERDUE
PERES
PERIR
PERMANENT
PERSIENNES
PERSONNAGE
PERSONNE
PERSONNEL
PESANTES
PESANTEUR
PESANTS
PESTILENCE
PETILLANT
PETILLENT
PETITES
PETRIR
PETRISSANT
PETULANT
PEUREUSE
PEUREUSES
PEUREUX
PHENIX
PHILOSOPHES
PHOSPHORE
PHRASES
PHTISIQUE
PIERRERIES
PIEUSE
PIEUSES
PIMPANT
PINCE
PINCEAU
PINS
PIOCHES
PIQUE
PIQUER
PIROUETTANT
PITEUSEMENT
PLACES
PLAIGNAIS
PLAINE
PLAINES

PLAINTIF
PLAINTIVE
PLAIRAIS
PLAIRE
PLAISAIT
PLAISANTS
PLAIT
PLANANT
PLANTAIENT
PLANTANT
PLANTERAI
PLANTERONT
PLAT
PLATANES
PLEURE-T
PLEURENT
PLEURER
PLEURERAIS
PLEUT
PLEUVOIR
PLEUVRAS
PLIANT
PLONGERAI
PLONGERONS
PLONGEZ
PLUMAGE
PLUME
PLUPART
PLUSIEURS
PLUVIOSE
POCHE
POESIE
POIGNET
POIL
POILS
POINTE
POINTUE
POIX
POLE
POMONE
POMPONNE
PONT
PONTIFE
PORE
POREUSE
PORTAIT
PORTANT
PORTANTE
PORTER
PORTEURS
PORTEZ
PORTIERES
PORTIQUES
POSERAI
POSSIBLE
POSTURE
POUDRES
POUDREUSE
POUMON
POURPRES
POURRAIS
POURRAS
POURREZ
POURRIS
POURRONS
POURSUIS
POURSUIVIES
POURVOIR
POUSSAIENT
POUSSAIT
POUSSANT
POUSSE-T
POUSSENT
POUSSIERE
POUVAIENT
POUVAIS
POUVEZ
PRAIRIES
PRE
PRECEPTEURS
PRECIEUSES
PRECIPICES
PRECIPITER
PRECOCES
PRECOCITE
PREDESTINE
PREFERERAIT
PRELASSE
PREMIERES

PREPAREE
PRESIDE
PRESSONS
PRESSURER
PRET
PRETAIT
PRETE
PRETEXTES
PRIAIS
PRIE
PRIERE
PRIERES
PRIMEURS
PRIMITIFS
PRISONS
PROBLEME
PROCES
PRODIGE
PRODIGES
PRODIGUE
PROFANE
PROFUNDIS
PROJETAIT
PROJETANT
PROJETS
PROMESSE
PROMETTANT
PROPHETES
PROPHETIQUE
PROPICE
PROPORTIONS
PROSCRIT
PROSERPINE
PROSPERES
PROSTITUEES
PROSTITUTION
PROUVE
PROVISION
PROVOCATEURS
PROVOQUANTS
PRUDENCE
PRUDENTS
PUANTEUR
PUDEUR
PUDIQUEMENT
PUENT
PUGET
PUISEE
PUISSANCES
PUISSANTES
PUISSES
PUISSIONS
PULLULE
PUNAISES
PUNI
PUNIT
PUPITRE
PURGATOIRE
PURIFIER
PUS
PUTAINS
PUTREFACTION
PUTRIDE
PYLADES
PYRAMIDE
PYRRHUS
QUADRUPEDE
QUADRUPEDES
QUATRE
QUELLES
QUELQU
QUELQUES-UNS
QUICONQUE
QUINQUETS
QUITTANCES
QUITTER
QUOIQU
RABOTEUX
RABOUGRI
RACCROCHE
RACES
RACHATS
RACONTE
RACORNI
RADIEUSE
RAFFERMIT
RAFFINEMENTS
RAFRAICHIRA
RAFRAICHISSAIENT

RAFRAICHISSANTES
RAILLA
RAILLENT
RAILLERIE
RAILLES
RAJEUNIS
RALENTIS
RALES
RALLUME
RAMASSER
RAMENERA
RAMEURS
RAMIER
RAMPANT
RAMPANTS
RAMPENT
RANCI
RANCON
RANCUNE
RANG
RANGERAIS
RANGS
RANIMERAS
RAPIERE
RAPPEL
RAPPELEZ
RAPPELLERAS
RAPPELLES
RAPPORTERAS
RAPPROCHEES
RARES
RASANT
RASSASIER
RASSASIERA
RASSASIES
RASSEMBLER
RATATINEES
RATE
RATEAUX
RATELIER
RAUQUE
RAVALE
RAVIN
RAVIS
RAVIVE
RAYONNAIT
RAYONNE
RAYONNEMENT
REALITE
REBUS
REBUTE
RECELANT
RECELENT
RECEVOIR
RECHAUFFANT
RECHAUFFE
RECHAUFFER
RECHIGNE
RECIF
RECITER
RECLAMAIS
RECLAMAIT
RECLAMER
RECOLTERAS
RECONCILIER
RECONFORTE
RECONNAIS
RECONNAISSEZ
RECONNAIT
RECOURBE
RECUEILLIR
RECUIT
RECULER
REDIT
REDORER
REDOUBLE
REDOUBLES
REDOUTES
REDRESSES
REDRESSEUR
REEL
REFAIT
REFLECHIRONT
REFLECHIS
REFLECHIT
REFLETAIENT
REFLEURI
REFLUANT
REFRAINS

REFROIDI
REFUGIANT
REGAGNE
REGARDAIENT
REGARDANT
REGARDER
REGARDERA
REGARDEZ
REGNAS
REGNE
REGNENT
REGNER
REGORGE
REGRETTANT
REINES
REJAILLIR
REJETER
REJOINDRE
REJOUIR
REJOUISSAIT
REJOUIT
RELACHE
RELEGUE
RELENT
RELIGIEUX
RELIGION
RELIGIONS
RELUISE
RELUIT
REMBRANDT
REMEDE
REMEMBER
REMERCIMENT
REMONTE
REMONTER
REMOUS
REMPLACE
REMPLACENT
REMPLISSENT
REMUANT
REMUENT
REMUER
REMUES
RENAITRE
RENAITRONT
RENDENT
RENDEZ
RENDEZ-VOUS
RENDRAI
RENDRAIENT
RENIE
RENONCULE
RENOUVEAU
RENTRAI
RENTRAIENT
RENTRAIS
RENTRANT
RENTRE
RENTRER
RENTRONS
RENVERSEE
RENVOYE
REPAIRES
REPAND
REPANDS
REPANDUE
REPAS
REPENS
REPENTIR
REPENTIRS
REPETANT
REPETE
REPIT
REPONDIT
REPONDRE
REPRENDRE
REPRESENTAI
REPROCHES
REPTILE
REPUGNANTS
REPUS
REQUIN
RESEAU
RESEAUX
RESERVOIR
RESIGNE
RESIGNEE
RESIGNES
RESINES

RESPECT	ROULONS	SECOURS	SONNERA	SURCHARGEA
RESPECTE	ROUSSEUR	SECS	SONNETTES	SURPASSE
RESPIRENT	ROUVRANT	SECULAIRE	SONORES	SURPRIS
RESPIRONS	ROUVRIR	SEDENTAIRE	SORDIDE	SUS
RESPLENDIS	ROUVRIS	SEDENTAIRES	SORTAIENT	SUSPENDAIENT
RESPLENDISSANTE	ROUX	SEDUISANTE	SORTIRAI	SUSPENDANT
RESSEMBLES	ROYALEMENT	SEDUISANTS	SOSIE	SUSPENDU
RESSEMBLEZ	ROYAUX	SEDUIT	SOTS	SVELTE
RESSORTIR	RUBENS	SEL	SOTTE	SYLLABES
RESSUSCITER	RUBIS	SEMBLENT	SOU	SYLPHIDE
RESSUSCITERAIENT	RUBRIQUES	SEME	SOUDAINEMENT	SYMBOLE
RESTA	RUCHE	SEMERA	SOUFFLAIT	SYMBOLES
RESTAURE	RUCHES	SEMES	SOUFFLEE	TABLES
RESTE-T	RUDES	SEMEUR	SOUFFLES	TACHANT
RESTENT	RUELLE	SEMPITERNELLEMENT	SOUFFLET	TACHETE
RETENTIR	RUES	SENTENT	SOUFFLEUR	TAIS
RETENTIRONT	RUFFIAN	SENTEUR	SOUFFLONS	TAIT
RETENTISSANTES	RUGISSEMENT	SENTEZ	SOUFFRAIS	TAMARINIERS
RETIAIRE	RUINE	SENTIER	SOUFFRES	TAMARINS
RETIENS	RUINES	SENTINELLE	SOUFRE	TAPAGE
RETIRE	RUINEUX	SENTINELLES	SOUILLES	TAPIE
RETOUR	RUISSELAIT	SEPULCRAL	SOULAGE	TAPIT
RETOURNE	RUMEUR	SEPULTURE	SOULAGEMENT	TARDIVES
RETOURNENT	RUSE	SEPULTURES	SOULE	TARTANE
RETRAITES	RUSTRES	SEQUELLE	SOULERAI	TATE
RETROUSSANT	RUTILANT	SERAIL	SOULERONT	TATONNEMENTS
RETROUVER	SABBAT	SERAPHIN	SOULEVER	TAUREAU
REVAIS	SABBATS	SERAPHINS	SOUMIS	TAVERNE
REVAIT	SABLES	SERAPHIQUE	SOUPCON	TEIGNAIENT
REVANT	SABLIER	SERAS	SOUPE	TEINTE
REVELA	SABLONNEUX	SERENITE	SOUPER	TEINTES
REVENT	SACCADES	SERGE	SOUPIRAUX	TEINTS
REVERAI	SACCAGE	SERIEUSE	SOURCE	TELLEMENT
REVERBERE	SACHANT	SERMENT	SOURCIL	TELLES
REVETENT	SACHE	SERRANT	SOURCILS	TEMOIGNAGE
REVETIR	SACREE	SERRER	SOURDES	TEMOIN
REVEUSEMENT	SACREMENTS	SERRURE	SOURIAIT	TEMPERAIT
REVIENDRAI	SACRES	SERVAGE	SOURIANT	TEMPETANT
REVIENNENT	SACRIFICE	SERVAIT	SOURIT	TENACE
REVIENT	SAGES	SERVANTE	SOURNOIS	TENAIT
REVIS	SAIGNANT	SERVIR	SOUTERRAINE	TENDANT
REVULSES	SAIGNANTS	SERVIRA	SOUTERRAINES	TENDENT
RHETORIQUE	SAIGNER	SERVITEUR	SOUVERAINE	TENDRES
RHYTHMIQUE	SAINTETE	SERVITEURS	SOUVERAINES	TENDRESSES
RIBOTE	SAISI	SEUIL	SOUVIENNENT	TENDUES
RICHESSES	SALIVE	SEULE	SOUVIENT	TENDUS
RIME	SALPETRE	SEVES	SPECIEUX	TENIR
RIMEURS	SALTIMBANQUE	SGANARELLE	SPECTACLES	TENTATIONS
RIRA	SALUER	SIBERIE	SPECTRAL	TENTER
RISEE	SALUTAIRE	SIECLES	SPHERES	TENTEZ
RISIBLE	SANGLANTES	SIEN	SPIRITUELLE	TERME
RITE	SAPHIR	SIFFLE	SPIRITUELS	TERMINE
RIVALE	SAPINS	SIFFLER	STATUES	TERMITE
RIVES	SARCOPHAGES	SIGNALE	STATURE	TERNE
RIVIERE	SATANIQUE	SILENCIEUSEMENT	STERILITE	TERNIS
ROCAILLEUX	SATANIQUES	SILLAGE	STIGMATISES	TERRAINS
ROCS	SATINE	SILLON	STOIQUES	TERRASSANT
RODAIT	SATIRIQUE	SILLONNES	STRICTE	TERRASSER
RODE	SATISFAIRE	SIMOIS	STUPEUR	TERRESTRE
RODEURS	SATISFAIT	SIMPLEMENT	STUPIDITE	TERREURS
ROIDES	SATURNIEN	SIMULAIENT	SUANT	TESTAMENTS
ROIDEUR	SATYRES	SINCERE	SUAVE	TETE-A-TETE
ROIDISSANT	SATYRESSES	SINGE	SUBIR	TETINES
ROIDIT	SAURAIT	SINGES	SUBIT	TETTENT
ROMAINS	SAUTE	SINGULIERE	SUBLIMES	TETU
ROMANCES	SAUTENT	SINON	SUBORNEUR	TETUS
ROMPUS	SAUVANT	SINUEUX	SUBTILES	THALIE
RONCES	SAVAIS	SISINA	SUCCOMBE	THEATRES
RONDES	SAVAMMENT	SISYPHE	SUCCUBE	THEOLOGIE
RONDEUR	SAVANE	SITOT	SUCE	THEROIGNE
RONFLER	SAVATES	SOBRE	SUCERAI	TIEDES
RONGERA	SAVEURS	SOCIETE	SUFFIRE	TIEN
RONGES	SAVONS	SOCS	SUFFISAMMENT	TIENDRONT
RONGEUR	SAVOURAIS	SOIE	SUFFISANT	TIENNENT
RONSARD	SAVOUREUSE	SOIFS	SUFFRAGE	TIENS
ROSATRE	SAVOUREUX	SOLDATS	SUIVAIS	TIGE
ROSSE	SCAPULAIRES	SOLENNEL	SUIVAIT	TIMBRE
ROUCOULE	SCINTILLENT	SOLENNITE	SUIVENT	TINTE
ROUCOULEMENT	SCINTILLER	SOLIDES	SUIVI	TIRADES
ROUE	SCORPIONS	SOLITAIRES	SUIVIS	TIRE
ROUGES	SCRUPULES	SOMMEILLER	SUIVONS	TIREZ
ROUGIRAIT	SCULPTE	SOMNAMBULE	SUIVRE	TIROIRS
ROUGIT	SCULPTEURS	SOMNAMBULES	SUJET	TISON
ROULA	SEAUX	SONDE	SUJETS	TISONS
ROULAIT	SECHANT	SONGEA-T	SULTANE	TISSUS
ROULENT	SECHE	SONGER	SUPERIEUR	TITANS
ROULER	SECONDE	SONGERIES	SUPPLIANTS	TIVOLI
ROULES	SECOUER	SONNAIT	SUPPLICEM	TOILETTES
ROULIS	SECOURIR	SONNANT	SUPPLICIES	TOISON

TUITS
TOMBEE
TOMBERAI
TOMBEREAUX
TONNEAU
TONNERAS
TONNERRE
TORCHES
TORDAIENT
TORDANT
TORDRAI
TORDUES
TORRENT
TORRIDE
TORS
TORSES
TORTILLE
TORTU
TOTALE
TOUPIE
TOURBILLON
TOURBILLONNE
TOURMENT
TOURMENTENT
TOURMENTES
TOURMENTS
TOURNER
TOURNONS
TOURNOYAIT
TOURNOYANT
TOURNURE
TRAFIQUANT
TRAGIQUE
TRAHI
TRAIN
TRAINAIENT
TRAINAIS
TRAINAIT
TRAINARD
TRAINEES
TRAITRE
TRAITRES
TRAITRESSE
TRANQUILLITE
TRANSFORMANT
TRANSFORME
TRANSPARENTS
TRANSPERCEE
TRANSPORTE
TRAVAILLE
TRAVAILLENT
TRAVAILLES
TRAVERSAIS
TRAVERSANT
TRAVERSENT
TREBUCHANT
TREIZE
TREMBLAIENT
TREMBLANTS
TREMPE
TREMPEE
TREMPES
TRENTE-DEUX
TREPIED
TREPIGNANT
TRESSER
TRIBU
TRICHE
TRICHER
TRINGLE
TRIOMPHAL
TRIOMPHANTE
TRIOMPHAUX
TRIOMPHE
TRIPOT
TRISMEGISTE
TRITURER
TROMBLON
TROMPER
TRONC
TRONCS
TRONER
TROTTENT
TROUPE
TROUVAIS
TROUVAIT
TROUVERAS
TROUVERONT
TROUVEZ

TROUVONS
TUER
TUERAS
TUF
TUMULTE
TUMULTES
TUNNEL
TUTELLE
TUYAUX
TYMPANON
TYRANNIQUE
ULCERES
UNES
UNIQUES
UNIR
UNITE
URNE
USAGE
USANT
USE
USEE
USENT
USER
USERONS
USURPER
UTILE
VACANCES
VACARMES
VACILLANTE
VAGUANT
VAILLANCE
VAINCUE
VAINES
VALENCE
VALENT
VALET
VALETAILLE
VALETS
VALLEES
VALLONS
VALOIS
VAN
VANNEUR
VAPORISE
VARIE
VASSALE
VAURIEN
VAUTOURS
VAUTRE
VEFOUR
VEGETAL
VEGETALE
VEILLAIT
VEILLENT
VEINE
VENANT
VENDANGES
VENDRE
VENDREDI
VENDU
VENEREE
VENEZ
VENGENT
VENIN
VENTRUS
VENTS
VERDIS
VERDURES
VERGUES
VERMEIL
VERMEILLE
VERMEILS
VERMINES
VERMISSEAUX
VERNISSES
VERRAS
VERSAIENT
VERSER
VERSES
VERSEZ
VERTIGINEUSE
VERTUEUX
VERVE
VESTALE
VESTIGE
VESTIGES
VETEMENT
VETIR
VETUE

VEULE
VIANDE
VIANDES
VIBRANTES
VIBRE
VIBRENT
VIBRER
VICE
VICIEUX
VICTOIRE
VICTORIEUSE
VIDANT
VIEILLARDS
VIEILLESSE
VIEILLIR
VIENDRAS
VIENNES
VIFS
VIGIE
VIGILANT
VIGNE
VIGNETTES
VIGOUREUSE
VILES
VILLES
VINCI
VINDICATIF
VINDICATIFS
VINGT-NEUF
VINT
VIOL
VIOLENTS
VIOLETS
VIOLETTE
VIRGINITE
VIRULENCE
VISIBLES
VISITE
VISITEUSE
VIVACE
VIVENT
VIVES
VIVEURS
VIVRAS
VOGUENT
VOIENT
VOIRIE
VOISINE
VOLAIT
VOLANT
VOLANTS
VOLCAN
VOLE
VOLEURS
VOLONS
VOLONTIERS
VOLTIGEAIT
VOLUPTUEUSE
VOUDRAS
VOUEE
VOULUT
VOUS-MEMES
VOUTES
VOYAIS
VOYANT
VOYEZ
VRAIE
VRILLE
VULGAIRE
WATTEAU
WEBER

A 390
A-T 3
ABANDON 2
ABANDONNE 1
ABANDONNES 1
ABEL 8
ABHORRE 2
ABIME 11
ABIMES 2
ABJECT 1
ABOIS 2
ABONDAMMENT 1
ABONDENT 1
ABORD 1
ABORDE 1
ABOUTIT 1
ABREUVAIT 1
ABREUVE 2
ABREUVENT 1
ABREUVER 1
ABRI 4
ABRITENT 1
ABRUTISSANT 1
ABSENT 1
ABSENTES 1
ABSENTS 2
ABSOLUMENT 1
ABSURDE 1
ABSURDITE 1
ABYSSINIENNE 1
ACCABLE 1
ACCENT 1
ACCENTS 1
ACCOMPAGNAIENT 1
ACCOMPAGNE 2
ACCORD 2
ACCORDE 1
ACCORDS 2
ACCOUPLER 1
ACCOUTUME 1
ACCROCHENT 1
ACCRUE 1
ACCUMULER 1
ACCUSENT 1
ACERES 1
ACHARNENT 1
ACHETER 1
ACHEVE 1
ACIER 1
ACRE 1
ACRES 1
ACTEUR 1
ACTIF 1
ACTION 3
ADAPTAIENT 1
ADELINE 1
ADIEU 3
ADIEUX 3
ADMIRABLE 1
ADMIRE 3
ADMIRENT 2
ADMIS 1
ADOLESCENTS 1
ADOPTIF 1
ADORABLE 3
ADORABLEMENT 1
ADORAIENT 1
ADORANT 1
ADORATION 1
ADORE 7
ADOREES 1
ADORER 1
ADORERAI 1
ADORES 1
ADOSSAIT 1
ADRESSAIT 1
AFFAIBLIE 1
AFFAIRE 1
AFFILES 1
AFFLIGE 2
AFFLUE 1
AFFOLE 2
AFFREUSE 1
AFFREUSES 2
AFFREUX 8
AFFRONT 1
AFFUT 1
AFIN 6

AFRIQUE 2
AGACE 1
AGACENT 1
AGATE 1
AGATHE 3
AGE 3
AGGRAVENT 1
AGILE 1
AGILITE 2
AGITAIT 1
AGITE 5
AGITENT 1
AGITER 1
AGITES 1
AGONIE 1
AGONISANT 4
AGONISANTS 1
AGRANDIS 1
AGRANDIT 1
AH 10
AI 32
AIDES 1
AIGLE 2
AIGLES 1
AIGRES 1
AIGRISSENT 1
AIGUE 1
AIGUILLES 1
AIGUISAIS 1
AIGUISAIT 1
AIGUS 1
AILE 7
AILES 6
AILLE 1
AILLEURS 3
AIMABLE 5
AIMABLES 2
AIMAIENT 1
AIMAIS 1
AIMANT 2
AIMANTES 1
AIME 24
AIMEE 2
AIMENT 1
AIMER 9
AIMERAIS 1
AIMES 3
AIMEZ 2
AIMIEZ 1
AIMONS 3
AINSI 51
AIR 38
AIRAIN 3
AIRS 4
AISE 1
AIT 1
AJOUTA 1
AJOUTE 2
AJOUTENT 1
AJUSTANT 1
ALAMBIC 1
ALARMES 1
ALBATRES 1
ALBATROS 1
ALBUM 1
ALCHIMISTES 1
ALCOVE 6
ALECTO 1
ALERTE 1
ALIMENT 1
ALIMENTONS 1
ALLA 1
ALLAIS 1
ALLAIT 4
ALLAITA 1
ALLECHANT 1
ALLECHANTS 1
ALLEGORIE 2
ALLER 3
ALLEZ 1
ALLIE 2
ALLIEZ 1
ALLONGE 3
ALLONGEAIT 3
ALLONGES 1
ALLONS 2
ALLUMAIENT 1
ALLUME 5
ALLUMENT 2

ALLUMER 2
ALLUMERAI 1
ALLURE 2
ALORS 8
ALOUETTES 1
ALOUROIT 1
ALTERE 2
ALTEREE 1
ALTERNATIVEMENT 1
AMAIGRIE 1
AMANT 5
AMANTE 7
AMANTS 4
AMAS 4
AMAZONE 1
AMBITIEUX 1
AMBRE 3
AMBROISIE 2
AME 66
AMENE 1
AMER 10
AMERE 1
AMERES 1
AMERIQUES 1
AMERS 4
AMES 4
AMEUTE 1
AMI 1
AMIE 1
AMIS 4
AMONCELES 1
AMORTIS 1
AMOUR 53
AMOUREUSE 3
AMOUREUSEMENT 1
AMOUREUSES 2
AMOUREUX 10
AMOURS 5
AMPHORE 1
AMPLEUR 1
AMUSER 1
ANALYSE 1
ANANAS 1
ANATHEME 1
ANATHEMES 1
ANATOMIE 1
ANCIENNE 1
ANCIENNES 1
ANCIENS 3
ANCRE 1
ANDROMAQUE 2
ANEANTIR 1
ANESSE 1
ANGE 35
ANGES 11
ANGLE 1
ANGOISSE 6
ANGOISSES 2
ANIMAL 3
ANIMAUX 2
ANIMER 1
ANNEE 1
ANNEES 3
ANS 3
ANTINOUS 1
ANTIOPE 1
ANTIQUE 9
ANTIQUES 3
ANTISTHENE 1
ANTOINE 1
ANTRE 2
ANTRES 1
ANXIETE 1
APAISANT 1
APAISE 1
APAISER 1
APAISES 1
APERCOIS 1
APOCALYPTIQUE 1
APOTRES 1
APPARAISSENT 1
APPARAIT 1
APPAREIL 1
APPAREILLE 1
APPAREILLONS 1
APPARENCE 1
APPARITIONS 1
APPARTEMENT 1
APPARUT 1

APPAS 6
APPAUVRI 1
APPEL 1
APPELAIT 1
APPELLE 2
APPELLENT 1
APPELLERONT 1
APPESANTIE 1
APPESANTIS 2
APPETIT 2
APPETITS 3
APPORTENT 1
APPRENDRE 1
APPRIS 1
APPROCHONS 1
APPROFONDIR 1
APPROFONDIT 1
APPUYA 1
APRE 2
APRES 10
AQUILON 1
ARAIGNEE 1
ARAIGNEES 1
ARBRE 5
ARBRES 6
ARBRISSEAUX 1
ARC 1
ARCADES 1
ARCANES 1
ARCHE 1
ARCHER 1
ARCHET 1
ARCHIPEL 1
ARCHITECTE 2
ARCS 1
ARDEMMENT 2
ARDENT 1
ARDENTE 1
ARDENTES 1
ARDENTS 1
ARDEUR 7
ARGENT 1
ARGENTINE 1
ARIDITE 1
ARMATURE 2
ARME 1
ARMES 5
ARMOIRE 4
ARMURE 2
AROMATIQUE 1
AROME 1
ARRACHAIT 1
ARRACHE 1
ARRACHERAI 1
ARRACHES 1
ARRIERE 1
ARRIVE 1
ARROSE 1
ARSENAL 1
ARSENAUX 1
ART 10
ARTISTE 3
ARTISTEMENT 3
AS 7
ASIE 1
ASPECT 6
ASPIC 1
ASPIRE 1
ASSAISONNE 1
ASSASSIN 2
ASSAUT 1
ASSAUTS 1
ASSEOIR 2
ASSEYAIT 1
ASSEZ 4
ASSIS 1
ASSISE 1
ASSISTES 1
ASSOUPI 1
ASSOUPIE 1
ASSOUPLIS 1
ASSOUPLIT 1
ASSOURDISSANTE 1
ASSOUVIR 4
ASSURES 1
ASTRE 3
ASTRES 7
ASTROLOGUES 2
ATELIER 2

ATHLETE 2
ATMOSPHERE 4
ATONIE 1
ATOUR 1
ATRE 1
ATROCE 1
ATROCEMENT 1
ATROCITE 1
ATTACHES 1
ATTAQUE 2
ATTAQUER 1
ATTARDE 1
ATTEINT 1
ATTELAGE 1
ATTEND 2
ATTENDAIS 1
ATTENDANT 1
ATTIFE 1
ATTIRAIL 2
ATTIRANCE 1
ATTIRANTS 1
ATTIRE 1
ATTIRENT 2
ATTISAIT 1
ATTISE 1
ATTITUDE 2
ATTITUDES 3
ATTRAIT 2
ATTRAITS 1
ATTRAPER 1
AU 185
AU-DESSUS 4
AUBE 1
AUBERGE 4
AUCUNS 1
AUDACE 1
AUDACIEUX 1
AUGMENTE 2
AUGUSTE 2
AUJOURD 8
AUMONES 1
AUPRES 4
AURA 1
AURA-T 1
AURAI 1
AURAIENT 1
AURAIS 2
AURAIT 4
AURAS 3
AURONS 1
AURONT 1
AURORE 7
AUSSI 15
AUSTERE 3
AUSTERES 2
AUSTERITE 1
AUTAN 1
AUTANS 1
AUTANT 10
AUTEL 2
AUTEUR 1
AUTEURS 1
AUTOMNAL 1
AUTOMNE 7
AUTOMNES 1
AUTORITE 1
AUTOUR 12
AUTRE 16
AUTREFOIS 6
AUTRES 14
AUVENT 1
AUX 111
AUXQUELS 2
AVAIENT 3
AVAIS 4
AVAIT 8
AVALANCHE 1
AVALANCHES 1
AVALE 1
AVALERAIT 1
AVANCAIENT 1
AVANCAIT 1
AVANCE 2
AVANT 6
AVARIES 1
AVEC 92
AVENTUREUSE 1
AVERTIS 1
AVERTISSEMENT

AVEUGLE 2
AVEUGLES 1
AVEUX 1
AVEZ 9
AVIDE 5
AVIDEMENT 1
AVIDES 1
AVIDITE 1
AVIONS 1
AVIRON 1
AVIRONS 1
AVOIR 12
AVONS 14
AYANT 1
AZUR 16
AZUREES 1
BABEL 2
BACCHUS 1
BAIGNAIT 2
BAIGNER 1
BAILLANT 1
BAILLE 1
BAILLEMENT 1
BAINS 1
BAISE 4
BAISER 6
BAISERS 22
BAISIONS 1
BAL 2
BALANCANT 1
BALANCE 4
BALANCES 2
BALAYANT 2
BALCON 2
BALCONS 1
BALLADE 1
BALLET 1
BALLONS 1
BANAL 5
BANANES 1
BANC 1
BANDE 1
BANNI 2
BANNIERES 1
BANQUIERS 1
BARAQUES 1
BARBARE 1
BARBARIE 1
BARBE 2
BARIOLE 1
BAROQUES 1
BARRE 2
BARREAUX 1
BAS 13
BASALTIQUES 1
BASE 1
BASSE 1
BASSIN 1
BASSINS 3
BAT 3
BATAILLES 1
BATAILLONS 2
BATIMENT 1
BATIR 3
BATIS 1
BATIT 1
BATON 4
BATONS 1
BATTANT 3
BATTRE 1
BAUME 1
BAUMES 1
BAVARDE 2
BAVE 1
BAVES 1
BAYADERE 1
BAZAR 1
BEANT 2
BEANTE 1
BEAU 33
BEAUCOUP 1
BEAUTE 36
BEAUTES 9
BEAUX 16
BEC 4
BECHANT 1
BECHE 1
BECS 1
BELIER 1

BELLE 29
BELLEAU 1
BELLES 3
BELZEBUTH 1
BENI 3
BENIE 2
BENISSONS 1
BENJOIN 3
BEQUILLES 1
BERCANT 1
BERCE 4
BERCEAU 4
BERCEAUX 1
BERCEMENTS 1
BERCENT 1
BERCER 2
BERCEUSE 2
BESOGNE 1
BESOIN 2
BETAIL 3
BETE 6
BETES 6
BETISE 3
BEUGLES 1
BIBLIOTHEQUE 1
BICEPHALE 1
BIEN 36
BIENFAIT 1
BIENHEUREUSE 1
BIENHEUREUX 2
BIENTOT 4
BIERE 1
BIERES 1
BIJOU 1
BIJOUX 8
BILANS 1
BILLET 1
BILLETS 1
BISES 1
BIZARRE 5
BIZARREMENT 1
BLAFARD 1
BLAFARDE 2
BLAFARDES 1
BLANC 9
BLANCHE 5
BLANCHES 4
BLANCHEUR 1
BLANCHIS 1
BLANCS 1
BLASE 1
BLASPHEME 5
BLASPHEMES 4
BLES 1
BLESSE 2
BLESSES 2
BLESSURE 2
BLESSURES 2
BLEU 7
BLEUATRES 1
BLEUE 1
BLEUES 2
BLEUS 5
BLOC 2
BLOCS 2
BLONDE 2
BLOTTI 1
BLOTTIS 1
BOAS 1
BOCAGERES 1
BOEUFS 1
BOHEME 1
BOIRE 4
BOIS 12
BOIT 1
BOITANT 1
BOITE 1
BOITEUSES 1
BOIVENT 1
BOMBES 1
BON 10
BONDS 2
BONHEUR 4
BONJOUR 1
BONNE 6
BONNES 3
BONTE 3
BORD 11
BORDS 4

BORDURE 1
BOREES 1
BORNES 1
BOSQUET 1
BOSQUETS 2
BOSSUS 1
BOUCHE 13
BOUCHER 2
BOUCHES 1
BOUCLES 1
BOUCLIERS 2
BOUDEUR 1
BOUDOIR 2
BOUE 5
BOUES 1
BOUFFE 1
BOUFFON 1
BOUGE 3
BOUGER 1
BOUGIES 2
BOUILLIR 1
BOUILLONNENT 1
BOULE 1
BOUQUET 1
BOUQUETS 2
BOURBEUX 4
BOURDON 1
BOURDONNAIENT 1
BOURREAU 5
BOURREAUX 2
BOURSE 2
BOUT 5
BOUTEILLE 2
BOUTEILLES 1
BOUTIQUES 1
BOUTONS 1
BOUTS 2
BOXEUR 1
BRAISE 1
BRANCHES 2
BRANLE 1
BRAS 25
BRELOQUES 1
BRIC-A-BRAC 1
BRICK 1
BRIDE 1
BRILLAIENT 1
BRILLANT 3
BRILLANTS 3
BRILLAT 1
BRILLE 2
BRILLEZ 1
BRISAIT 1
BRISE 6
BRISER 1
BRISES 5
BROCS 1
BRODE 3
BRODEQUINS 1
BROIE 1
BROUILLARD 2
BROUILLARDS 3
BROUILLE 1
BROUILLES 1
BROUTES 1
BRUIT 10
BRUITS 1
BRULANT 3
BRULANTE 2
BRULANTS 2
BRULE 8
BRUME 3
BRUMES 1
BRUMEUSE 1
BRUMEUSES 1
BRUMEUX 3
BRUN 2
BRUNE 5
BRUNES 1
BRUNI 1
BRUNS 2
BRUSQUE 1
BRUSQUEMENT 1
BRUTAL 2
BRUTALEMENT 1
BRUTE 3
BRUYANTS 1
BU 1
BUCHE 3

BUCHERS 1
BUCOLIQUE 1
BULLE 1
BULLES 1
BULLETIN 1
BURENT 1
BUSC 1
BUSTE 2
BUT 5
BUTER 1
BUTTANT 1
BUTTE 2
BUVAIS 2
BUVEUR 1
BUVEURS 1
C 64
CA 3
CACHA 1
CACHANT 1
CACHE 2
CACHER 3
CACHES 1
CACHOT 1
CADAVEREUX 1
CADAVRE 10
CADAVRES 1
CADENCE 2
CADRE 1
CADRES 1
CAFARD 1
CAFRINE 1
CAGE 1
CAHUTE 1
CAILLOUX 1
CAIN 8
CAISSES 1
CALCINE 1
CALCINES 1
CALENTURE 1
CALIN 1
CALINE 1
CALINS 1
CALME 9
CALMES 1
CAMP 1
CAMPAGNARD 1
CAMPAGNE 1
CAMPE 1
CANAUX 3
CANDEUR 3
CANEVAS 1
CANON 1
CANTIQUE 1
CAPACITE 1
CAPITAINE 2
CAPITALE 1
CAPITALES 1
CAPITAUX 1
CAPITOLE 1
CAPOUE 1
CAPRICE 1
CAPTIEUX 1
CAPTIFS 1
CAPTIVANT 2
CAR 17
CARAVANE 1
CARCASSE 3
CARESSANT 3
CARESSE 7
CARESSEE 1
CARESSENT 3
CARESSES 4
CARICATURE 1
CARILLONS 1
CARNAGE 2
CARNAVAL 2
CARQUOIS 1
CARREAU 1
CARREAUX 3
CARREFOUR 1
CARROUSEL 1
CARTE 1
CARTES 1
CASCADES 3
CASE 1
CASERNES 1
CASQUE 1
CASSE 2
CASSES 1

CASTAGNETTES 1
CATARACTES 1
CATHEDRALES 1
CATIN 1
CATINS 1
CAUCHEMAR 6
CAUSE 1
CAUSENT 1
CAUSERIES 1
CAVALIER 1
CAVALIERS 1
CAVEAU 5
CAVEAUX 2
CAVERNES 1
CE 150
CELA 6
CELEBRE 1
CELEBRENT 1
CELEBRES 3
CELESTES 3
CELIMENE 1
CELLE 5
CELLE-LA 2
CELUI 10
CELUI-LA 3
CENDRE 3
CENDRES 1
CENDREUX 1
CENOBITE 1
CENTAURE 1
CENTENAIRE 1
CENTS 1
CENTUPLE 1
CEPENDANT 11
CERCLE 2
CERCUEIL 2
CERCUEILS 2
CERTAIN 2
CERTE 1
CERTES 1
CERVEAU 6
CERVEAUX 5
CERVELLE 2
CERVELLES 1
CERVEUX 1
CES 103
CESSE 5
CESSEZ 1
CET 9
CETTE 39
CEUX 8
CEUX-LA 2
CHACAL 1
CHACALS 1
CHACUN 4
CHAGRIN 1
CHAGRINS 2
CHAINE 2
CHAINON 1
CHAIR 13
CHAIRS 2
CHALEUR 4
CHALEUREUX 1
CHALEURS 3
CHAMBRE 6
CHAMBRES 1
CHAMP 2
CHAMPS 6
CHANCELANT 1
CHANCELER 1
CHANCRES 1
CHANDELLE 2
CHANGE 4
CHANGEAIT 1
CHANGEANTES 1
CHANGEE 1
CHANGER 1
CHANGES 1
CHANSON 2
CHANSONS 4
CHANT 8
CHANTAIT 4
CHANTANT 4
CHANTE 6
CHANTENT 4
CHANTER 5
CHANTES 1
CHANTEUSE 1
CHANTEZ 1

CHANTS 2
CHAOS 3
CHAPITEAUX 1
CHAQUE 22
CHARBON 3
CHARGE 10
CHARGENT 1
CHARIOT 1
CHARIOTS 2
CHARITABLE 1
CHARITE 2
CHARMANT 9
CHARMANTE 2
CHARMANTES 2
CHARMANTS 8
CHARME 10
CHARMER 2
CHARMES 7
CHARMILLES 1
CHARNIER 1
CHAROGNE 3
CHARON 1
CHARRIANT 1
CHASSE 1
CHASSENT 2
CHASSER 2
CHASSERESSE 1
CHASSES 1
CHASSEUR 1
CHASSEURS 1
CHASTE 1
CHASTEMENT 1
CHASTES 2
CHAT 8
CHATIANT 1
CHATIER 1
CHATIMENT 2
CHATRE 1
CHATS 2
CHATS-PARDS 1
CHAUD 2
CHAUDE 4
CHAUDEMENT 1
CHAUDES 4
CHAUDS 2
CHAUFFE 1
CHAUFFER 1
CHAUFFERA 1
CHAUMINE 1
CHAUVE 1
CHEMIN 8
CHEMINEZ 1
CHEMINS 2
CHENE 1
CHENILLE 1
CHENUS 1
CHER 11
CHERCHAIT 2
CHERCHANT 9
CHERCHE 6
CHERCHENT 3
CHERCHER 4
CHERCHEUSES 1
CHERCHEZ 1
CHERE 9
CHERES 2
CHERIRAS 1
CHERIS 1
CHERIT 1
CHERS 5
CHETIF 2
CHETIVE 1
CHEVAL 4
CHEVAUX 2
CHEVELURE 3
CHEVEUX 10
CHEZ 2
CHIEN 3
CHIENNE 1
CHIENS 1
CHIFFONNIER 1
CHIMERES 1
CHIMERIQUES 1
CHIMISTE 1
CHINE 2
CHLOROSES 2
CHOC 1
CHOCS 2
CHOEUR 2

CHOISI 2
CHOISIE 1
CHOSE 4
CHOSES 17
CHRETIEN 2
CHRIST 1
CHRISTS 1
CHRYSALIDES 1
CHUCHOTE 1
CHUCHOTEE 1
CHUCHOTER 1
CHUTE 1
CIBLE 4
CIBOIRE 1
CIEL 67
CIELS 2
CIERGE 1
CIERGES 3
CIEUX 13
CIGUE 1
CILS 1
CIMETIERE 4
CIRCE 1
CIRCULE 2
CIRES 1
CITADELLES 1
CITADIN 1
CITADINS 1
CITE 8
CITERNE 1
CITES 4
CLAIR 14
CLAIRE 1
CLAIRONS 1
CLAIRS 4
CLAIRVOYANCE 1
CLAIRVOYANT 1
CLAIRVOYANTS 1
CLANDESTIN 2
CLANDESTINS 1
CLAQUER 1
CLARTE 13
CLARTES 2
CLAVICULES 1
CLE 1
CLEF 1
CLEPSYDRE 1
CLIGNEMENT 1
CLIMAT 3
CLIMATS 4
CLIQUETIS 2
CLOCHE 1
CLOCHERS 2
CLOCHES 1
CLOISON 2
CLOITRE 1
CLOITRES 1
CLOS 1
CLOUE 1
CLOUS 2
COCHERES 1
COCO 1
COCOTIERS 2
COEUR 125
COEURS 17
COFFRET 1
COGNANT 2
COGNENT 1
COHUE 1
COIFFE 1
COIN 6
COINS 4
COLERE 3
COLERES 1
COLIBRIS 1
COLLE 1
COLLINE 1
COLLINES 1
COLONNADES 1
COLORANT 1
COLORE 1
COLOSSE 1
COMBATS 1
COMBATTEZ 1
COMBIEN 4
COMBLA-T 1
COMBLE 2
COMIQUE 1
COMMANDE 1

COMME 327
COMMENCAIENT 1
COMMENCEMENT 1
COMMENCER 1
COMMENT 3
COMMES 1
COMMIS 1
COMMUN 1
COMMUNES 1
COMMUNIE 1
COMMUNIQUE 1
COMPAGNON 1
COMPAGNONS 4
COMPARER 1
COMPLAISAMMENT 1
COMPLAISANTE 1
COMPLET 1
COMPLETER 1
COMPLETES 1
COMPLICE 2
COMPLICES 1
COMPLOT 1
COMPLOTS 2
COMPOSENT 1
COMPOSER 1
COMPRENANT 1
COMPREND 1
COMPRENDRA 1
COMPRENDRAIS 1
COMPRENDRE 1
COMPRENDS 2
COMPRENNENT 1
COMPRIMENT 1
COMPTAI 1
COMPTERAIS 1
CONCERTS 1
CONCEVAIT 1
CONCEVOIR 1
CONCU 1
CONCUPISCENCE 1
CONDAMNE 1
CONDAMNEE 1
CONDAMNEES 1
CONDAMNER 1
CONDAMNES 1
CONDUIRE 1
CONDUISENT 1
CONDUIT 1
CONFESSEUR 1
CONFESSIONNAL 1
CONFIANT 1
CONFIDENCE 1
CONFIDENCES 1
CONFIDENT 1
CONFINS 2
CONFONDENT 1
CONFONDUES 1
CONFUS 3
CONFUSEMENT 2
CONFUSES 1
CONFUSION 1
CONGENERES 1
CONNAIS 8
CONNAISSANT 1
CONNAISSENT 1
CONNAISSEZ 8
CONNAIT 2
CONNAITRAS 1
CONNAITRE 1
CONNU 9
CONNUS 1
CONQUERIR 1
CONSACRE 1
CONSACRES 1
CONSCIENCE 2
CONSCRIT 1
CONSIDERER 1
CONSOLE 5
CONSOLER 1
CONSPIRATEURS 1
CONSTANCE 1
CONSTANT 1
CONSTELLE 1
CONSTELLES 1
CONSTRUCTIONS 1
CONSTRUIT 1
CONSUMERONT 1
CONSUMES 1
CONTEMPLANT 1

CONTEMPLE 4
CONTEMPLENT 1
CONTEMPLER 4
CONTEMPLERONT 1
CONTEMPLES 1
CONTEMPLONS 1
CONTEMPTEURS 1
CONTENAIENT 1
CONTENT 1
CONTENTER 1
CONTIENS 2
CONTIENT 3
CONTORSIONS 1
CONTOUR 2
CONTRE 2
CONTRISTE 1
CONVULSANT 1
CONVULSES 1
CONVULSIF 2
CONVULSIONS 1
COQ 1
COQUETTE 1
COQUETTERIE 1
COR 1
CORBEAU 1
CORBEAUX 2
CORBEILLE 1
CORBILLARDS 2
CORDAGES 1
CORDE 1
CORPS 42
CORRECTE 1
CORROMPU 1
CORROMPUES 1
CORROMPUS 1
CORSET 1
CORTEGE 2
COSTUMES 1
COTE 4
COTES 3
COTHURNES 1
COTOYEZ 1
COU 4
COUCHANT 5
COUCHANTS 1
COUCHE 3
COUCHEE 1
COUCHEES 1
COUCHER 3
COUCHERAI 1
COUDE 1
COUDES 1
COULAIENT 3
COULAT 1
COULE 4
COULENT 1
COULER 3
COULEUR 6
COULEURS 8
COULISSE 1
COUP 6
COUPABLE 3
COUPAIT 1
COUPE 2
COUPER 1
COUPS 3
COUR 2
COURAGE 4
COURAGEUX 1
COURANT 1
COURANTE 2
COURBE 2
COURBEE 1
COURBETTES 1
COURENT 1
COUREURS 1
COUREZ 2
COURIR 1
COURONNE 4
COURONS 2
COURS 3
COURSE 1
COURSES 1
COURSIERS 1
COURT 6
COURTE 1
COURTISAN 1
COURTISANE 2
COURTISANES 2

COURTS 1
COURU 1
COUSSINS 4
COUTE 1
COUTEAU 2
COUTEAUX 1
COUVAIT 1
COUVE 1
COUVER 1
COUVERCLE 2
COUVERT 2
COUVES 1
COUVRE 1
CRACHATS 2
CRACHE 1
CRACHER 1
CRAIGNE 1
CRAINS 1
CRAINTE 2
CRAINTIVES 1
CRANE 5
CRAPAUDS 1
CRAPULE 2
CRAQUE 1
CRAYONS 1
CREATEUR 1
CREATURE 4
CREDULE 1
CREOLE 1
CREPE 2
CREPITE 1
CREPUSCULE 1
CREPUSCULES 1
CRESUS 3
CREUSE 5
CREUSENT 1
CREUSER 2
CREUSERONT 1
CREUSETS 1
CREUX 4
CREVE 1
CRI 6
CRIA 1
CRIANT 3
CRIARDE 3
CRIE 2
CRIER 1
CRIME 4
CRIMES 3
CRIMINEL 1
CRIN 1
CRINIERE 4
CRINS 1
CRIS 10
CRISPE 2
CRISPEE 1
CRISPES 1
CRISTAL 6
CRISTALLISE 1
CROIRAIS 1
CROIRAIT 1
CROIRE 1
CROIS 6
CROIT 4
CROITRE 1
CROIX 2
CROQUIS 1
CROULANTES 1
CROYAIS 2
CROYAIT 1
CROYANT 1
CRUAUTE 1
CRUAUTES 1
CRUCIFIX 1
CRUEL 4
CRUELLE 4
CRUELLEMENT 1
CRUELLES 1
CRUELS 3
CRUTES 1
CUEILLE 1
CUEILLI 1
CUEILLIR 1
CUIRE 2
CUISANT 2
CUISINE 1
CUISINES 2
CUISINIER 1
CUISSE 1

CUISSES 1	DEGOUT 4	DESTIN 9	DIVINITE 1	ECHAFAUD 2
CUIVRE 3	DEGOUTANT 1	DESTINEE 1	DIVINS 4	ECHAFAUDAGES 1
CUIVRENT 1	DEGOUTE 1	DESTINEES 1	DOCILE 1	ECHAFAUDS 1
CULTE 2	DEITE 1	DESTINES 1	DOCILEMENT 1	ECHANGEANT 1
CULTES 1	DEJA 9	DESTINS 1	DOCILES 1	ECHANGERONS 1
CUPIDE 1	DELA 6	DESTRUCTEUR 1	DOCTE 1	ECHAPPA 1
CURIEUSE 2	DELACROIX 1	DESTRUCTEURS 1	DOCTEUR 1	ECHAPPE 1
CURIEUX 3	DELICAT 2	DESTRUCTION 1	DOIGT 3	ECHELLE 1
CURIOSITE 1	DELICATE 1	DETACHANT 1	DOIGTS 9	ECHEVEAU 1
CYBELE 2	DELICE 2	DETOUR 1	DOIT 1	ECHINE 3
CYGNE 3	DELICES 2	DETOURNER 1	DOIVENT 1	ECHO 3
CYGNES 1	DELICIEUSE 1	DETRESSE 2	DOMAINE 1	ECHOS 2
CYNIQUE 1	DELICIEUX 2	DETROIT 1	DOMINATIONS 1	ECLABOUSSE 1
CYNTHIA 1	DELIER 1	DETRUISAIENT 1	DOMINE 1	ECLAIR 3
CYPRES 3	DELIRE 2	DEUIL 5	DOMINO 1	ECLAIRA 1
CYTHERE 4	DELIRER 1	DEUILS 1	DOMPTE 2	ECLAIRE 2
D 386	DELIVRAIENT 1	DEUM 2	DON 6	ECLAIRES 1
DAGUE 1	DELPHINE 3	DEUX 27	DONC 21	ECLAIRS 3
DAIGNAIT 1	DELUGE 1	DEVANT 15	DONNAIT 3	ECLAT 1
DAIS 2	DEMAIN 5	DEVELOPPE 1	DONNE 7	ECLATANTE 1
DAME 2	DEMANDE 2	DEVENIR 1	DONNENT 1	ECLATANTES 1
DAMES 1	DEMANDER 1	DEVENU 1	DONNER 4	ECLATE 1
DAMNE 4	DEMENCE 1	DEVIDE 1	DONNERAI 1	ECLIPSE 1
DAMNERAIENT 1	DEMOLIRONS 1	DEVIENT 1	DONNEZ 2	ECLOS 1
DAMNES 1	DEMON 6	DEVINAIENT 1	DONS 1	ECLOSE 1
DANAIDES 1	DEMONS 8	DEVINER 1	DONT 80	ECLOSES 2
DANDYS 1	DENSES 1	DEVINONS 1	DORER 1	ECORCE 1
DANGEREUSE 1	DENT 6	DEVINS 1	DORMAIENT 2	ECORCHER 1
DANGEREUX 3	DENTS 8	DEVOILENT 1	DORMANT 3	ECORCHES 1
DANS 328	DEPART 1	DEVOIR 1	DORMANTS 1	ECOUTE 2
DANSAIT 2	DEPASSES 1	DEVOIRS 1	DORMIR 7	ECOUTER 1
DANSANT 1	DEPLACE 2	DEVORE 2	DORMIRAI 1	ECRASAIT 1
DANSE 6	DEPLOIE 1	DEVORES 1	DORMIRAS 1	ECRASENT 1
DANSENT 1	DEPLORE 1	DEVOTES 1	DOROTHEE 1	ECRASER 1
DANSER 1	DEPLOYER 1	DEVOTION 1	DORS 5	ECRIA 1
DANSEURS 2	DEPOSES 1	DEVOUEMENT 2	DORT 7	ECRINS 2
DANSEUSE 1	DEPOUILLES 1	DEVRIONS 1	DORURE 1	ECRIRE 1
DARD 1	DEPUIS 8	DIABLE 5	DOS 9	ECRITE 1
DARDANT 2	DERACINES 1	DIADEME 2	DOTE 1	ECROULE 1
DARDE 1	DERANGER 1	DIAMANT 2	DOUBLE 2	ECUEIL 1
DATE 2	DERISION 1	DIAMANTE 1	DOUBLES 1	ECUME 2
DAVID 1	DERISOIRE 2	DIAMANTES 1	DOUCE 9	ECUMEUX 1
DE 995	DERNIER 2	DIAMANTS 1	DOUCEMENT 6	ECUS 1
DEBATTANT 1	DERNIERE 1	DIANE 2	DOUCES 2	EDIFICES 2
DEBAUCHE 5	DERNIERES 1	DICTAME 3	DOUCEUR 12	EFFACAIENT 1
DEBAUCHES 2	DERNIERS 1	DICTE 1	DOUCEURS 1	EFFACANT 1
DEBILE 2	DEROBE 1	DIEU 25	DOUE 1	EFFACENT 1
DEBOUCHE 1	DEROBENT 1	DIEUX 6	DOULEUR 20	EFFET 3
DEBOUT 1	DEROULE 1	DIFFORME 1	DOULEURS 12	EFFONDRE 1
DEBRAILLE 1	DEROULEMENT 1	DIGNE 7	DOULOUREUSE 1	EFFORT 3
DEBRIS 6	DEROULER 2	DIGNES 1	DOULOUREUX 1	EFFORTS 5
DECEMBRE 1	DEROUTAIT 1	DIGNITE 1	DOUTE 4	EFFRAIE 1
DECHIFFRANT 1	DERRIERE 10	DILIGENT 1	DOUX 33	EFFRAYA 1
DECHIRAIENT 1	DES 475	DIMANCHES 1	DOYEN 1	EFFRAYANT 2
DECHIRAIT 1	DESALTERANT 1	DINERS 1	DRAPE 1	EFFRAYANTE 1
DECHIRANT 1	DESALTERE 1	DIRA 2	DRAPEAU 2	EFFRAYEZ 1
DECHIRANTS 1	DESALTERER 1	DIRAIT 4	DRAPEAUX 1	EFFRENES 1
DECHIRE 1	DESASTRES 2	DIRAS 2	DRAPS 1	EFFROI 4
DECHIRENT 1	DESCEND 6	DIRE 6	DRESSANT 2	EFFRONTE 1
DECHIRER 2	DESCENDAIT 1	DIS 14	DRESSE 1	EFFROYABLE 1
DECHIRES 2	DESCENDANT 1	DISAIT 2	DRESSEE 1	EGAL 4
DECOMBRE 1	DESCENDENT 2	DISCORDS 1	DRESSENT 1	EGALE 3
DECOMPOSES 1	DESCENDEZ 3	DISCRET 1	DRESSERAS 1	EGALEMENT 1
DECOR 3	DESCENDIT 1	DISCRETEMENT 1	DROIT 6	EGALERAIT 1
DECORE 1	DESCENDONS 1	DISCRETS 1	DROITE 1	EGAYER 2
DECORERAIENT 1	DESCENDRE 1	DISCUTANT 1	DROITS 2	EGLISE 1
DECORS 2	DESCENDS 1	DISE 1	DROLE 1	EGLOGUES 1
DECOULE 1	DESERT 5	DISENT 2	DU 188	EGOISME 1
DECOUVRE 2	DESERTE 2	DISIEZ 1	DUQUEL 1	EGOUT 1
DECREPIT 1	DESERTES 1	DISLOQUES 1	DUR 5	EGOUTTER 1
DECREPITS 1	DESERTS 3	DISPARUS 1	DURABLES 1	EH 1
DECREPITUDE 1	DESESPERE 1	DISPOS 1	DURANT 2	ELANCAIT 1
DECRET 1	DESESPOIR 1	DISPUTE 1	DURCIT 1	ELANCE 1
DECROIT 1	DESHABILLER 1	DISTENDUS 1	DUVETES 1	ELANCER 1
DEDAIN 2	DESHERITE 2	DISTINCTEMENT 1	EAU 18	ELARGIR 1
DEDIANT 1	DESINVOLTURE 1	DISTINGUAIT 1	EAUX 3	ELASTIQUE 2
DEDUIT 1	DESIR 19	DISTINGUER 1	EBATS 1	ELASTIQUES 1
DEESSE 4	DESIRE 1	DISTRAIT 2	EBAUCHE 2	ELDORADO 2
DEFAILLANTE 1	DESIRS 6	DISTRAITE 1	EBAUCHES 1	ELECTION 1
DEFAUT 1	DESOLE 1	DIT 29	EBENE 2	ELECTRE 1
DEFEND 1	DESORDONNEES 1	DITES 4	EBLOUI 2	ELECTRIQUE 1
DEFIANT 1	DESORMAIS 3	DIVA 1	EBLOUIES 1	ELEGANCE 2
DEFILENT 1	DESPOTE 1	DIVAN 1	EBLOUISSANT 3	ELEGANT 1
DEFRICHE 1	DESPOTIQUE 3	DIVANS 1	EBLOUISSANTES 1	ELEGANTE 1
DEFUNT 3	DESSEINS 2	DIVERSES 2	EBLOUISSENT 1	ELEMENT 1
DEFUNTES 1	DESSIN 2	DIVIN 8	EBLOUIT 1	ELEPHANT 1
DEFUNTS 1	DESSINE 1	DIVINE 5	ECARLATE 1	ELEVER 1
DEGAGEAIT 1	DESSINS 2	DIVINEMENT 1	ECART 1	ELIXIR 2
DEGAGENT 1	DESSOUS 1	DIVINES 1	ECARTENT 1	ELLE 67

ELLE-MEME 1	ENFER 20	ENVIER 1	ETABLIRONT 1	EXHALE 2
ELLES 4	ENFERME 2	ENVIEUSES 1	ETABLIT 1	EXHALENT 1
ELLES-MEMES 1	ENFERMERA 1	ENVIRONNE 1	ETAGERES 1	EXIL 1
ELVIRE 1	ENFERS 1	ENVOIE 1	ETAIENT 7	EXILE 2
EMAIL 1	ENFIN 6	ENVOLE 1	ETAIS 6	EXILES 3
EMAILLEE 1	ENFLAMMAIT 1	ENVOLE-T 2	ETAIT 29	EXISTENCE 2
EMANATIONS 1	ENFLAMMANT 1	EPAIS 3	ETALAIENT 1	EXISTER 1
EMBARQUERONS 1	ENFLAMME 1	EPAISSEUR 3	ETALAIT 2	EXPANSION 1
EMBAUME 2	ENFLAMMENT 1	EPAISSISSAIT 2	ETALANT 1	EXPIATION 2
EMBAUMENT 1	ENFLE 2	EPANCHAIENT 1	ETALE 2	EXPLIQUE 1
EMBELLI 1	ENFONCE 1	EPANCHANT 1	ETALER 2	EXPLOITS 1
EMBELLIT 1	ENFONCENT 1	EPANCHE 4	ETALERAI 1	EXPLOSION 2
EMBLEME 3	ENFONCER 1	EPANDRONT 1	ETANGS 2	EXPRIMER 1
EMBLEMES 1	ENFOURCHER 1	EPANOUIE 3	ETANT 2	EXQUISE 3
EMBRASES 1	ENFUIENT 1	EPANOUIR 4	ETE 6	EXTASE 8
EMBRASSANT 1	ENFUIT 3	EPARGNES 1	ETEINT 2	EXTASES 2
EMBRASSER 2	ENFUMEE 1	EPARPILLE 1	ETENDRE 1	EXTATIQUE 1
EMBRASSES 1	ENGAGE 1	EPARS 2	ETENDU 1	EXTATIQUES 1
EMBUCHE 1	ENGENDRAS 1	EPAULE 1	ETENDUE 1	EXTIRPER 1
EMBUSQUE 1	ENGENDRER 1	EPAULES 4	ETERNEL 17	EXTORQUER 1
EMERVEILLEE 1	ENGINS 1	EPEE 2	ETERNELLE 5	EXTRAIRE 1
EMEUTE 1	ENGLOUTIR 1	EPELANT 1	ETERNELLES 1	EXTRAVAGANT 1
EMMAILLOTA 1	ENGLOUTIT 1	EPERDUE 1	ETERNELS 3	EXTRAVAGANTS 1
EMMITOUFLE 1	ENGOURDI 2	EPERON 1	ETERNISER 1	FABLES 1
EMOI 1	ENGRAIS 1	EPERONNANT 1	ETERNITE 8	FABLIAU 1
EMONDEUR 1	ENGRAISSERA 1	EPERONS 2	ETES 8	FABULEUX 2
EMOUSSE 1	ENHARDISSANT 1	EPHEMERE 3	ETHER 2	FACE 6
EMPECHENT 1	ENIGME 1	EPHEMERES 2	ETHERS 2	FACHE 1
EMPECHERA 1	ENIVRANT 2	EPIANT 1	ETIEZ 1	FACON 3
EMPECHERONT 1	ENIVRANTE 2	EPIERAIENT 1	ETINCELANT 1	FACONNES 1
EMPEREUR 1	ENIVRANTS 1	EPIEU 1	ETINCELLE 1	FACTIEUSE 1
EMPESTES 1	ENIVRE 9	EPILEPTIQUE 1	ETINCELLES 1	FACULTES 1
EMPETRANT 1	ENIVRENT 3	EPINES 1	ETIRANT 1	FAIBLE 1
EMPIRE 5	ENIVRER 2	EPIS 1	ETOFFE 2	FAIM 4
EMPLISSENT 1	ENLACE 1	EPONINE 1	ETOFFES 1	FAINEANT 1
EMPLIT 2	ENLEVE 4	EPOQUES 2	ETOILANT 1	FAIRE 14
EMPLOYER 1	ENNEMI 7	EPOUSE 1	ETOILE 4	FAIS 9
EMPOIGNAIT 1	ENNOBLIT 1	EPOUVANTABLE 1	ETOILEES 1	FAISAIS 1
EMPOIGNE 1	ENNUI 9	EPOUVANTE 4	ETOILENT 1	FAISAIT 3
EMPOISONNES 1	ENNUIE 2	EPOUVANTEE 1	ETOILES 6	FAISANT 3
EMPORTANT 1	ENNUIERAI 1	EPOUVANTEMENT 1	ETONNANTS 1	FAISONS 1
EMPORTE 2	ENNUIS 6	EPOUVANTES 1	ETONNE 3	FAIT 50
EMPORTER 1	ENNUYE 1	EPOUX 4	ETONNEMENT 1	FAITE 5
EMPORTES 1	ENNUYES 1	EPRENANT 1	ETOUFFE 4	FAITES 2
EMPOURPRES 1	ENNUYEUX 1	EPRIS 2	ETOUFFER 2	FAITS 6
EMPREINTE 1	ENORME 8	EPRISE 2	ETOURDISSANTE 1	FALAISE 1
EMPRISONNANT 2	ENORMES 2	EPROUVE 1	ETRANGE 14	FALLAIT 1
EMPRISONNE 1	ENRAGE 1	EQUIPAGE 2	ETRANGERS 1	FAMELIQUES 1
EMPRUNTE 1	ENRHUMEE 1	EREBE 1	ETRANGES 7	FAMEUSE 1
EMPRUNTER 1	ENROUE 1	EREINTES 1	ETRANGLAIT 1	FAMEUX 1
EMULES 1	ENSANGLANTE 2	ERMITE 1	ETRE 23	FAMILIER 5
EN 217	ENSEIGNE 3	ERRANT 4	ETREIGNANT 1	FAMILIERS 1
ENAMOUREE 1	ENSEIGNES 1	ERRANTES 1	ETREINT 1	FAMILLE 4
ENCADRE 1	ENSEMBLE 2	ERRANTS 2	ETREINTE 2	FAMILLES 1
ENCENS 5	ENSEVELI 3	ERRE 1	ETRES 4	FANAUX 1
ENCENSOIR 6	ENSEVELIR 1	ERRENT 1	ETROITS 1	FANEES 1
ENCHAINENT 1	ENSORCELE 2	ERREUR 1	ETUDES 1	FANES 1
ENCHANTE 4	ENSORCELES 1	ES 7	ETUI 1	FANFARE 1
ENCHANTEE 1	ENTEND 3	ESCALADANT 1	EUMENIDE 1	FANFARES 1
ENCHANTEMENT 2	ENTENDEZ 1	ESCALADE 1	EUSSE 5	FANGE 2
ENCHANTEMENTS 2	ENTENDIS 1	ESCALIER 2	EUT 7	FANGES 1
ENCHANTERESSE 3	ENTENDRE 1	ESCALIERS 3	EUX 10	FANGEUSE 1
ENCHANTES 1	ENTENDREZ 1	ESCARGOTS 1	EUX-MEMES 1	FANGEUX 1
ENCHASSAIT 1	ENTENDS 8	ESCHYLE 1	EVADE 1	FANTASQUE 1
ENCOLURE 2	ENTER 1	ESCLAVAGE 1	EVANOUIR 1	FANTASTIQUE 1
ENCOMBRE 2	ENTERRE 2	ESCLAVE 5	EVAPORE 2	FANTOME 8
ENCOR 14	ENTERRER 1	ESCLAVES 2	EVAPOREE 1	FANTOMES 3
ENCORE 9	ENTIER 2	ESCRIME 1	EVAPORER 1	FARCES 1
ENCRE 1	ENTIERE 4	ESCROCS 1	EVEILLE 3	FARD 1
ENDOLORIE 1	ENTOUR 2	ESPACE 7	EVEILLENT 1	FARDE 1
ENDORMAIENT 1	ENTOURAIENT 1	ESPACES 1	EVEILLES 1	FARDEAU 1
ENDORMEUR 1	ENTOURE 2	ESPERANCE 5	EVENTANT 1	FAROUCHE 1
ENDORMEUSES 1	ENTR 2	ESPERE 1	EVES 1	FASCINE 1
ENDORMIR 6	ENTRAILLES 3	ESPERER 1	EVOQUE 1	FASCINER 1
ENDORMIRAI 1	ENTRAINE 1	ESPERES 1	EVOQUER 3	FASSE 1
ENDORT 3	ENTRE 12	ESPOIR 9	EXAGEREE 1	FASSENT 1
ENDYMION 1	ENTREE 1	ESPRIT 29	EXASPERE 1	FASTUEUSE 1
ENERGIE 2	ENTRER 1	ESPRITS 9	EXASPEREE 1	FAT 1
ENERVANT 1	ENTRETIENT 1	ESSAI 1	EXAUCE 1	FATAL 9
ENERVANTE 1	ENTREVOIS 1	ESSAIM 3	EXAUDI 1	FATALE 3
ENFANCE 3	ENTREVOYAIS 1	ESSAYAIT 1	EXCEPTE 1	FATALES 1
ENFANCES 1	ENTREVU 1	ESSENCE 2	EXCES 1	FATALITE 2
ENFANT 23	ENVELOPPAIT 1	ESSOR 3	EXCITANT 2	FATIDIQUE 1
ENFANTE 2	ENVELOPPE 1	ESSOUFFLE 1	EXECUTEUR 1	FATIGUE 2
ENFANTIN 2	ENVELOPPER 2	ESSUIENT 1	EXERCAIENT 1	FATIGUEE 1
ENFANTINE 1	ENVERS 2	EST 227	EXERCER 2	FATIGUES 2
ENFANTINES 2	ENVI 1	ESTAMPES 1	EXERCER 2	FATUITE 1
ENFANTINS 1	ENVIANT 2	ESTO 1	EXHALAISONS 1	FAUBOURG 3
ENFANTS 7	ENVIE 1	ET 1137	EXHALANT 1	FAUBOURGS 2

GRIS 2
GRISE 1
GROGNANTS 1
GRONDANTS 1
GRONDE 1
GRONDEURS 1
GROS 5
GROSSEUR 1
GROSSI 1
GROSSIT 1
GROTESQUE 1
GROTESQUEMENT 1
GROTTES 2
GROUILLE 1
GUENILLES 3
GUERE 1
GUERIE 1
GUERISSEUR 1
GUERIT 1
GUERITE 2
GUERRIER 1
GUERRIERE 1
GUERRIERS 1
GUET 1
GUETTE 2
GUEULE 1
GUEUSANT 1
GUEUSERIE 1
GUEUX 1
GUIDE 1
HABIT 3
HABITANT 1
HABITANTS 1
HABITE 4
HABITS 1
HAGARD 1
HAILLON 1
HAILLONS 1
HAINE 12
HAIS 6
HAISSANT 1
HAIT 3
HALEINE 1
HALETANT 1
HALLIERS 1
HAMEAU 1
HAMLET 1
HANCHE 2
HANCHES 2
HANTE 4
HARCELES 1
HARDIE 2
HARDIS 1
HARMONIE 1
HARMONIEUSE 1
HARMONIEUX 1
HARPAGON 1
HARPIES 1
HASARD 7
HASARDEUX 2
HASARDS 1
HATE 1
HAUT 17
HAUTAINES 1
HAUTBOIS 1
HAUTE 1
HAUTEUR 1
HAUTEURS 1
HAVANE 1
HEBERGE 1
HEBETE 3
HECTOR 1
HELAS 17
HELENUS 1
HELMINTHES 1
HERBE 2
HERBES 1
HERCULE 1
HERCULES 2
HEREDITE 1
HERETIQUE 1
HERITAGE 1
HERMES 1
HEROISME 1
HEROS 4
HEURE 14
HEUREUSE 1
HEUREUSEMENT 1
HEUREUSES 2

HEUREUX 6
HEURTANT 1
HEURTE 1
HEURTEE 1
HIBOUX 1
HIDEURS 1
HIDEUSE 1
HIDEUSES 1
HIDEUX 3
HIER 3
HIPPOGRIFFE 1
HIPPOLYTE 4
HISTOIRE 1
HISTOIRES 1
HISTRION 2
HIVER 8
HIVERS 2
HOCHANT 1
HOLOCAUSTE 1
HOMMAGE 1
HOMMAGES 1
HOMME 36
HOMMES 4
HONNETETE 1
HONNEUR 3
HONNEURS 1
HONTE 5
HONTEUSES 1
HONTEUX 1
HOPITAL 3
HOPITAUX 1
HOQUETS 1
HORIZON 9
HORIZONS 4
HORLOGE 2
HORREUR 21
HORREURS 1
HORRIBLE 5
HORRIBLES 1
HORS 1
HOSPICE 1
HOSPICES 1
HOSTILE 1
HOTE 1
HOTESSE 1
HOTTE 1
HOUKA 1
HOULE 2
HOULES 1
HUEES 1
HUI 8
HUILE 4
HUITIEME 1
HUMAIN 3
HUMAINE 3
HUMAINES 2
HUMAINS 2
HUMAIT 2
HUMANITE 8
HUMBLE 1
HUME 1
HUMEUR 3
HUMEURS 1
HUMIDE 4
HUMIDES 1
HUMILIAIT 1
HUMILIE 2
HUMILIES 1
HUNE 1
HURLAIT 1
HURLANT 1
HURLANTES 1
HURLANTS 1
HURLEMENT 1
HURLENT 1
HURLEZ 1
HYACINTHE 1
HYDRE 1
HYDROPIQUE 1
HYMNE 1
HYMNES 1
HYPOCRISIE 1
HYPOCRITE 1
HYPOCRITES 1
HYSTERIQUE 1
ICARIE 1
ICI 7
ICI-BAS 2
IDEAL 2

IDEE 1
IDEES 1
IDOLE 4
IDOLES 2
IDYLLE 1
IFS 2
IGNOBLES 1
IGNOMINIE 1
IGNORANTE 1
IGNORE 4
IGNORES 2
IL 145
ILE 6
ILLIMITE 2
ILLUMINAIT 1
ILLUMINE 3
ILLUMINER 3
ILLUMINES 3
ILLUSTRE 1
ILLUSTRES 2
ILOT 1
ILOTS 1
ILS 41
IMAGE 7
IMAGES 1
IMAGINATION 1
IMAGINEZ 1
IMBECILE 1
IMBERBE 1
IMITAIENT 1
IMITANT 1
IMITE 2
IMITONS 1
IMMEDIATEMENT 1
IMMENSE 16
IMMENSES 3
IMMENSITE 2
IMMENSITES 1
IMMONDE 6
IMMONDES 1
IMMORTALITE 3
IMMORTEL 3
IMMORTELLE 3
IMPALPABLE 1
IMPARFAITE 1
IMPASSIBLE 1
IMPATIENT 1
IMPERCEPTIBLE 1
IMPERISSABLES 1
IMPIES 1
IMPIETE 1
IMPITOYABLE 1
IMPLACABLE 5
IMPLACABLES 1
IMPLORAI 1
IMPLORE 2
IMPLORER 1
IMPORTE 8
IMPOSER 1
IMPREGNE 1
IMPREGNES 4
IMPREVUS 2
IMPRIMER 1
IMPRUDENT 1
IMPUDENCES 1
IMPUDENTE 1
IMPUDIQUE 1
IMPUISSANT 2
IMPUISSANTE 1
IMPUISSANTS 1
IMPUR 2
IMPURE 2
IMPURETES 1
IMPURS 1
IN-FOLIO 1
INACCESSIBLE 1
INASSOUVIE 1
INASSOUVIES 1
INATTENDU 1
INCENDIE 2
INCERTAIN 1
INCERTAINES 1
INCERTAINS 1
INCESSAMMENT 1
INCIVIL 1
INCLINE 2
INCLINER 1
INCOMPRIS 1
INCONNU 5

INCONNUES 3
INCONNUS 4
INCONTESTABLE 1
INCORRUPTIBLE 1
INCURIOSITE 1
INDE 1
INDECIS 1
INDICIBLE 1
INDIFFERENCE 2
INDIFFERENT 1
INDIFFERENTS 1
INDOLENCE 2
INDOLENT 1
INDOLENTE 2
INDOLENTS 1
INDOMPTABLE 1
INDULGENTE 2
INEGAUX 1
INEPUISABLE 1
INEPUISES 1
INERTE 1
INEXORABLE 1
INFAME 6
INFAMES 3
INFAMIE 1
INFATIGABLE 1
INFECONDE 1
INFECTE 1
INFECTION 1
INFECTS 1
INFERNAL 8
INFERNALE 1
INFERNAUX 1
INFILTRE 1
INFINI 9
INFINIE 2
INFINIES 1
INFINIS 3
INFIRME 2
INFLIGE 1
INFORME 1
INFORTUNE 1
INFUSER 1
INGENU 1
INGRAT 2
INGRATE 1
INGRATS 1
INHUMAINE 1
INIQUES 1
INJURIEUX 1
INJUSTE 2
INNOCENT 3
INNOMBRABLES 1
INONDAIT 2
INONDEES 1
INONDENT 1
INOUIES 1
INQUIET 1
INQUIETE 3
INQUIETUDE 1
INSANITE 1
INSATIABLE 1
INSATIABLEMENT 1
INSCRITE 1
INSECTE 2
INSENSE 1
INSENSIBILITE 1
INSENSIBLE 1
INSENSIBLES 1
INSIDIEUSE 1
INSOLEMMENT 1
INSOLENCE 1
INSOLUBLE 1
INSONDABLE 1
INSOUCIANTE 1
INSOUCIANTS 1
INSOUCIEUX 1
INSPECTANT 1
INSPIRE 1
INSPIRER 1
INSTALLE 1
INSTALLERENT 1
INSTANT 1
INSTANTS 2
INSTRUMENT 4
INSTRUMENTS 1
INSU 1
INSULTANT 1
INSULTE 2

INSULTES 2
INSUPPORTABLE 1
INTELLIGENCE 1
INTELLIGENT 1
INTERDIT 2
INTERESSER 1
INTESTINS 1
INTIMES 1
INTIMIDAS 1
INTIMITE 1
INTRODUIT 1
INUTILE 3
INVENTE 1
INVENTEUR 1
INVENTEURS 1
INVENTIONS 1
INVETERE 1
INVINCIBLES 1
INVIOLE 1
INVISIBLE 4
INVITE 1
INVITENT 1
INVITER 1
INVITEZ 1
INVOLONTAIRE 1
INVOQUE 1
INVULNERABLE 1
IRAI 1
IREZ 1
IRISE 1
IRISES 1
IRONIE 3
IRONIQUE 3
IRONIQUEMENT 2
IRREGULIER 1
IRREMEDIABLE 1
IRREMISSIBLE 1
IRREPARABLE 2
IRRESISTIBLE 3
IRRITE 3
ISOLANT 1
ISOLE 1
ISSUES 1
IVRE 4
IVRES 1
IVRESSE 5
IVROGNE 6
IVROGNES 1
J 80
JADIS 8
JAILLIR 2
JAILLIRA 1
JAILLIS 1
JAILLISSANT 1
JAILLIT 2
JAIS 1
JALOUSE 3
JALOUSER 1
JALOUSIE 1
JALOUX 3
JAMAIS 43
JAMBE 5
JAMBES 2
JAMBON 1
JANVIER 1
JARDIN 5
JARDINS 2
JARRETIERE 1
JASE 1
JASENT 1
JAUNE 5
JAUNES 1
JAVELOTS 1
JE 264
JESUS 7
JET 1
JETE 2
JETEE 1
JETER 1
JETES 1
JETS 1
JETTE 7
JETTENT 3
JETTERAI 1
JEU 5
JEUN 1
JEUNE 12
JEUNES 2
JEUNESSE 11

MEURS 2
MEURT 2
MEURTRE 1
MEURTRI 2
MEURTRIERE 1
MEURTRIR 1
MEUS 1
MEUT 1
MEUTE 1
MIASMES 3
MIAULE 1
MICHEL-ANGE 2
MIDAS 1
MIDI 3
MIEL 2
MIEN 2
MIENNES 1
MIEUX 4
MIGNARD 1
MIGNONS 1
MILIEU 9
MILLE 13
MILLIERS 1
MILLION 2
MILLIONS 1
MIME 1
MINAUDANT 1
MINCE 4
MINE 3
MINERAUX 1
MINTURNES 1
MINUIT 1
MINUITS 1
MINUTE 4
MINUTES 3
MIRACLES 1
MIRACULEUSE 1
MIRACULEUX 3
MIRAGE 2
MIRAIENT 1
MIRE 1
MIRENT 1
MIROIR 9
MIROIRS 7
MIROITER 1
MIS 3
MISE 3
MISERABLE 1
MISERABLEMENT 1
MISERE 2
MOBILE 1
MODERNE 1
MODES 1
MOELLE 1
MOI 50
MOI-MEME 1
MOINDRE 2
MOINE 2
MOINS 10
MOIRE 2
MOIS 2
MOISE 1
MOISIR 1
MOISSON 1
MOISSONS 3
MOITIE 2
MOLLE 3
MOLLEMENT 2
MOLLES 1
MOLLESSE 1
MOMENT 3
MOMIE 1
MON 176
MONDAIN 1
MONDE 26
MONDES 2
MONOTONE 3
MONOTONES 1
MONOTONIE 1
MONSTRE 8
MONSTRES 7
MONSTRUEUSE 1
MONSTRUEUX 3
MONSTRUOSITES 1
MONTAGNE 1
MONTAGNES 1
MONTAIT 3
MONTANT 2
MONTE 9

MONTENT 3
MONTER 1
MONTERA 1
MONTES 1
MONTRAIT 2
MONTRANT 1
MONTRE 2
MONTRENT 1
MONTRER 4
MONTREZ 1
MONTS 1
AONTURE 1
MONUMENT 1
MONUMENTS 1
MOQUE 2
MOQUES 1
MOQUEUR 7
MORBIDE 2
MORBIDES 2
MORCEAU 3
MORD 4
MORDE 1
MORDENT 1
MORDRONT 1
MORDUS 1
MORES 1
MORFOND 1
MORFONDU 1
MORFONDUE 1
MORIBOND 2
MORNE 7
MORNES 3
MOROSE 1
MORS 1
MORSURE 1
MORSURES 1
MORT 28
MORTALITE 1
MORTE 2
MORTEL 4
MORTELLE 1
MORTELS 6
MORTES 1
MORTS 13
MOTS 3
MOUCHARDS 1
MOUCHES 1
MOUCHOIR 2
MOUILLE 1
MOUILLES 1
MOULE 1
MOULUS 1
MOURANT 3
MOURANTE 2
MOURANTS 1
MOURIR 5
MOURUT 2
MOUSSELINE 1
MOUSSELINES 1
MOUSTACHE 1
MOUSTIQUES 1
MOUTONNANT 1
MOUVANT 1
MOUVANTES 2
MOUVEMENT 4
MUET 5
MUETTE 1
MUETTES 1
MUGISSEMENT 1
MULTIFORME 2
MULTIPLIAIT 1
MULTIPLIANT 1
MULTIPLIE 1
MULTIPLIER 1
MULTITUDE 2
MUR 5
MURAILLE 1
MURAILLES 2
MURE 1
MURIR 1
MURMURE 1
MURMURES 1
MURS 10
MUSC 6
MUSCLES 2
MUSCULEUX 1
MUSE 3
MUSEAU 1
MUSES 1

MUSIQUE 7
MUSQUES 1
MUTIN 1
MUTINS 1
MYRRHE 3
MYRTES 2
MYSTERE 5
MYSTERES 1
MYSTERIEUSE 2
MYSTERIEUSES 1
MYSTERIEUX 8
MYSTIQUE 11
MYSTIQUES 1
MYTHE 1
N 98
NACRES 1
NAGE 5
NAGEANT 2
NAGENT 3
NAGERA 1
NAGEUR 2
NAGUERE 1
NAIADES 1
NAIF 1
NAINS 1
NAISSE 1
NAITRA 1
NAITRE 3
NAIVETE 1
NAPPE 1
NAPPES 1
NARD 1
NARGUE 1
NARINE 1
NASEAUX 1
NATAL 1
NATALE 1
NATION 1
NATIONS 1
NATIVE 1
NATIVES 1
NATTE 1
NATURE 14
NATUREL 1
NATURELLEMENT 1
NAUSEES 1
NAVIRE 4
NE 115
NEANT 6
NEBULEUX 1
NECESSAIRE 1
NECTAR 1
NEGRESSE 1
NEIGE 6
NEIGES 2
NEIGEUSES 2
NEIGEUX 1
NEPENTHES 1
NERFS 2
NERVEUSEMENT 1
NES 1
NETS 1
NEUF 3
NEUFS 1
NEUVE 1
NEZ 1
NI 27
NICHE 1
NIE 1
NIXES 1
NOBLE 5
NOBLEMENT 1
NOBLES 3
NOBLESSE 1
NOCTURNE 3
NOCTURNES 2
NOEUD 1
NOEUDS 1
NOIE 2
NOIERONS 1
NOIR 31
NOIRCI 1
NOIRE 13
NOIRES 4
NOIRS 16
NOM 8
NOMBRE 1
NOMBRES 1
NOMBREUX 4

NOMMAIENT 1
NOMME 1
NOMMER 1
NOMS 1
NON 7
NONCHALAMMENT 1
NONCHALANCE 1
NONCHALANTE 3
NONCHALOIR 3
NONPAREIL 1
NONPAREILS 1
NOS 44
NOTE 4
NOTRE 25
NOURRI 2
NOURRICIER 1
NOURRIR 1
NOURRISSENT 1
NOURRIT 2
NOUS 116
NOUVEAU 7
NOUVEAUTE 1
NOUVELLES 2
NOVICES 1
NOYA 1
NOYAIT 1
NOYE 3
NOYEE 1
NOYER 3
NOYES 1
NU 5
NUAGE 3
NUAGES 5
NUBILITE 1
NUDITE 3
NUE 3
NUEE 1
NUEES 2
NUES 3
NUIT 43
NUITS 16
NUL 9
NULLE 1
NULS 1
NUS 5
NYMPHE 1
O 101
OASIS 3
OBEIRAI 1
OBEISSANT 1
OBEIT 1
OBI 1
OBJET 2
OBJETS 2
OBLIQUE 2
OBOLE 1
OBSCENE 1
OBSCUR 3
OBSCURCI 1
OBSCURCIR 1
OBSCURCIS 1
OBSCURE 3
OBSCURS 4
OBSERVE 1
OBSERVENT 2
OBSTACLE 2
OBSTINE 1
OBSTINEMENT 1
OBTENIR 1
OBTENU 1
OCCULTE 1
OCCUPENT 1
OCEAN 6
OCTOBRE 1
OCTOGENAIRES 1
ODEUR 10
ODEURS 4
ODIEUX 1
ODORANT 1
ODORANTE 2
OEIL 48
OEUVRE 1
OFFERTES 1
OFFERTS 1
OFFRENT 1
OFFRIR 2
OFFRONS 1
OFFUSQUAIT 1
OFFUSQUES 1

OH 6
OISEAU 3
OISEAUX 5
OISIVE 1
OLIBAN 1
OLIVES 1
OMBRAGE 1
OMBRAGEA 1
OMBRE 10
OMBRES 6
OMBREUSES 1
OMNIBUS 1
ON 61
ONCES 1
ONDE 3
ONDOYANTS 1
ONDULATION 1
ONDULEUSE 1
ONDULEUX 2
ONEREUX 1
ONGLES 4
ONT 33
OPALE 1
OPALES 1
OPERA 1
OPERATION 1
OPINIATREMENT 1
OPIUM 4
OPPRIMANT 1
OPPRIME 1
OPULENCE 1
OR 22
ORAGE 3
ORAGEUX 4
ORANGE 1
ORCHESTRE 1
ORCHESTRES 1
ORDONNE 1
ORDRE 5
ORDURE 1
ORDURES 1
OREILLE 6
OREILLER 4
OREILLERS 1
OREILLES 2
ORGIAQUE 1
ORGIE 2
ORGIES 2
ORGUE 2
ORGUEIL 11
ORGUEILLEUSE 1
ORGUEILLEUX 2
ORIENT 2
ORIENTALE 2
ORNE 1
ORNEMENT 3
ORNER 1
ORNIERES 1
ORPHELINS 1
OS 3
OSCILLE 1
OSE 1
OSERA 2
OSSEMENTS 2
OSTENSOIR 1
OU 237
OUBLI 6
OUBLIE 4
OUBLIEE 1
OUBLIER 1
OUBLIERAI 1
OUBLIES 1
OUBLIEUX 1
OUI 4
OURAGAN 2
OURLET 1
OUTIL 1
OUTILS 1
OUTRAGE 1
OUTRE 1
OUVERT 3
OUVERTE 1
OUVERTES 2
OUVERTS 2
OUVRAGE 1
OUVRAGES 1
OUVRAIT 2
OUVRANT 4
OUVRE 3

OUVRENT 2
OUVRIER 2
OUVRIRA 1
OVIDE 2
PACTOLE 1
PAGE 1
PAIENS 1
PAILLARD 1
PAILLETA 1
PAIN 2
PAISIBLE 2
PAISIBLEMENT 1
PAIX 3
PALAIS 9
PALE 10
PALES 10
PALEUR 1
PALEURS 1
PALI 2
PALIR 1
PALISSANT 1
PALMES 2
PALMIERS 1
PALMYRE 1
PALPER 1
PALPITANT 2
PALPITE 4
PAME 4
PAMENT 3
PAMER 1
PAMOISONS 1
PAN 1
PANIQUE 1
PANNEAUX 1
PANSE 1
PANTELANT 2
PANTHERES 2
PAPHOS 1
PAPIER 1
PAPILLONS 1
PAR 115
PARACHEVANT 1
PARADIS 13
PARAIS 1
PARAIT 2
PARAITRA 1
PARALLELE 1
PARALYTIQUE 1
PARASITE 1
PARCE 3
PARCELLES 1
PARCOURANT 1
PARCOURIR 1
PARCOURS 1
PARCOURT 1
PARDON 5
PARDONNE 2
PAREE 2
PAREIL 5
PAREILLE 2
PAREILLES 1
PAREILS 4
PARENT 2
PARESSE 6
PARESSEUSE 1
PARESSEUSES 1
PARESSEUX 2
PARFAIT 3
PARFAITE 2
PARFOIS 18
PARFUM 20
PARFUMANT 1
PARFUME 7
PARFUMEE 1
PARFUMEES 1
PARFUMES 1
PARFUMS 13
PARIAS 1
PARIS 6
PARLAIENT 1
PARLE 3
PARLER 1
PARLERAIT 1
PARMI 12
PAROLE 1
PAROLES 1
PARQUE 1
PARSEME 1
PARSEMES 1

PART 2
PARTENT 2
PARTI 1
PARTICULIER 1
PARTIE 1
PARTIONS 1
PARTIR 2
PARTIT 1
PARTONS 2
PARTOUT 10
PARTS 1
PAS 72
PASCAL 1
PASSA 1
PASSAGE 1
PASSAGER 1
PASSAGERES 1
PASSAIENT 2
PASSANT 3
PASSANTS 1
PASSE 7
PASSENT 1
PASSER 5
PASSERONT 1
PASSES 2
PASSION 4
PASSIONS 2
PASTELS 1
PASTEQUES 1
PATIENT 1
PATRIARCAL 1
PATRIE 4
PATTE 1
PATTES 1
PATURE 2
PAUPIERE 1
PAUVRE 16
PAUVRES 5
PAUVRESSES 1
PAUVRETE 1
PAVANE 3
PAVANER 1
PAVE 2
PAVES 4
PAVILLON 1
PAYE 1
PAYER 2
PAYS 13
PAYSAGE 4
PAYSAGES 1
PEAU 7
PECHE 5
PECHES 5
PEINDRE 3
PEINE 3
PEINT 3
PEINTRE 2
PEINTURE 1
PELE-MELE 1
PELERINAGE 1
PELLE 1
PELOUSE 1
PENCHANT 1
PENCHE 3
PENCHER 2
PEND 2
PENDAIT 1
PENDANT 6
PENDANTES 1
PENDANTS 1
PENDENT 2
PENDU 2
PENDUE 1
PENDULE 3
PENDUS 1
PENETRANTS 1
PENETRE 2
PENETRENT 2
PENOMBRE 1
PENSE 5
PENSEE 2
PENSEES 1
PENSER 1
PENSERS 8
PENSIF 3
PENSIVE 1
PENTE 1
PERCANT 1
PERCANTS 1

PERCE 1
PERCENT 1
PERCHES 1
PERDITION 1
PERDONS 1
PERDRE 2
PERDU 3
PERDUE 1
PERDUS 4
PERE 8
PERES 1
PERFIDE 2
PERIR 1
PERLE 2
PERLES 5
PERMANENT 1
PERSIENNES 1
PERSONNAGE 1
PERSONNE 1
PERSONNEL 1
PESANTES 1
PESANTEUR 1
PESANTS 1
PESE 3
PESTILENCE 1
PETILLANT 1
PETILLENT 1
PETIT 7
PETITE 2
PETITES 1
PETITS 4
PETRIR 1
PETRISSANT 1
PETULANT 1
PEU 5
PEUPLE 10
PEUPLER 2
PEUPLES 5
PEUR 9
PEUREUSE 1
PEUREUSES 1
PEUREUX 1
PEUT 21
PEUT-ETRE 4
PEUVENT 3
PEUX 2
PHARE 2
PHENIX 1
PHILOSOPHES 1
PHILTRE 5
PHILTRES 2
PHOEBE 1
PHOEBUS 2
PHOSPHORE 1
PHRASES 1
PHRYNES 2
PHTISIQUE 1
PIED 12
PIEDS 17
PIEGE 2
PIERRE 7
PIERRERIES 1
PIERRES 3
PIETINANT 2
PIEUSE 1
PIEUSES 1
PIEUX 3
PILIERS 2
PIMPANT 1
PINCE 1
PINCEAU 1
PINS 1
PIOCHES 1
PIPE 2
PIQUE 1
PIQUER 1
PIROUETTANT 1
PITEUSEMENT 1
PITEUX 2
PITIE 8
PLACE 4
PLACES 1
PLACIDE 2
PLAFOND 5
PLAFONDS 4
PLAIE 3
PLAIGNAIS 1
PLAINE 1
PLAINES 1

PLAINS 2
PLAINTE 3
PLAINTES 3
PLAINTIF 1
PLAINTIFS 3
PLAINTIVE 1
PLAIRAIS 1
PLAIRE 1
PLAIS 2
PLAISAIT 1
PLAISANTS 1
PLAISIR 16
PLAISIRS 11
PLAIT 1
PLANAIT 2
PLANANT 1
PLANCHES 3
PLANE 3
PLANTAIENT 1
PLANTANT 1
PLANTE 2
PLANTERAI 1
PLANTERONT 1
PLAT 1
PLATANES 1
PLATON 2
PLATRE 2
PLEIN 40
PLEINE 12
PLEINES 4
PLEINS 11
PLEUR 2
PLEURANT 2
PLEURE 6
PLEURE-T 1
PLEURENT 1
PLEURER 1
PLEURERAIS 1
PLEURS 22
PLEUT 1
PLEUVOIR 1
PLEUVRAS 1
PLIANT 1
PLIS 4
PLOMBE 2
PLONGE 6
PLONGER 8
PLONGERAI 1
PLONGERONS 1
PLONGEZ 1
PLUIE 5
PLUMAGE 1
PLUME 1
PLUPART 1
PLUS 116
PLUSIEURS 1
PLUTOT 4
PLUVIEUX 3
PLUVIOSE 1
POCHE 1
POESIE 1
POETE 21
POETES 4
POIDS 4
POIGNARD 4
POIGNET 1
POIL 1
POILS 1
POING 3
POINGS 3
POINT 7
POINTE 1
POINTES 2
POINTUE 1
POISON 10
POISONS 3
POITRINE 5
POIX 1
POLAIRE 2
POLE 1
POLI 2
POLIS 5
POMONE 1
POMPE 3
POMPONNE 1
PONT 1
PONTIFE 1
PORE 1
POREUSE 1

PORT 2
PORTAIT 1
PORTANT 1
PORTANTE 1
PORTE 4
PORTER 1
PORTES 4
PORTEURS 1
PORTEZ 1
PORTIERES 1
PORTIQUE 2
PORTIQUES 1
PORTRAIT 2
POSE 4
POSERAI 1
POSES 4
POSSIBLE 1
POSTURE 1
POUDRE 3
POUDRES 1
POUDREUSE 1
POUDREUX 2
POUMON 1
POUMONS 2
POUR 148
POURPRES 1
POURQUOI 4
POURRA 2
POURRAIENT 2
POURRAIS 1
POURRAS 1
POURREZ 1
POURRIS 1
POURRITURE 3
POURRONS 1
POURSUIS 1
POURSUIVIES 1
POURTANT 12
POURVOIR 1
POUSSAIENT 1
POUSSAIT 1
POUSSANT 1
POUSSE 7
POUSSE-T 1
POUSSENT 1
POUSSER 2
POUSSIERE 1
POUVAIENT 1
POUVAIS 1
POUVEZ 1
POUVOIR 3
POUVONS 2
PRAIRIES 1
PRE 1
PRECEPTEURS 1
PRECIEUSES 1
PRECIEUX 3
PRECIPICES 1
PRECIPITER 1
PRECOCES 1
PRECOCITE 1
PREDESTINE 1
PREFERE 2
PREFERERAIT 1
PRELASSE 1
PREMIER 2
PREMIERES 1
PRENANT 2
PREND 11
PRENDRE 3
PRENDS 4
PRENNENT 4
PREPARE 4
PREPAREE 1
PRES 9
PRESENT 2
PRESIDE 1
PRESQUE 2
PRESSONS 1
PRESSURER 1
PRET 1
PRETAIT 1
PRETE 1
PRETEXTES 1
PRETRE 2
PRETRESSE 2
PRIAIS 1
PRIE 1
PRIER 2

PRIERE 1
PRIERES 1
PRIMEURS 1
PRIMITIFS 1
PRINCE 5
PRINTEMPS 5
PRIS 7
PRISON 3
PRISONS 1
PRIVE 2
PRIX 2
PROBLEME 1
PROCES 1
PRODIGE 1
PRODIGES 1
PRODIGUE 1
PRODIGUES 2
PRODUITS 2
PROFANE 1
PROFOND 16
PROFONDE 8
PROFONDES 4
PROFONDEUR 2
PROFONDEURS 3
PROFONDS 9
PROFUNDIS 1
PROIE 4
PROJETAIT 1
PROJETANT 1
PROJETS 1
PROMENANT 2
PROMENE 4
PROMESSE 1
PROMETTANT 1
PROMIS 2
PROPHETES 1
PROPHETIQUE 1
PROPICE 1
PROPORTIONS 1
PROPRE 2
PROSCRIT 1
PROSERPINE 1
PROSPERES 1
PROSTITUEES 1
PROSTITUTION 1
PROUVE 1
PROVISION 1
PROVOCATEURS 1
PROVOQUANTS 1
PRUDENCE 1
PRUDENTS 1
PRUNELLE 1
PRUNELLES 5
PU 5
PUANTEUR 1
PUBLIQUES 3
PUDEUR 1
PUDIQUEMENT 1
PUENT 1
PUGET 1
PUIS 16
PUISEE 1
PUISQU 2
PUISQUE 2
PUISSANCES 1
PUISSANT 6
PUISSANTE 3
PUISSANTES 1
PUISSANTS 5
PUISSE 2
PUISSES 1
PUISSIONS 1
PUITS 4
PULLULE 1
PUNAISES 1
PUNI 1
PUNIT 1
PUPITRE 1
PUR 4
PURE 6
PURGATOIRE 1
PURIFIER 1
PURS 3
PUS 1
PUTAINS 1
PUTREFACTION 1
PUTRIDE 1
PYLADES 1
PYRAMIDE 1

PYRRHUS 1
QU 188
QUADRUPEDE 1
QUADRUPEDES 1
QUAIS 4
QUAND 67
QUANT 2
QUATRE 1
QUE 271
QUEL 15
QUELLE 5
QUELLES 1
QUELQU 1
QUELQUE 16
QUELQUEFOIS 5
QUELQUES 5
QUELQUES-UNS 1
QUELS 2
QUI 360
QUICONQUE 1
QUINQUETS 1
QUITTANCES 1
QUITTER 1
QUOI 5
QUOIQU 1
QUOIQUE 2
RABOTEUX 1
RABOUGRI 1
RACCROCHE 1
RACE 17
RACES 1
RACHATS 1
RACONTE 1
RACONTER 2
RACORNI 1
RADIEUSE 1
RADIEUX 4
RAFFERMIT 1
RAFFINEMENTS 1
RAFRAICHIR 2
RAFRAICHIRA 1
RAFRAICHISSAIENT 1
RAFRAICHISSANTES 1
RAGE 3
RAILLA 1
RAILLENT 1
RAILLERIE 1
RAILLES 1
RAILLEUR 2
RAISON 5
RAJEUNIS 1
RAJEUNIT 2
RALE 3
RALENTIS 1
RALES 1
RALLUME 1
RAMASSER 1
RAMEAUX 2
RAMENERA 1
RAMEURS 1
RAMIER 1
RAMPANT 1
RAMPANTS 1
RAMPE 2
RAMPENT 1
RAMPER 2
RANCI 1
RANCOEUR 2
RANCON 1
RANCUNE 1
RANG 1
RANGERAIS 1
RANGES 2
RANGS 1
RANIMER 2
RANIMERAS 1
RAPIDE 3
RAPIERE 1
RAPPEL 1
RAPPELER 2
RAPPELEZ 1
RAPPELLERAS 1
RAPPELLES 1
RAPPORTERAS 1
RAPPROCHEES 1
RARE 3
RARES 1
RASANT 1
RASSASIER 1

RASSASIERA 1
RASSASIES 1
RASSEMBLER 1
RATATINEES 1
RATE 1
RATEAUX 1
RATELIER 1
RAUQUE 1
RAVAGE 2
RAVALE 1
RAVIE 2
RAVIN 1
RAVIS 1
RAVIT 3
RAVIVE 1
RAYON 7
RAYONNAIT 1
RAYONNANT 2
RAYONNE 1
RAYONNEMENT 1
RAYONS 7
REALITE 1
REBUS 1
REBUTE 1
RECELANT 1
RECELENT 1
RECEVOIR 1
RECHAUFFANT 1
RECHAUFFE 1
RECHAUFFER 1
RECHIGNE 1
RECIF 1
RECITER 1
RECLAMAIS 1
RECLAMAIT 1
RECLAMER 1
RECOLTERAS 1
RECONCILIER 1
RECONFORTE 1
RECONNAIS 1
RECONNAISSEZ 1
RECONNAIT 1
RECOURBE 1
RECUEILLE 2
RECUEILLIR 1
RECUIT 1
RECULER 1
REDIT 1
REDORER 1
REDOUBLE 1
REDOUBLES 1
REDOUTES 1
REDRESSES 1
REDRESSEUR 1
REDUIT 3
REEL 1
REFAIT 1
REFLECHIRONT 1
REFLECHIS 1
REFLECHIT 1
REFLET 2
REFLETAIENT 1
REFLETE 2
REFLETS 3
REFLEURI 1
REFLUANT 1
REFRAINS 1
REFROIDI 1
REFUGIANT 1
REGAGNE 1
REGARD 19
REGARDAIENT 1
REGARDAIT 3
REGARDANT 1
REGARDE 5
REGARDER 1
REGARDERA 1
REGARDEZ 1
REGARDS 4
REGLE 2
REGNAS 1
REGNE 1
REGNENT 1
REGNER 1
REGORGE 1
REGRET 3
REGRETTANT 1
REINE 13
REINES 1

REINS 2
REJAILLIR 1
REJETER 1
REJOINDRE 1
REJOUIE 3
REJOUIR 1
REJOUISSAIT 1
REJOUIT 1
RELACHE 1
RELEGUE 1
RELENT 1
RELEVE 3
RELIGIEUX 1
RELIGION 1
RELIGIONS 1
RELIQUES 2
RELUISE 1
RELUIT 1
REMBRANDT 1
REMEDE 1
REMEMBER 1
REMERCIMENT 1
REMONTE 1
REMONTER 1
REMORD 5
REMORDS 17
REMOUS 1
REMPLACE 1
REMPLACENT 1
REMPLI 2
REMPLIR 2
REMPLIS 2
REMPLISSENT 1
REMPLIT 8
REMUANT 1
REMUE 2
REMUENT 1
REMUER 1
REMUES 1
RENAITRE 1
RENAITRONT 1
REND 8
RENDAIENT 2
RENDAIT 2
RENDENT 1
RENDEZ 1
RENDEZ-VOUS 1
RENDRAI 1
RENDRAIENT 1
RENDRE 5
RENDS 2
RENIE 1
RENONCULE 1
RENOUVEAU 1
RENTRAI 1
RENTRAIENT 1
RENTRAIS 1
RENTRANT 1
RENTRE 1
RENTRER 1
RENTRONS 1
RENVERSEE 1
RENVOYE 1
REPAIRES 1
REPAND 1
REPANDANT 1
REPANDS 1
REPANDUE 1
REPAS 1
REPENS 1
REPENTIR 1
REPENTIRS 1
REPETANT 1
REPETE 1
REPIT 1
REPOND 3
REPONDENT 2
REPONDIS 2
REPONDIT 1
REPONDRE 1
REPONDS 4
REPOS 6
REPOSE 4
REPOSOIR 2
REPRENDRE 1
REPRESENTAI 1
REPROCHES 1
REPTILE 1
REPTILES 2

REPUGNANTS 1
REPUS 1
REQUIN 1
RESEAU 1
RESEAUX 1
RESERVOIR 1
RESIGNE 1
RESIGNEE 1
RESIGNES 1
RESINES 1
RESPECT 1
RESPECTE 1
RESPIRE 2
RESPIRENT 1
RESPIRER 2
RESPIRONS 1
RESPLENDIS 1
RESPLENDISSANTE
RESPLENDIT 3
RESSEMBLE 2
RESSEMBLES 1
RESSEMBLEZ 1
RESSORTIR 1
RESSUSCITER 1
RESSUSCITERAIEN
RESTA 1
RESTAURE 1
RESTE 5
RESTE-T 1
RESTENT 1
RESTER 2
RETENTIR 1
RETENTIRONT 1
RETENTISSANT 2
RETENTISSANTES
RETENTIT 2
RETIAIRE 1
RETIENS 1
RETIRE 1
RETOUR 1
RETOURNE 1
RETOURNENT 1
RETRAITES 1
RETROUSSANT 1
RETROUVE 3
RETROUVER 1
REVAIS 1
REVAIT 1
REVANT 1
REVE 18
REVECHE 2
REVEIL 3
REVEILLE 2
REVELA 1
REVELE 2
REVENT 1
REVER 3
REVERAI 1
REVERBERE 1
REVES 10
REVET 2
REVETENT 1
REVETIR 1
REVEUR 5
REVEUSE 2
REVEUSEMENT 1
REVIENDRAI 1
REVIENNENT 1
REVIENT 1
REVIS 1
REVIVRE 2
REVULSES 1
RHETORIQUE 1
RHYTHME 4
RHYTHMIQUE 1
RHYTHMIQUES 2
RIAIT 2
RIANT 2
RIBOTE 1
RICHE 9
RICHES 6
RICHESSES 1
RIDEAU 2
RIDEAUX 5
RIDES 2
RIDICULE 4
RIDICULES 3
RIEN 23
RIME 1

RIMES 2
RIMEURS 1
RIRA 1
RIRE 16
RIRES 2
RIS 3
RISEE 1
RISIBLE 1
RIT 4
RITE 1
RIVAGES 4
RIVALE 1
RIVES 1
RIVIERE 1
ROBE 6
ROBES 4
ROBUSTE 3
ROC 3
ROCAILLEUX 1
ROCHER 4
ROCHERS 2
ROCS 1
RODAIT 1
RODE 1
RODEURS 1
ROI 6
ROIDE 2
ROIDES 1
ROIDEUR 1
ROIDISSANT 1
ROIDIT 1
ROIS 2
ROLE 2
ROMAINS 1
ROMAN 2
ROMANCES 1
ROMPUS 1
RONCES 1
ROND 3
RONDES 1
RONDEUR 1
RONFLER 1
RONGE 8
RONGERA 1
RONGES 1
RONGEUR 1
RONSARD 1
ROSATRE 1
ROSE 10
ROSES 9
ROSSE 1
ROUCOULE 1
ROUCOULEMENT 1
ROUE 1
ROUES 2
ROUGE 12
ROUGES 1
ROUGIRAIT 1
ROUGIT 1
ROULA 1
ROULAIT 1
ROULANT 5
ROULE 7
ROULENT 1
ROULER 1
ROULES 1
ROULIS 1
ROULONS 1
ROUSSEUR 1
ROUTE 3
ROUTES 2
ROUVRANT 1
ROUVRIR 1
ROUVRIS 1
ROUX 1
ROYALE 2
ROYALEMENT 1
ROYAUX 1
RUBENS 1
RUBIS 1
RUBRIQUES 1
RUCHE 1
RUCHES 1
RUDE 2
RUDES 1
RUE 4
RUELLE 1
RUES 1
RUFFIAN 1

RUGISSEMENT 1
RUINE 1
RUINES 1
RUINEUX 1
RUISSEAU 4
RUISSEAUX 4
RUISSELAIT 1
RUISSELANT 2
RUMEUR 1
RUSE 1
RUSTRES 1
RUTILANT 1
S 143
SA 100
SABBAT 1
SABBATS 1
SABLE 3
SABLES 1
SABLIER 1
SABLONNEUX 1
SABOT 2
SABOTS 2
SABRE 2
SAC 2
SACCADES 1
SACCAGE 1
SACHANT 1
SACHE 1
SACHET 3
SACRE 2
SACREE 1
SACREMENTS 1
SACRES 1
SACRIFICE 1
SAGE 4
SAGES 1
SAHARAH 2
SAIGNANT 1
SAIGNANTS 1
SAIGNER 1
SAINT 3
SAINTE 3
SAINTES 3
SAINTETE 1
SAIS 16
SAISI 1
SAISIT 3
SAISON 3
SAISONS 3
SAIT 10
SALE 4
SALES 5
SALIVE 1
SALPETRE 1
SALTIMBANQUE 1
SALUE 3
SALUER 1
SALUT 3
SALUTAIRE 1
SANG 26
SANGLANT 5
SANGLANTES 1
SANGLOT 3
SANGLOTANT 2
SANGLOTE 2
SANGLOTS 10
SANS 122
SANTE 8
SAPHIR 1
SAPHO 5
SAPINS 1
SARCOPHAGES 1
SATAN 7
SATANIQUE 1
SATANIQUES 1
SATIN 3
SATINE 1
SATIRIQUE 1
SATISFAIRE 1
SATISFAIT 1
SATURNIEN 1
SATYRES 1
SATYRESSES 1
SAURA 2
SAURAI 3
SAURAIT 1
SAURONT 2
SAUTE 1
SAUTENT 1

SAUVAGE 3
SAUVANT 1
SAVAIS 1
SAVAMMENT 1
SAVANE 1
SAVANT 8
SAVANTE 2
SAVANTS 2
SAVATES 1
SAVENT 2
SAVEURS 1
SAVOIR 7
SAVONS 1
SAVOURAIS 1
SAVOUREUSE 1
SAVOUREUX 1
SCAPULAIRES 1
SCIENCE 4
SCINTILLENT 1
SCINTILLER 1
SCORPIONS 1
SCRUPULES 1
SCULPTE 1
SCULPTEURS 1
SE 149
SEAUX 1
SEC 3
SECHANT 1
SECHE 1
SECONDE 1
SECOUANT 3
SECOUE 2
SECOUER 1
SECOURIR 1
SECOURS 1
SECRET 12
SECRETE 2
SECRETES 2
SECRETS 7
SECS 1
SECULAIRE 1
SEDENTAIRE 1
SEDENTAIRES 1
SEDUISANTE 1
SEDUISANTS 1
SEDUIT 1
SEIGNEUR 5
SEIN 15
SEINE 3
SEINS 14
SEL 1
SEMAILLES 2
SEMBLABLE 10
SEMBLABLES 4
SEMBLAIT 5
SEMBLE 5
SEMBLENT 1
SEME 1
SEMERA 1
SEMES 1
SEMEUR 1
SEMPITERNELLEMENT 1
SENS 10
SENT 3
SENTANT 3
SENTENT 1
SENTEUR 1
SENTEURS 2
SENTEZ 1
SENTI 4
SENTIER 1
SENTINELLE 1
SENTINELLES 1
SENTIS 2
SEPARENT 1
SEPT 4
SEPULCRAL 1
SEPULTURE 1
SEPULTURES 1
SEQUELLE 1
SERA 5
SERAI 6
SERAIL 1
SERAIS 2
SERAIT 2
SERAPHIN 1
SERAPHINS 1
SERAPHIQUE 1
SERAS 1

SEREIN 3
SEREINS 2
SERENITE 1
SEREZ 3
SERGE 1
SERIEUSE 1
SERMENT 1
SERMENTS 4
SERONT 2
SERPENT 6
SERPENTS 3
SERRANT 1
SERRE 3
SERRER 1
SERRURE 1
SERT 4
SERVAGE 1
SERVAIT 1
SERVANTE 1
SERVILE 2
SERVIR 1
SERVIRA 1
SERVITEUR 1
SERVITEURS 1
SES 108
SEUIL 1
SEUL 7
SEULE 1
SEULEMENT 3
SEULS 3
SEVE 2
SEVES 1
SGANARELLE 1
SI 56
SIBERIE 1
SIECLE 3
SIECLES 1
SIEN 1
SIFFLE 1
SIFFLER 1
SIGNALE 1
SIGNE 2
SILENCE 8
SILENCIEUSEMENT 1
SILENCIEUX 2
SILLAGE 1
SILLON 1
SILLONNES 1
SIMOIS 1
SIMPLE 2
SIMPLEMENT 1
SIMPLICITE 2
SIMULAIENT 1
SINCERE 1
SINGE 1
SINGES 1
SINGULIER 7
SINGULIERE 1
SINGULIERS 5
SINISTRE 5
SINISTREMENT 2
SINON 1
SINUEUX 1
SIRENE 2
SISINA 1
SISYPHE 1
SITOT 1
SIX 3
SOBRE 1
SOCIETE 1
SOCS 1
SOEUR 7
SOEURS 4
SOIE 1
SOIF 7
SOIFS 1
SOIN 4
SOIR 38
SOIREES 3
SOIRS 6
SOIS 12
SOIT 12
SOL 5
SOLDAT 2
SOLDATS 1
SOLEIL 47
SOLEILS 13
SOLENNEL 1
SOLENNELLE 2

SOLENNELS 2
SOLENNITE 1
SOLIDES 1
SOLITAIRE 3
SOLITAIRES 1
SOLITUDE 3
SOLITUDES 2
SOMBRE 16
SOMBRES 2
SOMME 2
SOMMEIL 12
SOMMEILLER 1
SOMMEILS 3
SOMMES 2
SOMMET 3
SOMNAMBULE 1
SOMNAMBULES 1
SOMPTUEUX 2
SON 154
SONDE 1
SONDES 2
SONGE 4
SONGEA-T 1
SONGEANT 2
SONGER 1
SONGERIES 1
SONGES 4
SONNAIT 1
SONNANT 1
SONNE 4
SONNERA 1
SONNETS 2
SONNETTES 1
SONORE 3
SONORES 1
SONS 4
SONT 54
SORCIERE 6
SORCIERES 2
SORDIDE 1
SORS 3
SORT 7
SORTAIENT 1
SORTIR 2
SORTIRAI 1
SOSIE 1
SOTS 1
SOTTE 1
SOTTISE 2
SOU 1
SOUCI 2
SOUCIEUX 2
SOUCIS 2
SOUDAIN 3
SOUDAINEMENT 1
SOUFFLAIENT 2
SOUFFLAIT 1
SOUFFLE 5
SOUFFLEE 1
SOUFFLES 1
SOUFFLET 1
SOUFFLEUR 1
SOUFFLONS 1
SOUFFRAIS 1
SOUFFRANCE 4
SOUFFRE 4
SOUFFRES 1
SOUFRE 1
SOUILLES 1
SOUL 2
SOULAGE 1
SOULAGEMENT 1
SOULE 1
SOULERAI 1
SOULERONT 1
SOULEVANT 2
SOULEVER 1
SOULIER 2
SOULIERS 4
SOUMIS 1
SOUPCON 1
SOUPE 1
SOUPER 1
SOUPIR 5
SOUPIRAUX 1
SOUPIRS 3
SOURCE 1
SOURCIL 1
SOURCILS 1